中华人民共和国史编年

1951年卷

当代中国研究所 编

当代中国出版社

《中华人民共和国史编年》1951 年卷

执 行 主 编 陈东林

执行副主编 李正华 刘国新 丁 明

编辑组成员

孙 丹（兼编委会秘书） 张金才 叶明勇

石善涛 李建斌

撰 稿 人 （按撰稿顺序）

1—3 月 李 格 张金才 宋月红 姬文波

李正华 刘维芳 范希春

4—6 月 陈东林 王瑞芳 钟 瑛 冷兆松

叶明勇

7—9 月 孙 丹 姚 力 曹光章 李成武

夏杏珍

10—12 月 张勉励 王巧荣 丁 明 罗燕明

图 片 李建斌

制 表 段 娟

凡 例

一 《中华人民共和国史编年》（简称《国史编年》）是以编年体全面反映中华人民共和国各个领域重大史事的资料书，旨在为研究中华人民共和国史提供翔实可靠的史料，同时也为国内外读者查阅有关中华人民共和国史的资料提供方便。

二 《国史编年》为多卷本，自1949年起，每年独立成卷，采用纲目体编写。

三 《国史编年》条目采自原始的或权威的资料，凡对某一事件有两种或两种以上说法的，必经认真考证，采用相对准确的说法。

四 《国史编年》以时间先后为序，逐日排列史事。难以确定具体日期的，视具体情况分别标以上旬、中旬、下旬，月初、月底，或月、季、上半年、下半年、年底。标月初或月底的条目，一般放在该月5日之前或该月最后；标旬、月、季、上半年、下半年、年的条目，一般放在该旬、月、季、上半年、下半年、年的最后。

五 《国史编年》遇有同日多个条目时，从第二条起，以"同日"标明，并大体按史事的重要程度为序排列。时间跨度较长的史事，用"某月某日—某月某日"标明。

六 《国史编年》对各种大会或会议、党和政府有关机关的称谓，在第一次出现时用全称，再次出现时用简称。

七 《国史编年》一律用1956年国务院公布的《汉字简化方案》规定的简体字。

八 《国史编年》所用数字，除习惯用法或特殊用法以汉字标示外，一般用阿拉伯数字。

九 举凡涉及中华人民共和国政治、经济、文化、科技、教育、卫生、民族、社会、人口、宗教、疆域、地理、区划、灾害、气候、生态、资源、军事、国防、外交、对外联系和国际反应等方面的大事，均在编写之列。

十　《国史编年》正编由纲文、目文、文献或附录、注释、图片五个部分组成。部分条目因史事简单，故将纲目合一，仅以纲文记事。与目文内容相关的重要文献或史料，分别以文献或附录形式附在目文之后，并标明资料来源。对目文中涉及的人名、地名等，做必要注释。对存有歧义或存有两种以上说法的事件所进行的考证，亦用注释加以说明。注释一律采用页末脚注。图片随文，作为目文的形象补充。

十一　《国史编年》正编中的人物在每卷第一次出现时，注释中均写明职务全称，并注明生卒年（不详者空缺备考）、民族、籍贯；在同卷再次出现时，职务如无变化则省略。外国人中一名多译者，取其标准译名。

十二　《国史编年》每卷前面均置《本卷编辑说明》，以交代该卷主要资料来源和《凡例》未尽事宜。

当代中国研究所

2007 年 9 月

本卷编辑说明

本卷为《中华人民共和国史编年》（简称《国史编年》）第三卷，起止时间为1951年1月1日至12月31日。

本卷在编写过程中，注意突出1951年的历史主线，即《人民日报》本年元旦社论所指出的，“用极大的努力，在军事上、政治上、经济上、文化上巩固我们伟大的祖国”；以及围绕这一主线所发生的几个最为重要的事件，即开展或继续开展了抗美援朝、土地改革和镇压反革命三大运动。

本卷条目的主要资料来源于当时出版的《人民日报》、《光明日报》、《新华月报》、中央人民政府法制委员会编《中央人民政府法令汇编》、中央人民政府政务院财经委员会编《中央财经政策法令汇编》等，以及中共中央文献编辑委员会编辑的《毛泽东选集》、《刘少奇选集》、《周恩来选集》、《朱德选集》、《邓小平文选》、《陈云文选》；中共中央文献研究室编辑和编写的《毛泽东文集》、《毛泽东年谱》、《毛泽东传》、《刘少奇年谱》、《刘少奇传》、《周恩来年谱》、《周恩来传》、《朱德年谱》、《邓小平年谱》、《陈云年谱》、《建国以来毛泽东文稿》、《建国以来刘少奇文稿》、《建国以来重要文献选编》；中共中央文献研究室、中国人民解放军军事科学院合编的《毛泽东军事文集》；中共中央党史研究室编写的《中国共产党历史大事记》、《中共党史资料》；中共中央组织部、中共中央党史研究室、中央档案馆编辑的《中国共产党组织史资料》；中国社会科学院、中央档案馆编辑的《1949—1952中华人民共和国经济档案资料选编》；中共中央宣传部办公厅、中央档案馆编研部编辑的《中国共产党宣传工作文献选编》，以及王焰主编《彭德怀年谱》；李烈主编《贺龙年谱》；刘树发主编《陈毅年谱》；张培田主编《新中国法制研究史料通鉴》；《周恩来军事活动纪事》编写组编著《周恩来军事活动纪事》；教育部《中华人民共和国重要教育文献》编审委员会编《中华人民共和国重要教育文献》；

中华人民共和国国家农业委员会办公厅编《农业集体化重要文件汇编》(上);《中国的土地改革》编辑部和中国社会科学院经济研究所现代经济史组编《中国土地改革史料选编》;《当代中国农业合作化》编辑室编《中国农业合作史资料》;《当代中国》丛书编辑部编辑的《当代中国》丛书、《当代中国人物传记》丛书;军事科学院军事历史研究部著《抗美援朝战争史》等。

本卷经中央有关部门批准,选用了一批中央档案馆过去未发表过的档案。其中,在撰写条目中参考、提炼、摘写的有73件;在条目所附文献中节录或全文发表的有32件。凡属后一种情况,均在“资料来源”处注明为“中央档案馆提供档案”。

本卷在撰写条目中尽可能保持历史资料原貌的同时,对当时习惯使用而现在已不用的少数书面语言做了改写;对当时的度量衡单位则保持原状,仅在注释中说明与现在通行单位的换算关系。货币单位“元”如无特指,均为中国人民银行1948年12月1日发行的第一套人民币(俗称“旧币”),其1万元折合1955年3月1日发行的第二套人民币的1元。

本卷从公开出版的报刊、书籍中选用了少量图片,在此谨向作者致以诚挚谢意。其中部分图片由于时间久远而无法确定或联系到作者,敬请作者或著作权享有者见到本书后与本书出版社联系,出版社将按照国家著作权法的有关规定,支付报酬。

《中华人民共和国史编年》1951年卷编辑组

2007年9月

1 月

1月1日

[纲 文]　《人民日报》发表题为《在伟大爱国主义旗帜下巩固我们的伟大祖国》的元旦社论。

[目 文]　社论总结1950年取得的成绩说，中央人民政府迅速实现了全国的财政统一，平衡了财政收支，保障了物资供应，制止了通货膨胀物价过高现象，恢复交通、兴修水利、救济灾民、发展贸易、调整工商业、减轻人民负担等，使1950年的工农业生产迅速恢复，钢铁和纱布的产量已超过抗战前1936年的水平，粮食和棉花产量已接近抗战前的水平。社论提出1951年的中心任务是，一、军事上、政治上、经济上、文化上巩固我们伟大的祖国。二、继续支援志愿军和朝鲜人民的正义战争，加强我们的国防军，最后完成全国的解放，并击退任何可能的新的外国侵略。三、努力开展土地改革工作，镇压反革命，剿匪，加强工人阶级的组织与教育，加强各民族、各民主阶级、各民主党派的团结。四、巩固经济阵地，恢复和有重点地发展工农业，发展国防工业和交通事业，继续兴修水利，大力发展国内贸易与合作事业。认真改善工人、农民和其他劳动人民的物质生活。五、继续开展抗美援朝思想教育，铲除帝国主义首先是美帝国主义在中国长期侵略所遗留下的政治影响。

同日

[纲 文]　中央人民政府等举行新年团拜活动。

[目 文]　中央人民政府委员会新年团拜会在北京中南海勤政殿举行，到会的有各界领导300余人。毛泽东①致简短祝词，祝大家努力把工作做得更好，更加团结起来。宴会后，宾主在怀仁堂观看了京剧。当日，中央军委举行同乐会。朱德②到会讲话说，1951年，全军要加强爱国主义与国际主义教育，发扬高度的革命英雄主义精神，广泛开展大规模的练兵运动，加强军内外团结，学习理论和文化科学知识，以加速部队现代化建设。下午，周恩来③

---

① 毛泽东（1893—1976），湖南湘潭人，时任中共中央主席、中央人民政府主席、中央人民政府人民革命军事委员会（即中央军委）主席。

② 朱德（1886—1976），四川仪陇人，时任中国人民解放军总司令、中央人民政府副主席、中央人民政府人民革命军事委员会副主席。

③ 周恩来（1898—1976），江苏淮安人，时任中央人民政府政务院总理兼外交部部长、中央人民政府人民革命军事委员会副主席。

▲ 周恩来（左三）向苏联驻华大使罗申、印度驻华大使潘尼迦祝贺新年。

在外交部接待各国驻华使节和外交人员，祝贺新年。到会者300余人。

同 日

［纲 文］ 中共中央做出《关于在全党建立对人民群众的宣传网的决定》。

［目 文］ 《决定》共六项内容，指出，目前党的各级组织忽视对人民群众进行经常的宣传工作，许多错误和反动的宣传和谣言经常在群众中流传，没有得到打击；党的政策与主张，没有及时在人民群众中进行充分的宣传解释。目前宣传工作的主要弱点之一，就是没有建立必要的制度，使它成为全体党员的经常性工作，并由各级党委给以系统的领导管理。《决定》指出，这势必妨碍党员有效地履行自己的职责，放纵反革命分子的宣传活动和错误思想的流传，妨碍党与人民群众联系的加强，妨碍党克服官僚主义、命令主义倾向的斗争。《决定》强调，必须有系统地建立对人民群众的宣传网，即在党的每个支部设立宣传员，在党的各级领导机关设立报告员，并建立关于宣传员、报告员工作制度。《决定》对宣传员的任务、挑选办法，各级党委和支部的宣传工作，宣传员和报告员制度等做了规定。

［文 献］ 关于在全党建立对人民群众的宣传网的决定

一、目前我们党的各级组织忽视对于人民群众进行经常的宣传工作，以致有许多错误的和反动的宣传和谣言经常在人民群众中流传，遇不到我们党及时的、应有的和致命的打击，党的政策与主张，没有及时地在人民群众中进行充分的宣传解释，因此，大大地损害了人民事业。目前党对人民群众的宣传工作的主要弱点之一，就是各级党的组织往往把它当作一部分人的和临时性的工作，而没有建立必要的制度，使它成为全体共产党员的经常性的工作，并由各级党的委员会给以有系统的领导和管理。共产党员的天职之一，就是随时随地向人民群众进行宣传，以革命精神不疲倦地去教育人民群众，向一切反动的和错误的思想与主张进行不调和的斗争，启发和提高人民群众的觉悟。对人民群众的宣传工作缺乏经常性和组织性的现象，势必妨碍共产党员有效地履行自己的这种职责，放纵反革命分子的宣传活动和错误思想的流传，妨碍党与人民群众联系的加强，妨碍党的克服官僚主义命令主义倾向的斗争，而使一部分党员在人民群众中进行工作时容易醉心于以简单的行政命令方法而不是以说服解释方法来对待人民群众。党必须坚决消灭这种现象，加强对人民群众的宣传工作。为此目的，就必须有系统地建立对人民群众的经常性的宣传网，即在党的每个支部设立宣传员，在党的各级领导机关设立报告员，并建立关于宣传员报告员工作的一定制度。

二、宣传员的任务，是在党的组织的领导之下，经常向自己周围的人民群众用简单通俗的形势进行关于国内外时事，党和人民政府的政策，人民群众的任务特别是当时当地的直接任务，以及人民群众在生产劳动和其他工作中的模范经验的宣传解释，批驳各种反动谣言及在人民群众中流传的错误思想，鼓动人民群众学习模范经验，积极完成任务，并经常将人民群众中的情况向党的组织报告，以便帮助党的组织决定各个时期的适当的宣传内容和宣传方法。

党的每个支部应当挑选党员，青年团员和支部周围的人民群众中自愿在党的领导下担任宣传工作的劳动模范和其他革命积极分子担任宣传员。宣传员应当具有必要的政治觉悟，在生产劳动和其他工作中以身作则，联系群众，并有担任宣传工作的适当能力。宣传员的工作方法包括谈话、传递消息、读报、收听和传布人民广播、书写和绘制宣传性的文字图画、编辑墙报等等。每个宣传员可以按照工作需要和本人能力任择一种或几种。宣传员的任命应当经过党的支部委员会的审查通过和高一级党组织的批准。党和青年团的每个支部书记、支部委员和与人民群众有经常工作联系的党员和青年团员（例如工会干部、合作社干部、区村干部、学校教师、民众教育馆的职员、墙报编辑等），都应当担任宣传员。

三、党的各级委员会应当经常讨论对于人民群众的宣传工作，并且把宣传员看作是联系党和人民群众的重要桥梁而加以经常的领导、帮助和教育。

党的支部委员会应当经常召集本支部所属的全体宣传员会议，按照上级指示和本支部的条件，讨论本支部宣传工作的具体任务和方法，检查宣传工作的状况和经验，听取宣传员关于群众情况的报告，给宣传员以工作的具体指示。为了动员各种革命组织共同从事宣传，支部宣传员会议应当规定党、青年团、工会、农民协会、合作社等组织之间的适当分工。支部宣传员会议的会期可以按工作需要和支部活动状况而有所伸缩，但最少每月须开会一次，最多每周开会一次。

市和县的党的委员会应当每月召集一次支部书记联席会议或宣传员代表会议或宣传员大会，由市委书记和县委书记作关于当前情况和任务的报告，并主持检查上月的宣传工作和讨论下月的宣传工作。在交通困难的条件下，县委员会可以分区召集这样的会议。区委员会应当负责代表市委员会和县委员会进行对于支部宣传工作的经常领导，并按照每个支部的条件，规定每个支部宣传活动的经常的范围、目标和方法。在农村中，区委员会应当建立宣传员传授站的制度，由区委委员经常分别召集几个支部的宣传员或宣传员的代表，传授宣传内容和宣传方法，分发和讲解宣传资料。

省、市、地方和县的党的委员会应当经常供给宣传员以宣传的指示和资料。各级党报和党刊应当经常发表讨论宣传工作和宣传员工作的文字。各级党校和党的训练班应当有讨论宣传工作的课程，并且应当在可能条件下设立宣传员的短期轮训班。

四、为了使人民群众充分了解党在一定时期的政治主张，仅仅依靠宣传员的工作是不够的，必须由党的各级负责人直接地经常地向人民群众作关于时事、政策、工作任务、工作经验的有系统的报告。为此目的，省、市、地方、县和区的党的委员会都应当设立报告员来担任向人民群众作政治报告的任务。报告员是一种高级的宣传员，并且应当是宣传员的领导者。

报告员由省、市、地方、县和区的党委员会的书记和委员，在省、市、地方、县和区的人民政府中担任负责工作的党员，以及其他由上述各级党的委员会所指定的党员担任。每个报告员每两个月必须向城乡人民群众（首先是工人、农民群众）的集会和代表会议作至少一次政治报告。这些报告的题目和内容要点应当由报告员所属的党的各级委员会书记规定或批准，报告的结果应当向党的各级委员会书记报告。党的各级委员会应当负责审查所属报告员的工作状况，并给他们以各种帮助和指导，以保证他们的工作得以经常地正确地进行并不断地改善。省和地方的党委员会应当选择适当的报告员的报告在报纸上公布。

五、建立宣传员和报告员的制度，是为了使党向人民群众进行宣传的工作得到经常起作用的骨干，而不是要把党的宣传工作限制于宣传员和报告员的范围内。每个党组织的领导机关，以及每个宣传员和报告员，都必须善于团结人民群众中的积极分子以各种形式参加宣传工作。在还没有大量吸收党员建立支部组织的新区，除由区委员会在党员青年团员和非党积极分子中直接吸收一部分宣传员并加以领导外，应着重组织适当形式的非党宣传网。在一切全局性的宣传运动中，党的组织都应当善于和各民主党派、各人民团体协同动作，并组织人民政府、人民解放军、文化界、教育界、艺术界的工作人员一致参加，以便在各种特定目标下形成最广大的宣传队伍。

六、在全党范围内迅速建立宣传员和报告员制度，虽然不可免地会遇到一些困难，但是解决这个问题却是必要的，并且也是有条件的。一般地说，我们的党有向人民群众作宣传的传统。一年以来，在东北、华北、中南等区的许多城市、工矿和少数农村中，在设立宣传员的试验中已有若干可以在全国推行的经验。但是为了确实有效地而不是形式主义地普遍建立宣传员制度和报告员制度，仍然要求全党作严重的努力。各省、市的党的委员会应当按照当地情况，定出在半年内实施本决定的具体计划，报告所属的各中央局批准，并定期检查执行状况，以求如期实现。

资料来源：1951年1月3日《人民日报》。

同日

[纲文] **中央人民政府人民革命军事委员会[①]颁发《军事运输机关临时条例》。**

[目文] 《条例》规定，从1月15日起，所有铁路、水路运输，由军事运输机关作为政府和军委的全权代表，其工作由总参谋长负责。

同日

[纲文] **彭德怀[②]就苏联驻朝鲜大使拉佐瓦耶夫的意见致电毛泽东。**

[目文] 电中反映，拉佐瓦耶夫向朴一禹提出十个问题：一、中朝联军此役后休整两个月，南朝鲜人民和游击队受到镇压如何解决？二、北京已宣布三八线不存在，打过三八线又退回三八线，政治上如何解释？三、中国指挥官目前的决心是继续作战有利，还是待两月后雪化路滑时再作战有利？四、第三次战役人民军应与志愿军齐头并进，不要突出。五、为什么命令人民军二、五军团回到三八线北？六、从何处看到朝鲜人民斗争情绪不高？七、中朝两军误会冲突根据何在？八、为什么认为朝鲜人民军战斗力低？九、休整两月在一处吃粮有利，还是继续前进吃粮有利？十、我对中国军队情况一点不知。电报提出，以上有的问题经朴一禹解释后得到同意，有些问题是翻译把意思翻错。我处现无俄文翻译，请聂荣臻物色一个俄文翻译来前方。

同日

[纲文] **邮电部部长朱学范作《一年来的邮电工作及1951年的业务方针与工作方针》总结。**

[目文] 总结指出，1950年邮电基本计划以长途电信建设为重心，目的是使首都与各大行政区中心及大部分省府所在地间构成有线联络网，以保证满足政治、军事与经济的需要。这一规模空前巨大的建设任务完全胜利完成。在线路工程方面，总计1950年立杆8148公里，架线16238对公里，整修4027公里；关内完成计划的112%，东北完成

① 简称中央军委（与以后成立的中共中央军委不同）。本书条目中仍按该机构发文时所用名称撰写，未予统一。
② 彭德怀（1898—1974），湖南湘潭人，时任中国人民志愿军司令员兼政治委员。

110%。由于建设的如期完成，使长途有线电话电路增加540路，比1949年底增加25.3%；有线电报电路增加343路，增加17.5%。北京与莫斯科建立的有线电话电路约长12000公里。北京与全国各大行政区中心及多数省府所在地间均可接通有线电话与电报。总结还指出，1950年的无线电基本建设工程，包括北京国际电台工程、北京局收发讯台工程、国内电台调整工程、全国江海岸电台工程等项，已约计完成计划的62.8%。北京市内电话基本建设，已约计完成计划的70.4%。

同日

[纲文] **轻工业部副部长龚饮冰等总结1950年轻工业恢复和调整情况。**

[目文] 总结指出，1950年全国财政情况从好转走向恢复，轻工业也经历了三四个月的挫折和困难，从下半年起逐步走向好转和恢复。造纸工业，公营厂预计可完成年计划的102%以上，私营厂上半年虽因滞销减产而未达到计划，但公私营合计全年产量仍较1949年增加20%左右；1951年计划可比1950年实际产量增加47.8%。火柴和卷烟从第三季度后，产量逐月上升，产销平衡，从亏蚀做到盈利。橡胶工业的汽车轮胎，各地产量第三季度较第一季度增加了118%。制糖工业，东北和广东的公营糖厂正迅速恢复，1950年至1951年度产量可较上年度增加一倍以上。

同日

[纲文] **北京海关成立。**

同日

[纲文] **昌都地区僧俗人民争取和平解放西藏委员会成立，发出为争取和平解放西藏签名书。**

同日

[纲文] **蒋介石①在台湾发表元旦文告。**

[目文] 文告宣称，失败的过去已告结束，今后从头做起，自强自立才能救国，“反共抗俄，复国建国”，三民主义必定胜利。

1月2日

[纲文] **毛泽东复电张云逸②等同意广西剿匪计划。**

[目文] 复电指出，所述剿匪计划甚好，你们过去几个月剿匪工作有很大成绩，甚慰。此前，1950年12月28日，张云逸、李天佑③、莫文骅④、卢绍武⑤就广西剿匪计划向中南军区党委报告说，自10月15日广西全省开始重点剿匪以来，由于集中兵力，执行宽

---

① 蒋介石（1887—1975），浙江奉化人，时任中国国民党总裁。
② 张云逸（1892—1974），海南文昌人，时任中共中央华南分局第二书记、中共广西省委书记、广西省人民政府主席。
③ 李天佑（1914—1970），广西桂林人，时任广西军区副司令员。
④ 莫文骅（1910—2000），广西南宁人，时任广西军区副政治委员。
⑤ 卢绍武（1906—1978），壮族，广西武鸣人，时任广西军区参谋长。

大与镇压相结合的政策，并部分地结合反匪霸的群众斗争，同时党政军民之间相互积极配合，70天内歼匪55891人。除个别地区外，全省土匪气焰已显著下降。计划自1950年12月底和1951年1月初先后展开两个重点区的剿匪：一、玉江、左江以南共有土匪万余人，以四十五军全部及二十一兵团1个师，连同玉林、龙州、钦廉分区部队共17个团统归四十五军指挥，以灵山县境及六万大山为中心，于12月底开始进剿，然后依据情况将重点移置十万大山和防城一带。二、大小瑶山及其周围县境有土匪万余人，是广西匪患较严重地区，计划集中14个团的兵力，于1月10日开始进剿，至2月底完全消灭该区土匪和初步发动群众。

同日

[纲文] **周恩来致信毛泽东告毛岸英①牺牲消息。**

[目文] 信中告以毛岸英于1950年11月25日在朝鲜牺牲的情况，说他的牺牲是光荣的，一同牺牲的高瑞欣也是一个很好的机要参谋，待战争结束后，当在大榆洞及其他许多战场立些纪念中国人民志愿军的烈士墓碑；并解释了迟告毛岸英牺牲消息的原因，是毛泽东和江青当时都在病中，随信附上志愿军司令部在毛岸英牺牲当天的来电。毛泽东知道后长叹一声后说：唉！战争嘛，总要有伤亡。牺牲的成千成万，无法只顾及此一人。事已过去，不必说了。

后经毛泽东同意，毛岸英和其他志愿军烈士一样，安葬在朝鲜。毛泽东说，共产党人死在哪里，就埋哪里。我的儿子毛岸英死在朝鲜了。有的人说把他的尸体运回来，我说，不必，死哪埋哪吧。

同日

[纲文] **财政部、内务部联合发出《关于颁布残废金、抚恤粮的几项规定的通知》。**

[目文] 《通知》规定，中央人民政府所属各院、会、部、署、行等机关革命残废金由各单位汇总至内务部领取；各级人民政府均由所在政府民政部门发给。

同日

[纲文] **北京市政府发出通告限令美国资本经营及有美资股份的工商企业于1月5日前编报登记清册。**

同日

[纲文] **中国与苏联在哈尔滨签订关于黑龙江、乌苏里江、额尔古纳河、松阿察河及兴凯湖的国境河流航行及建设协定。**

同日

[纲文] **美国第八十一届国会通过扩大战争费用。**

---

① 毛岸英（1922—1950），湖南湘潭人，毛泽东长子，中国人民志愿军司令部俄文翻译和机要参谋，于1950年11月25日遭美国空军轰炸牺牲。

［目 文］ 美国国会通过了美国总统杜鲁门要求的新的扩大战争准备措施，使美国政府本年财政赤字高达300亿美元以上。1月7日，杜鲁门又签署200亿美元补充国防拨款法案。

1月3日

［纲 文］ **中共中央就保存富农经济的政策问题复电华北局并绥远省委。**

［目 文］ 中央复电指出，绥远（今内蒙古自治区中部）省委关于冬季工作补充指示及华北局所提的几点注意，中央均同意。唯在绥远补充指示所提必须掌握的三条原则中，应增加一条“坚持保存富农经济的方针，富农所有的自耕和雇人耕种的土地及其他财产不得侵犯”。这一条是今后减租、土改中必须坚持的，这与你们规定的调剂富农所经营耕种公地也并无矛盾。此前，绥远省委关于冬季工作做的补充指示提出三条原则：一、巩固地团结中农，不得对中农利益有丝毫侵犯；二、不准侵犯工商业；三、杀人必须经人民法庭判处，由省人民政府批准执行；没收财产必须经县政府批准并报省政府备案。

同 日

［纲 文］ **中央人民政府华侨事务委员会党组做出对土改中华侨土地财产的处理办法。**

［目 文］ 办法说，在退租退押反霸赔偿运动中，广东个别地方对华侨家属的处理发生过一些偏差，如根据侨汇任意提升阶级成分，追偿一直追到国外，退租退押看钱开数，将小土地出租者当成地主，把资本主义剥削看为封建剥削，肉刑逼供，抓侨眷罚款。办法指出，必须根据政务院关于划分阶级成分的决定和中南军政委员会补充决定所规定原则划分阶级成分，过去划错成分者应予纠正；某些农村在不纯分子操纵之下乱划成分者，应宣布其原划的阶级成分无效，进行重划；严禁看侨汇收入多寡而任意提升侨眷的阶级成分；侨汇绝大部分是华侨工人的工资，华侨工商业者以资本主义剥削得来的利润不能作为封建剥削；绝不能把许多侨眷因主要劳动力在国外而出租小土地者划为地主，也不要把因在国外从事其他职业，积蓄点钱汇回国内购置少量土地出租者划为地主，即使其国内眷属主要生活来源是靠地租生活，只要他占有土地的数量在当地小土地出租者的最高标准数以下，均不应划为地主；有的占有土地稍高于当地小土地出租者的最高标准，但超过不多，在多数农民同意的条件下，也可不定为地主，而按小土地出租者待遇。

同 日

［纲 文］ **中国国民党革命委员会中央委员会做出《以抗美援朝保家卫国为当前中心政治任务》的决议。**

［目 文］ 决议说，中国各民主党派1950年11月4日发表了联合宣言，指出朝鲜存亡与中国安危的密切关系，誓以全力拥护人民志愿援朝的英勇正义行动。本党是中国人民民主统一战线中的一员，认为抗美援朝不但是今日全中国人民共同的神圣任务，也是本党应有的历史使命。本党同志要在中国共产党领导下，与各民主党派本着《共同纲

领》的立场，密切团结，统一步骤，加强人民民主统一战线；要坚决拥护政府和军队，执行政令，协同政府巩固国防，保障公安，镇压匪特，完成土改，增加生产，稳定金融物价，巩固财经文教等建设，在自己岗位上加紧工作完成任务，从各方面来巩固人民民主专政。凡关于巩固和发展党的组织、加强党的宣教等工作，都应与抗美援朝、保家卫国运动相结合。

1月4日

［纲 文］ 中国人民志愿军、朝鲜人民军占领汉城。

［目 文］ 本日下午，志愿军第三十九军第一一六师和人民军第一军团占领汉城。人民军第一军团进入汉城时与美军1个坦克营发生激战，毙伤俘敌约200人，缴获坦克2辆、汽车46辆。由于"联合国军"在撤离时进行了严重的破坏，此时汉城已面目全非，许多建筑物化为瓦砾。

此前，1月2日14时，志愿军政治部颁布了入汉城部队的政策纪律守则，要求：一、迅速肃清残敌，镇压公开反抗的反革命分子；二、维持城市治安，恢复革命秩序，严禁乱捉乱杀；三、保护工厂、商店、仓库资财及一切公共建筑；四、保护学校、医院、文化机关、名胜古迹及一切公共场所；五、对守法的教堂、寺院、宗教团体一律不加干涉；六、不干涉守法的外侨，不侵入外国使馆，为了防止意外，对外国使馆可派部队加以看守；七、向市民宣传胜利，宣传防空、防特、防火，严格遵守群众纪律，不许随便进入民房；八、凡入城部队自带三天至五天粮食、蔬菜，严禁抢购物资，乱买东西；九、注意军容、军纪及清洁卫生，切实执行三大纪律、八项注意，除派必要巡逻部队外，严禁随便逛街；十、凡属有关政策性质的问题，特别是对外政策，必须事前请示，事后报告。同时，彭德怀、金雄、朴一禹指示，本纪律守则，朝鲜人民军也应照此执行，不另发指示。

1月5日，经朝鲜政府和朝鲜内阁首相金日成同意，志愿军和人民军联合司令部又就进入汉城后，有关货币流通、物资接收和看管、市民和军队的粮食配发、城市锄奸等若干政策问题，下达了指示。志愿军和人民军进入汉城后，严格遵守政策纪律守则，受到汉城市民的一致拥护。

1月5日，《人民日报》发表社论，对占领汉城表示祝贺。社论指出，中国人民志愿军之所以能战胜"武装到牙齿"的美国侵略军，主要是因为他们是为正义人道而战，为爱国主义和国际主义而战，为消灭美国侵略者而战，为使朝鲜和中国人民免于屠杀而战，为朝鲜和中国妇女儿童的安全而战。因而他们所到之地，救死扶伤，恢复城镇和乡村，恢复朝鲜人民的和平生活。他们的伟大行动，已受到朝鲜人民的热烈欢迎。

彭德怀得知新华社大张旗鼓宣传报导光复汉城后，表示不安说，敌人的武器装备占绝对优势，放弃汉城不过是应急措施，肯定还会反攻的。目前我军并无力防守，如果敌军重占汉城，我们怎么向祖国人民交代？并指出，志愿军伤亡减员已达10万人，后勤工作极为困难，必须经过长期的作战，才能胜利。

▲ 中朝军队在汉城国会大厦前欢庆胜利。

同日

［纲文］ **政务院财政经济委员会[①]制定《关于统购棉纱的决定》。**

［目文］ 《决定》由陈云签署，共七条。主要内容是，公私纱厂自纺部分的棉纱、棉布，均由国营花纱布公司统一收购；公私纱厂现存棉纱棉布均停止在市场出售，由国营花纱布公司承购。收购价格需确切计算厂方的成本并给以适当利润；公私纱厂为国营花纱布公司加工代纺代织的棉纱、棉布，也适当规定其工缴费；贸易部应根据生产需要，规定棉纱的分配、销售、加工办法；各地政府对纱布市场必须负责管理，取缔投机囤积，协助国营花纱布公司做好分配销售工作。

［文　献］ **关于统购棉纱的决定**

一、本决定公布之日起，凡公私纱厂自纺部分的棉纱及自织的棉布，均由国营花纱布公司统购。公司纱厂现存棉纱棉布均行登记，停止在市场出售，均由国营花纱布公司承购。

二、国营花纱布公司按前条之规定实施统购时，其收购价格，须确切计算厂方的成本，并给以适当利润。

① 以下简称中财委。

三、公私纱厂为国营花纱布公司加工代纺、代织的棉纱棉布，其工缴费的规定，亦须适当。

四、公私纱厂生产的棉纱棉布，均须符合于国营花纱布公司规定的成品标准，不得降低质量。

五、为使统购价格、工缴费的规定趋于合理，于当地政府的工商局主持，工商联、总工会参加，召集国营花纱布公司及公私纱厂共同协商，提出具体方案，经中央人民政府贸易部批准实施之。

六、中央人民政府贸易部，应根据棉纱或各种棉织品的生产和需要情况，规定棉纱的分配、销售、加工办法。

七、各地人民政府，对纱布市场必须负责管理，取缔投机囤积，协助国营花纱布公司作有效的分配销售。必要时，国营花纱布公司得增设零售点。

资料来源：中央人民政府法制委员会编：《中央人民政府法令汇编（1951）》，法律出版社1982年版，第233—234页。

同日

［纲文］ **中共中央就同意对海南岛工作计划致电华南分局并告中南局。**

［目文］ 电中说，同意你们对海南岛的工作计划，请认真督促海南区党委加紧实行。海南有老区为核心，土改工作似可较为加快，在1951年秋季完成一半，1952年春季全部完成。只要土改完成，海南就基本上巩固了。

同日

［纲文］ **中共中央批转高岗①等关于与苏联军事人员建立良好关系对东北各省的指示。**

［目文］ 中央将1950年12月29日高岗等来电批转华北、华东、中南、西南、西北各中央局和军区党委，并告军委空司、海司、炮司、防司、坦司、军事学院、军训部。批语指出，兹将高岗关于与苏联空军炮兵坦克人员建立良好关系对东北各省的指示转发给你们，中央完全同意这一指示。你们各地凡有苏联军事人员之处均应采取此种态度。

同日

［纲文］ **中央军委②就成立兵工委员会发出通知。**

［目文］ 由周恩来、聂荣臻③、李富春④联名发出的这个通知说，奉毛泽东主席令，

---

① 高岗（1905—1954），陕西横山人，时任中央人民政府副主席、中共中央东北局书记、东北人民政府主席、东北军区司令员兼政治委员。

② 即中央人民政府人民革命军事委员会。本书条目中仍按该机构发文时所用名称撰写，未予统一。

③ 聂荣臻（1899—1992），重庆江津人，时任中国人民解放军代总参谋长、中共中央华北局第二书记、华北军区司令员。

④ 李富春（1900—1975），湖南长沙人，时任中共中央东北局副书记、东北人民政府副主席、东北军区副政治委员。

成立中央军委兵工委员会，周恩来为主任，聂荣臻、李富春为副主任，杨立三①、李涛②、刘亚楼③、许光达④、陈锡联⑤、萧劲光⑥、何长工⑦、刘鼎⑧、宋劭文⑨为委员，雷英夫⑩为秘书长。1952年，彭德怀接替主任。1954年，该委员会撤销。

同日

[纲文] **中央军委批转华东、中南军区党委关于征调老兵补充志愿军的指示。**

[目文] 中央军委给各大军区并告志愿军司令部、九兵团的批示指出：兹将华东、中南两区12月30日对其所属的指示电发给你们参考。此次在全国范围内征调老兵（除新疆及入藏军），不但对志愿军的补充有极大意义，对整个人民解放军亦有极大意义，这样就使整个人民解放军的各部分均有志愿人员参加了抗美援朝战争，这件事的教育意义是很大的。请各大军区均认真进行这一征调工作，按时完成任务。

此前，1950年11月26日，聂荣臻向毛泽东报告，根据前线彭德怀等的意见，建议从关内国防军各公安部队中，动员一批有作战经验的老战士补充志愿军前线部队，以保持战斗力。次日得到毛泽东批准。中央军委命令全国军队除新疆及西康（今四川西部及西藏东部）外，每连抽老兵20人，于1951年2月间集中第一批4万余人补充志愿军。至1951年3月，共动员了12万名兵员，其中有4万多人是打过仗的老兵，分别编成32个补训团，8个独立团补充志愿军前线部队。

同日

[纲文] **毛泽东就同意对湖南军政大学旧军官中反动分子的处理意见复电黄克诚⑪。**

[目文] 毛泽东复电邓子恢⑫并告黄克诚指出，关于湖南军大旧军官中反动分子的处理意见我认为是正确的。

此前，1950年12月9日，黄克诚致电邓子恢并转毛泽东提出，湖南军大有千余名旧军官，大部系陈明仁⑬部及其他起义军官，其中有坚决的反动分子。对这批学员，不宜急躁处理，除其中个别特别反动的分子应逮捕惩治外，不宜逮捕惩罚过多。因其罪恶都是过去的，解放后并无罪恶。如果大批逮捕枪决，对湖南将引起极大惊乱，影响的人就太多了。

---

① 杨立三（1900—1954），湖南长沙人，时任中央人民政府人民革命军事委员会总后勤部部长。
② 李涛（1905—1970），湖南汝城人，时任中央人民政府人民革命军事委员会作战部部长。
③ 刘亚楼（1910—1965），福建武平人，时任中国人民解放军空军司令员。
④ 许光达（1908—1969），湖南长沙人，时任中国人民解放军装甲兵司令员。
⑤ 陈锡联（1915—1999），湖北红安人，时任中国人民解放军炮兵司令员。
⑥ 萧劲光（1903—1989），湖南长沙人，时任中国人民解放军海军司令员。
⑦ 何长工（1900—1987），湖南华容人，时任中央人民政府重工业部副部长。
⑧ 刘鼎（1903—1986），四川南溪人，时任中央人民政府重工业部副部长。
⑨ 宋劭文（1906—1994），山西太原人，时任政务院财政经济委员会计划局局长。
⑩ 雷英夫（1921—2005），河南孟津人，时任中央人民政府人民革命军事委员会总参谋部参谋。
⑪ 黄克诚（1902—1986），湖南永兴人，时任中共湖南省委书记、湖南军区司令员兼政治委员。
⑫ 邓子恢（1896—1972），福建龙岩人，时任中南军政委员会副主席、中南行政委员会副主席。
⑬ 陈明仁（1903—1974），湖南醴陵人，时任中南军政委员会委员、湖南军区副司令员。

同日

［纲文］ **毛泽东就修筑入藏公路做出批示。**

［目文］ 毛泽东于本日批示周恩来、聂荣臻：照西南意见，玉树、黑河、拉萨线公路较易修，而西南则只修甘孜、昌都线，以西不修。请再研究，是否令西北负责修玉树、黑河、拉萨公路？此前，1950年12月9日，西南军区致电中央军委提出修筑入藏公路的意见，称从玉树经黑河到拉萨线，较从昌都以三十九族太昭到拉萨线为易，前者是高原的脊背较平，后者则山大河多，困难特大。电报提出，目前只修通甘孜到昌都段（或再稍向前一段）是可以的。从云南入藏的滇藏公路，已确定目前只修筑大理到屹江段后，即不再继续修筑。至于南疆入藏公路，目前暂时不修。

◀解放军战士在修建入藏公路。

本日，毛泽东还就1950年12月31日张宗逊[①]请减派骑兵入藏致中央军委电，再批示周恩来、聂荣臻：由新入藏，据王震[②]称，修路即由部队担负，不另向中央支经费，只要500辆汽车；5000骑兵亦不是1951年一次都去，今年只去千余。由青入藏，有两个问题，一是以现在玉树之800骑兵为核心，招收若干青海藏人参加，能招收多少算多少，作为护送班禅[③]入藏的兵力，而后即作班禅的卫队；二是修路是否有经费，如无修至日喀则的经

① 张宗逊（1908—1998），陕西渭南人，时任中国人民解放军第一野战军暨西北军区副司令员。

② 王震（1908—1993），湖南浏阳人，时任中共中央新疆分局书记、第一书记，新疆军区代司令员兼政治委员。

③ 班禅，即十世班禅额尔德尼·确吉坚赞（1938—1989），藏族，青海循化人，藏传佛教格鲁派最大活佛及领袖人物之一。时在青海。

费，可否令西北负责修到黑河？以上请酌议拟复。

同 日

［纲 文］ **中财委总结1950年放款综合情况。**

［目 文］ 1950年工商放款9万亿元①，农贷8000亿元，连同外汇放款共18万亿元，占存款90%以上。其中90%贷给国营贸易，达16.5万亿元。另据33个城市统计，公私合营银行放款积数为20082亿元，私营行庄43192亿元，公私合营及私营放款余额为1万亿元。

同 日

［纲 文］ **新华社讯，东北超额完成1950年经济建设任务。**

［目 文］ 电讯说，与1949年相比，东北1950年工业总产值增加93%，工业在整个国民经济的比重由35%提高到43%。公营工农业总产值增加了65.3%，完成计划102.7%。其中工业总产值增加100.5%，完成计划101.8%；农业总产值增加44.1%，完成计划103.4%。铁路运输提前一个月完成全年装车计划；国营内河货运量增加175%。农业方面，耕地面积增加5.7%，完成计划103.3%。粮食总产量增加37%，完成计划107.4%。国营商业方面，区内收购总值增加178.7%，销售总值增加116%；合作社基层社数量增加19.4%，社员数量增加127%，零售总额增加494%，完成计划125.8%，采购总额增加394%，完成计划107.4%。人民生活水平不断改善，购买力乡村平均提高32%，城市平均提高12.5%；东北物价基本保持稳定，没有波动。私营工商业也获得很大发展，沈阳市的坐商数量1950年第三季度比第一季度增加94%，生产总值增加132%。

同 日

［纲 文］ **美国共和党议员提出助蒋反攻大陆计划。**

［目 文］ 美国共和党参议员勃里奇于本日提出6点计划，主张帮助蒋介石反攻大陆，开辟第二战场，宣布中国为“侵略者”。

1月5日

［纲 文］ **政务院召开第六十六次政务会议。**

［目 文］ 会议由周恩来、黄炎培②主持。主要议程和内容是：通过《企业中公股公产清理办法》。《办法》规定的清理范围是，在公私合营企业及有公股公产的私营企业中，国民党政府及其国家经济、金融机关等在企业中的股份及财产，前敌国政府及其侨民和业经依法没收归公的战犯、汉奸、官僚资本家等在企业中的股份及财产，以及其他依法没收归公的股份及财产。解放后人民政府及国家经济、企业机关对企业的投资，也应转作公股，一律进行清理。公股的所有权属财政部。《办法》还对主管机关，公股代表、董事、

---

① 本卷所涉及的“元”如无特指，均为中国人民银行1948年12月1日发行，到1955年5月10日停止流通使用的第一套人民币，俗称“旧币”。1955年3月1日中国人民银行开始发行第二套人民币，折合比率为：第二套人民币1元等于第一套人民币1万元。

② 黄炎培（1878—1965），上海川沙人，时任中央人民政府政务院副总理兼轻工业部部长。

监察人和清理程序等做了规定，此规定于1951年2月4日公布。

中财委私营企业局局长薛暮桥对《办法》作了说明，指出解放前由于日本人和国民党的接管，企业中公股公产的部分很乱，解放后我们又投了一些资。现在被我们接管、代管或监管的企业，公私双方都要求清理。据交通银行统计，全国有几千个企业中有公股公产，这是国家的一大笔财富，应该清理，需要有个统一的办法。会议决定，成立小组起草关于《没收战犯、汉奸、官僚资本家等在企业中的股份财产办法的指示》，报请总理批准。

同 日

［纲 文］ **陈云、薄一波[①]就对资本主义各国出口政策致电中央及各中央局。**

［目 文］ 电报提出，在对美、日出口被冻结、对欧洲继续出口的可能性未澄清以及向资本主义国家大量订货未运回国以前，我对资本主义各国的出口政策必须适合于进口情况。至少在6个月内，出口办法应该是易货，而不是结汇。

同 日

［纲 文］ **出版总署署务会议通过《1951年出版工作计划大纲》**

［目 文］ 《大纲》主要内容有：一切出版发行工作应以扩大爱国主义、国际主义的反帝反侵略的宣传教育为中心政治任务，加强反对美国侵略、保卫世界和平的宣传，并与国家的国防和经济建设实际需要相结合；加快出版、发行、印刷工作的计划化和企业的专业化；做到出版新书较1950年增加50%，印行册数增加100%，一般图书、课本和期刊全年出版5.3亿册。2月25日，中央文化教育委员会修正批准实行《大纲》。

1月6日

［纲 文］ **中共中央批转全军保卫工作会议报告。**

［目 文］ 中央将报告转发罗荣桓[②]、傅钟[③]、萧华[④]并告罗瑞卿[⑤]、杨奇清[⑥]，批语指出：中央同意这个报告。望转发各野战军、一级军区及海、空、公安、炮兵、装甲、铁道部队等党委会和政治部一体遵行为要。

此前，1950年12月27日，罗荣桓等致电毛泽东并中央报告说，11月14日至12月5日召开的全军保卫工作会议，研究了当前全军内外情况，明确了今后军队保卫工作的任务、工作路线和具体工作。会议认为，一年来，军队保卫工作配合了各种任务和各个时期中心工作的完成，起到了纯洁与巩固部队的作用。但也存在严重缺点：一、在胜利形势

---

① 薄一波（1908—2007），山西定襄人，时任中央人民政府政务院财政经济委员会副主任兼财政部部长、全国合作总社理事会主任。

② 罗荣桓（1902—1963），湖南衡山人，时任中国人民解放军总政治部主任兼总干部部部长。

③ 傅钟（1900—1989），四川叙永人，时任中国人民解放军总政治部副主任。

④ 萧华（1916—1985），江西兴国人，时任中国人民解放军总政治部副主任。

⑤ 罗瑞卿（1906—1978），四川南充人，时任中央人民政府公安部部长。

⑥ 杨奇清（1911—1978），湖南平江人，时任中央人民政府公安部副部长。

下，部分干部以为以后军队保卫工作可以减弱甚至不要了。二、部队中对隐蔽斗争认识不足，对政策学习不够，存在严重轻敌麻痹和掌握执行政策上“宽大无边”的右的偏向。三、对部队中的侦察工作认识不足，指导思想不明确，存在无足轻重的取消观点。四、保卫队伍不够强，干部量少质弱，缺乏对敌斗争的知识和办法。会议提出今后保卫工作的任务和方向是：服从加强军队建设、加强国防、保卫国家领土主权完整和东亚及世界和平这一军队工作的总任务，在党与政治机关的领导下，协同有关部门，着重进行检举与惩治一切来自外部或内部的反革命分子，维护党的政策与纪律，从政治、组织上纯洁与巩固全军，为建设强大的国防军创造政治和组织的必要条件。工作路线仍然是“党委领导，首长负责，保卫工作与一般工作相结合，专门机关与广大群众相结合”。今后的主要工作是：一、做好部队新进、留用和录用等人员的审查工作，保证部队组织成分纯洁。二、加强部队侦察工作，重视专门工作建设。三、继续深入进行防奸反特宣传教育，克服和平麻痹思想及右的偏向，但要及时注意防止与纠正“左”的行动。四、加强机关保卫工作，建立与健全保密与安全制度。五、加强对起义部队的肃清特务工作。六、健全机构，培养干部，开办短期训练班；各大战略区训练团保卫股长以上干部，省军区、军训练和培养干事一级干部。会议草拟了《中国人民解放军军法暂行条例》和《全军保密条例》等文件，待军委批准颁发。

同 日

［纲 文］ 毛泽东将华东局注意纠正土改运动偏向的指示电转送黄炎培。

［目 文］ 本日，毛泽东致信此前收到许多地主告状信的黄炎培说：华东局1月4日

政务院副总理兼轻工业部部长黄炎培在家中核阅文件。

给所属党委关于土改的指示电一件，送请察阅，并请掷还。华东局在关于土改问题的指示电中指出，华东第二次土改典型试验会议以后，各地放手发动群众已有成绩，千百万群众已经行动起来，中农已卷入运动，富农主动地想靠近我们，不法地主受到严厉镇压，地主阶级完全孤立，甚至天主教徒也大批参加斗争。在部分土改基本结束地区，已开始与参军运动结合起来，许多农民积极分子自觉地带头报名参军。但个别地区也开始产生了“左”倾偏向，在个别乡村开始出现乱捕、乱打、乱杀行为。此外，个别地方还有打菩萨、毁教堂十字架等行为及提升阶级、算老账的趋势。电报要求各级党委在土改全面展开时，必须集中力量加强领导，注意及时检查工作，及时发现问题，解决问题，纠正运动中的偏向，以保证土改顺利进行。

1月10日，毛泽东又致信饶漱石①、陈丕显②说，我将华东局1950年12月所发关于纠正肃反工作中缺点的指示及1月4日关于纠正土改工作中缺点的指示送给黄炎培，他比较懂得了一些，准备于本月内赴苏南各地去巡视。

同 日

［纲 文］ 陈云、薄一波就荆江大堤工程复电邓子恢并报毛泽东、周恩来。

［目 文］ 复电说，同意邓来电所提荆江大堤工程应先治标的看法，指出：此工程应为重点工程，其经费应包括在长江干支流堤防工程以内；所提荆江分洪工程，其作用在于分泄荆江段洪水流量，以减低洪水水位，增加荆江大堤的安全性，故应与荆江大堤工程相配合；1951年度长江事业费应首先顾全荆江防洪的紧急需要。

1月7日

［纲 文］ 中共中央转发中南局关于土改工作报告。

［目 文］ 中央在给华东局、西北局、西南局的转发通知中说：12月30日中南局关于土改工作报告，是正确的，望你们转发各省市区党委，加以研究和参考。

此前，1950年12月30日，中南局致电毛泽东并中央报告中南地区土改工作情况说，全区514个县，今冬开始土改者221个，明春开始者41个。经过一个多月的工作，证明有两种做法分不好田。一种是和平分田，干部采取“文明”方式包办土改。这样做，农民虽分到一部分田，并不放心，认为“自古有买田的，哪有分田的”。农民应分的生产资料分到的也很少，浏阳县一个千把户的乡，才分了一头牛、四副犁、千把斤粮食，农民认为“还不如上街卖柴利大”。政治上地主阶级打不倒，人民政权建立不起来。另一种是大轰大嗡，干部用粗鲁的方式包办土改，追求表面激烈，全面动手，大捕大捉，逼挖底财，取消斗争步骤，不认真完成划阶级斗争，事后大登记、大没收草率分配果实，发生大浪费、分不公的现象。此种方法比“和平分田”带来的偏差还难以纠正，结果更坏。不少地区经过

① 饶漱石（1903—1975），江西临川人，时任中共中央华东局第一书记。
② 陈丕显（1916—1995），福建上杭人，时任中共苏南区委书记。

纠偏，取得的经验是，一、坚持由点到面波浪式的发展，一般按一、三、九的比例向外扩张。从重点乡入手，再附几个乡，二者相差十几天或20天，为一个斗争阶段。同时，随时召开农民代表会，布置附近地区面的工作，培养积极分子，扣押大的破坏分子，统一斗争步调。二、特别强调发动贫雇农群众，在经济、政治上确定范围并尽可能满足其正当要求。通过干部深入贫雇农访苦、串联和召开乡级贫雇农代表会，打消顾虑，开展诉苦，吸收中农一起开展斗争。在中农积极靠拢并要求入会时，注意健全与改造农协、农代会，统一农民队伍，扩大斗争，而不要丢掉中农。三、有步骤地组织几场斗争。一是开展以执行减租、退押、清债、惩治不法地主令为内容的反霸查租斗争；二是分讲、评、划、批四步进行划阶级的斗争，先划（实际是先斗）几家剥削压迫最凶的地主，再划一般地主及富农，然后划贫农、中农及其他；三是采取先自报后检查的办法，没收、征收地主财产，让地主开出财产清单，弄清谁分散谁隐藏，结合斗争一两个顽抗分子，使地主低头，再通过集体谈判的方法，区别对待，按法令、财力实行赔、还、免。第一步斗争深入者，第二步就着重查土地、追契约，紧接着迅速按抽、补原则实行分配。

电报说，目前运动很猛烈，如能按上述方法正常推进，完成计划是可能的。已通知各地，凡发生严重混乱的地方就先停下来，开会打通思想后，再按正确方法进行，今冬完不成计划，明春下种后继续土改，要快，但不宜急。目前对保护中农的政策是注意的，比较容易发生问题的是对待富农、工商业、民主人士以及处理地主浮财等。对此，已经发了几个文件专讲这些问题，同时利用多种方式宣传，以求及时主动地掌握运动进展情况。最近已发现有打击民主人士家属的现象，已经通知有关部门密切注意，对民主人士家属予以照顾。电报还提出，目前同时进行土改和镇压反革命，掌握不好会造成过分紧张。土改中应严禁乱打、乱划，避免多杀、多捕，教育群众进行讲理、讲法斗争。镇压反革命应分步骤进行，乡村反革命地主可按反革命罪处理。

同 日

［纲 文］ 毛泽东批转陶铸[1]关于广西剿匪工作报告。

［目 文］ 毛泽东将陶铸电批给陈毅[2]、饶漱石、邓小平[3]、贺龙[4]、习仲勋[5]、张宗逊，请他们转发所属剿匪尚处严重情况的地方和军队阅看。并认为广西最近时期的经验是很好的，值得研究。1月9日，毛泽东又复电陶铸并告广西省委、中南局说，一、12月31日关于广西剿匪工作顺利进展的报告已转华东、西南、西北三区参考。二、既然玉江、左江以南和大小瑶山及其周围县境两大重点区土匪可在3月以前剿清，请考虑进剿西北部土

① 陶铸（1908—1969），湖南祁阳人，时任中南军区政治部主任、军区党委常委，中共广西省委代书记。

② 陈毅（1901—1972），四川乐至人，时任中共中央华东局第二书记、中共上海市委第一书记、上海市市长。

③ 邓小平（1904—1997），四川广安人，时任中共中央西南局第一书记、西南军政委员会副主席、西南军区政治委员。

④ 贺龙（1896—1969），湖南桑植人，时任中共中央西南局第三书记、西南军区司令员。

⑤ 习仲勋（1913—2002），陕西富平人，时任中共中央西北局第二书记、西北军区政治委员。

匪是否可以只要二十一兵团去而不要四十五军去，以便将四十五军从剿匪中解放出来，于3月间即开至梧州地区整训待命，准备应付广东方面的万一情况。

此前，1950年12月31日，陶铸致电中南局、华南分局并毛泽东，总结最近广西剿匪工作的两条基本经验：一是做到了更大集中兵力与更好组织党政民财力量的配合；二是镇压、收枪、反霸、地方武装建设等几项剿匪的主要政策更明确，执行得更好。

同日

［纲文］ **刘少奇[①]批示要求研究解决华东局反映各地对政务院《关于划分农村阶级成分的决定》的意见。**

［目文］ 批示请廖鲁言[②]即综合各地意见加以研究，起草一个文件送阅。2月5日，廖鲁言将《中央人民政府政务院关于划分农村阶级成分补充规定（草案）》修正稿报送刘少奇审阅。经刘修改并送各大区领导人征求意见后，于3月7日正式下发。

此前，1950年8月，政务院通过《关于划分农村阶级成分的决定》。1951年1月4日，华东局就所属各地在执行《决定》过程中遇到的问题向中共中央提出综合报告，反映了一些意见，主要内容是，一、《决定》说：国民党政府各级负责官吏，不得定为职员成分。这些人在解放以后，有其他职业收入为生活主要来源者，应根据其职业来决定其成分。《报告》提出，对这类人中在解放后无其他职业而靠过去的积蓄及搜刮所得维持生活者，如何划分成分，及如何区分国民党政府中“各级负责官吏”与国民党机关职员的问题，未作决定。二、福建提出，对一般的债利剥削收入，不应与土地剥削和雇工剥削收入同样看待，但靠债利生活者除外；对在地租和雇工剥削上已接近构成富农成分而又兼放大量高利贷者，应将其债利剥削收入作为该户剥削收入合并计算。除此，其他一般不应予以计算。否则，会将仅有少量地租收入或短工剥削而兼放部分高利贷（大于土地剥削）的中农，划为富农。皖南提出，皖南借贷关系复杂，贫农、中农贷稻、放稻者不少，且利息一般都很高，如果普遍计入剥削，有些中农会因此上升为富农。以债利为主要生活来源、生活在中农以上者，按富农待遇；放债折合大洋千元以上、生活在中农以上者，按富农待遇；中农、贫农放的债，可不计入剥削。苏北提出，高利贷剥削与农业的关系如何，如一个半地主式富农同时又欠债，是否能两相抵消后改为富农成分；如该半地主式富农又放债，是否能提升为地主成分？三、浙江提出，绍兴一带很多人出租农船，其中有些是贫农或中农成分，或无地或少地，完全自耕，如何划分成分？山东提出，沿海渔民家中土地很少，但有船，除自己打鱼外，还雇人打鱼，因无劳力而雇人种地。这种靠渔业与农业两方面维持生活者，应定为渔民兼小土地占有者；如捕鱼工具齐全、资本较大、雇人捕鱼、自己不参加劳动或仅参加轻微附带劳动、生活来源主要依靠剥削渔工者，应定为渔业资本

---

① 刘少奇（1898—1969），湖南宁乡人，时任中共中央政治局委员、中共中央书记处书记，中央人民政府副主席、人民革命军事委员会副主席。

② 廖鲁言（1913—1972），江苏南京人，时任中共中央政策研究室副主任、政务院参事室副主任。

家，家庭农业按工商业界资本家处理。四、在城镇从事体力或脑力劳动，土地雇人耕种，并已达到经营地主条件者，如何划分成分？五、皖北提出，依靠宗教、迷信职业维持家庭主要生活来源同时出租小量土地者，其出租土地留给当地人均土地数，其余征收分配。对于反革命分子的处理，应另列一条。六、城市、市镇、农村的界限如何划分？

同 日

［纲 文］ **民主建国会总会扩大会议通过《全国工商界团结起来为抗美援朝保家卫国而奋斗》政治报告。**

［目 文］ 报告指出，1950 年 11 月，中国各民主党派发表联合宣言，说明中国人民以主人翁的身份关切国家安全，懂得保家必先卫国、卫国必先救邻的道理。工商界在调整工商业后，认识到在公私兼顾的原则下，一切有利于国计民生的工商事业都已成为人民的经济力量，得到国家的保护。工商业在抗美援朝运动中，基本任务是疏通物资，稳定市场，发展生产，巩固经济，踊跃纳税，保障供给。为此，我们要团结那些在思想上还有顾虑的人们，细致地为他们解决问题，以团结绝大多数工商业企业家，加强人民民主专政的基础。改造少数投机取巧、囤积居奇的不良分子，打击和彻底消灭潜伏在工商界中造谣生事进行阴谋活动的匪特。只要团结绝大多数人民同少数敌人斗争，胜利是完全有把握的。

同日—10 日

［纲 文］ **黄河水利委员会首次会议在开封召开。**

［目 文］ 会议听取了关于 1950 年治黄工作的总结报告，决定了 1951 年治黄工作的方针任务，即在下游继续加强堤防，大力组织防汛工作，在一般情况下保证黄河在超过 1949 年水位时不发生溃决；在中上游大力筹建水库，加强检测、查勘工作。继续进行引黄灌溉济卫（河）工程，规划宁绥灌溉工程；并着手制定治黄的全面规划，以期逐步达到变害河为利河的总目标。

同 日

［纲 文］ **北京自然科学工作者集会欢迎出席世界保卫和平大会代表团归来。**

［目 文］ 李四光①主持会议，代表团团长郭沫若②报告了第二届世界和平大会的成就后指出，在和平大会的各国 1756 位代表中，有 320 位是知名科学家，说明全世界科学工作者对和平保卫工作的重视和努力。中国的科学家不仅要负建国的责任，并且要负担起改造世界的责任。

1 月 8 日

［纲 文］ **《人民日报》发表题为《欢迎天主教人士的爱国运动》的社论。**

---

① 李四光（1889—1971），湖北黄冈人，地质学家，时任中国科学院副院长。

② 郭沫若（1892—1978），四川乐山人，时任中央人民政府政务院副总理兼文化教育委员会主任、中国科学院院长。

[目 文] 社论指出，在抗美援朝保家卫国运动中，中国天主教中的爱国人士，继基督教人士之后，已开始了自立革新的爱国主义运动，受到全国人民热烈欢迎。中国天主教徒应踊跃参加抗美援朝和王良佐等人发起的自立革新运动。中国天主教徒热爱自己的国家，丝毫不妨碍自己的宗教信仰。在新中国，信仰是自由的，是受《共同纲领》保护的。但是，在中国，天主教和基督教一样，一方面是宗教信仰的对象，另一方面又曾长期被帝国主义作为帮助侵略的手段。许多外国的传教士以传教为名，实际担任美帝国主义和国民党反动派的特务工作，如不从教会中清洗出去，势必危害教会本身的存在。每一个有良知的中国教徒，都应当在反对帝国主义的根本问题上，站在爱国主义一边。社论强调，中国天主教要完全隔绝与帝国主义侵略分子、间谍分子的阴谋活动，必须根本改革天主教会完全受制于帝国主义国家的制度。爱国的中国天主教人士必须有勇气有决心打破天主教会内一切帝国主义分子及其代理人的控制，揭露他们一切非法破坏阴谋，与全国人民团结，一起为中国天主教光明前途而奋斗。

此前，1950年11月30日，川北广元县天主教中国神父王良佐领导500余名教徒发表宣言，主张与帝国主义者割断各方面的关系，建立自治、自养、自传的新教会。绥远、重庆、南昌、武汉、川西、川北等地天主教人士纷纷响应了这一主张。

同 日

[纲 文] **彭德怀就拟召开高级干部会议致电中共中央并高岗。**

[目 文] 电报针对第三次战役中苏联与朝鲜方面有人认为只要中朝联军继续前进美军很快就会退出朝鲜半岛的意见，指出，第三次战役已结束，为了总结经验，统一思想，准备春季攻势，拟于1月20日至25日召开军级干部会议，并希望有中央及东北局同志出席。如朝鲜劳动党中央同意，即拟名为人民军与志愿军高级干部联席会议。如不同意，即以志愿军党委名义召集扩大会议，仍请朝鲜劳动党中央主要负责人出席。电报指出，两个多月作战，三个战役伤、亡、冻伤、病、逃，西线六个军共计5.5万人，东线九兵团三个军约4万人。目前兵力不足，给养很差，体力削弱，非休整补充难以继续作战。请将各大区抽调的老兵第一批4万人于2月初送到球场、龟城、定州，2月下旬补入部队，3月中旬即可继续开始进攻。同时为防止敌人从侧后登陆，十九兵团应调往鸭绿江边至球场地区为预备队，相机使用。

同 日

[纲 文] **志愿军党委下达各军休整期间准备春季攻势任务的指示。**

[目 文] 根据1950年12月29日毛泽东关于打完第三次战役后休整两个月准备春季攻势的指示，本日，志愿军党委指示各军、九兵团、各炮师、前方后勤指挥所、工兵指挥所各级党委，今后的中心问题在于全党全军努力克服困难，准备充足的作战力量（体力、物力、战术、技术等项），很好地总结历次战役经验，特别是第三次战役经验，提高技战术，争取下一战役开始，连续作战，全歼敌人，全部解放朝鲜。这是下一战役的奋斗目标，也是休整期间应具体准备的。指示提出的主要任务是，一、重病、重伤迅速后送，

轻伤、冻伤突击治疗，休整部队注意恢复体力；加强管理运输，保证供应，力求吃上热饭热熟菜。二、宣传解释胜利意义，加强尊重朝鲜党政军民与国际主义教育，进行新区政策教育，整顿群众纪律，以最大力量抽调干部协同地方筹集粮秣。三、整理组织，合并单位，补足缺额干部；抽出与编组带领新兵干部；对新缴和损失武器进行统计，调查研究武器性能与改变装备的情况与经验，加强战时行政管理教育并总结经验。四、军政后勤机关部队开展战评运动，评选英雄，总结经验。五、学习战术，开展练兵运动，应按新老兵、部队性质及熟练程度、干部战士不同情况具体计划。六、迅速恢复交通，加强各种运输工具的管理掌握，根据后勤计划，加强运输，囤积物资。

指示强调，根据敌我形势，暂定休整时间由1月15日至3月15日，但需充分估计到，敌虽遭我过去三个月的打击，还有可能迅速补充后备兵力（有于三个月内补充6万兵员之说），再来进犯。各部应随时准备提前作战。

同 日

［纲 文］ 中财委通报福建税收经验。

［目 文］ 1950年全国税收虽有很大成绩，但偷漏税相当严重和普遍，全国漏税估计在20%以上；中南区总漏税情况在30%，其中工商业税漏税、少纳普遍在14%以上。为此，中财委通报福建税收工作的经验指出，1950年分配福建税收任务2800亿元，至12月中旬已完成3800亿元，估计年底可达4000亿元。其经验是，一、全党重视税收工作。“税务人员跑断腿，抵不上党政首长动动嘴”，是许多干部的经验。二、依率计征和分配任务紧密结合。三、按项按时（月或季）分配任务及检查其执行情形，得出经验教训及时改进。四、抓紧重要的税种（如货物税、工商税等），分清轻重缓急，正确分配力量，突击征收。五、自报查账、依率计征，自报公议、民主评定及定期定额三种税收办法，要善于灵活运用。自报查账、依率计征是对公营企业及有健全会计制度者；自报公议、民主评定对一般较大的商户；定期定额是对小商户及税收数目有限但评定时麻烦很多者。六、对商人要有斗争有团结，商人经常会以喊、拖、欠对付我们，其目的是少缴或不缴，这就必须掌握充分材料，证明税收并不像他叫喊的重。踊跃交纳者要予以表扬，而刁顽拖欠者应予以惩处。七、税收机关与工会要经常配合，工会动员工人协助政府办税，是不法商人很害怕的一着。

同 日

［纲 文］ 中国民主促进会做出《关于如何贯彻联合宣言的决议》。

［目 文］ 《决议》说，为坚决拥护和贯彻各民主党派联合宣言，要求做到，一、必须加强时事学习和进步理论的研讨，提高思想觉悟，激发爱国主义和国际主义热情，坚定反对侵略、保卫和平的信心；二、必须加强宣传教育，提高民族自尊心和自信心，揭露和打击少数人的亲美思想，对崇美、恐美和苟安思想进行深入的说服解释工作；三、必须巩固内部团结，加强与友党的合作，在中国共产党领导下，巩固与扩大人民民主统一战线；四、必须在一切工作中，团结、争取进步的有群众影响的积极分子，作为开展宣传教育的核心，扩大拥护联合宣言的群众基础；五、必须对朝鲜人民军和志愿军贡献一切可能的力

量，予以最大的支援。

同日

［纲文］ **中国农工民主党做出贯彻联合宣言的决议。**

［目文］ 决议说，1950年11月4日各民主党派发表联合宣言，坚决支持全国人民为抗美援朝保家卫国的任务而奋斗。本党同志必须在中国共产党和工人阶级领导下，与各民主党派及全国人民团结一致，用一切力量保证取得这一伟大胜利。要完成下列任务：一、更密切地团结各民主阶级各民主党派和各民族，彻底消灭任何反动势力。二、号召知识青年参加军事干校，培养国防人才，宣传民众参加有关国防的一切工作；发动人民拥护慰劳军队；防止土匪特务间谍破坏国防。三、精简节约，加强生产建设，参加土地改革。四、提高民族自信心，打击亲美、恐美、崇美的错误思想，提高全国人民文化水准和政治觉悟，学习马列主义、毛泽东思想，扩大爱国主义和国际主义宣传教育。

同日

［纲文］ **中央文学研究所举行开学典礼。**

［目文］ 该所由文化部领导，全国文联协办，丁玲①、张天翼②任所领导。该所任务是培养青年和工农作家，后改名为文学讲习所。

同日

［纲文］ **上海人民广播电台转播苏联男子篮球队同上海篮球队友谊比赛，这是新中国首次通过电台转播体育比赛实况。**

同日

［纲文］ **鲁迅纪念馆在上海成立，陈毅等前往参观。**

1月9—11日

［纲文］ **毛泽东指示参加剿匪各部队部署应付广东情况。**

［目文］ 1月9日，毛泽东致电邓子恢、谭政③、赵尔陆④并告叶剑英⑤、方方⑥指出，一、广西方面剿匪进展顺利，据陶铸说3月以前南北两重点区剿匪即可完成。似此四十五军应即于3月内集中梧州整训，湖南四十六军应于2月内集中郴衡线上整训。只要这两个军能于2、3月内集中上述地区，就可应付万一。二、江西南部四十八军情况如何，如有紧急需要，该军是否亦可向广东调动，盼告。三、二十一兵团在广西南北两重点区剿匪以求锻炼，否则也应集中梧州整训，究应如何届时再定。四、广东剿匪工作现在是否已

① 丁玲（1904—1986），女，湖南临澧人，作家。
② 张天翼（1906—1985），江苏南京人，作家。
③ 谭政（1906—1988），湖南湘乡人，时任中南军区暨中国人民解放军第四野战军第三政治委员兼政治部主任。
④ 赵尔陆（1905—1967），山西原平人，时任中南军区第二参谋长。
⑤ 叶剑英（1897—1986），广东梅县人，时任中共中央华南分局第一书记、广东军区司令员兼政治委员。
⑥ 方方（1904—1971），广东普宁人，时任中共中央华南分局第三书记。

特别抓紧进行，何以很久没有剿匪成绩报告，请叶剑英、方方检查电告。

1月11日，邓子恢电告毛泽东，已安排从4月起集中应付广东方面情况的计有四十一、四十三、四十四、四十五、四十六、四十八6个军，6月起可增加四十七军两个师。毛泽东本日复电邓子恢等说，即照你们的部署，从4月起集中6个军应付广东方面的情况，从6月起再增加四十七军两个师。请督促各军按期完成计划。

根据毛泽东指示，1月14日中南军区令在淡水、平山、潮汕一线的四十一军向潮安、汕头地区集中；湖南四十六军全部集结于石龙、惠阳、博罗地区，以一个师接管大亚湾地区防务；四十八军一个师提前集中，两个团进至韶关地区。各军迅速集中，严阵以待。

1月9—10日

［纲 文］　**周恩来在政务院召开的财经部门苏联专家工作座谈会上讲话。**

［目 文］　周恩来指出，一年多来，苏联专家在财政、工业、交通、银行、贸易、水利等部门的工作，方向是正确的，工作态度是非常认真和热情的。中国同志从你们那里学习了许多东西，业务能力得到较大的提高。应感谢在阿尔希波夫①领导下的苏联专家同志们。周恩来向苏联专家介绍中国有关情况说，一、中国革命的发展，是由地方发展到中央的。中国革命的成功，也是由一块一块地方革命成功，最后才在全国范围内成功的。中国经济的发展情况也是这样。二、经济核算制在经济建设工作中是很重要的，应该这样做，也必须这样做，但是供给制走向经济核算制需要有个过程。对政府工作人员的待遇，把供给制一下子改为薪水制，是今天财政、经济情况尤其是军事情况所不能允许的。所以，改为经济核算制先自企业部门入手，如在矿山、工厂、交通等企业中已经实行了经济核算制，凡能实行的地方都先实行了。三、一切工作都应有计划，但因统计资料不全等条件的限制，计划在实行过程中常常要修改和补充。四、对于法律条例，不要等它完全成熟了再去颁布施行，基本成熟了即可拿到实际中试验，并在实施中逐步完善。

1月9日

［纲 文］　**中国邮政总局致电万国邮政联盟。**

［目 文］　电报通知，中国已任命邮政总局局长苏幼农为代表，出席在开罗召开的万国邮政联盟执行及联络委员会与国际航空运输协会商谈的联席会议。

同 日

［纲 文］　**九三学社做出《当前的任务和工作》的决议。**

［目 文］　决议提出，为贯彻抗美援朝运动，本社现阶段的工作是，一、努力参加抗美援朝各种具体工作，为保卫和建设新中国贡献我们所有力量。二、特别努力开展并深入抗美援朝的宣传教育工作，揭露并打击少数人的亲美思想，对有恐美、崇美思想的人进行

① 阿尔希波夫，苏联负责中国经济工作的总顾问。

耐心说服，加强爱国主义和国际主义教育。三、参加建设国防和巩固国防的工作。四、扩大和广大知识分子的联系，经常举行座谈会和讲演会，提高政治水平和学术水平。五、吸收进步知识分子为社员，稳步发展组织。六、加强社内的批评与自我批评和学习。

同日

［纲文］ **上海市人民政府委员会召开首次会议。**

［目文］ 会前，陈毅、潘汉年①、盛丕华②及上海市人民政府委员在市府大礼堂举行就职典礼，表示新的政府委员会有信心在1950年的胜利基础上，执行各界人民代表会议决议，进一步办好上海人民的事情。在下午召开的上海市人民政府委员会会议上，陈毅报告了1951年上海市的工作任务：要用极大的努力来巩固国防力量，完成支前任务，保障祖国安全，以使各项工作顺利进行；巩固人民民主专政，开好各区的人民代表大会，完成郊区土改，镇压一切反革命活动；继续做好市场管理，开展爱国主义生产竞赛活动，执行财政预决算制度，努力完成税收，恢复和有重点地发展与国防建设相结合的经济建设；继续深入地开展抗美援朝，保家卫国的思想教育。报告提出，仍要本着“稳步前进”的方针更好地完成各项工作。

1 月 10 日

［纲文］ **中共中央批转北京市委关于工商界抗美援朝运动的报告。**

［目文］ 中央在给各中央局并转所属分局、省市委区党委的转发批语中说，希望对于工商业家的爱国运动，加以充分的注意。兹将北京市委关于工商业界抗美援朝运动的报告发给你们作参考。

同日

［纲文］ **政务院发出《关于处理美国津贴的救济机关的指示》。**

［目文］ 《指示》说，一、对全部或大部依靠美国津贴或资助的救济社团（如基督教世界服务委员会中国分会、全国天主教福利委员会等）及其在各地的分会，应由各地民政部门负责立即加以管制。二、对仅接受美国少部分津贴或临时津贴的救济社团，暂时不予管制，维持现状。三、对上述团体、机关中的工作人员和受益人员，应进行宣传解释工作，注意他们的生活不因听候处理而受到影响。四、上述团体、机关如经费发生困难，可酌予补助。

同日

［纲文］ **周恩来就修筑入藏公路等问题致电张宗逊等。**

［目文］ 周恩来在致张宗逊、习仲勋并告西北局、新疆军区、西南军区的电报中说，一、由新疆出兵西藏及修新疆公路问题，王震来京时已经谈妥。所需汽油，中财委允照数拨给，但需新疆自己解决运输问题。二、为配合西南入藏作战，今春在必要时，可由

---

① 潘汉年（1906—1977），江苏宜兴人，时任上海市副市长。
② 盛丕华（1882—1961），浙江宁波人，时任上海市副市长。

玉树向黑河方向出动少数骑兵。为准备将来护送班禅入藏，应以青海800名骑兵，再招收若干青海藏人作为班禅卫队，入藏后并准备长期留下，成为干部。此项任务，望你们责成青海军区特别注意完成。

同日—11日

［纲 文］ **中国人民志愿军司令员彭德怀、朝鲜人民军总司令金日成就中朝军队是否缩短休整时间继续南进进行商谈。**

［目 文］ 此前，1月9日中国驻朝鲜大使馆代办柴军武致电彭德怀报告，金日成认为部队休整时间不宜过长，有一个月即足，并主张继续南进。10日彭德怀致电毛泽东指出：由于部队伤亡很大，现兵力不足，供应极差，体力削弱，难以继续作战，必须休整补充。11日毛泽东电告彭德怀说：人民军一、二、三、五军团均可置于汉江以南的第一线。志愿军撤至仁川及汉江以北休整两三个月，仁川及汉城守备由志愿军担任。人民军应将现在东北训练的新兵加以补充。如朝方认为不必补充休整就可前进，则也可同意人民军前进击敌，并可由朝鲜政府自己直接指挥。志愿军担任仁川、汉城及三八线以北的守备。

10日晚，彭德怀、邓华①、洪学智②与金日成在君子里志愿军司令部会谈。彭德怀介绍了志愿军现状和敌情分析：志愿军总共减员9.1万人。其中西线6个军经三个战役伤亡3万人，冻伤及病、逃2.2万人；东线3个军伤亡1.9万人，冻伤及病、逃2.2万人。现运输困难，粮弹、棉衣、被毯运不上来，体力削弱，人员极不充实，极需补充休整，改善运输条件。现敌军兵力尚有20余万人，已在平泽、安城、堤川、宁越、三陟等线布防就绪。我应进行充分准备，求得下一战役消灭更多敌人，不让敌军退至釜山狭小地区。从各方面考虑，不消灭敌军主力，美军是不会退出朝鲜的。

11日17时，彭德怀、邓华、洪学智与金日成、朴宪永继续会谈，朴根据苏联驻朝鲜大使拉佐瓦耶夫的意见，提出志愿军不应休整，继续南进，美军就肯定退出朝鲜。彭德怀以当前敌军兵力部署和志愿军实际困难反对速胜观点，坚持志愿军必须休整两个月才能发起攻势。经他反复说明后，金、朴同意志愿军就地休整，暂不南进。双方商定1月25日在君子里召开志愿军与人民军高级干部联席会议，总结交流作战经验。

会谈后拉佐瓦耶夫向斯大林报告说，彭德怀“右倾保守，按兵不动，不乘胜追击”。斯大林经毛泽东电告朝鲜战场情况后，立即复电说，真理在彭德怀手里，彭以那样劣势装备打败了世界上最强大最狡猾的帝国主义，是当代天才统帅。今后一切听彭德怀指挥。斯大林还严厉批评拉佐瓦耶夫根本不懂军事，不准他再干扰彭德怀的指挥，即将他调离朝鲜。

同 日

［纲 文］ **内务部、公安部联合发出《关于公安部队的军籍问题通令》。**

---

① 邓华（1901—1980），湖南郴州人，时任中国人民志愿军第一副司令员兼第一副政治委员。

② 洪学智（1912—2006），安徽金寨人，时任中国人民志愿军副司令员。

［目文］《通令》发至各大行政区民政部、公安部，华北5省民政厅、公安厅，京、津两市民政局、公安局。《通令》规定，各级公安机关的工作人员均无军籍；各级公安机关所属的公安部队（包括正规部队与县及县以上地方公安部队），凡在编制内的干部、战士、工作人员，均有军籍，其家属应按军属优待。但薪金制人员的家属不得享受军属物质优待；公安部队中无军籍者，其家属亦不得享受军属待遇。

同日

［纲文］**郭沫若就“松川事件”致电日本首相吉田提出抗议。**

［目文］中国人民保卫世界和平反对美国侵略委员会主席郭沫若在电报中提出，我代表中国人民严重抗议你们以松川事件为借口，无理地将日本铁路工会福岛分会委员会长铃木信等工人分别判处死刑、无期徒刑和有期徒刑，并要求你们立即将他们无条件释放。此前，1950年12月6日，日本福岛裁判所因半年前在松川发生的列车颠覆事件，判决24名日本共产党员与工人中，5人死刑，15人无期徒刑和徒刑。

1月11日

［纲文］**中国政府向苏联政府提交建议举行中、苏、英、美、法、印度和埃及7国会谈的备忘录。**

［目文］备忘录指出，目前美国由于在朝鲜的失败急于想求一出路，最好是“光荣的停战”，否则就是无限制的战争。但前者是我们所不能允许的，而后者又为英、法及印度和阿拉伯集团所畏惧。英国及亚洲、阿拉伯国家可能提出先停战后谈判，谈判内容包括从朝鲜撤退一切外国军队、在朝鲜实行普选及讨论远东有关问题，并规定谈判国家包括中苏两国在内的议案。如果联合国第一委员会①通过上述一类提案，我们拟在拒绝先停战后谈判的建议之后，主动提出下列主张：一、在同意从朝鲜撤退一切外国军队及朝鲜内政由朝鲜人民自己解决的基础上，举行有关各国的谈判，以结束朝鲜战争。二、谈判内容必须包括美国武装力量从台湾及台湾海峡撤退和远东有关问题。三、举行谈判的国家应包括中华人民共和国、苏联、英国、美国、法国、印度和埃及7国。中华人民共和国在联合国的合法地位即从举行7国会议起予以确定。四、7国会议的地点，提议在中国。

1月14日，中国政府将一份内容相同的备忘录提交给朝鲜政府，说明这一提议已得到苏联政府的同意并愿予以支持，毛主席愿得知金日成首相的意见。

同日

［纲文］**中共中央批转《关于1951年国营贸易的方针任务和计划的决定》。**

［目文］《决定》说，一、1951年全国国营贸易的总任务是，发展城乡内外交流，稳定物价，实现上缴利润3万亿元的计划（东北除外）。发展城乡内外交流，推销土产品是重要一环。在美英国家对我实施经济封锁的情况下，必须在内销方面找出路，并积极扩

---

① 即联合国大会政治委员会，或称联合国大会政治与安全委员会。

大对苏联及新民主主义国家的对外贸易。稳定物价，主要是保证全国各大城市主要物资的供应，积极配合合作总社开展城乡定额配售工作。二、1951 年国营贸易总计划（东北除外），销售额为 74 万亿元，比 1950 年增加 75%；其中国内销售（包括进口物资内销）60 万亿元，出口 13 万亿元。三、经营管理的几项原则：1. 改进经营管理，提高资金周转率。2. 灵活经营土产，土产公司固定资金不入金库，按计划自行周转，分期向中央报告及上缴利润。3. 边远地区及交通不便不发达的某些县份，得设一揽子性质的贸易公司，固定资金不入金库，并在各区之间适当调剂资金。4. 除工业器材公司的零售公司、百货公司及花纱布公司需继续扩大外，其他公司在 1951 年不再扩大。5. 减低费用损耗，加强检查。6. 国营贸易公司按经济中心设置机构，不按行政区划，以免机构重叠。7. 增设一个对资本主义国家的一揽子性质的进出口公司。

同 日

［纲 文］ 中共中央批转中财委《关于全国棉纺织会议的综合报告》。

［目 文］ 《报告》说，1950 年的棉纺织业经过恢复、好转，全年产纱约为 235 万件，相当于抗战前最高年产量的 98%。1951 年棉纺业的方针为，提高生产，改进管理，重点建设，稳步发展。今后要改变若干年来重业务轻管理的观点，改进管理，改进技术，降低成本，积累资金。

同 日

［纲 文］ 周恩来、薄一波等研究对苏军事订货、贸易、银行等问题。

［目 文］ 研究议定：一、1951 年对苏军事订货总值 14.7 亿卢布，因 1950 年中苏贸易中国实际出超 2.28 亿卢布，加上苏联对中国贷款的余额，可与军事订货平衡。二、同意姚依林①为代表团团长前往苏联谈判并签订 1951 年中苏贸易协定。

同 日

［纲 文］ 上海举办纪念太平天国起义100周年展览。

［目 文］ 展览内容除陈列上海、南京各地收藏的珍贵文物和史料外，还有征借各界珍藏的有关文物，包括太平天国服饰、旗帜、钱币、军器、印章、凭照、书信、碑拓、图片、画像及有关中外著作等。

同 日

［纲 文］ 美国经济合作总署中国分署宣布对台湾援助情况。

［目 文］ 宣布指出，截至 1 月 5 日，美总署 1951 年度（1950 年 7 月—1951 年 6 月）援台款项 4000 万美元已拨用 3547.85 万美元。其中属物资供应计划包括肥料、原棉、食品等 2497.75 万美元，工业计划 830.6 万美元，运费 213.5 万美元及怀特工程公司费用 6 万美元。次日，美总署中国分署又宣布，截至 1950 年 12 月 31 日，援台物资已运抵者总值达 19252052 美元。

---

① 姚依林（1917—1994），安徽贵池人，时任中央人民政府贸易部副部长。

1月12日

[纲文]　中共中央发布《关于为朝鲜募集救济品的指示》。

[目文]　《指示》指出，朝鲜难民亟待救济，特需粮食棉花布匹衣服或现金，现中国人民保卫世界和平反对美国侵略委员会已经会同中国人民救济总会和中国红十字会，发起募集救济品运动。此事应与募集对中国人民志愿军和朝鲜人民军的慰劳品合成一个运动统一举行，最后统一分配，不要单独或分批举行，使群众不胜其烦。希望各地人民团体即按该会通知开展募集慰劳品救济品的群众运动，并注意使运动完全出于群众自愿，不得强迫征集，不要提倡勉强捐出自己必需品的行为。

同日

[纲文]　中共中央就华南分局关于出租耕牛处理办法复电中南局。

[目文]　复电同意华南分局关于出租耕牛问题的处理办法。此前，1月9日，中南局致电中央，转呈华南分局关于土改中处理出租耕牛办法给广东北江地委的复电。华南分局的办法是，一、地主的耕牛一律依法没收分配，但属于畜牧业或贩卖性质的大群耕牛则不予没收。二、纯靠出租一批耕牛给农民饲养、收取牛租为生的，应依地主的耕牛没收分配。如无其他生活来源，应分给其与农民同样一份土地及其他生产资料，解决其生产生活。三、富农自养或雇工饲养的耕牛，不论是否出租，均不得没收。四、富农或牛主出租给农民并在农民家中饲养的耕牛，属封建剥削性质，须征收分配。但是如富农家中并不养牛或原来养牛少，仍须靠出租耕牛以耕种其自耕和雇耕土地的，在征收其出租耕牛时，应根据其耕种土地的需要留给适当数量的耕牛。五、计算中农和富农的分界线是：中农出租耕牛的收入应视为家庭固定收入中的剥削收入；此项收入占固定收入的比例超过25%者为富农，不超过者为中农。六、中农出租的耕牛不动。

同日

[纲文]　政务院召开第六十七次政务会议。

[目文]　周恩来主持会议。会议主要议程是：批准水利部部长傅作义作的《1950年水利工作总结和1951年的方针与任务的报告》。《报告》说，全国一年来完成土工总数4.19亿立方米。新增灌溉面积371万多亩，另修旧渠及民营小型工程，灌溉面积受益1300多万亩。《报告》指出，1950年工作的缺点是，工程贪多，调配研究不足，施工前准备工作不足，各级工作机构的财务组织不健全。1951年工作方针与任务是，一般河流，应重点岁修和严密防汛；内涝严重的地区，应大力兴建排水工程；灌溉应扩大与恢复并重，工程与管理并重。

周恩来在会上指出，水可用以灌溉、航行，还可用以发电。在中国历史上并非没有治水理论，只是那些理论对于今天的情况来说，是远远不够的，因此要把治水理论提高一步，即从现在的蓄泄并重，提高到以蓄为主；从现在的防洪防汛、减少灾害，提高到保持水土、发展水利，达到用水的目的。今天的治淮方针是：上游以蓄为主，下游以泄为主，中游蓄泄并重。当前工作要与总方针配合，治本要与治标结合，以治标辅助治本。他强调，长江的荆江分洪工程，在必要时要用大力修治。否则，一旦决口，就会成为第二个淮河。

同 日

[纲 文]　政务院发出《关于处理失业知识分子的补充指示》。

[目 文]　《补充指示》由周恩来1月11日签署，共八条，指出，中国现有知识分子为数不多，在国家建设事业进一步恢复和发展过程中，将日益感到知识分子的需要和缺乏。鉴于失业知识分子存在的学用脱节等问题，今后处理失业知识分子的基本方针，应当是经过训练和其他方式，帮助他们获得或增加为人民服务的观点和技能，尽可能吸收他们参加国家建设和社会服务的各种实际工作。

[文　献]　关于处理失业知识分子的补充指示

一、半年以来，由于国家财政经济情况开始好转，各种建设事业渐多恢复，又由于本院先后发布之救济失业工人指示及救济失业教师与处理学生失学问题指示及由本院批准之救济失业工人暂行办法已在各地实施，使过去国民党反动统治所造成的大批失业知识分子已有一部分就业或获得物质救济。但在上述指示与办法中所规定的失业知识分子以外，还有其他失业知识分子的处理问题亦应予以适当的解决。为了积极增进各种失业知识分子就业的机会和条件，并逐步助其就业，特补发如下指示，望各级人民政府和有关主管部门认真执行。

二、中国现有知识分子为数本不多，在国家建设事业进一步恢复和发展的过程中，将日益感到知识分子的需要和缺乏。但由于种种原因，主要由于过去教育制度所造成的知识分子一般存在着学用脱节与缺乏为人服务观点的严重缺陷，致国家需要录用他们时发生很大困难。因此今后处理失业知识分子的基本方针，应当是经过训练或其他方式，帮助他们获得或增加为人民服务的观点和技能，尽可能吸收他们参加国家建设和社会服务的各种实际工作。

三、处理失业知识分子的范围如下：（一）凡程度在高中毕业以上或相当于高中毕业以上，曾有职业而目前失业者，或迄未获得职业者；（二）具有相当学识并在地方上有相当声望的人士，愿为人民服务，但因年老或身体衰弱，现在不能担任辛劳工作而无法生活者。

但少数知识分子堕落成为特务、恶霸及曾在蒋匪帮统治时期犯有反对人民的严重罪恶者，不在本办法处理范围之内。

四、对于本指示第三条第一款所规定之失业知识分子，可依照下列各款斟酌处理（其中有一部分失业知识分子其条件符合于救济失业工人暂行办法第三条所规定者，应仍由各地救济失业工人委员会依照救济失业工人暂行办法并参照下列各款处理）：

甲、各地人民革命大学或同样性质之学校，应规定一定名额吸收适当的失业知识分子入学，经过学习后尽可能分配他们参加工作或作其他适当处理。

乙、各地缺乏工作人员之政府部门，应计划举办各种专业训练，吸收失业知识分子给予训练后分配其参加工作。

丙、各地教育部门，在开展工农教育及识字教育工作中，可招考失业知识分子担任文化教员及其他适当工作，其他建设工作（如合作、水利等）需要知识分子干部者亦可用同样方式吸收之。

五、为便于调整一些地方知识分子失业的现象，各县、市级以上人民政府遇有缺乏知识分子情况时，应将所缺知识分子的种类和数目层报上级人民政府部门或人事部门，以便适当调配。

六、对于本指示第三条第二款所规定之失业知识分子，应由各省、县、市人民政府根据实际情况，采取适当办法，吸收他们参加工作。其所需经费由地方自筹，但得视需要呈请上级人民政府予以适当补助。

七、处理失业知识分子工作，中央由政务院文化教育委员会同人事部、内务部、劳动部等有关机关计划指导之；大行政区、省、市由大行政区人民政府（军政委员会）及省、市人民政府依当地情况指定适当机关计划指导之。

八、处理失业知识分子所必需之补助费，由中央人民政府之救济事业费中拨付之。

资料来源：中央人民政府法制委员会编：《中央人民政府法令汇编（1951）》，法律出版社1982年版，第541—543页。

同日

［纲文］　《人民日报》发表题为《加强人民检察工作》的社论。

［目文］　社论指出，一年来已在全国五大行政区内建立了5个检察分署，并在35个省、17个市、11个专区和41个县建立了检察署。仅最高人民检察署1950年下半年即处理案件749件。上半年，检察工作主要是建立中央及各级检察机构，草拟各项规章。下半年在政务院和最高人民法院联合发布《关于镇压反革命活动的指示》后，各级检察署以检察反革命案件为中心，会同司法、公安机关，清理和处理反革命等特刑案件，纠正了若干判刑不当及监所管理失当问题。社论说，1950年处理的700多起案件中，除最高人民法院特刑送核者外，群众直接控诉及其他机关转来的案件，主要是控告公安、司法及其他机关公务人员违法乱纪、判刑不当、对反革命分子量刑不当以及行政诉讼等案。这些案件由于最高人民检察院给予了迅速、慎重而严正的处理，反映较好。

同日

［纲文］　高岗就东北军区关于准备春季攻势的计划报告毛泽东并中央军委、彭

德怀。

［目 文］ 1月6日，东北军区党委召开会议，就准备春季攻势计划进行研究讨论，做出计划。高岗于本日提出报告说，目前军区一切工作是以准备春季攻势、消灭南朝鲜全部美军为目标，各部门均要在3月底完成所担负的任务，主要是：一、炮兵（计有高射炮3个师另22个营364门炮，反坦克炮2个师120门炮，火箭炮9个团210门炮，榴弹炮3个团108门炮）完成全部训练任务，补齐所缺干部、司机、汽车并完成训练；空军完成4个师的训练，除已有的机场外，在4月底前再在东北修建5个新机场；装甲兵5个坦克团、1个摩托化炮兵团、1个摩托化步兵团，配齐干部、司机，完成训练，并派人到前沿侦察道路。二、已集中12万新兵，分别在整训团或东北军区所属各师及各省警卫团完成训练，如数按时补充前方部队。三、步兵、炮兵、空军、坦克各军兵种联合作战，在我军历史上尚属首次。建议前方各师、团各抽一名正职或副职军事指挥员及参谋人员，到东北举办短期训练班，由苏联顾问担任教员。同时对通信干部进行联合兵种通信联络教育。四、后勤工作，一是保证休整期间的供应，恢复部队体力，争取化冻前在前方储存一批物资；二是筹划与组织联合兵种作战物资的供应，2月前大量前送。请求军委在已增加5个汽车团的基础上，再增加4个汽车团，并解决志愿军要求的3000辆汽车。东北准备2个运输团、8个运输营、15个担架团及赶造大车和小推车。1月下旬召开后勤会议，前方各军后勤派人参加，并请军委和总后勤部派人出席指导。报告决定，东北军区副政治委员李富春负责后勤准备，军区副司令员贺晋年负责兵种的训练及联合作战教育计划与方案。

同 日

［纲 文］ 贸易部、全国合作总社做出《关于对合作社社员实行配售的联合决定》。

［目 文］ 《决定》共五条，指出，对合作社社员认真实行商号的定量廉价配售，既可促进合作社的发展，也有利于国营贸易的推销工作，并可加强国营贸易与合作社贸易的计划性，扩大有组织的消费市场。《决定》对试行配售的货品、拨货和提货手续做了具体规定。国营贸易负责依照全国合作总社提出的第一季度的配售计划，优先保证供应下列各种配售品，其牌号质量以当地公司挂牌的商品为主，并按当地批发牌价予以优待折扣：大米、面粉、粗粮、食盐7%，白糖8%，碱面10%，煤油12%，煤8%，布匹6%。

1月20日，全国合作总社公布1951年第一季度合作社配售暂行办法共十条，规定合作社向社员配售的日用必需品包括大米、面粉、小米、玉米、高粱、食盐、白糖、碱面、煤油、煤炭、洋布等。基层合作社的配售商品价格，在同一地区（市或县）应有统一的规定，并应明显低于当地国营零售价格及零售市价。第一季度配售计划为试办性质，配售对象由各大行政区合作总社选择若干城市的若干工厂、机关、学校、消费合作社及若干农村供销合作社实行。城市街道消费合作社的市民社员暂不配售。享受配售的社员资格在第一季度以本单位1950年底以前申请入社，缴纳股金，取得社员资格者为限。社员向基层合作社购买配售商品须使用配售证。配售商品的进货与零售须单独立账。合作社实行配售必须严格执行有关规定。暂行办法还对配售工作的监督与检查做了明确规定。

同日

[纲文] **贸易部发出春节稳定各地物价的指示。**

[目文] 指示规定，一、国营批发贸易一律到农历除夕始能休业，农历正月初四开张，批发牌价照年前不变。零售公司除夕照常营业，并准备如初一发生波动时，初二即行开业。各大中城市应即检查主要物资储备及调运、部署情况，保证大量供应市场。二、年初百货零售价格如有波动时，百货公司门市部应提前开业，并可结合零售公司临时出售人民过年所需日用百货。三、各地贸易行政部门应召集各日用品行业举行会议，号召私商实践爱国公约，对市场加强行政管理，对抬高物价的分子及时加以处分。四、在可能情况下，各地可组织信托公司、土产公司、零售公司、合作社，对于肉类、菜类等易于波动的商品，举办临时性的批发与零售业务。

同日

[纲文] **出版总署发出《关于出版翻译书籍应刊载原本版权说明的通知》。**

[目文] 此前，中国出版翻译书籍，一般无对原本版权的说明，未载明原书、原作者及原出版者的原文名。《通知》规定，自1951年起，出版翻译书籍，除载明翻译人姓名，出版者名称、版次、出版年月等外，还须在版权页上分别刊明：原著外文书名，原作者外文姓名，原出版者名称，原本版次及出版年月。如系译自外文报章、期刊，则应刊明原报章、期刊的外文名称、期数、出版日期、出版地点。已出版的翻译书籍再版时，应尽可能按以上办理。

1月13—29日

[纲文] **毛泽东就防御国民党军队进攻厦门、汕头致电陈毅、邓子恢、张云逸等。**

[目文] 1月13日，他在给陈毅、饶漱石、邓子恢、谭政、叶剑英、方方的电报中指示，一、据1月8日可靠情报称，何应钦[1]代表蒋介石应麦克阿瑟之召赴东京，携有已为蒋介石核准之计划，准备用20万至25万兵力攻占厦门、汕头，拟与麦具体研究此项计划及预计效果。何赴东京翌日，郑介民[2]亦密飞东京，并携有大陆土匪武装分布及与台湾联络情况。该项情报又称，麦通知蒋可能在1月底宣布终止台出击大陆的限制等情。二、请陈毅考虑对厦门增加防御兵力，加强防御工事，加强炮兵及高射炮，储备粮食弹药，派去得力指挥人员，并须预筹由大陆向厦门的增援计划，务达击退进犯匪军、确保厦门之目的。三、汕头及海陆丰必须迅速部署两个军，其办法为从广东三个军中以一个军的全部（三个师及军部）集中于该区域，湖南的四十六军立即出动直开该区域，并设立指挥两个军的指挥机关。四、福建、广东两省剿匪工作须加紧督促，早日完成，不得迟误。

1月16日，毛泽东致电陈毅并告饶漱石称，厦门必须确保，必须多储粮弹，布置积极

① 何应钦（1890—1987），贵州信义人，时任台湾国民党当局战略顾问委员会主席。

② 郑介民（1897—1959），海南文昌人，时任台湾国民党当局战略顾问。

防空，对守军指战员进行深入的政治动员，加强纵深工事，务必长期确保厦门。除福建首先是厦门为敌人进攻重点已有部署外，江浙两省沿海也需准备对付敌人进袭。华东全军除剿匪者外，均需提高警惕，加强整训，准备对敌。

1月24日，毛泽东致电邓子恢等称，过去未经察看设计，盲目地构筑工事，浪费甚大，是一教训。以后凡需支用经费，构筑工事要塞，修建道路、房屋、仓库等项，均需察看设计，做出预算，经过中央审核批准，然后动手兴建。汕头至大亚湾一线及其他海岸线与内地，根本不要修筑什么工事或要塞，敌来让其登陆，并须诱敌深入，然后聚而歼之。军队须离开海岸线驻在便于按照上述意图歼灭敌人的适当地点，从事整训，不要去守海岸线。稽查特务潜入及消灭少数登陆匪众，应由保安队及地方武装担任。虎门、厦门、舟山、吴淞四处及珠江口外某些海岛必须确保，不令侵入。其余一切海岸线，都不要守而要让他进来，以利聚歼。

1月29日，毛泽东致电张云逸等称，诱敌深入、聚而歼之是我军历来战胜敌人的办法。到处设防，到处修工事，摆成被动挨打的姿势，使我军丧失主动，丧失歼敌的机会，是完全错误的。广东方面，除虎门必须筑要塞及珠江口外某几个岛上应修必要的工事和堡垒之外，其他地方一概不修工事，不守海岸线，敌来诱其深入，聚而歼之。华东方面只在厦门、平潭、舟山、吴淞四处的某些必要地点修筑要塞和工事（这些是确定要修的），其余一概不修。广西地处大陆，距台湾很远，逃越匪部人数甚少，完全没有什么可怕，不应该修任何工事。同日，毛泽东就华东沿海构筑工事问题致电陈毅等称，此次构筑工事，务请注意事先给以指导：一、不要在指定地区不经研究设计随便修建，以致无用浪费；二、在指定地区内也只择最需要者做，不要到处做；三、大陆海岸线及内地根本不要做；四、大陆兵力位于纵深地区，敌来应让其登陆然后相机歼击，不要到处防守，不要阻其登陆；五、建筑材料必要者不可吝惜，照需要支给，但仍须防止浪费，注意废物利用，注意节省。

1月13日

［纲 文］　**联合国大会第一委员会通过“朝鲜停火三人小组”五步方案。**

［目 文］　这五步方案为：一、为了防止生命和财产遭受不必要的破坏，并在采取其他恢复和平的步骤的同时，应当立即安排停火。这种措施中应当包括充分的保障，以确保它不会被用来作为发动新攻势的掩护；二、不论由于正式的措置结果或即使由于敌对行动暂时中止以待某种这样措施的结果，如一旦停火在朝鲜实现，即应加以利用，以便考虑为了恢复和平所应取的进一步步骤；三、为了实现大会的决议（朝鲜应当是一个统一、独立、民主的自主国，并拥有建立在自由民选基础上的宪法和政府），一切非朝鲜的军队将分适当的阶段撤出朝鲜，并将依照联合国的原则订立适当措置，使朝鲜人民能表达他们关于他们未来政府的自由意愿；四、在完成前一条所提到步骤之前，将依照联合国原则订立适当的临时措置，以管理朝鲜和维持朝鲜境内的和平与安全；五、一俟获致关于停火的协议，大会应设立一个适当机构，其中将包括联合王国、美利坚合众国、苏维埃社会主义共

和国联盟及中华人民共和国四国政府的代表，以便依照现存的国际义务与联合国宪章的规定来获致远东问题的解决，其中除其他问题外包括台湾问题和中国在联合国中的代表权问题。

本日，联合国大会第一委员会通过了这个决议，美国投了赞成票。当天，第一委员会主席阿彼拉兹致电中华人民共和国外交部长周恩来，转送政委会通过的上述五项原则。这个五步方案的内容，或多或少接受了1950年12月22日周恩来代表中国政府提出的某些条件，但方案的前提仍是先行实现停火，然后才能考虑其他问题。

早在联合国大会通过“朝鲜停火三人小组”提出的“五步方案”之前，印度政府即将五步方案的内容向中国政府作了通报。中国政府认为，只要联合国通过这个决议，美国就有可能利用停战保存实力，在南朝鲜保持若干地区，并武装日本，而谈判则可无限期地拖延下去。因此如果联合国通过这个先停火后谈判的提案，中国将予以拒绝并提出自己的主张。1月11日和14日，中国政府将中国对解决朝鲜问题及远东其他问题的立场和主张先后发给斯大林和金日成，征得了他们的同意。

1月14日

[纲 文]　毛泽东就准备春季攻势问题致电彭德怀并转金日成。

[目 文]　电报说，在东北境内的10万朝鲜新兵，应在目前开始的2个月至3个月休息整训期内补进朝鲜人民军各个军团里面去，使人民军各师的连队充实起来。每个连队要有100多人，每个师要有1万至1.5万人。人民军师和旅的单位太多，应当合并为15个师左右的单位，并将苏联武器装备这些单位，以便有力地配合志愿军在春季(4月或5月)根本解决朝鲜问题。在目前开始的2个月至3个月内，志愿军和人民军均有很多重要的工作要做，主要是，补充新兵到军队里去，使新兵向老兵学会作战方法，加强军队的装备，修理铁路，储备粮弹，改善运输系统和后方勤务工作。只有完成了这些工作，才能保障最后胜利。

电报指出，今后敌人统帅部的方针有两种可能性：一是在中朝军队的压力下，略作抵抗，即退出南朝鲜。如果这样，那就是我们的充分准备工作的结果。因为敌人知道我们做了充分的准备工作，我们的军事力量更加强大了，敌人才知难而退。敌人在大丘、釜山地区作顽强抵抗，要待我们打得他们无法再打下去了，方才退出南朝鲜。如果是这样，我们必须做充分准备才能再战。再有一种可能，即客观形势迫使我们在2月间就要打一仗，打了再休整，再去完成最后一战的准备工作，这一点也要估计到。但是，如果不发生这种形势，则以2个月至3个月时间充分地完成上述各项准备，然后举行最后性质的春季作战，是必要的和正确的，中朝两国同志都应当定下决心来做这些必不可少的工作。

15日，毛泽东将电报内容通报斯大林。

同日

[纲 文]　中财委制定《关于美国企业及个人存款申请动支的规定》。

［目 文］ 该《规定》由陈云签署，规定，一、美国侨民个人存款不超过人民币3000万元者，动支时不予限制；超过者，每月得动支人民币1000万元。二、美国企业存款不超过人民币5亿元者，动支时不予限制；超过者，得由当地管制审查机关按其需要核准支付。三、外币的原币存款动支时，按前述规定照外币牌价折算。

同日

［纲 文］ **政务院文教委颁布《接受外国津贴及外资经营之文教救济机关宗教团体登记实施办法》。**

［目 文］ 该《办法》1月11日经政务院批准，共十二条，对接受外国津贴及外资经营的文教救济机关及宗教团体的登记办法、登记内容，以及各省登记处的组成与设置等，作了明确规定。登记内容为：名称，地址，事业性质，成立经过，组织机构，编制和现有人数（包括学校学生数目，养老院、孤儿院、育婴堂、麻风病院等所收容的人数），主持人、重要职员及所有外籍人员的姓名、性别、年龄、国籍、职务及简历，附属机构及分支机构的名称、地址、主持人和概况，活动地区，工作内容、工作计划和目前工作情况，外国资金或接受外国津贴的数目、来源和收支情况，财产概况，出版物及发行情况，及其他。以上要求于1951年3月底以前向当地省（市）人民政府专门登记处办理登记。

同日—19日

［纲 文］ **中国人民保卫世界和平反对美国侵略委员会发出慰劳志愿军、人民军和救济朝鲜难民的通知。**

［目 文］ 通知说，本会同中国人民救济总会、中国红十字会在全国发起募集慰劳品和救济品，由本会统一负责。募集必须完全依靠全国人民的自愿。各地分会应迅速邀集各救济团体及其他人民团体、机关、工厂、学校共同发起这一运动。东北地区以募集粮食为主；产棉区以募集棉花布匹为主，并募集一部分衣服；其他地区一概募集现金，包括人民币和金银首饰。通知规定，各地分会指定银行代收现金，指定仓库代收粮食、物品。在款项和实物集中后，概由本会同中国人民救济总会和中国红十字会统筹处理。

1月15日，《人民日报》发表题为《募集慰劳品救济品是重要的政治任务》的社论。社论说，募集慰劳品和救济品运动，对于志愿军和人民军的主要意义是精神上的，对于众多的朝鲜难民主要是物质上的。在目前朝鲜气候最寒冷的时候，中国人民保卫世界和平反对美国侵略委员会发起大量募集粮食、棉花、布匹和现金，是完全必要的。募集慰劳品和救济品要依靠自愿，不能有任何强迫行为。一切摊派和勉强捐出自己的必需品现象，都是不合理的，应该避免。社论呼吁，需要是迫切的，我们的行动必须迅速，全国人民团体应立即讨论中国人民保卫世界和平反对美国侵略委员会的号召，争取在最短时间内完成这一重大政治任务。

1月19日，中国人民保卫世界和平反对美国侵略委员会等讨论了救济朝鲜难民物品迅速运输以及协助和组织各地已经报名志愿赴朝的医务工作者为朝鲜难民医疗等问题，决定将中国人民救济总会已经募集的救济金200亿元拨作救济朝鲜难民用。该款除将50亿元购买救济粮外，余款将筹购毯子1万条、棉花40万斤、布3.5万匹。到1月26日，全国共收到慰劳金人民币110.35亿元，东北币43.32亿元，慰问信45.30万封，慰问袋36.54万个，慰问品61.03万件。

同日

［纲文］ **文化部、教育部发出关于开展春节群众宣传与文艺工作的指示。**

［目文］ 指示说，1951年春节就要到来，各级政府文教主管部门应即协同各群众团体、文教团体和机关、部队、工厂、学校，准备在春节中展开群众宣传，发动群众向人民解放军、革命军人家属、烈士家属进行慰问和联欢。春节宣传的内容，应着重反映中国人民爱国主义高潮，如抗美援朝的伟大胜利、志愿军英雄事迹、中朝两国人民的亲密友谊、中国人民力量对保卫亚洲和世界和平的重大意义、以苏联为首的世界和平民主力量空前强大、一年来中国经济文教等各种建设的伟大成就、土改与剿匪、镇压反革命工作取得的成绩，等等。各地文教机关，各文艺团体应积极准备短剧、歌曲、唱词、年画等，供群众采用，并组织文艺工作队、电影放映队去农村、工厂、部队进行表演和放映。充分发动戏曲艺人和戏曲团体参加春节表演。

1月15日

［纲文］ **中共中央批准中南局关于地主兼营商业的债务纠纷的处理办法给华南分局的复示。**

［目文］ 中央给中南局并华南分局的批语指出，12月30日电悉。华南分局关于地主兼营商业的债务纠纷处理办法，中央并未见到。中央同意你们关于这一问题复华南分局电所提的意见。

此前，1950年12月30日，中南局向中央报告了关于地主兼营商业的债务纠纷的处理办法给华南分局的复示。复示提出，复兴梅①关于地主兼营商业债务纠纷处理办法悉。同意你们所提的处理原则，但农民向商店赊借糖油等项货物，应该视为买卖关系，即便利息过高也不要废除。只有地主通过商店乘农民困难，向其贷款、贷粮，谋取高利者，才可当作债务关系加以废除。其贷货给农民作商业贩卖的资本及买卖欠账，都按原约处理。以上处理办法，请中央指示后执行。

同日

［纲文］ **中共中央就拟请若干民主人士回原籍视察土改和镇压反革命工作发出通知。**

［目文］ 土改和镇压反革命工作开始后，一些地主富农给黄炎培等民主人士写信喊

---

① 兴梅专区。1950年1月26日，政务院批准设立兴梅行政督察专员公署，辖梅县、兴宁、五华、大埔、丰顺、蕉岭、平远7县。1952年底撤销。

冤。为了教育若干民主人士，使其了解中共的政策，并与群众见面，改变其只从书信中反映地富意见的状况，中央通知各地，中央人民政府准备请若干民主人士回到原籍视察土改与镇压反革命工作，要各地认真接待。

同 日

［纲 文］ **第二次全国金融会议在京开幕。**

［目 文］ 会议由中国人民银行召开。会议总结了1950年的工作，确定1951年的方针和任务是：巩固金融稳定，全面地开展国家银行的工作。其具体任务是：逐步地实行货币管理，进一步统一全国的货币，推进货币下乡，开展私人业务（主要指银行通过开展储蓄、保险、存放款、汇兑等业务，加强同广大群众和私营企业的经济联系，最大限度地集中一切私人资金），扶助城乡内外物资交流，促进工农业生产的恢复和发展。

1月25日，会议做出关于机构设置问题的决定指出，根据中财委关于银行机构推下一层的指示，支行应于重要集镇设立固定营业所或流动服务组，至少在特产区应首先实现。为精简层次，中心支行一级应逐步减缩其责任以加强分行的领导，目前应首先取消中心支行的会计单位，如分行所辖支行不多，交通较为方便者，应即取消中心支行；因工作需要有暂时保留必要者，应由区、分行根据具体情况，逐项规定其职权，明确其责任，并逐渐加强分行的领导。管辖行内机构应贯彻平列摊开的原则，按照1950年8月区行行长会议决定，逐步执行；各省分行内部不应设室，尽量争取配备副行长2—3人以加强领导。

同日—30日

［纲 文］ **全国对外贸易管理会议在京召开。**

［目 文］ 会议由贸易部召开。会议明确了以易货为主的对外贸易政策，提出在尽可能扩大内销、争取国内自给自足的基础上，要扩大与苏联和东欧国家的贸易，按照彼此需要，酌量改组生产，以适应整个和平民主阵营的需要。会议决定起草并修订《易货贸易管理暂行办法》和《易货贸易管理暂行办法实施细则》等十项文件，报中财委核准公布。

2月9日，贸易部就全国对外贸易管理会议向中财委提出报告指出，易货的目的在于使出口货变成进口货，使冷货变成热货，因此在掌握上应当根据“交换不落空”的原则，坚持外汇的收支平衡，反对出超思想。在易货与结汇的配合掌握上，应当是“结汇的尺度应以我需要外汇程度多少为转移，外汇的需要应以货物进口情况为根据”。在外汇收支上讲是“量出为入”，在货物进出口上讲是“量入为出”的精神。

同 日

［纲 文］ **毛泽东就学生健康问题致信马叙伦①。**

［目 文］ 毛泽东在信中说，关于学生健康问题，前与先生谈过，此问题深值注意，

---

① 马叙伦（1884—1970），浙江杭州人，时任中央人民政府教育部部长。

提议采取行政步骤，具体解决此问题。华东局1月11日电报一件付上请察阅，其中即谈到此问题，提出健康第一、学习第二的方针，我以为是正确的。请与各副部长同志商酌处理为盼。

此前，1月11日华东局、青年团华东工委关于学校工作致电各地党委、团委并报中央、青年团中央，其中谈到，国民党统治时期，学生体质孱弱，患病者很多。但解放以来，各地未能很好地注意“健康第一，学习第二”的原则，造成公立学校学生体格最差、大学比中学又差的现象严重，应引起十分警惕。应按华东高教会议的规定，适当减少正课时间，照顾学生健康需要。毛泽东在这一段话旁批注：这是正确的。

同日

［纲文］ **周恩来就处理岭南大学11名美籍教授离境问题起草中共中央致中南局并华南分局电。**

［目文］ 电报说，这些人中如犯罪有据，应办罪驱逐出境。如无罪则可据其请求批准出境。对其中非反动分子，且为学生所欢迎而目前又不愿离校者，应依中央关于处理美籍教职员指示精神，暂不解聘，以示区别。

同日

［纲文］ **中国人民解放军军事学院在南京举行成立典礼。**

［目文］ 陈毅代表中央军委在成立典礼上授旗并讲话，希望军事学院保持和继承解放军的光荣传统，完成通晓马列主义军事科学和毛泽东军事思想、组织与指挥现代化作战、负责训练与培养高级指挥员的光荣教育任务。刘伯承[①]致答词说，中央军委给予军事学院的任务，是在人民解放军现有素质及军事思想的基础上，训练出熟悉与指挥现代化各技术兵种，并组织其协同动作，同时熟悉参谋业务与通信联络，以准备同外国侵略者作战的指挥人员。军事学院的学员、教员、政治人员、行政人员，一定团结努力，发扬高度的组织性，为如期完成这一任务而奋斗。

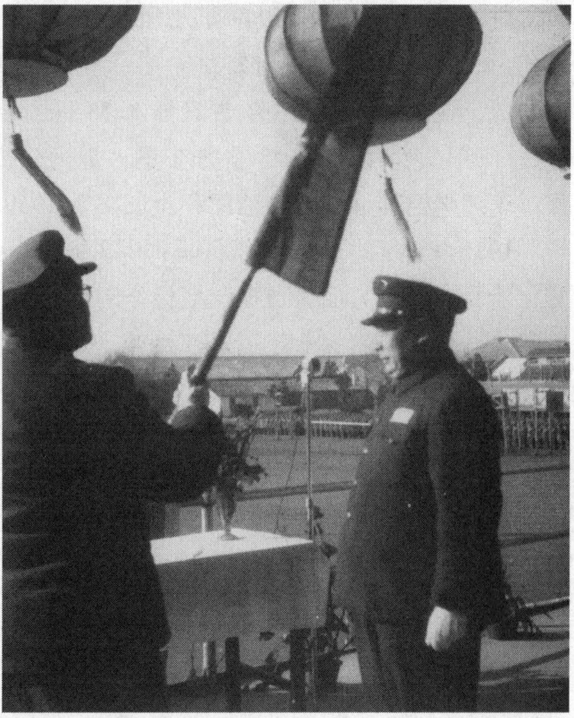
▲ 陈毅（右）代表中央军委将“八一”军旗授予军事学院院长刘伯承（左）。

中央军委发来祝词：兹值军事学院开学之际，特向你们致贺！望全院同志们努力学习，总结我军作战经验，发扬我军的优良传

① 刘伯承（1892—1986），重庆开县人，时任中共中央西南局第二书记、中国人民解放军军事学院院长。

统，学习苏联的建军经验，掌握正规化的军事科学与指挥艺术，根据马列主义的建军原则与毛泽东同志的建军思想，从我军现有基础上，为建设更强大的中国人民的国防军而奋斗。毛泽东为该院题词：努力学习，保卫国防。朱德也题词：为建设近代化的强大的国防军奋斗。

该院是经毛泽东批准，为培养中国人民解放军中高级指挥员，在原华北、华东军事政治大学的基础上创办的。刘伯承领导了创办工作并任院长兼政治委员。学院最初设有高级速成、基本、军事和政治四个系。

同 日

［纲 文］ **燃料工业部总结1950年工作和提出1951年的方针和任务。**

［目 文］ 总结说，1950年国营煤、电、石油工业加强了生产的计划性，改变了盲目生产状态，保证了军需、交通、工业和民用的燃料与电力。其中，国营煤矿生产计划经修改后定为2189万吨，实际产量已完成计划的101.24%。安全生产方面，全国煤矿职工平均负伤率比1949年降低了25.3%，死亡率降低了43.2%。1950年平均回收率，薄煤层由过去的不到70%提高到最高达95%，厚煤层由过去的不足30%提高到75%—85%；平均生产效力由过去每天0.30吨，提高到0.441吨，推行新采煤方法的场子面提高到平均2.43吨；机械效能由发挥不足30%，在东北一部分煤矿平均提高到53.9%。1950年第三季度起，统一调整了关内煤价，华北平均降低24.24%，华东平均降低21.53%。国营电厂发电设备的利用率比1949年增加130.3%，为计划的97%；售电量增加47.12%，为计划的103.4%；煤耗降低15.22%，平均成本降低15%。西北石油地质钻探工作已完成计划任务，在陕北完成地质调查区域3.18平方公里，作了三万分之一地形图1.102平方公里，一万分之一地形图48平方公里；重力队测量了重力点2.003个，区域达800平方公里。玉门老君庙油田的储油面积也证实较1949年的估计增大了33%。

1951年的工作方针和任务是：煤矿方面，采用进步技术，全面改革生产方法，推广正规化步骤；电力方面，贯彻定期检修制度，保证安全发电、配电；石油方面，实行重点勘探和有计划进行钻探。煤、电、油管理方面，加强器材计划供应，定额管理，减低成本；健全财务与器材管理的领导机构和财务预决算的审查制度，严格执行对上级报告及财务工作首长负责制；培养基层干部和技术工人，办好培养高级技术干部的中国矿业学院。

1月16—25日

［纲 文］ **第二次全国统战工作会议在京召开。**

［目 文］ 会议中心议题是讨论三大运动中的统战工作和帮助民主党派发展组织。会议由李维汉①主持，周恩来、彭真②、陆定一③、胡乔木④、李维汉等在会上作了报告。会

① 李维汉（1896—1984），湖南长沙人，时任中共中央统战部部长、中央人民政府政务院秘书长。
② 彭真（1902—1997），山西曲沃人，时任中共北京市委书记、北京市市长。
③ 陆定一（1906—1996），江苏无锡人，时任中共中央宣传部部长、中央人民政府政务院文化教育委员会副主任。
④ 胡乔木（1912—1992），江苏盐城人，时任毛泽东秘书、中共中央宣传部副部长。

议认为，目前统一战线的任务，是与抗美援朝、土地改革和镇压反革命的三大运动相结合。抗美援朝运动的普遍开展，需要统战工作推动，不但需要进一步动员各民主党派、人民团体参加反帝爱国运动，而且要团结和争取工商业者和与宗教有关的教会、学校、团体及受过英美教育的知识分子等人参加，在运动中使他们受到教育，推动和扩大统一战线。

关于民主党派组织发展问题，会议认为，坚持帮助民主党派发展的方针，符合国家的利益，也符合各民主党派的实际。民主党派党员数量都很少，到 1950 年 12 月，各民主党派经过整理并已发给登记证的党员数目，共约 1.154 万人，这同他们的政治地位是很不相称的。因此，共产党要帮助民主党派发展。会议拟定的《1951 年协助各民主党派发展党员的建议》提出，根据中共中央的建议，各民主党派已决定 1951 年希望发展人数 1—2 倍。中国共产党应积极协助各民主党派完成这个任务。

周恩来讲话指出，必须进一步掀起抗美援朝运动的高潮，并同土地改革、肃清土匪、镇压反革命等结合起来。在运动中孤立打击极少数敌对分子，团结大多数，包括对天主教、基督教都要进行工作，扩大统一战线。

会议期间，毛泽东接见了中央局、分局和六市党委统战部负责人，并作了长时间的谈话。他指出，应该在三大运动中使民主党派进步，让他们放手去工作。这是积极的有益的方针。要积极支持民主人士、民主党派，教育他们，带领他们共同前进，这对劳动人民是有益的，对进入社会主义是有益的。

1 月 16 日

［纲 文］ **政务院公布《特种消费行为税暂行条例》。**

［目 文］ 条例共十五条，规定特种消费行为税从价计征，由消费者负担，以营业者为代征义务人。对电影、戏剧、娱乐、舞场、宴席、冷食和旅馆的营业，按 5%—50% 的不同税率分别计征。凡富有政治教育意义的影片或戏剧，经当地人民政府或其所指定的文教机关审查证明，税务机关得准代征义务人按原定税率减半征收。

同 日

［纲 文］ **周恩来在怀仁堂作关于1951年度财政收支总概算实施方针的报告。**

［目 文］ 报告指出，1950 年的财政收支概算在执行过程中，不仅收入增加了，支出也增加了，货币发行因为没有超过原定计划，从而维持了市场的稳定。1950 年预算执行情况是良好的，有成绩的，使我们得到了胜利。在正确分析国际形势和认真总结上一年度财政工作经验的基础上，我们提出了 1951 年的财政收支总概算，计划性比 1950 年更准确、更接近实际，体现了 1951 年工作的总方针和重点。各部门、各地方进行建设工作时，要注意四个条件，即：物质基础、生产能力、技术条件和财政条件，不要急于求成，也不要强于求成，努力实现稳步前进的方针。不照顾到这四个条件，计划就难免不切实。领导者的工作是计划、布置、检查和总结，都要与群众结合，层层分工负责，各负专责。要让本部门工作人员了解全局，要学会教育本部门的人，善于调动他们的积极性，在工作中发现

问题、改进工作。总之，领导者对工作要抓紧，但不要都集中到一个人身上。

同日—22日

［纲 文］ 教育部召开处理外国津贴的高等学校会议。

［目 文］ 会议由教育部部长马叙伦，副部长钱俊瑞、韦悫、曾昭抡主持。出席会议的有华东、中南、西南各大行政区教育部或文教部负责人和全国接受外国津贴的19所高等学校[①]的董事长、校长及教师、学生代表共85人（重庆求精商学院代表未赶到）。

会议根据政务院的决定和教育部的指示，经过分地区、小组讨论，个别谈话，反复磋商，拟定了每个学校的处理方案，提交教育部呈请政务院批准。处理方案大致分为三种类型：一、立即接收改为公立；二、暂时维持私立，准备条件改为公立；三、继续由私人办理，改组董事会及学校行政领导，使成为完全由中国人自办的私立学校。

在22日的闭幕会议上，政务院文化教育委员会副主任陆定一出席并讲话。他说，这次会议的完满成功，证明政务院的决定不但是正当的，合乎全国人民的要求的，而且是完全可以顺利实现的。这次会议的重要经验就是：必须把处理美国津贴的文化教育救济机关和宗教团体的任务，看作是一个反对美帝国主义的政治斗争。政府对于接受美国津贴的机关团体中的中国工作人员，特别对其中的宗教教徒，采取团结政策，帮助他们脱离美帝国主义的影响；同时在接受美国津贴的机关团体中工作的一切爱国教徒和其他人员，也应当与政府团结一致，反对帝国主义。

到会代表一致表示，过去在帝国主义统治下，学校的一切行政、经济权都操在外国人手里。这次政务院的决定，使他们思想上从被奴役到解放，如同回到了母亲的怀抱，要办好人民的教育事业，为祖国服务。会议通过了《拥护处理外国津贴的高等学校会议的决定宣言》。

同 日

［纲 文］ 波兰驻天津领事馆开馆。

1月17日

［纲 文］ 政务院发出关于遣送失业工人还乡生产应注意事项的通知。

［目 文］ 通知指出，根据各地救济失业工人委员会的反映，关于遣送还乡生产的失业工人有两种不能解决问题的现象：一、由城市遣送农村，因事前未与当地政府取得联系，并因有的地区已实行土改，致使失业工人还乡后生活无着，形成去而复返的现象；二、由城市遣送城市，因失业工人长期携眷在外，其原籍无家无靠且无生产条件，以致回乡后生活无着落。这样的遣送还乡，不但不能解决问题，反而增加当地政府很多困难，对于失业工人的情绪也有不良影响。因此，今后对于失业工人遣送还乡，务须先与当地政府

① 即：之江大学、文华图书馆学专科学校、东吴大学、金陵大学、金陵女子文理学院、协和医学院、协和大学、津沽大学、华中大学、华西协和大学、华南女子文理学院、圣约翰大学、沪江大学、齐鲁大学、铭贤学院、震旦大学、震旦女子文理学院、燕京大学、岭南大学。

取得联系，并根据自愿原则，使其还乡后确能从事生产。长期携眷在外，其原籍无家无靠且无生产条件的失业工人，应在当地解决，以免去而复返，虚耗救济基金。以上两点，希即转知所属遵照执行。

同日

[纲文] **毛泽东致电饶漱石、陈毅等指示对反革命分子必须打得稳准狠。**

[目文] 电报指出，湘西四十七军在湘西21个县中杀了匪首恶霸特务4600余人，准备在1951年由地方再杀一批的处置是很必要的。只有如此，才能使敌焰下降，民气大伸。如果我们优柔寡断，姑息养奸，则将遗祸人民，脱离群众。华北新区匪首恶霸特务杀得太少，至今这些地方的地主威风还有很多没有打下来，贫苦群众不敢抬头，一贯道等会门甚为猖獗。故现在须重新提出镇压反革命的问题。而在华北老区及东北老区则因对反革命镇压彻底，人民高兴，生产积极，匪患绝迹。当然，华北老区在1946年及1947年许多地方所犯过的乱捉乱杀错误不应重复，在华东、中南、西南、西北各新区必须注意这一点。只要不杀错，又注意策略（事先事后向各界人民多做宣传解释工作，注意时间地点，分期分批，分军队地方等），对于真正的匪首、恶霸，顽固特务分子，必须在人民群众拥护的基础之上，坚决处以死刑。特别是那些土匪猖獗、恶霸甚多、特务集中的地方要大杀几批，所谓打得稳，就是要注意策略；打得准，就是不要杀错；打得狠，就是要坚决地杀掉一切应杀的反动分子。

同日

[纲文] **周恩来在华北区天主教人士茶话会上讲话。**

[目文] 他说，宗教界提出来的自治、自养、自传运动，是宗教界的爱国运动，应该提倡，人民政府应加以支持和赞助。爱自己的祖国人人有责，包括天主教徒在内。爱国和天下教友是一家，并不矛盾。天下教友当然是指虔诚、善良的教友而言，教徒中的叛徒败类当然不能算作教友。基督教和天主教的自治、自养、自传是能够实现的。凡依靠人家而不靠自力更生的决不能自强，凡自立者才有前途。中国的天主教徒是有能力办好自己的教会的。

同日、19日

[纲文] **周恩来召集陆定一等人，研究接收接受美国津贴的大学和医院的具体办法。**

[目文] 经研究议定，关于接受美国津贴的大学，凡教职员工和学生有了觉悟，其他条件也已成熟的，可以接办；确实难以维持的，也可接办；神学院与宗教学院的外籍教员，只要不反动仍可留用。对接受美国津贴的医院，不可企图一次全部接办，可以先接办京、津规模较大的医院。

同日

[纲文] **外交部部长周恩来就朝鲜停战谈判事复电联合国大会第一委员会主席阿彼拉兹。**

［目 文］ 复电指出，联合国大会第一委员会在没有中华人民共和国代表参加的情况下于1951年1月13日通过的各项原则，其基本点仍然是先在朝鲜停战，然后才举行有关各国的谈判。这只是为美国军队取得喘息时间，只便利于美国维持侵略和扩张侵略，决不能导致真正的和平，因此，中国政府不能予以同意。

周恩来代表中国政府向联合国提议：在同意从朝鲜撤退一切外国军队及朝鲜内政由朝鲜人民自己解决的基础上举行有关各国的谈判，以迅速结束朝鲜战争；谈判的内容，必须包括美国武装力量从台湾及台湾海峡撤退和远东有关问题；举行谈判的国家，应包括中国、苏联、英国、美国、法国、印度和埃及7国，中华人民共和国在联合国的合法地位即从举行7国会议起予以确定；7国会议的地点应选在中国。

同 日

［纲 文］ **外交部部长周恩来接见印度驻华大使潘尼迦。**

［目 文］ 周恩来向潘尼迦面交了中国于同日致联大第一委员会的复电。在听了潘尼迦关于上述委员会建议的解释后，周恩来说，刚才大使提的是个基本问题，即先停战，后谈判；或先谈判，后停战；或是在谈判过程中停战。这是和平解决朝鲜问题的基本点。谈判的目的在于停战，结束朝鲜战争，保障远东和平。在谈判中必然要谈停战条件。因此，我们主张在谈判中规定停战的条件，然后停战。

1月18日

［纲 文］ **外交部部长周恩来致电联合国代理秘书长奥温。**

［目 文］ 电报声明，中华人民共和国中央人民政府仍以冀朝鼎①为出席亚洲及远东经济委员会第七届会议及其所属工业和贸易委员会会议的代表，中国国民党反动残余集团的非法代表完全没有参加上述各该委员会会议的资格，必须从各该委员会驱逐出去。没有中华人民共和国的代表参加，任何亚洲及远东经济委员会及其所属工业和贸易委员会会议的决议，都是非法的和无效的。

同 日

［纲 文］ **财政部发出《关于自1951年1月份起遵照政务院决定统一管理公粮的通知》**

［目 文］ 《通知》规定了统一管理国家公粮的具体办法，主要有：一、凡1950年农业税秋征现粮，除县地方粮外，一律入中央粮库，非经中央财政部正式批拨不得动支；二、截至1950年终，各区存于粮库的各项财政余粮，一律解转中央粮库，作为1951年现粮收入，列表上解，其动支手续与秋征现粮同；三、西北的新疆和西南的西康等省，如目前执行统一有困难时，可暂缓统一；四、中央统一管理全国公粮的主管机关，为财政部所属的粮食管理总局及各级粮食局；五、公粮统一管理后，大行政区财政部仍须及时检查区

① 冀朝鼎（1903—1963），山西汾阳人，原圣约翰大学、暨南大学教授、中央银行经济研究处处长。

粮食局工作，妥善管理人民的财产。《通知》还对1950年已拨未收取粮食结算方式，以及1951年预算中现粮批拨手续作了具体规定。

同日

［纲文］ **新华社讯，中苏联合委员会发布关于移交苏联在华资产情况的公告。**

［目文］ 公告指出，该委员会根据中苏两国1950年2月14日关于中国长春铁路、旅顺口及大连的协定及同日中苏友好同盟互助条约的换文，1950年内已将大连市苏联方面临时代管或租用的财产、苏联经济机关在东北自日本所有者手中获得的财产，以及过去北京兵营的全部房产，无偿地移交给了中华人民共和国中央人民政府。为此目的而设立的中苏联合委员会的工作已全部完成。

同日

［纲文］ **刘少奇就训练航空人员、坦克手及其他军事技术人员问题致信萧华、刘亚楼。**

［目文］ 信中提议研究苏联的经验，考虑在工厂、学校、机关中普遍建立一种学习军事技术的组织，以便训练大量的航空人员及其他人员。

此前，刘亚楼复信刘少奇称，经同苏联顾问和各军区空军司令部负责人多次讨论，大家一致认为，如能在全国广大青年中有计划有步骤地进行有关各特种兵基本知识的宣传和教育，对于各特种兵的建设会有极大的好处。苏联过去的经验基本上是可以采用的。由于目前能负责进行这些特种兵知识的宣传和教育的人员比较缺乏，所需的器材和书籍也不多，因此最近还不能在全国各地普遍进行，要再过一两年以后才可以普遍进行。但是，在全国比较大的城市的工厂、学校、青年团组织里，有重点地先组织一批类似苏联的航空化学协会的组织，以吸收青年工人、青年知识分子参加各特种兵知识的学习，现在已有可能。

同日

［纲文］ **新华社讯，沈阳第五机器厂①马恒昌②先进生产小组向全国工人提出竞赛。**

［目文］ 小组提出参加竞赛的条件是：团结技术人员，加强技术学习，改进操作方法，质量达到合格标准的90%以上，提前完成任务；搞好师徒关系，师傅保证把所有的徒工提高到一般技术水平的60%，徒工保证爱护机器；遵守劳动纪律，坚守工作岗位；加强四防工作，保证全组机器和人员的安全，爱护公物，克服浪费；加强时事学习，提高政治觉悟，做好宣传鼓励工作。

1月19日

［纲文］ **政务院召开第六十八次政务会议。**

---

① 1950年迁往齐齐哈尔。

② 马恒昌（1907—1985），辽宁辽阳人，全国劳动模范、时任沈阳第五机器厂工人。

［目 文］ 会议讨论批准了铁道部部长滕代远作的《铁道部1950年工作总结与1951年工作计划的报告》，以及纺织工业部副部长钱之光作的《关于1950年工作总结及1951年工作方针和任务的报告》。

铁道部的报告说，1950年铁道工作，提前21天完成了年度运输计划，铁路总通车里程较1949年增加1000多公里，行车速度每小时提高5—25公里；通信建设除西南区及新线外，全国铁路均可举行电话会议，主要干线都有了行车号志；关内铁路营业收入及营业外收入，超过原定计划17%。铁道工作的主要缺点是，年度计划中各局任务畸轻畸重，施工前不做计划预算，竣工后不做决算，不问成本。1951年的方针和任务是，继续开展抗美援朝爱国主义思想教育，进一步开展群众性的创造新纪录运动，普遍确立经济核算思想。

纺织工业部的报告说，1950年全国公私营纺织厂完成棉纱生产计划121%，完成棉布生产计划103%，均超过战前最高年产量；进行了初步的民主改革，公私营纺织厂大部已废除搜身制，调整了公私关系。1951年的方针是，提高生产，改善管理，重点建设，准备发展。主要任务是，进一步实行计划生产；棉纱、棉布、印染加工、麻袋等都要增产；丝绸要提高质量，争取外销。新建纱厂增加新纱锭16.2万枚，制造织布机2000台，建设纺织机械制造厂1个。

同 日

［纲 文］ **毛泽东对中国人民志愿军发出重要指示。**

［目 文］ 指示的主要内容是：“一切在朝鲜的中国志愿军同志必须认真地向朝鲜同志学习，全心全意地拥护朝鲜人民，拥护朝鲜民主主义人民共和国政府，拥护朝鲜人民军，拥护朝鲜劳动党，拥护朝鲜人民领袖金日成同志”；要同朝鲜同志“亲如兄弟般地团结在一起，休戚与共，生死相依，为战胜共同敌人而奋斗到底”；要把“朝鲜的事情看作自己的事情一样”，“爱护朝鲜的一山一水一草一木，不拿朝鲜人民的一针一线”。“只要我们能够这样做，最后胜利就一定会得到”。

同 日

［纲 文］ **刘少奇就铁路供给商店改组问题致信陈云、薄一波等。**

［目 文］ 信中说，铁路供给商店是属于国营零售商店性质，对职工供给确是比合作社更好的有组织商业，原则上应继续保存并加优待，但应正式改为国家商店或仍叫供给商店，改归贸易部适当机关领导，按照贸易部规定的办法供给职工消费品。可组织一单独的供给系统，成立全国性的总领导机关，受贸易部领导。要规定详细办法，使购物证及定量定价合理，杜绝冒名领证及定价定量方面的弊病，并与铁路公用物资的供给分开。其优待率可照合作社配售商品待遇，供给车辆可由铁路免费办理。但供给商店工作人员的薪资应由商店支给，算作商品成本，不应由铁路支付。商店设备继续交商店使用，以后添置，由商店自办，不再由铁路设置，职工消费品生产事业也交商店办理。

此前，1月18日，中国铁路工会全国委员会主席李颉伯、副主席王孝慈写信给中华全国总工会党组并转刘少奇。信中说，铁路系统过去和其他产业一样，在职工人数众多的集中点，即在大的或较大的城市，均办有能供给较市价便宜的粮食与日用生活品的消费合作社，在安定职工生活、鼓励生产情绪上起着不小的作用。但是散布在铁路沿线的职工，却不能享受这种便利，成为照顾职工生活的一个严重缺点。根据1949年5月华北职工代表会议向华北人民政府建议并为其所同意的开办供给商店的原则和苏联铁路办理职工供给的经验，决定由铁道部及其所属铁路局办理供给商店，由行政、生产、计划部门负责领导，同级工会负责监督。但是由于最近国家大力提倡合作社，贸易部门取消了对于供给商店的优待办法，职工因买不到低于市场价格的商品而不满。我们与铁道部有关部门曾多次向中财委和全国合作总社请求给予供给商店与合作社同样优待，迄今未得肯定的答复。铁路供给商店由合作社演变而来，按其性质来说，与国营经济属同一范畴，是一个进步的经济组织。同时，经验证明在散布全国的漫长的铁路线上办理供给商店，确实比合作社好得多。但目前它正面临着不改回合作社而无以为继的问题。为此我们再次请求国家贸易部门给予铁路供给商店与合作社同样的优待。

同日

[纲文]　刘少奇就地富反攻情况简报批示刘澜涛①。

[目文]　批语说：这些地主富农反攻的具体案件，应指示下面不要放过一件，加以利用，组织群众斗争，配合政府法庭审理，严厉予以镇压。

此前，1951年1月19日，中共中央政策研究室在《材料简报》中反映地富反攻的一些情况说，从朝鲜战争爆发以来，地富反攻等情事更加严重，其中河北、平原（1952年其所属行政区域分别划归山东、河南二省）、察哈尔（1952年其所属行政区域分别划归内蒙古自治区、北京市和河北省）省为最多。其主要表现是，抢夺贫农的土地、房屋、粮食、牲畜，夺回土改时被没收的浮财，向农民索要旧地租、讨旧债，以致逼人致死等。开始时有些区乡干部甚至个别县干部对这些反攻的地主富农麻痹姑息。上级党委发觉后，各地均已先后发出指示，号召打退地富反攻，对反攻的地富予以严厉镇压。

1月20日

[纲文]　周恩来在中共中央统战部举行的茶话会上发表讲话。

[目文]　周恩来指出，目前我国面临的中心任务有三个：抗美援朝、土地改革、镇压反革命。在抗美援朝的前提下，对最反动的反革命分子、间谍、破坏分子、恶霸等进行严厉的镇压。这样做，不但劳动人民称快，就是上层资产阶级、上层知识分子也会拥护。但这并不等于扩大打击面。我们所要打击的只是真正穷凶极恶、被人民所痛恨的恶霸和反革命分子。要打得稳，打得准，打得狠，而不要波及到次要的、胁从的或过去做过反革命的事现在已经改悔了的人身上去。现在全国所有民主党派成员总数并不多。中国这样的大国，在有500多万党员的共产党的旁边，各个民主党派成员太少了，就很不相称。我们应

---

① 刘澜涛（1910—1997），陕西米脂人，时任中共中央华北局第三书记、中央人民政府华北事务部部长。

该让民主党派存在和发展。这样，我们就可以经过他们去影响没有组织的群众——资产阶级、小资产阶级、知识分子、职员等，并且经过这些党派的政治活动，锻炼和考验这批人。

同 日

［纲 文］ **内务部发出《关于检查救灾工作的指示》。**

［目 文］ 《指示》共七条，指出，1950年全国一般是丰收，但沿淮河地区及河北东北部有重灾，其他一些省有偏重灾。重灾区生产自救有成绩，已使灾势减轻，但如抓得不紧，仍可能发生大问题；偏重灾区如忽视，也可能转为重灾。在冬荒未过、春荒又要到来的时候，各级人民政府应注意这方面工作的检查，特别是省人民政府、行署、专署应迅速进行这一检查。有灾地区的各级人民政府要确实掌握灾情及灾情可能发生的变化，各省要有重点的检查，灾情严重的县要普遍的查。高级干部深入灾区，不仅能发现问题，提出办法，而且对区乡与群众是一个很大的鼓舞。灾区的革命烈士家属、革命军人家属、革命工作人员家属与革命残废军人、复员军人，应受到很好的照顾。救灾工作是关系许多人生死的问题，“不要饿死一个人”是救灾应有的负责态度，要把它生根到群众的行动中去。

同日—30日

［纲 文］ **第二届全国水产工作会议在京召开。**

［目 文］ 会议的主要目的是总结1950年的全国水产工作，布置1951年全国各大行政区、各省市的水产生产任务，讨论并解决全国120多万渔民的组织、鱼货产销，各级人民政府水产机构的组织以及鱼市场和全国公私营水产企业的管理等问题。出席会议的有东北、华东、中南区，河北省和天津市等地区人民政府水产机构、渔民、水产企业、水产教育工作者的代表及中央各有关单位共110多人。

会议指出，1950年全国的水产事业已得到相当的恢复，超额完成了1950年2月第一届全国渔业会议所规定的生产任务。1951年全国的水产生产方针仍以恢复为主，生产任务确定为110万吨，较1950年提高产量20%，争取在两年内恢复至抗战前产量150万吨。会议认为，要保证1951年生产任务的顺利完成，必须做好以下工作：一、大力协助渔民组织渔业互助组、合作社等，引导个体渔民走向互助合作的集体生产道路；二、有计划地组织鱼产品运销；三、加强国营水产企业的业务管理；四、加强各地鱼市场的管理；五、各级水产行政机构应加强调查研究工作，了解各区水产资源的全面情况。

同 日

［纲 文］ **卫生部正式接收接受美国津贴的私立协和医学院。**

［目 文］ 卫生部副部长贺诚在接收大会上宣布，依照政务院关于处理接受美国津贴的文化教育、救济机关及宗教团体的方针的决定，正式接收协和医学院，全体职工一律原职原薪留用，教学制度也予以维持。教育部副部长钱俊瑞在会上讲话，号召协和医学院的全体师生要在经济、政治及思想上完全同美帝国主义断绝关系，爱护国家财产，力求节约，以新的为人民服务的态度进行教学。协和医学院院长李宗恩、董事长朱继圣、工会副

主席张锡钧、学生会代表瞿敬贤等代表全校师生员工在会上讲话，保证要在人民政府和共产党的领导下把协和医学院办得比以前更好。

同日

［纲文］ **苏联驻广州领事馆开馆。**

1月21日

［纲文］ **中共中央批转河南省委镇压反革命工作报告。**

［目文］ 中共中央在给华东局、西南局、西北局、华北局、东北局并所属省市区党委的转发批语中说，河南省委1月13日关于镇压反革命活动的报告是正确的，希望各省委市委区委都有一个关于镇压反革命的总结性的报告。同日，中央还电告中南局也转发湘鄂赣粤桂五省参考，请每省写这样的肃反报告。

此前，1月13日，河南省委向中央报告说，河南省的镇压反革命运动，在纠正右倾倾向后，取得了很大成绩。在社会各方面引起了巨大反响：工农基本群众很高兴；地主阶级不再气焰高涨；但民主人士中除左倾者积极拥护外，另一部分表示“摸不到底”，缄默寡言；工商界也表示沉默、小心，有“莫谈国事”之味；城市学生和机关新干部中，也有些震动。而有些地区的领导已为胜利所迷惑，开始出现不清醒的现象。根据上述情况，省委决定一般停止逮捕，杀人要更加讲究策略，严禁草率从事的现象。该放者经过一定手续，通过群众，迅速处理释放，有意识地把空气松弛一下。同时结合抗美援朝及土改等群众运动，广泛进行宣传工作，讲明政策，说明理由，稳定各阶层群众。但对漏网的反革命分子，则继续追踪缉捕，务使归案。

同日

［纲文］ **毛泽东就镇压反革命部署致电上海市委。**

［目文］ 电报称：你们1月6日关于1950年11月12日的综合报告，由华东局转来，业已收到，甚好，甚慰。这个报告中提到了今年一二月份的几项中心工作，也是好的。其中说到你们准备在1月份中给予反革命分子以有力打击，望你们对此进行周密的侦察布置。布置好了，同时动作，做一次准确的逮捕。然后好好清理审讯，处决一大批真正罪大恶极的反革命分子。在上海这样的大城市，在今年一年内，恐怕需要处决一二千人，才能解决问题。在春季处决三五百人，压低敌焰，伸张民气，是很必要的。请你们在华东局直接领导下，斟酌情形，妥善处理。

同日

［纲文］ **刘少奇就设立机构管理对越南贸易问题批示陈云、薄一波。**

［目文］ 批示请陈云、薄一波考虑是否可派一个简单机构到广西边境去管理对越南贸易，并在越南境内设若干商店。但这些商店不要与越南贸易机构混淆，越南另成立自己贸易机构，并且不能依赖我们去解决他们的经济困难。

此前，1月20日，中共中央驻印度支那共产党中央联络代表罗贵波就越南贸易工作问题致电请示中央说，当前越南财政极为困难，迫切要求发行货币来支持财政开支。但货币发行后没有物资支持，尤其是在货币已经膨胀的基础上发行，其后果必然是货币更加膨胀，财政更加困难。越南贸易机构刚着手建立，干部少且无业务经验，很难配合货币发行工作。请中央早日确定到越南设立贸易公司的负责干部并尽快前来。这个公司是以中国贸易公司的名义组织，还是以越南贸易公司的名义出现而将我们的干部派到该公司里面？当前最需要的物资是布匹、药品、机关部队用的日用品、办公用品等，请先运一部分到云南、广西的商店暂存。当前贸易工作的主要问题是帮助越南训练干部、建立机构。希望从事此项工作的贸易干部能在2月中旬抵达，并带些训练教材。

1月22日，中共中央复电同意罗贵波拟向越共提出的关于货币发行的建议，要求向越共说明，必须大力组织财政经济工作来解决困难，而不能依靠发行货币来解决困难。越南在军事时期政府要从银行透支一些款项作必要开支是必然的，此点你们应加以计算，并告诉越南同志每年每季能透支多少，在透支过多之后会发生何种后果，在这种后果之后又应采取何种办法应付。使他们了解，用发行货币来发展生产支持贸易，然后再从生产贸易的发展来解决财政困难的办法是正确的办法。

同 日

［纲 文］　志愿军空军与美国空军展开第一次空战。

［目 文］　上午，美国空军出动F—84战斗轰炸机20架，沿平壤至新安州一线对铁路进行轰炸，企图阻滞志愿军的后勤供应。志愿军空军二十八大队起飞迎击。大队长李汉等人驾机接近安州时，美机正在1000米高度上对清川江江桥进行俯冲轰炸。李汉即率队迂回到美机左侧400米处，将一美机长机击伤。这次战斗是志愿军空军在朝鲜战场上和美国空军进行的第一次空战。空军首长在贺电中指出，这次战斗证明，年轻的志愿军空军是能够作战的，是有战斗力的。这是志愿军空军以后不断取得更大胜利的开端。

1月22日

［纲 文］　中共中央发出《关于组织赴朝慰问团的决定》。

［目 文］　《决定》说，中央决定组织全国性的慰劳团赴朝慰问在朝鲜作战的中国人民志愿军与朝鲜人民军，以鼓励前线士气，并扩大抗美援朝宣传。《决定》从4个方面对各级团的组团事宜做了具体规定。

［文　献］　关于组织赴朝慰问团的决定（节录）

一、中央级组织一中国人民慰问总团（吸收各区少数同志参加），各大行政区各组织一慰问分团，每一分团人数以五十人左右为宜，应由和大、政府内务部、军区政治部、工、农、青、妇、学、文等机关团体，各派若干代表和工作人员组成，每团需有称职的团长、副团长负责领导（望各地政治部派得力干部参加领导）。

二、凡参加慰问团的人员须身体健康，能吃苦耐劳，政治面貌清楚；主要应由党团员和进步分子组成，亦应吸收一部分代表性或可能联系一部分群众的中间分子或中间偏右分子参加，以便回来后向各方面广泛地宣传我人民志愿军与朝鲜人民军英勇善战、美帝外强中干及美帝罪行情形，以提高人民反帝的决心和胜利信心，进一步扫除落后群众中的恐美和崇美心理。

三、各区慰问团应于二月十日到天津集中。

四、慰劳运动由中国保卫世界和平反对美国侵略委员会①出名发起，实际责成总政、各军区政治部、内务部（或民政部）与该会负责领导进行。具体工作计划该会另有通知，望即遵照执行。

资料来源：中央档案馆提供档案。

同 日

[纲 文] **中国人民保卫世界和平反对美国侵略委员会发出《关于组织中国人民赴朝慰问团的通知》。**

[目 文] 《通知》指出，中国人民慰问团总团由本会与首都各界及各地来京代表组成，各大行政区分会与各界组织慰问分团，每团人数以50人左右为宜，由各地和大分会邀请各人民团体和其他各方面代表共同筹备，并推派代表和若干工作人员组成。每团设团长、副团长、秘书长，以统一领导。慰问团除了对前线指战员进行慰问工作外，并将实地搜集关于中国人民志愿军和朝鲜人民军英勇作战的事迹和美帝国主义野蛮残暴罪行的材料，回国后向各阶层人民作系统报道，以扩大抗美援朝的宣传工作。

同 日

[纲 文] **中共中央批转华东局和浙江省委关于纠正错划阶级成分的指示。**

[目 文] 中共中央在转发批语中强调，应对土地改革中划错阶级成分问题予以注意，因为这是土改中可以引起各种错误的一个关键问题。

此前，1月13日，浙江省委就一些地方在土改中错划和提高阶级成分的情况给所属各地委发出指示并报华东局。指示列举了一些地区普遍存在的将中农、小土地出租者错划为富农，将任过伪职的人员错划为地主的现象；并分析发生提升阶级的错误的原因，主要在干部思想上及工作上存在几种偏向：一、强调其政治上的错误，忽略其经济剥削和生活状况；二、单纯的经济观点，做了群众尾巴；三、干部自己对阶级分析模糊不清，划分阶级时就提升了成分；四、请示报告制度不严，批准制度执行不够。指示要求各级领导高度注意、深入检查、严格遵守政务院关于划分农村阶级成分的决定，凡在划分阶级中模糊不清的问题，必须向上请示报告。

① 原文如此。全称应为“中国人民保卫世界和平反对美国侵略委员会”。

1月18日，华东局向浙江省委并所属各省区党委发出关于纠正错划阶级现象的指示并报中共中央。指示指出，各地党委必须反复教育干部在划分阶级成分时必须遵照政务院的决定，实事求是地进行。既不应包庇偏袒地主，将地主划成非地主，也不许将富农、小土地出租者任意提升划作地主。那种不遵照政府决定，任意提升阶级的做法，不但是无政府无纪律的错误行为，而且必将把土改阵营搅乱，造成打击富农、伤害小土地出租者和侵犯中农的恶果，使贫雇农陷于孤立，使我党陷于被动。那种任意提升阶级的倾向是绝对错误的，是绝对不允许的，是绝对要立即停止的。对于已经被错划阶级的人，应当负责地加以纠正。今后，对凡是界限不明、难于划分的人，应当向上级请示解决。在未得指示之前，应暂放一边，以免划错。

同 日

［纲 文］ 毛泽东批复西南局关于城市工作会议的报告。

［目 文］ 毛泽东给邓小平并告饶漱石、邓子恢、习仲勋、薄一波、高岗的批复指出，方针正确，成绩很大。你们的第一次城市工作会议开得有成绩，甚好。假如可能的话，在今年5月1日以前，请你们再开一次城市工作会议，对城市工作，主要是对工会工作，对工商业的领导方向和对城市政权问题，加以深入研究，并做出某些决定，为四中全会讨论工会工作准备材料。

此前，1月8日，西南局向中央并各省、区党委提出关于城市工作会议报告说，1950年12月8—22日西南局召开城市工作会议。出席会议的有各市市委书记、团委书记、工矿厅长、工会负责人及主要厂矿的军代表、工会主席共133人。邓小平作了会议总结。会议的目的，是使各省、区领导机关加强对城市的领导，解决城市工作最中心、也是最薄弱的重大问题，如工厂管理、工会工作、工人阶级中的建党问题。经过讨论汇报，初步解决了管理和建设城市的一些关键问题。会议确定，要认真贯彻依靠工人、团结职员、搞好生产的总方针，在工厂管理上学会管理民主化、经营企业化，反对官僚主义与命令主义，首先从开展合理化建议和讨论集体合同着手。中央局今后对于城市工作要加强指导，各省、区党委在土改前仍以农村为重点，市委必须全力做好城市工作。

同 日

［纲 文］ 毛泽东就对反革命分子判刑问题致电叶剑英等。

［目 文］ 电报指出，望注意镇压反革命工作。凡与剿匪有关的匪首恶霸大特务，可由军区、军分区的军事法庭判处死刑；凡与剿匪无关的反革命重要分子，则由地方法院及军管会的军法处判处死刑；乡村普通恶霸及不法地主，则由农民斗争、监视及由人民法庭判刑。如此分三方面进行，可期迅速，又较妥当。

同日—30日

［纲 文］ 东北军区后勤工作会议在沈阳举行。

［目 文］ 会议由李富春主持，志愿军各后勤分部、各军后勤部以及东北军区后勤部、东北人民政府有关部门的负责人参加了会议。周恩来、聂荣臻、杨立三、刘亚楼、陈

锡联、吕正操[①]等专程到沈阳参加会议。会议分析了后勤在现代战争中的地位和作用，提出了后勤工作必须与现代战争要求相适应的指导思想，着重研究了在美国空军轰炸封锁下解决志愿军物资运输的问题。明确提出：志愿军的后勤工作“千条万条，运输第一条”，并确立了建设“钢铁运输线”的任务。

同日

[纲文]　全国粮食保管会议在京开幕。

[目文]　会议由中国粮食公司召开，总结交流了1950年粮食保管工作经验，研究布置了1951年粮食保管任务。会议认为：1950年由于经验缺乏，翻倒晾晒粮食中，浪费了很大的人力、财力，水分大的粮食分成了数次晒干，加大了商品流转费。1951年应做到一次晒干，以节省人力、财力。1951年总的要求是做好保管工作，争取不坏一粒粮食。具体要求是：有计划地进行翻晒，加强经济核算，防止浪费；按规定降低粮食水分，开展粮食整装工作，提高粮食质量，逐渐达到商品规格化；并应团结与依靠工人群众，开展群众性的护粮运动；建立护粮组织；严格地树立各种制度，及时总结，交流经验和开展工作竞赛运动。

同日

[纲文]　国家税务总局发出通知要求各级税务局密切与司法机关的工作联系。

[目文]　通知指出，各种税法上规定，对纳税义务人走私偷漏拖欠抗税，以及税务工作人员的贪污失职等违法案件，其情节重大者均须送交当地人民法院依法处理。为了使税务机关与司法机关密切协作，互相配合，税务机关应主动经常与法院联系，加强磋商，交换意见，争取做到紧密联系，密切配合。

同日

[纲文]　外交部就印度政府对周恩来复联合国电的询问答复印度大使潘尼迦。

[目文]　外交部答复如下：一、只要一切外国军队从朝鲜撤退的原则被接受，并付诸实施，中国政府将负责劝说中国人民志愿军回到本国。二、我们认为关于停止朝鲜战争与和平调处朝鲜问题，可分两个步骤进行：第一个步骤，可在7国会议第一次会议中商定有限期的停火，并付诸实施；第二个步骤，商定从朝鲜撤退一切外国军队的步骤和方法，依据《开罗宣言》及《波茨坦公告》，美国武装力量自台湾海峡撤退，以及讨论远东有关诸问题；三、中华人民共和国在联合国的合法地位必须得到保证。

同日

[纲文]　中国和匈牙利在京签订换货及付款协定。

1月23日

[纲文]　中共中央批转华北局关于抗美援朝和推销土产工作的报告。

---

① 吕正操（1905—　），辽宁海城人，时任中央人民政府铁道部副部长。

［目 文］　中共中央在给华东局、中南局、西北局、东北局并所属各分局、省市区党委的转发批语中说，华北局报告中提出的两项经验值得注意，特别是关于推销土产的经验，应在全国推行起来，请你们务必加以研究，仿照推行为要。

此前，1月20日，薄一波、刘澜涛向毛泽东并中共中央提出报告，总结了华北局开展抗美援朝和推销土产的两项经验：一、关于抗美援朝运动，主要是将运动深入到各阶层，用以提高人民的政治觉悟，进一步巩固和扩大统一战线，并给各种工作以新的推动力。二、关于推销土产，已获得经验：（一）国营商店、合作社和私商，应积极恢复和开辟新旧商业网，这是给土产找出路的最重要的一环；（二）根据产、运、销三者有利和双方遵守合同信用的原则，广泛推行代购、代销、运输等各种形式和各方面的合同；（三）选择经济要地，建立强大吞吐能力的货栈；（四）经过合作社，在社员中广泛开展各种形式的赊购存货业务；（五）动员和组织私商经营土产，城市和地方党政要在各方面给以帮助；（六）组织群众性的运输，克服运输力不足的困难；（七）动员群众进行远距离的推销。

同 日

［纲 文］　**毛泽东批转广西镇压反革命报告。**

［目 文］　毛泽东在给陈毅、饶漱石等的转发批语中说，请你们检查一次军队中军以

▲ 1951年3月至5月，解放军五十二军九四〇支队在桂北进行剿匪。

上党的领导机关及负责同志对于中央1950年10月10日关于纠正在镇压反革命活动中的右倾偏向的指示，是否引起了注意，是否传达了这个指示，自己在剿匪工作及帮助地方工作中是否有过这种右倾偏向及是否克服了这种偏向，将检查结果向军委作一次报告。根据广西方面的报告，广西军区在剿匪工作中，曾经犯了惊人的右倾错误，宽大无边，不杀匪首恶霸及其他反革命分子，以致匪祸猖獗，达于极点，土匪越剿越多，人民受害极大。广西于去年9月起开始纠正此种错误，3个月中，正确地杀了匪首惯匪及其他首要分子3000余人，情况就完全改变过来，匪焰大降，民气大伸。

次日，毛泽东就广西镇压反革命报告复电张云逸称：广西工作大为开展，歼匪9万余，处决匪首恶霸3000余，土改也已发动，匪焰大落，民气大伸，成绩甚大。

同日

［纲文］　周恩来在东北局干部会议上作报告。

［目文］　报告指出，抗美援朝志愿行动，在朝鲜得到了伟大的胜利。取得胜利，一是由于全国人民的决心，集中表现在毛主席的领导和全国人民做后盾，具体表现在人民志愿军的行动；二是靠前方将士们勇敢、牺牲、奋斗。其意义之大也是空前的。因为过去我们说美国是“纸老虎”，美帝国主义是可以打败的，但是没有证明。有的信，有的不信。经过我们这一次战斗证明，中国人民不仅能够打倒自己国内的反动派，而且也能够打败世界的反动派。三个月以前，世界议论纷纷，究竟帝国主义能否打败，世界解放运动是否会受挫折，有些人还在怀疑。三个月后，情形完全改变了，完全使错觉消失了，真理光辉起来了。朝鲜战争证明，美帝国主义是可以打败的，不仅被打败了，而且给帝国主义在世界上造成从来没有的混乱，其矛盾和分裂也因此而加深。朝鲜战争的胜利，证明美帝国主义力量的脆弱，更没有后备力量。不管美帝国主义现在怎样叫嚣，要谴责中国人民，要实行所谓“封锁”、“轰炸”，但它今天不能马上行动，因为美国内部互相争吵，同时引起美国外部的分裂。由于我们的胜利，使美国集团的许多重要国家认识到在东方不能再惹事。

关于如何实施1951年度财政收支总概算问题，报告指出：我们过去习惯于分散经营，习惯于一把抓、一揽子。现在摆在我们面前的一个新的课题、新的要求，就是要从过去供给制过渡到经济核算制，走向计划性。这就要求在各方面各部门工作的同志都要有一个共同的认识，要有全局观念，要求统一，订出计划，需要很好的分工，严密的组织，这样才能做到真正的集中，而不能各自为政，不能要怎样搞就怎样搞。

同日

［纲文］　中财委召开第四十五次委务会议。

［目文］　会议讨论并通过了交通部1950年工作报告和林垦部关于全国木材会议的总结报告。陈云在讲话中指出：最近，中财委几位负责人座谈今年财经工作的要点，认为要做五件大事：第一，搞好城乡交流；第二，实现农业增产；第三，实行经济核算；第四，严肃财政纪律；第五，在两年内进行经济建设的准备工作。

同日

［纲文］　中国人民银行总行就放款工作发出通令。

［目文］　通令指出，全国放款会议制定了放款政策、1951年放款方针、放款章则、放款工作制度、放款计划编制办法等5种文件，这将是今后放款工作总的纲领与依据，兹将汇编成册分发各行，希组织讨论，认真研究执行，并在学习与具体执行中提出问题意见随时报总行。

同日—2月2日

［纲文］　华北区第二届农业技术会议在京举行。

［目 文］ 会议由农业部和华北事务部联合召开。华北五省农林厅主管棉粮人员，各省农场总场、病虫害防治站、专署农场、华北农业科学研究所、北京农业大学、中国科学院以及在改良农业技术方面获有显著成绩的劳动模范等220余人出席。会议目的是总结1950年华北推广农业技术的成绩和经验，研究布置1951年开展群众性技术运动。会议以农作物（主要粮食作物与棉花）为中心议题，讨论了几个问题：一、防治病虫害工作，应继续贯彻“防重于治”的基本方针；二、推广优良品种工作，主要是指导群众选种运动及农场繁殖推广；三、在改良耕作方法上，除应继续提倡精耕细作外，要总结群众经验，抓住几种主要作物，解决几个主要耕作技术；四、加强农业技术组织领导工作，总结群众技术经验，推广科学技术，并提倡技术下乡。会议决定：一、各地应有计划地开办技术训练班，并大量编印通俗的农业科学读物，普遍提高农村干部的科学技术水平，并加强对农业技术干部的思想领导；二、加强对各级农场和农业专业机构的领导；三、有计划地推广农村中农民的技术委员会、技术小组、小农场等群众组织，并加强对它们的技术领导；四、通过组织起来，进一步开展农民的丰产竞赛和评比运动，并奖励劳动模范。

同日—26日

［纲 文］ **教育部召开全国高等学校1950年度教学计划审查会议。**

［目 文］ 会议目的在于促使全国各高等学校重视教学计划，逐步走向计划教学，并审查了解各学校课程实施的情况，吸取经验，发现问题，作为课程改革工作的参考，以便推进课程改革工作。教育部部长马叙伦，副部长钱俊瑞、韦悫、曾昭抡等在会上作了讲话。来自京津地区的120名大学教授和专家共同进行了审查，重点是：一、教育计划的完整程度；二、公共必修课程的开设；三、政治课的开设是否按照教育部的规定；四、实习有无适当的布置；五、学时或学分是否超出规定；六、学习时间的分配是否合理，学分的计算法是否按照规定；七、课程开设是否合乎精简原则；八、课程计划是否能达到在系统理论的基础上实行适当的专门化；九、选修课程开设的系统性；十、教学内容与实际联系的程度；十一、整个系的教学计划性。

1月24日

［纲 文］ **中共中央为成立中央对外联络部事电报通知各中央局和分局。**

［目 文］ 电报称，党中央已决定成立对外联络部，王稼祥①任部长。2月19日，王稼祥致信刘少奇，提出了中央对外联络部机构设置意见和一些部门负责人名单。2月22日，中共中央批准了王稼祥的报告，同意其所拟定的中央对外联络部组织机构的编制，同意廖承志②为中央对外联络部第一副部长，李初梨③为第二副部长，连贯④为第三副部长。

① 王稼祥（1906—1974），安徽泾县人，时任中央人民政府外交部副部长、中国驻苏联大使。
② 廖承志（1908—1983），广东惠阳人，时任中共中央统战部副部长、中央人民政府华侨事务委员会副主任。
③ 李初梨（1900—1994），重庆江津人，时任中央人民政府华侨事务委员会办公厅主任兼联络处处长。
④ 连贯（1906—1991），广东大埔人，时任中共中央统战部二处主要负责人。

此前，负责党的对外联络工作的机构是中共中央统战部下设的东方各国革命问题研究会。该研究会于1950年2月成立，李维汉任书记，廖承志、连贯、李初梨、刘宁一[①]、廖鲁言、王任叔[②]等为委员。1951年1月16日，刘少奇致信王稼祥，说中央已决定他为中央对外联络部长，对外联络部的任务是与各国兄弟党联络，最重要的任务是与东方各国兄弟党联络并帮助他们。工会、妇女、青年团体的国际联络部及外交部等机关要配合中央对外联络部的工作。

同 日

[纲 文]　中共中央批转华东局《关于颁布〈发展农业生产十大政策〉的请示》。

[目 文]　中央批语指出，布告第五项“根据自愿两利原则”应改为“根据自愿和等价交换的原则”；第七项开始应加一句“允许富农经济发展”，下接“劳动雇佣自由……”;在两利原则下加“和政府法令”五字。其余均同意，并望报告政务院备案。

此前，1月19日，华东局向中央请示，华东地区土地改革全面展开，部分地区已经结束。为了保护土改、奖励劳动、发展生产起见，拟用华东军政委员会名义颁布《发展农业生产十大政策》文告，请审查批示。十大政策是：一、保护农民已分得的土地及财产，不得侵犯。二、保护农民的劳动所得及合法利得，不得侵犯。三、奖励劳动模范，提倡农业科学研究，普及农业科学知识，奖励发明创造。四、贯彻中央奖励生产的负担政策，凡“同等的土地，因勤劳耕作善于经营或种植经济作物，其收获量超过常年应产量者，仍照常年应产量计算，不多计；因怠于耕作，其收获量不及常年应产量者，亦照常年应产量计算，不少计”。五、根据自愿两利原则，因地制宜，发展农村中的劳动互助与合作供销事业。六、借贷自由，有借有还，利息由双方自行议定；并奖励城市资金下乡，保证其合法经营及得利。七、劳动雇佣自由，工资待遇应根据两利原则，双方协议。八、做好烈、军属代耕工作，鼓励烈、军属及荣军积极参加生产。九、督促地主、懒汉积极参加生产，不准荒废土地；严惩地主、匪特破坏生产的不法行为。十、在土地改革尚未实行地区，仍应继续贯彻减租、保障佃权及谁种谁收等既定生产政策。

同 日

[纲 文]　中共中央批转山西省委关于取缔一贯道的情况的报告。

[目 文]　中央的转发批语称，关于取缔一贯道，以山西的经验为最完全，最正确，也最彻底，各地均可仿行，以期有计划地彻底地取缔一贯道及其他各种会道门，并消灭其中反革命重要分子。和作战一样，不打无准备之仗，不打无把握之仗，山西省委在准备和实行取缔一贯道的大规模斗争中做到了这一点，成绩很大，值得全党研究。

此前，1月9日，山西省委向华北局并中央报告了关于取缔一贯道的情况。报告说，山西省取缔工作着手于1949年冬，经过一年的准备，于1950年11月中旬才开始在全省

---

① 刘宁一（1907—1994），河北满城人，时任中华全国总工会副主席。

② 王任叔（1901—1972），浙江奉化人，中国首任驻印度尼西亚大使。

▲ 控诉一贯道罪恶的群众大会。

范围内展开。这些准备工作包括：一、打入侦察，确切地掌握一贯道的全面情况；二、选择重点试验，取得具体经验；三、不断地进行宣传揭露，组织宣传攻势；四、经过整风和党员训练班，批判麻木不仁的态度，端正政策思想；五、解决历史遗留问题，堵塞工作中的漏洞。这些都给全面取缔工作准备了条件。全省于11月12日动手搜捕，10天内，各地均照预捕名单基本上完成了任务。取缔工作分三个步骤：第一步，捕捉职业道首，摧毁其领导机关，陷其整个组织瘫痪；第二步，对小道首进行教育训练，令其登记、悔过，分别情况给予管制；第三步，经过深入的揭露工作，组织道众诉苦、控告，在有觉悟的基础上展开退道运动。

同日

[纲文] **毛泽东批转华东局关于镇压反革命应注意之点的电报。**

[目文] 毛泽东的转发批语称，华东局给福建省委电所说肃反应注意之点是对的，即为了打落敌焰，伸张民气，对匪首、惯匪、恶霸及确有证据的重要特务和会门头子，应当放手杀几批。为了不致弄错，使自己陷于被动，对尚无证据的特务及会门头子，应当进行侦察，取得确证，而不要随便捕人杀人。分清这两种情况的界限是必要的。

同日

[纲文] **内务部发出《关于加强代耕工作的指示》。**

[目 文] 《指示》指出，代耕是为帮助革命烈士、革命军人家属解决生产中的困难。代耕必须在春耕前予以布置。凡已有代耕工作的地区，应总结 1950 年经验，检查所用办法的得失，使 1951 年的布置更加妥当周密；新区应依据地区特点，布置建立这项工作；灾区春耕应着重解决革命烈士、革命军人家属的困难，组织群众与革命烈士、革命军人家属的互助。代耕的方式一般以固定方式为较好，使革命烈士、革命军人家属土地有专人或专组负责耕种。代耕由农村从事农业生产的劳力畜力执行，原则上以村或区为单位。

同 日

[纲 文] **全国职工业余教育委员会成立。**

[目 文] 该委员会是全国职工业余教育统一的领导组织，任务是讨论及决定有关全国职工业余教育的方针、计划、课程、经费、制度等重大事项。教育部部长马叙伦任主任委员，全国总工会文教部部长刘子久任副主任委员。

同日—29 日

[纲 文] **西南军政委员会举行第二次全体会议。**

[目 文] 会议着重讨论了西南区在 1951 年基本上完成土地改革工作的计划，认为有些地区已经具备、有些地区正在具备实行土地改革的条件，全区在 1951 年基本上完成土地改革工作是完全可能的。会议通过了西南区 1951 年的工作任务：一、扩大与深入抗美援朝、保家卫国的爱国运动；二、进军西藏，巩固国防；三、加速完成土地改革工作；四、继续稳定物价，发展工商业和农业；五、继续镇压反革命活动，保守国家机密；六、加强文教工作，组织学习运动；七、进一步巩固团结，加强人民民主统一战线。

1 月 25 日

[纲 文] **毛泽东将苏南区委就召开民主党派座谈会的报告批转李维汉。**

[目 文] 批语要求，各中央局、分局、省市区党委的统战部一律定期召集，或有大事召集各民主党派代表人士开会，如苏南会议一样，并向中央统战部作报告，不开会不报告者认为失职。

此前，1950 年 12 月 26 日，中共苏南区委统战部向华东局并华东局统战部报告说，苏南区党委统战部召开的这次民主党派座谈会，就中国共产党同民主党派的关系和民主党派的工作交流了情况，统一了思想，加强了相互间的团结，到会各党派代表都非常满意。

同 日

[纲 文] **中财委颁布《私盐查缉处理暂行办法》。**

[目 文] 《办法》共十九条，规定，凡未经盐务机关允许，私制、私运、私销或运销情况与所持盐票不符者为私盐；工农渔业用盐充作食盐或出售者，以私盐论处；未经贸易部许可，由国外输入或对外输出者，以私盐论处。查缉私盐由盐务机关及盐务缉私部队负责，当地公安机关、公安部队及海关、税务等机关应有义务协助查缉。《办法》还明确规定了对贩运或售卖私盐者的处罚措施、私盐案件处理办法、私盐案件罚款及没收物品变

价所得款的处理办法。

同 日

［纲 文］ **邮政总局局长苏幼农在万国邮政联盟执行及联络委员会与国际航空运输协会联席会议上发言。**

［目 文］ 苏幼农列举说，1950 年蒙特罗会议已经开除国民党集团非法“代表”，承认中华人民共和国邮政当局是中国的唯一合法代表，并邀请我代表参加委员会工作，其后中国又接受了巴黎国际邮政公约，说明参加邮联会议及其工作是中华人民共和国的合法权利。他驳斥美国代表所提出的反对中国代表团与会的提案说，所有干涉或妨害这个权利的一切行为，是我们所不能容忍的。会议经过 3 个小时的辩论后，进行秘密投票，结果以 5∶3通过我代表团出席本届会议；国民党集团的非法“代表”被驱逐出会。

同日—29 日

［纲 文］ **中朝两军高级干部联席会议召开。**

［目 文］ 会议在成川西南君子里志愿军司令部所在地召开，参加者共 122 人，包括：志愿军总部首长，志愿军各兵团、军首长和一部分师的干部，志愿军领导机关的各部门领导人，第十九兵团前来朝鲜参观的军师干部，人民军方面金雄、朴一禹及人民军总部各部负责人和各军团长。金日成、朴宪永等朝鲜劳动党中央主要负责人，中共中央特派东北局书记高岗和解放军四兵团司令员陈赓出席。

彭德怀在会上作了题为《三个战役的总结和今后任务》的报告。报告讲了 7 个问题：一、三个战役胜利的意义；二、胜利的原因；三、战术中的几个问题；四、下一战役的思想准备；五、加强后勤工作；六、在三八线以南地区所应实施的政策；七、志愿军要努力向朝鲜劳动党和人民军学习。志愿军副司令员邓华在会上作了《对美伪军作战的初步经验》的报告。报告分析了敌我双方在作战上的强点和弱点，从战术上对志愿军第一、二两次战役的作战指导作了全面系统的总结。此外，金日成作了《朝鲜劳动党今后工作方针》的报告，高岗作了《国内外形势》的报告，朴宪永作了《人民军的政治工作》的报告。志愿军九兵团司令员宋时轮、三十八军一一三师副师长刘海清、三十九军一一六师副师长张峰，人民军五军团军团长方虎山在会上介绍了有关作战经验。彭德怀作了大会总结。

会议总结了前三个战役胜利的基本经验，分析了形势，确定了下一步作战任务和作战方针，为准备春季攻势统一了思想，明确了政策，增强了中国人民志愿军和朝鲜人民军的团结，并为第四次战役作了直接的思想动员。

同日—2 月 16 日

［纲 文］ **中国人民志愿军、朝鲜人民军进行第四次战役第一阶段作战。**

［目 文］ 1 月25 日，“联合国军”集中美军 5 个师、英军 1 个旅、南朝鲜军 2 个师等部，以团和营为单位，在飞机、坦克、大炮支援下，从西起水原东至原州线，分多路向在该线警戒防守的志愿军五十军、三十八军一一二师、四十二军一二五师和人民军五军团阵地发动猛攻，重点沿水原、汉城方向攻击。志愿军和人民军奋起反击，第四次战役全面打响。

志愿军首长极为重视汉江南岸阵地，在“联合国军”发动进攻后，多次指示五十军和三十八军一一二师，要确保汉江南岸阵地，以作为下一战役的前进基地。五十军和三十八军一一二师在天寒地冻、粮弹供应十分困难、工程器材异常缺乏的情况下，依托一般野战工事，进行坚守防御作战，狠狠打击敌人。汉江开始解冻后，为避免背水作战，2月5日晚，彭德怀和朴一禹指示志愿军五十军主力和人民军一军团主力于6日晚开始向江北转移。从2月8日至18日，三十八军、五十军四五〇团及四四八团一营和人民军一军团4个营，在汉江南岸又顽强地进行了11昼夜的坚守，于2月16日和18日，按联合司令部统一部署，西线汉江南岸志愿军和人民军部队全部撤至汉江北岸。

2月11日17时，邓华部队按计划从西起居瑟峙东至三巨里约33公里地段上，发起了横城反击作战。各军经过时间不等的短时间火力急袭后，先后发起攻击。至2月12日凌晨，横城以北南朝鲜军八师的3个团已被志愿军全部包围分割，至8时已大部被歼灭。至13日凌晨，横城反击作战结束，全歼南朝鲜军八师的3个团、美军二师的1个营、美军和南朝鲜军4个炮兵营，另歼南朝鲜军三、五师各一部，共歼敌1.2万余人。横城地区反击战的胜利，使“联合国军”在东线后撤26公里，打击了其反扑的锋芒，对减缓其在全线的反扑起了一定作用。

2月13日17时30分，志愿军各部对砥平里之敌发起攻击。14日美军出动飞机，对砥平里外围的志愿军阵地进行猛烈轰炸扫射。2月14日，邓华部队调整部署，以一一九师全部、一二六师1个团和一一五师二十一团共6个团，于当晚继续攻击砥平里。当夜虽予美军二十三团等部以重大杀伤，但仍未能解决战斗。15日，邓华一面调整部署，准备于16日晚再攻砥平里，一面于当日13时请示彭德怀、朴一禹等。彭德怀等分析了战场形势，于15日17时30分决定停止对砥平里之敌的进攻。2月16日拂晓前，志愿军进攻部队撤出战斗，前出至原州附近各军也同时向北转移，向龙头里（砥平里北）至横城一线及北至洪川东西一线以南地区集结。至此，第四次战役第一阶段作战结束。

1月26日

[纲文]　政务院召开第六十九次政务会议。

[目文]　会议听取和批准了沈钧儒[①]所作的《中央民族访问团访问西北各少数民族的工作总结报告》。《报告》反映了西北各少数民族的愿望和建议：一、盼望早日实施民族区域自治，希望酌量增加各级人民政府、各级人民代表会议中的少数民族干部和代表人数。二、发展铁路公路交通，兴修水利，发展手工业及建立轻重工业工厂。三、发展少数民族语言文学，用各民族文字出版书籍、杂志、报纸，尤其急需各民族文字的教科书；希望推进公费教育制度，得到师资、教材、经费等各方面的支持，多送各族青年进京学习；

① 沈钧儒（1875—1963），浙江嘉兴人，时任中国民主同盟中央常务委员、第一届全国政协副主席、最高人民法院院长。

在少数民族区域推进电影、戏剧、歌舞、绘画等项文艺工作。四、实行免费的医疗制度。会议决议：一、报告中所提4项建议，由中央民委会同有关部门商定具体办法，送请总理审核批准；二、本年下半年召开各民族的卫生、教育、贸易3个专业会议；三、凡含有轻视或侮辱各民族的地名、碑文等，应予更改或销毁。

同 日

[纲 文] **毛泽东等出席印度驻华大使潘尼迦举行的印度国庆1周年庆祝会。**

[目 文] 应邀出席庆祝会的中国党政领导人有：中央人民政府主席毛泽东，副主席李济深、[①] 张澜[②]，中央人民政府秘书长林伯渠[③]，政务院总理周恩来，副总理陈云、郭沫若，最高人民法院院长沈钧儒，及中央人民政府各部门负责人、各人民团体负责人等400余人。

毛泽东致祝词说，印度民族是伟大的民族，印度人民是很好的人民。中国、印度这两个民族和两国人民之间的友谊，几千年以来是很好的。我们希望中国和印度两个民族继续团结起来，为和平而努力。全世界人民都需要和平，只有少数人要战争。印度、中国、苏联及其他一切爱好和平的国家和人民团结起来，为远东和平、为全世界的和平而努力。

毛泽东还与潘尼迦进行了谈话。关于和平问题，毛泽东表示相信，印度与其他11个亚洲及阿拉伯国家所争取的是一个真正的和平，因为都不是帝国主义国家，没有殖民地，因此不需要战争。潘尼迦表示，尼赫鲁总统希望能有机会到中国来见毛泽东主席。毛泽东表示欢迎。关于中印之间的文化交流，毛泽东建议印度派些教授到中国的大学里讲授印度语言，中国也可以派遣学生到印度去学习语言。毛泽东说，世界上决定问题的还是人，印度、中国、苏联的总人口即占世界人口大半，三国之间关系和睦，世界上的问题就能解决。三国之间没有冲突，关系应该更加敦睦。潘尼迦表示印度正朝这个方向走去。

同 日

[纲 文] **中南军政委员会发出《关于内部刊物应严格保守国家机密的通令》。**

[目 文] 《通令》规定，各委、部、署、局、行及各省市应切实遵守中央关于严格保守国家机密的指示，不得发表国防、军事和公安机密，外交机密及财政机密；不要报道任何人民解放军部队的番号、驻地、训练、调动、复员情形；不要发表尚未经中央发表的一切有关海军和空军的新闻通讯；不要发表尚未经中央公布的有关军事的重要铁路公路等交通建设；不要发表与动力工业、机械工业、造船工业等有关的国防工业的地点、产量、设备以及其他可据此推算出来这些工业的生产力的资料。在编审工作上，并应特别审慎和注意。负责人必须亲自审查。

1月27日

[纲 文] **中共中央批转中南局关于限制农民在减租退押中侵犯工商业的办法。**

---

① 李济深（1885—1959），广西苍梧人，时任中国国民党革命委员会主席、中央人民政府副主席、第一届全国政协副主席。

② 张澜（1872—1955），四川南充人，时任中国民主同盟主席、中央人民政府副主席、第一届全国政协副主席。

③ 林伯渠（1886—1960），湖南临澧人，时任中央人民政府委员会秘书长。

［目 文］ 中共中央在给华东、西南、西北局的转发批语中希望各地充分注意并研究该办法，仿照执行。

中南局的限制办法规定：一、农民要工商业者兼地主退租，只限于1949年、1950年两年应减而未减的租粮。长江以北的老区则以三年为限，不得多退。二、退押按折半清理，押金过重者应退额以原田一年租粮收入为限，不得无限制清算。三、解放后变卖田亩者，将所得田价退还农协处理。个别卖田曾经区政府批准并查有实据者，可不再追，但只作为个别问题由政府处理，不公布。四、农民对工商业者兼地主的清算，以上列三项为限，其余不再扩大，以免过分影响工商业，对工人、农民均不利。有三项相加足以把商人资金搞光者，应酌情减少或分期退。五、此项商定，拟由省市政府与市工商联共同会商，决定公布。由工商业者按此规定与农民了结。有纠纷者，则报城乡联络处调处。工商业家属于重要反革命分子及大恶霸者，应予法办。不法地主逃入城市者，应经规定手续令其返乡处理，不在此限。

同日

［纲 文］ **中共中央就福建省委关于处理债利生活者的意见复示华东局。**

［目 文］ 中央复示指出，1月22日转来的福建省委关于处理债利生活者的土地债务问题的意见已阅。我们认为，对于大量放债又兼出租土地的人，其出租土地已构成地主成分者，均应按地主处理。解放前农民及其他劳动人民欠这种人的债务应予废除。如是从事其他职业兼放债又兼出租土地，则可视其出租土地的数量是否超过当地小土地出租者的最高标准数，而分别按来电第三项的规定处理，其余均同意。

此前，1月17日，福建省委将关于处理债利生活者的意见上报华东局，1月22日，华东局批示说，我们同意你们处理债利生活者的三点意见，并报中央请示。

［文 献］ **福建省委关于处理债利生活者的意见（节录）**

我省债利生活者有这样几种情况：

（一）完全依靠债利为生活的债利生活者。

（二）主要依靠债利为生活，但兼有少量自耕或雇工耕种之土地；其解放前农民欠他的债务，按照对富农债务问题处理办法处理之；其自耕或雇工耕种之土地予以保存。

（三）主要依靠债利生活又兼出租土地，而其出租土地如超过当地小土地出租者占有和出租土地之最高数者，其出租土地和解放前与农民间的债务问题，按照对待地主办法处理；其出租土地不足小土地出租者占有和出租土地之最高数者，其解放前与农民间的债务，照债利生活者办法处理，其出租之少量土地一般应予以征收。如因征收此项土地后，即不能完全维持其家庭生活者，则可酌留给其一份土地。

资料来源：中央档案馆提供档案。

同 日

[纲 文]　中财委发出《关于做1951年基本建设计划的指示》。

[目 文]　《指示》共五条，提出，1950 年的基本建设，由于没有设计及施工计划，又缺乏进行基本建设的比较科学的组织工作，致使有些工程重新翻工，很多计划难于完成。上述情况说明：一、制定一个有政策有方针有可能实现的计划，必须由上而下地颁发控制数字与由下而上地编制计划相结合；二、基本建设必须先设计后施工，必须先有设计文件与施工计划，才能施工；三、基本建设与生产管理要严格分开，以免互相挪用经费，或者使生产成本不合理地提高，或者影响基本建设工程的顺利进行。中财委要求，各部与管理局均有专管基本建设的机构，根据这次颁发的控制数字编制各部门、各基建单位 1951 年基本建设计划，必须先有设计及据此编制的施工计划，经批准后方予拨款施工。设计计划包括设计步骤与时间、设计所需人员和器材、设计所需经费。施工计划包括进度与预算、设备与材料的供应、建筑安装劳动力与技术干部的配备等。中财委还规定，编制基建计划均需按照政务院已颁布的计划表格和文字说明，由各建设单位自下而上进行；计划变动须报中财委批准；大修理费用不再包括在基本建设控制数字范围。

同 日

[纲 文]　中财委做出关于各经济部门间若干具体财务关系的决定。

[目 文]　决定对贸易部与银行的借贷关系、各部门委托贸易部订购进口货物的办法，以及各部门间的其他财务关系做了具体规定。关于贸易部与银行的借贷关系，规定：一、银行代贸易部开出购买证或信用证时，贸易部应根据银行实际代付外汇数目，照开证日的外汇牌价，即日如数付款给银行；二、凡开出的购买证或信用证，因被外国冻结、没收或扣留而遭受损失时，不论该项外汇已否支用，其损失均由贸易部担负；三、贸易部出口所得外汇，须一律向银行结汇，由银行照给汇日外汇牌价付款给贸易部；四、贸易部与银行之间过去的借贷账目，应迅速清理；五、贸易部向银行借款，应依照银行对现金管理户的存款办法，以货币或保本值计算。关于各部门委托贸易部订购进口货物的办法，规定：一、各部门向国外订购货物，应根据核定的基本建设投资或经营计划，按照程序先列订单，送本委核准后，方得与贸易部签订合同；二、各部门所订的货物，其款项系由财政预算内支付者，委托贸易部订货时，须交纳货价 30% 的定金；三、贸易部如买不到托订的货物而取消合同时，应按银行对现金管理户存款的办法，以货币或保本值计算，退还订货部门的定金；四、凡委托贸易部订购货物所需的外汇，概由贸易部统筹，各用货部门不得另行申请外汇；五、各部门委托贸易部订购货物时，须签订具体合同。关于各部门间的其他财务关系，规定：一、各部门间一切财务往来，必须订立合同，严格遵守；二、各部门应付另一部门的货款等款项，均须定期交付；三、用货部门需要贸易部或其他部门供给物资时，须先提出具体计划，向贸易部或其他部门签订订购合同；四、各部门生产及供给所需大宗物资器材，概应向贸易部购买，只在贸易部不能供应时，始准通过当地工商部门向市场购买。

同日

[纲文] **中国人民银行向中财委上报1951年工作方针和计划。**

[目文] 计划说，1950年我国金融情况有了巨大变化，通货趋于稳定，人民币开始下乡，外币除华南尚有少数港币外，已不再流通。到年底货币发行额较1949年底增2.4倍，物价趋于稳定。国家银行存款由上年的1亿元增至19亿元，在存、放、汇业务中已占95%，取得了金融市场的领导权，并集聚资金23亿元，有力地扶持了城乡内外物资交流，配合了工商业调整。1951年为贯彻巩固国防、稳定金融物价及重点建设的总方针，金融工作的主要任务是从各种经济成分大量集中资金，支持贸易，活跃城乡交流，支持财政，力求在财政收支平衡的条件下，有计划地进行重点建设。计划集中资金47亿元以上，比上年增长1倍多，其中取消商业信用，推行全面货币管理，吸收公营存款39.5亿元，普遍开展私营企业存贷业务，吸收私营存款6.6亿元；开展保险业务，收入1.2亿元。计划放款40亿元左右，其中用于国营贸易22亿元，财政借款6亿元，外汇用款2亿元，农贷1.1亿元，地方工商业放款1.5亿元。

同日

[纲文] **周恩来接见印度驻华大使潘尼迦。**

[目文] 潘尼迦提出，印度政府希望中国政府就和平解决朝鲜问题作一总结性的表示，以便动员中立国家和英、法、荷等西欧国家人民。周恩来回答说：中国政府在为争取和平的努力中，曾多次发表过声明。今后有适当的时机，会继续发表意见。我们主张朝鲜问题和平解决。但是，美国侵略朝鲜的同时侵略台湾，这就破坏了和平。美军越过三八线，就更破坏了和平。等到美军逼近鸭绿江，再加上美机轰炸我国人民，美舰炮轰我国商船，这就更破坏了和平。我们要争取和平，就必须去掉这些对和平的威胁。有了中国人民的志愿行动，才使美国政府目前想停战休息，准备再进。事实上，如果没有中国人民这一志愿行动的话，则第二步早已侵略到中国大陆上来了。现在美国政府想停，就该真正停下来，结束朝鲜战争。我们反对先停战后谈判，因为美国想在停战后无休止地谈下去，根据我们的经验，与美国这样好战的政府争取和平是需要经过一些曲折的，但我们有信心，我们是能够达到目的的。

1月28日

[纲文] **中共中央发出《关于进一步加强统战工作的指示》。**

[目文] 《指示》提出，1951年统战工作的主要任务是：必须在全国范围内继续推行抗美援朝的宣传教育运动；必须积极争取知识分子、工商业界、宗教界、民主党派、民主人士，吸引他们参加土地改革和镇压反革命等革命斗争的适当工作，并加以教育；必须加强工商联合会工作，准备成立全国工商业联合会；必须帮助各民主党派在大中城市发展党员1—2倍；必须认真地推行区域自治和训练少数民族干部；必须加强政权机关中和协商机关中党与非党人士之间的合作。《指示》要求各级党委积极争取和教育一切愿意同我

们合作的人，发挥人民民主统一战线的作用，顺利地完成伟大的革命任务。

同 日

[纲 文]　毛泽东对贺龙、邓小平《西南军区1950年剿匪情况总结》做出批示。

[目 文]　毛泽东的批示肯定《总结》说：路线正确，方法适当，剿灭85万人，缴枪40余万枝，成绩很大，甚为欣慰，望即令所属予以嘉奖。尚望你们继续努力，为干净剿灭残余匪众而奋斗。

此前，1月6日，贺龙、邓小平向中共中央并毛泽东提交《西南军区1950年剿匪情况总结》说，1950年2月，西南匪特开始大规模暴乱。西南军区全军上下不分兵种和部队、机关、学校，均参加了剿匪战斗。至年底，歼匪85万人，缴获各种火炮790余门、轻重机枪3700余挺、长短枪40余万枝，并在剿匪过程中建立了10余万地方武装及80余万人民自卫武装。革命秩序已巩固。剿匪斗争的主要措施是：组织了一元化的剿匪斗争；集中兵力重点进剿；军事进剿、政治攻势、发动群众三者密切协同；开展捕捉匪首运动与镇压匪首工作；争取少数民族参加剿匪。

同 日

[纲 文]　刘少奇为发布惩治反革命条例致信毛泽东。

[目 文]　信中称，惩治反革命条例，已经多次讨论修改，我看可以发布了。请审阅。但审判反革命罪犯仍以照现在办法归各地军事法庭为好，有些地方无军事法庭组织者，可立即组织起来，故人民革命法庭可以不组织，也很难组织起来，不能应付目前情况，故以军事法庭审判来得简单有力。当日，毛泽东批示：此件关涉军事及法院权限，应由中央人民政府委员会开一次会通过，并用主席名义公布。2月20日，《中华人民共和国惩治反革命条例》经中央人民政府委员会第十一次会议批准。次日，中央人民政府主席毛泽东发布命令，公布施行。

同 日

[纲 文]　青年团中央举行盛会欢迎青年访苏代表团归来。

[目 文]　参加大会的除中国青年访苏代表团团员25人外，还有青年团各级组织的干部1200余人。大会由青年团中央副书记廖承志主持，青年团中央副书记蒋南翔致欢迎词。中国青年访苏代表团团长冯文彬①在讲话中介绍了苏联工农业建设的飞速发展情况。

同 日

[纲 文]　南京市万名工商业户举行集体缴纳1950年秋季营业税大游行。

[目 文]　本日为南京市1950年秋季营业税开征的第一天，前往税务局指定地点集体缴纳税款队伍沿途受到各界人民的欢迎。游行者热烈高呼“拥护新税法，完成新任务”、“踊跃纳税，巩固国防”等口号，到税务局举行庆祝大会，通过了向毛主席致敬和向上海等大城市工商界挑战的电报，提出“评得快、交得快、公平合理、一户不漏”为竞赛条件。

---

① 冯文彬（1911—1997），浙江诸暨人，时任中国新民主主义青年团中央委员会书记。

1月29日

[纲 文]　周恩来为中共中央起草复袁仲贤[1]电，邀请达赖[2]代表来京谈判。

[目 文]　电报肯定袁仲贤接见达赖派往两位代表及所取的态度是对的，并指示袁可邀请这两位代表来谈，告诉他们毛主席及中央人民政府欢迎达赖活佛派代表来北京商谈和平解放西藏问题，并望代表毛主席祝贺达赖活佛执政。

此前，1月27日，西藏地方政府曾派官员至印度新德里，请袁仲贤转交达赖喇嘛于18日致中央的信件。达赖在信中报告了他亲政的情况，表达了谋求和平的愿望。

2月1日，袁仲贤复信达赖说，中央人民政府一直欢迎达赖派代表赴北京商谈和平解放西藏问题的事情，已电告昌都的人民解放军待达赖派的代表到达，予以很好的招待，并尽快护送去北京。唯从西藏经西康等地去北京，因路途较为不便，恐一时不易到达，因此中央同意而且欢迎达赖加派代表经印度乘飞机到香港转广州赴北京。驻印大使馆当给以一切旅行上的便利和帮助。

同 日

[纲 文]　政务院批准聂荣臻辞去所兼任的北京市市长职务。

同 日

[纲 文]　志愿军空军首次击落美国空军飞机。

[目 文]　当日下午1时许，志愿军空军前方雷达站发现一批美机在朝鲜定州、安州上空5000米高度上盘旋活动，似企图袭击安州火车站和清川江大桥。志愿军空军第四师指挥所立即下达二十八大队起飞出击命令。大队长李汉率领8架飞机迅速飞向战区，发现16架F—84美机，决定乘美机不备，攻击其上层的8架。美机分成两组四机慌忙向左右转弯摆脱，李汉顺势咬住1架美机，将其击落，然后率队追击，又击伤美机1架。这是志愿军空军首次击落美国空军飞机。

同 日

[纲 文]　财政部发布《第一期人民胜利折实公债还本付息的办法》。

[目 文]　《办法》共分十二条，并附七条说明。规定本公债自1951年起至1955年止，分5年偿还，每年抽签还本一次，每次抽签定于每年2月1日在北京邀请各界监督举行，以债券号码最后两位数字抽签，中签债券号码由中央人民政府财政部公布。每年3月31日至9月30日为兑付本息期，由各地中国人民银行验券兑付。《办法》还特别规定了新疆发行的本公债在新疆的兑取办法，以及新疆与关内及东北各省本公债的转办代付办法。

同 日

[纲 文]　中国和波兰《1951年中波货物交换及付款协定》、《中波航运协定》、

---

① 袁仲贤（1904—1957），湖南长沙人，时任中国驻印度大使。

② 达赖，即达赖喇嘛·丹增嘉措（1935— ），藏族，青海湟中人，时为西藏地方宗教和政治领袖之一。

《中波互换邮件及包裹协定》、《中波电信协定》在京签字。

1月30日

［纲 文］ **中共中央做出《关于新华书店统一工作给中南局的指示》。**

［目 文］ 《指示》指出，关于各地新华书店的统一工作，中宣部1950年7月27日已经指示各地党委协助进行。现据政务院文教委员会党组报告，全国各大行政区新华书店均已统一，仅有中南区90%仍未统一，望再通告各级党委：遵守中央指示，积极协助并支持新华书店的统一工作，其人员资金原由地方党政机关调拨者一律不得抽回，并将结果报告中央。

此前，1月29日，陆定一就新华书店统一工作报告周恩来并中央称，华北、西北、西南地区的新华书店已全部统一，华东除福建外也大体统一了。只有中南区统一工作很差。其原因，除总分店对统一工作抓得不紧外，也由于地方党委对统一工作有抵触。在已经统一的地区，目前只做到各总分店可以管理各支店业务和自由调动资金，总店还只是原则上领导。对于大部分尚未统一的中南区，除由出版总署去函中南新闻出版局命其加紧进行统一工作外，拟请中央再给中南局一个指示，希望中南局通告各级党委遵守中央指示，积极支持新华书店的统一工作。

同 日

［纲 文］ **中财委召开第四十六次委务会议。**

［目 文］ 会议讨论并通过燃料工业部《关于1950年工作总结和1951年方针任务的报告》。陈云在讲话中指出，煤、电为工业之母，应该早做准备。现在技术人员已开始感到不够分配，公私关系的有些问题解决得不好，在国内外的机器订货应同时进行。“三年恢复，十年建设”的方针已经确定，1953年就要开始实行三年或五年经济建设计划，现在只剩下两年时间，希望各部门抓紧进行准备。

同 日

［纲 文］ **民建中央常委会第二十七次会议通过《关于发展地方组织的决议》。**

［目 文］ 《决议》指出，各地方组织应在巩固的基础上稳步争取发展；同时应在发展的过程中力求巩固组织。本会吸收会员的重点仍应放在民族工商业者的身上。今后除应继续争取工商业界有代表性的进步人物入会外，还须特别努力争取广大的中小工商业者入会，以充实本会的群众基础；同时仍须努力争取愿为实现本会任务而奋斗的进步知识分子入会，以便于开展工作。今后发展会员，应特别着重工商联、同业公会及工商业界的各种群众爱国运动中的积极分子。如目前抗美援朝运动中积极执行爱国公约并起带头作用的分子，应成为发展会员的主要对象。

1月31日

［纲 文］ **中共中央就新疆公安厅搜查并驱逐英国驻迪化[①]领事何仁志一事发出指示。**

---

① 今乌鲁木齐。

［目 文］ 中央向各中央局、分局并转各省市委、各外事委员会发出的指示指出：英领事利用教会为基础，在解放后继续开展间谍活动，挑拨新疆各民族感情，新疆公安厅因此将其驱逐出境，这在基本上是对的，因为这是中央的既定方针。但在处理此案中手续有不妥之处，即未经请示中央即对何仁志住宅实施搜查，这是无纪律的错误。这样有关外交的重大斗争事件，各有关方面，首先是新疆公安厅，都未及时上报及时处理，致使中央陷于被动。各地方政府在处理重大外侨案件，特别是对前使馆馆员进行斗争的时候，必须在处理前提出意见请示中央，经中央指示后遵照执行，绝不可先斩后奏，草率从事。

同 日

［纲 文］ **中国人民志愿军司令部向部队发出战术指示。**

［目 文］ 指示说，进行阵地防御，必须做好工事，采取疏散的纵深的兵力配备（每一阵地只以少数兵力加强轻火器进行防守），才能减少伤亡，保持防御的稳定性；必须以短促、突然、猛烈的火力，配合阵前反冲击，才能有效地阻止敌人的进攻；必须做好对敌实施反击的充分准备，较大的反击必须于夜间进行，才能收到大的效果。指示提出，不能死守一地，在争取到一定时间或无力防守时，应主动地转移阵地，并尽力坚持夜间转移，以减少伤亡。

同 日

［纲 文］ **中国人民保卫世界和平反对美国侵略委员会发出《关于春节慰问中国人民志愿军家属运动的通知》。**

［目 文］ 《通知》指出：一、慰问志愿军家属运动应与1950年12月22日中央人民政府内务部和人民革命军事委员会发出的“新旧年拥政爱民拥军优属”的指示密切结合起来进行，一切革命烈士家属都应受到同样的尊重和优待。二、慰问志愿军家属运动应与慰问朝鲜前线中国人民志愿军运动结合起来进行。在前线和后方担负慰问工作的人员，应该一方面多多地把前方志愿军的英雄事迹传达给他们的家属，使家属们感到光荣，而更加积极地支援前方；另一方面多多地把后方志愿军家属努力生产，参加抗美援朝的工作情形传达给前方战士，使战士们受到鼓励，英勇杀敌。三、力求实际地帮助烈士家属和革命军人家属解决生活和生产存在着的困难。四、依据各地的风俗习惯，采取不同的方式，例如贺年、送礼、挂光荣匾、悬光荣彩以及举行联欢晚会，招待看电影、看戏等。

同 日

［纲 文］ **陆璀①率领中国妇女代表团赴德意志民主共和国参加国际民主妇联理事会会议。**

① 陆璀（1914— ），女，浙江湖州人，时任全国妇联常委兼国际工作部部长。

2 月

2月1日

[纲 文]　中共中央做出《关于纠正电报、报告、指示、决定等文字缺点的指示》。

[目 文]　该《指示》由毛泽东主持起草，以内部文件的形式印发各级党委及所属部门。[1]《指示》指出，党政军来往电报及其他报告、指示、决定等文件，在文字上存在着严重缺点，最常见的有如下五种情况：滥用省略、句法不全、交代不明、眉目不清、篇幅冗长。这些缺点必须予以纠正。

纠正办法主要是：一、不许滥用省略。（一）除对熟悉的中央负责同志，各中央局、中央分局的负责同志，野战军（大军区）的司令员、政治委员，有时（不是一切时间，也不是多数时间）在电报上下款可以写姓不写名，或姓下加职衔，例如“毛主席”、“周总理”、“陈饶”、“彭习”等之外，一般情况，无论在电文中，或在上下款，须一律写姓名，不得只写姓不写名。必要时，还须在姓名之前加上职衔。（二）地名一律用全名，例如“上海”、“福州”不得写成“沪”、“榕”，仅在两个以上著名城市或著名省份联写在一起使人一看就明白时，例如“京津”等，或者和其他文字结合在一起成为流行的特殊用语时，例如“沪东”等，始得用简称。（三）普通文电，均须注明月日。紧急文电，须注明月日时。正式公布文件，须注明年月日。凡月日时，概用普通数字，不得用地支和韵目。（四）机关名称，概用全名。（五）事物名称，除其简称确已为全国人民所普遍熟悉者，例如“中共”、“反帝”，得于非正式场所使用外，其余一律用全名。在一切正式文电中，应尽量避免简称。例如，马克思、恩格斯、列宁、斯大林，不得省称“马、恩、列、斯”。（六）凡有特别生僻的词语，其意义为多数阅读者所不能了解者，应作必要的注释。二、必须遵守文法。电报文句不得违背文法。必要的主词、述词、宾词，必须完备无误。单句、复句，必须分清。代名词，必须紧跟所代的名词，形容词、副词词尾，尽可能分用“的”、“地”。至于信件和公布的文件，不但文字应当完全，标点也必须正确。地方县委、县政府以上，军队师以上负责干部，至少有一人学会文法，以便负责修正文电字句。三、纠正交代不明的现象。（一）凡请示的文电，均须写明情况和自己的要求和意见（转发下级请示文电，应说明自己意见），并写明希望何机关或何人于何时答复何项问题。凡

---

[1] 毛泽东曾于1951年2月25日写信给中央宣传部副部长胡乔木说：“可以印成小本发给党内外较多的人看，不要在报上发表，因此件并无给群众看的必要。而一般文法教育则应在报上写文章及为学校写文法教科书。”

答复的文电，均须写明系答复何机关或何人于何时提出的何项问题。凡指示的文电，对下级的要求，也应规定明确。例如，应由何机关如何办理，或于何时报告办理情况等。每件事都要交代什么事、什么人、什么时候、什么地方、什么样子、什么原故。仅在绝对明了时，始可有所省略。(二) 除综合性的报告及指示外，必须严格执行一事一报制度，禁止在一个文电中包括不相干的几件事，禁止用党内的文电来兼代党外的文电。(三) 不论报告、请示或指示的文电，如为不但向着一人一机关，而且有兼告他人他机关的必要者，应于写明主管的人或机关之后，写“并告”二字，再接写他人或他机关，以明确责任。(四) 凡转发文电，须全文转发或摘要转发者，应将受件的人或机关、为什么转发此文电的道理、转发的人或机关及转发的时间，写在该转发文电的前面，而将该转发文电列在后面；并须将转发文电的上下款及年月日照旧保留，不可省略。(五) 凡文电中引用他人他机关文电语句，首先须写明何人何机关于何时说的，然后写上引用的语句。在该语句前后作引号（方括弧），接着写上“等语”二字。如引用的语句的内容不是意见而是事情的叙述，则接写“等情”二字。下面再写自己的意见。四、纠正眉目不清的现象。除简短者外，一切较长的文电，均应开门见山，首先提出要点，即在开端处先用极简要文句，说明全文的目的或结论，然后再作必要的解释。长的文电分为几段时，每段也应采用此法。一个文电有几层意思或几项要求时，必须注意按照条理，分清层次，以数目字标明段落和项目。五、凡文电必须认真压缩。向领导同志或机关请示或作报告时，必须反对应请示报告而不请示报告和不应请示报告而随便请示报告的倾向。在写请示文电或写报告时，必须注意文字的简明扼要，条理清楚。

中央要求各级负责同志将《指示》印发各机关所有负责起草及批阅文电的同志，在适当的会议上做传达，并在党内刊物上予以登载。中央责成中央办公厅及各中央局办公机关，按照《指示》所提出的各项标准，在1951年4月底，将本年度1月至4月份收受文电分别进行一次检查，对执行得好的机关予以通报表扬，对执行得不好的予以通报批评。以后每四个月作一次检查，年终一次为一年的总检查。每次均须写出总结，经中央审定，通报全党各主要领导机关。中央认为，在对同志进行教育时，应选择几篇大体上合于上述标准的文件，作为范例供阅读并给以讲解。

同 日

[纲 文]　政务院发布《为改定省税务局领导关系修改全国各级税务机关暂行组织规程第22条条文的通令》。

[目 文]　《通令》共三条，决定，一、将1950年1月27日政务院第十七次政务会议通过颁布的全国各级税务机关暂行组织规程第22条的条文，修正为：本规程之各级税务机关均受中央财政部领导，总局以下各级局、所除受其直属上级税务机关领导外，区管理局受同级财政部领导，省税务局受同级财政厅领导，直辖市、区辖市以下各级税务局受所在地同级政府领导。县、旗、市、镇税务局所属税务所并受当地政府监督。同级政府与上级局意见不同时，执行上级局决定。二、根据具体的干部条件，必要时可以省财政厅副

厅长兼省税务局局长。三、省人民政府为使省税务局能在工作上了解全省财政经济情况，提高政策水平，须贯彻“税政实施要则”的精神，允许省税务局长参加各种有关的会议。

同 日

［纲 文］ **财政部、中国人民银行总行召开1950年第一期人民胜利折实公债第一次还本抽签大会。**

［目 文］ 大会在北京长安大戏院举行，财政部部长薄一波、中国人民银行总行行长南汉宸等主持抽签典礼。全国总工会、北京市工商联合会筹备委员会等指派代表执行抽签。北京、上海、天津、汉口、重庆、西安工商界代表，北京市民代表，以及全国政协、政务院人民监察委员会、最高人民法院、中央人民政府华侨事务委员会、北京市人民政府、中共北京市委、民主建国会、中国农工民主党、九三学社、台湾民主自治同盟、中国新民主主义青年团、中华全国总工会等机关团体代表，到会监督抽签。各界群众自由入场参观。

政务院人民监察委员会副主任潘震亚、中财委财经处专员高星华作为监督代表，中华全国总工会秦达远、北京市工商联合会筹委会主任委员傅华亭作为抽签代表执行抽签，分别从10个筒中每筒抽出1枝，监督代表核对全部中签号码，然后签章存封。当日，薄一波签署财政部公告，公布10个中签号码。公告指出，末尾两个数字中签者，由中国人民银行自3月31日起开始凭券还本付息。

这次折实公债自1951年起至1955年止。中央人民政府为照顾债券持有人的利益，又规定：一、放宽兑付本息的期限，延长至本年9月30日止。应兑未取的本息还能展延到下期兑付，至1955年9月30日止；如果各次都没有兑取的，再延长到1956年3月31日。二、免纳利息所得税、代收代付债券本息以及免收邮费和汇费等。

同 日

［纲 文］ **中国人民保险公司总公司提出《强制保险推行计划（草案）》。**

［目 文］ 关于开办前的布置，《计划（草案）》规定，政务院命令公布后，总公司应即与中财委联系，请其指示各地财委具体布置。指示的内容包括：各机关企业合作社应向人民保险公司投保，各级分支机构不得以未奉上级指示拖延办理；各机关企业合作社的预算如未将保险费列入，得根据强制保险命令提出追加预算，呈请核定，不得以未奉核定拒绝投保；已经投保自愿保险的机关企业合作社，如果保险标的对象在强保范围以内，仍应按照强保办法，另行投保，而将自愿部分退保。

关于强保的实施步骤，《计划（草案）》规定，实施原则是“全面实施，重点掌握”。财产保险及货物运输险，贸易部所属各专业公司，其他国营企业，当地公营企业、政府机关、合作社（县以上）于条例实施后三个月内依次举办。运输工具保险，铁路车辆险于条例实施后立即开始办理；船舶险于条例实施后三个月内开始办理；汽车险于条例实施后五个月内开始办理。旅客意外伤害险，铁路于条例实施后即开始办理；轮船于条例实施后二个月内开始办理；航空于条例实施后三个月内开始办理。

同日

[纲文] **交通部发布《1950年工作总结及1951年工作方针任务》。**

[目文] 《任务》指出，全年长江公私轮运约210万吨，北洋约110万吨。关于航务建设，一、浦口码头抢护工程，自1950年2月20日开工至9月初完工，洪水后浦口码头座塌现象已防止。但第一期工程仅为抢护，河道疏浚及整理岸线工作均未完结。二、塘沽新港工程，经中苏专家勘测后认为，工程技术方面基本可以继续完成原拟方案，严重影响回淤的海河泥沙，应积极设法自上游解决，已拟定3年完成400万吨吞吐量、万吨船只进港的筑港计划，政务院批准即可开工。三、恢复助航设备，共修复灯塔发光37座，协助海军设标扫雷完成上海通航，整理长江助航设备，使吴淞至城陵矶一段通行夜航。四、长江沉船打捞24艘，共17888吨，修理船只121艘。关于公私兼顾政策，交通部对私营航业的指导与组织，提出了薄利多运，精简节约，合营、联营的方针。如新轮船局四个公司，合营前赔钱，合营后紧缩机构，精简人员，情况好转，头两月就盈余5亿元。又在货源上给私营公司以很大帮助，并对有发展前途的私营公司给以贷款或垫款。总计全年对21个公司贷出12.67亿元，港币358.86万元，使将要倒闭的公司继续营业，停航的船只开动起来。由于贯彻了公私兼顾政策，并有计划地争取私营船只北归，目前北归船只约9万吨，总计国内私营船舶比1950年增加390%。

同日

[纲文] **中国人民解放军总参谋部发布解放军《内务条令（草案）》、《队列条令（草案）》、《纪律条令（草案）》。**

[目文] 根据人民革命军事委员会主席毛泽东的命令，在全军发布试行的这三项《条令（草案）》，是解放军进行管理教育、队列训练，建立内务制度，维护纪律，以及实施奖励、处分的初步依据。由于偏重于照顾各战略区自定的法规和习惯，《条令（草案）》颁布试行不久，就因解放军编制和装备变化而修改，在此基础上逐步形成解放军《内务条令》、《队列条令》和《纪律条令》。

同日

[纲文] **中国人民志愿军政治部发出第四次战役政治工作指示。**

[目文] 发给九兵团、各军、炮师和前方后勤指挥所的指示指出，由于敌人向我进犯，原布置的两个月休整工作应即停止，转入作战。此次战役是在相当困难条件下进行的，如部队普遍希望休整，作战的思想准备不够，兵员未得到补充，粮食、弹药等困难未完全解决。因此，政治工作必须用极大的努力保证这次战役的完满胜利。指示要求：一、首先布置进行作战动员并与传达此次中朝两军高干会议的精神相结合。（一）向全体指战员说明为什么不能继续休整而必须进行作战的道理。（二）正确分析敌我双方的条件，加强指战员对此次战役胜利的信心。（三）高度发扬吃苦耐劳克服困难的精神，除后方应尽一切努力保证前线作战外，主要依靠各级干部积极负责发动群众想办法。同时，还必须说明这次作战虽然有困难，我们也要打，如果害怕困难，逃避作战，就会造成将来更大的

困难。二、此次战役我军将继续南进，因此，更须严格执行新区政策。三、此次作战主要的困难是吃粮问题，政治工作应以大力保证解决这一问题，借粮工作队应即靠近部队作战地区按照借粮政策筹借，政治机关应派干部协助，后勤人员组织一切人力、车辆运送粮食。四、兵员问题，仍应根据前次作战经验，尽量从直属队及机关中调人员补充战斗连队。各部队应在开进路上分设收容所，以减少非战斗减员，并杜绝掉队人员违反群众纪律的现象。

同日，志愿军政治部将这一指示报给总政治部和东北军区政治部，彭德怀将这一指示批发朝鲜人民军各部参考。

同 日

［纲 文］ **中国影片经理公司成立。**

［目 文］ 该公司受文化部电影局领导，统一经营全国影片发行业，并接办电影局前发行处业务。范围是：代理国产影片在国内外及外国影片在国内的发行；经营全国各地直属公营影院；统筹供应全国电影放映队影片。1953 年底，公司改名为中国电影发行放映公司。

同 日

［纲 文］ **美国操纵联合国大会通过认定中国为“侵略”的提案。**

［目 文］ 大会根据第一委员会所作的报告，以 44 票赞成、7 票反对、9 票弃权，表决通过了美国提案。其中，苏联、白俄罗斯、捷克斯洛伐克、波兰、乌克兰、印度和缅甸投了反对票；阿富汗、埃及、印度尼西亚、巴基斯坦、沙特阿拉伯、瑞典、叙利亚、也门和南斯拉夫投了弃权票。

该提案认定“中华人民共和国中央人民政府由于直接援助和协助业已在朝鲜的人，而且对联合国在朝鲜的部队从事敌对行为，它自己已在朝鲜从事侵略”；“要求中华人民共和国中央人民政府设法使它在朝鲜的部队和国民停止对联合国部队的敌对行为，并撤离朝鲜”。

2 月 2 日，周恩来代表中华人民共和国政府发表声明，对联合国大会决议案的污蔑和美国的阴谋企图，进行了驳斥和揭露。斯大林也为联合国决定宣布中华人民共和国为“侵略者”一事发表谈话，认为这是一个可耻的决定。

同 日

［纲 文］ **全国总工会、全国青联和全国妇联致电美国弗吉尼亚州州长巴特尔抗议判处7名黑人青年死刑。**

［目 文］ 电报称，7 名黑人即将执行死刑的消息，激起中国人民最大的愤怒。他们的供词是毒刑强逼出来的，已为他们所公开拒斥。所判死刑以及没有一个黑人参加的陪审委员会判词，违反了所有文明人类所坚持的法律与正义的原则。我们代表中国全体工人、青年和妇女对这种判决提出严重抗议，要求该州州长立即停止执行，并给予他们一个公正审讯。

此前，1949 年 1 月，美国弗吉尼亚州马丁斯维尔城警察当局逮捕了黑人青年 7 人，后以“强奸”罪名全体判处死刑。消息传出后，美国国内开展了抗议和拯救运动，世界民主青联与国际新闻记者协会等团体呼吁全世界人民抗议这一非法暴行。但美国联邦最高法院拒绝了上诉。7 名黑人青年于 2 月 2 日被执行死刑。

同 日

［纲 文］ **中苏友好协会总会就发展组织和开展宣传工作举行联席会议。**

［目 文］ 会议由中苏友协总会总干事钱俊瑞主持。出席会议的有青年团中央，总政治部，全国总工会，全国妇联，全国学联，全国文联、音协、美协、剧协，全国教育工会等团体单位代表共 30 余人。会议决定：一、提议各群众团体、中央机关和总政治部把中苏友好和中苏友协工作列为重要议程，于最近进行讨论，做出决定。二、提议各团体及解放军各级政治机关将开展中苏友协组织、发展会员及中苏友好的宣传教育工作，列入工作计划内，作为重要任务。三、中苏友协总会和各团体及总政治部等要经常取得密切联系，有计划地研究各种专业问题。

2 月 2 日

［纲 文］ **中共中央发出《关于进一步开展抗美援朝爱国运动的指示》。**

［目 文］ 该《指示》发给各中央局、分局并转各省市区党委、各大军区党委，要求进一步在全国普遍开展各阶层人民的抗美援朝、反对美国重新武装日本及铲除匪特镇压反革命活动的运动，以与前线胜利相配合相呼应。在各阶层人民，特别是在工农群众中，广泛进行时事教育，开展蔑视、鄙视、仇视美国帝国主义与提高民族自信心自尊心的运动。《指示》对开展运动的方式、内容、范围等做出了具体规定。

［文 献］ **关于进一步开展抗美援朝爱国运动的指示**

目前朝鲜战争仍处在艰苦紧张的阶段。美帝在遭受重大失败后，除在朝鲜继续进行困兽般的挣扎，在联合国劫持利用其仆从国家诬我为侵略外，正在对日进行片面媾和的活动，并企图重新武装日本作为美国侵略亚洲的爪牙，策动蒋介石匪帮做进攻大陆的准备并在中国内地加强其各项破坏工作。

在此情况下，我们必须进一步在全国普遍开展各阶层人民的抗美援朝、反对美国重新武装日本及铲除匪特镇压反革命活动的运动以与前线胜利相配合相呼应。在各阶层人民，特别是在工农群众中，应广泛进行时事教育，开展蔑视、鄙视、仇视美国帝国主义与提高民族自信心自尊心的运动。那种认为工农不关心时事，抗美援朝在工农群众中不成问题，或者认为抗美援朝运动会影响其他工作，因而不认真在工农群众中开展抗美援朝运动和时事教育的意见是错误的，必须予以克服。

目前爱国运动应以下列三事为中心：

（一）反对美国重新武装日本，争取全面的公正的对日和约。现在美国已积极进行对日片面媾和阴谋，反对美国这一阴谋将成为中国人民和东方人民的巨大政治斗争，各地应即抓紧杜勒斯在日本活动期间展开这一运动。在进行这一运动时，应向群众指明：一、中国人民受日本侵略最久最烈，抗日作战牺牲最大，决不能允许美国重新武装日本和片面媾和。二、美国重新武装日本和片面媾和计划的内容（包括各国得片面媾和，重新商讨台湾主权，琉球小笠原归美国管理，美军无限期驻日，日美军事合作等，见去年十一月二十六日各报）完全违背国际协议，其目的为准备侵略战争，威胁远东和平。三、美国重新武装日本和单独媾和的计划，是侵略中国、破坏远东与世界和平的计划，是毁灭日本和日本人民的计划，中日人民应共起反对。四、美国这一计划危害朝鲜、菲律宾、澳洲、新西兰、印度尼西亚、马来亚（今马来西亚）、越南、泰国、缅甸、印度、巴基斯坦、锡兰、蒙古、苏联各民族人民的安全，东方各民族人民应共起反对。五、美国这一计划实行起来有种种困难，要受各方面反对，所以是可以打破的。

反对美国计划应与周恩来外长代表我国政府在一九五〇年十二月四日的声明及苏联马立克代表苏联政府于一九五〇年十一月二十日递交美国杜勒斯的备忘录的双方主张联系起来解释。

反对美国重新武装日本，可采下列方式进行，在乡村和城市中应采不同形式：一、游行示威，以反对武装日本为中心口号。二、集会，可以在一个工厂，一个村庄，一条街道的范围内举行，也可以在较大范围内举行。在这些集会上进行控诉、回忆，通过准备好的决议或函电。三、各团体向日本、美国及东南亚各国的政府、议会、党派、团体或个人写信，群众亦可大批联名写信，警告美日政府不得单独媾和重新武装，鼓励日本人民和东南亚人民共起反对。这些信稿应由各市委和县委准备或审查，并由反侵略委员会统一规定译寄方法。

（二）慰劳中国人民志愿军和朝鲜人民军。这一工作的内容包括；一、根据中央一月十二日指示及反侵略委员会一月十四日通知募集慰劳品救济品。二、根据中央一月二十二日指示及反侵略委员会一月二十五日通知组织慰劳团赴朝鲜前线。三、写慰劳信给志愿军。此信亦可联名写，其内容亦应由市委县委准备或审查，已写过的地方不再写。对于进军西藏、守卫新疆和内地剿匪的部队，亦应发动西南、西北和剿匪省区的群众写信慰问。四、春节慰问志愿军家属，与慰问人民解放军家属一同做，不必分开做。

（三）发起订立爱国公约。为了巩固全国人民爱国运动的成果，许多地方人民创造了订爱国公约的办法，这个经验应争取在全国各地各界人民中普遍推广（已经订立过的可以不再订，但必要时可另作补充）。爱国公约的内容，可由各地各界群众按具体情况和需要自行议定，不要强求一律，但不应过繁，使群众记不住，亦不应过简，使群众觉得无新鲜之处。大致范围可以如下：一、拥护毛主席，拥护人民政府，拥护中国共产党，拥护人民解放军，拥护《共同纲领》。二、努力支援中国人民志愿军和朝鲜人民军，反抗美国侵略。三、反对美帝国主义，拥护解放台湾，肃清美国在华侵略势力。四、反对美国重新武装日本。五、协助政府肃清特务，消灭反革命谣言。六、工人农民努力生产，职员努力服务，学生努力学习，商人努力城乡交流，服从政府经济政策，反对投机。七、爱护国家财产，保守国家机密。

以上三事要尽可能在一次进行，以免群众多开会多签名。各地工作中情况和经验，望随时报告。

资料来源：中共中央文献研究室编：《建国以来重要文献选编》第2册，中央文献出版社1992年版，第24—27页。

同日

［纲文］　政务院召开第七十次政务会议。

［目文］　会议由陈云主持。农业部部长李书城、中财委副主任薄一波就1951年农林生产问题作了报告和说明。陈云在讨论该报告时指出，革命为了吃饭，土改也是为了吃饭。如因土改误了农时就不好了。春耕是一年的事，千万耽误不得。春耕开始后，即刻停止土改，转入生产，以免误农时，误大事。

会议通过的《关于1951年农林生产的决定》指出，各级人民政府须贯彻以下各项农林生产政策：一、土地改革已经完成的老解放区，要切实保护人民已得的土地财产不受侵犯。新解放区在土地改革完成后，立即确定地权，颁发土地证。在尚未进行土地改革而只实行减租的地区，要切实保障谁种谁收和农民的佃耕权。二、要贯彻合理负担的农业税收政策，奖励积极生产者，处罚怠于耕作者。三、劳动互助组应受到政府的各种奖励和优待；农民相互间临时雇佣短工可以提倡；允许富农经济存在，雇佣劳动自由。四、执行奖励主要工业原料作物生产的价格政策，保证棉粮、烟粮和麻粮的合理比价，保证收购和运销。其他政策还包括，实行山林管理、奖励兴修水利、保障牲畜喂养者的利益、鼓励农民投资扩大再生产等。该《决定》于2月13日发布。

会议听取并批准了中国科学院院长郭沫若所作的《中国科学院1950年工作总结和1951年工作计划要点报告》。《报告》说，科学院成立一年来，将原中央研究院的12个研究所、北平研究院的8个研究所、北京静生生物调查所、南京地理研究所等加以调整，改组为17个研究单位和3个研究所筹备处。调整后，制定了各所研究计划，配备了研究人员和技术人员，做到了人力物力集中，各所研究经费较过去也有相当增加。1951年的工作计划要点是，加强科学院对全国科研机关的联系，以便制定计划指导全国的科研事业；建立院长会议制度，减少行政事务工作；地质、近代物理、应用物理、实验生物、地球物理和语言等为科学院研究重点。3 月 5 日，政务院转发了该报告。

会议还通过多项任免案及提请中央人民政府委员会批准任免案。

同 日

[纲 文] **外交部部长周恩来就联合国大会通过所谓“美国提案”发表声明。**

[目 文] 声明称，中华人民共和国中央人民政府是历来主张和平解决朝鲜问题及亚洲重要问题的。今年 1 月 17 日，我中央人民政府曾就此类问题向联合国大会第一委员会提出四项建议。因此，亚洲和阿拉伯的 12 个国家便提出了召开 7 国会议以和平解决朝鲜问题及远东其他问题的议案，虽然提案的标题和内容仍有若干需要修正，而且苏联代表也已提出修正，但 12 国提案本身确表示了真诚的和平愿望。联合国中的多数国家在美国政府的操纵和劫持之下，不顾苏联、波兰、捷克斯洛伐克和 12 国提案中印度、埃及等多数国家代表的努力及世界爱好和平人民的愿望，竟于 1 月 30 日在联合国大会第一委员会中拒绝了 12 国的提案及苏联的修正案，并且通过了美国所提的诬蔑我国为对朝鲜的侵略者以便美国进一步扩大侵略战争的议案，接着，于 2 月 1 日又在联合国大会上通过了美国提案。这就向全世界爱好和平的人民和国家证明：美国政府及其帮凶们是要战争不要和平的，而且堵塞了和平解决的途径。

声明指出，联合国大会及其第一委员会在没有中华人民共和国的合法代表参加、而且在侵越安全理事会的权限的情况之下，竟通过美国诬蔑我国的提案，显然是非法的，诽谤的，无效的，中国人民坚决表示反对。美国这一提案完全是颠倒是非，混淆黑白。明明是美国政府制造出朝鲜事件，干涉和侵略朝鲜，干涉和侵略中国的台湾，而美国提案却反说中国共产党在干涉朝鲜，中华人民共和国中央人民政府在侵略朝鲜。明明是全世界爱好和平民主的人民主张制裁美国侵略，要求美军撤出朝鲜和台湾，而美国提案却反而要求对中国人民抗美援朝保家卫国的正义行动采取措施，反而要求中国人民志愿部队自朝鲜撤退。明明是美国政府无数次地拒绝中国和苏联关于和平调处朝鲜问题的各项建议，最后甚至拒绝了 12 国关于召开 7 国会议的提案，而美国提案却反说中华人民共和国政府没有接受联合国关于停止朝鲜战争以求得和平解决的各项建议。美国帝国主义的企图是：继续侵占朝鲜和台湾，干涉越南和东南亚，进行单独对日缔约和重新武装日本，配合它在西方重新武装联邦德国，并将亚洲、欧洲及世界人民驱入战争深渊，以遂其独霸世界的迷梦。美国政府这个威胁世界的企图是很脆弱的，并不能为所欲为，而且会破绽百出，因为它是在美国侵略军在朝鲜惨败、美国国内外矛盾增加、世界和平民主力量空前强大的形势下所采取的一个铤而走险的步骤，在全中国全亚洲和全世界人民反抗的力量高涨前面，必将遭遇到最后的失败和破产。

同 日

[纲 文] **内务部发布关于参加军校青年的家属按革命军人家属优待的通令。**

[目 文] 通令指出，凡参加军事干部学校学习的青年工人和学生，自正式入校时起，其家属按革命军人家属优待。自即日起，各军校学生家属，可持军校证明信向各军区

▲ 1951 年 1 月 28 日，上海市各界群众欢送被选入军事干部学校学习的青年工人。

换取革命军人家属证明书。

同 日

[纲 文]　**北京历史博物馆“中国原始社会陈列室”正式开放。**

[目 文]　该室陈列分旧石器时代与新石器时代两大阶段，是该馆所计划的中国社会发展史陈列的第一部分。

同 日

[纲 文]　**北京人民艺术剧院首次上演话剧《龙须沟》。**

[目 文]　该剧共三幕五场，由老舍①编剧，焦菊隐②导演，为庆祝北京市解放两周年而演出。

该剧通过一些典型的北京劳动人民的转变，反映了北京市解放后一年间市政建设的成绩，以及劳动人民居住卫生日益改善的状况。演出后好评如潮。

廖承志、周扬③、李伯钊④在《人民日报》、《光明日报》先后发表评论指出，《龙须沟》是一个现实主义的作品，也是一首对劳动人民、共产党和人民政府的颂歌。

---

① 老舍（1899—1966），原名舒庆春，满族，北京人，作家，时任中国文联副主席。

② 焦菊隐（1905—1975），北京人，剧作家，时任北京师范学院文学院长兼西语系主任。

③ 周扬（1908—1989），湖南益阳人，时任中央人民政府文化部副部长、中共中央宣传部副部长。

④ 李伯钊（1911—1985），女，重庆人，戏剧家，时任北京人民艺术剧院院长。

▲ 话剧《龙须沟》第一幕舞台景照——小院。

2月3日

［纲 文］ **中共中央批转中财委《关于1951年银行工作方针与计划》。**

［目 文］ 中央的转发批语指出：中央同意中财委的决定，望加研究，并照此领导和检查各地的银行工作。中财委《关于1951年银行工作方针与计划》提出，1951年的银行工作方针是“稳定金融市场，开展货币管理工作”，要开展如下工作：一、逐步推行全面货币管理，使银行成为国家总的账务会计机关，为国家管钱、管账、管用。二、普遍开展私人业务，大量集中私人资金。对职工、农民、个人普遍开展储蓄。与私营企业广泛建立联系，组织指导其资金运用，有条件地予以扶助。国家银行对私人利率采取存放两高（接近市场利率）原则，利差应再缩小。加强对公私合营银行的领导，建立联合管理机构，并准备必要时接受其他银行参加。对私人金融业继续贯彻领导、运用、改造的方针。三、大力扶助城乡内外交流。有重点地扶助农、工、矿、交通事业。四、1951年业务计划为，公营存款39.5万亿元，私营存款6.6万亿元（其中，工商业1.7万亿元，储蓄3.9万亿元，金融业1万亿元），保险收入1.2万亿元，带动私人长期投资生产建设0.2万亿元，共计集中资金在47万亿元以上。国营贸易放款22万亿元，财政借款6万亿元，外汇用款2万亿元，农贷1.1万亿元，合作0.5万亿元，水利0.3万亿元，地方工商业放款1.5万亿元。根据存款情况，随时增加各种放款。预计年底资金运用总额将达40万亿元。

同 日

［纲 文］ **中共中央发出关于在少数民族地区开展抗美援朝运动的指示。**

［目 文］ 指示指出，抗美援朝、反对美国武装日本及爱国公约运动，应及时地和适当地在各少数民族地区进一步发动和开展，以便在少数民族中肃清帝国主义影响，加强爱护自己民族和祖国的认识与感情。运动的具体口号、方式和步骤必须适合每个少数民族的

具体情况，不可简单地搬用汉族中的经验。

同日

[纲文] **政务院发布《关于实行国家机关、国营企业、合作社财产强制保险及旅客强制保险的决定》。**

[目文] 《决定》共四项内容。规定，一、为保障国家财产不因意外灾害而遭受损失，以及遭受意外伤害的旅客能够得到补偿，决定对国家机关、国营企业和县以上（城市则为区以上）合作社的财产，以及搭乘火车、轮船、飞机的旅客，实行强制保险。二、指定中国人民保险公司为办理强制保险的法定机关。中国人民保险公司除照章收费赔偿外，应进行积极的防灾措施，负责对投保单位经常进行防灾设备的检查与指导；各投保单位须接受此建议，积极改善其防灾设备；中国人民保险公司提取保险费收入的一部分，有重点地协助改善城市的公共消防设备和交通上的公共安全设备。三、国家机关、国营企业及合作社因保险而支出的费用，准编入预算报销，或列入成本计算。旅客意外伤害保险，由铁路、轮船、飞机的主管机关，负责代为投保。自本决定公布后，所有应行保险的国家财产，如因未实行投保，致遭受灾害无所取偿时，该主管部门负责人应受严格处分。四、各种保险条例及保险费率，由中国人民保险公司拟订，经中财委核准后施行。

同日

[纲文] **中华全国总工会召开常务委员会扩大会议。**

[目文] 刘少奇发表讲话，阐述了毛泽东关于"三年准备、十年建设"的思想和全国解放后工会工作的基本方针。他强调，工会工作应集中统一，大产业有共同性，如纺织、邮政、电讯很需要组织产业工会。教员有很多地方性，但将他们组织起来，联合起来，有很大的作用。小手工业如木匠、裁缝，还有店员、农业工人也有很大的地方性，就要委托地方工会来管，解决他们的问题。地方应拥护集中，中央应照顾地方，这样，就结合起来了。全总应多开一些全国性的代表大会，使全国工人阶级相互见见面，眼光就宽广了，就会引导工人有整体观念。这是一个长期的教育工作，工会是共产主义学校。但必须注意，不照顾地方工会的特点是错误的。产业工会的地方委员会也要加入地方联合会，同时也在地方工会领导下工作。应从思想上注意集中统一，现在不是集中得太多，而是各产业工会抓不住问题，都是地方办，不告诉中央。要照顾全体，要照顾全局。

陈云就1951年财经工作方针和工作要点发表了讲话。他说，从大清帝国、北洋军阀到蒋介石，进口货都是以粮、棉为主。美帝国主义说，没有他们的粮食，我们便不能生存。现在，我们把东北、西南等地的余粮运出来，解决了大城市解放后的吃粮问题。今年仅东北就有余粮500万吨，等于历史上进口最多年份两年的进口量。只要解决交通运输问题，荒年的粮食困难就能解决。

会议发表了反对美国操纵联合国非法通过诬蔑中国议案并阴谋重新武装日本告全国工人书。

同 日

［纲 文］ **中国人民保卫世界和平反对美国侵略委员会和中国红十字会总会发出关于组织赴朝鲜医疗队的通知。**

［目 文］ 组织办法共八条，主要内容是：一、医疗队的任务，包括为中国人民志愿军、朝鲜人民军医治及朝鲜难民医疗防疫工作。二、医疗队每队以12人为宜（队长1人、副队长1人、医师2人、护士2人、助理护士2人、化验员1人、调剂员1人、事务员1人、工友1人）。三、参加人员应有相当的技术水平（包括战伤外科与防疫经验），在医疗中可以解决一定程度的问题。四、参加人员如原有服务岗位，原单位应保留职务，仍按月发给应得待遇；不能由原处供给者以及原无服务单位的人员，由中国红十字会总会负责发给。五、医疗队服务时间暂定为三个月至半年。参加人员如原无服务单位，在医疗队任务完成后，中国红十字会总会负责分派和介绍工作。六、医疗队所需经费及药品材料，均由中国红十字会总会负责供给。七、医疗队组成后先来北京报到（东北除外），给以队号旗帜及配发药品。来北京的旅费如原处不能供给，由中国红十字会总会汇发。八、希望各医疗队能迅速组织起来，早日出发。

此前，1950年11月18日，上海军医大学师生志愿手术队已赴朝鲜战争前线。北京、天津、沈阳、南京、武汉、广州、重庆和西安等地的医务工作者也相继组织医疗队、手术队、公共卫生队和防疫队等，赴朝服务。

同 日

［纲 文］ **中华全国学生联合会为反对美国重新武装日本致信全日本学生自治会联合总会。**

［目 文］ 信中说，中国学生正愤怒地注视着美帝国主义者在日本国土上加紧进行的阴谋活动。美帝国主义者一意孤行地使日本殖民地化和军事基地化，彻底撕毁了所有关于使日本民主化和早日缔结公正的全面的对日和约的国际协议，因而严重违背了日本人民和世界人民的利益。

2月4日

［纲 文］ **中共中央就如何对待西藏地方和谈代表致电西南局。**

［目 文］ 电报由周恩来为中央起草，指出：西南局对拉萨和谈代表的欢迎布置是对的。达赖已执政，现确在亚东附近，据其代表到印度向我袁大使说，达赖及其家族尚不愿离藏，且表示如我政府要他来北京，他亦愿来。估计可能受三大寺影响，也可能是试探。电报指示西南局：两代表到昌都，望预告张国华①等，不忙先谈中央十条政策，应先听他们意见和要求，他们可能提出要来北京，待弄清情况后，再针对他们可能了解的程度及其心中打算，有步骤地解释中央解放西藏的政策。关于具体问题，嘱其先电告西南局，重要

① 张国华（1914—1972），江西永新人，时任中共西藏工委书记。

者并转告中央，得指示后再予回答。如拉萨代表要求来京，请你们考虑时间需要多长，电告。

同日

［纲 文］ 政务院发布《企业中公股公产清理办法》和《关于没收战犯、汉奸、官僚资本家及反革命分子财产的指示》。

［目 文］ 《办法》于1951年1月5日经政务院第六十六次政务会议通过，共26条。《办法》规定，清理的对象为公私合营企业及有公股公产的私营企业。企业中的公股公产，不论已否由政府接管、代管或监管，均应予以清理。公股及公产包括：一、国民党政府及其国家经济机关、金融机关等在企业中的股份及财产；二、前敌国政府及其侨民在企业中的股份及财产；三、业经依法没收归公的战犯、汉奸、官僚资本家等在企业中的股份及财产，以及其他依法没收归公的股份及财产。解放后人民政府及国家经济机关、企业机关对企业的投资，也应转作公股，合并处理。公股公产的清理，由中财委按照企业性质及规模大小，分别指定主管机关，或委托大行政区或省（市）财委指定主管机关负责进行。业务主管机关，在中央为中央人民政府有关部、署、行，在地方为大行政区有关各部，省（市）有关各厅（局），或中国人民银行的区分行，负责公私合营企业业务方针、生产和营业计划的指导及检查；投资主管机关，交通银行负责公私合营企业公股股票的保存、股息红利的收解及财务计划执行状况的检查；工商行政机关，在中央为中央私营企业局，在地方为大行政区财委、省（市）工商厅（局）或商业厅（局），负责调整公私关系。清理方案呈经财委批准后，先改组旧董事会及监察人，使其暂时行使董监职权，除负责主持经常业务外，立即组织有公私双方人员共同参加的清估小组，清查公私股权、产权、点估财产、协商确定经营方式及公私双方投资比例，并调查该企业全盘情况，呈报指定的主管机关核定。所有公股董监代表由政府另行选派。企业中的公私股权、产权清估完毕，双方投资比例确定后，于两个月内召开股东会，私股股东均应依法参加，公股代表由政府选派。公私合营企业经股东会产生新董事及监察人，负责执行及监察该企业的业务经营及财务状况。

同日，政务院根据《办法》第三条（3）款发布《关于没收战犯、汉奸、官僚资本家及反革命分子财产的指示》。《指示》共四项内容，规定，一、凡公私合营企业和私营企业中有战犯、汉奸、官僚资本家的股份和财产，应予依法没收时，必须报经大行政区人民政府（军政委员会）审核后转请政务院批准，方得执行。在未得批准前，为了防止破坏、转移、隐匿，只能予以登记、冻结或查封，不得宣布没收。二、属于前条以外的一般土匪、特务、恶霸、反革命分子在企业中的股份和财产，经县（市）人民法庭或人民法院判决没收时，应由省人民政府（或省人民政府特令指定的专署）批准执行；经省（市）人民法院或人民法庭判决者，得不报请批准手续。三、过去经由县（市）人民法庭、各级人民法院判决或各级人民政府决定没收的前两条所称的财产，业经执行而无异议者，不再变更。四、企业中有前一、二两条所称的财产尚未经政府没收者，该企业业务执行人应按照

《企业中公股公产清理办法》第22条的规定，向当地人民政府报告，否则依法处罚。

同 日

［纲 文］ **外交部部长周恩来就联合国大会第一委员会未事先通知以致中国代表不能出席讨论苏联控诉美国侵略中国案复电该会主席。**

［目 文］ 复电指出，第一委员会在美国政府操纵之下，非法通过美国诬蔑我国提案之后，突然于2月2日恢复对苏联控诉美国侵略中国的讨论，而事先并未通知中国政府，以致中国代表不可能出席参加讨论，这是完全不合理的。他并正式提出：在第一委员会1951年2月6日的会议上，中华人民共和国代表伍修权[①]前送交联合国秘书处的发言稿和这一复电应由联合国秘书处宣读，并请作正式文件印发。

此前，1950年11月24日，联合国大会第一委员会曾通过邀请中华人民共和国代表出席参加讨论对美国侵略中国控诉案。中国政府接受了第一委员会的邀请，任命了出席安全理事会会议特派代表伍修权兼任出席第一委员会参加讨论该案的代表。但是，由于美国政府的操纵，第一委员会中断并拖延了对美国侵略中国控诉案的讨论。中国代表等待了很长的时间，始终没有得到发言的机会，因此不得不于1950年12月19日离开纽约返国。在返国以前，伍修权代表将其准备在第一委员会发表的关于支持苏联控诉美国侵略中国的发言稿交给联合国秘书处一份。联合国大会第一委员会主席阿彼拉兹于2月2日致电外交部部长周恩来，称该委员会已于2日下午开会继续讨论苏联控诉美国侵略中国案，其下一次会议定于2月6日举行。

同 日

［纲 文］ **中央军委就朝鲜战争第四次战役中的军事部署问题复电彭德怀。**

［目 文］ 周恩来以中央军委名义复电彭德怀并告高岗，同意彭德怀的部署，并指出，我如能在东线歼敌一两个师，打开缺口，则西线敌人冒进，可能被停止，但也须设想敌进占汉城后侦知我西线正面力薄，仍有继续前进逼我东线后退可能。如果我出击受阻，西线敌人已向三八线逼近而我在东线无战机可寻时，我邓华部队可考虑放弃洪川、春川地区，将来再打。

此前，当日2时，彭德怀致电毛泽东并高岗指出：五十军和三十八军第一一二师难以支持现有阵地，在邓华部队出击之前，拟先以四十二军主力及三十八军一一四师争取于6日晚歼灭进至砥平里附近的美二师二十三团及法国营，已令人民军五、二军团歼灭进入横城东南的南朝鲜军五师的2个团和美军1个营，以使西线美军占领汉城后不敢冒进三八线。待邓华部队能于12日前后向原州、横城地区寻歼敌一两个师，使敌停止于汉城，或逼其退回水原、利川线以南。但如果我军出击受阻，则敌军将向三八线攻进。洪川、春川地区虽有利于抗击敌军，并也是我军将来出击的要地，但不能就地取粮，后方运输困难，无法供应，在不得已的情况下只有放弃。

---

① 伍修权（1908—1997），湖北武汉人，时任中央人民政府外交部副部长。

同日

[纲文] **彭德怀与金日成就朝鲜战争第四次战役问题进行会商。**

[目文] 会商在志愿军司令部进行。彭德怀根据志愿军和人民军在第一线的兵力不占优势，基本与敌军相等，以及志愿军的粮食、鞋子都未能很好补充的情况，认为假如主力出击受挫，则敌人可能大胆追击我们一下，形势可能暂时处于被动。金日成说，不能轻敌，如果第四次战役不能按毛泽东1月28日电报要求，能守住汉江南岸一线阵地也很好。双方一致认为，经三次战役后，上下都产生轻敌思想，对敌人估计不足，以为敌人不可能这样快向我反攻，因此要做充分准备，不能轻敌，第四次战役力争停止敌人前进，稳步打开战局，并从各方面加紧准备，仍作长期打算。如果第四次战役能守住汉江南岸一线阵地也好，待空军和机场准备好后于5月举行总攻。

次日，彭德怀将与金日成会商情况电告毛泽东。

2月5日

[纲文] **政务院发布《关于民族事务的几项决定》。**

[目文] 该《决定》经政务院第六十九次政务会议通过。主要内容是：一、各大行政区军政委员会（人民政府）须指导各有关省、市、行署人民政府认真推行民族区域自治及民族民主联合政府的政策和制度，并随时向政务院报告推行经验，须事前请示者应向政务院请示。二、各大行政区军政委员会（人民政府）须指导各有关省、市、行署人民政府认真并有计划地实行政务院在1950年颁发的培养少数民族干部试行方案，并将该项工作进行情况定期加以检查，每半年向政务院作报告一次。中央民族学院及西北、西南、中南各军政委员会和新疆省人民政府的民族学院，必须依计划实行，并向政务院作报告。三、政务院于1951年下半年适当时间将同时召开有关少数民族的卫生、教育及贸易三个专业会议，责成政务院文教委员会、中财委指导中央卫生部、教育部、贸易部开始筹备，并责成中央民族事务委员会协助进行。有关部门如农业部、文化部也须派人参加。四、责成中央人民政府各委、部、会、院、署、行注意建立有关民族事务的业务。五、在政务院文教委员会内设民族语言文字研究指导委员会，指导和组织少数民族语言文字的研究工作，帮助尚无文字的民族创立文字，帮助文字不完备的民族逐渐充实其文字。六、扩大中央民族事务委员会委员名额，责成中央民族事务委员会提出补充名单的建议，并准备于1951年下半年召开中央民族事务委员会扩大会议，检查与总结关于推行民族区域自治及民族民主联合政府的经验。

此前，政务院第六十九次政务会议听取了李维汉所作关于各民族代表参加国庆节的报告、沈钧儒所作关于访问西北少数民族的总结报告，研究了刘格平①等所作关于访问西南各民族的各种报告。随后做出了上述决定。

---

① 刘格平（1903—1992），回族，河北孟村人，时任中央人民政府民族事务委员会副主任。

同 日

［纲 文］ **中共中央做出《关于在土地改革和减租退押地区加强春耕生产的指示》。**

［目 文］ 刘少奇为中央起草的该《指示》指出，春耕时节即到，各地进行土地改革及减租退押，不应妨害春耕生产。凡在春耕前可以完成土改者，应速求完成；不能完成但已开始进行者，应力求在春耕前告一段落；尚未开始者，则暂时不要开始，以便在春耕开始后集中全力进行春耕生产，争取今年丰收。在春耕紧张工作完成以后，各地仍可利用农忙间隙时间进行土改和减租退押工作，但均以不妨害农业生产为原则。即是说，必须在保证农业生产的原则下来进行这些工作。

《指示》还说，土地权如有未经确定者，区乡政府应指定适当人从事耕种，并保证谁种谁收。地主怠耕者，应给以处分，或临时指定农民代为耕种。贫苦农民分得土地后耕种困难者，应给以大力帮助，解决困难，调动耕种热情。总之，应用一切可能的办法，保证所有土改减租退押地区不荒废一亩土地，充分施肥，并保证耕种者收回成本及其劳动所得不受侵犯。为此，各地政府应根据具体情况制定切实办法，各地党委要保证施行。

同 日

［纲 文］ **中共中央就印度支那共产党征求意见的处理问题致电罗贵波。**

［目 文］ 中共中央在给驻印度支那共产党中央联络代表罗贵波的电报中指出，胡志明及越共同志关于政治问题征求意见时，可答应将他们考虑成熟的意见电告中共中央，由中共中央答复，自己不要答复。如看到他们对政治问题有明显不正确的意见，也可自动报告中央。但当他们征询对某些具体政策问题发表意见时，可根据自己过去在中国的经验和对越南情况的研究提出考虑成熟的意见，以供他们参考。对于他们互相争论的问题，也可如此处理。在大会说话，站在促进他们全党团结服从越共中央与胡志明领导的精神上是正确的。

此前，2 月 1 日，罗贵波就印度支那共产党中央要求他对将于 2 月召开的党的代表大会的政治报告等有关问题提出意见并在大会闭幕时讲话等问题致电中共中央，请示可否采取以下原则：一、凡有关印度支那共产党过去和今后在政治原则上有争论的、不成熟的，甚至有缺点错误的问题和该党领导上目前尚不可能接受的且非目前必要的问题，概不轻易发表意见。二、估计目前该党领导上可能接受的和对他们确实有些帮助的、又是目前需要的且带一般性的具体问题，采取慎重适当的态度并通过他们的党中央，提出意见供参考。三、若代表们向他反映对大会或对某些领导人有不满意见时，应根据有利于促进全党团结、服从胡志明、服从中央领导和服从抗战的原则，对其进行必要的个别说服工作。他的讲话拟根据毛主席、刘少奇、朱德等曾经指示过的原则，即印度支那共产党今后应注意加强对战争的领导，包括注意军队建设、重视根据地建设、勿忽视对游击战争的领导、正确解决财经问题等，以及根据印度支那共产党中央在这些问题上的经验，提出意见供他们参考。

同日

［纲文］　邮电部做出全国供应工作会议综合报告。

［目文］　报告指出，今后工作方针主要是：一、企业部门的供应工作，为本企业的生产建设服务，其供应范围为邮电企业直接用于生产建设的各项机器设备工具、材料及业务用品。二、逐渐走向企业化，实行经济核算制，对器材逐渐达到单独经营，计算材料成本。三、接管库存材料的清点工作基本完成后，进入整理阶段。四、凡属于供应部门管理的工厂，都应经营企业化，管理民主化。供应工作必须做到有计划的供应，改变以往将供应组织隶属于庶务部门（邮政方面）或工务部门（电信方面）的状态，使之成为一个独立健全的工作部门，上下组成专业系统，同时人员要专业化。

同日

［纲文］　万国邮政联盟执行及联络委员会与国际航空运输协会联席会议通过关于中华人民共和国代表的席位应予保持的提议。

［目文］　会议在埃及开罗举行。捷克斯洛伐克代表提议，不讨论美国的提案，中华人民共和国代表的席位应予保持。会议经秘密投票，以大多数通过该提议。

此前，2月1日，美国代表无视会议在开幕时即已通过承认中华人民共和国为出席会议的唯一合法的中国代表的决议，借口联合国所非法通过的诬蔑中华人民共和国为“侵略者”的决议，再度要求剥夺中华人民共和国的席位。

2月6日

［纲文］　全国妇联、全国总工会、青年团中央、全国青联、全国学联联合发出纪念“三八”国际妇女节的通知及口号。

［目文］　通知指出，纪念“三八”国际妇女节的中心任务，是在广大妇女群众中继续进行爱国主义与国际主义教育，深入扩大抗美援朝运动，反对美帝国主义重新武装日本的阴谋，动员妇女更积极地参加祖国各种建设事业。

庆祝“三八”国际妇女节的口号共34条，主要有：向英勇反抗美帝国主义侵略的朝鲜妇女致敬！向全亚洲为反抗帝国主义侵略、争取民族独立的妇女致敬！向全世界为保卫和平、保护妇女儿童权利而斗争的妇女致敬！向中国人民志愿军、中国人民解放军的女战士、战地工作队的女队员及各地女民兵致敬！全国妇女要踊跃参加订立并忠实履行爱国公约！全国妇女要关心国事，学习时事！各阶层、各民族、各民主党派、各种宗教信仰的妇女，在伟大爱国主义旗帜下，要紧密地团结起来！

同日

［纲文］　刘少奇就处理城市近郊和小城市郊区土改中的一些问题致信彭真。

［目文］　信中说，政务院已宣布城市近郊土改法，有些城内也有农业土地，应分配；小城市地主房屋适于农民居住者，也应分给农民，因农民要耕种，不适于耕种者，农民不会住（农民分得房屋自己不住，以之出租或拆毁或空起来，可不许）。有些小城市还

不如一个大村庄，所以小城市郊区一般不适用城市郊区土改法。一切城市中非农业占用土地，即建筑用土地，自不适用土改法。无技术设备的小果园可以分给农民。

此前，2月5日，陈叔通①致信政务院政法委员会副主任彭真反映问题说：土改明明限于乡村，果园明明规定不可分散或原主继续经营，大者归国营。违反土改法固不仅偏差也。同日，彭真致信刘少奇说：陈叔通的来信及其附来朱文劭②的信送上。他前次来信也是讲橘园问题。城市有大中小，橘园则分有无进步设施。他说，为了答复他们提出的问题，并使斗争少出偏差，似以由华东作一系统解决和答复为好。

同 日

［纲 文］ **刘少奇就救助河北阜平、曲阳等老区灾民问题做出批示。**

［目 文］ 批示指示刘澜涛：对老区人民困难应注意救济，所建议两项，应力求实现。此前，1月14日，河北省人民政府主席杨秀峰在报告中提出解决灾区御寒和贷款两项问题的建议说，河北阜平、曲阳山区均为老区，1951年雹、水、风、虫各灾均重，人民生活极为困难，灾后棉衣破烂、棉被缺少情况更为严重。中央前拨寒衣数量较募得总额比例很小，可否再增拨棉被、寒衣各十数万套。阜平、曲阳两县山田滩地冲毁沙压，畜牧业远非战前可比，如不从长期扶植生产、封山育林着手，则山地困难不易解决。老区群众回想抗战时受机关、部队的扶助生产生活向上，今天颇有“下了山忘了山”的怨言，故逐年贷款扶助生产实有必要。如是三五年后，可以收很大效果，较之年年救济并不多费。1月22日，毛泽东将杨秀峰的报告批转给周恩来，指出“应当批准此项要求”。

2月9日，刘澜涛关于救助阜平、曲阳两县灾民的具体办法给刘少奇来信说，经与杨秀峰及中央政府有关部门多次会商，拟采取以下解决办法：一、财政部决定拨贷款1500万斤小米，另拨200万斤预备贷款，由河北省政府掌握。贷款用途为修整滩田、开发渠道、封山育林、发展畜牧、防治病虫害、贷种贷粮等项。二、财政部决定拨200万斤小米修补大车路，用以加强山地平原物资交流。三、财政部、税务总局正在研究降低山货、药材行商税率和药铺营业税，提高黑枣、红枣等制酒原料收购价等关系山区土产产销和群众生活的政策。以上共拨生产、交通贷粮2000万斤，又另拨寒衣及贷款合80亿元，以济急用。为了确实解决老区人民生产生活困难，已告河北省委对寒衣及贷款必须有计划有重点使用，加强督促检查，严防平均分配，河北省委拟组织专门委员会负责指导这一工作。当日，刘少奇批示指出，这笔贷款，是一笔大资本，须分长期、短期贷出，并计利息收回，最好由银行办理。如能很好经营，山区人民永远可用，问题可永远解决。如贷出吃完了，以后的问题仍不能解决。不知此款是否可作为基金？如作基金，必须组织一永久机构来经营，严格执行核算。

同 日

［纲 文］ **刘少奇就东北镇压反革命工作报告做出批示。**

---

① 陈叔通（1876—1966），浙江杭州人，实业家，时任第一届全国政协副主席。

② 朱文劭（1880—1955），浙江黄岩人，知名绅士，曾任第一届全国政协特邀代表。

[目 文] 批示同意1月31日公安部副部长杨奇清转呈东北公安部关于1950年10月以来该地区镇压反革命工作简报给毛泽东并中央的报告。报告中说，东北公安部对于东北镇压反革命的估计，尚称适当。东北地区经过激烈的土改、剿匪、肃特，大批应该杀的反革命分子已经杀得不少，现押案犯较少。因此，拟同意他们把工作重点放在严厉镇压现破获的特务反革命案犯，杀掉一切应该杀的反革命，并注意镇压南满解放较晚的某些地区的反革命、恶霸、惯匪，不宜再提出大批逮捕、大批杀掉的数目与措施。

同 日

[纲 文] **外交部部长周恩来接见印度驻华临时代办高尔。**

[目 文] 周恩来说，首先，我们不把印度视为我们的小兄弟。印度是一个大国，是和我们一样的。我们和印度是老朋友。其次，关于中国的容忍态度。我们应该从两个方面来说，凡是中国与亚洲各友邦之间的问题，以至误会，我们一直是采取容忍态度的；但另一方面，如果任何亚洲国家允许帝国主义势力侵入，允许帝国主义利用那个国家作为封锁中国及对中国不友好的基地，并依靠帝国主义的势力来压迫本国人民，我们就不能采取容忍的态度。

2月7日

[纲 文] **中共中央就抓紧春耕和召开城市工作会议致电各中央局。**

[目 文] 电报称，春耕即到，土改工作应在短时间内告一段落，领导农民全力从事春耕，争取该年的丰收年成。在春耕期内，各中央局、分局、市委、省委、区党委，除指导春耕、总结土改经验、训练土改干部、清理镇压反革命积案、总结镇压反革命经验等项工作之外，划出一段时间，召开一次城市工作会议，总结1950年城市工作经验，将城市工作的主要问题，如依靠工人的思想问题、工厂管理问题、工会工作问题、城市建政问题、城市建党问题、城市肃反问题、城市统一战线问题等，加以研究和总结，指导所属增强对于城市工作的领导，并为将于5月开会的四中全会准备意见。电报指出，上列各项问题不是一次会议就能讨论完毕的，应分开几次专题会议，各市委尤其应作此种专题讨论。

同 日

[纲 文] **中共中央就西北镇压反革命问题复电西北局。**

[目 文] 刘少奇为中央起草的该电报指出：应即在军区、军分区及各城市军管会与剿匪司令部下组织军事法庭，在减租土改地区组织人民法庭。凡土匪、特务、反革命案犯，在军事管制时期经军事法庭判决执行，在内部经省委或地委批准后即可执行。在城市中的反革命也应大杀几批，才能压下反革命气焰，鼓励群众的情绪，应告诉我们的干部，对反革命的坚决镇压，只要我们不杀错办错，是完全符合最大多数人民利益的，理直气壮的，不要怕民主人士有什么批评和不满。

此前，2月5日，西北局致电毛泽东并中央报告说，两个月来，西北在镇压反革命过程中，破获重要案件40余起，捕押500多犯人。这期间，各地杀了匪首、惯匪、恶霸地主及反革命首要分子共计500余人，严重打击了反革命的气焰，打开了土改、减租工作局面，得到群众的普遍称赞。但从全部情况看，还存在杀得不狠，处理缓慢，甚至“宽大无边”的问题，还须继续大力掀起镇压反革命运动，争取在短期内把应杀的和应捕押的尽快处理，以求更有力地开展减租与土改运动。执行镇压反革命计划，一定求稳，批准杀人一律在省上。

同 日

［纲 文］ **中共中央就有秩序分阶段进行土地改革致电中南局、华南分局等。**

［目 文］ 电报称，土地改革首先在各县普遍发动群众，进行减租退押反霸及镇压反革命的斗争，整顿基层组织，将此作为一个阶段，接着转入分田阶段。这样做是完全必要的，也是最迅速的。华东、中南许多地方，凡土改工作做得最好的，都是经过了这样的程序。

此前，1 月19 日，中南土地改革委员会副主任杜润生致电中南局，提出上述分阶段进行土改的方法，1 月26 日，中南局将该电转报中央。

同 日

［纲 文］ **中共中央批复华南分局镇压反革命工作报告。**

［目 文］ 中央给华南分局并告中南局、广西省委的批语指出，分局关于粤桂两省肃反工作的报告收到，此种检讨甚好。请分局将这个报告发给粤桂两省所属各地委、市委、县委、有关剿匪工作的军队党委，以及政府党组，引起大家注意。

◀广州市各界人民代表举行控诉反革命分子罪行大会。

此前，1 月29 日，华南分局在镇压反革命工作报告中，汇报了广东、广西两省镇压反革命情况、群众反应和匪特活动情况，检讨了镇压反革命工作未能很好开展的原因。检讨的主要内容是：一、不少地区党委领导重视不足，抓得不紧。分局有时大力推动不够，实际支持不足。宣传部门对反特宣传很不重视，对中央关于镇压反革命宣传工作指示未做动员布置。公安部门组织具体力量也缺乏主动。二、有些地区未能把镇压反革命与土改很好结合，强调了土改，放松了镇压反革命工作。三、有些干部对镇压与宽大相结合的政策仍认识模糊，不根据具体情况周密布置，便轻率盲动且又不及时请示报告，造成某些地区的紊乱现象。四、广东大部分地区机械地运用宣传动员、大力突击侦调、统一行动三个阶段的划分，至今未全面行动，仍停留于第一、第二阶段。五、在镇压反革命工作中暴露了侦察工作的严重弱点，材料不够确实，掌握敌情很差，造成乱捕、乱杀现象。

同日

［纲 文］ 中共中央就转发华东工会工作会议情况报告致电饶漱石。

［目 文］ 电报称，华东工会工作会议情况报告很好，已转发各地仿行。华东局可将这一报告发给各省委、市委及区党委，让他们照做，改善工会工作。

此前，1 月 30 日，饶漱石就华东工会工作会议情况向毛泽东和中央报告指出，要顺利开展生产竞赛，必须解决和生产密切相关而为广大群众迫切要求解决的问题，这样才能发扬工人的生产积极性，树立面向生产的思想，使生产运动在工人政治觉悟不断提高的基础上持久巩固下去。工会工作好坏主要以生产好坏作标准，而且也只有当工会工作以领导生产运动为中心，并在发展生产运动的基础上展开工人福利事业、文化教育工作及建立工会工作制度等，工会工作才有丰富的生动的内容。

同日

［纲 文］ 中国人民志愿军代表出席庆祝朝鲜人民军建军3周年纪念大会。

［目 文］ 到会者有朝鲜党、政、军、民各界代表，志愿军代表及各国使馆代表。主席台悬挂着朝、中、苏三国国旗与金日成、毛泽东、斯大林的画像。朝鲜人民军总司令部总政治局局长朴宪永作了朝鲜人民军建军 3 周年的报告。内阁副首相洪命熹代表共和国内阁和最高人民会议常任委员会，劳动党中央书记朴正爱代表祖国统一民主主义战线中央委员会相继致祝词。志愿军代表致祝词指出：中国人民与朝鲜人民是休戚相关、唇齿相依的。中国人民志愿军与朝鲜人民军并肩作战，已经取得了伟大的胜利。今后我们更要与朝鲜人民军亲密团结，为消灭美国侵略军，为解放全朝鲜而共同奋斗。

2 月 8 日

［纲 文］ 毛泽东批转山东分局镇压反革命工作报告。

［目 文］ 毛泽东在给薄一波、刘澜涛、高岗、张秀山[①]并告饶漱石及山东分局的批

---

① 张秀山（1911—1996），陕西神木人，时任中共中央东北局第二书记、东北军区副政治委员。

语中指出，看了山东分局的电报，甚为高兴。山东分局所采取的方针、办法，是完全正确的。报告中所述恶霸、匪首、会门、特务活动猖獗情形，在华北、东北有同样情形的地区，务须给以同样的处理，应杀者均杀，应判徒刑者均判徒刑，应管制者均给以管制，务使反动势力彻底肃清，民气伸张，政权巩固。

此前，2月5日，山东分局在给华东局及中央的电报中提出，山东属于老区，社会秩序比较稳定，但过去对地主、恶霸、土匪、特务镇压不够，群众对宽大无边不满。因此掌握目前时机，将真正为群众所痛恨的恶霸、匪首、反动道会门首要及特务分子坚决镇压一批，仍为十分必要。为了使各种镇压能博得群众同情，减少不必要的社会波动，将采取分批分地分机关的镇压办法，及事前事后进行确当的宣传。

同 日

［纲 文］ **青年团中央、全国青联、全国学联联合发布纪念反对殖民制度斗争日的通知。**

［目 文］ 通知指出，2月21日为"反对殖民制度斗争日"，纪念时应结合各地情况，采取如下方式：一、通过报纸、青年刊物、墙报、广播、歌咏、讲演、艺术表演等方式，结合抗美援朝、反对重新武装日本运动进行各种宣传活动。二、在当日或前数天，分别在工厂、学校、机关等单位举行各种形式的纪念集会，组织一些与纪念内容和要求相结合的文娱节目。三、动员青年以个人或工厂、学校全体青年的名义写信给朝鲜、日本、越南或其他为反对帝国主义而奋斗的青年，如有可能也组织战斗英雄、劳动模范写信。

2月9日

［纲 文］ **政务院召开第七十一次政务会议。**

［目 文］ 会议由周恩来、黄炎培主持。会议听取并通过了内务部副部长陈其瑗所作《关于处理马来亚归国难侨工作的报告》。《报告》指出，马来亚有华侨280多万人，占当地总人口的45%。他们在经济、文化、政治活动中都占有极重要的地位。爱国华侨历来支持祖国的民族解放斗争。其中一部分华侨由于身受帝国主义剥削与压迫，同情马来亚人民反帝运动，素为英帝所嫉视压迫。自1948年6月18日马来亚颁布《紧急法令》以暴力镇压马来亚民族解放运动时起，对广大华侨施以残酷迫害，便成为英帝对马来亚政策的一个重要部分。截至1951年1月2日，有3批2110名难侨被驱逐回国。为安置归国难侨，中央和地方政府通力合作，在广东汕头成立了收容站，并组成一个指导性的归国难侨临时处理委员会，负责安置归国难侨。《报告》建议中央政府警告马来亚立即停止驱侨行为；建议由中国救济总会及红十字会出面公开表示，要派遣一个调查团到马来亚调查在集中营中难侨的实际情况，亲自帮助难侨办理回国手续。

会议还听取了政法委员会副主任彭真所作《关于中华人民共和国惩治反革命条例修正草案起草经过的说明》，讨论并通过了《中华人民共和国惩治反革命条例（草案）》，决定提请中央人民政府委员会通过后施行。会议还通过了多项任命案。

同日

[纲文]　中央军委就轮番作战计划问题致电志愿军和各军区。

[目文]　电报经毛泽东修改后由中央军委批发。内容主要有：一、从目前朝鲜战场上正在进行的战役中，可以看出，敌人不被大部消灭，是不会退出朝鲜的。目前敌人的作战意图是，在站住阵地之后，经过休补，寻找机会，向前反攻，一方面可扩大其侵占地区，另一方面不容我在前线作较长期的休整，同时对朝鲜沿海的袭扰、运输线的轰炸，也正为配合这一意图。二、为粉碎敌人的意图，坚持长期作战，以达大量消灭敌人、完全解决朝鲜问题的目的，决定在朝鲜采取轮番作战的方针。具体计划为：将现在朝鲜作战的9个军30个师作为第一番志愿军。将十九兵团3个军，二十兵团2个军，二野第一批北调的3个军，及现在湘西剿匪的四十七军，共9个军27个师作为第二番志愿军。待第二番志愿军于二、三两月先后开抵朝鲜，第一番志愿军即可逐步抽出整补。十三兵团4个军则留在平壤及其南北地区整补（以三至四个月为整补期），作为第二番部队的临时预备队，并准备与二野3月第二次北开的3个军及董其武①兵团的两个军，共9个军27个师作为第三番志愿军，待需要时，再与第二番志愿军换班。如此轮番作战，我既有生力军，又能得到切实整补，既不致陷于被动，又能保持旺盛的机动性与持久性，又使更多的部队学会和美国侵略军作战。三、为使作战指挥不受轮番调动的影响，志愿军司令部、政治部及十三兵团原有机构和工作人员均不调回，仍留朝鲜前线工作。各兵团所属工兵团，各军所属炮兵团、后勤机构、车辆及担架团，各兵站分部及一切运输工具、物资、弹药和医院，均留朝鲜战地，移交第二番部队使用。并责成东北军区及军委总后勤部调整在朝作战部队的运输工具，军委通信部也须保证参战部队通信联络工具的充分配备。此外，电报还对第二番部队向朝鲜境内开动的时间、第三番部队集中的时间、兵员的补充、武器装备的配备及部队调动的次序和具体要求等做了明确规定。

同日

[纲文]　《人民日报》报道，全国各地普遍开展学习俄文活动。

[目文]　报道说，全国各地中苏友好协会普遍举办了俄文夜校或俄文业余补习班，推动全国的业余俄文学习运动。在东北区，各地俄文夜校共32处，学员11000人，高级班学员都已有两年以上的俄文基础。在华北区，北京、天津、山西、察哈尔、绥远等地，共有俄文班23班，学员1200余人。北京、天津、山西并举办了俄文广播讲座。在华东区，浙江、苏南、皖南、上海、南京、青岛、济南、福州等地共28班，学员1000人左右。在中南区，湖北、武汉、广州、南昌、江西、河南、衡阳、柳州、长沙等地共有36班，1800多人。有些地区虽然没有俄文补习班或夜校等，但适当地举办了俄语广播讲座，组织学员学习。成绩好的学员已能阅读简单书报，作普通会话。

2月10日

[纲文]　中共中央发出《关于城市郊区土地改革中没收地主房地产的补充规定》。

---

① 董其武（1899—1989），山西河津人，时任绥远省人民政府主席、绥远省军区副司令员。

［目文］《补充规定》指出，近来各地在土地改革中发现对城市及城市郊区与农村的界限划分不很明确，也有若干民主人士误认为凡地主在城市中的房屋和土地，无论是否农业用地或是否适合农民居住的房屋，一概不应没收，否则就是违反土地改革法，并加以责备。为此特作如下补充规定：一、不是一切城市的郊区均不适用土地改革法，只是依照政务院颁布的城市郊区土地改革条例第二条所规定的程序，经过省级以上人民政府批准的较大城市的郊区和大工矿区，始通用郊区土地改革条例，不适用土地改革法；而一般较小城市的郊区均应依照土地改革法进行土改。二、有些城市内的土地有农业用地，其属于地主者也应没收分配（如果这个城市的郊区业经省级以上人民政府批准适用郊区土地改革条例实行土改，则此城市内的农业用地没收后也只分配使用权）。但一切城市中非农业用地均不得援用土改法令没收分配。三、在较小城市和集镇内地主占有的多余房屋，其原由工商业使用者及不适合于农民居住者，均予保护不动。其原由农民居住或适合于农民居住者，应没收分给农民居住。但农民于分得此项房屋后不得出租、出卖或拆毁、空置。

同日

［纲文］**中共中央批复批转华北局部署镇压反革命及审查留用人员的报告。**

［目文］中央给华北局的复电同意其关于重新部署镇压反革命及对留用人员试行三查的计划和办法，并要求坚决执行。同时，中央在给华东局、山东分局、中南局、华南分局、西北局、西南局和东北局的批转电报中指出，从华北局关于重新部署镇压反革命的计划，可以看出华北存在的问题及应取的方针。华北局的报告中又提出了用整风方式审查留用人员及新知识分子的问题，这在华北是应该开始做了。在华东、中南、西南、西北各区则尚未到时机，还须等待一个时期，但也应当开始注意这个问题。

此前，2月9日，华北局向中央报告提出，由于1950年10月以前杀的反革命分子很少，在1500万人口的新解放区的土改中几乎没有杀人，因此朝鲜战争起来后，新解放区社会秩序极不安定。10月以后，各地都杀了一批反革命分子，并予一贯道以普遍的沉重打击，因而人心振奋，谣言平息，社会秩序安定。但还有些该杀的没有杀，该捕的没有捕，为此做了镇压反革命的进一步计划，并提出执行时应掌握：一、必须有领导、有准备、有计划，行动开始后，要及时汇报，以便互通声气，及时指导。二、明确镇压反革命对象，第一是特务，第二是匪首和惯匪，第三是道门，主要是一贯道，第四是恶霸地主，第五是还乡伪军政人员中反革命有据的分子。重点放在前三种。三、老区、半老区和新解放区三种地区分别对待，不能混淆。老区只杀少数还乡的反革命有据的反革命分子和进行复辟的地主恶霸分子。半老区还不彻底，应捕杀一批。用和平方法土改的地区和绥远新区，要狠狠地杀几批。四、该杀而轻判或错释了的反革命分子，可以翻案复判。五、在坚决镇压反革命的同时，要加强统一战线工作，将狠狠地杀一批和广泛地团结一批结合起来。在处理影响较大的民主人士时，应报告中央批准执行。对起义军官应本着起义前不咎、起义后有反革命活动者必须有确凿证据再行逮捕，并商起义将领后处理的原则办事。报告还提出，为了整顿队伍，分清革命与反革命，在留用人员和新知识分子中，普遍进行一次查历史、查立场、查工作的三查工作是十分必要的。为了取得经验，决定先在京津两市、各省省会和天津铁路局进行试点，取得经验后再考虑推广。

同日

［纲文］　中共中央批转华东局关于镇压反革命的补充指示。

［目文］　中央给各中央局并所属各分局、大市委、省委和区党委的转发批语指出，华东局关于镇压反革命的补充指示所述的方针、策略和办法是完全正确的。

此前，2月7日，华东局在关于镇压反革命活动的补充指示中指出，华东地区过去为帝国主义、国民党特务活动的中心，目前又处于国防前线。因此，抓住抗美援朝与土地改革的时机，在华东全境有计划地消灭人民痛恨的罪大恶极的匪首、惯匪、恶霸与真正有证据的重要匪首及会门头子，是完全必要的。目前除浙江、皖南抓人杀人较多的地区应当停一下，以便清理积案，总结经验，然后再杀第二批外，其他杀得不够的省（区），特别是大、中城市，应当继续放手抓一批、杀一批，不可停得太早。根据各地经验，只要首先把镇压的锋芒对准为群众所痛恨的匪首、恶霸及确有证据的特务、会门头子和解放后继续活动的国民党重要党团分子，就不致抓错杀错。镇压反革命工作中，必须强调打得准、打得稳、打得狠的原则。必须注意事前事后向各界人民进行宣传教育工作，必须注意掌握此紧彼松、此松彼紧、一紧一松的策略。

同日

［纲文］　中共中央批转西南局和中南局关于引导民主人士参加土改工作的报告。

［目文］　中央给各中央局的转发批语指出，西南局关于西南军政委员会第二次会议的报告和中南局关于民主人士参观土改问题的报告证明，对民主人士应采积极态度，引导他们参加土改等项工作，有极大益处。

此前，2月6日，西南局就西南军政委员会第二次会议向中央报告，参加会议的党外人士，对提前土改一致赞成。会议得出经验，应该对民主人士多做工作，特别是吸引他们到农村去参加土改运动，这不但可以教育他们，而且能够减少许多叫嚣和运动的阻力。2月1日，中南局就民主人士参观土改问题向中央报告，北京民主人士土改队领队李俊龙由湘返汉，向民主人士作了参观土改的报告，反映甚好。经验证明，对民主人士参加或是参观土改，我们必须主动让他们下去做工作，使他们了解指导农民运动的难处及我们指导运动的观点和方法，明白告诉他们运动的真相及我们纠正偏向的决心和办法，对他们的家庭又主动地依法予以照顾，这样做可换得他们主动和我们站在一边去反对无理叫嚣。

同日

［纲文］　中共中央复电胡志明同意援助越南武器装备。

［目文］　复电同意满足越南向中国提出的援助武器装备的要求，在1951年再装备越南6个步兵团及1个重炮团。

此前，2月5日，胡志明致电中共中央说，越南北方战场的敌军现有兵力约70个步兵营、16个机动炮兵大队，其战略方针是采取守势，企图巩固北部平原，阻止越军主力向南发展。如果越军攻击其某一据点，敌军在24小时内可增援2个机动兵团（6个营）。因此，须有强大的兵力打援，才能解决战斗。为加强越军现有部队的训练和装备，请求中国1951年上半年再援助6个步兵团及1个重炮团的装备。装备主力后，以剩余武器装备地方武装，发展游击战争。

同 日

[纲 文]　《人民日报》发表题为《实施货币管理的重大意义》的社论。

[目 文]　社论指出，政务院于1950年12月1日通过关于实施货币管理的决定，中财委于12月25日颁发关于货币管理实施办法及货币收支计划编制办法的指示，这是财经工作的重大决定。货币管理的基本意义，是中央人民政府规定以国家银行为国营经济和合作经济的清算、信贷与现金管理的机关。国家银行对于部队、机关、国营企业、团体、合作社实施资金管理，以保证财政预决算制度的执行，及企业经济核算制度的实施，从而合理地使用国家财力，巩固已经稳定的金融情况并依靠由实行货币管理所集中起来的资金，以扶助物资交流，从而推动工农业生产的恢复和发展。

社论说，货币管理主要是：一、实行划拨清算制度，由银行集中信贷。这是货币管理的主要内容。所谓银行办理清算，即必须取消公营企业的资金供给制度及其商业信用，而代以企业独立会计制度与银行集中信贷制度，目的在于保证一切收支通过银行，以有效地推动并监督企业经济核算。二、实行现金管理。实行划拨清算制度，必须建立企业独立的会计制度，除少数必须统一计算损益的企业单位如交通部门，可以保留金库制度外，已设的企业金库应即逐步取消。现金管理工作包括现金集中银行和现金收支计划化等两个主要环节。货币管理不仅对于合理使用国家财力、巩固金融物价的稳定方面有极重大的关系，而且能集中资金，进一步活跃城乡内外物资的交流，扶助工农业生产的更迅速恢复和发展。

同 日，新华社报道说，根据中国人民银行总行的统计，截至目前止，全国应受货币管理的单位已有90%以上编造了收支计划，人民银行各地分行根据各单位货币收支计划所编制的综合货币收支计划已有70%送达总行。1月份，北京、西安、兰州、重庆、成都等大城市各单位全部做了收支计划，上海市属各单位有98%编送了收支计划，青岛各单位也有95%以上编送了收支计划，部队单位有94%编送了计划。

同 日

[纲 文]　《人民日报》报道，全国工业生产完成1950年计划。

[目 文]　报道说，在爱国主义生产竞赛运动中，1950年工业生产计划得到完成，大部分工业生产已达到1936年水平，钢铁、纺织等超过。1949年中央人民政府成立后，即依据《共同纲领》恢复和发展工业生产的方针，连续召开了各种主要工业的专业会议，制订了各项工业生产的恢复和调整计划，并以全部财政开支的23%投入了经济建设。全国铁路在1950年底恢复通车达22000余公里。全国国营工业的重点恢复获得巨大成绩。东北完成并超过了全年的生产任务；工业生产总值较1949年增加了100.5%；34种主要工业产品1950年底的设备能力（生产能力，不包括未完成工程）和1949年底相比均有增加，

金银原矿达到了982.4%。华北国营工业生产大部完成；天津各种主要工业生产提前并超额完成生产计划，棉纱和棉布较前年增加了37%和42%；山西9种主要工业产品均提前一至一个半月完成全年生产任务，平均超过13.294%，年产量较前年增加一倍左右；北京市及平原、察哈尔、河北等省、市营厂矿，也大都完成全年生产计划。华东工业部所属沪、宁各厂矿的各种主要产品在1950年12月先后提前完成生产计划。中南工业在1950年11月底许多主要工业产品超过计划。西北区的棉纱及机器工业的主要产品已完成计划，棉纱超额4%；其他如棉布、煤、电等也接近完成。

同 日

[纲 文] **贸易部和中国人民银行总行为颁行第三次签订的贸易金库合同发出指示。**

[目 文] 指示指出，贸易金库合同实施以来，对贸易资本的迅速集中有效使用和灵活调拨，起了很大的作用。为了适应贸易资金管理的新情况，并逐渐推行货币管理，使贸易资金进一步加速周转，特重新修订贸易金库合同，并决定于3月1日起实行。

同 日

[纲 文] **新华社讯，西南区7教区开展中国天主教自立革新运动。**

[目 文] 报道说，川北行政区广元县王良佐神父等500多天主教徒发起中国天主教自立革新运动后，西南区有7个教区，包括25个市、县的天主教徒先后发表自立革新宣言或在宣言上签名。各地天主教徒在革新宣言中一致表示坚决割断宗教与帝国主义的关系，实行中国天主教自治、自养、自传的革新纲领，拥护《共同纲领》，加强政治学习，肃清帝国主义所散布的思想毒素。在革新宣言上签名人数共7551人。各地天主教徒在发表宣言前，大多先举行革新座谈会，交换革新意见；成都市、贵阳市的天主教徒还发表了抗美援朝保家卫国宣言和保卫和平宣言；有些地方的天主教徒还订立了爱国公约；成都市天主教徒并举行了爱国游行。

同 日

[纲 文] **新华社公布苏联向中国移交的企业和其他财产的清单。**

[目 文] 其中包括在北京的北京兵营住宅、仓库及其他房舍共18处。在大连的工厂16处等，文化教育机关、电影院、仓库等。此前，1950年2月14日，中国与苏联签订《关于中国长春铁路、旅顺口及大连的协定》和《中苏友好同盟互助条约的换文》，规定将大连市苏联方面临时代管或租用的财产，苏联经济机关在东北自日本所有者手中所获得的财产，以及过去北京兵营的全部房产，无偿地移交中国。

2月11日

[纲 文] **中共中央关于西藏和谈问题给西南局做出指示。**

[目 文] 中央指示指出，达赖派至昌都或到新德里的人，其任务都带试探和拖延性质，而后台均有英、印背景。我们的方针是加紧准备，今年必定占领拉萨，同时不放松对和谈的努力。目前去新德里的人已走，只有等他们转回。最近拟暗示印度驻华大使认清只

有不加阻挠，早日促成西藏代表来京和谈，才对中印邦交更为有利；否则，劫走达赖，中印邦交将蒙上乌云。

此前，2月6日和8日，昌都地委先后致电西藏工委并报西南局、西南军区，提出对西藏和谈的意见。2月9日，西南局致电昌都工委、西藏工委并报中央，就西藏的和谈问题做出具体指示。

同 日

[纲 文] **毛泽东批转陈丕显关于苏南镇压反革命工作的报告。**

[目 文] 毛泽东批示指出，陈丕显的进一步镇压反革命计划是完全正确的，那些镇压反革命不甚坚决和明确的地方，应当以此为法。此前，2月4日，陈丕显在给饶漱石的关于进一步镇压反革命计划的报告中提出，要加紧剿匪，再抓一批恶霸不法地主，捕杀一批职业会道门头子、典传师、大坛主，加强对特务的侦破和镇压，全面登记反动党团和特务，抓杀一批为群众痛恨的罪大恶极者和继续进行反革命活动者。

同 日

[纲 文] **中央人民政府文教委员会召开会议研究华北天主教革新宣言和接收协和医院问题。**

[目 文] 会议由周恩来召集。会议决定：一、宣言一要明确表示肃清帝国主义在中国天主教中的影响；二要坚持宗教与政治分开，梵蒂冈不能干涉中国的政治。二、协和医院与中国医院合并，名称可叫中国协和医院，政府接收后，原来经费不减少。

同 日

[纲 文] **南京、广州、沈阳、兰州等城市各界人民举行示威游行大会，反对美国重新武装日本。**

2月12日

[纲 文] **中共中央做出关于土改期间城乡关系问题的指示。**

[目 文] 中央指示华东局、西南局、西北局，在解放以后，乡村地主已将不少财产非法地转移到城市和工商业中，有些工商业者并窝藏犯罪的恶霸地主。农民在土改中追回这些财产，并逮捕这些恶霸地主，是完全正当的，但此事必须有秩序地进行，否则将引起城市的混乱并破坏工商业。各省市县人民政府应即和省市县农民协会及工会、工商联合会建立城乡联络委员会及联络处，有秩序地适当地处理这些问题。凡是农民依法应追回的财产及应逮捕送回乡村惩办的恶霸地主，均应坚决支持农民的要求，令其交出，即使因此引起少数工商业的倒闭或缩小，也在所不惜。因不如此，农民即不会满意，并会反对城乡联络处。但对农民扩大化了的要求，则不应支持。对于工商业者的合法财产，应予保护，他们的人身自由也应尽可能予以保护。如此，才能照顾双方，使问题获得合理的解决。

此前，2月4日，武汉市委将武汉市土改期间城乡关系问题简报上报中南局并报中央。简报中说，据不完全统计，在武汉市，约有90%的工商业者兼有土地，工人、店员中也有不少人兼有土地。土改开始后，农会和工商业者之间的矛盾激化，造成混乱。中南军政委员会公布关于处理城乡关系的决定和成立城乡联络委员会和联络处以后，情况大为好转。简报介绍了五点体会：一、党内思想必须统一，支持土改与保护工商业并重，对工商业者兼地主的政策稍宽一点是有利的，否则对农民和工商业均不利。二、建立城乡联络委员会及联络处来处理城乡关系，在城市中采取合法办法和协商调整的斗争方式，对土改和城市治安均有好处。三、农民进城同少数顽固分子进行斗争，必须经农会介绍到联络处报到，不应自行处理。四、从宽处理公教人员和工人、店员兼有小量土地者。农民可由联络处介绍到他们所在工会的负责人处，与当事人直接谈判。这样可使联络处集中力量专门解决工商界及各党派中的问题。五、建议在中南军政委员会和市政府各级机关中对工作人员进行普遍的土改教育和动员，使其明确政策，统一思想，便利工作。

同日—3月6日

［纲 文］ **第一届全国工业会议在京召开。**

［目 文］ 这是建国以后中财委第一次召开的工业专门会议。会议的主要议题是：一、1951年工业生产、基本建设控制数据及相关的企业经营和基本建设管理问题；二、中央与地方工业的划分及相关各级工业部门的分工、组织机构、干部问题。

会议要求，为完成1951年工业生产、基本建设任务，必须抓好以下几项工作：一、各工业部门与贸易部门要坚持发展观点，结合供、产、销，以发展供销来发展生产，反对保守思想，减少盲目性。努力增加工业原料，充分发挥现有设备能力，提高产品质量，扩大品种，正确掌握价格政策，组织公私商业力量，积极打开销路，以促进工业生产的发展。二、对地方工业应采取积极发展的方针，积极发展当地有原料而地方人力、资金能办到的中小企业，特别是轻工业，为农村和大工业服务。地方工业的生产、基本建设计划，在中央尚未制定包括地方工业的全盘计划前，由大区财委审核决定。三、工业的经营管理实行经济核算制。国家对国营企业规定生产、提高劳动生产率及降低成本的任务，确定必要的固定资产与流动资金，企业实行独立的会计制度，在完成国家计划的条件下，企业有权通过合同制自行销售产品与收购原材料，并可从超计划利润中提取不超过30%充作工厂奖励基金。四、在企业中要依靠工人阶级进行民主改革，逐步改变旧的管理制度，实行管理民主化；进行生产改革，拟定生产计划，实行计划管理和经济核算制；党、政、工、团均要以提高生产作为最基本任务；在生产行政管理上实行厂长负责制，同管理民主化结合起来。五、在工资问题上，应采取由地区到全国逐步清理、逐步调整、逐步统一的方针。工资制度的统一，大体上分三个步骤：一是实行地区调整。工资在全国范围内比较低的地区（如东北、西北地区）可适当提高。二是实行八级工资制。凡已实行经济核算制的企业，应有准备地进行。三是实行计件工资制。凡经营管理基础较好、产供销均衡发展的企业可逐步地实行。此外，原则上同意以“工资分”为全国工资的统一计算单位。

2月19日，根据中共中央政治局扩大会议精神，朱德在会议上着重讲了编制五年计划问题。他指出，中国工业要走上计划经济轨道。中央已决定自1953年起实行五年计划。

现在编制一年（即1951年）计划必须联系三年（恢复时期）计划，三年计划又要与五年计划相衔接。现在距1953年只有22个月了，五年计划的准备时间更少。计划的编制是一个复杂的过程，不能单靠中央计划局，必须各个工厂都参加，由下而上、由上而下反复讨论和平衡。不但必须研究工农业等方面的配合，还要与苏联、东欧等国相配合，使我们的订货纳入他们的计划。针对有些人顾虑资金不足、产品没有销路等观点，他详细阐述了中国实行五年计划的有利条件。

3月6日，李富春在会议上作了关于1951年工业发展中的几个问题的讲话。内容是：一、中国今天的基本情况，不是工业品太多，而是工业品不足。因此，必须从发展的观点出发，加强工业生产的计划性与组织性，使供、产、销相互结合，克服保守思想和减少盲目性。否则，将形成产品的积压或原材料的抢购，反过来影响生产的正常发展与市场的稳定。二、今年的基本建设，必须有整体观点，从全国布局着眼，从发展国民经济与巩固国防的需要出发，采取有计划、有重点、分工合作、稳步前进的方针。要集中力量搞好几个国防和民生最需要的基本建设工程，局部观点、平均主义观点和盲目冒进观点，都是有害的。应建立健全各级工业部门基本建设的管理机构、设计机构与企业化施工机构。三、鼓励各级地方政府发展工业。为了避免地方工业盲目发展，地方工业的生产和基本建设计划要纳入全国计划之内。地方工业的发展主要是依靠地方自己积累资金，同时也可吸收私人投资。中央人民政府财经各部门应在可能条件下对地方工业进行必要的帮助。四、经济核算制是管理企业的基本原则。国家通过以下五项办法对一切国营企业的经济核算制进行管理：（一）实行计划管理；（二）给予每个企业以必要的固定资产与流动资金；（三）实行独立会计制；（四）在完成国家计划的条件下，企业有权通过合同制自行销售产品与购买原材料；（五）实行工厂奖励基金制。他指出，企业经营管理的制度和方法，必须进行一系列的改革。第一步，进行民主改革的阶段；第二步，开始建立新的经营管理制度，逐步推行经济核算制的阶段；第三步，进一步加强与巩固经济核算制的阶段。他指出，1951年基本建设的控制数字，是从原拟的三年计划轮廓中抽出来的，是结合了今后发展的需要与1951年的可能和需要的。投资的重点，首先放在钢铁、燃料、动力与铁路方面，使这些工业能够走在其他工业的前面，从而保证其他工业的发展；其次照顾到今后几年内人民日常生活与文化发展的需要，如水利、纺织、造纸等。

会议结束后，中财委提出了《工业会议总结大纲》。内容包括：一、公营工业的划分，要在统一方针、统一计划、发挥各级工业部门的积极性的原则下，明确划分，明确职责。公营工业划分为国营工业与地方工业两类。中央各工业部及大行政区工业部所管的为国营工业；省市专署县所管的为地方公营工业。在国营工业与地方工业明确划分后，目前中央各部直接管理的厂矿不宜太多，要培养中央各工业部领导全国工业的能力，同时又避免大行政区工业部多办厂矿分散力量，因此用托管的形式过渡是有好处的。省、市也会有一部分受托管的工业。受托管的部门有责任把厂办好，有权利得到受委托的好处。二、公私合营工业的划分。公私合营企业是国家资本主义的一种形式，对他们的管理必须坚持掌握公私兼顾、公私两利、发展生产、繁荣经济的政策。三、非工业部门管理的工业的划分。原则上讲，非工业部门管理与其业务有联系的一定的工厂（如卫生部管制药厂、后勤部管被服厂等），是允许的。但是经营与其业务没有联系的工厂会分散领导精力，不容易管好。目前我们对非工业部门管理的工厂状况还缺乏了解，因此应该暂时维持现状，进行调查研究工作，再寻找解决办法，先从调查、统计、计划、业务经营等工作入手，与各工业部门分别取得密切联系。

根据这次会议讨论的意见，4月6日，政务院通过了《关于1951年国营工业生产建设的决定》。

同日

［纲文］ 毛泽东致电斯大林庆祝《中苏友好同盟互助条约》签订一周年。

［目文］ 电报如下：值此《中苏友好同盟互助条约》签订一周年之际，请接受我对阁下、苏联政府与人民的衷心感谢与祝贺。《中苏友好同盟互助条约》的签订，不但对新中国的建设有了极大的帮助，而且在反对侵略、维护远东及世界和平与安全上提供了强有力的保证。谨此，祝中苏两国的友好合作更进一步的发展与巩固！

2月13日，斯大林致电毛泽东庆祝《中苏友好同盟互助条约》签订一周年。电报如下：值此《中苏友好同盟互助条约》签订一周年之际，主席同志，请接受我衷心的祝贺。我深信我们的条约将始终有利于中苏两国间的友谊和全世界和平事业的巩固。

同日

［纲文］ 周恩来就请苏联派出顾问人员帮助中国组建空军致电斯大林。

［目文］ 电报称：中国政府正在组建一个空军集团军，将用于参加当前朝鲜的战役。为帮助该集团军进行作战行动的计划与领导，请向中国派出有关顾问人员，并盼顾问人员于1951年2月抵达中国。2月17日，斯大林复电表示满足中国的要求。

同日—22日

［纲文］ 全国复员会议在京召开。

［目文］ 会议由中央复员委员会召开。周恩来出席会议并讲话，主要讲了三个问题：一、复员工作的一般情况；二、时局问题；三、复员、动员与民兵工作。他指出，目前时局的中心问题，是朝鲜问题，全国人民所做的主要工作，是抗美援朝。复员、动员与民兵工作应该是三位一体地来做。复员是一个经常的工作，应该建立经常的制度及组织，使得国家依靠民兵制度这个动员基础，逐渐由志愿兵制走向征兵制，使得我们的战斗力不断提高。

聂荣臻在会上作了《关于1950年复员工作总结》的报告。他说，1950年的复员工作，是我党我军历史上有组织有计划规模最大的一次。是在中国人民革命斗争在全国内取得了基本胜利的基础上，根据国家经济财政开支与国防需要的原则来进行的，这是复员的基本精神。开始是整编性质的复员，后来由于朝鲜战争爆发威胁到中国安全，为了对付美帝国主义的侵略，便逐步改为精简性的复员，凡不适合部队工作的便进行复员。1950年总共复员25万人，并进行了妥善安置。

同 日

［纲 文］ **教育部接收燕京大学并改为公立大学。**

［目 文］ 教育部部长马叙伦在该校全体师生集会上，代表教育部向燕大表示祝贺，宣布政务院任命陆志韦①为燕京大学校长，教育部派刘皑风②为组长的接收小组，协同陆志韦办理接收事宜。陆志韦宣布，从今以后，不论在名义上、实际上、经费来源上、教学的观点方法上，燕京大学都完全是并且永久是中国人民的大学了。当日下午及晚上，该校师生举行了各种体育表演、游艺和火炬游行，庆祝燕大新生。

燕京大学成立于1916年，由华北地区北京汇文大学、通州华北协和大学、北京华北女子协和大学等几所教会大学合并而成，分别由美国长老会、美以美会、美国女公会、公理会、英国伦敦会等合办，初名为北京大学，1919年更名为燕京大学。1952年院系调整，与北京大学合并为北京大学。

同日—16日

［纲 文］ **华北区处理接受美国津贴的医院会议在京召开。**

［目 文］ 会议由卫生部召开。华北区10所接受美国津贴的医院及12所接受其他国家津贴的医院的院长、董事、工会代表，华北五省二市及华东、中南、西南卫生行政机关负责人，华北事务部代表等70余人出席会议。卫生部部长李德全在开幕式上讲话，副部长贺诚作总结，中央文教委副主任邵荃麟、陆定一到会讲话。会议拟定了接受美国津贴的医院的三种处理方式：一、由政府接办；二、改为中国人民自办；三、改为与政府合办。会议通过了《处理接受美国津贴的医疗机构实施办法草案》和与会代表的《联合宣言》。《联合宣言》表示，今后愿意在政府的领导下，割断和美帝国主义在政治、经济、思想上的一切关系，彻底肃清美帝国主义文化侵略的影响，本着“为人民服务”精神把医院办得更好，执行政府的卫生政策，参加抗美援朝、保家卫国运动。

同日—3月4日

［纲 文］ **中国土产公司总公司第三次经理联席会议在天津召开。**

［目 文］ 中国土产公司各级负责人，各大行政区、各省、各市土产公司的经理等97人出席，中央人民政府有关部门代表和各区、省、市土产公司计划、财务、出口部门负责人员等93人列席会议。会议听取了各区土产公司的工作汇报，总结了1950年中国土产公司的购销工作，听取了陈云及贸易部部长叶季壮、副部长沙千里关于国营贸易公司价格政策和经营管理的工作报告，制定了1951年度的土产经营计划。

会议决定，1951年中国土产公司要贯彻以扩大内销为主的土产经营方针，大力依靠合作社，组织私商，积极推销各种土产；业务经营方面，在全国要以经营麻、烟叶、豆饼、肥田粉等四种重要的工农业生产资料为主。在会议过程中，与会代表达成了各区、省、市

---

① 陆志韦（1894—1970），浙江吴兴人，心理学家、语言学家。

② 刘皑风（1908—2002），河北任丘人，时任中央人民政府教育部办公厅主任。

间重要土产交换协议54份，涉及160多种土产，总数1.8亿斤，相当于1950年中国土产公司全年营业商品的50%左右。

2月13日

[纲 文] **中共中央做出《对派边疆地区工作干部的教育与待遇问题的指示》。**

[目 文] 发给西北局、西南局并新疆、内蒙古分局的该《指示》说，为了巩固国防，逐步地帮助边疆少数民族人民进行政治、经济、文化、教育建设，必须有计划有步骤地从内地提供各种必要援助。除了物质器材和技术条件外，最重要的是干部和技术人才。对于已派去边疆各地的干部和技术人员，应不断地帮助和教育他们改进工作方法和作风，努力和当地少数民族人民打成一片；鼓励他们安心工作，就地生根。此外，还必须准备今后陆续动员一批干部和技术人员到边疆地区去工作，特别是待解放的西藏。这就需要在党内外干部和技术人员中事先进行一些必要的教育，形成一种舆论，使大家认识到巩固祖国边疆和帮助各兄弟民族，是我们国家建设事业中最重要的一环，因而到边疆工作也是最光荣的任务之一。对于那些准备去边疆工作的干部和技术人员，必须进行民族政策的教育，并介绍当地的民族情况和应注意事项，最好能在民族学院或省民族学校中给以短期训练。边疆地区一般物质条件很差，生活较苦，还必须对他们在生活方面予以适当照顾，其待遇一般应较内地为高，同时也要根据各边疆地区不同情况而有所区别，如去西藏工作的待遇应较其他某些边疆地区的高一些。但究竟应高多少、地区范围如何，请你们加以研究，提出意见报中央。

同 日

[纲 文] **中共中央、中央军委发出《关于解放西藏准备工作的通知》。**

[目 文] 《通知》说：1951年必须全部解放西藏。西北入藏一切必要的准备工作必须于3月底以前完成。《通知》确定，西北入藏工委1500人（包括警卫部队），家属1000人（准备明年入藏），班禅集团1500人（包括警卫部队）。以上共4000人，骡马8000匹。

同 日

[纲 文] **《人民日报》发表题为《必须实行强制保险》的社论。**

[目 文] 社论指出，政务院2月3日颁布的《关于实行国家机关、国营企业、合作社财产强制保险及旅客强制保险的决定》是进一步加强保护国家财产、防止意外灾害、推动企业经济核算，并为国家积累建设资金工作的重要举措。在城乡和内外物资交流将空前活跃、交通运输事业及工业农业生产均将提高的形势下，及时扩大与加强国家保险事业，以减少意外灾害、保障国家财产安全、保证国家生产和贸易计划的顺利进行，同时在保险事业中争取逐渐积累资金，为国家进行恢复和建设使用，是完全必要的。新民主主义时期的国家保险事业，在纠正反对保险的思想的同时，应当是强制保险与自愿保险同时存在。一方面是对社会主义经济成分的国营企业、国家机关和半社会主义经济成分的合作社，实行强制保险；另一方面在农村及城市积极开展自愿保险。强制保险与自愿保险结合推行，将促进新民主主义社会中五种经济成分的安全与发展。

同日

［纲文］ **中财委召开第四十七次委务会议。**

［目文］ 会议由陈云主持。会议讨论并通过了中国人民银行、林垦部关于1950年总结与1951年计划的报告。陈云在讲话中指出：中国人民银行在1950年集中大量资金，并通过国营贸易，起了活跃城乡内外物资交流和推动整个国民经济好转的重大作用，体现了新民主主义经济的特点。林垦部的工作特点：一是开始做，二是群众运动，1950年在这两件工作上都有了成绩，1951年应更多依靠地方政府做发动群众工作，同时合理使用专家，让他们发挥指导群众的作用。工作重点应放在防火、封山、造林上。关于木材的统一调配与合理使用问题，要订出条例，颁布实行。林业工作应与农业生产一起布置、检查，对干部进行有关林业重要性的教育。

2月14—16日

［纲文］ **中共中央政治局扩大会议在京召开。**

［目文］ 中共中央政治局委员、候补委员以及各中共中央局的负责人参加了会议。会议主题是总结中共七届三中全会以来的工作，具体部署1952年底以前的任务，会议确定了“三年准备、十年计划经济建设”的指导思想，研究了抗美援朝的宣传教育、土地改革、镇压反革命、城市工作、整党整风、统一战线工作等项问题。决定在农忙时，土改一律暂停，争取本年丰收；在工厂内以实现生产计划为中心，实行党政工团的统一领导。关于从1953年开始的五年计划的编制工作，毛泽东提出了以重工业为中心的指导思想。会议强调：进行大规模计划经济建设的准备时间，从现在起还有22个月，必须从各方面加紧进行准备工作。会议根据周恩来的建议，成立由周恩来、陈云、薄一波、李富春、聂荣臻、宋劭文6人组成的一个领导小组，组织领导第一个五年计划的编制工作。

2月18日，会议通过毛泽东起草的《中共中央政治局扩大会议决议要点》，并向党内发出通报。

［文　献］ **中共中央政治局扩大会议决议要点**

（一九五一年二月十八日）

中央于二月中旬召开有各中央局负责同志参加的政治局会议，讨论了各项重要问题，兹将决议要点通报如下。

一、二十二个月的准备工作

“三年准备、十年计划经济建设”的思想，要使省市级以上干部都明白。准备时间，现在起，还有二十二个月，必须从各方面加紧进行工作。

二、抗美援朝的宣传教育运动

必须在全国范围内继续推行这个运动，已推行者深入之，未推行者普及之，务使全国每处每人都受到这种教育。

三、土改

1. 农忙时一律停一下，总结经验。

2. 争取今年丰收。

3. 依靠县农民代表会及训练班。

4. 积极造成条件。凡条件不成熟者，无论何时何地不要勉强去做。

5. 土改完成，立即转入生产、教育两大工作。

6. 同意华东分期退押的办法。

7. 劝告农民以不采非刑拷打为有利。

8. 土改后，增划区乡，缩小区乡行政范围。

四、镇压反革命

1. 判处死刑一般须经过群众，并使民主人士与闻。

2. 严密控制、不要乱、不要错。

3. 注意“中层”，谨慎地清理旧人员及新知识分子中暗藏的反革命分子。

4. 注意“内层”，谨慎地清理侵入党内的反革命分子，十分加强保密工作。

5. 还要向干部做教育，并给干部撑腰。

五、城市工作

1. 各中央局、分局、省市区党委今年必须召开两次城市工作会议，议程如中央所通知，向中央作两次专题报告。

2. 加强党委对城市工作的领导，实行七届二中全会决议。

3. 向干部做教育，明确依靠工人阶级的思想。

4. 工厂内，以实现生产计划为中心，实行党、政、工、团的统一领导。

5. 力争在增加生产的基础上逐步改善工人生活。

6. 在城市建设计划中，应贯彻为生产、为工人服务的观点。

7. 全国总工会及各上级工会应着重解决下面的具体问题。

8. 党委及工会应着重典型经验的创造，迅速推及各处。

六、整党及建党

1. 我们的党是伟大的，光荣的，正确的，这是主要方面，必须加以肯定，并向各级干部讲明白。但是存在着问题，必须加以整理，并对新区建党采取慎重的态度，这方面也要讲明。

2. 整党、建党，均须由中央及各中央局实行严格的控制，下面不得自由行动。

3. 整党，应以三年时间实现之。其步骤，应是以一年时间（一九五一年）普遍进行关于怎样做一个共产党员的教育，使所有党员明白做一个共产党员的标准，并训练组织工作人员。同时，进行典型试验。然后，根据经验进行整党，但城市可以在一九五一年进行整党。整党时，首先将“第四部分人”清洗出去。然后对“第二部分人”、“第三部分人”加以区别，对其中经过教育而仍确实不合党员条件者劝其退党，务使这些退党者自愿地退出，不要伤感情，不要重复一九四八年“搬石头”的经验。

4. 城市及新区建党必须采取慎重的方针。城市着重在产业工人中建立党的组织。乡村须在土改完毕始能吸收经过教育合于党员条件者建立党的支部，在头两年内乡村支部一般不要超过十个党员。无论在城市和乡村，均应对于愿意接受党的教育的积极分子，进行关于怎样做一个共产党员的教育，经过这种教育然后将其中确实合于党员条件者吸收入党。

七、统一战线工作

1. 要求各中央局、分局、省市区党委一九五一年召集两次会议，讨论统一战线工作，并向中央作两次关于这方面的专题报告。

2. 必须向干部讲清楚为什么要加强统一战线工作的理由。

3. 知识分子，工商业界，宗教界，民主党派，民主人士，必须在反帝反封建的基础上将他们团结起来，并加以教育。

4. 认真在各少数民族中进行工作，推行区域自治和训练少数民族自己的干部是两项中心工作。

八、整风

一年一次，冬季进行，时间要短，任务是检查工作，总结工作经验，发扬成绩，纠正缺点错误，借以教育干部。

资料来源：中共中央文献研究室编：《建国以来重要文献选编》第2册，中央文献出版社1992年版，第39—43页。

2月14—26日

［纲 文］ **全国农业工作会议在京召开。**

［目 文］ 会议由农业部召开。各大行政区农林部、各省农林厅和中央人民政府各有关部门等代表114人出席。会议中心议题是总结交流1950年工作经验，研究开展大规模生产运动和恢复发展农业生产的各项措施，具体布置1951年全国农业生产计划。

农业部部长李书城在开幕词中指出，1950年全国粮食产量较1949年增产10.8%，皮棉增产58.9%，其他麻类、茶叶等特产也完成或超过了原订计划。抗战以来全国农业生产下降的趋势得以扭转，为我国农业的发展与提高奠定了基础。1951年的农业生产要在1950年的基础上，增产粮食7.1%，棉花36.9%，烤烟叶324.8%；茶叶、烟叶等也拟定了具体的增产计划。这次会议必须研究和解决几个问题：首先，发动广大农民开展大规模的生产运动；贯彻生产政策，组织起来，开展群众性的提高技术运动；宣传劳动模范，进行评比竞赛等。其次，发展农业生产各项措施，如农田水利、防治病虫害、畜牧兽医、普及良种和农具推广等。最后，解决农业生产中的组织和领导问题，包括领导思想、组织机构和领导关系等。

会议决定开展全国性的爱国生产运动（在老解放区开展爱国丰产运动）和群众性的改进技术运动，并作为发展农业生产的方针。会议指出今后农业生产工作几个主要环节是：一、正确贯彻农业生产政策。要坚决贯彻政务院发展农林生产的十大政策，继续稳定与提高农民的生产情绪；贸易部门可对价格等适当调整，鼓励农民大量种植经济作物。二、继续贯彻组织起来发展生产的方针。组织起来是“由穷苦变富裕的必由之路”，是农业生产的“第二个革命”，是“农业发展的方向”；无论老区新区都不能有放松对组织农民的领导思想，同时要反对组织劳动互助组时的强迫命令和形式主义的偏向。三、大力发动和组织群众同自然灾害作斗争。在防治灾害中，要反对放松、麻痹和顾此失彼的现象；要抓紧发动与组织群众防旱、防泛、捕虫；要树立长期建设思想，对某些自然灾害从根本上逐渐求得彻底解决。四、开展群众性的改进技术运动，有计划地使县、区、村干部掌握农业生产技术，推广老区素有成效的改进农业技术的好形式好办法。要加强试验研究，开办各种训练班，配合教育部门办好农业学校，有计划地培养大批技术人才；要贯彻农业技术与群众相结合的方针，团结农业技术工作者，引导他们把科学技术与群众要求和经验结合起来，把农业技术推广到群众中去。五、加强农业生产的组织领导，要树立领导农业生产是农村工作中压倒一切的中心任务的指导思想，农业部门要准确掌握农业生产季节性，及时安排生产步骤；注意掌握地区特点，根据群众觉悟、自然环境与经济条件做出因地制宜的具体计划；会议建议政务院对农林部门干部要适当固定，迅速建立各级农林机构；要在全年工作中加强督促检查，调查研究。

李书城在会议总结报告中还指出了应注意的几个问题：一、凡经检验确已证明行之有效的措施，必须坚决贯彻。二、举办各项具体事业，必须是当前群众迫切需要解决的重大问题。三、一切新办的各项具体事业，必须采取稳步前进的方针，从典型做起，取得经验，然后加以推广。采用其他地区成熟经验时，也须通过典型示范、训练干部、教育群众，然后全面展开。四、在实施各项措施中，要善于总结经验，交流经验，提出问题，展开讨论。五、要做好财务工作，树立经济核算思想，加强财务管理和检查报告制度，贯彻财政纪律。

2月14—24日

[纲 文]　全国林业会议在京召开。

[目 文]　会议由林垦部召开。全国各大行政区、省林业行政和技术干部、林业教育工作者与中央有关部门代表共120多人出席。会议的任务是总结1950年全国林业工作的经验，讨论有关护林、造林和林木合理采伐使用及木材统一生产等问题。

林垦部部长梁希作了《1950年林业工作总结和1951年的林业计划》的报告。报告说，据不完全统计，1950 年全国仅春季和雨季两季植树即达 4.46 亿株，超过了原计划 4.06 亿株的任务；封山育林方面，据 17 个省的统计，1950 年已完成封山面积 328 万多亩；东北和内蒙古两个主要森林采伐区在 1950 年 3 月上旬即已完成了当年 450 多万立方米的采伐任务；东北区学习了苏联先进采伐经验，较 1949 年节省了约 30 万立方米木材；护林工作已开始受到各地党政干部和林区人民的普遍注意；全国的森林调查工作已初步开始。1950 年林业工作的缺点是：首先，护林方面，1950 年全国森林共发生火灾 2700 次，损失林木达 260 万立方米，火灾损失占全部森林损失量的 98%。其次，有些地区的造林工作对重点成片造林不够重视，因而对消灭山荒、沙荒的作用不大；有的地方计划订得过高，技术指导差，使计划落空或造成损失。森林采伐计划也不够合理、滥伐林木现象仍相当严重，对木材的使用存在许多浪费。

会议讨论了护林造林、封山育林及森林合理采伐利用等问题的条例草案，初步确定了 1951 年全国林业工作的方针和任务：实行普遍护林护山；选择重点进行封山育林，典型示范，逐步推广；在淮河、辽河、永定河及黄河上游选择重点营造水源林，在豫东、东北西部、西北的三边、榆林等地营造防沙林；合理采伐森林，统一调配木材；继续重点调查勘测林野；大量培养林业专业干部。会议确定，全国由林业部门统一采伐、生产木材。各需林单位和贸易部门设立的木材收购站，应立即停止收购木材。各地的林区木商和市场木商分别由农林部门和贸易部门负责组织管理。

梁希在会议总结中指出，合作造林是今后造林工作的主要方向，同时要尽一切可能贯彻合理采伐和合理使用木材的方针，做好木材的统一调配工作，力求做到主动供应公私用材。各地至少应做到由林业机关管理森林采伐或统一采伐，切忌无组织地抢购木材和包商伐木。在木材的采伐量和使用方面，也应按照森林现有树木情况，“有什么，采什么”和“有什么，用什么”，反对只采良材、不采次材，或只用良材、不用次材等偏向。

2 月 14 日

[纲 文]　《人民日报》发表周恩来文章《中苏友好同盟伟大的一年——为苏联〈真理报〉作》。

[目 文]　文章指出，今天是《中苏友好同盟互助条约》签订的一周年。由于这个条约具有巨大的世界历史意义，中国人民把这一天看作最值得纪念的日子之一。过去一年中，我们伟大的友邦热诚地忠实地履行了《中苏友好同盟互助条约》及其有关的《关于中国长春铁路、旅顺口及大连的协定》，关于贷款给中华人民共和国的协定以及其他关于中苏两国经济合作和贸易协定，给了中国人民以慷慨的援助，大大地帮助了我国经济的恢复和发展。中国人民热烈感谢斯大林大元帅和苏联政府的这种伟大友谊。不管帝国主义侵略者如何暴跳如雷，中苏两国人民的伟大友谊，是一天比一天亲密了。毫无疑问，占全人类三分之一的中苏伟大人民以和平和进步为目的的兄弟友谊，将给被帝国主义战争计划所威胁的世界，带来无限的青春的希望。

同日

［纲文］ **《人民日报》发表题为《巩固中苏同盟、反对美帝国主义重新武装日本——纪念中苏友好同盟互助条约一周年》的社论。**

［目文］ 社论指出，苏联在过去一年中，对中国经济和文化的建设给了巨大的援助。1950年2月14日中苏《关于中国长春铁路、旅顺口及大连的协定》及同日换文，规定将大连市苏联方面临时代管或苏联方面租用的财产，苏联经济机关在东北自日本所有者手中所获得的财产，以及过去俄国的北京兵营的全部财产，无偿地移交中华人民共和国中央人民政府。所有这些财产与设备，已于1950年内移交完毕。苏联对于中国经济方面的帮助，现在仅仅是一个开始，其成绩已十分巨大。苏联专家对于中国经济建设的帮助，是十分值得感谢的。1950年中国经济恢复和发展的速度，是和苏联经济专家的努力分不开的。在美国侵略朝鲜、台湾并对中国实行经济封锁的情形下，苏联对中国的贸易，使中国必要的出入口没有发生大的困难。在文化方面，中苏双方互相进行了访问和介绍出版物。苏联对于中国教育的发展，特别是人民大学的创办，也给了很大的帮助。

同日

［纲文］ **首都各界举行庆祝《中苏友好同盟互助条约》签订一周年大会。**

［目文］ 大会由中苏友好协会总会主持。刘少奇、李济深、周恩来及各院、委、部、会、署、行负责人，人民革命军事委员会各部负责人，苏联驻华大使罗申和苏联专家，各民主党派和各人民团体负责人，北京市政府负责人，文化界人士等1000余人出席。大会主席、中苏友协总会总干事钱俊瑞致开会词，并宣读了毛泽东致斯大林的贺电、斯大林致毛泽东的贺电以及中苏友协总会会长刘少奇致苏联对外文化协会主席吉尼索夫的贺电。外交部副部长伍修权讲话说，《中苏友好同盟互助条约》的签订不仅表示了列宁、斯大林外交政策的崇高原则，同时开辟了中苏两国人民之间友好合作的新时代。苏联驻华大使罗申说，《中苏友好同盟互助条约》的主要任务就是不许日本侵略重演，或在侵略行动上和日本勾结一起的任何一国所引起的侵略和破坏和平。面临着在远东有增无减的侵略和日本被利用作为美国侵朝侵华的基地，中苏条约就带有特别重要的意义。由友谊和同盟团结起来的苏联人民和中国人民，能够打破任何企图称霸世界的窥伺者。伟大的苏联人民和中国人民的友谊和同盟是一种坚强的力量，它能够粉碎战争贩子的任何侵略阴谋。最后，北京人民艺术剧院、中央戏剧学院、青年艺术剧院及在京苏联友人等联合演出了音乐歌唱、舞蹈、杂技等节目。

同日，全国约有30多个大中城市举行盛大的各界人民庆祝集会，表示要进一步巩固中苏友好同盟，反对美国重新武装日本。

同日

［纲文］ **中苏两国大使馆分别举行庆祝《中苏友好同盟互助条约》签订一周年招待会。**

［目文］ 朱德、刘少奇、李济深、张澜、林伯渠、周恩来、陈云、黄炎培、聂荣

臻、彭真、陈叔通、钱俊瑞及中央人民政府各院、委、部、会、署、行和各民主党派、人民团体负责人出席了苏联驻中国大使罗申在北京举行的宴会。

同日，苏联部长会议副主席莫洛托夫和布尔加宁、外交部长维辛斯基、财政部长兹维列夫、对外贸易部长孟希科夫、陆军部长华西列夫斯基、海上运输部长诺维科夫、苏联最高苏维埃主席团秘书高尔金、苏联元帅布琼尼和戈沃罗夫、空军元帅查沃仑科夫、海军上将哥罗夫科等，及苏联外交部、对外贸易部、陆军部和海军部及科学及文艺工作者和新闻界代表出席了中国驻苏联大使馆临时代办曾涌泉在莫斯科举行的招待会。

同 日

[纲 文] **中国海员工会筹委会致电抗议美国政府逮捕中国海员。**

[目 文] 中国海员工会筹委会为美国政府1月31日无理逮捕83名中国海员一事致电美国移民归化局纽约分局局长萧纳赛，代表全中国海员提出严重抗议，并要求无条件地恢复他们的自由。

2月15日

[纲 文] **政务院公布《关于一九五一年农林生产的决定》。**

[目 文] 《决定》于1951年2月2日由政务院第70次会议通过。本日《人民日报》公布。《决定》指出，1950年农林增产计划已经胜利完成，为了更好地完成1951年的农林增产计划，各级人民政府要继续按照毛主席指出的“组织起来，是由穷变富的必由之路”的方向，重视农林增产工作，正确贯彻各项农林生产政策，领导广大农民群众和各种自然灾害作斗争，大力进行防洪工作，努力提高单位面积产量。《决定》还规定了保护土地财产、合理贯彻税收政策、鼓励合作互助、奖励生产工业需要农产品、实行山林管理、奖励农林生产和兴修水利、保障牲畜喂养者利益、鼓励农民投资扩大再生产、提倡种植棉烟麻、严禁破坏行为等10项重要政策。同日，《人民日报》发表题为《为完成今年农林生产任务而奋斗》的社论。

3月5日，中共中央发布《关于保证完成1951年农林生产任务的指示》，要求各级党委支持各级人民政府，在农业生产季节，准确掌握以农业生产为农村工作中压倒一切的中心任务这个指导方针，领导农村中的全体党员、青年团员和农民群众积极开展一个全国性的生产运动，以保证1951年全国农林生产任务的彻底完成。

[文 献] **关于一九五一年农林生产的决定**

（一）

一九五〇年农林增产计划已经胜利地完成了。全国粮食较一九四九年增产百分之一十点八，皮棉增产百分之五十八点九，其他特产、家畜等亦均有显著增加。一九五一年须增产更多的粮食和供给更为充分的工业原料。要求在一九五〇年的基础上全国增产粮食百分之七点一；增产棉花百分之三十六点九；增产麻袋用麻百分之六十九点一；增产烤烟叶百分之三百二十四点八；增产红茶及青砖茶百分之三十五点一；增产家蚕茧百分之十四点九；增产柞蚕茧百分之五十六点八；增产油原料百分之九点七；增产糖原料百分之二十九点一；增产水产百分之二十点八；并造林二百二十万亩；育树苗五万六千亩；封山育林八百万亩。其他耕畜家畜特产和副业视当地具体条件，尽可能地加以发展。

为了更好地完成一九五一年的农林增产计划，除要求各地在生产工作上必须注意季节不违农时外，对不同地区应提出不同的要求。即在已经完成土地改革的老解放区，除灾区和战争破坏严重的地区外，普遍要求生产超过战前水平，组织起来，提高技术，有重点地推行按户按村按互助组计划，开展评比和丰产运动。在去冬和今春实行土地改革的地区，要求接近战前生产水平。在只实行减租而尚未实行土地改革的地区，要求生产超过一九五〇年的水平。在山地要求树立“吃山养山”长期建设的观点，保护并培育山林，扎山沟，修梯田，开展副业生产，使贫困的山区逐渐走向富裕。在水旱灾区继续贯彻生产自救的方针，切实帮助灾民解决生产中的困难。

（二）

为保证一九五一年农林增产的胜利完成，各级人民政府须贯彻以下各项农林生产政策。

一、土地改革已经完成的老解放区，切实保护人民已得的土地财产，不受侵犯。新解放区在土地改革完成后，立即确定地权，颁发土地证。在尚未进行土地改革而只实行减租的地区，切实保障谁种谁收和农民的佃耕权。

二、贯彻合理负担的农业税收政策，对因善于经营、勤劳耕作和改良技术而超过常年应产量者，其超过部分不增加公粮负担；因怠于耕作，其产量不及常年应产量者，其应纳公粮不予减少。其产量显著超过当地一般生产水平经过民主评议为众所公认者，人民政府得给以物质的或名誉的奖励，开展群众性的劳模运动和群众性的生产竞赛。所有干部领导生产有显著成绩者，亦应给以奖励。改造不事生产的地主和好吃懒做的懒汉二流子。老解放区的地主和旧式富农，在土地改革以后，服从政府法令，勤于劳动，地主连续五年、富农连续三年以上者，经乡村人民代表大会通过，县人民政府批准，得改变其成分。

三、劳动互助组，应受到人民政府的各种奖励和优待——得享受国家贷款、技术指导、优良品种、农用药械和新式农具的优先权，以及国家贸易机关推销农业和副业产品、供给生产资料的优先权。农民相互间临时雇佣短工，可予提倡。允许富农经济存在，雇佣劳动自由。

四、执行奖励主要工业原料作物生产的价格政策，保证棉粮、烟粮和麻粮的合理比价，保证收购和运销。实行优级优价、低级低价、公平合理地按级给价，禁止压低等级收购。推行对农产品的合同制度和预购赊购办法。棉农及烟农的农业负担得于秋后一次征收，并得以棉、烟抵交公粮。

五、实行山林管理。严禁烧山和滥伐，划定樵牧区域，发动植树种果，推行合作造林。为了保持水土，还应分别不同地区，禁挖树根草根。对保护培育山林和植树造林有显著成绩者，人民政府应给以物质的或名誉的奖励。公有荒山荒地，鼓励群众承领造林，造林后，林权归造林者所有。

六、奖励兴修水利，因兴修水利而提高产量，属于群众自己出资合作兴办者，其产量提高部分五年以内不改订常年应产量，亦不增加公粮负担，属于国家出资兴办者，其产量提高部分，三年以内不改订常年应产量，亦不增加公粮负担。垦种生荒免纳公粮三年至五年；但绝对禁止开山荒和陡坡。已开之山荒，必须修成梯田。应反复向干部和群众说明，开山荒和陡坡，是有害全体的，“山地开荒、平原遭殃”，是决不能够提倡的。

七、保障牲畜喂养者的利益。奖励繁殖牲畜，提高经营种畜户的社会地位，并予以扶持。开展家畜防疫运动，并推行牲畜保险。

八、鼓励农民投资扩大再生产。提倡互助打会，信用合作。提倡自由借贷，必须有借有还。恰当地使用国家投资和贷款。凡为发展农林水利事业的私人投资和帮助农民发展生产的私人借贷，人民政府应给以方便和保障。

九、在某些闭塞地区，粮食产量较大而无法运出销售者（例如陕北及西南某些省区），除应根据当地可能条件有计划地适当地提倡种植棉、烟、麻等作物外，在可能运出销售的条件下，还应提倡养猪养牛养马及经过政府批准进行烧酒，使农民获得粮食增产的代价。

十、严禁地主、特务、反动会门的一切破坏行为，如有无故荒芜土地、宰杀耕畜、破坏农具、砍伐树木、拆毁建筑物者，人民政府应给以严厉惩处。

（三）

根据一九五〇年领导农林生产的经验，对一九五一年农林生产提出如下各点，望各级人民政府加以注意。

必须继续贯彻毛主席所指示的“组织起来，是由穷变富的必由之路”的方向。反对某些人认为“组织起来，只不过是解决劳动力不足的一个办法而已；在劳动力已有剩余的情况下，人们已能单独生产致富，劳动互助组应该自行解体”的说法。恰恰相反，劳动互助不但可以克服劳动力不足的困难，而且可以进一步达到提高生产的目的。自愿结合、等价交换和民主管理，是组织起来的根本原则，必须遵守。必须结合提高技术、结合副业生产以充实并提高劳动互助的内容。农村供销合作社和国营贸易机关与互助组订立购销合同，是扶助生产的最好办法，必须提倡。合作社和国营贸易机关必须团结私商在全国范围内组织土产品的推销，到处设立土产品的批发和零售店。在华北、东北和山东的某些老解放区，已经出现在劳动互助组中的积谷义仓（即公积金），应视各地具体情况，适当加以提倡。新解放区也可以在当地群众原有的互助习惯的基础上，根据自愿等价原则，加以适当地组织，但须反对强迫命令。

必须领导广大农民群众和各种灾害作斗争，不减产或少减产。进行治河修堤、开渠挖塘、打井车水，防治蝗、螟、蚜等虫害和黑穗、黄疸等病害，封山育林，营造水源林、护岸林、防风沙林。

必须努力提高单位面积的生产量，这是农业增产的重要关键。一九五〇年全国耕作水平已有显著提高，各地应在这一基础上，通过选举劳动模范、生产展览会、技术研究会和比庄稼、比收成等有效办法，推动农民深耕细作、多锄、增肥、选种、浸种，以改进和提高农业技术，认真地总结农民经验，加以研究推广。

必须大力进行防洪工作，争取在一般洪水的情况下不致成灾。积水成灾的地区，应大力组织群众进行排水工作，以期今年能够下种。普遍加强和改善渠道管理工作，经济用水。提倡并组织群众尽量兴修小型水利，把一切可能利用的水源都用到灌溉上来。

保证棉、烟、麻播种面积和收获量的完成，是一九五一年农业增产极为重要的一项任务。各级人民政府均须根据中央和上级所分配的计划数字和各地的具体情况，做出保证完成任务的详细计划，有领导地去做。播种面积如何分配，种子如何准备，都应有周密的计算和计划。为了提高棉、烟、麻单位面积的生产量，还必须注意及时灌溉排水，供给肥料和防治病虫害的药械。

在土地改革已经完成的老解放区，县、区、村三级人民政府应集中全力面向农业生产，把农业增产的工作做好，做领导工作的干部并须努力学习耕作知识，以便有效地领导农民进行生产。现正在进行土地改革的地区，应尽可能地争取在春耕以前结束土地改革；即使不能如期结束者，亦应力求告一段落。凡土地改革尚未开始者，则暂时不要开始，以便能迅速地不误农时地集中全力转入领导农业生产，争取今年丰收。在春耕紧张工作完成以后，应利用农忙间隙进行土地改革或减租退押工作，同时，应不妨害农业生产。

（四）

一九五一年的农林增产任务是重大的。但它是在全国大部地区，也就是说约有三万万人口的地区已经完成了或正在完成着土地改革的基础上进行的，是在一九五〇年全国丰收、农民生产能力提高、新解放区剿匪反霸胜利和社会秩序进一步地趋于安定的条件下进行的。这一切，为恢复和发展生产，创造了较一九五〇年更为有利的条件。各级人民政府必须重视农林增产工作，正确贯彻各项农林生产政策，加强领导，以期完满地完成一九五一年的农林增产任务。

资料来源：1951年2月15日《人民日报》。

同日—18日

[纲 文]　教育工会全国委员会第二次会议在京召开。

[目 文]　教育工会全国委员会委员及候补委员47人出席。全国教育工会全国委员会主席吴玉章在开幕讲话中指出，中国广大乡村农民解放后迫切要求他们的子女受教育，中国教育工作者有责任来满足他们这个要求。教育工会应该说服教育工作者把教育工作作为自己的终身事业，并设法帮助他们克服生活上的困难，使他们能安心地工作。

教育部部长马叙伦向会议报告了教育部1950年的工作总结和1951年的工作计划。全国委员会副主席刘子久作了全国教育工会成立后半年来的工作总结和1951年的工作计划报告。

会议决定，根据各地区各学校不同的情况，发动各校师生订立爱国公约，把抗美援朝运动与日常课业结合起来。会议对扩大与巩固教育工会组织、组织农村小学教师进行学习、教师工资福利等问题做出决议认为，现在全国教育工会已有会员35万多人，应在1951年底发展到50万人；如何组织广大农村教师进行学习是迫切需要解决的问题，会议决定推广察哈尔省蔚县的经验，组织业务通讯网，把分散在农村的教师组织起来，用互助办法解答业务上的问题。会议建议教育部在可能范围内改善教师待遇，并推行“公办民助”或“民办公助”的办法，保证乡村小学教师生活；在已有工会组织的地方，发动会员成立互助会与合作社组织，并根据各地区的条件尽可能地举办学校托儿所。

同日—28日

[纲 文]　邮电部报刊发行工作会议在京召开。

[目 文]　会议总结了1950年“邮发合一”的经验，讨论并通过了1951年的报刊发行方针、计划和发行办法。会议着重研讨了壮大发行力量问题，确定与1950年相比，报纸发行要增加120万份，期刊增加70多万份。邮电部部长朱学范在报告中强调指出，要组织邮局以外的发行力量。会议认为，在城市中，现有的私营发行力量，正在萌芽中的合作社性质发行力量，以及其他个体发行力量，均应加以重视。同时，应组织群众发行，主要是通过机关、学校、工矿里的传达收发人员，建立经常固定的发行组织。在乡村，组织乡村发行网是目前发行工作中重要的一环。土地改革后，广大农民对文化的要求日益迫切，在人民邮局还无力普遍建立乡村邮政的条件下，必须更好地组织农村群众力量，依靠区、乡、村政权和中心小学、合作社来开展报纸发行工作。东北松江省（今属黑龙江省）用群众合作方法雇用专人负责发行，松江省尚志县进而组成了农村通讯网，减少了农民通讯工作上的负担，又解决了群众急需的乡村通讯问题。这一经验，值

得各地推广。

2月16日

[纲 文] 《人民日报》发表题为《〈实践论〉开辟了我们学术革命的思想道路》的社论。

[目 文] 社论指出，随着人民大革命的胜利，全国学术界已经开始自己的革命，历史唯物论的观点从根本上大规模地破除了历史唯心论和历史神秘主义，劳动创造人类历史的观点已经被极广大的知识分子所接受。这个学术革命必须继续深入地前进，要把辩证唯物论和历史唯物论的观点与方法具体应用于各种学术部门，认真地从事有系统的、而不是以枝节举例为满足的批判和研究工作。几十年来中国进步学术界做了许多有利于人民事业的工作，但是近代学术界工作的真正成就还是很少的，学术界本身还不善于学习毛泽东进行理论工作的方法，工作大大落后于人民需要，理论落后于实际。要克服学术工作的落后，提高到完全适合新中国建设的需要和更高的水平，就必须大力宣传唯物论，宣传辩证法，按照唯物论和辩证法的理论和方法埋头从事刻苦工作；必须对神秘主义和烦琐主义的经院学派，对各种唯心论和神秘主义的反动思潮进行革命的批判的战斗，必须用唯物论和辩证法来建立真正的历史科学，发展自然科学。这一切工作，只能依靠认真搜集大量材料和认真研究。毛泽东的《实践论》是宣传唯物论的伟大旗帜，它指出了如何按照唯物论的道路去从事学术革命的工作。《实践论》的重新发表，应该引起学术革命的展开。学术界各方面、各部门，都应该认真讨论《实践论》，与自己工作的检查联系起来，采取有秩序的恰当态度改进自己的工作。

此前，1950年12月29日，《人民日报》重新全文发表了《实践论》；1951年1月29日又发表了题为《学习毛泽东同志的〈实践论〉》的社论。全国掀起了以学习《实践论》为中心的学习马克思主义认识论的热潮。

同 日

[纲 文] 新华社讯，中央人民政府侨务委员会发言人抗议泰国政府迫害华侨。

[目 文] 发言人说，中央人民政府侨务委员会坚决要求泰国政府立即释放因在曼谷《全民报》刊登当地华侨反美爱国运动的新闻而被捕的华侨人士，停止一切迫害华侨的非法措施，保障华侨的一切正当权益。

2月17日

[纲 文] 中共中央转发河北省委关于改进领导方法的决定。

[目 文] 中央转发通知说：中央认为河北省委所采取的各项办法都是正确的，各地都可仿效实行，适当地克服在领导方法上普遍存在的会议太多、指示太多及向下级要材料太多的现象。

此前，2月12日，华北局向中央摘要转报了河北省委关于改进领导方法的决定。河北省委的决定说，为纠正省级党、政、民各领导机构普遍存在的会议多、指示多、要材料多的偏向，特决定：一、减少组织结构层次；二、统一对会议的掌握；三、减少发布指示；四、克服材料多的问题；五、充实下级组织，提高干部工作能力。

同日

［纲文］ **毛泽东就广东、广西镇压反革命的材料致信黄炎培。**

［目文］ 信中说：刚才送上广东纠正宽大无边情报一份，现又送上广西的一份，请参阅。这两处是最典型的例子，其他地方不如两处之甚，但亦大体相去不远，引起群众不满，极为普遍。不杀匪首和惯匪，则匪剿不净，且越剿越多；不杀恶霸，则农会不能组成，农民不敢分田；不杀重要的特务，则破坏暗杀层出不穷。总之，对匪首、恶霸、特务（重要的）必须采取坚决镇压的政策，群众才能翻身，人民政权才能巩固。当然，对可杀可不杀的那一部分人，应当判处徒刑，或交群众监视，用劳动去改造，不要杀。如同宽大应有边，镇压也应有边，无边是不对的。已经解决了问题、群众已经满意了的地区，即不应再杀人了。

同日

［纲文］ **《人民日报》报道，全国各地热烈开展慰劳中朝军队及救济朝鲜难民捐献运动。**

［目文］ 据中国人民保卫世界和平反对美国侵略委员会的不完全统计，截至本日止，全国各地人民慰劳中朝军队及救济朝鲜难民的捐献，仅现金即达人民币365亿元以上。其中，东北各地人民捐献的款物总值在东北币2380亿元以上，华东人民捐献的现金达人民币173.25亿元。

2月18日

［纲文］ **中共中央复电云南省委并西南局同意装备越南人民军等问题。**

［目文］ 复电指示：关于装备双豪一个团的问题已答复你们同意。在滇越边境配合剿匪问题已去电越共中央商讨，待回电后再告。

此前，2月15日，云南省委致电中央、西南局，请求对越南人民军三〇八师政委双豪奉越共中央命令到昆明与中方商讨的下列问题给予指示：一、援助其一个主力团、一个地方营所需的武器；二、双方配合清剿云南、越南边境土匪；三、建立云南、越南边境贸易。

同日

［纲文］ **中共中央批转北京市委解决房荒计划。**

［目文］ 批语指出：北京市委所提组织公私合营的房产公司修建房屋解决房荒的计划，各大城市凡严重缺乏房屋者均可仿行。现在大城市房屋缺乏，已引起人民很大不满，必须有计划地建筑新房，修理旧房，满足人民的需要。

同日

［纲 文］ **周恩来指示缩小苏联援建的航空工业建设规模。**

［目 文］ 周恩来在听取何长工从莫斯科的电话汇报后指示：苏联帮助我们搞航空工业建设是要算账的，我们的外汇不多，把钱过多地用到航空工业上国家吃不消，这样就不能照顾其他工业部门的建设了。可将建设的规模缩小三分之一。当晚，何长工遵示修改计划。次日，中苏两国代表团达成关于苏联援助中国建设航空工业的协议。

2 月 19 日

［纲 文］ **中共中央就西安广仁寺土地土改中暂不分配的意见复电西北局。**

［目 文］ 复电表示同意西北局的意见。此前，2 月 16 日，西北局向中央发电请示，建议该寺土地在此次土改中最好不动（仿照青海土改中对寺院土地政策）。因该寺与青海佛教界联系密切，影响很大。现西藏尚未解放，蒙古族和藏族人民觉悟尚未提高，该寺对交出土地又十分勉强，若予以征收分配，将在青海、西藏群众中引起不利影响，不如再缓一个时期，较为妥当。

同日

［纲 文］ **《人民日报》发表题为《斯大林的谈话指出了制止新战争的道路》的社论。**

［目 文］ 社论认为，斯大林的谈话透彻地揭露了操纵联合国的帝国主义侵略集团的阴谋，援助了中朝两国人民的伟大正义战争，向全世界指出了帝国主义的新战争计划和制止新战争的道路。全世界人民是愿意和平的，力量大于帝国主义集团的世界和平民主阵营，正在努力制止新的战争，也有可能制止新的战争，关键是世界各国人民要进行反对战争贩子血腥计划和欺骗宣传的斗争。只要世界各国人民坚持和平，战争贩子们就失去了他们所能暂时利用的赌具。

此前，2 月 16 日，斯大林对《真理报》记者发表《关于目前国际形势的谈话》，要点是：一、苏联战后已完全复员，不容诽谤；二、美、英如果终于拒绝中国人民政府的和平建议，朝鲜战争只能以干涉者的失败而告终；三、联合国成为美国组织，走上了国联的不光彩的道路，注定了要分崩离析；四、新的世界大战至少在目前不能认为是不可避免的。同日，《人民日报》全文发表该谈话。

同日

［纲 文］ **中国人民救济总会主席宋庆龄致函日本民主党派和团体表示坚决支持日本人民反对美国武装日本。**

［目 文］ 信中说，美帝国主义加紧片面对日缔结和约和加速进行武装日本的阴谋活动，基本目的是在于复活日本军国主义残余分子，使之充当美帝国主义在亚洲的新侵略工具。这是完全违背了《开罗宣言》、《雅尔塔协定》、《波茨坦公告》的。这一罪恶阴谋已引起了中国和亚洲广大人民的极大愤怒和坚决反对。中国人民决不能容忍美帝国主义重新

武装日本、复活日本的反动势力，继续危害中国人民。中日两国人民有着悠久的文化交流，两国人民都是酷爱和平反对侵略战争的。中日两国人民应当紧密携起手来，反对共同的敌人美帝国主义。

同 日

[纲 文] **新疆匪首、美国武装特务乌斯满被擒伏法。**

[目 文] 2 月19 日，人民解放军西北军区某部在青海省柴达木盆地以北、甘肃青海两省交界的海子，一举生擒为西北各民族人民痛恨入骨的美国武装特务匪首乌斯满，并活捉乌匪帮凶加拉伯以下百余人。

乌斯满为哈萨克族人，是新疆省阿山区富蕴县克洛依部落的流氓惯匪，1946 年投靠国民党政权并被委任为新疆省府委员兼阿山区专员。1949 年 9 月新疆和平解放后，他受前美国驻迪化副领事马克南接济黄金、枪支、弹药等，继续骚乱。驻新疆人民解放军在西起昌吉、东至镇西、南起哈密、北至北塔山的广大地区内，对乌匪进行了反复清剿与政治瓦解工作，先后争取了被其胁走的 2 万哈萨克族人归来，并活捉了匪首贾尼木汗。乌匪仅率 200 人漏网脱逃，但在剿匪部队围剿下，终于就擒。

4 月29 日，在迪化举行新疆各民族各界人民 8 万余人参加的公审大会，公审匪首乌斯满和杀害中共领导干部陈潭秋、毛泽民、林基路、乔国桢等的凶手李英奇、富宝廉、张光前、刘汉升等。主审人为省人民政府主席包尔汉，省人民代表会全体代表均出席大会，还有 1 万多人在会场外收听大会实况广播。公审会上，被害的各民族人民纷纷上台控诉了匪徒的罪行，乌斯满等罪犯经人民法庭审讯判决后伏法。

2 月 20 日

[纲 文] **中共中央发出关于召开中国共产党第一次全国组织工作会议的通知。**

[目 文] 通知指示各中央局：党的全国组织工作会议定于 3 月25 日①在北京召开，会期 10 天。出席人员：中央局、分局、省委、区党委、大市委、地委（盟委）及分局与省辖市委组织部部长（或）副部长各一人、各中央局组织部干部处处长（或副处长）一人、组织处处长（或副处长）一人。

同 日

[纲 文] **中央人民政府委员会举行第十一次会议。**

[目 文] 刘少奇主持会议，朱德、李济深、张澜、高岗等 39 位委员出席。各大区负责人饶漱石、邓子恢、邓小平、习仲勋，全国政协常委，最高人民法院副院长，最高人民检察署副检察长，政务院政务委员及所属各委、部、会、院、署、行的负责人，中央军委委员及所属各部部长等 66 人列席会议。会议主要内容有：一、听取全国各大行政区工作的报告；二、讨论通过《中华人民共和国惩治反革命条例》。

---

① 会议实际于 1951 年 3 月28 日至 4 月9 日在北京召开。

高岗在报告中说，东北处在抗美援朝的最前线，全东北动员了20万人到农村、工厂、学校、街道宣传美国武装侵略朝鲜和武装干涉我国解放台湾的罪行。经过这一工作，有36万农民报名参军。东北的经济建设，1950年后半年任务完成得很好。农业生产超过计划30%，工业生产超过10%，工商利润超过1949年的一倍多，税收原计划12万亿元，实收32万亿元。饶漱石在报告中说，美国侵略军占领平壤以后，华东各方面曾出现了波动，一些学生、市民产生了顾虑。当志愿军出动打了第一个胜仗以后，情况完全转变过来。华东绝大部分地区的土地改革已经完成，5月份可基本结束。镇压反革命以及城市财经工作、文化教育工作都取得了成绩。邓子恢在报告中说，中南地区这半年主要进行了教育、整顿税收、进出口贸易工作和推动抗美援朝运动。现在的中心工作是土地改革和镇压反革命。邓小平在报告中指出，西南地区比其他地区解放得迟一点，1951年上半年工作主要是剿匪和接管。7月份军政委员会成立以后，确定任务为“清匪、反霸、减租、退押”。朝鲜战争爆发后，又加上了抗美援朝的任务。习仲勋在报告中说，西北地区的工作，经过中央一年来采取统一财经、调整工商业以及整风等一系列措施后，已有很大进步，情况比较稳定。土匪基本肃清。目前主要工作，一是抗美援朝，二是镇压反革命，三是土地改革，四是民族工作。

刘少奇指出，从几个地区的报告中可以看到，大家做了很多工作，做出了很大成绩。当然也出了一些毛病。从中央人民政府成立以来，已经做了一年的恢复工作，再加上今年一年、明年一年，要在这三年内，把各种工作都做好。这些工作都做好了，就为国家的经济建设和实现工业化准备好了条件。他指出，离1953年开始全国性经济建设还有22个月的准备时期，各方面的工作都应该加紧。

政务院政法委副主任彭真作了《关于镇压反革命和惩治反革命条例问题的报告》，从社会形势方面着重强调了制订惩治反革命条例的必要性和紧迫性，指出镇压反革命活动问题是现在全国人民极关心的一个问题。在过去一个时期内，因为我们还没有切实贯彻《共同纲领》第七条镇压与宽大相结合的方针，很多地方发生了过分宽大的偏向，曾经引起各阶层人民对人民政府的不满。在这个问题上，我们过去还没有做得很好，并且有一个时期，有些地方做得很不好。特别是美帝国主义发动侵朝战争之后，问题表现得更清楚了。那时，美蒋特务匪徒及其他残余反革命势力，以为他们梦想的“三次大战，反攻大陆”的时机到了，美蒋就要回来复辟了，从地下隐蔽活动中伸出头来，进行各种露骨的破坏活动，明目张胆地向人民进攻。特务匪徒阴谋破坏铁路桥梁，破坏工厂矿山，烧毁仓库资财，公开抢劫，刺杀干部，骚扰暴乱的事件，在很多地方发生了。为了给干部和群众以镇压反革命活动的法律武器，为了给审判反革命罪犯的人员以量刑的标准，为了在坚决镇压反革命活动中克服或防止右的偏向和“左”的偏向，需要有一个惩治反革命的条例。各地也普遍要求中央人民政府迅速颁布这样的条例。因此，政务院政法委根据《共同纲领》第七条的原则，草拟了《中华人民共和国惩治反革命条例草案》，经政务院第七十一次政务会议通过，提请中央人民政府委员会审查批准。

他说明，这个条例是根据“首恶者必办，胁从者不问，立功者受奖”的政策制定的。对于各种反革命的首要分子和解放后怙恶不悛、继续进行反革命活动的特务间谍分子，采取从重处理的原则；对于被反革命分子胁迫、欺骗而参加反革命活动的胁从分子，对于解放前虽曾参加反革命活动，但罪行并不重大，解放后又确已悔改的分子，特别是已为人民立功的分子，则采取了从宽处理的原则。

会议一致通过该《条例》，并决定任命赖若愚为山西省人民政府主席、邓宝珊为甘肃省人民政府主席、赵寿山为青海省人民政府主席、谭震林为浙江省人民政府主席。

同 日

［纲 文］ **中财委召开第四十八次委务会议。**

［目 文］ 会议由陈云主持，讨论并通过邮电部1950年工作总结报告。陈云在发言中指出，邮电部在基本建设方面应事先与中财委计划局联系，以便与长期经济计划中的城市建设工程相配合，免得浪费人力物力。

同 日

［纲 文］ **《人民日报》报道，全国各民主党派、人民团体发表声明拥护斯大林的谈话。**

［目 文］ 中国国民党革命委员会、中国民主同盟、民主建国会、中国民主促进会、中国农工民主党、九三学社、中国新民主主义青年团及全国总工会、全国妇联、全国青联、全国学联、全国文联等党派、团体，连日来纷纷发表书面意见或声明，表示拥护斯大林关于目前国际形势的谈话，决心扩大抗美援朝运动，反对美国武装日本，动员一切力量响应维护世界和平的号召。民革中央主席李济深发表谈话称，斯大林的谈话是紧张的国际局势中一个令人感到兴奋和喜悦的福音，揭露了帝国主义侵略者扩大战争的计划与阴谋，使全世界人民明白了谁是要战争、谁是要和平，谁是侵略者、谁是反抗侵略者，并向全世界一切爱好和平的人民指出了拯救和巩固和平的正确道路。农工民主党中央主席章伯钧发表声明称，农工民主党充分认识到斯大林谈话的重要性，号召全国党员与全国人民及世界各人民民主国家人民为维护世界和平而奋斗。九三学社主席许德珩①撰文称，斯大林的谈话代表了全世界渴望和平并为和平与正义而斗争的人们的伟大意志，九三学社全体社员和全国文化教育学术界同人一定以实际行动来响应斯大林的号召。

同 日

［纲 文］ **《人民日报》报道，志愿军代表在京作报告受到各界热烈欢迎。**

［目 文］ 应中国人民保卫世界和平反对美国侵略委员会邀请，中国人民志愿军代表自朝鲜前线归国，分赴全国各地报告志愿军与朝鲜人民军艰苦奋战、并肩反抗美国侵略军的英勇事迹，以及中朝人民积极支援他们的热烈情况。2月9日至14日，志愿军代表窦少义等6人在北京向文化部等单位共约25000余人作讲演10次；17日、19日又分别向各民主党派、人民团体和中央人民政府各机关干部及大、中、小学教师作报告。报告受到了热烈欢迎。

---

① 许德珩（1890—1990），江西九江人，时任第一届全国政协委员、政务院法制委员会副主任。

▲ 志愿军司令员彭德怀（左一）为志愿军归国代表团送行。

同 日

［纲 文］ **《人民日报》报道，南昌、哈尔滨、西安、福州等地人民举行反美示威游行大会。**

同 日

［纲 文］ **湖南零陵县发生特务纵火害人案，烧毁民宅商店医院学校等数百处，15名特务被逮捕。**

同 日

［纲 文］ **进军西藏部队全体指战员发表告全国各界人民书感谢全国人民支援。**

［目 文］ 告全国各界人民书称，我军自接受进军西藏、解放西藏的光荣伟大的任务以来，承蒙全国各地、各界人民对我们的亲切关怀与热情鼓舞，曾先后接到全国各地发来的慰问信2万余封及大批的慰劳品，我们全体同志更坚定了进军西藏、解放西藏和巩固、建设伟大祖国国防的决心。我们决心以实际行动来援助朝鲜人民爱国主义的正义行动，并将以实际行动来报答全国人民对我们的关怀与鼓励。

2月21日

［纲 文］ **中央人民政府公布施行《中华人民共和国惩治反革命条例》。**

［目 文］ 《条例》2月20日由中央人民政府委员会第十一次会议批准，共21条，根据镇压与宽大相结合，即“首恶者必办，胁从者不问，立功者受奖”的政策，规定了处

理反革命分子和案件的原则和方法，使镇压反革命斗争有了法律武器和量刑标准，从而推动了镇压反革命运动广泛深入发展。

[文　献]

中华人民共和国惩治反革命条例

第一条　根据中国人民政治协商会议《共同纲领》第七条的规定，为惩治反革命罪犯，镇压反革命活动，巩固人民民主专政，特制定本条例。

第二条　凡以推翻人民民主政权、破坏人民民主事业为目的之各种反革命罪犯，皆依本条例治罪。

第三条　勾结帝国主义背叛祖国者，处死刑或无期徒刑。

第四条　策动、勾引、收买公职人员、武装部队或民兵进行叛变，其首要分子或率队叛变者，处死刑或无期徒刑。其他参与策动、勾引、收买或叛变者，处十年以下徒刑；其情节重大者，加重处刑。

第五条　持械聚众叛乱的主谋者、指挥者及其他罪恶重大者处死刑；其他积极参加者处五年以上徒刑。

第六条　进行下列间谍或资敌行为之一者，处死刑或无期徒刑；其情节较轻者处五年以上徒刑：

（一）为国内外敌人窃取、刺探国家机密或供给情报者；

（二）为敌机、敌舰指示轰击目标者；

（三）为国内外敌人供给武器军火或其他军用物资者。

第七条　参加反革命特务或间谍组织，有下列情节之一者，处死刑或无期徒刑；其情节较轻者处五年以上徒刑：

（一）受国内外敌人派遣潜伏活动者；

（二）解放后组织或参加反革命特务或间谍组织者；

（三）解放前组织或领导反革命特务或间谍组织及其他罪恶重大，解放后无立功赎罪表现者；

（四）解放前参加反革命特务或间谍组织，解放后继续参加反革命活动者；

（五）向人民政府登记、自首后继续参加反革命活动者；

（六）经人民政府教育释放仍继续与反革命特务、间谍联系或进行反革命活动者。

第八条　利用封建会门，进行反革命活动者，处死刑或无期徒刑；其情节较轻者处三年以上徒刑。

第九条　以反革命为目的，策谋或执行下列破坏、杀害行为之一者，处死刑或无期徒刑；其情节较轻者处五年以上徒刑：

（一）抢劫、破坏军事设施、工厂、矿场、森林、农场、堤坝、交通、银行、仓库、防险设备或其他重要公私财物者；

（二）投放毒物、散播病菌或以其他方法，引起人、畜或农作物之重大灾害者；

（三）受国内外敌人指使扰乱市场或破坏金融者；

（四）袭击或杀、伤公职人员或人民者；

（五）假借军政机关、民主党派、人民团体名义，伪造公文证件，从事反革命活动者。

第十条 以反革命为目的，有下列挑拨、煽惑行为之一者，处三年以上徒刑；其情节重大者处死刑或无期徒刑：

（一）煽动群众抗拒、破坏人民政府征粮、征税、公役、兵役或其他政令之实施者；

（二）挑拨离间各民族、各民主阶级、各民主党派、各人民团体或人民与政府间的团结者；

（三）进行反革命宣传鼓动、制造和散布谣言者。

第十一条 以反革命为目的偷越国境者，处五年以上徒刑、无期徒刑或死刑。

第十二条 聚众劫狱或暴动越狱，其组织者、主谋者处死刑或无期徒刑；其他积极参加者处三年以上徒刑。

第十三条 窝藏、包庇反革命罪犯者，处十年以下徒刑；其情节重大者，处十年以上徒刑、无期徒刑或死刑。

第十四条 凡犯本条例之罪而有下列情形之一者，得酌情从轻、减轻或免予处刑：

（一）自动向人民政府真诚自首悔过者；

（二）在揭发、检举前或以后真诚悔过立功赎罪者；

（三）被反革命分子胁迫、欺骗，确非自愿者；

（四）解放前反革命罪行并不重大，解放后又确已悔改并与反革命组织断绝联系者。

第十五条 凡犯多种罪者，除判处死刑和无期徒刑者外，应在总和刑以下、多种刑中的最高刑以上酌情定刑。

第十六条 以反革命为目的之其他罪犯未经本条例规定者，得比照本条例类似之罪处刑。

第十七条 犯本条例之罪者，得剥夺其政治权利，并得没收其财产之全部或一部。

第十八条 本条例施行以前的反革命罪犯，亦适用本条例之规定。

第十九条 对反革命罪犯，任何人均有向人民政府揭发、密告之权，但不得挟嫌诬告。

第二十条 犯本条例之罪者，在军事管制时期内由各地军区司令部、军事管制委员会或剿匪指挥机关所组织之军事法庭依照本条例审判之。

第二十一条 本条例自中央人民政府委员会批准公布之日施行。

资料来源：1951年2月22日《人民日报》。

▲ 武汉市人民召开公审反革命分子大会。

同 日

［纲 文］ **政务院召开第七十二次政务会议。**

［目 文］ 会议由周恩来主持。政务院副总理黄炎培在会上作了《访察苏南土地改革的报告》。报告认为，苏南土改基本上是好的。土改之前，政府通过生产救灾，取得了人民的信任，为顺利进行土改创造了条件。土改后，农民踊跃完粮、参军，积极生产，兴办冬学。土改后，苏南地区人均土地不过1亩左右，需要发展农村副业。

同 日

［纲 文］ **毛泽东批转察哈尔省取缔一贯道的成功经验。**

［目 文］ 批语肯定察哈尔省成功经验时指出：消灭一贯道，第一要有充分准备，同时动作，方能一网打尽；第二要布置展览会，向群众做宣传工作。这两点和消灭国民党特务组织时所应采取的办法大体相同。

此前，2月20日，华北局在给中央并各省委、京津两市委的电报中总结说，从1950年11月至1951年2月5日，察哈尔省各地对一贯道道首统一进行搜捕。在搜捕前后，广泛地进行宣传教育工作，利用报纸、电台、漫画、展览会、诉苦会、群众会、公审会等形式，揭穿一贯道的反革命罪行，提高干部群众的政治水平。随后各地集中力量进行甄别审讯，追捕漏网道首，号召退道，控诉道头，进行揭发宣传，以扩大战果。

同 日

［纲 文］ **全国财政、工业、农业、林垦会议举行联席会议听取陈云关于1951年财政工作方针和财经工作要点的报告。**

［目 文］ 陈云报告的主要内容有：一、关于1951年财力使用方针：现在我们只有这么多钱，每个钱的使用都负有政治上的责任。经中央人民政府讨论，认为1951年国家在财力的使用上，必须排一排队，用于第一的绝不能排在第二，用于第二的绝不能安排在

第三。现在我们决定：国防第一，稳定市场第二，其他支出只能第三。做出这样一个决定的道理是很明显的。第一国防，如果不做好这件事，一切事情都难做好。第二稳定市场，一年来的经验证明了稳定市场是十分正确的，因此，1951年应该继续力争稳定。关于稳定市场，我们是把美国的封锁和轰炸计算在内的。稳定市场的条件，一方面是财政上不滥发货币；另一方面，国家必须掌握主要的物资，粮食和棉花在稳定市场上具有决定的作用，1951年我们在这方面的把握比1950年更大了。第三项其他开支中的行政费和工作人员生活费，只能照旧，1951年不能增加了。二、1951年中财委工作要点：经中财委主任和计划局局长研究后认为主要抓五点：第一城乡交流；第二农业增产；第三经济核算；第四财政纪律；第五建设准备。

同日，中财委在收到中央转来的西南局1月28日、华东局1月29日关于1950年财政税收支付情况和1951年预算等问题的电报后，肯定1950年各区执行中央统一财经管理决定和财政收支预算方案方面取得了很大成绩的同时，又初步拟定了1951年财经工作方针：一、大力促进城乡地区间物资交流；二、农业增产；三、各企业中有重点地实行经济核算制度；四、实行财政纪律，即严格预决算制度、施工图案、财务计划等；五、为计划经济建设做必要准备。

同 日

[纲 文] **《人民日报》报道，全国2000余公私营厂矿开展爱国主义生产竞赛。**

[目 文] 为支援抗美援朝、保家卫国运动，由全国劳动模范李永、赵国有、张子富发起，中华全国总工会号召和各级工会组织推动，全国工人广泛掀起了爱国主义生产竞赛。至报道日，全国有2065个公私营厂矿单位展开了竞赛，仅东北就有715492人参加，全国铁路职工有70%参加。在竞赛中，工人们提出了“机器就是武器，工厂就是战场”的口号，涌现了大批先进生产者、先进生产小组及先进事迹。如沈阳产生了3583名（其中有女工362名）先进生产者、480个先进生产小组和71个先进科、股、室；东北铁路工人中涌现了李树有、伊长更、王静彬、于立洪、张发庆、董禄等在敌机的轰炸扫射下不顾危险坚持工作的英勇事迹。

同 日

[纲 文] **全国30余个大中城市为“反对殖民制度斗争日”举行纪念大会和示威游行。**

[目 文] 本日是“反对殖民制度斗争日”，北京、天津、上海、张家口、承德、归绥（今呼和浩特）、沈阳、哈尔滨、长春、大连、南京、福州、厦门、漳州、泉州、青岛、无锡、扬州、苏州、芜州、常州、镇江、广州、海口、长沙、南昌、重庆、成都、昆明、泸州、南充、西安、兰州、迪化、银川等城市各界各民族的青年和人民举行盛大集会，表示要深入展开抗美援朝运动，用实际行动反对美国单独对日媾和与武装日本，并支持朝鲜、越南、日本、菲律宾、印度、缅甸等国青年的斗争。波兰、罗马尼亚、保加利亚、匈牙利等国留华学生应邀参加了北京市青年举行的纪念大会。全国青联主席廖承志在会上致词说，我们将继续支援朝鲜人民军和中国人民志愿部队，反对美国武装日本。我们要以抗

美援朝的胜利来支援东方被压迫民族的反对殖民制度的斗争。

同 日

［纲 文］ **国际学生联合会委托中华全国学联主办的亚洲学生疗养院在北京小汤山温泉公园举行奠基典礼。**

同日—26 日

［纲 文］ **世界和平理事会①第一届会议在德意志民主共和国柏林召开，中国代表郭沫若、梅汝璈发表演说。**

［目 文］ 2 月21 日，世界和平理事会执行局副主席南尼主持开幕会，并作了关于第二届世界和平大会纲领执行情况的报告。大会主席团由执行局副主席法捷耶夫、郭沫若、达波赛和执行局委员爱伦堡、萧三、法奇、拉斐德等人组成。出席会议的中国代表团团长为郭沫若。

南尼在开幕词中对于世界和平理事会执行局主席约里奥·居里因联邦德国政府拒绝发给过境签证而未能到会主持开幕，表示遗憾。他指出了理事会要研究的各项问题特别是德国和日本问题的重要性，要求会议必须帮助各国人民团结起来防止新战争，为反对军国主义分子的挑衅、为保卫生活与和平而斗争。世界和平理事会秘书长拉斐德报告了会议的议程，提出执行局关于成立第一委员会、组织委员会、《和平》杂志委员会以及国际和平奖金委员会 4 个委员会的建议：第一委员会将起草关于以和平方式解决德国问题、以和平方式解决与朝鲜问题有关的日本问题等重要问题的决定，并讨论殖民地国家内的和平斗争问题；组织委员会将处理华沙大会和世界和平理事会执行局日内瓦会议所规定任务的执行问题，筹备举行关于经济与文化问题的会议，并考虑各国通过禁止战争宣传的立法措施问题和扩大和平运动的问题；《和平》杂志委员会将拟订扩大并改进《和平》杂志的工作的问题；国际和平奖金委员会将拟订关于设立国际审查团的建议，规定 1951 年颁发国际和平奖金程序。

22 日下午，中国代表团团长、世界和平理事会执行局副主席郭沫若在会上发表演说，表示完全同意并支持订立中华人民共和国、苏联、美国、英国、法国五大国和平公约的建议，认为五国的真诚合作，将真正消除另一次战争的危险，保证普遍的和平与安全。

24 日上午，中国代表、前远东国际军事法庭法官梅汝璈博士在会上发表演说，斥责美国重新武装日本。他说，在东京审讯日本战犯的时候，我们曾费了 7 个多月的时间来听取证明日本侵略军各种暴行的许多证言和宣誓陈述。罪恶昭彰的南京大屠杀便是最显著的例子。现在，美国政府正力图恢复犯过这些滔天罪行的整个日本侵略军。我相信不仅中国人民与亚洲人民决心反对日本的重新军国主义化，而且全世界爱好和平的人民也将坚决地团结起来，共同努力粉碎美帝国主义的可耻阴谋。梅汝璈说，新战争宣传盛行于美国，联合

① 1949年4月，第一届世界保卫和平大会在巴黎和布拉格同时举行。1950年11月，第二届世界保卫和平大会在华沙举行，并成立世界和平理事会。

国的所在地纽约已成了新战争宣传的中心。我们必须坚决反对新战争宣传，必须要求一切国家的政府与议会迅速制订法律，禁止任何形式的新战争宣传，并严惩一切战争贩子。

25日，理事会执行局副主席、英国科学家贝尔纳主持会议，宣读了《关于缔结和平公约的宣言》。贝尔纳发言指出，这个宣言提出了全世界人民要大国达成协议和缔结和平公约的要求，它将比斯德哥尔摩和平宣言获得更为广大的人民的拥护。必须组织一个比斯德哥尔摩和平宣言征集签名运动还要广大的群众运动来征集这个宣言的签名。

会议于26日闭幕。会议通过的《关于缔结和平公约的宣言》，要求美、苏、中、英、法五大国为巩固和平与保障国际安全而缔结和平公约，要求一切爱好和平的民族支持缔结和平公约，欢迎所有国家参加。会议还通过了关于和平解决德、日、朝问题等其他8个决议。

会议期间，中国人民保卫世界和平反对美国侵略委员会致电世界和平理事会会议，认为在和平与战争两种力量斗争的紧张关头召开这一会议，对于动员全世界人民积极维护和平，反对美国坚持侵略朝鲜、台湾，制止美国重新武装联邦德国和日本的正义事业，将发生伟大影响，并向会议表示热烈的祝贺。中国代表团在会议上分送了《人民画报》、《中国工人画刊》和其他图片及毛泽东纪念章，为各国代表所珍爱，许多代表都以胸前佩有毛泽东纪念章为荣。

2月22日

［纲 文］ **《人民日报》发表题为《为什么必须坚决镇压反革命》的社论。**

［目 文］ 社论指出，镇压反革命，这不是什么权宜的措施，而是人民民主国家所必须对人民负责完成的根本政治任务。可以说：凡是反革命活动存在的地方，就是人民民主国家权力被破坏或简直不存在的地方。事实难道不是如此吗？如果在一个地方，土匪恶霸可以明目张胆地杀害农民、农会会员和干部，可以任意地抢劫人民的财物，烧毁人民的房屋、生产工具和生产品，而人民无计可施，那么，这里还有什么人民民主国家的权力呢？这种情况如果听其存在，怎么能够说人民革命已经胜利完成了呢？

社论指出，有一些同志不懂得镇压反革命是人民民主革命必要的完成，而竟然认为在革命胜利之后，对于怙恶不悛的反革命分子也要施以“仁政”。他们似乎忘记了由于无数先烈流血牺牲的结果，才使我国人民推翻了封建买办法西斯专政的国民党反动政权，建立了人民民主专政的革命政权。有许多惨痛的经验已经证明，如果不消灭反革命分子，我们就不能或者很难进行建设。我们有些企业，虽然经过干部和工人群众积极努力，改善生产管理，开展革命竞赛，做出了很大的成绩；但是，因为在政治上麻痹大意，工厂保卫工作不严密，使反革命分子有隙可乘，实行暗害与破坏，就使得长时期劳动生产的结果损失于一旦。目前反革命分子的社会基础是不是已经被彻底铲除了呢？没有。土地改革在全国有许多地区还没有进行，地主阶级及其他封建势力仍然存在；有的地方，封建势力虽然已经被打倒了，但是它们还企图报复。国民党反动派残余匪帮，暂时还占据着台湾，不断地准备登陆。更重要的是帝国主义侵略势力在世界上还未被消灭。因此，在与反革命进行斗争的这个问题上，我们应该高度地警惕。只要反对中国人民的帝国主义者继续存在一天，我们国内的反革命活动也就会继续发生。

社论说，现在我们有了适应广大人民要求的惩治反革命条例，就可以保证今后在全国范围内有领导地贯彻实行正确的镇压反革命的政策，不但可以防止与纠正一切右的或“左”的偏向，而且可以保证坚决肃清一切危害人民的土匪、特务、恶霸地主及其他反革命分子，继续完成我国人民民主革命的任务，为我国今后大规模的建设工作准备必要的条件。

同 日

[纲 文]　中共中央就印发和组织学习三个镇压反革命文件发出通知。

[目 文]　该通知由毛泽东起草，通知要求各中央局、各大军区党委、并转分局、各省委、市委、区党委及师以上人民解放军党委，印发《中华人民共和国惩治反革命条例》、彭真向中央人民政府委员会关于这个问题的报告及《人民日报》中《为什么必须坚决镇压反革命》的长篇社论，并组织干部及民主人士学习，务使镇压反革命问题在全党及全国人民中获得正确的了解，批评各种错误思想，以达坚决彻底地镇压反革命的目的。

同 日

[纲 文]　各党派团体联合举行欢迎志愿军归国代表宴会。

[目 文]　欢迎宴会由中国共产党、中国国民党革命委员会、中国民主同盟、民主建国会、中国民主促进会、中国农工民主党、中国致公党、九三学社、台湾民主自治同盟、中国新民主主义青年团、无党无派民主人士及中国人民保卫世界和平反对美国侵略委员会等联合举行。

中共中央代表林伯渠致欢迎词，各党派代表李济深、沈钧儒、章乃器①、马寅初②、马叙伦、章伯钧③、许德珩、冯文彬等相继发言。大家一致指出志愿军抗美援朝胜利作战的伟大意义，并坚信中国人民志愿军和朝鲜人民军必能给敌军以更大的打击，解放全朝鲜。志愿军归国代表柴川若在讲话中感谢祖国人民的伟大支援，表示回到前线后，一定要向全体指战员报告祖国人民的关切和慰问，并以更大的胜利来回答祖国人民。

同 日

[纲 文]　内务部通知各地抓紧禁种鸦片工作。

[目 文]　通知说，内务部决定拨出290亿元作为制造戒烟药品的专款。此后，禁烟禁毒的群众运动在全国展开。至本年底，种植鸦片已经绝迹。400万吸毒者到1953年陆续戒绝。

---

① 章乃器（1897—1977），浙江青田人，时任第一届全国政协常务委员。

② 马寅初（1882—1982），浙江嵊县人，时任第一届全国政协委员、中央人民政府委员、政务院财经委员会副主任。

③ 章伯钧（1885—1969），安徽桐城人，时任第一届全国政协常务委员、中央人民政府委员、政务院委员、中央人民政府交通部部长。

同日

[纲文] **广州市红十字会分会组成两个医疗队赴朝鲜前线。**

[目文] 两个志愿赴朝鲜医疗队于本日离广州赴北京前往朝鲜前线，包括医生、检验员、调剂员、护士等共26人。

2月23日

[纲文] **政务院召开第七十三次政务会议。**

[目文] 会议由周恩来主持。会议原则通过了《中华人民共和国劳动保险条例》和《关于公布〈中华人民共和国劳动保险条例〉并定期实行的决定》。《劳动保险条例》于2月26日公布，3月1日起有重点地试行。

周恩来在讲话中指出，关于劳保条例这一类问题，我们在讨论和决定时，必须要联系和照顾到500万军队和其他方面。譬如内务部所颁布的5个优抚条例，由于没有经过仔细研究便签发了，结果遇到了预算不足的问题。

会议还通过任免案及提请中央人民政府委员会批准任命案多起。

同日

[纲文] **新华书店总店成立。**

[目文] 中宣部部长陆定一、出版总署署长胡愈之[①]在新华书店总店成立大会上讲话，王益[②]代表、徐伯昕[③]总经理讲话。此前，1950年11月，出版总署决定将前新华书店总管理处改组为人民出版社、新华印刷厂总管理处和新华书店总店三个独立的专业单位。12月，改组工作完成，新华书店总店正式开始工作。

新华书店是专营书刊发行的国营出版事业机构，负有思想宣传、书刊发行和经济管理三项任务，直属出版总署。总店成立时，在全国设有总分店、分店、支店1143处，工作人员约1万人，资金共约1000亿元，规模在世界上仅次于苏联的国家书店。

2月25日

[纲文] **中共中央发出《关于健全各级宣传机构和加强党的宣传教育工作的指示》。**

[目文] 《指示》针对当时各级党委宣传部机构残缺不全和工作范围狭隘的状况，要求各级党委必须定出计划，在一两年内逐步充实宣传部的机构与人力，并督促其有步骤地按照不同等级的职务范围，进行群众宣传、理论教育、文化艺术、学校教育、报纸和广播、书刊出版、干部管理等七个方面的工作。

---

① 胡愈之（1896—1986），浙江上虞人，时任中央人民政府新闻出版署署长、《光明日报》总编辑。

② 王益（1917— ），江苏无锡市人，出版家。

③ 徐伯昕（1905—1984），江苏武进人，时任中央人民政府出版总署办公厅副主任、新华书店总经理。

[文　献]　关于健全各级宣传机构和加强党的宣传教育工作的指示

各中央局、分局并转各省委、市委、区党委：

为了有系统地建立并加强党的宣传教育工作，加强和统一党对思想工作的领导，必须将目前各级党委宣传部机构残缺不全和工作范围狭隘的状况，予以改变。

现在我们党已有五百几十万党员，对于这些党员特别是干部党员认真进行共产主义的教育，不断提高他们的政治觉悟和思想能力，是一个极端重大的任务。我们党是领导着四万万七千五百万人民的党，必须经常向各界人民正确地宣传马克思列宁主义——毛泽东思想和党在目前的各项主张。我们党领导着全国的庞大的报纸网、广播网、出版网、学校网、电影网以及其他各种文化教育工具，必须正确地使用这些工具来服务于国家建设事业。所有这些严重的工作，都要由党的宣传部门在党的严格领导下担负首要的责任。因此，对于党的各级宣传部必须加以重视和整顿。轻视党的宣传工作的观点是完全错误的，必须加以坚决的纠正。

各中央局及中央分局的宣传部现在一般均只设宣传及教育二处，前者以管理时事宣传为主，后者以管理在职干部教育为主。其工作人员除东北及华南稍多外，一般只有二十余人，西南局宣传部只十余人，新疆分局宣传部除一个部长外再无其他工作人员。各省委及地委宣传部的干部尤感缺乏。地委宣传部往往只有部长而无其他工作人员，西南及中南的有些地委且无宣传部长，县委宣传部更弱，例如在党的组织较健全的河北省，其邢台地委所属十六县，即有六个县没有宣传部长。在知识分子干部较多的浙江省，七十七县中只有四十八县有宣传部长。川南三十五县，只有五个县有宣传部长。

中央局、中央分局及省委市委宣传部，多已开始有计划地建立工作。但一般说来，各级宣传部很少注意党内外的思想动态，对马列主义——毛泽东思想更少有系统的宣传。县委宣传部很多是有名无实，名为宣传部，实则不管宣传工作。全党绝大多数支部，缺乏经常的宣传工作。关于党的宣传工作与政府的文教工作之间的分工，大都混淆不清，一方面是包办了政府的行政工作，另一方面是取消了党的宣传教育工作和党对出版、教育、艺术等文教部门的思想领导工作。

为了改变党的宣传部门现在的这种恶劣状态，各级党委必须定出计划，在一两年内逐步充实宣传部的机构与人力，并督促其有步骤地按照不同等级的职务范围进行下列各方面工作的全部或一部：

（一）在群众宣传方面：组织党的宣传员报告员并领导其工作。领导各级青年团、工会、农民协会、中苏友好协会、反侵略委员会、妇女团体、学生团体、合作社及其他群众团体中的宣传鼓动工作。研究党内和社会各阶级对于国内外时事和党的政策的反应，领导对于反革命宣传的斗争。组织和编审有关时事政策宣传和生产宣传的全国性或地方性的出版物或其他宣传材料。

（二）在理论教育方面：领导或推广马克思列宁主义——毛泽东思想的宣传（包括爱国主义的宣传），领导或推广对于反马克思主义思想的批判。领导各级在职干部（包括党员及自愿参加的非党员）的政治和理论的学习。审查指导各级党校党训班的训练计划和课程教材。组织党内外的理论工作人员的活动。管理政治理论教育的课本及其他读物的编审。

（三）在文化艺术方面：拟定党关于文化艺术的政策或地方性的方针，并监督其实施。领导文学艺术的创作和批评。领导作家及艺人的各级组织。审查电影、剧目和其他全国性的或地方性的重要艺术品。研究和指导图书馆、展览会、民教馆、文化宫、俱乐部等群众文化活动，注意研究和改善工人和其他劳动人民的文化艺术生活。

（四）在学校教育方面：拟定党关于高等教育和国民教育的政策或地方性的方针，并监督其实施，审查和指导学校中的政治性课程（包括政治常识、历史、地理、国文等）的教材和教学，审查其他课程中的政治思想内容。注意研究和改善工人、其他劳动人民和工农干部的教育状况。

（五）在报纸和广播方面：拟定党关于报纸和广播工作的政策或地方性的方针，并监督其实施。领导或协助领导同级的党报、通讯社组织和广播电台的工作，检查和领导下级的党报、通讯社组织和广播电台的工作。

（六）在书刊出版方面：拟定党关于书刊的出版和发行的政策或地方性的方针，并监督其实施。检查各种出版物的内容。指导公私营出版机关和发行机关的全国性或地方性的工作计划。领导书评工作。

（七）在干部管理方面：会同各级组织部共同管理宣传和文化教育工作干部的任用和考查。

中央宣传部内除应设立与上列各项工作相应的各处（即宣传处、理论教育处、文化艺术处、学校处、报纸与广播处、书刊出版处、干部管理处）外并应设立国际宣传处，以担负党的国际宣传工作。各中央局、中央分局、省委、大市委、区党委的宣传部得设立理论教育处（兼管学校）、宣传处、文化艺术处、报纸出版与广播处及干部管理处（或称科）。如因干部条件一时不能设处或科者，亦应设秘书或其他工作人员，以司其事。地委、县委宣传部得视工作需要分设若干科，或在部长下设若干干事分别进行必要的分工。在各级宣传部中，除一般工作人员外，应尽可能吸收若干有能力宣传马列主义的人员，经常担任编撰或演讲的工作。

各级党委应按照上述任务逐步充实宣传部的工作人员。兹规定各级宣传部暂行编制如下：

中央局宣传部应有六十至一百人，分局宣传部应有三十至六十人，省委、大市委、区党委宣传部应有二十五人至五十人，地委宣传部应有十五至二十人，县委宣传部应有十人左右。

为保证加强各级党委对宣传工作的领导，各级宣传部长应是党委委员或常委之一。或使其参加党委的会议。

各级党委应着重注意培养和正确地使用担任宣传工作和思想工作的干部。为培养这种干部，各高级党委宣传部中应实行带徒弟的办法，即吸收若干有培养前途的青年党员，由负责同志直接予以指导。各级宣传部对于教授、教员、著作家、科学家、艺术家、编辑、记者、演员中的党员和进步分子应注意予以工作上的指导，帮助其进修，并予以应有的政治待遇。

各级党委员会于收到此项指示后，应即着手进行关于宣传工作部门的机构与干部的调整，定出逐步实施的计划（首先应使每个地委、县委都有宣传部长或副部长，以及少数最必要人员），并按级上报。各中央局、中央分局及各省市区党委的初步计划应于今年四月带到中央宣传工作会议上向中央报告。

资料来源：中共中央文献研究室编：《建国以来重要文献选编》第2册，中央文献出版社1992年版，第75—79页。

同日

［纲文］　中共中央致电西南局、西北局同意派人赴藏说服达赖进行和平解放西藏谈判。

［目文］　电报说，同意西南局派志清法师赴藏说服达赖集团脱离美英帝国主义回到祖国，要达赖本人或其代表赴北京协商解决西藏问题办法，或在进军中与我前线司令部谈判。我军进驻西藏的计划是坚定不移的，但可采用一切方法与达赖集团进行谈判。西北方面如有适当人能派到拉萨去进行说服达赖集团，也应即设法派去。据说达赖的长兄现在西北，望西北局调查是否可以派去。

3月，志清法师改名为密悟法师，携同贾题韬居士离开重庆前往西藏。行至金沙江边岗托，由于西藏当局不准通行，直到昌都战役后才能够成行。1951年8月密悟法师到达拉萨后，做了大量工作。

同日

［纲文］　中共中央转发北京市委镇压反革命计划。

［目文］　批语要求各中央局转分局、省委、区党委、各大城市市委，从现在起应当开始认真地、严厉地、大规模地镇压反革命，不能再迟了。这些城市主要是北京、天津、青岛、上海、南京、广州、汉口、重庆及各省省城，这是反革命组织的主要巢穴，必须有计划地布置侦察和逮捕，在几个月内，大杀几批罪大有据的反革命分子。北京市委镇压反革命计划中先召集区以上各级人民代表会议代表和各大工厂大学校、民主党派、人民团体

的代表开一次会，报告反革命情况及各种罪行和犯罪证据，提高大家对反革命的仇恨，然后再分批执行，这是完全必要的，各地都应这样做。

同 日

［纲 文］ **中央军委电告王震及西北局、西北军区撤回新疆入藏部队。**

［目 文］ 毛泽东代中央军委起草的电报指示说，先遣部队既如此困难，可考虑于开山后将该部队撤回新疆，尔后新疆即解除入藏任务。此前，2月22日，王震在给中央军委、西北局、西北军区并转西南军区的电报中说，新疆独立骑兵师入藏先遣部队，已进驻藏北僧可日区的札麻忙保。由于该区海拔4000米以上，气候变化无常，时冷时热，空气稀薄，人马呼吸均感困难，病员逐渐增多。先遣部队135人，已病亡6名，现病34名，马匹病死更加严重。

同 日

［纲 文］ **毛泽东批转川西军区清匪报告。**

［目 文］ 毛泽东的批语指出，西南的经验是县、区、乡均建立有党外民主人士参加的清匪委员会，保有清匪小组，区有捕捉队，此外尚有情报站与检查站的组织。清匪必须与反霸、减租、退押或土改相结合，必须杀掉匪首、惯匪与恶霸，并必须由党委统一领导，全力以赴，才能发动群众，根绝匪祸。华东、中南、西北、华北各大军区及中央局对这些经验应加以注意。

同 日

［纲 文］ **毛泽东批转罗瑞卿考察广东、广西、江西三省镇压反革命工作的报告。**

［目 文］ 毛泽东在给饶漱石、邓子恢、叶剑英、邓小平、习仲勋、薄一波并转分局、各省委、大市委、区党委负责人的批转批语中，要求对罗瑞卿提出的经验加以注意并采用，各中央局及各省对自己所属地区的镇压反革命工作，也须派得力领导同志出去巡视，帮助当地同志总结经验，加强领导。

此前，2月23日，罗瑞卿在提交公安部转毛泽东并中央的报告中提出了四点值得注意的经验：一、镇压反革命牵涉到统一战线中的人物按以下原则处理：对于罪大恶极证据确凿群众痛恨者，照顾群众要求，坚决镇压；同时对统一战线人物进行充分工作，说服有关民主人士，使他们心服。对于罪恶不多或有若干功劳，群众也可以说通的，则说服群众照顾统一战线，免予判罪，有些则免其死罪，但仍须判刑。二、对全区性、全县性的恶霸必须全部杀掉，全乡性的恶霸必须一部或大部杀掉，不这样不能解决问题，而且有些恶霸必须先杀掉，否则群众不敢起来。三、对散匪采取群众、民兵、武装、工作队互相结合的剿匪办法，彻底加以肃清。对于逃到外县外省的匪首恶霸，必须以追到天涯海角的精神予以处死，这样才既不贻患于未来，也可彻底打破群众的顾虑。四、从江西和若干其他地方经验看，我们还留给了反革命一些逃匿的空隙：一是从乡下逃向城市；二是从陆上逃到水上；三是逃向边沿地区；四是躲藏在我们机关、学校、工厂、矿山内部。一下子把所有这些空隙弥补起来是困难的，但自觉地采取适当的步骤，扫除反革命逃匿的死角则甚为必要。

2月26日

［纲 文］ **政务院公布《中华人民共和国劳动保险条例》。**

［目 文］ 《条例》经2月23日政务院第七十三次政务会议通过，共7章34条，对职工的生、老、病、死、伤、残等保险，各项劳保待遇和费用开支，以及劳动保险金的征集与保管做出了具体规定。《条例》从3月1日起施行。

次日，《工人日报》发表题为《切实执行劳动保险条例》的社论指出，劳动保险条例是中央人民政府在工会法颁布以后，又一个保护工人阶级利益的伟大法令，是中国工人阶级的一件最大的喜事。劳动保险条例真正是保护工人阶级利益的制度，是真正按照对广大工人群众负责的精神来规定的，这充分说明了我们国家对劳动模范和人民功臣的尊重与热爱。

［文 献］ **中华人民共和国劳动保险条例**

第一章 总则

第一条 为了保护雇佣劳动者的健康，减轻其生活中的特殊困难，特依据目前经济条件，制定本条例。

第二条 本条例的实施，采取重点试行办法，俟实行有成绩，取得经验后，再行推广。其适用范围，目前暂定为下列各企业：

甲、雇佣工人与职员人数在一百人以上的国营、公私合营、私营及合作社经营的工厂、矿场及其附属单位与业务管理机关。

乙、铁路、航运、邮电的各企业单位及附属单位。

第三条 不属于第二条甲乙两款范围的企业及季节性的企业，有关劳动保险事项，得由各该企业行政方面或资方与工会基层委员会双方根据本条例原则及本企业实际情况协商，订立集体合同规定之。

第四条 凡在实行劳动保险各企业内工作的工人与职员（包括学徒）不分民族、年龄、性别和国籍，均适用本条例，但被剥夺政治权利者除外。

第五条 凡在实行劳动保险各企业内工作的临时工、季节工与试用人员的劳动保险待遇，在本条例实施细则中另行规定之。

第六条 本条例适用范围内的企业，因经济特殊困难，不易维持，或尚未正式开工营业者，经企业行政方面或资方与工会基层委员会双方协商同意，并报请当地人民政府劳动行政机关批准后，可暂缓实行本条例。

第二章 劳动保险金的征集与保管

第七条 本条例所规定之劳动保险的各项费用，全部由实行劳动保险的各企业行政方面或资方负担，其中一部分由各企业行政方面或资方直接支付，另一部分由各企业行政方面或资方缴纳劳动保险金，交工会组织办理。

第八条 凡根据本条例实行劳动保险的各企业行政方面或资方，须按月缴纳相当于各该企业全部工人与职员工资总额的百分之三，作为劳动保险金。此项劳动保险金，不得在工人与职员工资内扣除，并不得向工人与职员另行征收。

第九条 劳动保险金的征集与保管方法如下:

甲、企业行政方面或资方，须按照上月份工资总额计算，于每月一日至十日限期内，一次向中华全国总工会指定代收劳动保险金的国家银行缴纳每月应缴的劳动保险金。

乙、在开始实行劳动保险的头两月内，由企业行政方面或资方按月缴纳的劳动保险金，全数存于中华全国总工会户内，作为劳动保险总基金，为举办集体劳动保险事业之用。自开始实行的第三个月起，每月缴纳的劳动保险金，其中百分之三十，存于中华全国总工会户内，作为劳动保险总基金；百分之七十存于各该企业工会基层委员会户内，作为劳动保险基金，为支付工人职员按照本条例应得的抚恤费、补助费与救济费之用。

第十条 各企业行政方面或资方逾期未缴或欠缴劳动保险金时，须每日增缴滞纳金，其数额为未缴部分百分之一。如逾期二十日尚未缴纳，对于国营、公私合营或合作社经营的企业，由工会基层委员会通知当地国家银行从其经费中扣缴；对于私营企业，由工会基层委员会报告当地人民政府劳动行政机关，对该企业资方追究责任。

第十一条 劳动保险金的保管，由中华全国总工会委托中国人民银行代理之。

第三章 各项劳动保险待遇的规定

第十二条 因工负伤、残废待遇的规定:

甲、工人与职员因工负伤，应在该企业医疗所、医院或特约医院医治。如该企业医疗所、医院或特约医院无法医治时，应由该企业行政方面或资方转送其他医院医治，其全部治疗费、药费、住院费、住院时的膳费与就医路费，均由企业行政方面或资方负担。在医疗期间，工资照发。

乙、工人与职员因工负伤确定为残废时，按下列情况，由劳动保险基金项下按月付给因工残废抚恤费或因工残废补助费。

一、完全丧失劳动力不能工作退职后，饮食起居需人扶助者，其因工残废抚恤费数额为本人工资百分之七十五，付至死亡时止。

二、完全丧失劳动力不能工作退职后，饮食起居不需人扶助者，其因工残废抚恤费数额为本人工资百分之六十，付至恢复劳动力或死亡时止。

三、部分丧失劳动力尚能工作者，应由企业行政方面或资方给予适当工作，并按其残废后丧失劳动力的程度，付给因工残废补助费，至退职养老或死亡时止；其数额为残废前本人工资百分之五至百分之二十，但与复工时本人工资合计，不得超过残废前本人工资。详细办法在实施细则中规定之。

四、残废状况的确定与变更，由残废审查委员会审查。详细办法在实施细则中规定之。

第十三条 疾病、非因工负伤、残废待遇的规定：

甲、工人与职员疾病或非因工负伤，应在该企业医疗所、医院或特约医院医治。如该企业医疗所、医院或特约医院无法医治时，应由该企业行政方面或资方转送其他医院医治，必须住院者，得住院医治。其治疗费、住院费及普通药费，均由企业行政方面或资方负担；贵重药费、就医路费及住院时的膳费由本人自理。

乙、工人与职员疾病或非因工负伤停止工作医疗时，其医疗期间连续在三个月以内者，按其本企业工龄的长短，由该企业行政方面或资方每月发给其本人工资百分之五十至百分之一百；连续医疗期间在三个月以上时，改由劳动保险基金项下按月付给疾病或非因工负伤救济费，其数额为本人工资百分之三十至百分之五十，至能工作或确定为残废，或死亡时止。但连续停工医疗期间以六个月为限，超过六个月者按丙款残废退职待遇办理。详细办法在实施细则中规定之。

丙、工人与职员因病或非因工负伤致成残废，完全丧失劳动力不能工作而退职者，按其本企业工龄的长短，由劳动保险基金项下按月付给非因工残废救济费，其数额为本人工资百分之二十至百分之三十，至恢复劳动力或死亡时止。如有其他经济来源可以维持生活，此项非因工残废救济费不予发给。详细办法在实施细则中规定之。

丁、工人与职员供养的直系亲属疾病时，得在该企业医疗所、医院或特约医院免费诊治，普通药费减半，贵重药费、就医路费、住院费、住院时的膳费及其他一切费用，均由本人自理。

第十四条 工人与职员及其供养的直系亲属死亡时待遇的规定：

甲、工人与职员因工死亡时，由该企业行政方面或资方发给丧葬费，其数额为该企业全部工人与职员平均工资两个月。另由劳动保险基金项下，依其供养的直系亲属人数每月付给供养直系亲属抚恤费，其数额为死者本人工资百分之二十五至百分之五十，至受供养者失去受供养的条件时为止。详细办法在实施细则中规定之。

乙、工人与职员因病或非因工负伤死亡时，由劳动保险基金项下付给丧葬补助费，其数额为该企业全部工人与职员平均工资一个月。另由劳动保险基金项下，按其本企业工龄的长短，付给供养直系亲属救济费，其数额为死者本人工资三个月至十二个月。详细办法在实施细则中规定之。

丙、工人与职员因工负伤致成残废，完全丧失劳动力不能工作退职后死亡时，应按本条乙款规定的待遇付给丧葬补助费与供养直系亲属救济费。

丁、工人与职员退职养老后死亡时，及非因工残废完全丧失劳动力不能工作退职后死亡时，由劳动保险基金项下付给丧葬补助费，其数额为该企业全部工人与职员平均工资一个月。

戊、工人与职员供养的直系亲属死亡时，由劳动保险基金项下付给供养直系亲属丧葬补助费。死者年龄在十周岁以上者，其数额为该企业全部工人与职员平均工资一个月的三分之一，一周岁至十周岁者为平均工资一个月的四分之一，不满一周岁者不给。

第十五条 养老待遇的规定：

甲、男工人与男职员年满六十岁，一般工龄已满二十五年，本企业工龄已满十年者，由劳动保险基金项下按其本企业工龄的长短，付给养老补助费，其数额为本人工资百分之三十五至百分之六十，至死亡时止。如因该企业工作的需要，商得本人同意，留其继续工作时，除应得工资外，每月付给在职养老补助费，其数额为本人工资百分之十至百分之二十。详细办法在实施细则中规定之。

乙、女工人与女职员年满五十岁，一般工龄满二十年，本企业工龄已满十年者，得享受甲款规定的养老补助费待遇。

丙、井下矿工或固定在华氏三十二度以下的低温或华氏一百度以上的高温工作场所工作者，男工人与男职员年满五十五岁，女工人与女职员年满四十五岁，均得享受甲款规定的养老补助费待遇。但计算其一般工龄及本企业工龄时，每在此种场所工作一年，均作一年零三个月计算。

丁、在提炼或制造铅、汞、砒、磷、酸及其他化学、兵工工业中直接从事有害身体健康工作者，男工人与男职员年满五十五岁，女工人与女职员年满四十五岁，均得享受甲款规定的养老补助费待遇。但计算其一般工龄及本企业工龄时，每从事此种工作一年，均作一年零六个月计算。

第十六条 生育待遇的规定：

甲、女工人与女职员生育，产前产后共给假五十六日，产假期间，工资照发。

乙、女工人与女职员小产，怀孕在三个月以内者，给假十五日；在三个月以上不满七个月者，给假三十日，产假期间，工资照发。

丙、产假期满（不论正产或小产）仍不能工作，经医生证明后，均应按第十三条疾病待遇规定处理之。

丁、女工人与女职员或男工人与男职员的配偶生育时，由劳动保险基金项下付给生育补助费，其数额为五尺红市布，按当地零售价付给之。

第十七条 集体劳动保险事业的规定：

甲、凡在实行劳动保险各企业内工作的工人与职员，均有享受集体劳动保险事业的权利。详细办法由中华全国总工会制定之。

乙、集体劳动保险事业，由中华全国总工会统筹举办，但得委托各地方工会组织、各产业工会组织办理，其项目如下：

一、疗养所；二、残废院；三、养老院；四、孤儿保育院；五、休养所；六、其他。详细办法由中华全国总工会另定之。

第十八条 凡在实行劳动保险企业内工作的工人与职员，未加入工会者，除因工负伤、残废、死亡待遇，生育假期待遇，因病或非因工负伤治疗待遇，均得按本条例的规定享受外，其他各项，如疾病或非因工负伤医疗期间的工资与救济费，非因工残废救济费，供养直系亲属救济费，养老补助费及生育补助费等，只能领取规定额的半数。

第十九条 凡在实行劳动保险企业内工作的工人与职员，领取各种抚恤费、补助费与救济费时，只能领取最高额的一种，不得同时领取两种。

第四章 享受优异劳动保险待遇的规定

第二十条 凡对本企业有特殊贡献的劳动模范，及转入本企业工作的战斗英雄，经工会基层委员会提出，并经各省、市工会组织或产业工会全国委员会的批准，得享受下列较优异的劳动保险待遇：

甲、疾病或非因工负伤的全部医药费、住院膳费，概由企业行政方面或资方负担。

乙、疾病或非因工负伤医疗期间前三个月工资照发。疾病或非因工负伤救济费及非因工残废救济费，一律付给本人工资百分之五十。因工残废抚恤费为本人工资百分之一百。因工残废补助费为残废前本人工资与残废后现领工资的差额。因工死亡供养直系亲属抚恤费为本人工资百分之三十至百分之六十。退职养老补助费为本人工资百分之五十至百分之八十。在职养老补助费为本人工资百分之十五至百分之三十。详细办法在实施细则中规定之。

丙、有享受集体劳动保险事业的优先权。

第二十一条 残废军人转入本企业工作者，疾病或非因工负伤停止工作医疗期间，不计本企业工龄长短，前三个月工资照发，三个月以后，仍按第十三条乙款规定办理。

第五章 劳动保险金的支配

第二十二条 劳动保险金的支配办法如下：

甲、劳动保险总基金由中华全国总工会用以举办集体劳动保险事业。

乙、劳动保险基金由工会基层委员会用以支付各项抚恤费、补助费与救济费，每月结算一次，其余额全部转入省、市工会组织或产业工会全国委员会户内，作为劳动保险调剂金（以下简称调剂金）。

丙、调剂金由省、市工会组织或产业工会全国委员会用于对所属各工会基层委员会劳动保险基金不足开支时的补助或举办集体劳动保险事业之用。各产业工会全国委员会得授权其地方机构，掌管调剂金的调用。中华全国总工会对所属各省、市工会组织，各产业工会全国委员会的调剂金，有统筹调用之权，并得用以举办集体劳动保险事业。如省、市工会组织或产业工会全国委员会调剂金不足开支，得申请中华全国总工会调拨调剂金补助之。

第二十三条 劳动保险金，除用于劳动保险事业外，不得移作其他用途。

第二十四条 各企业的会计部门，均须设立劳动保险基金的独立会计，负责办理劳动保险基金的收支事宜。劳动保险基金会计制度，由中央人民政府劳动部会同中华全国总工会制定之。

第二十五条 劳动保险调剂金的收支事宜，由各级工会组织的财务部门根据中华全国总工会的规定办理之。

第六章 劳动保险事业的执行与监督

第二十六条 各工会基层委员会，为执行劳动保险业务的基层单位，其主要工作为：督促劳动保险金的缴纳；决定劳动保险基金的支付；监督本条例所规定由企业行政方面或资方直接支付的各项费用的开支；推动该企业改进医疗所或医院的工作；执行一切有关劳动保险的实际业务；每月编造劳动保险基金月报表，每年编造预算、决算、业务计划书及业务报告书，报告省、市工会组织，和产业工会全国委员会及当地人民政府劳动行政机关；并向工会全体会员大会或代表大会报告工作。

第二十七条 各工会基层委员会的经费审查委员会，应按月审核劳动保险基金收支账目及本条例所规定的由企业行政方面或资方直接支付的各项费用，并公布之。

第二十八条 各省、市工会组织，各产业工会全国委员会或地区委员会对所属各工会基层委员会的劳动保险业务，负指导督促之责，审核劳动保险基金的收支月报表、预算、决算及劳动保险基金的收支有无错误，接受工人与职员有关劳动保险事件的申诉，每月编造劳动保险基金及调剂金的收支月报表，每年编造预算、决算、业务计划书及业务报告书，并依下列程序报告：

甲、各省、市工会组织向当地人民政府劳动行政机关及大行政区工会组织报告。

乙、各产业工会全国委员会向中华全国总工会及中央人民政府劳动部报告。

第二十九条 各大行政区工会组织对所属各省、市工会组织及其区域内产业工会组织的劳动保险工作，负指导督促之责，审核省、市工会组织劳动保险基金及调剂金的收支月报表、预算、决算、业务计划书及业务报告书，并每三个月编造劳动保险基金收支报告，每年编造预算、决算、业务计划书及业务报告书，报告所在地大行政区人民政府劳动部、中央人民政府劳动部及中华全国总工会。

第三十条 中华全国总工会为全国劳动保险事业的最高领导机关，统筹全国劳动保险事业的进行，督导所属各地方工会组织，各产业工会组织有关劳动保险事业的执行；审核并汇编劳动保险基金及总基金的收支报告表，每年编造劳动保险金的预算、决算、业务计划书及业务报告书，并送中央人民政府劳动部、财政部备查。

第三十一条 各级人民政府劳动行政机关应监督劳动保险金的缴纳，检查劳动保险业务的执行，并处理有关劳动保险事件的申诉。

第三十二条 中央人民政府劳动部为全国劳动保险业务的最高监督机关，贯彻劳动保险条例的实施，检查全国劳动保险业务的执行，其检查制度另订之。

第七章 附则

第三十三条 本条例由中央人民政府政务院通过后公布施行，修改时同。

第三十四条 本条例自一九五一年三月一日起施行，自一九五一年五月一日起支付工人、职员根据本条例应享有的劳动保险费。凡根据本条例实行劳动保险的各企业，其原有的劳动保险办法，从一九五一年五月一日起废止。但如该企业工人、职员认为原有办法规定的各项待遇总额超过本条例，不愿改变时，该企业行政方面或资方应会同工会基层委员会向当地人民政府劳动行政机关申请，经中央人民政府劳动部批准后，得维持原有办法，暂缓实行本条例。

资料来源：1951年2月27日《人民日报》。

同 日

［纲 文］ **中共中央就高利贷者的阶级成分划分及待遇问题复示中南局。**

［目 文］ 中央复示主要内容是：一、凡大量放债、依靠债利剥削为全部或主要生活来源并连续已满3年者，其成分应定为债利生活者（为避免高利低利的争执，高利贷这一名词可以不用）。农民及其他劳动人民解放前所欠债利生活者的债务，应按照政务院关于新区农村债务纠纷处理办法第二条的规定处理，即付利已达本金数额者，停利还本；付利已达本金数额2倍者，本利停付；付利已超过本金数额，但尚不足2倍者，得于付利满2倍后，解除债务关系。债利生活者自耕和雇人耕种的土地保留不动。出租的土地一般应予征收。如其家庭尚须依靠土地维持生活，可酌情保留一部分。二、地主兼放债者，其土地财产按地主处理。农民及其他劳动人民解放前所欠地主的债务，按新区农村债务纠纷处理办法第一条的规定，一律废除。富农也有兼放债的，农民及其他劳动人民解放前所欠富农的债务，按新区农村债务纠纷处理办法第二条的规定处理。半地主式的富农兼放贷者，其出租的土地，按土地改革法第六条的规定予以征收。解放前农民及其他劳动人民所欠半地主式富农的债务，也按新区农村债务纠纷处理办法第二条的规定处理。而不要将兼放高利贷的半地主式富农划为地主并按地主待遇。三、有些人单从土地关系上看，并不是地主也不是富农或半地主式富农，而是中农，但他放债较多，债利剥削量较大。在计算其债利剥削后，这种人应定为富农。解放前他放给农民及其他劳动人民的债，也应按新区农村债务纠纷处理办法第二条的规定处理。但应注意不要把放债很少的中农（甚至个别贫雇农），因为他放债而定为富农。因为这种人放债既少，债利剥削量也小，所以，在划分阶级成分

时，可不去计算其小量的债利剥削，其成分仍应定为农民，并应承认其债权继续有效。四、桂北区党委所提的办法，按高利贷者放贷多少，生活程度及劳动与否分别定为地主、富农或中农的办法是不对的，不应采用。

同 日

[纲 文] **中共中央向各中央局转发北京市委关于北京市第三届各界代表会议拟解决问题的报告。**

[目 文] 北京市委的报告说，北京市第三届各界代表的选举业已完毕，拟于 26 日开会。会议主要拟解决下列问题：一、城区、郊区和村两级人民政府，一律经过区人民代表会议或村人民代表大会选举产生；二、进一步改组全市工业，使之尽可能适合农民需要，同时照顾城市人民的需要，进一步组织公私力量开展城乡贸易；三、组织公私力量，为增建新房 1.5 万—2 万间而斗争，以减少本市房屋恐慌；四、指导、帮助并强制所有 30 人以上的工厂、作坊，特别是大工厂，单独或联合设立卫生所或小型医院，以解决工人治病的问题；五、增加业余学校的技术学习，并扩大业余学校；六、由公安局系统地报告两年来反革命分子在本市进行破坏活动的具体情况，以增强群众对反革命的仇恨，然后通过坚决镇压反革命活动决议；七、关于下水道、道路等项市政建设，因限于经费，本年只能进行一些极必要的建设，并对已有的加以修整。

同 日

[纲 文] **毛泽东关于继续肃清福建一切股匪致电叶飞①等人。**

[目 文] 毛泽东阅悉 1 月份福建剿匪简报后，致电叶飞、成钧②、刘培善③、陈铁君④并告陈毅、饶漱石说，剿匪成绩甚大，希望继续不懈，坚持到底，于 3 月底以前肃清福建一切股匪。如那时尚有残匪未清，仍须以地方武装及民兵继续坚持清捕，直至完全消灭匪众为止。在清匪斗争中，对于一切为民众痛恨的匪首、惯匪及恶霸，必须在人民同意下坚决迅速地处以死刑，是为至要。

同日—28 日

[纲 文] **北京市第三届第一次各界人民代表会议举行。**

[目 文] 会议于 26 日下午在中山公园中山堂开幕，出席代表 487 人。副市长吴晗首先报告了北京市第三届各界人民代表会议代表的选举工作。他指出：本届会议代表总数为 519 名，其中由直接选举和间接选举产生的代表有 431 名，约占代表总数的 83%。这比第一、第二两届代表会议，在民主形式和内容的充实方面又向前迈进了一步。会议通过了大会主席团及正、副秘书长名单和大会议事日程。

大会主席团主席彭真在开幕词中说，本届代表会议的任务是听取市人民政府工作的报

① 叶飞（1914—1999），福建南安人，时任福建军区司令员。

② 成钧（1911—1988），湖北石首人，时任福建军区副司令员。

③ 刘培善（1912—1968），湖南茶陵人，时任福建军区副政治委员。

④ 陈铁君（1917—1961），浙江平阳人，时任福建军区副参谋长。

告；决定本年度的施政方针；选举本届的市长、副市长和市人民政府委员。他提出了北京市本年度的工作方针：在政治方面，要继续普及和深入抗美援朝的反帝运动；进一步肃清帝国主义、特务和封建恶霸等反革命残余；把民主建政再推进一步，选举城郊各区的区人民政府和村人民政府。在经济方面，进一步改组工业，面向农村，加强城乡贸易，提高农业生产。在文教方面，要提高中小学教育，开展业余学校和识字班，并发展业余技术教育，同时注意工人和学生的保健工作。在市政建设方面，在少用钱多办事的原则下进行修建和保养道路、下水道，并扩大自来水供水区域及防疫等工作。此外，还要用各种方法解决市民住房问题，为建筑1.5万间—2万间房屋而斗争；并采用公私合力的方法，继续增设诊疗所。

副市长张友渔作了包括政权建设和镇压反革命、恢复与发展工农业生产、文教卫生、市政建设以及优抚与救济失业等五个方面的政府工作报告。报告指出，我们所提出的1950年度工作计划是完成了，并且在许多方面还超过了。一年来，北京市建设的经验，再度证明了人民民主制度的优越。我们的工作也存在着许多缺点。为此在去年曾有重点地检查了工作和进行全面整风。市财经委员会副主任程宏毅作了《关于1950年度北京市财政收支决算的报告》，北京市公安局副局长冯基平报告了北京市解放两年来镇压反革命的工作。

会议收到代表提案880件，听取了许德珩《关于提案审查结果的报告》，审查了关于建立市人民监察委员会和区人民法院的报告及市政府文教卫生工作、市政建设和调整劳资关系、劳动保护、劳动保险等工作的专题报告，通过了《关于政府工作报告和今后工作方针的决议》、《关于镇压反革命的决议》。会议选举产生以彭真为主席，刘仁、钱端升、梁思成、宁武为副主席，由63人组成的北京市第三届各界人民代表会议协商委员会。鉴于中央对聂荣臻另有任用，会议选举彭真为市长，张友渔、吴晗为副市长，由29人组成北京市人民政府委员会。

2月28日，刘少奇到会作重要讲话。他指出，北京市第三届人民代表会议在民主化基础上比前两届更进了一步，代表的人数增加了，83%的代表是人民选举的，只有17%是经过邀请的，其中只有3%是政府的代表。在其他地方，凡是条件已具备的，也应该如此召开人民代表会议。目前的各级人民代表会议已在代行各级人民代表大会的职权，在不久的将来，就要直接地过渡为各级人民代表大会。各级人民政府，各民主党派，各民主阶级的人民，都应该依据《共同纲领》和中央人民政府颁布的法令，按照各个地方实际可能的情况，积极地把各级人民代表会议建立起来，使它能够在最近几年内逐步地过渡为各级人民代表大会。他还说：为了保证各级人民代表会议能经常召开，各级人民政府应该责成民政部门对下级政府加以督促，并规定日期要下级政府向自己作关于人民代表会议的报告。

他总结说，人民代表会议与人民代表大会制度，是我们国家的基本制度，是人民民主政权的最好的基本的组织形式。已经证明，在将来的历史上还会要证明，它是比任何旧民主主义的议会制度要无比优越的，对人民来讲，它比旧民主主义的议会制度要民主一万倍。为了在我们国家建立这种制度，并使这种制度尽可能迅速地成为我们国家从下至上

▲北京市市长彭真在就职典礼上讲话。

的、系统的、经常的、巩固的制度，各级人民政府必须依照中央人民政府的法令和组织通则的规定，经常定期地召集各级人民代表会议。新民主主义的政权建设，人民民主政权的发展，我们国家的民主化，和新民主主义的经济建设，人民经济事业的发展，我们国家的工业化，是不能分离的。他提出："我们的基本口号是：民主化与工业化！"

2月27日

［纲文］ **中共中央发出关于宣传镇压反革命的指示。**

［目文］ 指示称：在惩治反革命条例和镇压反革命的宣传中，望注意：一、由宣传部门和统战部门组织工人、农民、小资产阶级、民族资产阶级各阶层各党派各界人士在报纸上陆续发表文章拥护，并组织过去受害者写信在报纸上控诉反革命的血腥罪恶。二、由公安部门组织展览会或巡回展览会，有系统地以真凭实据教育人民。在这种展览会上，应有专人向观众讲解，并可适当地与口头的控诉及坦白相结合。

同日

［纲文］ **中财委举行第四十九次委务会议。**

［目文］ 陈云主持会议。会议讨论并通过《关于加强财经工作宣传的初步意见》和

贸易部1950年工作报告。陈云指出，报纸具有大量、迅速、正确的宣传效果，比开会、出刊物的作用大。各部门要善于利用报纸进行财经工作的宣传，并且作为一项领导工作来做。

同 日

［纲 文］ **东北人民政府提出1951年东北地区改进计划工作的几点要求。**

［目 文］ 要求提出：要加强计划的全面观点，加强经济发展观点，搞好规划与掌握好季度与月度计划，严格执行计划、定期检查计划并根据计划与有关部门订立合同，保证国家计划的实现。计划工作的重点是编制工业生产与基本建设、物资供应与储备、商品流转、交通运输和现金收支等五种计划。中心问题是，以发展的观点来解决物资平衡、现金平衡、运输配合等问题，使整个经济更加活跃与发展。根据上述精神，东北人民计划委员会制定统一表格，从下而上编制年度计划和季度计划，以季度计划充实年度计划，并按季检查总结、提高计划的准确性与衔接程度。在编制计划中，着重抓了生产与分配、商品与货币、生产贸易与运输平衡三个环节。其中统一纳入分配的物资由1950年的10种增加为33种，其产值占国营与地方国营企业商品总值的48.5%。10月29日，1951年东北国民经济发展计划正式下达。

2月28日

［纲 文］ **中共中央发出《关于进一步加强统一战线工作的指示》。**

［目 文］ 《指示》共六项内容，指出1951年统一战线工作的主要任务是：一、必须在全国范围内继续推行抗美援朝的宣传教育运动，务使全国每处每人都受到这次教育。二、必须积极争取知识分子、工商业界、宗教界、民主党派、民主人士，在反帝国主义反封建主义的基础上将他们团结起来，吸引他们参加人民革命斗争和适当工作，并加以教育。三、必须加强工商业联合会的工作，准备成立全国工商业联合会。公营企业必须积极参加工商业联合会的活动。党和人民政府则经过统战部门和财经部门，去实现对工商业联合会的业务的和政治的领导。四、必须帮助各民主党派，在大中城市发展党员1—2倍。动员一批进步分子、中左分子和适当数量的中间分子加入进去，并帮助他们训练干部，巩固组织，提高水平。五、必须认真地在各少数民族中进行工作，把推行区域自治和训练少数民族干部当作中心工作。六、必须加强政权机关中和协商机关中党与非党人士之间的合作。《指示》还对各级统战工作的组织领导等做出了具体规定。

［文 献］ **关于进一步加强统一战线工作的指示**

（一）一九五〇年，由于各级人民代表会议的召开和各级人民政府的成立，由于财政经济初步好转，工商业调整，文教工作和少数民族工作的开展，特别是最近几个月来抗美援朝、土地改革和镇压反革命的三大运动，不仅使广大劳动人民和青年学生更加觉悟和更加坚决地站起来了，而且使广大工商业者和中上层知识分子以及各种宗教信徒，也日益增多地参加到人民民主统一战线中来了。许多人，在此以前，对中国共产党和人民政府，还存着怀疑和游离的态度，现在，则转而采取信任与拥护的态度。这是人民民主统一战线空前广大发展和深入的时期。全党必须利用这个时期中的一切有利条件，一方面，继续坚决反对帝国主义，实行土地改革，镇压反革命；又方面，同时积极争取和教育一切愿意同我们合作的人，以更加发展人民民主统一战线，更加巩固人民民主专政，顺利地完成伟大的革命任务。

（二）一九五一年统一战线工作的主要任务是：

(1) 必须在全国范围内继续推行抗美援朝的宣传教育运动，已推行者深入之，未推行者普及之，务使全国每处每人都受到这身教育。

(2) 必须积极争取知识分子、工商业界、宗教界、民主党派、民主人士，在反帝国主义反封建主义的基础上将他们团结起来，吸引他们参加人民革命斗争（包括土地改革和镇压反革命在内）和适当工作，并加以教育。

(3) 必须加强工商业联合会的工作，准备成立全国工商业联合会。公营企业，必须积极参加工商业联合会的活动。党和人民政府，则经过统战部门和财经部门，去实现对工商业联合会的业务的和政治的领导。

(4) 必须帮助各民主党派，在大中城市发展党员一倍至二倍。动员一批进步分子、中左分子和适当数量的中间分子加入进去，并帮助他们训练干部，以巩固其组织，提高其水平。

(5) 必须认真地在各少数民族中进行工作，把推行区域自治和训练少数民族自己的干部当作中心工作。

(6) 必须加强政权机关中和协商机关中党与非党人士之间的合作。

（三）各级党委，必须向干部讲清楚为什么要加强统一战线工作的理由。现在党内，还有许多党员，许多干部，甚至包含一部分高级干部在内，他们仍然对统一战线工作采取不够积极的甚至消极的态度，其中主要是：对中上层知识分子，工商业界，宗教界，少数民族，民主党派，民主人士，采取消极态度，甚至加以鄙视，对他们大多数的积极作用和进步可能性估计不足，对共产党和人民政府的领导作用和教育能力也估计不足。这是错误的，与党的政策相违反的。过去一个时期中，我们没有认真向党内讲清楚必须加强统一战线工作的理由，现在必须补这一课，要理直气壮地讲。各级党委宣传部门，更应经常注意关于统一战线工作的宣传教育。

（四）要求各中央局、分局、省、市、区党委，于一九五一年内，召集两次会议，讨论统一战线工作，并向中央作两次关于这方面的专题报告。

（五）中央局、分局和省、市、区党委，应调派必要而适当的干部去充实或建立各级统战部门的机构，部长如系兼职，须有专职副部长管事。对适合于统战部门工作的干部，须尽可能使之专业化，不要轻易调动，主要干部的调动，须征得上级统战部同意。

（六）为使统战部门工作获得党委的密切领导，并与其他工作取得密切联系，各中央局、分局和各级党委，应经常关心和检查统战部门工作。统战部负责人之参加或列席党委会议，应与组织、宣传部门负责人同样待遇。统战部部长或副部长应参加或列席政府党组会议。人民政府各级政法、财经、文教委员会的党组，如讨论与统一战线有关问题时，须通知统战部派人列席会议。统战部部长或副部长，得兼政府人事部职务。统战部部长或副部长须尽可能兼任协商委员会的适当负责工作。各级统战部，得经常召集统战工作汇报会议，由党的各部委、政府和人民团体的党组指定一定干部参加。在统战部门工作中，则须严格执行报告请示制度，反对任何无政府无纪律状态。

资料来源：中共中央文献研究室编：《建国以来重要文献选编》第2册，中央文献出版社1992年版，第80—83页。

同 日

［纲 文］ 中共中央就向各界人士解释镇压反革命的必要性一事发出电报。

［目 文］ 中央在给各中央局、各大军区、并转分局、省委、大市委、区党委及各省军区的电报中称：请注意利用中央政府发布惩治反革命条例的机会，结合当地反革命活动的具体情况，向知识分子、工商界、宗教界、民主党派、民主人士广泛地解释镇压反革命的完全必要，使他们赞同我们的方针。中央司法部部长史良所写的《坚决正确镇压一切反革命活动》一文，写得很好，她是司法部部长，又是民主人士，各地应注意利用此文说服那些存有错误思想的社会人士及胆怯的人们，将史良此文和中央的条例、彭真的报告①及《人民日报》2月22日社论印成一本，广为传播，并组织党内外学习。

同 日

［纲 文］ 中共中央转发北京市委关于摧毁一贯道的报告。

［目 文］ 中央向各中央局并转所属分局、省委、大中市委、区党委转发的北京市委摧毁一贯道的经验有五点：一是长期侦察布置，不是仓促举行；二是临事向群众宣传，孤立道首；三是布置展览会；四是退道款；五是与反迷信分开。中央指出，一贯道在全国有几百万被欺骗的落后群众，各省凡有大批一贯道存在的地方，对这个问题的处理必须采取慎重和适当的态度。

同 日

［纲 文］ 毛泽东复电同意黄克诚关于发挥地方工矿企业生产积极性问题的意见。

［目 文］ 复电指出：我认为你的意见是正确的，具体解决办法由中财委答复你。此

① 即政务院政治法律委员会副主任彭真1951年2月20日关于镇压反革命和惩治反革命条例向中央人民政府委员会所作的报告。

前，2月16日，黄克诚致电毛泽东并中财委，就如何发挥地方工矿企业生产积极性的问题提出建议。

［文　献］　**黄克诚关于发挥地方工矿企业生产积极性问题的意见（节录）**

湖南为解决人民吃饭、失业问题，除主要搞土地改革、农业生产外，1950年即注意工矿生产的恢复，今年则拟加以发展。计1950年用各种办法搜集资金投资工矿850亿。今年拟投资1200亿。现除恢复了国民党遗下之9个矿厂外，并增加了24个单位（专县除外）。今年幻想增到80单位，幻想今年产棉纱3500件、煤50万吨、色金3000吨，其他矿产（砒笔铅等）两万吨。工人由1万增到3万。但因地方与中央、中南各部门的矛盾，现计划推行发生极大困难。中央、中南各部门过去是采取接收办法，湖南国民党统治时代41单位经省接收办理后，被中央、中南各部接收32单位，甚至自己办起来的电厂也被接收。现在接收已停止，但又采取大价收购，不准自己直接出售。例如锑，中央财委收购定价2400万1吨，有色局只给地方1030万，砒，农业部配给农民4000万1吨，贸易公司只给2000万1吨，其他各地产品均系如此。使主办工矿人员因计划落空，积极性降低。未开工单位不敢开工，已开单位亦有停止的危险。我意目前中央无力投资工矿，发展地方积极性有重大意义。现在大价收购办法使地方无利可图，实窒息地方工矿发展的危险办法，应在兼顾之下，加以改善。改善办法：各公司应按中央规定价格收购（可除去运税一定利润）及地方工矿产品自己直接出售（除战略物资外），使地方亦能得到相当利润，继续发展事业，这对国家和人民均较有利。

资料来源：中共档案馆提供档案。

同日

［纲文］　**毛泽东批转西南军区关于镇压反革命工作的报告。**

［目文］　毛泽东的批语肯定了西南经验，并对镇压反革命工作中的“胁从不问”、“助恶有据”做出了解释：所谓胁从不问，是指被迫参加而未做坏事，或未做较大坏事者。至于助恶有据，即是从犯，应当判罪，如主犯判死刑，从犯至少判徒刑，有些罪大的从犯应判死刑，不在胁从不问之列。

同日

［纲文］　**中财委关于放宽批汇压低黑市致电华南财委。**

［目文］　电报说，近来华南外汇黑市高出牌价对我不利，解决办法可放宽批汇，每月增加相当于美元200万元的港汇供应，并按此数目扩大丙类出口货的结汇，以适应放宽批汇的需要。此精神由华南财委具体掌握，压低黑市。

同 日

［纲 文］ **教育部就冬学转为常年农民业余学校一事发出指示。**

［目 文］ 指示要求各地抓紧时机，集中力量，召开专门会议，奖励模范，总结成绩，订出计划和制度，以便使冬学在群众充分自觉的基础上转为民校，争取1951年全国有500万农民坚持常年学习。

同 日

［纲 文］ **北京举行纪念台湾“二二八”起义4周年大会。**

［目 文］ 李济深、伍修权在会上讲话强调说，台湾人民的斗争和中国人民的抗美援朝斗争是密不可分的，台湾人民要发扬“二二八”精神，反抗美蒋统治，迎接人民解放军解放台湾。

2月—5月

［纲 文］ **内蒙古发生牲畜疫病灾。**

［目 文］ 入春以来，内蒙古牧业区发生牛口蹄疫，迅速蔓延至8盟24旗（县）。东盟地区炭疽病、牛肺疫也较流行。西盟地区锡林郭勒、察哈尔、昭乌达3盟13旗（县）12.7万头牲畜发病，经救治仍死亡3000多头。

2月—9月

［纲 文］ **以察哈尔、绥远、内蒙古为主的北方地区发生严重旱灾。**

［目 文］ 春季以来，北方、南方相继发生旱灾，其中以察哈尔、绥远、内蒙古三省为主的北方地区更为严重。三省共受灾157.6万公顷，成灾133.3万公顷，占全国因旱成灾面积的一半以上，灾民达580万人。其中，察哈尔省成灾73.3万公顷，灾民达320万人（其中重灾灾民120万人），占全省总人口的70%。

3 月

3月1日

[纲文] **毛泽东就朝鲜战局和我军作战方针致电斯大林。**

[目文] 电报首先分析了朝鲜战局和敌我双方的状况，认为战争有长期化的可能，敌人的作战意图是与我进行消耗战，而我军补充物资只有60%—70%能达前线，有30%—40%在途中被炸毁。在一个半月内，因我新军未到，老军未补充，敌人有重新进出三八线南北地区的可能。为粉碎敌人的意图，达到逐步歼灭敌人的目的，我志愿军拟采取轮番作战的方针。

同日

[纲文] **周恩来召集会议研究在中国的外国侨民问题。**

[目文] 会议决定，在两年内有计划、有步骤、有区别地肃清反动外侨，即对政治犯和政治性的刑事犯一律驱逐出境，有血债者应予判刑，大间谍案另行办理。

同日

[纲文] **全国总工会发布《关于实施中华人民共和国劳动保险条例准备工作的通知》。**

[目文] 《通知》要求各级工会组织于4月20日前负责做好以下工作：一、实施劳动保险条例的宣传工作；二、申请领取实施劳动保险条例登记证与备案工作；三、举办劳动保险训练班；四、建立工会基层组织的劳动保险委员会；五、建立工会基层组织的经费审查委员会；六、实施劳动保险条例的职工登记工作；七、督促企业行政方面与资方加强或建立医疗机构。同时，各大行政区总工会或办事处、各直属省市工会组织及上海总工会须于4月底以前作一次关于实行劳动保险准备工作的专题报告。

同日，中华全国总工会发布《劳动保险委员会组织通则》。《通则》共八条，规定了劳动保险委员会领导人员组成及产生办法、劳动保险委员会的具体任务、劳动保险委员会的组织构成、劳动保险委员会的工作制度、车间劳动保险委员会的具体职权及工作范围由工会基层委员会规定、工会小组劳动保险干事的具体工作等内容。

同日

[纲文] **教育部发布《职工业余教育暂行实施办法》。**

[目文] 《办法》根据政务院1950年6月1日发布的《关于开展职工业余教育的指

示》制定，分为五章二十三条。第一章总则规定：职工业余教育一般以文化学习为主，以识字教育为重点。各公私营企业在签订集体合同或劳资合同时，应将保证职工学习列入合同。公营企业，更应将职工业余教育列入行政工作计划之内。各厂、矿、企业内，行政、工会及有关方面，应切实重视职工业余时间的分配和调剂。职工业余教育必须切实依靠职工群众，贯彻领导与群众相结合的方针，一面要坚决反对强迫命令与形式主义，另一面要严防放任自流。第二章对学制、课程与学习组织形式规定：普通班和中级班的修业期限均暂定为二年，高级班暂定为五年。普通班设国语、算术两科。中级班设国语、算术、常识三科。高级班课程可参照工农速成中学课程拟定。第三章对教师、教材规定：尽可能地动员厂、矿、企业及机关、团体中识字较多的职工及家属、学校教员，大、中学生，社教机关的职员及热心为职工服务的知识分子担任教员。但集中学习的班次有一定条件时，应聘任专职教员。分散学习的识字班、组等达到一定数量时，应聘任专职干部负责教学行政工作。第四章对组织领导及经费规定：各地应成立各级职工业余教育委员会。各大行政区、各省市教育部门应加强社教机构，设专职干部管理职工业余教育工作。

同 日

［纲 文］ **贸易部发出关于规定工业器材价格的通知。**

［目 文］ 通知规定了天津、青岛、广州、上海、汉口等城市10余种工业器材的单价和工业器材价格调整的步骤及办法：各市场现在牌价如低于拟定价而高于市价的，一律按原牌价不动；各市场现在牌价过高于现在市价及拟定价格，应按拟定价调低；各市场现在牌价如低于现在市价的，一律于3月7日调整到以上规定水平；依现牌价及拟定价调整后的牌价仍过高于市价的，可不挂牌价。通知还规定了价格调整中应注意的事项及工业器材的规格牌号。

同 日

［纲 文］ **中华全国美术工作者协会举办的“全国新年画展览会”在北京开幕，展出全国各地年画440余幅。**

3月2日

［纲 文］ **中共中央发出《实施劳动保险准备工作的指示》。**

［目 文］ 《指示》要求各级党委做好以下工作：一、召集各有关机关及工会党组联席会议，讨论执行《劳动保险条例》的具体办法。二、由市政府或各劳动局出面召集有关公营企业厂长、经理、私营企业的资方代表及工会负责人，动员各方面切实执行《劳动保险条例》和政务院的决定，把一切准备工作做好。三、工会方面应制订好各项准备工作的计划，并随时检查执行情况，帮助解决各种困难。四、准备工作中最重要而又最困难、最复杂的是有关工厂企业中全体工人职员的劳动保险登记工作。要把这一工作做好。

同 日

［纲 文］ **政务院召开第七十四次政务会议。**

［目 文］ 会议由周恩来主持。人事部部长安子文作了《人事部1951年中心工作纲

要》的报告。报告说，人事部1951年的中心任务是，有计划地了解有关人事工作的一般情况，研究建立本部职权范围内的人事管理制度；研究各级地方人民政府的人事机构，并提出方案；研究并建立干部管理职务名单制度；筹备第一次全国人事工作会议。周恩来在讨论中指出，我们的干部队伍是在革命过程中发展起来的，到现在有385万人。我们依靠这些干部建立了国家。人事工作必须从实际出发，在工作实践中摸索出一套人事制度。人事工作的方针是，加紧进行培养、提高、改造和训练干部的工作。人事工作的任务是，精简机构、加强学习、巩固队伍、照顾生活福利。

人事部副部长孙起孟作了《政务院人事局一年工作总结报告》。报告说，政务院人事局从成立到1950年11月7日并入人事部，一年来主要做了审核、整理提请任免名单，洽办调动干部手续，处理个别人事事项，分配华北人民革命大学政治研究员第一期毕业学员，分配1950年暑期全国高等学校毕业生和研究解决有关福利等各项工作。

政务院编制委员会主任章乃器作了《政务院所属单位机构编制审查委员会1950年下半年审查工作总结报告》。报告说，审查工作从1950年8月5日开始至12月30日止，共审查了24个单位，其中有17个是增加编制人数的，共增加了2225人；有4个是减少编制人数的，共减少320人；有一个维持原数，两个代审查的不计。增减相抵，净增1905人。

会议决议，通过《人事部1951年中心工作纲要》；将《政务院及所属单位机构编制审查委员会1950年下半年审查工作总结报告》发政务院所属各单位研究修改后，作为人事工作会议的文件。

同 日

［纲 文］ 中国人民解放军工程兵成立。陈士榘[①]任司令员。

3月3日

［纲 文］ 周恩来为全国专业会议代表作题为《目前形势和我们的工作》的报告。

［目 文］ 听取报告的有出席全国工业、财经会议和其他专业会议的代表。报告介绍了抗美援朝和三年准备、十年建设问题。指出，朝鲜战争是长期的、曲折的，但是我们可以在进行战争的同时进行恢复经济和准备建设的工作，这是因为中国幅员辽阔、物产丰富、人口众多；而且抗美援朝打开了我们中国的局面，土地改革给了我们建设的基础。在这样一个环境和基础之上来进行准备工作，我们是处在有利的条件下的。三年准备、十年建设是党的总方针。我们各部门的工作要与这个总方针相配合。这两年中，我们需要抓的工作有：一、继续进行土地改革，促进农业生产力的发展。二、城市工作的中心是提高生产力，依靠工人阶级，团结各民主阶级，努力提高生产，发展生产。三、收集准确地为建设服务的各种资料。四、培养建设人才。今天的知识分子不是太多了，而是少了。一旦进

① 陈士榘（1909—1995），湖北荆门人，时任中国人民解放军军事学院训练部部长。

行恢复和建设工作，马上就感到知识分子不够。

报告说，我们进行准备建设工作，还要努力做到实行统一领导、统一计划、统一政策，但同时又要注意不妨碍地方的因地制宜，不妨碍地方的积极性；并且逐步从供给制走向经济核算制。现在已不是供给制时代，而是要走上经济核算时代了，但这需要一个过程。

同 日

［纲 文］ **中财委提出1950年全国水产生产的总结和1951年计划的报告。**

［目 文］ 中财委向毛泽东并中央、各中央局、分局提出的该报告说，1950 年全国水产生产完成 91 万吨，比原计划超额 25%；建立了华东、中南、河北等区省的水产行政机构；接管并整顿了水产公司及运销公司；建立并整顿了渔市场；协助渔民建立了 450 多处合作社，帮助渔民解决了困难，便利了运销，减轻了中间剥削，增加了渔民的收入，提高了渔民生活及生产积极性。1951 年的方针仍以恢复生产为主，争取在两年内恢复到战前 150 万吨的水平，全年生产任务拟比 1950 年增产 21%，达到 110 万吨。必须做好几项工作：一、大力组织渔民互助组、合作社，对渔民生产与供应组织予以扶持，并协助组织渔民协会、渔民工会等群众组织。二、有计划地组织水产运销、组织联合运销机关，通报产销情况，统一计划运销，鼓励加工、组织订货合同，统筹全国的运销工作。三、加强渔市场管理，掌握鱼价，调剂产销，通过行政管理减少渔行过分剥削。四、国营水产企业必须加强管理，贯彻经济核算制度，配合公私企业、贸易部门、合作社等组织加工和运销业务。五、各地提出水产机构编制方案，经大区审核，提请政务院批准施行。

3 月 5 日，刘少奇对报告批示，渔业合作社问题请合作总社派人加以研究，并在适当时机召集一次会议。资本家组织联营，雇工组织工会，其他可组织合作社。

同 日

［纲 文］ **教育部、总政治部、全国总工会、青年团中央、全国妇联、全国学联发出关于动员参加1951年全国篮排球比赛大会的通知。**

［目 文］ 通知指出，全国各级教育行政机关，各野战军、军区政治部、特种兵团，各省、市工会、新民主主义青年团和妇女联合会、学生联合会组织，应积极动员广大群众参加即将举行的分区预赛，争取在各地区建立篮排球运动经常的基层组织，使体育运动成为经常的群众性活动。

此前，3 月 1 日，中华全国体育总会筹委会发出通知，为选拔参加本年在德意志民主共和国柏林举行的全世界青年联欢节的出国球队队员，决定 5 月 4 日在北京举行 1951 年全国男女篮排球比赛大会。

同 日

［纲 文］ **卫生部发布《关于组织推行“组织疗法”的指示》。**

［目 文］ 《指示》指出，认真组织与推行“组织疗法”[①] 应视为学习苏联医学的开

---

① 1933 年，苏联医药科学院院士费拉托夫提倡临床应用“组织疗法”，苏联保健部曾号召全国采用。

端，也是卫生行政机关有组织、有领导地改进医疗方法的开端，要注意克服某些医务人员的保守观点。《指示》要求：一、全国各大、中城市各级卫生行政机关，应召开关于“组织疗法”的座谈会，邀请对“组织疗法”有研究、有实际经验的医务人员作报告及讨论推行办法，并经常督促检查其所属单位的执行情况。二、中央卫生研究院、全国各医学院校以及教学医院应作为“组织疗法”的研究中心与推广中心；举办医师短期训练班以培养人才。中小医院门诊部、疗养院可先成立研究会或研究推广小组，逐步地实验应用。三、各级医学团体应举办学术报告会、专门委员会，负责推广督导。四、各种卫生医药杂志、刊物应有重点地刊载有关理论著作、临床报告，以及译述苏联关于“组织疗法”方面的新理论、新方法、实际操作方法、效果、经验、创作与新发现。

中国自1948年起首先在东北中国医科大学试用“组织疗法”；此后，哈尔滨、沈阳、北京、天津、上海、西安等地相继研究应用。

3月4日

［纲 文］ **中共中央致电华南分局同意其镇压反革命计划。**

［目 文］ 电报表示同意华南分局的计划，望照此计划执行。毛泽东批示：广东二月镇压反革命指示，很好。

此前，2月26日，华南分局向毛泽东和中央提交报告，提出华南地区今后镇压反革命工作的计划是：一、责成所属各级党委将镇压反革命工作作为中心任务之一，列为党委目前重要议事日程，同时组织公安、司法、检察部门加强宣传，解决镇压反革命工作必需的干部、经费等方面的困难。二、利用抗美援朝、土地改革两大高潮的有利时机，大胆、坚决地打击一批反革命分子。三、确定一批关押、管训对象，分别予以正式关押、审讯、判处徒刑和死刑。四、目前的工作重点放在开展侦破工作、清理积案、肃清潜伏的敌特核心及其组织指挥下的地下军。五、明确镇压对象，给现行反革命分子以致命打击，避免打击面过宽。六、抓紧时机镇压一批惯匪与匪首、不法地主及反动恶霸、有证据的特务首恶及现行反革命重要分子、有证据的会道门首要分子、地下军的反动头子。七、掌握稳、准、狠的原则，重点放在“狠”上。八、坚决调出重要部门中的反革命嫌疑分子，逮捕、镇压有活动的反革命分子。对外国、外侨中的反革命分子要有策略、有重点地布置侦察和处理。报告还提出镇压反革命工作中的几个具体政策：一、在土改期间，只逮捕罪恶昭著的恶霸分子，一般恶霸分子由人民法庭判处。二、对群众要求处理的历史反革命分子，不发动群众算老账，但对其中有重大血债者，应逮捕并予以适当惩处。在惩处时应根据其犯罪的不同历史时期分别对待，原则上应较现行反革命分子处理得轻，打击面应小，时间不宜过早。三、对于民主党派中的反革命分子，原则上应依照国家法律一视同仁，但在具体处理时应注意：征得其负责人同意并经有关领导机关批准；对有重大民愤者，应经过其负责人促使其自动坦白；对于历史上参加过反动党派或担任反动军政职务而现在不从事反动活动者，一律不咎既往。四、禁止乱捕乱杀、刑讯逼供，谁罪谁当，不搞株连。五、对会道门，目前重点是镇压有现行活动、有证据的首领分子，不要轻易登记或取缔。

同 日

[纲 文] **北京市各界人民集会欢送由吴阶平①任队长的北京抗美援朝志愿手术队第二队75人到朝鲜战地工作。**

同 日

[纲 文] **上海66万工人举行反对美国武装日本的示威大游行。**

3月5日

[纲 文] **中共中央发布《关于积极推进宗教革新运动的指示》。**

[目 文] 发给各中央局、分局并转各省、市委的该《指示》共八条，指出，基督教、天主教的自立革新运动现已在全国展开。这是一个有重要政治意义的群众运动，各地应予积极领导。这个运动的主要目的是肃清帝国主义对我文化侵略的影响，是反帝政治斗争的一个重要部分。在这个运动中，我们要团结宗教界最大多数，组织、发展和巩固全国宗教界的反帝统一战线，要耐心地进行思想说服工作，启发他们的爱国心，打消他们的顾虑，不应急躁从事，更不可造成压迫宗教和排外的倾向。《指示》还具体说明了基督教、天主教全国范围内的自立革新运动应采取的工作方法、政策以及应具备的四个条件等。

[文 献] **关于积极推进宗教革新运动的指示（节录）**

乙、总结过去经验，为了顺利推进天主教、基督教的自治、自养、自传运动，必须有下列四个条件，即：

（一）政府积极出面推动；

（二）不怕麻烦与其上层的中国领导人谈判，但须完全撇开外国人；

（三）在其下层教徒中进行爱国的教育，发动他们逼迫上层实行自治、自养、自传；

（四）对教会的各个单位（教堂、团体）要切实与其中国负责人商量，经济上准备解决其自养问题。

丙、为了展开这个运动，我们应采取积极领导而不是消极等待的政策。去年七月基督教徒发出的革新宣言，是在中央的直接推动下产生的。去年十月在上海举行的中华全国基督教协进会年会，通过拥护革新宣言的决议，是在华东局的积极领导下产生的。广元天主教徒王良佐等所发表的《天主教自立革新运动宣言》，也是在川北地委积极推动下产生的。这些经验以及其他一切经验证明：基督教、天主教的任何有效的革新运动，都不可能是教徒的自发运动，而只能在党和人民政府积极领导

① 吴阶平（1917— ），江苏常州人，医学家、医学教育家。

督促下发生和发展；并且只要我们采取积极政策，主动地找到他们的负责人士来谈话，说明政府的政策，消除他们的顾虑，就一定能够发动他们中间的多数起来实行革新，而一般教徒为了自己的存在和利益，也不能不革新。

……各大行政区及各重要省、市应该迅速按照这种办法，由文教委员会或文教厅（局）出面，邀集当地天主教、基督教中的上层分子及进步分子举行茶话会或座谈会（天主教与基督教应分作两次开），使发动下层的工作与这种上层的推动工作相配合。在茶话会或座谈会上，应有政府的重要负责人员讲话，并须注意下列各点：

（一）要指出中国的教会曾被帝国主义所利用，作为侵略中国及破坏新中国的工具；同时要说明绝大多数的教徒是善良的，具有爱国心的。把一般教徒与教徒中的少数反动分子，特别是外国间谍分子和侵略分子区别开，以争取最大多数。

（二）要热烈地鼓励教徒爱祖国，一个好的教徒必须是一个好的爱国的公民。人民国家搞好了，人民才能有幸福的生活，这是任何宗教所应当拥护的。

（三）任何宗教的管理权应一律确实归中国人掌握，不容任何外人操纵。外国侵略分子、间谍分子必须肃清。但某些在中国多年的外国传教士，确属善良守法不做任何政治活动，并不掌管教务者，仍可继续居留。

（四）关于中国天主教和梵蒂冈的关系，应明确指出：梵蒂冈已为帝国主义反动势力特别是美帝国主义势力所控制。对此，全国天主教徒必须充分了解和警惕。但在梵蒂冈不干涉中国宗教革新运动及不在中国进行政治活动的条件下，中国教徒和梵蒂冈仍可有纯粹宗教性质上的联系。帝国主义想通过梵蒂冈利用中国的天主教来进行破坏新中国的活动，那是决不容许的。

（五）要实现自治、自传，必须由全体教徒努力自养。这也是完全可能的。因一切宗教事业本不需要浩大的开支。对于确有成绩的教会公益事业与确属重要的宗教建筑，政府亦必乐于帮助维持。我们的说话要诚恳，理由要充分，要尽量采用他们所习惯的语言来解释问题；但立场必须坚定，态度必须明确。经过这种茶话会或座谈会后，就可由宗教事务处或其他主管部门和他们建立起经常的关系，对他们的自立革新运动给以经常的推动和领导。

丁、与教会上层谈判，使他们发表宣言，其目的是为了便利我们在教会的下层进行爱国主义教育，这种爱国主义教育，即使在当地教会的上层分子没有发表宣言以前，也应当进行。四川广元和归绥等地，我们把天主教徒（特别是学校中信教的青年学生）用适当名义集合起来予以爱国主义的训练，教徒们就起来逼迫上层分子发表革新宣言，在许多老解放区，原有的教堂现在已不存在，但将来教会可能派人再去传教。在这些地区，把原来的教徒加以爱国主义的训练是很重要的。对于教徒的教育，现在应着重爱国主义，避免唯物、唯心的讨论，也不要去损伤教徒的宗教感情。在进步教徒所编的刊物和小册子中，也要使之注意上述原则。把耶稣说成马克思一样，是不合事实并且脱离群众的。对教徒的爱国主义的教育工作，在教会的“三自”运动已成为潮流的今天，是非常重要了，应该使之有计划地全面进行。

戊、要学习广元的经验，切实帮助教会的各个单位实行自养。全国靠宗教吃饭的神父、牧师、修士、修女等人，基督教约一万人，其中中国人约七千；天主教约一万二千人，其中中国人约六七千。两者合计：中国人共一万三四千人，数目并不很大。教徒对教会的捐献甚少，但各地教会均有房产及其他产业。如能照广元的经验替他们想些办法（由公家占用的房子给以房租，帮他卖掉一些产业，以取得资金，甚至部分减轻其某项捐税等），以及适当减低其上层分子的太高的薪金，就能达到使之自养的目的。各地采用什么具体方法，需要各地经过政府与教会共同具体研究。但必须使全党懂得，外国帝国主义以少许金钱来收买大批中国教徒，我们用上述方法使中国教会达到自养，使教徒们从经济上因而也在思想上打断与帝国主义的关系，是很值得的，而且是一定可以做得到的。

己、望各地依照上述原则，抓紧反美爱国高潮进行这一工作。在工作过程中，应注意发现基督教和天主教徒中的爱国积极分子，争取和团结他们，给他们以必要的教育和支持，使他们成为中国教会自立革新运动的骨干。对于基督教、天主教中的反动分子，则应采取适当步骤，暴露其反动明目，使其在群众中孤立。在查有破坏行为的确证时，应报经上级批准法办。……

辛、除基督教、天主教外，对目前正在开展中的回教、佛教的爱国运动，亦应注意提倡鼓励。中国的回教、佛教与帝国主义联系较少，但在国内特别是少数民族地区有很大力量，且均有国际影响。望各地注意研究这两个宗教中的情况和问题，并培养其中进步的领袖。

资料来源：中共中央文献研究室编：《建国以来重要文献选编》第2册，中央文献出版社1992年版，第94—99页。

同 日

［纲 文］ 中共中央转发福建省公安厅镇压反革命综合报告的通知。

［目 文］ 中央给各中央局转分局，省、市、区党委的转发通知指出，福建省公安厅的镇压反革命综合报告很好，其中许多经验，各地均可酌情采用。3月18日，毛泽东又加批语指出：福建省公安厅的这个报告写得很好，有分析，有内容，方针正确，态度坚定，值得各地同志研究仿行。希望各省市都能写出这样的报告。

此前，3月1日，福建省公安厅向华东区及公安部提出报告，总结了镇压反革命的经验和步骤：第一步，以地委讨论作重心，经党内外自上而下的充分动员，再进行有重点的具体检查监督，达到明确思想、解决策略方法与材料来源等问题。第二步，结合土改等中心工作，发动和依靠群众，采取自上而下、自下而上相结合的办法，开展群众性调研工作，结合公安部门既有材料，确定逮捕对象，召开农民代表会议核对、补充材料，经一定组织审查批准，在党委统一领导下，组织党政军民力量，实行全区大逮捕。第三步，发动群众控诉，经人民法庭依法判处或由军法处和政府机关组织公审大会和群众大会布告处决。经过上述工作，基本做到了有领导、有计划、有策略、有步骤地进行，达到打得准、打得稳、打得狠、不抓错、不杀错、群众满意的要求。总的说来，镇压反革命工作已在全省展开，一般的大逮捕已经过去。镇压一定程度后，要把杀人权收缩到省掌握。现在反革命分子已趋向更隐蔽、坚决、狡猾。因此，在镇压没有深入的地方，继续强调放手镇压；在镇压已经开展的地方开始收缩，抓紧清理，寻找新的线索，准备再战，并预防干部群众“一网打尽”和“连根拔起”的过左思想。领导要提高策略思想，处理反革命分子时有杀、有放，杀、放都要经过群众。为迅速处理积案，有的地方用召开农民代表会议等办法审查处理，效果很好，既迅速又能稳、准、狠。对隐蔽特务的处理，必须以事实证据来教育与发动群众，只要有事实证据，群众又赞成，又有法律依据，就可放手，不会抓错、杀错。

同 日

［纲 文］ **政务院发布《为加强科学院对工业农业卫生教育国防各部门的联系的指示》。**

［目 文］ 《指示》要求，各部门举行的凡与科学研究有关的专业会议，应邀请科学院派专人参加，并将会议主要内容尽早通知科学院；各部门领导的科学研究机构，在制订研究计划时应与科学院联系，并定期将研究情况报告副本送科学院；科学院应注意有系统地宣传中国和外国科学研究成果，调查各生产部门对科学研究的需要，并力求使自己的计划适应这些需要。

同 日

［纲 文］ **政务院发出《关于成立接受美国津贴救济机关处理委员会的通令》。**

［目 文］ 由于各地接受美国津贴的救济社团和救济机关情况复杂，为了顺利地进行处理工作，《通令》要求省市以上设立各级接受美国津贴救济机关处理委员会，由中国人民救济总会及其分会、政府有关部门及其他有关团体和个人组成，统一进行调查、研究、计划、指导、处理等工作。

同 日

［纲 文］ **中共中央宣传部和人民日报社发出《关于在各地设立〈人民日报〉特约记者的通知》。**

［目 文］ 《通知》规定：一、省市区党委以上的党委会所在地以及重要的工矿地区(具体地区另行商定)，设立《人民日报》特约记者。二、特约记者由中央局分局及省、市、区党委及主要工矿区党委的宣传部，从当地党报或工人报编辑或其他人员中，选择有观察与写作能力并熟悉当地工作情况的党员干部，向报社提出。三、特约记者的任务是：撰写重要的地方通讯；团结为《人民日报》写稿的积极分子；注意将当地群众对重大问题以及对《人民日报》的意见通知编辑部；接受《人民日报》的特殊委托。四、特约记者因担任工作而使用长途电话及电报的费用一律由《人民日报》支付，特约记者有薪给，其

具体规定另订。

同日

[纲文]　中央广播事业局发出《关于各地人民广播电台变更台名的通知》。

[目文]　《通知》要求，各区、省、市、矿区人民广播电台自3月份起，均以所在的大行政区、省、市、区的名称命名。据此，各地人民广播电台先后变更台名。

同日

[纲文]　全国文联第七次常委扩大会议在京举行。

[目文]　全国文联副主席茅盾①、周扬及在京的常务委员、全国委员共20余人出席。会议总结了全国文联1950年的工作，通过了1951年工作计划要点。会议认为全国文联1950年工作的成就是，一、推动了各大行政区、各省市文艺团体的成立。二、第六次常委会扩大会议发布的《关于文艺界展开抗美援朝宣传工作的号召》获得了极为广泛的响应。三、推动了文艺报刊的出版。全国现有74种文艺刊物。四、进行了各种社会政治活动，如对以美国为首的帝国主义阵营的各种反动措施提出了抗议等。五、与文化部协同筹备与创办了中央文学研究所。六、选派代表出席世界保卫和平大会，并和苏联、捷克斯洛伐克、波兰、朝鲜、匈牙利、日本等国逐渐建立了文学艺术方面经常性的交流。1950年工作中的主要缺点是对全国文艺运动还缺乏经常的有力的思想指导。

关于全国文联1951年的工作计划，会议通过要点：一、深入开展文艺上的爱国主义宣传，研究与总结全国文艺界抗美援朝宣传的成果和经验；继续编选抗美援朝的优秀文艺作品。二、5、6月间召开全国委员会第二次会议，总结全国文学艺术工作者第一次代表大会以来各地文艺工作的情况和经验，着重总结创作问题和文艺思想问题。三、加强与调整文艺刊物，使各种文艺刊物有明确的任务和分工。四、检查1950年文艺工作者执行创作计划的情况，并加强组织文艺、戏剧、电影等创作，评选1950年优秀文艺作品。五、加强文艺干部对马列主义与毛泽东思想的学习。六、协助筹建文学出版社的工作。七、加强对全国文学、戏剧、电影、美术、音乐、舞蹈、戏曲、曲艺等工作者协会与各大行政区、中央直属省市文学艺术界联合会的联系；整顿全国文联内部组织。

同日

[纲文]　中国人民救济马来亚难侨委员会成立。

[目文]　为了援助马来亚被迫害的华侨，制止英殖民当局的迫害行径，中国人民救济总会、中国红十字会和北京归国华侨联谊会于本日召集会议，发起组织救济遭受马来亚英殖民当局迫害的马来亚华侨。次日，委员会举行第一次会议，委员21人出席，选举熊瑾玎②为主任，伍云甫③等人为副主任。会议讨论了马来亚英殖民当局日益加剧迫害华侨

---

① 茅盾（1896—1981），即沈雁冰，浙江桐乡人，作家，时任中央人民政府文化部部长、全国文联副主席。

② 熊瑾玎（1886—1973），湖南长沙人，时任全国红十字总会副会长。

③ 伍云甫（1904—1969），湖南耒阳人，时任中央人民政府卫生部副部长。

的情况，决定组织中国人民救济马来亚难侨调查团，前赴马来亚调查华侨受难的实际情形。

同日

［纲文］ **中国人民救济总会广州分会接办发生虐死儿童事件的广州圣婴育婴院。**

［目文］ 由加拿大无原罪女修会在广州举办的慈善机构圣婴育婴院已开设18年，自1950年1月至1951年2月中旬，共收容婴儿2216名。到3月5日，仅存2岁以下女婴48名；其中患病的有29名。一年多来，共死亡婴儿2168名，死亡率达97.8%。该院规定：家长送婴孩入院时，必须做出“生死不负责任”的保证。院内繁重的劳动都由年龄稍大的小孩做，如洗衣、种菜、养猪和看护幼婴等工作都由她们担任，并受到修女们的残酷虐待。

事件披露后，天主教界人士纷纷对残害中国儿童的罪行表示极端愤慨，要求政府严惩凶手。广州市卫生、文教机关、人民团体、宗教界、学校、儿童保育机关等80多个单位的代表举行座谈会，一致表示对这种罪恶事件不能容忍，要求政府严惩凶手。该院前院长、副院长等5个虐死中国儿童的加拿大修女，已被广州市公安局拘捕，送交广州市人民法院法办。中国人民救济总会广州分会接办该院后，即派出医生、护士驻院工作。婴孩们的生活和卫生情况已经改善，患病的幼婴已经得到医疗。自3月10日起孩子们的死亡现象已停止发生。

同日

［纲文］ **华东戏曲研究院在上海成立。周信芳①任院长，袁雪芬②任副院长。**

3月6日

［纲文］ **政务院公布《中华人民共和国禁止国家货币出入国境办法》。**

［目文］ 《办法》规定，国家货币是指中国人民银行发行的货币，及中央人民政府特许发行的地方货币。中华人民共和国禁止国家货币出入国境。对携带或私运国家货币出入国境者，对私运伪造、变造的人民币进入国境者及利用国际邮件夹带国家货币者，一律依法处理。本办法自公布之日施行。

同日

［纲文］ **政务院就《华东军政委员会关于处理南京天主教拒绝与拖延登记的指示》发出通报。**

［目文］ 通报要求，各大行政区、各省市应该依照上海经验，在登记期间召集各教堂团体中负责的中国人开会，讲清登记意义和办法，并限期登记，否则予以处罚；各地如有教会团体抗拒拖延登记的事情发生，也可依照上海的办法处理。

同日

［纲文］ **中财委公布《易货贸易管理暂行办法实施细则》。**

---

① 周信芳（1894—1975），浙江慈溪人，京剧演员。

② 袁雪芬（1922— ），女，浙江嵊县人，越剧演员。

［目 文］ 《细则》共有十八条，对《易货贸易管理暂行办法》中所称直接易货、记账易货、连锁易货、对开信用状易货等四种易货贸易方式应办理的手续和贸易的具体程序做了详细规定，还对进出口易货贸易的清算方式做出了规定。

同 日

［纲 文］ **山西农业劳动模范李顺达的劳动互助组向全国提出挑战，农业部号召各地开展爱国竞赛热潮。**

▲ 李顺达（右二）正在和互助组的农民一起挑选种子。

3月7日

［纲 文］ **中共中央颁布《关于划分农村阶级成分的补充规定（草案）》。**

［目 文］ 《补充规定（草案）》指出，近数月来各地土地改革运动的经验，证明政务院1950年8月14日所通过和公布的《关于划分农村阶级成分的决定》是正确的、适用的。但在实践中也发生了若干新的问题，需要对这一决定加以补充或加以解释。《补充规定（草案）》做出14项补充规定，明确了小土地出租者，半地主式富农与地主的区别，租出租入土地相抵计算与佃富农问题，债利生活者与债利剥削，农业主要劳动，中农与富农的划分，畜牧业者，农村工商业家，渔民，国民党政府的各级负责官吏，中农贫农及其他劳动人民的阶级成分构成的时间，工人、农民、贫民之子过继与地主、富农、资本家为子者的阶级成分，城镇中的农业土地如何处理等概念和成分的划分标准与办法。

[文 献] 关于划分农村阶级成分的补充规定（草案）（节录）

一、小土地出租者

（一）中华人民共和国土地改革法和中央人民政府政务院关于划分农村阶级成分的决定均规定："革命军人、烈士家属、工人、职员、自由职业者、小贩以及因从事其他职业成因缺乏劳动力而出租小量土地者，均不得以地主论。其每人平均所有土地数量不超过当地每人平均土地数百分之二百者，均保留不动。超过此标准者，得征收其超过部分的土地"。作这种规定的理由是：

第一，这些人是因缺乏耕种土地的劳动力而出租土地的。他们本来可以耕种自己的土地，但因有劳动力的人去当了革命军人，或已在革命斗争中牺牲，或去从事某种其他劳动职业（对农村来讲其他职业的劳动都需要一些特殊技术），或丧失了劳动力，或本来就缺乏劳动力，所以不得不把自己的土地出租。为了照顾这种种情形，所以不把这些人当作地主看待。反之，如果某家既不是革命军人或烈士的家属，也不从事其他劳动职业，有劳动力，而不是丧失和缺乏劳动力，可是不耕种自己的土地，游手好闲，靠剥削或亲友接济为生，对于这种人，在法律上就并没有规定要照顾他。像这种人的情形，即使他出租的土地并不是大量的，也不能按小土地出租者待遇，而是可以"以地主论"的。

第二，这些人出租的土地是小量的，而不是大量的，因而其地租收入的绝对数量是小的，而不是大的；如果没有这项不大的地租收入，他们的家庭常常就要发生困难或至不能维持生活，这是应该注意照顾的实际社会问题。给这些人保留相当于当地每人平均土地数百分之二百的土地，可以有一种社会保险的作用。反之，如果某家有劳动力的人从事其他职业，其兼有并出租的土地数量也不大，但其职业收入在长时期内都是很多，而不是很少，家中并有其他积蓄，不要靠出租土地来维持或补助生活，也不要依靠这些土地来作保险，对于这样的人家就可以不照顾或少照顾。对于这种人，可依其职业决定其阶级成分，也可划为小土地出租者，其出租的土地也可照土地改革法第十三条第二项至第四项的原则处理，即酌情保留一些土地给他们在农村中的家属，而不必一律保留相当于当地每人平均土地数百分之二百的土地。

至于有些人从事其他职业，又出租大量土地者，一般应依其职业而把他定为地主兼其他成分或其他成分兼地主。这种人在农村中的土地财产，除直接用于其他职业的土地和财产外，均应按地主的土地财产处理；如果他们在农村中的家属仍需依靠土地维持生活，可按照土地改革法第十三条第二项至第四项的原则，酌情分给一部土地，因为这种人出租土地的数量并不少，当然不能把他们按小土地出租者待遇。但在当地农民多数同意之下，也可单依其职业来决定其成分，而不必一律定为地主或兼地主。

（二）什么是小量出租土地和大量出租土地的界限？关于划分农村阶级成分的

决定中规定：有其他职业收入，同时出租土地，达到当地地主每户所有土地平均数以上者，应定为地主兼其他成分或其他成分兼地主，而“各地地主每户所有土地平均数，以一个或几个县为单位计算，由各专区或县人民政府提出呈报省人民政府批准后决定之”。这个规定并没有错，但不完全，所以在执行中发生了以下几个问题：

第一，在土地改革未完成前，很难求得一个或几个县范围内地主每户所有土地平均数。

第二，某些地方一个县内地主每户所有土地平均数在一百二三十亩以上。在这些地方，如果把无其他职业收入，只出租土地例如五十亩上下的人户划为地主（小地主），没收他们的土地，而把有其他职业收入，又出租土地在百亩上下，但不超过一百二三十亩者，不划为地主或兼地主，而划为小土地出租者，并给他保留相当于当地每人平均土地数百分之二百的土地，那就是不公平的，在农民中是通不过的。

为了补救这两种缺点，现在对小土地出租者和地主在土地占有问题上的区别规定如下办法，即：由各地根据当地土地占有情况提出一个适当的小土地出租者每户占有和出租土地的最高标准数。这个最高标准数，须不少于当地最小地主和一般富农一户所占有的土地数，但又不要太高，要是人民认为公平并通得过的。这个数字由专署或县人民政府提出，经省人民政府批准后决定之。

在这样设定一个最高标准数之后，对从事其他职业，缺乏耕种土地的劳动力，而出租土地在此标准数以下者，可划为小土地出租者；出租土地在此标准数以上者，一般应划为地主兼其他成分或其他成分兼地主，但如其出租土地超过此标准数并不很多，在当地农民同意之下，亦可单依其职业决定其成分，而不划为地主或兼地主。

（三）在按照以上办法划定这些人的阶级成分后，对其出租土地的处理，可根据其耕种土地的劳动力的情形及出租土地的数量之多寡和家庭生活的情形来决定，对于那些从事其他职业，缺乏耕种土地的劳动力，占有并出租的土地又在上述之最高标准数以下的小土地出租者，一般应按土地改革法第五条给他们保留相当于当地每人平均土地数的百分之二百的土地；某些人占有和出租土地超过小土地出租者的最高标准数，一般虽不能按小土地出租者待遇，但由于其家庭特殊情况确有需要，在当地农民同意之下，仍可给他们保留比地主应分得的土地数稍多的土地；反之，另有某些人出租土地虽不及此最高标准数，但由于其家庭情况没有十分必要，亦可少保留或不保留。

二、半地主式富农与地主的区别

（一）在地主阶级中，有的家庭有人自己常年参加农业主要劳动，有的除有人参加劳动外，同时又雇人耕种一部分土地，而以主要部分土地出租。这种人与半地主式富农是比较不容易区别。为了解决这一问题，在关于划分农村阶级成分的决定中规定：这种人的“出租土地数量超过其自耕和雇人耕种的土地数量三倍以上（例如出租一百五十亩，自耕和雇人耕种不到五十亩），在占有土地更多的情况下，其出租土地数量超过其自耕和雇人耕种的土地数量二倍以上（例如出租二百亩，自耕和雇人耕种不到一百亩）者，不得称为富农，而应称为地主”。但是，所谓“占有土地更多”的具体标准是什么？在关于划分农村阶级成分的决定中没有明白规定，因而在各地执行时就没有标准。为此特作如下补充规定：以当地小土地出租者占有土地的最高标准数之二倍作为这种区分的标准，就是说，凡占有土地小部自耕和雇人耕种，大部出租，其土地占有量达到当地小土地出租者占有土地最高标准数的二倍以上，其出租部分又超过其自耕和雇人耕种部分的二位以上者，应划为地主，出租部分不足其自耕和雇人耕种部分之二倍者划为半地主式富农；其土地占有在当地小土地出租者占有土地最高标准数的二倍以下，其出租部分超过其自耕和雇人耕种部分的三倍以上者应划为地主。出租部分不足其自耕和雇人耕种部分之三倍者划为半地主式富农。

有些半地主式富农和家庭中有人常年参加农业主要劳动的地主，并不雇人耕种土地。对于这种人，即以其出租土地的数量与其自耕土地的数量相比较，同样按上述规定的标准，判定其是半地主式富农成分，或是地主成分。

（二）按照关于划分农村阶级成分的决定，地主家庭中居于被支配地位的人，常年参加农业主要劳动者，应定为劳动者成分。但地主以纳婢、蓄妾、童养媳、等郎妹、站年汉等名义，实际蓄养奴隶以从事农业主要劳动者，不能以地主家庭有人参加主要农业劳动论；更不能因为这家有这种实际居于奴隶地位的人常年从事农业主要劳动，而把这家定为富农或半地主式富农。在这种情况下，婢、妾等人应以雇工论。

（三）有些人占有土地的数量在当地所规定的小土地出租者占有土地的最高标准数以下，以一部土地自耕（或同时雇人耕种），大部土地出租，无论其出租的土地比其自耕的土地（或自耕和雇人耕种的土地）超过多少，均不应划为地主，而应划为半地主式富农。如果这种人又是革命军人家属或烈士家属，或又从事其他职业，则无论其出租的土地比其自耕的土地（或自耕和雇人耕种的土地）超过多少，均应按小土地出租者待遇。

（四）半地主式富农出租的土地，按照土地改革法的规定应予征收，但半地主式富农自耕或雇人耕种的土地及其他财产应保留不动。在征收半地主式富农的出租土地时，如果他自耕和雇人耕种的土地在当地中农水平以下，应留给他以相当于当地一般中农平均数的土地。某些地区经省人民政府批准征收富农出租土地者，亦应按这一规定处理。

三、租出租入土地相抵计算与佃富农问题

（一）在土地改革法第六条中规定：“富农租入的土地应与其租出的土地相抵计

算。”有人说，只要一户富农所占有的土地中大部是出租的，无论他是否又租入土地，均应划为半地主式富农。这是不对的，正确的办法，应该是把一家富农租出的和租入的土地相抵计算以后（如果他同时有租出土地又有租入土地的话），再去判断他是否是半地主式富农。例如某富农有地九十亩，出租六十亩，剩下三十亩，又租入十亩。这家富农自耕和雇人耕种的土地是三十亩自地加十亩租入地，共四十亩；他出租的土地是六十亩，但又租入十亩，租出与租入相抵计算后，实际出租五十亩，故应划为半地主式富农。如果他租入地不是十亩而是二十亩，与其租出地六十亩相抵计算后，实际租出四十亩，其自耕和雇人耕种的土地是三十亩自地加二十亩租入地，共为五十亩，则不应划为半地主式富农，而应划为富农。（二）有些人，自己没有土地，或仅有一小部分土地，而租入大量土地，雇人耕种，自己不参加农业主要劳动。为着通俗起见，这种人也可划为佃富农。在土地改革中，他租入的土地抽出分配后，如果他自己原来没有土地，而要靠土地维持生活者，可照其他农民一样分给一份土地；如果他自己原有一小部分土地，并已超过当地每人平均土地数者，其超过部分亦不得征收。（三）佃富农在土地改革后，由于租入地已抽出分配，因而改变了经营方式，成为中农者，应即按中农待遇，不要经过一定的年限后才改变其成分。

四、债利生活者与债利剥削

（一）凡在农村中解放前出放大量债款，并依债利剥削为其生活之全部或主要来源已连续满三年者，其成分应划为债利生活者。解放前农民及其他劳动人民所欠债利生活者的债务，按政务院关于新区农村债务纠纷处理办法第二条的规定处理之。即付利已达本金数额者停利还本，付利已达本金数额之二倍者本利停付，付利已超过本金数额，但尚不足本金数额之二倍者，得于付利满二倍后解除债务关系。债利生活者自耕的小量土地予以保留不动。其出租的土地一般应予征收，如其家庭尚须依靠土地维持生活之一部者，可酌量保留一部土地。

（二）凡属在解放前农民及其他劳动人民所欠地主的债务，按关于新区农村债务纠纷处理办法第一条的规定处理之，即一律予以废除。凡属在解放前农民及其他劳动人民所欠富农的债务，按关于新区农村债务纠纷处理办法第二条的规定处理之。

（三）在按照关于划分农村阶级成分的决定，为判定某农户是否富农而计算其剥削分量时，其放债所收的债利剥削，应一并计算在内。

但是，由于农村中的债务关系甚为复杂，有些中农，甚至若干贫雇农也出放小量债款。为避免因计算债利剥削而提高农民成分，所以只对那些既放债又雇工或又出租一部土地者，和那些所放债款数量较大者，才去计算其债利剥削，并计算其各种剥削分量的总和是否构成富农成分。此外，对一般中农、贫农、雇农及其他劳动人民出放小量债款的利息收入，可不予计算。

五、农业主要劳动

（一）在关于划分农村阶级成分的决定中规定："有些大家庭中，人口超过十五口者，则全家有劳动力的人员中，应有三分之一的人员每年有三分之一的时间从事主要劳动，才算这家有劳动。"并指出：这里"所谓的从事主要劳动，应该是指从事农业生产的主要劳动"。根据这一规定，显然不能把本应划为地主者，因为家庭中有人在外从事其他职业，而算做有农业主要劳动，而划为富农。正因如此，故在判断这家是地主还是富农，而计算这家全家有劳动力的人员总数时，也应该把从事其他主要劳动的人不计算在内，这才是公平的。例如某家全家二十口人，有八个劳动力，两人从事其他职业，则计算这家全家有劳动力的人员总数时应以六人计算。这家如有两人常年参加农业主要劳动，即应算做有劳动，如其他条件构成富农时，则应划为富农。

（二）在计算妇女劳动力时，应以当地一般劳动妇女体力所能胜任的农业主要劳动为标准。家庭中有妇女常年参加农业主要劳动，并合乎这个标准者，这家就应算做有劳动。有的地方，以当地一般劳动妇女不能胜任的劳动来作为判定从事农业主要劳动的妇女算不算有劳动的标准，这是错误的。

（三）某家庭有人长期参加农业主要劳动，后因年老不能劳动，或因疾病残伤而丧失劳动能力者，这家仍应算做有劳动。

（四）某家庭有人常年从事果园菜园等主要劳动，其生产的果菜不是为了自己家庭消费，而是以出卖为目的者，这家应算为有劳动。但主要不是为了商品生产，而是为了自家消费种菜植果，则只能算为附带劳动。

（五）有的人占有大量土地，自己常年参加农业主要劳动，但主要靠雇人耕种，并不出租。这种人应定为富农。有的地方，把这种人定为家庭中有个别人参加劳动的地主成分，那是不对的。

六、中农与富农的划分

（一）关于划分农村阶级成分的决定中规定："（一）凡经常雇请一个长工者，或有其他剥削，但其剥削分量相当于雇请一个长工以下者，均不得认为富农。（二）凡经常雇请两个长工或有其他剥削，其剥削分量的总和相当于雇请两个长工以上者，一般可算为富农，但家庭消费人口多，生活并不富裕者，仍不应算为富农。（三）凡经常剥削分量在相当于雇请一个长工以上，但不到雇请两个长工者，则应仔细计算其剥削收入是否超过其总收入的百分之二十五，超过者为富农，不超过者为中农或富裕中农"。有人说，雇请一个长工的剥削量也可能有超过其总收入的百分之二十五者，雇请两个长工的剥削量也可能有不超过其总收入的百分之二十五者，上述的规定是不公平的。

是的，就剥削的相对量而言，这似乎是不公平的，但是就剥削的绝对量而言，雇请两个长工的剥削量一般总等于雇请一个长工的剥削量的二倍，而剥削收入愈大，亦即所得的利润愈大，所以这一规定是公平的。

按照上述规定，凡雇请一个长工，或有其他剥削而剥削量也相当于对一个长工的剥削量以下者，均不得认为富农，对于这种家庭就不必去计算其剥削收入是否超过其总收入的百分之二十五，即使超过了也不算富农。这种规定不但计算方便，而且是有意放松一部分小富农，以便更确实地保护富裕中农。凡雇请两个长工以上，或有其他剥削，而其剥削量之总和相当于对两个长工的剥削量以上者，即使这户农家有两个或两个以上劳动力参加农业主要劳动，一般也应定为富农，只有对那些家庭消费人口多，生活并不富裕者才不定为富农。所以对于雇请两个长工以上的农户，一般也不必去计算其剥削收入是否超过其总收入的百分之二十五，即使不超过百分之二十五，但其绝对的剥削量很大，生活又很富裕，也应算为富农。这也是不但计算方便，而且能够包括所有显著的富农。只有对那些剥削量在雇请一个长工以上，在雇请两个长工以下者，才需要具体计算其剥削收入是否超过总收入的百分之二十五，超过者定为富农，不超过者定为中农。

这样做，既减少了农村中实际计算的许多麻烦，而且一方面更切实有效地保护了富裕中农，不会把某些富裕中农定为富农；另一方面也不会把那些剥削的绝对数量更大，也确实更富的富农，反而定为富裕中农。这更符合土地改革的政策要求，根据过去的经验，也更易为农民所接受。

（二）计算雇主对雇工的剥削，本来应该是从雇工的劳动收入中，减去雇工的工资和雇工在雇主家中吃饭的消耗（伙食），再减去雇工耕种土地所消耗的其他农业成本（种籽、肥料、农具折耗、耕畜草料等等），这样减去后的余粮就是雇主对雇工的剥削，也就是雇工劳动的剩余价值。这样的计算方法才是合乎科学的。但是，在小农经济的中国农村中，农业成本的计算是非常琐碎繁杂的，有些项目连农民自己也很难说出一个确切的数目来。为了计算方便起见，可以改为由雇工耕种土地的收获量中减去雇工的工资伙食，即以此作为雇主对雇工的剥削量，这样简便的计算方法，虽然没有减去农业的其他成本，但另一方面在雇工的劳动收入中也只算了雇工耕种土地的收获量，并未将雇工在雇主家中从事其他劳动所创造的价值计算在内，而雇工在雇主家中很少不从事其他劳动的。所以，这样简便的计算方法虽然不很完全，但与实际情况还是大致相近的。照这种简便方法来计算某农户对雇工的剥削量在其总收入中所占之百分比，其公式如下：

$$\frac{\text{雇工劳动收入}-\text{雇工的工资伙食}}{\text{雇主的劳动收入}+\text{雇工的劳动收入}}\times 100$$

如果这家农户还有地租和债利等剥削收入，则在上列公式之分子分母中均加进计算；如果他同时又受别人的地租债利等剥削，则在上列公式之分子分母中均减去计算。

这是就普通情形而言，在特殊情形下，例如有些地区的圩田需要上很多肥料，成本较大，又如种植工业原料作物需要的成本也很大，也可以在雇工劳动的收获量中除减去雇工的工资伙食外，并酌量减去一部成本，然后，以其余数作为雇主对雇工的剥削量。

（三）副业劳动的收入。除掉那种偶有的而又很零碎的副业收入不便计算者，可略去不计外，一般副业劳动收入均应计算在总收入之内。例如茶农户自己种地打粮三十石，雇工种地打粮三十石，雇工工资伙食共合十五石粮，另出租土地收租粮十四石，又从事养猪等副业劳动收入八石粮，但欠债若干，每年须付债利粮十石；这家农户的剥削收入在总收入中所占之百分比是：

$$\frac{(30\text{石}-15\text{石})+14\text{石}-10\text{石}}{30\text{石}+30\text{石}+14\text{石}+8\text{石}-10\text{石}}\times 100=19/72\times 100=26.4$$

这家农户的剥削量在雇请一个长工以上，又超过其总收入的百分之二十五，故应划为富农。

（四）土地农业收入及农村副业收入以外的其他职业收入（例如有人在工厂做工的工资收入），则不应计算在总收入之内。因为，划分农村阶级成分，是为着解决土地问题，应该是根据土地农业收入和副业收入来分析判断的。如果把人们的其他职业收入也计算进去，则将混淆了农村中的土地阶级关系，而且将使农村中划分阶级的工作增加许多困难。

七、畜牧业者

有些地区的农村中，有人并无土地或仅有少量土地，自己饲养大批耕牛以之出卖或出租，作为其生活之全部或主要来源。这种人在划分阶级成分时可划为畜牧业者，他们的利益应加保护。地主自己大批养牛，出租给农民种地或出卖者，在当地农民同意之下，亦可不予没收，也不给他分地，让他继续经营畜牧。富农兼营畜牧者应加保护不动。

但是，如果有人把牛出租给农民，并由农民喂养，自己并不饲养，即是说，他并不从事畜牧，只收牛租，则是一种放债性质的剥削。这种耕牛如果是地主的，则应予以没收分配；如果是富农或债利生活者的，则按对富农和对债利生活者的债务关系处理之。

八、农村工商业家

（一）家居农村，以雇工经营工商业（如开杂货铺、砖窑、做酒、船主等）为其生活之全部或主要来源者，应划为工商业家成分。工商业家兼有并自耕的土地不动；其出租的土地和自己不参加劳动或只有附带劳动而雇工耕种的土地，应按土地改革法第四条的规定处理之。如其家庭仍须依靠土地维持生活之一部者，可按土地改革法第十三条第四项规定的原则，酌情保留一部分。

有些地区的农村中，有以出租农用船只为其生活之主要或全部来源者，其成分应定为船主，在土地改革中，也应按工商业家待遇。

（二）农民兼营小杂货铺、砖瓦窑等或兼出租数只农船者，其成分仍为农民，其兼营的小铺等应加保护。富农兼营的工商业及出租的农船，亦应保护不动。地主的农船，则按农具没收处理之；但地主兼营的运输用的船只及其他工商业，则应保护不动。

九、渔民

沿海沿江一带的渔民常常兼有小量土地，其中自耕者，应依其生活的主要来源决定其成分；出租者，应视其出租土地之多寡而划为渔民或小土地出租者。但如占有并出租土地很多，而又有人从事渔业劳动者，应视为地主家庭中有人从事其他职业，不得认为小土地出租者。还有些人占有齐全的捕鱼工具，占有较大的资本，并以剥削渔工为其生活的主要或全部来源。这种人应定为渔业资本家。渔业资本家兼有并自耕的土地不动，出租的土地和自己不参加农业劳动或只有附带劳动而雇工耕种的土地，应按土地改革法第四条处理；如果其家庭仍须靠土地维持生活之一部者，则按土地改革法第十三条第四项规定的原则酌情保留一部分。

十、国民党政府的各级负责官吏

（一）关于划分农村阶级成分的决定中规定："国民党政府中的各级负责官吏不得定为职员成分"。所谓"国民党政府各级负责官吏"系指自乡镇长以上国民党各级政府中的主官（如乡镇长、区长、县长、专员等）及高级政府各部门的主要负责人（如部长、司长、厅长、局长、处长等）。这些人均不得认为职员。国民党各级党部的负责官吏也同样不得认为职员。国民党的保长如搜刮贪污很多，并倚之为生者，亦得定为官吏。

（二）这些人在解放后有其他职业收入作为生活的主要或全部来源者，应根据其职业来决定其成分。但在土地改革中，对这种人应根据其在解放前的经济地位决定其阶级成分和待遇。因为土地改革中对各阶级成分的划分和待遇一般都是根据人们在解放前的经济地位来决定的。

（三）解放前任国民党政府的负责官吏，现无职业，靠占有并出租土地或雇工耕种土地为生，自己不参加农业劳动或只有附带劳动者，应认为地主或经营地主；如纯靠过去积蓄为生，并无土地者，应定为旧官吏成分。

十一、革命军人

按照关于划分农村成分的决定，构成革命军人成分的时间，应从其参加人民军队之日起算（起义部队的指战员应从起义改编为人民解放军之日起算）。革命军人本人及其家属在土地改革中均应享受土地改革法第十三条第三项的优待。但并不因此而改变革命军人原来的家庭出身。其家庭在当地解放前属于地主成分者，在土地改革中仍按地主处理，但在分地时应按土地改革法第十三条第三项的规定予以优待。

国民党政府的一般人员，起义或被人民政府留用者，自其参加人民政府工作之日起，即称为职员，在土地改革中同样按上述原则待遇。

十二、中农贫农及其他劳动人民的阶级成分构成的时间

凡在当地解放前，就是中农、贫农或其他劳动人民，并已满一年者，即构成中农、贫农或其他劳动人民的阶级成分。

十三、工人、农民、贫民之子过继与地主、富农、资本家为子者的阶级成分

关于划分农村阶级成分的决定中“地主、富农、资本家与工人、农民、贫民相互结婚后的阶级成分”项内第五款“解放前工、农、贫民与地主、富农、资本家相互以子过继者，工、农、贫民之子过继与地主、富农、资本家，与其过继父母过同等生活满五年者，其成分同于过继父母”。其中“满五年”的规定，现决定改为“满三年”，以便与同项第二款工农贫民女子嫁与地主富农资本家，过同等生活满三年者改变成分的规定相一致。

十四、城镇中的农业土地如何处理？

除由省以上人民政府指定的较大城市和工业区，其郊区土地改革按政务院公布的城市郊区土地改革条例实行外，其余较小的城市和集镇中的农业土地及城关郊区的土地改革均按中华人民共和国土地改革法执行，但城市和集镇中作为建筑用的及其他非农业用的土地，均不得分配。

地主在集镇中的多余房屋，适合于农民居住者，分配给农民居住，但农民不得以之出租、出卖或拆毁；其不适合于农民居住的较大建筑，可没收归政府所有，充公共事业之用；但地主在城镇中兼营工商业所使用的房屋及出租与工商业者使用的房屋则不能视为地主多余的房屋而予以没收分配。

资料来源：中共中央文献研究室编：《建国以来重要文献选编》第2册，中央文献出版社1992年版，第102—120页。

同日

[纲文] **中共中央转发浙江省委关于春耕工作指示的通知。**

[目文] 中央通知指出，浙江省委这个春耕指示很好，望各省委、区党委也同样发这样一个指示。

此前，3月3日，华东局将浙江省委关于春耕工作的指示转发山东分局及所属各省区市委并报中央。浙江省委的指示指出，凡土改已经结束的地区，应在开展抗美援朝、保卫土地运动中，以生产为主要内容，以达到进一步发动群众，彻底打垮地主阶级的统治；凡目前正在土改的地区，除以土改为内容外，必须结合生产，或白天生产、夜晚分田，或上半天生产、下半天分田；凡尚未开始土改和估计春耕农忙前不能完成土改的地区，则应以生产为主，结合进行土改的宣传工作。此外，还应注意：一、春耕前无法完成土改的地区应暂时停止土改，全力生产。在春耕农忙结束后的生产空隙中，进行土改。二、目前生产中应抓住兴修水利、积肥、整理和添置农具及耕牛、准备和选择种子、做好秧田等工作。整理与发展春蚕、春茶区的合作社，通过合作社收购免除奸商投机活动。加强副业生产及运输，以充实农本。还应根据省政府的农贷计划，做好农贷工作。三、各地在发动生产运动中，应以去年生产好的农户为榜样，发动生产竞赛，推广丰收的经验。四、各地应因地制宜，在自愿和等价交换的原则下，组织互助组。组织互助组从抓典型做起，防止强迫命令。五、生产和土改及征兵工作都必须与抗美援朝结合进行。六、在土改后变动了50%土地关系的情况下，要注意原雇农、贫农和地主的生产困难，通过有关领导部门协助解决，以保证不降低生产水准而能增产一成以上。

同 日

[纲 文]　中财委发布《关于执行劳动保险条例、缴纳劳动保险金的通知》。

[目 文]　《通知》要求，自1951年3月1日起，雇用工人职员在100人以上的国营、公私合营、私营及合作社经营的工厂、矿场及铁路、邮电、航运的各企业单位，均实行劳动保险。按月缴纳劳动保险金办法是：凡根据劳动保险条例实行劳动保险的企业，经当地政府劳动行政机关核准登记后，向中华全国总工会委托代收劳动保险金的金库，按月缴纳相当于各该企业工资总额3%的劳动保险金。在全国劳动保险条例颁布前已根据各级政府颁布或批准的劳动保险办法实行劳动保险的企业，在核准实行全国劳动保险条例时，其3、4月份的劳动保险金按已缴纳情况分别对待。自5月份起，企业行政方面或资方，应于每月10日以前缴纳劳动保险金，其中30%存入中华全国总工会户内，作为劳动保险总基金，70%存入本企业工会基层委员会户内，作为劳动保险基金。

同 日

[纲 文]　中财委发布《关于工资总额组成的规定》。

[目 文]　《规定》指出，凡由各企业行政方面或资方对其所雇用的在册人员所支的工资，均应包括在工资总额之内。私营企业中资方及资方代理人的一切收入均不计算在内。工资总额应包括基本工资和辅助工资。工资总额不包括特殊奖金、企业的劳动保险金、工会经费、解雇费等。农场、机关或学校等单位内的工资总额可参照上列各项的规定计算。企业、农场、机关、学校有供给制、包干制工作人员者，其待遇均不计算在征收工会经费和劳动保险金所采用的工资总额之内。凡经法律规定，依据企业工资总额计算企业应缴纳的各项费用时，其所用工资总额不得超出本规定所限的范围。如有个别企业对于本规定某些项目确难执行时，报请当地劳动行政机关处理。

同 日

[纲 文]　中财委发布《关于保证棉粮比价的指示》。

[目 文]　《指示》规定，一、1951年每斤7/8英寸中级皮棉换粮数量为：河北、平

原、山东换小米8.5斤；山西换小米9斤；陕西、河南换小麦8斤；湖北换中熟米8.5斤；苏北、苏南、皖北、皖南、浙江换中籼米8.5斤；西南、湖南、江西自行规定；东北自行规定，可依照去年比价适当提高。二、上述比价是保证农民实际所得的最低价格，即农民在农村集市或当地合作社所出卖的价格，不论任何季节，均应保持上述比价。三、各地棉价由贸易部统一掌握并负责保证比价的贯彻执行。各级人民政府必须协助贸易公司及合作社用一切办法保证上述比价的贯彻执行。四、实行“优级优价、低级低价”的政策，公平合理的按级给价，严禁压级压价。五、财政征收要贯彻棉田、粮田同等负担以及棉田以棉花抵交公粮的政策，棉田的农业负担得于秋后一次征收。

同 日

[纲 文]　中国人民解放军总政治部发出《关于军队报刊及报道工作的几个问题的通知》。

[目 文]　《通知》规定了部队各级报刊（不含画报）出版分工、宣传部门自上而下建立新闻报道机构及主要任务、部队报刊及报道中保密工作、各级党委应加强对报刊的思想领导和政治领导等4项内容。

同 日

[纲 文]　全国妇联发布《妇女代表会议组织通则》。

[目 文]　《通则》分3章13条，对各级妇女代表会议的召开方法和具体任务，妇女代表会议的性质、组织原则、代表的产生办法、人员组成等做出具体规定。《通则》规定，凡赞成当地妇联的章程决议并有公民权的妇女，均有选举及被选举为代表权。地区的各级妇女代表会议以政府行政区域为单位召开，各业的妇女代表会议以企业、机关、团体、学校等为单位召开。妇女代表会议的任务是：向妇女群众解释人民政府的号召和上级妇联的决议，并动员她们加以执行；听取并审查当地妇联及各业中妇女部门的工作报告，并定出本地或本单位的妇女工作任务及具体工作决定；团结妇女，反映妇女群众的意见和要求，并汇集这些意见和要求向当地人民政府或工会及其他有关方面提出建议；选举该地区妇联委员会或该业妇女组织的委员会。妇女代表会议的代表，由妇女群众采用民主选举或推选及邀请等办法产生。妇女代表会议的组成、代表的名额及任期根据当地具体情况由妇联决定。妇女代表会议组织原则是民主集中制。

同日—26日

[纲 文]　中国人民志愿军归国代表向上海百万人民报告前线情况。

[目 文]　志愿军归国代表柴川若等3人在上海先后出席上海市各界人民举行的欢迎大会47次，向43万以上市民作了报告，连同广播电台的听众和传达会上的听众在内，全市约有百万人以上听了志愿军代表的报告。上海市各界人民在欢迎会上，向志愿军代表献赠锦旗1100多面、慰问信1500多封、慰劳品7875件。锦旗上刺绣着：“反侵略的先锋”、“和平柱石”、“光荣属于中国人民志愿军”等词句。全市361所大、中学校的13.6万多学生，还把用各校校徽缀成“抗美援朝”四个大字的锦旗赠给志愿军归国代表。

3月8日

［纲 文］ **中共中央就配备党外人士组成政府一事致电各中央局、分局。**

［目 文］ 周恩来起草的该电报指出，各级人民政府必须根据统一战线政策和《共同纲领》原则，配备适当数目的党外人士与我党负责同志共同组成。任何地方都不容许忽视执行这个方针。此事应成为各地今年检查统一战线工作好坏的尺度之一。凡新选举的各级人民政府委员会中非党人士的比例太少者，上级党委及上级人民政府不应予以批准或上报。

同 日

［纲 文］ **中共中央就留苏学生回国休假问题致电曾涌泉转李鹏[①]及留苏学生。**

［目 文］ 刘少奇为中央起草的电报表示，同意留苏学生利用夏天休假回国一次的要求，并要求大使馆即派人组织他们照此计划执行，路费除他们自己尽力节省出卢布外，不足之数大使馆仍可酌情贴补一小部分。如已够用，则不要补贴。他们回国后除与各人家庭接触外，由中央组织部及青年团中央组织他们参观，并会同中央宣传部进行爱国主义教育。

◀朱德（右一）在北京和回国休假的留苏学生交谈（左二为邹家华）。

此前，1月31日，李鹏给国内写信，汇报留苏学生的学习、生活情况，并代表全体留苏学生请求利用夏天休假回国一次。

同 日

［纲 文］ **内务部部长谢觉哉[②]在中央生产救灾委员会第八次会议作关于《半年来的生产救灾工作概况》报告。**

［目 文］ 报告总结了1950年后半年的受灾情况及内务部全力以赴救灾、制止逃荒

---

① 李鹏（1928— ），四川成都人，时任中共留苏学生支部负责人。

② 谢觉哉（1884—1971），湖南宁乡人，时任中央人民政府内务部部长。

的情况，提出今后救灾工作应注意切实执行中央的救灾方针。报告指出：搞好生产是渡过灾荒的关键。人民自救互济力量是伟大的，应充分发扬。要通过救灾做好其他工作，使救灾与防灾密切结合起来。

同 日

［纲 文］ **全国总工会发出关于进一步开展抗美援朝的爱国主义时事教育与准备“五一”全国大示威的指示。**

［目 文］ 指示要求，全国工会必须更广泛深入地在广大工人、职员群众及家属中开展抗美援朝的爱国主义时事教育工作，达到以下目的：一、巩固与扩大爱国主义的劳动竞赛，并推动和帮助马恒昌式的先进小组起带头作用和核心作用；二、在提高广大工人职员及其家属群众觉悟的基础上，检举并监视混入工厂、企业、机关、学校、农场中的特务、土匪、敌伪军官、逃亡地主、会门头子等反革命分子，加强保密与保安工作，以保护人民的生命财产；三、订立工厂、企业、机关、学校、农场中全体工人、职员的爱国公约，或同一产业、同一职业以至整个城市的工人爱国公约。指示决定，举行一次以工人阶级为主体的各阶层人民的“五一”爱国大示威。

同 日

［纲 文］ **中国人民解放军高级工程兵学校成立。**

［目 文］ 该校由第四野战军工兵司令部、工程兵学校合编而成，位于长沙，主要任务是培养工程兵营以上干部。1960年9月以该校为基础成立了中国人民解放军工程兵学院。

同 日

［纲 文］ **中央电影局举办国营电影厂出品新片展览月。**

［目 文］ 展览月本日起在全国20个大城市举办，上映了1950年东北、北京、上海三家电影制片厂出品的26部影片。周恩来为展览月题词：“新中国人民艺术的光彩”。

同 日

［纲 文］ **北京、上海、广州、南京等20多个城市妇女分别举行纪念“三八”国际妇女节大会和示威游行。**

3月9日

［纲 文］ **政务院召开第七十五次政务会议。**

［目 文］ 会议由周恩来主持。会议听取并批准了中国人民银行行长南汉宸作的《中国人民银行1950年工作简要总结与1951年工作计划的报告》。报告说，人民银行1950年3月份实现现金管理，争取了现金收支平衡，制止了通货膨胀。6月份起，配合调整工商业，贷款国营贸易，大量收兑外汇，活跃物资交流，调整金融业公私关系，促成工商业好转。11月间紧缩放款，回笼货币，冻结机关存款，稳定了金融市场。1951年人民银行的工作方针是，继续稳定金融市场，加强货币管理。

讨论报告时，陈云指出，目前银行的任务有三项：一是发行货币；二是执行现金管理；

三是审查业务计划，掌握存款取款。现在，农村和中小城市说票子少了，上海等大城市又说票子太多了。我们还不清楚，一元票子送到农村去要过多长时间到上海，可收回多少，外面还留下多少。我们要在一年之内，摸到钞票的流转规律，能摸到这条规律，睡觉就可安稳了。

会议听取并批准了贸易部部长叶季壮作的《贸易部1950年工作简要总结与1951年工作计划的报告》。报告说，1950年粮、纱、布、棉、盐、煤等主要商品基本保证了全国各大城市的供应，这是国营贸易初步走向计划性的开始。由于执行调整工商业的方针，大力开展向私营工厂加工订货、收购存货，加上粮食丰收，市场逐渐活跃，贸易额大增。1951年全国国营贸易的总任务是，发展城乡内外交流，稳定物价，实现中财委规定的上缴利润3万亿元（东北除外）指标，计划全年销售额比上年增加85%。

周恩来在会上指出，重工业固然要搞，轻工业现在还要多搞些才行，这样才能适合农村市场的需要，才能更快地积累资金。发展经济还必须要处理好城乡关系、公私关系、中央与地方的关系和上下关系。

同 日

[纲 文]　政务院批准《处理美国津贴的医疗机构实施办法（草案）》。

[目 文]　《办法（草案）》指出，接受美国津贴医疗机构的总方针是，分别情况，或由政府予以接办改为国家事业，或由私人团体继续经营改为中国人民完全自办的事业。接受美国津贴的医疗机构，在改为国家事业或中国人民完全自办的事业之后，应保证其业务不受影响并充分发挥效能。

同 日

[纲 文]　毛泽东批转罗瑞卿关于浙江省镇压反革命情况的报告。

[目 文]　毛泽东的转发批语指出，浙江各项镇压反革命的经验，特别是关于登记反动党团及特务分子的经验，值得各地研究和采用。关于此项登记工作，凡未办及未办得好的，请你们做出自己的决定和计划，并向中央作报告。目前几个月，各地领导同志在镇压反革命问题上向下面指导的重心，仍然是对那些优柔寡断的市委、地委、县委给以检查和督促，使他们坚决行动起来，严厉镇压反革命。当然，在那些已经实现了彻底镇压方针的地方，则要停一下，不要多捉多杀。无论什么地方，都要有计划，讲策略，做宣传，不杀错。

此前，3月4日，罗瑞卿就浙江镇压反革命情况向毛泽东并中央提出报告指出，浙江登记反动党团、特务的工作成绩很大，其中若干经验值得注意。他们不仅在大中城市做了这种登记，而且在小城市和广大农村也做了这种登记工作，因而大大发挥了革命政治威力，暴露了敌人，教育了群众，提高了群众的觉悟与政治积极性，保证了秋收、土改的顺利进行。反动党团登记必须充分掌握材料，同时要抓紧时机坚决贯彻。登记工作必须坚持中央政策，不得随意扩大登记面，又要按具体情况办事。登记工作又须分别内外、讲究策略，对不同的对象分别采取不同的办法。在登记后的审查处理阶段，先将主要精力放在镇压匪首、惯匪及其他有证据的政治反革命分子，将一般登记的反动党团分子的处理工作放在后面。

同 日

［纲 文］ 刘少奇对重庆佛教界反美爱国示威游行简报做出批语。

［目 文］ 批语要求李维汉研究起草中央对佛教问题指示，连此电发各地。此前，3月5日，西南局统战部于向中央统战部报送了重庆佛教界组织游行经过的简报。简报中说，我们于2月14日召集佛教界座谈会，有60余寺庙的僧、尼、居士70余人到会。他们一致表示佛教徒应站在人民的立场，反对美国企图重新武装日本，坚决拥护政府政策法令，并决定于同月23日举行示威游行，是日参加游行的有60余寺庙的僧、尼、喇嘛、居士男女共1000余人。他们奏佛乐、穿袈裟，行列整齐、情绪热烈，沿途高呼口号。市民夹道鼓掌。此情形为西南前所未有。游行前，曾举行大会通过“致亚洲各国佛教徒电”及“重庆市佛教徒爱国宣言”。会后，随即分别召开僧尼座谈会，讨论改革佛教办法。这次游行不但大大教育了佛教界，而且激发了一般市民的爱国心。今后，我们计划组织他们学习时事，提高他们的爱国心，加强他们的民族自尊心和自信心，并鼓励他们参加生产，以解决经济上的困难。

6月6日，李维汉致信刘少奇，报送《中共中央关于汉民族中佛教问题的指示》稿。6月12日，中共中央将该指示下发各中央局并转分局、省委、大中市委、区党委，并抄送有关部委及部委党组。

3月10日

［纲 文］ 中国人民保卫世界和平反对美国侵略委员会举行盛大欢送会，欢送中国红十字会国际医治预防服务队离京赴朝。

［目 文］ 委员会副主席陈叔通主持会议并致词，中国红十字会总会会长李德全宣布服务队全体人员的名单并授旗。民革中央主席李济深致词说，千百万朝鲜人民正陷于苦痛流离的境地，中国红十字会国际医防服务队的及时出国工作，正是朝鲜人民所热烈盼望的。朝鲜驻华大使李周渊代表朝鲜人民欢迎服务队到朝鲜工作。他说，在志愿军和全中国人民的竭诚援助以及苏联和全世界爱好和平人民的声援与支持下，朝鲜人民反对侵略的正义战争，一定会取得最后胜利。在会上讲话的还有民盟中央政治局秘书长章伯钧、全国妇联主席蔡畅、中华护士学会理事长沈元晖、北京医药卫生界抗美援朝联合委员会主任方石珊等。服务队第一、第二大队大队长分别致答词。他们一致保证，全队人员到朝鲜后将克服一切困难、不怕任何牺牲，坚决完成工作任务。

3月17日，由204名队员组成的中国红十字会国际医防服务队离开北京前往朝鲜，中国人民抗美援朝总会发起在北京车站送行。3月19日，携带大批药品和医疗器材的服务队抵达朝鲜，受到朝鲜人民的热烈欢迎。

▲ 陈叔通在北京站送行仪式上讲话，欢送中国红十字会国际医治预防服务队第一大队赴朝鲜。

同日—22 日

［纲 文］ **第二次全国电业会议召开。**

［目 文］ 会议总结了全国电业 1950 年的情况，指出取得的成绩是：一、超额完成了全年的供电任务，基本克服了过去的“电荒”现象。与 1949 年相比，全年发电量增加 14.46%，发、购电量合计增加 26%，售电量增加 48.9%。1950 年国营电业开放了电力，大量供应工矿企业和市民的用电，超额完成了全年的售电任务。二、在保证安全发、供电的思想基础上展开了反事故斗争，减少了事故。三、国营电厂推行了先进的定期检修制度，发电设备输出能力比 1949 年提高 8.1%。四、改善了经营管理工作，初步建立了经济核算制度。全国国营发电厂的设备利用率比 1949 年增加 13.7%，降低了煤耗率和成本，节省了 3.23 亿度电和 28.7 万吨煤。

会议确定 1951 年全国电业工作的方针任务是：一、保证充分而连续不断地供给人民经济部门用电，完成国家年计划所规定的电力供应任务。全国国营电力的发、购电量应比上年增加 21.6%，售电量增加 21.6%。二、彻底实行全面的定期检修制度，基本上消灭事故，保证安全发、供电，恢复设备输出能力。三、贯彻经济核算制度，提高定额标准，降低生产成本，保证关内区各电业共降低成本 21.6%，节省电力 6200 万度，节省燃料煤 21.4 万吨，提高利用率比上年增加 18.5%，压缩流动资金至 12%，提高资金周转率至每年三次。四、加强干部和全体职工的政治与先进技术的教育，培养两三年内所需要的中下级干部和技术工人。五、进行新电业建设的准备工作，完成年重点建设任务。

3月11日

［纲 文］ 政务院发出《关于财政分级后几个重要问题规定的令》。

［目 文］ 政务院令内容包括：一、追加预算程序。1951年度全国财政收支总概算及各大区、省、市和中央各直属机关团体的预算，须经中央审查通过。今后各级人民政府、群众团体必须办理追加预算时，在中央各部门应先送中财委并财政部审核汇送本院决定，在地方各部门应送同级财委并财政机关审核汇送各级人民政府委员会通过后，再报请上级人民政府审核。二、编制批准机关。各级人民政府、群众团体，必须依照核定的编制，据实配备员额。此后凡不经上级人民政府或中央编制委员会核准的超额人员、车马，一律不准报销。中央各部门，如不经中央编制委员会同意或连署，而径行命令大行政区或省、市级所属机构增加编制名额者，各大行政区或省、市人民政府停止执行，并向中央编制委员会请示处理。三、中央与地方的财政管理。各级人民政府全年度的财政收支预算，经上级人民政府核定分配后，各级人民政府均应依照核定科目执行；如必须科目留用或动支预备费时，也应依照规定程序办理。上级人民政府不得指派其他开支，挤用下级预算；下级人民政府在预算范围内能够开支的，也不得向上级请领。四、部队与地方的财务关系。部队的一切经常费、装备费、军工生产费、国防建设费、作战费、支前费等开支，均由人民革命军事委员会总后勤部统一审核，转送财政部核拨。除财政部正式签发支付命令，交由各大行政区或直属省、市垫付外，部队不应向地方人民政府要求借支或额外补贴。地方人民政府也不得自行补助部队费用。

同 日

［纲 文］ 毛泽东批转西南军区党委关于镇压反革命分子的电报。

［目 文］ 毛泽东在给军委直属各军事领导机关及军事学院、各大军区党委、志愿军党委并各省军区党委的转发批语中指出，请你们也照西南军区党委会一样，对于学习四个镇压反革命文件及传达报告的问题，对于清匪问题，对于留用旧军官、旧人员的问题，此外还有在机关中部队中混入其他反革命分子的问题，及保密问题，对于这些问题，不论过去已有检讨或尚未有检讨，均一律重新作一次检讨，并对自己直属机关部队及各兵团、军、师，发出必要的指示并定期完成任务。我们认为在一切军事机关、学校、部队中引起注意镇压反革命分子问题，并做出正确的处理，是目前时期的重要政治任务，凡对此任务忽视者，应当受到批评。

此前，3月6日，西南军区党委发给各军、各军区并报军委总政的电报提出，自1950年接到中央镇压反革命指示之后，我军区部队在西南局统一领导下坚决地执行了这一指示，因此在剿匪与发动群众镇压反革命问题上获得了显著的成绩。但由于在军队内部缺乏专门研究布置，对这样一个重大问题尚未引起各级党委的普遍重视。有的对反革命存在着“重案轻处”、“重纪律犯轻政治犯”或“地方严部队宽”的倾向。对待旧机关旧职员的态度不够严肃，对其中有严重问题的分子注意不够。党内干部中轻敌麻痹遗失机密的现象不断发生。军区党委认为上述缺点必须立即纠正，这不仅关系到清匪发动群众和社会治安，而且是直接关系到部队内部政治、组织上纯洁与巩固的重大问题。为此决定，一、各区必须认真地组织干部学习中央下发的镇压反革命四个文件，并结合实际进行一次检查。二、继续加强清匪与捕捉匪首运动，密切结合群众斗争，防止因剿匪胜利而麻痹松懈。三、加强对留用旧军官、旧人员的工作。各部队与机关应进行一次普遍的清理。对这些人员除继续团结、争取、改造外，对其中个别有破坏活动的分子也必须坚决逮捕法办。对伪装投降起义混入我军的一切反革命分子，应迅速加强审查侦破，弄清材料，分别处理。四、各地现有集训尚未处理的旧军官旧人员中的特务恶霸分子，应即做出计划，迅速分别处理，不得拖延。

同 日

［纲 文］ **中华全国世界语协会在京成立。**

［目 文］ 政务院文教委员会副秘书长阳翰笙及北京、天津、上海、重庆等地世界语工作者代表100多人出席成立大会。胡愈之主持大会并致开会词说，世界语在其发展的60多年来，已成为唯一试验成功的国际补助语，成为全世界各民族的许多先进分子加强互相间的联系和共同斗争的武器。中国30年来为革命牺牲的先烈中，有不少世界语者的名字。大会通过了《中华全国世界语协会会章》、大会宣言和向毛主席致敬信，并同意“中华全国世界语协会”参加捷克斯洛伐克世界语协会所发起的进步世界语者的国际组织。大会选出理事25人，候补理事9人，胡愈之为理事长。

3月12日

［纲 文］ **中共中央发出关于暂时不派中国顾问到越南南部游击区的电报。**

［目 文］ 电报由刘少奇起草，发给韦国清①并罗贵波。电报指出，越南南部游击区情况，我们不清楚，派遣中国顾问去，恐怕很难工作，安全也无保障，故暂时不派中国顾问去为宜。为了帮助南部军事工作，从越北派一些受过训练的军官到南部去，或从南部调一些干部到北部来训练，似乎是较为实际的办法。望你们和越劳动党中央商酌办理。

此前，3月9日，韦国清给中央军委发来电报说：因越南南部地区离总部很远，被敌人封锁，交通困难，军事工作的办法很少，越南劳动党中央要求我们向这个地区派出顾问。鉴于南部地区是个单独战略区，须开展游击战争配合北部战场，我们建议：派一个正师级军事顾问，两个营级助理员，两个机要员，两个报务员，配机器一部。

同 日

［纲 文］ **政务院政法委委员谢觉哉在政务院政法委员会第九次会议作《全国各级各界人民代表会议建设情况》报告。**

［目 文］ 报告指出，现在，全国28个省和8个相当于省的行政区，已开过省各界人民代表会议的有吉林、松江、黑龙江、辽东（今属辽宁省）、辽西（今属辽宁省）、热河（1955年其所属行政区域分别划归河北省、辽宁省和内蒙古自治区）、河北、察哈尔、

① 韦国清（1913—1989），广西东兰人，时任中国驻越南军事顾问团团长。

山西、平原、山东、浙江、河南、湖南、湖北、广东、广西、江西、陕西、甘肃、宁夏、青海、云南等23个省，绥远省正在开；已开过行政区各界人民代表会议的有苏南、苏北、皖南、皖北、川南、川西、川北7区。上述省、区均成立了协商委员会，18个省选出了省人民政府。全国13个中央和大行政区辖市、77个省和行政区辖市及3万以上人口的城镇，均已开过市（或镇）的各界人民代表会议，其中30个市已代行了人民代表大会的职权。

3月13日

［纲 文］ **政务院发布《关于土地房产所有证收费的决定》。**

［目 文］ 《决定》要求，各地在完成土地改革以后，颁发土地房产所有证或土地证时，应收土地证费，其标准一般分为甲、乙两类，均以大米、小米、小麦等细粮计算。水田及场院宅基为甲类，每市亩收5斤；旱地为乙类，每市亩收2.5斤。所收细粮，应以专区或县为单位，按当地市场平均粮价折收人民币；如交款困难，可交粮食。在地广人稀或土地贫瘠的地区，收费标准可酌情降低。在本《决定》颁布前已发土地证的，不另换发，也不补收土地证费。

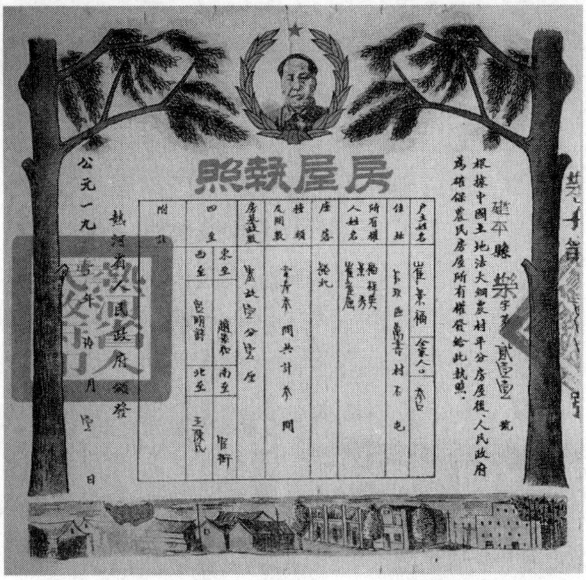
房屋執照

根據中國土地法大綱農村平分房屋後、人民政府為確保農民房屋所有權發給此執照。

建平縣 字第 號

戶主姓名	住址	所有權人姓名	座落	種類及間數	房基畝數	四至	附注
崔景福						東至 南至 西至 北至	

公元一九 年 月 日

熱河省人民政府頒發

▲ 热河省人民政府1951年10月1日颁发给建平县崔景福一家的房屋执照。

《人民日报》翌日发表题为《认真做好颁发土地证和征收证费的工作》的短评指出，这是关系到今年新区1.5亿土地改革区人口确定地权、巩固翻身果实的一件大事。

同 日

［纲 文］ **政务院发布《各级水利机关领导关系、业务分工及互相联系办法》。**

［目 文］ 《办法》规定，长江水利委员会、黄河水利委员会、治淮委员会、珠江水利工程总局由水利部直接领导。

同 日

［纲 文］ **中国红十字会总会会长李德全发表书面谈话谴责美军在朝鲜前线使用毒气弹。**

［目 文］ 谈话除代表中国红十字会向美国当局提出严重抗议外，并建议全世界68个国家的红十字会号召1亿红十字会会员，发起正义呼声和实际制裁行动，制止美国在侵朝战争中使用毒气。

3月14日

［纲 文］ **中共中央发出《建立宣传网的决定》。**

［目 文］ 《决定》指出，关于中央建立宣传网的决定，据调查，有些省市未做认真的讨论布置和检查。凡是有党的基础的地方，各省市区党委务须一律在本月内讨论或检查一次，以求在目前的普及深入宣传抗美援朝、肃清反革命、加强城市工作、工人工作及准备“五一”全国城乡大示威等项工作中，把宣传员、报告员的工作有重点地建立起来，然后按照情况逐步向普遍发展。此项讨论结果，应按中央2月24日电规定，一律于3月31日以前电告中宣部。本日《人民日报》发表关于建立宣传网的社论及东北建立宣传网的经验一文，及中央宣传部所出《宣传通讯》第4期的各地宣传网工作述评一文，均望督促各级党委及宣传部门予以讨论研究，以推动这一工作的展开。

同 日

［纲 文］ **中国人民保卫世界和平反对美国侵略委员会通过《为响应世界和平理事会决议并在全国普及深入抗美援朝宣传的通告》。**

［目 文］ 《通告》坚决拥护第一届世界和平理事会通过的关于缔结和平公约的宣言和决议，向全国各人民团体和全国同胞建议，一、全国各工会、农协、青年团、青联、妇联、学联、工商联、宗教团体及其他人民团体，制订年内普及和深入抗美援朝运动的计划，并着手执行。二、全国各级人民代表会议，讨论和通过年内普及和深入抗美援朝运动的计划。三、4月下旬，全国城乡人民尽可能普遍召集小型会议，控诉日、美侵略的罪行，举行拥护缔结和平公约的签名等。四、5月1日，全国城乡人民尽可能普遍举行大示威，以抗美援朝、反对武装日本、保卫世界和平为主要内容。五、全国各宣传教育文化机构以及各公共场所均制订年内的宣传工作计划，配合运动的需要。

会议通过该会会名的简称为“中国人民抗美援朝总会”。

同 日

［纲 文］ **首都各界举行欢迎中国出席世界和平理事会代表团回国大会。**

［目 文］ 李济深、郭沫若、彭真、陈叔通、吴耀宗①、邵力子②、张奚若③、许德珩、彭泽民④、萧三⑤和各民主党派、人民团体及各机关代表1000余人出席。中国人民抗美援朝总会副主席彭真致开幕词，郭沫若报告了世界和平理事会第一届会议的成就，蔡廷锴⑥报告了参加世界和平理事会会议及保加利亚保苏友好协会会议的经过。彭泽民及吴耀宗相继报告了出席会议的感想及印象。

同 日

［纲 文］ **交通部部长章伯钧就“永灏”号油轮一事发表声明。**

---

① 吴耀宗（1893—1979），广东顺德人，时任中华基督教青年会全国协会出版组主任、中国基督教三自爱国运动委员会主席。

② 邵力子（1881—1967），浙江绍兴人，时任第一届全国政协委员、政务院委员。

③ 张奚若（1889—1973），陕西朝邑人，时任一届全国政协常务委员、中央人民政府委员。

④ 彭泽民（1877—1956），广西四会人，时任中国农工民主党中央监察委员会主席。

⑤ 萧三（1896—1983），湖南湘潭人，时任第一届全国政协委员。

⑥ 蔡廷锴（1892—1968），广东罗定人，时任中国国民党革命委员会常务委员，第一届全国政协委员、中央人民政府委员。

［目 文］ 声明指出，“永灏”号油轮为中华人民共和国的国家财产，并受中央人民政府交通部上海油轮公司的直接管辖，这应该早已是举世周知的事实。中央人民政府对于这一劫夺中华人民共和国国家财产的无耻阴谋正予以严重注意。在1950年3月18日发表的《关于我国留在香港及新加坡的商船产权的声明》中，我曾郑重声明：“我中央人民政府对于这些轮只的神圣产权应受到新加坡英国政府、香港英国政府和各国政府的尊重。如果在新加坡、香港和各国港口的各轮，有被侵犯、损坏、扣留、转移或干涉行动等情事，则各该政府必须负完全责任，并将引起相应的后果。”由于香港黄埔船厂与台湾勾结企图非法劫夺“永灏”号油轮的无耻阴谋，我不能不再一次提请港英当局对于这一声明的注意。

“永灏”号油轮是建国初期中国最大的油轮之一。该轮于1948年7月交托香港英商黄埔船厂修理。1950年4月1日，该轮全体工作人员宣布起义。6月29日，“永灏”号由中华人民共和国交通部中国油轮公司接收，属国营上海中国油轮公司管辖。1951年3月，台湾国民党当局勾结香港英商黄埔船厂，向香港法院提出“永灏”号油轮的产权问题，企图劫夺该轮。

同 日

［纲 文］ 中国铁道部和苏联交通部在京签订铁路联运协定。

［目 文］ 协定包括旅客、行李和货物运送规则、国境铁路协定、清算及表报办理规则等文件。根据协定，4月1日起建立两国间旅客、行李、货物的联运。

3月15日

［纲 文］ 中共中央发出关于中朝军队撤离汉城后宣传问题的电报。

［目 文］ 周恩来审改并代表中央批发给各中央局、分局和各大军区的该电报指出，在敌人未被大量消灭以前，敌人的前进不会停止。我们抗美援朝的任务，在于击败美帝，解放朝鲜。欲如此，必须大量消灭敌人，而不斤斤计较于一城一地的得失。汉城能保持在朝鲜人民军手中固好，否则，守城与歼敌不可兼得的时候，照我们中国人民革命战争的经验看来，我们宁取后者是最为有利的。

此前，3月14日，中国人民志愿军和朝鲜人民军主动撤离汉城。

同 日

［纲 文］ 中共中央做出《关于普及宣传抗美援朝和准备“五一”纪念的指示》。

［目 文］ 《指示》对普及和深入抗美援朝的宣传教育工作、响应世界和平理事会决议和准备本年“五一”纪念的办法做出了六项规定。主要内容有：一、现在起至4月下旬，进行广泛的时事宣传。群众性的活动应尽量集中于4月下旬，以免群众疲劳和妨碍生产。二、从4月下旬至“五一”前夜止，按照各地具体情况，召集各种群众集会，着重控诉日、美、蒋的罪行，回忆过去，比较现在，引导群众的反日、反蒋情绪而坚决抗美援朝、保家卫国，坚决肃清反革命，坚决努力生产等。三、“五一”劳动节在全国所有城市

乡村应举行大示威，以抗美援朝和反对美国武装日本为主要内容。四、各级党委应在普及和深入宣传抗美援朝和准备“五一”纪念的工作中，尽可能地建立党的宣传员、报告员工作。五、在准备工作中，应根据全国总工会的通知，加强工会工作和对工人的时事政治教育，以作为加强工会工作和工人教育的一个检阅。六、各地至县级为止，均应建立保卫世界和平反对美国侵略委员会的组织，为求通俗，这些组织一律简称为某地抗美援朝会。建立时应以不增加编制经费为原则，如县级可由县委宣传部和县级人民团体派出二三人负责实际工作，即在宣传部办公，其经费由县委和县人民团体分摊。在大行政区和省市两级需另设少数工作人员和经费时，得由大行政区财委核报中财委批准。

同 日

［纲 文］ **中共中央批复同意西南局《关于小城镇中地主多余房屋的处理意见》。**

［目 文］ 此前，2 月 10 日，西南局针对中央关于土改中“在较小城市和集镇内，地主占有的多余房屋，其原由工业使用者及不适于农民居住者，均予保护不动”的意见，提出，我区各较小城市地主公馆、铺面及联系的住房很多。此等房产部分系出租，部分则空闲，如规定没收，对工商业无影响，而对督促地主参加劳动则有好处。没收虽不适合农民居住，但可供土改后办合作社或办其他公营事业、公益事业使用，出租者则仍由原承租人租用。因此，我们提议是否将“不适于农民居住者”这一句删去，只规定“在较小城市和集镇内地主占多余房产，其原由地主直接经营之工商业使用者，予以保护不动”。房产其原由农民居住或适合于农民居住者，应没收分给农民居住，不适于农民居住者，即没收归公。

同 日

［纲 文］ **中共中央批转西北局关于西北区各级负责同志为报刊写稿情况的报告。**

［目 文］ 中央转发批语指出，为了督促党的负责同志为党的报刊写文章，西北局不但做出了专门决定，而且在半年后做了认真、详细的检查，向党内公布了检查结果，又将此检查公布办法规定为固定的制度，这是完全正确和必要的。中央希望各中央局、分局进行同样的检查，并向中央报告检查结果。

同 日

［纲 文］ **中财委颁发《1951年国民经济计划表格及编制办法》。**

［目 文］ 《办法》指出，计划表报制度是制订国家经济计划的必要前提，望即遵照执行，以争取早日制定全国公私经济各主要部门的恢复和发展总计划。9 月 15 日，中财委又拟定了《编制国民经济计划的方法》，包括基本建设计划编制方法、生产计划编制方法、劳动计划编制方法、物资供应计划编制方法、交通运输及邮电通讯计划编制方法等，使经济计划的基础性工作有了初步发展。

同日—19 日

［纲 文］ **第一次全国宗教工作会议在京召开。**

［目 文］ 会议经中共中央批准，由政务院文教委员会会同中共中央统战部、公安

部、青年团中央共同召开。华东、中南、西南、西北行政大区及广州、济南、南京和华北行政区五省二市宗教工作的负责人、中央国家机关有关部门的负责人共39人出席。会议的目的是建立政府对宗教事务的行政领导机构，研究推进天主教、基督教反帝爱国运动。各大行政区汇报了当地宗教工作的情况。陆定一在会上讲话指出，做好宗教工作是加强反帝爱国统一战线的需要，天主教、基督教要逐步实行自治、自养、自传，做好基督教会议的准备工作。这是中华人民共和国成立以后第一次讨论研究宗教工作的全国性会议，对初步建立政府宗教事务管理机构，开展宗教工作尤其是领导和推动天主教、基督教界开展反帝爱国运动起到了积极作用。

同 日

[纲 文] **水利部发布《关于1951年水利春修工程的指示》。**

[目 文] 《指示》提出，一、应使春修与春耕很好地结合，以解决人力分配上的矛盾。二、工资问题，一方面要进行广泛的宣传解释，以启发群众对于半义务劳动的自觉自愿；另一方面还必须在工程的组织领导上，尽量设法提高工作效率，以保证民工“有吃有得”。要坚持执行按方给资的工资制度。三、做好春修工程的准备工作，要切实注意计划性，避免重复过去的错误。

同 日

[纲 文] **中国人民保险公司颁布《火车运输保险条款》、《轮船运输保险条款》。**

3月16日

[纲 文] **中共中央发出《关于宣传土地改革工作的指示》。**

[目 文] 《指示》要求，指定适当的作家或记者，对土地改革在报纸上进行系统的宣传；收集整理各地关于农村经济的调查研究资料，如土地制度研究论文、土地问题资料和土改工作资料等，并在报纸或杂志上发表；华北、东北已完成土改地区应写出农村在土改前后数年内经济变化的论文或者通讯发表。

[文 献] **关于宣传土地改革工作的指示（节录）**

（一）关于土地改革在报纸上作适当的、有系统的宣传是必要的。中央曾指示各地土改工作具体进行状况不要在报纸上多做宣传，并不是说对土地改革运动整个地不做宣传。事实上如李俊龙和萧乾在二月十日和三月一日《人民日报》上写的关于湖南土地改革的通讯，不但没什么坏处，而且有很大的好处。望所有正在进行土地改革的省区，都指定适当的作家或记者在最近一个月内至少写一篇这样的通讯给本区的主要报纸和北京《人民日报》，这样的通讯并可印成单行本广为发行。

（二）除了这种通俗的通讯外，还应利用目前的便利，收集中国农村经济的丰富的调查研究资料，加以有系统的整理。凡土地改革区的各省委、区党委研究室，均应在两个月内负责写一篇关于本省区土地制度调查的科学性论文，在本区的主要报纸上发表，并寄中央宣传部转《人民日报》或《新建设》杂志发表，然后汇集成册，以广流传。此外，每个省委在土改结束后还可就本省土地问题资料和土改工作资料各编一册，作为历史文献。

（三）华北、东北已完成土改地区的各省委研究室，亦应在三个月内写一篇关于一省或数县或一县农村在土地改革前后数年内经济变化（包括土地关系、农业生产、副业生产、互助组、合作社、物资交流、农民生活等方面）的论文或通讯，在本区的主要报纸上发表，并寄中央宣传部转《人民日报》或《新建设》或《新观察》发表，然后亦可汇集出版，使全国人民对农村新面貌获得有系统的知识。

资料来源：中共档案馆提供档案。

同 日

［纲 文］ 政务院举行第七十六次政务会议。

［目 文］ 会议由郭沫若主持。会议在听取、讨论并批准了燃料工业部部长陈郁所作的《关于1950年的工作简要总结和1951的方针与任务》报告。报告说，1950年国营煤、电、石油工业加强了生产的计划性，纠正了过去盲目生产状态，保证了军需、交通、工业和民用的需要。1951年燃料工业的方针和任务是，在安全第一的原则下大力恢复生产，有计划地改变旧式的落后的生产技术，试行新的采煤方法，提高电力设备能力，大力进行石油勘探，提高石油产量。

会议还通过了多项任免案。

同 日

［纲 文］ 中国人民志愿军三兵团领导机构组成并率部入朝作战。

［目 文］ 陈赓任三兵团司令员兼政治委员。兵团下辖十二、十五、六十军3个军，系志愿军的第二番部队。3月17日、21日、25日，三兵团所属六十军由安东、十二军由长甸河口、十五军由安东分别渡江入朝作战。

同 日

［纲 文］ 新华社讯，中国人民志愿军发言人发表谈话严斥美军使用毒气。

［目 文］ 发言人称，最近几个月以来，美军公然破坏国际公法，在战场上集体枪杀我人民志愿军被俘人员，最近又在汉江前线一再使用毒气弹。此前，2月23日、26日、3月3日，美军曾经连续四次在汉江前线使用毒气炸弹和炮弹。美军罪行暴露后，美军麦克阿瑟总部官员及远东空军司令部官员于3月5日发表声明抵赖。不久，美军又在汉江前线九里洞地区施放毒气炮弹两枚。

同 日

［纲 文］ 新华社讯，农业部电令各地采取紧急措施扑灭畜疫。

[目 文] 由于全国各地流行畜疫，已死亡耕畜约1万头。为此，农业部电令各地采取紧急措施，迅速扑灭畜疫，以保证春耕生产。此次流行的畜疫有牛瘟、出血性败血症、牛炭疽、气肿疽和口蹄疫；流行的区域遍及华北、西北、西南、中南等14个省区。农业部并拨发给山西、绥远两省牛瘟血清100万毫升和一部医疗器械，同时调派兽医人员前往两省疫区协助抢治。针对青海、陕西、宁夏三省32个县先后发生口蹄疫，农业部邀请苏联专家及东北、华北、华东、中南、内蒙古等地高级兽医干部30余人前往协助防治。西北军政委员会也组成西北口蹄疫防治委员会，调集50多名兽医专家组成5个防治队，急赴疫区防治。3月21日、22日，农业部与中央人民广播电台播放专门对疫区农民广播节目，讲述牛瘟、炭疽、口蹄疫的症状和防治方法。

3月17日

[纲 文] **中共中央发出关于通知各级党委讨论全国总工会文教工作会议及准备“五一”纪念的指示。**

[目 文] 中央给各中央局、分局并转各省、市、区党委的《指示》指出，全国总工会已定于4月15日召开全国文教工作会议，讨论工人中抗美援朝的时事宣传与生产宣传鼓动工作、职工的政治训练与业余教育工作、工会俱乐部工作、工人报纸工作。各地如召集城市工作会议，希望对此会议内容加以讨论，也希望在各地代表来京开会前，听取他们的意见，并予以指示。工会文教工作是党的宣传工作的重要部分，全总文教会议又几乎与全国宣传工作会议同时召集（有些问题须共同讨论），故各地宣传部应对全总这次会议所讨论的各项问题注意研究。此外，全国总工会在3月8日发出关于进一步开展抗美援朝的爱国主义时事教育与准备今年“五一”全国大示威的指示，该指示的执行也需党委注意领导。各级党委负责人要关心领导工人政治教育，把直接向工人群众作时事政治报告及地方施政报告当做重要工作。各地在讨论中央关于准备“五一”纪念的指示时，应同时讨论全国总工会该指示。

同 日

[纲 文] **政务院发出《关于春季严禁烧荒烧垦以防森林火灾的指示》。**

[目 文] 《指示》指出，1950年各地的护林工作是有成绩的，但火灾仍极严重，森林火灾达2700余次，烧毁林木约260万立方米。今后必须严加注意护林防火工作，建立与健全林业行政机构及群众护林组织，对干部、群众进行护林防火的宣传教育，贯彻中央护林政策。现值春季防火时期，在易引起林野火灾的地区，要严禁烧荒、烧垦，并布置督促检查。

同 日

[纲 文] **中财委发布《关于麻粮比价、解决收购与粮食肥料供应问题的规定》。**

[目 文] 《规定》由陈云签发，规定：一、麻粮比价：华东区黄麻每担生麻换大米8斗，河北、平原、山东、河南四省中等精洗洋麻每斤换小米3.5斤，中等精洗青麻每斤

换小米2.5斤，以上均以中级麻为标准。上述比价系指农民实际所得，即农民在乡村市集及当地合作社的出卖价格，全年各季均不能低于所定比价。东北、中南、西南区各省自行规定，并报中财委备查。二、收购及粮食肥料供应：由纺织部门保证比价，积极收购，并通过合作社与麻农广泛订立预购合同；农业部与合作总社应在规定的肥料贷款内指拨一部分为种麻肥料贷款，不敷时由纺织部门以预购方式帮助解决；对麻产集中地区，贸易部门应及时供应粮食肥料。

3月18日

[纲 文]　**中共中央发出《关于山东军区政治部主任黄祖炎被刺杀事件的通报》。**

[目 文]　中央给各中央局、各大军区、志愿军党委及各分局、省委、区党委、大中市委，各省军区、兵团、军的该《通报》称，山东军区政治部主任黄祖炎于3月13日被反革命分子王聚民在一次会议上用枪刺杀。党的高级干部被党内暗藏的反革命分子所刺杀的事件是过去所少见的，应当引起全党警惕。此事显然系反革命分子对我党及人民政府坚决镇压反革命的报复行动。《通报》要求各级党委：一、严防反革命的报复。必须预先采取防制的办法，千万不可疏忽，除加强警卫外，最重要的是采取积极手段，破获反革命的组织，消灭反革命的巢穴，坚决迅速地杀掉一切应当杀掉的反革命分子，使反革命措手不及，无力施行报复手段。二、必须认识党内、政府内和军队内已有少数反革命分子混进来，决不可认为太平无事。现在就应开始注意考查可疑分子，聚集材料。在地委及专署一级以上机关内，军分区及师一级以上的机关内，城市则为市区两级机关内，特别注意考查这类可疑的分子，一有材料，就应做适宜的处置，保障党、政、军各级领导机关的纯洁和安全，决不可优柔寡断，姑息养奸。

3月20日，中央又向各中央局、大军区、分局、省委、大中市委、区党委、省军区、兵团及军，志愿军党委及中央军委各部门转发山东分局在黄祖炎被刺后向所属市委地委发出的指示，要求连同中央3月18日通报一起加以讨论。

同 日

[纲 文]　**毛泽东批转西南区公安部关于财经交通部门清理反动分子的总结报告。**

[目 文]　毛泽东的转发批语指出，在留任人员中清理反动分子，湖北省一级已有一个经验，现在西南方面又有了一个更完全的经验。可见这不但是应当做的，而且是现在就可以做的。这个经验很值得研究。请你们对这方面的问题加以考虑，定出实施计划，取得经验，加以推广。

此前，西南区公安部的报告称，在西南军政委员会直属的财政、经济、交通机关留用人员和新知识分子9000余人中，逮捕了70余人，管制了70余人，管训了190余人，清洗了8人，共计350余人，占旧人员总数3.9%。此外，又登记了国民党及会道门分子5700余人，占旧人员总数的64%。

同 日

[纲 文]　毛泽东就民主人士参观土改问题致电饶漱石等。

[目 文]　毛泽东在给饶漱石、邓子恢、邓小平、习仲勋的电报中说，民主人士及大学教授愿意去看土改的，应放手让他们去看，不要事先布置，让他们随意去看，不要只让他们看好的，也要让他们看些坏的，这样来教育他们。吴景超①、朱光潜②等去西安附近看土改，影响很好。要将这样的事例教育我们的干部，打破关门主义的思想。

同 日

[纲 文]　卫生部发出《春季防疫指示》。

[目 文]　《指示》要求各级政府必须提高警惕，领导预防工作，认真作疫情报告，及时地防治与扑灭传染病。在城市中可建立10户卫生小组长、街卫生委员、街段责任医师；在农村中可建立10户卫生小组长、村卫生委员、区卫生助理，负责报告疫情，构成基层的疫情报告网，做到对传染病的及时发现、及时防治，并控制其流行。在获得疫情后，县、区行政上或主管卫生机构应迅速派员或组织当地私人开业医生进行调查诊断，就地隔离治疗，随时消毒；同时要向上级报告，调查传染来源，对接触者进行必要的健康隔离；并结合当地政府就个别传染病进行宣传，依靠群众来进行预防接种、一般的清洁卫生运动及环境卫生等防治工作。如县的防疫力量不够时，可请专署或省派防疫人员协助。

当时，全国各地发生疫病，以麻疹、天花为最多。白喉、猩红热、斑疹伤寒、回归热则在少数地方发生。福建、广东开始有鼠疫病例。

同 日

[纲 文]　北京天主教保卫世界和平反对美国侵略委员会筹备会举行第一次会议。

[目 文]　北京市20个天主教堂的代表56人参加了会议。会议主席刘福栋神父致开会词指出，已经站起来了的中国人民决不能容忍美帝国主义这样的暴行。天主教徒要以实际行动来保卫世界和平，反对美国侵略。会议讨论通过了爱国行动计划，主要是发动北京市天主教徒发表革新宣言，举行抗美援朝示威大游行，慰劳中国人民志愿军和朝鲜人民军，制订爱国公约等。会议选出刘福栋等11人为筹备会常委。

同 日

[纲 文]　北京市基督教团体发表拥护缔结和平公约宣言。

[目 文]　北京市保卫世界和平反对美国侵略委员会基督教会及基督教团体分会举行大会，通过北京市基督教徒拥护缔结和平公约的宣言。宣言称，我们将更广泛深入地开展在基督徒中的抗美援朝运动和反对美帝国主义武装日本的运动，热烈响应缔结和平公约宣言的签名，并迅速开展中国基督教的自治、自养、自传运动，并在最短期内制订今年北京市基督教会及基督教团体保卫世界和平反对美国侵略的工作计划，来保证以上各项具体行

---

① 吴景超（1901—1968），安徽歙县人，时任清华大学社会学系教授。

② 朱光潜（1897—1986），安徽桐城人，时任北京大学西方语言文学系教授。

动的实现和完成。

3 月 19 日

［纲 文］ 中共中央转发北京市政府党组关于与党外人士合作问题的报告。

［目 文］ 中央转发批语认为，北京市政府党组检查与党外人士合作问题的报告很好，至今还有许多党员对于和党外人士在一个机关中团结合作共同工作的问题，还没有解决或没有很好地解决，各级党委应加督促，要他们仿照北京市政府党组办法加以检查，并写一书面报告，以便有所改进。

此前，2 月 10 日，北京市人民政府党组向中共北京市委并中央、华北局提出报告说，市政府做好团结党外人士工作，必须切实执行下述三个原则：第一，在政治上、思想上乃至生活上，不要拿共产党员的尺度去衡量党外人士，只要不是原则问题，便应对他们有所让步。从团结的愿望出发，对他们的缺点错误作诚恳的批评是必要的，但态度必须诚恳，方式不可生硬。第二，要使党外人士有职有权，并帮助他们在工作中做出成绩，首先要进行必要而适当的分工。如果党外人士是正职，就应在集体领导、分工负责的原则下，给予他们总揽全局和最后决定权；如果党外人士是副职，也应在集体领导、分工负责的原则下，使他们在自己的职权范围内，能够放手做事，不受干涉。第三，党组只应讨论有关原则方针问题，不必过多地讨论具体执行问题，更不应代替行政机构直接处理行政事务，使党外人士感到无事可做。

同 日

［纲 文］ 第一次全国中等教育会议召开。

［目 文］ 会议由教育部召开。各大行政区教育（文教）部、内蒙古人民政府文教部及各省市文教厅、局的代表，各地专家、教师、学生代表及中央有关机关团体代表 243 人出席。会议中心任务是解决：一、中等教育的方针、任务问题；二、普通中学的性质、任务、课程、教材以及公私关系等问题；三、学生健康问题。

教育部部长马叙伦在开幕词中指出，中等教育是我们国家教育建设的重要环节。国家的国防建设、经济建设和文化建设等各项工作迫切地需要大量的中等技术人才、小学教师和有中等文化水平的一般干部，这是必须依靠中等教育来培养和供给的。同时，国家的高级建设人才，也需要先经过中等教育来培养。由于国家目前财政还有困难，以及人力、物力等客观条件的限制，我们对于一般的中等学校应该注重调整和巩固的工作，为今后的发展准备条件。政府对私立中等学校采取积极扶植、加强领导的方针，并鼓励私人捐资兴学。政务院文教委员会主任郭沫若讲话指出，一年来，中等教育有很大的进步。但是全国中等教育的状况，对于人民的实际需要和国家建设事业的需要来说，还是很不够的。另一方面，目前还不能增办很多学校，容纳大量的学生。因此，应着重以提高质量的办法来补救这个问题。中央人民政府委员徐特立在讲话中着重就拟订课程标准问题提出了意见和建议，认为首先要根据苏联中等学校课程标准的原则，结合我国实际的情况，来拟定适合于自己需要的课程标准。

同日，《人民日报》发表题为《重视中等教育》的社论，指出：根据目前国家建设的需要，应着重地发展中等技术教育和师范教育，并对普通中学做调整和巩固的工作，以便打好基础，准备今后的发展。同时还必须注意贯彻公私兼顾的政策，对私立中等学校积极扶持、加强领导。

同 日

[纲 文] **中共中央宣传部关于改进出版发行工作问题复信华北局宣传部。**

[目 文] 复信指出，你们响应党的号召，积极揭发出版发行工作中的盲目性、单纯追求推销数字的资本主义经营方法和财务管理中的混乱现象等缺点，很好。你们检查出来的情况证明坚决执行中央关于反官僚主义、反命令主义、反违法乱纪的指示是十分必要的。你们这样认真结合检查工作，检查自己领导责任上的官僚主义，这就是切实改进工作的一个起点。希望你们继续深入检查工作，找到改进工作的主要关键，并制订改进工作的计划。请将你们改进工作办法告诉我们。

此前，河北省人民政府新闻出版处向华北局宣传部、中共中央宣传部写信汇报了出版发行工作中的一些情况。

同 日

[纲 文] **财政部发出《关于1951年各级财政检查机构检查工作重点的指示》。**

[目 文] 《指示》指出，1951年财政检查工作的重点是：一、检查企业、事业。各级财政部门要将检查企业、事业作为本年度检查工作的重点之一，为今后的长期建设准备基础。凡属于各大区、省、市的企业、事业，由各该级财政部门负责检查；属于中央的，财政部负责检查，必要时可委托地方财政部门代查。二、对各级财政、财务部门的预算的编造、预算的执行和决算的编造，必须实行监督和检查。

同 日

[纲 文] **青海塔尔寺夏茸尕布活佛在京向中央领导人致敬。**

[目 文] 本日下午，夏茸尕布活佛向毛泽东主席、朱德总司令和周恩来总理献旗、献礼、献词。他在献词中表示：我们坚决拥护《共同纲领》中的民族政策，拥护毛主席和中央人民政府的英明领导。我们藏族人民愿和全国各民族人民团结一致，反对美帝国主义的侵略行为，继续开展抗美援朝运动，并为解放西藏和台湾而奋斗到底。他所献礼物有哈达和藏红花、麝香、猞猁皮、织锦缎等。

塔尔寺夏茸尕布活佛于2月底由青海省来到北京的。

同 日

[纲 文] **峰峰煤矿创风镐采煤量全国新纪录。**

[目 文] 国营峰峰煤矿采用苏联专家所介绍的下行分层陷落法后，3月9日开始开展创新纪录运动，通顺井506号改造场子风镐手赵文信于本日夜班以7小时20分采煤243吨创造了全国新纪录。峰峰煤矿管理局特电呈毛主席报捷。燃料工业部给该矿发来贺电，

鼓励该矿全体职工为巩固与推广这一光荣成果而努力。

同 日

［纲 文］ **中国致公党主席陈其尤发表谈话抗议马来亚英当局迫害华侨。**

［目 文］ 谈话称，最近，马来亚英国殖民当局横蛮无理地大批逮捕华侨，关入集中营；在中国华侨集中地区制造了骇人听闻的“死地”；从马来亚加影到柔佛沿铁路两旁的民众房屋，全被英军烧毁，华侨财产损失不计其数。我们对马来亚英国殖民当局这些摧残和迫害华侨的暴行，提出严正的抗议。我们完全同意中国人民救济马来亚难侨调查团的组织及前赴马来亚调查我侨胞受难的实际情况，并热烈支持这一正义而必要的行动。

同 日

［纲 文］ **新华社讯，中国大米运抵印度。**

［目 文］ 为帮助印度人民度过严重粮荒，根据中国与印度签订的换货合同，第一、二批中国大米于2月19日和27日运抵印度加尔各答，共计13100吨。换货合同规定，中国同意印度以麻袋16500包交换中国的大米5万吨。这次换货是新中国和印度之间的第一批贸易。

3月20日

［纲 文］ **中共中央发出《关于加强理论教育的决定的通知》。**

［目 文］ 《通知》指出：一、目前全党和全国人民正在致力于抗美援朝、巩固国防、土地改革、镇压反革命、整党等各项紧张工作，故加强理论教育问题暂时不宜过分强调，更不宜公开在报纸上大加提倡，以免分散领导机关与群众的注意力。二、1951年各级宣传部工作仍应着重于配合当前紧急任务的宣传，建立宣传网，积极参加整党的教育工作，并在这些工作中建立和充实宣传部本身的机构和经常业务，而暂时不将工作重点放在理论教育方面。三、理论教育工作必须进行，各地仍应按照具体情况与中央《关于加强理论教育的决定（草案）》原则，自行制定理论教育计划，予以实施，在实施中积累经验，并对中央草案提出修正或补充意见。四、为了准备在1952年实施中央《关于加强理论教育的决定》，1951年必须进行相当的准备工作，特别是教材的准备和理论教员的训练。各地应参考中央草案的原则，着手在1951年内有重点地利用党校和整党的教育工作来训练一批理论教员，借以取得经验，逐步推广。

［文 献］ **关于加强理论教育的决定（草案）**

（一九五一年二月）

（一）

全党的马克思列宁主义——毛泽东思想的教育，必须极大地加强起来。这是提高干部、改进工作的根本方法。

党内现在的理论教育状况是完全不能令人满意的。没有全国统一的关于理论教育的制度，缺少适当的初级和中级的理论学习资料，缺少理论教员和指导自修的顾问。没有认真进行理论的通俗化工作，缺少关于理论的通俗书籍、通俗论文和通俗讲演。党的报纸刊物很少刊载理论文字，不善于运用理论来解释和指导人民群众的日常生活，缺少对于各种非马克思主义的理论的批评，因而使党的宣传限制在狭隘的范围内和低下的水平上。

党内理论教育工作的薄弱，反映党内在学习问题上存在着忽视理论的经验主义的危险倾向。我党在十年前开始的改造学习的整风运动，曾经使党的领导机关和许多干部进一步地掌握了马克思列宁主义的普遍真理与中国革命的具体实践之统一的基本方向，因而使党的理论水平有了重要的提高。但是由于当时的党内状况，整风运动的主要锋芒是反对教条主义的，反对经验主义的斗争还没有在同等的规模上展开。此外，彻底克服经验主义，必须依靠广泛的有系统的理论学习，而这在过去是曾经受到党所处的紧张的战争环境的妨碍的。现在国内战争已经基本上结束，党正面临着建设新中国的复杂任务，全党有系统地学习理论，比较过去任何时候都有更好的条件也更加迫切需要。应当指出：理论学习的不发展，经验主义倾向的存在，正是目前党内一部分干部对于党的政策知其然而不知其所以然，在工作中缺少坚定性和远见，缺少对于新鲜事物的敏感，产生官僚主义命令主义事务主义倾向以至功臣思想蜕化思想的根本原因。党在学习问题上的任务，就是彻底纠正任何忽视理论的经验主义的危险倾向，就是领导全体党员在统一的制度下无例外地和不间断地进行马克思列宁主义——毛泽东思想的有系统的学习，以便逐步地造成全党的理论高涨。

（二）

理论学习应当是循序渐进的。根据党内目前的情况，每个党员的理论学习，按照理解能力的发展程度，可以分为如下的三级：

第一级，学习政治常识，即关于中华人民共和国的常识和中国共产党的常识。这种常识的教材，应当着重从劳动人民的实际生活出发，来浅显地解释党和人民政府的基本政策以及共产主义的基本原理，帮助学习者获得基本的政治观点和政治立场。学习时间一年，必要时可以伸缩。每个新党员和小学文化程度的党员凡未进行过这种学习者，无例外地都应当进行这种学习。政治常识的学习可以在支部的学习小组中进行，可以在新党员训练班中进行，也可以在机关业余学校或城市夜校中进行。小学文化程度的党员应当尽可能地加入文化补习学校学习文化，并且把政治常识的学习当作文化学习的一部分。

第二级，学习理论常识，即关于社会发展史的常识（包行历史唯物论和政治经济学），中国共产党历史和毛泽东生平的事迹，关于马克思、恩格斯、列宁、斯大林的生平的常识。这种常识的教材应当着重利用历史的叙述来讲授马克思列宁主义——毛泽东思想的主要内容，帮助学习者从科学的即历史的观点来认识现实，并为学习马克思、恩格斯、列宁、斯大林的理论著作和毛泽东的理论著作作准备。学习时间三年，必要时可以伸缩。每个学过政治常识和具有中学文化程度的党员，都应当进行这种学习。理论常识的学习可以在支部的学习小组中进行，可以在党校或城市夜党校中进行，也可以用自修的方法进行。为了准备在学完理论常识后学习马克思、恩格斯、列宁、斯大林和毛泽东的原著，凡是文化程度不及高级中学毕业的党员应当采取适当的方法（包括参加工农速成中学）补习文化，特别是补习历史、地理和自然科学常识。

第三级，学习马克思、恩格斯、列宁、斯大林的理论著作和毛泽东的理论著作。每个学过理论常识和具有大学文化程度的党员都应当终身努力研究这些原著以及为进行这种研究所必需阅读的其他著作，都应当不断地从这种学习中努力领会马克思列宁主义——毛泽东思想的精神实质，以便用以正确地解决中国人民事业中的各项实际问题。马克思、恩格斯、列宁、斯大林和毛泽东的原著的学习应当以有领导的自习为主要的方法，而以高级党校的讲授为重要的辅助方法。

除了领导党员学习以外，党的各级组织必须注意领导青年团员的学习，并使青年团员的学习内容与党员的学习内容能够互相衔接，学习条件相同的党员和青年团员可以进行同样的学习。学习条件相同的党外人员可以在自愿条件下参加党所领导的学习。在工厂、机关和学校中如有大量党外的积极分子愿意参加这种理论学习者，应尽量组织他们进行有系统的学习。

（三）

为了保证理论学习之有秩序的进行，必须实施学年制和考试制。

规定每年学习时间为八个月，即每年三月初至十月底。（农村支部党员的学习，则可于冬季及其他农业间隙时间进行之）其余四个月可以进行下列工作：(1) 考试和编级。(2) 理论教员的短期训练。(3) 教材的修订。(4) 关于新学年的其他准备工作。(5) 整党。

在学习期间，每周用于学习的时间不得少于八小时，关于时事政策的学习时间不得超过这个时间的八分之一。

学习者应当参加哪一级的学习，以及每年学习的成绩是否及格，都应当由考试来决定。关于政治常识的学习由党的地委（经过县委）和大城市的市委（经过区委）考试。关于理论常识的学习由党的省委和大城市的市委考试。关于马克思、恩格斯、列宁、斯大林和毛泽东原著的学习由党的中央局考试。参加最后一种学习的党员，每年的考试可以用发表关于理论的讲演成论文来代替，对于某一门课程考试及格者，都发给这一门课程的毕业证书，不及格者须重新再学。

（四）

解决理论教员问题是目前在全党展开理论学习的主要关键。很多的党校训练班缺乏理论教员，很多的支部学习小组因为没有理论教员领导讨论和解答疑难，而陷于无生气状态。自修在短期间还不能成为多数党员的主要学习方法，而自修的党员也需要有适当的学习顾问。

全国所有县级以上的党的领导机关，必须迅速指定一批优秀的党员担任本级党组织所需要的兼职的和专职的理论教员，并将提出的名单送请上一级的党组织批准。如果教员不足，或教员水平太低，应立即加以训练或令其进行必要的补习。各个党组织的负责人，必须尽可能的担任理论教员。应当认识：担任党的教育工作，帮助自己的同志学习，是党员的最高尚的义务和荣誉之一。

理论教员以兼职为主，但在有一百人以上参加学习的单位，就应当尽可能增设专职的理论教员。所有理论教员都应当参加支部的领导工作。所有理论教员，无论专职兼职，都应当按照担任理论教育工作的时间而领取薪金。

学习顾问是一种高级的理论教员。省级和省级以下的党组织所需要的学习顾问，应当由省委和大城市的市委任命，省级以上的党组织所需要的学习顾问，应当由中央和中央局、中央分局任命。学习顾问同样领取薪金。

在目前的条件下，对于理论教员和学习顾问的要求不应当过高，例如不要求他们能够正确地应用理论来解决实际问题，也不要求他们通晓全部马克思列宁主义——毛泽东思想的典籍。只要他们能正确地讲解一门理论教材，并在这一门理论课程上对学习者所提出的疑难负责设法解答，就应当加以鼓励。只有这样，才能找出现在所需要的理论教员，使他们有信心地工作，并在工作中逐渐求得进步。

对于理论教员必须认真培养。中央、中央局、中央分局和省委所举办的党校都应当担负培养理论教员的任务。每个省委应当利用每年的学习假期举办理论教员的三个月的训练班，或常年的轮训班，把该省所有的理论教员每年都调来训练一次，使他们能够担任下一年的理论教育。每个省会以上城市的市委都应当举办常年的夜党校，来训练理论教员和其他工作人员。地委和市委，应当经常召集适当的理论教员会议，来检查他们的工作，解决他们在工作中的困难，推广他们在工作中的成功的经验，省委和省委以上的党组织的宣传部内均应设立理论教育处，专管党内的理论教育工作，并成为所属范围内一切理论教员的顾问站，负责解答理论教员所提出的问题。在理论教育处内应配备能够担负理论教育工作的干部。鉴于理论教员和理论工作人员的一般的缺少，而目前党校的状况不足以迅速满足对于理论教员的需要，省委和省委以上的宣传工作机关（包括宣传部、党报和党校）的高级负责人员，都应当实行“带徒弟”的办法，即召集一批优秀的青年知识分子在自己的身边，指导他们进行马克思列宁主义——毛泽东思想的自修，以便比较快地把他们培养成为理论教员成其他理论工作的助手。

（五）

提高党的理论水平的主要责任是在党的高级干部身上，发展全党理论学习的主要责任也是在党的高级干部身上。

党的地委书记一级以上的干部，应当把自己的学习状况和自己所领导的党组织的学习状况每年向中央局或中央分局作一次报告。中央局和中央分局的委员，以及中央各工作部门的高级负责人员，应当每年向中央作一次同样的报告。

党的高级干部应当是全党勤奋地钻研马克思列宁主义——毛泽东思想的模范，党的高级干部应当养成为着解决工作中的疑难和改善工作质量而随时翻阅马克思、恩格斯、列宁、斯大林和毛泽东的著作以求得指导的习惯。党的高级干部应当在全党提倡在日常宣传中正确地传播马克思、恩格斯、列宁、斯大林和毛泽东的学说，以便将马克思列宁主义——毛泽东思想通俗化，从而提高党员群众和人民群众的觉悟水平。

党的领导机关应当督促和指导自己的宣传工作部门和党的报纸、刊物、出版物，为宣传马克思列宁主义与毛泽东思想而服务，报刊出版物是进行理论教育工作的最重要工具，因此必须坚决地改变现在绝大部分报刊出版物不重视自己在这一方面的严重任务的恶劣现象。必须改善《人民日报》、《学习》和《中国青年》的编辑工作，使他们成为帮助党和青年团以及广大人民学习马克思列宁主义与毛泽东思想的主要机关。

中央号召全党一致努力，为实现本决定，并由此而逐步铲除党内的理论落后现象和造成马克思列宁主义的理论高涨而奋斗。

资料来源：中共中央文献研究室编：《建国以来重要文献选编》第2册，中央文献出版社1992年版，第122—129页。

同日

［纲　文］　**毛泽东批转邓小平关于西南军政机关及云南党成分不纯问题的报告。**

［目　文］　毛泽东给邓小平的复电指出，你的意见是正确的，已转发全党仿行。毛泽东在将邓小平报告批转给各中央局、各大军区，并转分局、省委、大中市委、区党委，省军区、兵团及军，并告志愿军党委、中央军委各部门首长的电报中指出，邓小平这个报告是完全正确的，请你们加以研究。这个报告提出的第一个问题，军政机关成分极为复杂的问题，中央直属、各大区、各省市的军政机关，均是如此。不过略有程度差别而已，必须立即开始研究清查和处理的办法，并有计划地布置清查处理工作。西南军政委员会直属财经机关9000余人中清理反动分子的经验，早几天我已通报你们了，请你们根据此项经验，着手布置清理自己所属的军事、财政、政法和文教机关，先做重点布置，取得经验，再行

推广。1951年一年初步地普遍地清理一次。邓小平报告中所提的第二个问题，凡新区的党支部都应注意。

此前，3月13日，邓小平为西南军政机关及云南党成分不纯问题向毛泽东并中共中央提出了关于西南局2、3月份工作的综合报告。主要内容是：现农村运动仍按原定计划正常发展，城市工作自去年12月初西南局城市工作会议后也有进步，2月中央会议的指示已各地传达。这个时期有两个问题比我们原来想象的要严重一些。一为军政机关成分极其复杂。我们早已意识到数近10万的国民党旧军官极端复杂，还未意识到新吸收的几万青年知识分子的复杂性。其中绝大多数很好，有些小问题的可以改造，这是没有疑问的。但其中隐藏一批坏分子也是可以肯定的，而这批青年知识分子有不少已放到我们各个重要部门，且成为将来干部的来源之一，如不采取妥善而稳重的步骤，分清好坏，是很危险的。我们拟专门研究逐步解决，对旧军官的处置问题也需通盘重新考虑。至于地方则应将西南直属党委经验普及各地，争取在冬季以前照样普遍进行一次，目的在初步了解更多的情况，搜集更多的资料，以为今冬明春的整风作准备。而西南今冬的整风则应以审查“中层”人员为中心。二为云南党的组织严重不纯，其复杂性和严重性可能超过广东。据称：许多县委内部成分不纯，有国民党书记长变为我们县委干事者，有国民党县党部宣传部长变为我们的宣传干事者，这种情况并非个别现象，不少党员实际上是斗争对象。如果这个问题不能妥善处理，在减租、退押和土地改革运动中不密切结合整党，是不能把农民充分发动起来使运动纳入正轨的。而整党的关键则应首先着重于县委（可能也包括一部地委）领导，保障县委成分纯洁，清洗不可靠的分子，批评乃至撤换那些对于党的路线政策消极怠工或阳奉阴违的分子。在提出整理组织，批评阶级立场不稳的同志之后，很可能又产生小资产阶级的“左”倾蛮干情绪，坏分子也可以“左”的方式来破坏群众运动，这点也必须要预为防止。

同日

［纲文］　毛泽东批转中南局关于城市镇压反革命的指示。

［目文］　毛泽东给各中央局并转分局、省委、区党委、大市委及5万人以上中等市委的转发批语指出，城市镇压反革命工作极为重要，这个指示是正确的，特转给你们参考。应在一切大城市中等城市及小城市（包括县城及大市镇）布置镇压反革命展览。

此前，3月16日，中南局发出关于城市镇压反革命的指示，并报毛泽东。

同日

［纲文］　毛泽东转发薄一波、刘澜涛3月份综合报告。

［目文］　毛泽东给各中央局、分局、省委、大中市委、区党委及志愿军党委的转发批语要求各地仿行华北局关于镇压反革命和抗美援朝两项经验。

此前，3月10日，薄一波、刘澜涛向毛泽东送交3月份综合报告，总结镇压反革命的经验是：一、必须开好干部会议，把镇压反革命的策略和步骤交代清楚，不能一声喊杀就干起来；二、必须在发动群众的基础上杀，并且在杀的过程中继续发动群众，用一切可能的和有效的办法暴露反革命分子的罪恶，激发群众义愤；三、一定要让各阶层代表人物、民主人士参与其事。报告总结开展抗美援朝运动的经验是：一、各级党委不仅在各项工作中贯彻抗美援朝运动的政治内容，而且专门作了关于开展抗美援朝运动的决定，召开专门会议训练干部和积极分子；二、要有固定的组织；三、要有具体计划；四、必须结合当前的中心工作；五、宣传方法、方式要多样灵活，不要老一套。

同 日

［纲 文］ **政务院发布《关于收回东北银行和内蒙古人民银行所发行的地方流通券的命令》。**

［目 文］ 《命令》指出，为统一币制，决定自1951年4月1日起，责成中国人民银行限期以人民币收回东北银行和内蒙古人民银行所发行的地方流通券。

同 日

［纲 文］ **贸易部与全国合作总社公布1951年棉花预购协议。**

［目 文］ 为了在棉花播种前广泛开展棉花预购工作，使棉农在产品销路和价格上预先有可靠的保证，从而扩大植棉面积，保证完成1951年大量增产棉花的任务，贸易部与全国合作总社本日签订《1951年度预购棉花协议书》，对棉花预购对象和地点、预购品种、预购价格、农资供应和调配、预购费用、预购款支付、协议有效期限等做了详细约定。

同日，中华全国合作社联合总社根据上述协议发布《1951年预购棉花暂行办法》。《暂行办法》要求，各级合作社预购棉花皆采用合同制并在棉农自愿原则下进行；合作社应在当地财委领导下并与有关部门密切结合，协同办理，进行预购。《暂行办法》对预购手续和合同内容、结算办法、纪律等都做出了具体规定。

同 日

［纲 文］ **燃料工业部发出通报要求加强公私营煤矿的管理与检查。**

［目 文］ 通报指出，为保证煤矿生产安全，各级人民政府的煤矿管理部门应责成各公私营煤矿主管人，贯彻执行1950年10月20日中财委批准颁布的《公私营煤矿安全生产管理要点》，严格检查和认真执行5项规定。

同 日

［纲 文］ **新华社讯，公安部等公布《保护输电线路、电信线路及管制线路旧料暂行办法》。**

［目 文］ 公安部、燃料工业部、邮电部经政务院批准联合公布的该《办法》规定，凡输电线路和电信线路经过地区的各级政府、公安部队、驻军、民兵以及居民，都有保护线路的责任；在线路常被窃、毁地区，当地电业局、电信局应与上述有关方面建立护线制度，防范土匪、特务及偷盗分子的破坏活动。办法还对输电线路和电信线路旧料的存放、改制、出售等进行管制做出规定。

同日

［纲文］ **新华社讯，卫生部通报禁用人浆种痘。**

［目文］ 通报说，卫生部接到中南军政委员会卫生部的报告，湖北省公安县黄金区夹竹园居民沈俊义在当地滥用人浆为他人种痘，引起天花流行，死亡儿童6人。江西省清江县第五区也有同样事件发生。通报指出：使用人浆种痘，不但不能预防天花，反而会扩大天花的传染。这种办法应切实制止。各地在开展种痘工作中，应深入宣传，纠正部分群众不科学的看法；对于当地“种痘先生”尤应注意团结、说服与教育，以提高他们的技术。

3月21日

［纲文］ **周恩来接见印度驻华大使潘尼迦，谈西藏问题。**

［目文］ 周恩来指出，希望达赖不要离开西藏。如果按照中央人民政府的办法来解决，西藏仍然享受宗教自由，达赖将作为西藏的宗教、政治领袖派代表到北京谈判；同时，根据《共同纲领》规定，西藏将来一定成为中国境内的民族自治区域。为了肃清帝国主义的影响以及反动势力，保卫中国边疆，人民解放军必须进入西藏；如果达赖不走，经过和平谈判，解放军就可以和平进入西藏，达赖的地位仍然可以保持，中印关系也可增进一步。

同日

［纲文］ **全国总工会和中国人民银行联合通知建立工会金库制度。**

［目文］ 通知指出：中华全国总工会直属的各大行政区及中央直属华北五省二市总工会，各产业工会全国委员会，必须于4月15日以前报当地人民银行建立金库，以下各级工会组织，也必须限期建立金库。

同日

［纲文］ **新闻总署和出版总署发出关于全国报纸期刊均应建立书报评论工作的指示。**

［目文］ 指示指出，现在人民群众的学习热情日渐高涨，出版事业也有了很大的发展，书籍报刊出版的数量与日俱增。但是在大多数的报纸、期刊上还没有经常发表出版评论。许多好的出版物、好的报刊文字、好的编辑出版方法没有得到推荐；同时，有许多不好的没有受到适当的批评。为此规定：一、全国各种报纸、期刊，增设定期的或不定期的书报评论（或图书评论、出版评论、报纸述评等）一栏或一种专刊，刊载有关出版物的评论和消息。二、报纸、期刊上对出版物的评论，应当是帮助广大的读者和作者、编辑者、出版者、发行者的严肃而与人为善的益友。三、书报评论的编辑应当与作者、编辑者、出版者和新闻出版行政机关建立应有的联系，并应负责督促被批评者在同一报刊上迅速发表对于批评的认真的答复，使正确的批评得到实际的效果，不正确的批评得到应有的辩论。

同日

［纲文］ **上海宗教界举行示威游行，反对美国武装日本。**

[目 文] 参加游行的包括基督教、天主教、佛教、回教的教徒和130多所教会学校的师生员工共5万余人。26位朝鲜基督徒也参加了游行。志愿军归国代表应邀到大会讲话。游行群众高举写有“肃清美帝国主义文化侵略影响”的旗帜，不断地高呼“反对美国武装日本”、“割断与帝国主义的一切联系”等口号。游行队伍受到上海市各界人民的热烈欢迎。在重要的街口，市民们临时设立了许多宣传站，向游行队伍欢呼致敬。

同 日

[纲 文] **新华社讯，《解放了的中国》和《中国人民的胜利》两部影片获斯大林奖金。**

[目 文] 艺术片《解放了的中国》由中苏两国电影工作者联合摄制，荣获斯大林奖金一等奖10万卢布。文献纪录片《中国人民的胜利》荣获斯大林奖金一等奖7.5万卢布。

同 日

[纲 文] **影片《朝鲜前方新闻》开始播放。**

[目 文] 由北京电影制片厂抗美援朝志愿新闻摄影队实地摄制的《抗美援朝朝鲜前方新闻特辑第一号》电影片，于本日起首先在北京、天津两地配合“新片展览月”放映。

同 日

[纲 文] **新华社讯，王稼祥奉调返国，张闻天[①]接任驻苏大使。**

◀中国驻苏联特命全权大使张闻天离京赴任。

① 张闻天（1900—1976），上海浦东人，时任中共中央政治局委员、东北人民政府委员。

3月22日

［纲 文］ **中共中央批转中央统战部关于各级统战部门的业务和组织机构的建议。**

［目 文］ 中央给各中央局、分局的转发批语指出：望你们即参照此项建议，根据各地实际情况，具体规定所属各级统战部门的机构（根据这一建议县及县以下党委不设立统战部）分工和人员配备，并使这方面的干部根据可能逐步获得充实和健全。各级统战部工作所需经费，也须予以适当解决，中财委对此已予同意。责成中央局、分局统战部将办理情形随时报告中央统战部。

此前，1月20日，中央统战会议拟定出《关于各级统一战线工作部门的业务与组织机构的建议》，对地方各级统战部门的组织机构设立、人员配备及业务工作职责等做出了5个方面的具体建议。一、中央局统战部，设部长1人，副部长1—2人；设秘书长1人；设1个办公室、3个处，分掌各方面业务。二、中央分局、省委、中央局直属市委、区党委及50万人口以上省辖市委统战部，设部长1人，副部长1—2人。三、地委、50万人口以下省辖市委及100万人口以上的大城市的区委，均设统战部。四、县委及相当于县的市委不设统战部，由党委委员中一人管理统战工作。五、在政府机关，专科以上学校及公私营大企业中，应视情况需要在党组、党委会、总支或支部中设统战委员1人，负责管理统战工作。

同日

［纲 文］ **中共中央批转华南分局关于军队干部参加地方领导工作的意见。**

［目 文］ 中央给华南分局、中南局、华东局、西南局、西北局的转发批语认为，华南分局电报所述的决定是正确的，请中南军区对在粤各军发出指示，指出军队干部必须和本地干部发生正确的关系，帮助他们而不要看不起他们，这点极为重要。分局应召集有军队和地方两方干部在一起的会议，明确地指示任务和双方发生正确关系的重要性。广东这种办法，请其他中央局考虑，是否在某些干部力量较弱、工作难以开展的地方，有采用广东办法的必要。

此前，3月15日，华南分局给中央并中南局、中南军区发出电报说，为加强地方工作的领导，在不变更现行区域和不太多牵动干部的情况下，决定成立粤东、粤西两区党委和三级军区。军队经营地方的实施方法，采取军队就地兼任与军队调出干部参加地方工作两种。各野战军除就地参加兼任地方工作外，另决定每军调出干部500—700名专任地方工作。

同日

［纲 文］ **中共中央发出《关于召开土产会议加强推销土产的指示》。**

［目 文］ 《指示》指出，我国的农业生产正在迅速恢复，一部分地区已接近于战前水平。推销大量的商品粮食、经济作物、出口物资和占农业总收入很大比重的农副产品、山货、水产、手工艺品，成为目前广大农民最迫切的要求，也是国家经济发展所必须解决

的问题。各级党委必须有计划地组织这一工作。根据华北、华东有些地区的报告，有计划地召开土产会议或者土产代表会议，组织城市与乡村间、地区与地区司的物资交流，打开国内市场，活跃城乡经济，是解决这一问题的关键。

《指示》建议各大行政区、各省（市)、各专区、各县（市)、各区和各乡，均应有准备地在两个月以内召开一次土产会议。此后，中央也召开一次全国性的土产会议，除讨论如何推销去年的土产品而外，还准备讨论如何推销今年收获的土产计划。目前大量的农副土产品，一类是行销货或畅销货，一类是滞销货。召开土产会议或土产代表会议的目的就是要有分别地解决这两类土产品的销出问题。对第一类土产品中的经济作物和出口物资应由国家贸易公司经过合作社向农民大量订购，付款方式可采取一部分现款、一部分实物、一部分赊账的方式。对第二类土产品要积极设法打开销路。

《指示》指出，召开土产会议必须具体解决以下问题：恢复旧有的或开辟新的商业网；组织私商下乡进行购销；在合作社组织已有基础的地方，由合作社大力推销土产；组织群众性的短距离的物资交流；广泛推行贸易合同制度；增设土产公司，建立货栈等；组织群众运输力量；对土产品的生产加以指导。

同 日

［纲 文］ **中央人民政府华北事务部发出《关于华北区1951年几项主要工作任务的指示》。**

［目 文］ 《指示》要求，华北区各级人民政府在1951年内应努力完成主要工作任务，包括：一、继续深入开展抗美援朝和反美爱国运动，反对美国重新武装日本和破坏世界和平的阴谋，加强支援抗美援朝前线的工作，彻底扫除帝国主义文化侵略的影响，提高广大人民热爱祖国、仇视美帝国主义的觉悟程度；二、进一步恢复和发展华北工农业生产；三、加强城乡物资交流，开展贸易工作和合作社工作；四、进一步巩固人民民主专政；五、培养和训练干部。

同 日

［纲 文］ **首都各界代表千余人集会欢迎印度、印度尼西亚、澳大利亚和平人士来京。**

［目 文］ 郭沫若、彭真、黄炎培和各民主党派、各人民团体及各机关代表1000余人出席。受到欢迎的有：第二届全印度和平大会筹备委员会主席、世界和平理事会理事爱德华，印度尼西亚出席第二届世界和平大会代表团团长、世界和平理事会理事蔡锡胤，澳大利亚保卫和平委员会代表柏哲特。

3月23日

［纲 文］ **中共中央批转华东局关于镇压反革命中如何对待民主党派成员的指示。**

［目 文］ 中央的转发批语认为，华东局的这个文件是正确的，转发各中央局、分局、省委、大中市委、区委照办。此前，3月9日，华东局关于镇压反革命运动中如何对

待民主党派成员给山东分局和各省、市、区党委发出指示指出，上海在反动党团特务的登记中，公安局曾动员各友党即民主党派成员登记，甚至并无充分证据，即行逮捕友党分子。此事现已制止。华东其他各地也有类似事件发生，应从速纠正。根据公安部指示，凡加入各民主党派者，一般不要登记，以免引起不必要的甚至有害的波动。至于民主党派中的暗藏反革命分子，用侦察办法而不用登记的办法解决，各地必须切实遵照执行。各友党成员的历史问题，应由各友党作为审干问题解决，自行处理。各友党中现行犯可以逮捕，但必须证据确凿。对其他有证据的特务分子及反革命分子，应由公安部门与统战部商定后，方可逮捕。对现行犯及其他反革命分子的审讯，应尽量争取其所属党派人士参加。

同 日

［纲 文］ **中共中央批转罗瑞卿关于几个大中城市镇压反革命工作的考察报告。**

［目 文］ 中央给各中央局并转分局、省委、区党委、大中市委及所属公安部的转发批语认为，罗瑞卿关于镇压反革命问题的考察报告是正确的，要当作中央的意见予以执行，并据以检查镇压反革命工作。

此前，3月20日，罗瑞卿向毛泽东并中共中央提交报告，提出了城市镇压反革命值得注意的几个问题：一、有些同志对城市反革命估计不足，认为城市与乡村不同，乡村有大量的土匪、恶霸，城市只有特务。二、对城市镇压反革命可能引起的震动估计过高，加重了自己的顾虑，决心动摇，硬是杀不下去。三、过于相信自己的一点侦查工作基础，忽视了广大群众反奸的伟大力量，不敢放手发动群众，跳不出狭隘的圈子。四、特情关系太滥，又缺乏严格的控制和监督。五、大中城市的公安干部量小质弱，管理城市的经验不足，已有的经验也未很好总结，应付复杂而尖锐的斗争确实有困难。为此公安部门应更加主动地取得党委的领导，及时向党委请示报告；城市党委则要更加关心公安工作，设法补充干部，并给以具体指示和帮助解决具体困难。

同 日

［纲 文］ **中共中央批转河北省委关于沧县地委镇压反革命工作经验的通报。**

［目 文］ 中央要求将该通报发给所有中央局委员、大军区委员、分局委员、省委区党委委员、省军区委员、大中市委委员、大中市委所属区委书记，每人一份。

此前，3月14日，河北省委发出通报，介绍沧县地委镇压反革命工作的主要经验是：一、广泛深入教育干部和党员，明确敌我界限，在党内以批评自我批评的武器开展斗争，统一思想。二、召开县的人民代表会议，贯彻镇压反革命的精神，通过代表将镇压反革命的精神贯彻到群众中去。三、广泛开展镇压反革命的宣传工作。

同 日

［纲 文］ **政务院举行第七十七次政务会议。**

［目 文］ 会议由周恩来主持。会议听取和批准了海关署长孔原所作的海关总署一年来工作总结和本年工作计划要点的报告，通过了《中华人民共和国海关法（草案）》，听取和批准了出版总署署长胡愈之所作的出版总署1950年工作总结和1951年工作计划要点

的报告。

在讨论《海关法（草案）》时，周恩来指出，海关法是个新东西，要好好宣传。名称可以改为暂行海关法或海关试行法。会议经讨论决定将名称改为《中华人民共和国暂行海关法》。4 月 18 日，周恩来发布命令，公布《中华人民共和国暂行海关法》，定于 5 月 1 日起实行。

会议并通过任免案及提请中央人民政府委员会批准任免案多起。

3 月 24 日

［纲 文］ **中央军委做出《关于各级人民武装部的组织和编制问题的决定》。**

［目 文］ 中央军委在给各中央局、各大军区的该《决定》中，对各级人民武装部的组织系统、组织机构、编制员额以及民兵组织分别做出了具体规定。关于各级人民武装部的组织系统规定：一、自军委起至区一级止，均设立人民武装部。军区人民武装部隶属于军区司令部领导之下，设正副部长各一。二、民兵的政治工作，军分区以上即由各级军区政治部负责领导进行，县、区人民武装部设立政治工作人员。为了统一领导协助地方工作，由县委书记兼任县人民武装部政治委员，区委书记兼任区人民武装部政治教导员，区青年团书记兼任副教导员，区公安助理员兼任副部长。三、各级军区人民武装部的公务员及车辆马匹等，按各级军区编制原则配备。县区人民武装部所需通讯员、自行车及电话等，按统计政府编制原则配备，均由同级政府负责解决。四、区以上人民武装部的兼职人员，不在编制人数之内。关于民兵组织规定：一、乡或行政村，设民兵乡（村）队部。设队长 1 名，由乡（村）支部军事委员担任；副队长 1 名或 2 名，由公安员兼任第一副队长，必要时设专职的第二副队长。指导员 1 名，由支书兼任；副指导员 1 名或 2 名，由青年团书记兼任第一副指导员，必要时设专职的第二副指导员。二、凡年满 18 岁至 30 岁男性公民，身无残疾和精神病者，均有参加民兵的权利与义务，在民兵中可以组织民兵基干队，作为民兵执行任务的骨干力量。《决定》还规定了各级人民武装部的组织机构及编制员额。

同 日

［纲 文］ **毛泽东致电上海市委同意上海市镇压反革命计划。**

［目 文］ 毛泽东在给饶漱石并转上海市委的电报中指出，在上海这样的大城市，要大捕大杀几批，首先要取得党内思想的一致；其次要取得各界人民的拥护。从北京的经验看，只要工作做得好，镇压反革命是可以取得民主人士和资产阶级的拥护的。镇压反革命对象应包括：一、社会上的反革命；二、隐藏在军政系统旧人员和新知识分子中的反革命；三、隐藏在党内的反革命。镇压这三个方面的反革命，要有步骤，不能同时并举，但对于党政军的某些最重要部门特别是公安部门则须及时清理，将可疑分子预作处置，使这些机关掌握在可靠人员手里。指示电还指出，镇压反革命是一场伟大的斗争，这件事做好了，政权才能巩固。

此前，3月15日，华东局将上海市镇压反革命计划上报中央和毛泽东，提出了对反革命分子有计划、有具体执行步骤、有时间、有准备地杀、关、管的数字。

同 日

[纲 文] **周恩来召集会议研究处理《武训传》及加强电影工作领导问题。**

[目 文] 由孙瑜[①]编导的影片《武训传》公映后，京、津、沪等大城市的报刊发表了数十篇赞扬这部电影的文章。为此，周恩来召集沈雁冰、陆定一、胡乔木等开会，研究加强对电影工作的领导问题。会议决定对《武训传》进行批评，但要事先与编剧孙瑜谈通。会议还决定：一、目前电影工作的中心问题是思想政治领导，要组织中央电影工作委员会草拟关于电影工作的决定。二、加强电影编剧力量，向全国征集已经上演、并获得观众好评的戏曲剧本，有选择地改编为电影剧本。三、电影批评的标准主要是看大的政治方向，目前不宜过分强调艺术性。

此后，5月20日，《人民日报》发表毛泽东撰写的社论《应当重视电影〈武训传〉的讨论》，全国文化、教育界开始对武训和电影《武训传》进行批判。

同 日

[纲 文] **青年团中央向农村团组织发出贯彻执行政务院《关于1951年农林生产的决定》的指示。**

[目 文] 指示要求广大农村青年团组织和团员做到：一、各级团委直至农村中团的基层组织，必须把深入抗美援朝爱国主义的思想教育与认真学习和宣传1951年农林生产的方针、任务，特别是保证完成增产所必须贯彻的各项政策结合起来，发动团员自觉地参加爱国主义的生产运动，争取农业生产丰收。二、必须善于在党的领导下，在农业生产的重要环节中，发挥教育自己、带动别人的积极作用。三、在领导团员进行农业生产时，要善于发现和培养农业生产中的各种青年积极分子，依靠他们团结广大青年群众，热烈地参加生产运动；在爱国主义的生产运动中，加强团的组织生活，进行组织教育，提高团员觉悟，发挥团的基层组织的组织作用；切实掌握有重点的领导方法，有系统地总结典型经验，以指导工作。

同 日

[纲 文] **北京召开市、区人民代表扩大联席会议讨论镇压反革命罪犯问题。**

[目 文] 联席会议在北京中山公园音乐堂召开。出席会议的有市、区各界人民代表，各民主党派和人民团体代表，各大工厂、学校、机关及少数民族和宗教界代表共5500多人。北京市市长彭真讲话指出，当前的三个主要斗争任务，是深入展开抗美援朝运动、进行土地改革、镇压反革命活动。不镇压反革命活动，不彻底肃清反革命残余，就不能巩固已得到的胜利。坚决镇压反革命是人民民主专政中的一个根本问题。

公安部部长兼北京市公安局局长罗瑞卿在《彻底肃清反革命分子破坏活动》的报告

---

① 孙瑜（1900—1990），四川自贡人，电影编导。

▲ 公安部部长兼北京市公安局局长罗瑞卿作《彻底肃清反革命分子破坏活动》的报告。

中，介绍了近日清理出来的一批反革命案件，强调指出，人民政府对待反革命分子，从来就是镇压与宽大相结合。对于那些诚心悔改并向人民低头认罪的一般反动分子，我们还是要给他们以宽大处理。对于那些罪大恶极的反革命首要分子，解放后继续进行反革命活动的特务间谍分子，经过宽大后又再作恶的反革命分子，罪恶严重的惯匪、恶霸、反动会道门头子，是不能宽大的，应该严厉镇压。报告还对群众检举密告是否会冤枉好人、牵连无辜的顾虑做了明晰解释。

会议将已逮捕的一批罪大恶极的反革命罪犯押到会场，由遭受迫害的市民及家属进行控诉。中国民主同盟代表张曼筠、天主教中华若瑟修女会修女卫秀莫、工商界代表张献庭、清华大学教授周培源发言，要求严厉惩办这些罪犯，表示坚决拥护执行惩治反革命条例。

北京市军事管制委员会军法处处长兼北京市人民法院院长王斐然讲话说，这批罪大恶极的反革命分子罪行证据确凿，铁案如山。为什么到现在还没有处理？因为事情很大，想再和大家商量。今天全体代表一致要求严厉镇压，军法处将连夜工作，办好一切法律手续，明天就把他们枪决。

彭真最后讲话指出，镇压反革命是以各个反革命分子的犯罪的事实和惩治反革命条例为标准。不该杀的一个也不杀；可杀可不杀的也不杀。但是，该杀的，一个也不纵容，通通依法治罪。不这样，就没有人民的安全，人民政权就不能巩固。最近一个时期，听到各界同胞批评，说政府“宽大无边”，“对特务这样宽大简直不像个人民政府的样子”；说

“政府睡着了，不给人民做主”。他们的批评是对的，我们通通接受。

同 日

[纲 文] **麦克阿瑟发表威胁对中国扩大战争的声明。**

[目 文] 声明大肆鼓吹其所谓的军事胜利，认为中国的“军事力量被过分地渲染所夸大了”。“敌人现在必然已经痛苦地认识到：如果联合国改变它力图把战争局限在朝鲜境内的容忍决定，而把我们的军事行动扩展到赤色中国的沿海地区和内部基地，那末，赤色中国就注定有立即发生军事崩溃的危险。”

3月28日，中国人民抗美援朝总会发言人发表谈话，指出：麦克阿瑟“竟然狂妄地要求中朝部队向他做服从美国侵略的谈判，并恐吓中国人民说美英侵略军将要准备进攻中华人民共和国”。“麦克阿瑟声明中的无耻吹牛”，“和他过去多次的吹牛一样，不值一笑，而且不久就会和过去一样地破产”。3月29日，《人民日报》发表题为《斥侵略罪犯麦克阿瑟的无耻狂言》的社论，指出：“麦克阿瑟竟然公开叫嚣要武力进攻中国，这就清楚地说明了美国侵略者已疯狂到了什么程度。但是麦克阿瑟的这种无耻狂言，除了更加激起中国人民的愤怒，更加增强中国人民的警惕和抗美援朝保家卫国的神圣决心以外，当然不会有别的结果。”

3月25日

[纲 文] **毛泽东批转河北省公安厅关于天津专区逮捕反革命分子情况的报告。**

[目 文] 毛泽东给各中央局的转发批语要求将该报告转发至地委，希望各地按照天津专区（不包括天津市）抓捕反革命分子的办法办理，防止滥捕。

此前，3月10日，河北省公安厅关于天津专区逮捕反革命分子情况向公安部提出报告。报告说，天津专区于3月3日晚动员万人以上的力量，抓捕敌伪党特军政及惯匪恶霸道首等重大反革命分子，做到对象准确、组织严密、纪律严明、行动迅速、一网打尽、无一错抓。他们的经验是：充分准备，周密组织，分工负责；凭票捕人，拘票注明姓名、年龄、特征、住址及犯罪性质，既坚持法定手续，又抓捕准确，避免了错抓乱抓；逮捕行动开始前宣布纪律，增强干部的责任心，使完成任务的过程中做到秩序井然。

同 日

[纲 文] **劳动部发出公布试行《中华人民共和国劳动保险条例实施细则草案》的指示。**

[目 文] 指示指出，为了便利实施中华人民共和国劳动保险条例，劳动部协同中华全国总工会制定了《中华人民共和国劳动保险条例实施细则草案》，由劳动部公布试行。试行期限暂定为1951年3月25日至1951年10月底。在试行期内，凡实行劳动保险的企业行政或资方与各级工会组织，对于按照这一实施细则草案办理事项有疑问或困难时，可随时报告当地劳动行政机关解答或处理。

同 日

［纲 文］ **北京市军管会军法处枪决一批美蒋特务、反动会道门头子、惯匪和恶霸。**

3月26日

［纲 文］ **中共中央发出关于越南军校①继续在云南办理的指示。**

［目 文］ 中央在给宋任穷②并西南局的电报中指示，对越南工作以广西为主，云南为辅。越南军校既在云南设立，即在云南继续办理。迁至广西，既不容易，也无必要。望你帮助把越南军校办好。

此前，3月22日，宋任穷致电刘少奇，称云南与越南交通全系山地，又无公路，甚为不便。因此，建议越南军事学校也以迁广西为宜。

同 日

［纲 文］ **中财委发出《关于加强公粮保管以防霉坏的指示》。**

［目 文］ 《指示》由陈云签发，指出，现时已届春暖及南方雨多季节，在国家仓库条件很坏、粮食水分尚未降到安全标准的情况下，如不及早采取有效措施，预防粮食反潮、发热、霉烂以及土匪特务的抢劫破坏，必将招致严重损失。为加强公粮保管，望注意以下五点：一、重视粮食保管工作。请各级人民政府，督促财委及财粮部门贯彻保护粮食的工作。二、彻底检查粮食质量，处理水分高及霉变的公粮。三、深入检查粮库。对有缺陷的粮库应迅速进行修补、整理或补充；改善粮食堆装办法，增加通风及其他必要的安全设备。四、研究与创造防雀、防鼠与防虫的有效办法。五、根绝偷盗，严防土匪特务破坏。除普遍加强粮库的防火设备外，发动当地群众与民兵，成立护粮组织。较大的粮库和治安尚未稳定的地区，应调派公安武装、地方部队进行守卫与协助。

同 日

［纲 文］ **中国人民银行总行公布1950年金融工作总结。**

［目 文］ 总结指出，为落实统一财经的决定，1950年，人民银行采取了如下措施，并取得了显著成效：一、实行现金管理，成为实现现金收支平衡的决定因素之一。把属于国家但分散在各企业机关、部队、合作社的现金，由国家银行统一管理，集中调度。采取了先求现金归行，后求按计划收支的方法。到5月底，全行存款即超过了货币发行额。二、扩大折实，并适时举办保本保值存款。全面展开汇兑，大量集中私人资金，把吸收存款作为全行中心工作之一。同时，普遍建立金库，增设机构，为便于资金调拨，普遍建立发行库，保证了汇兑的畅通，并减低了各级行的库存额。由于采取了上述措施，使得大量货币回笼，保证了现金收支平衡的实现，有力地协助了制止通货膨胀、稳定物价的工作。同时，人民银行还依靠集中的资金，协助贸易、财政周转，保证了国家财经的需要，壮大

---

① 即越南陆军学校，对外称“云南军区特科学校”，设在中国云南滇中地区宜良凤鸣村。

② 宋任穷（1909—2005），湖南浏阳人，时任西南军区副政治委员、中共云南省委第一书记。

了国营经济力量。

同日

［纲文］ **邮电部部长朱学范在全国邮电财务会议上作1950年邮电财务工作总结报告。**

［目文］ 报告认为，1950年，邮电财务工作根据苏联的先进经验，采取了集中领导、专业分工、邮电合一的总方针，进一步全面地集中了财务工作。具体包括五个方面：建立财务组织，建立金库制度，建立邮电预算制度，加强审核检查工作，拟订财会制度。

同日—4月3日

［纲文］ **人民教育出版社、新华书店总店在京联合召开第一次全国教科书出版工作会议和课本发行会议。**

3月27日

［纲文］ **毛泽东批转北京市委关于召开市政协扩大会议讨论镇压反革命问题的报告。**

［目文］ 毛泽东给各中央局并转分局、省委、区党委、大中市委的转发批语认为，北京的办法很好，要求各级党委照做，并根据各地的具体做法写出报告。

此前，3月20日，北京市委给中央、华北局的报告说，采取有各界代表参加的小型代表会议讨论镇压反革命，便于集中讨论，使各界人民代表了解真实情况与得到充分发言的机会，并激起他们对反革命的仇恨。会议的报告要着重列举反革命罪犯的罪行，把典型案卷和典型罪犯的事实集中起来报告，这样虽然道理讲得少，却具有无可争辩的说服力。会上将反革命罪犯的罪证加以陈列展览，效果也很好。

同日

［纲文］ **刘少奇、周恩来致电毛泽东汇报达赖派人来京和谈的进展情况。**

［目文］ 电报说，自达赖接到毛主席祝贺其执政电后，除仍表示希望中央政府撤退军队外，另一方面又声明，他已派阿沛·阿旺晋美①为赴北京的和谈代表团团长，并派两名助理代表经印度赴北京；达赖还令人带信给阿沛，称阿沛为西藏僧俗中最有威信的噶伦，并委任他为全权代表，劝其赴北京和谈。但阿沛表示赞成进军西藏，不赞成达赖提出的五项和谈条件："中国人民政府"可以派官员到西藏查明是否存在英美强权；要求"中国人民政府"今后不要派遣军队进入西藏，西藏过去没有同外国人勾结，今后也不会勾结；在受到侵犯时，西藏将按照汉藏固有关系只向中国政府要求援助，那时请汉政府给予帮助；要求已进驻康区和阿里的汉政府军队撤回内地；要求"中国人民政府"从现在起请勿听信谣言，避免"和睦关系遭到破坏"。但阿沛估计，藏方当局无接受人民解放军入境的诚意，如藏方仍以五项条件令其赴北京谈判，不会有任何结果。所以他表示不愿任代表

---

① 阿沛·阿旺晋美（1910— ），藏族，西藏拉萨人，时任昌都总管、噶伦。

团团长赴北京，而建议中央政府派代表同他一道赴拉萨进行工作，解释误会。

电报说，阿沛是拉萨、亚东[①]两方面都承认的代表，以说服阿沛来京谈判为有利。主要原因如下：一、由中央首长向阿沛表明中央对藏政策，经过他转达，亚东和拉萨两方面可以稳定。拉萨方面也有可能争取亚东；达赖不跑印度，并有理由促其所指定的谈判助理从速来京。二、即使谈判不成，在适当时候将谈判经过公布，也能增加争取分化的作用。三、有利于入藏部队和组织直接进行宣传活动。四、如将阿沛滞留于昌都，将使对方怀疑我无谈判诚意，并给敌人以挑拨借口。不如先来京经过谈判再携带中央政府条件，转回昌都更有利；人民解放军入藏的方针及时间均已定妥，不论谈判及谈成与否，均不会动摇。而且已公开告诉印度大使，如达赖逃印，将失去在西藏的一切地位，无碍人民解放军解决西藏问题，只会给中印外交蒙上暗影。电报还说，已通知西藏工委[②]，劝说并护送阿沛来京，阿沛约4月底可抵京[③]。

当日，毛泽东批示同意该电报意见。

3月28日—4月9日

［纲 文］ 中共中央召开第一次全国组织工作会议。

［目 文］ 3月28日，中共中央第一次全国组织工作会议开幕，刘少奇作了《在中国共产党第一次全国组织工作会议上的报告》。

《报告》分析了党的组织状况和存在问题，阐述了建立正规的、固定的管理干部的机构和制度的重要性和整顿党的基层组织、发展新党员、改进干部管理制度，以及加强党的组织机构等问题。报告指出，中国共产党在各方面领导国家和各种事业，在各种工厂中、矿山中、农村中、机关和学校中、部队的连队和人民群众建立了血肉相连的关系，具有充分广大的群众性。但最近两年，不少地方接收党员过多，以致有一些不够党员条件的人，觉悟不高甚至思想落后的人，被接收到党内来。还有一些坏分子，例如阶级异己分子、反动党团和道会门分子、投机分子、自首或叛变过的分子、暗藏的反革命分子，也乘机钻入了党的一些组织。因此，对于党的组织，有计划、有准备、有领导地进行一次普遍的整理，是完全必要的。《报告》根据党章和结合当时的实际情况，提出了共产党员标准的八项条件，即：一、中国共产党是中国工人阶级的党，是工人阶级的先进部分。中国革命在过去是工人阶级领导的，在以后更需要工人阶级领导。一切党员必须承认此点。二、中国共产党的最终目的，是要在中国实现共产主义制度。它现在为巩固新民主主义制度而斗争，在将来要为转变到社会主义制度而斗争，最后要为实现共产主义制度而斗争。一切党员必须具有为党的这些目的而坚持奋斗的决心。三、做一个共产党员，必须是一辈子都要

---

① 1950年12月，在拉萨举行的西藏地方政府官员大会决定，将西藏地方政府一分为二，一部分官员留在拉萨，组成留守政府；另一部分官员由达赖喇嘛率领，前往位于西藏南部的亚东，建立政府。

② 即中共西藏工作委员会，1950年1月24日在四川乐山成立。

③ 阿沛·阿旺晋美于4月22日抵达北京，两位代表于4月26日抵达北京。

坚持革命斗争。如果在中途不能坚持革命斗争，就不能再做共产党员。这种革命斗争是包括政治的、经济的、思想的斗争在内，并且还要和帝国主义的武装干涉进行武装斗争。四、一切共产党员进行革命斗争，必须在党的统一领导下进行。因此，一切党员必须执行党的政策和决议，积极参加党所领导的革命运动，严格地遵守党的纪律，对于党内党外一切损害党的利益的现象必须进行斗争。五、一切党员必须把人民群众的公共利益，即党的利益，摆在自己的私人利益之上，党员的私人利益必须服从人民的即党的公共利益。一切自私自利的人，不肯为人民牺牲自己的人，都不能做共产党员。六、一切党员在革命斗争中，必须勇敢坚决，不能在严重的艰苦的环境中退缩，不能向敌人投降，不能叛变共产党与共产主义。七、一切党员都必须为人民群众服务，使党与人民群众建立很好的关系，认真地了解人民群众的要求和意见并及时地向党反映，把党的政策向人民群众做宣传解释。除开经过批准的少数党员外，每个党员都必须在自己的职业之外，再做一件党的组织或支部所分配的社会服务的工作，不能这样做的人，都不能做共产党员。八、一切党员为了能够并且更好地履行以上各项，都必须努力地学习，使自己懂得更多的马克思列宁主义、毛泽东思想，使自己的觉悟更加提高。不努力学习的人，是不能做好一个共产党员的。

4月6日，安子文在会上作《关于干部的教育、培养、提拔的问题》的发言，对教育、培养、提拔现有干部，积极地、大量地培养与提拔产业工人干部，积极培养提拔妇女干部，训练改造失业的旧知识分子，注意干部的专业化以及关心干部的困难等问题进行了论述。

4月9日，会议闭幕，刘少奇作了《为更高的共产党员的条件而斗争》的总结报告，报告论述了加强执政党建设的问题，指出，中国共产党建党以来一直为坚持高标准的党员条件进行了不断的斗争，今后要继续为更高的共产党员的条件而斗争。由于中国革命已经

◀刘少奇在全国组织工作会议闭幕会上作《为更高的共产党员的条件而斗争》的总结报告。

胜利，新的更伟大更艰苦的革命任务已经被提了出来，因此，今后共产党员必须比过去具有更高的条件。现在应该提高党员的条件，必须是成分好、历史清楚、对党忠诚、有实际的阶级觉悟并表现积极、又懂得共产主义与共产党的事业、愿意遵守党纲党章的人，才能被接收为党员。每个党员除开社会职业之外，必须在党的一个组织的分配之下担负一种工作。对于不够条件的党员，应在整党中分别情况进行处理。在整党建党工作中，首先要分清敌我界限，其次要分清党员与群众、先锋队与阶级的界限。

会议通过了《关于整顿党的基层组织的决议》、《关于发展新党员的决议》。会议决定：准备以3年时间完成整顿党的基层组织的任务，1951年做好有关整党的各项准备工作，后两年完成党的基层组织的整理工作。

［文　献］　**在中国共产党第一次全国组织工作会议上的报告**

刘少奇

一、党的一般情况

同志们！

我们这次全国组织工作会议是要来讨论有关我们党的组织上的若干问题，其中最主要的是关于整理党的原来的组织和发展新党员的问题。

现在我们党在组织上的情况是怎样呢？

我们党经过了三十年来伟大的、艰苦卓绝的和复杂的革命斗争，已经领导中国人民取得了革命的胜利。我们的党是伟大的、光荣的、正确的，是中国历史上从来没有过的。

我们党现在共有五百八十万党员。其中一百六十多万人在武装部队中服务，二十多万人在工厂、矿山及其他工业中从事体力劳动，七十多万人在国家的行政机关、企业机关及其他机关学校中工作，三百多万人分布在农村中，还有二十多万人分布在其他的方面。全党共有女党员六十多万人，二十五岁以下的青年党员一百二十多万人。所有这些党员，在全国各方面建立了约二十五万个基层组织和支部。从这些情形可以看出：我们的党不只在上层，在各方面领导着我们的国家和各种事业；而且在下层，在各种工厂中、矿山中、农村中、机关和学校中、部队的连队中密切地联系着广大的人民群众，和人民群众打成一片，建立了血肉相连的关系，因而使我们党具有充分广大的群众性。一方面，我们党在思想上和政治上的正确领导；另一方面，我们党又在组织上密切地联系着全国广大的人民群众。这就是我们党具有无穷的不可战胜的力量的源泉。这就是我们党能够领导全国人民不断取得胜利的原因。

我们的党，从最初建立时起，就是明确地指靠中国工人阶级的，就是在最进步、最坚固的马克思列宁主义的理论基础上，作为中国历史上最进步的阶级——中国工人阶级的政党而建立起来的。因此，在我们党内集中了中华民族中最优秀、最有觉悟、最勇敢坚定的儿女。在我们党内，有英明的、对工人阶级和人民群众抱有无限忠心的领袖，有成十万久经考验的坚强的干部，有数百万联系着人民群众的优秀的党员，不论在战场上，在劳动中，在各种工作中，我们大多数的党员都是奋不顾身的，聪明而沉着的，最能照顾大局与遵守人民的纪律的。我们党确实是中国人民中最先进的部队，是中国工人阶级和劳动人民中最先进、最勇敢、最有纪律的部队。这就是我们党能够获得历史上伟大成功的根本原因。

这就是目前我们党的总的情况和主要的情况。

但是，在我们党内，是还存在着问题的，在有些地方则还存在着严重的问题。因此，对我们党的原来的组织，在目前必须切实地加以整理。

我们党的党员，在最近两年内增加了二百七十多万人，在最近五年内增加了四百七十多万人。如果把在此期间党员减少的数目也算进去，则在此期间接收的新党员，实际超过此数。在最近两年增加党员最多的地方，是华北和华东两区，共增加一百四十多万人。在军队中，则增加了八十三万人。这就是说，两年以下的新党员占了党员总数的将近一半。在五年以内，我们党发展了四倍以上的党员，现在党员人数最多的地方，是河北、山东两省，有党员一百八十五万人。察哈尔省有党员十五万人，但该省党员超过了该省人口的百分之三。这是全国最大的比例。在河北，山东、苏北、山西、平原、察哈尔六个省区共有党员二百九十万人，约占全国地方党员的百分之七十。而全国其他数十个省区则只有党员一百三十万人，只占地方党员总数的百分之二十。这就是说，我们党的组织和党员人数的分布，是很不平衡的。

由于中国革命胜利，共产党已经成为领导我们国家的政党。因此，有很多人愿意加入我们党作一个党员。在这种情形下，投机分子，破坏分子，也在想各种办法钻入到我们党内来，企图取得党员的资格。而这也就增加了对于我们党的危险性。又由于我们党的高级领导机关在过去对于接收党员的工作没有实行严格的控制与检查，因此，在许多地方接收党员的工作是作得不很好或发生了严重毛病的，许多党的下级组织任意地降低了接收党员的条件，对被接收者的历史和政治面貌没有事先的严格的审查，也没有对他们认真地实行过关于共产主义与共产党的教育，没有在接收党员的工作上实行严格的计划与报告请示制度。因为这些，就使不少的地方接收党员过多，以致有一些不够党员条件的人，觉悟不高甚至思想落后的人，也被接收到党内来了。还有一些坏分子，例如阶级异己分子，反动党团和道会门分子，投机分子，自首或叛变过的分子，暗藏的反革命分子，也乘机钻入了我们党的一些组织。党的个别组织甚至有被这些坏分子或内奸控制着。而这对于我们党则是一种严重的危险。

此外，在我们党内还有一些党员是有较严重的毛病的。例如：没有一个共产党员所应有的那种积极性和责任心，没有一个共产党员所应有的那种阶级立场和组织观念，不求上进，而是消极疲塌，个人主义，居功自傲，闹名誉，争享受，作风不正派，官僚主义，自以为是，脱离群众等。这些人，如果不加以改造，是不具备或不完全具备一个共产党员的条件的。

由于中国革命的胜利，我们还应该注意另一些党员的情绪的变动。这些党员在过去虽也参加过革命斗争，但他们现在却有了变化。他们认为中国革命胜利就是中国革命业已“完成”，因而他们就没有准备继续进行革命斗争，拒绝党所分配给他们的艰苦的任务。他们认为以后的事情就是如何去发展他们的私人事业，享受革命胜利的果实。他们的各种毛病也发展起来了，并和党发生了不可调和的分裂。斯大林同志说：“资产阶级革命通常是以夺取政权来完成的，而对于无产阶级革命，夺取政权却只是无产阶级革命的开始”。毛泽东同志说：“夺取全国胜利，这只是万里长征走完了第一步”。很明显，这些党员对于我们目前的革命不是这样的看法，不是看作只是在“开始”的、只是“走完了第一步”的无产阶级领导的革命，而是一种资产阶级的看法。因而他们就没有作为一个无产阶级革命战士——共产党员所应有的那种坚持革命的精力。不是中国革命业已完成，而是这些党员的革命性业已完结。对这些党员，如果不使他们重新下定继续革命的决心，不重新给他们以革命的教育，他们是要丧失作为一个共产党员的条件的。

综合我们党内的以上各种情况，我们可以说：在我们党内是存在着优秀的具备共产党员条件的大量的党员，这些党员继承着并且坚持和发扬着我们党的优良的传统。但是，在我们党内也还存在着以下一些党员：在这些党员中，一部分是不完全具备共产党员的条件、或有较严重的毛病、或者丧失了共产党员条件的人。这些人，是必须加以改造和提高才能做一个党员的。另一部分是不具备共产党员的条件、对党不起作用或作用不大的人。他们是一些消极分子。如果不加以教育和改造，他们是不能做一个党员的。再有是少数混入党内的各种坏分子。这些坏分子是应该立即清除出党的。在我们党内的以上各种人，在各地方，在农村和城市，在部队、机关和学校的党的组织中，其数目和性质是各有不同的，也并不是每一个党的组织中都存在以上各种人。但是一般地说，在我们党的组织中，是普遍地、多少不一地存在着一些问题的。

这些，就是目前我们党的组织上所存在的主要的问题。

在我们党的组织上所以存在这些问题的原因，除开前面所说的我们工作上的缺点而外，是还有客观的历史原因的。这就是说，我们党过去是长期处在分散的农村中，并且是依靠老区广大的农民群众战胜了反动派，老区党的组织和大多数党员，在战争中是尽了他们的努力并起了他们的作用的。又由于紧张的战争的环境，我们党也还没有来得及对他们进行系统的教育和组织上的整理。由于这种客观的历史情况，再加上我们在建党工作中的许多缺点，就使我们伟大的、光荣的、正确的党内，还遗留着或存在着以上一些问题。对于这些问题，我们现在必须认真地、谨慎地来加以处理。再不处理，是不对的。这就是要整理我们党的原来组织的理由。

二、整理党的基层组织

由于在我们党的组织中普遍地多少不一地存在着以上所说的那些问题，对于我们党的组织，有计划、有准备、有领导地进行一次普遍的整理，是完全必要的。这就是说，要经过我们党的所有的基层组织对于我们的党员进行一次认真的审查，以便发现混入我们党内的各种坏分子，并予以清除。这就是说，要对我们所有的党员进行一次认真的共产主义与共产党的教育，以便继续提高那些好的党员，教育改造那些不具备或不完全具备共产党员条件的党员。这就是说，要经过教育与组织上的整理，保持我们党的纯洁性，继续提高我们党的质量和战斗力。

为了进行整党，各省委、区党委和大市委及各军区党委应根据各地各个系统不同的情况，拟定自己的整党计划，经各中央局审查，报告中央批准实行。从今年夏季开始，各地应进行整党的准备工作，个别已有准备的地区亦可于今年开始进行整党。整党工作的重点，应放在老区和那些发展了党的组织的地区，特别应放在那些接收党员最多的地区。在土地改革没有完成的地区，应在土地改革前及土地改革中来进行整党。各地整党的时间，由各地各系统按自己的情况来规定，但应有充分的时间进行准备与进行教育，并有充分的时间进行审查，以便从容地、稳妥地但又严肃地解决党内所存在的各种问题，并对那些需要做出结论的党员做出适当的结论。进行整党准备工作的主要事项，应该是训练整党的工作人员，进行典型试验，并对党员普遍地进行怎样做一个共产党员的教育。全国各地，在明年和后年（一九五二至一九五三年）应分批逐步实现并完成整党。

整党，是一件十分负责的严肃的工作。各级党委必须采取既严肃而又谨慎的态度去进行。对于被派遣到基层组织去进行整党工作的人员，特别是负责的人员，必须经过慎重的选择，必须把这件工作委托给那些经过考验、对党完全忠实、作风正派、又有整党建党知识和能力的人员去进行，而绝不可委托给那些不可靠的、有严重毛病的、作风不正派的、没有整党建党知识和能力的人去进行。否则，就不能使整党获得应有的结果，并将发生严重的不良影响。因此，各中央局和省市区党委必须从现有的组织工作人员中加以选择，并从其他方面选择能够进行整党工作的人员，予以充分的训练，然后派他们到基层组织去进行整党。在整党工作中，并须规定他们应该遵守的严格的纪律，实行严格的报告和请示制度，使他们的工作完全在各中央局和省市区党委的领导和控制之下进行。为了使领导上取得经验，并为了训练干部，在各地方各系统中立即进行整党的典型试验，是很有必要的。

在上级党委委托的整党工作人员到基层组织中去进行整党时，在基层组织中如果发现有以下各种坏分子，在调查确实并经支部通过和上级批准之后，应随时清除出党。这些分子就是：

一、阶级异己分子。即是从剥削阶级出身或受剥削阶级的深刻影响，并一贯保持同情剥削者、敌视党与劳动人民的观点和作风，有事实表现者。

二、参加过反动党团或落后会道门，在组织上及思想上仍未与之断绝联系者。

三、有严重内奸嫌疑的分子。

四、投机分子。即不是为了实现共产主义和革命的目的，而是为了实现个人的野心和私人目的而加入党并利用党，有一贯事实表现者。

五、在过去的革命斗争中叛变过党和革命的分子，或曾经向敌人投降自首，没有经过长期考验和立功，而混入党内的分子。

六、在重要的情节上对党隐瞒或欺骗党的不忠实的分子。

七、屡次违反党的政策和人民政府的法令，在人民群众中造下严重的不良影响，或用恶劣的态度对待人民群众，在人民群众中造下恶劣影响，而不能改正者。在人民群众中劣迹昭著者。

八、严重的自私自利，堕落蜕化，不能改正的分子。

在整党中，在多数党员完全了解的情况下清除以上各类坏分子出党，是保证整党工作能顺利进行的必要条件。对于混入党内的这些坏分子，应采取清除出党的办法，而不能采用通常的党内的办法来处理他们的问题。但这些分子在党的一般组织中只是少数或极少数，在不少的基层组织中，则是根本没有这些分子的。凭空地扩大这些分子的范围，是不能允许的。党的个别组织如有被这些坏分子所操纵把持者，则应由高级的领导机关采取特殊的办法来处理。

在整党时，对所有党员过去的历史和政治经历，必须完全弄清楚，弄确实。因此，应该告诉所有党员，如果对于自己的历史和政治经历还有任何地方没有向党讲清楚、讲确实的，或有任何隐瞒与夸大的地方，都必须老老实实地改正，向党讲明白，讲确实。否则，不论在任何时候被发现，都将被认为对党的不忠实。

在整党时，对于所有党员，要认真地进行一次怎样作一个共产党员的教育，使所有党员都明白做一个共产党员的标准。然后根据这种标准来审查每一个党员的实际表现，看他是否够做一个共产党员的标准？如果是够标准的，那是好党员，要求他们继续努力，不断提高自己。如果是不够标准或不完全够标准的，则要求他们提高与改造自己。有较严重毛病的，要求他们改正毛病。没有积极性或积极性不够的，则要求他们积极起来。觉悟不高、观点有错误的，则帮助他们提高觉悟，改正错误观点。总之，我们党应该是满腔热忱地并用充分的时间去教育、改造与提高这些党员，以便他们能够获得改造与提高，够上一个党员的标准。这就是我们在整党中对这些党员应该采取的态度。这和对待党内各种坏分子的态度是有原则的区别的。必须有这种区别。

自然，那些不够标准或不完全够标准的党员，如果他们能够接受党的教育，并努力改造自己，提高自己，他们是能够达到一个党员的标准的，并能继续做一个党员。这是他们的第一个前途。但是，他们如果拒绝党的教育，拒绝或者敷衍党对于他们的要求，不努力改造自己，提高自己，或者教育改造不好，那他们就不能继续做一个党员，因而党就不能继续保留他们的党籍，就要请他们退党，他们就不能不和党脱离组织关系。这是他们的第二个前途。这两个前途，党是热忱地希望并用一切努力去帮助和等待他们走上第一个前途的，但是，决定的关键还是要靠他们自己的选择和自己的努力。

有一点是应该加以说明的：所谓脱离党的组织关系或不再保留他们的党籍，只是在党内的组织上解除对他们的约束，他们以后的活动可以不受党的组织上的约束，而党对他们以后的活动也不再在政治上替他们担负责任了。而不是说党以后在政治上和群众组织中就不再和他们发生关系了。更不是说党以后在政治上和组织上就要和他们处于对抗的地位。由于这些不够标准或不完全够标准的党员并不是坏分子，他们在基本上并不是反党的，而是拥护党的，他们在过去的工作中也多少不一的有过一些牺牲，有些人并且是在革命斗争中立过功的，只是因为他们有严重的毛病不能改正，或因种种原因不能履行一个党员所必须履行的义务，而不得不在组织上离开党。他们在组织上离开党以后，还可以作为党的同情者或朋友，并且在以后他们如果进步了，够作一个共产党员的标准时，他们仍然可以再加入党的组织的。

还有一点也是应该说明的：在过去的革命斗争中有过功绩的人，一律不得抹煞他们的功绩，不论他们留在党的组织内或是离开了党的组织，都应该一样。决不应该因为他们离开了党的组织就抹煞他们已有的功绩。任何人对人民对国家的任何功绩，只要他不反对人民，不违犯国法，都不应该也不能抹煞，我们的国家和人民对一切有功绩的人，不论他们是党员或非党员都应一视同仁地给予他们一种适当的待遇。对于过去在工作中有过一些牺牲的人，也是一样。这是一方面。但是，在另一方面，在我们党内来说，也决不能因为某些党员有过某种功绩，就可以不履行一个党员所必须履行的那种义务。我们党的纪律，是全党统一的。我们党要求党员所履行的基本义务，是平等的，全党一律的。在我们党内，不能有那种不需要履行党员义务的特殊党员。不管有无功绩，或功大功小，党的基本纪律，党员的基本义务，一切党员都必须履行。不能履行者，在经过教育、警告和适当时间的等待之后，就要向他声明撤销他的党籍，或由他自己声明退党，因为只有这样，才能保持我们党的统一和纪律，才能保持党的纯洁性。否则，我们的党就要被一些有功绩的党员拖向后退。而这是对于我们国家和全体人民极为不利的。任何一个爱国者，都不应该要求我们党容许这种现象。

在整党中，最需要严肃而忍耐和谨慎地处理的，是这些不够标准或不完全够标准的党员。其中不可避免地会有一部分人要退出党的组织的，务使这些退党者能自愿地退出，不要伤感情，不要重复一九四八年“搬石头”的经验。

三、关于发展新党员问题

由于中国革命胜利，我们党在全国人民中已经公开并且具有最高的威信，成万万的劳动人民参加了我们党所指导的民主改革运动、抗美援朝运动和经济建设运动，成百万的人民中的积极分子参加了学习我们党的理论和政策的运动。毫无疑问，在这些群众中已经产生并在将来还要不断地产生大批的优秀人物，其中有许多人已经要求并在将来还要不断地要求加入我们党的组织。这是一方面。另一方面，我们党为了扩大和加强与劳动人民群众的联系，扩大和加强我们党对于人民群众的领导作用，也需要在城市和新区以及其他许多没有党的组织的地方发展我们党的组织。这已经是我们党目前的一项重要政治任务和组织任务。

现在应该着重在产业工人中建立党的组织和发展党员。在新区的乡村中，一般的须在土地改革完成后，始能进行建党工作，但在最近两年内，乡村支部一般不要超过十个党员。在老区农村，因已发展了很多党员，应着重于教育已有的党员和整理组织。

鉴于过去在接收党员工作中许多地方发生了严重的缺点，今后建党和接收党员必须采取慎重的方针。为了有计划、有准备、有领导地去实现城市与新区建党的任务，各级党委必须选择与训练大批可靠的组织工作人员，并建立有能力的管理党员的各级机构，以便保证接收党员与管理党员的工作成为党的各级组织之经常的重要工作之一。在过去，由于没有这样一批专门的工作人员和专门的管理机构，因而使接收党员的工作常常成为一个时期的突击工作，而在党员被接收入党之后，又缺少经常的管理教育工作。这样，就产生了不少的缺点。这是我们在今后必须避免的。

今后所有需要发展党员的地方，当地的市委、地委和县委，必须根据当地实际准备工作的情况事先做出计划，向省委和中央局报告请示，并须在批准之后，方准付之实施。在今后，不应再允许党的下级组织不经请示和批准而任意地发展党员和建立党的组织。为了使今后接收党员的工作成为有准备、有领导的工作，以后各地接收党员，均须事先经县委或市委以上党的组织派遣负责的人员和被接收的新党员谈话之后，方准接收。为了实现此种制度，县市以上党委可分别地规定各工厂、机关、学校和农村接收党员的时间。这种时间，在农村每年有两次，城市工厂、机关、学校每年有三次或四次即够。在这个时间以前，应将一切准备工作做好，并向上级报告请示，经上级审查，派人谈话并批准后，再要新党员履行入党手续。因此，上级党委必须经常检查和督促各工厂、机关、学校和农村中的支部进行发展党员的准备工作；因为以后任何地方如没有这种准备工作，或准备工作不充分，那里就不能接收党员。

不应该把接收党员的工作看作是一种单纯的组织工作或技术工作，而必须把它看成是对劳动人民中的积极分子进行长期而有效的思想教育工作和考察工作的结果。党员是从工人和劳动人民群众中的积极分子中接收的。党的组织对于每个工厂、机关、学校和农村中的非党积极分子，应有一个大体的名单，除开在各种群众斗争中提高他们的阶级觉悟之外，还应对他们进行有系统的共产主义与共产党及怎样作一个党员的教育，并应派遣党员分别地向他们进行个别的深入的了解和教育，然后才能在他们的积极要求之下将其中确实合于党员条件者接收入党。今后接收党员，必须一律经过这些深入的准备工作。凡没有经过这些准备工作或工作不够和不深入者，均不得接收为党员。如有滥自接收者，应该受到批评以至处分。因此，为了在城市和新区建党能有良好的成绩，党的组织除开在群众斗争中一般地提高群众的阶级觉悟外，还必须分配所有党员在各种积极分子中普遍地进行一系列的伟大而细致的宣传教育工作和考察工作。凡是这种工作做得不好或不够的地方，那里建党和接收党员的工作就不会有良好的成绩，相反，还可能造成以后难于纠正的缺点。为了很好地进行这种发展党员的准备工作，党的组织应派遣大批有能力的工作人员到各工厂、机关、学校和农村中去，公开地、有系统地向一切愿意接受党的教育的积极分子进行教育。凡在这些地方工作的党员，不论他是厂长、工程师或是工会及其他团体的工作人员，也不论他是土地改革工作人员或行政工作人员，均必须在党的基层组织分配之下，认真地、经常地进行这种发展党员的准备工作。

党所领导的人民群众的团体，例如：新民主主义青年团、工会、农民协会、合作社、妇女联合会、文化工作者的团体等，都是党联系人民群众的纽带，也是党向人民群众进行共产主义教育的场所。凡有这些团体的地方，一切共产党员均须加入这些团体，并在其中起积极的模范的作用，同时进行共产主义的宣传教育。凡有这些团体组织的地方，那里的工人、农民、青年、妇女或其他劳动人民入党，必须是这些团体的团员或会员，不能或不愿加入这些团体的人，一般的不应该接收他们入党。这些团体的团员或会员入党时，这些团体中的党组或负责的党员干部，必须向党的组织提供关于他们入党的负责的意见。这就是说，这些团体中的党组和负责党员干部必须担负一种发展党员的工作。

为了防止反动分子混入党内起见，除非经过党中央的批准，各地方和军队中的党的组织以后不得接收以下这些人入党：(1) 反动党团中的积极分子和区分部委员以上的负责人；(2) 反动特务机关的特务分子；(3) 在土地改革中被没收了土地和财产的地主、半地主和旧式富农；(4) 国民党反动政府的各级负责官吏；非起义的国民党反动军队中营以上的各级负责军官；(5) 加入落后帮会道门，没有脱离原来的组织并放弃其信仰者；(6) 所有被剥夺公民权及被管制的分子。以上这些人，不论他们现在在什么地方和从事什么职业，党的下级组织均不得接收他们入党。

被接收入党的新党员，他们过去的历史和政治经历，必须老老实实地填写清楚，不得有任何隐瞒或夸大。入党介绍人对于被介绍人的历史，必须负责地考察确实。

毛泽东同志说：党内要严，党外要宽。在实行整党与建党工作中，我们必须贯彻毛泽东同志的指示，根据实际上可能的情况采取严格的办法去进行。必须保障：我们在今后接收的党员，都是工人和劳动人民中最优秀的人物，都是经过考察，经过教育，成分好，觉悟高，历史清楚，对党忠诚，在群众斗争中及工作、生产和学习中表现积极，懂得党的事业，并愿终身为党的事业奋斗，能够遵守党的纪律的人物。这些，也就是党章所规定的入党条件。我们必须切实地严格地遵守这些条件。一方面，决不应该降低党员的条件，相反，应适当地提高党员的条件；但同时又必须在工厂中、矿山中、农村中、机关、学校及其他劳动群众中，普遍地去建立党的组织和接收党员。这就是说，党员条件要高，入党手续要严，但是又必须发展党员建立党的组织。这当然不是一件容易的工作。这件工作的成功与否，就决定于我们能否在工人和劳动人民群众中普遍地经常地进行一系列的深入的宣传教育工作和组织工作。这就是我们在发展新党员的工作中应该努力的地方。

四、试行建立党的同情者的小组

现在有一个提议：在我们党的基层组织的领导之下，建立共产党的同情者的小组。这可能是一个有益的建议。但我们今天对于这种组织还没有任何经验，因此，还不能普遍地推行。各地党委可选择若干单位去试行建立这种组织。待试验成熟、总结经验之后，如果可以普遍推行的话，再普遍推行。

我们认为在中国目前的条件下，建立党的同情者小组，是有一种需要的。因为在中国劳动人民群众中产生了大批的党的同情者，他们需要一种组织，需要党经常地去指导他们进行一定的工作与进行学习。但是他们还没有完全具备做一个党员的条件，或者因为他们有某些实际的困难而不能、或者他们不愿意完全履行一个党员的义务与遵守党的组织上的约束，因而他们不能被接收入党，而党又不能降低党员的条件去将就他们。为了照顾这种情形，用党的同情者小组的办法去团结、教育与指导他们，可能是适当的。此外，在过去加入了党的组织，但是不够条件的党员，在他们退出党的组织后，加入党的同情者小组，也可能是适当的。

自然，党的同情者小组，只是党的一种附属组织，只是在党的基层组织的领导之下成立起来的单个的小组，而不是一个有自己组织系统的独立的组织。这种组织如果建立起来，并运用得好，对于党在人民群众中的工作可能是有帮助的。它可能成为党的亲密的可靠的一种助手。

党的同情者小组，必须是真正的党的同情者的组织，必须是相信共产主义与共产党，拥护党的政策、服从党的领导、并在可能条件下担负党所指定给他的一种工作的人，才能被承认为党的同情者并加入同情者小组。因此，任何人参加党的同情者小组，必须有正式党员一人介绍，党的支部大会通过，上级党委批准。这就是说，必须是经过考察地、谨慎地、个别地吸收同情者小组的组员，不可大量地，任意地发展组员。

作为党的同情者，参加党的同情者小组，是必须履行以下各项义务的：

一、根据各人实际的可能，尽力担负党所分配给他的工作。

二、积极参加党所领导的群众运动，主动地向人民群众宣传和解释党的主张与政策，及时地向党反映人民群众的要求和意见。

三、努力地学习马克思列宁主义和毛泽东思想。

四、主动地向危害党与人民群众利益的现象进行斗争。

党的同情者小组的组员，应有权利参加党的基层组织的公开会议，并向党提出批评和建议。

党的基层组织必须经常地具体地分配与指导同情者小组的工作，关心与帮助他们学习，并把这种工作当作自己的经常工作之一。

党的同情者小组的组员，如有不服党的支部的领导，不能履行同情者的义务，或有其他恶劣行为，经过劝告而不能改正者，得由支部大会通过除名。同情者小组的组员亦得自由申请退出同情者小组。

以上各项，在试行建立同情者小组时我认为是可以采用的。

五、关于干部的管理问题

除开军队外，现在全国有我们党的与非党的干部共约一百七十五万人左右。其中在一九四九年以前参加革命工作的干部六十多万人，他们大都是经过了审查与考验的，其中问题较少。一九四九年以后参加工作的干部约七十万人左右，从国民党政府机关留用下来的人员约四十万人左右，在他们中间还存在着很多很复杂的问题。为了管理这些干部，需要建立正规的、固定的管理干部的一套机构和制度。中央组织部已经提出了一个干部管理制度的草案，请大家加以研究。从原则上说，担负最重要职务的干部，应集中由中央管理，地方组织加以协助。担负次要职务的干部，由各中央局、分局和省委、区党委分别管理，下级组织加以协助。担负初级组织职务的干部（乡村和基层组织的干部），则由县委和市委管理。总之，从最初级到最高级的每一个干部，都要有一定的机关来管理，不应有任何一个干部而没有地方管理他的。我们党除开管理我们党的干部外，对于非党干部的任免调配及其他问题，也必须发表肯定的意见，因此，对于非党干部也需要间接地或直接地予以管理。关于中央和各中央局、分局、省委、区党委具体管理那些职务干部的名单，中央组织部也拟定了几张表，也请大家加以研究。最好我们能够讨论出一种办法，逐步地把管理干部的制度建立起来。

所谓对于干部的管理，就是说，要全面地、经常地了解他们的情况，并对他们做出适当的估计，进而考虑和决定他们的工作问题以及他们职务的升降任免等。对于他们的学习及其他问题，也应给以经常的关心。对于每一个干部的这些事项，确定由一定的机关来负责管理，是会有益处的。

关于干部，还有许多问题，其他同志会要说的，我在这里就不说了。

六、加强党的组织机构

最后，是关于加强我们党的各级组织机构问题。

我们党的组织，在最近有很大的发展，并且还要在城市和新区继续发展。但是，管理我们党的各级组织机构，则没有加强，反而削弱了。由于我们破坏了旧的国家机器，需要迅速地重新地来组织我们的国家，我们有很多干部使用到国家机关里面去了。又由于空前伟大的群众运动的发展和群众团体的建立，我们又有很多干部使用到群众工作方面去了。再有，战争还没有结束，抗美援朝正在紧张地进行，大家的注意力还是要放在这一方面的。正是由于这些原因，对于我们党自己的各级组织机构，就没有去加以应有的注意，就没有去加强它们，反而把它们削弱了。毛泽东同志说过：现在反而没有人来管理我们党的事务了。而这是危险的，不能再继续下去的。

必须迅速地加强我们党的各级组织机构，以便能够没有缺陷地来管理我们党内的各种事务。不只是我们党的组织部门应该加强，宣传部门以及其他若干部门，例如党的纪律检查委员会、党校等，也必须加强。从最基层的组织起，一直到党中央的各级组织部门和宣传部门，均必须尽可能迅速地在干部方面和机构方面都加强起来。这已经成为整理、教育和发展我们党因而更加提高我们党在人民群众中的领导作用的一个关键问题。

目前我们党的组织、宣传部门都是人手太少，机构简单，干部工作能力不高或太弱。因此，必须增加人手，添设机构，提高干部的工作能力，并增加一些有能力的干部。而各级党委对于这两个部门的领导，例如：定时地讨论它们的工作计划，检查它们的工作，召开各级组织工作、宣传工作的专门会议等，均必须加强起来。

目前县委以上各级党委的组织部，应设立以下一些机构和人员：这就是管理党员的机构，管理干部的机构，管理组织指导的机构，研究支部工作并指导直属党委工作的机构。在这些机构中，应安排足够的称职的工作人员。在党的区委中，也应该安排足够的工作人员，例如：为了管理支部中的组织工作与宣传教育工作，以每十个左右支部、数百个党员为比例，在区委设一个组织员和一个党内教员，是有需要的。在党的基层组织中，例如：大的工厂、矿山、机关、学校中的支部，有一二百个党员以上者，应配备一个或几个脱离生产的党的工作人员。只有设立这些机构和配备善于工作的人员，才能把我们党分布在全国和社会各方面的数百万党员和党的各种组织经常地有系统地管理起来。以后我们党的组织和党员及党内的许多事务，均应由党的各级组织部和组织工作人员加以管理。

各级组织部及其工作人员的具体编制，中央组织部已有一个草案，请大家研究。

自然，一下要配备这样多的工作人员，建立这样多的机构，是作不到的。只能是根据实际的可能逐步地把它作好。对于这件事，目前的中心问题，是我们还缺少这样一批组织工作人员，而已有的人员，则在数量上和质量上都大大不够。因此，目前我们努力的中心方向，应该是迅速地培养和训练这样一批组织工作人员。这是要由中央、各中央局和省市区党委一齐努力来办的。训练的计划，中央将要拟定，但各地现在就可以开始量力进行。我们应该计划在三年至五年内大体地训练成熟这样一批工作人员。而在目前，我们应该采取一边工作一边训练的办法来加强我们党的各级组织机构的工作。

除开加强党的组织、宣传部门外，党的各级纪律检查委员会的机构及其工作也应该加强。由于环境的影响，党员违反纪律的现象是加多了。但是，许多党的组织对于党员违反纪律的现象没有加以处理，或者处理得不适当、不及时。党的基层组织和下级党委，对于党员违反纪律的事情，常常是不向上级作报告，也不加以研究和总结，因此，就常常使那些违反纪律的党员能够逃避党的应有的制裁。而这是错误的，危险的，不能继续下去的。

必须提高我们党的纪律性。对于违反纪律的党员，党的组织必须及时地予以过问，并予以应有的制裁。对于其中有教育意义的事件，应在党报党刊上发表。下级党委必须将其所属党员违反纪律的事件及其处理情形向上级作报告和请示，上级党委应该迅速地、及时地处理由下级党委提出的违反纪律的事件。因此，党的各级纪律检查委员会的机构及其工作，必须予以加强。

党的各级纪律检查委员会和各级人民监察委员会应在工作中取得密切的配合，以便在党与非党的政府工作人员中和那些破坏国家纲纪、违反政府法令以及阳奉阴违、官僚主义、贪污浪费、不负责任等现象，进行严重的系统的斗争，保护国家和人民的利益。

党内的惩办主义是错误的，不应该再重复，但对于违反纪律的党员不加过问，应该处分的，不及时地予以处分，使党的纪律逐渐废弛下来，那是更加错误的。目前我们党内的主要偏向，是后者，而不是前者。必须纠正这种偏向，把党的纪律性提高起来。

在提高党的纪律性的同时，必须扩大党内的民主。党委制，党的代表会议与代表大会制，党内批评与自我批评的制度，在党章上已有规定，中央在过去也有过决定和指示，这些，都必须在全国范围内付之实施，不应再有保留或拖延。

党内的选举制，也应该逐步地实行起来。在新区以及某些党内还有严重问题的地区，暂时不能实行选举者，则召开党的代表会议并使代表会议代行代表大会的职权，在其他地区，应即进行选举。由于我们党员对党内的选举也缺少经验，为使党员有更多的练习选举的机会，一般的可在党内每一年进行一次选举。党章规定是每两年进行一次选举。我们多进行一次，是不违反党章的。党的各级代表会议的代表，亦应尽可能地经过适当的选举产生。各级党委，应由党员大会、党员代表大会或代表会议选举产生。各级党委的常委，则由党委的全体会议选举产生。选举的方式，一般的可采用举手表决的办法。

党的各级委员会的成分，应根据可能适当地予以扩大，就是说，在当地政府、财经、文教、地方武装、人民团体中负责的又具有适当条件的党员，应吸收他们参加党委的领导工作。除开日常工作由党委的常委处理外，当地一切重要工作的方针、政策和计划，均应在党委的全体会议上讨论和通过。上级的指示，当地的各种重要情况的报告，均应经常地通知党委所有的委员。党内的不同意见和争论，除开无原则的问题不要去着重外，一般的不应该避免，相反，应该摆在桌子上，适当地展开讨论，并向上级报告，到可以做出结论时，即适当地做出结论。只要这种争论不妨害当前工作的进行，又不是不着实际地、无限制地、无结果地空谈下去，这种讨论会有益处的。这就是说，党委制必须根据中央的指示是实际地而不只是形式地建立起来。

适当地扩大党内的民主，实际地而不只是形式地建立党的各级党委制、代表会议与代表大会制，并使它们加强工作，是加强我们党的各级组织机构的重要环节。

资料来源：中共中央文献研究室编：《建国以来重要文献选编》第2册，中央文献出版社1992年版，第147—172页。

3月28日

［纲 文］ 中共中央发出《在镇压反革命中处理涉及民主党派、民主人士、爱国分子问题的指示》的通知。

［目 文］ 发到县委及师党委的该《指示》指出，在镇压反革命、尤其在进行反动党团登记时，不少地区已涉及民主党派、民主人士和爱国人士，如果处理不好，极易引起不必要的波动，增加工作障碍。为正确处理这一问题，特做如下规定：

一、凡属下列人员，即便过去参加过反动党团，也不要向公安局进行反动党团登记：（一）各民主党派党员；（二）无党派的民主人士；（三）在人民解放运动中立过功的（如武装起义、策反有功等）；（四）起义部队的现职人员；（五）在报上公开发表过宣言或声明的，如原国民党政府立法委员；（六）政府机关、公营企业、公立学校及其他公营机关的留用人员，已向各该行政部门填表登记过的，不再进行登记；未进行登记的，由各该行政部门填表登记，并向公安机关报告登记情况。如有隐瞒不报者，由公安机关传讯审查处理。

二、应加强对各民主党派和民主人士中一切有反革命嫌疑的分子的侦察工作，取得证据后，依法惩办。

三、对于民主党派、民主人士和爱国分子中确有重大罪恶并为群众所痛恨的恶霸或其他反革命分子，只要证据确凿，又无显著功劳者，应依法惩办。但事前须由公安机关会同统战部门进行必要的工作。

四、对于民主党派人士或其他民主人士的家属、亲友中的反革命分子，原则上应依法处理，其中反动党团分子应照章登记。如果罪恶不大，群众意见不多，而民主党派负责人又向我说情者，可从宽处理。

五、以上各项问题的处理，公安、统战部门应密切配合。每一案件的处理，都应做到使人心服口服，达到提高民主党派党员与民主人士警惕性的目的。

六、在处理上述案件时，属于民主党派的一般党员，应经地委批准；属于一县知名人士，应经省委批准；属于或牵涉民主党派中省级负责干部和在一个省区内知名的民主人士，应经中央局批准；属于或牵涉民主党派中央委员及高级负责干部或社会上有地位与影响较大者，必须请示中央批准。

同 日

[纲 文]　中共中央批转东北局关于《东北公营企业计件工资制度暂行规程（草案）》。

[目 文]　中共中央转发批语称，同意《暂行规程（草案）》在东北地区公布试行，要把实行结果定期总结报告中央；并要求把这一草案抄发各中央局参考。

此前，2月14日，东北局在请示报告中提出，东北各国营企业过去实行的工资制度主要是计时制和计件制两种（也有实行超额奖励和包活制的）。根据各企业的经验，计时工资制是不能刺激工人上进的，计件工资制则是不断提高劳动生产率、改进经营管理工作、贯彻经济核算制的最有效方法之一。为此，本区各国营企业拟从1951年起开始有计划推行计件工资制及计时奖励制，特草拟该《暂行规程（草案）》，主要内容是：一、定额问题：规定采用平均先进定额的原则。定额方法：原则规定采用科学的技术定额测定法，但如某些企业目前采用确有困难时，先根据生产实际状况的统计，找出平均先进定额并以技术测定结果加以审核决定。此项定额应为大部分同级工人在正常努力的条件下所能达到的。二、制定计件工资支付方法是根据公私兼顾的原则起草的，其中如高等级工人做低等级活，完成了定额而拿不到基本工资时，则保证其基本工资；非工人本身过失所造成的停工时间，按基本工资75%支给。如由于工人本身所造成的废品损失，除不支给计件工资外，必要时还得负责赔偿。但为了照顾工人生活，应保证最低不得低于工人该月实际应得基本工资的50%。三、制定奖励制度的目的，主要在于鼓励和刺激其他不能实行计件工资制的人员更好地配合计件工资制的实行。受奖人必须在整个车间或厂矿完成任务的原则下才能受奖，奖金多少应根据本身工作成绩大小决定。为了保证质量，规定检验工的奖金不随生产任务超过与否发奖，而是根据本身工作成绩得奖。四、剩余工人处理问题：劳动生产率提高后，某些企业暂时不能增加生产任务，因而劳动力会有多余，为保证工人不因计件制的推行而造成失业，特规定计件后所有剩余工人，应预先做出计划，呈报主管部门解决，不得擅自裁减工人。这一《暂行规程（草案）》是适合东北情况的，可以行得通的。

同 日

［纲 文］ **周恩来致电彭德怀、高岗告同沙哈罗夫[①]商谈中国在朝鲜修建机场的最后结果。**

［目 文］ 电报称，苏方坚决要求中国方面同时修好苏军飞机使用的4个机场，而将中国方面使用的4个机场交朝方负责修建。考虑到苏军飞机如不能进入朝鲜作战，中国空军也无法在其掩护下前进，故答应由中国先派1个军修好供苏方使用的4个机场，而暂将中国方面使用的4个机场委托朝鲜方面先修2个，如届时不成，再由中国方面继续修建。

3月31日，周恩来又致电中国驻朝鲜大使倪志亮向金日成转达中方关于在朝鲜境内修建机场问题的意见。电报称，保证中、朝、苏空军准时入朝担负掩护交通运输任务的关键是克服一切困难，尽一切力量修建在朝鲜境内的机场。修建机场的方针是，有计划地分区修建。苏联方面使用的6个机场，先修建4个，由中国方面负责修建，并定期修好。中国方面使用的4个机场和朝、中双方合用的3个机场，拟请朝鲜方面负责修建。

同 日

［纲 文］ **中财委向周恩来并中共中央报送财政部《关于1951年度全国财政收支概算三次变动的报告》。**

［目 文］ 《报告》说，至1951年2月，全国财政收支概算赤字增加到136000多亿元。除苏联贷款可抵补18600亿元外，需发行货币118000余亿元。4月5日，中央批准了这个《报告》，并要求努力组织收入，压缩支出，保证不再突破预算。

同 日

［纲 文］ **中财委发布《基本建设工作程序办法》。**

［目 文］ 《办法》是依据政务院1950年12月14日发布的《关于决算制度、预算审核、投资的施工计划和货币管理的决定》制定的。《办法》规定，中财委根据中央人民政府通过的国家年度财政总概算，提出年度基本建设控制数字，分发各部，并抄送各大行政区、华北五省二市及内蒙古自治区财委。各部再根据控制数字通知所属建设单位，并领导由下而上地编制年度基本建设工作计划。各单位按中财委提出的办法编制年度计划，并要求各部及各单位将年度计划报中财委核准。《办法》还对基本建设工程的设计工作、施工和拨款、报告与检查、工程决算与验收交接等做了详细规定。

3月29日

［纲 文］ **政务院公布《关于一九五一年度财政收支系统划分的决定》。**

---

① 沙哈罗夫当时作为斯大林私人代表来中国，1951年4月中旬回国。

［目 文］ 《决定》共八项内容，指出，为加强对财政工作的统一管理和统一领导，并照顾地方的因地制宜问题，决定把1950年3月以来实行的财政力量高度集中于中央的方针，转变为统一领导、分级负责的方针，将财政划分为中央财政、大行政区级财政、省（市）级财政，实行三级管理制。农业税、关税、盐税、公债，以及中央直接经营的国营企业的利润、中央级行政司法规费，全部作为中央收入；货物税、工商业税、印花税、交易税、存款利息所得税、烟酒专卖利润等，由中央和地方按比例分成；屠宰税、契税、房地产税、特种消费行为税、使用牌照税，大行政区以下经营的国营企业收入，地方行政司法规费及其他收入，均作为大行政区或省（市）收入；农业税超过计划征收部分的50%留给地方。在岁出方面，国防费、外交费、公债外债还本付息、中央级行政经费由中央支出，其余按1950年管理情况划分，分别由中央和地方支出。

［文 献］ **关于一九五一年度财政收支系统划分的决定**

（一）为巩固财政工作的统一管理与统一领导，并适应各区经济状况及工作条件做到因地制宜起见，决自一九五一年度起，国家财政的收支系统，采取统一领导分级负责的方针。实行下列三级制：（甲）中央级财政；（乙）大行政区级财政；（丙）省（市）财政。专署及县（市）的财政，列入省财政内。县（市）所属的乡村财政，单独编造预算，不列入省财政预算内。

中央级财政称中央财政，大行政区级以下财政，均称地方财政。

（二）各级财政收支系统，依下列原则划分之：

地方财政收支：由中央人民政府财政部就指定的收入及核准的各区预算，划分一部分为大行政区的收支；大行政区根据中央划分之收支，按所属各省（市）具体情况，划分为大行政区级与省（市）的财政收支，并报政务院财政经济委员会备案。

中央直属省（市）的财政收支，由中央人民政府财政部划分，报请政务院财政经济委员会核准施行。

（三）各级财政之岁出，暂依现行管理情况，划分如下：

国防费支出：包括陆、海、空军经常费，国防建设费，作战费，军工生产费，作战支前费，均列入中央预算。

人民经济建设投资及事业费支出：国营企业投资、经济建设事业费，暂行一九五〇年度管理情况划分，原属于中央投资经营者，其投资或事业费列入中央预算；属于各级地方投资经营者，其投资或事业费，列入各级地方预算；中央投资委托地方代管者，列入中央预算，地方只负管理、监督、代领转发或核销之责。其划分办法另行规定。

社会文化教育事业费支出：（甲）教育费：列入中央预算者，为中央直属的大学专科以上学校、各高级科学研究所、中小学及民族学院或分院。列入大行政区预算者，为大行政区直属的大学专科以上学校、中小学及民族学院成分院。列入省（市）预算者，为省（市）直属的独立学院、专科学校、完全师范、中小学。以上各项支出，均依直接领导关系，分列各级预算。各级干部训练经费，社会教育支出，按管理情况，分列中央、大行政区、省（市）预算。一般小学教师，由地方附加开支。（乙）文化事业费：中央广播台及地方收发国际新闻报道之广播台，新华社各级组织，国营电影制片厂，电影经理公司，新华书店及中央直接经管的文化机构、出版社、报馆、剧院等，列入中央预算。各地之区、省（市）际广播电台，地方性报纸、出版社和书店及区、省（市）剧院、文工团、宣传队和纪念建筑等，均按管理系统，分列大行政区、省（市）预算。（丙）卫生事业费：医药公司及新接收的教会医院和教会学校之经费，暂列中央预算。各级医院、医疗队、防疫队、疗养院，均按各级管理系统，分列中央、大行政区、省（市）预算。县立医院，由地方附加开支，如有不足，由省预算补助。去年由部队交地方接收之伤病员费用暂列入中央预算，由大行政区代领代发。今后无政务院或政务院财政经济委员会正式命令，不再接收。如地方医院自行收容部队之伤病人员，则由地方径向部队领取经费，不得列入预算。（丁）社会事业费：残废军人抚恤费，按管理系统，分列中央及大行政区预算，省（市）可以代领转发。失业工人救济费，范围较大的灾荒救济费，列中央预算。一般灾荒救济费及孤儿院等社会救济开支，参战、剿匪伤亡民兵抚恤，政权干部老弱残废退休人员生产补助，移民开支，由地方捐募及原救济基金开支，如有不足，按大行政区、省（市）预算，分别予以补助。优待烈军工家属开支，由群众互助解决，如有不足部分，由地方附加内开支。

行政管理费支出：中央级行政经费，外交费，业务费，财务费，均列中央预算，但为照顾各地粮食调运及税务稽征的具体情况，得划出一部分给大行政区或省（市）掌握，以便即时解决粮食调运及税票印制的开支。各级公安团队的经费和特费，司法费、司法业务费和囚犯粮，各级粮食局、盐务局和税务局的经费，供给制干部家属补助费，一般印刷财务费（包括征收费），政治业务费，均按管理系统，分别列入中央、大行政区或省（市）预算。土地改革经费，列入大行政区预算。

党派团体补助费，包括各级党委、群众团体及文化团体活动费之补助开支，按其组织系统或管理系统，分别列入中央级、大行政区级或省（市）预算。

内外债还本付息，财政积压物资，由中央统一编列预算。

其他支出，按照管理系统，分别列入各级预算。

（四）各级财政之岁入，应按其收入情况，并参照国家岁出预算的分配，照顾各项支出的轻重缓急与其经常性、季节性的特点，依下列原则划分之：

农业税，关税，盐税，中央直接经营与管理的国家企业收入，清仓收入，中央级行政司法规费收入（包括土地所有证费收入），内外债款收入，国家银行收入及其他收入，均列为中央收入。

货物税，工商业税（包括营业税、所得税、临时商业税、摊贩业税），印花税，交易税，存款利息所得税，烟酒专卖利润收入等，列为中央和地方的比例解留收入，解留比例另订之。

屠宰税，契税，房地产税，特种消费行为税，使用牌照税，大行政区以下经营的国营企业收入，地方行政司法规费及其他收入，均划为大行政区或省（市）的收入。

上年预算结余应分别列为各级财政收入，编入本年预算。决算后上年实际结余，超过预算编列数者，其超过部分，由中央核定，酌留一部归地方，如不及预算编列数者，其不足部分，由中央补助。

以上各级财政岁入之划分，较各级岁出预算，如有超过或不足者，得按其岁出预算，加以调节增减。

（五）各级财政解留之税收，依每日收入的入库数字，由金库按照规定成数，分别列收中央金库账或地方金库账。

（六）农业税收入超过任务者，其超过部分，得留百分之五十给地方。

（七）划归或比例留解的各项税收，除农业税由粮食局统一拨给外，其他则按照规定，分别解交中央金库或地方金库。凡属中央税款，统由中央人民政府财政部支拨，地方不得动用。地方税款，则由地方支拨。

（八）各级人民政府对于各项收入，均须按照规定。保证任务完成。并须依法征收，不得任意增减。未经中央核准，不得随便增加税目。各级征收机关所有收入，必须依照金库条例之规定解库，逐级上报。各级人民政府的一切支出，均须依照预算规定执行，不得自行变更。

资料来源：1951年4月5日《人民日报》。

同日

［纲文］　中央军委决定成立华南军区。

［目文］　华南军区以广州军区司令部、政治部为基础成立，叶剑英任司令员，谭政任政治委员，归中南军区领导。1952年6月19日，华南军区并入中南军区，军区领导机关由武汉迁广州。

同日

［纲文］　中财委发布再次调整全国纱布价格的意见。

［目文］　3月19日中财委发出关于棉纱增税及纱布价格调整方案后，根据各地意见，本日又决定布价变动如下：上海、天津、青岛，27.5万元；汉口，29.5万元；重庆30万元；西安雁塔布，29.5万元；广州，29.8万元；济南，28.2万元；北京，28.2万

元；保定28.7万元；石庄山鹿，28.7万元；太原明星布，27.5万元；郑州，29.5万元；新乡29.3万元；张垣，28.7万元；归绥，29万元。其余纱税及纱价完全按19日电报规定执行不变。意见要求以上调整价格，各地务必于4月1日连同纱价统一挂出，并将市场反映随时上报。

同 日

［纲 文］ **中共中央政策研究室就渔民阶级成分划分问题复电中南局政策研究室。**

［目 文］ 复电同意中南局政策研究室关于渔民阶级成分划分问题的意见，但对相关条款做了修改，认为海面、河面和埠头“归国家所有，不再收租金，组织渔民管理”；渔业中的手工业资本家与渔业资本家应一律称为渔业资本家；第4条中的小手工业者应称为渔民；第5条中的手工业工人、第6条中的产业工人应一律称为渔业工人。

此前，3月14日，中南局政策研究室在给华南分局政策研究室并报中央政策研究室的电报中，提出如下原则意见：渔民中不少人兼营农业，以农业为主要收入来源者，按照政务院《关于划分农村阶级成分的决定》确定其成分。以渔业为主要收入来源者，则划为以下几种阶级成分：一、占有海面、河面、埠头的湾主、埠主，不从事渔业生产，而以谋取利润、勒收埠租、湾头费等为主要生活来源者，应划为渔业封建剥削者，与农村的地主一样待遇，其海面、河面及埠头一律没收。二、鱼栏既为从事渔业所必需的商业活动，又进行封建垄断与超经济剥削，故不能按正当商业待遇，应逐步取缔其非法剥削，鱼栏主可以划为商业资本家。三、占有生产工具，如渔网、渔船，以雇人劳动为其主要生活来源者，有时也参加轻微劳动，应划为手工业资本家，经营新式渔轮者可划为渔业资本家。四、占有生产工具，自己从事主要劳动，依靠自己劳动为主要生活来源，有时也雇用少许工人或少许出卖自己的劳动力者，应划为小手工业者。五、没有生产工具，或只占有少许工具，依靠出卖劳动力为主要生活来源者，应划为手工业工人。六、完全以出卖劳动力为生，在新式木轮上操作者，应划为产业工人。

同 日

［纲 文］ **全国合作总社发出关于配合春耕运动的指示。**

［目 文］ 指示要求：一、各地农村基层供销合作社结合春季生产资料的供应业务，向社员及广大农民展开爱国增产运动宣传和政府增产政策的解释，以提高农民增产积极性；宣传解释棉粮、麻粮、烟粮比价，提高其增产经济作物的信心和兴趣；号召和引导社员带头种植上述作物，以提高合作社及社员的政治影响。二、合作社使用国家肥料贷款所购买的肥料，凡可能进行现售的地区，除按优待价格卖给社员外，应在不高于市价或稍低于市价的原则下，大力向非社员农民推销。在社员或农民无力购买的情况下，应积极组织肥贷和预购产品，务必充分满足社员需要及照顾非社员农民需要。要协助社员添补和修理农具，推广新式农具。在非社员的请求下，可为其代购部分农具。县社应结合重点基层社，设立临时性的流动农具修理站，以修补社员农具为主，在力所能及的条件下可照顾非社员农民。应着重推广调剂经济作物优良种子，大力开展农药采购和使用。要教育社员爱

护耕畜，协助农民扑灭畜疫。三、要加强余粮及土产的推销业务，播种期间向社员订立棉、麻、烟等预购合同，解除农民怕卖不出和担心价格不合理顾虑，各级合作社在播种期间，应展开预购产品保证销路的订合同运动，争取在春耕期间，把社员大部分棉、麻、烟等经济作物的销路落实。四、为了保证国家工业原料的充分供应，合作社各项工作，特别是供肥、整社、建社、预购产品等，都应以棉、麻、烟、茶等经济作物地区作为重点。

同日

［纲 文］ **天津市、区各界人民代表扩大会议通过关于严厉镇压反革命分子的决议。**

［目 文］ 天津市、区各界人民代表，各民主党派党员，各人民团体代表及各机关、工厂、学校代表15000余人参加了大会。大会执行主席黄火青①致开幕词，市长黄敬讲话。会议听取并讨论了关于天津市严厉镇压反革命活动的报告，遭受特务、恶霸迫害的市民及家属当场进行控诉后，各界代表陆续在会议上发言，一致拥护《惩治反革命条例》，要求政府严厉镇压反革命。会议通过了关于严厉镇压反革命分子的决议。

3月30日

［纲 文］ **政务院召开第七十八次政务会议。**

［目 文］ 会议由周恩来主持。会议听取了财政部副部长戎子和作的《1950年财政工作总结及1951年工作的方针和任务》的报告。报告总结了1950年财政工作的经验：

一、主要的收获。第一，统一了国家财政收支管理。1950年2月财政会议决定统一全国财经工作以后，政务院又公布了《统一财政收支管理》及《统一国家公粮收支保管调度》的两个决定。在法令方面，先后公布了1950年夏征公粮决定、新解放区农业税、工商业税、货物极、印花税、屠宰税、利息所得税、特种消费行为税等暂行条例。在制度方面，颁布了金库条例、1950年全国各级人民政府编制方案和工作人员的供给标准；此外，又陆续拟订和公布了设置财政检查机构办法、预决算编审程序、各种会计制度等一些重要法规。国家财政工作从1950年3月以后完全统一起来了。第二，出现了收支接近平衡的局面，赤字占总实支出的16.7%，占原概算赤字的96.6%，除以发行公债、苏联贷款弥补外，银行透支比原概算还少13.1%，另从各季开支的财政赤字比率来看：第一季度为43%，第二季度为40%（使用公债推销款在内），第三季度降为9.8%，第四季度更降至6.4%，说明国家财政收支逐渐趋向平衡，这是一个很大的胜利。第三，金融物价趋向平稳。以1949年12月为基期，1950年全国6大城市32种主要商品的加权指数是：1月为121.2，2月为177.3，3月为210.9，4月为173.4，5月为154.6，6月为163.7，7月为178.2，8月为182.6，9月为185.2，10月为192.77，11月为201.7，12月为199.7，总平均指数为178.5。如用贸易部的统计资料，则同一基期的全年总平均指数仅177.4。由此可以看出，1950年第一季度各月的物价是急剧上涨的，从4月开始即趋下降，6月调整

① 黄火青（1901—1999），湖北枣阳人，时任中共天津市委副书记、天津市总工会主席。

公私关系后，便转为平稳了；7月以后，虽因美国侵略台湾和朝鲜，某些进口物品价格稍有波动，但人民生活必需品如粮食、纱布、燃料等价格，仍是稳定的。国民党统治下12年的长期物价飞涨、市场不安的紊乱局面，已基本上不存在了。

二、几个重要的经验教训。第一，更深刻地体会了从经济到财政的道路，“决定财政的却是经济”。但我们在实际工作中，却往往离开了这一原则。第二，依率计征，解决了任务与政策矛盾。第三，抓重点掌握收支。收入的重点，主要是要注意收入的旺季，收入多的地区和城市，以及主要的税收和企业收入。第四，建立财政制度必须切合工作实际要求。第五，整顿干部作风，是完成任务的方法之一。

报告对1951年的工作方针和任务作了说明，指出，根据中央确定的1951年全国财政经济工作总纲，财政工作的具体方针应该是巩固财政收支的统一管理，大力整顿收入，重点掌握开支，建立财政纪律与加强企业财务管理。为此，1951年要做好以下工作：一、加强调查研究及统计工作，逐步了解全国的财源和税源，着手研究和掌握城乡经济、物资交流等变化和发展规律；二、加强国营企业财务的管理；三、明确各级财政职权与范围，划分财政收支系统，加强财政纪律；四、加强国家公粮的保管和积极处理余粮；五、培养干部，健全财政机构；六、加强检查工作，克服官僚主义。

会议讨论批准了该报告，周恩来在讨论报告时指出，财政部工作人员要切实认识经济决定财政的意义。1950年全国统一财政是有成绩的，但有的方面“统”得多了一些，现在要划分各级财政的职权和范围，使地方在统一管理下，能够因地制宜，发挥其机动性和积极性。1951年财政工作的中心任务是加强国营企业的财政管理。

会议还通过任免案多起。

同 日

[纲 文] 毛泽东批转黄克诚关于湖南镇压反革命问题的意见。

[目 文] 毛泽东在给黄克诚、邓子恢、饶漱石、邓小平、叶剑英、习仲勋、薄一波、高岗的批语中指出，这一报告是正确的，镇压反革命无论何时都应当是准确的、精细的、有计划的、有步骤的，并且完全应由上面控制。捕人要仿照天津专区发拘捕证、照证捕人的办法，不能乱捕。凡各地有“逮捕范围扩大、处理方式简单”的情况的，应立即进行检讨，并做出结论。畏缩不前尚未开展的，则应当推动其开展。要严密注意这两种情况，好好掌握，不要出乱子。

此前，3月23日，黄克诚在给邓子恢并报毛泽东的电报中说，湖南全省执行中央镇压反革命指示以来，镇压了一大批反革命分子，打落了敌人的气焰，鼓舞了群众的斗志，清醒了干部的头脑，收获极大。但目前已发生逮捕范围扩大，处理方式简单的情况。如果继续坚决而猛烈地镇压下去，杀人将在很大程度上超过中央规定的限度。今后，主要是对付暗藏的反革命，而且现在已开始牵涉内部，与隐藏的反革命斗争，更需要精细，采取目前这种猛烈的办法，一定发生混乱。因此，我们拟即收缩停止大捕大杀，转入经常工作，对杀捕范围加以限制，更有计划有步骤地进行斗争。

同日

[纲文] **毛泽东批转中南局关于加强镇压反革命宣传工作的指示。**

[目文] 毛泽东在给各中央局和大军区、分局、省委、区党委、大中市委、地委及地方军区并中央各直属部门的转发批语中指出，对镇压反革命工作宣传不足是普遍现象。对反革命分子的活动，报纸揭露太少。对引导广大人民群众、各界民主人士参加镇压反革命工作，使他们真正与闻其事的，各地做得太少。很多地方，不敢大张旗鼓地杀反革命。这种情况必须立即改变。北京、天津两市最近对镇压反革命工作，利用会议、报纸和广播电台，利用展览会，大肆宣传，使家喻户晓，使全体人民及各界民主人士均参加镇压反革命工作，粉碎了神秘主义、小手小脚、畏首畏尾的作风，收效非常大。中南局现在也发出了关于加强镇压反革命宣传工作的指示，扩大镇压反革命宣传，可为各地参考。

同日

[纲文] **毛泽东就川西区党委关于组织党外民主人士参加土改做出批示。**

[目文] 毛泽东给华东局、中南局、西南局、西北局、华北局并转分局，省委、区党委，大中市委及地委的批示要求，除抗美援朝工作必须和各民主党派民主人士一起去做外，土改和镇压反革命两项工作，也必须使各民主党派民主人士参加。并要求各地做出计划，在1951年夏、秋、冬三季的土改工作和镇压反革命工作中，从各大城市、中等城市分几十批组织各民主党派、民主人士、教授、教员、资本家下乡去参观，或参加工作。好的坏的，都让他们去看，让他们自由发表意见。至于城市中的镇压反革命工作，更要让他们参加。

同日，毛泽东在给刘少奇、周恩来、陈云、罗迈①等人的信中又指出，今年还有9个月，应从北京、天津两市组织四、五批至七、八批参观团或参观组，到南方各省去参观土改和镇压反革命工作。

同日

[纲文] **毛泽东就召集各界代表人物开会通报镇压反革命情况问题复电东北局。**

[目文] 复电说，你们开座谈会讨论镇压反革命工作的经验很好。在各城市及新区进行有计划的大批逮捕反革命之前及逮捕以后，要召集更多的各界代表人物开会，北京曾召集一次5500人的会，天津曾召集一次1万多人的会，均是各界代表人物，但不是普通群众。在下面应召集代表人物和普通群众的两种会，使家喻户晓。

此前，3月19日，东北局致电毛泽东，报告了他们以座谈会的形式讨论镇压反革命工作的经验。

同日

[纲文] **中财委发布《关于公营企业和公私合营企业应进行登记的指示》。**

[目文] 《指示》由陈云签发，指出，私营企业暂行条例及其施行办法，已先后公布施行，各地区所颁布的工商业登记暂行办法，应即废止。公营企业和公私合营企业，除

---

① 即李维汉。

另有法令规定者外，应参照上述条例及办法，向各市县主管工商行政机关办理登记；其公营及公私合营企业而为公司组织，或由中央各部直接领导者，则应经由当地市县主管工商行政机关转报中财委办理登记。

同 日

［纲 文］ **铁道部发布《中苏铁路联运公告》。**

［目 文］ 《公告》称，中华人民共和国铁道部与苏维埃社会主义共和国联盟交通部于1951年3月14日签订了中苏铁路联运协定。根据该协定，1951年4月1日起，建立中国与苏联之间关于旅客、行李及货物的铁路联运。

3月31日

［纲 文］ **政务院发布《关于进一步整理城市地方财政的决定》的命令。**

［目 文］ 命令由周恩来签署，指出，全国城市地方财政，经过一年的整理，基本上克服了乱收乱支的现象，但大多数城市的地方收支仍入不敷出。为此，财政部特召集第一次全国12个大城市的财政工作会议加以讨论，并对平衡财政收支问题做出《关于进一步整理城市地方财政的决定》，主要内容包括：一、城市地方某些必需的开支，应当予以保证，因国家财力有限，不可能补助地方，必须争取自给。平衡城市地方财政收支的原则是根据当地必须举办的事业与人民负担能力，努力组织收入，保证必要支出，反对铺张浪费。二、国家财政分级管理后，市已成为一级财政。除应从整理税收、附加、规费中增加市的收入外，并须逐步发展市营企业，奠定市财政收入的基础。《决定》中规定的市财政收入范围内的各种税收、规费及司法、公安罚款没收等收入，凡原来已列入中央预算的，须连同中央预算内原列各种市的开支一并划给市财政预算。市财政收支如不能平衡，除了中央拨给的市政建设费可由大行政区作为适当调剂外，其余须用积极组织地方性收入来解决。各城市在组织新的收入时，必须经市人民代表机关通过。对人民负担关系较大的，须报经大行政区人民政府（军政委员会）批准施行，中央直属省市报中央财政部。该《决定》中所称市，只限于中央直辖市和大行政区直辖市，省辖市是否实行此项决定由省人民政府决定。

同 日

［纲 文］ **中共中央做出关于执行劳动保险条例第四条的指示。**

［目 文］ 该指示发给各中央局、分局并转各省、市、区党委及财经管理机关和工会党组，共3项内容，对各地执行劳动保险条例第四条的有关问题做出了规定。

［文 献］ **中共中央关于执行劳动保险条例第四条的指示（节录）**

（一）各地在举办工厂、企业中工人、职员劳动保险登记时，对劳动保险条例第四条所规定“被剥夺政治权利者”（其范围已在劳动保险条例施行细则第十条中加以规定）的审查，必须认真慎重地进行。我们进入大城市后，工厂企业中都会留用了大批旧人员和引用了不少新的工作人员，这是完全必要的。经过这一时期的工作，也证明其中绝大多数是好的，只要我们加强教育和领导，是可以改造和进步的。但另一方面，很多工厂和企业中，也确实隐藏了和混进了一些反革命分子，不断进行反革命破坏活动，使国家财产遭受重大损失，将这些分子从工厂企业中清除出去，也是完全必要的。但这只有在党有坚强的领导，有统一计划，以及工人职员有相当觉悟和组织力量等条件下，才能齐一步调普遍进行。否则，将会在工人阶级队伍中引起紊乱，影响生产工作。因此，必须明确，此次审查登记的目的，主要在于保证劳动保险条例得以正确实施，并结合这一工作适当地进行一些必要的审查，使企业要害部门，尽可能掌握在可靠分子手中，但并不是普遍地进行反动党团员登记或展开"三查"或普遍性地清除，……至于个别工厂企业确有条件进行反革命分子的普遍审查清除工作时，则可个别的订出计划，经市委批准后，采取适当步骤进行。

（二）劳动保险登记工作，也是一项普遍深入的宣传教育工作。在进行劳动保险登记时，必须把实行劳动保险和抗美援朝的宣传密切结合起来，在工人、职员中普遍深入地进行教育，以发动广大工人、职员，使其阶级觉悟提高一步。要号召工人、职员在登记时一律采取老实态度，对于自己的工龄、厂龄及其他历史事实，不要有任何隐瞒或夸大，以免在将来发现时引起怀疑，或受到处分。同时，号召有政治问题的人老实地坦白登记。在激发了工人、职员群众的高度爱国主义热情和对敌人的痛恨后，可发动群众控诉和号召群众撕破情面，来检举反革命分子及混入工人阶级中的恶霸、地主、反动军官、会道门头子、反动党团负责人员等。这样，可以大致弄清工人职员中的基本情况，主要在于保持工人阶级内部的纯洁，并使其进一步团结起来靠拢我们，使工作得到提高；也使反革命分子更加孤立，为将来的清除工作奠定基础。但必须反对逼供信及硬追硬查的作法，如在登记时发现可疑的反革命分子而在小组会议上又无法弄清楚时，可申明暂缓登记，提交劳动保险委员会解决，然后由劳动保险委员会主任、工会主席、党支书记及行政方面的保卫科长或人事科长（其私营企业中则不要行政管理人员参加）组成的内部委员会（以党支书或保卫科长为主席），详加审查，做出最后决定。交劳动保险委员会向群众宣布。对其中发现的罪大恶极而又证据确凿的反革命分子，则可通知公安部门统一加以处理。劳动保险审查登记的方针，是从搞好团结和生产出发，经过审查登记达到进一步团结广大工人、职员和搞好生产的目的。应该肯定绝大多数是好的，很多人是必须而且能够团结改造的。因此，必须心中有数，稳步进行。

（三）各城市和工矿地区党委，接到本指示后，应即召集有关部门按照中央三月二日关于实施劳动保险的准备工作的指示，根据当地情况，切实讨论，订出具体可行的办法，党、政、工、团集中力量有计划地统一进行。并先选择一、二重点试行，取得经验，然后推广。并及时向上报告，以便交流各地经验。

资料来源：中共档案馆提供档案。

同日

［纲文］　**中共中央批转中财委《关于城市财政工作会议的报告》。**

［目文］　中央给各中央局、分局、各省、市区党委及财委的转发批语指出：中央批准中财委关于全国城市财政工作会议的报告，并业由政务院将该会议《关于进一步整理城市地方财政决定》加以批准，通告各地遵照执行。现特将该报告转发你们，望加研究，并按此督促和检查城市的财政工作的进行。

此前，中财委召开了全国城市财政会议，北京、天津、上海、南京、武汉、广州、重庆、成都、西安、青岛、沈阳、哈尔滨等12个城市的代表参加。会议就各城市间共同存在的问题，主要是组织城市的收入问题进行了讨论。3月28日，中财委向周恩来并中央提出《关于城市财政工作会议的报告》。报告共四条，主要内容有：

一、关于城市财政工作的特点。（一）国民党留下的破烂的城市包袱是很沉重的。几乎没有一个城市不是破烂不堪，须进行长期恢复工作。如下水道、自来水管、马路、河道、房屋均多年失修；医院病床不够，消防设备不足；公共厕所太少，失学儿童太多等。（二）城市人口集中，市民衣食住行各方面的要求都与农村不同，处理不当，对市民影响很大。（三）城市的经济集中，市民负担能力较高，政府可以多要点钱，多办点事，特别是某些为市民迫切需要的事情，只要政府答应办，市民是乐意出钱的。（四）市营企业收入，不仅远较税收可靠、有前途，而且也是发展城市生产、配合国家经济建设不可缺少的部分，不应忽视。

二、关于组织市财政收入问题。会议认为，市财政方针应根据当地必要的市政需要与人民负担能力，努力组织收入，保证各种事业支出，但须反对铺张浪费。其收入范围是：（一）房地产税、契税、使用牌照税、屠宰税、特种消费行为税等各种税收。（二）市营企业收入是今后市财政收入的重要基础，应当放在收入的第二位。市营企业范围，属于中型或小型的轻工业、房地产公司、建筑公司、农场、公用事业方面的电车、公共汽车、自来水等，都可以搞。为了使各城市能放手经营，凡今后城市自已搞起来的厂子，除须服从国家工业建设的统一方针和计划外，中央和大区不要再拿走，已经拿走的也可再交给市去经营。（三）各种附加收入。工商业税附加是目前各城市税收附加中最普遍的，其次有交易税、屠宰税、娱乐税等。会议一致要求保留工商业税附加（包括营业税、所得税、临时商业税），其他一律停征。工商业税的现行附加比率，最低为10%，最高为25%。房地产附加，会议规定最高不超过20%。公用事业附加不做统一规定。农业税附加定为20%。（四）各种规费收入，因地制宜，不做统一规定。（五）文教、社会、卫生收入均应列入市预算。（六）公产收入，原则上应争取做到公有房屋一律收租，以便用房租收入维护现有建筑并发展建筑，逐步解决城市房荒。机关占用的公房收租，今年先在北京、上海、青岛三市试办，明年再推行全国。（七）司法公安罚款没收的收入。（八）其他收入，包括人民自愿捐助政府与办某些事业的收入，必须专款专用。以上各种税收、规费及司法公安罚款没收等收入，凡原来已列入中央预算的，须连同中央预算内原列各种市的开支一并划给市。各城市在组织新的收入时，必须经市人民代表机关通过，其对人民负担关系较大的，须报经大区军政委员会批准施行。

三、关于市政开支上的几个问题。（一）市政建设。会议认为目前除了某些有新发展的城市外，一般城市基本上只能做些市政工程的养护工作，较大的工程可以放一放，或先做些准备工作。中央拨给的市政建设费，由各大区重点分配使用，适当照顾某些包袱特别重的城市（如南京）及有新发展的城市。（二）教育问题。最感困难的是学校房屋无法扩充，只有多想些穷办法，例如补助私立学校，不让垮台；能收学费的尽量收学费（但要适当照顾工农子弟）；发动市内工厂开办工人子弟学校。必要时可推行半日制等。（三）编制问题。目前各城市编制很不一致，普遍反映不够的是公安武装；但因全国总编制已不能再增加，会议建议由各城市回去商请大区在地方武装内予以调剂。为减少公安编制，今后除国家重要工厂区外，一般工厂可采用志愿警办法，建制归公安部门，开支由工厂负责。

四、关于财务管理问题。（一）关于城市财政管理，一致认为在城市已有条件改变供给财政为建设财政。所谓建设财政就是：不能只管吃饭穿衣，凡属必要与合理的开支，财政上应该主动拿钱。不能只是简单的“向上要、向下发”，而应去积极组织市的收入。不能只在税收附加、规费上想办法，而应努力去搞生产，从生产收入中解决财政问题。（二）关于财务管理，会议一致认为财政部门的任务，不是把收入与支出样样都直接管，而是组织大家来管好财政。（三）财政部门应与各部门财务人员建立一定的工作关系，例如，规定各部门的财务人员必须经常向财政部门供给材料，财政部门须多召开财务人员的会议，以便交换情况，学习业务，总结工作经验并加以推广。

同日

［纲文］　中共中央批转中财委《关于2月财政会议的综合报告》。

［目文］　《报告》称，1951年2月全国财政会议通过财政部所提出的划分财政收支系统的方案，1951年度先实行中央、大行政区、省（市）三级财政体制，并准备在1952年再建立县一级财政。把全国财政收支系统加以划分并分级负责的制度，是更好地在中央统一领导与集中管理下，实行因地制宜、分工负责、发挥各级政府积极性的好办法。《报告》提出财政工作的六项纲要是：

一、全面了解研究财政税收来源，摸清城市经济、农村经济、城乡物资交流等变化和发展规律。城市经济主要调查研究公私工商业生产经营情况，原料来源和固定资金、流动资金、利润等，并先抓紧主要的行业及大户；要系统地调查了解农村人口、农业、副业、土产等产量运销情况，有计划地进行丈地评产量；要研究货币周转情况、保险、储蓄、信贷、公债发行推销等问题。

二、掌握支出重点及规律，要抓紧主要的（如国防建设费、经济建设费）、有弹性的（水利、农业流动资金）和有季节性的开支。要研究各种建设费用的计算标准，精确审核各用钱部门的预算，并准备逐渐由供给财政向经济建设财政转变。

三、加强对国家企业的财务管理，促进其经济核算制。要建立并执行国营企业财务收支计划制度，加强对投资、提缴利润和折旧的计划性，随时了解财物情况，实行定期的表报制度，实行财政监督；财政部准备在1951年下半年或1952年，将投资专业银行管理起来，监督基本建设资金的运用；通过专业银行整理公私合营企业的财产，确定股权，逐步实现对公私合营企业的管理。

四、明确各级财政职权范围，加强财政纪律。要对国家财政实行监督与检查，凡属财政部门应管的事，如保险等，应逐渐由财政部门管起来；要严格执行预决算制度及货币管理；凡预算中可用实物支付的，应通过财政、贸易部门，实行订货采购制度；要制定适合全国各地的供给薪资标准和编制方案，逐步实行定员定额制。

五、培养地方财政。财政收支分级管理后，地方要保证完成中央税收任务，中央所属各部门不能再挤地方，并要积极帮助地方培养地方财政经济基础，发挥地方积极性，照顾到各地具体情况；在全国统一计划下，经中财委批准，地方可举办一些轻工业和小型工厂，以积累资金；地方公益事业，在人民要求兴办并自愿出钱的条件下，可以通过人民代表会议开辟一些地方性收入解决。

六、培养大批财政干部，健全财政机构。中央和各大区财政部应积极培养干部，充实健全各大区财政学院、财政学校训练班等；委托各大学训练500—1000名会计、统计、企业财务管理干部，招收高级税务检查员、会计员、企业财务管理人员；轮训在职干部，审查、教育、团结留用人员及新参加工作的知识分子；提高财政干部政治、业务水平和工作能力。

同 日

[纲 文]　中央人民政府为张澜举行八十寿辰宴会。

[目 文]　中央人民政府在中南海勤政殿为中央人民政府副主席、中国民主同盟主席张澜八十大寿举行祝寿宴会，刘少奇主持宴会仪式并发表致词，周恩来等参加。

刘少奇（左一）在为张澜祝寿宴会上致词。

同 日

[纲 文]　志愿军装甲兵指挥所成立。

[目 文]　指挥所以坦克兵一师师部为基础组成，指挥所主任为黄鹄显[①]。

① 黄鹄显（1914—1986），福建上杭人，此前任中国人民解放军坦克师师长。

同日

[纲文]　《人民日报》发表罗常培[①]的文章《国内少数民族的语言系属和文字情况》。

[目文]　文章把中国少数民族的语言系属分为3系、7族、19支；每支下所属的语言，是同支异派的方言。具体划分是：

一、汉藏语系：(一）黔台语族，主要分布在广西、云南、贵州、海南岛等处。1. 黔水语支—A 黔语、B 水语、C 莫语、D 羊黄语；2. 台语支—A 僮语（侬语）、B 仲家（土语）、C 牢语（仡佬、土佬、木佬）、D 台语（摆彝、掸语、吕语、沙语）、E 黎语。（二）苗徭[②]语族，主要分布在湘西山地、广西、贵州、云南和广东西部山地。1. 苗语支；2. 徭语支。（三）藏缅语族，主要分布在西藏、西康、四川、青海、云南、贵州等处。1. 藏语支—A 西部方言（巴拉地、拉打克）、B 中部方言（拉萨）、C 东部方言（西康、嘉戎）、D 俅、怒语；2. 山头语支（或称卡亲语支）；3. 缅语支—A 茶山语、B 浪速语；4. 彝语支—A 彝语（纳苏、傈僳、倮黑、撒尼、阿细、阿卡、窝尼等）、B 拿喜语、C 民家语。

二、南亚语系：猛吉蔑族，主要分布在云南极西的所谓“葫芦王区”和澜沧江与怒江之间，北纬二十七度以南。1. 瓦崩龙语支—A 崩龙语、B 卡拉语、C 卡瓦语；2. 濮语支（或称本人）。

三、阿尔泰语系：(一）突厥语族，主要分布在新疆的大部分，蒙古西北角和甘肃的一部分。1. 唐努乌梁海语支—在国内的只有撒拉语；2. 维吾尔语支—A 维吾尔语、B 乌孜别克语、C 塔塔尔语；3. 哈萨克语支—A 哈萨克语、B 柯尔吉斯语。（二）蒙古语族，在国内主要分布在内蒙古、新疆及华北各省。1. 东部和南部方言；2. 喀尔喀语支；3. 喀尔玛克语支；4. 布利亚特语支。（三）通古斯语族，在国内主要分布在内蒙古、黑龙江的东北角和松花江的下游。1. 南支—A 满洲语、B 锡伯语、C 索伦语、D 达呼尔语、E 赫哲语；2. 北支—A 鄂伦春语、B 玛涅克尔语、C 毕拉尔语。

文章把国内各少数民族文字划分为几种情况：一、已有文字无须改进或从缓改进者：藏文、蒙古文、满文、维吾尔文、哈萨克文；二、已有文字而需要改革者：彝文、拿喜（纳西）文、台文、苗文、山头文；三、本无文字须另造新文字者：瓦崩龙语、濮语、徭语、俅语和怒语、民家语、高山语；四、本无文字并无须另造文字者。

3月

[纲文]　文化部文物局发布全国图书馆事业一般情况的综合调查报告指出：全国有各种类型图书馆391所，藏书总数2689万册。

---

① 罗常培（1899—1958），北京人，语言学家、教育家，时任中国科学院语言研究所所长。

② 原文如此，疑为瑶。

4 月

4月1日

[纲 文]　中共中央做出《关于处理外国人政治性治安性问题的规定》。

[目 文]　中央发给各中央局、分局的该《规定》，对各地对外国人中涉及政治性或治安性问题的处理批准权问题，做出了两个方面13条原则规定：

一、应报请中央批准或由各地公安部门报告公安部转报请中央批准的事宜是：（一）各地拟定对外国人中政治性或治安性问题的处理实施计划。（二）未承认我国及正在谈判建交国家的原使、领馆外交人员涉及政治性或治安性问题的处理。（三）已承认我国的使、领馆外交人员涉及政治性或治安性问题的处理。（四）教会重要人员、教会学校校董或校长及在外侨中有较大影响的侨商人员，涉及政治性、治安性问题的处理。（五）外国人中特嫌分子的拘捕及特嫌分子或纳粹、法西斯党员需要集中关、管的处理。（六）在军事禁区及某些特定地区的全部外侨、传教士，需要勒令迁移的处理。（七）外国人中涉及政治性治安性问题，必须驱逐出境或定罪后加以监禁或驱逐出境的处理。（八）外侨中重大的政治性治安性案件。

二、可由各地公安部门报告公安部，由公安部按照中央既定政策分别批准，并定期综合向中央及政务院报告的事宜：（一）除一条（二）、（三）、（四）款所列举者外，普通外侨中已获有确证的特务间谍分子的拘捕和审讯。（二）对外侨中特嫌分子的侦察。（三）外侨中纳粹、法西斯党员分别关、管的处理。（四）无国籍外侨特务、间谍及特嫌分子的处理。（五）外侨中非重大政治性治安性质案件的处理。

同 日

[纲 文]　中央军委转发西南军区党委《关于开展民主运动，以整理部队组织的决定》。

[目 文]　周恩来代中央军委将《决定》转发给各大军区党委、总政治部和志愿军党委，并修改其第二项，提出：为了很好地实行抗美援朝、保障土地改革的任务，特决定在全军范围内进行一次整顿组织的工作，把部队内部组织及人员来历加以清理，并进行及时的教育，对于不纯分子及查出的反革命分子应给以适当的处理，以达到纯洁内部、巩固与团结自身及战胜敌人的目的。

同 日

[纲 文]　毛泽东关于继续努力消灭残匪事致电叶飞等人。

[目文]　电报发给叶飞、成钧、刘培善、陈铁君，并告陈毅、饶漱石、邓子恢、谭政及张鼎丞[①]、叶剑英。电报指出：你们在一二两月消灭股匪万余，成绩甚大，极为欣慰。尚望继续努力，消灭一切残匪。只要消灭了土匪，镇压了反革命分子，在大部分地区完成了土改，厦门平潭的防御工事又做好了，福建的形势就改变了，台湾军队如敢进攻，你们就有完全的胜利把握了。广东现已集中了6个军，全省也在做这些工作。你们两省互相配合，力量是很雄厚的。

同日

[纲文]　**财政部公布《棉纱统销税征收办法》及《棉纱棉布存货补税办法》。**

[目文]　两《办法》均自本日起施行。《棉纱统销税征收办法》共七条，主要内容有：一、棉纱统销税一律按当地国营中国花纱布公司牌价征收，税率6%。二、棉纱统销税由中国花纱布公司所属分支机构于出售或第一次调拨时向当地税务机关交纳。三、各地花纱布公司应逐日统计销售数量，每5日向当地金库交纳税款一次。四、各公私厂商现存的棉纱、棉布，应于本《办法》公布后，依限向当地税务机关进行登记、补税，补税办法另定。五、凡违反本《办法》规定者，税务机关得依照货物税暂行条例第十三条罚则处理。

《棉纱棉布存货补税办法》共八条，主要内容有：一、各省、市公私厂商，限5日内将现存棉纱、棉布向当地税务机关进行登记，并依照当地国营中国花纱布公司牌价，按棉纱统销税税率6%补交棉布原料部分的差额税。棉纱、棉布不满一件者，免予补税。二、公私厂商所存纱、布，应一次办齐登记及补税手续。存货数量较大者，经税务机关核准可分期缴纳税款，但不得超过三个月。有特殊困难可再酌予延长，但不得超过半年。三、运输途中的纱、布，应于运达目的地后，向当地税务机关登记、补税。在中途卸卖，应即向卸货地税务机关登记、补税。四、公私厂商于本《办法》公布后，不得收购未补税的纱、布。

同日

[纲文]　**《人民日报》报道，中国人民银行和贸易部分别规定收兑东北及内蒙古地方流通券及东北区与关内物资交流办法。**

[目文]　为执行政务院《关于收回东北银行和内蒙古人民银行所发行的地方流通券的命令》，中国人民银行决定自本日起以人民币收回东北币。收兑分两个阶段进行：4月1日至30日为第一阶段，一方面无限制收兑，一方面仍准许东北币在东北市场流通；5月1日至31日为第二阶段，停止东北币在市面流通，但仍无限制兑换。内蒙古人民银行地方流通券也自本日起开始收兑，6月1日起停止使用；但因为内蒙古地区辽阔，交通不便，兑换期限将延至7月底；为照顾内蒙古人民，特印制了一部分有蒙古文字的人民币在内蒙古地区流通。同时，贸易部规定，在币制统一后，东北区粮食、煤、火柴暂时采取管理的过渡办法，烟酒为专卖物资，由专卖机构统一调剂，其他物资关内外均可自由交流，不受

---

① 张鼎丞（1898—1981），福建永定人，时任中共福建省委书记、福建军区政治委员。

限制。

同 日

[纲 文] **东北银行和内蒙古人民银行改组为中国人民银行区行、分行。**

[目 文] 根据政务院命令，东北银行改组为中国人民银行东北区行；内蒙古人民银行改组为中国人民银行内蒙古自治区分行。

同 日

[纲 文] **中国人民抗美援朝总会通知各地应普遍建立分会。**

[目 文] 通知规定：一、所有市和县以上各级均应建立抗美援朝分会，使全国每一处每一人都能参加抗美援朝运动。二、各地分会领导机构中应吸收各民主党派、人民团体及其他各方面爱国民主人士代表人物参加。三、省、市和行政区以上分会，可根据精简原则，按工作需要，设置若干专职与兼职工作人员。县一级可由各人民团体或宣传教育部门内推出适当干部兼任。

同日—3 日

[纲 文] **中央政府派炮兵和空军轰击冰坝，使绥远黄河安全渡过凌汛。**

[目 文] 本年黄河上游开冻后，3 月23 日起，冰块流至绥远境内黄河，多处结成冰坝，冲击防洪堤，威胁着沿岸近百万人民生命财产的安全。周恩来亲自连夜主持开会，部署破灭冰坝计划。解放军某部炮兵赶往抢险，多次炮轰冰坝。4 月1 日，中央政府派出空军飞机集中轰击，将冰坝全部打开，使水位迅速降落。4 月2、3 日又进行了轰击。至4 日绥远黄河已全部开通，胜利渡过凌汛。沿河两岸成千成万群众目睹空军与炮兵不畏劳苦轰击冰坝，不少人感动得流下眼泪说：国民党的飞机是用来打内战和轰炸我们人民的，共产党却是用飞机轰炸冰坝，替人民除害。

4 月2 日

[纲 文] **毛泽东批转北京市委关于大张旗鼓经过群众进行镇反的报告。**

[目 文] 毛泽东给各中央局，并转分局、省委、大中城市市委、区党委、地委的转发批语指出：镇压反革命无论在城市在乡村均必须大张旗鼓，广泛宣传，使人民家喻户晓。北京的方法，请各地一致仿效。镇压反革命必须严格限制在匪首、惯匪、恶霸、特务、反动会门头子等项范围之内，不能将小偷、吸毒犯、普通地主、普通国民党党团员、普通国民党军官也包括在内。判死刑者，必须是罪重者，重罪轻判是错误的，轻罪重判也是错误的。最主要的是捕人杀人名单的批准权必须控制在地委市委一级手里。镇压反革命的运动现在可以说已经在全国范围内发动了，各级党委的注意力，主要应放在精细审查名单和广泛进行宣传这两点上，抓住了这两点，就不会犯错误。北京市委因为抓住了这两点，所以获得了很大的成绩。

同 日

[纲 文] **毛泽东批转中南局传达讨论政治局扩大会议精神的报告。**

[目 文] 毛泽东给邓子恢并告饶漱石、邓小平、习仲勋、薄一波、高岗、叶剑英的转发批语指出，同意邓子恢3月22日的报告所提出的各项方针和计划。将土改过程明确地划分为三个阶段是很必要的，各新区均应教育干部照三个阶段的各项步骤去做，不要省略和跳跃。土改后，农村的任务规定为生产、教育、民主三项，也是对的，即除生产、教育两项任务之外，还有一项建立民主生活的任务。在中南这样的地区，各省召集一次苏区代表会议是必要的，但请注意在报纸上公布消息时采用老红色区域的名称，不要用“苏区”这个名称。批语还认为，对凡未进行过控诉旧制度和克服官僚主义这两项工作的工厂企业，均普遍进行一次，很有必要。在镇反问题上，中南局报告指出要强调加紧宣传、防止不准两点，是很对的。防止不准的办法是，拘捕前由地委市委一级精细地审查名单，然后按名单进行拘捕。这即是说，将过去规定的县有捕人权，收回到地委一级来。报告内说“河南各县实行县开名单，交农代会讨论，专署批准，办法很好，应推广执行”，应当就是将县一级的捕人权收回到地委一级。天津专署的办法也是如此，这个办法是最稳当的。关于党政军首脑机关及要害部门的清理，应当在现在就定出计划，着手进行。西南的经验（西南军政委员会公安部3月8日关于在财经交通等部门清理反动分子问题给各公安厅并报公安部的总结报告）已通报你们了。饶漱石3月29日关于镇反中清理外、中、内三层等问题给毛泽东并中央的报告，规定了具体的步骤和办法，已发通报，请仿照去做。

此前，3月22日，中南局在报告中提出，土改必须分三阶段进行。第一阶段普遍进行清匪反霸退押减租，打掉地主政治优势；第二阶段划分阶级，没收征收，消灭地主阶级；第三阶段实行复查教育，发土地证。

同 日

[纲 文] **毛泽东批转饶漱石关于镇反中清理外、中、内三层等问题的报告。**

[目 文] 毛泽东给饶漱石并告邓子恢、叶剑英、邓小平、习仲勋、薄一波、高岗、彭德怀的转发批语指出，同意饶漱石3月29日报告的各项意见。关于镇压反革命，目前重点仍在外层，但对中层、内层的首脑机关及要害部门必须及时加以清理，对某些已有材料或可疑的分子必须及时进行处理，这一方针是完全正确的。华东局并规定了几项清理和处理的步骤和办法，都很正确和必要，请各中央局负责同志加以注意。志愿军虽然处在作战的环境，也须加以注意，保证各级首脑机关及各要害部门的安全和纯洁。

此前，3月29日，饶漱石就目前华东几项主要工作进展情况向毛泽东并中央提出报告，除汇报华东地区的抗美援朝、土改、春耕等项工作外，着重就镇压反革命中有关清理外、中、内三层问题提出了意见。报告认为，由于力量不足，并为了收集更多的材料，华东地区目前镇反工作仍需集中力量首先做好外层，然后转向中、内层。但目前对中层及内层的首脑机关和要害部门必须及时加以清理，对某些已有材料或可疑的分子必须及时进行处理，否则危险极大。对一切家属被斗被杀的党员干部及政府工作人员，如其本人在政治上未经过考验及仍与恶霸家庭继续保持联系，则应一律调离首脑机关及要害部门，进行审查。对政权机关中现已自动坦白登记的反动党团特务普通分子，可暂留职考察，以便收集更多材料，为进行全面整风审干做准备，但必须立即调离首脑机关及要害部门。对区分部以上的反动党团特务骨干分子，虽属自动坦白、登记，也应有计划地采取留职调训的办法，一面学习一面审查。对一切隐蔽在我党政军内部，继续进行反革命活动的反动党团特务分子（不管其为主要或胁从分子），一经发现并获有确实证据，即应一律坚决镇压。

同 日

[纲 文] 刘少奇批改《中国共产党第一次全国组织工作会议关于整顿党的基层组织的决议》。

[目 文] 本日，彭真将《中国共产党中央委员会关于整顿党的基层组织的指示（草案)》送刘少奇审阅。刘将题目改为《中国共产党第一次全国组织工作会议关于整顿党的基层组织的决议》，并对内容做了多处修改。刘在修改文字中指出：中国工人阶级在将来是要大发展的，并将发展成为人口中的大多数。中国农民在使用机器耕种之后，也将最后地变成工人。最后，知识分子与工人的区别，也将消除。所以，只有工人阶级是最有伟大前途的阶级。中国共产党正是代表这个阶级的党，并是这个阶级的先锋队。一切党员必须这样来了解中国共产党。刘在批语中指出：为了这种目的，每一个有社会职业的党员，除从事社会职业之外，都必须在党的一个组织的分配之下担负一种工作。否则，不能做一个共产党员。当日，刘少奇批示将修改件下发参加中共第一次全国组织工作会议代表。

同 日

[纲 文] 周恩来在中共第一次全国组织工作会议上作题为《目前时局和我们的任务》的报告。

[目 文] 报告说，抗美援朝仍然是1951年的首要任务。清匪反霸、镇压反革命，是与抗美援朝紧密联系的一项主要任务。镇压反革命要稳、准、狠。稳，就是不乱来；准，就是要看清对象；狠，就是该杀的就杀。抓住这三个字就不会犯错误。所以，中央确定在这个时期要杀一批，关一批，管一批。方针仍然是镇压与宽大相结合。为了实现人民民主，在今年，我们要在农村继续进行土地改革，在城市召开区一级人民代表会议，在少数民族地区逐步实现少数民族区域自治。

同 日

[纲 文] 青岛、天津和东北纺织工人在京签订爱国主义劳动竞赛合同。

[目 文] 合同代表了三地区9万多纺织工人。主持签订合同的纺织工会全国委员会向纺织工会全国劳动竞赛评判委员会和3地区的纺织工人提出评判意见，要求参加这次竞赛的纺织工人发挥积极性和创造性，改进技术和工作方法，协助行政或资方建立和健全各种生产管理制度，做到产量高、质量好、成本低、事故少，把纺织工业生产水平提高一步。并且规定，在正常的生产情况下，不许突击生产或延长工时。

此前，1月31日，中国纺织工会青岛市委员会代表青岛全市纺织工人向全国纺织工人提出爱国主义竞赛挑战，得到纺织工会东北区委员会和天津市委员会代表两地纺织工人的热烈应战。

同日—6日

［纲 文］ **“加强国际和平”斯大林国际奖金委员会决定将1950年度奖授予宋庆龄等人。**

［目 文］ 该委员会由委员会主席、苏联科学院院士斯科贝尔琴主持，于4月2、5、6日在莫斯科举行会议，决定将1950年“加强国际和平”斯大林国际奖金授予下列在维护与巩固和平的斗争中有卓越贡献的各国民主力量代表：一、法兰西学院教授、法国科学院委员约里奥－居里；二、中国人民救济总会主席宋庆龄；三、英国坎特伯雷副主教约翰逊；四、法国塞夫勒省高等师范学校名誉董事尤金尼·戈登夫人；五、美国前新教主教阿瑟·墨尔顿；六、朝鲜民主妇女同盟委员长朴正爱；七、墨西哥海军部前部长赫里伯托·雅拉。

“加强国际和平”斯大林国际奖金是根据苏联最高苏维埃主席团于1949年12月20日为庆祝斯大林70寿辰而颁发的命令设立的。每年由“加强国际和平”斯大林国际奖金委员会评选颁发一次，名额为5—10名。全世界任何国家的公民，凡在维护与巩固和平的斗争中贡献卓著者，不论其政治见解、宗教信仰和种族如何，均可获得此项奖金。得奖人将各领受奖状一张、刻有斯大林像的金质奖章一枚及奖金10万卢布。

4月3日

［纲 文］ **毛泽东批转广东军区党委关于派遣工作组检查和帮助镇反工作的指示。**

［目 文］ 毛泽东给陈毅、饶漱石、邓小平、贺龙、习仲勋、张宗逊的转发批语指出：请你们检查所属各省各分区有无广东那样的情况，如有这种情况，请你们仿照广东办法，由各省军区派遣工作组分赴各分区各县加以检查和帮助当地的镇反工作，坚决而正确地执行镇反任务。地方镇反工作也须由省级机关派遣工作组，分赴各专区和各县检查和帮助当地的镇反工作。此事甚为重要，请加注意为盼。

此前，广东军区党委派赴珠江、北江等地的工作组在工作检查中发现，上述地区某些县在镇压反革命中存在严重右倾现象。如英德县关押53名罪大恶极者未加处理，其中有一匪首张玉周曾杀害我同志及革命群众，拘押年余，仍未处理，群众提出控诉也被置之不理，后经人民代表在县人代会上提出控诉始批准处决，但仍未执行。

同 日

［纲 文］ **《人民日报》发表题为《镇压反革命必须大张旗鼓》的社论。**

［目 文］ 社论指出，最近，北京和天津先后大张旗鼓地进行了镇压反革命工作，受到各阶层人民热烈欢迎。正气大为伸张，反革命分子活动受到致命打击。北京和天津的经验，证明镇压反革命是广大人民热烈欢迎的，是必须大张旗鼓、使广大人民包括各民主党派工商界和知识分子积极参加的。否则就不能动员群众，团结群众，有效地镇压反革命。社论批评一些错误思想说：有些同志说现在反革命分子已经破获得差不多了，用不着再大张旗鼓了。这是一种麻痹轻敌的情绪。他们对于城市反革命分子的危害性估计不足，把入

城以来镇压反革命的成绩估计过高。有些同志又说城市是人口集中的地方，镇压反革命过多，恐怕引起震动。这是对镇压反革命的正义性估计不足。只要真正地镇压了反革命，广大人民只有欢声雷动，而不会有其他震动。人民政府镇压的反革命罪犯都是人民公敌，人民群众愈了解真实情况，就愈拥护政府，反革命分子也就愈加孤立。这并不是说公安机关的侦察工作，也应当如镇压工作那样公开。然而如果忽视了广大群众的力量，把自己限制在小圈子里，是不能打着反革命分子要害的。

社论最后希望全国各地学习北京天津的榜样，充分利用各界协商会、代表会、群众控诉会、群众审判会、报纸和广播电台，大张旗鼓地向人民公敌反革命分子进攻。

同 日

［纲 文］ 《人民日报》发表题为《统一领导、分级负责是财政工作的正确方针》的社论。

［目 文］ 社论说，政务院公布的1951年度财政收支系统划分的决定，对于国家财政收支系统采取了统一领导、分级负责的方针，这是国家财政工作的一个新的发展，不但有益于中央财政的巩固，而且将大大地鼓励地方政府在地方建设方面的积极性。

社论回答一些疑问说，1950年3月3日政务院发布的关于统一国家财政经济工作的决定，曾经十分强调统一。是不是方针有偏差呢？不是的。没有1950年那样雷霆万钧式的统一，就不可能克服十数年来的通货膨胀，就不可能渡过当时难关，取得财政的平衡与金融物价的稳定。但经过一年之后，国家财政状况已有初步好转，地方的困难需要解决而且也可能解决。而且，事事集中将使中央机关行政事务负担过重，适当地把若干权责划归地方，发挥地方积极性，使中央领导将更加巩固。是不是国家财政已经不困难了，对地方财政尺度放宽了呢？不是的。国家财政是有了很大进步，但仍然是很困难的。我们不能不加紧国防建设，这是很重的财政负担。还要争取金融物价继续稳定，需要很大财政力量。分级负责的财政制度，是在国家财政困难中对地方需要加以适当照顾。是不是实行政务院决定之后，会造成地方上苦乐不均的严重现象呢？不会的。地方收入各地虽然有肥瘦不同，但各地的编制供给标准和国家经济建设投资，是中央统一规定的，已经照顾到各地的具体情况。是不是会造成地方政府在财政上自由行动，甚至不能保证中央岁入的现象呢？这是完全不会的。所有地方政府都是照顾大局的，对中央所分配给的财政任务都能按照政策完成，在决定中又有各项规定作为有效的保证。我们可以预料，实行政务院这一决定之后，中央和地方的财政，都将有更好的成绩。

同 日

［纲 文］ 中国戏曲研究院成立。

［目 文］ 毛泽东为中国戏曲研究院题词“百花齐放，推陈出新”。政务院文教委员会副主任马叙伦，文化部部长沈雁冰及副部长周扬、丁燮林①出席在北京的成立典礼并讲

① 丁燮林（1893—1974），即丁西林，江苏泰兴人，物理学家，时任中华全国科学技术普及协会副主席。

话，欧阳予倩[1]、洪深[2]、阿英[3]、徐悲鸿[4]、翁独健[5]、马彦祥[6]、杨绍萱[7]、宋之的[8]、张庚[9]、光未然[10]、周巍峙[11]、戴爱莲[12]及朝鲜舞蹈家崔承喜等到会祝贺。会后举行晚会，梅兰芳[13]、郝寿臣[14]、萧长华[15]、贯大元[16]、谭富英[17]、叶盛兰[18]等参加了演出。

中国戏曲研究院是由原中央戏曲改进局的一部分编审研究机构和新曲艺实验流动小组、戏曲实验学校、京剧研究院合并改组而来的。院长为梅兰芳，副院长为程砚秋、罗合如、马少波。该院的基本任务是：一、选定旧有戏曲优良脚本，进行整理修改，并编写新剧本、新曲词，逐渐克服剧本荒及戏曲上演的无政府状态。二、有重点、较系统、互相结合地进行戏曲艺术的研究实验工作，在实践中总结经验，予以推广。三、用科学方法有计划地培养戏曲工作干部的青年一代。该院在实验方面设有京剧实验工作第一团、第二团，曲艺实验工作团，大众剧场及评剧实验工作团；在教育方面设有戏曲实验学校。

同 日

[纲 文] **中国与波兰签订文化合作协定。**

[目 文] 协定规定了两国文化、教育、艺术、科学等方面的直接联系与互助，并决定设立中波文化合作联合委员会，在北京和华沙下辖两个附属委员会开展工作。

4月4日

[纲 文] **中共中央做出《关于青年团干部编制的规定》。**

[目 文] 中央在给各中央局、分局并转省委、市委并团委的该《规定》中指出：两年来青年团的工作有很大发展，但其工作干部赶不上工作的需要，为使青年团的组织更加

---

① 欧阳予倩（1889—1962），湖南浏阳人，戏剧家，时任全国文联副主席、中央戏剧学院院长。

② 洪深（1894—1955），江苏常州人，时任中央人民政府文化部对外文化事务联络局副局长、北京师范学院外语系主任。

③ 阿英（1900—1977），安徽芜湖人，文学家、戏剧家和文学史家。

④ 徐悲鸿（1895—1953），江苏宜兴人，时任中央美术学院院长。

⑤ 翁独健（1906—1986），福建福清人，历史学家。

⑥ 马彦祥（1907—1988），浙江鄞县人，戏剧理论家、剧作家，时任中央人民政府文化部戏曲改进局副局长。

⑦ 杨绍萱（1893—1971），河北滦县人，时任中央人民政府文化部戏曲改进局副局长。

⑧ 宋之的（1914—1956），河北唐山人，剧作家，时任中国人民解放军总政治部文艺处长。

⑨ 张庚（1911—2003），湖南长沙人，戏剧理论家，时任中央戏剧学院副院长。

⑩ 光未然（1913—2002），湖北老河口人，诗人、文艺评论家。

⑪ 周巍峙（1916— ），江苏东台人，作曲家，时任全国文联副秘书长。

⑫ 戴爱莲（1916—2006），祖籍广东新会，在英国长大，舞蹈艺术家、舞蹈教育家。

⑬ 梅兰芳（1894—1961），江苏泰州人，京剧艺术家，时任第一届全国政协委员、中央人民政府文化部戏曲改进局京剧研究院院长。

⑭ 郝寿臣（1886—1961），祖籍山西洪洞，生于河北香河，京剧艺术家。

⑮ 萧长华（1878—1967），祖籍江西新建，生于北京，京剧艺术家。

⑯ 贯大元（1897—1969），北京人，京剧艺术家。

⑰ 谭富英（1906—1977），祖籍湖北武汉，生于北京，京剧艺术家。

⑱ 叶盛兰（1914—1978），祖籍安徽太湖，生于北京，京剧艺术家。

健全，特对团的干部在配备、编制、名额等方面做出暂行规定。主要内容包括：各级党委在政务院编制额内自行调剂，维持青年团的原有人数；各级团校编制可否固定下来；团中央提议设脱离生产干部应提出计划。

［文　献］　**关于青年团干部编制的规定（节录）**

一、现有团的干部配备，是根据政务院所发的暂行编制员额表配备的，数目较少，赶不上工作需要，须予以适当增加。但全国统一的编制究以怎样才算适宜，还须研究，不能一下规定。在新的编制规定前，要求各级党委在政务院所发暂行编制员额内，自行调剂，维持青年团的原有人数，不要减少。

二、各级团校编制，根据团中央了解，各地大多均系根据政务院所发暂行编制员额中干训名额编列，大概是小省一百五十人，大省三百人，分局四百人，中央局五百至八百人。以上数字，可否固定下来，专职辅导员可否完全包括在内，请考虑。

三、团中央提议为加强工矿、企业和学校中团的工作，在工矿、企业、学校中，团的总支设脱离生产干部一人，团委会设脱离生产干部三人，较小团委设一至三人，重要的直属支部设脱离生产干部一人。这样编制是否合适，并以各大区为单位须增加多少编制员额，请提出意见并统计报来，以便统一考虑。

资料来源：中央档案馆提供档案。

同日

［纲　文］　**中共中央批转《上海市财委关于上海市工商界代表会议的报告》。**

［目　文］　中央给各中央局、分局并转各省、市、区党委的批语指出：报告中所提各点都值得参考。关于公营企业参加工商业联合会并在其中积极工作一点，各级党委必须督促执行。各大中城市都必须有准备地召开工商界代表会议，并充实或建立工商业联合会，由党委指导财经委员会和统战部合力进行，并向中央作专题报告。

此前，3月19日，上海市财委将2月18日召开的上海工商界代表会议的情况上报中财委及中央统战部，对会议的成就以及经验作了具体报告。主要是：一、扩大了上海市工商界统一战线面。此次当选工商联主委与执监委180人，代表120个行业，比工商联筹备会时更有广泛代表性，使抗美援朝、土地改革和镇压反革命三大运动在工商界中开展得更深入了。二、会议进行的爱国主义教育宣传，提高了工商界的政治认识，特别对于美国武装日本表示积极反对，进而检查上海工商界过去所签订的爱国公约、业务公约流于形式，提出今后必须做到具体贯彻，公会监督。三、提高了工商界的学习要求。四、由于会议对代表们进行了政治教育，使各区人代会工商代表的集体缴税运动得到顺利进行。五、初步展开了工商界中的批评与自我批评，指出工商联筹委会与各同业公会有脱离群众的现象。

关于会议的经验，有如下几点：一、会议证明了对资产阶级的两重性斗争的重要性。

如果能很好地克服其落后性，发扬其进步性，大部分工商业者是可以争取其进步的。二、自由资产阶级善于进行合法斗争，他们中有不少税务、公私关系、劳资关系的专家，我们应熟悉《共同纲领》和财经法令，争取主动，才能在团结与斗争中克服其落后性，发扬其进步性。三、应教育国营企业重视工商联与同业公会的工作，克服过去那种对工商联工作漠不关心、置之不理的态度。今后工商联工作要掌握有利条件，深入中下层，扩大对工商界的统一战线。具体是：（一）建立健全的党组，由参加工商联工作的上层党员组成；（二）继续推行工商界爱国公约和业务公约，并检查贯彻执行；（三）有计划地联系出席会议的代表（705个代表，代表全市275个行业），组织经常聚会，开展政治学习；（四）推行私人资本下乡，打开城乡物资交流局面，积极筹备上海土产交流展览大会；（五）健全工商联及各同业公会工作制度，并逐步建立各区工商联的组织。

同 日

［纲 文］ 政务院发布《关于各业务部门领导之高等学校毕业生由中央分配工作的规定》。

［目 文］ 《规定》指出，为适应国家建设与各方面业务上的需求，从1951年暑假起，毕业学生均统一由中央分配。分配原则为，尽量照顾领导各该高等学校业务部门的需要。

同 日

［纲 文］ 陈云在中国共产党第一次全国组织工作会议上作题为《1951年财经工作要点》的讲话。

［目 文］ 陈云在讲话中分六个方面介绍了1951年财经工作的要点：

第一，城乡交流。这件事情有利于农民，有利于城市工商业，也有利于国家。从1950年提出后，华北各省以及河南、浙江都开了会，河北各县也都开了会。这是历史上没有一个政府提出过的，但却是关系全国人民经济生活的一件大事。中国现在有几亿农民，有几千万手工业者，有几百万产业工人，这就是中国经济的实际情况。我们每件工作都要对他们有利益。如果没有廉价的工业品供应农民，并且把他们的土产推销出去，那么工农联盟就不能巩固。所以城乡交流是一件大事，要动员全党的力量去做。解决这些实际问题就是为人民服务，不解决实际问题谈为人民服务，则是空话一句。中央人民政府成立的第一年，就做了很多工作，生产恢复很快，物价稳定了，城乡交流适当整顿了，铁路修复了。如果再有两年平稳的交流，文章就好做了。所以我们把城乡交流放在第一位。

第二，农业增产。修整水利，力争丰收，这是农业工作中的第一个问题。其次是增加经济作物面积。粮食丰收以后，可以适当地把一部分粮食生产转变到经济作物生产上去，同时可以在靠近铁路的3亿农民中提倡积谷，如果每人积十七八斤，就是50亿斤，贸易公司再控制50亿斤，这100亿斤粮食对于我们国家有极大的政治意义。粮食是战略物资，我们经常控制着100亿斤粮食，什么杜鲁门、李鲁门，统统不怕。假如碰到荒年，也可渡过。

第三，经济核算。我们的干部大多数过去长期在农村工作，经济知识很少。同一个普通资本家比较，还是外行。我们靠的是集体力量，如果一对一的和人家比，是比不赢人家的。现在全国有两千多个县，财经工作很复杂，就不能再像过去那样办了。贸易公司要搞经济核算，不是按经济原则，而是按着政治系统，这样做买卖怎么能不赔账呢？在工业方面，一说办工厂，大家非常热心，但事先往往不设计。像这样的冤枉钱不知花了多少。我们是政治家、军事家，还不是企业家。外行办事总是要吃亏的。偶然浪费少数钱尚可请人民原谅，老是浪费，年年如此，人民是不能原谅的。我们针对着供给制的思想，提出一个经济核算制。现在是办大工厂，不学会经济核算不行。不学习，经济建设一窍不通，那就搞不成。

第四，统一管理下的因地制宜。我们的方针是巩固财政经济工作的统一管理和统一领导，巩固财政收支的平衡和物价的稳定。现在要分一点权给地方，这样做既无害于全局，又有利于地方。工业方面，中央和地方可以分管。地方工业发展了，反正在中华人民共和国里头。这样做，大有好处。在贸易方而也要划分一下。中央可以规定统一的价格，但地方可以按具体情况，在总的价格水平上作适当调整。有几种税收地方也可以做些调整。只要对全国的经济没有多大危害，税率可以降低一点。小的局部的调整，无害于全国的收入，也无害于全国商品的流能，这样的调整应该有，并把这个权力让给地方。

第五，经济建设的准备工作。毛主席讲，三年准备，十年建设。三年准备是指1950、1951、1952这三年，十年建设在这三年之后进行。经这十年建设以后，中国经济面貌可以发生变化，工业的比重会大大地增加。我们要考虑到，两个五年计划要建设什么东西，在国防、工业、农业、水利方面，大概一年投资多少。公私两方面要同时发展，国家必须占一个相当的比重。五种经济成分同时存在，但是要在国营经济领导之下。要使私人经济跟着走，有一个条件，就是国营经济有相当的力量。你有力量它就跟着你走，你没有力量它就不听你指挥。我们还要在文化教育上投资。中国的知识分子不多。毕业就是失业的时代已经过去了。现在全国的大学生才有10万多一点，每年毕业2万多人，可是各方面的需要很多。中学生一年只有40万毕业的，党政军民机关都要，不够分。干部“赤字”很大。这两年教育经费很少，长此下去很难维持。现在要组织一个计划委员会，预先把各方面的建设规划一下。这个准备工作，不仅中央要做，而且各地区也要做。

第六，整顿财经队伍。目前这个队伍，总的说来，工厂较好，机关复杂。在留用人员中，虽然有一些人不好，还是要用，但必须加以整顿。我们的方针，主要是教育，其次才是清洗，两者结合起来。财经部门工作很忙，如果抓不住工作重点，那就如同在大海航行中把握不住方向。1950年我们做了很多工作，只有两个重点，一是统一，二是调整。只此两事，天下大定。一年来的工作是有成绩的。因此，经济工作干部可能产生骄傲自大的情绪。必须针对这个思想予以教育，向他们指出：成绩是全党努力的结果，每个财经工作者，必须清楚这点。从大局看来，财经部门的干部配备可以慢点，先把土地改革、抗美援朝、镇压反革命做好，再来也不迟。不怕外行，内行是外行变来的。财经干部的教育工作，要由地方来做，内容主要是为人民服务。要批评和克服财经工作人员中存在的个人主义、本位主义以及片面性和单纯技术观点，建立起为人民服务的观点。

同日

［纲文］ **中央人民政府、人民革命军事委员会、人民武装部发出动员民兵参加爱国生产运动指示。**

［目文］ 指示指出，在春耕时节及一切生产季节中，各级军区人民武装部应不误农时地动员与组织民兵和全国广大农民开展爱国生产运动，争取全国农业丰收。在爱国生产竞赛中，民兵要争做劳动生产模范，并积极参加互助组，起模范作用。在生产运动中，各级军区人民武装部必须组织民兵配合当地部队积极参加剿匪和镇压反革命等工作，提高警惕，加强戒备，严防土匪特务及反动地主破坏与捣乱，保卫群众安全进行生产建设。上述工作是各级军区人民武装部的中心任务，必须结合抗美援朝及镇压反革命等运动学习并布置，整顿与发展，使民兵组织不断地壮大起来。

同日

［纲文］ **中共中央统战部举行茶会招待参观土改回京教授。**

［目文］ 参加茶会的有北京大学、清华大学、北京师范大学、燕京大学等学校一部分教授组织的华东区、中南区、西北区土地改革参观团回京的全体团员。吴景超、郑天挺①、楼邦彦②、朱光潜、卞之琳③等教授在发言中以亲身体验认为，参加土地改革对知识分子思想改造有很大好处，希望本年秋后能争取参加新区的土地改革工作队。教授们在会上还提出，各地翻身农民迫切地需要学习文化和科学、卫生知识，希望科学、医务工作者和文艺工作者能下乡去工作。

同日

［纲文］ **贸易部拟定委托中国人民银行总行代理国营对外贸易公司对苏东国家易货贸易人民币结汇合同。**

［目文］ 合同共二十一条，根据政务院《国际清算管理实施办法》的决定，规定了对苏联东欧国家易货贸易人民币结汇的具体内容，包括：指定结汇银行和代理公司、地点、时间、手续、汇价等。要求4月5日起在北京施行，4月15日起在其他各区施行，并报中财委备案。

4月5日

［纲文］ **新华社讯，叶剑英发表声明斥责港英当局无理宣判劫夺我渔船的美蒋分子无罪。**

［目文］ 声明指出，广东省人民政府留香港5艘渔船中的“渔时”、“渔连”、“渔扬”3艘，于1950年6月22日突然被以阿诺、宋亨豫为首的美蒋分子30余人劫走。在旁

---

① 郑天挺（1899—1981），福建长乐人，时任北京大学史学系系主任、教授。

② 楼邦彦（1912—1979），浙江鄞县人，时任北京大学法学院教授。

③ 卞之琳（1910—2000），祖籍江苏溧水，生于江苏海门，诗人、翻译家，时任北京大学西语系教授。

边停泊的英国水警轮竟将报警船员以“报假案”罪加以扣押，更以机枪制止我船员抵抗，护送劫船出海。此事发生后，被劫船员当即向香港法院指控，而香港英当局诸多为难，并变相地将未被劫的“渔浦”、“渔琼”两船加以冻结，又于1951年3月15日无理宣判劫夺3渔船的美蒋分子无罪。对此，叶剑英郑重声明：“香港英当局此种公然庇护美蒋匪徒劫夺我国家财产的行为，是非法的，无理的。香港英政府应对此事及其后果负全部责任。”

同日—5月29日

［纲 文］ **廖承志率中国人民赴朝慰问团及文工团等赴朝鲜慰问中国人民志愿军及朝鲜军民。**

［目 文］ 慰问团由中国人民抗美援朝总会派遣，团长廖承志、副团长陈沂、田汉[①]，秘书长李颉伯。慰问团代表共208人，包括全国各地区、阶层、党派、团体，人民解放军和汉、蒙、回、维吾尔、哈萨克、土族各民族及台湾人民的代表，并有全国著名劳动模范、教授、科学家、作家、诗人、画家、音乐家、演员和工商业家。随慰问团前往朝鲜的文艺工作者共210人，其中有由北京、天津两地曲艺界组成的曲艺服务大队，中华杂技团与中央音乐学院音乐工作团共同组成的文艺工作团，及华东、中南、西南各分团所属的三个文艺工作队。代表团携带了共约500亿元的慰劳品与慰劳金。

慰问团离开北京赴朝时，中国人民抗美援朝总会举行了盛大欢送会，郭沫若、彭真致欢送词。慰问团抵达朝鲜后分为8个分团分赴前线和后方进行慰问。4月17日，慰问团总团及直属分团向朝鲜人民军最高司令部献旗献礼。4月19日，朝鲜最高人民会议常任委员会委员长金科奉设宴招待慰问团，他在讲话中表示，伟大的中国人民派自己的优秀儿女到朝鲜战场，用自己的血帮助朝鲜人民的反美斗争。我通过你们向全体中国人民致以衷心的感谢。4月20日，朝鲜民主主义人民共和国政府为抵达平壤的慰问团总团及直属分团举行了盛大欢迎会，朝鲜内阁文化宣传相许贞淑代表朝鲜政府向中国人民及毛泽东主席致敬致谢。4月21日，慰问团总团谒见朝鲜内阁首相金日成，朝鲜副首相兼外务相朴宪永、劳动党中央书记许嘉谊、朝鲜民主妇女同盟委员长朴正爱、人民军总参谋长南日及中国驻朝鲜大使倪志亮等参加。廖承志代表中国人民向金日成献旗献礼，并在致献词中表示，中国人民准备以最大的决心，支援朝鲜人民军和中国人民志愿军，彻底打败美国侵略者，实现抗美援朝战争的完全胜利。金日成设宴招待慰问团代表，并在宴会上致词说，当我们朝鲜人民处在祖国解放战争最艰苦的时期，中国共产党和各民主党派、人民团体派遣了自己的优秀儿女——中国人民志愿军来到朝鲜帮助我们，现又派遣了慰问团来慰问我们。朝鲜人民永远不能忘记中国人民对我们的这种国际友谊。慰问团这次来朝鲜慰问我们，更加强了我们的胜利信心，无论对我们的工厂、农村，特别是前线，是莫大的鼓舞。我相信胜利的旗帜，不久即将飘扬在全朝鲜的土地上。

4月30日，廖承志、陈沂、田汉等率领慰问团总团直属分团代表，向中国人民志愿军

---

① 田汉（1898—1968），湖南长沙人，剧作家、诗人，时任中国戏剧工作者协会主席。

领导机关献旗献礼，并举行慰问大会。劳动模范赵国有，上海工商界及民主建国会代表陈已生，新疆 13 个民族的代表札克洛夫，各民主党派、教育工作者与妇女界代表雷洁琼分别致慰问词。在朝鲜期间，慰问团其他 7 个分团分别到前线和接近前线的中国人民志愿军与朝鲜人民军的各兵种部队、各后勤部门、民工大队及后方伤兵医院的驻地，向中朝军队指挥员、战斗员、政治工作人员、后勤人员、民工和医疗工作者进行慰问及文艺演出。慰问团所到之处，受到了志愿军官兵的热烈欢迎，他们表示要为祖国人民争光，彻底战胜美国侵略者，来回答祖国人民的热烈支援。在慰问过程中，团员平原军区干部管理部部长廖亨禄和演员常宝堃、程树棠以及志愿军副连长王利高 4 人不幸牺牲。

▲ 赴朝慰问团团长廖承志（左二）、副团长陈沂与彭德怀（右一）司令员亲切握手。

从 5 月中旬至月底，慰问团分批回国。5 月 29 日，慰问团一行 500 余人在团长廖承志、副团长陈沂、田汉率领下自天津乘车抵达北京。郭沫若、彭真、陈叔通、李济深等各界人士 1500 余人及朝鲜驻中国大使李周渊等到车站欢迎。6 月 5 日，首都各界 4 万余人在先农坛体育场举行了欢迎中国人民赴朝慰问团大会。其后，全体团员分别到全国 2050 个县进行广泛宣传，号召全国人民再接再厉，全力支援朝鲜前线，争取最后胜利。

同 日

[纲 文]　贸易部、海关总署发出《出进口货物转口输出入管理暂行办法》。

[目 文]　贸易部、海关总署在下发指示中要求注意：一、转口输出入货物的监管，各关仍按现行办法。二、转口输出货物，原发证甲口岸应与转口输出的乙口岸做好报单联系。《暂行办法》还对转口输出和转口输入的定义、出进口货物报关手续、转口输出入许可证送达程序、易货方式出进口货物、应缴纳关税、货物税、不属于转口案件等做出了规定。

同 日

[纲 文]　《山西日报》发表题为《李顺达是劳动模范又是爱国模范》的社论。

[目 文]　社论指出，李顺达领导的互助组，回答了所有农民心里的一个大问题——

土地改革之后，农民要想过更加富裕的生活，究竟要走那条道路？八年来，他们用活的事实，完全证明了毛主席早就说过的“组织起来是由穷变富的必由之路”。最近二三年来，他们又证明了共产党和人民政府的号召——把互助组与提高技术、发展农村副业和供销合作社三者结合起来，是发展农村生产力、繁荣农村经济的正确方向。他们利用新型的先进的生产方式，把平顺县的一个穷沟变成了富沟，全村每亩地产量超过战前生产水平77.5%，他的互助组超过了95%。

4月13日，新华社向全国播发了这篇社论。

同 日

［纲 文］ 旅大市各界5000多人祭悼被日寇杀害同胞，举行反对美国武装日本游行。

4月6日

［纲 文］ 政务院召开第七十九次政务会议。

［目 文］ 会议由周恩来主持。会议通过了《政务院关于1951年国营工业生产建设的决定》，主要内容是，批准中财委所定1951年国营工业生产、投资的控制数字，确定采取经济发展国营地方工业的方针，加强工业管理，实行经济核算制，开展经常性的生产竞赛。该《决定》于4月29日公布。

会议通过了中财委计划局局长宋劭文作的《关于第一届全国工业会议的报告》。报告提出，1951年国营工业主要产品产量比1950年计划均有增长。基本建设采取有计划有重点的稳步前进的方针，首先集中力量搞好几项国防和国计民生最需要的建设工程，并为今后长期建设准备必要的条件。要克服基本建设中的局部观点、平均主义和急于求成的倾向。对国营地方工业，采取积极发展的方针。实行经济核算制。发挥企业的积极性，在完成国家计划的条件下，企业有权通过合同制，自行销售产品和收购原材料。实行工厂奖励金制。统一全国工资制度和工资标准。已实现经济核算制的企业，应有准备地推行八级工资制；有条件的企业，应逐步实行计件工资制。

会议通过了轻工业部部长黄炎培作的《关于1950年工作总结与1951年工作方针和任务的报告》，报告指出，轻工业部1950年先后召开6次专业会议、2次专业座谈会，并组成了手工业生产指导委员会，11月间接管了原属食品工业部的工作。1950年，造纸工业超额完成了任务；火柴工业于年底前实现了全国产销平衡并由亏转盈；制药工业的磺胺药物、麻黄素和青霉素等的生产取得了好成绩。1951年轻工业的方针是，加强计划性与组织性，拓展市场销路，增加原料供应，发挥现有设备的生产能力。贯彻民主管理原则，逐步实行经济核算制，注意节约原材料，提高劳动生产率，加速资金周转，降低成本。基本建设除完成1950年的任务外，要在统一计划下，鼓励和指导地方工业及私营工业，有重点地发展。

陈云发言指出：许多企业应该归地方管理，这样做其利有三，即积累资金、培养干部、集中领导注意力。中央对地方的工作计划，过去是不管，后来又管得太细，现在要取“中庸之道”只管理概要。

周恩来在讲话中说，我国正处在准备建设的过渡时期，这个时期的特点是：旧中国遗留下来的制度和影响还存在着；国家大，经济发展状况不平衡；还不能摆脱战争。我们的一切工作都要考虑这些特点。这次会议划分了中央和地方工业的范围，现在中央不但不要妨碍地方的经营，还要把原来统过来的再放出去一些。这样做的好处，除陈云所说的三种外，还有一个好处，就是中央部门不会忙于企业事务，不会成为企业机关，而要成为全面领导企业的机关。这样就有力量和时间注意发展方向、发展规律和掌握政策，就可以提高水平。中央要先解放出来，才有时间考虑发展、提高和计划的问题。中央把完成生产数字、完成基本建设和实行经济核算放到地方上去，才能有时间去加强领导。

会议还通过任免案及提请中央人民政府委员会批准任免案多起。

同 日

[纲 文] **《人民日报》发表题为《不能容许美帝国主义利用天主教侵略中国》的社论。**

[目 文] 社论指出，在抗美援朝伟大的爱国主义号召下逐渐开展起来的天主教革新运动，已日渐有力地唤起了天主教徒的民族觉醒，使他们毅然地斩断同帝国主义分子的联系。天津市公安局接受津沽大学师生与天主教徒的正义要求，逮捕美国间谍卜相贤、鲍翊华、房如晦，便是天主教徒协助政府肃清反革命的爱国爱教具体表现。

社论揭露说，卜相贤等披着天主教外衣，实际上替美帝国主义服务来破坏中国人民的

▲北京市天主教会爱国人士集会控诉天主教内的帝国主义分子。

解放事业。某些帝国主义分子在天主教中散布谬论说什么天主教是“超国际”、“超政治”的，“和帝国主义没有联系，因此也无所谓割断联系”等。这次天津破获的天主教美国间谍案件，完全揭露了这些反动论调的本质。这些罪犯收集情报、破坏土地改革、破坏婚姻法、诬蔑人民政府、为美帝国主义帮凶，只要有可能，他们就进行破坏活动。他们既没有“超”破坏中国之政治，也没有“超”为美帝国主义服务之政治；他们和前天津美军司令部联系，给美帝国主义的特务机关——陆军战略情报处提供情报，破坏抗美援朝运动，说什么“圣母”给在朝鲜的美国侵略军“显圣”，破坏天主教革新运动，诬蔑爱国教徒为“叛教”、“魔鬼”。所有这一切，不就是他们和美帝国主义所进行的联系吗？全国每一个爱国天主教徒，都应该学习津沽大学的爱国教徒，做一个好公民、好教徒，时时刻刻警惕注视着隐藏在天主教内的帝国主义分子的活动，检举他们，揭发他们危害中国人民因而也是危害天主教的罪行，使他们的反革命伎俩无所施。

同 日

［纲 文］ 《人民日报》发表题为《进一步整理城市地方财政》的社论。

［目 文］ 社论指出，政务院批准公布了《关于进一步整理城市地方财政的决定》，这是关系到今后城市建设与城市人民福利的一件大事。1950 年以来，中央政府统一了全国财政工作的管理与领导，稳定了金融物价，为争取国家财政经济状况的基本好转奠定了初步的稳固的基础。全国城市地方财政也进行了初步的整理工作，提供了进一步整理城市地方财政的可能性。城市地方财政是与农村为基础的县地方财政有很大区别的，有几个特点：一、城市过去曾是国民党反动统治的中心，抗日战争时期许多城市都被日寇占领过，长期间内只有破坏，没有或很少基本建设。二、城市人口集中，城市人民衣食住行各方面的要求，都与农村的居民不同。三、城市人民负担能力较高，政府为了办事可以向人民多要点钱。应当采取量出为入的财政原则，而不应当坚持量入为出的方针。四、城市有发展工业的许多便利条件。

政务院《决定》中指出，今后城市地方财政平衡收支的原则，应当是“根据当地必须举办的事业与人民负担能力，努力组织收入，保证必要支出，反对铺张浪费”。城市地方财政只能根据财力举办某些必须举办的事业，而不是百废俱举。今后城市财政工作，应当有条件改供给财政为建设财政，不能以只管穿衣吃饭了事。对于必须举办的事业与必要合理的开支，首先，财政上应该主动支付；其次，应当去积极组织收入；第三，不能只在税收、附加、规费等方面想办法，应逐步从生产收入中解决市财政问题。但城市地方税收在将来一定的时期内仍不得不作为一个主要来源。在整理地方财政中，给各城市一定程度的机动范围，因地制宜，也十分必要，国家不宜限制太严。另一方面也不能把弹性放得过宽，以免发生苛扰。我们相信，城市财政工作必将继续在各城市人民的协力合作之下，对于城市的恢复与建设，发挥更大的作用。

同 日

［纲 文］ 中财委发布《1951年度国营企业财务收支计划暂行办法》、《1951年度国

营企业提缴利润暂行办法》和《1951年度国营企业提缴折旧基金暂行办法》。

[目文] 《财务收支计划暂行办法》共3章15条，主要内容有：一、财务收支计划，可以由地方主管或代管部门，商同财政部就以下方式决定一种编制执行：（一）以每一基层企业为预算拨款及缴款单位，以主管企业机构为汇编单位；（二）以主管企业机构为预算拨款缴款及汇编单位。（三）铁道、邮电、银行、贸易等各以其主管企业部门为预算拨款缴款及汇编单位。二、计划编制，应按照中央政府批准的国民经济计划控制数字，根据该企业的生产、基建、大修理、经营及其他计划草案编制。三、计划编审程序，依照下列规定：（一）国营企业计划由各企业编送主管机构逐级审核汇转主管部门。（二）中央各部企业计划，由主管部门审核汇编送财政部审核。（三）大行政区企业计划由主管部门审核汇编送同级财政部审核汇编，经大区财委转送财政部审定，抄送中央主管各部备查。（四）中央各部委托地方代管企业计划，由受托主管部门审核汇编，送中央主管部审核，列入该部汇总计划，送财政部审核。（五）大区委托省市代管企业计划，由受托主管部门审核汇编，送大区主管部门审核，列入该部门汇总计划，送财政部审定。（六）财政部根据审核后的中央主管部门汇编、大区财委核准的计划，汇编为全国国营企业财务收支计划。连同各省市公营企业计划，汇编全国国营、公营企业总财务收支计划，提请中财委批准。四、计划执行的企业预算缴款，按照利润、折旧基金、税款、固定资产变价收入、多余流动资金等规定办法办理。五、预算拨款，按照基建投资、增加流动资金及补充不足、弥补计划亏损等项有关规定办理。六、流动资金、基建资金及大修基金，均应专款专用。

《提缴利润暂行办法》共十二条，主要内容有：一、国营企业应按照中财委核准的全部利润交纳国库。核准的基建资金或增加流动资金，可在利润内转账抵冲，其余解库。财政机关对企业的提利及结算，应按核准数额计算。如利润数额有变更应先报中财委批准。二、计划利润按中财委核定计划分月于下月15日前解缴，特殊情况由中央或地方财委规定。三、结算方式：由财政机关结算，多退少补。四、年度决算的最终结算，不得超过下年度的7月1日。五、企业因降低成本的超计划利润，年度后报批准，提留30%为奖励基金，其余缴国库。此项暂不适用国营贸易公司和国家银行。六、企业未完成计划利润，应报告财政机关，由各级财委进行检查。七、缴纳不按时或不足额的企业，财政机关可委托国家银行将企业存款转抵。八、中央财经各部委托地方代管的企业，利润可由地方财委提取10%。大行政区自营企业利润不上缴国库。九、本办法原则适用于地方公营企业。

《缴折旧基金暂行办法》共十一条，主要内容有：一、基金缴纳单位，以企业办理预算缴款及拨款者为准。二、提交折旧基金范围有：建筑与设备、机器及设备、交通设备、工具器具及仪器、福利设备及其他。三、折旧基金分为基本折旧及大修折旧，按照中财委规定的折旧率计算。四、固定资产的备用、停用部分免提折旧基金。已满使用年限仍使用者仍按原折旧率计算提缴。五、固定资产因事故毁坏或废弃者，经主管部门核准，报同级财政机关，免提缴折旧基金。六、固定资产遇物价波动调整原值，按调整后计算折旧。七、未按期限及金额缴纳者，财政机关得将其存款转账抵充。八、国家银行应监督企业大修基金的缴纳。

同 日

［纲 文］ **中国人民银行解释统一币制中的若干问题。**

［目 文］ 中国人民银行解释指出：人民币和东北流通券及内蒙古流通券的币值比价规定为一元比九元五角，主要是根据关内外交流的主要物资，就具有代表性的沈阳及天津两地的市场理论比值，结合双方贸易状况加权计算，并参酌山海关人民银行东北银行联合办事处对双方货币的兑换情况而订定的。统一币制后，原东北银行总行和各分行均改组为中国人民银行省、市分行，支行均改组为中国人民银行县、市支行。统一币制后，关内各地不可流通、兑换东北流通券和内蒙古流通券。关于关内两地单位的划拨清算，中国人民银行总行与贸易部将由贸易部门开始，先组成关内外单位间的直接结算，其他单位也将陆续办理，最后使关内外的划拨清算工作全部走向统一。

同 日

［纲 文］ **轻工业部做出关于手工业座谈会总结。**

［目 文］ 总结指出，据初步估计，我国目前从事手工业的工人约有1500万—2000万，直接赖以维生的在5000万人左右。手工业的现状是：一、小商品性质的生产组织散漫和生产盲目，经常受到帝国主义商品和机械工业产品的排挤和打击，不能进步。二、生产工具非常简陋，技术落后。三、受行会制度束缚，劳资、师徒关系没有改善，劳动没有积极性和创造性。四、长期受商业和高利贷资本操纵剥削，利润微薄，不能积累资金进行再生产。总结提出辅导手工业生产的方针是：一、关键是解决供销问题，在组织生产以前要注意打开销路。二、各地贸易和合作社供销机构，应尽可能利用订货收购产品、委托加工、以原料换产品等方式帮助手工业产品打开销路。三、国营和合作社经济领导手工业时，首先要把小生产者组织起来，采用生产小组、合作社、联营机构等方式。其次要改进生产技术，统一规格，降低成本，增加产量。四、农村季节性副业和家庭手工业可以组织生产小组，独立手工业者可以组织生产合作社，小工厂和小作坊采取联营方式。五、要向几个方向发展：与机械工业相结合；向机器工业生产不足的部门发展；与救灾工作相结合，推广农村手工副产品；与国际贸易相结合；与军用生产相结合。

4月7日

［纲 文］ **中共中央转发中财委《关于仓库清理调配工作的总结报告》。**

［目 文］ 转发给各中央局、分局和财委的该《报告》说，1950年清仓所得物资总值约为116亿斤米，除去企业保留的20亿斤不计外，可抵财政收入者96亿斤。今后仓库清理调配工作主要是：一、财政部成立中央物资管理局，取消现有仓库清理调配总会及

分会。中财委物资分配计划处不能同时负担物资分配计划及仓库管理调配两种性质不同的任务；二、过去一切物资调配都要经过中央批准，不切实际，今后中央只掌握少数重要物资，统一调配，其余由地方掌握，按季汇总报告中央备案；三、中央各部对大行政区有关企业仓库物资的调配，除铁道部、交通部、邮电部等部门不能分割的物资由各部垂直调配外，其他部门只宜掌握其直属企业的仓库，其余均归大行政区物资管理机构调配。

同 日

[纲 文]　中共中央批转山东分局关于城市镇反经验报告。

[目 文]　给各中央局，并转分局、省委、区党委、大中城市市委的转发批语说：城市镇反工作，山东有一个很好的经验，华东局已给批准并转发华东各地参考。请你们也参考此项经验，正确地展开城市的镇反工作。

此前，4 月 3 日，山东分局、山东省公安厅向华东局提出关于全省统一行动逮捕反革命的经验报告，介绍做法是：一、召开全省公安、司法、检察会议，统一部署，制订行动计划。二、搜集与审查材料，事先均经城乡交流，互相查对，保证不错捕一人。三、进行思想与舆论动员。四、以市公安局为主，结合驻军，组织行动指挥部，并对所有人员进行政策、业务、保密等方面教育训练，制定行动守则，颁布纪律。五、吸收民主人士参加城乡联络委员会及对某些人犯材料证据的审查。六、为保证行动不发生内部意外事件，行动前将警察中的坏分子先行清洗和关押一批，将潜伏在工厂企业内部的罪证确凿、有现实危害可能的反革命分子先抓一批。

同 日

[纲 文]　毛泽东批转福建省公安厅关于镇反情况的报告。

[目 文]　毛泽东给饶漱石、邓子恢、叶剑英、邓小平、习仲勋、薄一波、高岗的转发批语说，福建有些地方情况特殊，反动派多，处决的比例较大，这是可以理解的，别地自不应援例也杀这样多，但有些情况相似者，也可仿照办理。福建方面最值得重视的经验是，发动最广大群众参加镇反工作和派遣工作组下去巡视镇反工作。关于工作组，我认为各省都应当注意，即由省级机关组织几个有训练有能力的工作组，分往各专区，直到县级去巡视，有偏差者帮助纠正，积案太多者帮助清理，不敢放手者帮助开展工作，发动群众不足者告知发动参加的办法。这样的工作组，对于坚决而正确地开展镇反工作，当有很大的帮助，请你们研究推行为盼。

同 日

[纲 文]　毛泽东为翻译《斯大林全集》事致电斯大林。

[目 文]　电报全文如下：菲里波夫同志：中共中央热烈地希望得到你的允许在北京将《斯大林全集》翻译为中文。我们认为这对于中国共产党和中国劳动人民是一个重大政治事件。为了迅速地和正确无误地进行这个工作，我们准备采取下列步骤：一、组织一个专门的翻译和校订的委员会担任这一工作。二、与莫斯科外国文书籍出版局中文

部密切合作，包括采取分工翻译互相校订的方法。三、请苏共中央指定在北京的适当苏联同志帮助我们工作。如果允许，请即指定一位同志与我们联系，以解决各项技术问题。

同 日

［纲 文］ **中财委转发全国零售工作会议总结摘要。**

［目 文］ 贸易部主持召开的全国零售工作会议的总结的主要内容是：一、零售公司的方针任务，是负责稳定零售市场，领导零售私商，使批发零售价格趋于合理。二、10万人以上的城市或工矿区可以设立零售公司。三、中央掌握经营方针、业务范围、价格标准、表报制度，具体事务由地方负责。四、经营商品仍以中央原定6种为限，地方需要时可由政府召集工商联会议协商，不超过10种为限。五、所需商品按月计划，向专业公司购买，但遇牌价高于市场，专业公司不愿按市价供给，或货色不全时，经当地工商局批准可到市场购买。六、零售公司资金由中央统一拨付，专款经营，不执行贸易金库制度，但按1.5%月息分季上缴。七、确定专款后，与专业公司现款交易，优待率改为：粮食、食油1%，粗粮、盐、煤油、百货2%，煤3%。八、地方可向零售公司投资，但不得超过资金总额50%，按期结账，盈亏自负。九、加强经管、核算，紧缩开支，实行定员定额。

同 日

［纲 文］ **贸易部向中财委提出关于进口物资牌价问题的报告。**

［目 文］ 报告说，近来各部认为进口器材和原料牌价比市价高，不合理，但是进口商人又叫喊指责国营公司的牌价过低影响进口。我们研究的结果是，1950年美国对中国实行封锁，国内进口物资价格急剧上涨。年底执行中财委关于禁止国营企业到市场抢购进口物资的指示后，市场稳定，执行严格的地方市价下落厉害。有几个因素加重了市价疲落：一、1950年秋天大批美元的订货已经陆续到来，私商不敢囤积，纷纷抛售。二、我对西方国家采取易货政策后，我出口货价上升，出口十分有利。港商利用进出口差价做短线，一面抬高香港物价，一面压低国内市价。对此，我们不主张变更牌价，而采取重点收购办法，一则储备必要物资，二则促进再进口，三则巩固国营贸易地位。这是正确的。

同 日

［纲 文］ **新华社讯，西北局发出《关于认真执行中央建立宣传网决定的指示》。**

［目 文］ 《指示》称：各地党组织在建立宣传网工作中，还没有完全贯彻中共中央关于建立宣传网的决定。有些地委和县委还没有讨论，有的没有订出具体执行的计划。各地干部中还存在着经验主义的保守观点，对建立宣传网工作表示犹疑，强调困难。有的干部把建立宣传网与其他工作对立起来，认为会妨碍其他工作任务的完成。这些干部没有认识到，建立宣传网正是解决宣传工作干部少的困难的有效办法；加强党对人民群众的宣传工作，深入宣传政策，提高人民群众的政治觉悟，正是保证完成一切工作的首要条件。把

建立宣传网和其他工作对立起来的思想，实质上是取消党的宣传工作，习惯于用简单行政命令方法对待人民群众的思想。《指示》责成各级党委根据当地实际情况，订出建立宣传网的具体计划，在最近时期内进行一次专门检查，严格地把党对宣传工作的领导制度建立起来，在5月以前把县级以上的报告员制度建立起来。

同日

[纲文]　利津黄河堵口工程完工。

[目文]　山东省利津县王家庄黄河堤防于2月3日因凌汛决口，黄河水利委员会及有关方面立即组成堵口委员会，积极准备堵口工作。4月1日堵口工程开始，经过7000名民工6天6夜的紧张工作，本日完工。

同日

[纲文]　天津市天主教革新运动促进会举行成立大会。

[目文]　出席大会的有全市天主教徒代表、全市各天主教堂全体中国神甫、北京神甫及教徒代表等共315人。大会宣布正式成立天津市天主教革新运动促进会，确立了今后工作方针，并通过了天津市天主教革新运动促进会章程；选出吴克斋、张羽时、赵振亚等革新促进会委员23人，候补委员3人。天津市人民政府文教委员会主任黄松龄代表天津市人民政府向大会表示祝贺。大会向全体教友提出要求：一、加紧学习，提高政治觉悟，认清教义与帝国主义的区别，不再盲从，不再被帝国主义所利用。二、提高警惕，严防帝国主义重新复辟。三、加强中国神长和教友之间的团结，严防帝国主义分子的挑拨离间。大会通过致全国和世界各地天主教教友电指出：我们要建立一个自治、自养、自传的教会，团结起来，认清敌我，在爱国爱教的纲领下，为吾主耶稣的事业而奋斗。我们希望全国的教友也不要再受帝国主义的欺骗，要坚决把他们赶出中国地面去。我们还愿意向全世界善良的教友们宣布：我们在新中国是绝对有信教自由的，希望你们支持中国爱国爱教天主教徒的正义行动。

此前，在全国爱国反帝的高潮中，各地教友发动了爱国爱教反帝的“三自”（“自治、自养、自传”）革新运动。天津市由吴克斋等积极发动，在1950年1月11日成立了天主教革新运动促进会筹备会，并于13日发表革新宣言。

同日

[纲文]　中国人民访英代表团发表声明抗议英国政府无理拒绝入境。

[目文]　声明说：英国英中友好协会订于4月7、8两日在伦敦举行周年大会。中华人民共和国人民团体应英中友好协会之请，派遣由李一氓①、钱端升、王铁崖②、曹日昌③及杨承芳④5人所组成的中国人民访英代表团赴英参加。代表团于3月19日即向英国

① 李一氓（1903—1990），四川彭县人，时任保卫世界和平理事会常务理事、书记。
② 王铁崖（1913— ），福建福州人，时任北京大学政治系教授、系主任。
③ 曹日昌（1911—1969），河北辛集人，心理学家。
④ 杨承芳（1908—1995），贵州思南人，时任中央人民政府新闻出版总署国际新闻局编撰处处长。

政府交涉入境签证，经过多次催询，英国政府始于4月4日正式答复，用拒绝访英代表团一部分代表入境的形式，拒绝了整个访英代表团的入境。中国人民对于这种无耻无理地拒绝中国人民访英代表团进入英国的措施，感到十分愤懑。中国人民深信，中英两国人民的友谊断非这种卑劣手段所能阻挠和破坏，中英两国人民将更加团结起来，为保卫世界持久和平而奋斗。

同日—15日

[纲文] **港英当局辅政司无理下令“征用”中国“永灏”号油轮，该轮全体员工进行坚决斗争。**

[目文] 当日，中国油轮公司驻香港代表邵良对港英当局无理措施，当场加以严正拒绝，并指出“永灏”号油轮属于中华人民共和国国家财产，港英当局无权“征用”。但港英当局继续于4月8日蛮横派遣香港水师警署汽船1艘及武装水警16名登船武装监视“永灏”号油轮，4月12日又施用暴力强夺该轮，扯下中国国旗，胁迫全体船员离船。该轮全体员工对于港英当局这种行径十分愤慨，表示坚决反对，并拒绝离船进行斗争。4月13日，英国殖民地大臣葛里菲斯发表谈话，竟然宣称不让中国收回“永灏”号油轮是“为了在朝鲜的英国及联合国军队的安全”。4月15日，“永灏”号油轮船长左文渊及全体船员60人返抵广州，受到热烈欢迎。

4月17日，周恩来召集中财委、人民银行、贸易部、交通部、外交部等部门负责人会议，商议港英当局以征用名义劫夺“永灏”号油轮的对策。4月19日，周恩来再次约黄华[①]等人商谈，议定：既然港英当局借口军事原因、公众利益这样征用，我们也以国家安全、公共利益为理由征用其亚细亚煤油公司。4月18日，中国外交部副部长章汉夫发表声明指出，港英当局这种无理“征用”“永灏”号油轮的行为，显然是对中华人民共和国国家财产明目张胆的劫夺。

同日

[纲文] **塔斯社受权声明：中国东北没有苏联部队。**

[目文] 4月4日，美国众院议长雷朋在众院发表谈话，说有“非中国的部队”正在中国东北集结。事后若干美国报纸发表消息，认为雷朋是说苏联部队正在中国东北聚集。塔斯社本日受权声明：这些消息是不确的，是诽谤性的，因为在中国东北没有苏联部队。

4月9日

[纲文] **中国共产党第一次全国组织工作会议通过《关于整顿党的基层组织的决议》。**

[目文] 《决议》共分5个部分，要求必须认真、谨慎地对党的组织有计划、有

---

① 黄华（1913— ），河北磁县人，时任中共上海市委委员、上海市军管会外事处处长。

准备、有领导地进行一次普遍的整理，还提出了整顿党的基层组织的计划、整党的准备工作等规定，具体规定了共产党员的8项标准，及应清除出党的混入党内的坏分子8种情况。5月5日，中共中央将此件发给各中央局并转各级党委，指出可以在党内传达并施行。

［文　献］　　**关于整顿党的基层组织的决议**

中国共产党第一次全国组织工作会议，完全同意刘少奇同志报告中关于整顿党的基层组织的意见，并通过以下的决议：

我们的党，经过了三十年伟大的革命斗争，已经领导中国人民，取得了革命的胜利，建立了伟人的中华人民共和国，并开始了伟大的建设工作。我们的党是伟大的、光荣的和正确的。我们的党现约有二十五万个基层组织——支部和五百八十万党员。这样广大群众性的、全国性的党，就它的领导成分和骨干来说，无疑地是纯洁的、有战斗力的。这是中国历史上空前未有的工人阶级的先锋队。但是，在过去，因为我们的党长期处于被敌分割的农村和紧张的战争环境中，对于党员缺少着充分的系统的关于党纲和党章的教育，即关于共产主义和共产党的教育，同时，在全国胜利后，一方面，在原有的老党员中，有一小部分人思想上发生了堕落性质的变化；另一方面，因为在发展党的工作上，疏于管理，以致又有许多觉悟不高，甚至思想落后的人，也被接收为党员；并有一些坏分子钻进了党内。这就在某种程度上造成了党在组织上和思想上的不纯洁的现象。这种现象必须克服，不然，党将很难顺利地领导与团结全国人民，完成新的更伟大的历史任务。因此，党必须认真地、谨慎地“对于我们党的组织有计划、有准备、有领导地进行一次普遍的整理”。

（一）整顿党的基层组织的计划，准备以三年时间完成。第一年（一九五一年）主要是集中力量认真作好有关整党的各项准备工作，第二年（一九五二年）、第三年（一九五三年）是逐步完成党的基层组织的整理工作。

（二）整党的准备工作：

第一，首先是挑选一批经过考验、对党完全忠实、作风正派，又有整党与建党知识和工作能力的干部，加以训练，使他们完全懂得中央关于整党的方针和精神，及整党的具体方法和步骤，然后派到党的基层组织去进行整党。

第二，对党员普遍进行一次关于怎样做一个共产党员的教育，使所有的党员都明白做一个共产党员的标准。在这种教育中，应向党员反复说明并使他们切实了解下列各点：

1. 中国共产党是中国工人阶级的党，是工人阶级的先进的有组织的部队。中国革命在过去是城市工人阶级和乡村半工人阶级领导的，在今后，更需要工人阶级的领导。[1] 中国工人阶级在将来是要大发展的，并将发展成为在人口中占很大比例的阶级。中国农民在使用机器耕种之后，也将变成与工人没有多大区别的人。最后，知识分子与工人的区别，也将逐步消除。所以，只有工人阶级才是最有伟大前途的阶级。它将不断地改造世界，也改造它自己。中国共产党正是代表这个阶级的党，并是这个阶级的先锋队。一切党员必须这样来了解中国共产党。

2. 中国共产党的最终目的，是要在中国实现共产主义制度。它现在为巩固新民主主义制度而斗争，将来要为工业国有化，农业集体化，即为转变到社会主义制度而斗争，最后要为实现共产主义制度而斗争。一切党员必须具有为彻底实现党的这些目的而坚持奋斗的决心。[2]

3. 每一个共产党员，必须下定决心，终身英勇地坚持革命斗争。在任何环境下，不退缩，不叛变党，不投降敌人。如果在中途不能坚持革命斗争，就不能再作共产党员。

4. 一切共产党员的斗争和工作，必须在党的统一领导下进行。因此，一切党员必须执行党的政策和决议，严格地遵守党的纪律，积极地参加党所领导的革命运动和建设工作，并在人民群众中起模范作用。对于党内党外一切损害党的利益的现象必须进行坚决的斗争。否则，就不能作一个共产党员。

5. 一切党员必须把人民群众的公共利益，即党的利益，摆在自己私人的利益之上，党员的私人利益必须服从人民的即党的公共利益。一切自私自利的人，不肯为人民的公共利益而牺牲自己利益的人，都不能作共产党员。

6. 每一个共产党员，应该经常地用批评与自我批评的方法，检讨自己工作中的错误和缺点，并及时地加以纠正。谁如果是一个有了严重的错误而不能改正，并居功骄傲，自高自大，坚持错误的人，谁就不能作共产党员。

---

① 1951年7月22日，中共中央对此提法做了解释，9月4日又对解释做了补正（见中共中央文献研究室编：《建国以来重要文献选编》第2册中《中共中央关于工人阶级与半工人阶级的领导作用问题的解释》）。1951年12月23日，中共中央撤销了解释和补正（见中共中央文献研究室编：《建国以来重要文献选编》第2册中《中共中央关于中国革命领导阶级问题的修正指示》）。1953年12月11日，中共中央在给各中央局、分局并转省、市委的电报中指出，此提法是不妥当的。同时也认为本段中关于"'知识分子与工人的区别，也将逐步消除'的说法也不完全确切"。将本段修正为："中国共产党是中国工人阶级的党，是中国工人阶级的先进的有组织的部队。中国人民革命是由中国工人阶级领导而取得胜利的，也只有工人阶级能够领导中国革命由新民主主义的胜利进到社会主义和共产主义的胜利。工人阶级是最有远大前途的阶级，它领导劳动人民不断地改造世界，也改造它自己。中国共产党正是代表这个阶级的党，并是这个阶级的先锋队。一切党员必须这样来了解中国共产党。"

② 1953年12月11日，中共中央在给各中央局、分局并转省、市委的电报中指出："现在为巩固新民主主义制度而斗争将来为转变到社会主义制度而斗争的提法，是不妥当的。"将本段改为："中国共产党的最终目的，是要在中国实现共产主义社会。从中华人民共和国成立以后，我们的国家就开始进入一个新的历史时期，即为逐步过渡到社会主义社会而斗争的时期。党在这个新的历史时期的任务，就是要在一个相当长的时期内，逐步实现国家的社会主义工业化，逐步实现国家对农业、对手工业和对资本主义工商业的社会主义改造。在建成完全的社会主义社会之后，还要为实现共产主义社会而斗争。一切党员必须具有为彻底实现党的这些目的而坚持奋斗的决心。"

7．党员是人民的勤务员，不是人民的“老爷”。一切党员必须全心全意地为人民群众服务，虚心地听取人民群众的要求和意见，及时地向党反映，并把党的政策向人民群众作宣传解释，使党与人民群众保持密切的联系，领导群众前进。为了这种目的，每一个有社会职业的党员，除从事社会职业之外，都必须在党的一个组织的分配之下担负一种工作。否则，不能作一个共产党员。

8．一切党员，必须努力学习，使自己懂得更多的马克思列宁主义、毛泽东思想，使自己的觉悟更加提高。不努力学习的人，是不能作一个好的共产党员的。

上述八项及其他的一些条件（例如历史清楚、对党忠诚等），是每个共产党员所应该和必须具有的条件。

第三，为了避免在整党中犯错误，在整党开始时，县、市以上党委首先应选择几个支部，进行整党的典型试验，以取得必要的经验并教育干部。切勿一开始即全区动手，致使整党工作失却强有力的领导。

（三）普遍进行了关于怎样做一个共产党员的教育和进行了典型试验之后，即可根据经验进行整党。

第一，派到党的基层组织中去进行整党的干部，必须注意紧密地依靠党的基层组织中的积极分子和较好分子，发扬他们的积极性，开展批评和自我批评，对工作作正确的估计，发扬好的，批评坏的，通过支部的内在运动，来整顿组织，切不可重复一九四八年“搬石头”的经验。

第二，整理党的基层组织时，首先应对于所有的党员，进行一次认真的审查，对于已经发现的混入党内的坏分子，应予以清除。这些坏分子就是：

1．从剥削阶级出身或受剥削阶级的深刻影响，并一贯保持同情剥削阶级、敌视党与劳动人民的观点和作风，有事实证明的阶级异己分子。

2．参加过反动党团或落后会道门，在组织上及思想上仍未与之断绝联系的分子。

3．有严重内奸嫌疑的分子。

4．为了实现个人的野心和私人目的而入党并利用党，有一贯事实证明的投机分子。

5．在过去革命斗争中叛变了党和革命的分子，或曾经向敌人投降自首，没有经过长期考验和立功，而混入党内的分子。

6．在重要情节上对党隐瞒或欺骗党的不忠实分子。

7．屡次违反党的政策和人民政府的法令，或用恶劣的态度对待人民群众，在人民群众中造下严重的不良影响，而不能改正的分子，或在人民群众中劣迹昭著的分子。

8．严重的自私自利、堕落蜕化而不能改正的分子。

这些坏分子在党的一般组织中只是少数或极少数，并且在不少的基层组织中根本没有这些分子，但是，在许多党的组织中确实存在着这样的坏分子，他们是混入党内的毒菌，必须坚决地清除之。

第三，对于各种有毛病的党员和根本不够党员条件的消极分子，应依靠支部中的积极分子，用充满热情的与人为善的态度和治病救人的精神，并且用充分的时间，帮助他们提高觉悟，改正错误和缺点。对于他们，不可在未经充分教育前，过早地作组织上的处理，不可采取简单化的方法或粗暴的态度去对待他们。

第四，对于拒绝了党的教育，或教育改造确已无效的消极的分子，应经过妥善的方法，使他们退出党的组织，或撤销他们的党籍。但在他们离开党的组织以后，仍须耐心地教育他们，团结他们，与他们保持革命的友情，并可在自愿原则下，吸收他们参加党的同情者小组。这种同情者小组，是在党的基层组织指导下附属的单个的小组。它是党的亲密的可靠的一种助手。

第五，在处理党员的党籍问题时，必须经过支部大会的讨论和通过，并提请区委以上党委批准。一次处理大批党员的党籍，须提请县委或市委以上党委批准。支部向上级报告时应注明被开除者本人的意见。被开除党籍者如有不同意见，有权向上级党委申诉。

（四）对于不同的地区和不同的支部，在整党时，应有不同的要求并采以不同的步骤。老区农村支部的整理，一般的需要用三年的时间来全部完成。城市工厂、企业、学校、街道和机关支部，一般的应在一年之内完成之。各级党委的整党计划，应逐级上报，不经批准，不得自由行动。

（五）党的纯洁性和战斗力的保持与提高，不仅需要对于已有的基层组织加以整理，尤其需要健全党的支部的组织生活及经常的教育工作。为此，应迅速建立与健全各级党委管理党员和支部的机构。

资料来源：中共中央文献研究室编：《建国以来重要文献选编》第2册，中央文献出版社1992年版，第205—212页。

同日

［纲文］ 中国共产党第一次全国组织工作会议通过《关于发展新党员的决议》。

［目文］ 《决议》共7条，指出：除老区目前以整党为重点外，在已经完成土地改革的新区农村和工厂、矿山、企业、机关和专科以上学校中，必须有领导有计划地慎重发展党员。首先应该着重在产业工人中吸收新党员与建立组织。《决议》还规定了发展新党员的必要程序和步骤，非经中央批准各级组织一律不得接收为党员的几种人，及对新党员的教育等要求。5月5日，中共中央将此件发给各中央局并转各级党委，指出可在党内立即进行传达并开始施行。

[文 献] **关于发展新党员的决议**

中国共产党第一次全国组织工作会议，完全同意刘少奇报告中关于发展新党员的提议，并通过以下的决议：

目前党的组织和党员的分布是很不平衡的。老区党的组织已经发展得很大，新区党的组织却还很小；农村党员数量很大，产业工人党员数量很小。因此，一方面，老区和某些新区党的基层组织，必须暂时停止发展，加以整顿，另一方面，在土地改革已经完成的新区和城市工厂、企业和学校中，又已经在斗争中涌现与锻炼出了大批积极分子，其中很多人要求入党，党也需要从他们中接收党员。同时，又必须严防各种坏分子钻到党内来。

在此情况下，除老区目前以整党为重点外，在已经完成土地改革的新区农村和工厂、矿山、企业、机关和专科以上学校中，党的组织必须有领导有计划地采取慎重的方针来发展党员。目前首先应该着重在产业工人中吸收新党员与建立党的组织。这是党在城市中的重要任务之一。

鉴于过去在发展党的工作上缺乏严格的管理，以致把许多不够党员条件的人，甚至坏分子也接收为党员，因此，今后市、县以上各级党委对于发展党的工作，必须采取有效办法，按照党章的规定，严格地加以管理。

一、党的组织部门，应建立管理党员的机构，选择与训练一批可靠的称职的组织工作人员，负责管理党的发展工作。各级党委应定期制定发展新党员的工作计划，经上级党委批准后执行。今后党的基层组织，不经市，县以上党委或具委托的组织批准，不得接收新党员。以后接收新党员，市、县以上党委应派负责人员和他们谈话，以便考察他们是否够一个党员的条件，并向他们当面讲清作一个共产党员的标准。然后由区委个别的决定是否批准其入党。

二、对于人民群众中要求入党和愿意接受党的教育的积极分子，应首先进行怎样作一个共产党员的系统的教育，即关于共产党和共产主义的教育，使他们真正了解共产党是工人阶级的政党，是工人阶级先进的有组织的部队。它不仅要为巩固新民主主义胜利而奋斗，并且要为中国转变到社会主义和最后建设共产主义制度而奋斗。[①]每个党员必须下定终身坚持革命斗争的决心，积极地为党工作，严格地遵守党的纪律，执行党的政策，遵守国家法令，把党或人民的利益放在个人利益之上，全心全意为人民服务，奋不顾身地为党和人民的事业而斗争，在党所领导的一切斗争和事业中起模范作用。每个党员必须努力地学习马列主义、毛泽东思想，经常地运

① 1953年12月11日，中共中央在给各中央局、分局并转省、市委的电报中指出：此句应改为“它不仅要为取得新民主主义的胜利而奋斗，并且要为建设社会主义和共产主义社会而奋斗”。

用批评与自我批评的方法，提高自己的觉悟，提高自己的工作能力，改进自己的工作。只有经过这种教育，并经过审慎地选择与系统地考察以后，再将其中在斗争、工作、生产和学习中积极的，成分好、觉悟高、政治面貌清楚，即确实合于党员条件的人，吸收入党。

三、必须严格防止反动分子和投机分子钻入党内。为了这个目的，以下几种人非经党中央批准各级党的组织一律不得接收为党员：（一）反动党团的积极分子和区分部委员以上的负责人；（二）反动特务机关的特务分子；（三）加入落后帮会道门尚未与原来组织断绝一切关系的分子；（四）在土地改革中被没收了土地及其他财产的地主、半地主和旧富农；（五）国民党政府的各级负责官吏，非起义的国民党军队中营以上的负责军官；（六）所有被剥夺公民权及被管制的分子。①

四、党所领导的人民群众的团体，都是党联系人民群众的纽带，又是党向人民群众进行政治教育和思想教育的场所。凡有这些团体组织的地方，不能或不愿加入这些团体的人，一般的不应被接收为党员。

五、凡要求入党者，必须亲自向党的组织申请，将自己的历史和政治经历，老老实实地向党报告清楚，不得有任何隐瞒或夸大。入党介绍人，必须对被介绍人负责考察清楚，并且忠实地向党报告，不得采取任何不负责任的态度。

六、为了便于党委能够集中力量对于发展党的工作加以有效的管理，并按照计划进行起见，接收新党员的时间，在农村中每年可以有一次至两次，在城市工厂、机关、学校中，每年可以有三次至四次。其具体时间，由市、县以上党委规定之。

七、新党员入党后，党必须加强对他们的教育，使他们过严格的组织生活，从他们入党起即树立优良的作风。

严格地管理党的发展工作，是保持与提高党的纯洁性和战斗力的重要保证之一，各级党委应切实地加以注意，不得再任其自流。

资料来源：中共中央文献研究室编：《建国以来重要文献选编》第2册，中央文献出版社1992年版，第213—216页。

同日

［纲文］ 刘少奇在中国共产党第一次全国组织工作会议上作题为《为更高的共产党员的条件而斗争》的总结报告。

［目文］ 报告共分8个部分。5月5日，中共中央将这个报告下发各中央局并转各级党委，指出可在党内立即进行传达并开始施行。

① 1953年12月11日，中共中央在给各中央局、分局并转省、市委的电报中指出：“在非经党中央批准各级党的组织一律不得接收为党员的几种人中，除原规定的6种人外，还应增添一种，即：‘（七）资本家、富农及其他剥削分子。’”

[文　献]

为更高的共产党员的条件而斗争

刘少奇

一　我们党是伟大的、光荣的和正确的，但是存在着问题

几天来对于我的报告的讨论，集中在整党与建党问题上，特别着重地讨论了党员条件问题。在讨论中，大家承认我们党是伟大的、光荣的和正确的；同时，又承认我们党现在还存在着一些问题，批评了我们过去在建党工作中的某些缺点。这种讨论，我认为是合于我们党目前的实际情况的，因此，它是正确的。

有人问：在我们党内既然钻进了一些坏分子，在一部分党的基层组织中又有相当大的一部分党员不够标准或不完全够标准，同时又说我们党是伟大的、光荣的、正确的，这种说法是否矛盾？

我们说：这不矛盾。钻入党内的坏分子只是极少数。不够标准或不完全够标准的党员占有相当大的比重的情形，只存在于一部分基层组织中，并不是全党的情况。就全党来说，大多数党员是够标准的或是基本上够标准的。而更重要的，则是在我们党内起决定作用和领导作用的，并不是那些不够标准或不完全够标准的党员，更不是坏分子，而是大多数好的党员，而是党的大批优秀干部、党的中央和党的领袖毛泽东同志。所以，虽然在我们党内还存在着各种问题，但是就总的情况来说，我们党是伟大的、光荣的和正确的。

我们党是伟大的、光荣的和正确的，还在于我们的党不怕自我批评，不怕揭露自己还存在着的缺点。即使我们党还存在着相当严重的缺点，我们也不否认和隐讳它们，而是承认它们的存在，在党员面前揭露它们，并想出办法，决心把它们纠正。因此，我们决定进行整党。这正是表示我们党是伟大的、光荣的和正确的。某些同志不愿承认或企图隐讳党内所存在的缺点，那是不正确的，不是我们党所应该采取的态度。

二　为什么有许多党员不够标准

在我们党内，为什么有许多党员不够标准或不完全够标准呢？这大部分是由于在过去接收党员时降低了条件，同时，在党内对于党员的教育工作又不够，没有尽力把这些不够标准的党员提高到适当的标准上面来。对于这部分党员，只要我们以后加强教育，其中会有一些人达到标准的。小部分则是由于目前的形势改变了，有些党员赶不上形势的发展，不愿或者不能在新的形势下担负新的革命任务，他们落后了，丧失了党员的条件。对于这部分党员，也有一些人还是可以教育好的。在过去接收党员时，有些地方降低了党员的条件，这是不是一种带原则性的错误呢？

是的。这是一种带原则性的错误。列宁主义的党从来就不允许把党员的条件降低到普通群众的水平，从来就从原则上坚持作为工人阶级先锋队的党员必须具有比普通群众更高的觉悟程度和坚定的革命意志。在接收党员时，任意地降低党员的条件，显然是违背了列宁主义的这项原则的。

在过去接收党员时，有些地方党的组织为什么犯了这种错误呢？我在报告中已经说过：这是由于我们党的高级领导机关过去对于接收党员的工作没有实行严格的控制与检查，也没有把这项原则在党内普遍地说清楚，因而使过去接收党员的工作在某些地方、某种程度上陷于一种自流的状态。这种责任是应由中央来担负的。因此，党中央责成各省委和中央局，今后对于接收党员的工作必须实行严格的控制与检查，并责成一切党的组织在今后接收党员时必须坚持党员的条件。

三　现在应该更加提高党员的条件

过去接收党员，有些地方降低了条件，是不对的。但那时革命还没有胜利，反动派还统治着中国，加入共产党的人，还要担负遭受反动派迫害的危险，而党也处在严重的战争环境中，一切条件都是很艰苦的。在这种情形下，落后分子、投机分子、反动分子自然就不来或很少来加入共产党。这是过去我们发展党员的一种自然的客观的限制。但是一到辽沈、淮海、平津三大战役胜利以后，战争的胜负谁属，已经完全明白，这种情形就完全改变了。今天，革命已在全国胜利，情形就更不同了。在有些人看来，现在加入共产党，不独不要担负什么艰险，而且可以获得个人的许多保障以及荣誉、地位等等。这时，落后分子、投机分子、反动分子就会希望加入我们党，而且有不少的坏分子积极地要钻入我们党内来。客观的自然的限制没有了，如果我们又不在主观上加强限制，就是说，不更加提高党员的条件，不更加严格入党的手续，那就会有大批的落后分子、投机分子、反动分子混入到党内来。这对于我们党则是一种严重的危险。

在辽沈、淮海、平津战役胜利以后，我们没有及时地提高党员的条件，严格入党的手续，相反，有些地方却更加大量地发展党员，因而使全党党员数量最近两年迅速地增加了约一倍，这已经是不妥当的。去年六月党的三中全会决定，在老区农村一般应停止发展党员；在新区农村，土地改革完成以前，一般不应发展党员。但是，在此以后，仍有个别地区擅自降低条件发展党员，这就更是不对的了。

现在虽然不像一九四九年以前那样随时有遭受反革命迫害的危险，但是战争还没有完结，经济建设和文化建设的工作方在开始进行，帝国主义及其走狗每天都在计划着要破坏我们的事业，企图在中国复辟。所以毛泽东同志说："夺取全国胜利，这只是万里长征走完了第一步。……中国的革命是伟大的，但革命以后的路程更长，工作更伟大，更艰苦。"由于中国革命已经胜利，新的更伟大更艰苦的革命任务已经被提了出来，因此，今后共产党员必须比过去具有更高的条件，才能担负这些任务，否则，是不能担负这些任务的。这也要求我们必须更加提高党员的条件。因此，在今后接收党员，如再降低党员的条件，那就更不对了。

由于中国革命已经胜利，中国的工人阶级和广大的劳动群众已经能够自由地接触与学习马克思列宁主义，已经掀起了全国规模的阶级斗争和反帝国主义的斗争。在这种情形下，普通工人和其他劳动人民的觉悟程度也提高了，作为工人阶级先锋队的共产党员的条件，则必须更加提高，同时也可能提高。现在党外已经产生一些非党的革命者和共产主义者，他们的觉悟程度和革命积极性甚至已经超过了我们的一部分党员。愈到后来，这种情形也就会愈加明显。这就不独使我们在以后接收新党员时能够更加提高党员的条件，而且也逼着我们一部分觉悟不高和革命积极性不够的老党员非努力提高自己不可。这是我们今后建党整党的一个很有利的条件。我们应该利用这个条件。

现在必须把党员的条件提到尽可能的适当的高度。这就是说，以后接收的新党员，都必须经过考察，经过教育；都必须是成分好的，即是从工人或其他劳动者出身的人，至于从剥削阶级出身的人，则必须是在基本上抛弃了剥削阶级的立场、观点和作风并决心为工人阶级和其他劳动人民的解放而斗争的人；都必须是历史清楚、没有政治问题的人；都必须是对党忠诚、愿意为党的事业终生奋斗的人；都必须是在群众斗争中受到阶级教育，有了实际的基本的阶级觉悟，并在工作、生产和学习中表现出这种觉悟、发挥了革命积极性的人。对于具备了以上各项基本条件的人，还必须向他们进行共产主义与共产党的教育，以便在更高的水平上提高他们的觉悟，即把他们提高到党员的觉悟水平上来，然后才能接收他们入党。这就是说，必须是成分好，历史清楚，对党忠诚，有实际的阶级觉悟并表现积极，又懂得共产主义与共产党的事业，愿意遵守党纲党章的人，才能被接收为党员。这些就是我们在今后必须坚持的党员条件。对于过去考察不够、教育不够的老党员，亦应经过考察，经过教育，使他们合于这些条件。

在整党决议草案上说到教育党员时，提出了共产党员标准的八项条件，这是必要的。这就是说，有了前面所说的各项基本条件之后，还必须具有这八项条件。这主要是依靠教育才能达到的。这就是每个共产党员在今后应该具备的条件。

四　每个党员除开社会职业之外，必须在党的一个组织的分配之下担负一种工作

我们党有许多党员是专门担负领导党与群众工作的革命职业家，但同时有更多的党员是从事各种社会职业的。在今后，由于经济工作、技术工作比过去更加重要，将会有更多的党员去从事社会职业。而从事社会职业的党员，有许多人是不热心于党与群众的工作和政治工作的，因而在他们中间就常常产生一种单纯的社会职业观

点，例如单纯的技术观点、军事观点等。在另一方面，由于许多党员不经常担负党与群众工作和政治工作，也减弱了党与人民群众的联系和党对人民群众的领导作用。很明显，这是一种很大的损失。

为了纠正上述缺点，为了发挥我们党在人民群众中的更大的作用，所以在整党决议草案关于共产党员标准的八项条件中规定："每一个有社会职业的党员，除从事社会职业之外，都必须在党的一个组织的分配之下担负一种工作。否则，不能做一个共产党员。"这种规定是符合党章的，是很有必要的。否则，某些从事社会职业的党员，除开他的业务外，可以完全不担负党与群众工作和政治工作。

党员参加党与群众工作和政治工作，应在党的一个组织的分配之下来进行。例如，参加各级党委和党组的领导工作，参加党内教育及对人民群众的宣传工作，参加发展党员的工作，参加各种群众团体的工作及社会服务工作等，应根据每个党员可能抽出的时间，根据各个党员的能力，根据当时的客观需要，由党员所属的党的组织适当地来加以分配，并给以检查和指导。除开专门担负领导党与群众工作的革命职业家及某些有特殊情形的个别党员而外，所有从事社会职业的党员，在自己的业务之外，都应该义务地担负至少一种这样的工作，并且必须尽力把自己担负的工作做好。有些同志很忙，很难抽出时间，但每星期甚至每个月抽几小时的时间来担负一种工作，总是可能的。所以，把这定为做一个共产党员的条件之一。

五　反对降低党员的条件

有些同志提出了一些问题，意思是要求降低党员的条件。我认为不能同意这些同志的意见。

有人问：有些党员在入党时是不够条件的，甚至有许多糊涂思想，但在入党后经过教育和斗争的锻炼，又成为好党员，这种情形在过去是很多的，那末，是否可以仍照过去一样允许那些不够条件的人入党呢？

答复说：不可。在今后，应该使那些不够条件的人在党外教育和锻炼好了之后，即是在他们够上一个党员的条件之后再入党，而不要在他们条件还不具备时急于接收他们入党。党员入党之后，固应继续地加以教育和锻炼，党也能够把一些不够条件的党员教育锻炼好，但今后如果把一些不够条件的人接收到党内来，是要发生毛病，使党陷于被动的。过去这样做，已经发生了一些毛病，并使某些地方党的组织相当地陷于被动，但那时革命还没有胜利，特别对那些长期过供给制艰苦生活的人，这样做还是可以的。而在今后，就不应再允许这样做了。现在，我们也有一切便利的条件在党外教育和锻炼愿意入党的人，已经完全没有这种必要，先把他们接收入党然后去教育和锻炼他们。

有人说：党员条件提高了，可能会使某些党的组织对于发展党员采取消极态度。

我们认为这是可能发生的一种偏向，必须注意防止。因此，党的各级领导机关应当经常进行检查，对于那些在发展党员和建党工作上采取消极态度的组织必须给以批评、督促和指导，必须纠正这种偏向。这就是说，一定要发展党员，特别在那些没有党员或党员很少的地方一定要发展党员，也可根据实际情况的可能规定发展党员的时间和数目，但同时又一定要坚持党员条件，严格入党手续，做充分的考察和教育工作。

六　是否可能提出不适当的过高的党员条件

在强调提高党员条件的时候，党内可能产生不适当地向某些党员提出过高条件的情况。

在联共党内，曾经有人提出过以精通党纲作为党员的条件。斯大林同志对这种意见批评过了。联共有一个详细的党纲，要精通这样的党纲，只有大学教授才有可能，一般劳动者出身的党员是做不到的。所以这样的条件是不适当的，过高的。我们党没有详细的党纲，但有一个简单的纲领。对于这种简单的纲领，在经过说明后，普通劳动者出身的党员是可以大体理解的，也必须使他们大体理解，但要他们精通则仍是很难的。

对于劳动者出身的党员，应该重视的是他们在阶级斗争中所启发的实际的阶级觉悟，而不是教条主义式地去要求他们背诵马列主义的词句。在我们党内，曾经有些人要求党员去背诵许多马列主义的词句，并且认为能够背诵更多词句的党员就是觉悟更高的党员。这也是不适当的。但这不是说我们就不要用马列主义的原则去教育党员，在今天，我们的党员迫切需要这种教育。

在我们党内，有些人更多地注意别人的小毛病——非政治性非原则性的个人生活上的小节，并把这些小毛病强调起来，向党员提出不适当的要求。这也是不好的，应该防止。

现在，在我们不脱离生产的党员和党外积极分子中存在着一种严重的现象，这就是会议太多，社会活动太多，使他们忙不过来。许多工厂中的党员，除开生产时间以外，每日活动时间在两小时甚至四小时以上。农村也有许多党员活动时间太多。学校中的党员也是一样。特别是担负基层组织职务的干部和劳动模范，常常应接不暇。这是因为我们的党员和党外积极分子兼职太多，各种组织的活动时间没有合理的安排，各种会议没有很好组织，所以浪费了许多人的时间。为了解决这个问题，各级党委必须和各方面协商，以便切实地加以调整和限制，务使每个党员和积极分子参加活动的时间不要太多。否则他们的积极性是不能长久保持的。要求每个从事社会职业的党员拿出一定的时间来参加活动是必需的，但是，很明显，要求我们的党员用太多的时间无代价地来参加活动，那是不适当的，过高的。

脱离生产的党员，在供给制条件下生活，对于家庭的困难常是难于解决的。有些党员，因家庭父母妻子的生活确实无法维持，而要求回家生产。对于这种请求，党是应该给以同情和考虑的。在没有别的办法解决时，应该允许他们的请求。在通常情况下，要求我们的党员没有必要地牺牲自己的家庭，也是不妥当的。

降低党员的条件，是不对的。但是提出不适当的过高的条件，也是不对的。对党员的实际困难必须考虑。

七　对于不够条件的党员如何办

在提高党员的条件以后，对于已经入党但不够条件的党员如何办？对于这些党员，过去没有考察清楚的，应在整党中考察清楚，教育不够的，应该补课，给以教育，以便提高他们。在这样做了以后，我们相信，现在不够条件的党员，会有相当一部分在将来可以够条件。对于不愿补课，或补课后仍然不够条件的党员，如果是坏分子，就应清除出党，如果不是坏分子，也应分别地为他们做出适当的结论，具体指出他们在哪些方面不够条件，并请他们退党。如果他们不愿退党，而愿继续做一个党员，也可以向他们提出要求，等候他们一个时期。过了这个时期以后，再审查他们的问题，如果仍然不够条件，可以再次请他们退党。这样做的目的，一方面是要保持党的严肃性，另一方面又不要和他们伤感情。对于经过教育仍不够条件的党员，做出适当的结论，指出他们不够条件，并请他们退党，这是必要的。不这样做，就不能保持党的严肃性，就要影响好党员，也会在群众中留下不好的影响。同时，又采取教育和忍耐等候的办法，照顾他们的要求，不伤他们的感情，而这也是有必要的。对他们采取简单粗暴的办法去处理，也是不对的。

进行整党和处理党员的问题，不只是要坚持党的原则，在通常情况下，还必须取得基层组织中一切好党员的赞成和拥护，取得党外群众的赞成和拥护。就是说，必须有那里的内在的力量和党站在一条战线上，才能使那里的问题得到适当的解决。在整党和建党的工作中，适当地吸收党外群众来参加，并听取他们的意见，取得他们的帮助，是可以的和必要的。

八　为更高的共产党员的条件而斗争

在整党建党工作中，要分清两个界线。首先要分清敌我界线，其次要分清党员与群众的界线、先锋队与阶级的界线。这是性质不同的两种界线，要采用不同的方法去区分，在区分以后，也要采取不同的态度去对待，不能容许混淆，这就是我们的原则。

做一个共产党员是不容易的。他首先要具备各种条件，下定决心，并经过充分的教育才能入党。在入党以后，又须在工作和斗争中不断地学习与锻炼，继续提高自己，然后才能在党的领导下更好地去为人民服务。因此，不是普通的工人、农民和知识分子都能够做共产党员的，而必须是他们中间最先进、最有决心的分子，才能做共产党员。因而做一个共产党员是最光荣的。

还在五十年以前，列宁就为建立一个先进的无产阶级的革命政党并为这个党的高标准的党员条件进行了坚决的斗争。以后，在联共党内又不断地进行了这种斗争。所以联共就成为世界无产阶级最先进的政党，并首先领导俄国无产阶级和劳动人民争取了革命的胜利，建立了世界上第一个社会主义国家。我们中国共产党根据列宁的建党原则和联共党的经验，从建党以来，也一直为坚持高标准的党员条件而进行了不断的斗争，我们党的中央和毛泽东同志，在任何时期都是坚持这种原则斗争的。因此，中国共产党领导中国工人阶级和中国人民取得了革命的胜利，建立了中华人民共和国，我们的党也就成为一个伟大的、光荣的和正确的共产主义的党。在今后，我们仍然要继续为更高的共产党员的条件而斗争。

资料来源：中共中央文献研究室编：《建国以来重要文献选编》第2册，中央文献出版社1992年版，第217—229页。

同 日

[纲 文] 中财委发布拨交工会经费的决定及批准中华全国总工会拨交工会经费收缴暂行办法。

[目 文] 《关于企业、机关、学校的行政方面或资方依照工会法拨交工会经费的决定》由陈云签署，共四条。中财委决定：一、企业、机关、学校等生产单位或行政单位的行政方面或资方，必须遵照该《拨交工会经费收缴暂行办法》办理。二、为保证工会经费的按期如数拨交，各级工会组织得派人持证明文件向有关行政方面或资方审查有关职工人数和工资的账目，行政方面或资方应予协助，不得借词拒绝。三、行政方面或资方逾期未缴或欠缴工会经费时，应按日增缴滞纳金，其数额为未缴或欠缴额的1%。四、本《决定》发布前，各企业、机关、学校等生产单位或行政单位的行政方面或资方尚未拨交工会经费者，如在1950年8月前已建立工会基层组织者，应自1950年8月起补缴；尚未建立工会基层组织的企业，而其所在地已建立地方工会或产业工会组织者，应自1951年4月起开始缴纳。非管理生产企业的机关，前已通知暂缓组织工会，可以暂不缴纳。

中华全国总工会《关于企业、机关、学校的行政方面或资方拨交工会经费收缴暂行办法》由中财委批准，共六条。主要内容有：一、凡已建立工会基层组织的企业、机关、学校或未建立工会基层组织的企业，而其所在地已建立地方工会或产业工会组织者，均应分别拨交工会经费。二、工会基层组织以上的各级工会必须按月编造所属工会组织的行政方面或资方拨交工会经费月报表逐级汇编，报送中华全国总工会。三、工会基层组织的上级各级工会组织收到所拨交的工会经费时，除其中实际工资总额的1.5%的文化教育经费使用范围及上缴办法另有规定外，其余工资总额0.5%的使用范围应依规定分别安排。四、铁路、邮电、兵工、纺织、搬运、海员、黄河及煤矿（限于东北、华北、华东三个地区）8个产业工会关于此项经费的收支办法，得由该工会全国委员会另行制订办法。

同 日

［纲 文］ **中国人民外交学会举行第二届会员大会，周恩来发表讲话。**

［目 文］ 出席会议的有陶孟和①、陈翰笙②、邵力子、胡愈之、许德珩等152人。会长张奚若主持大会并致开会词。名誉会长周恩来向大会作了关于民族解放运动在争取世界和平运动中的地位的报告。他指出，十月革命的胜利使殖民地半殖民地国家的民族解放斗争不再是资本主义革命的一部分，而是社会主义革命的一部分了。同时，民族解放斗争在此期间也变得更加重要更加扩大了。中国人民的胜利使世界力量的对比发生了根本的变化，使民族解放运动的比重大大地加强了。民族解放运动已经成为当前革命的主要力量，这个力量正在发展中，而且必然会得到最后的胜利。我们的任务就是支持、推动民族解放运动的发展。

秘书长吴茂荪代表理事会提出学会1950年及1951年第一季度会务报告，陈翰笙作了关于垄断资本与美国外交的报告。会议讨论并通过了该会第二届理事会负责人名单：名誉会长：周恩来；会长：张奚若；副会长：周鲠生、陈翰笙、胡愈之、钱端升、乔冠华。

4月10日

［纲 文］ **毛泽东批发关于镇反工作中两个突出经验的通报。**

［目 文］ 发给各中央局并转分局、大中城市市委、区党委的该通报指出，据公安部3月22日报告称，最近一时期的镇反工作有两个突出的经验。这两点总结很好，请你们注意照办。

第一，有计划有准备地大规模地在同一时间内搜捕大批反革命分子，从北京、天津、河北、平原、察哈尔的实际行动，证明这是一种搜捕社会反革命的有效的不可少的步骤。这种方式给敌人打击最大，给群众教育极深刻，社会波动也不大。只要掌握准备充分、对象准确、组织严密、指挥统一、行动迅速、严明纪律、及时宣传等项原则，就可以保证不会抓错，而取得群众拥护与社会同情。

第二，北京、天津、张家口等城市的经验证明，召开城市中市级和区级的各界代表会和协商委员会扩大会，并有各民主党派、民主人士、少数民族、宗教界、工商界的许多代表人物参加，以揭露反革命罪恶，宣传镇反政策，消除民主人士的思想疑虑，动员各阶层坚决镇压反革命的方法，是成功的。综合这几个地方的经验是：一、负责首长亲自主持，

---

① 陶孟和（1889—1960），天津人，时任中国科学院副院长。

② 陈翰笙（1897—2004），江苏无锡人，时任中央人民政府外交部顾问，中国人民外交学会副会长，世界和平理事会理事。

公安机关作镇反情况报告，有准备地分类作案件介绍，只介绍重大案件和首恶人犯，不是报告所有人犯。用活人、活事讲解政策，激发对反革命的仇恨，取得各界人士的拥护。二、会上展览反革命罪证、图片、案卷、供词和真凭实据，打消各种疑虑。三、会前要充分准备，会中要坚持原则。决定处决的案犯，坚持不能变动。四、要上下结合，动员群众力量，说服民主人士。五、分别对待。对诚心拥护但有疑虑者要耐心解释，提高其认识；对别有用心者要用事实铁证使他无话可说。我们认为这种做法应当推广。

同日

[纲文]　**毛泽东批转天津市委关于企业系统查出内奸的情况报告。**

[目文]　毛泽东给饶漱石、邓子恢、叶剑英、邓小平、习仲勋、薄一波、高岗、聂荣臻、刘伯承、陈毅、贺龙、张宗逊、谭政，并转分局、省委、大中城市市委、区党委及省级军区各负责人的转发批语说：据天津市委报告，在企业系统查出 13 名混入党内的奸细，其中满玉华窃取了工会副主任职务，杨友亭窃取了天津市各界代表会的代表、市府救灾委员会委员、纺织工会执行委员、中纺三厂工会主任等要职等情。请你们密切地注意这个内奸问题，从天津的经验中吸取教训。

同日

[纲文]　**中财委举行第五十二次委务会议。**

[目文]　会议由陈云主持。会议讨论并通过了劳动部《关于 1950 年工作总结和 1951 年工作计划的报告》。陈云发言指出，一年来公布了一些基本的劳动法令，劳资关系的正常轨道已经铺起来了。目前还存在一些问题，其中资方不执行劳动法令的情形是有的，但有的地方工人的劳动纪律也不好，要分别予以批评和纠正。同时，要用政府和劳资双方的力量解决经营情况下降的问题，不致造成大量失业。我国是一个地广人众、交通尚不很发达的国家，在继续保证国家财经工作统一领导、统一计划和管理的原则下，要把一部分职权交给地方政府，由省市举办一些适应农民购买力的工业，这有利于积累资金、培养干部、增强地方政府在管理方面的注意力。此外，在不影响政府财政收入和不妨碍工商业经营的情况下，税收、价格、运费方面也可以给地方一些机动权。

同日

[纲文]　**《人民日报》报道，青年团中央发出《关于纪念“五四”青年节继续普及深入抗美援朝运动的通知》。**

[目文]　《通知》说，本年的五四青年节是中国新民主主义青年团诞生的 2 周年纪念日。各地团委应组织纪念活动：一、贯彻执行中国人民抗美援朝总会 3 月 14 日通告以及 4 月 5 日的通知，大力普及抗美援朝宣传工作，协同各人民团体召集各种大小群众集会，控诉日本和美国的侵略罪行及反革命分子残害人民的罪行，签名拥护缔结五国和平公约，举行关于日本问题的投票。二、发动青年群众积极参加各地举行的“五一”示威游行。三、召开青年的“五四”纪念会、座谈会、爱国晚会、游园会，有条件的可举办纪念“五四”与抗美援朝的展览会、体育大会。四、每个青年团员应做好一件爱国主义的社会

工作，如带动和平签名、向居民宣传、教唱爱国歌曲、参加义务劳动等。五、各级团委应制定1951年普及深入抗美援朝爱国运动的计划。

同 日

［纲 文］ **宋庆龄为获得“加强国际和平”斯大林国际奖金在上海发表谈话。**

［目 文］ 谈话指出：我是以中国人民的代表来接受这个最高的荣誉的。中国人民经过坚持不懈的革命斗争，已经把全国力量放在保卫和平一边。中国人民的胜利，配合着苏联人民在社会主义方面的胜利，以及其他一切进步分子，已经使世界形势有利于和平与人民。

次日，周恩来致电宋庆龄表示最热诚的祝贺。

同 日

［纲 文］ **南京各界人民举行贯彻执行惩治反革命条例动员大会。**

［目 文］ 出席大会的有各界人民代表3000多人。会上多人控诉了反革命和特务分子残酷杀害亲人和群众的事实。市长柯庆施在大会作了讲话。全市收听大会实况广播的共达47万余人。

同 日

［纲 文］ **美国海军第七舰队在台湾海峡举行演习。**

［目 文］ 美国海军第七舰队自本日起在中国台湾海峡举行为期4天的演习。4月13日，该舰队司令马丁海军中将乘海军战斗机飞抵台北拜访蒋介石，访后向记者说：余之任务之一为防卫台湾不受攻击，苟有攻击发生，第七舰队自当起而作战。

4月11日

［纲 文］ **中国各党派、团体就法国政府禁止世界和平理事会在法国境内活动一事发表声明。**

［目 文］ 本日，中国人民保卫世界和平反对美国侵略委员会、中华全国总工会、全国妇联、青年团中央、全国青联、全国学联分别发表声明，对法国政府继本年1月下旬禁止三大国际民主团体——世界工会联合会、国际民主妇女联合会和世界民主青年联盟活动之后，最近又发布命令禁止世界和平理事会在法国境内活动，表示中国人民的极大愤怒，代表中国人民向法国政府提出强烈抗议，并要求法国政府立即撤销上述无理命令。

次日，中国国民党革命委员会、中国民主同盟、民主建国会、中国民主促进会、中国农工民主党、中国致公党、九三学社、台湾民主自治同盟等民主党派也发表相应声明和谈话。

同 日

［纲 文］ **东北局向中共中央提交关于互助组问题的报告。**

［目 文］ 报告说，东北区1950年组织起来的有528625户，约占总农户的77.2%，其中中小型互助组占总组数31%，插犋换工组占总组数68%，联组由1949年的0.8%上

升到 1950 年的 1%。备耕阶段，各地整顿互助组工作中基本存在两种情况：一种是实事求是研究农村新情况，适应特点、季节的不同，根据群众与干部的情况，抓住扩大再生产，从定增产计划入手解决问题。另一种对改进技术与结合副业，只停留在号召上，沉醉于形式。目前关键是做好增产计划，做到：一、从易行者出发，有步骤地提高农业技术。二、以农业生产为主，有条件地扩大劳动互助范围，把副业、手工业、运输业、畜牧业加进去。三、由主要劳动力的互助合作开始，把妇女及半劳动力逐步组织到互助组中来。四、把互助组工作和供销合作社结合起来。总之，通过小组增产计划，充实劳动互助，加强组织性，逐步提高。这就是劳动互助组发展的方向。

同 日

[纲 文]　内务部发出《关于办理革命牺牲追恤问题的决定（草案）》。

[目 文]　《决定（草案）》指出，为了统一全国革命烈士家属追恤办法，在适当解决烈属困难和照顾当前财政困难条件的原则下，拟定出革命烈士追恤《决定（草案）》。《决定（草案）》对烈属的范围、被追恤的烈属优待的范围、追发抚恤金的范围等都做了具体规定。

同 日

[纲 文]　《人民日报》发表魏巍战地通讯《谁是最可爱的人》。

[目 文]　1950 年 12 月，时任《解放军文艺》副主编的魏巍受解放军总政治部派遣，前往朝鲜志愿军前线前沿阵地调查采访三个月，归来后写成该通讯。通讯通过松鼓峰壮烈战斗、马玉祥烈火中救出朝鲜儿童、防空洞里与普通战士一段对话等三个典型的情节和场景，以“最可爱的人”讴歌了志愿军指战员崇高的情操和感人的事迹。通讯最后满怀激情地写道：“亲爱的朋友们，当你坐上早晨第一列电车走向工厂的时候，当你扛上犁耙走向田野的时候，当你喝完一杯豆浆，提着书包走向学校的时候，当你安安静静坐到办公桌前计划这一天工作的时候，当你向孩子嘴里塞着苹果的时候，当你和爱人悠闲散步的时候，朋友，你是否意识到你是在幸福之中呢？你也许很惊讶地看我：‘这是很平常的呀！’可是，从朝鲜归来的人，会知道你正生活在幸福中。请你们意识到这是一种幸福吧，因为只有你意识到这一点，你才能更深刻了解我们的战士在朝鲜奋不顾身的原因。朋友！你已经知道了爱我们的祖国，爱我们的领袖，请再深深地爱我们的战士吧，他们确实是我们最可爱的人！”

人民日报社长邓拓看到通讯稿后，十分激动，决定破例发表在《人民日报》头版头条。人民日报社又举行座谈会，请魏巍介绍创作体会，邓拓激动地朗诵了通讯片段。

通讯发表后，在全国激起了巨大反响。朱德称赞写得好，很好！毛泽东读后批示印发全军。通讯传到朝鲜前线，各部队油印小报纷纷转载，指战员竞相传阅，受到极大鼓舞。通讯先后由解放军文艺出版社、人民文学出版社结集出版，并长期选入中学课本作为教材。“最可爱的人”成为对志愿军最感人肺腑的代称。

同 日

［纲 文］ **重庆市举行7万人公审反革命分子大会。**

［目 文］ 被公审的反革命分子有1947年在西安亲手逮捕并枪杀民主人士杜斌丞等13人的军统特务蔡剑华、1945年在重庆“中美合作所”任“白公馆”看守所长亲手杀害中共党员车耀先等人的大特务张绍荣等，还有一些是解放后潜入工厂破坏经济建设的首恶特务分子。重庆市30万人收听了大会实况广播。

同 日

［纲 文］ **美机200余架侵扰中国福建沿海地区。**

［目 文］ 本日上午11时至12时半，美国飞机200余架在中国领土福建省福州（闽侯）、莆田、惠安、泉州（晋江）、厦门等沿海地区进行侦察活动。其中有48架侵入泉州以南乡村上空；36架侵入惠安东南的乡村上空；2架侵入厦门市区上空；5架先后侵入福州市区上空，于西郊用机枪进行扫射，杀害和平居民。新华社报道说，美国侵略者这种扩大侵略活动的罪行，已引起中国人民的严重注意。

同 日

［纲 文］ **美国撤销麦克阿瑟“联合国军”总司令等职务。**

［目 文］ 美国总统杜鲁门本日宣布撤销麦克阿瑟的各项职务，包括盟军最高统帅、“联合国军”总司令、远东总司令和远东美国陆军统帅。继任他的是在朝鲜战场直接指挥作战的美国第八军军长李奇微。

4月13日，新华社报道这一消息时指出，李奇微接替麦克阿瑟继续进行侵略战争，同样不能挽救美国在朝鲜战场上的败局。

4月12日

［纲 文］ **中国人民志愿军党委召开第五次扩大会议部署第五次战役行动方案。**

［目 文］ 会议在朝鲜金化郡上甘岭志愿军司令部举行，彭德怀主持。参加会议的有先期入朝的9个军的领导人及新入朝的三兵团、十九兵团的各军领导人，还邀请了朝鲜人民军指挥员金雄、金一等人列席。会议的主要议事日程是部署第五次战役时各军行动方案。彭德怀在会上传达了毛泽东“战争准备长期，尽量争取短期”的指示，并总结了志愿军入朝后进行的第一、二、三、四次作战经验。会议对第五次战役的部署和作战方案进行了认真的研究和讨论，特别是对敌人可能在中朝军侧后登陆配合正面进攻作了充分的估计，研究了必要的措施。发起进攻时间预定在4月20日至5月上旬，以夺回战场的主动权。彭德怀号召各兵团、各军和后勤部门必须尽最大努力加紧各项准备工作。他指出，这是一场大恶仗，即使付出五六万人的伤亡，也要消灭敌人几个师。如这次战役打胜了，全体指战员的功劳算一半，后勤功劳算一半。

同日—22日

［纲 文］ **首次全国监察工作会议在京召开。**

［目 文］ 会议由政务院人民监察委员会召开。人民监察委员会主任谭平山主持会议并致开幕词。中央各部门监察工作负责人、各大行政区、内蒙古自治区、各省市人民监察委员会负责人共149人出席。林伯渠在讲话中指出，一年来监察工作已有了很多成绩；要做好监察工作必须紧紧依靠和联系群众，从现实出发有重点地工作，并经常交流经验。政务院副总理陈云、黄炎培，最高人民检察署副检察长李六如，最高人民法院副院长张志让也到会讲话。会议听取和讨论了谭平山关于1950年人民监察工作总结及1951年工作任务的报告，政务院人民监察委员会副主任刘景范关于监察工作中几个问题的报告，副主任潘震亚关于几个条例、办法、通则起草与修改经过的报告。

会议认为，一年来人民监察工作是有成绩的。5个大行政区、1个中央辖自治区、28个省、12个中央或大行政区辖市、8个等于省的行政区和345个县（市、旗）成立了人民监察委员会，一年来共处理事故案件7309件，大部已处理完毕。1951年人民监察工作的任务是围绕抗美援朝、土地改革、镇压反革命、生产建设、民主建设等中心任务，以贯彻财经政策、民主制度、国家保密制度为重点，继续与国家机关及公务人员中的官僚主义及违法乱纪、贪污腐化、铺张浪费等不良倾向作斗争；同时应提高警惕，注意检举潜伏的反革命分子。当前人民监察工作的基本方法是：集中力量，抓住要害，反对主要不良倾向，取得经验，推动全局。关于建立监察机构，目前重点应放在建立专区机构上。县（市）机构已建立者，应加强领导；未建立者，暂不建立。对某些业务部门的监察机构，应建立指导关系，作为试办，取得经验后再逐步发展。会议还讨论了监察机关上下级的关系和分工、监察机关与各部门的关系以及干部惩戒等问题，研究了大行政区、省（市）、县（市）监察委员会组织通则。政务院政法委员会副主任彭真在会议结束前到会讲话。他说：人民监察工作要大张旗鼓地进行，有重点地对目前工作中存在的主要不良倾向进行斗争；监察工作要走群众路线，从群众中来，到群众中去。

同 日

［纲 文］ **中财委提出关于企业中资产来自庚子赔款者一般应作公股公产处理的意见。**

［目 文］ 意见指出，庚子赔款是帝国主义根据不平等条约对中国的勒索，所谓“退还”不过是将掠夺中国人民的财产归还，并“指定用途”，以达到对中国进行经济、文化侵略的目的。我政府对此不能予以承认。因此，企业中的资产，不论全部或部分，其直接来自退还庚子赔款者，原则上应作为公股公款处理，不应视同外资津贴。有特殊情况者，应由当地主管机关酌情处理。至于私营企业中有指定用途的庚子赔款补助，已经全部消耗者，可不必再追究。

同 日

［纲 文］ **新华社讯，马恒昌小组带动全厂提前完成一季度任务。**

［目 文］ 向全国工人提出挑战的全国劳动模范集体、齐齐哈尔机器厂[①]马恒昌小组

① 原为沈阳第五机器厂，1950年迁往齐齐哈尔。

提前4天7小时完成了3月份生产任务，所做638件精密产品质量合格率达到100%，出勤率也和头两月一样保持100%。

4月13日

［纲文］ **政务院召开第八十次政务会议。**

［目文］ 会议由陈云主持。会议听取和批准了林垦部副部长李范五所作的《林垦部1950年林业工作总结及1951年工作计划的报告》、《1951年全国林业会议总结报告》和林垦部改为林业部的报告。《报告》指出，1950年由于加强了护林工作，使森林的破坏事件大为减少。全国造林163万亩，此外尚有零星植树3.3亿多株。封山育林面积304万余亩。建立了林业专业机构550余处，全国已有13个院校招收林业专业学生1084名。1951年计划造林245万亩，育苗5.6万亩，封山育林750万亩，森林调查面积7637万亩，培训基层林业干部4300名。

会议批准了中财委关于在香港国营企业情况及对于回国人员处理的报告。政务院特派接收港九国民党政府机构专员办事处负责人雷任民在关于接收工作的报告中说，目前共接收国民党政府在香港、九龙的航空、航运、交通、贸易、银行等28个单位，接收官僚资本机构1个；接收资财计港币2.7亿多元（“两航”未计入），占可能接收资财总数的85%。起义人员4855人（占原有人数的97%），均得到妥善安置。

会议还通过任免案及提请中央人民政府委员会批准任免案多起。

同日

［纲文］ **中央军委颁发航行管制令。**

［目文］ 该令由聂荣臻批准，规定：空军和民航的飞机，其飞行均须向空军司令部或军区空军司令部申请，经批准后才能实施。

同日

［纲文］ **毛泽东批示同意中共中央办公厅拟定的中国共产党成立30周年纪念办法要点。**

［目文］ 此前，4月1日，中共中央办公厅根据毛泽东的指示和中央宣传部副部长胡乔木的意见拟定出该要点，主要内容有：关于庆祝办法：一、北京和全国各大城市一律由市委组织热烈、严肃、朴素的群众集会，党员为主，民主人士和群众自愿参加。二、不能举行庆祝集会的地方，由支部或总支为单位召集较小庆祝会，群众自愿参加。部队举行军人庆祝会。工厂由党组织和工会联名召开，但不得强迫工人参加。三、不请外宾参加。四、全国不放假。党的机关悬挂党旗一天。五、党的负责人在庆祝会发表演说。有党外人士参加时，请其代表人物并须有工农兵代表发表简短演说。关于宣传办法：一、中央书记处书记、各中央局书记、总政治部主任、总工会主席、青年团书记和其他中央指定的同志各写一篇纪念文章。二、由马列学院写一篇党史提纲，中宣部写一篇纪念宣传大纲，编一本供下级党员学习的党史通俗小册子、一本照片和绘画为主的中

国革命史、一本照片组成的毛泽东画传。三、中宣部、文化部共同组织中国革命史成绩展览。四、着重宣传：马列主义、毛泽东思想在中国的发展和胜利，中共30年的伟大、光荣、正确，中国革命目前形势和团结国际友人，团结全国人民，继续艰苦奋斗的必要和进行整党的必要。

同日

[纲文] **毛泽东批转南京市委镇反工作报告。**

[目文] 毛泽东给各中央局并转分局、省委、区党委、大中城市市委的转发批语指出，关于在镇反工作中有计划地统一逮捕和有计划地广泛宣传这两点，现在华北、华东、东北三大区均已实行，或正准备实行。请中南、西南、西北三大区也研究这样做。如不能做到各大中城市同时动手统一逮捕，至少应做到一个城市统一逮捕（重庆、兰州已这样做了）。事前事后要使民主党派、各界民主人士、宗教界、工商界、文化教育界、少数民族代表人物，真正了解此事，并向全体人民展开宣传讨论，使家喻户晓，人人明白，打破关门主义和神秘主义，这更是非常重要的。南京过去手面太小，不敢大张旗鼓杀人，现已彻底转变，做得很好，大有成绩，并且跑到许多城市的前面去了。

同日

[纲文] **毛泽东批转东北军区党委镇反工作计划。**

[目文] 毛泽东给各大军区党委并告军委直属各部门及各特种兵司令部的转发批语指出，看了东北军区党委计划，很高兴。计划很周密恰当，是对这个严重问题做了认真研究后定出来的，请你们注意研究这个文件，作为在自己系统中进行镇反工作的参考。

此前，4月8日，东北军区党委提出关于在东北军事系统内执行镇反工作的计划，主要内容是：一、组织全体干部学习文件，在全军传达、教育，检查干部思想。二、根据现有线索材料进行分析研究，加强调查，进一步发现问题，充实材料，准备抓捕一批反革命分子，抓紧审讯，扩大战果。三、军区党委应抓紧军工、后勤、特种兵与机要部门作为审查重点，各单位也应根据自己条件决定重点。对案子和人员的审查分别主次，掌握重点。四、处理原则是：过去有重大罪恶与有现行破坏活动的反革命分子，查有实据者处死刑，恶霸地主送原籍交法院判死刑。胁从分子，罪恶不大者，集中管训后资遣回原籍，交地方公安部门管制。重大嫌疑分子集中管训，继续严格审查，弄清后再予处理。各级政治部门必须把这一工作作为目前的中心任务，各部门审查与镇反工作应由首长负责。凡判处死刑者，须经军区首长批准，并组织公审，教育群众。必须建立严格审查与人事录用制度，用人必须经过团以上机关审查批准。应加强保卫部门。

同日

[纲文] **毛泽东批转济南市委镇反工作报告。**

[目文] 毛泽东给各中央局转分局、省委、区党委、大中城市市委的转发批语说，

济南市委关于镇反工作的报告很好，请各大中城市市委注意研究，照此办理。希望均有一个报告给中央。现已收到北京、天津、青岛、济南、重庆、兰州等六处的报告和上海、南京、杭州三处的计划，均很好。请各未报告的大城市和中等城市，例如各省省城及汕头、梧州、衡州、宜昌、九江、安源、芜湖、无锡、苏州、宁波、厦门、石家庄、唐山这一类城市，均向中央做一个镇反工作的报告。

此前，4月5日，济南市委向山东分局提出报告，汇报济南市4月1日夜对反革命分子实行大逮捕，及大逮捕后济南市委组织大批干部深入群众宣传、多方收集对这次镇反行动反映的情况。

同 日

[纲 文] **农业部发出关于渔业生产的指示。**

[目 文] 指示要求，一、目前整个渔业中群众性渔业生产占很大比重，应将协助渔民组织合作社、互助组、渔协会作为经常工作，掌握季节，帮助渔民生产，多下海，多捕鱼，结合抗美援朝，开展爱国生产运动，注意内地养殖，禁止密网捕鱼等。二、要准确迅速发放渔业贷款，保证在捕捞、养殖、加工、运销业务上有效运用。三、加强运销和市场管理，充分利用各地原有冷藏加工设备。国营水产部门要与合作社建立经常业务，保障渔民一定利润。加工运销要试行有计划的联合运销，克服盲目现象。市场管理费要逐步降低，减轻鱼行鱼栈的中间剥削。四、认真管理国营企业，实行经济核算，依靠工人民主管理，开展生产竞赛，提高技术，争取超额完成1951年计划。机船作业要遵照暂行禁渔区域规定，在设定渔业区域劝导渔民建立标志，避免纠纷。

同 日

[纲 文] **全国妇联发出关于在妇女群众中普及和深入抗美援朝运动的指示。**

[目 文] 指示建议：一、要把在妇女群众中普及和深入抗美援朝运动当作中心的工作，全力贯彻执行。二、各行各业妇女，必须主动地和群众团体、青年、学生组织以及其他有妇女的机关、团体协商，制订适合妇女的计划及办法，适时提出建议、材料和经验。三、宣传内容必须针对国际、国内政治形势，结合当地具体工作任务和妇女工作任务，定出每个时期内容。四、宣传方式方法，普遍召开各种小型会议控诉美帝国主义、日本侵略者及其走狗罪行，运用群众熟知的真人真事宣讲道理，是最有效的办法。并可采取讲座、广播、幻灯、艺术宣传、妇女刊物等。五、应注意通过原有妇女组织进行宣传教育、布置工作、交流经验，普遍建立和扩大巩固妇女组织。六、要在当地抗美援朝分会统一领导之下，男女一齐发动、布置、检查，妇联干部应积极努力学习，提高政策水平。七、本年6月召开宣传教育工作会议，总结妇女界抗美援朝工作经验，讨论今后计划和办法，规定业务和机构。

同 日

[纲 文] **敦煌文物展览在北京举行。**

[目 文] 在北京历史博物馆举行的这个展览，内容以莫高窟（俗称敦煌千佛洞）的

壁画摹本为主，包括有北魏、西魏、隋、唐、五代、宋、元1000年间各朝代壁画摹本900余件，此外还有一部分辽阳汉墓壁画摹本，六朝彩画墓砖摹本，六朝的写经和洞窟模型、塑像等。同时，还陈列有被西方用各种手段掠走的文物照片、材料等。

4月15日

［纲 文］ **新华社讯，太原铁路局公安处等破获两台湾特务组织。**

［目 文］ 太原铁路管理局公安处会同山西省公安厅、石家庄市公安局经过长期侦察，在太原、石家庄、阳泉三地同时破获两个台湾特务潜伏组织“晋德铁路联合接管委员会”、“反共救国军晋冀游击队”，逮捕主要特务分子62名，缴获电讯密码本、炸药、反动宣传品等。

4月16日

［纲 文］ **全国政协常委会举行会议通过庆祝1951年五一劳动节口号。**

［目 文］ 出席和列席会议的有全国政协在京常委、中央人民政府委员、政务院委员以及各民主党派宣传部长等共34人。会议通过了庆祝1951年五一劳动节的号召口号，并商谈了全国政协召集的各地政协秘书长会议的准备工作。

号召口号共57条，包括：庆祝中国人民志愿军在朝鲜前线的伟大胜利！向支援人民志愿军的担架队员、运输队员、医疗队员、铁路交通工作人员、后方勤务工作人员致敬！反对重新武装日本阴谋单独对日媾和的美帝国主义！要求缔结中苏美英法五国的和平公约！召开各级人民代表会议，加强各级人民政府，巩固人民民主政权！坚决镇压反革命分子，肃清敌人间谍！工人们，努力生产，发展爱国的劳动竞赛，团结工程技术人员，改进生产技术，保证完成生产计划，为逐步改善工人生活而奋斗！工厂的领导者们，依靠工人管好工厂，实现工厂内的民主管理和统一领导！企业的领导者们，学会经济核算制，反对浪费！拥护土地改革，全国农民翻身万岁！农民们，努力春耕，参加水利工程，避免灾害，争取丰收！工商业家们，努力改善经营，实行劳资协商，发展经济事业，拥护政府法令，踊跃缴纳税款，积极参加国家建设！各宗教的信徒们，发扬爱国精神，参加反帝反封建的战线！各民主党派、各界民主人士、各人民团体，巩固和发展自己的组织，为巩固和扩大人民民主统一战线，彻底实现《共同纲领》和国家的各项工作任务而奋斗！等等。

同 日

［纲 文］ **周恩来、聂荣臻为各特种兵参加抗美援朝第五次战役问题复电彭德怀。**

［目 文］ 电报并告高岗并报毛泽东。电报指出，中央军委决定尽一切力量争取实现各特种兵参加第五次战役。炮兵除小部分因训练与装备尚未完成外，其余已全部开赴前线。坦克部队因在我空军未出动前，朝鲜战场无法大量使用，故决定先去一个坦克团另加一个徒手团。只要在作战中能用得上，5月份还可再增加两个团。现在最困难的是空军，而空军中最困难的是机场。苏联所用的机场5月中旬以前无法修好。苏联空军5月初既不

能出动，我空军在既无掩护又无机场的情况下，这次战役实无法出动参加。现在的中心问题，是如何尽快把机场赶修出来，及如何利用国内的机场掩护平壤以北交通运输，以减少前线补给的困难。

同 日

［纲 文］ **周恩来为朝鲜境内铁路管理和运输问题致电金日成。**

［目 文］ 电报由中国驻朝鲜大使倪志亮转交金日成。电报提议，为了改变朝鲜境内铁路管理和运输中存在的问题，适应战争急需，朝鲜铁路必须立即置于统一的军事管制之下。即在中朝联合司令部领导下设立中朝联合的军运司令部，统一朝鲜铁路的管理、运输、修复与保护事宜。以中国同志任司令，朝中各出一人任副司令；下属各级组织均由中朝两国同志分任正副职。联合军运司令部暂设沈阳，其下设铁道军事管理总局于朝鲜境内。中国铁道兵团及朝鲜铁道修复机构均归属军运司令部统一管辖。5 月 5 日，中朝两国政府代表正式达成《中朝两国关于朝鲜铁路战时军事管制的协议》。

同 日

［纲 文］ **周恩来在全国人事座谈会上讲话要求提高工作人员素质、精简机构。**

［目 文］ 座谈会由人事部主持召开。周恩来在讲话中指出，各项工作开展起来以后，自然要增加许多编制，但现在行政机构过多、工作人员过多，单纯为工作人员服务的人也就多起来了，忙于人事，会妨碍工作现在应该提出提高人员素质的要求。希望人事部门在编制上注意减少层次，精简机构。

同 日

［纲 文］ **内务部发出《关于防止、克服春荒的指示》。**

［目 文］ 《指示》指出，除重灾省外，最近湖北、广东、广西、浙江、热河、宁夏、四川、云南、贵州等省的部分地区也发生春荒，偏僻山区尤其严重。逃荒、乞讨、吃青苗、卖牲口农具者时有发现。中南区遭春荒威胁的已经达 120 万人，甚至有地方饿死人。《指示》要求，已经发生或可能发生春荒的地方，都必须认真研究贯彻内务部《关于检查救灾工作》和《春荒期间加强生产救灾工作》两个指示，使已经发生春荒的得到解救，可能发生的得到预防。

同日—5 月 22 日

［纲 文］ **林伯渠率中苏友好协会赴苏参加五一节观礼代表团访问苏联。**

［目 文］ 代表团共计 28 人，包括工人、农民、部队、妇女、科学界、文化界及中苏友协工作者 24 人。团长为林伯渠，副团长为中苏友好协会副会长沈钧儒，秘书长为中苏友协上海分会总干事夏衍。5 月 22 日，代表团结束访问苏联，分三批回国。

同日—5 月 21 日

［纲 文］ **处理接受美国津贴的全国基督教团体会议在北京举行。**

［目 文］ 会议由政务院文教委员会宗教事务处召集。基督教全国、区域、地方性各团体和个人代表共 151 人出席，代表 31 个基督教派和 26 个基督教团体。政务院文教委员

会副秘书长邵荃麟致开幕词说，会议是根据政务院1950年12月29日发布的关于《处理接受美国津贴的文化教育救济机关及宗教团体的方针的决定》召集的。会议的任务是，彻底切断中国基督教与美帝国主义的一切关系，并协助爱国教徒推进“三自”革新运动。文教委员会副主任陆定一在报告中指出，既然广大的基督教徒都爱祖国，既然有了一个可爱的人民的祖国，既然有着《共同纲领》这个共同的政治基础，基督教徒就完全可能和人民政府团结一致，在政府指导之下，肃清帝国主义的一切侵略影响。内务部部长谢觉哉在讲话中希望这次会议彻底清算帝国主义利用宗教侵略中国的罪恶，使全体基督教人士克服困难，踏上光明的前途。政务院副总理郭沫若向大会作了报告，中共中央统战部部长李维汉、内务部副部长陈其瑗也在大会上讲了话。

会议代表吴耀宗在讲话中提出三点意见：一、扩大“中国基督教在新中国建设中努力的途径”宣言的签名运动；二、大力号召全国基督教徒参加抗美援朝运动；三、控诉帝国主义利用宗教进行侵略的罪恶，努力进行政治学习，提高认识。大会听取了吴耀宗《关于8个月来基督教革新运动的总结报告》和邵荃麟《对于接受美国津贴的基督教团体处理办法草案》报告。代表们在发言中控诉了基督教会内部的帝国主义分子和反动分子的罪恶，讨论并通过了《对于接受美国津贴的基督教团体处理办法》，呈请政务院批准后实施。会议还通过了全中国基督教各教会各团体代表联合宣言。经到会代表一致同意。会议决定组织“中国基督教抗美援朝三自革新运动委员会”，推选吴耀宗等25人成立筹备委员会，吴耀宗为主席，陈见真、陈崇桂、涂羽卿、邓裕志为副主席。大会通过向毛主席及志愿军、朝鲜人民军的致敬电后结束。

4月17日

［纲 文］ **中央军委和政务院联合颁发《关于航空工业建设的决定》。**

［目 文］ 《决定》指出，为了加强对航空工业建设的领导，决定成立中央军委航空工业管理委员会，聂荣臻任主任，李富春任副主任。

同 日

［纲 文］ **毛泽东批转山东军区关于镇反和审查不良分子的计划。**

［目 文］ 毛泽东给各大军区转各省军区，并告军委直属各部门及各特种兵司令部的转发批语指出，山东军区布置镇反工作很认真，规定方针和办法也很恰当，可为各军区参考。

此前，4月13日，山东军区司令员许世友和政治委员向明在给华东军区党委并报总政、华东局的报告中提出：对各种不良分子、雇用留用录用人员、招收的青年知识分子、家庭被斗对土改不满者、一贯贪污腐化及违法乱纪者和一贯思想落后对抗组织者6类人员的审查，必须分清政治、阶级成分、社会成分、纪律和思想问题，做不同对待和处理，绝不能混同。除确属反革命分子必须逮捕处理者外，必须按不同情况采取清洗、集训、调训、调离要害部位、给予纪律处分及教育争取等不同方法处理。我们的要求是绝不能让一个不能改造的不良分子留在或打入我们的部队，但也绝不随便抛弃一个还可以改造的不良分子。报告还指出，要打通团党委以上领导干部的思想，认识反革命活动的危害性，认识镇压反革命分子和审查不良分子的界限，掌握不同对象不同对待的方针。并在干部中连队中加强严厉镇压反革命分子的教育，划清敌我界限，提高阶级觉悟，站稳阶级立场。必须党委统一领导，首长亲自负责，组织保卫委员会主持，实行保卫部门与组织部门和军法部门相结合，骨干与广大群众相结合，内部工作方法与公开工作方法相结合，审查处理与教育相结合等。

同 日

[纲 文]　毛泽东批转宿县地委关于运用农代会布置镇反工作的报告。

[目 文]　毛泽东给各中央局转分局、省委、区党委、大中城市市委及地委的转发批语指出：皖北宿县地委运用农民代表会议布置镇反工作，审查镇反工作及审查基层干部和党团员的经验，一切新区均应照此办理，打破关门主义和神秘主义。

同 日

[纲 文]　毛泽东批转天津市通过各界人民代表扩大会议进行镇反工作的报告。

[目 文]　毛泽东给各中央局转分局、省委、大中城市市委、区党委的转发批语指出：天津镇反工作做得很好，团结和教育了各界人民，一切地方均应照此办理，坚决地打破神秘主义和关门主义的作风。

此前，4 月9 日，天津市公安局在总结报告中说，天津市于 3 月27 日召开第三届各界协商委员会第四次扩大会议讨论镇压反革命问题，又于 3 月29 日召开 1.5 万人的市区各界人民代表扩大会议，揭发控诉反革命分子的罪行。大会实况由电台广播，组织了 50 万市民收听。会后各界反映很好。

同 日

[纲 文]　毛泽东批转西北局关于加强镇反宣传工作的指示。

[目 文]　毛泽东给各中央局转分局、省委、区党委、大中城市市委的转发批语指出：西北局这个指示强有力地指出在镇反工作中展开宣传工作的重要性，并规定了五条办法，一切地方都应当这样做。凡属现在仍然小手小脚，不敢大张旗鼓作宣传，不敢吸引广大党外人士共同参加镇反工作，以致引起许多人对我们不满的地方，尤其要即刻改变作风，并且愈快愈好。

此前，4 月14 日，西北局对所属省市区党委做出关于加强镇压反革命的宣传工作指示，提出了五条办法：一、各级党委均应组织所有干部学习有关镇压反革命的 4 个文件，各地负责干部必须结合本地区镇反情况、干部思想动态召开干部大会，作专门报告。二、宣传内容要掌握要点，对特务、匪首、惯匪、恶霸、一贯道的反革命活动历史罪与现行罪大加揭露，宣传人民政府支持群众要求、保护群众利益、坚决镇压反革命的精神，宣传镇压与宽大相结合的正确政策。三、宣传方法要多种多样。最有效的，第一是控诉会，第二是展览会，第三是报纸、广播、文艺活动的全面配合。四、宣传队伍要不断扩大，全党动员进行宣传，经过政府委员会议、协商委员会议、各族各界人民代表会议，使广大党外人士了解，并组织他们向群众宣传。在3万人以上城市应以公安部门为主，吸收党的宣传、统战部门及报纸、广播电台负责干部，组成镇反宣传委员会，作为推进宣传工作的指挥机关。五、县委以上各级党委应在接到这一指示的一星期内，专门讨论，制订出具体计划。

同 日

［纲 文］ **周恩来向政务院所属部门发出关于调查研究党外反映意见的通知。**

［目 文］ 通知指出，前段时间，为了准备全国秘书长会议中关于加强政府机关的统一战线工作的议程，曾对政府各部门分别进行了一年半以来党与非党人士合作关系的检查，现将各部门党外工作人员所反映的意见和情况，汇集发给各党组，希望对有关部分加以调查研究，并做负责而认真的处理，使各种意见和问题都有所交代，不使他们感到意见落空。

同 日

［纲 文］ **周恩来对陈云关于1951年黄河防汛方案的请示做出批示。**

［目 文］ 批示同意陈云的请示。该请示内容是，黄河多年失修，河床愈冲愈高，如发生2.3万立方米流量的洪水，其灾情将比历史上的灾情为大。黄河水利委员会提出了“化大灾为小灾”的方案，必要时平原省主动淹掉300万—500万亩土地，以避免淹掉4000万—5000万亩土地的损失。蓄洪地区均有堤岸，只要花1亿—2亿斤小米的代价加修堤闸，此方案即可实现。

同 日

［纲 文］ **中财委举行第五十三次委务会议。**

［目 文］ 会议由陈云主持。会议讨论了文化用纸的生产和供应问题。陈云发言指出，纸张基本上是供不应求的，应当保护国产纸的生产与发展。国营工厂造文化用纸应使其有一定利润，否则地方造纸工业搞不起来。对造文化用纸的私营工厂，淡月时如有困难要予以扶助，并引导其走向按计划生产。会议对轻工业部建议华东工业部以地方工业投资的一部分投资于造纸工业的问题做出决定：一、关于投资建设新纸厂的问题，同意轻工业部的建议，由轻工业部转告华东，请他们考虑决定。二、关于投资上海三个私营纸厂、改组为公私合营的问题，我们对公私合营的政策是：必须出于改营纸厂的真正自愿，不能勉强，请轻工业部再调查。如果可以进行，应先建议华东办理。如华东有困难，中央可以考虑。

同 日

［纲 文］ **出版总署做出《关于认真做好〈毛泽东选集〉的出版印刷发行工作的指示》。**

［目 文］ 《指示》说，《毛泽东选集》已经中央毛泽东选集出版委员会发稿，交人民出版社校对及设计，新华印刷厂总管理处及华东、华北人民出版社及新华印刷厂区管理处负责分区印刷，新华书店总店负责全国发行。争取在本年7月1日起至10月1日在全

国各地发行。这是一件非常重大的事情，全体同志应当以最严肃、认真与积极负责的态度做好这件工作。本署号召社、厂、店全体同志在这一工作中形成普遍工作热潮，发现和培养模范，改正缺点，把整个工作提高一步。出版总署决定组成《毛泽东选集》出版、印刷、发行工作委员会，黄洛峰任主任，祝志澄、华应申、王益任副主任；李文任东北分会主任；叶籁士任华东分会主任。以上三会定期召集会议，统一掌握《毛泽东选集》的出版、印刷、发行工作，定期向总署汇报。

同 日

[纲 文]　中国人民抗美援朝总会与中国红十字会总会筹组第二批志愿手术队和医防队赴朝。

[目 文]　两会经与有关卫生部门协商，于本日联合通知其所属分会：志愿手术队拟首先组织骨科、五官科、胸腹腔外科、口腔外科、传染病科等专科队，每一专科队各组织若干队，每队医护人员以12人为宜。服务时间暂定为3个月到6个月。此前，广州市组织的抗美援朝志愿医疗手术队及护士队已于4月12日和15日、天津市组织的抗美援朝志愿救护队已于4月12日分别出发赴朝鲜。全国各地医务人员中志愿报名者仍然十分踊跃，达数千人。

4月18日

[纲 文]　中共中央发出关于宣传宗教革新运动时应注意不要扩大宗教市场的指示。

[目 文]　中央给各中央局并转各分局，各省、市、区党委的该指示指出，提倡宗教革新运动的根本目的，在于肃清帝国主义的文化侵略的影响，启发一般教徒的爱国心，发展宗教界的反帝统一战线。为此，推动天主教、基督教中的进步人士，对宗教教义，作某些正确的合乎实际的诠释，说明爱国与信教并不矛盾，一个善良教徒首先应该爱自己的祖国，以打击反动分子和顽固分子的所谓“宗教是超政治的”、“革新就是裂教”等邪说，达到争取广大教徒的目的，是必要的。但在进行这种宣传时，必须注意不要去为宗教涂脂抹粉，更不应去扩大宗教的影响。3月21日《沈阳日报》刊载的《关于教徒与爱国的几个问题》（《光明日报》已经转载）就犯了这种毛病。该文把耶稣说成了一个被压迫阶级的革命的政治家，说耶稣的“博爱”是有阶级性的。他提出爱仇敌，是指那些放下武器不再是侵略者的杀人工具的人说的，与人民军队的优待俘虏政策是一样的道理。他制止门徒使用武器，是为了保存力量，避免无谓牺牲。这种牵强附会的说法，既不易得到一般教徒的同情，而对广大人民群众会发生迷惑作用，误以为天主教、基督教是进步的东西。各地在推行宗教革新运动时，务必注意不要去扩大宗教的市场。

4月19日

[纲 文]　政务院公布实施《妨害国家货币治罪暂行条例》。

[目 文]　《条例》共十一条。主要内容有：一、以反革命为目的伪造国家货币者，

其首要分子或情节严重者处死刑；情节较轻者处无期徒刑或 15 年以下 7 年以上徒刑，并没收其财产全部或一部。二、意图营利而变造国家货币，或贩运、行使伪造、变造国家货币者，其首要分子或情节严重者，处无期徒刑或 15 年以下 7 年以上徒刑，并没收其财产全部或一部；其情节较轻者，处 10 年以下 1 年以上徒刑并酌处罚金，情节轻微者处 1 年以下劳役或酌处罚金。三、散布流言或用其他方法破坏国家货币信用者，处 5 年以下徒刑或罚金；但以反革命为目的犯前项罪者，处 15 年以下 5 年以上徒刑，其首要分子或情节严重者处死刑或无期徒刑，并没收其财产全部或一部。四、凡误收伪造、变造货币，应即报告所在地中国人民银行或公安机关，明知不报而仍继续行使者，视其情节轻重，处 1 年以下劳役，或酌处罚金，或予以教育。五、凡犯本条例所规定各罪的预备犯、未遂犯，视其情节从轻处罚；但以反革命为目的者，按照上列有关各条规定酌情处罚；凡犯本条例所规定各罪自首悔过者，减轻或免除处罚；自首悔过后并协助破案者，免除处罚；凡伪造、变造的货币均没收；供本条例犯罪所用的机器、原料及其他物件均应没收，但属于第三人所有而不知其供犯罪使用者，不在此限。六、凡犯本条例所规定各罪者，视其情节轻重，附带宣告剥夺政治权。国家货币，指中国人民银行发行的货币。

同 日

［纲 文］ **周恩来转发聂荣臻《关于订购军用雨衣所发生问题的报告》。**

［目 文］ 解放军代总参谋长聂荣臻在报告中说，总后军需部为准备志愿军行动，在北京、天津、青岛三地定制雨衣 55 万件，但厂商希图暴利，不断提高价格，仅原料超额即达人民币 140 亿元。报告建议：同资本家打交道必须掌握团结与斗争的原则；工厂不应擅自提高利润标准；制造军需物资，必须保证质量。周恩来指示，除对本案严予审查并谋划补救办法外，报告中所提三点意见，值得各地财委及后勤部门严予注意。

同 日

［纲 文］ **内务部向周恩来报告关于1950年的禁烟禁毒工作。**

［目 文］ 报告的主要内容有，一、自 1950 年 2 月政务院颁布严禁鸦片烟毒通令后，进行广泛的禁烟禁毒宣传，得到了广大人民的拥护。不少地区除做一般宣传外，还通过人民代表会议、农民代表会议进行讨论并做出决定。有的省市批评和处分贯彻禁令不力的干部，奖励禁烟工作有功的干部和群众，均收到很大的效果。二、和烟毒贩运分子及土匪、特务进行了严厉斗争。据西南军政委员会民政部不完全统计，全区共破获烟毒案万余起，查获贩运制售烟毒罪犯万余人，其中 37 名已处死刑，千余人判处有期徒刑。缴获烟毒 94.8 万余两、烟具 22 万余件，查封烟馆 5400 余家，没收运毒汽车 13 辆、制毒机器一部。各地查获烟毒都当众烧毁。西安、重庆、昆明、成都等地都召集了数千人乃至上万人的群众公审大会来惩治毒犯、焚烧烟土，受到群众的欢迎。事实证明，严厉镇压反革命烟犯是正确的。三、掌握禁运、禁售的重要环节。我们不强调铲烟与强制戒烟而劝其自动不种、不吸，但对运售的烟犯，则严惩不贷。这样销路断绝，烟价大跌，帮助了禁种工作顺利进行。四、烟民因无处买烟土，不得不戒。在政府的劝诫与群众的监督相结合下，造成烟民

自觉的戒吸运动。五、老区的禁种已基本禁绝：东北区1950年在播种之前禁绝种烟，热河省偏僻区查出烟苗242亩当即全部铲除。新区也已大体禁绝：西北的宁夏、青海两省除藏民游牧区外，无种烟者；甘肃消灭烟地60%以上；陕西消灭烟地55%；华北新区绥远省铲除烟苗17.4万亩，约占种烟面积80%；西南解放前种烟面积高达1500万亩，1950年减到600多万亩，估计1951年可基本禁绝；向来以产“云土”出名云南的丘北、广南等县，大部分都禁绝。

4月20日

[纲 文] 政务院举行第八十一次政务会议。

[目 文] 会议由周恩来主持。会议听取和批准了文化部副部长周扬所作的《1950年全国文化艺术工作与1951年该部工作计划要点的报告》，卫生部部长李德全所作的《卫生部1950年工作总结和1951年工作计划要点的报告》。

周扬在《报告》中说，1950年以来，全国文化艺术工作总方针是，普及与提高人民新的爱国文化，而以普及为第一位任务。一方面巩固和发展新的文化艺术事业，另一方面有步骤、有重点地改革旧有文化艺术事业；一方面巩固和发展国家经营的文化艺术事业，另一方面领导私人经营的文化艺术事业。1950年一个比较严重的缺点是，对全国文化艺术工作的思想政策领导不够。1951年文化工作的要点为，进一步发展电影事业，加强戏曲改革工作，整顿全国现有文工团和剧团，发展新连环画、新年画；整顿全国文艺书籍的出版工作，加强艺术教育工作，巩固与发展农村、工厂的群众业余艺术活动；整顿并充实中央、各大行政区现有的图书馆、博物馆、科学馆；加强文物古迹的保护。

李德全在《报告》中指出，卫生部成立以来，首先确定了面向工农兵、预防为主和团结中西医的工作方针；确定了以防治危害人民最大的传染病，发动群众性的卫生运动，恢复和建立卫生基层组织，培养卫生干部和恢复调整药品生产、供应为工作重点。1951年卫生工作计划的要点，仍以恢复和巩固为主，并为今后数年中的卫生建设准备条件。

在讨论周扬报告时，周恩来说：在文化艺术工作中，政治标准应放在第一位，但同时要与艺术标准相结合。文化艺术不单纯是娱乐活动，它还有很重要的教育作用。文化部要注意加强政策思想的领导。生活锻炼对文艺工作者是很必要的，人民的生活是艺术工作者取材的主要源泉，演员应当到生活中去锻炼。在讨论李德全报告时，周恩来说：旧社会对工农兵的卫生是不管的，现在我们要管，应该以预防为主。在文教经费中，教育第一，卫生第二。

会议通过了《政务院关于调整省、市人民政府文化行政机构的规定》和《政务院关于戏曲改革工作的指示》。《规定》要求，为了简化文化行政机构及适应干部缺乏的情况，在省（包括行署）、市人民政府下合设文教厅（局），一般不单独设文化厅、局。《规定》对文教厅（局）的工作职责、机构、编制和文化事业经费也作了具体规定。《指示》指出，戏曲应以发扬人民新的爱国主义精神、鼓舞人民在革命斗争与生产劳动中的英雄主义为首要任务，凡鼓吹封建奴隶道德、野蛮恐怖或猥亵淫毒行为，丑化与侮辱劳动人民的戏曲，应加以反对。对旧戏班中不合理的制度，如旧徒弟制、养女制等应有步骤地加以改造。这两个文件分别于5月5日和7月25日发出。

会议还通过了任免案以及提请中央人民政府委员会批准任免案多起。

同日

[纲文]　刘少奇就越南克服战时财政经济困难问题致电越南劳动党中央主席胡志明。

[目文]　电报由中共中央驻越南劳动党中央联络代表罗贵波转告胡志明，主要内容是，关于越南所要求的米、衣服及车辆的帮助，当尽速交给他们。据4月14日罗贵波的报告：越南今年开支预算约合40万吨稻谷，越北及三、四联区农业税可征30万—35万吨，再加其他税收及南部的调剂，可争取收支接近平衡。越北如能征谷8万—10万吨，即可基本上解决20万军政人员的粮食问题。用自力更生的办法基本上解决战时财政问题，这是越南坚持长期斗争，战胜法国殖民者一项十分重要的基本战略。另外，建立统筹统支及其他必要的财政制度和纪律是完全需要的，并须进行不懈的斗争去反对那些破坏财政制度与纪律的人员，然后才能集中一切财力物力，合理地使用到反对法国殖民者的斗争中去。在这方面的中国经验，罗贵波和中国派给越南的财经顾问，是能够做一些介绍和有益的提议的。至于越南不能解决的一些问题，需要中国帮助的时候，中国仍当尽力给以帮助。这是不成问题的。但一切问题能用自力更生办法解决者，应力求在越南就地解决。

此前，4月14日，罗贵波致电中共中央，汇报越南战时财政经济状况和他与援越财经干部3个月的工作情况。电报说：我们的工作从越南急于要求帮助发行新币问题着手，联系整理财政、增加收入、减少支出、建立与开展贸易工作，就所了解的情况，用算账方式说服其转变依靠发行货币解决财政困难的观点。还在越南劳动党全国代表大会上就财政经济政策及出口原则问题，提出了一些参考意见，商量帮助其建立国家银行和贸易机构，开展金融贸易工作，帮助他们草拟一些具体政策和条例，供研究参考。经过3个月的工作，越南劳动党中央一级的领导同志开始注意到要有计划、有准备地发行货币和依靠贸易收入解决财政，并开始较正确地认识到越南财政困难的严重及其原因。现在我们已开始或正在计划进行的工作主要有组织国家银行和贸易机构；整顿税收，减少货币发行；统一征收农业税等。报告认为，越南本年争取财政收支接近平衡，是有客观条件的。

4月21日—5月8日

[纲文]　全国政府机关秘书长会议和全国各省市政协秘书长会议在京召开。

[目文]　全国政府机关秘书长会议由政务院召开，中央人民政府各委、部、会、院、署、行以及东北、华东、中南、西南、西北五大行政区、内蒙古自治区、28个省、8个行政区、13个市的政府秘书长和办公厅主任等共218人出席。全国各省市政协秘书长会议由全国政协召开，全国政协及30个省（区）、27个市的政协秘书长等共91人出席。李

维汉在两个会议的联合开幕会上致开幕词，说明两个会议的主要议程是讨论保守国家机密、加强政府机关内部统一战线工作、加强各地协商委员会的工作和加强秘书长工作等问题。他强调指出：政府机关和协商机关的秘书长，应在各种工作中很好地配合与互相帮助，使各省市协商委员会经常的工作能够充实起来，活跃起来。李济深、郭沫若、陈叔通、黄炎培、章伯钧也出席会议并讲话。李济深说，搞好统战工作是做好一切工作的基础；郭沫若提出，每一个工作者都要养成保守国家机密的良好习惯；陈叔通指出，政府工作与协商委员会工作是分不开的，希望经过这次会议，应更加强相互的配合，把民主建政的工作更向前推进一步；黄炎培以具体事例说明，一年多以来，人民政府在中国共产党和毛主席领导下，做了不少令人满意的工作；章伯钧说，民主党派的人士除了要求共产党的帮助之外，还应要求自己对人民事业多做贡献。

4月29日，李维汉作了题为《进一步加强政府机关内部的统一战线工作》的报告；5月4日，周恩来作了目前形势与任务的政治报告。李克农①、王昆仑②、章乃器、黄绍竑③、邢西萍④等也分别向两个会议作了专题报告。

李维汉在报告中指出，一、政府机关内部统一战线工作必须严格而正确遵守的基本原则是：一方面要使每个工作人员不仅在形式上而且在实际上有职有权，有与自己职务相称的权力，以便履行其职责；另一方面，又要使每个工作人员不仅在口头上而且在行动上，对《共同纲领》和政策法令的实施保持高度的统一性与纪律性，保持一致的步调。二、沟通政策思想，是政府工作人员团结进步、统一行动的基本工作。三、共产党员要尊重非共产党员的职权，使他们有可能与闻一切应该与闻的事情，同他们商量一切应该商量的事情，向他们报告和请示一切应该报告和请示的事情；同时还要积极地帮助他们能够履行责任，做出成绩。四、政府机关内部统一战线包括多方面的关系，最主要的是共产党员与非共产党员的关系，共产党员要主动地团结非共产党员。五、必须采取批评和自我批评的方法。六、大家要学习毛主席。七、协助民主党派的发展巩固工作。八、专人掌管与定期检查。

会议通过了关于保守国家机密、进一步加强机关内部统一战线工作、处理群众来信和接见群众等建议案，分别提请政务院和全国政协常委会审核。5月8日，李维汉对两个会议讨论中的若干问题作了总结讲话，陈叔通致词后会议闭幕。

4月21日

［纲 文］ 政务院发布《关于适当地处理林权明确管理保护责任的指示》。

［目 文］ 《指示》的内容是：一、现在进行土地改革的地区，应结合土地改革工作，将地主的森林和一般的大森林，按照土地改革法第16、第18两条分别处理。大森林的面

---

① 李克农（1899—1962），安徽巢县人，时任中央人民政府外交部副部长。
② 王昆仑（1902—1985），江苏无锡人，时任第一届全国政协常务委员、政务院委员。
③ 黄绍竑（1895—1966），广西容县人，时任第一届全国政协委员、政务院委员。
④ 邢西萍（1903—1972），即徐冰，河北南宫人，时任中共中央统战部第一副部长。

积标准，由大行政区或省人民政府根据当地情况酌定（如西南区已规定500亩以上、山西省定为540亩以上、辽东省定为75亩以上森林收归国有）。二、在暂不进行土地改革的地区，一切较大的森林应提前收归国有，由专署以上政府设置林业专管机关，协同地方政府，实行管理保护。庄院附近的零块分散的森林，产权所有人的阶级成分虽未正式划定，但系地主成分者，或已有滥伐情况者，得由县人民政府指定区村政府或农民协会暂行代管，以防止砍伐，待土地改革时，再依法处理。三、在已经完成土地改革的地区，尚未明确划定林权的森林，其较大者应明令公布为国有财产，由当地人民政府和林业专管机关切实负责管理保护。零块分散的山林，由当地人民政府根据实际情况，按土地改革法第十六条规定，分别进行清理或确定林权，由县人民政府发给林权证明。四、西北、西南、中南等少数民族地区的森林，一般仍按其旧有的管理习惯不变，但政府应领导他们加强对森林的保护抚育工作。五、在收归国有的森林面积中，夹有小块农民私有林时，应适当地调剂割换。

同日

[纲文] **中财委批转贸易部关于成立高级消费品商店的决定。**

[目文] 决定的主要内容是，一、成立理由：自中央人民政府成立以来，外交关系日益开展，各国政府纷纷来中国各大城市设使馆、领事馆，而大城市的高级消费品市场全部为私商所控制，以非常高的超额利润出售高级消费品。有些高级消费品虽系国家禁止进口物资，但由于利润大，私商仍不断走私，以赚取非法利润。因此成立国营高级消费品商店，可收到如下效果：（一）可以满足国际友人的需要；（二）国家可以增加一部分财政收入，一般利润率可达30%，个别商品最高可达100%以上；（三）可以打击走私商品价格，缩小走私范围；（四）可以把一部分不易出口的土产，用易货办法推销出去，加速资金周转。二、经营范围：主要有：高级皮货、高级呢绒绸缎、高级食品、古董文玩、高级日用品、高级化妆品等。三、商品来源：（一）海关税局没收品及特许进口的违禁品；（二）财政部物资管理处所存上述商品，统交该店出售；（三）自特产区收购品，如皮货、绸缎等；（四）现已列入进口计划中的新奇高贵商品。四、经营方针：对内以营利为目的，并结合打击走私政策，减少不合理的中间剥削；对外以国营商店货真价实、货样齐全相号召。五、经营对象：国际友人、富有人士、高薪金收入人员。六、组织机构与领导关系：（一）高级消费品商店仅设于北京、天津、上海、广州、沈阳5市；（二）以上都归各市百货公司领导，单独计算盈亏，资金会计独立；（三）计算全年盈亏，应以实际开张日期推算，为了统一年度决算，暂规定以1952年6月底为年终计算期；（四）商店由各市百货公司经理或副经理一人兼任经理，并确定从市工商局负责的专业公司抽调干部，并高薪聘业务技术人员组成。（五）中国百货公司在经理之下，增设一个专门管理高级消费品的业务室，负责领导计划及检查该项专门业务。

同日

[纲文] **东北局做出关于加强土产产销工作的指示。**

［目 文］　指示的主要内容有，一、发展土产副业生产的主要关键在于贯彻土产内销的方针。二、各地必须加强对国营贸易部门、合作社和私人经济的领导，在国营经济领导之下，依靠合作社团结私商，结合各种经济力量搞好内销。三、对本地土产产销情况进行研究，明确定出土产生产指导方向。全东北除发展商品粮食及经济作物外，对牧畜、养猪、养鸡、农具生产应采取大量发展的方针。各地要因地制宜，加强领导，避免生产盲目性。四、党政领导亲自负责，按行业开好土产会议。会议应包括贸易、合作、税收、银行、交通等部门的负责人参加，同时应邀请有经验有代表性的土产商人、土产加工业者和生产者参加，以便交流经验，为土产找销路。五、东北及各省市的计划委员会、县的城乡互助委员会，应与主管土产业务的商业部门协同，逐步规定每个时期某些主要土产的产销计划，检查研究并解决土产交流中存在的问题，经常工作由商业部门领导。应特别注意在自愿互利的前提下，广泛采用代购、赊购、预购、兑换等合同，以适应土产交流中资金周转较慢的特点。

同日—29 日

［纲 文］　**中国人民志愿军、朝鲜人民军进行第五次战役第一阶段作战。**

［目 文］　4 月21 日，志愿军和人民军进入进攻阵地。22 日，各兵团对“联合国军”展开全线反击，发起第五次战役。经过两天激战，左翼九兵团四十军歼灭南朝鲜军六师、美军二十四师各一部，推进50 余公里。与此同时，三十九军与四十军协同，将美军陆战一师隔于北汉江以东。至此，志愿军将东西线“联合国军”割裂于北汉江两岸，实现了战役目标。

至 4 月 24 日，西线志愿军主力各兵团已全部进抵或越过三八线。九兵团主力 24 日逼近三八线。三兵团也前出至三八线附近。右翼十九兵团六十三军一八七师突破位于三八线附近的临津江后，全歼守敌 1 个连，包围雪马里英军王牌部队二十九旅格罗斯特营及皇家炮兵连队及部分坦克分队，共约 1000 余人。25 日，全歼该营及其配属部队。

西线发起进攻后，东线人民军三、五军团也相继发起进攻。4 月 23 日，五军团歼灭南朝鲜军五师三十六团大部，24 日又歼灭北援的南朝鲜军七师五团大部。

4 月 25 日，志愿军各部全部越过三八线，“联合国军”逐步撤至第二线阵地继续抵抗。26 日，根据中央军委、彭德怀的分析：志愿军和人民军主力不宜南进过远，应以敌人会进行登陆作准备，同时又应最大限度地杀伤“联合国军”的力量，并将其主力吸引于正面战场，避免两面作战。因此各突击集团继续向纵深发展进攻，占领了“联合国军”的二线阵地。

与此同时，东线人民军钳制了当面之敌，配合了志愿军在西线的作战。

4 月 29 日，根据中朝联合司令部的命令，志愿军和人民军各部停止进攻，并以一部逼近汉城，前出至汉城近郊北岳山；一部逼近汉江，占领退溪院、九陵山、金谷里、磨石隅里一线地区；一部渡过昭阳江，占领春川以东九峰山、坪村里地区，与“联合国军”保持接触，掩护主力在高阳、议政府、抱川、华川及春川以北地区整补，准备新的作战。

至此，第五次战役第一阶段作战结束，共歼敌2.3万余人，并逼近汉城，夺回了战场主动权。

4月22日

［纲 文］ **中央军委批转彭德怀对新兵军事训练的意见。**

［目 文］ 中央军委给各大军区的转发批语指出，军委同意彭德怀关于新兵军事训练几个基本要求的意见，希望各军区即根据这三个要求及军委军训部拟定的新兵训练计划，负责领导军事教育的实施，并责成各级人民武装部负主要责任，进行新兵的动员、编组及运送等任务；各级政治部则负责新兵的政治领导与政治教育；各级军训部门，除负责掌握新兵军事训练计划的实施外，并须经常进行对新兵军事训练的检查；各级军务部门则只负责新兵调拨计划的掌握，以免多头负责，又无专责，或因情况不熟，影响任务完成的现象发生。

此前，4月20日，彭德怀在给中央军委的电报中提出了关于新兵军事训练的三条意见，主要内容是：要学会使用手中武器、学会单个战斗动作、学会防空反坦克。

［文 献］ **彭德怀对新兵军事训练的意见（节录）**

四月十七日关于扩兵计划甚好。由于对美敌作战和国内战争之不同，主要是受敌机袭扰，难以进行军事技术教育。故将来在国内训练非常重要，除深入抗美援朝、卫国保家的政治教育之外，主要的是军事教育，必须完成如下基本教育：

第一，学会使用手中武器，如射击投弹爆破及土工作业等，多注意实弹教育。

第二，学会单个战斗动作，如利用地形地物运动和冲锋动作，要从单个战斗学到班组，并多注意夜间和山地的反复演习。

第三，学习防空反坦克，吸收朝鲜战场疏散隐蔽、对空射击和打坦克的经验来作教育。训练时间至少三个月，足以完成上述军事训练为主，补到部队才能起到一定作用，起码能减少伤亡和老兵的负担。为完成此一训练，提议各大军区司令部内，专设一个部门来负责主持训练，并检阅训练成绩。根据你们以前计划，华东尚余新兵两万，西南除补三兵团外，尚余新老兵四万三千人，这两批应作五、六月份的补充，请早为准备。

资料来源：中央档案馆提供档案。

同日

［纲 文］ **毛泽东就正确解释对旧人员“包下来”的政策问题致电各中央局并转分局、省委、省军区及中央政府各党组等。**

［目 文］ 电报指出，一、关于在政府系统中和军事系统中审查旧人员和新知识分子

的工作，各地各部门现已开始着手进行。在答复“包下来”的问题时，我们看见有说得不适当的。人民解放军和人民政府从来也没有说过可以把有“严重的反动行为或严重的劣迹”的人员包下来。现在审查旧人员（还有新知识分子），就是要将那些混入军事系统和政府系统（包括公营工矿）中的有“严重的反动行为或严重的劣迹”的人员清理出来，分别加以惩办或淘汰。同时对于那些并无严重的反动行为或严重的劣迹的人员（这些人占大多数），则因为清出了那些有严重反动行为或严重劣迹的人员，而使他们显得历史清白或虽有问题但不严重，利于团结和改造。二、所谓有严重的反动行为，包括恶霸、匪首、惯匪、特务、欺压过许多人的行政官吏（这些人多属国民党及三青团的重要分子）、反动军官以及反动会道门的头子等。三、李立三①给中央的信中说工厂和矿山的恶霸应予惩处，这是毫无疑义的，请你们加以注意。

同 日

［纲 文］　阿沛·阿旺晋美率西藏地方政府谈判代表团抵达北京。

［目 文］　周恩来、郭沫若率各有关部门负责人、民委干部及蒙藏学院学生等400余人前往车站欢迎。当晚，郭沫若设宴为各代表洗尘。

此前，3月29日，阿沛·阿旺晋美等一行15人自昌都启程，途经甘孜、康定、雅

▲阿沛·阿旺晋美（第一排左）为首的西藏地方代表团赴京谈判途经重庆，受到邓小平（第一排右）等西南军政首长以及群众的热烈欢迎。

---

① 李立三（1899—1967），湖南醴县人，时任中央人民政府劳动部部长、全国总工会副主席。

安等处，4月16日抵达重庆。西南局、西南军政委员会、西南军区等负责人举行宴会欢迎。邓小平、刘文辉①、王维舟②等出席。阿沛·阿旺晋美在欢迎会上表示：共产党、人民政府及人民解放军这种与少数民族真诚合作的愿望，为意想所不及。他说，各族团结，驱逐敌人，创造自己的幸福生活，这就是我们谈判的目的。4月20日，阿沛一行乘飞机至西安改经陆路前往北京。代表团另一行6人转道印度、菲律宾、香港等地，26日抵达北京。

同 日

[纲 文]　自然科学和社会科学界在京举行拥护缔结和平公约、反对美国武装日本签名投票大会。

[目 文]　大会是响应中国人民抗美援朝总会的号召而召开的。在京的自然科学和社会科学家郭沫若、吴玉章③、陈伯达④、范文澜⑤、艾思奇⑥、谢觉哉、陈翰笙等885人参加。李四光致词说：美帝国主义扩大侵略，用科学屠杀人民，是人类的罪人，也是科学的罪人。我们科学界有责任与这种罪人作斗争。郭沫若在报告中阐述了签名拥护缔结和平公约和投票反对美国武装日本的意义。随后，全体与会者在世界和平理事会宣言（关于缔结和平公约）上签名。大会通过的拥护缔结和平公约、反对美国武装日本宣言指出：为了保卫世界和平，保卫人类文化不受到另一次大战的损害，全世界每个有良心的人，都应该立即采取行动，以亿万人的力量，来要求五大国家缔结和平公约。

同日—24日

[纲 文]　华北区首届抗美援朝代表会议召开。

[目 文]　会上宣告成立华北抗美援朝总分会，聂真为主席，吴晗、李济寰、董鲁安、朱继圣为副主席，委员共83人。平杰三⑦致欢迎词，聂荣臻、刘澜涛等出席会议讲话。华北区天主教、基督教、工程界、医务界、农民、妇女各界等代表在会上作了发言，一致表示要努力普及深入抗美援朝运动，做好各项工作。

会议通过了进一步深入抗美援朝运动的决议，主要内容是：一、号召全华北区人民要坚决反对美帝国主义重新武装日本，拥护世界和平理事会的决议和宣言；二、要普遍订立爱国公约；三、要积极支援中国人民志愿军和朝鲜人民军；四、要不断地提高对美帝国主义反动本质的认识，发扬人民的伟大爱国主义精神，肃清美帝国主义侵略势力和影响；五、要继续扩大反美爱国统一战线，镇压反革命活动；六、要进一步深入巩固抗美援朝运动，用更多的实际行动来显示我们抗美援朝保家卫国的力量和决心；七、要坚决为保卫世

① 刘文辉（1895—1976），四川大邑人，时任民革川康分会主任、西南军政委员会副主席。
② 王维舟（1887—1970），四川宣汉人，时任中共中央西南局常务委员、西南军政委员会民委主任。
③ 吴玉章（1878—1966），四川荣县人，时任中央人民政府委员、政务院政法委员会委员、华北大学校长。
④ 陈伯达（1904—1989），福建惠安人，时任毛泽东的政治秘书。
⑤ 范文澜（1893—1969），浙江绍兴人，历史学家，时任华北大学副校长。
⑥ 艾思奇（1910—1966），云南腾冲人，哲学家，时任华北大学四部副主任。
⑦ 平杰三（1906—2001），河南内黄人，时任中共中央华北局统战部部长。

界和平、彻底粉碎美帝国主义的侵略阴谋而奋斗到底。

4月23日

［纲 文］ **中财委发布关于以粮食、豆饼预购棉、烟问题的指示。**

［目 文］ 指示规定的预购原则是：根据增产计划与收购计划提出全国预购皮棉500万担，烤烟90万担，共需粮10亿斤；指示要求各地财委根据预购棉、烟数字，计算各地能够拿出的预付粮食情况，报中财委批准后实行。

同 日

［纲 文］ **相声艺术家常宝堃在朝鲜牺牲。**

［目 文］ 常宝堃是在参加中国人民赴朝慰问并任曲艺服务大队副大队长，赴朝鲜前线进行慰问演出过程中，于沙元里不幸遭敌机轰炸扫射而光荣牺牲的。同时牺牲的还有慰问团副团长、平原军区干部管理部部长廖亨禄，天津琴师程树棠，以及志愿军某部汽车运输部队副连长王利高。5月18日，天津市各界人民为常宝堃、程树棠二烈士隆重举行了出殡仪式。参加送殡的有天津市市长黄敬、市工商联合会主任李烛尘、中国人民赴朝慰问团团长廖承志及各界市民15000余人。

常宝堃，艺名“小蘑菇”。1921年4月生于河北省张家口市。幼年随父亲常连安在张家口街头卖艺。1931年拜张寿臣为师学习相声。后与赵佩茹合作，在京津一带演出。抗日战争期间在天津与陈亚南等组织“兄弟剧团”，任团长。因编演讽刺黑暗统治的相声《耍猴儿》、《牙粉袋儿》、《过桥票》，先后遭到日伪政权警察和国民党政府警察逮捕和殴打。天津解放后，1949年7月出席了全国第一次文代会。当选为天津市人民代表、政协委员。创作改编了《新灯谜》、《新酒令》、《封建婚姻》、《思想问题》等反映新社会风貌的曲艺节目。

4月24日

［纲 文］ **政务院发布《关于人民民主政权建设工作的指示》和《关于十万人口以上的城市召开区各界人民代表会议的指示》。**

［目 文］ 《关于人民民主政权建设工作的指示》共七项内容，要求各级人民政府责成所属民政部门注意检查督促所属下级人民政府，按期召开各界人民代表会议，并经常加以检查，将情况定期报告上级。

《关于十万人口以上的城市召开区各界人民代表会议的指示》共五项内容，规定各级人民政府的一切重大工作，应向各该级人民代表会议提出报告，并在代表会议上进行讨论与审查；一切重大问题应经人民代表会议讨论并做出决定；少数民族聚居地区的各级人民政府，应根据当地具体情况，认真地推行民族区域自治，适时地建立民族自治机构。

[文献一]　关于人民民主政权建设工作的指示

一、各级人民政府必须依照各级人民代表会议组织通则的规定，按期召开各级人民代表会议，其中大城市每年至少须开会三次，县至少须开会两次。此外，为了解决某一个专门的问题，并应召开简短的临时会议。

各级人民政府委员会会议及其行政会议，亦应按照各级人民政府组织通则的规定，建立经常的会议制度。

二、各级人民政府的一切重大工作，应向各该级人民代表会议提出报告，并在代表会议上进行讨论与审查。一切重大问题应经人民代表会议讨论并做出决定。

三、凡尚未代行人民代表大会职权的县、市各界人民代表会议，应积极创造条件，以便迅速代行人民代表大会的职权。

四、十万人口以上的城市，应按照组织通则，于今年内普遍召开区的人民代表会议，并成立区级人民政府。

五、已完成土地改革的地区，应酌量调整区、乡（行政村）行政区划，缩小区、乡行政范围，以便利人民管理政权，密切政府与人民群众的联系，充分发挥人民政权的基层组织的作用，并提高行政效率。

六、少数民族聚居地区的各级人民政府，应根据当地具体情况，认真地推行民族区域自治，适时地建立民族自治机构。

七、各级人民政府应责成所属民政部门注意检查督促所属下级人民政府，按期召开各界人民代表会议，并经常加以检查，将情况定期报告上级。

各大行政区及中央直属省、市民政部门，应将上述各项情况于今年五月底十月底分两次报告中央人民政府内务部。

资料来源：1951年5月5日《人民日报》。

[文献二]　关于十万人口以上的城市召开区各界人民代表会议的指示

全国已有北京、天津、南京、上海、济南、武汉、广州、重庆、西安、哈尔滨、沈阳、张家口等十二个城市所属全部或部分的区，召开了区人民代表会议，并已取得一些重要经验，证明了区人民代表会议的召开确为大、中城市所必需，这对于人民政府联系广大人民、推行市政，对于解决居民福利问题，对于人民政府工作人员的督责、批评与自我批评之开展，均有很大作用。为此，亟应推广这一经验，遵照中央人民政府刘少奇副主席在北京市第三届第一次各界人民代表会议上的提示，规定今后全国各地在十万人口以上的城市，均应召集各该城区和郊区的人民代表会议；兹并作如下的具体指示：

（一）全国十万人口以上的城市，均须于一九五一年内普遍召开各区的人民代表会议，并形成经常制度。某些城市，虽其人口不及十万，而在政治上或其他方面有特殊情形者，经大行政区或省级人民政府之批准，亦得酌开区的人民代表会议。

（二）已颁之大城市区各界人民代表会议组织通则及大城市区人民政府组织通则，其中各项原则规定，适用于一切十万人口以上的大、中城市。

（三）区的一切重要工作，均应提交区各界人民代表会议讨论。除根据必要与可能条件解决居民福利问题外，并应听取区人民政府工作报告，对工作加以检讨。

（四）建立区协商委员会，并加强其工作。

（五）各市人民政府，应对所辖城区郊区的人民代表会议的召开加以督促与具体指导，并帮助其总结经验，及时上报。

资料来源：1951年5月5日《人民日报》。

同日

[纲 文] **中央军委、政务院联合做出《关于处理部队中老弱残疾人员的指示》。**

[目 文] 《指示》指出，由于过去战争的长期性与残酷性，使一部分同志因战争伤残或积劳成疾，有的甚至因残病而失去工作能力。这些同志对中国人民解放事业是有功劳有贡献的，我们应予重视与爱护他们，并以负责到底的态度，妥善处理，使之各得其所。为此特要求：一、由省级军区至各大军区均组织处理委员会，以该军区政治部主任为主任，负责计划、检查、清理、研究、处理各区域内部队中的老弱残疾人员。二、处理的原则，按治疗、教育、转业、供养、复员等分别处理，规定如下：（一）伤病未愈尚需治疗者，由省军区或大军区负责组织治疗，继续休养，使其迅速恢复健康。（二）临时残废，短期内可以恢复健康者，可组织休养，待其恢复健康后再分配工作。（三）老弱残疾稍轻，虽不适合前线工作，但还可在军事系统地方武装或后方机关做部分工作者，应争取其分配到后方机关或地方武装中去工作。（四）因身体关系确实不适于部队工作，但还可参加地方工作者，应先组织短期学习，然后有计划的转业到地方工作。其待遇不应低于原职。（五）文化较低、能力较弱的老弱残疾干部，转业有困难则由军或省军区以上组织补习学校或训练班，进行政治文化业务教育，提高工作能力，将来再分配或转业到地方工作。（六）因老弱残疾，既不能在部队工作，转业又不适宜，有家可归，生活有保障，且自动要求者，经军或省军区审查可批准复员。班级以上干部原则上不复员。（七）特等、一等残废及无家可归不能继续工作或转业者，由各省人民政府组织荣军教养院以收容供养终身，其待遇不应低于部队原级别。（八）有思想毛病者，应集中组织学习，以教育改造的

方针争取分配工作。三、处理委员会除统一计划组织步骤和研究处理问题外，并应做具体分工。

同日

[纲 文] 朱德在纪律检查工作干部会议上作《加强纪律检查工作的报告》。

[目 文] 《报告》总结了过去一年的纪律检查工作，并对以后的相关工作提出了意见。《报告》指出，县委、地委等各级党委都建立了经常的办事机构和配备了专职干部，军队中团以上的各级党委均建立了纪律检查委员会。今后我们要进一步、主动、及时地处理案件，使党员少犯错误、人们少受损失、革命少受损失。一年来，在纪律检查中共处理8671起案件，分为以下几类：一、涉及党籍问题的300多起。二、不能很好地执行国家的法令，降低政府威信。三、官僚主义、工作失职、思想麻痹、丧失警惕，尤其不爱护国家财产及失密现象最为严重。四、贪污浪费案件占总数的33%。五、自动脱党、逃亡、自杀及叛变革命者共1908件，占案件总数的22%，这类案件多半是在农村党员中存在。

《报告》还提出了需要注意的几个问题：第一，必须加强领导，健全组织。这是目前纪律检查工作中最大的问题。第二，党员要跟群众见面，处处起模范作用，以身作则。第三，党的各级纪律检查委员会应与党的各级组织部保持密切的联系，同时又应和各级人民监察委员会在工作上密切配合。第四，关于军队的纪律检查工作。

同日

[纲 文] 中财委颁布施行财产强制保险等条例的命令。

[目 文] 命令如下：中国人民保险公司根据政务院《关于实行国家机关、国营企业、合作社财产，强制保险及旅客强制保险的决定》拟订的《财产强制保险条例》、《船舶强制保险条例》、《铁路车辆强制保险条例》、《轮船旅客意外伤害强制保险条例》、《铁路旅客意外伤害强制保险条例》、《飞机旅客意外伤害强制保险条例》等6种，业经本委核定，准予公布施行。

4月25日

[纲 文] 出版总署发出关于印制毛泽东像应注意事项的通知。

[目 文] 通知说，鉴于有些印刷品上对毛泽东像的印制不郑重、不严肃，有的印刷非常模糊，有的摹绘失真，有的印在营业广告或招贴上，有的与国内外反动人物像并列。特规定印制毛主席像应注意事项如下：一、摹绘、复制应以人民出版社及人民美术出版社或其他国营出版社最近印行的毛主席图像为标准。二、印刷必须清晰。三、不得用作商标。四、不得印在营业广告、营业招贴和各种装饰品上。五、不得与反动分子像并列在一起。对于中国其他领袖像及别国的革命领袖像的印制也同样应采取郑重和严肃的态度。市上发行的印刷品中如有违反上项规定者，应视情形轻重劝告出版者、发行者以后不得再版，或当即禁止发行。

同日—5月2日

［纲 文］ **伊克昭盟举行公祭成吉思汗集会。**

［目 文］ 夏历3月21日即公历4月26日，公祭在成吉思汗墓所在地的伊克昭盟东部伊金霍洛隆重举行。伊克昭盟自治区主任鄂齐尔呼雅克图和伊克昭盟军分区司令员阿亚本巴雅尔向成吉思汗陵致祭后，号召蒙古族汉族人民亲密团结、开展抗美援朝运动来纪念成吉思汗。

大会期间还举行了集市，每日参加者近2万人。由山西、陕北、绥远及包头等地赶来的300多家工商户与当地人民进行了交易，牧民携带的1.4万多张皮子全部成交，成交量达到过去最繁荣时期的75%以上。各工商户出售的布匹、砖茶、农具等成交量比过去增加10倍。伊克昭盟文工团、绥远省中苏友好协会及内蒙古自治区电影放映队等，先后放映电影、演出戏剧共22场，观众达6.4万余人。大会期间，还举办了公安、畜牧、土产卫生等展览会，1万余蒙古族、汉族人民举行了抗美援朝爱国示威游行，全盟喇嘛订立了爱国公约。

4月26日

［纲 文］ **中共中央批转中财委关于增发人民币的请示电。**

［目 文］ 中央转发批语指出：现在国防建设费如经济建设费的开支，很大部分系用在建筑工程上，故各地建筑工程的主要领导，必须统一于当地市人民政府或省人民政府。公家的营造公司，应受当地市人民政府统一领导，私家的营造公司，应向当地市人民政府登记，并受其监督，一切建筑器材，属于公营者，应视管辖范围由中财委或大行政区、省、区、市财委按各单位需要程度，统一挨次分配，拨给转账，如水泥钢筋木材；属于私营者，也应经过当地人民政府统一筹划和价格。为此目的，中央大行政区及有关省区市各级财委，应成立营造指导委员会，吸收各有关军政代表人物参加，并于其下设营造指导机构专司其职。

此前，4月25日，中财委致电中共中央说，一、5、6两月份由于作战费和国防建设费大大增加，估计军费支出需11.5万亿元，比原定两月平均数超过4万余亿元。两月财政赤字将达7.6万亿元。加上银行收买外汇金银和地方放款及其他支出需1.5万亿元，贸易部因积压进出口物资周转不灵需借款2.5万亿元，总计5、6两月除收支外尚缺现金11.6万亿元。二、预计两个月再发行4万亿元，总共发行17.2万亿元。因主要物资、粮食、纱布公家存底颇足，物价不致受影响而发生波动。三、请各军事用款机关凡采购水泥、木材、钢材等三种建筑器材，必须由中财委批准计划，向国营贸易机关、国营工厂、林局订购。切勿在私商中乱收买，徒然抬高物价，混乱市面。

同 日

［纲 文］ **青年团中央决定出版机关报《中国青年报》。**

［目 文］ 青年团中央决定的主要内容是：一、4月27日出版团中央机关报《中国

青年报》。该报要善于通过新中国的各种成就与各种斗争事实，对青年进行爱国主义教育；对广大青年与团员学习、工作、生活中的重要问题，经常加以评述；及时系统地报道各地青年与青年团的活动，介绍各地参加国家各项工作中的典型经验；经常刊登国内外大事、科学知识、文艺作品、革命领袖与人民英雄的故事、宣传员和学习辅导员讲话参考资料、书评、剧评、影评、图画、照片等。文字上力求简明、通俗，努力做到使具有高小文化水平的青年也能看懂。篇幅为对开四版，暂定为三日刊。二、各级团委要充分利用该报，以该报言论与重要文章内容，作为指导工作的意见。各级团委负责人要亲自为该报写稿与提意见。各级团委应把为该报写稿、提意见、供给情况材料、组织通讯、帮助推销发行等工作，作为经常性工作之一。三、青年团中央机关刊物《中国青年》双周刊仍继续出版。该刊的主要读者是中等文化水平的青年与青年干部。其内容着重以马列主义、毛泽东思想理论分析青年中的各种思想问题。各级团委仍须继续予这个刊物以有效的帮助。

4月27日，该报在北京创刊，每周二、五出版，邮局发行。

同 日

[纲 文]　教育部发出《关于高等学校1951年暑假招考新生的规定》。

[目 文]　《规定》指出：1950年招生规定的基本内容1951年仍适用，但做以下补充、变动：一、对同等学力者的报考有所放宽。二、符合规定条件的，可申请免考外国语。三、为进一步改正各校自行招生所产生的混乱状态，各大行政区应分别在适当地点争取实行全部或局部高等学校统一或联合招生，全国统一考试日期。如有困难，仍允许各校单独招生；在其他地区招生时应尽量采取委托的办法进行。四、从宽录取的条件中增加“非工农家庭出身，本人又非工农成分的干部，参加革命五年以上者”一条。1951年，全国高等学校共录取新生5.2万人。

同 日

[纲 文]　卫生部发出关于庆祝六一国际儿童节进行儿童保健运动的通知。

[目 文]　通知要求，一、全国各地各级卫生机构配合各级群众团体积极展开群众性的儿童保健运动，通过儿童健康检查，把保护婴儿和儿童健康的知识，广泛地深入地传播到劳动人民中去。二、各地关于儿童健康教育，应以婴幼儿饮食卫生及预防天花、麻疹为重点；可按条件举办儿童卫生教育周、儿童健康展览会、座谈会，并可利用图画、报纸、幻灯、小册子等配合宣传。三、儿童健康检查应在可能条件下进行，并以7岁以下的集体工人子女、散居的军人家属、烈士家属子女和有卫生设施的农村劳动人民子女为主要对象。查出的问题，应斟酌实际情况，就其急需矫治且可能收效者予以矫治。有条件的医疗卫生机构并应建立经常性的儿童健康门诊或咨询所。四、以后，各地卫生机关对各乡村和工矿，应尽量组织或协助开办农忙托儿所和工矿哺乳室。

同日—30日

[纲 文]　全国处理接受美国津贴救济机关会议在京召开。

［目 文］ 会议由政务院处理接受美国津贴救济机关委员会召开。接受美国津贴的全国性救济福利社团代表、全国各地规模较大的接受美国以及其他外国津贴的救济机关代表、宗教界有关救济福利部门代表，以及各地民政部门与中国人民救济总会地方分会的代表共116人出席。谢觉哉、陈其瑗、康克清[①]等23人在预备会上被推选为主席团。

会议的任务是依据政务院1950年12月29日关于《处理接受美国津贴的文化教育救济机关及宗教团体的方针的决定》，对上述救济社团及救济机关进行处理。谢觉哉致开幕词，他以许多具体事实说明，新中国的救济事业与旧社会的救济事业以及帝国主义的“救济”事业有本质的不同；帝国主义假借“救济”、“慈善”和“宗教”的名义进行侵略，并残害中国儿童的生命；必须团结原有救济社团与救济机关中的中国人员共同来进行新中国的救济福利工作。

郭沫若在会上作报告，号召救济福利界，特别是接受美国津贴的救济机关的中国人员参加反帝爱国运动，参加关于缔结和平公约的签名及反对美国武装日本的投票运动。伍云甫作了关于处理接受美国津贴的救济社团和救济机关的实施办法的报告。一部分身受欺压和摧残的孤儿、盲人、修道女及教授、宗教界人士和接受美国津贴救济机关中的工作人员代表，对帝国主义假借“救济”、“慈善”进行侵略，并残害中国人民的罪行做了控诉。

会议通过了联合宣言和《关于处理接受美国津贴的救济社团及救济机关实施办法》，商定该性质的全国救济社团分别由救济总会及其各地分会协助改组或予以接办。联合宣言表示：一、拥护政务院的决定和会议提出的《实施办法》，坚决拒绝美国津贴，割断与美帝国主义的一切联系，依靠人民自己办好人民救济福利事业。二、团结全国救济福利界，广泛进行爱国主义宣传教育工作，提高政治与业务水平，彻底肃清美帝国主义文化侵略的影响。三、普及和深入抗美援朝运动，拥护世界和平理事会及中国人民抗美援朝总会所有的决议与宣言，支援中朝人民部队，救助朝鲜难民，为保卫祖国安全与世界和平而努力。

中国人民救济总会主席宋庆龄给会议发来贺电说，深盼各代表尽量将美国帝国主义假面具揭露于中国人民之前，进而团结接受美国津贴的救济机关内中国籍工作人员坚决站在人民立场上，热爱祖国，为新中国的人民救济福利事业服务。

同日—30日

［纲 文］ **国际学生联合会[②]执行委员会会议在京举行。**

［目 文］ 会议由国际学联主席格罗曼主持。出席会议的有：国际学联副主席谢利平的代表叶尔硕娃（苏联）、杨诚（中国）、詹金斯的代表克鲁斯（英国）、奎瓦拉（古巴）及总书记贝林格（意大利）、执行委员及执行委员的代表等20人。列席的有中国、比利时、保加利亚等19个国家的学生代表32人。郭沫若、马叙伦、冯文彬、蒋南翔等参加了

---

① 康克清（1911—1992），女，江西万安人，朱德夫人，时任全国妇联常务委员、中华全国体育总会筹委会常务委员。

② 国际学生联合会于1946年8月成立，会员有38个国家的150万学生。到1951年4月，已发展到71个国家中的500万学生，成为国际学生的最大组织。

开幕式。会议议程有：一、殖民地和附属国学生运动与国际学联的任务；二、第三届世界青年与学生和平联欢节的筹备工作。

格罗曼在报告中指出：国际学联应该以更大的努力和各种方法支援殖民地、附属国家学生为争取民族独立和民主教育的斗争。杨诚作了题为《中国学生反对美帝国主义的爱国运动》的报告。尼日利亚、古巴、伊朗、朝鲜、越南、日本、泰国、菲律宾、马来亚、印度、缅甸、锡兰、苏联、德意志民主共和国、荷兰等国代表也作了发言，一致同意格罗曼的报告，赞扬中国人民的伟大成就。会议听取了贝林格关于《第三届世界青年与学生和平联欢节的筹备工作》的报告。

会议通过了《殖民地与附属国的学生运动及国际学联的任务》、《第三届世界青年与学生和平联欢节的筹备工作》及《争取各国之间的和平》等三项决议和《关于日本问题的声明》。《殖民地与附属国的学生运动及国际学联的任务》的决议指出：国际学联促请全世界学生特别是宗主国的学生更有力更具体地支援殖民地附属国争取民族独立的斗争。《第三届世界青年与学生和平联欢节的筹备工作》的决议号召全世界学生特别是宗主国的学生以募集团结基金等方法来帮助殖民地与附属国的学生和青年参加联欢节。《争取各国之间的和平》的决议指出：我们对于目前的新世界战争危险的原因可能有着不同的意见，但都认为五大国政府急需开会讨论解决缔结五大国和平公约的问题。《关于日本问题的声明》指出：反对重新武装日本及争取与日本缔结全面和约，是全世界学生和人民以及日本学生和人民的一致要求。

同 日

［纲 文］ **中国矿业学院在天津成立开学。**

［目 文］ 该院是在平原省焦作工学院基础上成立的，是中国第一个专门培养矿业高级技术人才的学校，设采煤、机械、电机、土木 4 个系和 1 个厂矿干部专修班，共有学生 400 人。燃料工业部部长陈郁兼任院长。

4 月 27 日

［纲 文］ **政务院举行第八十二次政务会议。**

［目 文］ 会议由周恩来主持。会议批准了邮电部部长朱学范作的《邮电部 1950 年工作总结与 1951 年有点计划方针的报告》。报告指出 1950 年中国邮电工作的成绩是：进行统一与恢复建设，改变了 70 余年来邮电分设的状况，形成了统一集中的全国邮电机构；超额完成了邮政事业、电信事业收入年计划和长途电信建设工程计划；北京——莫斯科、北京——海参崴有线电路已经正式开放通话；全国电信联络网已经根本改观，北京与各大行政区所在地已通达有线电话电报电路，除南宁、宁夏、承德外全国各省人民政府所在地均与其大行政区所在地也接通有线电话；邮电财务转亏为盈；建立了新的国际邮电关系；为抗美援朝运动保障了邮电畅通，并在各大城市进行了邮电防空设施建设。

同 日

［纲 文］ **中共中央就处理工厂企业中各种反动分子的问题指示天津市委。**

［目 文］ 中央在给华北局和天津市委的指示中指出，你们对于处理工厂企业中各种反动分子的意见是对的。总之，在进行劳动保险登记工作时，要注意启发工人政治觉悟，把被剥夺政治权利不应享受劳动保险的分子清查出来。这样也就可以与镇压反革命运动相结合，将在登记工作中发现的犯有重大罪行的反革命分子交公安局依法惩办，将有反革命嫌疑而证据不足的分子调离要害部门和重要职位或加以清洗；一般担任普通工作而又无重大罪行和反革命活动的普通反动分子，则可留在原工作职位上加以管制或监视来进行教育改造，而不必普遍清除。只要把这些分子清查出来了，就能心中有数，对这些反动分子加以监视或管制。根据上海进行劳动保险登记试验的经验，这种登记工作可以与镇压反革命工作相结合，而且能推动工人群众来帮助镇压反革命工作，望将这种经验加以研究试行。

此前，4 月 20 日，天津市委将《处理工厂企业中各种反动分子的意见》上报华北局并报中央。《意见》对公私企业中的恶霸、地主、会门头子、反动军官、反动党团负责人员除有重大罪行者，一般分子在要害部门者、担任重要职位者、情节嫌疑较大者、担任普通工作者，分别提出了处理意见。

［文 献］ **处理工厂企业中各种反动分子的意见（节录）**

中央 3 月 31 日指示：审查与登记工人和检举与清洗公私企业中的恶霸、地主、会门头子、反动军官、反动党团负责人员的问题，我们的意见：上述分子除有重大罪行者予以依法惩办外，一般分子在要害部门者，或担任重要职位者，或其中情节嫌疑较大者，应加以清洗或更调，以保障安全与纯洁。至于担任普通工作者，如一律清洗似有困难。因为地主分子、伪军官、会门及反动党团、普通下级负责人员在公私企业中还占有相当数目；这些人杀或关条件不够，清洗后另谋职业非常困难；这些人社会出路极狭窄，势必走投无路，更易于铤而走险。只清洗其中情节较大，反动习性较深的一些人，或调出一些在要害位置的人。

资料来源：中央档案馆提供档案。

同 日

［纲 文］ **中共中央就越南劳动党中央建议罗贵波公开为中国驻越大使一事做出复电。**

［目 文］ 复电指出，罗贵波在越南实际上也是代表中国党及政府，但现越南尚无固定首都，也无其他国家的外交使节，故中国意见以暂缓公开罗贵波为中华人民共和国的代表较好。

此前，4 月 23 日，越南劳动党中央致电中共中央，建议罗贵波公开为中国驻越大使。

同 日

［纲 文］ **中共中央复电王明①同意他在苏联继续休养。**

［目 文］ 刘少奇代表中央复电给王明说：中央同意王明在苏联继续治疗休养一时期。

此前，4月23日，王明致电中共中央说：离京已将半年，因病久情况复杂，数月来主要作了检查，诊断治疗尚在开始摸索之中，中央可否允许续假，治疗休养一时期。

同 日

［纲 文］ **中财委提出木材供应及收购问题的处理办法。**

［目 文］ 鉴于各地区木材采伐及收购工作缺乏统一管理办法，时常发生竞购争销、乱砍乱伐等混乱现象，对森林保护、木材供应及市场掌握有很大影响。为此中财委提出该办法，具体内容是：一、在林业机关设立木材公司掌握采伐的地区，各公营企业及贸易部门所需木材由林业机关（木材公司）按照木材调拨计划负责供给，不得在山区及附近收购。林业机关一般不做市场销售，如确有需要，应经过批准，通过贸易部门办理。二、在林业机关尚未掌握采伐的地区，原贸易部门或需材单位所设立的收购站，应一律在当地财委领导下计划收购：(一）收购木材的数量、地点、材种及收购期限，由当地省以上财委批准。(二）对林权不明的木材，未土改地区地主的木材，以及从国有林盗伐出卖的木材，均不得收购。(三）在某些地区专署以上林业机关，认为需要私商收购木材时，得由当地林业机关加以组织及指导。三、贸易部掌握木材市场，供应未经调拨的企业单位、机关、学校及民用木材。四、木材调拨价格，除东北、内蒙古已统一规定外，关内各地区由当地财委、林业机关与需材单位协商决定，原则上应不高于市价。

同 日

［纲 文］ **林垦部提出伐木业务中存在问题的处理意见。**

［目 文］ 意见经中财委审查修正，规定如下：一、关于伐木公司或木材公司的任务与资金：伐木公司或木材公司是企业化经营的组织，由省以上的林业机关直接领导，服从国家总的生产计划，直接经营采伐和管理采伐，按调拨计划，负责配给木材。资金除由国家拨付者外，可吸收地方政府资金。二、关于育林费征收：在以林养林的政策下，木材生产成本应包括育林费，以积累资金，扩大育林事业。三、1951年暂以木材调拨价的5%为上缴标准，由中央投资者于年度末由大区农林部汇缴中央林垦部转缴财政部，其由地方投资者由地方自行办理。

同 日

［纲 文］ **班禅额尔德尼一行抵达北京。**

［目 文］ 前往车站迎接班禅一行45人的有：周恩来、朱德、李济深、陈云、郭沫

---

① 王明（1904—1974），即陈绍禹，安徽金寨人，时任第一届全国政协委员、中共中央委员、政务院政法委员会副主任。1950年10月赴苏联治病。

若、黄炎培等，以及政务院各委员会负责人，中央人民政府各部、会、院、署、行负责人，民族事务委员会全体在京委员、各人民团体负责人等共90余人。此外，还有民委干部，民族学院、蒙藏学院学生，北京市寺院僧众喇嘛及在京藏族人士代表等500余人。

▲班禅额尔德尼（前排中）一行抵达北京，周恩来（左一）、朱德（前排左二）、李济深（前排左四）等到车站迎接。

当晚，周恩来设宴为班禅一行洗尘。班禅在讲话中说：西藏是中国不可分割的领土，西藏人民是中国人民不可分离的一部分。我们坚决拥护中央人民政府和毛主席和平解放西藏的政策，并竭诚贡献出一切力量，使西藏早日回到独立、自由和统一的祖国大家庭中来。随后，周恩来与班禅就西藏前途、即将开始的和平谈判、藏汉民族团结、达赖与班禅的关系和藏族内部团结等问题交换了意见。周恩来指示中央人民政府谈判代表在进行和平解放西藏问题的谈判时，要充分听取班禅及随行官员的意见。

此前，4月18日，班禅一行由塔尔寺到西宁，19日抵达兰州，22日由兰州乘专机飞抵西安。途经西宁、兰州和西安等地时，受到西北局、西北军政委员会、西北军区及有关省市领导人的热情欢迎。在23日西北军政委员会举行的欢迎会上，习仲勋讲话指出：西藏是中国的西藏，也是西藏人民的西藏，绝不能允许任何帝国主义强盗侵犯。毛主席和中央人民政府早已决定了要解放西藏，要援助西藏同胞回到祖国怀抱中来，要援助西藏人民发展自己的政治、经济和文化教育事业，和中国各民族人民一样过着幸福自由的生活。班禅在会上说：西藏是中国领土的一部分，西藏的领土就是中国的领土，这是全世界人民都公认的。从上一世班禅起至现在，他们都一贯倾向祖国反对帝国主义，一贯为了把侵入西藏的帝国主义势力完全清除而奋斗。4月25日，班禅一行由西安启程赴北京。

4月28日

［纲文］ **中共中央就朝鲜战事复电彭德怀并高岗。**

［目文］ 电报的主要内容是：一、同意来电所拟作战方针①及在这一战役结束后的兵力部署，望即照此执行。二、请注意在此次战役中对伪一师，美三师、二十五师、二十四师，土耳其旅及英二十八旅给以尽可能大的打击。如能在此战中歼灭敌军1.5万—2万人，则于今后作战很有利。三、关于敌人调动情况，我们只知美军四十师、四十五师先后在日本北海道登陆，不知美国已有4个师或6个师到达日本。四、从此次敌人且战且退及在此以前的沿海袭扰的情况看来，敌人确有诱我南下，然后在北部登陆的企图。但我主力如停在三八线及其以北地区，而只以一个兵团及人民军向南进逼，估计敌人在未得到大量补充或援兵以前，还会有一个犹豫时间，而仍然与我们进行拉锯战，企图消耗我们。此种情况如果出现，对我们并无不利，只要我们避免主力消耗和分散敌人，则推迟敌人登陆或向北进攻，便于我完成各种准备，倒是合乎理想的。不过目前自应以敌人会很快登陆做准备，免陷被动。五、修熙川至阳德公路，西南工兵团已从东北派出，尚需何种器材及帮助，望速查告。六、关于加速空军作战准备及各兵种协同作战和后勤供应问题，请与刘亚楼、陈锡联、许光达、杨立三、张令彬②面谈后给予指示。

4月29日

［纲文］ **中共中央发出《关于加强镇压反革命宣传工作的指示》。**

［目文］ 《指示》指出，镇压反革命的宣传不足，在多数地方至今仍是一个严重问题。为了普及镇压反革命的宣传，除前已多次通报的各界代表会、座谈会、控诉会、公审会、展览会、广播大会等项办法，必须坚决普遍推广外，还有几项行之有效的重要经验，通报如下：一、使学习惩治反革命条例和学习防奸成为群众运动。长沙市将惩治反革命条例印行20余万册，几乎每户人家都有一册甚至两册，经过居民小组普遍进行了有领导的学习，效果很好。该办法应当在全国城镇中推广。关于群众防奸常识，也应陆续编印，用同样的方法大量发行，使群众在目前的镇压反革命热潮中，在报仇的同时，政治上普遍提高一步，学会经常与政府合作防奸，不容反革命分子再活动。二、经常向群众作报告。在镇压反革命的紧张阶段，应当利用群众所注目的每一事件向群众作宣传，使群众不断受到教育。这是许多地方已采用的方法，应当普遍推行。三、利用杀人布告进行教育。鉴于许多杀人布告写得不好，忽视布告政治宣传重要性的现象，要求各地学习湖南零陵地委的两种办法：一是将一批罪犯中杀的、判徒刑的和教育释放的都分别写在一张布告上，既便于

---

① 指从4月22日开始的第五次战役的下一步作战方针。

② 张令彬（1902—1987），湖南平江人，时任中国人民解放军总后勤部副部长。

群众了解我们政策的全貌，又便于分化反革命分子。二是为了补救布告的不足，采取了事先发小传单和出墙报的办法。这两种办法都很好，特别是布告上把杀的不杀的都写的办法尤为重要，各地均应取法。四、利用各种艺术形式来宣传。例如演戏、放映电影、幻灯、编歌曲、出画报、利用商店橱窗陈列图片等。五、各级宣传机关（如宣传部、报社、出版社、广播台、文联及工会、青年团等）和公安机关应当成立临时联合委员会，宣传机关出人，公安机关出材料，共同出主意。每月集会一至四次，汇报情况，推广经验，负责动员所有宣传员、报告员和各种宣传工作人员来进行镇压反革命的宣传工作。各级宣传部应将镇压反革命宣传视为当前工作重心之一，并在该工作中继续发展和健全宣传网。

同日

［纲文］　政务院公布《关于1951年国营工业生产建设的决定》。

［目文］　《决定》指出，国营地方工业在发展国民经济中具有重要作用，必须采取积极发展的方针，鼓励各级地方政府经营工业的积极性。国营地方工业的经营方向是：面向农村，解决广大农民缺乏的生产与生活资料；为国家企业加工，成为得力助手；主要利用当地原料、地方资金与人力能办到的中小型工业，特别是民用品轻工业。在中央制定全盘计划前，各地方政府生产与基建计划应逐级审查，由各大财经委审核决定，重要的报告中财委批准，一般的也应报中财委和中央有关工业部门备案。

《决定》规定地方工业的经营范围是：一、不在输电网内的发电厂；二、小型矿山（小矿区）；三、制造农具及小五金的铁工厂；四、制造器材工业（如砖瓦窑、锯木厂等）；五、纺织厂与针织厂；六、民用被服业；七、地方需要的食品工业；八、造纸厂与印刷文具厂；九、制造日用品的化学工业；十、地方性的公用事业及其他地方需要而中央尚难筹办的轻工业。

《决定》指出，地方工业的发展，应依靠自己积累资金进行，中央政府财经各部门在可能条件下进行下列帮助：一、国家有余的生产设备可根据地方基本计划拨地方使用，由地方按年向国家交纳折旧费，或作为国家对地方工业的投资；二、中央各主管工业部对地方工业作技术指导和帮助；三、贸易部门与银行在可能范围内对地方工业加以扶植；四、地方工业利润在一定时期内解除上解国库任务，供地方扩大再生产用；五、建立地方工业领导系统，加强对地方工业方针政策领导及经营管理的帮助。

《决定》要求，对国营企业进一步推行经济核算制，用五种方法实施管理：一、实行计划管理，即规定企业增加生产、提高劳动生产率及降低成本的任务，并建立系统检查制度。二、确定企业必要的固定资产与流动资金。凡未确定的应即认真清理资产，确定资金，多余或不足由国家统一调配。三、实行独立会计制。由中国人民银行集中国营企业的一切信贷，各企业有权独立与国家银行往来，逐渐发挥银行对企业财务的监督作用。责成各企业领导对企业盈亏负完全责任。四、完成国家平衡计划后，企业有权通过合同制自行销售产品与收购原材料。五、实行工厂奖励基金制。已确定资金、有计划生产、奠定经济核算制初步基础的企业，可从计划利润中提取不超过30%作为工厂奖励基金，由中财委制定工厂奖励基金条例施行。

《决定》要求，尚未开始经济核算制的企业，本年务必做好以下工作：一、根据政务院颁布的计划表格，编制生产、劳动、材料供应、成本、财务等各项具体计划。二、根据中财委规定的资产清理办法，清理资产，确定资金。三、开展生产竞赛和反浪费运动，制定合理可行的平均先进定额，首先要定质、定量、定料与定工。四、经过保安大检查，建立保安制度与定期检修制度。五、首先从企业最重要与最薄弱环节抓起，建立主要责任制。六、建立健全财务成本管理制度。七、根据中财委规定的定期表报制度，加强各级统计机构，健全基层记录制度，改善统计工作。

《决定》要求，凡已有经济核算制初步基础的厂矿（如东北），本年应着重做好下列工作：一、加强车间工作，实施成本管理，把经济核算制贯彻到车间去。二、改善资金管理，更合理地组织产供销过程，加速资金周转。三、加强技术管理，制定更合实际的操作规程与技术标准，建立独立有权威的检验工作。四、逐步推行计件工资制。

同 日

[纲 文]　中央军委为剿匪事致电中南军区并告各大军区。

[目 文]　电报的主要内容是：同意中南军区所建议的所辖各省地方部队在 1951 年以清匪为主要任务，并望各大军区注意防止大股土匪剿灭之后，轻视散匪、潜匪并满足于一时平静现象的麻痹思想生长。

4 月 30 日

[纲 文]　中共中央批转《东北局关于工会法执行情况的检查报告》。

[目 文]　中央给各中央局、分局转各省市区党委并工会党组的转发批语指出：最近东北进行了一次工会法执行情况的普遍检查，各省、市都作了总结，发现了问题，找出了解决问题的方法，纠正了不重视和不遵守工会法的各种错误观念，一般都做得很好。现在东北局又作了全东北的检查总结报告，特发给你们参考。其中指出的贯彻工会法的几项办法，都很中肯。主要是：一、组织企业机关党、政、工、团干部切实学习工会法，并经常进行检查，对违反工会法的事件分别予以适当的批评和处分；二、在最近时期召开的各市人民代表会议上，把贯彻执行工会法列为主要议程之一，做出切实可行的决议，在公私企业中严格执行；三、责成各省、市劳动局对工会法的执行经常检查督促。

总之，工会法的贯彻执行与否，关键在于领导，领导抓紧了，便可纠正下面不重视工会法的现象。尚未检查过工会法执行情况的省、市、区党委，望你们在今年 6 月颁布工会法周年纪念的前后，切实进行一次检查，于 7 月底以前作一总结报告送来。

此前，4 月 10 日，东北局将《关于工会法执行情况的检查报告》上报中央，报告中列举了国营和私营企业工会法执行上存在的各种问题、出现原因以及解决这些问题的办法等。主要内容是：通过这次检查，发现各地对工会法的贯彻还很不深入，各企业中违反工会法现象依然存在，尤以私营企业为甚。在国营、公营企业中，也有个别企业不按时拨发工会经费，拨给工会房产、用具时，存有恩赐观点；随意调动工会干部和不通过工会雇用与解雇工人；过多的加班加点；生产计划与生产总结不在职工代表会或工厂管理委员会讨论；不按期召开厂矿管理委员会与不积极注意吸收工人参加。此外，还有一些公营企业不拨给工会必要资产，拖延举办某些必要与可能的工人福利事业，不愿执行超额奖励规定，加班加点不给加班费；行政方面虽然规定了一套制度，但不对工人进行教育，少数工厂工人有缺点就扣工资，个别厂长瞧不起工会，认为工会可有可无。在私营企业中，工人生活与劳动条件很坏，不断发生职工伤亡与疾病等情况；资方拖延或抗缴工会经费，有的名义上缴了又在工人中分摊，或从工资中扣除，且有因此殴打工会干部者。

在工会工作中，也存在许多问题。某些国营、公营企业中的工会干部多不熟悉生产过程，工作不深入，对组织生产竞赛一般号召多于具体领导。私营企业中，工会干部多怕解雇，不敢坚持依法办事。劳动竞赛尚未广泛展开。某些工会内部民主作风很差，严重脱离群众，工会基层组织一般还很薄弱。

工会法在各地贯彻不够的主要原因是：各级领导对工会法尚缺乏应有的重视，对依靠工人阶级的理解还不深刻，宣传教育和实际检查等工作还不经常、不普遍、不深入，许多干部、工人还不了解工会法是国家大法，甚至误认为是工会的工作方法，少数企业干部根本不看，党委与工会干部研究得也很不够。

今后除继续抓紧国营企业，更多关心地方企业、小企业与次要企业外，还必须重视在私营企业中工会法的执行。要继续组织厂矿中的行政、工会、党委、青年团的干部，进一步学习工会法，经常进行检查，推广好经验。对那些执行不力或违反工会法的事件，按情节轻重，分别予以批评教育和处分。各城市最近召开的各界人民代表会议，均将讨论贯彻工会法列为主要议程之一，做出一些切实可行的决议，在公私企业严格执行。同时责成各省、市劳动局对工会法的贯彻执行，经常督促检查。

同 日

[纲 文]　政务院发布征用英国在中国境内各地的亚细亚火油公司的命令。

[目 文]　由周恩来颁布的政务院命令称：为了我国安全及公众利益起见，兹决定征用英国在我国各地的亚细亚火油公司（除其总公司和分支机构之办公处及推销处以外）的全部财产，并征购其全部存油。该亚细亚火油公司的各地负责人应即将其总公司和分支机构的办公处及推销处以外的全部财产造具清册，听候当地军事管制委员会及（或）当地人民政府处理。各该负责人应负责保证及移交这些财产，不得有任何偷窃、破坏、转移、隐匿等不法情事，否则定予严惩。随后，上海、南京、广州、福州、汕头、重庆、青岛等市军事管制委员会执行了政务院命令，获得了该公司中国职工的欢迎和协助。

此前，4月22日，政务院向各省发出关于征用英国亚细亚火油公司的全部财产问题的电报，内容是：最近英帝国主义为了表示其与美帝国主义的一致，在美帝的压力下竟征用我15000吨级的“永灏”号油轮，并企图掠夺我两航公司在港财产。为对英帝这一反动措施及时地予以适当回击，特决定征用英国在华的亚细亚公司的全部财产。各地应立即着手布置，待政务院公布征用命令时即开始行动。

同日

［纲文］　财政部发出关于《农业税灾歉减免办法（草案）》的通知。

［目文］　通知指出：一、该草案作为1951年各级人民政府办理农业税灾歉减免的依据，系试行性质，只供内部参考，暂不向外公布。其中有不适合各地实际情况者，得由大行政区人民政府（军政委员会）酌予变动，并送财政部备案。大行政区人民政府是否公布本区的灾歉减免办法，由大行政区人民政府酌情办理。二、灾歉减免对农民负担的公平合理关系甚大，请各级财政部门会同其他有关部门注意灾情的调查，认真贯彻减免政策。1951年农业税征收结束后，要求各大行政区和各省、市财政部门向财政部作一专题总结，并对这一试行办法提出具体意见，以作制定正式的灾歉减免办法的依据。

《农业税灾歉减免办法（草案）》共十一条，规定了灾歉减免的标准、计算方法、核定权限、申报调查评议方法、上报时间、虚报灾情逃避税负者及政府人员匿灾不报或虚报灾情者的惩罚等内容。其中具体减免标准是：歉收二成以上不到三成者，减征税额的20%；歉收三成以上不到四成者，减征税额的30%；歉收四成以上不到五成者，减征税额的40%；歉收五成以上不到六成者，减征税额的60%；歉收六成以上不到七成者，减征税额的80%；歉收七成以上者，全部免征；歉收二成以下者，不予减免。

同日

［纲文］　中国人民抗美援朝总会发出关于继续募集慰劳款和救济款的通知。

［目文］　通知说，为了慰劳志愿军和人民军，救济朝鲜灾民，中国人民抗美援朝总会曾于1950年12月4日与1951年1月14日号召全国各界发起抗美援朝的捐款捐物运动。依靠各界同胞的共同努力，捐献已获良好成绩。除大批物资不计外，截至4月21日止，直接汇到总会的捐款，已达900余亿元人民币。这些捐款的大部分，已分别用来慰劳了志愿军和人民军或救济了朝鲜灾民，对鼓舞前方士气和解决朝鲜灾民困难的作用很大。为继续扩大抗美援朝运动，希望各地抗美援朝分会联合各界，继续发动大规模的捐款运动，并将此项运动从城市推广到广大乡村中去。捐款运动应完全根据自愿，不要有任何勉强。过去所捐款物，总会将在报纸上公布收支情况，各地总分会，分会（包括县、区），也要以适当方法将所收捐款和捐物公布。

4月

［纲文］　中央军委做出关于军事工厂中党的工作与工会工作的指示。

［目文］　指示共六条，主要内容是：一、为了团结军事工厂工人，启发工人的积极性，加强工人政治、业务教育，改进工厂管理，保障工人福利，以保证军事生产任务的完成，特决定各军事工厂均成立工会，工厂原有的政治机关即行撤销。各军事工厂的党组织改归地方党委（县、市委）领导，统一执行地方党委的决议及所布置的工作。但军事工厂的上级政治机关仍应经常检查各工厂的工作。二、以各种军事工厂为单位，建立工会基层

组织。各地兵工厂的工会组织，应受兵工工会全国委员会及当地总工会的双重领导。各大行政区可酌情成立统一的军需工会，领导所属地区的军需工厂的工会工作。各军需工厂的工会组织，各特种兵所属及其他军事工厂的工会组织，均应加入当地总工会，并受其领导。三、各军事工厂均应建立工厂管理委员会，吸收工会代表及工人、职员积极分子和技术人员参加，但工厂的行政领导仍属于军事系统。四、军事工厂的党组织与工会工作的任务，主要是保证完成军事生产任务。地方党委及工会对军事工厂的工作指示与领导，不得与军事生产任务相抵触。如双方任务互相矛盾时，必须服从军事任务。地方党及工会不得自行调动军事工厂的干部及工作人员。五、工厂中所有薪金制人员，一律实行劳动保险条例的规定。供给制人员有军籍者，享受革命军人的优待、抚恤条例的待遇。六、所有军事工厂必须实行严格的军事管制，严格保守军需生产的机密，对工厂生产情况、计划、技术、效率、成品分配等均不得向外人泄露。

同 月

［纲 文］ 刘少奇对中共中央组织部所拟《关于加强各级党委组织部的业务和机构的指示（草案）》做出批语。

［目 文］ 批语针对该《指示（草案）》所拟干部配额指出：这个数目是否太多了一点？平均每个干部只管几十个党员，似应缩小一点，以后再扩大。

《指示（草案）》规定了各级党委组织部具体业务应包括的事项（干部管理、组织指导、党员管理、支部工作等）、各级党委组织部门的机构及编制、计划制订和上报、组织工作会议和请示报告等制度，以及培养训练、选拔充实组织工作人员的任务。《指示（草案）》还拟出各级组织机构的干部配额：一、中共中央组织部和各中央局组织部，全部人员以200人为限；各中央分局、省委、区党委和中央局直属市委的组织部，全部人员以120人为限。二、地委组织部、省辖市委组织部，全部人员以40人为限。三、县委和城市区委组织部，限定15人左右。四、农村区委设组织委员1人，以每10人一支部、数百个党员为比例，设组织员1人，另设干事2人。五、全国现有15000个区委，每区以5人计，共75000人。县（旗、市）委2155个，每县以15人计，共32325人。地（市）委281个，各以40人计，共11240人。分局、省（市、区党委）委56个，各以120人计，共6720人。再加上中共中央组织部和各中央局组织部7个单位，各以200人计，共1400人。以上总计，共126685人，较现有42827人的编制，应增加83858人。

同 月

［纲 文］ 中央军委人民武装部做出《关于动员全体民兵参加生产争取农业丰收的指示》。

［目 文］ 《指示》说，根据中央3月5日指示要求“在农业生产季节，准备掌握以农业生产为农村工作中压倒一切的中心任务这个指导方针”，在目前春耕时节及一切生产季节，各军区人民武装部应迅速不误农时地动员组织全体民兵参加生产。民兵多半是农民中的骨干分子，是农村中强大的生产力量，在全国范围内将民兵与自卫队动员起来，和广

大农民一起开展全国性的爱国生产运动，是贯彻执行政务院《关于1951年农村生产的决定》、争取丰收的重要力量。《指示》并提出了4点具体中心任务。

［文　献］　关于动员全体民兵参加生产争取农业丰收的指示（节录）

（一）在一切生产季节，特别在对全年生产有决定关键的春耕时节，动员所有民兵普遍投入生产，积极参加爱国生产竞赛运动，争取丰收，争取“发家致富”。号召民兵不仅成为“参军参战的模范”，而且也应当在生产战线上争取成为“劳动生产模范”。

（二）积极参加劳动互助组织。在一切劳动互助组织中，带头生产。并积极主动地帮助缺乏劳动力的军烈属生产。目前还没有劳动互助组织的地方，民兵应当在自愿结合的原则下，配合其他群众团体组织起来。

（三）保卫群众生产的安全，协助部队彻底剿灭特务匪徒，镇压反革命分子。特别新区民兵，在生产过程中必须高度警惕，加强警戒，严防特务土匪及反动地主破坏生产，捣乱社会秩序。

（四）在生产运动中，老区民兵应当在组织起来的基础上，积极克服自然灾害，提高生产技术，兴修水利，牧养牲畜等；在新区，应当反对民兵大吃大喝，浪费斗争果实，要求民兵将土地改革或减租退押中所分得的果实尽可能投到生产中去。

以上即为目前各级人民武装部的中心任务。各级人民武装部应根据以上要求，立即研究布置，组织干部深入农村检查，布置工作，并在生产运动中对民兵加强抗美援朝的思想教育和结合整顿、发展民兵组织，通过伟大的爱国生产运动，使民兵在组织上、思想上提高一步。

资料来源：中央档案馆提供档案。

5 月

5月1日

［纲 文］ **首都各界80余万人民举行庆祝五一劳动节示威游行大会。**

［目 文］ 大会在天安门广场举行。毛泽东、朱德、刘少奇、李济深、周恩来、董必武①、陈云、郭沫若、黄炎培、彭真等中央人民政府领导人以及全国政协委员、解放军高级将领和中央政府特邀人士班禅额尔德尼及西藏地方当局来京谈判的首席代表噶伦阿沛·阿旺晋美，在天安门主席台上出席大会。

在天安门两侧观礼台上，有来自朝鲜前线的志愿军代表，人民政府、各民主党派、人民团体的负责干部和长期从事革命工作的有功人员，各地来北京参观团团员和各种专业会议的代表。还有外国来宾：世界工联代表桑顿，以耶夫斯特拉托夫为首的苏联工会的代表团，印度尼西亚、越南、波兰工会的代表，以约克·凯恩为首的英国人民访问团，以格罗曼为首的国际学生联合会执委会代表，以及苏联、捷克斯洛伐克、朝鲜、印度、波兰、瑞典、德意志民主共和国、匈牙利、缅甸、保加利亚、越南等国家的大使，丹麦、瑞士的公使，罗马尼亚大使馆临时代办、蒙古大使馆参赞、印度尼西亚大使馆二等秘书，及英国、挪威、荷兰、巴基斯坦等国政府的谈判代表。

示威游行大会由北京市市长彭真主持。上午10时，他简短致词后，乐队高奏国歌和国际歌，礼炮齐鸣28响。北京市工人、部队、学生、机关干部、市民、妇女、少年儿童、文艺工作者及运动员等大队共60余万人在天安门广场举行游行。郊区农民20万人同时在城外分区游行。

游行队伍前面是高举国旗和绣有毛泽东像的红旗队，和以马克思、恩格斯、列宁、斯大林、毛泽东、孙中山为前列的30位各国领袖巨像，以及2000名腰鼓队员组成的仪仗队。游行队伍以70路纵队通过主席台前。中国人民解放军为前导，接着是1.8万名少年儿童队员、男女运动员、产业工人、学生，首都各阶级各民族的妇女、各区人民。最后，是由5000人组成的文艺大队和中央、华北、北京市的机关团体工作人员。游行过程中，雄壮的抗美援朝歌声和口号声、热情的欢呼声响遍广场。城区示威游行大会于下午3时30分结束。

---

① 董必武（1886—1975），湖北红安人，时任中共中央政治局委员、中央人民政府政务院副总理、政务院政法委员会主任。

全国各地广大城市和农村，也都举行了示威游行大会。据不完全统计，各地参加人数近2亿人。

同日

［纲文］ **马叙伦、吴玉章发表废除“六六”教师节①、改用五一劳动节为教师节的书面谈话。**

［目文］ 谈话指出：“六六”教师节，是国民党反动统治时期，教师们自己争取订立的节日。在当时纪念这个节日是有着一定的进步意义的。但是，自从中国人民革命取得了伟大的胜利，中华人民共和国诞生以后，我们全体教师和全体教育工作者，已经有了自己的工会组织，已成为新中国工人阶级的一部分，教师们的奋斗目标与全体劳动人民是一致的，因此，再保留一个自己的节日，已无多大意义。中央人民政府教育部和中国教育工会全国委员会经共同商讨后，认为应废除“六六”教师节，改用五一劳动节为各级学校教师的节日。我们全体教师，全体教育工作者，在庆祝这伟大的节日的时候，应该深切地认识到自己列身工人阶级队伍的光荣，提高自己的觉悟程度，团结一致，为祖国的人民教育事业而奋斗。

同日

［纲文］ **全国170多万职工开始享受劳动保险待遇。**

［目文］ 本日起，全国各地有170万以上的职工开始享受劳动保险待遇。其中包括北京、上海、南京、青岛、济南、广州、重庆、西安、沈阳、抚顺、鞍山、旅大等61个省、市劳动局和铁路、邮电两大系统已向中央劳动部登记备案者。

5月2日

［纲文］ **中共中央发出关于克服目前学校教育工作中偏向的指示。**

［目文］ 中央给各中央局、分局并转省委、区党委、大市委的该指示指出，各地学校教育工作中，存在着几个值得注意的问题：一、若干地区的党、政、军机关及人民团体，往往为了眼前某些需要，不顾国家长期培养人才的计划，不遵照中央的规定，随便抽调学生参加工作，致使学生情绪时常波动，学校无法按照一定计划进行工作。二、在中等学校中，动员全体师生参加中心工作，常常停课数日以致数周，甚至有达两三个月之久，极大地影响了学校教学计划的完成。三、专署以下政府中教育行政干部常常全体被派去参加中心工作，根本不管教育，以致学校教育工作陷于长期无人管的现象。我们应该认识到，在土改完成后，生产和教育是两件最重大的工作。各地对于上述妨碍国家教育顺利进行的情形，应即迅速加以制止和纠正。西南局于3月19日已发下关于学校教育改革工作的指示和决定，对上述一、二两点，已做了明白的规定，现转发你们供参考。对专署以下教育行政机构及其经常工作的建立与健全，

① “六六”教师节是中国教育界邰爽秋等于1931年提出的。

也望予以注意。

同日

［纲文］ **中共中央就重视土地证颁发问题对中南局、西北局、西南局、华北局发出通知。**

［目文］ 通知称：兹将华东局给苏南区党委关于颁发土地证的指示发给你们。望你们重视这个问题适当加以处理。

此前，4月28日，华东局在给苏南区党委并各地党委并报中央的指示中说：基本上同意苏南区党委4月16日“发证整籍”报告中的工作部署，并提出以下意见：一、颁发土地证是土地改革中的一个极其重要的步骤，是彻底完成土地改革的最后一步，对今后发展生产关系重大。因此，这项工作应由党委掌握，在党的统一领导下协同有关部门进行。在发证之前，应经过认真检查，对土改中未解决的问题必须解决；对不纯的组织，必须整顿；对错划的阶级成分，必须改订；对漏网恶霸、不法地主，必须惩治。在土地改革中未完成的工作及弄错了的事情以及夹生现象，都应在结束土改和发证整籍过程中，发动群众加以解决，切不可将其看成一件单纯的行政事务而孤立地进行。二、在实际工作中，必须坚持实事求是、认真负责的态度，不可草率从事。各地完成土改和发证的时间只可大体规定，对不同类型的乡村应根据实情需要，分别灵活决定。三、检查土改、处理未了问题，均需成为广大群众自己的行动。重大问题应充分调动积极分子带领群众，并通过代表会解决。填写土地证的技术工作可吸收农村知识分子参加。四、各地留田过多者，必须迅速处理。为照顾情况不明的外出户及其他必要调剂，各乡可酌留一二十亩土地，最高不得超过千分之五。完全不留也不好，因为今后回乡复员军人的土地问题仍需解决。

同日—6月22日

［纲文］ **中央治淮视察团前往淮河流域视察。**

［目文］ 为视察治淮工程和慰问治淮民工及干部，中央人民政府特组织该团。团长张治中[①]因有事缓行，由邵力子代团长，团员有傅学文、汪世铭、章元善等。视察团从北京出发，带有毛泽东颁发给治淮委员会及河南、皖北、苏北三个省、区治淮指挥机关的四面锦旗，上绣有毛泽东题字：“一定要把淮河修好”。随同前往的还有电影放映队、摄影队和文工团。

视察团视察皖东北淮河支流的濉河地区后，发布告沿淮同胞、治淮民工和干部书说，半年以来，沿淮地区的严重灾荒已经基本克服，治淮工程的全盘计划已经制定，治淮工程已经全面开展，但若干主要工程还须在今年汛期以前完成。这一个紧急而巨大的工程，是淮河流域人民生活和农业生产的保障，关系非常重大。

---

① 张治中（1890—1969），安徽巢县人，时任民革中央常务委员、中央人民政府委员、人民革命军事委员会委员。

至5月29日，视察团已经将淮河上游及中游的各项治淮工程视察完毕，包括皖东北的濉河疏浚工程，河南境内的白沙、石漫滩、板桥等三个山谷水库和老王坡洼地蓄洪工程，以及皖北境内的润河集蓄洪工程等。在视察过程中，视察团向各工地的民工和干部进行了深切的慰问，广泛地传达了毛主席和中央人民政府根治淮河的决心及对于淮河流域人民的关怀，鼓舞了全体民工和干部的工作热情。

5月30日后，视察团开始赴苏北视察淮河下游工程。6月22日返抵北京，结束了为期50天的治淮视察。

同 日

[纲 文] **中国基督教抗美援朝三自革新运动委员会筹委会向全国基督徒发出通告。**

[目 文] 通告指出，基督教三自革新运动当前的任务，是要坚决割断与美帝国主义的一切关系，彻底肃清教会里面一切美帝国主义的影响。全国基督教教会与团体5月份的中心任务是“搞好传达，搞好控诉”。在北京召开的处理接受美国津贴的基督教团体会议是中国基督教历史上划时代的大会，要做到每一个中国基督徒都知道会议的精神和内容。控诉潜藏在教会里面的帝国主义分子和他们的爪牙，是肃清教会内部帝国主义影响所必须马上做的工作。凡有外国传教士工作过的地方，要调查清楚他们做了些什么帮助帝国主义侵略中国与其他违反中国人民利益的事情，也要调查那些潜藏在教会里面的帝国主义的走狗、美国特务所做的坏事，然后举行控诉大会。此外，5月份要学习中国基督教各教会各团体代表联合宣言、陆定一讲话等文件。要踊跃参加在全国展开的拥护缔结和平公约签名运动与反对美国武装日本投票运动，订立与切实执行爱国公约。

5月3日

[纲 文] **中共中央批转全国合作总社《关于对待资本家方针的意见》。**

[目 文] 中央给各中央局并转各分局、省市区党委的转发批语认为，全国合作总社对资本家所采取的方针是正确的，特将他们的意见转发。希望在合作社干部中进行传达，但不要印刷，更不可在报纸刊物上发表。

此前，全国合作总社将对待资本家方针的意见上报刘少奇并中央。提出，应该把工业资本家和商业资本家，加以区别对待。对前者是团结的方针，对后者则不免要和他们竞争。团结工业资本家为国家发展工业所需要，但须在原料供给和商品推销方面对他们控制，才能达到团结的目的。在这一方针下，合作社就可以与工业资本家订立供给原料和推销成品的合同，有利于国家制定全盘的经济计划，使国家经济逐步走上计划经济。为了顺利地实施这一方针，而不给工业资本家以投机取巧的机会，就需要国营经济与合作社统一步调而不混乱。凡国营与合作社在同一工厂订货时，必须一致。凡合作社单独向工厂订货时，带全国性的，由全国总社与其订立合同；带大区性的，由大区社与其订立合同；带省性的，由省社与其订立合同；其余类推。团结工业资本家，和商业资本家竞争，就可使商业资本向工业方面转移。目前商人力量还强大，但有国营经济的领导及对合作社的扶植帮助，在土地改革后的农村，基本群众处于优势，就保证了合作社能够实现这一方针，对于国家有组织有计划地发展经济，是完全有利的。

同 日

［纲 文］ 中共中央批转薄一波、程子华[①]关于基层合作社改组意见的报告。

［目 文］ 中央给中央局、分局、省市区党委的转发批语认为，薄一波、程子华的报告提出农村和城市基层合作社改变组织形式的意见是正确的，望根据这个报告进行合作社的组织和整理。

此前，4月14日，薄一波、程子华在给刘少奇并中共中央的报告中提出：最近各地反映，在农村以行政村为单位组织供销合作社、在城市按工厂机关学校组织消费合作社并不完全适合工作要求。因此，基层合作社的组织形式需作如下改变：一、在农村，将以行政村为单位改为以集镇为单位组织供销合作社。为此，要解决以下问题：（一）有意识地选举主要村干部进入合作社的理事会、监事会，以方便党支部和村政权对合作社的领导；（二）健全社员小组和代表大会，以加强社员对合作社的管理和监督；（三）多设门市部、分销部、货郎担、销货员；（四）由区党委委员担任主任并归区委领导。二、城市消费合作社在规模上应比农村供销合作社大，也不应受生产行政单位的拘束，可采取三种形式组织大的合作社：按区组织混合性合作社，把原有的基层社改为分销部；按生产行政单位即有宿舍的大工厂、大学校、大机关组社；在工人集中居住地区组织工人消费合作社，一个合作社可包括几个工厂的职工。基层合作社的组织形式改变后，可根据业务发展的需要，设立各种不同的部门和专业的企业单位。

同 日

［纲 文］ 全国城市救济福利工作会议在京召开。

［目 文］ 会议由内务部召开，会议主要讨论了团结改造旧有的救济福利团体，以扩大救济福利事业的反帝爱国统一战线问题。内务部副部长陈其瑗作了题为《关于城市救济福利工作报告》，主要内容有：一、农村全面克服严重灾荒，城市救济福利工作取得使人自豪的成绩：迅速医治了战争创伤，安定了社会秩序，促进了城市经济文化的建设；有力地支援了农村的生产救灾工作，增进了城乡互助的关系；积极参加了抗美援朝运动和救济朝鲜难民和归国难民的工作；在城市救济福利事业中摧毁了侵略势力及其影响，揭露了美帝国主义分子假借慈善为名进行间谍活动以及残害被救济人员特别是婴儿的罪行。二、目前的方针和任务：广泛深入地开展抗美援朝运动，彻底肃清美帝国主义文化侵略的势力和影响；巩固和扩大救济福利界的统一战线，团结一切愿为新中国人民救济福利事业服务的

---

① 程子华（1905—1991），山西解县人，时任全国供销总社主任、全国合作总社理事会副主任、中央合作事业管理局局长。

个人和团体；积极协助失业的工人、知识分子就业；妥善安置归国难侨；继续发展城乡互助关系，支援农村生产救灾和防疫卫生等工作；加紧改造游民和鸦片烟民，培养其劳动习惯和生产技能；组织贫苦市民生产自救，对丧失劳动力的孤老残疾及有特殊困难的贫民予以必要的救济；适当举办和改进有利于人民的社会福利事业；健全公私立救济福利机关的管理和领导。

5月4日

［纲文］ **中共中央批转薄一波等关于全国信用合作发展问题的报告。**

［目文］ 中央给薄一波、程子华并各中央局转各分局、省委、大中市委、区党委的批语称：4月14日关于全国信用合作会议的报告阅悉。中央认为这个报告所提出的意见是正确的。望照此办理。

此前，4月14日，薄一波、程子华向刘少奇并中央提出关于全国信用合作汇报会议①所反映的全国信用合作发展情况、主要问题和意见的报告。主要内容是：在已经土改的地区，由于生产恢复，一部分生活逐渐富裕的农民要求积储余粮并扩大再生产，而少数家底薄弱的农民，一旦遇到意外，又借贷无门。因此，有计划地开展农村信用合作事业已成为广大农民普遍的迫切要求。全国各地银行及基础较好的供销合作社在党政领导下组织试办了农村信用合作社。到1950年底，华北、东北、华东三个大区已建立信用部550个、信用社97个，其中在华北者占80%以上。信用社、信用部在组织借贷中，宣传自由借贷政策，规定存借手续，保证按期照样归还，建立信用，打破了群众怕“露富”、“放出不回”、“存好还坏”、“调富济贫”等顾虑，带动了私人借贷，降低了不合理的利率。用组织起来的办法，以合理的利息吸收余粮余款。以零存整付、存农产品还生产工具与工业品的方法，帮助农民积累资金。帮助贷款户制定生产计划，督促其搞好生产。这种信用合作社对组织农村资金互助，恢复与发展农村经济，防止一部分农民生活水平下降，起到了一定的作用。

报告指出，目前存在的问题是：在试办信用合作中有不问对象、不分用途，专以蓄利生息为目的，把信用合作社办成“放账铺”的现象。为进一步发展农村信用合作社，今后需解决以下几个问题：首先，供销社不再兼办信用部，单独组织农村信用合作社，统一由银行领导。单独吸收社员股金，组织理事会、监事会，用国家贷款、有奖储蓄、单一折实储蓄、牲畜保险等办法，解决存贷不平衡的矛盾。其次，明确信用合作社和供销合作社的分工与配合。存款、贷款、存实、贷实由信用社办理；预购、赊购由供销社办理。信用社存实的推销，可通过合同制交供销社办理，以保证双方的正常发展。第三，维持目前合作社的信用业务的现状，不作新的发展。过渡时期的信用部可接受银行委托的代理业务，以

---

① 汇报会议于1951年3月20—29日召开，华北、华东、东北、中南、西南、内蒙古各区代表及中国人民银行等有关单位代表参加。会议汇报了各地信用合作的发展情况和存在的问题，讨论了今后信用合作工作的意见。

合同方式确定双方的业务关系。一切债务债权均由银行负责。

同 日

[纲 文]　政务院举行第八十三次政务会议。

[目 文]　会议由陈云主持。会议通过了《政务院关于划分中央与地方在财政经济工作上管理职权的决定》。该《决定》共五条，主要内容是：一、中央各财政经济部门，应依着本决定的原则，按各部门业务在管理上必须集中和应该分散的不同情况，逐渐地适当地在各系统内划分中央与地方的管理职责。二、中央财政经济各部、署、行，召开重要的专业会议之前，必须将准备在会议中做出决定的重要事项，先期通知各大行政区人民政府（军政委员会）并征求他们的意见，各大行政区人民政府（军政委员会）对于重要专业会议预告的重要事项，应慎重研究，及时提出意见。专业会议所作决议，一般须通知各大行政区人民政府（军政委员会）。大行政区人民政府（军政委员会）有不同意见时，须及时提请政务院审核。三、凡分散在各地，但由中央各部、署、行直接管理的企业单位，各大行政区人民政府（军政委员会）均需指定相当的地方当局，加以监督、指导、协助。这些企业一切政治工作，均归大行政区人民政府（军政委员会）指定的地方当局领导。这些企业的领导人员，均须按期向相当地方当局作业务和工作报告。但军事工业则只向中央指定的地方当局报告。地方经营的重要企业的生产与基本建设计划，则应经有关中央部门及中财委批准。四、一切散在各地的由中央各部门直接管理的企业中的工作人员，必须服从地方当局的监督、指导，并取得他们的协助，不得闹独立性。该《决定》5月24日公布实施。5月26日《人民日报》发表社论《论中央与地方财经工作职权的划分》。

会议通过了《中华人民共和国海关进出口税则暂行实施条例》。该《条例》5月10日颁布，5月16日实施。

会议通过了《中华人民共和国海关进出口税则》。该《税则》将进出口品分为17类：一、粮食、果品、菜蔬、肉、蛋、乳、食油及其他食品类；二、糖、茶、烟、酒及饮料类；三、水产品类；四、药材、子仁、鞣料、树脂、橡胶及其他植物类产品类；五、木材、竹、棕、藤草及其制品类；六、活动物及动物类产品类；七、毛皮、生皮、皮革及其制品类；八、矿产品、玻璃及陶瓷器类；九、油、脂、蜡及其制品类；十、化学产品、药品、肥料、塑胶品、染料、颜料、涂料、化妆品及爆炸品类；十一、纺织纤维及其制品类；十二、纸浆、纸、纸制品及印刷品类；十三、金属及其制品类；十四、机器、工作母机、工具及电气材类；十五、科学及精密器具、钟表及音乐器材类；十六、运输器材类；十七、杂货类。《税则》对进出口产品税率均做了明确的规定。该《税则》5月10日颁布，5月16日实施。

会议还通过多起任免案及提请中央人民政府委员会批准任免案。

同 日

[纲 文]　首都各界青年集会纪念五四青年节32周年并庆祝国际学联执委会会议

闭幕。

［目文］ 北京各界青年 1 万余人参加了集会。冯文彬、蒋南翔、钱三强①等到会。杨伯箴②致开幕词。荣高棠③代表青年团、全国青联及全国青年在讲话中向国际学联执委会代表致敬。国际学联主席格罗曼代表国际学联执委会及国际学联 71 个国家的 500 多万会员，庆贺中国青年节。他说：中国青年学生正在如火如荼地开展抗美援朝运动，中国青年学生的胜利就是全世界爱好自由与和平的人民的胜利。苏联、朝鲜、越南、印度、西非洲、匈牙利、巴西等国和地区代表也相继讲话，盛赞新中国的伟大成就，并表示要加强与中国青年学生的友谊与团结。

同日—16 日

［纲文］ **全国篮排球比赛大会在京举行。**

［目文］ 这是新中国诞生后第一次全国性球类运动会，目的之一是选拔参加 8 月在柏林举行的第三届世界青年联欢节的出国球队。

5 月 4 日下午 2 时，比赛大会在北京市公共体育场开幕。到会的有朱德、李济深、聂荣臻、萧华、罗瑞卿、伍修权、班禅额尔德尼等，以格罗曼为首的国际学联执委会全体代表及观众 1.2 万余人。参加这次比赛的有解放军、铁路、东北、华北、西北、华东、中南、西南等 8 个单位的篮排球代表队队员 593 人。大会历时 13 天，举行比赛 130 场。男子篮球冠军为华东队，亚军为华北队；女子篮球冠军为华东队，亚军为解放军队；男子排球冠军为中南队，亚军为华北队；女子排球冠军为东北队，亚军为华东队。16 日下午大会闭幕。大会主席冯文彬致闭幕词指出，这次大会有全国各地区各阶层各民族的运动员参加，有工农组成的排球队参加，只有在新民主主义社会里才有可能。郭沫若致词指出，体育运动能使我们培养集体主义精神，为国防与生产服务。开展体育运动的最后目的不是比赛，而是为了创造新社会，为了保卫世界和平。

经过两周的比赛，选拔出了 1951 年度代表国家的篮排球队员及候补队员。

男子篮球：么世忠、王琦、王元琪、李汉亭、余邦基、唐振声、徐仲已、张长禄、黄柏龄、程世春、杨福鹿、赵学元、卢鼎厚、蓝文治、乐喜洲；候补：刘建华。

女子篮球：李丹阳、朱锦云、周勤邦、马申妹、徐婉秀、黄珍、许敏、彭嘉颐、郑于莲、蔡明霞、薛月华，候补：鲍临津、杨淑君。

男子排球：王祖洪、江振洪、李荣国、李安格、余瑞河、沙里木江、孙志安、黄亨、黄福彦、钱家祥、卢文枬、韩延春、谭元秀、饶余榕，候补：孙继贵。

女子排球：冼少梅、花桂卿、马纫华、陈梅贞、徐平、张履冰、张雷鸣、刘匡生、萧兰玉、冀雅丽，候补：李文秀。

---

① 钱三强（1913—1992），浙江湖州人，物理学家，时任中华全国民主青年联合总会副主席。

② 杨伯箴（1919—1987），贵州镇远人，时任中国新民主主义青年团北京市筹备委员会副主任、书记。

③ 荣高棠（1912— ），河北霸县人，时任中华全国体育总会筹备委员会副主任。

同日

［纲文］　**“中国青年号”飞机在京举行命名典礼。**

［目文］　参加典礼的有中央军委总政治部副主任萧华，青年团中央书记冯文彬、副书记蒋南翔，民航局局长钟赤兵，以及首都的海陆空军、工人、学生、机关干部代表等600余人。参加国际学联执委会会议的各国代表也派代表参加。典礼完毕后，“中国青年号”在北京绕空飞行，向首都青年祝贺青年节。

该飞机前身，是一架被国民党政权遗弃的破烂不堪的C—47型飞机。经民航局华东办事处机械修理工厂全体职工的艰苦努力，克服物质与技术的困难，进行了彻底大翻修，终将死机复活，作为向中国青年及五四青年节的献礼。

5月5日

［纲文］　**政务院发布《关于戏曲改革工作的指示》。**

［目文］　《指示》由周恩来签署，共六条，提出了“改戏、改人、改制”的号召。5月7日，《人民日报》发表题为《重视戏曲改革工作》的讨论。

◀改编后的京剧《将相和》剧照。

[文 献]

关于戏曲改革工作的指示

人民戏曲是以民主精神与爱国精神教育广大人民的重要武器。我国戏曲遗产极为丰富，和人民有密切的联系，继承这种遗产，加以发扬光大，是十分必要的。但这种遗产中许多部分曾被封建统治者用作麻醉毒害人民的工具，因此必须分别好坏加以取舍，并在新的基础上加以改造、发展，才能符合国家与人民的利益。

一年多以来，各地戏曲改革工作已获得显著成绩。新戏曲已大量出现，并受到了广大群众的欢迎；许多艺人学得了新的知识与新的观点，成为戏曲改革运动的骨干。但在工作中亦存在若干缺点，最主要的是审定剧目缺乏统一标准，与编改剧本工作中还有某些反历史主义的、公式主义的倾向。中央人民政府文化部在一九五〇年十一月所召集的全国戏曲工作会议，检讨了各地戏曲改革工作的情况，并提出了今后工作的方针。政务院在听取文化部关于这一会议的报告以后，特作如下指示：

一、戏曲应以发扬人民新的爱国主义精神，鼓舞人民在革命斗争与生产劳动中的英雄主义为首要任务。凡宣传反抗侵略、反抗压迫、爱祖国、爱自由、爱劳动、表扬人民正义及其善良性格的戏曲应予以鼓励和推广，反之，凡鼓吹封建奴隶道德、鼓吹野蛮恐怖或猥亵淫毒行为、丑化与侮辱劳动人民的戏曲应加以反对。各地文教机关必须根据上述标准对上演剧目负责进行审查，不应放任自流，而应采取积极改革的方针。进行改革主要地应当依靠广大艺人的通力合作，依靠他们共同审定、修改与编写剧本，并依靠报纸刊物适当地展开戏曲批评，一般地不应当依靠行政命令与禁演的办法。对人民有重要毒害的戏曲必须禁演者，应由中央文化部统一处理，各地不得擅自禁演。

二、目前戏曲改革工作应以主要力量审定流行最广的旧有剧目，对其中的不良内容和不良表演方法进行必要的和适当的修改。必须革除有重要毒害的思想内容，并应在表演方法上，删除各种野蛮的、恐怖的、猥亵的、奴化的、侮辱自己民族的、反爱国主义的成分。对旧有的或经过修改的好的剧目，应作为民族传统的剧目加以肯定，并继续发扬其中一切健康、进步、美丽的因素。在修改旧有剧本时，应注意不违背历史的真实与对人民的教育的效果。

戏曲改革是改革旧有社会文化事业中的一项严重任务，不可避免地将要遭遇许多复杂的问题，因此，戏曲改革工作必须有步骤地进行。一般地说，应当由最容易着手和最容易获得多数艺人同意的范围开始，然后逐步推广。必须防止在戏曲改革工作上的急躁情绪，和由此而来的粗暴手段。

三、中国戏曲种类极为丰富，应普遍地加以采用、改造与发展，鼓励各种戏曲形式的自由竞赛，促成戏曲艺术的“百花齐放”。地方戏尤其是民间小戏，形式较简单活泼，容易反映现代生活，并且也容易为群众接受，应特别加以重视。今后各地戏曲改进工作应以对当地群众影响最大的剧种为主要改革与发展对象。为此，应广泛搜集、纪录、刊行地方戏、民间小戏的新旧剧本，以供研究改进。在可能条件下，每年应举行全国戏曲竞赛公演一次，展览各剧种改进成绩，奖励其优秀作品与演出，以指导其发展。

中国曲艺形式，如大鼓、说书等，简单而又富于表现力，极便于迅速反映现实，应当予以重视。除应大量创作曲艺新词外，对许多为人民所熟悉的历史故事与优美的民间传说的唱本，亦应加以改造采用。

四、戏曲艺人在娱乐与教育人民的事业上负有重大责任，应在政治、文化及业务上加强学习，提高自己。各地文教机关应认真地举办艺人教育并注意从艺人中培养戏曲改革工作的干部。农村中流动的职业旧戏班社，不能集中训练者，可派戏曲改革工作干部至各班社轮流进行教育，并按照可能与需要帮助其排演新剧目。

新文艺工作者应积极参加戏曲改革的工作，与戏曲艺人互相学习、密切合作，共同修改与编写剧本、改进戏曲音乐与舞台艺术。

五、旧戏班社中的某些不合理制度，如旧徒弟制、养女制、“经励科”制度等，严重地侵害人权与艺人福利，应有步骤地加以改革，这种改革必须主要依靠艺人群众的自觉自愿。

六、戏曲工作应统一由各地文教主管机关领导。各省市应以条件较好的旧有剧团、剧场为基础，在企业化的原则下，采取公营、公私合营或私营公助的方式，建立示范性的剧团、剧场，有计划地、经常地演出新剧目，改进剧场管理，作为推进当地戏曲改革工作的据点。

资料来源：1951 年 5 月 7 日《人民日报》。

同日

[纲文]　中财委提出《关于征询各地对全国贸易行政会议拟订各项问题的意见》。

[目文]　该《意见》系中财委为解决全国贸易行政会议拟订的问题发出的。《意见》希望各地就扩大城乡交流、加强私营工商业的领导、加强市场管理、稳定物价以及组织机构与领导问题等提出意见，以便修正后在全国布置安排。主要内容有：

关于方针任务：一、扩大城乡交流为第一中心任务，其关键在于推销土产，为农民解决困难，为工业品找到市场。其条件是：（一）统一思想认识：广泛宣传城乡物资交流的重要意义，克服重生产轻商业的片面思想，树立产运销结合的完整生产观点。要指出有重点的组织推销大宗土产交流是对的，忽视多种多样零星小土产与村、区、县、府间的交流是错误的。（二）加强组织领导：开好土产会议，组织土产展览会，广泛发动农民、厂商参观；在各财委统一领导下组织公营、私商及合作社三方面组成的城乡交流指导委员会；

召开公、私、合代表参加的专业会议，研究产销规格、季节性等规律和公、私、合的经营比重；扶助合作社发展，通过合作社开展合同制，进行订、预、赊购等工作；组织私商下乡，在各方面给以便利，恢复与建立各地商业网；中央拟建立转运公司，业务为代客买卖、保管、报税、押汇及自营。（三）价格政策照顾产、运、销三方利益。地区差价参照合理的私商经营标准，保持适当的工农品差价，以免商人裹足不前，妨碍工业生产。（四）组织工业品下乡，满足农民生产和生活的要求。除由国营加工外，并应组织私营商店、私工厂与合作社加工订货。（五）配合内外交流：积极开拓国外市场，加强对苏联与新民主主义国家的输出。二、加强对私营工商业的领导：（一）积极动员私营资本经营城乡交流业务，私商主动要求转向工业者，应欢迎并给以帮助。（二）稳妥进行“以销定产”，逐渐通过共同制订计划，公私分工合作，边做边看、边看边做而指导工商业生产。（三）积极组织提倡联营，加强领导。（四）公营企业必须参加当地工商联，通过组织，团结与教育私商。三、加强市场管理，稳定物价：（一）对于大、中城市摊贩，应逐步限制发展，加强领导与管理，具体办法不必统一。（二）行商政策在执行上对小城镇要宽些，活动地区与经营范围不作限制，适当时机发全国统一证照。四、保证经营任务完成：（一）领导与协助各专业公司改善经营管理，完成任务。（二）协助国营贸易完成订、预、赊购工作。（三）经常督促检查各公司的购、销及大城市的物资供应计划。（四）加强干部教育。

《意见》还提出了各省市工商厅局组织机构与领导关系、编制等问题。

同日—18日

［纲文］　**重工业部在北京举行高速切削技术表演会。**

［目文］　该会是为了在全国推广高速切削法，推动各地改造现有机器设备，发挥机床效能而举办的。应邀表演的是以布罗斯古林为首的苏联工作母机专家小组及东北高速切削训练班学员。前往参观的有在京企业、工会的干部、工人、技术人员以及关内各大行政区代表等。苏联专家与训练班学员作了有关高速切削法专题报告，并在北京机器总厂做了高速切削试验。表演会期间，朱德、李立三等前往参观。

5月6日

［纲文］　**中共中央发出关于加强各级会议的计划性及减少积极分子的兼职和活动等问题的指示。**

［目文］　中央指示指出，兹将华北局关于华北第一次组织工作会议的报告发给各中央局并转分局、省委、大中市委、区党委并告中央各部委、中央政府各部党组，中央认为这个报告中所提出的问题和解决办法，都是正确的。望各地也注意研究和解决这些问题。

一、由于全国统一，中央各机构召开全国性的各种会议，是非常必要的。但在全国会议开过后，各地各部门是否随即召集该项地方会议，应由各地党委统一计划调整。对于没有必要召开的都不要召开。可以合并召开的都应合并召开，以便减少一些地方会议的次数，节省时间和人力。此事应由各地人民政府和党委决定，中央各机构如有意见，可以向下级机构提议，但不应代替下级人民政府和党委做决定。各地人民政府和党委对于各项重要工作的地方会议，可以做出全年的计划。中央各机构应将一年内召集全国会议的时间预先通知各地，使各中央局统一计划省以上地方会议的时间，各省统一计划县以上地方会议的时间。如此，可使许多重要工作会议上下配合，走上初步的计划性，以免经常陷于被动。二、现在工厂、农村、学校的基层组织中许多不脱产的党团员、党外积极分子及劳动模范，参加会议和兼职太多，业余活动和学习时间也太多，党、政、团、工的活动时间没有统一调整，甚至有互相争夺时间和积极分子者。各地党委应即和各方面协商，迅速解决这个问题。三、中央机构向下级要统计材料，也成为下级组织特别是乡村组织的严重负担。应规定：以后农村统计材料应由县级组织负责供给；大工厂及学校、机关统计材料由工厂、学校、机关中的基层组织负责供给；城市其他统计材料由市级组织负责供给。以后应在县市人民政府和党委成立有能力的统计机构，专门和经常地负责搜集各种材料。党内情况的统计也可从一般统计中划分出来，由党的各级组织部门负责办理。四、以上各项，在全国组织工作会议①上曾经提出并初步讨论，但因为尚无成熟经验，故未做决定。今特通知各地，望加考虑，并进行试办，以便在明年组织工作会议时能够做出决定。

此前，5月4日，华北局向中共中央提交了关于第一次组织工作会议的报告。报告说：会议主要议题是把第一次全国组织工作会议的决定具体化，着重讨论的问题是：一、关于整党和训练干部。全党要为提高党员标准而斗争。要开好省、市、县党代表会议，深入传达全国组织工作会议的决议。做好调配整党干部和党务工作干部的工作，克服党的部门编制不全、党不管党或无力管党的现象。各地首先于年底前按编制配齐组织、宣传、统战部门干部，明年内将其他系统干部缺额补齐（目前华北全区约缺干部5万人左右）。要做好整党干部的训练工作，学习全国组织工作会议上刘少奇报告和会议两个决议、关于共产主义和共产党基本知识的两个小册子，学习新民主主义阶段和当前工作的各项政策及如何做支部工作等。在训练干部的同时，进行整党典型试验。各省整党工作在三年内完成，要对所有县以下脱产干部训练一次。二、关于审查干部。在城市，目前的重点是审查中层，如牵连到内层，随即进行审查。其后转入整顿党的基层组织。三、关于改善区村领导。现在主要问题是：上级要求多，下级力量不足；一揽子领导和系统分工的关系；中心工作与部门经常工作的关系；村干部兼职多、误工多等。四、会议建议：（一）省、地、县三级党委要对任务、会议、报告、统计材料等加以控制与安排，实行简政，同时在县级以上机关设立统计机构、在村级设不脱离生产的统计员、建立材料保管制度。（二）视工作性质和紧缓情况，实行统一领导、科学分工。要克服不建立系统工作、以党代政的现象。各系统部门必须要有统一的领导，县政府统一于县长，区政府统一于区长，党的部门统一于党委会。各个系统只强调自己部门的业务，不参加中心工作，或领导上完全不照顾部门工作，都是不对的。（三）建立各系统的工作，应多采取代表会形式，但党委要统一规定会议次

---

① 指1951年3月28日至4月9日在北京召开的中国共产党第一次全国组织工作会议。

数和时间，以免过分占用不脱产干部的时间。（四）加强区委领导，扩大机构，充实党的工作干部。区委要建立党委制，反对个人领导；主要工作要推动组织各系统去完成，不能代替；书记、副书记、委员要有分工，政府工作则通过区长和党组去领导。区委要注意检查工作，培养典型，推广经验，帮助村干部解决困难。（五）规定村支书不能超过两职，支部其他成员和村长不能兼职。

同 日

［纲 文］ 斯大林就苏联复文美国对日和约草案致电毛泽东。

［目 文］ 斯大林在电报中通报了苏联政府关于准备对日和约问题拟定的给美国政府复文的主要内容：一、准备对日和约草案，不应由美国政府单独进行，而应由中、苏、美、英等国共同进行准备，并吸收所有对日参战国一起参与。二、对日和约应在《开罗宣言》、《波茨坦宣言》和《雅尔塔协定》的基础上制定，并以日本应当成为和平民主的独立国家，限制日本武装力量使之不得超过自卫的要求，反对日本帝国主义复活，以及对日本和平经济事业发展不加任何限制等作为指导原则。当日，毛泽东复电斯大林，表示完全同意苏联对美国对日和约草案的答复。

同 日

［纲 文］ 中苏友好协会总会等八团体联合发布关于开展中苏友好工作的通知。

［目 文］ 中苏友好协会总会、全国总工会、全国妇联、青年团中央、全国青联、全国学联、全国文联、全国自然科学联合会联合发出的该通知的主要内容是，一、全国各人民团体应结合自己的中心任务，在广大会员和非会员群众中积极推行中苏友好的宣传和教育，更加提高对苏联作为世界和平堡垒、作为中国最可靠的朋友的认识，逐渐结合自己的业务，学习苏联的先进经验。广大文化艺术工作者尤应使用自己的武器，展开以中苏友好为主题的各种创作。二、发动自己会员和周围群众积极参加中苏友好协会。在没有该会组织的地方或单位，要协助建立该会的分会或支会；依照该会的组织系统和该会所规定的方法组织起来。各地工会、农民协会、学联、教育工会的基层组织可以参照中苏友好协会总会关于若干组织细则的暂行规定，加入中苏友好协会为团体会员。三、各人民团体为要做好上述工作，可按实际情况推定专人或建立适当的组织负责计划、指导在本团体内开展中苏友好工作。这些负责人和工作机构应与当地同级友协保持密切的联系。各人民团体应推派代表参加同级友协的干事会。

同 日

［纲 文］ 中华职业教育社集会纪念创社34周年。

［目 文］ 该社理事长黄炎培，副理事长杨卫玉、孙起孟及在京社员与该社创办的中华职业学校等校校友共80余人出席。黄炎培报告了该社成立以来的历史，号召社员和中华职业学校校友站稳劳动人民立场，全心全意为开展业余教育和技术教育，为建设新民主主义社会而奋斗。钱俊瑞在会上作报告，指出该社与中国教育工会全国委员会合作试办以乡村小学教师为对象的业余函授学校是很重要的工作，希望函授的内容应针对今天小学教

师的特殊需要，增加对新教育方针、政策和理论的研究。

中华职业教育社是1917年5月6日黄炎培联合教育界、实业界的蔡元培①、梁启超②、张謇③等48位知名人士在上海创立的全国性人民教育团体，主要由教育界、经济界、科技界从事和关心支持职业教育的人士组成。总部设在北京。

同 日

[纲 文] **国际学生救济会④行政委员会在京举行临时会议。**

[目 文] 会议由国际学生救济会行政委员会书记白雷亚诺主持，出席会议的有该会行政委员会委员、国际学联代表、法国反殖民制度学生联络委员会代表及中国、巴西、捷克斯洛伐克三国全国学联的代表。列席会议的有：澳大利亚、缅甸、英国、比利时、古巴、芬兰、联邦德国、荷兰、印度、黎巴嫩、叙利亚、西班牙、苏联、越南和西非洲等15个国家的学生团体代表。会议主要讨论在北京修建国际学生联合会亚洲学生疗养院和殖民地、附属国学生生活福利问题。

同 日

[纲 文] **史沫特莱追悼大会和葬礼在京举行。**

[目 文] 著名新闻记者、中国人民的朋友史沫特莱于1950年5月6日在英国逝世后，在遗嘱中要求把遗骨埋葬在中国，在葬礼上演奏她喜爱的《义勇军进行曲》。本日是她逝世一周年，中国政府为她举行了隆重的追悼大会和葬礼。到会的有沈雁冰、许广平⑤、胡愈之、钱俊瑞等文艺界、新闻界、救济事业界人士及史沫特莱生前友好及在京的英国人民访问团团员等共500余人。追悼大会由茅盾致词，丁玲、萧华、康克清、伍云甫、马海德⑥及史沫特莱生前老友、伦敦《工人日报》撰稿人阿瑟·克莱格等相继讲话。追悼大会后举行了葬礼，她的骨灰下葬于西郊八宝山革命公墓，大理石墓碑上刻着朱德题词："中国人民之友美国革命作家史沫特莱女士之墓。"史氏的遗物、遗作、遗稿等也同时陈列展览。本日，《人民日报》和《光明日报》均刊载了茅盾、丁玲等的纪念文章。《光明日报》并出了纪念特刊。

史沫特莱1892年2月23日生于美国科罗拉多州南部的一个矿工之家，1928年底她以德国《法兰克福报》特派记者的身份来到中国，直到太平洋战争爆发前夕返回美国。12年间，她访问了中国广大地区，接触过各阶层人士。抗日战争期间，她又作为《曼彻斯特卫报》特派记者和中国红十字会志愿工作人员，随八路军、新四军活跃在各大战区最前线

---

① 蔡元培（1868—1940），浙江山阴人，民主革命家、教育学家、科学家。

② 梁启超（1873—1929），广东新会人，政治活动家、思想家、教育家、史学家和文学家。

③ 张謇（1853—1926），江苏南通人，实业家。

④ 国际学生救济会于1950年10月在国际学生联合会协助下在布拉格成立，决定首先在亚洲、非洲和南美洲的31个国家内展开救济工作，并在中国和捷克斯洛伐克建立两所国际学生疗养院。

⑤ 许广平（1898—1968），女，广东番禺人，鲁迅夫人，时任中国民主促进会常务理事。

⑥ 马海德（1900—1988），原名乔治·海特姆，祖籍黎巴嫩，生于美国纽约，1950年加入中国国籍。时任中央人民政府卫生部顾问。

及敌后游击区。她的著作大都与中国有关，主要有：《中国红军在前进》、《中国的战歌》、《中国人的命运》、《中国在反击》及《伟大的道路》（朱德传）等。

5月7—23日

［纲 文］ **中国共产党第一次全国宣传工作会议在京召开。**

［目 文］ 会议由刘少奇主持。5月7日，刘少奇作关于党的宣传工作的重要性的报告，要求宣传战线大力学习、研究和宣传马列主义，用马列主义教育人民，提高全国人民的阶级觉悟和思想水平。报告指出，对于群众的宣传，对于党员的教育，思想批判工作，都是党的工作，各级党委要领导这个工作。在过去，各级党委对于宣传教育工作的领导是不够的，不大注意宣传教育工作，常常把一些工作委托给宣传部的人来做，做一点就做一点，没有做也不去管，做错了也不管，使我们的宣传教育工作陷于自流。别的工作做错了，表现出来还慢一点，但宣传工作做错了，就要出乱子。所以加强各级党委对宣传工作的领导，是一个决定性的问题。一方面加强各级党委对于宣传工作的领导，一方面加强宣传工作机构，提高其工作能力，这是改善宣传工作的一个重要问题。报告在讲到经济建设方针时指出，现在有人就讲社会主义，这是讲早了，至少是早讲了十多年。当然做宣传工作的还是要讲，但作为实践的问题讲，十年之内社会主义是讲不到的。到十年之后，建设得很好，看情况，那时就可以提一提这个问题：社会主义什么时候搞呀？还要看实际情况才能答复这个问题。十年之后，就可以采取某一些社会主义的步骤；也可能十年之后，还不能采取这种步骤，还要等几年。

5月16日，陈云作关于财经情况和财经工作要点的报告。他指出，据中国旧政府统计，中国耕地约为14.5亿亩。抗战前粮食的最高年产量是2700多亿斤，1949年下降到2100多亿斤，1950年回升到2400多亿斤。总的来说，农业生产还没有达到抗战前的水平。为发展农业生产，要靠以下办法：一、在新解放区完成土改，是提高农业产量的关键。只有进行土地改革，才能大大鼓励农民的生产积极性。二、防止水灾旱情，这是增加农业生产必须做好的事情。像中国这样的大国，每年都可能有水灾，每年的预算里都要列上救灾经费。对已有的水利设施每年都要修修补补，不修补就挡不住水灾。据估算，全国水量平均起来并不多，还缺水，有些地方还经常干旱。从总的看、长远看，要以蓄为主，蓄泄兼顾。要重视蓄水，许多地方要修水库、筑塘堰，山区更要注意种树种草、保持水土，华北、西北地区有些地方还要多打水井。泄水防涝、蓄水防旱，这两件都是大事，在我们进行经济建设时，每年都要有很大一批钱用在这方面。水利建设是治本的工作，是百年大计。为应付水灾旱情，要注意储备粮食，手中至少要有100亿斤粮食，这样就可以应付局面。手中有了粮食，就不怕帝国主义打仗，粮食是战略物资。储备粮食，最主要的是靠老百姓丰年积谷。三、要在西南、西北修铁路，以调整农业布局。西南地区粮食多，但因交通不便，农产品运不出来，工业品运不进去。无论从经济上还是国防上讲，修通西南、西北铁路是件大事情。丰年积谷和修筑铁路这两条解决了，粮食就不会恐慌，就可以调整农业布局。今后就可以东北多种大豆，南方多种棉花，使棉花播种面积由5700万亩达到8000万亩以上。橡胶是战略物资，要在海南岛和其他宜于种橡胶的地方尽可能多种。如果我们把各种农作物的耕种面积加以调整，农民收入就会大大增加。中国是一个农业国，以前还要进口粮食、棉花等农产品。现在虽然比过去好多了，但是，发展农业仍然是头等大事。农业发展不起来，工业就很难发展。

5月23日，刘少奇作关于党的宣传工作的历史和现状的总结报告。报告从六个方面进行了总结：

▲刘少奇在中国共产党第一次全国宣传工作会议上作报告。

一、对于中国共产党过去的宣传工作的估计。在长期而艰苦的革命斗争中，一方面，党在广大的范围内宣传了马列主义，使马列主义的原理通俗化，具有中国的民族形式。这是一个很大的工作，很困难的工作。马列主义产生于欧洲，经过党的宣传与努力，使它具有了中国民族的形式，同中国劳动人民的实际生活、实际斗争密切结合起来。另一方面，中国共产党又在极为深刻的意义上丰富和发展了马列主义的理论，在马列主义总武器库中增加了不少新的武器。这些新武器对于东方各国人民的革命斗争，尤其对于东方各殖民地、附属国人民的斗争是很有用的。由于中国共产党对马列主义的学习、宣传、应用和创造性的发展，已经把中华民族的理论水平提到了空前的高度。

二、现在中国共产党宣传工作的情况。中国革命胜利了，有了更好的宣传马列主义的条件。一个人的阶级觉悟仅仅从感性知识中、从实际生活中得来是不够的，还要提到理论的高度，特别是共产党员更要做到这一点。现在广大人民对于马列主义这个新思想的学习和接受，正在广大范围内展开，这是我们进行马列主义、毛泽东思想宣传的空前有利的条件。在思想上用马列主义的立场、观点和方法来教育自己和全国人民。这就是今天在新形势、新条件下，党的宣传工作的任务。这个任务是需要很长时期才能完成的。

三、今后如何加强党的宣传工作。宣传工作也就是思想工作。思想斗争是一切革命斗争的前提。每个共产党员都有向人民宣传马列主义的义务，这是党章的规定。党不能仅仅依靠专门的宣传机关去做宣传工作，主要的是领导全体党员以及非党积极分子、党外的共产主义者去做宣传工作。宣传部应当作为一个计划机关、指挥机关、领导机关来推动全党做宣传工作。各级宣传部以后要按期地（几个月或半年）、经常地总结和研究全党的宣传工作情况。进行宣传工作要运用好各种宣传工具，如宣传员网、报纸、刊物、出版、戏剧、电影、美术、音乐、广播、学校等，要把这些宣传工具都搞好、加强，统统动员、运用起来。

四、宣传工作与中心工作的关系。宣传工作必须与各级党委所定下来的中心工作密切配合，离开了党的中心工作，宣传工作就会失败。在进行工作时，都必须向群众宣传每一项工作的政治意义。这样，中心工作和实际工作才能搞好，群众的政治水平和政治觉悟才能提高。实际的中心工作与宣传的中心工作应该是一致的，宣传部门应该动员一切宣传工具来为中心工作服务，保障实际工作的完成。

五、建立经常的宣传机构和工作。党必须在群众里有经常的宣传工作，以增加群众的信心，提高群众的觉悟，推动党的工作。宣传国际国内人事，宣传党的政策，揭露反革命的宣传，对各种错误思想进行讨论、批驳，这也是一种民主。群众越注意，思想就越发展，就会提出很多问题和意见，党的宣传工作就更需要加强。宣传工作的内容、方法也需要讲究，要按照当时当地的情况决定，不仅是由宣传部决定，还必须取得党委的同意。

六、注意思想斗争，反对自由主义。共产党员必须反对自由主义的风气和自由主义的态度。在党内，只承认一种思想是合法的，就是无产阶级思想、马列主义。在党外，非无产阶级、非马列主义的思想还是合法的，但是要批评，指出它的错误。党内党外要区别对待。还有一种披着马列主义的外衣，实际上是非无产阶级的思想或反马列主义的思想，党员要注意。共产党员应该有这种嗅觉。

5月7日

［纲 文］ 中共中央批转华北局关于镇反问题的指示。

［目 文］ 中央给各中央局、分局并转省市区党委、地委的转发批语指出：中央认为华北局这个指示是完全正确的，各地均应照此施行。兹定于6月1日起全国除现行犯外捕人批准权一律收回到地专一级，杀人批准权一律收回到省级，离省远者由省级派代表前往办理。各地一律照此执行。清理积案是目前几个月内的一个极其艰巨的工作，各地必须调集大批干部，在几个月内将积案基本处理清楚，整理监狱，组织劳动改造工作。在清理期

内，各地除现行犯及由各中央局决定的少数地方外，一律停止捕人，待积案清理完毕后再捕应捕之人。兹定6月1日至9月30日计4个月为清理积案时间，即停止捕人时间。在此4个月内，“中层”及“内层”重点审查必须认真进行，有少数要犯须逮捕者须报请中央局批准。

此前，5月6日，华北局发出关于镇反问题的指示提出，一、大捕大杀，应于5月份内结束；二、电到之日，将捕人权一律收到地委和专署，除现行犯外，县级不得批准捕人；三、电到之日，将死刑批准权收到省委和省政府。

同日

[纲文] **毛泽东批转杭州市逮捕反革命分子情况的报告。**

[目文] 毛泽东将谭震林5月1日关于杭州市逮捕反革命分子情况给华东局转报中央的报告批转给各中央局、分局并转省委区党委、大中市委时指出：谭震林的报告很好，杭州的经验可在一切尚未这样做的城市应用。特别是吸收党外人士参加审查反革命案卷一事，各地必须认真地做，坚决地打破在我们党内存在着的关门主义和神秘主义。

此外，毛泽东还在谭震林的报告内作了六条批语，一、在报告概述杭州市逮捕各类反革命分子情况的部分，毛泽东批注：有血债及其他引起群众痛恨的汉奸分子，应当在此次镇反中解决。二、在报告谈到由于事前准备充分，审批手续严格，各方面力量组织得好，逮捕秩序很好，均未出现抓错时，毛泽东批注：应当这样慎重地做，有些地方草率从事是错误的。三、在报告谈到逮捕前后的宣传动员工作部分时，毛泽东批注：不做好宣传工作，不要杀人。四、报告谈到，虽然逮捕和枪决了一批反革命分子，但反革命顽固分子还在反抗，已经发生向我公安分局打枪、书写反动标语、制造谣言转移群众反特斗争视线等。对潜伏的反动组织还只是开始有所发现，有了一点线索但还不知详情。毛泽东批注：我公安机关对于隐藏的反革命分子的侦察工作，在许多城市都很差，应当在此次镇反中认真建立这个工作。五、在报告说到吸收党外人士参加镇压反革命工作、审查案卷、核实材料、讨论量刑问题时，毛泽东批注：各城市均应当这样做，不要怕麻烦。六、报告还谈到杭州市确定本年5月份以镇压反革命分子为中心工作，以工厂工人、学生、居民、农民为发动群众的主要对象，以小型的控诉会、公审大会作为发动群众的方式。对文化教育界、宗教界、各民主党派、工商界有意识地放后一步，而依靠其自己的力量，进行一定的工作。毛泽东批注：这样做很好。

5月8日

[纲文] **中共中央做出《关于对犯有死罪的反革命分子应大部采取判处死刑缓期执行政策的决定》。**

[目文] 《决定》全文如下：中央已决定，在共产党内，在人民解放军内，在人民政府系统内，在教育界，在工商界，在宗教界，在各民主党派和各人民团体内清出的反革命分子，除罪不至死应判有期或无期徒刑、或予管制监视者外，凡应杀分子，只杀有血债

者，有引起群众愤恨的其他重大罪行例，如强奸许多妇女、掠夺许多财产者，以及最严重地损害国家利益者；其余，一律采取判处死刑、缓期二年执行、在缓刑期内强制劳动、以观后效的政策。这个政策是一个慎重的政策，可以避免犯错误。这个政策可以获得广大社会人士的同情。这个政策可以分化反革命势力，利于彻底消灭反革命。这个政策又保存了大批的劳动力，利于国家的建设事业。因此，这是一个正确的政策。估计在上述党、政、军、教、经、团[①]各界清出来的应杀的反革命分子中，有血债或有其他引起群众愤恨的罪行或最严重地损害国家利益的人只占极少数，大约不过十分之一二，而判处死刑缓期执行的人可能占十分之八九，即可保全十分之八九的死罪分子不杀。他们和农村中的匪首，惯匪、恶霸不同，也和城市的恶霸、匪首、惯匪、大流氓头及会道门大首领不同，也和某些最严重地损害国家利益的特务不同，即没有引起群众痛恨的血债或其他重大罪行。他们损害国家利益的程度是严重的，但还不是最严重的。他们犯有死罪，但群众未直接受害。如果我们把这些人杀了，群众是不容易了解的，社会人士是不会十分同情的，又损失了大批的劳动力，又不能起分化敌人的作用，而且我们可能在这个问题上犯错误。因此，中央决定对于这样的一些人，采取判处死刑、缓期执行、强制劳动、以观后效的政策。如果这些人中有若干人不能改造，继续为恶，将来仍可以杀，主动权操在我们手里。下面是东北军区保卫部在军区系统逮捕第一批204名反革命分子的报告，发给你们阅看，请东北军区即照上述原则处理。各地党、政、军、教、经、团中清出来的反革命分子，请各地均照上述原则处理。其应执行死刑的极少数人（大约占死罪分子的十分之一二），为慎重起见，一律要报请大行政区或大军区批准。有关统一战线的重要分子，须报请中央批准。此外，对于农村中的反革命亦只杀那些非杀不能平民愤者，凡人民不要杀的人一律不要杀。其中有些人亦应采取判死缓刑的政策。人民要求杀的人则必须杀掉，以平民愤而利生产。

同日

［纲文］ 中国六一国际儿童节筹委会发出关于庆祝六一儿童节的通知。

［目文］ 通知指出，一、要通过庆祝使广大少年儿童受到抗美援朝教育，并广泛团结全国一切关心和从事儿童教育、保育和福利事业的人士，共同为争取全世界儿童美好的将来而斗争。二、各地应以青年团、妇联、工会、政府教育部门、卫生部门为基础，联合其他有关机关团体以及社会人士共同组成庆祝筹委会。三、庆祝办法：（一）以学校、幼稚园、保育院为单位举行简短活泼、儿童所喜爱的庆祝活动，以及游园、游戏、参观展览、看电影、看戏等。（二）以市为单位举办游园活动，动员组织文工团和学校少年剧团表演简短、有意义的节目。（三）动员和组织机关团体为儿童举办广播、幻灯、电影、话剧、音乐、舞蹈、杂技、体育、科学等表演和图片、宣传画展览，免费开放公园、名胜古迹，并提供免费交通工具等。（四）举办“儿童保健宣传周”，进行健康检查、预防接种；召集文艺界、科学界座谈，号召为儿童创作；举办儿童保育、教育问题讲演；出版儿童节

---

① 即党、政府、军队、教育、经济、社会团体。

特刊、画刊；召集家长和各界人士座谈会，征求对保护儿童权利的意见和建议等。四、组织活动应注意：要适应儿童身心，活动不宜过多，时间不宜过长，要轻松愉快；发挥少年儿童的自觉性、积极性和创造性，启发和动员儿童自己筹备节日。

5月9日

［纲 文］ 公安部公布《城市陆上交通管理暂行规则》。

［目 文］ 《规则》及附则共八章八十八条，主要内容有，一、车马行人均须靠右顺序行进。二、车马行人均须听从交通警察指挥，并遵照道路标志及交通安全示意线行进。三、各种车辆均须照章领取牌照，并应悬挂指定部位，不得涂损。四、各种车身，除消防车外，一律禁用红色。五、车辆行驶，快车须走快车道，慢车应走慢车道，快慢不分的道路，须靠右侧行驶，行人须在便道，无便道者须靠边走。六、在交叉路口各方同时来车时，应让直行车先行，支路车应让干路车先行，无轨车应让有轨车先行，低速度车应让高速度车先行，空车应让重车先行；如在障碍地相遇时，较宽处车辆应停止，或倒退让对方先行。七、单行路线除消防车、救护车、警备车、工程救险车，因有紧急任务外，任何车辆不得逆行。八、各种车辆除消防车、救护车、警备车、工程救险车，因有紧急任务可优先行驶外，其他同速车辆均须保持适当距离，顺序行进，不得争先竞越。九、禁止停车地点的规定。十、军政机关、工厂、学校、医院等地附近，及人行道上，禁止摆摊、歇担、堆物、作业、演艺、聚众围观。十一、马路或便道上，不得练习驾车、跑马。十二、汽车行驶速度，应视地方情形加以限制，最高速度每小时不得超过30公里（消防、警备、救护车不在此限，但在任务完成后则须依章行驶）。汽车驾驶人员并须随时注意紧急停车。十三、在交通繁盛场所同方向行驶汽车，前后最短距离为5米，其他处所为30米。十四、汽车通过交叉路口，应在50米以外减低速度，鸣喇叭，并用方向标表示进行方向。夜间行驶，并须减低前灯光度。十五、汽车上坡不得作“之”字形，下坡必须挂挡，不得空挡行车，以免危险。十六、汽车载货体积，离地面最高不得超过4米，左右伸出车厢，不得超过0.33米，前后不得伸出2米。十七、汽车不得在狭路、隧道、急弯、陡坡、桥上、路中间或妨碍交通处停车。十八、电车行经交叉路口，及转弯处，或逢车马行人时，应在20米以外踏铃，如遇不及避让情况，应即用电闸停止。十九、在同一轨道两车先后行驶时，最少须保持25米的距离。二十、电车非遇意外事故，或经警察指挥，不得任意中途停车，非电车站不得上下乘客。二十一、自行车不得两人共乘及两人扶肩平行、撑伞或拖曳车辆。二十二、自行车须靠道路右边行驶，不得在人行道上乘行。二十三、人力车、三轮车不得在电车站、汽车站周围15米以内招揽乘客，或徘徊繁盛街道，以免滞塞交通。二十四、凡单乘三轮车不得共坐成年人2人，双乘三轮车不得乘成年人3人。二十五、往来行人须在人行道行走，如无人行道，应沿道路右侧行走，不得在道路中心逗留。二十六、军队、学校、机关团体整队通行马路，应保持3路，每120至150人为一小队，中间约留10米以上之距离，

紧靠右边行走，以便车马行人通行；行经交叉路口并应快步通过，以免长期阻断交通；夜间通行，行列排头排尾最左侧人员，应携带标识灯光。二十七、牵引牲畜应将缰绳执握于1米以内，牲畜不得任意拴系于人行道树上及电杆上，如有性烈牲畜于道路上行走时，应加戴嘴笼。二十八、重要干路，得规定以中央为快车道，两旁为慢车道，便道为人行道。二十九、车马如遇肇祸，肇祸人应立即停止行驶，除对被害人身、物体予以必要安置外，并须报告附近岗警或公安机关听候处理。三十、交通肇事，致人于死或重伤，应将肇事情形连同肇事人移送法院判处。三十一、交通肇事损害赔偿案件，经合理调解及当事人双方认可后又行反悔者，准于10日内提起诉讼，等等。

同日

[纲文] **教育部发布《高等学校1951年暑期招考新生的规定》。**

[目文] 该《规定》对教育部《高等学校1950年度暑期招考新生的规定》从7个方面作了补充规定：一、凡具有高中毕业同等学力的工农青年、革命干部持有合适证明者可报名投考；凡具有高中毕业同等学力的一般青年符合情况者可报名投考。二、符合工农干部等条件并能提出未曾学习外国语证明文件者，可以申请免考外语。三、各大行政区教育部（文教部）要争取实行统一或联合招生，于7月15日至17日考试，发榜不得迟于8月10日。四、凡具有下列条件之一，考试成绩稍差但可望在一学年内补习及格者，可以从宽录取：工厂、矿山、农场等产业部门的青年工人，工龄在3年以上者；工农家庭出身或本人是工农成分的干部，参加革命3年以上者；非工农家庭出身，本人又非工农成分的干部，参加革命5年以上者；少数民族学生；华侨学生。五、在录取名额中长期从事革命工作的工农干部、知识分子干部及产业工人，应达到一定比例。

5月10—16日

[纲文] **中共中央召开第三次全国公安会议。**

[目文] 会议主要议题，是总结贯彻中央1950年10月10日指示以来镇反运动的情况，贯彻中央谨慎收缩方针，部署当前斗争任务。

5月11日，刘少奇在会议上作关于镇反工作的讲话，总结了镇压反革命运动开始以来的伟大成绩，同时针对一些地区发生的工作草率和“左”的倾向，提出镇反工作当前要采取谨慎收缩的方针，集中精力处理积案。5月15日，会议通过了经毛泽东修改的《第三次全国公安会议决议》及《关于组织全国犯人劳动改造问题的决议》。《会议决议》规定从即日起，镇反工作采取谨慎收缩的方针，集中主要力量处理积案。主要内容有：

一、目前在全国进行的镇压反革命的运动，是一场伟大的激烈的和复杂的斗争。全国各地已经实行的是有效的工作路线，即党的群众路线：党委领导，全党动员，群众动员，吸收各民主党派及各界人士参加，统一计划，统一行动，严格地审查捕人和杀人的名单，注意各个时期的斗争策略，广泛地进行宣传教育工作，打破关门主义和神秘主义，坚决地反对草率从事的偏向。凡是完全遵照这个路线去做的，就是完全正确的。我们认为这个工

▲毛泽东（前排左十）同第三次全国公安会议代表合影。

作路线是继续深入镇压反革命工作和取得完满胜利的保证。在今后镇反工作中必须完全遵守这个工作路线。其中最重要者为严格审查逮捕和判处死刑名单，广泛地做好宣传教育。做到了这两点，就可以避免犯错误。

二、关于杀反革命的数字，必须控制在一定比例以内。原则是：对于有血债或其他最严重的罪行、非杀不足以平民愤者和最严重地损害国家利益者，必须坚决地判处死刑，并迅即执行。对于没有血债、民愤不大和虽然严重地损害国家利益但尚未达到最严重的程度，而又罪该处死者，应当采取判处死刑、缓期二年执行、强迫劳动、以观后效的政策。此外，凡介于可捕可不捕之间的人一定不要捕，如果捕了就是犯错误；凡介于可杀可不杀之间的人一定不要杀，如果杀了就是犯错误。

三、为了防止在镇压反革命运动的高潮中发生“左”的偏向，决定从6月1日起，全国一切地方，包括那些至今仍然杀人甚少的地方在内，将捕人批准权一律收回到地委专署一级，将杀人批准权一律收回到省一级，离省远者由省级派代表前往处理。任何地方不得要求改变此项决定。

四、对于“中层”和“内层”的反革命分子，必须有计划地加以清查。其目的是弄清情况和处理一些最突出的问题。其方法是学习镇反文件，对留用人员和新吸收的知识分子，号召他们中间有问题的人（不是一切人）用真诚老实的态度，交清历史，坦白其隐藏的问题。这种坦白运动必须由首长负责主持，采取自愿原则，不得施行强迫。其策略是争取多数，孤立少数，以待冬季的进一步清查。对于首脑机关、公安机关及其他要害部门，则须首先加以清查，并取得经验，以资推广。在政府系统、学校和工厂中进行此种清查工作时，必须有党外人士参加清查工作委员会，避免由共产党员孤立地去做。

五、全国各地，必须在此次镇压反革命的伟大斗争中普遍地组织群众的治安保卫委员会，农村以乡为单位，城市以机关、学校、工厂、街道为单位，经过人民选举组织。必须吸收可靠的党外爱国分子参加，成为统一战线的保卫治安的组织。此委员会受基层政府和公安机关的领导，担负协助人民政府肃清反革命、防奸防谍、保卫国家和公众治安的责任。此委员会，乡村须在土改完成之后，城市须在镇反工作开展之后，有领导地进行组织，以免坏人乘机侵入。

5月16日，中共中央转发《会议决议》。转发通知指出，一、中央认为这个决议是适时的和正确的，全党全军均必须坚决地完全地照此实行；二、这个决议和本电必须转发到地委一级和军党委一级为止，这是机密文件，不得遗失；三、会议的详情，由各公安部长、厅长、局长传达。

5月22日，中共中央批发《关于组织全国犯人劳动改造问题的决议》。该《决议》要求对反革命和普通犯人必须根据惩办与改造相结合的原则，并适应全国各项建设的需要，着手制定通盘计划，组织劳动改造工作。凡有劳动条件的犯人，应一律强迫其参加。

5月10日

[纲文]　中共中央发出《对土地改革业已完成地区的地主参加劳动生产及就业问题的指示》。

[目文]　《指示》全文如下：华东局、西北局、西南局并告中南局：兹将中南局4月23日关于地主参加劳动问题的电报发给你们，望你们注意处理这个问题。在土地改革业已完成、对地主的斗争已经相当彻底的地区，领导上应该说服农民主动地向那些表示服从的地主和缓一下，以便争取多数地主参加劳动，耕种自己所分得的土地，维持自己的生活。对于地主阶级中的知识分子或有其他技能，可以从事教书或其他职业者，应允许他们从事其他职业，或分配教书工作给他们。对于确实没有农业劳动力，而能做生意者，可以允许他们做生意。但对于有劳动力，能从事农业劳动，又无其他职业者，则应强制他们劳动，不允许他们游手好闲以讨饭为生。在他们从事农业劳动时，如有实际困难，亦应帮助他们解决。他们的底财，可以允许他们挖出来，投资生产，不再没收。他们以后生产所得，不论多少，均不再没收。但他们不论从事什么职业，不论到什么地方，均应加以监视，使其出处明白，行踪清楚，不得改名换姓，改变成分籍贯，到处鬼混。对于那些狡猾的至今不表示服从而表示顽抗的地主，则应继续加以斗争，使他们服从，并在可能时，亦可把他们编成劳役队强迫他们劳动。在土地改革后，适当地处理地主，是一个很重要的社会问题，望各地加以注意，并将经验报告中央。

此前，4 月23 日，中南局在给华南分局、所属各省委、区党委并报中央的电报中提出：土改后，大部分地主分子不从事农业劳动，要求做生意、进工厂做工或教书，并要求将分得的土地出租或交给农会。原因是某些地主分子不愿参加农业劳动，或不敢拿出钱来置办种子、肥料、农具，或因财产被没收过多，无力进行生产。对此，我们的意见是：不必强制某些不能胜任体力劳动或有其他技能的地主分子参加农业劳动。对于可从事教书等职业的知识分子，尤其不宜强制其参加农业劳动，其分得的土地允许出租，如所从事职业能够维持生活者，可由农会收回另行分配。愿意或可能参加农业劳动但顾虑较多者应由政府及农会加以训导，只要他们安分守己，决心从劳动中改造自己，拿出底财投资于农业生产，则不加追究，不再没收。对于确已没收干净的个别户的困难应适当解决。目前在继续控制地主、防止反攻的方针下，应缓和对地主的紧张斗争空气，以争取大多数地主分子参加农业劳动。否则，大批地主分子转向其他职业，既不便于对他们的监视与改造，也会增加城市的负担。

同 日

［纲 文］ **中共中央批转全国合作总社关于试行重点配售的总结报告。**

［目 文］ 中央给各中央局并转分局、省委、大中市委、区党委的转发批语要求各地照此办理。此前，中华全国合作社联合总社向中央呈报了关于试行重点配售的总结报告，主要内容是，1951 年 1 月中华全国合作社联合总社颁布试行配售的决定以后，各地都选择了基础较好的合作社，采取自报申请、民主评议、上级批准的办法，进行重点试办。当前享受配售优待的社员已达到 700 万人。从试办的经验看，合作社实行配售，除价格便宜、社员拥护外，还在端正合作社的业务方针、贯彻民主管理制度、加强经济计划和核算制度等方面有四点收效：一、克服了业务经营上的盲目性，保证了社员的需要，取消了与社员无关的市场交易；二、发扬了社员民主，巩固了合作社的群众基础；三、整理了组织，发展了社员；四、加速了资金周转，促进了经济核算。以后在配售工作中应注意以下问题：一、在贯彻配售办法，特别是在评议享受配售优待的合作社时，要克服过严或过宽的偏向和单由上级社指定等简单化的办法。二、“定量”配售应改为“限量”配售，“大体够”应改为“足够”。限量以“够”为最高标准，并在限量的标准之内，规定只准低于限量不准高于限量的原则，不必求平均，给予社员购买配售品的伸缩余地。三、不必机械规定配售商品的种类，省市总社可根据当地社员的实际需要及上级社批准的配售计划，协同当地公司，进行适当调整。四、废止使用配售证。五、纠正赔钱配售现象。六、在农村结合收购农民的农副产品进行配售、在城市于职工发薪时进行配售的办法值得学习，以解决购买力不足问题。七、各地应努力贯彻执行配售暂行办法，不得随意降低选举和评议享受配售的合作社的条件；增加“积极推销社员农副产品并有成绩者”作为享受配售的条件之一的提议是正确的。

同 日

［纲 文］ **政务院颁令公布《中华人民共和国海关进出口税则》及《中华人民共和国**

海关进出口税则暂行实施条例》。

［目 文］ 政务院命令全文如下：一、《中华人民共和国海关进出口税则》暨《中华人民共和国海关进出口税则暂行实施条例》，业经1951年5月4日本院第八十三次政务会议批准，特令公布，并决定自5月16日起施行。二、在本《税则》及《条例》公布以前实行的海关进出口税则暨有关税则实施的法令章则均予废止。三、本《税则》税率的修改，须经本院财政经济委员会核准。

5月15日，海关总署颁布通告施行《中华人民共和国海关进出口税则》及《中华人民共和国海关进出口税则暂行实施条例》，决定：一、自1951年5月16日起申报进口或出口的货物（包括邮递物品及旅客行李中的应税物品在内），一概按新税则及暂行实施条例估价征税。二、凡在新税则实施日以前报关货物，仍按旧税则及旧估价办法征税。三、转运货物应分别按照该货在指运地点申报进口或起运地点申报出口之日施行的税则征税。转口进出口货物也按此项规定办理。四、原来短卸货物其后运抵原指运口岸申报进口，如该货在新税则实施前已经报关者仍按旧税则征税。五、铁路联运货物应按其在设有海关机构地点报请验征之日施行的税则征税。

［文 献］ **中华人民共和国海关进出口税则暂行实施条例**

第一条 凡经准许进出中华人民共和国国境之货物，除中央人民政府政务院另有规定者外，均应按照中华人民共和国暂行海关法及海关进出口税则，由海关机关征收进口税或出口税。

第二条 凡税则内未列有品名的货物，应由海关按照最适合的税则号列归类。

第三条 进出口货物，应按其申报进口或出口日施行的税则税率征税。

进口货物到达前，经海关核准先行申报者，应按照运输工具申报进口日施行的税则税率征税。

第四条 进口货物的税率，分为普通税率与最低税率。凡自与中华人民共和国没有贸易互利条约或协定的国家购运的进口货物，应按普通税率征税。其自与中华人民共和国有贸易互利条约或协定的国家购运的进口货物，应按最低税率征税。邮递物品，适用本条的规定。

旅客行李中应税之进口物品，得按最低税率征税。

第五条 进口货物，应以该货运抵我国的到岸价格为完税价格。本条所称到岸价格，系指货物在采购地的正常批发价格，加上出口税，运抵我国输入地点起卸前的包装费、运费、保险费、手续费等一切费用，经海关审查确定者。

其由陆路输入我国之货物，于计算完税价格时，所有应加之运费等，应计算至该货运抵我国国境为止。

第六条 如进口货物在采购地的正常批发价格，海关未能确定时，其完税价格，应以申报进口时国内输入地点的平均批发市价减去进口费用及营业费用作为计算根据。除应完货物税的货物，应扣除货物税外，其计算公式如下：

（国内批发市价×100）/（100+进口最低税率+20）=完税价格

倘国内批发市价仍未能确定，或交易有特殊情形时，其完税价格，由海关估定之。

第七条 申报人送递进口报单时，应一并缴验货物的真正发票（如有厂家发票，应附在内）、包装清单和其他有关证件。该项发票等，应载明该货售与进口商的真实价格，连同运费、保险费和其他各费，并由进口商证明确实无讹，另抄录副本送关存查。倘货物于报关前业已售出，并应缴验真实合同。

第八条 出口货物的完税价格，为该货售与国外的离岸价格除去出口税，经海关审查确定者。本条所称售与国外的离岸价格，应以实际结汇的价格或易货合同的价格作为计算根据。出口货物完税价格的计算公式如下：

（售与国外的离岸价格×100）/（100+出口税率）=完税价格

其由陆路输往国外之货物，应以该货出离国境的离岸价格除去出口税，为完税价格。

如上述离岸价格未能确定时，其完税价格，由海关估定之。

第九条 申报人送递出口报单时，应一并缴验货物的真正发票、合同和其他有关证件，并另抄录副本送关存查。

第十条 进出口货物完税价格根据外币计算者，应由海关按照中国人民银行买卖外汇牌价酌定平均数折合人民币。其无牌价的外币，得由海关按照中国人民银行决定的汇率折合计算之。

第十一条 海关审核进出口货物完税价格时，对于申报人所缴验的发票、合同等证件，有权决定采用与否。并得于必要时，检查买卖双方的有关文件簿据，从事一切调查。即对于业经完税放行的货物，海关仍得检查其有关文件簿据。

第十二条 如申报人于送递报单时未将发票、合同等证件缴验，应按照海关估定的完税价格完税。

第十三条 税则的解释，货物在税则上的归类和完税价格的审定，其权限属于海关。受（发）货人或其代理人有异议时，得自海关填发税款缴纳证的次日起14天内，依海关规定格式，填具申诉书，向海关提出申诉。凡未依规定程序提出者，概不受理。

第十四条 海关接到上项申诉书后，应于7天内将该案重行审核，并得变更原决定。如认为应予维持原决定时，应于接到原申诉书后14天内加具意见，呈请海关总署审理。

受（发）货人或其代理人对变更之决定仍不服时，应于接到变更决定通知之日起7天内，向海关提出再申诉。海关应于接到再申诉书后7天内加具意见，转报海关总署审理。

海关总署接到海关呈转之申诉书或再申诉书后，除有特殊情形者外，应于20天内予以审理决定，并制成决定书发由原海关送达申诉人。无法送达时，应公告之。海关总署的决定为最后决定。

第十五条 在申诉案件未决定前，经受（发）货人或其代理人的申请，海关得准其缴纳保证金，将货物先予放行。该项保证金，须足敷应纳税款的全数和海关所核定的其他加征款项。

第十六条 本条例由中央人民政府政务院公布施行。

资料来源：1951年5月13日《人民日报》。

同 日

［纲 文］ **中国人民银行总行召开全国第一次农村金融会议。**

［目 文］ 会议由行长南汉宸主持。会议根据土地改革后农村经济发展的新情况，讨论并决定了全国农村金融工作的方针和任务，着重讨论了国家银行开展农村储蓄、农村保险、农村放款、农村信用合作等具体问题，通过了开展农村信用合作工作的方针任务的有关文件。

南汉宸在开幕会上指出，土地改革后的农村面貌已焕然一新，农村经济情况已普遍发生重大变化。许多地方的贫雇农已逐渐上升为中农。根据东北、华北的统计，农业生产普遍已恢复到战前水平。农民以前主要要求的是国家向他们放款，帮助他们解决在生活、生产上资金不足的困难，当前则要求国家帮助他们把农、副业产品销售出去。同时，许多地区的农民因为余粮增加，迫切需要储蓄。农民为了避免在生产上遭受意外灾害损失，都要求银行为他们办理牲畜和棉、麦的收获保险。因此，应开展农村金融事业，大力发展农村信用合作社。关于人民银行在农村的业务，县支行是开展农村金融工作的基本环节，银行的组织机构必须向下推进一层，银行机构在县以下乡镇普遍建立营业所。国家银行必须贯彻“深入农村，帮助农民，解决困难，发展生产”的方针，深入是前提，帮助是手段，发展是目的和要务。应大力扶植贸易部门和合作社的收购、供销工作，并在农村中开展存款、放款、储蓄、保险等全面的金融业务和组织信用合作、提倡自由借贷等工作，以活跃农村金融业务，为恢复与发展农业生产而努力。

5月11日

［纲 文］ **中共中央转发中南局电报并做出《关于在新区组织和建立供销合作社问题的指示》。**

［目 文］ 《指示》发给各中央局并转分局、省委、大中市委、区党委，指出：中南

局在这个电报中提出了新区一个迫切的问题，就是乡村受土改影响，地主富农已不敢也无力经营土产运销，私营下层商业倒闭，有很大破坏，而国营贸易也无力全部解决土产运销的问题。因此，农民土产品销不出。农民在贸易上第一个要求是把土产卖出去，甚至不大注意出卖土产的价钱。在此情形下，唯一可想的办法，就是由党和政府及农民协会领导群众组织起来，自己想办法来推销土产，并换回农民所需要的物品。这就是领导农民组织合作社以推销土产的办法。目前在新区除尽力建立国营贸易并组织私商来推销土产外，组织农民群众的合作社来推销土产，已成为迫不及待的一个办法。应放手地普遍地在推销土产的基本要求之下来组织新区农村合作社，而不必过分小心，束手束脚，使农民的困难不能解决。为此，中南局4月4日电报中所提出的办法，基本上是正确的。但其中有些说法是不很妥当的，例如："三分社会七分资本"等。望各地加以考虑，并立即试办。如可普遍推广，应立即予以推广，以便能及时地解决农民的问题。

《指示》提出八项原则，望各地注意掌握：一、农村合作社在区党委领导下以集镇为基点建立基层社，在较远乡村设立分店。二、合作社以推销土产为主要任务，在土产推销之后，再购回社员所需要的物品卖给社员，而不要将资金和人力用在其他经营上，忽视土产的推销。要特别注意为那些滞销土产品打开销路，即使没有多的利润，也应尽力经营，而不要只注意在那些畅销的土产品上去与人竞销。合作社的名称在最初甚至可定为土产推销合作社，而不要定为供销合作社。三、合作社股金，由需要推销土产者自愿交纳，并可用土产品交纳，要推销的土产品多者多交，少者少交，无土产品可销只购买消费品者可更少交，可分数等，由社员民主决定每等最低限额，愿多交股金者可以不加限制。四、合作社盈余分配，暂时可只分两部分：即公积金和股金分红。其余社员福利基金、文化教育费等暂时可不要，以后再说。股金分红可提高到盈余的40%—50%，公积金占50%—60%。五、土产品在本地推销，基层合作社可以自办，但远地推销必须依靠省县合作社或国营贸易机关，必须建立省县合作社。为此，基层合作社的股金和公积金必须提一部分交省县合作社作为远地经营土产的资金，交多少可由下级社民主决定。同时，为了经营土产品的大批远地推销，上级与下级合作社的资金和国营土产公司的资金可以互相调配统一使用。六、为了补助资金的缺少，对土产品特别是滞销的土产品应多作代销、赊销、定销，少作现销。赊销与现销比例，由合作杜和社员自由议定。七、合作社在掌握土产品后，出卖土产品原则是：国家及合作社需要的、在市场上缺少的物资，应优先并降低利润若干卖给国家及合作社（无利润或利润太少者不降低），不得高抬价格优先卖给私商。国家及合作社不需要或多余的物资，可以设立批发及零售销售店向市场广泛推销，卖给私商。为了便利推销，减低成本，伸长销路，可以有计划地开设加工工厂，以租赁、合营、代加工等办法利用私人的工厂、工具和技术。八、合作社不要兼办信贷业务，农村信贷将来应由银行领导办理。为了使合作社业务不脱离群众，应坚决反对合作社去经营那些与推销土产和供给社员必需品毫无关系的，而只是单纯以盈利为目的的市场交易。

《指示》说，掌握以上各项原则去经营合作社的业务，同时又注意合作社组织上的民主生活（每个社员一个表决权），就不会使合作社走到错误的路上去，而且也不能把这些办法看作是资本主义路线。因为资本主义的商业经营的唯一目的，是追逐利润。而这种合作社商业经营的目的，则是为了推销土产并换回社县的必需品。追逐利润并不是它的目的，对于那些利润不高甚至没有利润但社员迫切需要的土产推销，它也要去经营，而对于那些虽有高利润但对社员土产推销和必需品供给无关的交易，也不要花费资金和人力去经营。这就已经脱离了资本主义经营的路线。股金分红的比例稍大一些，也不改变合作社的根本性质。

此前，4月4日，中南局向华南分局及所属各省委发出关于新区组织农业合作社电报，并报中央。电报说，据程子华介绍华东、江苏等地建立合作社经验：在集镇的社社员多，开支少，便于农民经销；以乡建立的社脱离生产，人员多，开销大，社员少而赔累。各地应确定以区为单位建立合作社商店，一区有三个集镇则建三个商店。现在农民的第一要求是把土产卖出去，然后才是减轻中间剥削。据此，我们认为合作社可以放手发展，不必怕干部没有配备好走了资本主义道路。乡村地富已不敢也无力经营季节运销，下层商业倒闭，有很大破坏。趁此机会发展合作社，实有利无害。即使所建社“三分社会、七分资本”，只要不以盈利为唯一目的，而以不积压土产有利民生为目的，就可以先求发展再改进，每区设一个社及两三个商店，全区至多一万个左右。希望各省据此加以筹划，抽调干部归区分委领导，采取又分红又配给制度，广泛吸收群众入股，不加限制。一社设三部，一为推销，一为供应，一为信贷。也可设两部，把信贷设在供应内。县级则委托一揽子商店兼办大货栈业务，响应配备干部。先有个合作总社筹备委员会，掌握方针，交流经验，推广业务，以后慢慢健全。一些具体困难如房子、经费、干部等，应酌情就地解决。

同 日

[纲 文] **政务院举行第八十四次政务会议。**

[目 文] 会议由陈云主持。会议听取和批准了政务院政法委员会副主任彭真所作的《关于政法工作的情况和目前任务》的报告，以及中央西南访问团团长刘格平所作的关于该团访问西南少数民族地区的工作总结报告。

彭真的报告初步总结了当前的政法斗争经验，规定了继续巩固与发展人民民主专政的几项工作方针和任务，强调指出当前必须重视与加强各级政法部门的工作领导，以保证各项主要任务的胜利完成。5月21日，政务院公布该报告。

会议并通过多起任免案。

5月12日

[纲 文] **中共中央批转《河南省委对土地改革后鳏寡户生活问题的处理办法》。**

[目 文] 中央给中南局并告华东局、西北局、西南局的转发批语指出：同意河南省委对土改后有些鳏寡户因无劳动力，地种不好，生活不够用，须常年救济者所采取的解决办法。

此前，5月9日，中南局将河南省委5月5日复南阳地委电转上，提出了对土改后鳏寡户生活问题的解决办法，主要是：有的地方采取了与劳动力强有剩余的户自愿合户及鳏寡去世之后，土地即归该户所有办法。我们认为这一办法可以推行。最好督促近族或亲朋这样做，对生产有利；也解决了社会救济问题。

同 日

[纲 文] **中共中央复电华北局并天津市委同意常宝堃等按烈士待遇。**

[目 文] 中央给华北局并转天津市委的复电指出：常宝堃、程树棠在前线牺牲，应按前线阵亡烈士待遇。所提各项善后办法，均同意。至于追认常为共产党员事，如常在生前已有入党要求，是可以追认的，军队中也有此办法。如常在生前无此要求，则不必如此做。但可由中共天津市委送给他挽词。“曲艺节”如天津艺人大家同意，可定为天津地方曲艺节。全国曲艺节暂时尚不能决定。

此前，5月10日，天津市委致电华北局并报中央，提出常宝堃、程树棠赴朝鲜慰问期间牺牲的善后办法，一、向其家属报丧，并付给临时安家费；二、筹备召开扩大追悼会；三、派人赴安东（今辽宁省丹东市）运灵。死者家属提出扩大追悼，加强宣传，以深入抗美援朝运动。常家希望能追认常为共产党员，并在政府领导下，以常父及其弟为首组织曲艺队，团结曲艺界进行推广曲艺工作，完成常氏未竟志愿。同时，报告提到：在报丧会上，曲艺界有人提出：一、在出殡日举行曲艺界大示威游行；二、订常宝堃牺牲日为“曲艺节”；三、全市曲艺界挂孝3天，女演员登台演唱不搽脂、不穿鲜艳衣服；四、将其事迹编演唱词，并注意防止特务造谣挑拨等。由于常宝堃是天津家喻户晓的人物，又是曲艺界领袖人物之一、市各界人民代表会议代表，人们对如何处理其善后非常关注。天津市委仍准备本着政治上给予应有荣誉，生活上对其家属妥为优抚的原则，进行善后工作。唯对于追认常宝堃为中共党员及订其牺牲日为“曲艺日”二事，请予以指示。

同 日

[纲 文] **中共中央批转中央政策研究室关于湘西苗族工作的材料。**

[目 文] 中央给中南局并湖南省委的转发批语指出，如果这些材料是确实的，就应立即改变这些情况。此前，5月11日，中共中央政策研究室在关于湖南乾城苗族工作中的一些问题的报告中，列举了反映该地区解放以后仍存在苗汉两族人民不团结现象的一些材料。报告认为，发生这种情况的原因除历史上大汉族主义造成的民族隔阂外，主要是由于我们大部分干部不能正确掌握党的民族政策，甚至某些干部对民族政策存在错误看法造成的。此外，湖南省本年将湘西划为川盐区，规定淮盐和芦盐不许进入湘西，而使苗胞在盐价上吃亏，造成苗胞不满，也是原因之一。

同 日

[纲 文] **中共中央批转苏南区委农村工作委员会关于各民主党派参加土地改革情况报告。**

[目 文] 中央给各中央局并转分局、省委、大中市委、区党委的转发批语指出：兹

将苏南区党委农委会关于各民主党派参加土地改革的报告发给你们参考，其中各项经验总结是对的，望各地在组织民主人士参加土改时照此办理。

此前，5月9日，中共中央政策研究室在一则《材料简报》中摘要刊登了苏南区党委农村工作委员会关于各民主党派参加土地改革情况的报告。主要内容是：一、民主党派及无党派人士参加苏南土改者共29人，分派到7县（市）12乡，前后工作时间130天。每人从头到尾参加了两个至两个半乡的工作。二、民主人士参加土改是成功的。起初认为他们参加土改是个麻烦，甚至会把工作搞坏。事实证明，他们参加土改不但未把工作搞坏，而且起了不小的作用。他们对农民痛苦、封建剥削和地主阶级的罪恶有了较深刻的认识，而站到农民方面来。在苏南土改委员扩大会议上，他们以事实驳斥“苏南无封建”的论调，给其他民主人士和工商界以相当的教育，起了推动民主人士的作用。他们对反对封建统一战线起了桥梁作用，无形中成了民主人士的骨干。他们参加土改，也帮助党内某些干部对统一战线有了进一步的认识。三、民主人士中间也有个别人不好好工作，自由行动，甚至包庇地主。四、三点经验：（一）对民主人士应有诚恳的态度，和我党的干部一视同仁，但又要有所不同，要有分寸。凡他们能参加的会议，尽量让其参加。领导上公开赤诚和他们一起讨论，给他们一定工作，放手让他们去做。对此，他们是非常高兴的、感动的。（二）对于工作上的问题，要老老实实地同民主人士公开或个别谈话，不要过分谦虚。生活上则应给以照顾。（三）处理民主人士之间的相互关系更宜慎重，既不能分出彼此、轻率决定，又不能含糊了事，只能是严正地有立场地给以批判分析，启发他们自我批评，告以治病救人的方针，劝他们争取改造。否则，将使我们工作陷于被动。

5月13日

［纲 文］　中共中央发出《关于处理美国在华财产的指示》。

［目 文］　《指示》主要内容是，为了坚决肃清美国在中国的经济侵略势力，除对接受美国津贴的教会、学校、医院、救济机关等财产另有规定外，所有一切美国在中国的公私财产，均应分性质、分地区、有重点、有步骤地进行处理。处理的原则和方式是：一、对美国企业财产的处理原则是，凡涉及中国主权或与国计民生关系较大者，可予征用；关系较小，或性质上未便征用者，可予代管；政府认为有需要者，可予征购；对于一般企业，可加强管制，促其自行清理结束。在上述四种方式中，应以征用及加强管制为主。对少数在政治上经济上无大妨碍的美国企业，在上海、天津、广州等地可以保留一些。二、对美国政府及私人在中国占有的土地，在中央对外国人占有土地尚未明令规定统一处理办法前，可个别地、在随同处理该占有者的房屋时，将其占有土地予以无偿收回。三、对美国侨民个人的财产，除个别特殊性质者外，一般不加干涉。此外，《指示》还就美国在其他企业的投资、委托保管财产、美侨财产、冻结存款等事宜，做了具体规定。

同 日

［纲 文］　刘少奇在全国政协民主人士学习座谈会上讲话提出当前不宜采取社会

主义。

［目 文］ 讲话指出，中国实行社会主义至少需要到10年、20年以后，中国的民族资产阶级在现阶段，是有它的进步作用和革命作用的。如果目前即采取社会主义的步骤，对人民是无益的。伤害私人工业生产的积极性，无疑的是破坏着目前的社会生产力的发展的。这是“左”的错误。那么今天资本家对工人有没有剥削呢？自然有。但这种剥削有其进步的作用。可不可以和平转入社会主义？可以。转变方式有多种，如说服、颁布国家法令、开会讨论，甚或给以若干代价，等等。这工作我们从现在起便开始培养和教育，而且会是现实。假使有少数人反对怎么办？这很简单，可以消灭它。

同 日

［纲 文］ **刘少奇就东北局关于增加县级政府及协商委员会中非党人士比例问题做出批示。**

［目 文］ 批示要求李维汉对这个提议加以考虑并拟复。批示指出：在东北这样做，我认为是妥当的。此前，5月10日，东北局向中央电报请示：拟对东北地区各县、旗政府委员会与各界人民代表会议协商委员会委员中非党人士所占的比例作适当调整，目的是尽可能多地吸收非党劳模和文化、教育、工商等界中有代表的人物参加，可否将非党人士在上述机构中的比例调整为1/4到1/3。

5月31日，中共中央复电东北局指出，东北县、旗级政权尽可能多吸收党外人士参加，以便更能团结教育他们，使之积极参加工作，这是必要的。同意东北局在县、旗级政权及协商委员会中使非党人士占1/4到1/3的建议，除吸收非党劳模、文化、教育、工商等界中有代表的人物外，还应注意吸收少数民族、民主党派分子（如果该地有的话）及无党无派的民主人士参加。

5月14日

［纲 文］ **各国驻华使节参观敦煌文物展览。**

［目 文］ 展览会在历史博物馆举办。捷克斯洛伐克、朝鲜、印度、德意志民主共和国、蒙古、缅甸、保加利亚、越南、瑞士、罗马尼亚、波兰、苏联、印度尼西亚与匈牙利等国使节100余人出席。文化部部长沈雁冰介绍说，敦煌文物是中国伟大的古代艺术作品，它充分表现了中国古代劳动人民的艺术天才。他同时揭露了国民党反动统治时期各国帝国主义者对中国文化遗产进行掠夺和破坏的罪行。

5月15日

［纲 文］ **毛泽东批转中南局关于纠正镇反中关门主义倾向的指示。**

［目 文］ 毛泽东给各中央局并转分局、省委、区党委、大中市委及地委的转发批语指出：兹将中南局5月12日的指示电发给你们，请仿照办理。中央公安部正在组织15个视察组，每组3人，分赴华东中南、西南、西北、东北各省区检查镇反工作，定于6月15

日由北京出发。请你们即派若干视察组先去各县市实行检查，迅速纠正已经存在的缺点和错误。特别是中南方面杀人最多，宣传最少，极不相称，存在着很大的关门主义倾向，必须立即纠正。从中南局5月12日的电报来看，中央和中南局历次指示在汉口这样的地方并未实行，等于说空话，必须立即派人下去检查，问明责任，纠正错误，不可一刻延缓。此电请你们一直转发至地委，并请迅速转去。

此前，5月12日，中南局在给分局、各省市委并报中央的电报中说：现在各市在镇反中的神秘主义、关门主义、不要群众、不管行政、不要党外人士参与、单靠公安部门孤立镇反的倾向，还未认真加以克服。口头上说大张旗鼓，事实上不找具体办法，如武汉市从中南局直属机关逮捕5个人，连中南局的工作人员及主管人员还莫名其妙，就是明证之一。此外，今后对案情处理，要组织审查委员会，吸收党外人士参加（包括进步、中间分子），这对镇反只有好处，没有坏处。因为我们对案犯是采取依法判罪态度，并无不可告人之秘密，而通过这些人可以扩大宣传，并可增加材料。

同 日

［纲 文］ **毛泽东批转苏南区委关于清理“中层”的计划。**

［目 文］ 毛泽东给各中央局并转分局、省委、区党委、大中市委的转发批语指出：清理“中层”问题现在即应开始解决。除中央对此问题即将发出指示外，苏南区党委5月7日的计划及华东局5月12日给苏南区党委的指示电，均很好。请各中央局及省市区党委在接到中央指示后，参考苏南此项计划及以前通报的华北革命大学的经验，做出自己的计划报告中央为盼。

此前，5月7日，苏南区党委在关于在直属机关中开展镇压反革命学习和清理“中层”的计划中提出，清理“中层”不仅带有审干性质，同时还带有教育提高全体干部的目的，应取更加慎重和妥善的办法，通过群众性学习运动来进行。清理“中层”的计划，大体上分为组织学习、登记坦白和分别处理三个步骤：一、在思想上和组织上做好准备。各机关应以行政首长为主，会同组织、保卫部门，并吸收党外人士参加，成立机关学习委员会，领导镇压反革命的学习。二、进行坦白登记。在坦白登记前，要进行忠诚与老实的教育。三、分别处理。根据原有材料、新的材料组织审查，分清问题的性质与大小，适当加以处理。对坦白者一般不应逮捕。

5月12日，华东局在给苏南区党委的指示中说：根据华东军政委员会审查干部的经验，在正式动员学习直至调训阶段为止，对学习人员，除个别该捕该杀的现行犯、有血债及不杀不足以平民愤者外，一律以不捕不杀为好。这对消除顾虑，鼓励坦白，争取多数，孤立少数，打击罪大恶极者有极大好处。

同 日

［纲 文］ **毛泽东批转察哈尔省万全县镇压反革命的经验。**

［目 文］ 毛泽东给各中央局并即转分局、省委、区党委、大中市委、地委的转发批语指出，请各地委将此件一直转发到县委和小城市的市委。兹将万全县的经验通报给你

们，请你们仿照办理。全国各县市的镇压反革命工作是如何进行的，是否向群众大张旗鼓地做了宣传，是否举行了群众的控诉会，群众的反映如何，请每个县委书记和市委书记（除已写的市）都向我写一个报告，交地委和省委转送给我。我希望全国2000余县委和市委的书记同志都和我直接通信一次。这些通信收齐后将发一通报，其中最好的经验将如万全县一样转发各地作参考。

此前，5月5日，察哈尔省委办公厅通报了万全县镇压反革命的经验：将14名死刑犯分别于群众发动较差的城内、五区太师庄、一区西红庙、四区旧堡四处执行，并召开联村群众控诉会，大张旗鼓地发动群众镇压反革命。四处参加控诉会的群众达2万余人，情绪极为高涨。

同日—25日

［纲文］　**水利部召开1951年全国防汛会议。**

［目文］　出席会议的有各大行政区、中央直属各省市和各流域水利机关的代表55人，中央政府有关部门也派代表参加。会议听取了各地关于水利春修情况进度的报告，着重讨论与研究的问题是：一、防汛的组织领导问题。1950年全国各地防汛组织由各级政府行政首长负主要责任，由当地驻军代表与水利机关负责人参加共同建立领导机关，对防汛工作起了很大的作用。所以1951年基本仍照1950年方针进行，但如个别地区因实际情况需要时，可作适当的调整。二、堤防检验问题。各地对水利春修工程应认真进行验收工作，对旧有堤防要进行大检查，以免发生意外危险。三、防汛与防旱两项工作的配合问题。1950年有些地区因汛前缺雨，当地干部因领导抗旱而松懈了防汛的准备和布置，以致暴雨来临之时，防范不及，酿成水灾。各地应当把防旱与防汛配合进行。四、防汛的任务和保证问题。1950年召开防汛会议时，各地水利机关对防汛工作提出了具体的保证任务，以克服盲目性，这是我国治水防汛历史上的重大进步。不过，因当时许多地区解放不久，对各河流情况了解不够全面，因而提出的保证任务还不够明确，1951年应当加以改进。五、报汛工作是防汛中争取主动的重要关键，各地应努力研究和了解各河河势变化规律，以求预防其变化，控制其流向。在防汛工作中，应提高警惕，防止特务匪徒的破坏。

同　日

［纲文］　**越南劳动党中央主席胡志明致电中共中央请求援助越南粮食。**

［目文］　胡志明在电报中请求：一、越南正处在青黄不接期间，如无援米必告断炊。6月初至7月底是最紧急的关头。二、虽采取转移3个大团的部队并精简后方机关、多吃杂粮等措施，仍无法解决问题。若以过多新币购买粮食又将造成通货更加膨胀，且难以买到。三、恳切要求再帮助越南1500—2000吨大米，以渡过难关：第一批请于6月20日前运至高平、老街、谅山；第二批请于6月底运到。四、为解决运输困难，越方准备于6月初调动七八千人到高平就食助挑。

5月16日，刘少奇在该电报上批示，请杨立三商讨后答复，如有办法，给他们运去此批粮食为好。5月23日，中共中央致电胡志明，告已照请求拨给大米1500吨，争取在6

月20日前及6月底前分两批送到指定地点，请组织接收。6月11日，中共中央又致电越南劳动党中央，告在6月底前援助大米1500吨，但河口接运工具太少，上次已交迄今仍未运走，该地粮库又少，再送去恐受损失，请设法组织迅速运走。

同日

［纲文］ **中国艺术展览会在德意志民主共和国柏林国立博物院开幕。**

［目文］ 展览会由德意志民主共和国教育部主办。德意志民主共和国总统皮克、副总理乌布利希、教育部长汪戴尔、外交部长窦丁格尔，以及中国外交使团团长姬鹏飞[①]、苏联外交使团团长普式金、各外交使团团员、德意志民主共和国文化艺术界代表与人民团体的代表共300余人出席开幕式。

参展的有近1000件的中国新艺术品和古代艺术品，分别陈列于15个大厅。包括艺术摄影，新中国油画，齐白石[②]、徐悲鸿20世纪二三十年代的国画、木刻、年画、漫画以及表现解放后人民生活的新国画，还有从史前期（仰韶文化）直到清代中叶的古代艺术品。展览会受到德意志民主共和国人民的广泛欢迎，原计划于6月底结束，后延续到8月24日。此后应波兰政府邀请到华沙展出。

5月16日

［纲文］ **中共中央就关于城市政权组织问题给东北局做出批复。**

［目文］ 批复指出，关于城市政权组织问题，中央同意东北局提出的方案。区一级政权必须建立并须加强，以便认真地办理市政府交办的事项和人民群众提出的许多个别的问题。党与群众团体的区级组织也必须建立和加强，以便它们能够无缺陷地去领导各基层组织的工作。在街道上，除公安局的派出所外，也必须建立街道居民的一种组织。但这种组织如何具体建立，尚需加以研究并进行典型试验，待有成熟经验后再进行普遍的推广和组织。东北局所提出的街道委员会[③]可以先在各城市重点试行，暂时还不要普遍建立，以免将来再改。在街道居民中建立许多组织，召开许多会议，将许多任务推到街道组织去执行，或由派出所代办100多种工作，形成街道工作上存在东北局报告中所说的"六多"现象[④]，仍是一种农村工作方式，是错误的。其中许多组织、会议和任务可以取消或禁止。但街道居民中仍应有一种组织，因为在街道上许多无组织的群众，他们与政府和党没有任何组织上的联系，街道居民组织应特别注意去联系他们，有组织的群众住在街道上，也有一些要求。因此，街道居民的某种组织是必要的。这种组织的任务除开东北局报告中所提

---

① 姬鹏飞（1910—2000），山西临猗人，时任中国驻德意志民主共和国外交使团团长和首任大使。

② 齐白石（1864—1957），湖南湘潭人，国画艺术家，时任全国文联委员、全国美协委员、中央美术学院名誉教授。

③ 街道委员会是群众性的自治组织，由民政干事、派出所长、市区人民代表会议代表、妇女代表及群众选举出的若干委员组成，互推一主任。除主任及一两个民政干事与派出所长外，其余委员均不脱离生产。

④ "六多"是指：任务多、组织形式多、领导系统多、干部兼职多、会议多、统计报表多。

出的街道委员会的三项任务外，应加一项协助政府维持治安，如防止偷盗及反革命破坏分子等。在福利事业中应指出街道卫生问题。对群众政治宣传和群众意见的反映应特别指明注意那些无组织的群众，因为有组织的群众常常经过组织听到了我们的宣传并反映了他们的意见，再来一次，对他们可能是重复的，没有必要的。但这些问题的解决，仍有待于成熟的经验来答复。

此前，5月13日，东北局就关于城市政权的组织建设及区街组织形式与工作方法问题向中央呈送报告。主要内容是，一、东北城市政权的组织建设正在逐步提高，但仍有许多缺点。自1949年夏开始，参照天津经验，大城市一般取消了街级政权，简缩了区政府机构和职责（有的改为区公所）；中等城市不仅取消了街政权，而且取消了区级政权；在党群工作方面，也采取了加强市、缩小区的措施。但是这一改变单纯强调了集中性而忽视了复杂性，以为把政策法令工作步骤集中到市政府就是一切工作都要由市政府直接办理，以为产业、行业的群众组织可以代替城市中区政权机构，因而产生了许多缺点和问题。二、东北局准备在5月18日召开的东北城市工作会议上解决以下几个问题：（一）凡10万以上人口的城市，一律召开区人民代表会议，设立区政府。在集中统一原则下，区政府应是市政府的派出性和交办性的一级政权。凡属方针政策及单行法规的制定和颁布以及重大问题的处理，均必须集中于市。政令的贯彻执行以及地区性问题，经市批准后，适当交区决定处理或代办。（二）加强区的党群工作，建立及健全党的区委会，并在区委会内成立党组。在大中城市设立市级群众组织的区办事机关。区委的任务是领导党的支部及同级非党组织中的党组，保证完成上级规定的任务及贯彻执行党的政策，加强党与群众的联系，发展与巩固党的组织。（三）开好市、区人民代表会议，设立协商委员会的秘书处。按生产和地区编成代表小组，建立代表与政府、群众间的经常联系。（四）改进街道工作，设立街道委员会。街道委员会的三项任务是：1. 宣传贯彻政策法令，接受处理区政府交办事项。2. 反映群众意见和要求，发动及组织群众积极参加生产、教育及城市建设工作。3. 团结互助，兴办街道范围内的福利事业。（五）改变领导方法和工作方法，简化制度和手续。取消不必要的证明、调查和表报，禁止各企业、学校和群众团体不适当地让派出所或街道委员会使用行政命令办法工作，禁止各单位不经市、区登记及批准在街道中建立组织和召开会议。三、按照城市集中的特点，实行集中统一的领导是完全必要与正确的。当前城市政权工作不是集中统一多了，要分散下去，而是没有按照城市政权的任务及城市的特点做到严格适当的集中统一。上述方案就是要分清市、区两级政权的职责，达到适当的集中统一。

同 日

[纲 文]　中共中央复电同意习仲勋关于西北局3月份工作综合报告。

[目 文]　电报指出，3月份综合报告很好。其中所提三个问题的方针，都是对的。除镇压反革命问题最近中央和毛主席已有许多新的指示，望予遵照外，其他土地改革和少数民族工作，均可照所拟订的计划办理。

此前，4月10日，习仲勋致电毛泽东和中共中央，提交西北局3月份工作综合报告。主要内容是，一、西北地区工作都在照计划进行。原计划中的730万人口地区的土地改革，本年夏收前可结束。各地减租已形成广泛的群众运动，为土地改革准备了条件。西北局计划，凡是已经展开减租运动的地区，本年冬天开始进行土地改革；陕南、甘肃、宁夏以及青海的农业地区本年冬天进行土地改革，不会有大问题；宁夏也可列入在本年进行土地改革的计划内；新疆拟在本年秋后普遍进行减租，争取下一年秋后实行土地改革，同时有步骤地推行民族区域自治。二、民族区域自治必须有充分准备，积极创造好条件，反对消极地推出去放任不管。民族区域自治，必须以当地民族的干部为主体，在代表会和政府委员会中，各部落、各阶层、各教派都必须有适当名额。在有几个民族的地区，又必须根据各民族人口的多少合理分配席数。三、镇压反革命运动在3月份普遍展开，工商界、文艺界、教育界都掀起了热潮。公安侦察工作也大有开展。计划在新疆和青海当前只杀一批匪首、惯匪和首要反革命分子，待减租和土地改革时再大杀一批；坚决按先外层、再中层、然后内层的步骤进行，6月前大搞外层，下半年再搞中层；对仍在进行组织活动且证据确切者应随时拘办，等等。

同 日

[纲 文] **中共中央批转察哈尔省委关于进一步普及镇反宣传计划。**

[目 文] 中央给各中央局并转分局、省委、区党委、市委、地委、县委的转发批语说：兹将察哈尔省委关于进一步普及镇压反革命宣传的计划发给你们。中央认为这个计划是完全正确和完全必要的，全国各地均应照此计划去做。

察哈尔省委关于进一步普及镇反宣传计划的主要内容是，一、各级党委宣传部将镇压反革命的宣传作为当前工作重心之一。二、各区普遍召开一次各界代表会，各村普遍举行若干次各阶层的座谈会，专门讲解《惩治反革命条例》，联系本区、本村的镇反工作，进行讨论，使群众明了政策。三、大力组织群众学习《惩治反革命条例》和防奸常识。四、在镇反紧张阶段，应利用群众关心的每一件具体事件，经常向群众作报告。五、各种对外宣传的报纸、刊物，均应发表专论。广播电台要组织播讲和节目。各地应特别注意利用各种艺术形式作宣传。上述各项均须注意与抗美援朝宣传和生产工作密切结合，不能顾此失彼，把镇反的宣传孤立起来。

同 日

[纲 文] **中共中央做出《关于在劳动保险登记工作中应注意区别一般反动党团分子与特务分子的指示》。**

[目 文] 该《指示》5月19日批发给华东局并转上海市委并告各中央局、分局转各省市区委及工会党组。中央在《指示》中根据上海的经验，对各地进行劳动保险卡片登记工作时结合检举反革命分子的工作提出了具体明确的意见，指出工人中并未有反革命罪恶的普通反动党团分子，仍可进行劳动保险的登记，并享受劳动保险待遇。

［文　献］关于在劳动保险登记工作中应注意区别一般反动党、团分子与特务分子的指示（节录）

上海在进行劳动保险卡片登记工作时，结合检举反革命分子的工作是作得对的和必要的。但据新华社五月四日所播上海职工在劳动保险卡片登记工作中检举反革命分子的新闻中有"胜利果实不让坏人享受"的说法，申新五厂等处有"登记好人，挤出坏人"的口号，并有把一般反动党、团分子与特务分子并列者。在这些口号下很可能把坏人的范围扩大化。一般反动党、团分子应与特务分子区别开来。普通工人、职员参加了国民党和三青团（其中有不小的一部分是被迫被骗加入的），如果他们不是反动党、团的负责人，并未进行反革命活动，便不能叫作反革命分子。劳动保险条例及实施细则中只规定那些被剥夺政治权利者不得享受劳动保险。工人中并未作过反革命罪恶的普通反动党、团分子，仍可进行劳动保险的登记，并享受劳动保险待遇。如果把工人中一般反动党、团分子以致犯过某些错误的人，与反革命分子同等看待，将会造成工人中的不团结，给真正反革命分子以钻空子的机会。望各地在进行劳动保险卡片登记工作及动员群众检举反革命分子时注意这个问题，加以掌握，不要发生偏差。

资料来源：中央档案馆提供档案。

同 日

［纲 文］　**中共中央发出关于不必过多地利用广播宣传及有关诉苦会问题的指示。**

［目 文］　指示要求各中央局、分局、省市委，一、在大城市中，利用广播电台举行广播大会，是对人民群众进行突击性的大规模动员的有力方法。但这种宣传方式影响社会各阶层人民生活很大，而且在动员和组织群众收听和反映上每次都必须花费很大力量，不能经常采用，以免群众疲劳。以后在大城市中除广大群众普遍关心的事情，同时必须进行大规模紧急动员者外，不必过多地采用这种方式。二、控诉美、日、蒋罪行，回忆旧日痛苦生活，激发群众完成眼前任务，是人民群众进行自我教育的很好方式之一，但也应注意防止流弊。不要勉强不愿控诉者控诉；不要勉强苦主多次反复诉苦，使控诉者和听众发生厌倦；不要仅限于消极控诉，而应利用控诉对人民群众进行积极的政治教育，由人民群众在控诉会上做出适当而积极的决议，鼓励在工作中树立积极性和最后战胜反动派的信心。

同 日

［纲 文］　**政务院发出《关于处理带有歧视或侮辱少数民族性质的称谓、地名、碑碣、匾联的指示》。**

［目 文］　《指示》指出，为加强民族团结，禁止民族间的歧视与侮辱，根据《共同

纲领》第五十条的规定，对于历史遗留的加于少数民族的称谓及有关少数民族的地名、碑碣、匾联等，如带有歧视和侮辱少数民族意思的，应分别予以禁止、更改、封存或收管。具体办法如下：一、各少数民族的称谓，由各省、市政府指定有关机关加以调查，如发现有歧视、蔑视少数民族的称谓，应与少数民族代表人物协商，改用适当的称谓，报政务院审定公布通行。二、县（市）及其以下的地名（包括区、乡、街、巷、胡同），如有歧视或侮辱少数民族的意思，由县（市）政府征求少数民族代表人物意见，改用适当的名称，报请省政府备案。县（市）以上地名，由县（市）以上政府征求少数民族代表人物意见，提出更改名称，报政务院核定。三、凡各地存有歧视或侮辱少数民族意思的碑碣、匾联，应予撤除或撤换。为研究历史、文化，此种碑碣、匾联在撤除后一般不要销毁，而应加以封存，由省、市政府文教部门统一管理，重要者并须汇报文化部文物局。其中有历史、文物研究确有价值而不便迁动者，在取得少数民族同意后，应予保留不撤，但须附加适当说明。以上均由各省、市政府进行调查，提出具体处理办法，报请大行政区政府（军政委员会）核准后实行。重要者，须报政务院核准。各级政府在执行时，应结合民族政策，事先在当地少数民族和汉族人民中进行宣传教育，并与有关民族（包括汉族）的代表协商妥当。在大多数人了解之后再开始具体执行，以便进一步加强各族人民团结，而不致增加民族隔阂或发生民族纠纷。

同日

[纲文] **毛泽东批转邓小平关于土改、镇反、抗美援朝的综合报告。**

[目文] 5月9日，邓小平向中央提出关于土改、镇反、抗美援朝的综合报告。本日，毛泽东加批注转发各中央局、省委、区党委、大中市委各负责人。批注内容主要有，一、报告谈到西南的“淮海战役”（即清匪、反霸、减租、退押运动）和土地改革取得了巨大胜利。毛泽东批注：所有这些都很好，都值得庆贺，一切尚未做到这一步的地方，都应这样做。二、报告谈到进行土改的地方，都必须坚持复查、减退、惩治不法地主，适当满足贫雇农要求，改造农会和乡村政权的领导成分。毛泽东批注：所有这些都是正确的，各地都应这样做。三、报告谈到在镇反和惩治不法地主两个问题上，有些地方发生了控制不严的毛病，领导决定收缩，下面却继续杀人。毛泽东批注：中南区也发生此种现象，也是控制不严的结果，必须记得这个教训，千万不可重复。四、报告谈到上述现象经过西南局几次指示特别是毛主席的几次指示，4月底都已停止下来。毛泽东批注：请中南华东各省坚决一律都停止下来，方能控制。五、报告谈到杀人批准权，除个别地委外，均已收到区党委。毛泽东批注：必须无例外地一律收回到省委或区党委。六、报告谈到镇反和土改后期，事前不报告，事后不请示，不按章程办事的无政府、无纪律的风气又在抬头。毛泽东批注：请中南、华东各省严密注意这些教训，坚决执行请示报告制度，绝对不容许此种坏作风抬头。七、报告谈到西南全区干部从5月起进入整风，总结经验，肯定成绩，发扬优点，纠正缺点，并注意纠正无政府、无纪律倾向。毛泽东批注：请你们考虑可否仿照西南办法在6、7两月来一次整风，在冬季再来一次整风，不要

等候冬季作一次整。八、报告谈到许多人以为抗美援朝影响工作，而群众一搞起来，大大帮助了实际运动，扩兵这样容易，也出乎意料之外。毛泽东批注：还有两件事是出于许多同志意料之外的。一件是不敢大张旗鼓地镇压反革命，不敢邀请党外人士参加审判委员会和我们共同审判反革命。结果恰好相反，愈是打破了关门主义的地方，情况愈好。这是对于人民和党外人士的积极性估计不足的一个例子。又一件是不敢邀民主人士、工商业者、大学教授、中学教员分批地大量地看土改，看杀反革命。叫他们去看，也只让他们看好的，不敢让他们看坏的，存在着严重的关门主义。结果又相反，凡去看了的，回来都是好话，都有进步。华东局规定好坏都让人看，结果很好。这是对于党外广大人士的积极性估计不足的又一个例子。九、报告谈到今春雨水太多，可能影响春耕，各省都有一些地方发生严重的灾荒，担心各地对这些问题注意不够，忽视争取本年丰收的中心任务，招致严重的后果，西南局正注意这一方面。毛泽东批注：此事我也很忧虑，务请你们密切指导，争取丰收。

同 日

[纲 文]　毛泽东批转中共中央办公厅秘书室关于处理群众来信的报告。

[目 文]　毛泽东给各中央局并转分局、省委、区党委、市委、地委、县委，各大行政区、省市区、专区、县人民政府的党组，并告中央人民政府各部门党组的批语说：必须重视人民的通信，要给人民来信以恰当的处理，满足群众的正当要求，要把这件事看成是共产党和人民政府加强和人民联系的一种方法，不要采取掉以轻心置之不理的官僚主义的态度。如果人民来信很多，本人处理困难，应设立适当人数的专门机关或专门的人，处理这些信件。如果来信不多，本人或秘书能够处理，则不要另设专人。

此前，4 月 30 日，中共中央办公厅秘书室在关于处理群众来信的报告中，将本年1—3 月处理群众来信的情形向毛泽东汇报说，1 月份来信 4680 封，2 月 3544 封，3 月 11436 封，3 个月总共来信 19660 封。来信所反映的问题，以有关抗美援朝、土地改革和镇压反革命三大问题为最多。报告汇报这一时期信件处理情形说，第一，转办的信数量增加了。这和来信增多有关，同时也是由于遵照毛主席关于“满足群众要求”的指示，把稍有参考意义的信件都尽量转办，使群众哪怕看来是很小的要求，也能得到解决或答复，使地方上能获得更多的材料作参考。第二，直接回信的件数比从前增加了。3 个月共给群众直接回信 327 封，等于 1950 年半年直接给群众回信的总数。这是由于回信可以给群众以很大的激励，鼓舞他们的生产、工作、学习热情。有十几封已由地方报纸加以刊载。不过这些回信，多数都是鼓励工作、生产和学习的，内容很易雷同，打算今后还是以尽量少回为原则。各地党、政领导机关在这一时期对群众来信的处理，已经比从前更加认真注意。据已知的，有江西省委、西安市委及河北、平原、山西、河南等省人民政府等，都已颁布了关于处理群众信件的指示和决定，总结检讨了过去的工作，纠正批评了不正确的观点，并规范规定了工作制度。不少地方对这一工作的总结报告和单件回报也比从前多和快了。

同日

［纲文］ **毛泽东就捕人杀人批准权一律提高一级事致电邓子恢等。**

［目文］ 电报指出：为了不使步骤混乱难于掌握（目前中南、西南两区已有难于掌握的形势，必须严重注意），捕人杀人的批准权必须一律提高一级，不许有例外。在土改区可由省派代表至专区、由专区派代表至县，掌握材料，用电话向专区请示批准捕人、向省请示批准杀人，这样对于捕杀少数人仍是便利的。

同日

［纲文］ **刘少奇就关于在国营工厂中建立党委的问题致信高岗。**

［目文］ 信中指出，关于在国营工厂中实现统一领导问题，华东城市工作会议及其他多数人都主张在工厂中建立党委来实现这种统一领导。理由是党暂时还没有或少有既懂得经济工作和技术又懂得党与群众工作的干部来管理工厂。因此，在工厂中实行一长制是难于管好工厂的。而以党委方式来实行集体领导，则既可补足厂长的某些缺点，又可统一各方面主要是党、政、工、团的领导。就是说，工厂中一切重要问题，除属于紧急事项厂长可以先作处理外，均须事先提交党委讨论，并经多数同意通过之后，属于行政方面的由厂长下令办理，属于党、工会和青年团方面的由各方面出面办理。党委成员包括工厂中最主要的负责人，以能力较强者为书记，如厂长不兼书记，则设一专职党委书记管理统一领导及政治群众工作，再设一专职副书记管理支部党务工作。如厂长兼书记，即设两个专职副书记。党委负责制，并不是取消或会妨碍厂长负责制，相反，它会加强并支持厂长负责制，同样，也加强党、工、团的工作，各方面的缺点还可得到一些弥补，少犯一些错误。如党在军队中实行党委制所能得的帮助一样。在工厂中实行党委制在目前是相比最好的一种管理工厂的方式。在工厂中建立党委实行统一领导后，在工厂外，即在市委、省委、中央局和中央各级党委之下也须建立企业党委，由党、工、团及工业管理部门的负责人参加组成，以便实行厂外对于工厂的统一领导，同样也弥补各方面所有的缺点。也就是说，各方面对工厂的重要指示，均须由企业党委多数通过。这样，也就保障了工厂外面对于工厂的统一领导。

同日—21日

［纲文］ **中国人民志愿军、朝鲜人民军进行第五次战役第二阶段作战。**

［目文］ 5月16日，东线志愿军和人民军全线发起进攻。志愿军二十军六十师先头一七八团17日突入纵深25公里，该师主力随后跟进，按时切断县里地区南朝鲜军三、九师的南逃退路，为战役的胜利发展创造了有利条件。

志愿军二十七军16日打开突破口后，17日八十一师抢占了预定高地和各要点。七十九师强渡昭阳江后击溃南朝鲜军一部，在金富里东南歼灭南朝鲜军七师八团三营。至此，二十七军突入纵深20余公里，切断了南朝鲜军在县里西南的退路，构成了合围县里地区的对外正面，并会同二十军六十师全歼南朝鲜军5个营。志愿军十二军突破后，歼灭南朝鲜军五师一部，为美军二师及法国营所阻。经过连续4次猛攻，歼其2个营大部。但因主力被阻隔，未能按时达到迂回的目的。

人民军五军团六师一团于17日突破后，随后切断了县里南朝鲜军东南退路，18日与志愿军二十军五十八师一七三团合钳，构成了合围县里之敌的对内正面。人民军二军团因山大并有积雪，受阻于雪岳山地区，未能完成合钳的任务。

至此，志愿军和人民军完成对县里地区分割穿插，并构成了对县里的内层包围。

18日，县里地区南朝鲜军三、九师开始向南及东南方向突围。19日，两师大部被志愿军二十军和人民军五军团歼灭，全部重装备被缴获。20日，志愿军二十七军、人民军五军团继续向南推进，歼灭南朝鲜军三师残部。人民军三军团于21日收复襄阳。

在中线，志愿军三兵团十五军17日歼美军二师一部，18日在大水洞将美军二师三十八团团部及一、二营大部歼灭，因遭到顽抗前进受阻，未能进一步实现战役割裂任务。六十军一八〇师16日发起进攻，19日攻占美军阵地，牵制了美军七师，使其不得东援。

在西线，十九兵团16日以4个师兵力发起进攻，17日攻占各阵地，并歼敌一部。18日六十三军南渡北汉江，在击退敌人反击中，歼美军1个营和南朝鲜军3个连的大部。

5月21日，中朝联合司令部决定，停止进攻，结束第五次战役第二阶段作战。此阶段作战，志愿军和人民军共歼敌2.3万余人，特别是在东线县里地区取得歼灭南朝鲜军三、九师大部，重创五、七师，并歼美军二师、陆战一师各一部的重大胜利，从而达到了第五次战役第二阶段作战的目的。

同日—17日

[纲文]　美国总统杜鲁门批准调整朝鲜战争政策的备忘录。

[目文]　5月16日，美国国家安全委员会通过一个有关朝鲜问题的政策备忘录，即美国国家安全委员会第48/5号文件。备忘录将美国在朝鲜的终极目标和当前目标作了明确区分，确定美国在朝鲜的当前目标是在三八线地区建立一条有利的防线，寻求缔结停战协定，结束朝鲜战争。

备忘录确定了美国在朝鲜的军事行动政策指导路线，主要内容是：一、终极目标是通过政治途径探求解决朝鲜问题的办法。当前目标是通过联合国寻求美国能接受的解决朝鲜冲突的办法，最低限度达到：结束战争；建立满足三八线以南地区行政和军事防务需要的大韩民国；非朝鲜武装撤离朝鲜等。二、力求避免使朝鲜的军事行动变成与苏联的全面战争，力争避免在缺乏主要盟国的支持下使朝鲜的军事行动发展成为与中国的全面战争。备忘录还对美国在朝鲜军事行动的主要方针、朝鲜问题的处理作了详细规定和分析。

5月17日，杜鲁门批准了这个文件。这是自1950年9月美军仁川登陆成功后，美国当局命令麦克阿瑟越过三八线北进以来，第一次调整朝鲜战争政策，明确了“联合国军”的作战，不再实现军事占领全朝鲜的目标。这是中国人民志愿军在战场上胜利作战的结果，也是美国当局承认朝鲜战争失败的一种表现。

5月17日

[纲文]　中共中央转发河北省委关于召开城市人民代表会议总结报告。

[目 文]　中共中央向各中央局并分局、省委、大中市委、区党委发出通知，转发河北省委关于召开城市人民代表会议的总结报告，以供各地参考。

此前，3月31日，华北局向中央转报河北省委3月24日关于在城市中召开各界人民代表会议的总结报告。报告称，河北省保定、石家庄、唐山等城市已多次召开各界人民代表会议及人民代表大会，有如下几点体会：一、必须团结工人阶级、工商业和文化教育知识界，他们是城市阶级阶层的主要组成部分。二、城市统一战线的巩固与扩大必须建立在发展经济的基础上。首先是搞好工业生产；其次是正确贯彻各种财经政策；再次是城乡兼顾，共同发展，具体实现城乡互助、工农联盟。三、必须建立与健全各界人民群众自己的组织，如产业工会、工商联合会、行业公会、文化界联合会等，并通过这些组织发现、培养并团结更多的新的中、下层代表人物，以扩大人民代表会议的群众基础。四、各界人民代表会议要有常设组织和驻会办事机构，以贯彻政策，联系人民，协助政府进行工作。五、吸收各界人民的代表人物实际地参加政权工作，认真团结和尊重在政府中工作的非党人士，使其有职有权，充分发挥其积极性。

还存在的问题是：一、石家庄、保定已召开过人民代表大会，其内容仍属各界人民代表会议性质。会议代表绝大部分通过人民无记名投票选举产生。根据内务部的指示，下届会议仍名为各界人民代表会议并改用选派、推举、邀请方式产生代表。石家庄遵照执行后，各界人民很不满意。这说明仅用“选派”、“推举”等办法，已不能满足人民的民主要求。今后人民代表会议代表的产生，应逐步扩大人民直接或间接选举的程度，并为以后实行普选、召开人民代表大会奠定基础。二、各地对市辖区是否召开人民代表会议并设一级政府问题意见不一。以后拟在唐山、石家庄召开区人民代表会议，成立区级政府，以处理人民中的具体问题。三、代表们对自己的提案，比对会议的中心议案更为关切。故留在会后由协商会议解决并将处理情况交下次会议向代表作交代为好。四、为使党外人士在协商委员会和市政府中多占席位，唐山市政府委员均不兼协商委员会委员，党委委员除市长外均不兼市政府委员，造成党、政、民机构间一定程度的隔阂。为此，需要研究并设法调整政府、协商委员会等组织机构及其组成。五、相当一部分干部甚至负责干部严重缺乏民主思想和习惯、对召开人民代表会议表示冷淡和漠不关心，不遵守会议程序，必须加强党内的民主和统一战线教育。

5月18日

[纲 文]　**政务院举行第八十五次政务会议。**

[目 文]　会议由郭沫若主持。会议原则批准教育部部长马叙伦作的《教育部1950年全国教育工作总结和1951年全国教育工作的方针和任务的报告》。报告指出，1950年以来，全国教育工作有以下收获：一、进一步明确了教育的方针、政策和努力方向。新解放区学校恢复与安定，并开始整顿和改造；老区学校则着重巩固与提高，并作适当发展。二、在全国范围内实行对旧教育的改革，先从改革教育内容着手，进行改革课程、改编教

材、改进教学方法、改变教学组织等一系列工作。三、发展和提高工农教育，创办了中国人民大学，培养工农高等知识分子。创办工农速成中学22所。四、在全国范围内实行了政治思想教育。五、开始实行教育事业中的公私兼顾政策，在城市奖励私人兴学，在农村鼓励群众办学。六、为国防、经济、政法、文教事业培养输送了大批人才。1951年教育工作的方针是，大力开展抗美援朝的爱国主义教育，继续贯彻教育为国家建设服务的方针，着重进行各级学校的调整。

同日

［纲 文］ **农业部发布《关于目前查苗、补苗、保苗的指示》。**

［目 文］ 《指示》称，当前各地领导机关的重要任务是要及时地领导农民进行查苗、补苗、保苗工作。一、华北大部地区和东北、西北、西南个别地区干旱不雨，春季播种多用抢墒、借墒、抗旱点种等办法完成，因而棉苗出土不齐。江南大部分地区多雨天寒，以致秧苗腐烂，许多大田作物生长不良。必须坚决克服某些干部认为“播了种，完了事”松一口气的思想，广泛开展查苗（特别对棉苗）、补苗和保苗运动，发现缺苗、毁苗现象，应立即进行补种或移栽；帮助或号召农民互助互济，解决缺少秧苗、棉苗及种子的困难；雨水过多地区要及时松土和间苗，干旱地区要锄地、保持水分，必要时浇水点种。二、为保证已出土和未出土的幼苗不受严重损害，各地必须严密检查，随时消灭地下、地上的一切害虫。三、抗旱之后可能会有大涝，大涝之后可能会有抗旱，各地必须及早预防。四、必须动员所有整劳动力和半劳动力同时进行查苗、补苗、保苗，以及修堤治水、捕灭害虫与准备夏收等工作。

5月19日

［纲 文］ **中国红十字会总会代会长彭泽民发表抗议侵朝美军使用细菌武器的谈话。**

［目 文］ 谈话抗议侵朝美军使用细菌武器，并表示支持朝鲜外相朴宪永5月8日向联合国及安理会主席提出的严惩麦克阿瑟和其后继人李奇微，以及受命制造细菌武器的日本政府的要求。

5月20日

［纲 文］ **《人民日报》发表毛泽东撰写的题为《应当重视电影〈武训传〉[①]的讨论》的社论。**

［目 文］ 毛泽东在社论中指出：《武训传》所提出的问题带有根本的性质。像武训那样的人，处在清朝末年中国人民反对外国侵略者和反对国内的反动封建统治者的伟大斗争的时代，根本不去触动封建经济基础及其上层建筑的一根毫毛，反而狂热地宣传封建文

① 电影《武训传》是一部反映清朝末年乞丐出身的武训办教育的历史传记影片，由昆仑电影公司拍摄。1950年12月影片上映后，上海、北京等地报刊发表了不少赞扬武训和《武训传》的文章。

化，并为了取得自己所没有的宣传封建文化的地位，就对反动的封建统治者竭尽奴颜婢膝的能事，这种丑恶的行为，难道是我们所应当歌颂的吗？向着人民群众歌颂这种丑恶的行为，甚至打出“为人民服务”的革命旗号来歌颂，甚至用革命的农民斗争的失败作为反衬来歌颂，这难道是我们所能够容忍的吗？承认或者容忍这种歌颂，就是承认或者容忍污蔑农民革命斗争，污蔑中国历史，污蔑中国民族的反动宣传，就是把反动宣传认为正当的宣传。电影《武训传》的出现，特别是对于武训和电影《武训传》的歌颂竟至如此之多，说明了我国文化界的思想混乱达到了何等的程度！

社论还指出：在许多作者看来，历史的发展不是以新事物代替旧事物，而是以种种努力去保持旧事物使它得免于死亡；不是以阶级斗争去推翻应当推翻的反动的封建统治者，而是像武训那样否定被压迫人民的阶级斗争，向反动的封建统治者投降。我们的作者们不去研究过去历史中压迫中国人民的敌人是些什么人，向这些敌人投降并为他们服务的人是否有值得称赞的地方。我们的作者们也不去研究自从1840年鸦片战争以来的一百多年中，中国发生了一些什么向着旧的社会经济形态及其上层建筑（政治、文化等等）作斗争的新的社会经济形态，新的阶级力量，新的人物和新的思想，而去决定什么东西是应当称赞或歌颂的，什么东西是不应当称赞或歌颂的，什么东西是应当反对的。特别值得注意的，是一些号称学得了马克思主义的共产党员。他们学得了社会发展史——历史唯物论，但是一遇到具体的历史事件，具体的历史人物（如像武训），具体的反历史的思想（如像电影《武训传》及其他关于武训的著作），就丧失了批判的能力，有些人则竟至向这种反动思想投降。资产阶级的反动思想侵入了战斗的共产党，这难道不是事实吗？一些共产党员自称已经学得的马克思主义，究竟跑到什么地方去了呢？

社论最后指出：为了上述种种缘故，应当展开关于电影《武训传》及其他有关武训的著作和论文的讨论，求得彻底地澄清在这个问题上的混乱思想。

此后，全国各地报刊纷纷转载并发表文章，形成了建国后文化思想战线上的首次批判运动。7月23日至28日，《人民日报》连载《武训历史调查记》，实际上为这次批判作了总结。

5月21日

［纲文］ **中共中央发出《关于清理“中层”“内层”[①]问题的指示》。**

［目文］ 《指示》指出，随着抗美援朝、土地改革、特别是全国规模的镇压反革命运动的开展与深入，所有混进机关中的各种反革命分子和各种政治上有问题的分子，主要是一部分留用人员和一部分新吸收的知识分子，已处于一种极端紧张不安的状况中。因此，必须抓紧时机，采用整风方式，有计划、有步骤地对机关工作人员普遍地初步地加以清理，以便弄清情况，处理一些最突出的问题，提高组织的纯洁性。《指示》对清理机关

① 清理“中层”，指清查隐藏在军政机关内部的反革命分子；清理“内层”，指清查隐藏在共产党内的反革命分子。

工作人员工作的范围、重点和步骤，以及方式方法等方面，均做出了具体的各项指示。中共中央将此件发给各中央局，各大军区党委，志愿军党委，并转分局，省市区党委，地委及县委，省级军区，军分区，兵团及军师党委，要求照此执行。

刘少奇于5月10日和16日至21日之间对《指示》的第一次送审稿和修改稿分别进行了修改。毛泽东于5月21日对刘少奇的第二次修改稿又做了少量文字改动，并起草了中央转发通知，通知全文如下：各中央局，各大军区党委，志愿军党委，并转分局，省市区党委，地委及县委，省级军区，军分区，兵团及军师党委：兹将中央关于清理“中层”“内层”问题的指示发给你们，请你们照此执行为要。

[文　献]　**关于清理“中层”“内层”问题的指示**

随着各项建设事业的成功和对工作人员政治教育的深入，随着抗美援朝、土地改革、特别是全国规模的镇压反革命运动的开展与深入，目前所有混进我们机关中的各种反革命分子和各种政治上有问题的分子，主要是一部分留用人员和一部分新吸收的知识分子，已处于一种极端紧张不安的状况中。有些人亟求洗清嫌疑，或交清历史，卸掉包袱，好专心为人民工作。有些人亟求声明坚决与反动党派断绝关系，重新做人，或者立功赎罪。有些人苦闷失眠，神经失常。有些人逃跑、自杀。只有少数坚决的反革命分子，仍怙恶不悛，冒险作破坏活动，或企图长期埋伏、待机活动。这个问题不解决，有很多人已难安心工作，党和国家的各项任务也将因而难以顺利完成。因此，我们必须抓紧时机，从现在开始，在今年夏秋两季，采用整风方式，有计划、有步骤地对机关工作人员普遍地初步地加以清理，以便弄清情况，处理一些最突出的问题，提高我们组织的纯洁性。为此特作如下各项指示：

一、清理的范围，应包括各民主党派和政府、军队、民众团体及财经文教等机关的一切工作人员和干部学校的学生。主要是其中的留用人员和新吸收的知识分子。打击的对象，主要应是各种反革命分子。清理的重点和步骤，首先应该是首脑机关和要害部门，然后是一般的机关，最后是所有部门的干部和勤杂人员。在政府系统和民主党派及各种带统一战线性质的机关、团体中，应以《共同纲领》和人民政府各项法令为政治思想武器，在北京应由全国委员会常委，在城市应由当地协商委员会等机关负责组成总的领导机关来主持。在学校和工厂中进行此种清查工作时，亦必须有党外人士参加此种清查工作委员会，应避免由共产党员孤立地去做。必要时可建立党组来加强领导。但在党内和青年团内，政治上、思想上仍应以党纲党章或团章为标准，并由党委或团委来领导。

二、因为目前工作极为繁忙，同时在若干地区和若干部门中，又缺乏强有力的老的骨干，因此，除首脑机关和要害部门外，一般地尚不应采用普遍审查的方法，对所有工作人员都逐个进行精雕细刻的审查。应该首先采取整风方式，即从学习镇压反革命的文件和由首长作报告开始，经过思想酝酿，然后号召有问题的人（不是一切人）用真诚老实的态度，向国家（或党）交清自己的历史，坦白出隐藏的问题，并检举所知道的反革命分子、嫌疑分子、或别人隐藏的问题。在首长报告时，应对所有人员说明：过去对历史有隐瞒和夸大者，应声明改正；没有说清楚者，应补说清楚；与反动组织有关系、进行过反革命活动者，应自己坦白出来；有反动违法物件者，应自动交出来。如此，有罪者可以减罪，罪轻者可以免罪，无罪者可以卸掉包袱，并可进一步取得人民和国家的信任。如果不说老实话，有问题不坦白，将来在任何时候被发现，均将被视为对国家人民或对党不忠实。如果知道别人有反革命行动或有反革命嫌疑，而不向国家机关适当的人报告，并加以隐瞒，亦将被视为对国家人民或对党不忠实。经验证明，这样作了以后，有问题或隐瞒历史的人，即可大批自动坦白或被别人报告出来，因而可以发现很多问题，并把很多人的政治面貌弄清楚。

对于已经坦白的人，领导机关应该及时地按其问题的是非轻重和坦白的忠诚程度，分别做出适当的结论。使已经彻底坦白的人安心工作，以便团结多数，孤立少数，并使领导骨干和审干中的积极分子能够集中力量，继续审查问题严重或坦白不彻底的分子。

三、采用上述方法，有问题的人，可以坦白一大批，但真正坚决的反革命分子，或有严重罪恶的反动分子，除在被迫情况下避重就轻地“假坦白”以外，一般是不会坦白的。因此，对于证据确凿但不悔改的反革命分子，特别是有血债的分子，特务间谍分子和恶霸地主，应该加以逮捕审判（逮捕时应向所在单位的群众宣布理由），对于反革命的嫌疑分子或有严重历史问题的分子，应从要害部门、机要部门坚决地调开，集中训练、审查，或调往非要害部门工作，由主管部门继续加以侦查。对于历史不清楚的人，应进行调查，以便弄清他们的历史。

四、我们的政府是各个革命阶级、各个民主党派联合的政府，同时又有大批留用人员和新吸收的知识分子，老干部和党员只占较少数。因此，在进行清查时，必须切实注意经过思想酝酿，以老的和其他一切可靠的干部为骨干，依靠多数组成队伍，一方面要号召留用人员和新吸收的知识分子中间，一切有问题的人，老实坦白清楚；另一方面，又必须严格防止把这种运动，简单地变为“老干部整新干部”，“党员整非党员”，“工农干部整新旧知识分子”，或“专整留用人员”的运动，致使党员或老干部陷于孤立。同时，为了防止逼供信的偏向发生，并使有问题的人容易坦白起见，除典型的报告外，一般的不应采用大会坦白方式，应尽量采用小会坦白，书面坦白，或向主管部门、向直接领导的首长坦白的方式。除开对于那些已有确实材料拒不坦白的分子，在审查时可加以追问外，对于其他一切人的坦白，均应采取自愿原则，不得强迫，经验已反复证明逼供信的结果，总是使问题越弄越乱，必须坚决反对。

五、现在流行的有“被斗户”、“被镇压户”、“党团分子”、“留用人员”、“流散军人”、“会道门分子”等口头语，这些口头语，用在整顿队伍清理机关工作人员中，是不妥当的和有害的。我们在清查中间，对于所有的工作人员，主要的应根据他本人的政治态度、思想状况、工作表现和具体的经历来处理他的问题，他们的家庭状况和过去的出身，只可以作一种附带的联系的观察，而不应笼统地根据他是不是“被斗户”等关系来处理他的问题。此外，在处理各项坦白问题时，必须采取严肃的和谨慎的态度，切不可粗枝大叶，尤其不可不分是非轻重地大批地洗刷新旧知识分子。

六、清理机关工作人员的工作，无论是采用哪种方式来进行，都是一种繁重细致的工作，都必须由首长负责主持。同时，现在又是在极端忙碌的工作过程中来进行，因此，在运动开始后，各部门领导同志间，必须有适当的分工，必须指定一定首长专门负责领导，根据各地初步的经验，一个单位从学习文件、听报告到坦白完毕，约须四五个星期的时间。最紧张的时期，是二三星期以后。那时，即不得不停止若干工作（如停止半天工作，或轮流停止工作二三天等）。但不可拖得时间太长，以免影响工作太大，及发生逼追或僵持的现象。关于审查与工作时间的配备，可由各机关首长按照具体情况决定。

七、全国各地除对机关工作人员普遍地作一次初步的清理外，并应对于首脑机关、要害部门进行重点清查，取得经验，以便在今年冬季进一步地加以清查。

资料来源：中共中央文献研究室编：《建国以来重要文献选编》第2册，中央文献出版社1992年版，第274—278页。

同 日

［纲 文］ 毛泽东批转东北军区党委关于在军事系统进行镇反和清理工作的指示。

［目 文］ 毛泽东给华东、中南、华南、西南、西北、华北各大军区的转发批语说：兹将东北军区5月18日关于在军事系统进行镇反和清理工作的指示发给你们参考。这是根据最近中央指示而规定的方针和办法，除时间一点外，各区均应当照此办理。

中共东北军区党委关于在军事系统进行镇反和清理工作的指示的主要内容是：一、对已逮捕的反革命分子，应立即组织力量加强审讯工作，从审讯中证实已有材料，发现新的材料，弄清具体罪恶事实，然后按其问题轻重拟出名单、意见，实行分别处理。但严禁刑讯逼供。二、对已有材料但尚不够逮捕条件的反革命分子及复杂分子，应继续收集材料，研究分析，如经查对证实，可根据不同情况分别采取调离重要部门，留部队继续审查，由军区集中劳动管训继续审查，或予以清洗的办法处理。三、部队应进行一次有重点、有步骤、有对象的审查工作，把混入部队的各种反革命分子清查出来，面目不清者弄清，以纯洁内部。

同日

[纲文] **政务院政法委员会公布彭真《关于政法工作的情况和目前任务》的报告。**

[目文] 该报告系5月11日政务院政法委员会副主任彭真向政务院第八十四次政务会议提交，并经同次会议批准。共分三个部分：一、几项主要工作简报。介绍了建国以来战胜灾害、政权建设、土改、镇反、民族事务、法制建设等方面的经验。二、工作中的几个问题。即忽视政权建设、脱离群众和调查研究。三、1951年的工作任务。主要是继续完成政权建设、土改、镇反等工作，要健全各级政法机构，培养政法干部。

[文献] **关于政法工作的情况和目前任务**

彭真

几项主要工作简报

一、中央人民政府成立和全国胜利后，一开始即遇到由美、蒋匪帮所造成的几乎普遍全国的严重灾荒，约有1亿2千万亩农田和4千万人口受灾。因为我们有伟大的毛主席为首的中央人民政府的领导，依靠各级政府各有关部门和全国人民的努力，迅速地完全战胜了当时及其后在若干地区连续发生的灾荒，并且取得了丰富的经验。这些经验就是：第一，中央人民政府及时制订了全国规模的、统一的救灾计划，其中主要的是一面调运大批粮食，救济灾民，一面提前进行若干工程设施，以工代赈，并领导全国人民为克服灾荒而斗争。第二，确定了群众生产自救的方针，使救济与生产相结合。其中有决定意义的是发动副业生产，组织物资交流，抢种早熟农作物；同时广泛兴修农田水利，及时号召节约，使救灾与防灾相结合，提高灾民群众克服灾荒的信心。第三，发动社会救济和群众互助运动，使非灾区广大群众的救济运动及灾区群众的互助运动与政府救济工作相结合。第四，救灾如救火，必须不失时机地抓紧进行。

今春有些省区如江西、湖南等雨量太多，气温太低，而有些省区如华北及山东则雨量太少。这种情况是否会造成困难，目前尚不能肯定。但部分地区的春荒已经出现，须要督促干部领导人民充分运用已有的经验克服春荒，各地并须注意做好防灾工作，以克服困难，争取今年丰收。

二、过去一年多，我们在政权建设方面，有很大成绩。先后制订了各级人民政府的组织通则和各级人民代表会议的组织通则，并取得了关于城市和乡村建政工作的一些初步经验。自去年全国民政会议以来，各地建政工作，已有进一步的开展，截至现在为止，全国已召开过人民代表会议或人民代表大会的地区，计有内蒙古自治区，25个省，8个行署区，10个专区，129个专辖或盟辖以上的城市，1961个县及65个相当于县的旗或设治局；此外，还有10多个省、县以内的民族聚居地区，已先后实行了规模不同的民族区域自治，通过人民代表会议建立了民族自治区人民政府。省和多数市的人民代表会议，已代行了人民代表大会职权。凡是已经开过人民代表会议或人民代表大会的地方，干部和人民群众都已取得了运用代表会议的若干经验。共同的经验是：会议一次比一次开得好。凡是会议开好了的地方，不仅政府与人民联系密切了，广大人民群众已开始在运用代表会议的组织形式积极起来管理自己的和国家的事务。人民普遍反映："人民政府不仅给我们办事，向我们报账，我们决定了，政府就办，人民真是当家作主了"，"从前谁管老百姓的要求，哪个人敢批评政府？现在政府有了错，人民也可批评"，"这才叫人民政府"。这就大大提高了人民爱国的热忱和对于国家的责任心。干部和人民群众已逐渐了解人民代表会议的重要性和它的好处。

经验又证明，在10万人口以上的城市中，区代表会议的召开，很有必要。通过它，不仅可以更加强政府与人民的联系，推进各项市政，并且可以更细致地讨论当地居民的福利工作，使人民代表切实而具体地展开对于工作人员的批评，学习管理国家的事务，有效地改进工作。

现在的缺点是有些地方的政府和干部，仍然还没有充分认识人民代表会议和人民代表大会是人民国家的基本制度和人民政权的基本组织形式；还没有按期召开人民代表会议和政府委员会；有很多地方已把"重要工作"，"交人民代表会议讨论并做出决定"了，但也还有些地方，对于代表的若干提案，未予以认真的处理；干部包办代替的作风，还相当严重地存在着。因而尚未能充分地发挥人民代表会议的作用，更全面地集中群众的意见。

三、去秋至现在，全国新解放地区，已有5百余县包括1亿3千余万农业人口的区域，进行了土地改革，约有8千万贫苦农民获得了约1千万公顷的土地。连同老解放区，现在已有了2亿7千万农业人口的地区分配了土地，消灭了封建的土地制度。这是巩固人民民主专政的一个基本环节。中央制订了土地改革法和划阶级等根本法令后，在大行政区和省人民政府的领导下，曾发动了将近30万的干部参加这一运动。各地办法都是先制订计划，训练干部，重点试验，而后由点到面，稳步前进。这是有领导的、有准备的、有步骤的、并有秩序的运动。这是继人民解放战争后，一场系统的规模极大而又极激烈的战斗。土地改革完成的结果，土匪消灭了，乡村中的匪首、惯匪、恶霸和特务分子等受到镇压了，革命秩序巩固了；农村生产力立即开始提高；专制的农村变成了民主的农村，因此不仅为中国工业化准备了可靠的条件，并且为中国民主化奠定了巩固基础。同时经验又一次证明，要迅速完成土地改革，彻底消灭封建，靠"和平分田"是不可能的，必须有领导地、放手地、充分地发动农民群众，经过群众斗争，由群众自己动手来没收与分配土地。土地改革又必须密切地与抗美援朝、剿匪、镇压反革命及人民民主建政相结合，孤立地进行土地改革运动也是不对的。只有这样，才能广泛深入地发动群众运动，顺利完成土地改革并巩固人民革命胜利的成果；也只有这样，才能彻底、干净、全部消灭一切封建残余。

四、镇压反革命活动，是巩固人民民主专政的另一个中心环节。自去夏发觉有些地方对于反革命分子的处理，有“宽大无边”的倾向以后，中央人民政府即颁发了严厉镇压反革命活动的指示，先后召集了各种会议，深入地进行了检查，具体地布置了关于镇压反革命的工作，并系统地进行了关于加强治安、司法工作及关于镇压反革命活动的宣传教育。现在宽大无边的偏向，一般已获得纠正，镇压反革命活动的工作，已成为全国规模的各阶层人民的广泛的群众运动，成为人民政府与广大群众密切相结合的一种对敌斗争。对于反革命分子坚决镇压的结果：人民欢声沸腾，交口赞扬，称之为“再一次翻身”，不再怨政府“有天无法”了；一般干部也认为“一切工作好做了”；全国百余万武装土匪已消灭殆尽，革命秩序已大为巩固，这不仅有效地保障了人民革命的成果，并且保障了生产建设的顺利进行。

一切经验证明，镇压反革命活动的工作，是人民群众打倒美、蒋反动统治斗争的继续，是人民群众为巩固自己的政权而对敌进行的一种剧烈的斗争。这不是单纯的人民公安机关的反奸防谍工作，当然也不是单纯的人民司法机关的检察和审判工作。因此不仅要有明确的方针政策和惩治反革命条例等那样法律武器，而且需要：第一，各民主党派和人民团体的亲密合作，通过人民代表会议及其他会议群策群力地来进行；第二，充分动员各阶层人民群众，使公安、司法机关在这方面的工作与群众的镇压反革命运动密切相结合。但这不是说群众可以不经法定程序直接对反革命分子施行制裁，而是说政府主管部门应依靠群众的协助与合作，只有举国上下一致，大张旗鼓和四面八方地来肃清一切危害人民的土匪、特务、恶霸及其他各种反革命分子，才能迅速彻底地完成镇压反革命活动的任务。在我国当前情况下，也只有这样，才能迅速地巩固人民民主专政和人民民主统一战线。

现在必须继续反对麻痹轻敌思想，继续严厉打击一切隐藏的特务、间谍，肃清散匪、恶霸和其他各种反革命分子。这是长期的复杂的斗争，必须坚决进行。必须继续坚决镇压反革命活动并反对自满轻敌情绪，同时又必须严格防止任何粗枝大叶草率从事的现象发生。我们总的政策，始终是镇压与宽大相结合，我们的态度必须是严肃与谨慎相结合，一切介乎可杀可不杀之间的反革命分子都不要杀，而以处徒刑及劳动改造等方法处理他们，这些都是毛主席在这一问题上曾经反复给予我们的总的指示。

五、一年多的民族事务，由于大力组织了“人来人往”，有效地进行了民族间比较系统的了解、联系和团结工作；由于各地在军事、政治、经济、文教各方面均作了极大的努力，并在各民族聚居地区及各民族杂居地方，开始推行着民族区域自治及民族民主联合政府制度，积极贯彻中央人民政府的民族政策，因此，有很多少数民族聚居和各民族杂居的地区，已根本改变了过去反动统治者所造成的恶劣的民族关系，开始建立起新的友爱团结的民族关系。今后除继续进行民族间的了解、加强联系和团结工作外，还应及时总结与交流各项工作的经验，特别是区域自治的经验；同时应积极培养少数民族干部。

六、适应以上各项中心工作的开展与保障其他各种国家建设的需要，一年余来，我们制订与审查了不少的重要法规、条例、章则，同时对于司法制度，也已进行了初步改革。目前我们国家的法律，还不很完备，但已有了一些基本的法规、条例和通则，它们已集中地体现了广大人民的意志，并且有力地推动了人民群众当前的各种斗争和建设运动。此外，在废除旧的反动法律、澄清旧的法律观点与建设人民的立法司法观点上，均获得了初步成就和经验。

工作中的几个问题

巩固人民民主专政的群众运动，由于中央人民政府和各民主党派的正确领导与团结一致，已有了很大成绩。目前这一运动正在全国各个方面继续开展和深入。各级政法工作部门，已从实际工作中，取得了一些重要经验。但目前我们的若干工作，还赶不上群众运动的发展，还有很多工作缺点和不少思想问题亟待解决：

一、目前对于政权建设忽视的现象，仍然存在；因此，政法部门工作有注意加强之必要。“革命的根本问题是政权问题”，革命首先是要打倒反动政权，接着就是在被粉碎的旧政权的废墟上，建设人民的新政权，领导人民巩固革命的胜利，巩固人民民主专政，以保障国家和人民经济事业的改进及其顺利的发展。但是，迄今还有些同志不了解毛主席所屡屡指示过我们的人民民主专政的重大意义，因而忽视镇压反革命工作；忽视对残存的、旧的政权作风及旧的法律观点的批判与清除；忽视定期召开人民代表会议和政府委员会的重要性；忽视土地改革与人民建政工作的配合；忽视目前政法工作对于“下层基础”即经济建设工作的巨大作用及其密切的关系；轻视政法部门工作，不愿做政法工作，认为这种工作可有可无。这些观点，应该加以克服，不然就会妨害人民民主专政的巩固和发展。

二、政法工作不是一种只坐在屋子里办公事、搞文牍的工作，而是一种广泛与群众运动相结合的实际工作，要指导与密切联系群众、通过群众、依靠群众来推进工作。只有抓紧中心环节使领导与群众相结合，才能很好地完成任务并由此建立起部门的经常工作。镇压反革命活动和整个治安工作如此，政权建设和救灾抚恤工作如此，司法、法制工作和民族事务工作也如此。我们决不应该囿于机关内部，纠缠于机关事务，只看见办公桌子，而看不见全国，应该面向群众，面向全国，抓住中心环节，指导运动，推动运动。在目前情况下，我们尚不宜于过分强调部门间的精细分工，应该强调各个部门相互间，和各个部门内部，都围绕着中心工作任务而通力合作；在政法部门内，尚不宜于过分强调除政策方针以外的中央集中领导，应强调同时加强地方各级的统一领导，即实行“双重领导”以利工作。

在立法方面，目前尚不宜于急求制定一些既不成熟又非急需的“完备”“细密”的成套的法规，以致闭门造车或束缚群众的手足；应该按照当前的中心任务和人民急需解决的问题，根据可能与必要，把成熟的经验定型化，由通报典型经验并综合各地经验逐渐形成制度和法律条文，逐步地由简而繁，由通则而细则，由单行法规而形成整套的刑法、民法。

三、我们的一切工作既不能从反动的“六法全书”之类的观点出发，也不能教条主义地从一些抽象理论出发，必须从我们当前实际情况出发。因此必须有重点地并系统周密地进行调查研究和及时地总结工作经验。过去经验充分说明，一经注意调查研究，搜集了典型经验加以整理，则“任务不明”和“工作不知从何着手”的现象就立即开始克服；部门本身工作，也就能很快地建立起来，步入正轨，干部也就由此获得锻炼，因而工作情绪也就能迅速提高。因为政法部门的任务主要是关于人民民主专政的具体实施，要指导群众的政治斗争，所以必须不断地与业务结合，加强对干部的政治教育和政策教育。这对于政法部门工作的改进有重要的意义。

一九五一年的工作任务

依据当前的形势与任务，为着巩固与发展人民民主专政，一九五一年的工作任务应当是：

一、加强政权建设。全国各级人民政府应按规定召开人民代表会议及政府委员会与行政会议。除尚未进行土地改革地区的县以下政府及有其他特殊情形者外，均应尽速创造条件，于本年内使人民代表会议代行人民代表大会的职权。所有10万人口以上的城市，年内应普遍召开城区与郊区的人民代表会议。所有已完成土地改革的农村，应召开村或乡人民代表会议选举村或乡人民政府。各地应注意革命残废军人和烈、军、工属的优抚工作，并使国家的优抚和救济工作与广大群众的优抚互助运动相结合。

二、继续镇压反革命活动。严厉镇压特务、间谍和各种危害人民事业的反革命分子；与部队配合彻底肃清各地股匪、散匪；摧毁反动会道门的组织；普遍完成关于反动党团区分部以上分子的登记工作；改进审判工作，迅速调集大批得力干部，采用突击方式清理积案；切实组织与扩大劳动改造工作；改进狱政；加强人民公安部队、人民警察和城乡人民公安组织，加强机关的、边防的及经济的保卫工作。

三、准备完成土地改革。除一般少数民族地区外，所有新解放区，应准备于今冬和明年基本上完成土地改革，并于已进行土地改革地区，有重点地进行必要的复查。

四、关于民族事务，应继续加强与各少数民族地区的联系工作；继续组织对少数民族地区的访问，以求得进一步的了解；应协助业务部门有计划有重点有步骤地发展少数民族地区的卫生、贸易和文教工作；尤其重要的是积极地培养民族干部，积极地推行民族区域自治和民族民主联合政府的根本政策。

五、根据必要与可能的条件，继续制订与审查一些带基本性的条例和法规。

六、为了适应目前的需要，保证各项工作任务的完成，应在省级以上人民政府逐步建立政治法律委员会（专署、县人民政府有必要又有条件时可在适当首长主持下设立政法联合办公室），负责指导与联系民政、公安、司法、检署、法院、监委等机关的工作，并处理相互间的组织与工作关系。政法部门的干部应有必要的补充。其次，应大批训练政法干部。除加强公安和民族干部的训练外，中央人民政府政务院政治法律委员会与大行政区对于县、市政府行政工作与司法工作的主要干部，应分期逐步轮流加以训练，并为政法干部训练班培养一批师资；对各大学政法学系课程改革，应予以协助。各大行政区和省并应着手计划大批训练和培养县、市和县、市以下的政法工作干部。

此外应围绕着中心任务协助建立与加强各级人民检察工作与人民监察工作，随时纠正各地工作中的不良倾向，并处理干部中的违法失职事件。

资料来源：1951年5月27日《人民日报》。

同 日

［纲 文］ 陈云、薄一波、李富春做出关于全国公私营纺纱厂停工一个半月的部署。

［目 文］ 由于棉花不足供应全国纺锭全部开工的需要，陈云、薄一波、李富春联合对饶漱石、邓子恢、习仲勋、邓小平、高岗、黄敬等人并华北事务部做出部署指出，1950年棉花虽然增产丰收，仍不足供应全国纺锭全部开工需要，加上外棉很难进口，国内棉农待价惜售，故国家手内存棉甚微。因此对全国部署如下：一、自6月1日起至7月15日，全国各地公私营纺织厂一律停工一个半月。二、停工期间，各公私营纺织工厂工资可按照4月份平均工资75%发给。包括公私营代纺与自纺，其工资统由花纱布公司负担，按期支付。三、停工期间，在当地党委领导下，由行政与工会组织全体工人进行政治、文化、技术学习。四、停工期间，各厂应进行大平车，检修机器，整理厂房。参加正常工作者，其工资仍照全工发给。五、停工期间，必须严密护厂组织，以免敌特乘机破坏。六、上海、天津、青岛三地专织军布工厂，仍照常开工。

同日，中财委发文部署全国公私纱厂停工一个半月。

同日

[纲文] **中国与巴基斯坦正式建交。**

[目文] 两国自4月30日起开始建交谈判。经磋商后于本日宣布中、巴正式建交，双方同意互派大使。

5月22日

[纲文] **外交部部长周恩来照会苏联驻华大使，表示完全支持苏联致美国照会中对对日和约草案的意见及建议。**

[目文] 周恩来照会苏联驻华大使罗申表示，一、赞同苏联所提出的对日和约的准备是有关各国政府共同任务的意见，经过八年英勇抗战才打倒日本帝国主义的中华人民共和国必须参加对日和约的准备、拟制与签订。二、同意苏联对美国对日和约草案的看法，即它明显地破坏了《开罗宣言》、《波茨坦公告》和《雅尔塔协定》等有关规定，美国占领日本当局竭力保存日本军国主义与阻止日本的民主化；同样，它也破坏了上述国际协定有关台湾与澎湖列岛归还中国和朝鲜自由独立的规定。三、完全同意并支持苏联所提出的关于准备对日和约的具体建议。

同日

[纲文] **外交部发言人斥责美国操纵联合国大会于18日非法通过对中国、朝鲜实行禁运的美国提案。**

[目文] 外交部发言人指出，这是联合国大会继非法通过诬蔑中国为侵略者的可耻提案后，又一破坏联合国宪章、侵越安全理事会权限并蓄意扩大侵略战争的非法活动。这个非法决议说明美国政府为了挽救侵略军队在朝鲜战场上所遭受的严重失败，正逼迫其盟国拿出更大的赌注投入对中、朝的侵略战争；对中、朝实行禁运是美国政府企图扩大侵略战争的一个重要步骤。发言人表示，中国人民坚决反对联合国这一非法的决议，而且有信心用彻底打败美国侵略者的事实来回答此协议。

同日—6月2日

[纲文] **全国合作社联合总社召开全国合作社工作会议。**

[目文] 会议主要讨论合作社的组织工作问题，认为过去合作社发展工作取得了很大成绩，但组织形式和内部机构还存在不合理现象，上级合作社大多数还没有单独建立业务机构和业务指导机构，基层社又由于过去大半是按行政区或行政和生产单位建立的，因而不少合作社社员少、资金少，社员购销货物不方便。因此，会议决定，在农村建立合作社要以集镇或较大村庄为中心；已经按行政村建立的合作社，应在取得社员同意后合并，集中力量扩大经营。在城市应按以下三种方式建立消费合作社：一、在较大的工厂、学校、机关，有集中的宿舍的，仍可以按生产单位或行政单位建社。二、在工人集中居住的地区组织工人消费合作社，凡是住在这个区域内的工厂、机关职工都可以参加。三、在没有工人集中居住的地方，可按区组织混合消费合作社，其社员可包括职工、其他劳动人

民、学生等。关于各级合作社内部机构方面，会议决定，为了扩大经营，必须单独设立业务指导机构和业务经营机构：一、大行政区、省、县的联合社，应迅速在理事会直接领导下设立供应与推销两个业务行政部门，指导与组织下级社的供应、推销业务。二、各级联合社应把供应、推销的业务指导机构与经营机构分开，以避免供多于销或销多于供，顾此失彼。三、县以上的各级联合社，应根据本地区的经济情况及业务需要，有计划地在适当地点建立货栈、仓库、运输站、加工工厂等业务机构。

会议还决定，根据目前经济形势需要，除了城市消费合作社和农村供销合作社外，还需要大力组织手工业生产合作社、渔业合作社和运输合作社。信贷业务有关国家的金融政策，合作社不易做好，建议由人民银行去做。农业生产合作社目前还没有成立的条件。此外，会议还讨论了城市消费合作社、农村供销合作社和各级联合社的章程准则草案，中华人民共和国供销、消费合作社登记办法草案等文件，提交全国合作社联合总社理事会批准实行。

5月23日

［纲 文］　**中央人民政府和西藏地方政府签署《关于和平解放西藏办法的协议》。**

［目 文］　中央人民政府和西藏地方政府双方的全权代表经过多次谈判，就一切重要问题作了详尽讨论之后，对和平解放西藏问题达成了一致共识。①本日，双方全权代表在北京中南海勤政殿庄严的国旗和国徽下隆重举行了《关于和平解放西藏办法的协议》的签字仪式。签字仪式由中央人民政府副主席朱德、李济深和政务院副总理陈云主持。参加签字仪式的有董必武、郭沫若、黄炎培、陈叔通、聂荣臻、彭真、马叙伦、章伯钧、谭平山、张奚若、许德珩、蓝公武②、张志让③、龙云④、沈雁冰、乌兰夫⑤、傅作义、李书城、李四光、叶季壮、朱学范、刘格平、贺诚、赛福鼎⑥等军政领导人、各民主党派领导人及社会知名人士。此外，还有班禅额尔德尼的代表拉敏益喜楚臣、计晋美、纳旺金巴等。

签字双方的全权代表分别为：中央人民政府全权代表李维汉、张经武⑦、张国华、

---

① 中央人民政府在命令人民解放军进军西藏的同时，通知西藏地方政府派遣代表来中央举行谈判，以便订立和平解放西藏办法的协议。西藏地方政府在中央人民政府和平解放西藏的方针和民族平等政策的影响下，于1951年2月派阿沛·阿旺晋美、凯墨·索安旺堆、土丹旦达、土登列门和桑颇·登增顿珠等5人为全权代表，并以阿沛·阿旺晋美为首席代表，前来北京举行谈判。中央人民政府当即指派李维汉、张经武、张国华、孙志远为全权代表，并以李维汉为首席代表，于4月29日与西藏地方政府的全权代表，在友好、团结的基础上开始进行谈判。谈判进展顺利，经过多次协商，双方一致通过了《中央人民政府和西藏地方政府关于和平解放西藏办法的协议》，并于5月21日结束谈判。

② 蓝公武（1887—1957），江苏吴江人，时任最高人民检察署副检察长、政务院政法委员会委员。

③ 张志让（1893—1978），江苏武进人，时任最高人民法院副院长、政务院法制委员会委员。

④ 龙云（1884—1962），彝族，云南昭通人，时任中央人民政府委员、人民革命军事委员会委员。

⑤ 乌兰夫（1906—1988），蒙古族，内蒙古土默特左旗人，时任中央民族事务委员会副主任、中共内蒙古分局书记、内蒙古自治区政府主席、绥远军政委员会副主席、中共华北局委员。

⑥ 赛福鼎·艾则孜（1915—2003），维吾尔族，时任新疆省人民政府副主席。

⑦ 张经武（1906—1971），湖南需县人，时任人民革命军事委员会人民武装部部长、中央军委办公厅主任。

孙志远[①]，西藏地方政府全权代表阿沛·阿旺晋美、凯墨·索安旺堆[②]、土丹旦达[③]、土登列门[④]、桑颇·登增顿珠[⑤]。

▲中央人民政府全权代表在《关于和平解放西藏办法的协议》上签字，右起：李维汉、张经武、张国华、孙志远。

签字仪式在庄严、团结的气氛中进行，签字完毕后，双方首席代表李维汉和阿沛·阿旺晋美先后致词，随后由朱德发表重要讲话。朱德在讲话中指出，关于和平解放西藏办法的协议，符合西藏民族和西藏人民的利益，符合全中国各民族人民的利益。我们应该为全国人民、为西藏人民热烈庆贺！西藏民族是中国境内具有悠久历史的民族之一，在创造与发展伟大祖国的事业中，曾经尽了自己的光荣责任。但是近百年来，帝国主义势力侵入中国，也侵入了西藏，并进行各种的挑拨离间。同时中国的反动统治，从清政府以至国民党政府，对西藏民族实行压迫和离间的政策。致使西藏民族和人民陷于奴役和痛苦的深渊。中华人民共和国成立之日，中央人民政府即宣布永远毁除民族压迫政策，而代之以国内各民族平等、友爱、团结、互助的民族政策，并将其付诸实施。全国绝大多数民族包括青海、四川、西康地区的藏族在内，因此获得了解放和自由，已经实行或正在实行民族的区域自治。达赖喇嘛亲政后，开始改正西藏地方政府以往的错误政策，接受中央人民政府的通知，派遣了以阿沛·阿旺晋美为首的全权代表团谈判关于和平解放西藏的办法。双方在友好的基础上，经过一个月的接触和谈判，达成了关于和平解放西藏办法的协议。这是中国民族大团结的胜利，但是帝国主义侵略势力是不会甘心失败的，它还可能继续进行新的阻挠和破坏。不论帝国主义还会使用什么样的阴谋诡计，在中国人民包括西藏人民在内的

---

① 孙志远（1911—1966），河北定州人，时任西南军政委员会委员、秘书长。

② 凯墨·索安旺堆，时为旧藏军总司令。

③ 土丹旦达，时为西藏地方政府秘书长。

④ 土登列门，时为西藏地方政府四品官员。

⑤ 桑颇·登增顿珠，时为西藏地方政府四品官员。

伟大力量面前，注定要遭受到彻底的失败。中央人民政府一定要援助西藏人民清除帝国主义在西藏的影响，完成中华人民共和国领土和主权的统一，保护伟大祖国的国防，使西藏民族和西藏人民永远获得解放，回到伟大祖国大家庭中，在中央人民政府和汉民族的帮助下，发展自己的政治、经济和文化教育事业，逐步地改善与提高自己的生活水平。希望西藏地方政府切实负责地执行关于和平解放西藏办法的协议，尽力协助人民解放军开入西藏。希望达赖喇嘛和班禅额尔德尼亲密地团结起来，在中央人民政府领导之下，为和平解放西藏而努力！

《协议》共十七条。根据《协议》，人民解放军进藏部队和中共中央派遣人员相继进入西藏并抵达拉萨，西藏宣告和平解放。至此，除台湾省及一些沿海岛屿外，实现了全国大陆各地各民族的大统一和大团结。

[文　献]　**关于和平解放西藏办法的协议**

西藏民族是中国境内具有悠久历史的民族之一，与其他许多民族一样，在伟大祖国的创造与发展过程中，尽了自己的光荣的责任。但在近百余年来，帝国主义势力侵入了中国，因此也就侵入了西藏地区，并进行了各种的欺骗和挑拨。国民党反动政府对于西藏民族，则和以前的反动政府一样，继续行使其民族压迫和民族离间的政策，致使西藏民族内部发生了分裂和不团结。而西藏地方政府对于帝国主义的欺骗和挑拨没有加以反对，对伟大的祖国采取了非爱国主义的态度。这些情况使西藏民族和西藏人民陷于奴役和痛苦的深渊。一九四九年中国人民解放战争在全国范围内取得了基本的胜利，打倒了各民族的共同的内部敌人——国民党反动政府，驱逐了各民族的共同的外部敌人——帝国主义侵略势力。在此基础之上，中华人民共和国和中央人民政府宣布成立。中央人民政府依据中国人民政治协商会议通过的《共同纲领》，宣布中华人民共和国境内各民族一律平等，实行团结互助，反对帝国主义和各民族内部的人民公敌，使中华人民共和国成为各民族友爱合作的大家庭。在中华人民共和国各民族的大家庭之内，各少数民族聚居的地区实行民族的区域自治，各少数民族均有发展其自己的语言文字，保持或改革其风俗习惯及宗教信仰的自由，中央人民政府则帮助各少数民族发展其政治、经济和文化教育的建设事业。自此以后，国内各民族除西藏及台湾区域外，均已获得解放。在中央人民政府统一领导和各上级人民政府直接领导之下，各少数民族均已充分享受民族平等的权利，并已经实行或正在实行民族的区域自治。为了顺利地清除帝国主义侵略势力在西藏的影响，完成中华人民共和国领土和主权的统一，保卫国防，使西藏民族和西藏人民获得解放，回到中华人民共和国大家庭中来，与国内其他各民族享受同样的民族平等的权利，发展其政治、经济、文化教育事业，中央人民政府于命令人民解放军进军西藏之际，通知西藏地方政府派遣代表来中央举行谈判，以便订立和平解放西藏办法的协议。一九五一年四月下旬西藏地方政府的全权代表到达北京。中央人民政府当即指派全权代表和西藏地方政府的全权代表于友好的基础上举行了谈判。谈判结果，双方同意成立本协议，并保证其付诸实行。

一、西藏人民团结起来，驱逐帝国主义侵略势力出西藏，西藏人民回到中华人民共和国祖国大家庭中来。

二、西藏地方政府积极协助人民解放军进入西藏，巩固国防。

三、根据中国人民政治协商会议《共同纲领》的民族政策，在中央人民政府统一领导之下，西藏人民有实行民族区域自治的权利。

四、对于西藏的现行政治制度，中央不予变更。达赖喇嘛的固有地位及职权，中央亦不予变更。各级官员照常供职。

五、班禅额尔德尼的固有地位及职权，应予维持。

六、达赖喇嘛和班禅额尔德尼的固有地位及职权，系指十三世达赖喇嘛与九世班禅额尔德尼彼此和好相处时的地位及职权。

七、实行中国人民政治协商会议《共同纲领》规定的宗教信仰自由的政策，尊重西藏人民的宗教信仰和风俗习惯，保护喇嘛寺庙。寺庙的收入，中央不予变更。

八、西藏军队逐步改编为人民解放军，成为中华人民共和国国防武装的一部分。

九、依据西藏的实际情况，逐步发展西藏民族的语言、文字和学校教育。

十、依据西藏的实际情况，逐步发展西藏的农牧工商业，改善人民生活。

十一、有关西藏的各项改革事宜，中央不加强迫。西藏地方政府应自动进行改革，人民提出改革要求时，得采取与西藏领导人员协商的方法解决之。

十二、过去亲帝国主义和亲国民党的官员，只要坚决脱离与帝国主义和国民党的关系，不进行破坏和反抗，仍可继续供职，不咎既往。

十三、进入西藏的人民解放军遵守上列各项政策，同时买卖公平，不妄取人民一针一线。

十四、中央人民政府统一处理西藏地区的一切涉外事宜，并在平等、互利和互相尊重领土主权的基础上，与邻邦和平相处，建立和发展公平的通商贸易关系。

十五、为保证本协议之执行，中央人民政府在西藏设立军政委员会和军区司令部，除中央人民政府派去的人员外，尽量吸收西藏地方人员参加工作。

参加军政委员会的西藏地方人员，得包括西藏地方政府及各地区、各主要寺庙的爱国分子，由中央人民政府指定的代表与有关各方面协商提出名单，报请中央人民政府任命。

十六、军政委员会、军区司令部及入藏人民解放军所需经费，由中央人民政府供给。西藏地方政府应协助人民解放军购买和运输粮秣及其他日用品。

十七、本协议于签字盖章后立即生效。

中央人民政府全权代表

首席代表 李维汉

代表 张经武

张国华

孙志远

西藏地方政府全权代表

首席代表 阿沛·阿旺晋美

代表 凯墨·索安旺堆

土丹旦达

土登列门

桑颇·登增顿珠

一九五一年五月二十三日于北京

资料来源：中共中央文献研究室编：《建国以来重要文献选编》第2册，中央文献出版社1992年版，第283—287页。

同 日

[纲 文]　中共中央批准中财委提出的实行酒专卖方针。

[目 文]　该方针提出，经研究决定，东北、内蒙古仍继续进行烟、酒专卖，华北除酒已实行专卖，盘纸[①]也将进行专卖，新区决定先专卖酒和盘纸。专卖酒不但可以增加财政收入，且可为余粮找一条出路。专卖盘纸是为了控制手工卷烟，并给专卖卷烟创造有利条件。但目前盘纸专卖在全国范围内还在做准备工作，应首先实行酒专卖。大行政区为经营专卖事业的单位。老区应在现有基础上提高质量，减低成本和改进管理。新区在实行时，应该是先城市后乡村、城市紧乡村松，从点到面、由小到大，稳步前进的方针。同时，应注意发展国营酒厂和管理私酒，从管、销、产三方面着手，贯彻企业化经营，保证税收和利润的任务。在初期，应拨付一部分资金，除由财政部从各地余粮、霉粮拨出一部分作为投资外，另外还搭配一部分现金。所得利润，中央提6成地方留4成。专卖事业的行政管理，仍由税务局负责。为了实行企业管理，决定先组织专卖公司。如各大行政区认为有设专卖局的必要时，可在专卖公司同时挂牌专卖局，由专卖公司兼办行政事务，或由税务局兼办专卖局的工作，不因此而另设一套机构。为了帮助新区开辟工作，老区须支援新区一部分干部。山东支援华东，东北支援中南，华北支援西北、西南，人数总计100人。

① 一种可供继续加工的原料纸。

同日—6月10日

［纲 文］ 中国人民志愿军、朝鲜人民军进行第五次战役转移阶段作战。

［目 文］ 5月23日，志愿军和人民军主力开始向北转移，然而，部署调整未完成，“联合国军”即全线展开大规模的猛力反扑。

5月24日，志愿军一八〇师虽经英勇战斗，迟滞了敌军的进攻速度，但自身伤亡也很严重，处于三面受敌背水作战的不利态势。随后被围，几乎全军覆没。九兵团二十军刚转移，即与进攻的美军展开激战。而二十七军尚未开始转移，被反扑之敌插至纵深，无法进入指定防御地区阻击敌军。志愿军和人民军一时陷于被动。

随后，志愿军司令部针对敌军的反扑特点，专门下达阻击作战的战术指示。

在西线，六十五军节节抗击优势敌军的进攻，一九四师五八〇团一连坚守阵地6个小时，歼敌240余人。一九三师主力与敌激战4昼夜，出色完成了阻击任务。在中线，被隔断于敌后的十二军主力，乘敌先头部队向前推进的空隙，继续向北转移。在东线，二十七军八十师判明敌情，积极部署防御，与北犯之敌激战两日，保卫了主力后撤通道，并安全后撤构成第二道防线。5月25—26日，七十九师在粮弹缺乏的情况下，顽强抗击美军和南朝鲜军诸兵种的协同进攻，并展开小的反击，战况十分激烈。28日，二十七军摆脱敌军反扑，全部转移到安全地区。

5月28日，美军七师主力和二十四师、南朝鲜军三师各一部在百余辆坦克支援下，多路向志愿军二十军五十八师阵地进攻，五十八师第一七四团在反击战中，击毙俘美军七师150余人。29日，五十八师又调整部署，以二梯队一七二团投入战斗，并以2个加强连协同一七四团实施反冲击，收复阵地，歼灭美军七师1个加强连和南朝鲜军三师一部。五十八师在极度疲劳、粮弹缺乏的情况下，每一个阵地都与敌军展开反复争夺，并不断以反击大量杀伤敌军，使美军和南朝鲜军在7天时间里只前进了4公里，北进气焰顿挫。

5月29日，志愿军司令部向各兵团并各军下达《关于阻击敌人追击的指示》，令各阻击部队必须不惜一切代价，阻住敌人。30日，志愿军一九三师趁敌连续进攻疲惫之机，以五七七团在五六七团一部配合下，对敌实施反击。五七七团全部收复被美军占领的阵地，毙伤敌230余人，自己仅伤2人。随后，又打退美军的疯狂反扑，巩固占领阵地。

在志愿军和人民军一线部队坚决阻击和反击下，“联合国军”的反扑势头已被遏制。与此同时，6月1日，志愿军四十七、四十二、二十六、二十七军在新幕、伊川、鸡雄山、黑云吐岭一线构成了纵深防线，全线防御布势基本完成。志愿军已经稳定战局，扭转了转移初期的被动局面。

但美军进攻仍未停止。6月1日，美军集中一、九军主力向志愿军六十三军阵地进攻。志愿军一八七师五六一团三营在师团火力的支援下，坚守阵地4天3夜，顶住数倍于己的敌军10余次进攻，与敌反复争夺，毙伤敌达1300余人，为稳定一线阵地起到重要作用。6月5日，六十三军转入二线阵地，进行机动防御，继续阻击敌军进攻。

6月10日，六十三军胜利完成防御任务。在历时12昼夜的作战中，抗击了美军4个师的轮番进攻，共歼敌1.5万余人，有力打击了美军的嚣张气焰，粉碎了敌军抢占铁原，摧毁志愿军后方基地和交通线，割裂志愿军和人民军防线的企图，为稳定战场局势做出重大贡献。

从6月10日起，志愿军主动撤出铁原、金化，将“联合国军”阻止在三八线附近，敌我双方均转入防御。第五次战役遂告结束。志愿军和人民军在第五次战役转移阶段的20天阻击作战中，共歼敌3.6万人。

5月24日

［纲 文］ 政务院颁发《关于划分中央与地方在财政经济工作上管理职权的决定》。

［目 文］ 《决定》包括五个方面内容，由1951年5月4日政务院第八十三次政务会议通过。《决定》指出，在继续保证国家财政经济工作统一领导、计划和管理的原则下，把财政经济工作中一部分适宜于由地方政府管理的职权交给地方政府。这是既利于地方政府的因地制宜，又利于国家财政经济工作的统一领导的方针。

［文 献］ 关于划分中央与地方在财政经济工作上管理职权的决定

自一九五〇年三月三日政务院颁发《关于统一国家财政经济工作的决定》之后，一年余以来，由于全国各地方政府对这一决定一致严格执行，由于调整了工商业和税收以及全国人民热烈拥护的结果，在国家的财政经济工作上已经有了巨大的进步。事实证明：去年统一财政经济工作的措施，是完全必要和正确的。但是我国是一个地广人众、交通尚不很发达的国家，而且目前仍处在人民革命大变革的时期，中央人民政府财政经济各部门，必须集中力量于全国财政经济工作的方针、政策、计划的掌握和主要工作的领导。因此，现在完全有必要，而且已有可能，在继续保证国家财政经济工作统一领导、计划和管理的原则下，把财政经济工作中一部分适宜于由地方政府管理的职权交给地方政府。这是既利于地方政府的因地制宜，又利于国家财政经济工作的统一领导的方针。为此，特作如下的决定：

一、根据已经实行的财政三级制、中央工业和地方工业划分的精神，中央各财政经济部门，应依本决定的原则，按本部门业务在管理上必须集中和应该分散的不同情况，逐渐地适当地在各该系统内划分中央与地方的管理职责，规定具体办法，报经政务院财政经济委员会核准后，通告各地执行。

二、中央财政经济各部、署、行，召开重要的专业会议之前，必须将准备在会议中做出决定的重要事项，先期通知各大行政区人民政府（军政委员会）并征求他们的意见，各大行政区人民政府（军政委员会）对于重要专业会议预告的重要事项，应予慎重研究，及时提出意见。专业会议所作的决议，一般须通知各大行政区人民政府（军政委员会）。大行政区人民政府（军政委员会）有不同意见时，须及时提请政务院审核。

三、凡属散在各地，但由中央各部、署、行直接管理的企业单位，各大行政区人民政府（军政委员会）均需指定相当的地方当局，加以监督、指导、协助。以保证国家统一的政策、方针、计划、重要制度的贯彻实行。这些企业中的一切政治工作，均归大行政区人民政府（军政委员会）指定的地方当局领导。所有这些企业的领导人员，均须按期向相当的地方当局作业务和工作报告。但军事工业则只向中央指定的地方当局作该项报告。凡属中央委托地方代管的企业和若干地方自管的重要企业，地方当局均应向有关的中央部门作必要的业务与工作报告。并在业务方针和技术上服从后者的指导。地方经营的重要企业的生产计划与基本建设计划，则应经有关的中央部门及政务院财政经济委员会批准。

四、一年来，由中央各部门直接管理的企业中的工作人员，绝大多数是尊重地方当局领导的。但也有少数人员片面强调其业务的独立性，而不服从或不尊重地方领导，这种情况对于工作是很有害的，是错误的。必须认识，我们每个财政经济工作人员个人的能力是有限的，虽然他们在过去财政经济工作获得进步上有一定的成绩，但其中最主要的原因，除由于中央的正确领导外，是由于全国各级政府的一致努力，全国人民的热烈拥护，没有这种伟大的集体的力量，工作的进步是不可能的。必须认识，国家的财政经济工作是非常复杂而艰巨的，是有关国家和全体人民切身利害的重要工作。而财政经济工作人员的经验还是很少的，只有取得全国各级政府与全体人民的监督、指导、协助，才能减少工作中的困难，加速工作的进步。因此，一切散在各地的由中央各部门直接管理的企业中的工作人员，必须服从地方当局的监督、指导，并取得他们的协助，不得闹独立性。

五、在财政经济工作上划分了中央与地方管理职权之后，地方当局对于职责以内的管理工作，必须采取谨慎负责和照顾全局的态度。因为国家财政经济工作的许多措施是必须从整体观念和长远利益出发的，一地一时的利益，必须服从全局和长远的利益。因此，地方当局对于中央各部所决定的企业业务方针、计划和重要制度，除其中确有必须改变之处，并经中央主管部门批准改变者外，必须保证全部业务方针、计划和重要制度的执行。各地方当局应将对于所在地的属于中央直接管理的企业单位，在政治工作上的领导和业务上的监督、指导、协助，定为自己经常和固定的责任。

资料来源：1951年5月26日《人民日报》。

同日

［纲文］ **毛泽东设晚宴庆祝签署《关于和平解放西藏办法的协议》。**

［目文］ 应邀赴宴的有班禅额尔德尼、班禅副佛师嘉亚佛，班禅堪布会议厅主要负

责官员拉敏益喜楚臣、计晋美、纳旺金巴、洛桑坚赞、唐曲雅丕，以及西藏地方政府谈判代表团的全权代表阿沛·阿旺晋美、凯墨·索安旺堆、土丹旦达、土登列门、桑颇·登增顿珠。应邀作陪的有中央人民政府副主席朱德、刘少奇、李济深，政务院副总理董必武、陈云、郭沫若、黄炎培，全国政协副主席陈叔通，最高人民法院副院长吴溉之、张志让，最高人民检察署副检察长蓝公武，人民革命军事委员会代总参谋长聂荣臻，中央人民政府全权谈判代表李维汉、张经武、张国华、孙志远，北京市市长彭真，以及政务院政法委员会、财经委员会、文教委员会、人民监察委员会，中央人民政府各部、会、院、署、行负责人，人民解放军在京高级将领，人民革命军事委员会各部门负责人，各民主党派、各人民团体的负责人共180人。

盛宴上，毛泽东首先致词。他举杯庆祝中央人民政府与西藏地方政府签订的《关于和平解放西藏办法的协议》，庆祝全国各民族的大团结、西藏民族内部的团结。他说，几百年来，中国各民族之间是不团结的，特别是汉民族与西藏民族之间是不团结的，西藏民族内部也不团结。这是反动的清政府和蒋介石政府统治的结果，也是帝国主义挑拨离间的结果。现在，达赖喇嘛所领导的力量与班禅额尔德尼所领导的力量与中央人民政府之间，都团结起来了。这是中国人民打倒了帝国主义及国内反动统治之后才达到的。这种团结是兄弟般的团结，不是一方面压迫另一方面。这种团结是各方面共同努力的结果。今后，在这一团结的基础之上，我们各民族之间，将在政治、经济、文化等一切方面，得到发展和进步。

班禅额尔德尼、阿沛·阿旺晋美也先后讲话。班禅额尔德尼说，多少年来没有解决的中国内部民族问题——西藏问题，在英明领袖毛主席领导下胜利地解决了。和平解放西藏是中国各民族大家庭里的一件大喜事。中央人民政府、达赖与班禅三方面的团结，只有在中国共产党和人民政府领导下才能实现。阿沛·阿旺晋美说，中国境内各兄弟民族已空前团结起来，西藏内部也已空前团结起来，这是毛主席领导的结果。我们热诚拥护毛主席的领导，庆祝中国各民族人民的伟大领袖毛主席健康，庆祝达赖喇嘛、班禅佛爷的团结和健康！

晚宴自始至终充满了团结、友好、愉快的气氛。大家频频为中国各民族的伟大领袖毛主席的健康、为西藏的和平解放、为达赖喇嘛和班禅额尔德尼的团结、为中国各民族人民的大团结而干杯。宴会后举行了各民族歌舞晚会。

同 日

[纲 文]　毛泽东致信达赖喇嘛。

[目 文]　该信由中央人民政府代表张经武于7月16日面交达赖喇嘛。全文如下：

达赖喇嘛先生：感谢你经阿沛·阿旺晋美先生带给我的信和礼物。西藏地方政府在你亲政以后，开始改变以往的态度，响应中央人民政府和平解放西藏的号召，派遣以阿沛·阿旺晋美先生为首的全权代表来到北京举行谈判。你的这项举措是完全正确的。

现在，中央人民政府全权代表和西藏地方政府全权代表，在友好基础之上，经过多次商谈，已签订了关于和平解放西藏办法的协议。这个协议是符合于西藏民族和西藏人民的利益，同时也符合于全中国各民族人民的利益。从此，西藏地方政府和西藏人民在伟大祖国大家庭中，在中央人民政府统一领导下，得以永远摆脱帝国主义的羁绊和异民族的压迫，站起来，为西藏人民自己的事业而努力。我希望你和你领导的西藏地方政府认真地实行《关于和平解放西藏办法的协议》，尽力协助人民解放军和平开进西藏地区。我特派张经武代表同你的代表们一道前来你处，以资联络。如你有需要他协助的地方，可随时与他接洽。附来礼物，至希收纳！

5月25日

[纲 文] **中共中央批转李富春《在第一次全国工业会议上的结论》。**

[目 文] 中央批语指出：李富春在第一次全国工业会议上的结论，中央是同意的。望各中央局并转分局、省委、大中市委、区党委印发给一切工业管理部门和工会党组及一切国营工矿企业负责同志，并组织他们学习和研究，借以改善工厂的管理。此篇可在党内刊物上发表，但不得在公开的报纸刊物上发表。

此前，3月6日，李富春在第一次全国工业会议上所作结论，主要内容有六个方面：

一、工业生产。1951年国营工业生产指标应该达到的指数（以1950年产量为100）：生铁128、钢锭141、钢材143、汽油143、铜120、电动机138、铅122、变压器155、锌498、水泥131、钨116、棉纱130、锑114、棉布131、锡127、汽车胎275、煤110、纸133、电力131。中央各工业部与各大行政区工业部应根据此指标，分别规定所管各厂、矿的生产任务，并领导与组织全体职工，按照中财委规定的计划表格，由基层企业开始，自下而上地编制生产、劳动、供应、成本、财务等项具体计划，建立实施经济核算制的必要条件。

二、基本建设。1951年的基本建设工程与投资分配比例根据两方面的情况确定：一方面，中国经济落后而发展又不平衡，经过长期战争，百废待兴；另一方面，工业建设需要弄清资源，需要大量资金、先进技术和成批技术人才，而这些条件我们还很缺乏。朝鲜战争正在进行，国家不能不保持一定的国防力量。因此1951年的基本建设必须从全国布局着眼，从发展国民经济与巩固国防的需要出发，有计划、有重点地采取分工合作、稳步前进的方针，首先集中力量搞好几件国防和民生最需要的基本建设，并为今后长期建设准备必要条件。不能样样都搞，一事无成。投资重点，首先放在钢铁、燃料、动力与铁路方面，使这些工业走在前面，从而保证其他工业的发展；其次要照顾到此后几年内人民日常生活与文化发展的需要，如水利、纺织、造纸等。

1951年各类工业的投资分配比例是：重工业52.2%，其中钢铁32.9%、有色金属4.7%、化学3.6%、机器5.5%、建材1.3%、电器3.1%、其他1.2%；燃料工业18.0%，其中煤矿6.6%、电力9.6%、石油1.8%；纺织工业16.2%，其中棉纺11.0%、毛纺0.4%、其他4.8%；轻工业及食品工业6.2%，其中造纸2.4%、橡胶1.2%、度量衡0.3%、制糖1.3%、卷烟0.7%、其他0.3%；资源勘察5.0%；其他2.4%。

三、地方工业。地方工业的发展至少有四点好处：（一）加速工业发展速度，满足当地人民，首先是农民的需要。（二）壮大具有社会主义性质的国营工业的力量，使国营经济有能力领导整个国民经济中其他经济成分。（三）加速国营工业资金的积累。（四）发挥地方积极性，动员与组织更多的人力、财力、物力来举办工业。因此，对于地方工业，必须采取积极发展的方针，鼓励各级地方政府经营工业。

地方工业的经营方向是：（一）面向农村，解决广大农民需要的生活资料和生产资料。（二）为国家企业加工，成为国家企业的得力助手。（三）主要应利用当地原料。（四）地方资力与人力能办到的中小型工业，特别是民用的轻工业。为避免盲目性，地方工业的生产和基本建设计划，应包括在全国计划之内。在中央尚未能制定包括地方工业在内的全盘计划之前，则应该逐级审查，经各大行政区财委批准，并报中央各主管工业部及中财委审核备案。

地方工业的经营范围，除现有的外，在新建中指出以下几项：（一）不在输电网内的独立发电厂。（二）小型矿山（小矿区）的经营。（三）制造农具及小五金的铁工厂。（四）建筑器材工业（如砖瓦窑、锯木厂等）。（五）纺织厂与针织厂。（六）民用的被服业。（七）地方需要的食品工业。（八）造纸厂与印刷文具业。（九）造日用品的化学工业。（十）地方性的公用事业及其他地方需要而中央尚难筹办的轻工业。

地方工业的发展，主要依靠地方积累资金，并可吸收私人投资。为了鼓励地方积极性，促进其合理发展，中央政府财经各部门应在可能条件下进行帮助：（一）国家有余的生产设备，可依据地方基本建设计划拨作地方建设工业之用，由地方分年向国家交纳折旧费，或作为国家对地方工业的投资。（二）中央各主管工业部对地方工业作技术指导与帮助。（三）贸易部门与银行应在可能范围内对地方工业加以扶植。（四）地方工业的利润，在一定时期内解除上交国库任务。（五）建立地方工业领导系统，加强政策方针的领导与经营管理的帮助。

四、学会经营管理、贯彻经济核算制。这是1951年全国财经工作的主要任务之一，也是这次会议中讨论得最多的一个问题。国家对一切国营企业通过五项办法实施经济核算制管理：（一）实行计划管理，即规定企业增加生产（数量、质量与品种）、提高劳动生产率及降低成本的任务，并建立系统检查制度。（二）给予企业必要的固定资产与流动资金。（三）实行独立会计制。由中国人民银行集中国营企业一切信贷，各企业有权与国家银行发生往来，逐渐发挥银行对企业的监督作用。责成企业领导人对盈亏负完全责任。（四）完成国家平衡计划后，企业有权通过合同制自行销售产品与收购原材料。（五）实行工厂奖励基金制。凡已核定资金并能有计划进行生产的企业，在经济核算制初步奠定后，可从超计划利润中提取一定比例（暂定至多不超过30%），充作工厂奖励基金，由中财委制定工厂奖励基金条例实施。

五、如何组织与领导生产竞赛。必须经过工厂管理委员会的统一计划与布置，各方面分工合作，而动员与组织群众实行竞赛应由工会负责去进行，行政方面则必须及时提出生产计划与当前的中心要求，并负责原材料的供应与产品规格的检验，互相配合，保证竞赛的顺利进行。

六、工资问题。全国工资制度的复杂与不统一有历史原因，各地人民生活水平与交通情况也有差别，工业恢复与发展速度也不同。因此，工资问题只能采取逐步清理、逐步调整、逐步统一的方针，适当解决某些急需解决的问题，为全国统一准备条件。全国工资制度走向统一，大体上要分三个步骤：第一步实行地区调整，第二步实行八级工资制，第三步实行计件工资制。

同日

[纲文]　中央军委发出《关于进军西藏的训令》。

[目文]　《训令》由毛泽东起草。指出：和平解放西藏的协议已于本月23日在北京签字，我人民解放军为了保证该协议的实现与巩固国防的需要，决定派必要的兵力进驻西藏。为此，特决定如下：

一、进军部署：（一）西南军区的十八军除留2个师（五十三师、五十四师）于甘孜、昌都地区担任修筑甘孜机场与甘孜、昌都段公路任务外，五十二师进军西藏任务不变。该师应以1个团进驻拉萨，2个团（缺1个营）进驻丁青、乌所、黎嘉、太昭地区，师部进驻太昭，另以1个营编成独立支队，由硕督地区出发沿雅鲁藏布江的贡布地区西进，担任宣传与侦察任务。（二）西南军区的十四军一二六团应由德钦地区进驻察隅地区。（三）西北军区的骑兵支队应由玉树进驻囊谦地区，并仍属西北军区建制。（四）西北军区由新疆准备入藏部队，除先头部队继续侦察到达噶大克的道路外，主力继续修通公路，以备随时入藏。

二、物资补给：（一）补给关系。除十八军与十四军入藏部队由西南军区负责补给外，骑兵支队仍由西北军区负责补给。（二）粮食。除十四军一二六团与骑兵支队分由云南与西北军区负责补给外，十八军入藏所需的粮食应以组织牦牛、汽车等运输为主，并在当地收买一部，不足数则由西南空司负责组织空投及其他方法解决。（三）修路。甘孜——昌都——丁青——乌所——太昭——拉萨公路由十八军负责抢修，力争于明年年底完成。西宁——黄河沿——玉树——囊谦——类乌齐——丁青公路由西北军区负责修筑，并将黄河沿——玉树——囊谦段继续修通。敦煌——柴达木——黑河——拉萨线为我对西藏将来油料补给的预定路线，应由西北军区派人进行实地勘测。（四）机场。除十八军应迅速完成甘孜机场的修建任务外，并应在丁青一带选建一临时着陆场，在拉萨修建一普通机场。

三、此次进军系在和平协议下的战备进军，各部万勿以和平协议已成而松懈战斗意志与战斗准备，因协议虽然签字，但尚未付诸实施，同时帝国主义必会用各种阴谋手段来破坏我们和平解放西藏的实现，因此应提高警惕性，随时都有应付意外情况的充分准备，同时必须加强部队的政策纪律教育，以保证解放西藏巩固国防任务的圆满实现。

四、各部接此训令后，应立即进行各种准备工作，并随时将准备情况报告军委，进军行动待军委进军命令颁布时实施。

同 日

［纲 文］ **朱德向进藏部队提出“进军西藏，巩固国防”八条意见。**

［目 文］ 这八条意见是：一、进军西藏，巩固国防，是光荣而伟大的任务。二、要做好行军的准备工作，衣、食、住、行件件都计算得很周到。三、不怕困难，不怕险阻，管你崇山峻岭、雪山草地，我们可以逢山开路、遇水搭桥，没有人民解放军通不过的道路。四、团结友爱，互相帮助，大家动脑筋，大家出主意，什么困难都可以克服。五、要发扬人民解放军艰苦奋斗的精神，要保持人民解放军纪律优良的传统。六、帮助西藏人民是最光荣的，要尊重藏族同胞的生活习惯，学会藏语，并且要谦虚谨慎，戒骄戒躁，和藏族同胞亲密相处。七、要有长期建军的思想，练好武艺，保卫国防，搞好生产，保证给养。我们是一支战斗大军，又是生产大军。八、学会和自然作斗争的本领，多想办法，多出主意，多种粮食，多养牛羊，用我们辛勤的劳动逐步地把高原变成沃土。我们一定能够胜利地完成有历史意义的任务。

同 日

［纲 文］ **政务院举行第八十六次政务会议。**

［目 文］ 会议由陈云主持。会议听取并批准了交通部部长章伯钧作的《交通部1950年工作总结与1951年方针的报告》，通过《政务院关于1951年夏季征收公粮工作的指示》，原则通过《政务院关于1951年民工修筑公路的规定》。

章伯钧的报告指出，1950年的成绩是，积极恢复与整理水上运输，开辟与恢复北洋、长江、松花江、桂穗、邕穗等各航线班轮；扶助私营航业。调整了运价，抢修了码头，并进行部分航道和港口的疏浚工作，恢复了主要的航道标志；开办了3个航务干部学校及南京海员训练班。1951年航运工作方针是，支援战争，促进城乡内外物资交流，改革航运机构，改善船舶经营管理，重点推行经济核算制，加强船舶技术检查，团结与管理私营航业。1950年公路工作，总计新建路线406公里，整修路线1.96万公里。1951年公路工作方针任务是，加紧国防公路的修建及经济线的维修保养，大力组织群众运输，开展联运业务，加强民主管理，推行经济核算制。陈云在发言中指出：要把一切可用的水运和公路运输力量组织起来，并与铁路相结合，组织运输网；要按照计划去修筑公路和组织航运，集中力量在下半年修几条干线公路；要有重点地实行经济核算制，逐步降低运输成本。

《征收公粮工作的指示》要求：一、1951年夏、秋两季征收公粮数额比例，由各省（市）政府根据该地区夏、秋产量各占全年产量的实际比例拟定，报大行政区政府（军政委员会）批准执行。中央直属省、市报财政部批准执行。夏收特别少的地区，可于秋季一次征收，不进行夏征。1950年和1951年春进行土地改革的地区，如有因土地带苗转移而引起负担纠纷时，由省（市）政府根据实际情况规定具体办法，报请大行政区政府（军政委员会）批准执行。二、为保证国家需要，调剂市场，各地应尽可能多征小麦。不能征收小麦的地区，征收适当数量的杂粮（大麦、豆类）、货币和经济作物。征收经济作物的种类、数量和比价等事项，由各大行政区政府（军政委员会）或中央直属省（市）政府拟定，报财政部批准执行。产棉区存棉户得以棉花抵缴夏季公粮，其比价可照中财委1951年3月7日发布的《关于保证棉粮比价的指示》办理。夏季特产（如茶叶、蚕丝、果木等）多的地区，得酌征一部分货币。征收货币的期限不可过短，并应事先向农民做广泛宣传，预为准备。三、各级政府应加强对夏征的领导，下乡宣传政府征收公粮政策，并注意及时改进征收业务，试办征收解库的会计工作，做到结报及时，数字准确。已经完成土改的新区，还须在夏收后进行查田定产，进一步贯彻合理负担的政策。此《指示》于本日发出。

《民工修筑公路的规定》说，为完成1951年筑路计划，维护原有公路，促进城乡交流，并照顾国家财政困难，应在不误农时的条件下，适当组织各地民工整修公路。此《规定》于5月31日发布，名称改为《关于1951年民工整修公路的暂行规定》。

5月26日

［纲 文］ **中共中央发出宣传和学习《关于和平解放西藏办法的协议》的通知。**

［目 文］ 《通知》要求西南、西北两军政委员会，内蒙古自治区人民政府，新疆、青海、西康省人民政府，十八军首长，西康藏族自治区人民政府，昌都解放委员会，青海、甘肃两省藏族自治区政府，于协议发表后致电中央人民政府和毛主席表示拥护，并设法动员青海、甘肃、甘孜、昌都等地的大喇嘛寺庙也表示拥护；协议应在一切入藏部队和人员中传达并连同《人民日报》社论等文件进行学习，领导机关并须依次布置工作。

同日

［纲 文］ **毛泽东致电彭德怀指出对美英军目前只宜打小歼灭战。**

［目 文］ 电报指出：历次战役证明我军实行战略或战役性的大迂回，一次包围美军几个师，或1个整师，甚至1个整团，都难达到歼灭任务。这是因为美军在现时还有颇强的战斗意志和自信心。为了打落敌人的这种自信心以达最后大围歼的目的，似宜每次作战野心不要太大，只要求我军每一个军在一次作战中歼灭美、英、土耳其军1个整营，至多2个整营，也就够了。现在我第一线有8个军，每个军歼敌1个整营，共有8个整营。这就给敌以很大的打击了。假如每次每军能歼敌2个整营，共有16个整营，那对敌人打击就更大了。如果这样做办不到，则还是要求每次每军只歼敌1个整营为适宜。这就是说，打美、英军和打伪军不同，打伪军可以实行战略或战役的大包围，打美、英军则在几个月内还不要实行这种大包围，只实行战术的小包围，即每军每次只精心选择敌军1个营或略多一点为对象而全部地包围歼灭之。这样，再打三四个战役，即每个美、英师，都再有三四整营被干净歼灭，则其士气非降低不可，其信心非动摇不可，那时就可以作一次歼敌1

个整师或2个、3个整师的计划了。过去我们打蒋介石的新一军、新六军、五军、十八军和桂系的第七军，就是经过这种小歼灭到大歼灭的过程的。我军入朝以来五次战役，已完成这种小歼灭战的一段路程，但是还不够，还须经过几次战役才能完成小歼灭战的阶段，进到大歼灭战的阶段。至于打的地点，只要敌人肯进，越在北面一些越好，只要不超过平壤、元山线就行了。

同 日

［纲 文］ **汉口发生反革命分子放火案。**

［目 文］ 本日下午3时20分，反革命分子趁群众听取志愿军归国代表报告时，在汉口重划区（江岸管区）汉仓街18号、人民银行办事处附近忠记理发店、汉南菜市场、四官殿11号等四处纵火。该区均系居民住宅，大部分是棚户板房，加上当时风势很大，延烧非常迅速。2个小时内，大火延烧至大兴街、汉仓街、黄陂街、四官殿正街等22条街巷。受灾者达3300户10300多人，2900栋房屋被烧毁，17人被烧死。火警发生后，公安人员及消防队员立即赶赴抢救，至5时50分将火全部扑灭。中南军政委员会和武汉市人民政府于事后立即采取了一系列措施，救济灾民。

6月2日，毛泽东在中央批转武汉市委关于汉口特务纵火事件报告的批语中写道：汉口特务纵火，毁房2000余间，受灾1万余人，这一严重事故，一切城市均应引起注意，应组织群众防特放火，在开群众大会时尤须严防。零陵和汉口两次特务放火事件，应引起一切城市的注意。

同 日

［纲 文］ **政务院文教委员会筹组西藏工作队。**

［目 文］ 工作队由中国科学院负责组织工作。全队分为地质地理组、农业气象组、语言文艺组、社会科学组和医学组。6月7日，队长李璞、副队长方俊率队离京前往西藏考察。1953年9月19日西藏工作队回北京，29日召开工作汇报会议。

5月27日

［纲 文］ **新华信托储蓄银行、中国实业银行、四明商业储蓄银行、中国通商银行、中国建业银行在上海组成公私合营银行联合总管理处。**

［目 文］ 胡景沄为联合董事会董事长，陈穆任联合总管理处主任。

5月28日

［纲 文］ **中共中央发出《关于各地捕杀的反革命分子的数字向各界人士公布问题的指示》。**

［目 文］ 中央发给各中央局、分局并转各省、市、区党委的《指示》指出，各地捕杀反革命分子的数字，应于最近在各界协商委员会、政府委员会或其他会议上据实公布，有多少说多少，不要隐瞒，并充分说明捕杀的理由。

[文　献]　关于各地捕杀的反革命分子的数字向各界人士公布问题的指示（节录）

镇反运动以来，各地捕、杀反革命的总数字，均应于最近期内在各界协商委员会上或政府委员会上或其他会议上据实公布，有多少说多少，老老实实不要隐瞒，并充分说明捕、杀的理由。这样做的目的是使各界人士明了镇压反革命的真实情况，使他们受到教育并心悦诚服的认为我们做得对，做得好。如果我们不公布或者公布假数字，反会引起各种猜测，并便利坏分子恶意造谣，使自己陷于被动。因此，我们应采取在适当的会议上公布真实数字的办法，但不许登报。只是在城市中杀、关、管、放的犯人总数在每次处理时应予登报。为了公布时不使党外人士感到突然，应于公布前由负责同志非正式的向党内、特别是向党外人士先行透露真实数字。你们何时公布以及公布后的反映如何，望及时向中央报告。

资料来源：中央档案馆提供档案。

同日

[纲文]　《人民日报》发表题为《拥护关于和平解放西藏办法的协议》的社论。

[目文]　社论指出，中央人民政府和西藏地方政府《关于和平解放西藏办法的协议》，是西藏民族永远脱离帝国主义的侵略和羁绊，回到中华人民共和国各民族友爱合作大家庭来，充分享受民族平等和区域自治权利，发展政治、经济、文化教育事业，改善人民生活的基石，也是西藏人民从黑暗和痛苦走向光明和幸福的第一步。这是藏族人民的伟大胜利，也是全中国人民的胜利。

社论指出，为保证全部协议的正确实行，协议中规定中央人民政府在西藏地区设立有西藏地方人员参加的军政委员会和军区司令部，作为中央人民政府和中央人民政府人民革命军事委员会的代表机关。军政委员会将代表中央人民政府并依据西藏具体情况，以指导全部协议之执行。军区司令部则负起统一领导和指挥西藏地区一切武装部队的责任，以保卫国防，安定内部秩序，并逐步改编西藏地方军队为人民解放军，以增强西藏地区的国防力量和公安力量。

社论还指出，西藏民族和西藏地方政府中可能有一些人对中央人民政府和人民解放军仍然存着怀疑和顾虑，这种怀疑和顾虑是有原因的，是不足为怪的。这是因为历史上中国反动政府和帝国主义侵略势力长期造成的民族隔阂的结果，必须靠事实的证明，即靠民族平等政策在西藏地区的实践，经过一个相当的时间，才能加以消除的。

此前，5月26日，毛泽东审改该社论稿时作了三处重要改写和加写，有关内容是：一、中央人民政府和西藏地方政府《关于和平解放西藏办法的协议》中规定："有关西藏的各项改革事宜，中央不加强迫。西藏地方政府应自动进行改革，人民提出改革要求时，得采取与西藏领导人员协商的方法解决之"。中央的这个政策，不但对西藏是如此，对国内一切占少数的兄弟民族都是如此。因为政治、经济、文化、宗教等项固有制度的改革以及风俗习惯的改革，如果不是出于各民族人民以及和人民有联系的领袖们自觉自愿地去进行，而由中央人民政府下命令强迫地去进行，而由汉族或他族人民中出身的工作人员生硬地强制地去进行，那就只会引起民族反感，达不到改革的目的。二、在西藏人民中，佛教有很高的威信。人民对达赖喇嘛和班禅额尔德尼的信仰是很高的。因此，协议中不但规定对宗教应予尊重，对寺庙应予保护，而且对上述两位藏族人民的领袖的地位和职权也应予以尊重。这不但是为和解藏族内部过去不和睦的双方，也为使国内各民族对藏族领袖引起必要的尊重。三、一切进入西藏地区的部队人员和地方工作人员必须恪守民族政策和宗教政策，必须恪守《关于和平解放西藏办法的协议》，必须严守纪律，必须实行公平的即完全按照等价交换原则去进行的贸易，必须防止和纠正大民族主义倾向，而以自己的衷心尊重西藏民族和为西藏人民服务的实践，来消除这个历史上留下来的很大的民族隔阂，取得西藏地方政府和西藏人民的衷心信任。如果这些部队和工作人员中有违反民族政策和协议的行为，如果他们不守纪律，如果他们欺负西藏人民和不尊重与人民有联系的领袖人物，如果他们犯了大汉族主义的原则错误，那么领导机关和领导人员就应负责及时纠正。同时，西藏地方政府和西藏人民则有批评的权利和向上级人民政府和中央人民政府反映和报告的权利。这个原则，不但对藏族是如此，对一切兄弟民族都是如此。

同 日

[纲 文]　中财委发出《关于美帝操纵联合国大会非法通过对我实行禁运案后对各项工作的指示》。

[目 文]　《指示》说：联合国于5月18日通过美国提案后，中国对资本主义国家的贸易困难将越来越多，危险将越来越大。为此，特作如下紧急部署：一、贸易方面，工作重点将转移到华南，要求华南财委组织有关部门，团结私商，利用香港作跳板，多做小宗买卖，积少成多；坚持易货制度，力求在交易中不落空；加强缉私工作，防止猪鬃、矿砂等重要物资走私出口；结汇出口范围暂时不变。二、金融方面，对欧洲资本主义国家的贸易，暂停开新购买证，已开出的购买证，应分别情况，采取不同办法；保证资金安全；对港贸易，要改变过去开新购买证方式，具体办法由银行另行通知。

同 日

[纲 文]　全国总工会等团体发表联合声明拥护和平解放西藏的协议。

[目 文]　全国总工会、青年团中央、全国妇联、全国青联、全国学联等五团体在拥护和平解放西藏的联合声明中说，我们完全拥护《关于和平解放西藏办法的协议》，因为它使藏族人民从此摆脱了帝国主义者的压迫和奴役，回到中国各民族友好团结的大家庭来，它使藏族人民从此与全中国人民一道，紧密地团结在伟大的爱国主义旗帜下，向光明和幸福的前途迈进。在毛主席和中国共产党的领导下，中国各民族人民空前地团结起来了，中国人民的力量空前地强大了，帝国主义者破坏西藏和平解放的阴谋又一次地破产了。在这里，我们再一次警告帝国主义者，如果谁还胆敢阻挠和破坏和平解放西藏办法的

协议的执行，中国各民族人民必将继续使他们遭受更可耻的失败。

5月29日

[纲 文]　中共中央做出对目前棉纺问题的指示。

[目 文]　该指示发给各中央局并转产棉区省委、区党委，主要内容是：

一、1950年棉花虽然增产丰收，但去年冬季即估计到如果全国纱锭全开6天6夜（月需9700万斤），工厂仍缺原棉一个月或一个半月。在正常条件下，其对策应该是各月平均减工，以适应原棉不足情况，但当时抗美援朝战争才开始，为了应付国内被炸停工的可能情况，因此决定尽先开足纱锭，争取多存纱布，以备万一。故1950年11月新花上市到1951年4月，已开6个月的全工。5月因收棉减少而减开五天五夜。目前情况是：（一）国家手内只存1.3亿斤纺花，其中9000万斤是调运过程和工厂混棉所需的最低限度，剩棉不过4000万斤；（二）棉农不急出售，贸易公司收棉量锐减，5月份只约收3000万斤，估计6、7、8月将继续减少；（三）外棉进口（包括东北在内）不过2000余万斤，今后非但难进口，而且价格比国棉价高一倍。在此情况下，1951年新花上市前，全国必须停工一个时期是无法避免的。因迟停不如早停，故中财委已定全国公私纱厂于6月6日起停工一个半月。

二、1950年关内棉花产量最低估计有13.2亿斤，公私厂商已购得8亿斤（包括公粮棉花1亿多斤及私厂购得7000万斤），估计农民自用及土纺3.4亿斤，至5月底全国棉农手内至少尚存1.8亿斤。但如果没有党、政动员而照旧单靠贸易收购，6月至8月底总收购量难达到7000万斤。加上目前剩棉4000万斤，总共只够两个月零4天4夜所需的原料，新花上市前的停工必然超过两个月。如此多停多减的结果，即秋、冬季纱布市场的危机更难应付。因此，必须依靠地方党委大力宣传说服农民向国家出售或储存棉花。用此方法，国家希望自6月至8月底止，能得1.3亿斤棉花（9月可购得的新花在外），以避免延长停工期，力求开工后增加工作日。

三、原定5月至8月底共收购1.6亿斤，购额的分配是大体根据各区棉农存棉量估计的，是否合乎实情，请加斟酌。但国家需棉是急迫的，故希望达到目的。

四、存棉较多地区是老解放区，老区农民觉悟高，在地方党委大力宣传发动之后，可能达到要求。但必须依靠宣传解释，向农民说明将棉花售给国家对于抗美援朝、稳定物价的重要性，使他们自愿地按照规定价格售予国家或向国家储存。要防止强迫命令，以免造成农民今后怕种棉花的倾向。

同 日

[纲 文]　刘少奇批转西南局、西北局、华东局、中南局关于城市工作的报告。

[目 文]　批语要求将这些报告印发各中央局和中央各同志研究，以备在中共七届四中全会讨论城市工作问题。这4个报告是：西南局4月26日给中央并所属各省市区党委的西南第二次城市工作会议情况报告，习仲勋5月4日在西北局城市工作会议上所作关于

城市工作问题结论提纲，华东局5月10日给刘少奇并中央的关于公营工矿企业实行统一领导问题的报告，邓子恢5月16日给毛泽东并中央的关于中南区镇反、城市等几项主要工作的综合报告。

西南局报告的主要内容是，一、上次城市工作会议主要解决了依靠工人阶级的思想和管好工厂问题，在这方面有了显著进步。二、所有厂矿都要经过充分的民主改革阶段，才说得上完成了接管，才能正式进入生产管理阶段。厂矿民主改革的中心问题是教育和发动工人。工人一经发动，往往要起来反对一批职员和技术人员，对此必须妥善解决。厂矿中不能提反压迫反剥削的口号，更不能把农村中的斗争方式搬到工厂，过去职员和老工人的一些压迫剥削行为，只能当做工人内部问题，用批评和自我批评的方法解决。依靠工人、团结职员这两个方面，缺一都是错误的。三、工厂管理中的统一领导问题极为重要。在较大的厂矿中，要一律建立党委。为了统一领导，凡属业务问题，以工业部、厅意见为主，凡属党群问题，以市委意见为主。四、厂矿中建党，应注意纠正忽视在工人中发展党员的倾向，也要防止追求数字的偏向。五、将镇压反革命的重点转向城市，农村中的杀人批准权立即收回到省委、区党委。六、城市统战工作重点应放在资产阶级和知识分子两方面。七、关于城市建政问题。大中城市必须召开区人民代表会议，市区的城市人口和农村人口必须分别区划。10万以上人口城市均须建区，区以下的派出所设民政干事，派出所下设居民小组或代表小组（过去有些城市组织居民委员会，现已证明这种形式不好）。小城市不划农村，以城关为基础建区。5000以上人口集镇建镇或区。

习仲勋结论提纲的主要内容是，凡土地改革已经完成的地区，必须立即加强城市工作的领导，逐渐把工作重心转移到城市。仍然用乡村观点去对待城市工作，是学习管理城市的大障碍。对中共七届二中全会规定的城市工作方针和依靠工人阶级的思想，必须明确和贯彻。城市工作的中心工作是生产建设。工厂旧的管理机构、制度，必须改革，但只能逐渐改，必要的、有条件有把握的就改，最不合理的先改，不可乱改，不可急于整个大改。工厂管理的目标是实现经济核算，基础是民主管理，方针是依靠工人、团结职员，提高生产。工厂仍应实行厂长负责制，同时经过工厂管理委员会，吸引职工参加管理工作。对私营工商业坚持公私兼顾、劳资两利、发展生产、繁荣经济政策，“两利”不是“各半”，而是从工人阶级整体利益观点上去照顾。私营工商业也要进行改革，但应通过法令督促、政府指导帮助、公营企业带头以及职工协商、督促、帮助等方式，不能全用行政命令。解决劳资纠纷，应切实推行劳资协商会议、订立集体合同等正当方式以及劳动局仲裁、法院裁判等必要方式。工商联合会是团结资产阶级的一种组织形式，公营企业应当参加进去并作为核心。工会的工作性质、任务和方法与国家机关、企业行政不同，应适应群众的生活习惯和政治水平，去联系、教育、提高。但是，不适当地强调工会的“具体立场”，与国家机关对立，也是错误的。要继续加强并普遍开展城市镇反运动，方针是普遍教育，严格审查，调查研究，分别处理。思想问题以教育为主，坚持争取、团结、改造的方针。对真正的反革命分子坚决镇压。在学校尤其是小学生中不应盲目发动检举控诉。必须加强城市党委的统一领导，并重视在工人中发展党员，在两年内使产业工人中的党员占工人总数的10%—15%。在城市政权建设中，必须注意开好各界人民代表会议。

华东局报告主要汇报了华东城市工作会议讨论公营工矿企业统一领导问题的情况。要点是，现在华东地区公营企业的行政领导类型、各厂矿内的组织领导情况、各地党委对工厂党组织的领导方式，都是多种多样的。各地一致认为，在厂内必须实行统一领导。单一领导制是我们努力的目标和方向，但根据目前条件，实行一长制还需要经过一个过渡的阶段，即需要经过以党委为核心的统一领导或称以党委为核心的集体领导的阶段，也就是目前还不能普遍实行厂长单一负责制，而应暂时实行以党委为核心集体领导下的厂长负责制。在厂内实行党委统一领导，应避免党委包办生产业务及代替厂长行政职责，而使党委陷入事务主义，丧失统一领导作用，以及极端民主化而使厂长不敢负责的偏向。对已经具备实行一长制条件的厂矿企业应坚决实行。

邓子恢报告重点汇报了中南军政委员会开展城市工作情况。报告说，经过一年多的工作，发现了工运与城市工作的几条新规律：一、工厂、矿山工作，必须经过一番群众发动，经过群众民主改革运动，经过与旧统治者进行面对面的斗争。过去石家庄解放时，刘少奇曾提出工厂中不要笼统地提发动群众的口号，这在当时确是必要的；现在则必须补上这一课，只有经过一番群众运动，城市工人才能由自在阶级成为自为阶级，成为新民主主义建设与统一战线的领导阶级。二、城市街道中也应经过发动群众、反封建、反恶霸、清算旧保甲和旧稽查等斗争，这个斗争以工人为领导，团结城市贫民、小贩、手工业者、自由职业者、民族资产阶级来进行，建立以工人为领导的反封建民主统一战线。三、工人的组织工作须运用农村组织农会的一套办法，在运动中经过访贫问苦、个别串联，重新改造或调整工会组织，使工人中斗争和生产积极分子与政治进步分子成为工会核心，使工会会员人人具有自信、互信、共信的条件。四、城市行政组织不仅要建立区一级，而且要建立街一级，即把派出所变为街公所。还要建立街、坊或里弄的人民代表会议制度，在坊里建立居民小组。五、在城市中要大胆采用党在农村中20余年积累的群众运动经验与基本组织原则。

5月31日，毛泽东在转发邓子恢关于城市工作的报告的批示中指出：工厂中，矿山中，码头上，街道上，必须发动群众对于素来欺压和剥削群众的反动分子举行坚决的斗争，分清敌我界线，给予这些反动分子以必要的打击，最严重者予以处决，这是完全必要的。

同日

[纲文] **中国人民赴朝鲜慰问团一行500余人回国自天津抵达北京。**

[目文] 到车站欢迎的有郭沫若、彭真、陈叔通、李济深等1500余人。朝鲜驻华大使李周渊也到车站欢迎。朝鲜驻华大使馆代表首先向慰问团团长廖承志、副团长陈沂、田汉献花致敬。

中国人民抗美援朝总会主席郭沫若致欢迎词。他代表抗美援朝总会向慰问团全体人员表示热烈的欢迎，并向慰问团中光荣牺牲的4位烈士表示崇高的敬意和深切的悼念。他说：慰问团代表全中国人民慰问中国人民志愿军，慰问朝鲜人民军和朝鲜人民，给了中国人民志愿军、朝鲜人民军和朝鲜人民以极大的鼓励和安慰。我们希望你们把中国人民志愿军艰苦卓绝的英勇战斗、高度的国际主义和爱国主义相结合的新英雄气概向全国人民传达；希望你们把朝鲜人民军和朝鲜人民的爱国精神和行动向全国人民传达。这样，把我们全国人民当前的中心任务——抗美援朝运动更进一步地普及、深入和持久下去。全国人民还希望你们把在朝鲜所见所闻的美帝国主义侵略集团的残暴兽行报告给全国人民，提高全国人民仇视、鄙视、蔑视美帝国主义的思想。希望你们愉快地、迅速地胜利完成这项任务。

廖承志致答词说：我们回到祖国来，首先要告诉大家的是：中朝两国人民的抗美战争是必然要胜利的。我们看到美国侵略军是那样的残暴无耻，而与朝鲜人民军并肩作战的中国人民志愿军又是那么的英勇坚强，他们已经严重地打击了敌人，保卫祖国的安全，帮助朝鲜人民的解放斗争。因此，我们更加感觉我们祖国的伟大可爱，更加感觉我们中国人民生活在毛泽东时代的幸福。我们应该用更大的力量来推行抗美援朝运动，坚持不懈地支援中国人民志愿军和朝鲜军民，直到抗美战争的最后的完全的胜利。

同 日

[纲 文]　《人民日报》报道，班禅额尔德尼及班禅堪布会议厅人员发表拥护和平解放西藏办法协议的声明。

[目 文]　声明指出，近百年来，帝国主义为达到侵略西藏的目的，制造了西藏与祖国间的分裂，同时也制造了西藏内部的分裂和不团结；过去，反动的清政府和国民党政府，对藏族进行了各种欺骗和挑拨，使藏族遭受深重的灾难。过去我们昧于国民党政权的反动本质，曾希望他们反抗帝国主义的侵略，维护藏族的利益，结果完全失望。事实证明，这一庄严的历史任务，只有在中国共产党、毛主席的领导下，才能胜利地完成。中央人民政府和西藏地方政府的协议，宣告了帝国主义对于西藏侵略的失败，藏族与中国各民族团结起来，藏族内部团结起来，从此开始自己历史的新纪元。

《声明》指出，这次协议，贯彻了《共同纲领》中民族政策的精神，充分体现了藏族的利益。协议中首先规定，解放后的藏族，有实行民族区域自治的权利。一年来，我们从各方面看到了民族政策的光辉成就。特别是从内蒙古自治区的建设成绩中，我们更深深地认识了民族区域自治政策确是帮助中国境内各少数民族发展的最为适宜的正确的政策。从此西藏人民也将与其他兄弟民族人民一样，享受民族政策中所规定的一切权利。我们的宗教信仰和风俗习惯将受到合理的尊重，将得到中央人民政府的领导与汉族的帮助，通过自己的民族形式，自觉自愿地进行一切必要的改革，逐步地发展本民族的政治、经济和文化教育事业。中国人民解放军的进驻西藏，更保障了我们永远免除帝国主义的侵略和压迫。

5月30日

[纲 文]　中国人民赴朝鲜慰问团团长廖承志答新华社记者问。

[目文]　廖承志说，这次慰问有三个主要收获。第一，鼓舞了中国人民志愿军和朝鲜人民军的战斗意志。慰问团向中朝战士们传达了全中国人民抗美援朝运动空前高涨、全国人民团结一致支援朝鲜战争的情况；传达了新中国在政治、经济、文化建设方面的成就；传达了全中国人民对中朝战士们的敬仰、感激和热爱。第二，加强了中朝人民之间的深厚友谊。朝鲜人民，对于中国人民对他们的伟大的国际主义友谊，表示深切的感谢。第三，加强了我们对抗美战争必获最后胜利的信念，加深了我们对支援前线必须再接再厉的认识。我们这次到朝鲜亲眼看到中朝人民军队的将士们是那样的勇敢机智，中朝人民的团结是那样的精诚无间，而敌人是那样的残暴无耻。我们更加坚定地相信：胜利的前途是肯定无疑的。但是我们也更深切地体会到战争的长期性和艰苦性。

关于慰问团今后的工作计划，廖承志回答说，赴朝慰问仅是完成了第一项任务，第二项任务是要将中朝军民在前方英勇艰苦斗争的光辉事迹、抗美战争的必胜信念以及志愿军战士们对祖国人民的关怀和期望，传达给全国人民。本团全体团员即将分头出发到全国2050个县去进行广泛的宣传。

同日

[纲文]　**全国抗美援朝捐献活动已捐款1186余亿元、慰问袋77.45万个、慰问品126.43万件。**

[目文]　截至到本日，全国6大区的捐献情况是：华东区共捐人民币670.87余亿元，占全国捐款总额57%；慰问袋约17.53万个，慰问品约17.48万件。中南区共捐人民币202.48余亿元，占全国捐款总额17%；慰问袋5724个，慰问品约3.22万件。华北区共捐人民币144.17余亿元，占全国捐款总额12%；慰问袋约18.79万个，慰问品约51.65万件。西南区共捐人民币111.09余亿元，占全国捐款总额9.4%；慰问袋约10.15万个，慰问品约17.55万件。西北区共捐人民币37.03余亿元，占全国捐款总额3%；慰问袋约2.05万个，慰问品约2.13万件。东北区共捐人民币1.08余亿元，占全国捐款总额0.09%；慰问袋约27.39万个，慰问品约33.91万件（东北区直接寄送朝鲜前线的捐款和慰问品未包括在内）。此外，内蒙古区共捐人民币5.39余亿元，占全国捐款总额0.31%；慰问袋9831个，慰问品约4968件。其他捐款人民币13.93余亿元，占全国捐款总额的1.2%。

同日

[纲文]　**中财委发布《关于签订铁路运输合同的决定》。**

[目文]　《决定》共十二条，主要内容有，一、凡国营企业单位在同一铁路分局一个月内要车总数在30辆以上者，应与承运的铁路分局签订运输合同。月度运输合同应于上月月末前签妥。二、应签订运输合同的货物，暂以木材、煤炭、粮食、水泥、钢铁、矿石、食盐等7种货物为限。三、合同内容必须详细载明运输货物品名、吨数、所需车数、起讫站名、发货人、收货人、完成任务日期及运费交付办法。四、合同规定内容的变更办法。五、合同不能履行发生争执时的处理办法。六、本《决定》自7月起暂在关内各部门

试行，取得经验后再另行规定日期全面实施。

同 日

［纲 文］ **农业部发布《关于开展夏季选种运动的指示》。**

［目 文］ 《指示》指出：根据1950年各地夏季选种工作的经验提出意见：一、各级农业部门的负责干部应亲自领导这一工作，定期检查，总结和交流经验，开办短期技术训练班。二、必须运用选种增产的实例，组织群众田间参观和优良品种展览等方法，向群众进行对比的宣传教育。三、选种运动包括选、评、育三个内容。本年不进行评选的地区，要普遍发动群众进行选种，自行留种和换种；在评选地区，必须把普遍发动群众选种、有计划地完成评选和组织农场育种三个工作结合起来进行；在完成评选的地区，除根据五年良种普及计划进行良种的繁殖推广和送省农场试验外，应继续发动群众自行选种、留种；同时，还要发动劳动模范和积极分子采选特殊的优良品种，在田间设置小农场进行育种试验。四、夏季选种应以小麦为主。评选标准以能丰产、品质优良和能抵抗灾害三个条件为主。

同 日

［纲 文］ **班禅额尔德尼为彻底实现《关于和平解放西藏办法的协议》致电达赖喇嘛。**

［目 文］ 电报说：在您亲政之日，即响应了我们各民族人民伟大领袖毛主席和平解放西藏的号召，派遣自己的代表来中央谈判，并签订了《关于和平解放西藏办法的协议》。根据这个协议，我们西藏民族和中国各兄弟民族空前的团结起来，使我们西藏永远脱离帝国主义的压迫。我们西藏民族的宗教信仰和宗教事业得到合理的尊重与保护；我们西藏民族和西藏人民的生活得到逐步提高和发展，从而达到繁荣和幸福的可能。这是我们西藏民族僧俗人民的伟大胜利。班禅愿在中央人民政府和毛主席的英明领导下，协助您和西藏地方政府，彻底实行协议，为和平解放西藏而奋斗。特电致贺，并衷心地表示我们对您的敬意。

5月31日

［纲 文］ **中共中央发出《关于推广和检查爱国公约的指示》。**

［目 文］ 《指示》指出，在抗美援朝运动中，人民群众所创造的订立爱国公约的办法，是把全国人民的爱国高潮引向深入和经常化的中心环节。领导人民群众正确地订立和执行爱国公约，可以提高人民群众的政治觉悟，使群众认识人民政府和人民是一体的，认识全国男女老少都应当用具体行动拥护政府，保卫祖国，把已经发动起来的反帝爱国热情贯注到巩固国防、改革土地制度、防止反革命活动、发展工农业生产、学习政治文化及其他各项工作上去。这种群众的自我教育方式，不但适用于目前时期，而且适用于今后长期的建设时期。在今后国家的革命和建设工作中，有了党和政府的自上而下的号召、计划、布置和检查，又有人民群众自下而上的爱国公约来响应，用互相督促和竞赛的方法来执行

国家的各项计划和国民的各项任务，那么工作的推进就可有更确实的保证。因此，各地应将指导这一运动，当作一项重要政治任务。凡是还没有订立爱国公约的地方，应该尽量组织群众在自愿基础上订立。已经订立的应该在6月份普遍检查一次，对原来的内容不确切者加以修改，或订立具体的执行计划；并规定以后每半年检查一次。《指示》对这一工作提出了四点注意事项。

[文　献]　**关于推广和检查爱国公约的指示（节录）**

在这一工作中应注意之点如下：

（一）订约者的范围要小。在一个城镇中不但要订立每一界（例如运输工会、纺织工会、旅馆业、杂货业、天主教徒、戏曲界）的公约，更要订立一个车间、一个生产组、一个学习组、一个医院、一个车站、一条街道、一个院子、一个家庭等等的公约。在农村中，除可订立村民爱国公约外，亦可订立一个互助组、一个民校、一个读报组等等的公约。

（二）公约内容要具体。一般应包括政治任务（例如积极参加抗美援朝、防奸、纳税、爱护公共财产等）、生产任务或工作任务和学习任务三种内容。每种内容都要根据各界各业各人的实际情况而具体化，不要仅仅列举一般口号。公约的条文应简单通俗，不应太多太复杂，以便订约者人人能够记忆背诵。

（三）公约的订立，要遵守民主自愿的原则，不要强迫群众参加或强迫群众通过，每一条文都需要取得订约者的同意，防止少数干部或积极分子的包办代替，造成命令主义和形式主义的恶果。凡爱国教育尚未展开的地方，应首先向人民群众进行爱国教育，启发他们的政治觉悟和爱国热情，然后在人民群众的革命积极性的基础上来订立公约。

（四）要有检查。公约内容要公布，并在工作场所张贴，由订约群众推定检查员或检查组，负责经常检查；同时应由各市、县作定期的抽查：其结果均应公布，以便表扬模范，推动落后。以后一般地每半年总结和改订一次，并应召开适当的会议通过。最近一个月内，各市、县均应将已订立的爱国公约以及整个爱国运动的情况经验总结一次，选出若干模范单位，在党内外加以郑重的表扬和通报，同时结合生产、防奸、税收、开代表会等中心任务，布置今后半年内推广和执行爱国公约的具体计划。此项任务的执行情形，由各省、市、区委在七月底向中央作一报告。

资料来源：中央档案馆提供档案。

同日

[纲文]　**中共中央做出《关于组织人民防空工作的指示》。**

[目文]　中央发给各中央局、分局并转各省、市委的该《指示》指出，中央举办的

人民防空干部训练班，经过3个月的学习，已于5月28日结束。各地学员初步掌握了人民防空的基本知识，明确了人民防空的群众性、战斗性和经常性的意义，转变了部分学员在开始对人民防空工作不感兴趣和不重视的想法。毕业时，绝大部分学员都具有了为人民防空事业服务的决心。因此，这一期受训回去的干部可以成为各地人民防空工作的骨干，希望各地党委予以重视，分配以专作人民防空工作的职务，指导他们有计划、有步骤地进行人民防空的各项准备工作。《指示》并针对各地区防空工作的组织和准备等方面做出了具体的规定。

[文　献]　关于组织人民防空工作的指示（节录）

关于人民防空的组织问题，目前应按各地区不同的情况作不同的布置。凡已公开建立了人民防空组织的城市（如东北、上海、青岛、广州、武汉等地）应配备一定的专业干部，加强现有的工作。像天津、北京、济南、石家庄等原以冬防名义进行过防空工作的城市以及尚未建立人民防空工作的滨海地区的城市，都应在党内建立人民防空的领导机关——人民防空委员会筹备委员会。指定各有关机关负责同志参加（距海岸远的内地城市，暂不建立）。在筹委会下设经常工作机构，并应有少数专业干部办事。中央各工业管理部门也应设立有专人负责的防空小组，研究所属企业的防空计划。有必要时各大行政区也可设立适当机构。中央已决定成立人民防空委员会筹备委员会，下设办公厅处理日常工作并与各地联系。

关于人民防空的准备工作，在防空工程方面，目前先作计划，如防空洞、防空壕的数量，分布地点，设计图样，观察，通讯，警报的设置地区和办法等等。在组织工作方面主要是培养干部，使每个市区每个大的工厂企业、机关、学校都有几个懂得人民防空知识的同志，遇必要时，即可作为骨干来建立群众性的人民防空组织和训练工作。因此各地可根据实际需要，开办小规模的短期训练班，培养一批基层工作干部。在已公开建立人民防空工作的城市，则可在工厂、企业、机关、学校及市区中开始建立人数不多的各种核心组织（如救火队、抢修队、救护队等），并加以训练。

资料来源：中央档案馆提供档案。

同日

[纲文]　政务院、最高人民法院、最高人民检察署联合发出《关于省以上政府建立政法委员会的指示》。

[目文]　《指示》指出，政务院政法委员会5月21日公布的《关于政法工作的情况和目前任务》的报告，规定了继续巩固与发展人民民主专政几项具体实施的工作方针和任务，强调指出目前必须重视与加强各级政法部门的工作领导，以保证各项主要任务的胜利

完成。其中关于省级以上人民政府应逐步建立政法委员会的一项规定，鉴于各地政法工作任务的繁重，特别是目前组织有关各部门协力进行清理积案和组织劳动改造等工作的急需，所有省（市）和行署以上的人民政府，有条件时均有迅速建立政法委员会的必要。

关于建立该委员会的办法，特作如下原则指示：一、省级以上人民政府内设立政法委员会，负责指导与联系民政、公安、司法、人民检察署、人民法院、人民监察委员会、民族事务委员会等部门的工作。二、政法委员会对各该级人民政府委员会（军政委员会）或行署负责，协助政府首长主管政法各部门业务方针政策的研究、拟议、执行及其相互关系和内部组织的调整、联系、统一。为进行工作并在不抵触政法各部门上级机关的业务方针政策的领导下，得随时颁发决议和指示，并审查其执行。三、政法委员会的组织机构应以精简为原则，一般工作人员可从政法各部门及各级人民政府编制预备名额内调剂编配；其委员除吸收政法各部门负责人员参加外，应适当吸收有关的人民团体负责人和地方人士参加；委员会设主任1人、副主任1—3人，负责主持委务。四、省级以上人民政府政法委员会的组织条例和主任、副主任、委员人选，均由各该级人民政府拟议分别层报或报由政务院核准或由政务院提请中央人民政府核准。五、专署级及县级人民政府有必要并有条件时，经省级人民政府批准，可逐步设立政法联合办公室，以便加强对政法工作部门的统一领导。

同日

[纲文] **政务院发布《对外关系应遵守的规定》。**

[目文] 《规定》指出，凡与各国或国际性的在华机构、团体或人员接洽公务者，必须事先征得外交部或各地外事机关的同意，不得直接联系；凡答复或处理各国或国际性的在华机构、团体或人员向我提出的问题、要求时，必须与外交部或各地外事机关商办，不得径行答复或处理。

同日

[纲文] **政务院公布《关于1951年民工整修公路的暂行规定》。**

[目文] 该《暂行规定》原名《政务院关于1951年民工修筑公路的规定》，5月25日政务院第八十六次会议通过。《暂行规定》规定：一、民工的发动、组织、领导等由专署及县、区、乡（村）各级政府负责；工程技术指导由各级交通部门负责。二、专署及县、区、乡（村）各级政府，对动员民工的工作，应认真、适当组织与分配，在开工前做好一切准备工作，避免浪费民力。三、专署及县、区、乡（村）各级政府，在发动民工时应进行广泛、深入的动员，说明整修公路的意义；在施工期间加强宣传教育工作，开展爱国主义竞赛，及时评功评奖，激发民工的劳动热情。四、民工整修公路，以每个劳动力全年负担不超过10个标准工为原则（标准工以当地多数人每日工程量为标准）。但自愿参加或变工者不在此限。五、一般地区对于参加整修公路的民工以不给口粮补贴为原则，但在情形特殊地区或从较远地区动员民工时，得由省政府根据当地情形，规定办法，酌予补贴，其费用由筑路经费或地方交通事业费开支。六、当地政府，为照顾民工临时发生疾病

或意外受伤，应在工地预设救护、医药的简单设备。七、民工整修公路的主要工作是：土方工程及简易石方工程；桥涵工程及其他构造物的普通工作；排水、防水的普通工作；路面材料采运；公路植树。八、整修所用的普通工具，为一般民工所自有的应事先加以调查、组织，尽可能由民工带到工地使用，特殊工具应由主管交通部门筹划供应。九、开工前，主管交通部门应根据工程种类、数量、段落、施工方法、需用工数、完工期限制定施工计划，提交当地专署或县政府。十、各专署或县政府，应依据大行政区政府（军政委员会）或直属省（市）政府颁发的民工整修公路实施细则及主管交通部门所提出的施工计划，结合当地情况，拟具详细施工办法，报请省政府核准后，由该专署及县、区、乡（村）政府负责执行。十一、施工期间，各有关交通部门均须派遣技术干部，互相配合，监督施工，并指导有关技术事宜。十二、完工后应即时验收，统计工数、编具正式决算，并总结经验逐级上报。十三、各大行政区政府（军政委员会）直属省（市）政府应根据本规定并结合当地实际情况，分别制发各该区、省（市）1951年民工整修公路实施细则，报请交通部备案。

同 日

［纲 文］ 政务院颁布林垦部《1951年林业工作计划》。

［目 文］ 《计划》规定全国林业工作的方针任务是，一、认真贯彻普遍护林护山政策。明确林木保护管理责任，在新区应结合土地改革确定林权，在老区应有步骤地清理林权，确定林权。二、积极开展重点造林，并以营造保安林为主。在淮河、黄河、永定河、辽河及其他泛滥较严重的河流上游山地开始或准备营造水源林，沿河营造护岸林。在西北、华北、河南及其他风沙侵袭农田较严重地区，开始营造防风防沙林。在大小兴安岭与长白山及其他地区，对国有林采伐迹地，进行更新抚育工作，在长江以南应加强对私营经济林的领导与辅助。此外，在全国普遍号召群众利用隙地植树。三、在自然条件或群众条件较好的山荒地区有重点地大力推行封山育林。四、在森林利用方面，对国有林区，应坚持木材的合理采伐与合理使用以及统一采伐与统一调拨的方针。五、为适应伐木和造林需要，继续进行重点调查勘测。六、根据现有条件，结合实际需要，进行有目的有重点的林业研究试验工作。七、大量培养林业干部，是目前最重要的任务之一。为完成1951年林业计划，必须掌握三个环节：一、依靠群众。二、加强领导。三、掌握技术。

《计划》规定1951年全国林业工作的具体要求是，造林245万亩，育苗5.6万亩，封山育林750万亩，森林调查面积7637.7万亩，造林地及苗圃地的勘测面积264.6万亩，训练林业基层干部4300名。

同 日

［纲 文］ 全国政协设宴欢送班禅额尔德尼和阿沛·阿旺晋美等离京。

［目 文］ 参加宴会的还有将与班禅额尔德尼和阿沛·阿旺晋美一同离京返藏的西藏地方政府全体代表、中央人民政府代表张经武。宴会由李济深主持。朱德、董必武、陈云、陈叔通、聂荣臻、李维汉、彭真，以及在京中央人民政府委员、全国政协常委和委

员，政务院政务委员，军事委员会各部部长，中央人民政府各委、部、会、院、署、行负责人，各民主党派和人民团体的负责人等共 330 余人。李济深、班禅额尔德尼、阿沛·阿旺晋美在宴会上分别讲话。宴会后，由中华杂技团、曲艺服务大队、中央音乐学院音乐工作团组成的中国人民赴朝慰问团总团文艺工作团做了精彩表演。

同日

[纲 文]　班禅堪布会议厅人员和青海僧众及各族人民隆重举行和平解放西藏协议签订的庆祝会。

[目 文]　庆祝会在青海省塔尔寺隆重举行。班禅堪布会议厅人员、塔尔寺僧众及该省藏族、回族等各族人民 4000 余人参加。班禅堪布会议厅代表王含道和塔尔寺代表更登旦巴等人讲话说，感谢共产党和人民政府对西藏人民的关怀。在中国各民族领袖毛泽东的领导下，藏族人民一定和各民族人民紧密团结，驱逐帝国主义势力出西藏。会上还宣读了塔尔寺僧众向毛主席致敬和向西藏人民及西藏各寺院的僧众祝贺的电报。会后，班禅堪布会议厅工作人员和金塔乡藏族人民表演了西藏舞。

同日

[纲 文]　中国邮政总局局长苏幼农致电抗议万国邮政联盟通过剥夺中国合法权利的决议。

[目 文]　苏幼农郑重声明，万国邮政联盟剥夺中华人民共和国邮政当局合法代表权的行为违背了全世界 3/4 人口与占 1/4 的中国人民间互相沟通的普遍利益，破坏了作为万国邮政公约基础的国际合作的起码原则。因此把一个自称为纯粹技术性的国际组织降低为美帝国主义的可耻工具。美国及其仆从国家与万国邮政联盟当局应对由此而产生的一切后果负完全责任。

此前，5 月 13 日，苏幼农致电万国邮政联盟执行及联络委员会秘书长赫斯，抗议万国邮政联盟听从美国操纵、追随美国意志，企图非法剥夺中华人民共和国合法地位的政治图谋。他指出，即使根据该联盟国际局 4 月 12 日通知所报的此次征求各会员国意见的结果，也不过在 86 个会员国中，只有 33 国，包括美国及其盟国，支持国民党集团；其余 53 国对中国合法地位并无反对意见。用上述结果来抹杀或否认 4. 75 亿中国人民在该联盟中的合法地位，中国邮政当局坚决反对。5 月 20 日，苏幼农再致电赫斯，抗议万国邮政联盟未邀请中国代表参加该联盟执行及联络委员会 21 日在瑞士圣加棱召开的会议。他郑重声明，万国邮政联盟的一切会议，如果没有中华人民共和国代表参加，或容纳中国国民党集团的非法“代表”参加，则其一切决议都将是非法的、无效的。

5 月 21 日，万国邮政联盟执行及联络委员会不顾中国的屡次抗议与警告，在美国代表的操纵下，非法通过了剥夺中华人民共和国在万国邮政联盟中的代表权的决议。

同日

[纲 文]　上海市枪决一批反革命罪犯。

[目 文]　上海市军事管制委员会根据上海市、区各界人民代表第二次扩大联席会议

的意见及广大市民的正义要求，分别在龙华、大场、军工路等处刑场枪决了205名罪大恶极的反革命罪犯。

5月底

［纲 文］ **人事部发出《关于废除招考工作人员及学员时“不收孕妇”规定的通知》。**

［目 文］《通知》规定，各机关在招考工作人员及学员时，应废除“不收孕妇”或有类似含义的规定，因为这是和《共同纲领》的精神不相符合的。如果确有某项工作或学习不适于孕妇参加时，必须经过医院或医生的检查，证明孕妇的健康等具体情况后，始得不收孕妇。《通知》建议，各机关首先是各机关的人事部门，采用具体有效的办法检查是否存在歧视妇女的错误思想，深刻学习《共同纲领》中的规定，并结合各自具体情况改革和改进妇女干部教育、福利、工作等各项制度和措施。

5月

［纲 文］ **中财委首次编制全国性经济计划——《1951年国民经济计划要点》。**

［目 文］《计划》由中财委计划局试编。包括工业生产计划（中央国营部分）、农林计划、交通运输计划（国营部分）、工业交通基本建设计划（中央投资部分）、水利建设计划（中央投资的较大水利工程）。《计划》比较详细地分析了全国经济情况，认为：中国工业落后，生产资料工业比重不到1/3，工业特别是轻工业设备利用率低，在经过恢复与调整后应尽可能发挥；农业破坏严重，粮、棉生产距战前最高年水平都还低15%左右，兴修水利、发展交通和活跃城乡交流，是改变我国农业和经济状况的当务之急；另外，鉴于抗美援朝战争还在进行，国家对经济建设方面的调查统计基础差，技术和经验也都不足，因而基本建设必须有计划地稳步进行。据此，确定1951年经济建设的方针是：一、在国防第一、稳定市场第二、其他第三的前提下，进行恢复与调整及必要的重点新建。而恢复、调整、新建的重点应当是铁道、水利与重工业。二、必须根据国防及国民经济发展的需要，提高工业设备的利用率，增加工业生产，并注意调整公私比重。三、提高农业生产，特别是提高经济作物（如棉、烤烟、麻）的生产。四、大力组织城乡交流与内外交流，推销土产，并供给人民主要的工业日用品，及进口必要的工业原料。五、进行大规模建设的必要准备工作。

《计划》拟订1951年计划主要指标是：一、国营主要工业部门生产总值为31.7万亿元，比1950年增长23%，其中生产资料增长34%，生活资料增长9%。主要产品产量为，发电量38.8亿度、煤2925万吨、生铁116万吨、钢材59.9万吨、水泥147万吨、棉布2375万匹、纸7.8万吨，分别比1950年增长22%、11%、36%、46%、93%、1%、7%。棉纱107万吨，因原料不足，仅为1950年的93%。二、农业计划：原粮2642亿斤，较1950年增长8.36%；棉花2017万担，较1950年增长48.3%；役畜5634万头，较1950年增长4.7%。三、交通运输计划：铁路货运量1亿吨，航运货运量328万吨，国营汽车货运量174万吨，分别比1950年预计增长1%、86%、82%。四、国家基本建设投资总额为14.8万亿元，其中用于重工业的占17.5%、水利16.5%、铁路25.5%。工业投资的地区分布重点仍为东北。生铁、煤、石油、锡等原材料、燃料的生产能力都将有大幅度的增加。水利建设的重点是治理淮河。

同 月

[纲 文]　刘少奇写作《国营工厂内部的矛盾和工会工作的基本任务》笔记。

[目 文]　这是刘少奇读邓子恢《在中南总工会筹委扩大会议上的报告》和高岗《论公营企业中行政与工会立场的一致性》的笔记。手稿原标题为《读邓子恢和高岗两篇文章的笔记》。笔记提出的主要观点是：

一、所有的工厂和矿山，都是人类向自然界进行斗争，即进行生产的机关或工具。当着工厂及其生产品被资本家占有，从而剥削并压迫直接从事生产的工人的时候，在工厂内部人与人的生产关系上存在着劳资之间的阶级矛盾，使工厂的生产力不能充分发挥，有的时候，还要废置或破坏生产力。当着工人阶级领导的国家已经建立，并把工厂收归国有，又进行了民主改革以后，国营工厂内部就再没有阶级对抗和剥削关系存在了，工厂管理机关与工人们的关系就从根本上变为一种同志的关系了。这就是社会主义的国营工厂优于资本主义工厂的基本原因。

二、国营工厂的内部基本矛盾就是管理机关与工人群众之间的矛盾，就是内部的公私矛盾。由这种矛盾所构成的国营工厂内部的各种关系，就是国营工厂中完全新的社会主义的生产关系。在这种新的生产关系不断发展的基础上，将一步一步地形成我们国家和社会一切新的上层建筑。怎样处理国营工厂中管理机关与工人群众之间的矛盾呢？工人阶级和人民中的觉悟分子，共产党人，他们站在工人阶级和人民的立场上，利用矛盾的统一性及双方的一切优点，来推动和促进这个矛盾的和解和妥协（经过适当的斗争），以达到双方团结一致，共同努力进行生产的目的。毛泽东提出的在国营工厂中实行公私兼顾的方针，正是这种方针。

三、在目前的国营工厂中以及在将来社会主义的长时期内，工会还是必要的。工会工作者与国营工厂管理人员，在关涉工人阶级整个利益的问题上，他们的利益和立场是共同的、一致的；但是在关涉双方的各种个别问题上，他们彼此之间又有某些利害矛盾，需要认真地来加以调整。后一种利益是要服从前一种利益的。

四、在工会工作中还有一个基本问题就是工人阶级先锋队——共产党与工人群众之间对于工会的看法差别。由于工人阶级的先锋队与工人群众之间的觉悟水平不同，他们对于工会的看法，对于工会的要求和组织工会的目的也是有差别的。结合这两种要求和目的，就是一切共产党员和先进工人在工会工作中最基本的和经常的任务。工会工作必须从普通工人的要求出发，力求实现他们一切合理的能够实现的要求，然后逐步地提高工人们的觉悟，来实现我们党的要求和目的。他们一时也不能离开普通工人对于工会的要求，即经常保护工人们正当的不容侵犯的各方面利益；同时，又不能将就落后工人的不正当的有损于工人阶级整个利益与长远利益的要求，而要不断地说服教育工人，提高工人的觉悟，以至于达到共产党所要求的那种水平。

同 月

［纲 文］ **西南区第一期土地改革结束。**

［目 文］ 全区已有1300多万农村人口的地区实行了土地改革。这些地区包括川东区长寿、璧山、万县、大竹4个整县、县市郊区和开县、涪陵、酆都、江北、北碚、巴县6县的各一部分；川南区资中、乐山、隆昌、荣县四个整县和宜宾县的一部分；川西区大邑、崇庆等10县的55个乡；川北区南充、南部、三台、遂宁、岳池、阆中6个整县，南充市郊区和达县、巴中等4县的各1个区；西康省汉人地区芦山、雅安、西昌3个整县；贵州省遵义、安顺、贵阳、毕节、镇远、贵筑6个县的各1个区，清镇县的2个区；云南省昆明、保山等县的10个乡；重庆市郊的7个区。在这些实行了土地改革的地区，农民力量有很大发展，地主阶级封建统治已被彻底推翻，农民自卫武装维护着农村社会秩序。更广大的未实行土地改革地区的农民热烈要求迅速实行土地改革。

同月—7月

［纲 文］ **河北、山西、平原、河南等21省大规模发生苗期棉蚜虫害。**

［目 文］ 苗期棉蚜的发生面积共计303.5万公顷，占发生地区棉花种植面积的61.2%。河北省自6月初开始发生，到7月上旬发生面积达100万公顷，有28.7万公顷棉田棉叶受害卷缩；山西省共62县发生，发生面积达21万公顷，一般85%以上的棉田有棉蚜发生；平原省5月中旬开始发生，发生面积达37万公顷，棉花减产约10%—20%；河南省洛阳、郑州、陈留、商丘、许昌、南阳6个地区约38.87万公顷棉田棉蚜发生严重；山东省53.3万公顷棉田普遍发生，其中37万公顷棉田受害严重，有13.3万公顷棉田棉花生长不良，有0.4万公顷棉田改种为晚秋作物。

同月—9月

［纲 文］ **东亚飞蝗在河北、河南、平原等地区大面积发生。**

［目 文］ 东亚飞蝗在河北、河南、平原、北京市郊、山东、苏北、皖北和山西的发生面积总计92.5万公顷，其中夏蝗约61.8万公顷，秋蝗约30.7万公顷。河北省天津、平原省聊城、山东省惠民、皖北省宿县专区等灾情最为严重。河北省黄骅县蝗虫发生严重地段，幼蝻堆积有0.33米厚，每平方米有蝗蝻9000头，一般密度也在每平方米270—360头；山东微山湖一带的密度为每平方米6300—7000头。

6月

6月1日

［纲 文］ **政务院和中共中央分别发布《关于购棉储棉工作的指示》，全国农村开展售棉储棉运动。**

［目 文］ 《指示》指出，由于全国广大农村实行了土地改革，由于国家对棉农采取了各种奖励扶持政策，由于农民生产积极性的发扬，1950年全国棉花产量大大提高了，但仍不足供应中国纱厂的全部需要。目前又出现了一种情况，在新旧棉花青黄不接期间，各地棉农虽确有存棉在手，但不肯出售。因此国家购入棉花甚少，使全国纱厂的原料供应更加困难，纱厂已开始停工。此种状况，如不设法改变，将影响全国军民衣着供应和物价稳定，也就是影响战争和全国多数人民的利益。因此必须在全国棉农中展开一个爱国主义的售棉、储棉运动，劝告有棉花的农民在合理牌价下将存棉立即卖给国家，作为农民为国家重要贡献的爱国表示，使国家在新棉上市以前能够获得必需数量的棉花，纱厂继续开工，工人有工作，前线将士有衣穿，物价继续稳定。这对国家和人民都有好处。

《指示》要求产棉区的各级人民政府和有关的经济部门，召开农民代表会议、棉农代表会议或各种座谈会，向农民说明：中央人民政府既采取了各种有利于棉农的政策，棉农则应充分供应国家的棉花需要。棉农应该发家，但更需要保国。只有保卫了国家，发家才有可能。全国纱厂因缺棉而停工减产，棉农则存棉不卖，这不但是国家人力物力的浪费，而且有害于全国军民的衣着供应和物价的稳定。以存棉售给国家或向国家委托的经济机关作实物存储，无损于棉农而有利于国家。国家贸易公司、合作社应规定合理牌价，收购棉农的棉花，合作社、人民银行则应以有利于棉农的储蓄办法，吸收棉农的实物储蓄或折价储蓄。实行坚决的公私兼顾政策。

同日，中共中央发出指示，要求各级党委保证购棉储棉任务胜利完成。中央指示指出，政务院《关于购棉储棉工作的指示》非常重要，为保证本年新棉上市以前全国机器纺织工业的原棉供应以及适当地满足全国军民衣着的需要，要求各级党委立即动员棉产区的全体党员、青年团员、合作社员，以模范作用，推动广大棉农开展一个抗美援朝保家卫国的售棉、储棉运动，争取将棉农所存的棉花按照国家所规定的有利于棉农的价格全部售与国家，或向政府所委托的花纱布公司、人民银行和合作社进行存储，保证全国购棉、储棉任务的胜利完成。

同日，《人民日报》发表陈云起草的题为《响应国家号召，开展售棉储棉运动》的社论。社论指出，政务院发出《关于购棉储棉工作的指示》，中共中央也为此向各级党委发出指示。这是关系国家经济和军民生活的大事，应当引起全国人民，尤其是产棉区人民的重视。政务院的指示和中共中央的号召所要解决的问题，是如何使目前有存棉的棉农在公私两利的条件下把存棉售给或储存在国家委托的经济机关，以应纺织工业的急迫需要。

社论指出，目前种棉花确实可以发家。但历史上并不是种棉花者都能"发家"，棉花丰收、棉农赔本的情况倒是反动统治时代的一般现象。仅仅在人民政府时代，因为土地所有制度改革了，保护农民、保护棉农的政策实施了，才能避免"丰收成灾"，达到种棉发家。没有革命的胜利，没有土地改革，没有人民政府的成立，棉农绝难发家。所以，保国才能发家。产棉区的党组织、人民政府和人民团体应该向棉农解释这个真理，使他们自愿地将存棉在合理牌价下卖给国家。

6月2日，《人民日报》公布了全国合作总社《关于号召棉农开展售棉存棉竞赛的指示》，要求各地合作社注意：一、有准备地开好基层社的代表会议，成熟地区首先发动挑战竞赛。二、调查当地缺粮、缺煤、缺饲料的情况，以这些供应品换购棉花。三、照顾棉农今后可能发生的困难，及时解决其水车、农具、追肥、杀虫药、喷雾器等各项需要。

6月4日，《人民日报》公布了中国花纱布总公司关于做好购棉、储棉工作的号召。总公司指出，根据各省分别作典型村调查结果，目前民间存棉量多的占1950年产量的30%，最少的也占10%左右。为顺利完成任务，公司系统员工必须做到：一、将购棉储棉视为当前最重要的中心工作。二、努力保证供应农民售出棉花后需要购进的物资，如粮食、燃料、食盐、灯油、肥料、农具、布匹等。三、简化购棉过程中一切手续，下乡登门收购。四、宣传国家保护棉农的政策，克服"怕露富"的思想顾虑。五、对于储存棉花，可按合理牌价，实行保本保值（听涨不听落），付给一定的利息。六、在省与省交界的三角地带，必须密切联系，统一步骤。

同 日

[纲 文]　中共中央发出《关于开展爱国公约和捐献武器运动的指示》。

[目 文]　《指示》从四个方面要求各级党委克服自满情绪，进一步普及深入抗美援朝运动的宣传和教育；在全国更普遍地开展爱国公约运动、增产捐献武器运动和优待烈属军属及残废军人的运动；特别要抓住爱国公约这个形式，以提高人民的政治觉悟和爱国热忱；捐献武器运动要和增加生产结合起来，这对于前线和国家财政将是一个很大的帮助。

▲北京市外二分局第二派出所管片内的居民在排队为志愿军捐献飞机、大炮、坦克捐款。

[文　献]　关于开展爱国公约和捐献武器运动的指示（节录）

（一）经过五一节前后普遍的宣传教育和控诉日美罪行及游行示威运动，抗美援朝运动已经普遍深入到全国绝大部分地区，和半数以上的人口，已经获得了巨大的成绩。但正因为这样，也就滋长起一种"抗美援朝运动已经差不多了"的自满情绪，这种倾向必须加以防止或克服。

（二）为了进一步普遍深入抗美援朝的运动和教育，中央决定，在全国更普遍地开展爱国公约运动，开展增产捐献武器运动和优待烈属军属及残废军人的运动，藉以提高人民的政治觉悟和爱国热忱，藉以鼓励前线的士气，并解决一部分财政上的困难。现中国人民抗美援朝总会已发出具体号召，望即遵照执行。

（三）爱国公约是我们领导群众、教育群众、动员群众、统一各阶层人民的步伐，共同向着指定方向前进的一种重要形式，我们必须抓住这种形式，把它巩固起来，成为一种经常的持久的团结各阶层群众共同活动的形式，以推进各项工作，并且提高群众的觉悟。

（四）捐献武器运动，必须与增加生产或其他增加收入运动结合起来。如果在今后半年内各界人民能够在自愿基础上，从努力增产的收入内，每人平均捐献五斤到十斤米，全国即可有几十亿斤米的收入，这对于前线和国家财政，将是一个很大的帮助。因为现在的工商业已较去年大为繁荣，工商界的爱国热忱已较去年大为提高，因为这次有四万万以上的农民工人参加，同时又是一种光荣的爱国的捐献。只要我们进行充分的解释和动员，这种运动可能比去年募集公债的工作容易些。

资料来源：中央档案馆提供档案。

同 日

［纲 文］　中共中央批转云南省委关于初步整顿党组织的决定。

［目 文］　中央给华东局、中南局、华南分局并告西南局的转发批语说：中央认为这个决定是正确的，凡新区有与云南情况相同或有某些相同之处者，可以参考这个决定，整顿那里的党的组织。

此前，5 月21 日，云南省委做出关于初步整顿党组织的决定。主要内容是：一、调整主要骨干和培养干部。所有地委书记、专员、县委书记、县长一律由经过土改、三查、整党锻炼的外来干部担任。原地方干部参加领导，有的须重新调整和分配工作，将他们放到群众斗争中去锻炼提高。同时把群众运动中涌现出来的工农积极分子逐渐培养和提拔成为党的各种工作干部。凡地主富农出身和与地富关系密切的干部，必须坚决调离本地。二、教育干部。在党内以整风学习、工作总结等各种方式认真进行共产主义、毛泽东思想的教育，党的整体观念的教育，党纲党章的教育，共产党员标准的教育，掌握批评与自我批评的武器，提高党员和干部的思想水平。三、审查干部。首先在党内划清敌我界限，把坏分子立即清洗出党。四、整顿支部。目前先按照支部不同情况，分为继续活动、停止活动、解散三种处理。

同 日

［纲 文］　政务院举行第八十七次政务会议。

［目 文］　会议由陈云主持。会议内容是：通过《保守国家机密暂行条例》和《各级人民政府保密委员会暂行组织通则》，批准劳动部部长李立三所作的《劳动部 1950 年工作总结及 1951 年计划纲要的报告》，决定公布政务院《关于购棉储棉工作的指示》。

《暂行条例》对国家机密范围，机关、团体、企事业单位及人员的保密义务，机要工作人员的审核及奖、惩等事项做了具体规定。《组织通则》对各级保密委员会的任务、职权、机构、编制、隶属关系及工作程序等做了具体规定。保密委员会副秘书长齐燕铭作说明说，为适应全国保密工作的需要，全国秘书长会议根据各地情况起草了这两个文件。秘书长李维汉补充说，现在全国性的保密是个严重的问题。过去解放区有保密经验，民主党派秘密活动也有些保密经验，但都有局限性。建立全面、系统、严格的保密制度还是个新问题。《暂行条例》和《组织通则》分别于6月8日和6月18日发出。

李立三在报告中指出，1950年劳动部的工作主要是调整劳资关系和举办失业救济，同时也做了一些劳动保护、劳动保险、调整工资等工作，并草拟了《工会法》、《劳动保险条例（草案）》、《救济失业工人办法》、《工厂卫生条例（草案）》等劳动法令。1951年的工作重点为，在全国统一执行劳动保险条例及其有关法令，建立统一的劳动保险制度；继续调整劳资关系；制订几种切实可行的劳动保护法规；根据各地区的不同情况，调整工资，为全国统一工资打下基础；检查监督1950年颁布的工会法等重大法令的实施。

会议还通过任免案及提请中央人民政府委员会批准任免案多项。

同日

[纲文]　中财委发布《关于国营企业清理资产核定资金的决定》。

[目文]　《决定》指出，全国国营企业经过接管、工业普查、清理仓库之后，其资产已有初步登记。但除东北外，各企业的自有资金，一般均未正式核定，以致很多企业的经营管理工作仍保持着或多或少的供给制作风。为确定国营企业的国家投资的企业资金，以建立经济核算制的基础，特作如下决定：

一、全国国营企业，包括工业（盐业制酒在内）、铁路、交通（邮电在内）、贸易、银行、农林（渔牧在内）、水利等所有中央及大行政区经营的企业，均应将实有一切固定资产与流动资产重行清理、登记、估价并核定其企业资金。

二、组织各级国营企业清理资产核定资金委员会（以下简称核资委员会），以各级财委副主任或部门负责人兼主任，吸收有关机构主管人员为委员，并调配或指定专人办公。组织办法如下：（一）在中财委之下，成立全国核资委员会，掌管全国国营企业资产的清理及资金最后核定事项。（二）在大行政区财委之下，及其区辖各部门（公司），成立大行政区各级核资委员会，负大行政区受中央委托代管的国营企业资产清理和资金审核之责，并掌管大行政区自营的国营企业资产清理及资金核定事项。（三）直接管理国营企业的中央财经各部门，成立部门的核资委员会，负部门直接掌握企业的资产清理及资金审核之责，并负大行政区及省市代管的国营企业资金审核之责。（四）中央直接委托代管国营企业的各省市，成立省市核资委员会，负省市代管国营企业资产清理和资金审核之责。（五）国营企业的各个基层单位，组织单位核资委员会，或使用现有组织（如工厂管理委员会），进行此项工作。全国核资委员会负责制定和审定清理资产核定资金的各种办法及表格，并领导各级核资委员会。大行政区核资委员会对于辖区内的国营企业，得分别指派省市财委人员进行核定资金的监督指导工作，并向大区核资委员会作工作报告。

三、全国国营企业的固定资产与流动资金，应一律重行清理登记，并按1951年6月底的人民币价格重行估价。凡截至1951年6月底止，其全部资产数量已经正确，而原账面价值及估价标准又确与全国核资委员会公布资产估价办法原则相符合者，只需进行复查校正，按规定表格重行登记，造册送由各级核资委员会审核汇编，报全国核资委员会。如资产数量仍不正确，则应重行清点整理。如原账面价值及估价标准大部或一部与估价办法原则不符者，其全部或一部资产，应即重行估价，予以调整。

四、全国国营企业应自有的流动资金，一律根据1951年国家所给予的生产任务来核定，以便用最少的物资与货币资金来完成国家计划的任务。国营企业应保有的固定资产，由各级核资委员会逐级审查核定，按规定表报加以汇编后，报全国核资委员会。国营企业的流动资金，应在保证生产计划完成的条件下，按其生产与供销各过程，确切拟具正常周转定额资金和周转率，及最低必需的自有流动资金额，连同资产负债表，送主管核资委员会，逐级负责审核汇编并签注意见，报全国核资委员会最后核定其国家投资的企业流动资金。

五、全国国营企业清理资产核定资金的工作，限6月底前，从中央各部到基层企业，做好思想、组织及清查、估价、核定等章则、制度、表式的准备。从7月1日开始，全面展开清查、估价、核定工作。此项工作最迟12月底全部完成，并分别由财政部登账。1952年1月底前将总结报告中财委。

同日

[纲文]　中国人民志愿军政治部发出对目前政治工作的指示电报。

[目文]　电报说，目前政治工作的紧急任务，是如何将各级干部动员起来，以坚定的战斗意志、转危为安的毅力，坚决对敌斗争。要说明敌人这次进攻完全是一种冒险行动，是试探性的，我们有强大的后备力量，敌人是胆怯的，切不要为敌人虚张声势所迷惑。事实证明，凡是我军采取了坚决的抗击，不仅保持了阵地，并给敌人很大的杀伤，击退了敌人的进攻。各级政治机关应召集紧急会议，号召全体干部发挥高度的战斗积极性，带领战士，勇敢机智地打击和歼灭敌人，把暂时不利的局面转为完全有利。

同日

[纲文]　中国人民抗美援朝总会举行第五次常务委员会议。

[目文]　该会副主席彭真、陈叔通，常务委员张奚若、刘宁一等，该会各部负责人，中国人民赴朝慰问团团长廖承志及各分团负责人等50余人出席。会议听取了赴朝慰问团的工作汇报；讨论了关于推行爱国公约、开展捐献飞机大炮运动及优待革命军人家属等问题，一致通过了向全国人民发出关于推行爱国公约、捐献飞机大炮和优待革命烈士革命军人家属的号召。会议指出慰问团这次赴朝工作有极大成绩，并责成慰问团分赴全国各市、县、旗报告赴朝慰问经过和志愿军英勇艰苦作战的情况，动员全国人民以高度的爱国主义热忱，再接再厉地深入开展抗美援朝运动，争取抗美战争的最后胜利。

同日

[纲文]　中国人民抗美援朝总会发出号召推行爱国公约、捐献飞机大炮和优待烈属军属的通告，全国开展捐献运动。

[目文]　总会号召的主要内容是，一、普遍开展爱国公约运动。爱国公约是《共同纲领》的具体化，是各订约单位的一种具体的爱国行动纲领，使各阶层人民把自己的日常业务，生产、工作和学习与爱国的总任务，与抗美援朝、镇压反革命和消灭封建土地制度

的斗争，密切结合起来。全国所有各界人民，各工厂、企业、机关、学校、街道和农村，工厂中的车间、生产组和学习组，乡村中的生产互助组、学习组，机关中的各个部门，学校中的院系或班、组，以至各个家庭和其他各种单位等，都要按照业务，围绕抗美援朝运动，订出具体的爱国公约，或增订原来的公约；并选出领导人，建立领导核心，领导大家实现这些公约。二、开展捐献飞机大炮运动。建议全国各界爱国同胞们，不分男女老少，都开展爱国的增加生产、增加收入的运动，用新增加的收入，购置飞机、大炮等武器，捐献给志愿军和解放军。各地捐献的飞机、大炮、坦克等，将冠以捐献单位的名字，作为光荣的纪念。三、做好优抚工作。人民志愿军、人民解放军和公安武装的指战员和工作人员们，为了抗美援朝、保家卫国或肃清反革命，离开了家庭，参加了军队，进行流血的斗争。有些指战员已经光荣地捐献了自己的生命，或者变成了残废。全国人民应该对他们负责，切实而经常地做好优待烈属、军属，优待残废军人的工作。在乡村中要及时做好代耕工作，在城市中要帮助他们的家属就业。要帮助他们的子女入学，帮助他们的家庭解决各种困难。总会建议全国各市、县在6月召开一次抗美援朝代表会议或工作会议，制订1951年下半年工作及整个抗美援朝运动的宣传教育计划，并加以贯彻。

6月7日，总会公布《关于捐献武器支援中国人民志愿军的具体办法的通知》，规定了有关捐献的八项具体办法，主要是，一、各地抗美援朝总分会、分会应即邀集当地各人民团体、各机关及各界爱国人士的代表，讨论并订立具体的宣传和动员捐献的计划，分头进行。二、在工厂应与增加产量、减低成本运动相结合，在乡村应与深耕细作及发展家庭副业相结合，在工商界应与改善经营增加收入相结合，鼓励退职的官员及城市其他富户踊跃参加。三、捐献运动暂定以半年为期。所有捐献必须完全出于自愿。四、所有捐献一律以人民币计算。委托各地人民银行代收、汇集上解。捐献金、银、首饰、银元、外汇、外币等，由人民银行按当日牌价折合计算。五、所有农村捐款，统由村（乡）、区、县三级主持机关每月分别公布一次。各省分会每月应在报刊上将捐款者姓名或单位及所捐数目公布一次。六、个人、企业、机关、团体或地区希望将捐款指定购置某种武器者，请在交款时用书面注明。七、拟定捐献人民币15亿元即作为战斗机一架，50亿元即作为轰炸机一架，25亿元即作为坦克一辆，9亿元即作为大炮一门，8亿元即作为高射炮一门。八、所有捐款，均由总会商同有关方面统一购置武器或志愿军其他必需品。

6月7日，总会和中国人民银行总行联合发出关于全国各地捐款统由人民银行代收的通知，要求各地：一、号召当地人民以集体缴纳为主要方式；二、将当地银行的收款地点、工作时间和收款方式等，利用报纸或广播电台等广为宣传；三、简化手续，收款要态度和蔼，必要时可采用电话通知银行派人前往收款等方式，县支行可组织下乡代收。

同日

[纲文]　北京市工商界通过以捐献飞机大炮坦克等积极支援朝鲜前线的议案。

[目文]　议案说：1951年6月1日，我们首都工商界各行业的代表，听了赴朝慰问团代表报告中国人民志愿军为了抗美援朝保家卫国，在朝鲜前线与朝鲜人民军并肩作战，

克服一切困难的可歌可泣的英雄事迹以后，我们深为感动。为了更有效地打击敌人，首都工商界热烈地响应赴朝慰问团工商界代表希望工商界努力捐献运动的号召。我们誓愿贡献一切力量，踊跃捐献，以便供给前方以更多的飞机、大炮、坦克，以及富有营养的食品和各种医疗用品，来积极支援前线，并盼全国工商界一致响应，以争取抗美援朝最后胜利的早日到来!

同 日

[纲 文] **班禅额尔德尼为《关于和平解放西藏办法的协议》签订致电毛泽东。**

[目 文] 电报说，亲爱的毛主席，在您英明的领导下，一年来，我们藏族人民除住在西藏地区的以外，都先后获得了解放。在新中国大家庭里，我们的宗教信仰和风俗习惯得到尊重，我们的代表人物参加了各级人民政权并受到优待，我们的农牧业经济生活日益改善，我们的文化教育事业得到扶植，我们的健康也得到亲切的照顾，这使我们从国民党反动统治中解脱出来的人民第一次感到了人间的温暖。

在您英明的领导下，中央人民政府和西藏地方政府签订了《关于和平解放西藏办法的协议》。协议的每一条文都闪耀着您爱护我藏族以及关怀全中国各民族人民利益的光辉，因而当协议公布之日引起万众欢腾，获得全国各族人民特别是我藏族人民的热烈的拥护。

今后，我一定要为实现《关于和平解放西藏办法的协议》，为我藏族永远脱离帝国主义羁绊、获得解放和发展而努力，加强民族团结，包括藏族内部和藏族与各兄弟民族的团结。在您的英明的领导下，西藏将来必然成为幸福与繁荣的西藏，藏族必然成为发展与进步的民族；我们各民族人民的祖国，在已经奠定的强大而牢固的基础上，必然更加繁荣昌盛。

同日，班禅额尔德尼还电复全国各民主党派、群众团体及天津、上海佛教会，对他们的贺电表示感谢。

同 日

[纲 文] **中华全国基督教协进会在上海举行揭露美帝国主义利用基督教侵略中国罪行的控诉大会。**

[目 文] 参加大会的有协进会全体工作人员和上海市各基督教团体及教堂的代表共1200多人。协进会会长吴高梓、副会长崔宪详等5人在会上控诉。

崔宪详说，协进会这个组织就是著名的美国基督教头子穆德一手策划组成的。美籍传教士掌握了协进会的一切大权，利用协进会调查中国的政治、经济与社会情况，每年都有大批的调查统计材料送达穆德。协进会的调查与占领特别委员会就是一个情报机构，在调查工作中动员了外籍传教士5000多人，并与当地封建军阀相勾结。调查的结果是在1922年完成题为《基督教占领中国》的调查报告。1925年“五卅”运动时，美国大资本家洛克菲勒曾特别以7.5万美元供给协进会劳工部，作为向工厂工人“布道”的经费，以麻痹当时中国工人阶级高涨的革命情绪。抗战时期，前协进会总干事陈文渊组织所谓“军事生活辅导团”，为蒋介石训练反共反人民的军队。缪秋笙揭露了美国企图利用协进会破坏中国基督教三自革新运动的阴谋，并检讨了他自己曾被利用，参加了这一阴谋活动的错误。

中国基督教抗美援朝三自革新运动委员会筹委会主席吴耀宗在总结中说，控诉使大家进一步认清了美国利用基督教侵略中国是长期的、有计划、有步骤的、无孔不入的。中国基督教能否新生，就要看她能否肃清美帝国主义的侵略影响。全中国的基督教徒们都要勇敢地起来控诉，为基督教的光明前途而斗争。

同 日

［纲 文］ **康藏公路泸定大渡河钢索吊桥建成通车。**

［目 文］ 朱德为大桥题联："万里长征犹忆泸关险，三军远戍严防帝国侵。"该桥可以使汽车平稳地经过，减少了从雅安到拉萨的运输时间。

6月2日

［纲 文］ **中共中央向各中央局发出《关于今年暑期高等学校毕业生的分配方案》。**

［目 文］ 《分配方案》规定：1951年暑期全国高等学校毕业生共计17009人，经过抽补调整，各地区分配数是：华北1228人，华东2707人，中南1790人，西南1256人，西北1166人，东北2915人。医科毕业生全部交军委卫生部统筹使用。其余分配至中央各部门、全国高等学校和中国科学院。

6月7日，华北局给中央电报，对《分配方案》提出调整意见：对华北根本不需要或吸纳不下的糖业、西方语文等专业的毕业生，希望能与其他区调换一部分其他专业的学生；对华北需要的农田水利、农业经济等专业毕业生希望多分配些；对华北无科系又极其缺乏的工业统计、工业会计、俄文等专业人才希望统一分配几人。本月，刘少奇将电报批转给人事部部长安子文说，学生从事的业务，在分配时，必须细心地一个一个地考虑，方能分配好。

同日—5日

［纲 文］ **全国公安人事工作会议在京召开。**

［目 文］ 会议由公安部召开，讨论了公安系统人事工作的任务和整顿、充实公安机构的问题，特别强调要加强公安人员的思想领导与政治领导。

6月13日，公安部部长罗瑞卿向毛泽东并中共中央报送《第一次全国公安人事工作会议的报告》。《报告》说，近两年时间里，公安机关吸收6万多人，均未经过严格审查，已证明问题的复杂，并确已混入了一批不可靠分子与若干反革命分子。应该立即着手进行一次比较彻底的审查清理工作。全国各级公安机关干部，按编制为19万人，尚缺6万人，需予补充。今后公安人事工作的主要任务应是加强公安部门思想政治领导，经常性工作应是管理干部和进行政治宣传教育，大体像军队政治机关一样。6月18日，中共中央批转该报告。

同日

[纲文]　中财委发布《关于防治蝗蝻工作的紧急指示》，全国开展灭蝗活动。

[目文]　《指示》指出：目前正值蝗蝻发生季节，据各地报告，皖北的盱眙、泗洪、阜南等县，河北省黄骅、静海、饶阳、景县、恩县、衡水、卢龙等县，以及山东省新海连市，沛县、无棣、吴桥等县，均已发生大批蝗蝻，开始为害作物。这是关系广大人民生产生活的重大问题。凡已发生蝗蝻的地区，当地人民政府应立即发动和组织广大农民，按照当地环境，用掘沟、围打、火烧、网捕、药杀等办法紧急进行捕杀。坚决贯彻“打小、打少、打孑[①]”的精神，干净、彻底全部把蝗害消灭在幼虫阶段。

6月13日，《人民日报》报道，中央人民政府首次派空军出动4架飞机飞赴受灾最严重的皖北灭蝗。

6月28日，《中国农报》发表文章报道和总结全国治蝗工作说，本年全国许多地区都不同程度地遭遇了蝗灾，在各级政府的积极组织下，安徽、河北、山东、新疆、平原、河南省及北京等蝗灾严重地区，治蝗工作成果显著。皖北泗洪治蝗工作在6月26日前后基本结束。河北省到6月25日已有62县发生蝗蝻，为害面积达90万亩，尚有36县未肃清。山东省先后共有23个县、市发生蝗蝻，受害面积共达16.76万余亩，大部分是荒滩和湖滨及低湿草地，已指令各县停止一切会议，集中力量消灭蝗蝻。新疆从5月后，吐鲁番、绥来、吉昌、博乐、乌苏、沙湾、通古、哈密、镇西等县都先后发生蝗灾，共计面积达110余万亩。针对缺乏水源、捕打困难的情况，新疆以捕蝗为中心工作，调派技术干部35人，携带药剂24吨，喷雾器130余架，分别下乡组织群众捕打，每日有2000余人参加。此外，解放军每日也有500—600人参加。但因为条件所限，新疆治蝗工作需要中央协助。平原省发生蝗蝻的9个县组织群众捕打后，已基本消灭。北京郊区大兴县有2万亩面积发生蝗蝻，立即组织群众捕打，6月23日北京市组织各校师生6200余人下乡，和当地农民8000余人共同捕打。河南省商城、固始发动1万余人捕打，将土蝗基本消灭。

同日

[纲文]　班禅额尔德尼和阿沛·阿旺晋美等分别离开北京。

[目文]　班禅额尔德尼一行本日离开北京前往天津，阿沛·阿旺晋美一行也于本日离开北京返回西藏。分别前往车站欢送的有朱德、李济深、董必武、陈云、郭沫若、陈叔通、聂荣臻、李维汉、彭真等以及中央政府有关部门负责人，西藏地方政府代表，中央民族学院、蒙藏学院学生，北京市寺院喇嘛僧众和旅京蒙、藏族人士代表等500余人。

6月3日

[纲文]　中共中央主席毛泽东在京会见朝鲜劳动党总书记金日成。

[目文]　毛泽东和秘密访问中国的金日成就朝鲜战争问题及国际局势进行了会谈。

---

① 即孑孓，幼虫。

◀毛泽东与金日成亲切握手。

同日

［纲文］ **中共中央批转华东局关于香菇生产问题的电报。**

［目文］ 中央给中南局、华南分局并华东局的转发批语说：中央同意华东局的提议，望即令广东、江西香菇生产地区党委即考虑华东局的提议，并将他们的意见电告。

此前，5月31日，华东局在给福建省委、浙江省委、皖南区委并报中央的电报中提出：因为种香菇需要专门技术且系世代相传，而福建、皖南、江西、广东等菇山地区的农民不会种植，所以浙江丽水地区每年冬季有五六万菇民前往上述地区的深山种植香菇，以所得收入维持8个月的生活。其经营方法有：丽水地区香菇经营者到外省包租菇山，招菇民至该地经营；菇山所在地的经营者雇用菇民经营；菇民合股租山经营。土改中，菇民担心菇山被分配，要求政府适当处理。对此，我们主张：没收原属地主所有和富农出租的菇山归国家所有，不动农民的菇山。当地政府统一管理收归国有的菇山，出租给菇民或香菇经营者使用，并适当减轻经营者对菇民的剥削。必要时可由政府出资雇菇民经营。

6月4日

［纲文］ **中共中央发出《关于在土改和镇反中对高级民主人士家属照顾和宽大处理的规定》。**

［目文］ 《规定》指出，对于解放前已经参加反蒋斗争，已经与我们合作的民主人士特别是高级民主人士，对于真正起义的军官，在土改和镇反中，必须有意地予以特殊照顾或宽大处理。对于这些人士的家属（祖父母、父母、子女、兄弟和妻室），中央规定：一、在土地改革中，除在政治上予以适当照顾外，经济上应留给必要的生活资料，不得把他们“扫地出门”，他们在城市中的财产，一般应予保留，不得没收。在退租退押中如果

他们实在退不出，政府应该说服农民少退或由政府拿出一点钱来代他们清理。不要逼得他们走投无路。二、除现行犯或不捕不足以平民愤者外，他们纵有若干劣迹，应尽可能劝其向群众低头认错，求得了结，而不加逮捕。其应逮捕处刑者，也应从宽处理，并将详细情况向上级报告。三、今后凡正副省主席和正副市长级以上的政府工作人员中的民主人士及各民主党派的中央委员和起义将领的家属，如果在土改和镇反中，依法必须逮捕治罪时，应由各中央局批准并报中央备案；如判处死刑时，必须先报中央批准后方可执行。省以下县以上各级政府重要民主人士之家属须判死刑时，应由省委决定报请中央局备案后方得执行。四、高级民主人士因其戚友被捕提出询问或意见，经上级转达者，当地政府党委应迅速据实回答或查明处理。五、各地过去对于高级民主人士家属的处理，发生过一些什么错误和问题，望各中央局于6月份内写一份报告给中央。

同 日

[纲 文]　新华社讯，教育部发布关于开展电影《武训传》和“武训精神”的讨论与批判的指示。

[目 文]　指示指出，一、由电影《武训传》所引起的思想论争已成为一种全国性思想运动，所谓“武训精神”在教育工作者中影响极深也极普遍。这种影响模糊了革命的立场、观点，成为人民教育事业前进的严重的思想障碍。因此，在各级教育行政机关及各级学校中深入讨论《武训传》及有关武训的论著，对武训这一人物及所谓“武训精神”进行科学的、系统的讨论与批判的工作，是十分必要的。二、各级教育行政领导机关应十分重视对这一思想运动的领导。这一运动必须普及到每个学校每个教育工作者。专署以上教育行政部门及中等以上学校，应协同教育工会组织开展这一讨论，指定阅读参考文件，结合电影《武训传》或武训的史料作科学研究和批判。重点应放在检查自己的思想，就自己过去和现在对武训、电影《武训传》的看法，以马列主义、毛泽东思想为武器，进行检查，展开自由论争。并提倡少数人做较系统的深入的研究，如批判有关武训的著作、做出科学的结论等。对县以下的教育行政干部及小学教师，除布置自学讨论外，并可利用假期集训的机会，作为专门问题进行研究。三、在讨论过程中必须有正确的思想领导，针对所提出问题，启发大家思想，步步深入，从现象到本质，最后做出正确的结论，以达到明确革命立场、观点与反动思想的界线，肃清所谓“武训精神”的影响，澄清教育思想上的混乱状态，提高全体教育工作者的政治思想水平。四、学习时间一般定为半个月。专署以上教育行政机关及中等以上学校，在7月中旬前必须将这一学习运动的结果逐级总结上报。

同 日

[纲 文]　中国彩色影片《锦绣河山》在莫斯科放映。

[目 文]　中国文化部电影局北京电影制片厂和苏联电影事业部文献电影制片厂联合摄制的彩色影片《锦绣河山》，于本日起在莫斯科6家电影院同时放映，受到观众热烈欢迎。《锦绣河山》包括《新北京》、《大江东去》、《人民的上海》、《江南胜景》、《解放了的南方》五部分。6月6日，《真理报》发表苏联著名画家费诺格诺夫评论，对该片予以

高度赞扬。

6月5日

［纲 文］ **全国政协常务委员会举行第二十四次会议。**

［目 文］ 会议讨论了清理机关工作人员问题，决定成立总的临时学习委员会，负责领导北京的这一学习运动，并推定彭真为主任，李维汉、章伯钧、蔡廷锴为副主任，安子文为秘书长；还决定全国政协与民主党派组织临时学习分会。中央人民政府委员、政务院政务委员列席了会议。

同日—6日

［纲 文］ **中国和德意志民主共和国互相举行活动祝贺“德中友好月”在柏林开幕。**

［目 文］ 6月5日，中国人民抗美援朝总会会长郭沫若在北京举行庆祝酒会。德意志民主共和国驻中国外交使团大使衔团长柯尼希，陈叔通、马叙伦、沈雁冰、许德珩、伍修权等各界来宾和苏联及各东欧国家驻华使节等100余人出席。郭沫若和柯尼希分别致词祝贺。同日，郭沫若致电祝贺“德中友好月”在柏林开幕。

6月6日，德国统一社会党中央政治局在柏林设宴招待参加“德中友好月”的中国代表团。统一社会党主席皮克、总书记乌布利希和其他政治局委员，中国代表团团长沈钧儒和全体团员、中国外交使团大使衔团长姬鹏飞出席。皮克和沈钧儒先后讲话。

6月6日

［纲 文］ **刘少奇做出关于中越边境铁路连接问题的批语。**

［目 文］ 批语说，线路可以不经镇南关（今友谊关），而按凭祥、同登线路，首先铺轨至边界为止。在越南境内行车，只能由越南办理，我们火车不得越界行车。公路连接点，如在边界不可能，暂时即以凭祥站连接。①

这个批语写在铁道部部长滕代远4月27日关于中越边境来镇段（自中国广西来宾至镇南关）铁路修筑问题给中财委的报告上。报告说，来镇段工程本年度施工计划，原定铺轨至镇南关。经铁道部派人赴该段视察、研究边界设站问题，认为：来镇段路线出镇南关界后，约经过5公里到达越南铁路的同登车站。越南铁路是一米轨距，将来两国联运换车应专站办理。按目前情况，镇南关外越南境内铁路尚未恢复，宽窄路轨换车地点暂不考虑；唯铁路与公路接运地点则亟应规定，作为本年来镇段铺轨终点。镇南关地处山隘，附近无设置铁路车站可能，公路也无法与铁路衔接。故目前铺轨以镇南关为终点似无意义。关内第一车站为凭祥站，距国界15公里，地势宽平，与公路相通，将来可在此设置宽窄轨换车站，目前也适宜在此与公路接运。唯边境公路翻越镇南关一段，路线崎岖，前后爬

---

① 1951年11月7日，湘桂铁路来宾至凭祥段建成通车，以凭祥为终点，全长402公里。1955年2月28日，自越南河内经中国睦南关至凭祥的铁路全线竣工并通车，以凭祥为换车站。

坡，汽车运输很不经济。从时间和经济角度考虑，似不如延展铁路至同登站较为合适。凭祥与同登之间，抗战期间曾铺轨通车，路基尚存，修复工程不巨，按标准轨距修筑的山洞也可以使用。如果商得越南同意，铺轨至同登，对目前运输较为迅速、经济。将来若在凭祥设换车站，也很容易将该段缩铺窄轨。现在来镇段工程正在急速进行，铺轨终点若决定至凭祥为止，在该站与公路接运，则必须整修凭祥至镇南关之间公路。若决定将铁路铺至同登，则请中央迅即商取越南同意。

同日—26日

［纲文］ **第一次全国手工业生产合作会议在京召开。**

［目文］ 会议由全国合作总社召开，正式和列席代表共182人。会议总结了一年多来的工作，认为：只有把分散的手工业者组织起来，集体购买原料和推销成品，避免中间剥削，才能逐渐地改造落后的小生产成为先进的大生产；也只有组织起来，才容易获得国家扶助。但是，由于干部、技术条件和工作经验不足，发展手工业生产合作社应当稳步进行，已有的应加以巩固，总结经验，未成立的地区，应立即有重点地试办。

会议指出，过去大多数手工业生产合作社是为了解决大、中城市失业工人的生活困难而组成，因此工作被动，困难很多；今后应把工作重点放在组织中、小城镇和农村中的独立小手工业者和家庭手工业者上面。手工业生产合作社的当前任务是组织供销业务，促进生产，不应过早地组织集体生产和机器生产。但过去也有偏向，有的手工业生产合作社长期停留在供销业务阶段，不去组织集体生产和改进生产工具。会议规定今后手工业生产合作社努力目标是：一、统一供销业务；二、统一计算盈亏，盈余按社员劳动的多少来分配；三、统一产品规格；四、统一原料、成品的定量标准，实行社员按期交货责任制；五、统一计件工资标准和支付办法。会议还草拟了手工业生产合作社章程准则草案，交各地试行。

同 日

［纲文］ **《人民日报》发表题为《正确地使用祖国的语言，为语言的纯洁和健康而斗争》的社论。**

［目文］ 社论指出，语言混乱现象的继续存在，在政治上是对于人民利益的损害，对于祖国的语言也是一种不可容忍的破坏。每一个人都有责任纠正这种现象，以建立正确地运用语言的严肃的文风。我们的语言经历过多少千年的演变和考验，一般地说来，是丰富的，精练的。中国历史上的文化和思想界的领导人物一贯地重视语言的选择和使用，并且产生过许多善于使用语言的巨匠。中国现代语言保存了中国语言所固有的优点，又从国外吸收了必要的新的语汇成分和语法成分。因此中国现代语言是比古代语言更为严密，更富于表现力了。毛泽东和鲁迅，是使用这种活泼、丰富、优美的语言的模范。

毛泽东在审阅社论稿时加写了一段话：我们的同志中，我们的党政军组织和人民团体的工作人员中，我们的文学家教育家和新闻记者中，有许多是精通语法、会写文章、会写报告的人。这些人既然能够做到这一步，为什么我们大家不能做到呢？当然是能够的。

同日，《人民日报》开始连载吕叔湘、朱德熙合写的《语法修辞讲话》。

同日

[纲文]　文化部发出《关于禁止珍贵文物图书出口暂行办法》。

同日

[纲文]　江苏泰县姜堰小学学生致函全国小朋友，倡议节约糖果费捐献“中国儿童号”飞机。

同日

[纲文]　北京市什刹海人民游泳场举行揭幕典礼。

[目文]　中央军委代总参谋长聂荣臻、北京市市长彭真、团中央书记冯文彬、全国青联主席廖承志、全国体育总会筹委会副主任荣高棠以及来宾2300余人出席典礼。典礼结束后，举行了游泳、水球比赛和跳水表演。

游泳场是在原来残破污浊的什刹海西小海修建的。1950年8月动工，1951年5月底完工。全场面积共3.35万平方米，池水面积4295平方米，分儿童池、浅水池、比赛池、深水池，是当时全国规模最大的游泳场。

▲北京市市长彭真为什刹海人民游泳场揭幕式剪彩。

6月7日

[纲 文] **政务院发布《关于加强政府机关内部统一战线工作的几项具体规定》。**

[目 文] 《规定》指出：为进一步加强政府机关内部的统一战线工作，根据第一次全国秘书长会议关于这方面的建议，特作以下规定：一、批准李维汉秘书长在全国秘书长会议上关于进一步加强政府机关内部统一战线工作的报告，各级人民政府应组织工作人员学习和执行。二、政府机关内部的统一战线工作，省（市）以上人民政府及其各部门由秘书长或办公厅主任负责掌管，不设秘书长或办公厅主任的部门及省（市）以下人民政府须指定适当人员掌管，并均得视具体情况，设置专职或兼职人员协助进行。各级人民政府和各部门首长必须负责加以领导和帮助。三、政府机关人事部门，应在其人事处理及福利等工作中，密切结合统一战线工作。四、政府机关中秘书长或办公厅主任（或指定的负责人员），得会同人事部门负责人员定期或不定期地召集机关内部统一战线工作座谈会，酌邀机关内部各党派、无党派人员及专家技术人员等参加，以便了解情况，处理问题，更加团结进步。五、政府机关的学习领导组织，应注意吸收一定数量的有党派和无党派的中下层工作人员中的积极分子参加。六、各级人民政府和各部门对机关内部的统一战线工作应定期检查，总结经验，对所发现的问题，务必及时处理，并向上级作综合报告。

同 日

[纲 文] **政务院发布《关于处理人民来信和接见人民工作的决定》。**

[目 文] 《决定》指出，各级人民政府对于人民的来信或要求见面谈话，均应热情接待，负责处理。过去有些地方对于这一工作很重视，认真负责地处理了人民所提出的问题，满足了人民的要求，获得人民群众的称赞。但也有很多地方，对于这一工作不够重视，有的甚至采取了敷衍应付或马虎拖延的态度，因而引起群众不满，疏远了人民政府与人民群众之间的关系。这种不正确的思想作风，必须严格纠正。为此，特作如下决定，要求各级人民政府切实执行：一、县（市）以上各级人民政府，均须责成一定部门在原编制内指定专人负责处理人民群众来信，并设立问事处或接待室，接见人民群众；领导人并应经常地进行检查和指导。二、对人民所提出的意见和问题，凡本机关能办理的必须及时办理；需要转交下级机关或其他有关部门办理的应及时转送，并检查催办。如系上级机关交办者，应及时办理，并于办理后将结果回报；若有特殊情况不能及时处理，也应告知来信本人及原交机关。但对于反动分子借人民名义向政府提出的带有挑拨性或试探性的问题，则不要答复。对于人民所提问题的处理结果，应及时通知本人。对于有教育意义的典型事件于处理后，可在当地报纸上发表或在适当的会议上宣布。三、凡属控告机关或工作人员的事件，应交人民监察机关处理。严禁被控机关或人员采取报复行为；如有报复者，应予以处分，情节严重者并应送司法机关依法惩处。四、对报纸刊物所载人民群众的批评或意见，各有关机关或工作人员须认真研究处理，并应在该报刊上作公开的答复或检讨。五、对于处理人民来信和接见人民的工作，应建立登记、研究、转办、检查、催办、存档等各

项制度，并定期总结。六、各级人民政府及政府各部门对处理人民来信和接见人民的工作，应经常检查总结，定期向上级报告。各大行政区人民政府（军政委员会）和中央直属省市人民政府，应每半年向政务院作一次关于处理此项工作的总结报告。

同 日

［纲 文］ **刘少奇对山西省关于土产固定远销小组工作情况简报做出批语。**

［目 文］ 批语要求中央合作事业管理局局长程子华将该件发给各大行政区和省合作社，可讨论一下，和土产公司配合，由各省派人到各地设远销小组。

此前，4月20日，山西省政府发出关于土产固定远销小组工作情况简报说：在帝国主义国家实行经济封锁的情况下，山西省许多土产因不能出口而滞销。为了打开国内市场，山西土产公司本年1月11日派出固定远销小组分赴上海、汉口、郑州、天津、绥远等地推销，两个月内创造了本省土产销量的新纪录。组织远销小组，打开了山西土产在国内的广阔市场，建立了四通八达的贸易路线；了解了友区土产的供需情况，大大促进了本省与友区的土产交流；改善了国营贸易的经营方法，由依靠上级调拨，不设法找销路，更不推销农民手中土产，变为抽调力量，带货外出推销；密切了产销关系，发挥了贸易指导生产的作用。为把固定远销小组提高一步，拟采取下列办法：一、除原有五个小组外，加派西安小组，固定、加强东北及广州小组。二、明确固定远销小组的任务是：推销本地土产，采办友区土产；了解友区土产情况，报告友区商情物价；学习并吸收友区土产推销经验。三、远销小组一定要服从当地贸易行政部门的领导，同时加强对远销小组的政治指导，并向当地国营贸易机构征求意见。四、给予远销小组一定的职权和活动经费。五、建立市场信誉，样品必须与供货一致。六、采取精简手续、送货上门等措施以方便客户，并建立经常的主顾关系。

同 日

［纲 文］ **全国妇联发出《为响应抗美援朝总会三项爱国号召的决定》。**

［目 文］ 《决定》指出，中国人民抗美援朝总会发出了关于在全国推行爱国公约、捐献飞机大炮、优待烈属军属的三项号召，正是在广大妇女中继续普及、深入抗美援朝运动最有效和最主要的办法。特作决定：一、号召全国妇女再接再厉展开爱国公约运动。订爱国公约时，要把自己日常的生活、生产、工作和学习，与爱国的总任务、当前的政治任务密切结合起来。范围不要太大，一个工厂、一个村庄、一条街道、一个家庭均可。公约条文要简明、具体，便于记忆、执行和互相检查督促。二、号召全国妇女，以增加生产，增加收入，来踊跃捐献武器，并争取达到向祖国捐献妇女号飞机、大炮、坦克等光荣的目标。捐献运动也必须掌握自觉、自愿的原则，不可形成变相摊派。三、号召每个爱国妇女，应经常地关心和慰问志愿军、解放军、人民公安部队的家属，革命烈士家属和荣誉军人，并应协助政府经常地做好优待和抚恤的工作。

同 日

［纲 文］ **政务院文教委员会嘉奖敦煌文物研究所全体人员。**

［目文］　敦煌文物研究所全体工作人员，8年来在艰苦困难的条件下，从事敦煌莫高窟壁画的摹绘和研究工作，取得很大成绩，对北魏隋唐以来千余年间文化遗产进行了宣传和宣扬和保护。为此，政务院文教委员会呈请政务院批准，发给该所全体工作人员奖状及奖金，以示鼓励。颁奖典礼在中国科学院举行，参加者有政务院文教委员会主任郭沫若，副主任马叙伦、沈雁冰，中国科学院副院长李四光、陶孟和、吴有训，文物局副局长王冶秋，故宫博物院院长马衡，敦煌文物研究所所长常书鸿等。常书鸿代表敦煌文物研究所全体工作人员说，今后要进一步做好保护与发扬敦煌艺术遗产的工作，以报答政府和人民。

6月8日

［纲文］　**中共中央批准《华东小城市和集镇中地主多余房屋的处理办法（草案）》。**

［目文］　中央批语指出，华东局所提关于小城市和集镇中地主多余房屋的处理办法，中央均同意。按照此办法第一项第一款所规定分配给农民所有的房屋，也应规定不许农民出租、出卖或拆毁。此外，关于没收地主出租给除农民以外的其他成分所居住和使用的房屋归政府所有的问题，在川西各界代表会上，党外人士曾有赞成与反对的两种意见。请你们在具体行动中，注意了解情况，总结经验，报告中央。

此前，5月19日，华东局将《关于执行〈华东小城市和集镇中地主多余房屋的处理办法（草案）〉的指示》及《处理办法（草案）》电告中央并告山东分局、各省委、区党委。《指示》指出：一、农村市镇中地主的多余房屋原规定不动，但是地主房屋大部集中在小城市和集镇，如只没收他的土地及原来出租给农民使用的房屋，则地主仍可坐食房租，农民坚决不同意，对小城市和集镇发展工商业也不利，所以要加以改变。二、小城市和集镇地主的多余房屋，基本上可照农村的办法处理；工商业发达、农业土地和农业人口很少的市镇，要注意某些不兼营工商业的地主是否可能分得一份土地并依靠自己劳动维持生活，及其出租屋的工商业性质。对不同性质的小城市和市镇中地主的多余房屋，要有不同的处理办法。所以该办法的第一条与第二条内都有一项单独规定，以小城市和集镇是否超过2万人作为两种处理办法的大体分界。三、该办法只提地主成分，未提地主兼其他职业与其他职业兼地主成分的区别，各地在实际执行中不能机械一律，对自由职业者、职员等兼地主成分的人的多余房屋，应一律不动。四、大中城市地主多余房屋的处理，待小城市和集镇处理有了经验之后另订办法进行。五、大城市郊区市镇地主多余房屋的处理，可参照《上海市郊区地主多余房屋处理办法草案》，不能依照本办法。六、请考虑在小城市和集镇地主出租给工商业者等居住的多余房屋，是收归国有有利还是依旧地主所有由政府征收地价税和房捐有利。

《处理办法（草案）》的主要内容是：一、凡不足2万人口的小城市和集镇，农业土地和农业人口较多，地主能分得一份土地并依靠自己的劳动维持生活者，对地主的多余房屋依照下列规定处理：1. 没收地主出租给农民居住的房屋及地主多余的适合于农民居住的房屋，分配给农民所有。2. 地主兼营工商业所使用的房屋不动。3. 没收地主出租给除农民以外的其他成分所居住和使用的房屋，归政府所有，仍归原居住者继续使用。4. 没收地主多余房屋中不适合于农民居住的较大建筑，归政府所有，充公共事业用。5. 某些不足2万人口的小城市和集镇，农业土地与农业人口较少，一部分地主不可能分得一份土地并依靠自己的劳动维持生活，又不兼营工商业者，经过县人民政府的批准，可酌情给其保留出租给工商业者等的房屋一部或全部。二、凡人口在2万以上的小城市和集镇，农业土地和农业人口较少，地主不可能分得一份土地并依靠自己的劳动维持生活者，对地主的多余房屋依照下列规定处理：1. 没收地主出租给农民居住的房屋及地主多余的适合于农民居住的房屋，归政府所有，分配给农民使用，但农民不得以之出租、出卖或拆毁。2. 地主兼营工商业所使用的房屋，地主出租给除农民以外的其他成分所居住和使用的房屋，不加变动。3. 没收地主多余房屋中的较大建筑归政府所有，供公共事业用。其他多余房屋，必要时经县人民政府批准可留给地主本人一部。4. 某些人口在2万以上的小城市和集镇，农业土地和农业人口较多，一部分地主可能分得一份土地并依靠自己的劳动维持生活者，经过县人民政府的批准，可酌情没收其出租给工商业者等的房屋一部或全部，归政府所有。三、小城市和集镇中上述收归政府所有的房屋，由当地人民政府房产管理委员会管理。四、地主出租地基给工商业者建筑房屋者，其地基收归政府所有，并仍归工商业者使用，但不得将该地基出卖、出典或出租；地主出租地基给农民建筑房屋者，其地基即归农民所有。五、地主的多余房屋在当地解放以后，如以出卖、出典、赠送或其他方式转移分散者，一律无效。六、小城市和集镇中没收得来的、作为建筑用的及其他非农业用的土地，归政府所用。

同日

[纲文]　政务院举行第八十八次政务会议。

[目文]　会议由董必武主持。会议通过了《政务院关于加强防汛工作的指示》，批准了政务院人民监察委员会主任谭平山所作的《关于1950年人民监察工作总结及1951年工作任务的报告》和《第一次全国监察工作会议经过的报告》，以及副主任刘景范所作的关于监察工作中几个问题的报告。

《防汛工作指示》说，现在全国河流大汛将至，珠江和长江流域的一部分河流已进入汛期，有关地区人民应立即动员起来，有关地区领导机关，应把这一工作看作一件重要的政治任务，注意几个方面：加强领导，密切上下游及邻接地段的联系；组织群众，做好汛前准备工作；检查堤防、涵闸，消除隐患，并严防土匪特务破坏；提高预见性，防止麻痹大意；切实完成任务，并对异常洪水预筹措施。此文件于本日发出。

谭平山的报告说，截至6月，已有5个大行政区、1个中央直辖自治区、28个省、12个中央及大行政区直辖市、8个等于省的行署和345个县（市、旗），成立了人民监察委员会。在监察工作中，贯彻群众路线，领导与群众相结合，建立监察通讯员，设置意见箱，听取群众意见，认真处理群众控告，提高了群众的觉悟程度和积极性，启发了群众监督政府的信心，密切了政府与群众的联系。1951年的监察工作要以财经生产政策、民主制度、国家保密制度的贯彻执行为重点，继续与国家机关及公务员中的官僚主义及贪污腐化、铺张浪费、阳奉阴违等违法乱纪行为作斗争，同时应提高警惕，注意检举潜伏的反革命分子。

会议并通过任免案及提请中央人民政府委员会批准任命案多项。

同日

[纲文]　政务院颁布《保守国家机密暂行条例》。

[目文]　《条例》于6月1日经政务院第八十七次政务会议通过，共二十条。主要内容是：

一、为严格保守国家机密，防止国内外间谍分子、反革命分子和破坏分子侦察、偷窃或盗卖国家机密，防止各种人员泄露或遗失国家机密，特制定本条例。

二、国家机密包括：一切国防及军事的计划和建设措施；一切武装部队的编制、番号、实力、装备、驻防、调动、部署及后勤兵工建设等机密事项；外交机密事项；公安机密事项；国家财政计划，国家概算、预算、决算及各种财务机密事项；国家金融计划，贸易计划，海关计划及金融、贸易、海关事务机密事项；铁路、交通、邮政、电信之机密事项；国家的各种经济建设计划及经济建设事业机密事项；资源调查，地质勘察，气象测报，地理测绘等机密事项；科学发明发现，文化教育及卫生医药机密事项；立法、司法、检察和监察事务机密事项；民族事务和华侨事务机密事项；内务和人事机密事项；档案、密码、印信及一切有关国家机密的文件、电报、函件、资料、统计、数字、图表、书刊等；一切有关国家机密的机构、编制、仓库、场所等；一切未经决定或虽经决定尚未公布的国家事务；其他一切应该保守秘密的国家事务。

三、国家机密的各种具体事项和范围，属于政务方面者，由政务院规定颁布；属于国防和军事方面者，由中央人民政府人民革命军事委员会规定颁布。地方如有特殊需要保守机密者，得做补充规定报告上级机关备案。各级人民政府和各武装部队均须成立保密组织，负责领导保密工作。各民主党派、各人民团体、各机关、学校、工厂、企业、矿山、仓库等，得视其需要建立保守国家机密的制度及保密组织。

四、经管及承办国家机密的工作人员须经过人事部门切实严格审查，选拔确属可靠者担任。有关国家机密的电报、文件、资料、统计的缮校、印刷、监印、收发、传递、阅读、保管、销毁、档案，须建立严密的管理、检查制度，并供给其必要的物质设备。

五、凡重要会议，须依据工作需要确定出席、列席人员，并须经一定机关审查批准。对协助会议工作的人员也须严格审查并进行保密教育。会议场所须严密布置警卫。会议文件须由主管人员审查批准，始得印发，非经允许应于会后缴回；非经允许不得摘抄；不需收回的文件也须登记清楚。非经允许，个人不得记录。会议情况，不准对外泄露。会议内容需要传达时，须指定专人负责传达，并须确定传达内容与传达对象。

六、各级人民政府使用的密码，由政务院及各大行政区人民政府（军政委员会）的机要部门统一制定和批准使用；各级武装部队使用的密码，由中央人民政府人民革命军事委员会及一级军区、野战军司令部的机要部门统一制定和批准使用。

七、各级人民政府及各武装部队必须设置无线电台者，政府系统须按级报经政务院或大行政区人民政府（军政委员会）批准，军事系统须按级报经中央人民政府人民革命军事委员会总参谋长或一级军区、野战军司令部批准。

八、凡有关国家政策的新闻、论文、资料的公布或报道，属于政务范围者，由政务院统一规定发布办法；属于军事范围者，由中央人民政府人民革命军事委员会统一规定发布办法。凡报刊公布、电台广播的新闻、论文、资料等，内容均不得涉及国家机密。各通讯社、报馆、广播电台、出版机关均应订定发布新闻、论文、资料的保密审查办法。凡政府系统所属单位出版刊物，须经政务院或各大行政区人民政府（军政委员会）分别批准；凡军事系统所属单位出版刊物，须经中央人民政府人民革命军事委员会总参谋长、总政治部及一级军区或野战军司令部、政治部分别批准。上述刊物不得登载国家的机密文件、泄露国家的机密，于付印前，须由主管首长作保密审查。

九、凡有下列行为之一者，以反革命论罪，依惩治反革命条例惩处：出卖国家机密于国内外敌人者；故意泄露国家机密于国内外敌人者；出卖国家机密于国内外奸商者。

十、凡有下列成绩之一者，给以表扬或奖励：在敌人面前英勇不屈，能坚守国家机密者；在任何危急情况下，不顾艰险能保守国家机密者；对非法利用、出卖、盗窃国家机密分子和案件能及时检举破获者；发现遗失、泄露机密事件能及时补救者；一贯遵守保密制度并能推动他人保护国家机密有显著成绩者。

十一、各级人民政府的监察机关须将保护国家机密的监督工作列为经常任务之一。各单位得根据本条例规定具体实施办法。

同 日

[纲 文]　政务院发布《关于加强防汛工作的指示》。

[目 文]　《指示》指出：现在全国河流大汛将至，珠江流域和长江流域的一部分河流并已进入汛期，全国有关地区的人民即应动员起来，为战胜洪水而奋斗。有关地区的领导机关，都应把这一工作看作一件重要的政治任务，保证完成。根据过去经验，提出以下几个问题，望各级人民政府具体研究执行：

一、加强领导机构，密切上下游及邻接地段的联系。各级防汛领导机构的组织，应当根据1950年的经验，以地方人民政府为主体，由行政首长负责领导，由水利机关办理日常业务，并邀请当地驻军代表和其他有关机关团体参加，组织统一的领导机构。在设有流域水利机关的地区，可以设立流域性指挥机关，统一领导，或由水利机关分别参加所在地区的防汛机构工作，负责掌握水情，指导技术及上下游间相互的联系工作。对于区省邻接地带的防守，尤须注意加强协商，预先划分堤段，明确防守责任，或者建立联防机构，务期切实做到统一领导、分段负责、上下游密切联系、左右岸互相支援。

二、组织群众，做好汛前准备工作。各个地区对沿河群众，必须深入进行宣传动员，根据具体情况，建立巡堤抢险的基干组织和必要的后备力量，并使群众掌握防汛抢险的一般技术。同时要随时检查，或利用农隙举行演习。对于抢险必需的物料、设备、交通工具等，尤应事先准备。

三、检查堤防、涵闸，消灭隐患，并严防土匪特务破坏。对于1951年新修的防御工事，各级水利机关应当认真进行竣工检验；对于旧有堤防，则应发动群众性的堤防大检查，以求彻底消灭獾洞、蛇洞、鼠穴、蚁穴、水沟、道口等隐患或缺陷；各地涵闸工程，或因建筑不当，或因年久失修，应组织人员认真检查，建立管理制度，并加强其领导。对反革命分子的破坏活动，尤应提起高度警惕，严加防范。

四、提高预见性，防止麻痹大意。各级水利机关，一方面应健全报汛组织，加强雨量水文的测报和分析研究工作，并尽可能进行洪水预报，期能掌握水情的变化，预作布置；另一方面，对于重要地段的河势变化，亦应注意研究，及时做必要的措施。

五、对异常洪水预筹措施。

同 日

［纲 文］ 全国政协致电各省市政协要求响应中国人民抗美援朝总会号召。

［目 文］ 电报要求各省、市政协从速邀集当地各民主党派、人民团体以及其他无党派的爱国人士，协商具体办法，协助各地抗美援朝分会积极推行中国人民抗美援朝总会6月1日所号召的推行爱国公约、捐献飞机大炮、优待烈属军属三项运动。

同 日

［纲 文］ 农业部发布《关于夏季生产指示》。

［目 文］ 《指示》指出：由于今春南涝北旱，春耕播种时间延迟，大部地区禾苗不旺。目前各级人民政府农业领导机关除应积极布置夏收夏种外，还必须抓紧补苗保苗工作，特别是要把缺苗的棉田全部补种起来。必须完成以下任务：第一，组织群众把夏收夏种工作做好，做到及时收割，及时播种，及时插秧，并做好选种工作。第二，为了争取1951年的丰收特别是棉花的增产，必须适时地进行中耕锄草、施追肥和修整棉枝。第三，发动群众大力防治病虫灾害。目前各地已发现蝗虫、稻螟和棉蚜为害各种作物，必须坚决地及早地予以消灭。第四，目前有的地区已转涝为旱（如浙江、湖南等省），有的地区已转旱为涝，各地必须同时进行防旱防涝工作。第五，根据各地具体条件和群众的需要，开展夏季农副业生产，如发动群众普遍积肥（堆肥和沤绿肥）；在棉区提倡种植苜蓿；在畜牧区要发动群众收割伏草，准备好牲畜冬季饲料。

同 日

［纲 文］ 中国文学艺术展览会在苏联列宁格勒开幕。

［目 文］ 展览品包括书籍500多册以及宣传画、雕刻和照片200种。展览会特辟一室陈列有关中华人民共和国成立的文件和宣传画，有关中国革命的著作，马克思、恩格斯、列宁、斯大林著作的中译本和毛泽东的著作，斯大林和毛泽东的画像和他们在中苏友

好同盟互助条约签订1周年纪念日来往的贺电。展览会还陈列了托尔斯泰、屠格涅夫、契诃夫、费定、肖洛霍夫、巴甫连科等人作品的中译本。

6月10日

［纲 文］　**青年团中央和全国青联联合发出《关于推行爱国公约、捐献飞机大炮、优待烈属军属的通知》。**

［目 文］　《通知》指出，中国人民抗美援朝总会在6月1日发出重要文告，号召全国人民推行爱国公约、捐献飞机大炮、优待烈属军属。全国青年、青年团员，应该热烈响应抗美援朝总会这一号召。特作下列通知：一、全国青年、青年团员，应该积极参加订立爱国公约。各地青年团体和青年团组织要订出具体执行爱国公约的计划，并按期进行检查。二、全国青年、青年团员，应该参加优待烈属军属的工作，在农村中应踊跃参加代耕，在城市中帮助烈属军属解决困难，并参加尊敬烈属军属的各种活动。三、全国青年、青年团员，应该按自觉自愿的原则，在积极增加生产的基础上，踊跃参加捐献飞机大炮运动，不得采取强迫命令或任何变相的强迫命令的方法，也不要采用卖掉必需品等消极办法实行捐献。各界青年一般应参加本单位捐献运动（这些单位中的团员可将所捐献的款数向团的基层组织登记）。青年团中央和全国青联拟发起捐献“中国青年号”、“中国少年儿童号”飞机。全国青年、全体青年团员和少年儿童队员，可在参加本单位捐献之外，根据自己的财力和志愿，分别参加捐献。四、各地青年团体和各级团的组织，应加强宣传和领导，将上述工作及捐献的人数、款数，分别向团中央和全国青联定期汇报。

同 日

［纲 文］　**全国学联发出《关于开展捐献飞机大炮运动的通知》。**

［目 文］　《通知》指出，中国人民抗美援朝总会于6月1日发出通告，号召全国各界人民推行爱国公约、捐献飞机大炮、优待烈属军属。我们号召全国同学做好两项工作：一、积极展开捐献工作。可利用课余时间，特别是即将到来的暑假，进行假期实习、劳动服务等工作。以工作收入之一部或全部来捐献飞机大炮。同时也可捐献节约出来的零用钱。一定要坚持自觉自愿的原则，避免为了捐献而妨碍学习或降低生活水平。二、广泛进行宣传工作。应当积极地向自己的家属、亲友及周围的人民群众进行宣传。

同 日

［纲 文］　**上海市土产展览交流大会开幕。**

［目 文］　大会由上海市人民政府主办，集中了华东全区1万多种土产和全国各地主要土产。第一天参观人数达11.4万人。大会筹备期间，上海市人民政府组织2000多营建工人和5000多专家、技师、美术工作者及公私贸易人员，在市中心占地600亩的跑马场上，用两个月时间，建造、布置了每天可容纳15万人参观的16个展览馆、200多所零售商场。馆内用霓虹灯、电动模型、图表和幻灯片等，集中说明了华东区土产运销的历

▲上海市市长陈毅在上海市土产展览交流大会展馆参观。

史，恢复情况和目前的问题，以及扩大土产推销的意义、政策，未来发展景象等。各馆陈列的土产，以占全区土产总值30%—40%的滞销货为重点，介绍经过努力而打开销路的经验。全国各大行政区派来代表团和参观团，运来大批货样进行交易。为此大会组织了土产交流介绍所。

同 日

［纲 文］ **中国人民保卫世界和平反对美国侵略委员会为英国政府拒绝发给该会代表入境签证一事发表声明。**

［目 文］ 声明指出，英国人民定于6月8日至10日三天在伦敦举行和平大会，曾电邀中国人民保卫世界和平反对美国侵略委员会派代表参加。本会即派萧三赴英，在布拉格向英国政府办理入境签证，竟为英国政府无理拒绝。本会对于英国政府无理拒绝我代表入境，表示愤慨与抗议，并希望中英两国人民加强团结，为保卫世界和平而奋斗。

6月11日

［纲 文］ **中共中央批转北京市委关于捐献飞机大炮运动的报告。**

［目 文］ 中央给各中央局并转分局、省委、大中市委、区党委的转发批语指出：兹

将北京市委关于人民捐献飞机大炮运动的报告发给你们。其中单纯强调节约降低生活的偏向，望各地注意防止。用改善经营管理，改善劳资关系，提高生产效率，减低成本，增加利润的办法，则应加以强调与提倡。

此前，6月9日，北京市委向中央并华北局提出关于北京市人民捐献飞机大炮运动的报告，主要内容是：一、开始时由于群众热情很高，曾有个别工厂强调节约，有捐献工资、奖金和降低生活水准的情况。二、我们已引导他们转向积极增加生产的方向。三、工商界重点认捐，作为普遍发动的示范。四、有些国营工厂的工人，提出超计划生产的超额利润全部或一部作为献款，我们认为可行。

[文　献]　北京市委关于北京市人民捐献飞机大炮运动的报告

（一）开始时，由于群众热情很高，曾有个别工厂强调节约，捐献工资、奖金和降低生活水准的情形。如人民印刷厂工人捐献3000多万元，有的工人已卖了馒头饭票，又去换成窝头饭票。邮政局、电信局绝大部分工人主张每月拿出5斤到10斤小米或捐工资1%，直到抗美援朝胜利。被服厂亦收到工人捐款1000余万元。各学校的教职员、学生亦有不少人已捐出自己仅有的戒指、手表等物，不少学校的学生提出要降低伙食标准，有的要求星期日参加劳动生产，以所得收入捐献。

（二）针对上述情况，我们除表扬了工人、学生、教职员的这种爱国热情外，已引导他们转向增加生产的积极方向。现在国营各大工厂的工人，已普遍展开讨论，如何进一步在提高生产效率，改进技术，节约材料，减低成本的基础上，开展捐献运动，有些工人已制定了增加生产的计划。各学校则以学习和生产相结合，如制造标本、仪器、翻译书籍等以此来增加收入。为了不使学生的学习和生活受到影响，我们已指出学校仍应以改进教学与积极参加宣传工作为主。不强调具体捐献数字，并指出不应降低伙食标准（现在已较低）。

（三）工商界由于营业发达、利润高，已远非去年劝募公债时的情况可比，一般表示愿意积极捐献，现在进行重点认捐，作为普遍发动的示范。并注意通过捐献运动，进行爱国主义教育，进一步改造经营管理、增加收入和改善劳资关系。

（四）在讨论捐献办法时，有些国营工厂的工人，指出在努力提高生产效率，减低成本，增加利润的情况下，争取超过既定计划（一般既定计划都比上级给的生产任务为高），以其超计划生产的超额利润全部或一部作为献款，此种办法，对增加生产减低成本及捐献运动均有极大利益，我们认为可行。因关系国家财政收入及公营企业管理制度，已请中财委决定。

资料来源：中央档案馆提供档案。

同 日

［纲 文］ **中国人民救济总会和中国红十字会总会发起捐献救护机运动。**

［目 文］ 两会向全国各救济福利团体、机关、从事救济福利工作的人士和中国红十字会全体会员发出号召，立即在全国救济福利界展开捐献救护机的运动。

同 日

［纲 文］ **中央民族学院在北京成立并举行开学典礼。**

［目 文］ 朱德、李济深、董必武、马叙伦、李维汉等及各界来宾以及该院员工共400余人参加。朱德、李济深作了讲话。中央民族学院有来自回、苗、汉、藏、彝、蒙古、维吾尔、哈萨克、黎、瑶等25个民族的学员，共262人。其中大部分系各地调来的在职少数民族干部，一部分是准备将来做民族工作的汉族干部。

朱德在中央民族学院开学典礼上讲话。

同 日

［纲 文］ **新华社讯，中国彩色文献纪录片《解放了的中国》在印度放映受到赞扬。**

［目 文］ 该片在印度孟买、加尔各答、德里、阿姆利则等城市放映，受到观众的热烈欢迎。很多印度报纸和期刊都发表了赞扬这部影片的文章。

6月12日

［纲 文］ **中共中央做出《关于汉民族中佛教问题的指示》。**

［目 文］ 该《指示》对佛教与帝国主义的关系，佛教在汉民族中的历史、现状与影响，以及目前的佛教工作做了分析，提出对汉民族中的佛教可当作单纯宗教问题处理，使

绝大多数的僧尼和居士参加爱国运动并订立爱国公约；并针对佛教（包括道教）工作中的一些具体问题，规定了7条原则和需要注意的政策，要求各地须加强对佛教方面的调查研究工作，订出计划，付诸实施，并将重要情况随时报告中央；对于这一方面完全不予以注意或采取放任态度，是不对的。《指示》还指出，对于道教，可参照上述对于佛教的对策和方针处理。

同日—22日

[纲文] **第一次全国中等技术教育会议在京召开。**

[目文] 会议由教育部召开。出席的有各大行政区和内蒙古自治区教育（文教）部、华北五省二市教育（文教）厅局负责人，部分中等技术学校校长或教务长及中央和各大行政区有关部门代表共计133人。教育部部长马叙伦致开幕词，副部长曾昭抡作关于《积极整顿与发展中等技术教育》的报告。马叙伦指出，会议的目的，首先是要明确规定中等技术教育的方针和任务，其次对中等技术教育的领导关系和经费问题作明确的规定。对于课程原则、普通课的科目和教学计划，以及加强领导私立补习学校等问题都需要讨论，做出明确规定，同时对师资问题提请与会代表交换意见。曾昭抡在报告中说明了目前中等技术教育的情况和存在问题，指出，中等技术学校的任务应该是多种多样地发展各类和各级学校，对解放前原有的必须加以整顿，对私立的必须积极扶助、整顿改造，解放后新创办的也必须加以提高。

会议确定了全国中等技术教育实施方针，准备有计划地大量培养国家生产建设干部。关于学制问题，会议确定大体上分为初级与中级两种，以发展中级的为主，但目前须多办初级的，同时还要大量举办多种多样的短期训练班。关于设校分科问题，会议认为要逐步走向专门化、单一化，但在目前生产事业还不太发达的情形下，又必须注意培养综合性人才。关于领导关系问题，会议认为教育部门和有关业务部门之间必须贯彻统一领导、分工负责、互相帮助、密切配合的精神，把学校办好。各类各级中等技术学校以改归业务部门直接领导为原则，对各地现有的私立技术补习学校，应加强领导。

会议决定在中央、各大行政区、省或直辖市分别成立中等技术教育委员会。会议认为培养工人、农民及革命干部成为技术人员中的骨干，是培养国家生产建设干部的重要环节。会议通过了几个文件的草案，由教育部报政务院批准后公布实施。

关于安置百余万高小毕业生问题，代表们一致认为他们是国家宝贵的财产，是国家建设干部的源泉，决定由有关部门举办各种短期训练班、艺徒学校，或采取师傅带徒弟等方式使广大不能升入中等学校的高小毕业生能学得一技之长，参加各项国家建设工作。

同日

[纲文] **中国人民抗美援朝总会指示赴朝鲜慰问团第二阶段工作任务。**

[目文] 总会主席郭沫若，副主席彭真、陈叔通听取中国人民赴朝慰问团团长廖承志，副团长陈沂、田汉关于慰问团第一阶段的工作报告后，代表总会批准了慰问团今后出发到全国各地区每一市、县，若干工矿区及广大农村进行宣传工作的计划，并指出，慰问

团第二阶段的中心任务，是向全国人民再一次进行普遍、深入的爱国主义教育，动员全国人民积极响应总会的三大号召，争取抗美援朝战争的早日胜利。应向全国人民说明，爱国公约是中国人民新的宝贵的创造，是全国各阶层各界人民在抗美援朝运动中共同的具体行动纲领，对于促进抗美援朝战争的早日胜利及国家建设的成功将起伟大的作用。在推动捐献飞机大炮运动时，不仅要说明促进早日胜利的军事方面意义，而且应通过这一运动在政治方面进一步提高全国人民的觉悟与对祖国的责任感，在经济方面进一步积极地推动生产。

6月13日

［纲 文］ **李维汉向毛泽东和中共中央书记处提交关于全国省市协商委员会秘书长会议情况的报告。**

［目 文］ 报告提出，全国政协常委会批准召集的全国省市协商委员会秘书长会议，是与政务院召集的全国秘书长会议同时进行的，对政治报告、保密问题及政府机关统战工作都经过同样的讨论。省市协商委员会秘书长会议更详细地讨论了各级协商委员会的工作，拟定了七个具体草案，送常务委员会审核。其中关于协商委员会的性质及其与各方面的关系，是一个带基本性的问题。依据反映，存在着两种偏向。一种认为协商委员会是一种政权的或政权性质的机关，是行政和立法的机关，并应从中央到地方建立垂直系统；有的认为协商委员会对各民主党派和人民团体的关系也应该是领导关系。另一种则把协商委员会看成政府部门的隶属机关（有个别地方政府对协商委员会以命令行事，有的简直将协商委员会列入政府机构表内）；或者认为协商委员会性质既是政治协商，而则可有各种方式，成为可有可无、无足轻重的机构。

经过讨论之后，大体上同意了以下认识：

一、协商委员会是统一战线的政治协商的组织。一切参加协商机关（人民政协及其全国委员会，各级人民代表会议及其协商委员会）的党派、集体或个人，政治上均受《共同纲领》和各种协议的约束，不得违反；但对重要决议根本不同意时，有退出协商机关的自由；组织上各自保持其独立性。因此，全国委员会和各级协商委员会对各民主党派和人民团体的关系，不是直接领导的关系；靠协商协议办事，不能以命令行事。

二、协商委员会与同级人民政府之间互无领导关系。协商委员会是人民政府经常进行协商与取得建议的机关，双方关系甚为密切，双方都应主动地发挥协商建议的作用；但协商委员会本身不是政权机关或政权性质的机关，不是行政和立法机关。它与人民代表会议的性质相同，但却不同于代行人民代表大会职权的人民代表会议。

三、因此，协商委员会也不是政府机关的隶属部分，政府机关应尊重协商委员会的地位和职权。

四、协商委员会代行人民政协全国委员会的地方职权者，应成为全国委员会的下级机关。除此以外各级协商委员会之间应建立交换经验和互相建议的关系，但也只能建立这样的关系，而不可建立垂直领导的关系。

五、协商委员会决不是无足轻重的组织，而是统一战线的中心环节之一。它的内部存在着广泛的统一战线关系，重大的政治问题和政策性问题一般均应经过它来协商。其他各民主党派和各人民团体共同有关的问题也要依据愿意，尽可能经过协商委员会（但不是一切都要经过）的协商。协商委员会的组织，正是适应于中国新民主主义革命特点的创造，它是重要的，不可缺少的，并有长期存在的可能。

依据上述各项认识，会议通过了《关于各省市各界人民代表会议协商委员会工作的意见》，待人民政协全国委员会常务委员会审核后公布施行。到会人员反映：这些意见规定得比较明确，将使各地协商委员会的工作进行得更全面而经常，是一个有益的文件。

各地协商委员会的工作，是有了不同程度的收获，但普遍缺点是缺乏经常的全面的工作。不经常，表现在临时的突击多，平时的计划少；不全面，表现在协助政府的较多，而联系人民群众、协助各民主党派、民主人士和人民团体的统一战线工作则很少。缺乏工作机构和专职人员，是这些缺点的重要原因之一，因此对机构和专职人员也拟定了建议。但另一个重要原因实际是决定性的原因，是有些省、市的党委和政府对协商委员会缺少应有的重视和支持。建议在各项草案经常委核定后，由党中央发一内部指示。

6月14日，毛泽东批准同意该报告。

同 日

[纲 文]　政务院秘书厅发出关于严格遵照规定统一发布新闻的通知。

[目 文]　通知指出：自从1949年12月9日政务院颁布了《关于统一发布中央人民政府及其所属各机关重要新闻的暂行办法》以后，各机关发布重要新闻时，一般均能遵照执行。但也还有些部门未能切实遵照，甚至对个别重要新闻的发布，既未经行政会议或负责领导审阅文稿内容，又未遵照规定送交国家通讯社统一发布，而径送《人民日报》发表。因此，使新闻的正确性和负责性都不能完全有保障。特再通知：一、各机关重要新闻的发布，必须严格遵照《关于统一发布中央人民政府及其所属各机关重要新闻的暂行办法》切实执行。二、凡政务院所属各机关的公告（如文告、法律、决议、命令、训令、通知、计划、方针、外交条约、外交文书、判决、起诉书等）和一切公告性新闻（如重要会议、重要措施、政令解释、工作总结、外交事件、重要案件等），在送发之前，必须经由机关领导批准；其尤其重要者，须由主管领导人签送总理批准，始得发布。三、凡未遵照以上两项规定手续办理的，新华通讯社及《人民日报》不予发布或刊载。

同 日

[纲 文]　中国人民赴朝鲜慰问团赴全国各地进行宣传。

[目 文]　本日起，中国人民赴朝慰问团先后出发到全国各地，在2—3个月期间，向全国人民进行宣传。具体安排是：慰问团由西北、西南、华东、中南和华北五大行政区代表所组成的各分团，仍返回原地区每一市、县进行宣传。西北和西南地区因代表少不敷分配，由北京直属分团团员分别参加帮助工作。总团团长廖承志、副团长田汉率领第一分

团（包括原直属分团的一部分）赴天津集中宣传后再返回西北地区；总团副团长陈沂率领第二（包括原直属分团的另一部分）、三分团赴上海宣传后，第三分团分赴华东各地，第二分团返回西南地区；其余各分团自京直接返回原地。

慰问团出发前夕，北京市政协、人民政府、各民主党派、抗美援朝分会及各人民团体联合举行了招待晚会。中国人民抗美援朝总会副主席彭真对慰问团工作做了指示。廖承志团长代表全体团员表示，将坚决执行总会的指示，克服一切困难完成任务。

本日下午，慰问团总团抵天津报告中朝人民部队英勇事迹。天津市副市长周叔韬、天津市抗美援朝分会主席黄松龄、副主席李华生李烛尘及各界代表400余人前往迎接。该团在天津三天分别向各界作100余次报告。

同 日

[纲 文] **中央人民政府赴西藏代表张经武偕同西藏三位代表离京赴藏。**

[目 文] 中央人民政府赴西藏代表张经武及西藏地方政府全权代表凯墨·索安旺堆、土丹旦达、桑颇·登增顿珠及随行工作人员等一行20余人，于本日乘车离开北京，经香港、印度等地前往西藏。李济深、董必武、陈云、黄炎培、李维汉及中央人民政府各有关部门负责人等，及中央民族学院、蒙藏学校学生400多人前往车站欢送。

同 日

[纲 文] **北京市第三届各界人民代表会议协商委员会和市政府委员会举行联席会议。**

[目 文] 会议由市协商委员会主席彭真主持，中央人民政府副主席李济深出席。会议审查通过了副市长张友渔对本市本年度岁入岁出预算草案所做的说明，市公安局局长罗瑞卿报告了镇压反革命工作的情况。会议同意在市协商委员会之下，成立财经、政法、文教、市政建设、卫生、社会福利等六个专门小组，研究各界人民意见和提案及各种专门问题。会议决定在本月23日召开第三届第二次各界人民代表会议。

同 日

[纲 文] **贸易部调整各地工业器材价格。**

[目 文] 由于工业器材牌价久未变动，市价变化较多，牌价差额已多不合理，使以后资本主义国家来货更加困难，贸易部根据香港来货的合理成本，并经第二次全国物价工作会议各地代表讨论，对元钢、钢板、平白钢、马口铁、矽钢片、紫铜丝、烤胶、橡胶、二硝基等17种工业器材的产品规格和代号，以及天津、青岛、上海、广州、汉口、重庆、西安、太原、沈阳等9个城市的工业器材价格做出了规定。同时指出：一、调价拟一律于6月20日执行，各地可于上下3%范围内机动掌握。二、其他各地其他商品可根据以上调价精神结合市场情况自行调整，并报部备案。三、以上配售牌价一律于市场挂出。四、各地应加强注意对价格研究与掌握，及时反映情况提出意见。6月16日、28日，贸易部根据情况两次修改了部分配售价格方案。

同日

［纲 文］ **新华社讯，印度孟买爱国华侨展开抗美援朝运动。**

［目 文］ 印度孟买侨胞积极参加抗美援朝爱国运动，已为中国人民志愿军募得慰劳金合人民币2200余万元。孟买华侨学校师生及孟买山东同乡会还赠送了锦旗、慰问信，组织了学习会，每周请专人演讲，并进行出版专刊、举办晚会等其他抗美援朝活动。

同日

［纲 文］ **中国影片《解放了的中国》在英国首次公映。**

［目 文］ 上映的伦敦斯加拉戏院宣告客满。英国《工人日报》介绍说："这就像是一道阳光冲破了敌意宣传的重雾，把新中国人民的工作和娱乐的美丽图景展开在我们的眼前。"

6月14日

［纲 文］ **周恩来颁布命令发布《关于财政收支系统划分后各级中央金库兼理地方金库事宜的决定》。**

［目 文］ 《决定》指出，为便利各级财政收支的管理，根据1951年度财政收支系统划分的决定，设立地方金库。大行政区地方金库，暂设总库、分库、支库三级，分别由中央区金库、分金库、支金库兼理；省（市）地方金库暂设总库、分库两级，分别由中央分金库、支金库兼理。

同日

［纲 文］ **政务院发布《规定人民币的英译名与符号的通知》。**

［目 文］ 《通知》规定，人民币"元"的英译名统译为"YUAN"。符号统一规定为"￥"。

同日

［纲 文］ **出版总署做出关于加强苏联版中文书刊发行工作等问题决定。**

［目 文］ 为加强苏联版中文书刊的发行工作，中央人民政府出版总署对有关发行、销售、资金流动和管理效率等问题做出决定，主要内容有：一、苏联版中文书刊过去由国际书店发行，由于该店分支机构不多，不能普遍满足广大人民的需要。为此决定从7月1日起将国际书店发行的全部苏联版中文书刊移交新华书店发行。二、各地新华书店过去销售苏联版中文书刊，虽有一定的成绩，但有些人还怀着不好销的主观想法，没有尽最大努力；或是因为定价低，运费高，利润少，抱着备货充数可有可无的心理。今后各地新华书店不仅必须自己认真做好发行工作，而且应该组织全国私营和公私合营力量共同完成，在业务计划中列为重要工作项目之一。三、过去国际书店对于苏联版中文书刊发行工作，管理缺乏科学化，没有很好地和新华书店密切配合，进货发货工作都掌握得不好。如国际书店1950年期末存货报告（不完全的统计），单是苏联版中文书籍50种总存数就有5591474册之多，大量流动资金被搁置了，形成非常严重的浪费。今后新华书店必须接受这些经验

教训，和各总分店把国际书店移交的大量存货，适当地分发到各分支店去，拟订专门发行计划，努力争取在最短时期内减少存货，增加流动资金的营运速率。

同日

［纲 文］ **英国政府宣布接受美国排除中华人民共和国权利的单独对日媾和办法。**

［目 文］ 美国总统杜鲁门的特别代表杜勒斯和英国外相莫里逊本日在伦敦发表联合公报，宣布英国基本上接受美国单独对日媾和的办法。从而拒绝了苏联政府根据波茨坦协定所提出的举行外长会议来准备对日和约的建议，排除了中华人民共和国和苏联在对日和约问题上的正当权利。

6月15日

［纲 文］ **政务院举行第八十九次政务会议。**

［目 文］ 会议由陈云主持。会议在听取中财委副主任兼财政部部长薄一波的说明后，通过了政务院《关于1951年农业税收工作的指示》。《指示》称：鉴于我国幅员广大，各地区农业经济发展极不平衡，目前尚不可能实施统一的农业税率。老解放区，仍采用比例税制。新解放区尚未实行土地改革的地区，仍沿用1950年9月中央人民政府公布的《新解放区农业税暂行条例》；已完成土地改革的地区，一般仍沿用《新解放区农业税暂行条例》，农业税税率仍采取金额累进制，最高不得超过30%，最低不得少于5%。出租地和佃耕地的农业税，按业佃双方各自收入，分别依率计征。该《指示》经中央人民政府主席批准后于6月21日发布公布。

会议并听取和批准了重工业部副部长何长工所作《关于重工业部1950年工作简要总结和1951年的方针与任务的报告》。《报告》说，1950年重工业实际生产总值，完成计划103%。工业设备没有增加，但生产能力和劳动生产率有显著提高，产品质量有所改进。生产管理建立了计划工作体系，财务工作制定了统一会计制度。对干部和专业人员进行了培训，加强了工厂管理的民主化。1951年的方针和任务是，加强计划性并发挥各级机构的积极性，提高产量，改进质量，降低成本和稳步搞好基本建设。

会议还通过任免案及提请中央人民政府委员会批准任命案多起。

同日

［纲 文］ **毛泽东批转华北局关于通县传达贯彻“死缓”政策的情况报告。**

［目 文］ 毛泽东在给各中央局，并转分局、省市区党委、地委及县委的转发批语中指出：河北省通县①反映的情况值得注意。缓期二年执行的政策，绝不应解释为对于负有血债或有其他重大罪行人民要求处死的罪犯而不处死，如果这样做，那就是错误的。我们必须向区村干部和人民群众解释清楚，对于罪大恶极民愤甚深非杀不足以平民愤者必须处死，以平民愤。只对那些民愤不深，人民并不要求处死，但又犯有死罪者，方可判处死刑

① 今属北京市。

缓期二年执行强迫劳动以观后效。

此前，6月12日，华北局向中央提出报告，反映河北省通县传达贯彻判处死刑缓期二年执行政策的情况。报告说：中央关于“判处死刑，缓期二年，劳动改造，以观后效”的新精神下达后，河北省通县区村干部和群众中有不少反映。有的干部认为缓期执行就是完全宽大，以观后效就是一笔勾销。群众对已捕的积极催案，要求及早杀掉。在反革命分子中也发生了极大影响。已捕的反革命分子，原先的思想情况是不说，等死，“听天由命”。有的怕说多了，罪上加罪。听了贯彻新精神的报告后，开始动摇，认为“判处死刑，缓期执行”的政策，给了他们立功赎罪、争取活命的一线希望，情绪大为安定，不少人提出要求坦白。目前在押反革命分子的唯一顾虑是两年之后是否还会杀掉，再三要求解答。

同 日

［纲 文］ **出版总署、中国人民银行总行颁发出版总署所属企业单位划拨清算办法的联合指示。**

［目 文］ 该指示由出版总署署长胡愈之、副署长叶圣陶、周建人和中国人民银行行长南汉宸、副行长胡景沄联合签署。指示指出：为了使出版总署所属企业单位实行货币管理和推行经济核算，并促进资金运用和书刊产销的计划性，出版总署与中国人民银行总行协商订立《中央人民政府出版总署所属企业单位划拨清算办法》，并决定自本年7月1日起实行。该《办法》共23条，另有附件《出版总署所属企业单位相互结算手续的规定》等。

同 日

［纲 文］ **邮电部公布《邮电企业国民经济计划暂行办法》。**

［目 文］ 《暂行办法》中关于基本建设的内容有，邮电基本建设计划包括由国家对邮电企业投资，增加国家资产扩大社会再生产的一切邮电建设计划。其建设性质分为新建、改建（扩充、迁移、更新）及恢复三种，其工作内容包括建筑安装、购置设备、调查研究、勘探设计及基本建设的干部培养等。大修理计划包括用大修折旧基金所进行的一切修理工程计划。

同 日

［纲 文］ **外贸部发布1951年中国对苏联进口比例和种类计划情况。**

［目 文］ 1951年中国对苏联进口总额占全年全国进口总额（计划）的38.13%，占全国国营贸易进口总额的41.44%。1951年对苏联进口总额比上年增加90.2%。进口物品多为各种设备及材料配件，也有部分肥料、药品、纤维制品等。其中金属材料是最主要的进口物品，占进口总额的17.8%，石油、汽车摩托车及零件、纤维制品、电气设备及材料所占比例也均超过了3%。此外，还包括14.3%的未定储备金额和30.1%的转作军事订货外汇。

同 日

［纲 文］ **中国苏联签订1951年贸易议定书和苏联供应中国装备及材料的议定书。**

［目 文］ 议定书由中华人民共和国商务代表团和苏联对外贸易部在莫斯科签订，规定双方的供应比1950年大大增加。贸易部在1951年中苏易货议定书及贷款议定书谈判的报告中指出，下次谈判应注意的问题：一、设计与成套设备谈判是最复杂的工作，应由主要工业部门负责人担任副团长。谈判设计与成套设备的团员，一般应与谈判其他进口订货的团员分开，否则难以兼顾。二、代表团团员应在出发前进行关于中苏贸易概况、贸易政策、共同条件、合同、谈判中应注意事项的学习。

同 日

［纲 文］ **芬兰中国友好协会在芬兰成立。**

［目 文］ 中国驻芬兰公使馆派代表参加了成立大会。芬兰统一社会党领袖、前总理皮可拉当选为协会主席。协会理事包括芬兰共产党主席、国会议员亚尔托宁，国会议员维尔塔宁，内政部长苏克塞莱伊宁，吉科宁总理夫人茜尔微等。

同 日

［纲 文］ **中波海运公司在天津成立。**

［目 文］ 该公司系中国和波兰两国政府合办，总公司设在天津，分公司设在波兰高底尼亚。航行中波及亚欧航线的轮船业，以及该航线的各方货物运输，该公司均托运及代理。

6月16日

［纲 文］ **中共中央做出关于领导和协助赴朝鲜慰问团进行传达工作的指示。**

［目 文］ 中央给各中央局、分局并转省市区党委，各地委、县委的指示指出：赴朝鲜慰问团全体人员由朝鲜返回后，从北京出发，前往全国每一县、市作传达报告，他们的任务是在两三个月时间内向人民群众报告前线的实况，号召人民热烈响应抗美援朝总会的三大号召。他们的工作，对于继续深入抗美援朝运动，继续提高群众觉悟，特别是对于鼓励群众开展增产捐献运动，极为重要。各级党委应以地方人民协商委员会、军政委员会、抗美援朝分会等名义，采取下述办法，领导和协助他们进行工作：一、各省市区党委应统一计划，分别在省委、市委及地委、县委抽调一批干部（总数须约等于慰问团工作组人数）指导、协助他们的工作，并和他们一同到群众中去作报告，以求宣传内容能适合当地实际需要。二、各市、县委负责人应和他们商定宣传计划和内容重点。在夏收期间，他们可先在城市及工矿区宣传，夏收过后再到各县城和农村中宣传。三、在他们到达前后在报纸上应作充分的宣传，并在他们到前做好组织讲演、座谈及群众响应三大号召的具体准备工作。四、在他们作报告后，及时收集群众反应，帮助他们总结经验，加以解答，改进工作。他们在各地工作有何重要经验及问题，应随时逐级上报。在他们工作结束时，各省、市、区党委的宣传部应向中央宣传部作一次总结报告。

◀ 农民在捐献飞机大炮活动中捐款。

同日—29 日

［纲 文］ **全国文工团工作会议在京召开。**

［目 文］ 会议由文化部召集，全国各地及解放军、工会、青年团系统等各级文工团的代表、各级文艺行政领导干部、文艺专家共 200 余人出席。会议主要讨论全国各地文工团今后的工作方针、任务与分工问题，以及加强戏剧音乐舞蹈创作与文工团团员的业务学习与提高问题。

本日，文化部部长沈雁冰在开幕会上致词指出：文工团是革命宣传工作中的主要力量之一，有的已有 20 年的历史。无论是在中国人民革命的各个时期中，以及现在抗美援朝、土地改革和镇压反革命运动中，文工团工作都起了很大的作用。尤其在抗美援朝运动中，各地文工团展开蓬蓬勃勃的文艺宣传，产生的作品数以千计，使全国人民的爱国主义思想大大提高了一步。这次会议要把这些成绩巩固下来。政务院文教委员会主任郭沫若向大会作了政治时事报告。指出目前的文艺工作仍然是普及第一和不断提高，文艺工作必须严格地服从于政治。中国人民赴朝慰问团团长廖承志向大会报告了抗美援朝中的宣传工作，具体讲述了志愿军和朝鲜军民的英雄事迹和不怕艰难的乐观主义崇高品质，要求各地文工团工作者根据这些题材，创作各种各样的艺术作品。他号召文艺工作者再一次组织更大规模的队伍，到朝鲜去进行慰问。会议听取并讨论了沈雁冰关于文工团的方针、任务与分工的报告。东北、西北、华东、中南、内蒙古各区，山西、河北两省，上海、北京两市及志愿军总政治部文工团等代表作了典型发言。老舍、田汉、李伯钊、宋之的、张庚、吕骥①、焦菊隐、吴晓邦②等作了有关创作与文工团业务学习的专题发言。最后由文化部副部长周

---

① 吕骥（1909—2002），湖南湘潭人，作曲家，时任中国民间文艺研究会理事。

② 吴晓邦（1906—1995），江苏太仓人，舞蹈家，时任全国舞蹈协会副主席。

扬作了会议总结。

会议初步总结了全国文工团工作的成绩和经验。据会议统计，全国已有文工团305个、团员近2万人（部队文工团远超过此数，未统计在内）。近十年来，已创作了不少优秀的剧本、歌词，并创造与推广了新的歌剧与群众性的舞蹈。会议根据新情况确定文工团的总任务为：大力发展人民的新歌剧、新话剧、新音乐、新舞蹈，以革命精神和爱国精神教育广大人民。文工团工作应与戏曲改革工作分工合作，一方面改革旧戏曲，一方面发展新戏剧、新音乐、新舞蹈，两方面相辅相成，向着建设民族新艺术的总目标迈进。关于全国文工团的分工，会议规定：中央、大行政区及有条件的大城市，设剧院或专门化的剧团，以剧场演出为主，逐步建设剧场艺术；省及中等城市设剧团或以演剧为主的综合性文工团，剧场演出（在省会）与巡回演出（在所属城市与农村）并重；专区视需要与条件设以演剧或演唱为主的综合性文工队，主要在城镇与农村巡回演出。全国的文工团仍应以面向广大农村和市镇作巡回演出为主。普及工作是文工团第一位的任务，各种文工团均必须在一定范围内辅导工厂、农村群众业余的戏剧及其他艺术活动，并与群众业余艺术组织建立固定经常的辅导关系。

同 日

[纲 文] **《人民日报》报道，教育部和科学院决定招收研究生和研究实习员。**

[目 文] 教育部和中国科学院为了培养高等学校师资和科学研究人才，决定在中国人民大学、北京大学、清华大学、浙江大学、南京大学、北京农业大学、燕京大学、南开大学、北洋大学、金陵大学、同济大学、东吴大学、武汉大学等校招收研究生，在科学院所属研究机构招收研究实习员。

此次招收研究生及研究实习员的名额暂定为500名，以高等学校本届毕业生及历届毕业学生尚未参加工作者为主要对象。研究生及研究实习员的条件是：思想进步，历史清楚，身体健康，学业优良，并有一定的研究能力与培养前途。合于以上条件者，由本人申请，系科主任推荐，学校毕业生分配委员会保送，经招收委员会审查合格后录取。申请截止时间为6月25日。

同 日

[纲 文] **中国基督教抗美援朝三自革新运动委员会筹备委员会号召捐献“基督教革新号”飞机、大炮。**

[目 文] 该会筹委会向全国各地基督教教会与团体发出通知，号召全国基督徒在6月底以前普遍订立与检查爱国公约，在半年内捐献以“基督教革新号”命名的飞机、大炮，做好优待与抚恤烈属、军属、荣誉军人的工作。

6月17日

[纲 文] **中共中央对纪念党的30周年时党旗式样做出规定。**

[目 文] 规定全文如下：华东局并告各中央局、分局转各省、市委：在党中央未正

式规定党旗的统一式样以前，在党的30周年纪念时，各地可按旧例，一律采用红旗加镰刀锤头，不必在旗上加中国共产党等字。

同日—27日

[纲文]　中央人民政府华侨事务委员会召开首次侨务扩大会议。

[目文]　出席及列席的委员和代表及中央和广东、福建侨务机关的负责人共79人。会议通过了侨务委员会副主任廖承志关于一年多来侨务工作总结与当前的侨务工作的方针、任务与计划的报告。报告总结了过去一年多来的侨务工作，指出中央和地方侨务机关在各级人民政府领导和政府各机关的协助下，在保护华侨正当权益、救济归国难侨及解决华侨各项困难方面，做了不少工作，并取得了一定的成绩。

报告进一步指出：侨务工作的主要任务是：团结一切爱国侨胞，进行爱国主义教育，拥护中华人民共和国；揭露蒋介石卖国害侨罪行，粉碎蒋介石的一切造谣和诬蔑；保护华侨的正当权益，反对一切迫害华侨的罪行；开展华侨文化教育工作，发扬华侨兴学办报的传统，广泛介绍祖国的政治、经济、文化等各方面建设的伟大成就，宣传毛泽东思想、新民主主义、《共同纲领》及人民政府的各项政策法令；促进华侨与当地人民的友好关系，增进华侨与当地人民的文化交流，团结互助，共同保卫世界和平。

报告确定了国内侨务工作的一些具体任务和计划，如发动侨眷和归侨参加土地改革，使侨眷和归侨在政治上、经济上彻底翻身；发动和组织侨眷、归侨参加生产；搞好侨汇工作；辅导归侨参加国内生产建设；救济归国难侨；组织侨眷和归侨进行各种时事、政治和文化的学习以及健全侨务机构、办理华侨学生补习学校等。

会议通过了向毛主席及中共中央的致敬电报、抗议帝国主义迫害华侨和慰问国外侨胞的电报。

同　日

[纲文]　中南地区土产产销会议在武汉开幕。

[目文]　会议由中南财委主持。中南区及各省、市人民政府工商行政部门、国营贸易公司、合作社负责人，土产、特产区生产模范，少数民族代表，工商联合会代表，运销商人，工业、农林、税务、银行、交通等有关部门的代表，中央和各大区工商行政、贸易部门的代表等共487人参加。会议着重研究了中南区土产产销基本情况和存在的问题，交流了经验，拟订了解决问题的方案，制订出今后产销计划，以便组织公私营商业及合作社力量，迎接城乡经济在土地改革和本年秋收后的新情况。

6月28日，中南区土特产展览交流大会在汉口开幕。华东、东北、西南、西北区和山西、河北省等单位派代表参加了大会和进行交易。各种土产特产展品有11000多种、41000多件，包括其他区展品5200多件。大会分设总馆、农林、畜产、纺织纤维、油脂、烟叶、工矿、国药、水产、手工业、手工艺、食品、合作、交通和区际15个展览馆。各馆以实物、照片、图表、模型等集中地说明了中南全区价值289亿斤原粮的土特产富饶资源，以及解放后人民政府扶植恢复生产和运销的巨大成就。据大会两个交易所和三个商场

26日的统计，开幕前各地委托大会收购土特产总值达1250亿元，委托推销达2394亿元。现货交易一周达137亿元。

6月18日

［纲 文］ **中财委就企业部门投资公共工程做出相关决定。**

［目 文］ 决定指出，最近不断发现有个别地方政府为修建公共工程（如医院、招待所及宿舍等）直接向当地企业部门要求投资，使企业部门无法应付，最后只好向中央请求拨款或减少上缴利润解决，这是不妥当的。为此，特决定：一、各企业部门如认为需要向外投资时，不得使用国家投资与上缴利润。但各部门如有合法取得的工厂奖励基金，可由该项基金内支付。二、各地方政府修建公共工程（如唐山市新建职工医院、太原市新建招待所等）时，一般应列入市政建设预算，如有不足，得向上级财政部门请求解决。

同 日

［纲 文］ **中国红十字会总会声明自愿来到中国的前“联合国军”士兵可以申请离开。**

［目 文］ 中国红十字会总会副秘书长林士笑在有朝鲜战争前“联合国军”士兵参加的座谈会上，代表中国红十字会发表声明指出，这些自愿申请来到中国的士兵，可以根据自己的意愿申请离开中国，中国红十字会将按其本人愿望给予一切协助。

6月19日

［纲 文］ **刘少奇代表中共中央指示要欢迎各民主党派地方组织参加中共成立30周年庆祝活动。**

［目 文］ 刘少奇代表中央对各中央局、分局及各省委、大市委、区党委做出指示：在北京及各地接受各民主党派对党的30周年的庆祝是有好处的。各地党委在各民主党派要求参加党的30周年纪念的庆祝工作或筹备时，不要拒绝，而要表示欢迎，吸收他们参加庆祝会，让民主党派发表演说，在报纸上发表他们庆祝的文章。

同 日

［纲 文］ **中财委就关于严格检查基本建设工程设计的问题发出通知。**

［目 文］ 通知指出，《人民日报》自6月16日起连续发表了几个资料，说明在基本建设中没有正确的工程设计，即行盲目施工的现象已经相当严重。《人民日报》并于16日发表题为《没有工程设计就不可能施工》的社论，分析了这种错误行为的思想根源。上述问题中，有些比较早并且已经得到纠正。但对正在进行的各种基本建设来说，仍然有重大的教育意义。为了防止和克服基本建设中的盲目性，政务院曾于1950年12月做出决定，并于1951年2月的中财委工业会议上做了专门讨论，3月中财委也曾就基本建设程序问题发出通知，均坚决反对不经过周密的工程设计即行施工的现象。各地在

执行上述决定时，已有成绩。但违犯上述决定的现象，仍然严重地存在。这对于基本建设极端不利。

为此，中财委特向全国各级企业及市政建设管理部门、工厂、矿山和企业发出通知，要求必须对《人民日报》上述问题和社论加以讨论，并对各部门的基本建设工程状况加以深入检查，以取得经验。在检查中，凡发现不合基本建设规程者，应即设法纠正，其中重要者应报告本委，其主要负责人则应作检讨，分别在《人民日报》及各地报上公布。各级工会组织对此应加以协助。上述讨论和检讨，应于 7 月底以前完成。在这一普遍的检查中，应明确建立“任何基本建设必须有慎重的正确的设计然后施工”的思想，并且把这种思想贯彻到实际行动中去。

同 日

[纲 文]　交通部通告《中华人民共和国轮船业管理暂行规则》经政务院核准施行。

同 日

[纲 文]　《长江日报》报道，邓子恢在报告中提出目前应允许农村生产依照资本主义方式发展。

[目 文]　邓子恢在中南区第二届合作局长会议上，就土地改革之后农村经济发展的方向走向私人资本主义还是组织起来走向社会主义这个问题，在报告中提出，农民是个体生产者，是私人农家经济，是喜欢私有财产制度的。国家的土地制度也允许农民土地私有，允许借贷自由、雇佣自由与买卖自由，并鼓励农民发家致富。因此在土地改革之后，农村生产是依照资本主义方式向前发展的。对于这一必然现象，不应该害怕而应该欢迎这种发展。土地改革正是为了开辟这种资本主义发展的道路，利用农民发家致富的私有观念去发展农村生产力，进而提高农村购买力，替国家工业化创造市场。但为了避免这种资本主义生产发展中也产生诸如商业资本与高利贷的过分剥削等弊端，主要办法就是要走毛主席所提示的组织起来的路线，通过合作社、互助组，把农民组织起来，在国营银行与贸易公司领导与支持下，减轻对私人资本的支持。与私人资本和高利贷作斗争，是广大农民特别是中、贫、雇农在土地改革后的共同利益，也是土地改革后农村经济避免走向资本主义而争取走向社会主义发展的基本道路。

报告最后提出，必须采取积极迅速大量发展供销合作社的方针，尤其在已经土地改革的地区必须普遍发展，减租退押地区则采取重点发展。报告要求，在中南区发展社员计划至少应到 2000 万人，争取达到 3000 万人。这种计划决心必须下定而不能再犹豫，办合作社的同志先下决心，再向各级党组织和政府负责人说清楚，帮助他们下决心。

同 日

[纲 文]　山东省提出突破资本主义国家经济封锁大力争取进口的措施。

[目 文]　美国操纵通过联合国对中国禁运议案后，各资本主义国家对输入中国物资管制相继加紧，山东省与外贸分局研究后提出加强贯彻先进后出的易货贸易政策，通

过主要物资出口的措施，组织商人与各资本主义国家有实力的洋行巨商进行交易，同时紧缩出口结汇尺度，适当放宽进口结汇尺度，以大力争取进口。具体包括七项措施：一、重要进口物资的数量限制，即使超过预计数量也准其进口。二、数月来国外进口物资价格基本上逐步上涨，国外物价波动幅度较大，应对进口审价灵活掌握，以免拖延时间付出更多的外汇。三、为争取及时进口，结汇进口许可证的有效期限可适当加以缩短，港澳方面一般不超过一月，无特殊情况一般争取如期进口，不予展期。在可能条件下尽量启发与指导商人争取货到后再电汇付款。四、对主要进口物资鼓励商人以“走私”方式进口，手续上允许先运抵本港后再行补证输入。为使商人有所遵循，拟确定几种物资通过联营或专业小组鼓励商人按此方式办理。五、适当调整进口利润，提高商人经营积极性，同时建议上级责成器材公司及时收购进口物资，及时调整进口货物差价，以达到争取进口目的。六、由国营公司通过委托形式推动及利用有能力的洋行经营。七、加强进口货物的质量检查。由于进口困难来自香港，货物有改装掺假撞骗。对此青岛外贸分局已与海关商检局、卫生局有关部门联系，加强来货检验，防止继续发生，并教育商人提高警惕。

同日—8 月 22 日

［纲 文］ **朝鲜人民访华代表团访问中国。**

［目 文］ 代表团由 88 人组成，包括团长元东根、副团长金仁春、柳基春，及朝鲜各民主党派、朝鲜人民军、工人、农民、青年、妇女、文艺界、工商界、宗教界的代表共 15 人，朝鲜人民艺术团 72 人，翻译 1 人。6 月 19 日，代表团到达中国安东市，中国人民抗美援朝总会派秘书长刘贯一前往该地迎接。20 日，代表团到达沈阳，东北抗美援朝总分会主席高崇民、各民主党派东北区负责人、东北各人民团体负责人以及沈阳各界人民代表等到车站欢迎。

6 月 21 日，代表团由沈阳到达北京。中国人民抗美援朝总会主席郭沫若，中国人民赴朝慰问团团长廖承志，外交部副部长章汉夫，北京市副市长吴晗，各民主党派、人民团体代表邢西萍、蔡廷锴、史良、黄炎培、许广平及首都各界代表等 500 余人，朝鲜驻华大使李周渊等到车站迎接。

6 月 22 日，中国人民抗美援朝总会主席郭沫若，副主席彭真、陈叔通，秘书长刘贯一，宣传部长罗隆基，组织部长许宝驹等举行茶会和宴会招待朝鲜代表团。元东根介绍了访华任务。郭沫若、彭真、陈叔通相继介绍了中国人民抗美援朝运动的伟大成就。代表团团员、朝鲜人民军战斗英雄张济根报告了中朝人民部队的英勇战绩。郭沫若在晚宴上致词，代表中国人民对朝鲜人民访华代表团表示热烈欢迎，并对金日成将军及英勇战斗的朝鲜人民致敬。元东根在答词中代表朝鲜人民对中国人民伟大领袖毛泽东主席致以衷心的敬意。并表示，中国的援助，更加巩固了中朝人民血肉相连的友谊和团结，更加坚定了朝鲜人民抗美战争的胜利信心。朝鲜大使李周渊也在致词中代表朝鲜政府对中国人民表示了谢意。中华全国总工会副主席李立三及各民主党派、人民团体负责人相继致词，祝贺中朝人民的团结和胜利。彭真代表中共中央致词说：中朝两国人民有悠久的友谊。过去的历史和现在的事实，都说明了中朝两国人民的利害是共同的，胜利也是共同的。中朝人民将更亲密团结，打败美国侵略强盗。

7月8日，代表团抵达上海。华东暨上海各界人民1万余人在上海逸园集会隆重欢迎。华东抗美援朝总分会副主席舒同致欢迎词。元东根代表朝鲜新义州市劳动人民向上海市劳动人民献旗致答谢词。元东根一行还拜访了宋庆龄。在上海访问期间，代表团和上海市各民主党派、工人、农民、妇女、工商界、文艺界、宗教界等举行了座谈会，传达朝鲜人民对中国人民的谢意，交流革命斗争经验；还参观了上海市土产展览交流会、抗美援朝展览会以及上海电力公司、工厂等。

8月22日，继续访问南京、天津、沈阳、长春、哈尔滨等地后，朝鲜代表团回国抵达平壤。代表团在中国各城市、工厂、农村共参加了20次欢迎大会和92次座谈会，中国方面参加集会的总人数共达32.1万余人。与代表团同行的艺术团在中国各地演出了35次，观众达20万人以上。代表团还32次访问了中国人民志愿军家属和伤员。

同日

［纲文］　中国派遣5名蒙古族青年赴蒙古人民共和国留学。

［目文］　为了帮助国内少数民族发展其政治、经济、文化、教育的建设事业，政务院决定选拔蒙古族青年赴蒙古人民共和国学习兽医、新蒙文和政治、历史等科学，以培养蒙古族人民的高级建设人才。根据这个决定，教育部会同民族事务委员会从内蒙古自治区青年干部及学生中选出了额尔敦宝拉嘎、图门、敖力布、乌尼、巴图5名青年，于本日乘飞机出国。

同日

［纲文］　被英国无理拘禁的马来亚华侨捐款慰问志愿军。

［目文］　被马来亚英国殖民当局无理拘禁在马来亚某地集中营里的华侨300多人，本日写信和捐款慰劳中国人民志愿军。他们在慰问信里说：我们被英国殖民当局无理拘禁在集中营里，丧失了自由和幸福，遭受种种虐待。我们愤恨英帝国主义野蛮无理的压迫。我们关心着新生的祖国，关心着为保卫祖国和世界和平的志愿军指挥员、战斗员同志们。因此，我们筹集了人民币2152750元，寄上慰劳你们。祝你们早日完成驱逐美国侵略强盗的任务！

6月20日

［纲文］　中共中央批转《华东局关于结束土地改革及争取1951年年底全部完成土地改革的指示》。

［目文］　中央在给华东局并转发中南局、西北局、西南局的批语中指出：关于结束土改及争取年底全部完成土改的指示，中央同意。但在第4段第1节第一项末尾“对可能不安分的地主与一般地主应分别予以管制，并厉行劳动改造”一句，应改为“对一般地主

厉行劳动改造，对可能不安分的地主，除厉行劳动改造外，并应予以管制，对地主在生产中的实际困难亦应帮助解决。”因为对所有地主一律实行管制，恐是难办，也有些是不必要的，且实际将放松对必须管制者的有效管制力量。在第4段第3节中“应吸收与提拔在运动中大批经过考验、立场坚定的贫雇农积极分子及部分觉悟的进步的中农积极分子到农协与区乡政权的领导机关中来”一句以下，应加入“并须对他们进行初步的党的教育，准备在以后继续加强教育与考察清楚之后，吸收其中最好的分子入党，建立党的支部”两句。

此前，6月15日，华东局将《关于结束土改及争取1951年年底全部完成土改的指示》上报中央，提出了在土地业已分配的地区，应有步骤地、有计划地进行检查、结束和总结土地改革工作的措施，及三种类型乡村结束土改的三种方法。第一种类型是：群众已充分发动，封建势力已彻底摧毁，土地已合理分配。对此类乡村应认为土改已经完成，应即颁发土地证，确定产权，正式宣布土改结束，并积极动员生产。第二种类型是：土地改革中的各项基本任务业已解决，但尚有若干遗留问题。对此类乡村应将遗留问题就事论事，依据政策加以解决。主要方法是教育干部，通过群众中的积极分子领导群众进行妥善解决，不要强调再发动一次大规模的群众运动，以免浪费群众精力，妨碍生产及甚至引起群众的顾虑。第三种类型是：土地改革中各项基本问题并未解决。对此类乡村应认真进行复查，继续发动群众，彻底摧毁封建制度，消灭夹生饭和假土改的现象，达到土地的合理分配。但在土地改革复查中必须将土改中各项基本问题妥善处理，不要拖延，再留尾巴，以免在复查之后再来一次复查，引起群众顾虑，妨碍生产。

同 日

[纲 文] **中财委发出关于建立对外贸易联合办公会制度的指示。**

[目 文] 为开展易货贸易，贸易部、海关总署、中国银行曾根据第二届对外贸易管理会议的决议，于1951年4月6日联合指示各口岸建立对外贸易联合办公会制度。多数口岸均已执行并收到效果。为加强各口岸反禁运反封锁斗争，加强由各区财委及区贸易部主持执行的联合办公会制度，中财委在指示电中决定：一、上海、武汉，由区贸易部主持；昆明、福州由省财委主持；旅大、青岛、天津由市财委主持；广州由华南财委主持；厦门、汕头等口岸也均由财委主持。联合办公会应有固定办公地址和一定时间及指定熟悉情况的专门人员参加，定期召开例会，由单位负责人及主管业务负责人参加。以外管局、海关、银行各对外专业公司为骨干，并就各地情况需要，召集各港务人民轮船公司、运输、海军、公安等有关部门参加。二、定期会议内容，应以汇报各主管部门有关外贸情况及问题，反映各方面意见，研究解决问题为主。

同日—26日

[纲 文] **铁道部召开全国铁路管理局长会议。**

[目 文] 会议着重讨论了贯彻经济核算制问题。根据中长铁路局实行经济核算制和自1951年2月管理局长会议以后各地重点实验经济核算制的经验，决定在1951年下半年

进行以下工作：一、在工人中深入传达和组织讨论生产及财务计划，使其成为每个单位的以至每个车间小组的生产财务计划。二、查定资金。争取在8月底完成进一步清查流动资金的工作。固定资产的清查工作，先由铁道部进行准备和制定表格，9月份开始，11月底结束。三、在生产竞赛及反浪费运动的基础上，制定各种主要生产定额。四、健全会计制度，加强成本管理工作。五、有条件的单位实行八级工资制度，建立健全奖励制度。会议代表一致认为，中长铁路的经验便是苏联先进经验在中国铁路实行的具体榜样。

同日

［纲文］　西北财委向中财委提出关于私营企业要求公私合营的几个问题的请示。

［目文］　该请示提出，最近西北私营企业要求公私合营者有数起，可分三种：一、由外区迁来西北新建工厂；二、因劳资问题纠缠不清，生产效率难于提高，使资方感到难以继续经营，要求公家插手；三、感到合营后在产销、资金管理、计划性等方面均有利，而要求合营。西北财委认为在下述条件下可以合营：一、适合国民经济需要，并在国家统一发展计划之下者。二、公私双方均能获得合法利润者。三、私人真正出于诚意，资金确属困难而不是想把资金转移者。

6月21日

［纲文］　中共中央做出关于决定农业税提高一成问题给各中央局负责人的指示。

［目文］　指示说：中央6月6日电报所提出的提高各项收入以弥补赤字的方案，经征求各地意见的结果，对提高各项税收任务数字和提高企业利润上缴数字，均无异议，即决定照所提数字列入预算。关于农业税增加一成的问题，各地意见不完全一致。经中央考虑，为了弥补赤字，为了国家能确实掌握一定的粮食和经济作物，本年公粮仍以增加一成为有利。这样做有其困难的一面，如新解放区因土地改革的结果，地主富农累进部分减少了，新翻身农民的生产资料仍感不足，以及1950年农业税并不算轻，等等。但也有有利的一面，1950年全国丰收，土产品特产品大部推销出去，本年夏收一般也算是丰收的，加上抗美援朝、镇压反革命、土地改革三大运动的普遍和深入，农民爱国主义精神增高，等等，估计动员得好，是可以完成且不至于出危险的。因此，最后仍决定增加一成，请即根据中央6月6日电报所分配的数字和政务院分布的关于1951年农业税收工作的指示的办法，迅速布置保证完成。

此外，中央同意各地所提下列各点意见：一、新解放区已经土地改革的地区，农业税税率仍采全额累进制，在最高累进率不得超过30%，最低不得少于5%限度内，由各大行政区人民政府根据各地具体情况，拟定新的税率执行。二、中央3月财政会议所决定的税收超额部分比例留成办法不予变更，上缴任务仍以3月财政会议所定者为准，新增加税收任务也在比例留成之列。但要求各地负责人对留成数（估计在35000亿元以上）节约控制使用，经常能掌握一半在手，以备中央在财政上发生严重困难时向各地借用。三、农业税增加一成后，飞机大炮捐献运动的重点应该放在城镇和乡村的经济作物区。乡村只酌量动员一部分。

同日

[纲文] **政务院发出《关于一九五一年农业税收工作的指示》。**

[目文] 该《指示》6月15日由政务院第八十七次会议通过，共八项，主要内容是：一、老解放区仍采用比例税制。二、新解放区没实行土地改革的地区沿用1950年公布的《新解放区农业税暂行条例》，已完成土地改革的地区根据新情况做了3项修订。三、各级人民政府必须严格依照政务院核准的税率计征，不得自由增加或减少。四、要求各地有计划地推行查田订产工作。五、对经济作物征收一定实物和现款税额。

[文献] **关于一九五一年农业税收工作的指示**

鉴于我国幅员广大，各地区农业经济发展极不平衡，目前尚不可能实施统一的农业税率，加以新解放区的大部地区业已完成土地改革，因而，一九五〇年九月中央人民政府公布的《新解放区农业税暂行条例》的若干条文必须加以适当的修正和补充。其他尚未实行土地改革的新解放区及早已实行土地改革的老解放区，其现行农业税法，亦得根据新的情况酌予修订，俾能适合当地情况。为此特报请中央人民政府主席批准，作如下指示：

一、老解放区（包括东北、内蒙、华北和华东的山东、西北的陕甘宁老解放区在内），仍采比例税制，现行农业税法如有不完全适合当地新的情况而需要修改时，得由各大行政区人民政府（军政委员会）酌予修订，报中央人民政府政务院核准施行。华北区农业税法需要修改时得由中央人民政府财政部酌予修订，报中央人民政府政务院核准施行。

二、新解放区尚未实行土地改革的地区，仍沿用一九五〇年九月中央人民政府公布的《新解放区农业税暂行条例》，该条例如有不完全适合当地具体情况而需要修改时，得由各大行政区人民政府（军政委员会）酌予修订，报中央人民政府政务院核准施行。

三、新解放区已完成土地改革的地区，一般仍沿用《新解放区农业税暂行条例》，惟为符合土地改革后的新情况，除该条例第二十二条应依本指示第四条予以修正外，其第十二、十五、十六各条亦有修正和补充的必要，特予修正补充如下：

（一）农业税税率仍采用全额累进制，最高不得超过百分之三十，最低不得少于百分之五，在此限度内由各大行政区人民政府（军政委员会）根据当地具体情况拟订税率表，报中央人民政府政务院核准施行。

（二）出租地和佃耕地的农业税，按业佃双方各自收入，分别依率计征；事先有协议者得依其协议计征。出租地收入和佃耕地收入，一百斤均作一百斤计算，不再加成或减成。

（三）凡依照土地改革法的规定，一口人或两口人的贫苦农户分得多于一口人或两口人的土地，在计算农业税时，一口人的农户得按两口人计算农业人口，两口人的农户得按三口人计算农业人口，以资照顾。

四、全国各地区农业税地方附加，不得超过正税百分之二十，随同农业税附征之。

五、各级人民政府必须严格依照中央人民政府政务院核准的税率计征，不得自由增加或减少。

六、各大行政区人民政府（军政委员会）须依照中央人民政府财政部所发《农业税查田订产工作实施纲要》，指导所属各省（市）人民政府有领导有计划地推行查田订产工作，并责成各该区财政部门每半年向中央人民政府财政部作一次专题报告。要求华北、山东、东北等工作基础较好的老解放区，首先做到产量的真实和固定。

七、农业税的征收，除保证国家必需的粮食外，要求在必要和可能条件下，征收一部分棉、麻、烟等经济作物和现款。中央及各大行政区的财政部门应与贸易部门、合作社、人民银行等有关部门，依照合理的比价，分别商定经济作物抵交公粮的合同，和征收货币的具体办法执行之。

八、为做好农业税收工作，在征粮季节到来时，要求各级人民政府和财政部门的负责同志亲自领导，动员必要力量，进行广泛深入的宣传并督促各级征粮工作人员恪守政策，保证农业税法的正确执行和农业税概算的圆满达成。要求各大行政区人民政府（军政委员会）加强各级财政部门和农业税的征收机构，并有计划地培养农业税收工作的干部。

资料来源：1951 年 6 月 23 日《人民日报》。

同 日

［纲 文］ 全国合作总社就建立与加强合作社计划统计工作做出决定。

［目 文］ 决定要求各地在推行计划统计工作制度时，注意做到：一、开好各级联合社的社务会议和计划统计工作会议。根据全国计划统计会议上的报告和各项表格文件，结合各地实际工作情况与经验深入传达和讨论；明确合作社计划统计工作的任务、内容与方法，并根据上级社的要求，制订具体实施办法和步骤。二、大力进行对基层社的宣传教育工作。采取开会、办训练班和典型经验介绍等办法打通思想顾虑，务使每一基层社干部都能明确认识做计划统计的好处与可能，并且学会编制计划统计表报。同时，依照农村以集镇为中心、城市按三种方式组社的方针，对于规模过小的基层社加以合并。三、掌握重点与全面布置相结合。掌握重点是为了吸取经验，推动全面。条件较差、力量较弱的地区与合作社，可暂时少做几种，或多经过一个时期的学习与准备，但必须做出全面贯彻的计划

和步骤。四、各级联合社理事会必须直接掌握，坚决依照总的任务与制度规定，系统检查本社各部门和下级社的工作布置与执行情况，及时解决所发生的问题和困难，注意防止计划与业务和组织脱节、上级社与下级社计划脱节的现象。

同 日

［纲 文］ **华北局财经工作委员会发出关于农业生产的紧急指示。**

［目 文］ 紧急指示针对在农业生产最紧张的季节华北许多地区出现旱情及各种虫害的情况指出：目前虫害十分严重，尤以蚜虫、蝗蝻最为严重。只河北、平原两省，即有40余县发生，且发展甚速。严重地区一脚可踏死三四十个，随便用手在草上一捞，一把可抓五六十个，且蝗蝻已达三龄或四龄，如果10日之内不能消灭，将为害甚广。由于历年来各种虫害造成农业生产损失很大，因此在除虫工作中不许有任何麻痹疏忽。部分地区没有认真领导群众将除治虫害落实到行动上，应该严格加以检查和立即纠正。已发现虫害的地区，应紧急动员起来，充分运用药械，组织群众认真捕杀，做到及时彻底、干净歼灭，绝不让其蔓延。

紧急指示要求各地应注意抗旱保苗，抗旱下种。最有效的办法是发动群众多锄、细锄、根部围土。部分地区因天旱而非浇水不能维持禾苗生长，可发动群众广泛运用与开发水源浇灌。并在自愿两利的原则下，发动有井有水户借给无井无水户使用。水源困难者，应注意节约用水，可在禾苗根部附近挖坑、钻孔浇灌。因旱未下种者，应发动群众乘墒抢种，改变农民中“夏种不忙”，“先打场，后下种”的老习惯。此外，也可试验推行水耧耩种及育苗栽种办法。同时抓紧锄苗，抓紧进行水利工作与棉花打卡。

同 日

［纲 文］ **中国与捷克斯洛伐克贸易协定在京签订。**

［目 文］ 根据协定，中国向捷输出各种原料，并且从捷进口各种工业器材。协定中双方货物总值超过1950年协定的4倍，显示了中捷贸易的新发展。

同 日

［纲 文］ **新华社讯，中国文学作品和毛泽东文艺理论著作在印度很受读者欢迎。**

［目 文］ 特别受到印度读者重视的是毛泽东的《在延安文艺座谈会上的讲话》，已译成孟加拉文出版，其后附有郭沫若的《关于文化教育工作的报告》和陆定一的《新中国的教育和文化》两篇文章。印度新出版的《人民新文学》，收有周恩来、郭沫若、茅盾（沈雁冰）和周扬在中华全国文学艺术工作者代表大会上所作报告的孟加拉文译文。鲁迅、丁玲以及其他作家的11篇小说也译成孟加拉文结集出版。印度作家和记者对赵树理的《李有才板话》也给予了很高的评价。

6月22日

［纲 文］ **政务院举行第九十次政务会议。**

［目 文］ 会议由陈云主持。会议修正通过《政务院关于没收反革命罪犯财产的规

定》。政务院副总理兼政法委员会主任董必武就此作说明说，关于没收反革命罪犯财产，许多地方已有办法，但很不一致，毛主席鉴于此即令政法委草拟一个统一规定，使之在原则上达到一致。《规定》共六条，对没收反革命罪犯的财产标准、范围及其家属财产的处理、没收财产的处理办法等作了统一规定。会议经讨论后通过了该《规定》，并于本日发出。

会议还通过任免案及提请中央人民政府委员会批准任免案多起。

[文　献]　**政务院关于没收反革命罪犯财产的规定**

中华人民共和国惩治反革命条例第十七条规定："犯本条例之罪者，得剥夺其政治权利，并得没收其财产之全部或一部。"现各地法庭在没收反革命财产的裁判及处理上，尚不一致。兹作统一的原则规定如下：

（一）依法判刑的反革命罪犯，得按其罪刑轻重，酌情没收其财产的全部或一部。由法庭以判决宣告之。

没收财产得作为单独适用的刑法。

没收全部财产的范围，包括罪犯本人实际所有（指用本名、化名、堂名及假借他人名义所有）一切土地、房屋、粮食、牲畜、工具、物资、企业、债权、股份、存款、现款及其他动产与不动产的全部。没收一部财产的范围，由法庭依据具体案情确定之。

（二）没收反革命罪犯全部财产时，对其共同生活而未积极参与反革命活动的家属，应酌留生产资料与生活资料，使能维持生活。对于不与其生活的家属之财产或与其共同生活的家属个人所有的财产，均不予以没收。

反革命罪犯之贫穷者，其财产不予没收。

反革命罪犯用于犯罪的财物，虽不属其所有，亦得由法庭宣告没收。

（三）没收反革命的一切财产，均归人民政府处理。

没收反革命财产，经法定机关批准并宣判后，由宣判法庭会同当地公安机关执行。执行后应即交当地人民政府掌管并提出处理意见，报请县以上人民政府核准处理。

没收较大规模的企业，应先由当地人民政府指定机关代管，并继续经营，然后报请省（市）以上人民政府指示处理。

没收反革命罪犯在企业中的股份和财产，应依中央人民政府政务院"关于没收战犯、汉奸、官僚资本家及反革命分子财产的指示"处理。

（四）没收反革命罪犯财产中，如有被反革命罪犯侵吞、霸占或抢劫的人民财物，而原物仍在者，经原主请求返还，查明属实后，应退还原主。

反革命罪犯所负的正当债务，应由没收的财产清偿者，经债权人请求并查明确实后，得在没收财产限度内适当清理偿还。

（五）反革命罪犯的财产在判决宣告没收后，如再发现其他应予没收的财产时，仍得执行没收。

（六）对于在逃反革命罪犯的财产，亦依本规定处理。

资料来源：中国社会科学院、中央档案馆合编：《中华人民共和国经济档案资料选编（1949—1952）》综合卷，中国城市出版社1990年版，第356—357页。

同 日

［纲 文］ **中共中央做出《关于第三期动员青年学生参加军事干部学校的指示》。**

［目 文］ 发给各中央局、分局并转各省市委的该《指示》共六条，对于各地学生动员和分配、接收工作中，各级党委统一领导、做好宣传工作、做出分配计划、各级招生委员会及基层组织的明确分工、坚持自愿的原则、在此期间及以后不得再另行动员在校学生等问题，做出了具体规定。一、各地学生的动员工作和分配、接收工作，必须由各级党委统一领导。二、各地必须注意做好宣传工作。三、此次动员工作，从各行政区域到各基层组织，必须逐级将自己所分担的动员任务（招生的类别及名额），做出具体确切的分配计划。四、在动员和接收学生的工作过程中，各级招生委员会及基层组织，必须有明确的分工。五、在动员学生的过程中，无论对于一般群众，对于党员、团员，均须坚持自愿的原则。此次动员工作不宜拖得太长，应尽量争取在7月15日以前基本结束。六、在此期间及以后，一概不得再以任何理由另行动员在校学生。今后如要动员大、中学生，必须先经各中央局报请中央特别批准。

同 日

［纲 文］ **中共中央对西南局关于大力帮助办好越南军干校事做出指示。**

［目 文］ 刘少奇代表中央给中国驻越南军事顾问团团长韦国清、中共中央驻越南劳动党中央联络代表罗贵波的批语指示，对选送该校学生的标准希望韦与越南方面商办。

此前，6月19日，西南局在给云南省委、云南军区并报中央人民政府人民革命军事委员会的电报中说，在云南的越南干部学校已有近3000人，应大力予以帮助，解决干部与物资等困难。他们急需技术教育与政治干部，望设法抽给。建议该校收录学员，最好以部队中经过锻炼的干部为主，政治上未经受考验的待解放区一般人员不要送来。

同 日

［纲 文］ **胡乔木著作《中国共产党的三十年》出版。**

［目 文］ 本日，《人民日报》发表胡乔木署名的著作《中国共产党的三十年》，新华社全文转发，全国各地报纸全文刊载，中央人民广播电台全文广播。此外，人民出版社还印行了单行本。该书是总结中国共产党30年历程的第一本开创性简明党史，成为各地纪念中国共产党建党30周年的主要学习文件。据人民出版社不完全统计，至7月底该书

在全国各地已经印行12版，总印数达到251万余册。

同 日

[纲 文] 中国人民银行总行做出与公私合营银行各地分支行关系及联系办法的指示。

[目 文] 指示指出，为了加强对公私合营银行的领导，新华、中国实业、四明、中国通商及建业等5家合营银行，已于本年5月8日在上海成立联合董事会，董事长由全体常务董事公推中国人民银行总行副行长担任。该会下设公私合营银行联合总管理处，主任为华东区行行长陈穆，分设计划、人事、秘书、事务、会计、检查、业务等七处及一沪区业务委员会。该处已于5月27日在沪正式办公。

指示对中国人民银行各地分支行与合营银行各地分支行的关系及联系办法，做出规定：一、合营银行各地分支机构，原则上应受各该行联合总处及中国人民银行各地分支行双重领导。二、中国人民银行对合营银行各地分支机构应加强联系及领导，包括统一布置一般任务，布置存放款任务等。

同 日

[纲 文] 中国人民保险公司总公司为展开自愿保险业务竞赛做出指示。

[目 文] 指示指出，公司本年度中心任务为实行强制保险，大规模地开展自愿保险。强制保险条例业经中财委明令公布实施，应切实遵照办理，自愿保险方面也应大力推动。为配合抗美援朝运动，把爱国主义热忱贯彻到实际工作中去，特举办开展自愿保险业务竞赛，并制定竞赛规定，使自愿保险业务在现有基础上大规模地开展，由点到面，由城市到农村，充分发挥保障国家财富、安定人民生活的作用。公司各级机构都须积极参加竞赛，并由各区、分公司视当地实际情况，订出具体实施办法，认真执行。

6月23日

[纲 文] 中共中央对马列学院秋季招生问题做出指示。

[目 文] 中共中央在发给各中央局、分局并中央各部委、军委总政治部的指示中指出：中央决定在秋季后逐步扩大马列学院的招生，1951年秋季招收学生200人，分为两班，一班招收具有高小毕业以上文化程度的老干部100人，准备在入学后专门学习文化一年，再学习理论两年半，共为三年半毕业；一班招收具有初中毕业以上文化程度的高级和中级干部，不再专门学文化，直接学习理论，两年半毕业。指示同时对选送学生的条件做出了明确规定。

同 日

[纲 文] 张闻天指导中国驻苏联使馆研究室写成调研报告《关于朝鲜停战的和谈问题》。

[目 文] 张闻天针对朝鲜战场第五次战役状况进行了全面研究，分析了世界格局和交战双方力量对比，提出：美国实在打不下去了，更不敢把战火扩大到中国，不得不另寻

出路；苏联则竭力避免介入；中朝方面也很难把美国完全赶出朝鲜半岛，拖下去并不有利。他认为，通过谈判达到停战会被各方所接受。经过说服使馆内持不同意见的其他人，本日，在他指导下写成的这一报告（“时事报道之一”）指出，美国“企图在对它有利的一定条件下取得和谈与停战”；“美国当局在目前有在三八线求得停战的趋向”，这种停战“只是在不放弃对台湾和三八线以南的南朝鲜的占领的条件之下的单纯停火”。并提出，停战的方式很可能是经过“联合国军”总司令李奇微，“由双方军事代表开会取得停战协议”，以避开对中国的承认以及台湾等问题而只谈军事上的停战。报告建议中共中央做好和谈准备。

报告送到国内后，得到了周恩来和外交部的表扬，并提出以后此类报告应以急电发回。

同 日

［纲 文］ **农业部发布《关于争取棉花丰收的指示》。**

［目 文］ 《指示》指出，目前全国已超额完成了棉花播种任务，大部地区的棉苗生长良好。但这只是完成了植棉工作的第一步，更重要的问题是：一、各地农业领导机关应大力领导农民防治虫害，特别是在已普遍发生棉蚜、红蜘蛛、蜗牛、卷叶虫等虫害的北方各地和长江流域地区。二、发动与组织农民施用追肥，争取大部分棉田普施追肥一次，并争取早施。三、指导农民进行适宜的摘心整枝工作，以防止棉棵只长枝叶，不结棉桃。加强对农民管理棉花的技术指导与训练，总结劳动模范和农民的植棉经验，及时加以介绍、推广。四、组织农民适时地进行棉田的中耕锄草、灌溉、排水等工作，以保证棉苗发育旺盛，同时要注意旱涝并防，提倡多锄，以保持棉田的水分提高棉花产量。

同 日

［纲 文］ **中南区颁布禁宰耕畜暂行条例。**

［目 文］ 条例共十条，规定凡有耕作能力的水牛、黄牛，尚能繁殖的种公牛，可以耕作尚有繁殖能力的马、骡、驴，孕畜及幼畜等，一律禁止宰杀。还对允许屠宰的手续及贯彻条例的奖惩办法做出了规定。

同日—7 月 17 日

［纲 文］ **匈牙利文化代表团访问中国。**

［目 文］ 代表团团长为匈牙利司法部长及科学院院士、历史学家埃里克·莫尔那尔，团员有匈牙利对外文化联络院主席、匈牙利记者协会主席及匈牙利保卫和平委员会总书记埃尔纳·米哈依费。6 月 23 日，中国外交部副部长伍修权、文化部副部长丁燮林等到北京机场迎接。7 月 12 日，文化部部长沈雁冰和莫尔那尔在北京签署中匈文化合作协定。访问期间，代表团还参观了北京、天津的学校、文化艺术机关、工厂、近郊农村，观看了各种歌舞剧及电影，作了有关匈牙利农民情况及和平运动的专题演讲。7 月 16 日，代表团拜会了周恩来总理。7 月 17 日，代表团回国。

6月24日

［纲 文］ **中共中央批转华东局《关于土地改革后管制和改造地主的规定（草案）》。**

［目 文］ 中央给华东局并告中南、西南、西北各局的批语指出：同意华东局《关于土地改革后管制和改造地主的规定（草案）》，并发各地参考。我们认为：在法令上规定所有地主均应服从管制，而在实际执行上为免于疲劳群众和流于形式主义，对在土地改革后安分守法从事劳动的地主分子，由人民政府和农民协会决定免予管制；而对那些不安分守法、不好好劳动的地主分子，则严加管制。这样做是更策略些。为此，原规定草案第四条中"并较一般地主表现为好的个别地主"一句，可改为"并表现较好的地主分子"，在同条末尾"得酌情缩短其管制期限"一句，后加"或免予管制"五字，可否请你们考虑，并盼将下面执行情况和经验电告。

此前，6月18日，华东局发出《关于土地改革后管制和改造地主的规定（草案）》的指示。指出，根据各地经验及华东农村工作会议的讨论，特制订该《规定（草案）》，先送中央审查及发给各地研究试行，待适当时间再由华东军政委员会通过公布。指示对试行及正式执行这一规定时应注意的各项问题进行了具体说明，包括：对地主反攻复辟提高警惕，依规定制定切合实情而能持久的办法认真执行；对管制期间的地主，强迫他们参加劳动和经常进行政治教育同时并进，乡人民政府和乡农民协会应按期召集地主训话，检查其劳动改造及遵行管制规定的情形；对地主应分别对待，给他们以生活出路，继续进行分化工作，更有效地改造他们。对不安分守法、违反管制和反攻复辟的地主，应从严管制和依法严惩。

［文 献］ **关于土地改革后管制和改造地主的规定（草案）**

在土地改革完成后，为保卫土地改革胜利果实，巩固农村人民民主专政，根据《共同纲领》第七条的规定，对地主必须"依法在必要时期内剥夺他们的政治权利"，"强迫他们在劳动中改造自己，成为新人"，进行管制与改造。为此，特作如下规定：

（一）地主有劳动力，能从事农业劳动，又无其他职业者，必须强制其劳动。分得的土地不准抛荒、出卖、出典和出租。地主的日常行动，必须服从人民政府的各项管制规定，必须做到劳动要积极，来客要报告，出外要经政府批准。其从事之职业与行动之地点，必须向人民政府报告，并经过人民政府批准。

（二）地主在被管制和劳动改造期内，有下列情形之一者，得按其情节轻重从严管制（如不准其会客，不准其远出，编成劳役队强迫其劳动等）或依法惩办。

（甲）不努力劳动生产者。（乙）不安分守法者。（丙）经人民法庭判决管制或缓刑后回乡执行者。（丁）有反革命嫌疑者。（戊）土地改革后，尚有反抗行为者。

（三）地主具有下列条件之一者，得按下列办法处理：

（甲）地主中有其他技能的分子，得允许其教书或从事其他职业。

（乙）地主中确无劳动力或劳动力不足、能经商及能学习从事其他职业者，得允许其经商及学习从事其他职业。

（丙）土地改革法规定不予没收的财产，得允许地主用于农业生产及投资于工商业。劳动生产所得概归其所有。

（丁）地主中确无劳力或劳力不足者，经乡农会讨论，区、乡人民政府批准，可允其雇工耕种或按减租法令出租土地一部或全部。但其从事其他职业已可维持一家生活及家中无其他人从事农业劳动者，其分得的土地可由农会收回一部或全部，另行分配。

（四）对确实长期安分守法积极劳动并较一般地主表现为好的个别地主，经乡农民代表会议讨论，县、区人民政府批准，得酌情缩短其管制期限。

（五）关于地主家属及子、女的若干项具体规定：

（甲）地主家庭中十八岁以下的少年儿童及在学校中读书的青年学生，除在土地改革时已成为家庭的实际支配人，或与其家庭共同进行非法活动者外，不在管制之列。

（乙）地主家属及其子、女有婚嫁之自由，不得加以限制。但地主不得以其妻、女采取不正当方法引诱腐蚀人民政府的干部和工作人员。

（丙）地主家庭的子、女及孤儿，得允许他人自愿收养。

（六）管制和改造地主的工作，由乡人民政府及乡农民协会经过乡治安委员会与民兵依法执行。

（七）乡人民政府，应通过农民代表会议，依照本规定讨论与提出对本乡地主管制和改造的意见，呈请县、区人民政府批准执行。

资料来源：中共中央文献研究室编：《建国以来重要文献选编》第2册，中央文献出版社1992年版，第345页。

同 日

［纲 文］ 政务院发出《关于各种军事干部学校招收学生的决定》。

［目 文］ 《决定》要求人民革命军事委员会所属各种军事干部学校必须在全国范围内再次广泛地招收一次学生，以适应国防建设的需要。具体规定是：一、招生对象为现在大学一、二年级的学生，年满17岁以上的高中生、初中及高小毕业生，而以本年暑假的初中毕业生为主。具有相当文化程度、政治上纯洁可靠的社会青年，也可酌量招收。但大学三、四年级及医科学生不在招收之列。二、各大行政区、省、县（市）各级政府，应成立军事干部学校招生委员会，统一领导招生工作。招生委员会必须吸收当地军区政治部及在当地招生的军事干部学校的代表参加。三、各地招生委员会应根据具体

计划，规定该本地区内各学校的招生名额；划定集中地点；批准该区所属各校的军事干部学校学生保送委员会，负责报名、初审，送交上级招生委员会审核批准。四、招生费用全部由各地方人民政府负责，向国库报销。五、报名时间，从7月1日起至7月15日止。

6月25日，青年团中央、全国学联为响应政务院该《决定》发表告全国学生及青年团员书，代表共青团中央、全国学联号召全国的青年学生以及青年团员，踊跃参加到新中国的国防建设中去。凡是合于报名条件的青年，都应该实事求是地认真考虑祖国的需要，根据自己的具体情况，决定当前应该采取的行动。

同日

［纲文］ 铁道部决定全国各铁路管理局实行经济核算制度。

［目文］ 决定的主要内容是：自7月1日起实行经济核算制，各管理局的权限与责任是：一、以负责完成铁道部核定的运输计划为主要任务。二、在执行生产及财务计划过程中有独立运用经济权。三、实行会计独立，单独计算盈亏，享有法人权；具有运用本局固定资金及支配本局流动资金权；具有向国家银行举借短期贷款及与其他企业或机关签订合同或协定权；对于履行合同、协定及其他应负担义务，负物质上一切责任。四、充分利用储备力量，尽量发挥潜在能力，保证完成或超额完成计划，减少消费，降低运输成本，增加资金积累。铁路工作成绩的评定，不仅以完成生产工作量为准，并应着重于财务工作的结果。

同日

［纲文］ 《人民日报》报道，江西人民为纪念中国共产党成立30周年献出大批革命文物。

［目文］ 该批文物共220余件。其中有因战争而早经散失的毛泽东在1927年3月所作的《中国佃农生活举例》，这是毛泽东根据1926年湖南湘潭县西乡佃农张连初所谈材料，写成的一篇中国农民生活的调查。此外，还有1933年出版的中国共产党苏区中央局机关报《斗争报》和中国共产主义青年团苏区中央机关报《青年实话报》，瑞金民主政府时期印发的各种革命标语、传单、手抄工作报告，以及当时人民团体的各种印信（图章）、证件和在苏区发行的各种货币等。

同日

［纲文］ 山西省文水县召开公审杀害刘胡兰烈士的凶手张全宝、侯雨寅大会。

［目文］ 本日，张、侯二犯被押至惨案发生地点——云周西村南庙旁广场举行公审，2万多群众前来参加公审大会。刘胡兰的母亲胡文秀及被杀害的6位农民的家属上台控诉。审判长宣读判决书后，全场掌声经久不息。张、侯二犯当场伏法。

此前，1947年1月12日，国民党军阎锡山部七十二师二一五团一营副营长侯雨寅、连长徐得胜、连指导员张全宝等率部包围文水县云周西村，残酷地把刘胡兰和6个农民用铡刀铡死。解放后张、侯、徐等潜逃他处，在镇压反革命运动中先后被捕获归案。徐1951

▲山西省文水县各界群众2万余人在云周西村召开公审杀害刘胡兰烈士的凶犯张全宝、侯雨寅大会。

年4月4日已在山西省祁县伏法。

6月25日

［纲 文］ **中共中央对罗贵波参加越南劳动党会议及提供意见时应采取的态度做出指示。**

［目 文］ 中央指示中共中央驻越南劳动党中央联络代表罗贵波：越南劳动党中央邀请你参加他们党内的会议，你可以参加，但不要去要求参加他们的会议。对在会议上采取的态度和提意见的办法，同意罗自己提出的意见，只提知道情况的意见，不知者不提；只提成熟的意见，不成熟的不提；对方能接受的意见现在提，目前尚不可能接受的不提；重要问题先报告、请示中央；凡涉及其内部的人事、历史争论等原则性问题不参与和发表意见，或不轻易发表意见。指示同时要求罗应力求了解越南问题，多准备一些意见，成熟者即向他们提出。

此前，6月2日，罗就越南劳动党中央委员会主席胡志明及其他领导人经常邀请其参加越南劳动党政治局会议并常要其提供意见，向中央提交请示。

同 日

［纲 文］ **周扬等发表庆祝中国共产党成立30周年文章阐述毛泽东文艺思想。**

［目 文］ 为庆祝中国共产党成立30周年，《文艺报》本日发表周扬的《坚决贯彻毛泽东文艺路线》、冯雪峰[①]的《党给鲁迅以力量》、邵荃麟的《党与文艺》等三篇文章，对毛泽东文艺思想及党对中国文艺的领导成就进行了阐述。

周扬文章指出，毛泽东正确地提出文艺必须为工农兵服务，从作家的整个人生观和本身思想感情的改造这个关键上解决了文艺与广大人民结合的任务，这是“五四”以来所一直企图解决而没有能够解决的任务。毛泽东的文艺思想武装了一切党的与非党的革命的文艺家，把他们引到了与工农群众结合的道路，文艺与文艺工作者从此面貌一新。冯雪峰、

① 冯雪峰（1903—1976），浙江义乌人，文学家，时任上海市文联副主席。

邵荃麟的文章分别阐述了中国共产党在鲁迅的共产主义理想形成上的巨大力量，以及党的领导对新中国文艺辉煌成就和强大创造力量的意义。

同日—27日

［纲 文］ **中国人民志愿军党委召开扩大会议贯彻持久作战方针。**

［目 文］ 会议由彭德怀主持召开。志愿军各兵团首长、各军军长、政治委员参加，朝鲜人民军方面由朴一禹列席。彭德怀在会议上作了重要讲话，邓华作了报告，并传达了中共中央关于“充分准备持久作战和争取和谈达到结束战争”的指导方针，以及中央关于志愿军作战的各项重要决定。

会议决定：一、作战地区必须坚持三八线至三八点五度线。二、兵力的安排以18个军分两批轮番作战，一二线部队3个月左右轮换一次。三、作战方式采取运动防御与反击相结合。四、作战指导的一般原则是：不冒进；不打仓促无准备之仗；打小歼灭战；集中优势兵力、火力有重点地钳制敌人；机动灵活，量力而行；攻防密切结合；防御战役、战斗是持久战，但进攻和反击战役、战斗必须是速决战；开展敌后游击战争，配合正面作战；大力开展敌军工作，瓦解敌军。五、进攻和反击战役的一般指导原则是：必须进行充分准备；歼灭敌军以歼灭建制为主；战役不宜远伸，诱敌于我有利地区予以歼灭；除集中优势兵力、火力外，必须进行分割包围；必须抽调预备队；一般攻击采取牵制美军歼灭南朝鲜军的原则，尽量避免从美军正面突破；组织好各种火力和各兵种间的密切协同。

会议还通报了中共中央关于准备同敌军举行停战谈判问题的精神，强调无论谈判成功与否，志愿军都不能有任何松懈，必须坚决地准备长期打下去。根据这次会议确定的方针和原则，志愿军实行了战略转变。

同日—7月16日

［纲 文］ **“六二五朝鲜人民解放战争一周年展览”在北京历史博物馆展出。**

［目 文］ 展览由政务院文教委员会对外文化联络事务局主办。揭幕典礼由朝鲜驻华大使李周渊主持。政务院副总理郭沫若、苏联驻华大使罗申、各民主党派人民团体负责人等200余人出席。展品包括图片、油画、招贴画和各种枪炮、地图、美军服装等战利品。

6月26日

［纲 文］ **中财委计划局对中国铁路干线做出《五年计划各项投资的初步估价》。**

［目 文］ 《估价》分析了中国铁路干线的状况和未来发展，认为中国目前交通不发达，铁路干线大都在东北及国土的东部，缺乏东西干线，西北、西南与中原中南不通气。因此无论从国防观点还是从发展经济的观点来看，发展近代化的交通，特别是联系西南、西北、中原中南的铁路干线，都是改变中国经济状况的基本工作之一。

同日—28日

［纲 文］ **北京市工商界代表会议在京召开，成立市工商联合会。**

［目 文］ 会议宣布正式成立北京市工商联合会，选举傅华亭等95人为执行委员，

并通过北京市工商联合会组织章程。会议着重研究了深入抗美援朝、推行爱国公约与扩大爱国捐献运动问题。到会代表一致保证争取超额完成捐献飞机大炮计划，除原定捐献飞机27架外，再增献飞机3架。要以超额完成捐献来庆贺中国共产党建党30周年。

同 日

［纲 文］ **苏联专家就中国石油工业发展的现状和前途提出意见书。**

［目 文］ 意见书对中国石油工业的管理组织以及其他相关问题提出几点建议：一、各地区应建立生产经济管理机构，其组织如下：（一）东北人造石油企业管理局。（二）西北天然石油生产、炼制局，探勘企业管理局。（三）西南产气及探勘石油企业管理局。石油工业总发展方针、财务及基本建设等，则集中于燃料工业部石油管理总局。二、石油工业各管理局内应有设计机构及有经验的设计专家。三、在1951—1952年内绘制中国石油储量图。四、天然气、石油及母页岩等储量，委托中财委地质委员会加以审查和批准。五、在天水——酒泉铁路筑成以前，这几年内可以在陕北各油矿和东北现有人造石油工厂，致力于调查、探钻、钻生产井和采油工作。六、1951年编制近数年内的中国石油工业恢复及发展的未来计划。

同 日

［纲 文］ **《人民日报》报道苏联出版中国共产党历史及领袖言论情况。**

［目 文］ 报道说，在一个长时期里，苏联出版了多部中国共产党的历史文献和领袖言论。抗日战争时期，《中国为抗日民族统一战线而斗争》文集收录了毛泽东的《中国抗日民族统一战线在目前阶段的任务》及中国共产党从1933年到1937年号召共同抗日的文献；《中国人民的胜利》文集包括了中国共产党的抗日救国纲领；还有毛泽东的《国共两党统一战线成立后中国革命的迫切任务》、毛泽东和朱德的传略、《中国人民英勇斗争的两年》文集等。第三次国内革命战争时期，《真理报》刊登了毛泽东的《目前形势和我们的任务》、《关于时局的声明》等，出版了毛泽东的《论人民民主专政》。中华人民共和国成立后，苏联发表了一系列中国共产党领袖的重要文献，如毛泽东的《实践论》，刘少奇的《论国际主义与民族主义》、《关于土地改革问题的报告》和《在亚洲澳洲工会代表会议上的开幕词》，周恩来的《为巩固和发展人民的胜利而奋斗》等。此外，苏联还出版了《毛泽东传》和《毛泽东朱德传》。

苏联历史学家和文学家介绍中国共产党和中国民族解放运动的书籍也出版了很多，如叶费莫夫编写的《中国民主力量反对反动力量的斗争》，叶尔马雪夫的《光明照耀着中国》，沃因庭的《为国家的独立和民主而斗争的中国共产党》，尼基佛罗夫、乔治·爱伦堡和尤里耶夫合著的《中国人民的革命》，乔治·爱伦堡的《近代中国人民民族解放斗争论文集》，库兹尼佐夫的《中华人民共和国的成立——中国人民的伟大胜利》等。此外，全苏政治与科学知识普及协会还出版了一系列小册子，介绍中国共产党和中华人民共和国的成就。

6 月 27 日

［纲 文］ **中共中央对纪念党的成立大会上奏国歌做出规定。**

［目 文］ 规定全文如下：各中央局，中央分局，省委，市委：在党的成立纪念大会上，如果奏乐时，应先奏国歌，后奏国际歌。并可在临散会时，唱国际歌。

同 日

［纲 文］ **中国人民银行总行、内务部联合发出《关于目前灾区收贷工作的指示》。**

［目 文］ 《指示》要求，应根据当地灾民实际收入和生活情形进行收贷，不得强行一律收回，对历年积欠借贷粮款的归还问题要妥善解决。

同 日

［纲 文］ **海关总署公布旅客携带金银入境登记办法。**

［目 文］ 登记办法规定，旅客由国外携带金银入境，应向海关报明，全部登记，由海关给予证明，准其持有，不需向人民银行兑换。每一旅客携带金饰 2 市两、银饰 15 市两、银质器皿 40 市两以内者，可以免予登记。外籍旅客入境所携金银，每人携带金饰 1 市两、银饰 4 市两、银质器皿 20 市两以内者可以免予登记，其他情况应全部登记。

同 日

［纲 文］ **西南军政委员会为在土地改革中解决公营工厂用地做出指示。**

［目 文］ 指示指出：为了解决一般城市及矿区和某些农村在最近时期内新建小型工厂或扩大现有工厂所需土地的困难，发展工业生产，有必要在土改中有计划适当征用一些新建和扩大工厂的基地。征用土地的办法如下：一、征用土地只限于在土改中或土改后一年以内，新建或扩大公营工厂用地。二、征用土地应由各主管部门在土改前，将工厂新建计划所需土地位置、面积，报当地县人民政府审查，再转呈省、行署人民政府批准。三、征用土地原则：按土地改革法，凡属应没收、征收的土地无代价征用；凡属不应没收、征收的土地，征用后，可由被没收、征用或公地中，给原业主补还相等的土地。如土地上的建筑物和耕作物因而受损失者，由征用土地机关负责补偿。四、本规定不适用于实行郊区土地改革的城市和矿区。

6 月 28 日

［纲 文］ **中财委对1951—1952年西北地方工业建设的原则做出决定。**

［目 文］ 中财委认为，西北地方工业发展的方向主要应该是轻工业，包括纺织工业。西北地方工业的建设第一要与当地的人民经济情况配合，第二要与国家经济建设的总计划配合。估计在 1951—1952 两年中，可能有 5000 亿—7000 亿元投在工业建设方面，关键要解决如何恰当支配。由于西北经济仍处于以农业牧畜为主，因此，地方工业发展一方面要推广农业产品，以供应工业必需原料；一方面要培养农民的购买力，为工业产品找出路。此外，西北地区交通条件尚不便利，地下资源情况不够清楚，只能有步骤、有重点地

逐步推动。西北所提地方工业投资以纺织为重点，应与农业和畜牧相配合，以保证纺织原料棉花、羊毛。对于西北所提出的纺织工业、重工业、燃料工业、轻工业及干部培养等各具体事业的相关问题，决定也做出了详细的要求和指示，要求西北工业部做出具体计划送交中财委。

6月29日

［纲 文］ **中共中央对纪念“七一”时报纸登载领袖照片做出规定。**

［目 文］ 该规定发给各中央局、分局并转各省市区党委，内容是：一、本年“七一”各报登载照片办法规定如下：（一）一般报纸除刊毛、刘、周、朱4人照片外，可加刊马、恩、列、斯照片，其位置可于一版右侧由上而下刊毛、刘、周、朱，左侧由上而下刊马、恩、列、斯。照片由各地自备。（二）在少数大城市除上述8人照片外，已由新闻摄影局送出中央委员和候补中央委员的全部照片，其刊登办法即照新闻摄影局通知办理。（三）省以下小报没有马、恩、列、斯照片者可不刊，如找不到适当的刘周朱照片者也可只刊毛泽东照片。二、纪念会场也可用马、恩、列、斯、毛、刘、周、朱8人照片，排为一列，可由左向右（自台下看），如此则毛泽东、斯大林两像居中。如小城市临时画不出，也可按上述（三）项原则办理。

同 日

［纲 文］ **政务院举行第九十一次政务会议。**

［目 文］ 会议由陈云主持。会议批准了水利部部长傅作义作的《关于视察淮河的报告》和中央治淮视察团团长邵力子所作的《关于中央治淮视察团工作经过的报告》。

傅作义报告说，视察淮河历时49天。淮河水灾的主要成因是，上游缺乏适当的拦蓄，中游不能全部承纳，下游不能顺利宣泄。因此水灾频繁，灾情严重。1950年夏因3次暴雨，受灾农田4350万亩，受灾人口1413万人。根据政务院的决定，治淮的方针是蓄泄兼筹，根本消除淮河的水患。

邵力子报告说，遵照毛主席的指示，由民革、民盟、民建及水利部、内务部、卫生部等有关部门组成治淮视察团。视察历时52天，慰问了民工、技工和各级干部，接触群众约24.5万人，将绣有毛泽东题字“一定要把淮河修好”的锦旗赠给治淮委员会和豫皖苏3个总指挥部。3省干部已经树立起整体观念，使得蓄泄兼顾的原则得以实施。

会议还通过了《政务院关于1951年暑期全国高等学校毕业生统筹分配工作的指示》。内容是：本年对大学毕业生实行统筹分配，主要是在地区间进行调剂。调剂原则是保证国家重点建设及中央和地方各部门业务需要，适当照顾个别毕业人数过少的地区。属于统筹分配的毕业生（不包括业务部门领导的高等学校、中国人民大学、革命大学）共17015人，其中医科2029人，除47人留作助教外，全部交卫生部和军委卫生部统筹分配。其他专业调剂分配如下：华北调出1400人，华东调出2300人，中南调出1800人，西南调出1250人；东北调入2000人，西北调入500人，中央各部门调入2850人。教育部与中国科学院留1400人作为高等学校助教、研究生与科学院研究实习员。《指示》要求抽调毕业生时，要做好政治动员，争取90%—95%的毕业生服从统一分配。毕业生一般不必有见习期，生活待遇暂不作统一规定，可依各地区标准发给底薪，并按学习年限、程度、毕业先后、服务年限而有所区别。该《指示》于本日发出。

同 日

[纲 文]　刘少奇对访问老根据地问题做出批复。

[目 文]　刘少奇批复李维汉指出：用中央名义并用中央加派一些人到所有老红色区都去访问一次是好的。此事请你斟酌答复。

此前，6月26日，中南局致电中央请示说：中南军政委员会及所属各省正在筹备组织老红色区访问团，7月上旬出发访问各主要老红色区。电报对访问团名义、如何访问安徽、闽浙与中央老红色区交界的地区、请中央尽早提供访问时印送的毛主席题词的条幅和毛主席照片的字样和底片等问题向中央提出请示。

6月30日

[纲 文]　中国共产党成立30周年庆祝大会在北京隆重举行。

[目 文]　庆祝大会在北京先农坛体育场举行。4万余人参加。毛泽东、刘少奇、朱德、陈云、彭真、董必武、李富春、罗荣桓、蔡畅、陆定一、聂荣臻、吴玉章、滕代远、徐特立、薄一波、廖承志、王稼祥、陈伯达等中央领导人，以及华北局委员、中共北京市委委员、青年团中央委员，华北和北京市青年团委负责人，首都各机关、部队、工厂、学校、农村中的共产党员、青年团员、少年儿童队员，以及邀请的非党群众代表，解放军和志愿军的战斗英雄，劳动模范，中央人民政府委员会委员，全国政协委员，中央人民政府各院、委、部、会、署、行负责人，人民革命军事委员会委员及所属各部门和各兵种负责人参加。应邀出席的还有各民主党派负责人、人民政协无党派民主人士、人民团体负责人李济深、张澜、黄炎培、郭沫若、陈叔通、马叙伦、章伯钧、许德珩等，以及各民主党派在京党员、会员、盟员代表，外国共产党在京人员和以元东根为首的朝鲜人民访华代表团。

中共北京市委书记彭真致开会词。中共中央书记处书记刘少奇作报告。全国政协副主席陈叔通，中国国民党革命委员会主席李济深，中国民主同盟秘书长章伯钧，民主建国会全国会务推进委员会召集人黄炎培，人民政协无党派民主人士代表郭沫若，解放军战斗英雄刘子林，志愿军战斗英雄郭忠田，工人代表、全国劳动模范李永也在庆祝大会上相继讲话。

原定在会上讲话的还有中国民主促进会主席马叙伦，中国农工民主党中央监察委员会主席彭泽民，九三学社主席许德珩，台湾民主自治同盟理事林铿生，中国致公党中央委员会委员严希纯，中国新民主主义青年团书记冯文彬，青年代表、中华全国民主青年联合总会副主席钱三强，妇女代表、中华全国民主妇女联合会副主席许广平，文化界代表、中华

中国共产党成立30周年庆祝大会在北京先农坛体育场隆重举行，右起：李济深、毛泽东、张澜、朱德、陈叔通、章伯钧、郭沫若、陈云。

全国文学艺术界联合会副主席沈雁冰，科学界代表、中华全国自然科学专门学会联合会主席李四光和中华全国科学技术普及协会主席梁希等，后因雨，演讲词改作献词在报上发表。

［文　献］ 刘少奇在中国共产党成立三十周年庆祝大会上的讲话（节录）

今天是我们中国共产党成立的三十周年纪念日。在三十年前我们党刚成立的时候，中国还只有一些研究和宣传马克思主义的小组，人数是很少的。但是，在今天，我们党已经发展成为领导伟大的中华人民共和国的大党了。我们党现在有五百八十万党员。其中约有二百七十多万人是在武装部队、国家机关及工厂、矿山和学校中工作，三百多万人分布在农村中。有女党员六十多万人，二十五岁以下的青年党员一百二十多万人。这些党员建立了约有二十五万个党的基层组织——支部。我们党有很多党员担负着国家的各方面的领导工作，同时，又有更多的党员在各种工厂中、矿山中、农村中、机关和学校中、部队的连队中，和劳动人民与战士们在一起从事各种体力的或脑力的劳动和工作。他们都是密切地联系着广大的人民群众。他们中间的大多数都有高度的觉悟水平，因而他们具有大公无私的精神，不论在战场上，在劳动中，在各种工作中，他们都是奋不顾身的，聪明而沉着的，最能照顾大局与遵守人民的纪律的，所以他们能够取得广大人民群众的信任，人民群众把他们当作最亲近和最可靠的朋友。这就是说，我们的党已经成为全国人民公认的领袖，同时，又是全心全意地为人民服务的人民的公仆，人民的勤务员。

这就是今天我们党的简单的情况。

……

我们党和中国革命之所以能够胜利，和我们党的领袖毛泽东同志的马克思列宁主义的正确领导是分不开的。马克思列宁主义是指导我们党和中国人民团结自己、战胜敌人的唯一正确的思想武器，毛泽东同志是精通马克思列宁主义并且是把它恰当地运用起来解决中国革命中各种问题的最杰出的能手。由于毛泽东同志三十年来的天才的努力，使马克思列宁主义的普遍真理与中国人民的具体革命斗争一步一步地密切地结合了起来，因而就在思想上和组织上按照苏联布尔什维克党的榜样把我们党建设了起来，并使我们党一步一步地联系了更加广大的人民群众。毛泽东同志又在各个革命时期为我们党和人民提出了正确的革命斗争的方针、任务和政策，并在极端复杂和困难的情形下克服了党内各种机会主义者和党外各种派别所提出的错误的方针、任务和政策，因而组成了并且壮大了作为中国人民革命主要工具的人民解放军，又组成了并且巩固和扩大了中国人民革命的统一战线。我们党和中国人民因为有了毛泽东同志的这样正确的领导，才能在严重的长期而复杂的斗争中一步一步地战胜了强大的敌人，取得了今天这样的胜利。毛泽东同志的正确领导，对于我们党和中国人民在革命斗争中的胜利，是具有决定意义的。可以说，如果没有毛泽东同志在各个时期的正确的领导，我们党和中国人民要取得今天这样的胜利，乃是不可能的。有了毛泽东同志的正确领导，我们党和中国人民在今后的革命斗争中要继续取得更多更大的胜利，也就有了保障。因此，在庆祝我们党的成立三十周年纪念时，我们不能不感谢我们的领袖毛泽东同志。向我们的领袖毛泽东同志致敬！

资料来源：1951年7月1日《人民日报》。

同日

[纲文]　中国人民解放军总政治部、政务院政法委员会联合发出《关于处理现役革命军人取消婚约的暂行规定》。

[目文]　《规定》内容是：根据中华人民共和国婚姻法第19条保障革命军人婚姻的原则精神，对目前处理现役革命军人取消婚约的问题，暂作如下规定：自本规定通知之日起，如现役革命军人与家庭有通讯关系者，其订婚之一方提出取消婚约，须得革命军人的同意。自本规定通知后，如革命军人与家庭一年无通讯关系，其订婚之一方要求取消婚

约，得准予取消；在本规定通知前，如革命军人与家庭已有一年以上无通讯关系，而在本规定通知后，又与家庭有半年无通讯关系，其订婚之一方要求取消婚约，也得准予取消。该《规定》发至县、市以上人民政府，解放军团以上政治机关，只在内部执行，对外不公布。

同 日

［纲 文］ **外交部部长周恩来会见缅甸驻华大使吴拉茂。**

［目 文］ 周恩来在会见时指出，5 月 16 日美国和柬埔寨签订的军事援助协定是违反日内瓦协议的。中国坚决反对美国的这种行动。

同 日

［纲 文］ **“联合国军”总司令李奇微发出广播通知请求朝鲜停战。**

［目 文］ 他在通知中以“联合国军”总司令的资格，表示奉命与中朝军队进行停战谈判。通知中说：因为我得知贵方可能希望举行一停战会议，以停止在朝鲜的一切敌对行为及武装行动，并愿适当保证此停战协议的实施。我在获得贵方对本文的答复以后，将派出我方代表并提出会议的日期，以便与贵方代表会晤。我更提议此会议可在元山港一只丹麦伤兵船上举行。

7 月 1 日，金日成、彭德怀通知李奇微同意举行朝鲜停战谈判，建议以开城地区为双方代表会晤地点。

6 月

［纲 文］ **第一次全国物资会议对调拨物资问题做基本总结。**

［目 文］ 总结指出，截至 1951 年 4 月底，全国已经调拨的主要物资总值达到了 2 亿余斤米，加上一般物资，财政收入总额约 13 亿斤米。这一结果达到了清仓决定所指示的目的：一部分可以用于国家基本工业，一部分可以抵付工业投资，另一部分可以变为现金。总结认为，这对巩固国防、恢复生产、稳定物价、争取全国财经初步好转以及支援抗美援朝是具有一定意义的。

同 月

［纲 文］ **中国人民银行提出金融行业开展私人业务的报告。**

［目 文］ 报告认为，目前国家银行私人业务开始迅速发展，合营银行加入国家银行使力量对比发生显著变化，国家银行控制私人存款经常在 80% 以上，居压倒的优势。行庄有三种类别：第一类为公私合营的新五行（中国实业、新华、四明、通商、建业）；第二类为有公股的九大银行（浙江兴业、上海、国华、金城、中南、大陆、盐业、聚兴诚、和成）；第三类为其他行庄。公私合营银行一般盈余，九大行有些亏损，其他行庄有盈有亏。报告对行庄存在的困难和造成的原因做出了分析，指出行庄多要求联营集中，进一步地靠拢国家银行。

报告指出，对于私营金融业，仍然贯彻团结、领导、改造、运用的方针。首先是大力发展国家银行的私人业务，以便稳定金融市场和扶助私人工商业。继续加强对公私合营银行的领导，逐渐改造成为工商银行性质的专业银行，成为国家银行开展私人业务的助手。并接受浙江兴业、国华、中国企业、和成等银行参加公私合营银行联合总管理处的要求，并准备来者不拒，继续扩大范围。接受金城、大陆、中南、盐业、联合等五行按照新五行联营的方式进行联合经营的要求，参加公股，加强领导进行改造。

同 月

[纲 文] **中国人民银行发布组织调整全国通汇网的办法。**

[目 文] 中国人民银行针对全国通汇网的情况与缺点，发布组织与调整办法，主要内容是：一、通汇网的情况与缺点。各行在组织通汇工作中对建立通汇点的掌握一般比较松，如北京分行在1500个通汇点中，发生汇兑关系的只有四五处，经常通汇的只占1/10，又如包头支行在360处通汇点中，即有200余处未发生过汇兑关系，这些通汇点虽不必要，而更换印押等项工作并不能减少。遇有人员调动，或一定的会计年度，仍须全面进行更换注销工作。根据北京分行统计，有关通汇问题及交换印押等函件，即占全行文件的9/10，每日很多时间处理，造成人力物力的巨大浪费；转汇方面，遇有邻近行与付汇行并不通汇时，仍须由邻近行辗转转汇，因此本行不仅增加成本，且延误解汇时间。二、为了纠正以上缺点，全面重新组织调整的办法是：联行间应以两地经济关系密切有物资交流条件，或经常有公款调拨者为原则，重点地建立通汇点。组织通汇点，由分行掌握、两分行之间洽商建立。需要建立新通汇点或撤销时，应由双方分行商得同意。

同 月

[纲 文] **中财委贸易处发布“禁运”及应对办法的简况。**

[目 文] 简况指出：自美国对中国实行封锁后，中国沿海航行船只经常遭遇劫夺及炮击，航运情况日渐困难，风险也越来越大。但总体来说，出口船只均安然无事。自5月18日禁运后，封锁更为加紧，亚欧航线加油港口拒绝对中国进口货物船只加油。巴拿马则申明对航行中国口岸巴籍船只不予保护，并以检查为名先后将中国租用的巴籍船只马立安号等船籍吊销，不准结关。在此种航运困难情况下，自禁运后即开始争取租用苏联及波兰船只，航行华北口岸卸货；无安全保证者则在华南港口卸货。

7 月

7月1日

[纲 文]　《毛泽东选集》出版委员会发出学习毛泽东著作的通知。

[目 文]　通知中说：中国共产党的30周年纪念，引起了党内学习党的历史的广泛的热情。毫无疑问，有系统地学习党史，将极大地加强全党的马克思列宁主义教育，从而使全党的干部和党员在今后中国人民革命事业和建设事业中增加极大的觉悟性和信心。学习党的历史的基本材料，应当是毛泽东在中国革命各个时期的主要著作。所以我们决定在《毛泽东选集》未出版前，先选择毛泽东从1926年以来所写的几十篇最重要著作，除篇幅很长的须出单行本者外，从今天起在《人民日报》陆续发表。这些文章中，有些经过作者自己在文字方面作了一些小的修改。各文的题解和注释均经作者审阅过。

7月1日、5日、14日、19日、31日，8月7日、23日，《人民日报》分别发表了毛泽东不同时期撰写的著作《中国社会各阶级的分析》（1926年3月）、《湖南农民运动考察报告》（1927年3月）、《中国的红色政权为什么能够存在?》（1928年10月5日）、《关于纠正党内的错误思想》（1929年12月）、《星星之火，可以燎原》（1930年1月5日）、《关心群众生活，注意工作方法》（1934年1月27日）、《论反对日本帝国主义的策略》（1935年12月27日）和《中国共产党在抗日时期的任务》（1937年5月3日）。出版委员会在编者按中说明了每篇著作写作和发表的背景。

同日

[纲 文]　全国政协及各党派团体举行庆祝“七一”盛大酒会。

[目 文]　全国政协委员会、中国共产党、中国国民党革命委员会、中国民主同盟、民主建国会、中国人民政协无党派民主人士、中国民主促进会、中国农工民主党、中国致公党、九三学社、台湾民主自治同盟、中国新民主主义青年团、中华全国总工会、中华全国民主妇女联合会、中华全国民主青年联合会、中华全国学生联合会和中华全国文学艺术界联合会，于下午7时在中南海怀仁堂举行盛大酒会及庆祝晚会，庆祝中国共产党成立30周年。毛泽东、刘少奇、朱德等出席酒会。中央人民政府委员会委员及所属各院、委、部、会、署、行领导人，人民政协全国委员会委员，中国人民解放军陆海空军高级军官，中国人民志愿军归国代表，各民主党派领导人，人民政协无党派民主人士，各人民团体负责人，北京各大学的校长，科学家，文学家，艺术家，中共中央华北局委员，人民解放军

华北军区负责人，以及北京市人民政府、北京市协商委员会、北京市民主党派、北京市人民团体负责人，北京市地方知名人士等共600余人参加。

同日

［纲文］ 政务院发出《关于进一步整理地方财政与平衡收支的决定（草案）》。

［目文］ 《决定（草案）》指出，全国大陆相继解放后，中央为整理地方财政，减轻人民负担，废除了新解放区国民党时期的一切苛杂摊派，逐步统一了全国地方财政的负担办法与开支制度。在1950年秋季征收公粮时，规定公粮附加不得超过正粮的15%，本年6月又于第二届全国税务会议时规定，城市地方附加只在公用事业收入和房地产税内附加，不得在工商业税内附加。在开支方面严格规定了地方财政的开支范围，使地方财政收入能完全用于增进当地人民的福利事业，适当照顾到负担能力，使负担公平合理。一年来地方财政已基本上克服了乱收乱支的现象。但目前地方财政有两个问题须待解决：一是收支科目各地仍不一致，二是乱收的现象是克服了，但由于收入限制过严，又使开支发生困难。由于收入不敷支出，使许多工作受到影响。其中以小学教育问题最多，因其经费在地方财政开支中，一般约占50%—60%，无法解决。农村的优军工作，也因经费无着，普遍放松。因而全国财政会议要求增加新的收入来保证各种支出。

《决定（草案）》中指出，政务院认为：地方事业中的某些必须开支应当予以保证，但地方财政收支的基本原则，仍应是量入为出，一切根据必须与可能订计划，在目前，应当反对盲目乐观、和平建设的思想，更应当反对百废俱兴、放手建设的思想。为了统一地方财政收支科目与解决收支差额问题，《决定（草案）》规定地方财政收支科目一般应包括收入、支出两大类。其中收入类的科目有公粮附加、房地产税附加（未征房地产税城市，可酌收房捐）、公用事业收入附加、政教事业费收入（或称市政建设费收入，中央直属省市已陆续开征）、契税收入、行政规费收入、公产收入（在未土改地区，包括学田收入）、地方公营事业收入（只包括县与省辖市的公营事业，大城市不在内）及其他收入。支出类科目有行政费（包括街村政府办公费、干部补助及训练费、区以下各种代表会议费）、财务费、文教费（包括高小、初小、县中、简师、社会教育与文化娱乐）、卫生费（包括医院补助、环境卫生、防疫及免费治疗）、社会事业费（包括优军、民兵、村干伤亡抚恤、埋葬、贫苦收容救济）、建设费（包括交通建设、防护设备、修建房屋、整理市容及农场、苗圃补助）、民兵费（包括民兵弹药及县以下的训练费）及准备金。

关于解决地方财政收支差额的办法，《决定（草案）》规定，公布附加可提到15%—30%。在城市则吸收中央直属省市的经验，普遍开征政教事业费。以上征收计划，由各省市人民政府具体拟定，经同级人民代表会议或其代表机关通过后，报大行政区人民政府（军政委员会）批准施行，中央直属省市则报财政部批准施行。增加新的收入之后，如仍不能平衡收支，可再从特种消费行为税与屠宰税收入中依次予以补助，在各大城市并可从其公营事业收入中酌提一部分补助。

同 日

[纲 文] **中国人民保险公司实行铁路、轮船、飞机三种旅客的意外伤害强制保险。**

[目 文] 该强制保险是由中国人民保险公司与铁道部、交通部、民用航空局及中苏民用航空公司进行洽商后做出的。保险实施范围有：铁路旅客险除路局近郊交通列车（主要为路局自用，有时附带搭客）外，全国各路一律实行。轮船旅客险，不论国营、公营、公私合营和私营轮船都一律实行，轮渡暂缓举办。出国轮船，以国境内的商埠码头为范围，但轮船公司如有条件代办查勘、审核和给付事项的，也可扩大到国外。飞机旅客险，国内线全部实行，国际线往程全程照保，回程由国外站搭乘的，暂不承保，在中国境内搭乘的照保。

各种旅客保险的保险金额一律规定为每人1500万元。保险费按各种席、座、舱位的票价（加快费、卧铺费、餐费等除外）照规定的百分率计算，铁路2%，轮船3%，飞机5‰。交通机构规定免费搭乘的旅客，免收保险费；半票和优待票的旅客，按实收票价核收。旅客在保险有效期内，由于遭受外来、剧烈及明显的意外事故（包括战争所致者在内）受有伤害的，由交通机构代人民保险公司予以治疗，治疗津贴以不超过1500万元为限，旅客不幸死亡、残废或丧失身体机能的，由人民保险公司依照规定给付保险金，治疗津贴不在保险金内扣除。

同 日

[纲 文] **邮电部发行中国共产党成立30周年纪念邮票一套。**

[目 文] 本套邮票共三枚，票面值分别为800元（红色）、500元（绿色）、400元（棕色）。

同 日

[纲 文] **苏联各报登载纪念中国共产党成立30周年的文章。**

[目 文] 苏联各报都登载了纪念中国共产党成立30周年的文章，以及北京举行庆祝大会和刘少奇发表讲话的消息。《真理报》登载了朱德的《中国人民怎样打败了美帝国主义武装的蒋介石反动派》。《劳动报》登载了苏联援华专家负责人科瓦廖夫的《中共是新中国建设的鼓舞者和组织者》。《莫斯科真理报》转载了《争取持久和平，争取人民民主》杂志的社论《中国共产党的光荣的30年》。《消息报》登载了《新中国文学》一文。

同日—6日

[纲 文] **金日成、彭德怀与李奇微函商关于停战谈判事宜。**

[目 文] 7月1日，朝中军队总司令金日成、彭德怀联名发出通知，答复“联合国军”总司令李奇微于6月30日发出的关于举行停战谈判的广播声明。

此前，6月23日，苏联驻联合国代表马立克在联合国秘书处新闻部举办的“和平的代价”广播节目中发表演说，提出朝鲜战争交战双方应该谈判停火与休战以及双方把军队撤离三八线的建议，中朝两国代表表示完全赞同。6月30日，李奇微奉美国政府之命发表了同意举行停战谈判的谈话。

金日成、彭德怀在7月1日的答复中同意为举行关于停止军事行动和建立和平谈判而举行会晤。并建议会晤时间为7月10日至15日，地点在三八线上的开城地区。

7月4日，金日成、彭德怀联名发出通知，同意李奇微在3日的复文中提出的由双方派遣联络官各3人，在开城地区举行预备会议的建议，并建议双方联络官的会晤时间为7月8日。

7月6日，金日成、彭德怀又联名发出通知，同意李奇微在5日的复文中提出的所派联络官及随员人数和他们前往开城的时间，建议他们乘坐吉普车队至开城。并通知朝中方去开城地区筹备并参加预备会议的人员为联络官3人，其中1人为上校，随带翻译官2人及其他工作人员等，定于7月7日（预备会议的前一天）上午5时（平壤时间），乘坐吉普车5辆，卡车5辆，从平壤地区出发，经过沙里院、南川。每辆车均覆有白旗1面。

同日

[纲文]　美国全国和平大会在芝加哥通过“原则宣言”。

[目文]　宣言中提出：朝鲜停火——这是走向更广泛的解决的第一步。我们相信和平就是美国的国防，和平的需要凌驾一切的需要。我们宣布我们的信念：大多数美国人是要和平的。我们向一切人——农民、工人，持有保守的或开明的社会见解的男女们，操西班牙语的美国人，斯拉夫血统的美国人及其他各种血统的美国人，新教徒，旧教徒，犹太教徒——呼吁，因为只有通过这种团结才能获得和平；这种团结的本质就在于黑白美国人为和平事业而共同努力。我们宣布我们的信念：接受不同社会制度可以共存的原则，这是和平的要素。和平与我们美国人的利害关系是这样的大，我们无疑愿意与其他根据他们自己的条件和他们自己的历史、发现走向美好世界——我们相信这是一切人都应该得到的——的不同道路的人们，在世界上和平共处。我们声明我们深信：要实现和平，只能用谈判政策而不能用武力政策。如果我们的外交和我们的防御是以先发制人的战争、军事统治或种族优越等幻想做基础的话，那么，它们就不能是巩固的。这些办法是无法实现和平的。囤积原子弹、成立军事同盟、恢复德国战争机器和日本军国主义，只能促成战争，而不能有任何其他结果。

7月2日

[纲文]　毛泽东就停战谈判一事电示彭德怀等人。

[目文]　电报中说，在朝鲜停战谈判进行准备及谈判期间的10—14天中，要严格和充分地注意：一、争取在此期间内加强第一线部队人员特别是武器弹药的补充。必须准备一经签订停战协定，人员和物资就不能运输和调动了。二、极力提高警惕，准备对付敌军在前方可能发起大的攻击，在后方进行大规模空炸，以期迫我订立城下之盟。如遇敌军大举进攻时，我军必须大举反攻，将其打败。三、有关部队须迅速开到指定地点，防止敌人乘机在元山及西边登陆。四、设想停战协定签订后可能发生的各种情况，预筹对策。

同日

[纲文]　中国人民志愿军政治部发出《关于和谈部队应准备作战的动员指示》。

[目文]　《指示》要求各级党委十分重视并严肃郑重地对待和谈工作；各级领导同

志对和谈应有正确的认识，要对部队进行教育和解释。《指示》指出，美国侵略当局在朝鲜战争中不讲信义，多次玩弄花样，因此，绝不能对他们有任何幻想，绝不能因进行谈判而松懈斗志，或产生依靠谈判解决朝鲜问题的侥幸心理。如果敌人真的愿意在三八线停火，退出朝鲜，朝鲜事情由朝鲜人民自己解决，当然很好，可是敌人是帝国主义侵略成性，虽然力不从心，也还是不愿意自动退出的，只有我们加紧作战准备，能再打几个激烈战斗，消灭美军几个师，也许敌会知难而退。所以必须明确持久作战的方针，给敌人更大的损失和更严重的教训，从而力争和平解决。

同 日

［纲 文］ **陈云、薄一波、李富春就橡胶种植问题致电中南、华东、西南军政委员会负责人。**

［目 文］ 电报中说：橡胶是轻纺工业的重要原料，帝国主义国家已禁止橡胶输入我国，为此，一方面应尽可能扩大海南岛的巴西橡胶树种植面积，另一方面，必须在粤、桂、滇、川、闽等省找寻宜于种植印度橡胶树的地区，并找寻其他胶树胶草。中财委拟于7—10月分别召开印度胶树、巴西胶树、其他胶树胶草种植问题的三次小型专业会议。

此前，苏联领导人曾于朝鲜战争爆发后致电毛泽东提出，帝国主义在战略物资包括橡胶上封锁我们，社会主义国家中只有中国能种橡胶，应开辟橡胶园生产橡胶，苏联愿从物质和技术方面给予支援。中共中央责成陈云负责筹建橡胶园工作。

同 日

［纲 文］ **中国人民银行指示各地分支机构逐步调整存贷款利率。**

［目 文］ 中国人民银行指出，此次降低利率的主要目的，在于供给工商业者以低利而大量的资金，以求更有力地促进生产发展与物资交流，故以降低放利为主。但为不影响吸存，便于大量动员资金，存放利差也必须缩小；同时为顾及银行的经济核算，存款利率也应酌予降低（储蓄利息仍予优待）。指示要求降低利率的步骤分为7月中旬及9月底两个阶段，并达到如下标准：到7月中旬为第一阶段：一、对私放款月息最高36‰，要求降至34.5‰。二、私存（定期3个月）月息最高18‰，要求降至15‰；货币储蓄可较其他存放息缓降，但7月中旬的要求必须于9月底前达到；整存整付月息（1年期）最高27‰；双保存款月息（1年期）最高13.5‰。三、公款存放利率不变，仍照现行规定办理：对个别取消商业信用的结算户与国家银行业务关系密切者，为特加照顾起见，放息最低可降至1分，但对外不宣布，由区行及直属分行掌握。凡已订约者仍按原约规定继续执行，待改订合约时，再行商议调整。四、联行往来月息10‰。到9月底为第二阶段：一、对私放款月息最高30‰。二、私存（定期3个月）月息最高13.5‰；货币储蓄整存整付月息（1年期）最高20‰；必要时此项货币储蓄利率标准得推延，由各区行掌握；双保存款月息（1年期）最高10‰。

调整办法为：凡有行庄或利率委员会的城市，对私存放利率下降的步骤及每次降低的幅度，应在规定的时期和最高额与要求额的限度内，通过利委会议订或经当地行庄同意后，公布施行，一般存款只定3个月期限，4个月以上期限的定存，可按同期储蓄利率减15‰—20‰，国行与行庄利率一致。1年以上的储蓄利率不再提高，每年结息1次，并入本金计息。规定的放款利息适用于3个月以内的一般商业放款，3个月以上酌商放利率最高得加3厘；其他各种放款利率及期限利差可比照增减。

农村信用合作社的利率由社员代表大会议订，国家银行仅提供意见，作为参考。待将来区或县有“农村金融工作委员会”的组织时，可由委员会议订，逐渐把一区或一县的信用合作社的利率统一起来。信用社资金转存国家银行时，可按当地国家银行一般农村私存利率加10%计息；信用社需要国家银行资金的支持时，可按国家银行一般农村放利减10%，以示扶助。但主要的是国家银行应帮助信用社搞好自己的存放业务，使能自立地负起调剂农村资金的工作。行庄准备金按国家银行一般定存1个月期利率计息。转存款按一般私存利率酌予加息，但以加至20%为最大限度。农贷利率不变。农村金融工作开展之后，农村中一般存放利率由分行（或区行）分别地区情况适宜规定，原则上可不受指示要求的限制，但应着眼，能存进来，能放出去，银行不赔，并诱导农村利息的下降。

同 日

[纲 文]　农业合作银行在北京成立。

[目 文]　该行为中国人民银行所属专业银行之一，经理何松亭。主要任务是组织与推动全国农村金融工作，并负责办理全国农业、渔业、畜牧业、国营农场及合作社的国家投资拨款与长期贷款工作。

同 日

[纲 文]　西北局发出关于西北区在职干部学习的通知。

[目 文]　学习的内容包括：一、在7月份内，各处应当领导各级干部对党的斗争历史作一次初步的学习，给以后进一步学习党史及毛泽东的各种著作打下初步的基础。高级程度的干部，学习刘少奇在北京庆祝党成立30周年纪念大会上的讲话、胡乔木的《中国共产党的30年》、陈伯达的《毛泽东思想是马克思列宁主义与中国革命的结合》、陆定一的《中国革命的世界意义》、习仲勋的《跟着毛泽东走就是胜利》，以及中央各负责人的文章；一般干部只以学习胡乔木文章为主，再参阅其他文件。学习方法以自学为主，且应组织几次有关党史的报告和有准备的讨论。在学习党的简要历史时，一定要针对各地干部思想情况去进行思想教育，严肃地批判与纠正思想方法上的经验主义与工作上的官僚主义、命令主义，以及居功自满情绪等倾向。二、党史初步学习结束后，从8月份起，高级程度的干部，仍按自己原定的学习计划照常进行；中级程度的干部可以学习一本《论列宁主义基础》，或是别的读物；初级程度的干部，当地如未预定学习计划，即可开始学习政治常识读本。三、11月开始举行各级干部的全面考试，并以测验结果调整程度，确定编级，为1952年全党系统理论学习准备好条件。

7月3日

[纲 文]　中共中央发出《关于朝鲜谈判问题的宣传指示》。

[目 文] 《指示》中说，朝鲜战争在美国接受苏联驻联合国代表马立克6月23日和平建议，并接受金日成、彭德怀提出的7月10日至15日在开城举行停战谈判的建议后，已有和平解决的可能。对于此事，《人民日报》已在6月25日和7月3日发表两次社论，抗美援朝总会也将发出通知，可以作为对党内外宣传的依据。但群众中还可能提出许多问题，对于这些问题，除下列第五点应公开宣传外，一般不应在报纸上答复，但可依以下要点作口头答复：

一、我们为什么赞成停战？答：我们向来主张以和平方法解决朝鲜问题，中国人民志愿军在朝鲜参加反侵略战争的目的也在此，这是1950年11月4日各民主党派联合宣言和外交部各次文告所解释过的。朝鲜人民打了1年，中国人民打了8个月，迫使美国承认了中朝人民的力量，放弃了原来的侵略计划，保障了朝鲜和中国的安全，这就是抗美战争的直接收获。美国已经在战争中感到极大困难，要求迅速停战。故在目前停战，对双方均属有利。

二、为什么提出在三八线停战并在谈判中只解决军事问题？答：这样的条件不但解决了实现和平的最直接最迫切的问题，且易得到双方同意和全世界舆论的同情拥护，故和平民主阵营提出如此解决是适当的，在政治上是主动的、有利的，受到全世界欢迎的。如任何一方提出过高条件，则谈判不能成功，和平不能实现，在政治上即将陷入被动。

三、为什么不在以前提出停战？答：以前美国尚未受到如此严重损失（仅在8个月中侵朝军方面即损失兵力24万余，且已痛感脱身无期），故无意于真正的停战。此外，主张扩大战争的麦克阿瑟没有撤职，也是美国谈和的一个阻力。敌人既然无意停战，而且仍然梦想占领全朝鲜并将战争扩及我国东北，则彼时谈判自然不可能。

四、谈判能否成功？答：这要在谈判中看敌方诚意如何才能决定。如敌方仍无诚意，则谈判不能成功，中朝人民必须继续作战。果尔则对于中朝人民不但毫无损失，且在政治上占了更大的优势。

五、现在中国人民应当如何抗美援朝？答：现在停火停战尚未实现，前线作战和后方支援自应照旧进行，抗美援朝总会的三大号召（捐献、优抚、爱国公约），以及赴朝慰问团和志愿军代表的宣传工作，也均应继续努力，不得有丝毫松懈。即在谈判成功以后，除战争可以停止外，其他抗美爱国的实际工作和宣传教育工作，也仍不能有丝毫松懈。美国侵占我国的台湾，美国及其附庸各国侵略朝鲜，美国重新武装日本，这些都证明帝国主义是敌视我国的，停战以后这种形势尚无基本上的变化。全国军民上下，必须认识我们反帝抗美保国卫家的神圣任务尚未完成，一致继续奋斗，大力巩固国防，加强陆、空、海军，贯彻抗美援朝总会三大号召，完成军干校招生计划及其他爱国计划。

同 日

[纲 文] 中共中央发出《关于学习“七一”纪念论文的指示》。

[目 文] 《指示》中提出，在建党30周年纪念中，《人民日报》曾连续发表中央各同志的十几篇重要论文，各地党委应即领导全党能阅读的党员和干部在7月份中对这些论

文进行一次学习，借以为将来对党史和《毛泽东选集》的学习打下一个基础。在学习这些论文时，可以胡乔木的《中国共产党的三十年》和陈伯达的《毛泽东思想是马克思列宁主义与中国革命的结合》两文为主要学习材料。《指示》中说，《中国共产党的三十年》一文仍将有所修改，各地同志如有意见，即电告或函告中央宣传部，以便使之逐步成为一较适用的党史初步读物。

7月1日前后，《人民日报》连续发表的学习论著主要有：胡乔木：《中国共产党的三十年》(6月22日)；陆定一：《中国革命的世界意义——为纪念中国共产党诞生的30周年而作》(6月23日)；邓小平：《紧密地联系群众是我党的光荣传统——为中国共产党的30周年纪念而作》(6月24日)；李维汉：《中国共产党与中国人民民主统一战线——纪念中国共产党成立的30周年》(6月25日)；萧华：《中国共产党与中国人民解放军——庆祝中国共产党30周年》(6月26日)；冯文彬：《中国共产党是中国青年的鼓舞者、组织者和领导者——纪念中国共产党诞生30周年》(6月27日)；蔡畅：《中国共产党与中国妇女》(6月27日)；陈伯达：《毛泽东思想是马克思列宁主义与中国革命的结合——为纪念中国共产党的30周年而作》(6月28日)；钱俊瑞：《学习和贯彻毛主席的教育思想——为纪念中国共产党的30周年而作》(6月29日)；薄一波：《加强党在农村中的政治工作——纪念中国共产党30周年》(6月29日)；聂荣臻：《中国人民怎样战胜了日本法西斯侵略者——纪念中国共产党诞生30周年》(6月30日)；刘少奇：《在中国共产党成立30周年庆祝大会上的讲话》(7月1日)；朱德：《中国人民怎样击败了美帝国主义武装的蒋介石反动派》(7月1日)；彭真：《马克思列宁主义在中国的胜利》(7月1日)；陈云：《中国共产党领导着国家建设——为纪念党的30周年而作》(7月1日)；邓子恢：《为巩固人民民主专政的国家政权而奋斗——纪念中国共产党成立30周年》(7月1日)；习仲勋：《跟着毛泽东走就是胜利——纪念中国共产党诞生30周年》(7月4日)等。

同日

[纲文]　中共中央发出《关于党的第一次代表大会的地址保存问题给上海市委的指示》。

[目文]　《指示》中指出，中央认为，这几个地方，如属可靠，即可用适当方式保存，留作纪念。但据报告，这些房屋都极破旧，恐不易久存，望你处研究一下，这些地址是否确实及是否可能保存；保存下来后应如何利用，如何布置。并望将你们的意见电告。

此前，上海市委宣传部曾派专人来京，向中央宣传部报告：在上海太仓路访得博文女学旧址，该地系中国共产党第一次代表大会会所，请示处理办法。经中央宣传部调查，知博文女学实为当时一部分代表之寄宿处，会议系在李汉俊寓所举行。当时介绍上海来人和李书城（李汉俊之兄）、包惠僧晤谈，根据他们提供的材料回沪续访。6月30日，新华社上海分社向总社报告，上海市委宣传部已查悉兴业路76号系当时的会址。此处当时是望志路106号，后门由贝勤路树德里出入。他们又查知在第一次代表大会后，党的领导机关在上海办公地点是环龙路渔阳里2号（后改名南昌路铭德里2号）。

同日

[纲文]　刘少奇对中共山西省委《把老区的互助组织提高一步》的报告做出批示。

[目文]　刘少奇批示指出：在土地改革以后的农村中，在经济发展中，农民的自发势力和阶级分化已开始表现出来了。党内已经有一些同志对这种自发势力和阶级分化表示害怕，并且企图去加以阻止或避免。他们幻想用劳动互助组和供销合作社的办法去达到阻止或避免此种趋势的目的。已有人提出了这样的意见：应该逐步地动摇、削弱直至否定私有基础，把农业生产互助组织提高到农业生产合作社，以此作为新因素，去"战胜农民的自发因素"。这是一种错误的、危险的、空想的农业社会主义思想。山西省委的这个文件，就是表现这种思想的一个例子，特印发给各负责同志一阅。

此前，4月17日，山西省委在给华北局的报告中提出：一、山西老区的互助组织基础较大，历史较长。由于农村经济的恢复和发展，一部分农民已达到富裕中农的程度，加以战争转向和平，就使某些互助组织发生了涣散的情形。1950年提出"组织起来与提高技术相结合"，解决了一些问题，但涣散趋势未完全扭转。实践证明，随着农村经济的恢复与发展，农民自发力量是发展了的，它不是向着我们所要求的现代化和集体化方向发展，而是向着富农的方向发展。这是互助组涣散现象的最根本的原因。同时，有不少互助组织产生了新的因素。老区互助组的发展，已经达到了一个转折点，使得互助组必须提高，否则就要后退。必须在互助组织内部，扶植与增强新的因素，以逐步战胜农民自发的趋势，积极地稳健地提高农业生产互助组织，引导它走向更高级一些的形式，以彻底扭转涣散的趋势。二、应如何增强新的因素，战胜农民的自发因素呢？最根本的问题有：（一）征集公积金，增强公共积累。互助组实施增强公共积累、按成员享用的原则，虽然没有根本改变私有基础，但对私有基础是一个否定的因素。对于私有基础，不应该是巩固的方针，而应当是逐步地动摇它、削弱它，直至否定它，所以公积金应当出组不带。因此在公积金问题上有三个原则：按土地应产量征集、为全组成员所有（不以征集时产量多少为准，每个成员在公积金的处理上都有自己的平等权利，一人一票）、出组不带。（二）农业生产合作社的分红应按劳力、土地两个标准分配，按土地分配的比例不能大于按劳力分配的比例，并要随着生产的发展，逐步地加大按劳分配的比重。总之，把"公共积累"和"按劳分配"两个进步的因素，在互助组织逐步地增强，将使老区互助组织大大地前进一步。

5月4日，华北局复电山西省委指出：你们抓紧对互助组领导，注意研究新发生的问题是对的。但你们提出：一、用积累公积金和按劳分配办法来逐渐动摇、削弱私有基础直至否定私有基础是和党的新民主主义时期的政策及共同纲领的精神不相符合的，因而是错误的。新民主主义时期，革命任务只动摇封建私有、帝国主义在华特权和官僚资本主义私有；一般地动摇私有财产是社会主义革命时期的任务。目前你省有相当数量地区的互助组需要提高和巩固，但提高与巩固互助组的主要问题，是如何充实互助组的生产内容，以满足农民进一步发展生产的要求，而不是逐渐动摇私有的问题。这一点必须从原则上彻底搞清楚。二、农业生产合作社，全省只能试办几个作为研究，展览和教育农民之用。即便试办，也要出于群众自愿，不能强行试办，更不宜推广。我们同意长治地委试办7个，但这7个是否出于群众自愿，请你们加以检查。三、另据武光汤①估计，山西全省参加互助组的农户达55%（不包括临时小型互助），是否过高；即便如此，亦还有近一半农户未组织起来，因此，以山西全省来说，仍应把进一步组织起来的任务，提到议事日程上来加以注意。详细情况由出席此间互助组会议诸同志面达，你们研究讨论后的意见望告。

刘少奇的批示批评了山西省委的报告。如何对待农村的互助合作和自发势力的问题，在中央领导人中引起了分歧和讨论。当毛泽东得知刘少奇对山西省委的批评后，便把刘少奇找去谈话，进行当面批评，对山西省委意见表示明确支持。

同日

［纲 文］ **中财委召开第六十一次委务会议。**

［目 文］ 会议由陈云主持，讨论了农业部《关于1950年全国农业生产总结及1951年的计划和任务》的报告。陈云在讨论中发言指出，农业生产占我国国民经济比重很大，很多农产品也是国家极重要的物资，因此，农业部必须注意今后农业的发展方向并注意解决发展中的问题。粮食不足将是最近若干年内存在的问题。解决粮食问题要设法防止水旱病虫等灾害，调整经济作物面积，培训技术干部，但基本出路是提高单位面积产量。

同日

［纲 文］ **政务院文教委员会批准教育部、出版总署《关于调整全国教育定期刊物的出版的决定》。**

［目 文］ 《决定》中说，全国各大行政区、省、市等教育部门出版的教育刊物约有45种，在推行文教政策、指导教育改革工作和交流教学经验等方面起了一定的作用，但还存在思想性不强、联系实际不够，全国教育刊物缺乏全盘计划，方针、任务不明确，地方性刊物对60%的农村小学教师的针对性不强等问题，为此决定：

一、确定《人民教育》为教育部的机关刊物，对全国教育工作进行政策、思想和业务上的全面领导。主要任务和内容为：阐述并解释教育政策，包括工农教育、高等教育、中等教育、初等教育、学前教育等方面的重要决定和指示；指导全国各级教育机关正确地执行政策，解释执行中的问题，纠正执行中的偏向。总结并介绍教育工作重要经验。进行教育理论研究以及有关教育工作的学术问题研讨。有系统地介绍苏联教育工作的经验。对全国教育期刊和论著进行介绍和批评。《人民教育》的主要对象是县以上的教育行政干部、中等以上学校教育工作者、教育研究工作者、后期师范学校和师范学院的学生。各地教育行政机关有协助发行机关推广发行《人民教育》的责任。

二、各大行政区教育部（文教部）可出版一种综合性教育刊物为机关刊物，通过这一刊物，根据中央政策，在政策、思想和业务上对本区各省、市教育工作作全面领导。主要任务和内容为：根据本区工作情况，具体地解释教育政策和法令在执行中发生的各项问

---

① 武光汤（1908—1985），山西武乡人，时任山西省农业厅厅长。

题，及时纠正工作中偏向。按时系统地报道本区教育工作情况，总结本区教育工作经验，推广中等、初等及工农教育中典型教学经验，讨论中等、初等及工农教育中一切重要问题。帮助中等、初等及工农学校、业余学校教师的业务学习。指导并帮助省、市教育刊物的改进。

三、各省、市教育部门在原则上不必都有一种教育刊物。如有需要并有力量时，可出版一种教育刊物，其主要任务应是指导各该省、市的初等教育工作与工农教育，其对象应为小学教师、工农教育教师、县区教育行政干部及师范学校和短期师范的师生。各省所出刊物尤应以农村小学教师为主要对象，对小学教师供给补充教材、时事学习材料、自然社会常识。解释教科书上的问题及小学教师提出的问题。教学方法的讨论，教学经验的介绍。讨论问题要具体，文字简明通俗，形式朴素，分量不大，定价低廉。

有关中等以上学校教育的问题，在原则上集中在大行政区的刊物上发表。中等学校数量很多的大城市或省所出的教育刊物，得按具体情况，仍以一定篇幅讨论中等教育问题，但不得超过该刊篇幅的1/3；或另出专门讨论中等教育问题的不定期丛刊。

四、各大行政区及省、市应即依照以上原则并根据本区省、市的需要和力量，对现有的教育刊物进行调整，从7月起，3个月内完成。9月底将执行情况分别报告教育部及出版总署。

五、本决定不适用于研究专门问题的教育刊物，如《历史教学》、《地理知识》等类刊物。

该《决定》于7月24日发布。

7月4日

［纲 文］ **中共中央批准成立中央人民政府保密委员会。**

［目 文］ 此前，6月14日，政务院秘书长李维汉致信刘少奇和陈云说，中央人民政府成立保密委员会，领导军委以外中央人民政府各部门的保密工作，并指导全国各级人民政府的保密工作，具体工作由齐燕铭、屈武、李琦去做。信中提出两个名单，请求批准以林伯渠为主任的第一个名单。① 7月2日，刘少奇批示：毛、朱、陈阅。我意以第二个名单为宜。

本日，毛泽东在第二个名单上批示：照此办理。7月28日，政务院发出《贯彻保守国家机密暂行条例加强保密工作的通知》。《通知》中说，政务院保密委员会业经中央人民政府主席批准成立，李维汉任主任，刘景范、屈武、周荣鑫任副主任。各级人民政府在8月底以前一律建立保密委员会。

同 日

［纲 文］ **中共中央做出《关于访问老红区的决定事项》。**

---

① 第二个名单是：主任李维汉，副主任屈武、周荣鑫，秘书长李琦。

[目 文] 《决定事项》对中南局6月26日电报中关于派团访问老红区的建议予以批准，并就中央人民政府名义的访问团的人员组成、访问地区、宣传报道、费用、出发时间等问题做出四项决定。

[文 献] **关于访问老红区的决定事项（节录）**

（一）以中央人民政府名义对所有老红色区进行一次访问。访问团分别由中南、华东、西南各中央局负责组织，吸收党政军民各方面人员参加，并适当吸收若干民主人士参加，中央方面亦派一部分人参加，但中央除派一负责同志参加访问原中央苏区的访问团为团长外，其他地区访问团长须由有关中央局派出。

（二）因为中南、华东两行政区所属老红色区有交错关系，两方面访问团的访问地区须作适当调整。请中南、华东两中央局直接商办，两个访问团可集中武汉调整后再出发。

（三）访问时可多备毛主席的相片、纪念章及题词，均由中央办好带来。其他如摄影、电影放映、新闻报道等，由各中央局准备。所需用费除中央派出参加之人员外，均由各大行政区人民政府供给。

（四）中央派出人员准备于7月底出发。

资料来源：中央档案馆提供档案。

同日

[纲 文] **中共中央批转李立三关于调整工资情况的综合报告。**

[目 文] 刘少奇为中央起草的这个批转通知指出：望加以研究并将意见电告，同时采取适当办法调整你们那里的工资。工资问题对于工人阶级来说，犹如土地问题对于农民一样，是一个十分重要的基本问题。如果我们党的一切组织不认真地研究这个问题，就不能正确地处理这个问题，我们就不能建立与工人阶级的密切联系，就不能取得工人阶级对于我们党的全心全意的支持，就不能倚靠工人阶级去搞好生产并搞好其他各种工作。因此，必须在党内提起对于工资问题的注意，督促一切党的组织认真地加以研究，总结各地调整工资的经验，并望将你们的经验报告中央。

此前，5月30日，劳动部部长李立三在给毛泽东、刘少奇及中共中央书记处送审的《目前各地调整工资情况的综合报告》中说，随着生产的恢复和发展，改革旧的、不合理的工资制度成为急需解决的问题。1950年9月召开的全国工资问题准备会议提出的几个重要问题的处理办法、方案，对各个地区的特殊性照顾不够，暂时无法普遍实行。会后不少地区先后召开工资会议，对工资情况进行系统调查研究和调整工资试点。具体调整情况大致分三种类型：一、进行工资制度改革。在增加工资总额的基础上，本着按劳付酬的原则，主要依据技术标准，实行八级工资制。二、在工资总额基本不动的原则下，进行内部合理调整。三、改变旧的工作定额和计件方法，根据技术定额测定法重新审查工作定额，在提高劳动生产率的基础上调整工资。目前各地区进行的工资调整与以前历次有着重要原则上的区别：首先，各地区一般地都掌握并坚持了全国工资准备会议一致同意的改革全国工资制度的三个原则，即：要在可能范围内调整得比较合理，奠定全国统一合理的工资制度的初步基础；一定要照顾现实，尽可能做到为大多数工人职员拥护；要照顾国家财政经济能力，不能过多增加国家负担。其次，目前多数企业调整工资是改进工资制度，而不是单纯调整工资标准的高低，先是改多等级工资制为八级工资制。第三，这次调整工资多是在地方党委领导下，政府、企业行政和工会组织统一布置，有计划、有步骤地进行的。

《报告》指出，目前工资调整的主要经验是：一、八级工资制是最科学最合理的工资等级制度，对提高生产效率和工人学技术、学文化的热情，有很大的促进作用。二、在调整工资时，须做好制定调整方案、制订或修订技术标准、通过思想教育消除工人顾虑、有领导有标准地评定工资四项工作。三、在中央规定的统一方向和原则下，由地区到全国逐步调整，既要照顾各地区的特殊性，又要为将来实行全国统一的工资制度奠定基础。

同 日

[纲 文]　中财委就处理中国、交通两银行有关债权债务问题发布命令。

[目 文]　命令指出，解放前公营企业之间及与旧军政机关相互间的债权债务，已决定均不清偿。但中国、交通两银行尚有私股在内，与纯公营企业性质不同，为此，两行与公营企业（如淮南煤矿）及旧军政机关（如交通部、铁道部）之间的债权债务，应分别进行适当处理。办法规定如下：一、解放前公营企业与中、交两行相互间的债权债务，一律进行清偿，但如该企业在解放前已破产，解放后我只接收了一个残局者，其债务应根据其破产情况进行清偿。二、凡该企业的主要财产已于事前移至台湾，解放后我只接收其一部财产者，待台湾解放后，再根据情况进行清偿。三、解放前公营企业对中、交两行的欠款，根据一、二两条进行清结后，由中、交两行总处汇总列表，通知财政部，由财政部确定对该企业部门的追加投资后，统一作为中、交两行对财政部的低利贷款。具体手续，由中、交两行与财政部商订。四、解放后中、交两行的财产不得没收解库，或作其他处理；如已接收中、交两行的财产，应予清理归还；使用中、交两行的房屋、仓库等者，应合理交租，并订定租约，以保证两行财产的完整。五、解放前旧军政机关欠中、交两行的债款，一律不再清偿。六、解放前旧军政机关在中、交两行的存款，一律清结上交财政部（如同一机关有存款也有欠款者，存欠相抵后只将余数上交）。七、对于解放前的旧军政机关与公营企业如何明确划分问题，在执行本决定时，可由中国人民银行会同财政部约同有关部门会商决定。命令指出，以上决定只适用于解放前中、交两行对公营企业及旧军政机关债权债务的处理。解放后中、交两行对公营企业及军政机关的债权债务，及解放前、解放后中、交两行对私人的债权债务的处理，均不得援用。

同 日

[纲 文]　中国人民抗美援朝总会举行第六次常委会议。

[目 文] 总会主席郭沫若，副主席彭真、陈叔通，常务委员马寅初、沈雁冰、罗隆基、黄炎培等以及世界和平理事会理事章伯钧、蔡廷锴等，抗美援朝总会各部门、华北抗美援朝总分会负责人等共30余人出席会议。

会议讨论了继续加强全国人民抗美援朝运动的问题，通过了向全国发出继续加强抗美援朝运动的通知。通知指出，美国方面接受了苏联驻联合国代表马立克6月23日关于和平解决朝鲜问题的建议以及金日成、彭德怀两将军所提出的关于举行停战谈判的时间和地点，准备于7月10日至15日在朝鲜三八线上的开城举行谈判。但是朝鲜停战还没有成为事实，对于朝鲜问题的前途，我们还必须保持高度的警惕性，必须继续进行一切必要的工作。通知要求全国各总分会各分会和全国同胞一致继续奋斗，完成下列任务：一、继续努力开展增产捐献运动。二、认真优待志愿军和解放军一切军人家属和革命烈士家属。号召全国城市和乡村，在解放军建军节前后各一个星期内，对优待和抚恤工作状况，作一次普遍切实的检查，开展群众性的优抚运动。三、继续动员青年学生报名参加军事干部学校。四、继续深入开展爱国公约运动，普及爱国主义的宣传教育，提高与巩固全国人民爱国热情，贯彻执行爱国生产计划。五、继续帮助赴朝慰问团和志愿军代表按照原定计划完成在全国各地的宣传工作。

同 日

[纲 文] **新华社讯，全国各地高等学校暑期毕业学生由国家统一分配工作。**

[目 文] 新华社根据政务院6月29日通过的《关于1951年暑期全国高等学校毕业生统筹分配工作的指示》的精神报道说，全国高等学校毕业生统筹分配工作是在政务院直接领导下由人事部、教育部进行的。分配的主要原则，首先是统筹兼顾，以适应国家的重点建设以及中央和地方各部门业务上的需要，并照顾个别毕业学生人数过少的地区。在分配中，医科毕业学生因适应国防需要，交由卫生部和军委卫生部统一分配。其他各科毕业生，从华北、华东、中南、西南各调出一部分，补给东北、西北和中央各部门。毕业生尽量先分配到工厂、矿山等生产部门中工作，然后补充机关工作干部。小部分毕业生，由教育部与中国科学院分配担任全国高等学校的助教、研究生与科学院所属研究部门的研究实习员。其次，尽可能贯彻学用一致的原则。中央和各地的主管机关事先都对各高等学校各系、科的毕业人数与各业务部门实际工作中的需要人数作了详细的调查研究，分别做出了各系、科毕业生的初步分配计划。银行、纺织、水利等科的毕业生，由中央各有关部门拟定了中央和地方有关专业部门的分配计划。其他补给中央各部门的毕业生，也是将总人数交由各专业领导机关分别作具体分配。由于毕业生人数仅为各地区请求分配人数的1/10，每个毕业生都可以得到适宜的工作岗位。

7月11日，《人民日报》在题为《毕业同学们，服从统一分配，参加国家建设!》的社论中指出，新中国的建设事业需要大量的工业、财经、国防、政法、文教等方面的建设干部，广大毕业生作为一个毛泽东时代的爱国青年，当在考虑个人的前途时，应该首先从祖国的需要出发，不应该首先从自己的个人问题出发，要按照祖国的实际需要服从分配，愉快地走上各种工作岗位，为人民祖国贡献一切。

7月5日

［纲 文］ **中共中央批转《华东局关于浙江省土改后群众生产情形的通报》。**

［目 文］ 中央给各中央局、分局并转各省委、区委的批语指出：兹将浙江省委关于土改后群众生产情形的调查转发你们参考。其中指出在生产中所产生的若干缺点，可能在各地普遍产生，请注意纠正。

此前，6月19日，华东局将浙江省委关于土改后群众生产情形的通报下发给山东分局、各省、区党委并上报中央，通报了浙江省土改后的群众生产状况和目前仍存在的问题，指出据浙江省委最近检查，由于土改后群众生产情绪空前高涨，劳动模范在党与人民政府的推动下积极带领群众生产，本年春季生产工作成绩很大。仅治水一项截至5月，全省共修水利74471处，比1950年全年所修水利工程还多。棉、麻、蚕、茶特产生产和除虫施肥等工作也比1950年有显著进步。但在不少县、区，由于对十大政策的宣传贯彻不够，对生产缺乏具体工作指导等，因此产生若干缺点。如：目前雇、贫农的农业社会主义思想还较严重，无代价使用耕牛和强借的现象较多，富农有顾虑不敢雇工。杭县南肇和乡有一个村组织全村大变工；三墩区农会干部强迫木匠参加变工互助；有的地方劳动模范身兼15职，每月开会23天，"模而不劳"。有不少地方的生产计划及组织生产竞赛的形式主义毛病较重，对群众生产中的具体困难未注意实际解决。这些情况如果不及时改变，则群众生产情绪很难巩固提高，并有流于疲塌的危险。现在浙江省委针对上述情形，已强调贯彻党的生产工作的思想政策领导，并强调进行深入细致的组织工作，希望各地也注意检查及时纠正。

同 日

［纲 文］ **中共中央批转《山西省委关于春季生产竞赛的经验及夏季生产的意见》。**

［目 文］ 中央给各中央局、分局并转各省委、区委的转发批语说：兹将山西省委关于春季生产竞赛的经验及夏季生产的意见转发你们参考。其中提出加强农村生产中的政治工作，并结合抗美援朝爱国主义教育，组织起来，党团员劳模带头和具体领导、深入检查，都是很好的，望各地仿照办理。

此前，6月16日，山西省委给各地委并报华北局发出总结3个多月来春季生产竞赛的四条经验及对夏季生产的五点意见，对竞赛和生产中应注意的问题做出了具体要求。

［文 献］ **山西省委关于春季生产竞赛的经验及夏季生产的意见（节录）**

春季竞赛的主要经验是：

（一）结合抗美援朝爱国主义教育，进行思想发动，订立爱国公约与生产计划，使生产运动与爱国主义相结合。

（二）大力发动组织起来，以互助组为依托，开展竞赛。

（三）党团员劳动模范带头。

（四）具体领导，深入检查。

目前的主要问题是发展仍不够平衡，左权县仍有五十二个村未卷入竞赛；兴专只有六县八个互助组向李顺达应战；临汾专署之隰县、大宁、汾西及榆次专署新区部分均表现消沉或者只有号召，缺乏具体指导与深入检查，使竞赛流于形式或者不及时总结表扬劳动模范，使竞赛先热后冷、不能贯彻或者对群众发动不够充分，干部包办代替，形成上热下冷，劲头不大或者计划不切实际，只有全年目标，缺乏季节计划，只有要求标准，缺乏保证条件或者条件过高，不能实现，因而降低群众对竞赛的信心。因此要求在夏季竞赛中，必须克服这些缺点，并做到以下各点：

（甲）组织春季竞赛，评比总结，由户到组先行检查，以区作基点村为单位，组织联合检查观摩，以进一步交流竞赛经验。

（乙）继续结合抗美援朝爱国主义教育，发动与组织夏季生产竞赛，特别注意领导群众响应抗美援朝总会的三大号召，检查爱国公约，使捐献与增产密切结合起来，并保证作好烈军属的代耕工作。

（丙）面向落后地区，大力发动组织起来，在互助组的基础上组织爱国增产竞赛。目前我省组织起来的工作中，由于明确了结合技术副业合作的方向，更加充实了互助内容。各地互助组均有新发展，老区质量并有提高，但发展极不平衡，应深入宣传组织起来的优越性，克服怕犯错误、不敢积极组织的自流倾向。在夏收锄苗与灾害斗争中，为发动组织起来最有利季节，必须加强领导，广泛组织，要求互助组在夏季能有大的发展，并要求在两三年内将可能组织的劳动力全部组织起来。

（丁）培养大批劳动模范，使其成为各行各业各个不同地区的生产旗帜，带领群众开展竞赛，使培养模范互助组、征税模范村的运动与生产竞赛运动结合起来。

（戊）加强党的农村支部对互助组及爱国生产竞赛的领导，教育党员在参加互助与生产竞赛中起带头作用。

资料来源：中央档案馆提供档案。

同日

［纲文］ 中共中央批准西北局关于青海在土改告一段落后再整党的意见的电报。

［目文］ 中央批语说，中央同意你们给青海省委的指示。此前，6月30日，西北局给青海省委和中央发去关于同意青海在土改告一段落后再进行整党的意见的电报。电报中说，因青海除机关外，在农村和工厂中现只有百余名党员；又加上干部缺少，须首先集中力量做好土改和镇反及发动组织群众的工作。故同意将整党的干部训练与典型试办及其他具体实施工作，推迟至1952年3月土改告一段落后再进行。但在训练土改干部时，应对其中党员干部进行有关整党与建党知识的训练，以配合土改对农村现有党的基层组织进行初步整理。进一步了解党内情况，对党员进行初步教育，处理混入党内的坏分子，更重要

的是结合土改积极地发现、教育与培养积极分子，为土改完成后进行发展新党员工作做好准备。

同 日

［纲 文］ 财政部公布《农业税查田定产工作实施纲要》。

［目 文］ 《纲要》指出，为贯彻农业税依率计征达到合理负担，并鼓励农民积极生产，必须查清田亩，定实产量。为此制定《农业税查田定产工作实施纲要》，公布施行。《纲要》的主要内容有：

一、规定各种不同地区查田定产的工作进度。（一）老解放区，土地产量的调查订定已接近确实程度者，应于1951年内，经过审查后，固定其产量。其确实程度较差者，应继续调查调整，于1952年底以前定产。（二）新解放区已实行土改地区，应结合土改和颁发土地证的工作，查清土地亩数，划类，评级，定产量，争取在三四年内，固定其产量。（三）新解放区尚未实行土改地区，应结合减租退押和征收农业税等工作，清查隐瞒田亩，划类，定级，并初步定产量。待进行土改时，再按前款规定，固定土地产量，由县人民政府编造清册，报请省人民政府核转大行政区人民政府（军政委员会）批准，并送本部备查。中央直属省市，由省、市人民政府核转本部批准。产量固定后，除因自然条件变化及法令另有规定者外，不再变更。

二、制定查田定产的方法。（一）查田：新解放区可利用田赋材料，甄别录用旧田赋人员，改订赋册，分发各乡（村）张榜公布，发动农民核对校正。必要时可实行抽丈或普丈。（二）定产：原定产接近确实的地区，在进行审查调整时，切勿放弃旧有基础从头做起。如定产尚无确实的地区，应着重调整地等与改订产量。如定产尚无基础的地区，应定产结合民主评议，由乡（村）人民政府发动农民查清土地类别，评定等级。县人民政府应审查乡（村）所报材料，订出各类各等土地常年应产量。可将定产方案提交县人民代表会议或区农民代表会议讨论订定。

三、计算农业税土地面积及定常年应产量，须遵照中财委批准公布的《农业税土地面积及常年应产量订定标准的规定》认真办理。

四、建议省以下各级人民政府组织查田定产委员会（乡或村为农业税调查评议委员会），以民政、财粮、农林及农会等有关部门人员为委员，以各级人民政府的行政负责人任主任。乡（村）农业税调查评议委员会须吸收各阶层代表及农民积极分子参加。

五、各级有关委员会职责：（一）乡（村）农业税调查评议委员会：负责调查农业人口、土地亩数；划类，评级；编造农业税清册；并根据县人民政府公布的各类各等土地标准产量，计算各户农业收入，编造农业税分户清册。（二）县查田定产委员会：负责订定各类各等土地标准常年应产量；协助县人民政府审查各区、乡（村）农业税土地清册及分户清册，掌握区与区、乡（村）与乡（村）土地产量的平衡；编造县农业税分乡（村）清册。（三）省查田定产委员会：负责推动各县工作，训练干部，传播经验，审查县分乡（村）清册，掌握县与县土地产量的平衡，编造农业税分县清册，必要时指定有关县、区、乡（村）组织联合勘查评议委员会，联合勘定和调整县、区、乡（村）间交界地区的土地产量。

同 日

［纲 文］　《人民日报》发表题为《有领导地有计划地推行查田定产工作》的社论。

［目 文］　社论指出，根据《农业税查田定产工作实施纲要》的规定，老区要在今明两年内查清田亩、订实产量，并固定其产量；新区自土地改革之年起，争取三四年内查实田亩、订实产量，并固定其产量。产量固定之后，除因土地自然条件的变化（如水冲、沙压等）及法令另有规定者外，不得随意变动。这是一个重要而艰巨的任务。第一，为了保证国家财政收入。农业税是国防建设和经济建设的重要财政来源之一，查田定产则是农业税工作的基础，必须查清田亩，订实产量，征收工作才能有确切的保证。第二，为了使负担公平合理。第三，为了鼓励农民的生产情绪。毛主席在《论经济问题和财政问题》中，曾经明白指示过，应当"使农民能够按照自己耕地的量和质计算交税数目。农民有了这个计算，就可计算他全年全家收支的比例，就可放手进行生产，而增加生产积极性，保证粮食的增产；政府征税时也就不发生不公平的问题了"。第四，为了减轻地方人民政府在农业税工作方面的负担。在地亩查清、产量固定之后，农业税的调查将成为地方人民政府财政部门一般日常的登记工作，征收工作也将因此而大行简化，改进地方政府工作。

同 日

［纲 文］　中央私营企业局发出通报，要求纠正加工订货工作中的问题。

［目 文］　通报中指出，各地执行加工订货政策，虽有很大成绩，但也存在着不少缺点，除了一些私商盗卖或骗取国家资财的个别情况外，在贯彻执行政策方面，主要有下列问题：

一、统一经营和分配中的问题：（一）任务与生产力不相适应如哈尔滨某些单位，认为价钱便宜，把大活交小厂做，结果既不能如期交货，也不能保证质量。（二）私营企业之间劳逸不均，如大连贸易公司加工洋钉只照顾了"建华"一家，"建华"扩大生产，加班加点，昼夜赶工，而其余十多家同业都半停半开没有活做。（三）培养了加工把头，如西安机器业公会主任王宝齐，私自承包某兵团的水饭桶5000个，其中3700个均转包给黑白铁业会员，从中渔利4340万元。（四）鼓励了工商业的非法经营，如山东棉织厂自行与未经工商局批准的"黑户"私商加工。（五）引起了工人流动，如沈阳一度因订货多，要货急，私商无限制争取订货，大批雇临时工，并以提高工资利诱国营企业工人跳厂或晚上去做活。

二、工缴费及成本价计算问题：个别地区有偏低现象：如大连纺织公司的白布加工费，以粮食为标准，因粮价跌落，私商每织一匹布要赔本关东币200元；也有偏高现象，如铁道部在沈阳订做三通阀，每个成本只要600万元，公家却出价3000万元。通报提出，正确掌握价格政策可以采取以下措施：（一）中等标准。中央规定加工工缴费及订货成本价应依照同一地区、一般工厂在合理经营条件下的中等标准计算。（二）随时结合具体情况调整工缴费。(三) 深入检查，依靠职工。有些资方代表，对成本计算不肯公开，或预留“厚成”，要算出正确成本，必须深入检查每一生产过程的具体条件，并依靠职工。如南京新毅染织厂加工白布，资方说实际出布率仅36.19匹，后经工商局会同有关机关、工会帮助该厂总结，发现过去实际出布率为36.68匹。在计算成本时，可以公营企业标准作“底子”，使主管方面心里有数。

三、合同问题。加工订货中所存在的公私间的矛盾，只有通过合同上的“两利”条款，才能统一起来。一年多来各地有不履行合同情况，重庆1950年10月间加工订货合同有35%不履行，到12月仍达16%。有以下教训：(一) 合同条文必须明确详细，精密周到。如吉林纺织业德发源给省百货公司加工白斜纹布；合同规定了分量，但没有规定原料用量，资方乘隙每匹布少织了3尺6寸，从中多得加工费。(二) 合同签订后，必须不断地严密监督审查履行情况及产品质量，不能任其自流。如河北省供销合作总社1950年10月间与平原的中原和豫北两纱厂订约加工棉纱共1500件，因签订及监督执行合同不慎重周密，既无保证人，误期处罚又太宽大，结果现款都交了，两厂却只交了685件纱。(三) 对保证人要慎重调查，禁止同业作保及互保。如兰州电信局向市内华康木器号购电杆材料，保证人就是分包人，互相包庇，结果逾期10个月只交货3/10。(四) 合同的误期处罚办法要合理能行。(五) 要多方保证。订合同时要请工会、劳动局、工商联、同业公会及有关人一起讨论，在工商局领导下，把加工订货数量、价格、规格、交货交款日期及办法、违约处罚办法、保证责任，都当场研究讨论订定。(六) 推行公证制度。若干地区人民法院已执行了公证业务，可将已订合同送法院公证。

同 日

[纲 文]　教育部发出《各级教育行政部门管理外侨子女学校暂行办法》。

[目 文]　《暂行办法》规定，外侨子女学校应向当地人民政府教育部门登记，各地教育部门汇总后转报教育部核准备案；外侨子女学校不得招收中国籍学生，已招收的中国籍学生一律转入中国学校；允许外侨子女学校自行规定制度、课程、教学方法，但须报告当地教育行政部门查核；外侨子女若报考中国初等、中等或高等学校，必须经人民政府教育部门批准。

同 日

[纲 文]　《人民日报》报道，上海市军管会下令天主教教务协进委员会停止活动。

[目 文]　该委员会的前身是天主教教育联合会。1947年，为适应“非常时期”，经罗马(梵蒂冈)指示，由罗马教廷驻华公使黎培里领导改组成立了天主教教务协进委员会。此后，该会大量印发反动书刊，指挥天主教反动组织“公教行动队”及“圣母御侍团”进行反革命活动。6月14日，上海震旦大学等50个大中学校单位代表和医院人员发出宣言，要求解散该委员会，查禁一切反动书籍。上海《解放日报》刊登了许多读者来信，揭露其反革命罪行。因此，上海市军管会下令其停止活动，听候人民政府处理。

7月6日

［纲 文］ **中共中央批转北京市委关于统战会议情况的报告。**

［目 文］ 毛泽东为中共中央写的转发批语说：此件很好，发各中央局，并转分局，省市区党委参考，并请仿照办理，加强全党的统一战线工作。

此前，7月5日，北京市委在介绍统战会议情况报告中认为，主要有四个收获：一、使干部认识了在新环境下各界民主人士的积极作用和进步的可能性，批判了以往存在着的对他们估计不足、武断片面地认为他们落后、不会进步的错误思想。二、纠正了对各界民主人士不敢领导和怕麻烦的思想。三、解决了民主党派发展组织的一些问题，进一步了解了民主党派的性质、历史、作用和前途。四、检讨了过去对统战工作不重视或认为统战工作只属于统战部少数领导的思想，明确了今后的工作任务，增强了对统战工作的信心。

同日

［纲 文］ **政务院举行第九十二次政务会议。**

［目 文］ 会议由陈云主持。会议主要议题有：一、听取政务委员陈劭先作的关于《惩戒失职公务人员暂行条例（草案）》审查经过的报告。二、通过《各级人民政府人民监察委员会设置监察通讯员试行通则》、《大行政区人民政府（军政委员会）人民监察委员会试行组织通则》、《省（行署、市）人民政府人民监察委员会试行组织通则》和《县（市）人民政府人民监察委员会试行组织通则》。四个《通则》于9月8日公布。

关于设置监察通讯员的《试行通则》规定：各级人民政府监察委员会为密切联系人民，加强监察工作，得设置人民监察通讯员，任务是调查政府机关、企业部门及其公务人员的违法失职、作风不良、损害国家或人民利益等情况，征集群众对政府政策、法令、设施的意见，向监委作通讯报告，宣传监察制度的意义及其作用。

同日

［纲 文］ **中国人民银行总行发出《关于开展农村信用合作工作的补充指示》。**

［目 文］ 《补充指示》中说，全国农村金融会议确定了开展农村信用合作工作的方针任务，会议文件业已颁发施行，补充指示如下：

一、关于信用合作组织的领导关系和组织形式问题，会议中原决定由本行负主要领导责任并由各地合作社积极组织推动，各地供销社可以设立信用部办理信用业务。但会议后全国合作总社认为双方基层组织同在集镇，供销社不拟设置信用部，也无配合组织推动信用社必要。经总行研究考虑后，为避免工作上重复分歧，此后关于信用合作工作应统由本行负责组织领导，各级行根据全国农村金融会议方针，一面有计划地推动县支行迅即设立营业所，一面配备适当干部积极组织农村信用合作工作。二、农村信用合作的组织形式除供销社不设信用部外，其余均仍照全国农村金融会议文件办理，至各地现有的信用部在未取消或停止业务前，本行仍应照常扶持。三、农村信用合作组织的工作做法和本行扶助办法，各地合作社对信用合作组织已不再负责组织推动，本行除原定对其账务业务仍须加以指导外，对其社务活动及民主管理也须负责指导。特拟定《农村信用合作社章程准则草案》及《农村信用互助小组公约草案》各一种，希由各地参照试行。四、农村信用合作组织所需周转资金应在各地支行周转性放款中核放，并应列入支行资金计划内。五、各地开展农村信用合作工作必须在当地党政领导下商定重点区域及推进计划，结合区村干部力量及当地中心工作，积极推动。如当地条件尚未具备，应以先典型试办逐渐推广。如已全面布置，尤须重点掌握。各地下半年推进实施计划及重点地区等，希于8月底前迅报总行。

8月，中国人民银行总行和中华全国合作社联合总社又发布《关于农村信用合作工作注意各点的联合指示》。《指示》共四条，主要内容是：一、今后信用合作社工作，由银行负责领导和组织推动。信用合作社收存的实物，可通过合同关系，与供销社业务结合办理。二、各地农村存放业务，均由当地信用合作社或银行办理。除国家银行委托外，供销社不得办理实物贷放和货币存放业务。三、目前供销社为商业性组织，应集中力量做好供销业务，没有必要设置信用部。四、各地农村信用合作社的登记工作，由当地人民政府办理，并由政府委托银行代办。

同日—13日

［纲 文］ 教育部、人事部在北京联合举办1951年华北区高等学校毕业生暑期学习团。

［目 文］ 北京、天津、保定、太原等地高等学校毕业生2600人参加了7月6日的开学典礼。教育部部长马叙伦、副部长曾昭抡，北京大学校长马寅初，北京师范大学校长林砺儒，清华大学教务长周培源，燕京大学教务长翁独健等讲话。马叙伦指出，过去在反动统治时代的“毕业就是失业”和“用非所学”的现象，今天是已经基本消灭了。同学们要更好地认识“服从国家统一分配”的意义，到工作岗位上去担负起伟大祖国的建设责任。学生代表也在会上讲话表示要服从政府分配，到祖国最需要的地方去，发挥最大的作用。

7月13日，学习团举行结束会，朱德到会讲话，希望学生们下最大决心，越是哪里艰苦越要到哪里去工作。中央人民政府人事部部长安子文说明了高等学校毕业生统一分配的意义和统一分配的原则。北洋大学、燕京大学、清华大学和河北工学院毕业学生代表在讲话中一致表示，坚决服从政府统一分配。

同 日

［纲 文］ 美国国务院新闻发布官宣布对日和会的时间和地点。

［目 文］ 会议时间为9月4—6日，地点在美国西部城市旧金山，会议内容为单独签订对日和约。美国此举完全违背《波茨坦协定》所规定的和约程序和1942年元旦联合国共同宣言关于不与敌国单独媾和的决定。

7月7日

［纲 文］ 中共中央发出《关于加强爱国售棉储棉宣传的指示》。

［目 文］ 《指示》说，自6月1日中央发出《购棉储棉指示》以来，有些地方已根据中央指示对农民认真进行了爱国主义教育，开展爱国售棉储棉运动，大大提高了植棉农民的政治觉悟，购棉储棉工作获得显著的成绩。但是还有许多地方党的组织，尤其是县、市以下的组织，没有认真重视并抓紧这个工作，没有及时动员所有的宣传力量展开爱国宣传教育，或者进行得不够深入，或者虽然重视了但不善于针对农民群众的主要思想问题进行宣传工作，不善于将售棉储棉的国家整体利益和农民的私人利益联系起来进行宣传，不能使农民群众充分了解售棉储棉对于供应棉纺织工业原料，保证全国军民衣着、巩固工农联盟和巩固国防的重大意义。因而这些地方还没有显著的成绩。6月份花纱布公司在全国各地实收棉花数量20余万担，仅占6月份应收数45%强，或占六七月份全部应收数1/8强。7月份如不迅速完成购棉任务，必将使纺织工业不能按照预定时间全部恢复生产，从而造成种种恶果。

《指示》对各产棉区各级党委提出以下要求：

一、动员所有可能使用的宣传力量，来开展爱国售棉储棉的宣传运动。报告员、宣传员应全体动员起来，深入群众，宣传售棉储棉。为正确掌握宣传方针，应召开宣传员代表会议，加强宣传员传授站工作。对于下乡购储棉花的国营贸易公司、人民银行、合作社的工作人员，也应加以训练，教育他们学会用宣传来推动工作的方法，使他们每个人都成为宣传员。农村党员、青年团员、合作社员、劳动模范，应成为这一运动的骨干与先锋。

二、采取各种有效方式来宣传售棉储棉。应采取召开棉农代表会议，合作社员代表会议或各种座谈会；在各村召开爱国售棉储棉的动员大会，由党员、团员、积极分子带头售储，或分工分片座谈酝酿、挨户访问、个别动员及召开家庭会议等方法进行宣传。

三、针对拥有存棉的农民“怕露富”、“看涨价”的思想，进行宣传解释。必须说服棉农，使他们按照国家规定的有利于棉农的办法，自愿地把存棉售储于国家。

四、注意对私营花行、贩棉小贩进行宣传教育。少数私商擅抬牌价者，应进行说服，如不听从，应在经济上给以必要的打击。

五、棉产区各级党委应即检查总结过去一个多月的购棉储棉工作，并加强今后的领导和具体检查工作。各棉产区省、市、区党委，应于7月底向中央作一次报告。各中央局、分局要督促各棉产区党委完成这一工作任务。

7月21日，《人民日报》发表题为《为购棉储棉的更大成绩而斗争》的社论。指出，购棉储棉是目前紧迫的重要任务之一，预定的购棉储棉任务在6月份只完成了约50%，这远不能满足国家的需要。没有完成任务的主要原因，一个是许多干部和农民群众对于购棉储棉工作，有些认识上的偏差和顾虑。另一个是物资供应不足和不及时。

同 日

［纲 文］ 毛泽东对华北局宣传部关于纪念武训的学校、碑文和建筑等处理办法的报告做出批语。

［目 文］ 批语说：可予同意。但应着重教育解释，其余可以从容处理。此前，7月

2日，华北局宣传部在给中宣部的报告中说，河北省委在给华北局的请示报告中对现有武训纪念物提出了处理意见。华北局认为：首先对群众广泛进行教育，从思想上解决问题，然后再分别不同情况进行处理。一、凡私立武训学校（如北京武训小学），在对武训及电影《武训传》讨论渐趋成熟时，由他们自己提出更名和改组，我们同意批准，仍为私立学校。凡公立的武训学校（如平原武训师范），在教职员学生思想澄清后，更改校名。二、关于纪念武训的碑文、建筑等物，教育群众认清武训以后，由群众自觉地拆除。石刻、塑像、柱、碑要拔除，画像要涂抹，武训纪念林要改名，但武训墓和墓碑，我们认为应当保留。

同 日

［纲 文］ 毛泽东批准《关于参加捷克斯洛伐克共和国建军节体育庆祝大会问题报告》。

［目 文］ 由中央军委总政治部副主任萧华和青年团中央书记冯文彬于7月6日提交给刘少奇并报毛泽东的该《报告》说，本年6月，捷克斯洛伐克共和国国防部长曾致函毛泽东，邀请中国派军队运动员参加该国拟于10月7日举行的建军节体育庆祝大会。我们准备接受邀请，由军委总政治部负责筹备工作。自7月20日起在部队中举行选拔赛，从中选派足球、篮球、长跑各一队，连同工作人员组成66人的体育队，于9月底赴捷。

同 日

［纲 文］ 刘少奇就世界工联亚洲联络局①问题致电世界工联副主席库兹涅佐夫磋商。

［目 文］ 电报中说，你想知道亚洲联络局最近时期活动的特点。我现在告诉你：去年印度尼西亚工会已派了一个代表团到中国，听说印度尼西亚各人民团体还要派一个人民代表团来中国。又，刘宁一代表世界工联到缅甸、印度、巴基斯坦去了一次，据他说：东南亚许多国家的工会及其他人民团体都想派代表团来中国访问。中华全国总工会及其他人民团体也想不久邀请东南亚某些国家的人民代表团来中国参观。此后，中国还想组织一些人民代表团到东南亚某些国家去访问。以上各项如能实现，即可为亚洲工联局的工作造成一些便利条件。此外，我们已经和东南亚某些国家及日本的革命团体建立了一些秘密的联系，亚洲联络局经过这些联系也可以进行一些工作。因此，我的意见，亚洲联络局的机构，应该从速建立起来，苏联总工会派到该局代表应该从速来到中国，并请你转告世界工联使印度工会派该局代表也能从速来到中国，则对该局今后工作是有大帮助的。中国对于进行国际活动还没有经验，而苏联则有长期的经验，因此，对于亚洲联络局的工作，苏联总工会代表的到达是

---

① 即世界工会联合会亚洲联络局是世界工会联合会（简称世界工联）执行局于1949年11月16日至12月1日在北京召开亚洲澳洲工会代表会议期间决定成立的。总部设于中国北京，由中华全国总工会、全印度工会大会、苏联工会、澳大利亚工会各派代表一人为委员组成，主要负责代表为中华全国总工会所委派的委员。1950年到1951年，澳大利亚工会代表桑顿、苏联工会代表考里班诺夫、全印度工会大会代表查特吉先后到北京就任联络局委员，中华全国总工会委派的委员为中华全国总工会副主席刘宁一。1952年初，联络局正式开始工作。其主要任务是：搜集亚洲、澳洲各国情况的资料；加强亚洲、澳洲各国工人运动与世界工会联合会的联系；给予亚洲、澳洲各国工人阶级各种可能的切实援助。1958年3月，世界工会联合会执行委员会第十七次会议决定撤销亚洲联络局。

极关重要的。他们何时可以到达，你对该局的工作有何意见，均希电告。

此前，1949年11月，世界工联执行局在北京召开会议决定成立亚洲联络局时，提出设立的主要目的是要向那些革命还没有胜利的亚洲国家的工人进行工作，中国方面觉得这个机关设立之后将很少有可做的实际工作，因为中国和这些亚洲国家的联系很困难或者还没有联系。所以表示暂时不要设立，但苏联和世界工联方面一致主张立即成立，因此中国同意并表示愿尽一切努力协助工作和担负全部经费。1950年3月，中国总工会由刘少奇通知世界工联总书记路易·赛扬，联络局的会所已在北京筹备妥当，请他通知苏联、印度、澳大利亚工会立即派代表来北京工作。但到1951年6月时，只有澳大利亚工会代表已到。在催问苏联后，库兹涅佐夫于6月21日致电刘少奇询问关于亚洲工联局活动特点及苏联派代表前往的期限。6月27日，刘宁一致电刘少奇，汇报他途经莫斯科时与库兹涅佐夫等人就亚洲联络局问题进行会谈的情况：在库主动提出亚洲联络局问题后，双方先后讨论四次。在第二、第三次会谈中，苏联不正面表示态度，想根据中方材料和意见作一个苏联代表可以后去的结论；中方始终坚持苏联代表未去前，除准备必要的工作条件外，不能决定正式计划。苏方说，中国对建立联络局问题，一开始就不积极，故苏联感觉为难。双方争论甚为尖锐，谈话无结果。在第四次会谈中，库解释说：亚澳会议之后，有些同志认为，这次会议是苏联强迫中国召开的。从此，苏联就很小心。在目前形势下，中国究竟要否成立联络局，苏联不能不加以很好的注意，不愿意再次强迫你们接受我们的意见。有些同志认为，中国准备了房子及其他工作条件，是说明决心要进行。也有些同志认为，中国因为有世界工联的决议案才安排了房子。所以我们才给刘少奇去电询问。刘少奇回电说：有好处。苏联方面又进行讨论，认为苏联对此还是不要采取积极态度，不便于积极派代表，就是不愿意给中国增加新的困难。中方表示完全深信苏联慎重的原因。双方遂获得完全谅解，并决定研究几个问题：第一，亚洲联络局要否正式成立；第二，联络局在苏联代表暂时不来或长期不来两种条件下，应如何处理；第三，亚洲工作方式有哪些；第四，亚洲人民把联络局看成共产党机关，而其本身却是工会机关，此矛盾如何解决；第五，联络局的工作范围和内容。

根据上述情况，经毛泽东批准，本日，刘少奇给库兹涅佐夫发了电报。同时经中国驻捷克斯洛伐克大使谭希林转致刘宁一电报，指示他对亚洲联络局应采积极方针，积极邀请苏联和印度工会从速派代表来中国，使该局能迅速建立并进行工作，不要表示任何消极的意见。

同日

[纲文]　政务院批准公安部公布《枪支管理暂行办法》。

[目文]　《办法》共十九条，主要内容有：一、本办法所称枪支，系指步枪、马枪、手枪，及各式长短枪，矛枪、猎枪不在此例。二、枪支、弹药为军用品，除国家的兵工厂、修械所及国家委托的工厂、修械所外，任何个人、团体或企业，均不得制造或改造枪支、弹药。三、除国家指定的机关外，不论任何个人、团体、企业或其他机关，均不得买

卖枪支、弹药。四、任何个人、团体、机关、部队人员，缴获或拾获的枪支、弹药，须一律报告直属上级或当地人民政府，不得擅自处理。五、新解放区，敌伪遗留的枪支、弹药，须依当地人民政府或军事管制委员会的规定，在限期内报交指定机关。六、人民解放军存放各地的枪支、弹药，由当地人民政府登记，并转报军区处理。《办法》还详细制定了佩带枪支的人员范围、凭持枪证佩带枪支、持枪证内容和发放范围、枪支携带者必须遵守的规定，以及对违反规定者的惩治等内容。

同 日

［纲 文］ **政务院批准陕西省调整行政建制。**

［目 文］ 调整内容是：撤销陕南行署，原归该行署直接领导的13个县、市，另设立汉中专署领导；安康专区改由陕西省政府直辖。汉中专署应以现驻地南郑市为名，改称南郑专署。

同 日

［纲 文］ **中财委发出《关于编制1952年国民经济计划程序的通知》。**

［目 文］ 《通知》要求，中央财经各部及大区财委（包括东北计委、华北财经工委）于7月30日前提出对1952年控制数字的意见；9月15日由政务院批准中财委编制的控制数字草案；11月15日前中央财经各部及大区财委根据控制数字编制计划草案，经中财委综合平衡后，12月30日政务院批准颁发1952年控制数字的内容及中央财经各部与各大区之间的关系。《通知》还要求中央各部在提出控制数字前尽可能征求各大区有关部的意见，各大区计委则应初步解决本地区的平衡问题；非工业部门的工业企业的生产建设控制数字应分别报中央及大区主管工业部。

同 日

［纲 文］ **交通部、全国合作总社发出《关于交通运输方面优待合作社的联合指示》。**

［目 文］ 《联合指示》指出，经交通部、中华全国合作社联合总社双方协商，特规定在运输上优待合作社的办法如下：一、水路运输（包括内河及海洋）除最低等不计外，其余一律降低一等收取运费。二、公路运输在已实行货物分等地区，除最低等不予折扣外，其余一律降低一等收取运费，在未实行货物分等地区按现行最低运价收费。三、交通运输部门除政府指定的紧急货物、容易腐坏的鲜活物品，与赶修公路桥梁所需工程材料及已与货主签订合同必须在期限内完成者外，对合作社托运物资，可不受运输次序限制，优先起运。但水运方面，合作社须于上月15日以前提出托运计划交运输主管部门。四、合作社托运下列货物时不予优待：迷信品、古玩品、高档消费品、高档化妆品。五、合作社托运货物时必须持有正式函件，或托运地区合作领导机关的证明函件，否则不予优待。六、各级合作社不得以合作社名义代私人或非合作社组织办理托运事宜，违者停止优待，并对经手人予以惩处。

同 日

[纲 文]　淮河上游石漫滩水库完工。

[目 文]　本日，河南治淮指挥部在工地上举行规模盛大的庆功会，奖励工程有功人员。石漫滩水库是治淮工程中淮河上游建成的第一个水库，可蓄水4700万立方米，灌溉农田9万亩。完成这样一座水库，在解放前至少需要3年时间，而此时只用了3个月。全部水库工程主要包括三个部分：一、拦河修筑一条连接两边山头，长450米、高22米的土坝。二、在坝的右端山头开凿一条长85米的输水洞，洞口装置一座控制水流的闸门。三、在坝的左端山头开挖一条40米宽的溢洪道，如水库内水位接近坝顶时，部分洪水可由溢洪道泄出，以保护坝身的安全。水库自4月初全面开始修建以来，百余名工程人员、技术工人和4万多名民工通力合作，克服了重重困难，使水库胜利完工，减轻了淮河流域水灾的经常威胁，并为淮河流域水利资源的全面开发打下了基础。

7月8日

[纲 文]　中共中央批转天津市委宣传部《关于取缔“圣母军”的计划》[①]。

[目 文]　中央在给华北局转天津市委，各中央局转各分局、各省市区党委的转发批语中指出，中央批准、同意天津市委宣传部《关于取缔“圣母军”的计划》。过去各地对“圣母军”反动罪证揭露甚少，一般人莫名所以，此次天津市对破获满济世阴谋暗杀案的宣传也不充分。故在取缔前务须详细搜集可使普通教徒信服的罪证加以公布，并揭发天主教内反动分子准备制造所谓“殉教”事件的阴谋，以便动员教内外群众，孤立反动分子，及准备驳斥罗马教廷和“圣母军”总部的诬蔑。“圣母军”在北京、天津、上海、汉口等处最为发展，在天津宣布取缔后，望其他地方也予注意。

此前，6月28日，天津市委宣传部向华北局宣传部并中央宣传部呈报了《关于取缔“圣母军”的计划》。

[文 献]　关于取缔“圣母军”的计划

“圣母军”（又名圣母御侍团、圣母慈爱祈祷会）是天主教内帝国主义所操纵的反苏、反共、反人民的秘密国际组织之一，一九四八年年底天津解放前夕，由帝国主义分子文贵宾、满济世等策划成立，并直接领导。解放后积极发展组织，进行许多反革命活动。根据公安部门了解，“圣母军”支会以上工作人员大部分极为反动，其中一部分则为潜藏的美蒋特务等暗害分子，一般团员主要是学生、职员、工人和

---

① “圣母军”又名“圣母御侍团”、“圣母慈爱祈祷会”，1921年9月7日成立于爱尔兰。1948年，黎培里将“圣母军”组织引进中国，将“圣母军”中国办事处设于上海的中国天主教教务协进会之内，由爱尔兰传教士莫克勤总负责。在各教区建立起来的“圣母军”，则纳入教区的组织体制之内。1948年11月，“圣母军”在天津正式成立，在文贵宾等的控制下，先后成立了6个“区会”，下辖58个“支会”，每个“区会”及“支会”都有1名神甫做“指导司铎”。

家庭妇女，大部分是受欺骗的虔信教徒，一部分亦一贯顽固反动。今年年初，我们采用登记审查和下令停止其活动听候处理，并发动群众控诉和揭露其反动罪行后，一般教徒和神父，大部分已认识其反动性质，公认为非法的反动组织。其内部则引起极大分化，团员纷纷退团，少数上层分子的活动完全转入地下。最近所破获的天主教反革命秘密结盟案，首犯均系"圣母军"人员，配合该案件之处理，及天主教革新运动的开展，取缔该组织之条件已成熟。兹根据市委指示精神，决定具体计划如下：

（一）彻底摧毁其组织，粉碎领导核心，孤立上层，瓦解下层，争取教育一般被欺骗的团员，由天津市军事管制委员会正式发布取缔"圣母军"的命令，逮捕其中的反革命分子，由军法处审判惩办。支会以上职员进行登记，交出组织证件，坦白罪恶，重要者加以管制，一般团员声明退团，拒不登记者依法惩办。"圣母军"之指导司铎由公安局控制使用，用于犯罪之财物，由军法处没收。具体步骤由公安局会同有关部门负责拟定。

（二）通过革新促进会，在教徒和神父间展开控诉，教徒群众可结合各区抗美援朝支会和已组成之宣传队展开宣传，并发动"圣母军"团员控诉。神父则结合本期神父学习班课程，进行讲解讨论，可能时，亦进行控诉。

（三）围绕以下中心，组织报道，"圣母军"的反动性质和罪恶历史，"圣母军"与反革命活动，"圣母军"在津沽大学、西开中学、圣功女中等学校及各堂口教徒中所进行的反动活动，市民、教徒的控诉，"圣母军"团员的控诉，以及其中反动分子的坦白，各界人民对政府取缔"圣母军"措施的反映，以及进行登记情况等，则组织连续报道，做到深刻生动，以进一步教育教徒，认识帝国主义利用天主教进行侵略活动的罪恶，推进革新运动。

资料来源：中共中央宣传部办公厅、中央档案馆编研部编：《中国共产党宣传工作文献选编（1949—1956）》第3卷，学习出版社1996年版，第256—257页。

同 日

［纲 文］ 上海市军管会征用美国三个石油公司的部分财产，征购其全部油料。

［目 文］ 本日，上海市军管会决定征用已实行军事管制的美商美孚、德士古和中美三油公司除其总公司和分支机构之办公处以外的全部财产，并征购其所存油料。7月18日上午，军管会外侨事务处召集该三个石油公司经理人员及职工代表，宣布此项征用命令。

同 日

［纲 文］ 朝鲜停战谈判预备会联络官会议在开城郊区举行。

［目 文］ 该会议为筹备朝鲜停战正式谈判而举行。双方代表为金日成将军、彭德怀将军的联络官上校张春山、中校柴成文、中校金一波，李奇微将军联络官上校肯耐等三

人，翻译二人，会议对停战会议的筹备事宜进行协商。确定了会谈地址和安全问题，确定了朝、中方出席正式会议的代表为朝鲜人民军代表南日将军（首席代表）、李相朝将军、张平山将军及中国人民志愿军代表邓华将军、解方将军。“联合国军”方面的代表为美国海军中将特纳·乔埃（首席代表）、空军少将劳伦斯·克雷奇、陆军少将亨利·霍治、海军少将奥尔林·勃克、南朝鲜少将军团长白善烨等五人。

同 日

［纲 文］ **《人民日报》发表题为《加强文艺工作团，发展人民新艺术》的社论。**

［目 文］ 社论指出，6 月 16—29 日文化部召开的全国文工团工作会议，初步总结了文工团在艺术与宣传工作上的成绩和经验，规定了以后的方针和任务。社论介绍说，文工团的前身是红军的宣传队。毛主席在古田会议中就认为红军的宣传队，是红军宣传工作的重要工具。由红军宣传队发展起来的文工团和抗日战争初期在国民党统治区由进步戏剧工作者所组成的演剧队，两股力量会合起来，发展为今天的新文艺的战斗部队。全国解放以后，广大人民对于新文化的要求很迫切，现有的地方文工团远不能满足需要，原来的流动宣传队的性质，又不能完全适应进城后的新环境。两年以来，以农民为主要对象的地方文工团有相当大的发展；大城市的文工团也开始走上剧院化的道路。文工团节目中比较成功的有话剧《红旗歌》、《在战斗里成长》、《龙须沟》等，歌剧《钢铁战士》、《王贵与李香香》等。

社论指出，这次会议规定全国文工团工作的总任务是大力发展人民的新歌剧、新话剧、新音乐、新舞蹈，以革命精神和爱国精神教育广大人民，是完全正确的。但是这些新艺术形式都比较年轻，不完全成熟。因此，要把新艺术普及到群众中去，并进一步发展与建设新艺术，还需要有一个极大的坚持不懈的努力。1950 年中央文化部召开的全国戏曲工作会议，决定鼓励各种戏曲形式自由竞赛，以达到“百花齐放，推陈出新”的目的。文工团的工作，应当与戏曲改革工作分工合作，一方面大力改革旧有戏曲，使之变成新的戏曲；另一方面大力发展新歌剧、新话剧、新音乐、新舞蹈，使之进一步地大众化、民族化，两方面相辅相成，共同地建设民族的新艺术。

7 月 9—16 日

［纲 文］ **贵州省召开首届各民族各界人民代表会议。**

［目 文］ 会议在贵阳召开。与会的 529 名代表中，少数民族代表占 25.7%。会议选举产生了贵州省第一届各族人民代表会议协商委员会，代行贵州省人民代表大会的职权。会议还讨论了推动土地改革、镇压反革命、抗美援朝三大运动深入开展和增强民族团结的问题。

7 月 10 日

［纲 文］ **朝鲜停战谈判首次会议在开城举行。**

［目 文］ 上午10时，谈判在朝中军队控制区内的开城来凤庄举行。出席谈判会议的朝中代表团首席代表为朝鲜人民军总参谋长南日，代表为志愿军副司令员邓华、志愿军总参谋长解方、人民军总司令部侦察局局长李相朝、人民军第一军团参谋长张平山。人民军总司令部动员局局长张春山少将以上校名义为首席联络官，志愿军柴成文和人民军金一波分别以中校名义为联络官。“联合国军”代表团的首席代表为美国远东海军司令特纳·乔埃，代表为美国远东空军副司令劳伦斯·克雷奇、美国第八集团军副参谋长亨利·霍治、美国远东海军副参谋长奥尔林·勃克、南朝鲜第一军团军团长白善烨。美国空军上校安德鲁·肯尼、美国陆军上校詹姆斯·穆来、南朝鲜军中校李树荣担任联络官。

乔埃先发言，按照美国意图，声明在停战谈判未获双方同意以前，除双方同意的中立区外，敌对行动仍会继续，讨论以及今后的讨论都应该限于朝鲜的军事问题，不讨论任何政治或经济问题，不讨论与朝鲜无关的军事问题。

南日在发言中阐述了朝中方面的原则立场，声明停火、双方军队撤离三八线作为实现朝鲜休战的基本条件及撤退外国军队以保证朝鲜战火不再复燃等重要问题，并提出了三项建议：第一，在互相协议的基础上，双方同时下令停止一切敌对军事行动，陆军停止对对方的进攻、袭击与侦察；海军停止对对方的轰击、封锁与侦察；空军停止对对方的轰炸与侦察。第二，确定三八线为军事分界线，双方武装部队应同时撤离三八线10公里，并于一定时限内完成。以双方撤离的地区为非军事地带，双方皆不驻扎武装部队或进行任何军事行动。这里的民政，恢复1950年6月25日以前的原状。同时，立即进行关于交换俘虏

出席朝鲜停战谈判首次会议的首席谈判代表朝鲜人民军代表南日（中）、志愿军代表邓华（左二）、解方（左一）。

的商谈。第三，应在尽可能短的时间内撤退一切外国军队。接着，邓华指出，南日的三项建议是停止朝鲜战争及和平解决出现问题的前提与基础，应作为谈判的出发点。

乔埃在发言中称朝中方面的建议含有政治问题，超出了这次谈判的范围，并以书面形式向朝中代表团出示了他们预先准备好的有9项内容的议程草案，要求通过。朝中代表团针对美方草案，在南日所提的三项建议的基础上，提出了包括5条内容的议程方案。南日指出，提出三八线为军事分界线是解决停火问题的最主要问题，关于外国军队从朝鲜撤出问题是实现停火的重要保证。但美方以这两条属于政治问题为借口拒绝将其列入议程。

同日

［纲文］ **周恩来就外事问题召集章汉夫、伍修权等进行研究。**

［目文］ 研究议定：一、党内成立指导对外活动的党组。二、使领馆只领导华侨事务，不做华侨运动。华侨只做公开合法援助祖国的工作，不应进行颠覆当地政府的活动。三、对外侨犯罪情节严重者应判罪，不能仅采取驱逐出境办法。报道外侨罪状，应切实具体，不应夸张。

同日

［纲文］ **中国人民保险公司公布《牲畜保险办法》。**

［目文］ 《办法》共十四条，主要内容有：一、承保对象是牛、马、骡、驴、骆驼五种力畜。二、承保条件：凡是健康没有病伤，有正常劳动能力和适当喂养管理的，都可以保险。三、赔偿范围，凡是因为疾病、胎产、阉割、意外伤害死亡或导致永久丧失劳动能力的，为防止瘟疫、疾病传染，经当地政府命令宰杀的都在赔偿范围内。四、承保办法和手续，以一个村或分成几个组集体承保为原则，投保时先经民主评定是否可以承保和牲畜应值的价值，再填列投保清单，然后正式签发保险单。

同日

［纲文］ **中财委基建计划处发布《两年来基本建设工作中存在的问题及改进今后基本建设工作的意见》。**

［目文］ 《意见》指出，1950年是全国开始建设的第一个年度，计划是自上而下定的，也是粗糙笼统的。基本建设工作，一般情况是混乱的，存在的问题表现为：一、不按计划办事，建设计划不时变更。二、为建设而建设，不重视效益，建设与生产脱节。三、对设计工作认识模糊，盲目施工。四、基本建设无专责机构，未建立管理制度，造成浪费。五、生产资金与建设资金混用、挪用。1951年较1950年已有不少进步，计划轮廓具体了，经过了全国工业会议讨论，中央各工业部与各大行政区工业部的认识也都提高了，但情况仍然混乱，如计划不能定型，大量提出追加计划，上年未完工程不加审核转入本年，控制数字发得迟，只知拨款施工，而不掌握进度等情况仍然存在。

《意见》认为，基建的专责机构与管理制度不健全是造成问题的重要原因之一，建议：一、中央各部或局与大区、省、市成立专业设计机构，现有设计人才集中使用，有计划有步骤地健全设计工作与培养设计能力。二、从中央到厂矿，建立与健全专责的基建结构，并逐步地培养基建专职人员。三、中央与各主要城市建立建筑工业管理局。四、建立基本建设的管理制度，主要是设计条例、基建工作程序、包工条例、验收条例，以及材料制度、财务制度等。

《意见》要求今后一切设计，特别是规模巨大的新建企业，设计资料不足或不正确及设计任务未经批准者，一律不得开始设计。一切大小设计未经主管机关批准一律不得施工。建设单位要及时修正1951年基本建设计划，建议中央各主管部于8月15—25日期间召开所属建设单位基建负责人检查会议，对本年开始的建设工程进行普查，凡不能完成的部分，一律移入1952年去进行，随工程所需预算也转入下年度，本年工程用款，只拨能完成的部分。

7月11日

［纲文］ **政务院发布《关于增收农业税的指示》。**

［目文］ 《指示》指出，为了适应国防和财政的需要，使国家有足够的粮食以保证军粮稳定粮价，政务院在对1951年丰收的可能性、农民的生产积极性等情况做了充分分析后，下达本指示，决定本年农业税收照原概算增收1/10。各大行政区人民政府须注意：一、全国各地农业税税率应视情况适当地提高，拟订税率方案，报政务院批准施行。二、开展广泛深入宣传工作，向农民详细说明增加负担的必要与可能，进一步展开爱国主义交粮运动。三、安排一定的力量，进行查田定产工作，力求把隐瞒的田亩清查出来，把虚报的产量据实改正，这样既可以大大增加国家的税收，又能使负担更趋公平合理。

同 日

［纲文］ **中财委办公厅做出《敌对我海上封锁情况综合报告》。**

［目文］ 《报告》指出，自美国宣布对我禁运以来，采取多种办法封锁我沿海港口：利用武装渔船、炮舰等巡逻海面，截劫我运货商船；通过外国领事，扣留我方商船；对航运中国口岸的船只不予加油；加强特务活动，阴谋使我租用商船投敌。1951年春天以来，被劫商船（多系航行内海的小商船）30余艘。

同 日

［纲文］ **国际医防服务队第六大队赴朝。**

［目文］ 该大队由中国人民抗美援朝总会与中国红十字会总会组织，包括青岛两个一般外科队，唐山的骨科、内科各一队，中国红十字会广州市分会的传染病科一队。中国红十字会总会会长李德全、副会长熊瑾玎等在欢送会上勉励队员发扬革命的人道主义精神，为争取和平的最后胜利而努力。

同 日

［纲文］ **蒙古驻华大使在京举行纪念蒙古人民革命胜利30周年招待会。**

［目文］ 招待会由蒙古驻华大使贾尔卡赛汗主持。中央人民政府副主席朱德、李济

深，政务院副总理黄炎培等共300多人出席。苏联大使罗申等各国驻华外交使节也应邀出席。本月7日，中央人民政府主席毛泽东和政务院总理周恩来曾分别致电蒙古人民共和国小呼拉尔主席团主席布马增和蒙古人民共和国总理乔巴山元帅，对蒙古人民革命胜利30周年表示祝贺。

7月12日

[纲文] **中共中央致电韦国清同意关于推进越南军队建设计划。**

[目文] 电报指出，同意你们推进越军建设的计划和步骤。一切制度的建立，均须首先取得越南劳动党中央及军队中高级首长无条件的支持和大多数干部自觉的拥护，才能贯彻执行。一切草案均须经过越方高级领导机关讨论修改之后，才可公布。

此前，7月8日，韦国清给中央人民政府人民革命军事委员会电报，提出越南军队整训工作建议说，此次整训教育内容，须军政并重。拟于9月初进行干部突击教育，方法为报告讨论，并联系实际工作进行检讨。在教育过程中待大多数干部思想有转变时，即请胡志明主席宣布新编制方针和新的制度。

同日

[纲文] **政务院发出《关于设立省、市及省辖市宗教事务处的规定》。**

[目文] 《规定》指出，宗教事务处的任务是，研究有关基督教、天主教及佛教的政策，指导处理接受美国津贴的文化教育、救济机关及宗教团体的工作。并决定在省、自治区、直辖市及一部分省辖市和专署及县建立宗教工作机构，列为各级政府的直属机构之一，负责掌管宗教工作。对暂不设立宗教工作机构的市（专署）及县，要指定专人负责宗教工作，并与上级宗教工作部门建立工作关系。有关对宗教工作的方针、政策性问题的决定、对外国传教士以及其他重大问题的处理，要上报请示，经审批后贯彻执行。

根据政务院的这一指示，到1952年底，各省、直辖市及省辖市共成立了39个宗教事务处，顺利地开展了工作。

同日

[纲文] **周恩来就电影《武训传》问题做出指示。**

[目文] 周恩来在电话中指示夏衍①，关于《武训传》的事，夏衍回上海后，要告诉孙瑜和赵丹②，《人民日报》的文章主要目的是希望新解放区的知识分子认真学习，提高思想水平。这件事从《武训传》开始的，但中央是对事不对人，所以这是一个思想问题而不是政治问题，上海不要开斗争会、批判会。文化局可以邀请一些文化界、电影界人士开一两次座谈会，一定要说理，不要整人。孙瑜、赵丹能作一些检讨当然好，但也不要勉强他们

---

① 夏衍（1900—1995），浙江余杭人，时任中共中央华东局宣传部副部长、上海市委宣传部部长、上海市文化局局长。

② 赵丹（1915—1980），山东肥城人，电影艺术家，在电影《武训传》中饰武训。

检讨。周恩来还要夏衍把这个意见告诉饶漱石和舒同[①]。重申：要孙、赵等人安心，继续拍片、演戏。

同 日

［纲 文］ 教育部公布《关于照顾归国华侨学生入学的暂行办法》。

［目 文］ 《暂行办法》指出，照顾归国华侨学生入学的工作，是关系海外政治影响和华侨统一战线的重要工作，应该当作政治任务来完成。各大行政区高等学校招生委员会要在广州设考区，录取标准适当照顾华侨学生，录取后在课业上给以必要的帮助，对晚到的华侨学生予以照顾。港澳学生入学办法与华侨学生相同。

9月5日，政务院就华侨学生问题致电广东省人民政府指出：一、对港澳归国学生，不应也绝不能当华侨学生处理。二、对港澳学生应予适当的照顾，照顾办法一般可参考教育部本年7月12日颁布的关于照顾华侨学生的原则办理。三、对港澳学生的处理、照顾问题，应由各地省、市人民政府及各级文教机关、省文教厅、市文教局等负责。

同 日

［纲 文］ 农业部和水利部发布《关于加强灌溉管理工作的联合指示》。

［目 文］ 《指示》要求：一、各级水利事业领导机关，必须建立灌溉管理部门或专职干部，已建立者应根据需要予以充实，并组织各渠道的受益群众协助管理机构实行民主管理。二、各灌溉事业管理机关，必须订出工程养护办法及护渠公约。三、对于施灌时用水程序及水量分配，各管理专业机构应拟定公平合理办法，再约集受益群众代表商讨修订而后确定施行，减少或消除用水纠纷。四、各灌溉事业管理机关应清查灌溉面积，实行地亩登记，制定公平合理的水费征收办法，并严格执行水费收支预决算制度。五、各灌溉事业领导机关为保持土壤肥沃性，防止碱化及获得农田高产量，应对各种土壤、作物最适当灌溉方法、期距、水量等，以及农田地下水位升降、碱地改良、耕作方法等进行实验研究。可结合农业技术机关、干部或农业学校等筹设灌溉实验站，共同进行。

同 日

［纲 文］ 朝鲜停战谈判会议因美方代表借口新闻记者问题而中断。

［目 文］ 7月11日会议中，美方代表提出新闻记者采访会议问题，并要求朝中方于次日允许20名记者前来开城采访。12日上午6时45分，朝中方联络官告知对方赞成记者在适当时机前来采访。一俟停战谈判达成协议，即欢迎记者前来。7时45分，美方代表团单方面允许其20名新闻记者随代表团来开城进行采访。因双方对此尚无协议，朝中方驻板门店联络人员未同意这些新闻记者通过。而美方代表团人员即随记者全部返回，致使刚刚开始两天的停战谈判会议未能举行。

7月14日，毛泽东致电李克农说，我方为取得主动起见，决定同意他划中立区的提议，也同意他将新闻记者作为他代表团工作人员一部分的办法，以取消敌方的一切借口。

---

① 舒同（1905—1998），江西东乡人，时任中共中央华东局宣传部部长、华东军政委员会文教委员会主任。

同日，金日成、彭德怀复函李奇微说，此次引起停会的原因的新闻记者问题是一个小问题，不值得为这个问题引起停会和破裂。贵方代表团曾经在会议上提出这个问题，我方代表团当时认为在会议还没有任何成就，并且连议程也没有通过的时候，各国新闻记者来到开城是不适宜的，这个问题因而没有取得协议。我们现在同意你的建议，即将贵方新闻记者代表20人作为你的代表团工作人员的一部分。我们已命令我方代表团在这个问题上也给贵方以便利。

7月13日

[纲 文] **政务院举行第九十三次政务会议。**

[目 文] 会议由周恩来主持。会议通过了《关于改善各级学校学生健康状况的决定》和《关于充实国防建设中的卫生人员的决定》。

《关于改善各级学校学生健康状况的决定》指出，全国各级学校由于功课过重，社团活动过多，加上伙食管理不尽得法，卫生工作注意不够，致使学生健康不良的状况颇为普遍和严重。因此，各级人民政府教育行政部门及各级学校教职员必须严肃注意这一问题，立即纠正忽视学生健康的思想和对学生健康不负责任的态度，切实改善各级学校的学生健康状况。文件就一些具体工作做了明确规定和要求，如调整学生日常学习及生活的时间；减轻学生课业学习与社团活动的负担；改进学校卫生工作；注重体育、娱乐活动；改善学生伙食管理办法；学校经费的支配应适当地照顾保健工作的需要等。该《决定》8月6日发布。

《关于充实国防建设中的卫生人员的决定》指出，为了保障人民解放军全体将士健康生活，为了适应加速国防建设、建立现代化的陆海空军的需要，在不使一般人民的保健工作受到大的影响的前提下，应大力充实国防建设中的卫生人员，以加强军队卫生工作，提高全体军队成员的健康水平。该《决定》7月18日发布。

[文 献] **关于改善各级学校学生健康状况的决定**

目前全国各级学校的学生健康不良的状况，颇为严重。许多学校由于功课过重，社团活动过多，加以伙食管理不尽得法，卫生工作注意不够，致影响了学生的身体健康。这种情况必须加以改变。应该指出：增进学生身体健康，乃是保证学生完成学习任务，并培养出有强健体魄的现代青年的重大任务之一。各级人民政府教育行政部门及各级学校教职员必须严肃注意这一问题，立即纠正忽视学生健康的思想和对学生健康不负责任的态度，切实改善各级学校的学生健康状况。为此特作如下决定：

一、调整学生日常学习及生活的时间：

1. 学生每日上课、自习（包括高等学校及中等学校的实验）时间：高等学校及高级中等学校不得超过九小时；初级中等学校不得超过八小时；小学高年级不得超过六小时（均包括课间休息时间在内）。

2. 学生每日睡眠时间：规定高等学校八小时；中等学校九小时；小学十小时。夏季酌量增加午睡时间。

3. 学生每日体育、娱乐活动或生产劳动时间：除体育课及晨操或课间活动外，以一小时至一小时半为原则。通学生可酌量减少。学生从事生产劳动时，应避免过重的体力劳动。

二、减轻学生课业学习与社团活动的负担：

1. 各级学校应遵照中央人民政府教育部的规定，删除重复的、不需要的课程与教材内容，改进教学方法。教师授课应以课堂教学为主，要讲得明白，使学生了解透彻；要多在课堂内演习题，不要给学生过多的课外习题及不必要的困难习题；考试时也不要故意出深僻的试题；要统一合理地分配实验、自习等课外作业的时间。各科教师应在分配时间内将课程教完、教好，并纠正和防止发动任何的突击、竞赛、硬赶进度等偏向。

2. 学生以学习为自己主要的任务。因此，各级学校应合理地辅导学生的社团活动，切实地减少会议的次数与时间，并适当地分配各种社团活动的时间。学生参加群众游行时，应注意他们的体力。中央人民政府教育部应会同中国新民主主义青年团中央委员会及全国学生联合会，定出切实有效的具体办法，减少学生校内校外的社团活动，并限制学生参加社团会议的时间，在高等学校及高级中等学校每人每周不超过三小时；在初级中等学校每人每周不超过二小时；在小学每人每周不超过一小时半。社团负责人的开会时间不得超过上述规定的一倍。各级学校行政方面及青年团、学生会等有关方面，应遵照这些规定和办法，按月排定各种会议及社团活动的日程，由校长召开会议通过，作为一种制度，严格执行，并应由学校行政方面、青年团、学生会会同定期检查。学生社团的会议应有充分准备，有些会议可以联合召开。各级学校必须坚决克服学校社团活动的多头领导和组织重叠的偏向。担任学生社团工作的学生以一人一职为原则，不得已必须兼职者亦只能以担任两种职务为限。

三、改进学校卫生工作：

各省、市、县人民政府教育行政部门应会同同级卫生行政部门、教育工会、青年团、学生联合会及当地医疗机关的代表，组织学校保健指导委员会，负责指导、改进及检查当地各级学校的保健工作。各级学校内设保健委员会或适当人员，负责积极改善学校卫生及医疗工作，有计划地进行卫生教育，养成良好的卫生习惯。凡有女生的高等学校及中等学校，应设女教导员或指定适当的女教师负责指导女生的保健工作。小学和幼稚园尤应与家长取得密切联系，提高他们对子女健康的注意。学校招考新生时，必须注意体格检查。凡患有重传染病者，应限制其入学。目前在各大城市的学校应尽可能设法于每年春夏间举行学生体格的重点检查；发现有严重的慢性传染病患者，应劝令其休学疗养，轻微患者亦应注意防止传染。各级学校应指导学生进行缺点矫治，定期举行预防接种及注射。

四、注重体育、娱乐活动：

各级学校应切实改进体育教学，尽可能地充实体育娱乐的设备，加强学生体格的锻炼。除晨操及课间活动外，应组织学生普遍参加体育运动及娱乐活动；但活动方法应多种多样，以适应学生不同的年龄、性别和身体状况，并防止“锦标主义”及运动过度损害健康的偏向。中等以上学校应适当地利用假期组织集体的野外活动。各地可根据当地情况举行运动会，提倡个人或团体的健康比赛，以促进各方面对学生体育问题的重视。

五、改善学生伙食管理办法：

各级学校行政方面对学生伙食管理工作应切实负责，不得完全推给学生自己管理；应注意对管理人员的教育，防止贪污、浪费的现象及改正不注意卫生的习惯；应根据营养必需的条件和当地食物状况，研究切实可行的办法来改善学生的伙食和饮水；并与学生家庭建立联系，协助家长注意子女的营养。

六、学校经费的支配，应适当地照顾保健工作的需要：

各级学校人民助学金的评定，主要应照顾经济困难的学生。额定的人民助学金的经费，绝对不准挪作别用。各级学校教学行政费的分配，应注意补充学校体育、娱乐、卫生、医药设备；并组织学校师生员工自己动手，改善学校卫生环境。

各级人民政府教育行政部门，应遵照上述各项规定，督促指导所属各级学校，根据城市或乡村的条件及学校的不同情况，订出改善学生健康状况的计划及实施办法，严格执行，并定期进行检查；应将学校保健工作，作为对学校考绩的主要项目之一，并按成绩优劣，及时予以表扬、奖励或指责。各级学校、各级人民政府教育行政部门，于学期终了时，应将学生健康状况及处理经过向上级作专题报告。

资料来源：1951年8月10日《人民日报》。

同日

[纲文]　《人民日报》发表题为《把报告员的工作经常化》的社论。

[目文]　社论经中央审查，刘少奇修改。社论指出：全国许多地方党组织遵照中共中央本年1月1日关于建立宣传网的决定中的规定，建立了报告员制度，一方面有了重大的成绩，但另一方面，在不少地方，还有严重缺点，必须加以纠正。根据各地已有的经验，可以采取下列几项办法：一、各级党委都建立对报告员的一定领导制度，定期召开报告员会议，检查和讨论工作；按期配合当地各项中心工作规定报告员的具体任务，统一制定报告计划；帮助报告员制订报告要点或提纲，指定必要参考资料，适当审查报告员的报

告提纲；认真检查报告计划的执行结果，总结报告经验，将好的经验和报告在报纸上发表。二、报告员应有具体分工，尽可能固定报告员的报告地区和对象。使报告员和自己报告地区的群众建立经常的联系，使报告内容更切合群众需要。三、在有广播电台的地方，有计划地组织报告员到广播电台作报告。四、报告员要担负起领导宣传员的责任，使报告员和宣传员的工作直接联系起来。五、各地可以实行报告员检查卡片制度。

社论强调，各级党委必须把向人民群众作政治报告看作是自己的不可忽视的经常的责任。而党的报告原则是履行这项责任的可靠的工具。只有重视自己的这项责任，并经常运用履行这项责任的工具，才能既做好工作，又建立好进行这项工作的组织。

同 日

[纲 文]　中财委发布《关于继续加强害虫防治工作的指示》。

[目 文]　《指示》指出，入夏以来，各种害虫相继发生，特别是蝗蝻、棉蚜、稻螟最为普遍，严重地威胁着农业生产。自5月份以来，皖北、苏北、山东、河南、湖北、河北、平原、山西、新疆等9个省区，150余个县市发生蝗蝻，面积约达280余万亩。棉花蚜虫自6月上旬逐渐发展，遍及全国各植棉区。水稻产区自4月以来普遍发现稻螟蛾。《指示》要求各地区农事机关：一、已经发生蝗蝻的地区，必须大力组织群众争取在短期内迅速消灭，坚决不使起飞；如有起飞蝗群，应最迅速通知飞向地区，迅速组织捕灭，不使产卵，以免秋蝻发生。已产卵地区应大力进行查卵、挖卵，在孵化前彻底消灭。二、棉蚜和红蜘蛛繁殖极快，容易蔓延成灾，必须继续不懈地进行除治。各地区应继续准备防治药剂。三、根据各地情况，掌握螟虫规律，开展群众性治虫运动，及时评选模范。四、行军虫、稻苞虫、蟋蟀、浮尘子、棉花卷叶虫、烟蚜、烟青虫等都已发生或即将发生，各地要预先做好准备，搜集行之有效的防治办法，加以推广。五、各地应健全防治病虫机构，广泛建立情报组织。利用农隙进行短期技术训练。

7月17日，《人民日报》发表题为《消灭虫害，争取丰收》的社论指出，除治害虫，是当前农业生产战线上最主要的战斗任务。虫害地区必须建立各级灭虫指挥组织，首先解决四个思想问题。第一，必须打破悲观失望的思想。各地领导机关对于失败情绪已见萌芽的地方，应即给以精神上的鼓励和技术上的帮助，坚定干部和群众治虫的信心。第二，必须反对麻痹大意和依赖的思想。所谓“天生天灭”，没有不失败的。第三，必须坚决贯彻以人力捕打为主药械为辅的治虫方针。第四，必须打破“没有人力”、“没有时间”的无办法情绪。

同 日

[纲 文]　财政部公布《中华人民共和国1951年度国家总预算》。

[目 文]　《总预算》编成说明中对本年国家总预算的编制和调整作了详细说明，指出根据加强国防、重点恢复建设及平稳物价的方针，财政部在编制1951年国家财政收支总预算过程中，在中央人民政府委员会1950年12月26日第十次会议通过了国家财政收支总概算后，先后调整了三次。一次是1951年2月全国财政会议时讨论调整的；一次是3

月 11 日因追加国防建设、其他各种建设事业以及编制人员事业费用而调整的；一次是 6 月 13 日因国防费预算增大及工商业发展税收增加而调整的。从调整数字看，虽然收入逐渐增多，但还赶不上支出增加的大，因此国家财政仍然是很紧的，但随着三次调整，预算编制一次比一次接近实际。

1951 年度国家财政预算总收入为 964067 亿元，其中：农业税收 196899 亿元；各项税收 443262 亿元；国营企业利润及折旧收入 134839 亿元；专卖企业利润收入 4626 亿元；国营企业缴回流动资金收入 7505 亿元；清理仓库收入 8000 亿元；其他收入 3503 亿元；上年节余收入 27914 亿元；苏联贷款收入 18600 亿元；人民捐献收入 17000 亿元，赤字 101919 亿元。国家收入的第一位是各项税收，第二位是农业税收，第三位是国营企业收入。

1951 年度国家财政预算总支出中：国防支出 506854 亿元；经济建设支出 164359 亿元；社会文教事业支出 64869 亿元；行政管理费支出 140620 亿元；民主党派及人民团体补助支出 18302 亿元；公债还本付息支出 4563 亿元；苏联贷款付息 186 亿元；积压物资 15000 亿元；其他支出 7149 亿元；总预备费 42165 亿元。预算收支相抵后，再扣除延迟回收的部分粮食款和按划税分成比例留归地方支配的部分，实际赤字为 173968.85 亿元。

同 日

［纲 文］ 天津市军管会宣布取缔“圣母军”。

［目 文］ 天津的“圣母军”自成立以来，在宗教的掩护下秘密集会，大搞各种破坏活动，散布谣言，攻击政府，出版和散发如《恐怖的共产主义》、《天主教怎样对付共产党》等反动书刊 100 多种，阻挠天主教自立革新运动，严重危害了社会秩序和天主教爱国人士的人身安全。为此，应各界人士和天主教界人士的要求，6 月 28 日，天津市委宣传部制定了取缔“圣母军”的计划，7 月 8 日中央批准并转发了此计划。

本日，天津市军管会发出布告，宣布取缔“圣母军”，并将该反动组织的首要反革命分子邓华光、王天赏等逮捕法办。布告称：在天津的“圣母军”，即为帝国主义分子于解放前夕直接组织领导，解放后，大力发展搜罗反动分子为骨干，欺骗群众，一贯进行有组织的破坏活动，利用传教形式传布反动谣言，散发反动宣传品，并针对抗美援朝运动、爱国青年参加军干校运动，以及天主教的三自革新运动，以恐怖手段，进行反革命活动，其反动疯狂至此已充分证明其绝非宗教信仰之团体。为保障人民利益，维护社会秩序，对该组织予以取缔。自布告之日起，所有“圣母军”各级组织应立即解散，不得再有任何活动。对于一般支会“职员”以上分子向公安局进行登记交代清楚后，予以宽大处理。一般“团员”须向公安局声明退团，停止活动，政府不予追究。

7 月 15 日，《人民日报》发表题为《保护正当的信仰自由，取缔反革命“圣母军”》

的社论。社论指出，取缔“圣母军”不但对于保护社会治安是完全必要的，就是为了保护纯洁守法的天主教徒不受反动匪类所欺骗胁迫而走上反动道路，也是完全必要的。全国一切爱国爱教和自爱的天主教徒，赶快觉悟起来，和全国人民一起，展开对“圣母军”和天主教内帝国主义分子、反革命分子的控诉、揭发、检举运动，推动天主教走上光明的发展之路。

同 日

［纲 文］ **苏联驻华大使馆代表斯大林奖金委员会为影片《中国人民的胜利》和《解放了的中国》举行授奖典礼。**

［目 文］ 典礼由苏联驻华大使罗申主持，政务院副总理郭沫若、文化部部长沈雁冰等出席。中苏两国联合拍摄的文献纪录片《中国人民的胜利》和艺术片《解放了的中国》，获1950年斯大林奖金一等奖。《解放了的中国》获奖金10万卢布，《中国人民的胜利》获奖金7.5万卢布。此次授奖典礼将奖金授予参加两部影片工作的中国电影工作者刘白羽、吴本立、周峰、何士德、徐肖冰、苏河清、周立波、李华等8人。典礼后，刘白羽将全部奖金献给中国人民解放军，作为部队文化建设经费；周立波、吴本立等分别将全部奖金捐献购买“鲁迅号”和“人民电影号”飞机。

同 日

［纲 文］ **新华社讯，中国科学院工学实验馆试制成功球墨铸铁。**

［目 文］ 球墨铸铁当时在世界上还是一种新工业材料，所含石墨为球形，和普通铸铁的片状大不相同。在制造上与铸钢相比，设备简单，成本低廉，易于大量生产；与延性铸铁相比，无需冗长时间的热处理，且不受厚度的限制。中国科学院工学实验馆研究人员自1950年7月开始研究球墨铸铁，共试制83次，制成的铸件达6吨。

7月14日

［纲 文］ **中共中央批准邓小平在西南局委员会上的报告。**

［目 文］ 中央给西南局的批语指出，邓小平的报告要点，中央认为是很好的。此前，6月11日，邓小平在西南局委员会议上作报告，提出了当前在十个方面需要注意解决的问题和任务。主要内容是：一、抗美援朝、土地改革和镇压反革命三大运动都按计划进行，成绩很大，干部很努力。二、抗美援朝运动必须坚持努力，继续贯彻和深入下去，防止“差不多了”的倾向。三、土地改革运动应按已订计划进行。要进一步发动贫雇农，树立贫雇农的领导，并团结中农；安定各阶层的情绪，分化守法地主，孤立和打击顽固地主；引导各阶层努力生产，解决生产中的困难问题。四、镇反应坚决按照中央公安会议的方针和西南局5月23日所订计划执行。要严密控制运动，下面不得随意机动。五、任何时候都不要忽视对于农业生产的领导。要指定专人专管，随时检查，发现和及时解决问题，特别是注意帮助贫雇农解决生产中的困难问题。六、由于农村土改引起了经济的巨大变化，提出了一系列新问题，要求逐步地解决：（一）农民获得减租、退押果实超过70亿

斤米，大约还有60%—70%在农民手中，急需找寻出路，现在多买存粮，引起市场粮食恐慌。（二）产品普遍不能满足市场的需要。（三）城市产品多不合农民需要。（四）私营工商业大部分未得到改造，公私关系在有些地区还未妥善解决，积极性还未充分发挥。（五）国营经济发展的比重不如私营经济发展快。（六）土改后地主还有不小力量投到经济事业中来。（七）有一部分工商业转到了农民手中，如不好好组织，有被破坏的危险。（八）农业经济由集中到分散，新分得田地的贫雇农生产资料极端缺乏，如不注意扶持，有减产危险。（九）现有的经济机构和力量还远远落后于形势发展，如不注意，有失控危险。解决的办法是：（一）完成土改地区，应把建立合作社作为领导经济工作的中心任务之一。（二）目前建设大工业尚有困难，应注意发展公营小型工业。（三）由于市场刺激，私人手工业已有相当恢复发展，应加以重视，好好组织和领导。（四）加强财委及工商部门对于工商业的指导，避免盲目性。（五）扶持贫雇农应视为党和政府在农村的长期方针。（六）党委应加强对经济工作的研究和领导。七、学校教育方面的混乱状态必须结束。严禁随便招生、占用校舍、给学校师生派差。小学教员极缺乏，应计划从地主子弟中改造一部分，调至外县当教员。八、土改干部的绝大部分，在土改完成后，调作合作社、银行、贸易、工业等部门从事经济工作。培养大批农民积极分子和乡村贫苦知识分子担任区乡政权民运工作。九、整党工作除云南外，均应于今冬开始，明春完成。十、党的领导要经常注意防止居功自满情绪，克服无政府无纪律状态，反对命令主义。要坚持运用各种人民代表会议和农民代表会议的形式去进行各项工作。

同日—28日

［纲 文］ 中国影片参加捷克斯洛伐克第6届国际电影节获奖。

［目 文］ 中国代表团携去参赛的故事片有《白毛女》、《钢铁战士》、《新儿女英雄传》，纪录片有《中国民族大团结》、《边疆战士》；参展的故事片有《上饶集中营》、《团结起来到明天》、《内蒙古人民的胜利》、《高歌猛进》，纪录短片有《景德镇瓷器》、《煤都风光》、《抗美援朝前方新闻特辑第一本》等。代表团由《新儿女英雄传》编导史东山、《白毛女》编导张水华、《钢铁战士》编导成荫、上海昆仑影片公司编导郑君里、朝鲜战地新闻摄影队摄影师刘德源①5人组成。本届电影节在捷克斯洛伐克的卡罗维发利城举行，苏联、中国、捷克斯洛伐克、波兰、匈牙利、保加利亚、罗马尼亚、德意志民主共和国、朝鲜、法国、意大利、英国、墨西哥、印度、丹麦、比利时、奥地利和委内瑞拉等18个国家派代表团参加。中国电影《钢铁战士》荣获5项主要奖之一——和平奖，《白毛女》、《中国民族大团结》及史东山等获特别荣誉奖。

7月15日

［纲 文］ 中共中央批转《第一次全国边防保卫工作会议决议》。

---

① 多种史书中为郑德源，实为刘德源之误。见1951年7月9日《人民日报》载“新华社更正”。

［目 文］　中共中央通知各中央局、分局，中央已经批准了公安部《第一次全国边防保卫工作会议决议》，要求转告有关边疆县市以上党委执行。

此前，6月15—28日，公安部召开第一次全国边防保卫工作会议。《会议决议》指出：过去的一年，我们在部分地区建立了边防组织，在已经开放的主要港口和通道，建立了出入境检查制度，摸索到了边防保卫工作的一些经验。但有关边防保卫工作的方针、任务、组织领导等原则问题和相关的具体问题，均有待解决。鉴于目前国家建设正在开始和须以大力支援朝鲜与准备解放台湾，因此，一切边防建设问题暂时只能依据必须与可能，采取有重点地、逐步地加以建立与健全的方针，争取在一年半到两年内打下由公安机关全部接替边防任务的基础。为此，《会议决议》提出15项任务和要求。

同 日

［纲 文］　**中国民主同盟总部在京举行该盟殉难烈士纪念会。**

［目 文］　纪念会和祭灵仪式在全国政协文化俱乐部举行。全国政协代表、中共及其他各民主党派代表、人民政协无党派民主人士代表、首都文教界代表、各大学负责人和教授以及烈士生前亲友等共约200余人参加。民盟主席张澜亲临祭奠。民盟副主席沈钧儒致词叙述了李公朴①、闻一多②等烈士事迹，号召全体盟员继承先烈们的未竟之志，为建设伟大的祖国而奋斗到底。会后，在北京西郊八宝山革命烈士公墓为闻一多烈士举行安葬仪式。

同日—17日

［纲 文］　**北京市举行首届青年代表大会。**

［目 文］　不同职业、民族及宗教信仰的各界青年代表852人出席了大会。大会总结了北京市两年来的青年工作，制定了今后工作的方针任务，通过了北京市民主青年联合会会章，选举张大中等67人为北京市民主青年联合会执行委员，正式成立北京市民主青年联合会。全国青联主席廖承志、北京市副市长吴晗等出席大会并讲话。

同 日

［纲 文］　**朝鲜停战谈判会议举行第三次会议。**

［目 文］　本次谈判会议主要解决把开城地区划为中立区问题。根据双方司令官之间的函商，双方代表取得原则协议：同意在以开城为中心5英里半径内建立中立区，这个地区在会议期间将是中立的。在这个地区只允许有必需的携带轻武器的维持治安部队。此外，以会议室为中心的会议区域内（半径半英里以内地方），不允许有武装警卫，只留少数非武装人员担任警察职务。另规定，其细节问题交由双方联络官解决。在其后的议程问

---

① 李公朴（1902—1946），江苏镇江人，大学教授。1944年参加中国民主同盟，在重庆与陶行知创办社会大学。1946年7月在昆明被国民党特务暗杀。

② 闻一多（1899—1946），湖北浠水人，大学教授。曾任中国民主同盟云南省负责人、昆明《民主周刊》社社长。1946年7月在昆明被国民党特务暗杀。

题谈判中，美方代表仍坚持反对朝中方面提出的将以三八线为军事分界线和撤退外国军队列入议程。

为此，毛泽东致电李克农并告金日成、彭德怀指出：我方已掌握了主动，再经几次探索和争论后，可以提出我方新的5项议程草案（主要变化是不出现三八线字样），但必须在对方同意将一切外国军队撤出朝鲜问题列入议程的基础上，我方才能同意对其他议程再加斟酌。

7月16日

［纲 文］ **中财委批准颁发《全国各级合作社计划工作暂行办法》。**

［目 文］ 全国合作社总社为建立全国各级合作社的计划工作制度，实现合作社经济的计划性而制定的本《暂行办法》，包括细则、计划分类与内容、计划编制程序、计划执行检查和总结、附则等5章34条。《暂行办法》指出，合作社经济计划是整个人民经济计划的重要组成部分，应从社员需要出发，贯彻“上级社为下级社服务、基层社为社员服务”的方针，结合国家经济建设发展的要求，为每一时期合作社政治与经济的中心任务而服务，并作为全体工作人员的奋斗目标。

同日—31日

［纲 文］ **全国妇联召开第一次宣传教育工作会议。**

［目 文］ 出席代表有中央直属省市、大行政区直属市及各省妇联、各民主妇女团体的宣传工作负责人共97人。全国妇联在京常执委、各部负责人也出席了会议，中共中央宣传部及中央人民政府有关部门均派人出席。会议由邓颖超主持，彭真作政治报告，胡乔木作有关妇女宣传工作的报告。会议通过了《关于妇女宣传教育工作的决议》，主要内容包括：一、妇女宣传教育工作是妇女工作中一个最主要的不可缺少的部分。二、妇女宣传教育工作的对象，应包括全体妇女，而以工、农、小资产阶级的劳动妇女为主。三、在妇女中进行宣传教育工作的内容包括政治教育、妇女问题教育以及文化技术教育。四、由于妇女中文盲多，文化水平不高，因此进行宣传教育必须着重用通俗化的内容和形式。五、妇女宣传教育工作，包括向妇女及社会各方面宣传妇女问题和向妇女宣传各方面的问题。六、鉴于社会上和妇女本身还存在着阻碍妇女前进的封建思想和习俗，因此必须加强妇女宣传教育工作的思想批判工作。七、在抗美援朝、土地改革、镇压反革命三大运动中，广大妇女迫切要求学习文化，并需要大量的通俗读物。八、要改进宣传教育工作的领导。九、要继续普及深入抗美援朝的爱国主义教育，贯彻抗美援朝总会的三项号召。十、妇女宣传教育工作是一种长期的艰巨的工作。

8月16日，中共中央转发全国妇联党组《关于第一次宣传教育工作会议的报告》。《报告》回顾了全国妇联第一次宣传教育工作会议的基本情况，对妇女宣传教育工作几个问题作了总结：一、中国妇女要从实际上获得男女平等的权利和完全解放，主要依靠向妇女和社会进行长期的宣传教育。动员妇女逐步地参加劳动生产和政治、社会活动，向社会和妇女进行思想教育，特别是反对与肃清封建残余思想。二、妇女宣传教育工作的对象应包括全体妇女，以工、农、小资产阶级妇女为主。鉴于全国妇女的绝大多数是从事家庭劳动、缺乏组织和教育的妇女，妇联应当用更多的力量在她们中间进行工作，组织和教育她们。三、向妇女进行宣传，必须针对思想情况，采用妇女喜爱的形式，着重进行通俗易懂的宣传。要从最大多数妇女的最大利益与需要出发，重视和关心她们的切身问题。四、必须动员最广泛的力量来进行妇女宣传教育工作，把整个社会的力量动员起来。

同 日

[纲 文] 全国铁路工会和武汉各界人民代表公审“二七”惨案的主要凶犯赵继贤①。

[目 文] 公审大会在汉口江岸火车站举行，全国铁路工会和武汉市各界人民代表共5000多人参加。武汉市人民检察署副检察长吴杰在公诉中列举了赵继贤1923年制造京汉铁路“二七”惨案的罪行。“二七”老工人和死难烈士家属作证控诉了赵的罪行。林祥谦②烈士夫人从福州赶来参加了公审大会。在确凿证据面前，赵对犯罪事实均直认不讳。武汉市人民法院院长、公审大会临时人民法庭审判长张雪涛即宣布将其判处死刑，剥夺公权终身。赵被绑赴林祥谦等烈士遇难处执行枪决。本日下午，全体代表举行了公祭“二七”死难烈士大会。

同 日

[纲 文] 贸易部发出《征求调整全国纱布价格的意见的通知》。

[目 文] 《通知》指出，掌握价格有以下几个原则：一、对纱布必须有计划地掌握分配，适当调高价格，以适当缩减消费。主要城市间应适当缩小地区差价，使减少中间剥削，以利消费者。二、出售棉纱以生产者为主要对象，但必须掌握其成品，以充实国家力量。三、目前白细布力量较小，应适当缩小花色与白布的比价，积极推销花色布，以减轻白布压力。《通知》还拟定了各地调整后的纱布价格。

8月1日，贸易部公布调整各地纱布价格方案，决定调高全国纱布价格，并紧缩地区差价。全国棉纱调升幅度为5%—10%，棉布调升幅度为3%—7%。方案对天津、青岛、上海等十余个城市的20支标准纱、12磅白细布的价格作了具体规定，并提出四项注意事项。新价格自本年8月6日起执行。

同 日

[纲 文] 人民日报社召开北京市有经验建筑工人和技术人员座谈会。

---

① 赵继贤，1923年时任京汉铁路局局长、北洋军阀直鲁豫巡阅署军法处处长、保定陆军稽查处处长。

② 林祥谦（1892—1923），福建闽侯人，1922年加入中国共产党。1923年2月任京汉铁路全路总同盟罢工的江岸地区总负责人，同年2月7日被北洋军阀杀害。

［目 文］ 会议就基本建设的设计问题和工人与技术人员的团结问题进行了座谈。与会者依据亲身经验，指出工程设计中之所以发生问题，就技术人员来说，主要是责任心不强，在设计前没有进行充分的调查研究。还指出，过去技术人员和工人互相轻视以至于影响了工作，今后要很好地相互团结，以主人翁的态度改变过去不负责任的态度，把基本建设工作搞好。

同 日

［纲 文］ **截至本日全国人民已认捐和发起捐献飞机2146架、大炮126门、高射炮60门、坦克10辆。**

7月17日

［纲 文］ **各民主党派发出《各民主党派中央关于临时学习委员会工作的联合指示》。**

［目 文］ 《指示》号召各民主党派的地方机构，在各地协商委员会的领导下，成立临时学习委员会，进行清理机关工作人员的工作。通过整风的学习方法，使机关工作人员在自觉自愿的基础上，交代清楚历史，以发扬忠诚老实作风，提高对人民负责精神，增进人民民主统一战线的团结，巩固人民民主政权。

7月18日

［纲 文］ **中共中央发出《关于共产党员加入民主党派及民主党派分子加入共产党的规定》。**

［目 文］ 《规定》针对民主党派纷纷提出希望共产党员加入他们的组织以及民主党派中的进步分子多要求加入共产党的情况，分别做出了相应各级共产党内批准手续、加入民主党派组织手续、加入民主党派后共产党员过组织生活、说服民主党派进步分子不加入中共等规定。《规定》要求，选举一批政治觉悟较高、作风正派和有相当社会经验的党员加入民主党派，按以下规定办理：一、凡共产党员加入民主党派时，必须经常组织与各该民主党派的组织协商。中央政府各机关及人民团体，经中央组织部、中央统战部审查批准，必要时报中央核准；各大行政区政府机关及人民团体，经中央局组织部、中央局统战部审查，提请中央局批准，并报中央备案；各省、市政府机关、人民团体机关以及学校、企业，由省、市委组织部与省、市委统战部审查，提请省、市委批准，并报中央局和中央备案。二、凡共产党员加入民主党派，应遵守所加入的民主党派的组织手续。三、加入民主党派的党员，仍在原来支部过组织生活，但支部必须给他们参加民主党派工作的必要时间。党委统战部应经常检查指导机关支部中的党派统战工作。民主党派进步分子要求加入共产党，应说服他们以非党进步分子身份，在民主党派内坚持工作。

同 日

［纲 文］ **政务院公布《关于充实国防建设中的卫生人员的决定》。**

［目 文］ 该《决定》7月13日由政务院第九十三次会议通过。主要内容共四项：为了适应加速国防建设、建立现代化的陆海空军的需要，应大力充实国防建设中的卫生人员，以加强军队卫生工作，提高全体军队成员的健康水平。决定如下：一、各级人民政府、各民主党派、人民团体，尤其卫生团体与卫生工会应积极号召当地公立卫生机关中的及私人开业的卫生人员，在自愿的基础上，踊跃参加国防建设中的卫生工作。必须结合爱国主义的思想教育，广泛展开热烈讨论，应避免和防止强迫命令的倾向。二、公私卫生人员，自愿参加国防军服务者，薪金待遇应予适当提高，工作成绩应予奖励和表扬，在国防军服务一定时期应予进修机会，提高业务水平。三、公立卫生机关中的一部分卫生人员参加国防建设以后，对于公立卫生机关，必须作适当的人员补充，为此，并应号召私人开业的卫生人员，在自愿的基础上，以全部或一部分时间参加公立卫生机关的工作。四、全国中级以上公私立医药院校毕业生的工作，应由政府统一分配，首先照顾国防建设的需要。

同日，政务院发出关于动员本年度各医学院校毕业生全部及地方1463名医生参军问题的电报。规定凡由地方到军队工作者，酌情较地方原薪金提高15%—30%。凡参加军队工作，一般即算参军并保有军籍，如家庭生活困难，可给予适当津贴。对新参军的高级卫生干部并可放宽军队中结婚规定的限制。

同 日

［纲 文］ **任弼时①灵柩在北京八宝山人民公墓安葬。**

［目 文］ 任弼时病逝后灵柩存放在人民公墓灵堂，本日上午移到墓地安葬。刘少奇、周恩来、朱德、陈云、董必武、邓颖超②、程子华等，任弼时家属陈琮英、任远志、任远征、任远芳、任远远等共200多人参加了安葬仪式。刘少奇代表中共中央献了花圈。

7月19日

［纲 文］ **全国政协常委会举行第二十五次会议。**

［目 文］ 会议批准了秘书长李维汉提出的全国省、市协商委员会秘书长会议各项建议案的报告，听取了陈叔通对各项议案的说明，通过了《关于各省、市协商委员会工作的意见》、《关于各级协商委员会的关系向中央人民政府政务院的建议》、《关于省、市协商委员会及县常务委员会机构编制向中央人民政府政务院的建议》、《关于县各界人民代表会议常务委员会工作的意见》、《关于保护国家机密的决议》、《中国人民政治协商会议全国委员会关于公文处理办法的几项规定》、《中国人民政治协商会议暨省、市协商委员会关于处理人民意见的试行办法》、《省、市各界人民代表会议协商委员会组织通则》、《指定代行地方委员会职权的地方各级协商委员会的意见》等。周恩来在会上作了关于时事问题的

① 任弼时（1904—1950），湖南湘阴人，1950年10月27日在北京病逝。生前曾任中共中央政治局委员、中央书记处书记。

② 邓颖超（1904—1992），河南光山人，时任政协第一届全国委员会常务委员、全国妇联副主席等职。

报告。中央人民政府委员及全国委员会的工作人员等列席了会议。

同日

［纲文］ **中共北京市委就北京市国营工厂工人实际工资严重降低问题提出报告。**

［目文］ 报告说：自1950年5月以来，因为粮食以外的若干生活必需品的价格不断上涨，而当做工资计算标准的粮食则涨得较少，导致工人的实际生活水平有很大的下降，有一部分工人的生活已难于维持。这个问题自本年1月以来，即与各方面不断协商，但迄今未得适当解决。我们的意见是：一、按照1950年5月的标准首先恢复工人所得工资的购买力，实行以工资分计算工资的办法，以稳定工人的生活水平。二、规定适当的房租补贴办法，减轻工人的房租负担。三、适当调整一部分工资过低的单位或工人的工资水平，以防止工人由公厂跳到私厂或脱离工厂做小工、零活等现象。

7月22日，刘少奇将此报告批示给陈云和薄一波，请他们召集各方研究并提出办法。

同日

［纲文］ **全国妇联主席蔡畅向国际妇联致函并附送中南区妇联关于严惩帝国主义分子主使虐杀中国儿童的呼吁书。**

［目文］ 蔡畅在给国际妇女联合会主席戈登夫人的信后，并附中南区妇联筹委会的一封呼吁书，请她把这封呼吁书向全世界公布并转达国际妇联各会员团体。

呼吁书写道：最近，在中国中南区，连续发现了各地育婴堂过去在帝国主义分子主使下，虐杀中国儿童的惊人事实。仅武昌花园山育婴堂一处，在开办的23年中，共收进儿童57817人，而现在活着的却只有126个，其中包括77个已经离开育婴堂的儿童（卖给教友），即收容的婴儿每459人中只有一个幸存的孩子。此外，根据初步统计，江西赣州市天主堂孤儿院共收婴儿4059人，死亡3415人，死亡占收进儿童总数的84%以上。九江仁慈堂收进婴儿389名，死亡304个，占收进儿童总数78%以上。广东高要县肇庆镇天主教堂贤后院育婴堂一个工人专任埋葬婴儿的工作已10年，亲手埋葬的死婴有2900个。为了不让帝国主义分子屠杀中国儿童的罪行再继续下去，中国政府已根据广大人民的要求，接办了这些育婴堂。我们严重地控诉和抗议美国和其他帝国主义分子虐杀中国儿童的罪行，我们要为被虐杀的幼小生命伸冤！让全世界的妇女们和一切善良的人们都知道帝国主义分子在中国残害大批儿童的惊人罪行！

7月20日

［纲文］ **中共中央对工人阶级与半工人阶级的领导作用问题做出解释。**

［目文］ 此前，6月30日，解放军第一野战军一军政治部向中央请示，如何认识中国共产党第一次全国组织工作会议《关于整顿党的基层组织的决议》中有关共产党员的八个标准的第一条中“中国革命在过去是城市工人阶级和乡村半工人阶级领导的，在今后更需要工人阶级的领导”这句话。

本日，中共中央就此回电指出，这句话应稍加修改，即改为“中国革命在过去是城市和乡村的工人阶级与半工人阶级领导的。”[①] 因为我们通常把乡村工人和雇农称为乡村无产阶级（即工人阶级），而把贫农称为半无产阶级（即半工人阶级）；在过去和现在的中国革命中，特别是在乡村的土地改革及其他革命斗争中，乡村工人、雇农及贫农的领导作用是显得很重要的，故在这里说到城市工人阶级在革命中的作用时，不能不说到乡村工人阶级和半工人阶级（即乡村工人、雇农和贫农）的领导作用。城市和乡村的工人阶级与半工人阶级经过共产党实现对于革命斗争的领导，这就是整个工人阶级的领导。同时，在乡村中，不只是有广大的半工人阶级——贫农，而且有数量并不很少的乡村工人阶级——雇农和乡村工人成为过去和现在革命斗争中的领导成分，故这里如此修改，以免误解。至于说中国在今后更需要工人阶级的领导，是否也包括半工人阶级在内呢？答复是包括在内。

同 日

[纲 文] 中共中央发出同意中南局关于两广盐田处理意见的指示。

[目 文] 中共中央指示中南局并华南分局：关于两广盐田处理意见，中央同意中南局7月15日电意见。对于地主出租的地面设备，应随盐田一道没收或分配给盐民，或由国家管理或盐民合作管理。只有那些占有盐田，并有近代设备，又不是出租，而是由地主雇用大量工人，直接从事生产者，才在土地收归国有后，地面设备不没收，照土地改革法18条仍由原经营者继续经营。

此前，6月8日，华南分局就广东、广西盐区盐田土地处理意见致电所属省委、区党委、地委、市委并报中南局和中央。其主要内容是：在两广盐区存在着严重的封建剥削，占人口少数的封建地主兼堨[②]主占有大量的盐田土地及其地面设备，自己不劳动、不经营，以分成的方式将盐田土地和设备租给劳动人民，并迫使盐民担负无偿劳役，尽量榨取盐民血汗。为解放生产力，必须结合沿海土改，将两广盐区封建势力及盐业生产中的封建剥削部分加以消灭。在实行土地改革时，遵照《中华人民共和国土地改革法》及政务院批准的《关于执行盐田收归国有的决定》，凡沿海具有制盐设备的盐堨，除劳动人民自营的盐堨土地暂仍归自有外，其他均属大盐田，依法将其收归国有，交盐务管理机关管理。对盐田地面设备根据不同情况分别处理。

7月15日，中南局就此问题致电华南分局并中央，提出：一、工商业者及相当于富农的富盐民所出租的盐田及盐板等设备，应予征收。二、没收、征收的盐田，除有现代设备或雇用大量盐工经营已形成工场者，应收归国有外，其余应全部无代价地暂时分给盐民（可以提倡合作经营），如此，对生产者最为有利。三、在未实行土改以前，可以开展退租、退押，地主的盐田地面设备，理应随盐田没收，不得允许其以此估价抵偿退租、退

---

① 同年9月4日，中共中央在给各中央局、各分局并转各省、市、区党委的电报中指出：“此句后仍应加上原决议所有之‘在今后更需要工人阶级的领导’一句。”此问题后来发生认识分歧，12月23日，中央又发指示进行了说明。

② 堨，是两广盐区生产单元的名称，面积大小不一。每堨有纳潮闸、储水池、晒水池和结晶池，可独立产出原盐。

押，否则农民及盐民吃亏。

中共中央做出指示后，7月21日，华南分局致电广西省委、各区党委、各地委、各市委并报中央及中南局。电报修正了6月8日的处理意见，指出，一、保护劳动盐民及相当于富农的富盐民所有自营和雇工经营的盐田土地及其地面设备。二、没收盐田地主的盐田及其地面设备，征收富盐民及工商业者出租的盐田土地及其地面设备，征收祠堂、庙宇、寺院、教堂、学校和团体的盐田土地及其地面设备归国家所有。三、在未实行土地改革以前，盐区地主应退租、退押，不得以地面设备估价抵偿，而应以存粮、金银或其他财物抵交。已形成企业化经营的大盐场，应根据工厂民主改革原则进行民主改革运动。四、盐区划分阶级适用政务院划分农村阶级成分的决定，可按农村阶级划分。五、成本高质量低、场地分散、运输困难而没有发展前途的盐区，如果具备条件，应结合土地改革废场转业，盐民可参加分田转入农业生产。

同日

[纲文] **政务院举行第九十四次政务会议。**

[目文] 会议通过了《中央人民政府任免国家机关工作人员暂行条例（草案）》、《预算决算暂行条例（草案）》，批准了政法委员会《关于筹设中央政法干部学校方案》。

《预算决算暂行条例（草案）》包括总则、预算的编制及核定、预算的执行、决算的编造及审定、附则等共5章47条，于8月19日公布实施。

《关于筹设中央政法干部学校方案》指出，为适应国家建设、加强人民民主政权的需要，应大批训练政法工作干部。首先抽调训练县（市）行政工作和司法工作干部，并培养一部分政法教育工作的师资，推动与协助各地对政法干部训练工作的开展。学校受政法委员会的直接领导，彭真任校长，张奚若、谢觉哉、史良、陶希晋任副校长，陶希晋兼教务长。该方案于8月4日公布。

同日

[纲文] **毛泽东修改关于毛泽东思想的表述。**

[目文] 毛泽东在审阅西北局第一书记习仲勋在西北局干部会议上的报告《为加强马克思列宁主义和毛泽东思想的宣传而斗争》时，修改了对毛泽东思想的表述，增加了“就是马列主义和中国革命相结合的思想”这半句话。修改后的完整表述是：“毛泽东思想就是马列主义和中国革命相结合的思想，这种思想是中国共产党的指导思想，是中国人民革命运动的指针。”

同日

[纲文] **陈云在中央统战部讨论工商联工作会议上作题为《做好工商联工作》的总结。**

[目文] 总结指出，目前全国工商业进一步好转，但程度不平衡，发展程度和淘汰程度又各有不同，这是正常的，反映了中国经济改组的情况，即由帝国主义、封建主义和官僚资本主义的经济，改变为新民主主义的经济。

土改是经济的改革也是政治的改革，是由地主所有制转为农民所有制，使整个农村经济发生了变动，其他经济相应地也发生了变动；国营商业代替了洋商、投机商及非必需的中间商；旧轨道上的工业有一部分要转变，过去依赖帝国主义原料的，现在则需转而依靠国内原料。因此，多数好转，少数淘汰。经济改组的时间不会是很短的。在好转的行业中出现了牟取暴利的思想。过去，私营工业对政府的加工订货感恩不尽，现在有一部分人因不能给他们以暴利而看作负担。这种现象还未泛滥，但趋势在增长。我们的对策，一是欢迎有利于国计民生的私营工商业的发展；二是指导适应于旧轨道的私营工商业的转业；三是加强国营经济和国家计划的领导。过去只说国营经济的领导，现在第一次说到国家计划的领导。今后国家计划很可能是公私斗争中我们手里的一个重要武器，生产、价格、加工、订货都要根据国家计划办事。在工业和贸易方面，在经济成分上要掌握恰当的比重，要足以保证国营经济领导，又能团结其他经济成分。在今后相当长时期内，国营经济、合作社经济及私人经济互有发展的情况是必然存在的，当然，矛盾和斗争也是不可避免的。

关于工商联的问题，他指出，现在的工商联已不同于旧中国的商会，它虽然是私营企业利益的主要代表组织，但它又必须服从《共同纲领》，其主要工作是协助人民政府和指导工商业者。摊贩和手工业作坊原则上应该加入工商联，把他们组织起来，有利而无害。合作社以省联社及县联社为单位，先在一两个地区实验一下，这个办法是稳当的。现有的工商联的三种会员：同业工会团体会员，企业单位会员和特邀人士是可以的。在经费和人员的合理使用上要摸着石头过河，毛毛草草而发生错误和稳稳当当而慢一点相比较，我们宁可采取后者。工商联组织实行三级制，即全国工商联、省工商联和县工商联。要统一党的政策领导。公营企业代表参加工商联目的有三，一是实现国营经济的领导；二是既要贯彻国营企业的经营方针，又能团结其他各种经济成分，在与其他各种经济成分经过“摩擦”、斗争、调整中实现国营企业的经营方针；三是熟悉情况，学习业务。制定国家经济建设计划，也必须包括私营经济。在整个新民主主义阶段，同私营工商业者打交道是不可避免的，这是很重要的工作。今后党在工商界中，注意上层，更应该加强中、下层的工作。多数资本家有成立全国工商联的要求。国家也可以通过工商联做很多工作，如调查各行业的情况，调配资金和劳动力以及对各行业的调整，这对国家实行有计划的经济建设是有好处的。当然，也可能产生弊端，比如，私营工商业者借以进行有组织的叫喊，这很麻烦。但这比无组织的叫喊好。叫得对的，我们可以接受；叫得不对的，我们可加以批驳。在全国工商联成立之前，要开一个全国的工商界代表会议，准备讨论及解决：一、研究和准备适当解决私营工商业要求解决的问题，如加工订货、价格、税务及劳资关系等。二、政府与国家计划对工商业的要求。如果朝鲜战争问题能够解决，时局平定，我们就要进行有计划的经济建设。三、选举领导机构。

同 日

[纲 文]　根治淮河第一期工程完工。

[目 文]　以控制淮河干流洪水的润河集分水闸工程的完工为标志，根治淮河第一期

工程历时近8个月，施工100个工作日，宣告结束。

根治淮河工程是新中国第一个全流域多目标的治水工程。在第一期工程期间，河南、皖北、江苏共动员民工300万人上堤，中央政府拨出经费10亿余斤粮食，从全国各地抽调水利专家、技术和工作人员达2万余人。工程总计完成土方工程1.95亿立方米，石漫滩山谷水库一座，板桥、白沙两处山谷水库的一部分，润河集蓄洪分水闸一座，其他大小涵闸62处，谷坊155座。整个工程是在政务院制定的“蓄泄兼筹”方针的指导下进行的。在淮河上游河南境内主要是修建山谷水库和洼地蓄洪工程；其次是以洪河、汝河、颍河等为重点将淮河上游20余条干支河加以疏浚和整理；同时还在伊阳、泌阳等地建造谷坊，以保持水土。在淮河中游皖北境内，主要是在润河集建造一座控制淮河干流洪水的大分水闸，其次是培修淮河干河和重要支河的堤防，疏浚濉河和西肥河等重要支河。在淮河下游苏北境内，一期工程主要是培修运河堤防。为了减轻内涝灾害，河南、皖北两省区沿淮河各地都有计划地开了许多沟洫。

国民党统治时期，淮河流域水患连年不断，危害严重。1949年全国水灾面积1.2亿亩，其中淮河水灾面积即达4000余万亩、灾民1300多万人。治淮工程不仅根治了水患，而且发展了水利，为大规模的经济建设奠定基础。治淮第一期工程完成后，淮河流域5500万人民摆脱了“大雨大灾，小雨小灾”的历史，一般可达到“大雨小灾，小雨免灾”的目的。

同 日

[纲 文]　中财委就对苏联及新民主主义国家进口管理问题发布命令。

[目 文]　命令指出，一年以来的国际贸易关系，一方面是美帝国主义对我加紧封锁，输入工业建设器材日益困难；另一方面是与苏联及新民主主义各国贸易关系日益密切，特别是工矿交通建设器材主要由它们供应。这是一种正常的状况，以后中国与它们之间的贸易，必将随着国家建设需要而更趋发展。苏联及新民主主义国家经济均为计划经济，根据两年贸易经验证明，各种器材及设备订货，必须在各国生产计划确定之前提出，方可按时供应；而进口器材的种类规格，必须有专人研究掌握，才能有效地改变英美规格为苏联及新民主主义国家的规格。为此，特规定：一、中央工业、交通各部的经理司或材料局（处）应抽调专人设置专管对苏联订货的机构，专责研究苏联器材规格，编制从苏联进口计划，与贸易部的对苏贸易部门经常联系，并办理器材进出口有关事项。二、上述各部可视进口器材的多少繁简，抽调适当人员专办对新民主主义国家（特别是德意志民主共和国、捷克斯洛伐克）进口工作。三、请军委后勤部也固定专人办理此项工作。四、贸易部应加强对苏联及新民主主义国家进出口贸易管理工作，在进口方面应与上述工业、交通、后勤各部的专管机构经常取得密切联系。

同 日

[纲 文]　中央人民政府华北事务部公布《关于纪念八一建军节给县级以上人民政府的指示》。

［目 文］ 《指示》规定纪念八一建军节的主要事项如下：一、各级人民政府在“八一”前后的半个月期间内，应认真地进行关于代耕工作的检查，而后列为经常制度。对生产好的烈、军属和代耕工作模范人物应加以表扬与奖励，推广他们的经验；对不重视此项任务的单位和个人应进行批评和教育；对严重忽视此项工作以致损害烈、军属生产因而影响其生活者，其领导单位或个人应予处分。二、依照内务部颁布的《革命烈士家属革命军人家属优待暂行条例》，对烈、军属应享受的各项优待办法进行检查，认真执行。三、各级人民政府应在机关驻地，由政府领导人邀请烈、军属及荣誉军人举行座谈会或进行重点的个别访问，了解他们具体情况，给予他们精神安慰，宣传国家和人民对他们的尊敬。四、有伤、病员的地方，应发动群众进行慰劳和慰问。五、凡有驻军的地方，视具体情况，地方政府主动与军队联合举行庆祝会或联欢晚会。六、各级人民政府应结合抗美援朝政治教育，领导群众将认真执行拥军优属工作列为爱国公约内容之一，经常检查，切实执行。

同日—26 日

［纲 文］ **中华全国学生联合会第十五届代表大会在京召开。**

［目 文］ 出席大会的有不同地区、民族、宗教信仰及海外华侨、留学生和各种性质学校的学生代表 363 人，还有在建设岗位上表现优秀的学生和军事干部学校学生特邀代表 60 人。陆定一、沈钧儒、郭沫若、马叙伦、廖承志等出席了开幕式。全国学联主席、大会主席谢邦定致开幕词，陆定一代表中共中央致词。来宾们先后讲话，勉励学生广泛地团结起来，加强政治学习，掌握科学技术，与工农结合，学好本领，锻炼好身体，准备参加祖国的建设。

大会总结了自第十四届大会两年多来中国学生运动的经验，确定了中国学生当前的具体任务，修改了全国学联章程，改选了全国学联执行委员会。会议期间，中央政治局委员彭真作了政治报告，青年团中央副书记蒋南翔作了《目前学生运动中几个问题》的报告，中财委副主任李富春作了《新中国建设的方向》的报告，教育部副部长钱俊瑞作了《新中国教育建设与爱国主义教育问题》的报告。

7 月 26 日，全体代表通过《中华全国学生第十五届代表大会决议》后举行闭幕式。《决议》指出现在中国学生运动的主要任务是：在全国学生中普及与深入爱国主义的思想教育，提高学生的知识水平，注意锻炼身体，并加强各级学生联合会和各校学生会的工作。中央人民政府副主席朱德出席了闭幕式并致词。

7 月 20 日开幕当天，《人民日报》发表了题为《中国学生在爱国主义旗帜下前进》的社论，号召学生进一步深化爱国主义思想，爱国必须是爱这个实施新民主主义制度的国家，必须是爱这个国家的主体——劳动人民；我们的爱国主义是与国际主义相结合的；以爱国主义的思想来反对帝国主义、封建主义的思想影响，是一个有重要意义的思想斗争；爱祖国需要在实践中考验。

7 月 21 日

［纲 文］ **中共中央发布《关于收集党史资料的通知》。**

［目 文］ 《通知》指出，为了有系统地研究、收集和保存党史资料，决定采取下列办法：

一、在中央宣传部下设一党史资料室，负责编印一种党内的不定期期刊，名为《党史资料》，搜集刊载有关党史的各种资料、文件、文稿、回忆、传记、图片等，供党内高级干部参考。其中可以公开出版者，在经过审查编订后，可择要连续出版。党所领导的革命军队、革命战争的历史资料，目前也可编入《党史资料》内。

二、在北京故宫武英殿设一革命博物馆筹备处（党内暂由中央宣传部负责指导，党外由文化部负责管理），由该处负责搜集鸦片战争以来，主要是五四运动以来的革命历史文物、图片、绘画，加以整理陈列。在有相当规模条理以前，暂不开放。但可供党内高级领导人及个别党外负责人士的参观，以便收集各方意见，逐步充实改进。

三、以上两项工作，望各级党委与人民解放军各部队积极支持，将可供中央研究或陈列的党史资料或文物尽量送交中央宣传部或文化部，并号召一切熟悉我党我军历史的同志为《党史资料》踊跃投稿，号召一切存有革命历史文物的同志，向革命博物馆踊跃捐献。

四、各地方的重要革命史料文物，或缺乏全党的重要性，为中央所不能采纳，或虽有全党的重要性，而无法运送转移者，望各地考虑也采取适当方法予以收集保存。但应注意：（一）凡涉及党的重要历史或涉及党中央领导人者，均须送中央审查，或向中央请示，不得任意自行编印出版或陈列展览；（二）地方性的史料文物如何处理，也应由各地高级党委拟订办法，必要时并应向中央请示，不得任意处理；（三）凡留为纪念的文字、实物、图片等，务须以政治意义为标准，不要去宣传没有意义的东西，更不得为此浪费人力物力，引起人民反感。

同日

［纲 文］ **中共中央做出《关于庆祝“八一”的办法的决定》。**

［目 文］ 发给各中央局、各分局、各军区、各省、市、区党委并志愿军党委政治部的该《决定》，对各地区、各部门庆祝1951年八一建军节的具体实施办法做出规定：一、本年八一建军节，部队按总政治部7月11日的指示第三项执行，即8月1日部队应视任务与驻地情况组织庆祝会，一般可以团为单位，适当动员当地人民群众参加，邀请党和政府负责人及各界代表讲话。全国各省、市以上重要团体均应分别向人民解放军与人民志愿军去电致敬。地方可以不另行集会庆祝，以免群众疲劳。二、本年“八一”前后各一周内，各地应普遍检查优待或抚恤革命烈士家属、革命军人家属、革命伤残军人的工作，并在8月1日普遍慰问志愿军伤员、残疾军人、烈士家属及军人家属。此事抗美援朝总会已有指示，政务院华北事务部20日的指示也已向全国广播，各地可照办。三、在报纸上8月1日前及当日应刊载介绍庆祝人民解放军与人民志愿军节日的文章。8月1日报纸第一页开始处，仍按去年办法刊登毛泽东、朱德相片，但在第一页介绍志愿军处应加刊志愿军司令员彭德怀的相片。

同日

［纲 文］ **周恩来代中共中央起草《关于老根据地几个问题的处理原则的通报》。**

［目 文］ 《通报》针对老根据地访问团访问南方老根据地时可能遇到的问题指出，对各地生活困难的烈、军、工属，应表示待访问结束后，当视国家财力情况，订出可能救济的数目和办法，然后付之实施，如遇到个别特殊困难非急救不可的，可由当地政府作个别问题自行解决。如有人提出对过去在肃反中是曾犯有“左”的错误的，现在只要弄清确是被错杀的，当然可以平反。但由于此问题时间久情况又复杂，只能由地方党委经过调查并经群众证明，逐步解决，各地也可考虑对某些有负责干部证明或当地群众证明较为突出、明显是被错杀的，由省、县委主动给以平反。若有人询问他们手中苏维埃政府在内战时期发行的钞票如何处理时，应答复准备定期兑回。

同 日

［纲 文］ **政务院发布《关于对外文件上使用文字的规定》。**

［目 文］ 《规定》指出，中国各级政府机构在其职权范围内如以书面形式同外国政府、外交代表或其机构及外国侨民洽办事务时，一律使用中文，唯有中文为唯一合法文字，但可视情况，附以俄文或英文译本。

7月22—23日

［纲 文］ **中国人民抗美援朝总会发出慰问解放军、志愿军伤病员与革命残废军人的通知与慰问函。**

［目 文］ 《通知》要求各分会大量翻印、发放总会纪念“八一”给解放军、志愿军全体伤病员与革命残废军人的慰问信，并做好讲解；在8月1日前后，组织慰问团到各医院与革命残废军人学校慰问伤病员和残废军人；建议各分会和当地政府及各界组织剧团、电影放映队随行慰问演出，或发动当地戏院、电影院慰劳演出；慰问时可召开小型座谈会等。

中国人民抗美援朝总会在慰问信中写到，当我们全国人民热烈庆祝八一建军节的时候，我们心里十分怀念为人民为祖国流血负伤或者抱病或者残废了的英雄们。全国人民誓以你们为光辉的榜样，向你们学习。全国人民正在继续开展的增产捐献运动，截至7月22日，已捐献飞机2222架、大炮127门、高射炮60门、坦克10辆。

7月22日

［纲 文］ **上海市举行淮河水闸装置完毕庆功大会。**

［目 文］ 治淮委员会主任曾山出席讲话、授奖。淮河中游蓄洪水闸的机件制造任务及在工地的装置工程是由上海市123个工厂的12000余名工人和技术人员共同完成的。4月初开始赶制淮河水闸机件，5月26日完成。5月底，700余人组成技术工程队赶赴淮河工地进行安装工作，提前完成了淮河中游润河集3里多长的水闸装置工程。

同 日

［纲 文］ **第九批被马来亚英殖民当局非法驱逐出境的华侨返抵广州。**

［目文］ 这批华侨共750人，其中80%是妇女和儿童。他们到广州后受到侨务机关和各界人民的热情慰问和照顾。

7月23—28日

［纲文］ **《人民日报》连载经毛泽东审改的《武训历史调查记》。**

［目文］ 1951年夏，人民日报社、文化部、山东分局、平原省艺术界联合会、平原省委等单位共同组织武训历史调查团，赴山东堂邑、临清、馆陶等县，进行20多天的调查。调查团成员有袁水拍①、钟惦棐②、李进③等13人，他们直接和间接访问了160多人，搜集了很多资料，并由袁、钟、李起草了《武训历史调查记》，经毛泽东阅改后定稿发表。《调查记》共分五个部分：一、和武训同时的当地农民革命领袖宋景诗；二、武训的为人；三、武训学校的性质；四、武训的高利贷剥削；五、武训的土地剥削。该文实际上为批判武训、武训精神和电影《武训传》作了总结。

7月23日—12月11日

［纲文］ **越南人民访华代表团访问中国。**

［目文］ 代表团由越南国民联合战线副主席、劳动总联团主席黄国越率领，应全国政协邀请，7月23日抵达北京。全国政协副主席李济深、沈钧儒、郭沫若、陈叔通等及各民主党派、各人民团体代表章伯钧、马叙伦等前往车站欢迎。李济深致欢迎辞指出，中国人民在毛主席领导下所获得的伟大胜利，鼓舞了正在进行解放战争的越南人民；同样，越南人民在胡志明主席领导下数年来进行解放战争的坚苦卓绝、不屈不挠的精神，也是值得中国人民学习和借鉴的。

7月24日，全国政协宴请越南人民访华代表团全体人员。李济深、沈钧儒、陈叔通出席。郭沫若致词说：中越两国人民在反对帝国主义、保卫世界和平的伟大事业中是有巨大贡献的。中共中央书记处书记刘少奇致欢迎词说：越南人民和中国人民很多年来都在帝国主义压迫之下，过着痛苦的生活，同时，也进行了很多年的反对帝国主义的斗争，因此中国人民特别了解和同情越南人民要求民族独立和解放的斗争。我们相信：越南人民一定要在以马列主义为思想指导的越南劳动党的领导之下团结起来取得革命的最后的胜利。黄国越致答词说：今天我和各位在一起，并不觉得是在国外，而是像在家里一样。我们是在一个亲切的革命大家庭中。敬祝毛主席健康！敬祝诸位同志健康！宴会后举行了音乐舞蹈晚会。7月27日，越南访华代表团向全国政协及中华全国总工会献旗献礼，全国政协副主席陈叔通、中华全国总工会副主席李立三分别接受并致答词。

---

① 袁水拍（1919—1982），江苏吴县人，诗人，时任人民日报社文艺部副主任。

② 钟惦棐（1919—1987），四川江津人。电影理论家。

③ 即江青（1915—1991），山东诸城人，毛泽东夫人，时任中央人民政府文化部电影事业指导委员会委员。

8月2日，由北京市各界人民代表会议协商委员会主持，北京市各界人民集会欢迎越南人民访华代表团。北京市协商委员会主席彭真、副主席刘仁及委员等各界人士约5000人出席。张奚若代表北京市各界人民致欢迎词，黄国越报告了越南人民民族解放斗争的情况。

7月30日和8月3日，全国青联和全国妇联也分别举行盛会欢迎越南人民访华团。8月3日，全国政协委员会邀请黄国越报告越南人民英勇抗战的情况。代表团在访华期间还参加了国庆观礼，并到东北、天津、广州、桂林等地参观访问。12月11日，代表团离开南宁回国。

7月23日

［纲 文］ **新华社讯，卫生部发言人驳斥英荷殖民当局与联合国世界卫生组织诬蔑中国沿海港口为“天花疫港”。**

［目 文］ 1951年3月以来，联合国世界卫生组织新加坡疫情站曾四次发表捏造中国疫情的通告，宣布中国全部海岸港口为“天花疫港”等。为此卫生部发言人驳斥指出，中华人民共和国成立以来，基本上已控制了急性传染病的流行。由于推行普种牛痘，一年多以来已在全部海岸各港埠的预防天花工作中表现了显著的成绩，如大连、营口、秦皇岛、烟台、厦门、广州等沿海地区在1950年都没有发生天花。所以英荷各殖民当局与联合国世界卫生组织宣布中国全部海岸为“天花疫区”是毫无根据的污蔑和对中国人民的敌视行动，中国人民对此深表愤怒。

7月24日

［纲 文］ **政务院通令颁布实施《对于接受美国津贴的基督教团体处理办法》。**

［目 文］ 《处理办法》共八项，主要内容是：责令中国各基督教教会及团体，应与美国差会及大部分由美国经费支持的其他非美国的差会，立即断绝关系，停止活动；对在中国基督教教会及团体中工作的美国人员的处理原则，差会愿将在中国的财产捐献给中国教会的捐献办法，基督教会及团体的教堂、办公处所房地产税收问题等，做出明确规定。此后，各地根据上述《处理办法》，迅即开展了处理工作，到1954年底全部处理完毕。

［文 献］ **对于接受美国津贴的基督教团体处理办法**

根据本院一九五〇年十二月二十九日第六十五次政务会议《关于处理接受美国津贴的文化教育救济机关及宗教团体的方针的决定》和同次会议批准的郭副总理报告中《接受美国津贴之中国宗教团体，应使之改变为中国教徒完全自办的团体，政府对于他们的自立自养自传运动应予以鼓励》之原则，兹规定对于接受美国津贴的基督教团体处理办法如下：

一、中国各基督教教会及团体，应与美国差会及大部分由美国经费支持之其他非美国的差会，立即断绝关系。在中国之上述差会应即停止活动。

二、在中国基督教教会及团体中工作之美国人员，应按下列原则处理：

（一）有反人民政府言行者应予撤职，其犯有罪行者，报请政府依法惩办；

（二）自愿离开者准其返国；

（三）无反动言行而教会及团体认为有需要留下并愿供给其生活者，可以续留，但不得担任教会及团体的行政职务。

三、已经实行自养之基督教教会和团体原来所办之社会服务事业如医疗机关、福利机关等，其经费能自给者，可继续办理，但须组织董事会，保证实行政府法令。董事会名单应由政府批准。其经费不能维持者，得申请政府补助或接办。但教会及教会团体所办大中小学校（除宗教学校外），均应与教会分开，学校使用之房屋，原则上应划归学校；如其房屋系与教会及团体共同使用者，由当地人民政府，依据具体情况，另订处理办法。

四、外国差会如自愿将其在中国的财产（不包括土地）捐赠给中国基督教教会及团体，经政府审核批准后，中国基督教教会及团体得接受其全部或一部，但此项捐赠不得附有任何条件。

五、已经实行自养之中国基督教教会及男女青年会，其教堂及办公处所直接使用之房屋的房地产税，政府可予免征。

六、中国基督教教会及团体出租之房屋，应按照政府法令，保障租赁权，并向政府纳税。凡由政府借用之教堂房产，可视当地实际状况和对教堂的需要情况，协商处理，必要时得订立合同。

七、已经实行自治、自传、自养之基督教教会及团体，在一九五零年十二月二十九日以前，其本教会及团体所有之经费如存储国外而需提回者，须提供确切详细证据，说明来源及用途，呈请政府审核批准。如有欺瞒、谎报、假造证据等情，其负责人及有关人均应负法律上之责任。

八、凡曾接受外国津贴的教会及其附属事业，均应按照中央人民政府政务院《接受外国津贴及外资经营之文化教育救济机关及宗教团体登记条例》进行专门登记，不得借故拖延或抗拒；其已确实实现自养者，该项专门登记应予注销。

资料来源：1951年7月27日《人民日报》。

同日

［纲文］　彭德怀就积极准备9月攻势作战一事致电毛泽东。

［目文］　电报说：美帝国主义处在矛盾状态中。我再有几次胜利战斗，打至三八线以南，然后我再撤回三八线为界，进行和谈，按比例逐步撤出在朝外国军队，坚持有理、有节，经过复杂斗争，争取和平的可能是存在的。如经过上述办法而不能达到和平，则继续打下去，最后赢得战争胜利是肯定的。从全局观点来看，和的好处多，战亦不怕。我军

于8月中争取完成战役反击的准备，如敌不进攻，则至9月举行。最好是待敌进攻，我则依靠阵地出击为有利。

7月26日，毛泽东回电指出：敌人是否真想停战议和，待开城会议再进行若干次就可判明。在停战协定没有签订，战争没有真正停止以前，我军积极准备9月的攻势作战是完全必要的。

同 日

［纲 文］ **教育部指示各大区教育部门召开暑期高等学校政治课讨论会。**

［目 文］ 指示指出，目前思想政治教育以肃清封建、买办、法西斯主义思想，加强爱国思想为首要任务，并用民主批评的方法适当地改造民族资产阶级和小资产阶级的思想，培养学生全心全意为人民服务的革命的人生观。政治课应作为业务课之一，着重于系统的理论知识的讲授，集中解决学生的主要思想问题。政治课内容仍为《社会发展史》和《新民主主义论》。政治课教师尽可能由专人担任。应加强集体教学，充实教研组的工作。有条件的可重点试行“习明纳尔”① 教学方法。

同 日

［纲 文］ **外交部副部长章汉夫发表声明严重抗议美机侵犯中国领空。**

［目 文］ 声明指出：1951年7月21日上午8时29分，美国F94式喷气战斗机8架侵入我国东北领空，经宽甸先向沈阳后又折向辽阳、凤城方向飞进。我空军当奋起保卫我祖国不可侵犯的领空，击落了侵入的美机七架，其另一架逃去。应当指出：美国侵朝空军在最近朝鲜停战谈判期间也没有停止这种挑衅。在7月11日至16日，美国飞机曾多次侵入我东北的辑安、安东、宽甸、桓仁等地上空，在7月15日21时，侵入安东盖家崚村上空的美国飞机竟投弹3枚。在7月17日，美机侵入我东北的辑安、安东、宽甸等地上空5次。在18日侵入辑安、安东等地上空3次。7月21日美国空军的挑衅，则是所有这些挑衅中最放肆的一次。中央人民政府对美国侵朝空军继续并扩大侵犯我国领空的暴行，表示严重的抗议。美国政府对其空军的这种狂妄的挑衅行为所引起的后果，必须负起全部责任。

7月25日

［纲 文］ **中共中央复电批准上海市委就设立党的“一大”永久性纪念馆事宜的请示。**

［目 文］ 中央给华东局并转上海市委的复电指出：同意上海市委关于党的第一次代表大会时期房屋的计划，但与现在居民调换房屋事必须慎重，因此事并非急务，故必须待原住户真正同意并满意后再办，万勿急躁勉强，引起群众反感。

此前，7月17日，上海市委在电报中提出：根据有关人员提供的材料并经实地勘察查

---

① 即俄语 семинар，意为在教师指导下的课堂讨论。

明：一、旧望志路106号即现在的兴业路76号，确系30年前我党举行第一次代表大会之处（李汉俊之家）。二、蒲柏路（现名太仓路）127号旧博文女校，确系30年前毛主席等出席第一次代表大会时的宿舍。三、环龙路渔阳里2号即今南昌路铭德里2号，为党中央领导机关的第一个所在地。以上三处可即以其他房屋与现在居民调换。一、三两处屋龄虽长但尚可保存，博文女校房屋年久失修，但也可设法按原状修理。如中央同意，拟即以市委为主成立委员会，办理让渡房屋，将其设立为永久性纪念馆，请即指示。

同日

[纲文] **中央人民政府南方老革命根据地访问团启程赴汉口。**

[目文] 访问团由内务部部长谢觉哉任团长，朱学范、陈正人①、邵式平②、李先念③等任副团长。访问团下设八个分团，分赴土地革命战争时期的中央革命根据地及闽浙赣、湘鄂西、湘鄂赣、湘赣、鄂豫皖、海南岛、川陕边等革命根据地进行访问。参加该团访问的人员，大部分是在中央人民政府直属各部门、人民革命军事委员会和中共中央直属机关工作的当年曾在各个老根据地经历过艰苦斗争的干部，此外还有多位民主人士。访问团的主要任务是，访问老革命根据地的革命烈士家属、革命军人家属以及残废军人和当地人民群众，借此深入了解他们的生活情况。访问团带去了毛泽东为老根据地人民的题词："发扬革命传统，争取更大光荣"。率有12个电影放映队，并在各地抽调文工团随行，还携有大量的毛主席照片和肖像纪念章，以及各种书报、图片等礼品。

同日

[纲文] **重工业部发布《关于直属厂矿基本建设的检查报告》。**

[目文] 根据6月19日中财委发布的关于检查基本建设的通知精神，重工业部连续召集了若干次会议，对于该部在1950年及1951年上半年在直属厂矿中新建设的企业和恢复、扩大的旧企业两类基本建设项目中所发生的问题，作了专门检查，形成了此《报告》。

《报告》首先指出了在旧企业恢复和发展中、新建企业中出现的一些缺点和错误，分析了主观和客观两个方面原因。主观方面，主要是各级领导干部思想上有某些错误观点，譬如急于求成和不切合实际的"好大"的观点。客观方面也有些具体困难，如资源情况不明，经验不足，技术干部缺乏等。《报告》提出了解决办法：一、关于基本建设的总的方针问题：（一）对于新的建设，应充分估计自己的财力、物力、人力、技术等条件，及国外的条件——技术援助和装备的供应，不贪多，集中使用力量，办好一个是一个，以培养能力，积累经验。（二）关于旧企业的恢复和发展，过去曾有看重新的大的企业而比较地忽视所谓"轻点"的倾向，应予纠正。对旧企业应提高其设备利用率，增添必要设施，使

---

① 陈正人（1907—1972），江西遂川人，时任中共江西省委书记。

② 邵式平（1900—1965），江西弋阳人，时任江西省人民政府主席。

③ 李先念（1909—1992），湖北红安人，时任中共湖北省委书记，湖北省人民政府主席。

其逐步完整，尽量发挥生产能力。二、关于设计方针问题：设计必须周密和正确，然后才能施工，这一原则不容动摇，必须坚持。凡无十分把握者，均应请外国专家办，而以带徒弟办法，培养自己设计人员和机构。大企业建设不应有任何冒险成分，而中国技术专家目前一般还缺乏全面设计能力。三、关于国外订货问题：订货（主要指机械装备）条件是进行设计的根据，按照什么规格进行设计，这应是一个基本建设的关键问题。凡是重要的大机器设备，必须向苏联订货，以所谓英美规格当然不可能。苏联对我们的建设是抱着负责帮助的态度，资本主义国家在目前则连普通机器和器材都不卖给我们。苏联对我们在贸易上，不单纯是商业关系，而首先是政治关系。因此，凡是国外订货，必须按照接受订货国的规格设计。

同日

［纲文］ 中央防汛总指挥部发出《关于加强防汛工作的指示》。

［目文］ 《指示》指出，自7月3日起，长江上中下游普降大雨，沙市水位14日最高达43.43米，超过危险水位1.13米。按一般规律，此后一个多月内，是全国防汛工作最紧要的阶段，各地区、流域水利机构和防汛机构都应继续提高警惕，加紧堤防检查和防汛准备工作，战胜洪水，保证今年的农产丰收。曾经一度涨水或正在涨水的河流，如长江、珠江、沂河、沭河和淮河流域，应用一切力量加紧防汛，在洪水间歇期间检查修筑堤防，内涝地区有系统地排水。黄河及华北、东北各河，目前水情虽还比较平稳，个别地区甚至有干旱的现象，但进入汛期，随时有发生暴雨的可能，要防止麻痹大意，做好检查，严加防范。

7月26日

［纲文］ 中共中央向全国各省、区党委转发《苏北区党委关于整顿合作社的决定》。

［目文］ 《决定》指出，苏北合作社共有933个，基层社195万社员，据初步检查，其中较好的社占19%，一般的社占66%，较坏的社占15%。当前合作社的中心问题，是政治领导不强。社组织一般结构软弱，不能适应当前任务要求；较坏的贪污浪费，挪款、失职、亏蚀现象严重。各级党委应立即加强对合作社的领导，切实做到：一、根据华东局的指示，迅速充实健全各级机构。区委支部应增加合作社委员，县联社由县委委员担任专职主任，一般的基层社主任应相当于乡支书水平，靠近区委的中心社，应由区委委员任主任、区委干部任副主任，专区社、县均应建立党组。二、整社工作应该本着就事论事、分别类型、抓紧重点、逐步提高的原则，巩固好社、提高一般社、改造坏社。整社应达到下列标准：（一）社干成分纯洁，作风好，无贪污浪费、挪款、失职等情形。（二）业务经营合理，面向社员，经济制度严格。（三）社务民主并按期公布账目。三、整社大体步骤，7月进行典型实验，区里着手培养中心社。8月总结不同类型经验，分期逐步展开，并在中心社的基础上，选定较好的社，每县应创造1个至5个典型社。至9月告一段落，总结经验上报。四、必须坚决保证完成棉花包销任务，积极进行手工业合作社的典型经验。

同日

［纲文］ 政务院公布《关于各级政府机关秘书长和不设秘书长的办公厅主任的工作任务和秘书工作机构的决定》。

［目文］ 《决定》规定秘书长和不设秘书长的办公厅主任的工作任务是：协助首长综合情况，研究政策，推行工作；协助首长密切各方面的工作联系；协助首长掌管机关内部统一战线工作；协助首长掌管保密工作；掌管机要工作；主持日常行政事务；掌管机关事务工作。

《决定》对做好这一工作的基本问题提出了指导性意见，指出秘书长和办公厅主任工作的性质是既要参与政务又要掌管事务，必须熟悉政策法令，创造和积累经验，建立健全机关工作制度，加强计划性和组织性等。要掌握“抓住重点，照顾全盘”的工作方法，贯彻执行“集中领导，分工负责”的原则。要根据实际工作需要，划分工作人员的职责，做到机关没有忙闲不均现象。每个秘书工作部门的干部，要认清自己的工作是政府工作中很重要的一部分。把工作兴趣、个人事业心完全结合于人民事业的整体利益中，坚守岗位，埋头苦干。

关于组织机构，《决定》指出，秘书工作机构，应根据精简的原则，尽力减少层次。办公厅一般可分设两层，最多不超过三层。为便利工作，可多设副职，分工领导。适当业务分工，组织机构可适当向横的方面发展，逐渐改变过大过多的一揽子的组织形式。条件许可时，可把秘书业务、研究工作、机关事务管理工作划分开来，具体编制应依各地区、部门情况决定。大行政区和各省（市）人民政府的政策研究机构，应视各地具体工作情况和干部条件建立。

同日

［纲文］ 中财委发布《关于今后全国物价调整办法的指示》。

［目文］ 《指示》指出，两个月以来，物价每天上升1‰，秋后物价存在着严重的波动危险。主要原因，一是国家掌握的纱布力量不足，进口外棉计划也由于美国阻挠而可能落空。二是农民购买力较1950年突增。本年秋冬国家在关内还必须收购棉花800万担，大米和杂粮26亿斤，估计农民购买力一般可能比去年秋天提高40%左右。三是控制在资本家手中的游资，较去年大为增加，并未大量投入生产，而是待机而动。人民银行私人存款已突破8万亿元。如果物价发生波动，则银行存户将会向银行提取存款，争购物资，全国整个金融就会陷入极大混乱。

为保持物价稳定，须采取如下措施：一、想尽一切办法保障9月底以前全国纱厂开工4天4夜和10月份开工6天6夜。二、在8、9、10三个月内，银行适当紧缩投放，有计划地抽回向纱布复制业和其他足以助长物价的放款，尽可能地减少财政开支，以抽紧银根，减低市场冲击力量。三、在各级党委集中领导下，把财政、银行、贸易、合作社和机关生产的力量组织起来，共同一致应付市场，并加强对市场特别是纱布市场的行政管理。四、从8月1日起调整全国物价，棉纱上提7%—10%，布上提5%—8%，中南新粮比现在大米牌价低10%—15%，面粉、汽油、煤油、柴油、烟煤和一部分工业器材均调低

1%—5%，个别的调低15%—20%；争取做到总指数不变动，折实单位略升，控制目前物价总指数每天1‰的上涨趋势。以上四项办法，最主要的还是调整物价，才能适当减轻市场对纱布的冲击，把增加的农民购买力和市场囤积力量引向储备较为充裕的商品上去。但这就必然会更加扩大粮食和纱布的剪刀差，对农民是不利的。经再三考虑和计算，这样做，农民的实际购买力在调整物价后，还可能比去年提高15%—20%。如果不采取这个措施，实在找不到其他更有效的稳定物价办法。如果物价发生波动，则会发生极为严重后果，农民也会蒙受更大的不利。

同日

[纲文]　公安部公布《城市户口管理暂行条例》。

[目文]　《条例》共十二条，经政务院批准，对城市居民户口管理的具体事宜做出规定，包括住户的分类、公安机关执行对户口的管理、户口变动的手续、来客登记、置备户口簿等内容。

[文　献]　城市户口管理暂行条例

第一条　为维护社会治安，保障人民之安全及居住、迁徙自由，特制定本条例。

第二条　本条例除人民解放军、人民公安部队、人民警察等武装部队、机关、兵营，及各外国驻华使领馆之外交人员外，凡在城市之中外居民，均须一律遵守。

第三条　凡同一主管人，共同生活，同处食宿者，不论其人数多少，关系如何，均称一户；但如一家分居数处，分起伙食，相距较远者，或数家虽同居一处而经济各自独立者，均得分别立户。其分类如下：

一、住家户：一般住户，以其主管人为户主。如系单人合住者，以其居住较久或有固定职业者为户主。

二、工商户：凡公营私营之企业、工厂、公司、商店、作坊、合作社、货栈、医院、娱乐场所等，以其经理、厂长，或其他主管人为户主。

三、公寓户：凡旅馆、客栈、代理店、会馆等，以其经理人或主管人为户主。如旅客居住在三月以上，或内设商店者，须另行立户。

四、船舶户：凡陆上无住所以船舶为家者，或虽陆上有住所，而长期食宿于船舶者，以该船主管人为户主。

五、寺庙户：凡庵、观、寺、院、教堂等均属之，以其主持人为户主。

六、外侨户：凡在中国境内之各国侨民（法令另有规定者除外）均称外侨户，以其负责人为户主。

第四条　户口管理一律由人民公安机关执行，各种簿册、表格、证件，应力求简化便利人民，均由中央人民政府公安部统一印制样式，由省（市）级人民公安机关翻印。公安人员执行任务时，各户不得拒绝。

第五条 户口变动时，户主须按照规定，持户口簿至当地人民公安机关，办理手续。

一、迁出：凡迁出者，须于事前向当地人民公安机关申报迁移，注销户口，发给迁移证（同一公安派出所辖区内之迁移不发给迁移证）。

二、迁入：

1. 凡迁入者，须于到达住地三日内，向当地公安派出所申报入户。有迁移证者，应呈缴迁移证；无迁移证者，应补交其他适当证件。

2. 被解放之伪官兵，及释放之犯人，须持军事机关或人民司法机关、人民公安机关之证件，申报入户。

三、出生：婴儿出生后一月内，由户主或其父母申报之。被遗弃之婴儿，由发现人立即报告当地人民公安机关处理之。

四、死亡：

1. 在死亡未入殓以前，二十四小时内，由户主或家属申报之；无家属或家属不在者，由邻居报告之。

2. 暴死或死因不明，以及传染病死亡者，由户主、家属或发现人立即报告之。

3. 未报出生即已死去之婴儿，应补作出生、死亡报告。前三项规定之死亡，均须领得埋葬证后方准埋葬。

五、凡结婚、离婚、分居、并居、失踪、寻回、收养、认领、雇工、解雇、开张、歇业或户主、职业等有变动时，均须分别报告之。

第六条 来客住宿超过三日者，须向公安派出所报告。

第七条 各户均须置备户口簿，按实填写，以备查对；医院除备有户口簿外，须另备住院病人登记簿，病人入院出院按时报告之；旅栈、客店均须备旅客登记簿，于每晚就寝前，送当地人民公安机关检阅备查。

第八条 违背本条例规定，按其情节轻重处分之。

第九条 凡人民政府机关、人民团体、学校、军事工厂等，均称为公共户；公共户口亦须受人民公安机关管理，其管理办法另订之。

第十条 本暂行条例自公布之日起，过去各地颁布之城市户口管理条例或规则，一律作废，统按本暂行条例执行。

第十一条 各大行政区、省（市）人民公安机关，得依据本条例之精神制定具体实施细则或补充办法。

第十二条 本条例经中央人民政府政务院批准，由中央人民政府公安部公布施行。

资料来源：1951年7月26日《人民日报》。

同 日

[纲 文] **铁道部发布《有关新公路各项问题的具体指示》。**

[目 文] 《指示》对新公路建设的计划、设计、施工、机务厂务及运输、材料和其他工作做了具体规定。关于计划工作，要求新公路建筑单位（工程局、处）的整个年度计划，经常检查、总结。关于设计工作，天兰、成渝、来镇、宝成四线是当前铁道部最大的投资工程，过去因没有全部、正确的工程设计即先开工，招致工料浪费很多。设计局应立即暂停一切不急要的设计工作，将全部力量集中于各新路工程，作为下半年的中心工作，尤其是天兰线若干关键工程，必须抓紧进行，以免影响通车期限。关于施工工作，工程总局应订出掌握施工的具体内容，掌握实际工料率，核算工程成本，检查质量，推广创造发明，保障技术安全，改善施工办法、劳动组织等。要制定按月统计补充表报，贯彻到基层施工单位，积累经验。关于机务厂务及运输工作，机务运输两总局应指导西南、西北两工程局从速成立"管理处"，并协助其建立制度、健全组织，其主要任务是办理工程材料的运输工作。关于材料工作，材料局应限期成立基本建设材料供应处，负责全部统购料的供应工作。

同 日

[纲 文] **铁道部发出《关于加强今后铁路新线建设的决定》。**

[目 文] 《决定》要求：一、重视设计工作。铁路建设必须严格执行"先设计后施工"的原则。二、逐步走向经营管理的企业化。新公路局（工程局）的施工方式，应以自办工程为主，除技术性较少而数量巨大如土方工程等须利用军队、民工外，一般应依靠自己的施工力量，要有计划地逐步接收现有的私营包商的劳动力。三、合理运用政府投资。设计原则应是少量投资，多通线路，迅速通车，早得使用价值。为此，应在合理而经济并照顾到地理环境及将来发展至永久性线路等级标准的要求下，考虑在新工时期多采用半永久性的正线便桥、便线便桥及其他半永久性的建筑物，并尽量缓办与通车无关附属设备。四、部内各单位要以最大的力量加强领导新路建设的进行，关内外各局和所有部外各单位，也必须尽可能地给以帮助。

同 日

[纲 文] **《人民日报》报道，马恒昌小组订立爱国竞赛公约。**

[目 文] 马恒昌小组根据全国总工会和东北总工会的指示，决定将本年1月份向全国职工提出的挑战竞赛条件和过去提出的爱国公约、护厂公约等合并，统一修订为六项爱国竞赛公约，作为马恒昌小组下半年爱国竞赛的行动纲领。公约内容为：一、争取下半年内超额完成生产任务10%，捐献超额奖金的50%和每月献工一天的工资，购买飞机、大炮、坦克。二、严格遵守技术操作规程和机器保养、质量检查制度，保证产品质量达到99%以上为优良品。三、保证全组都学会高速切削初步操作方法和推行郭瓦廖夫工作方法①。

---

① 郭瓦廖夫工作方法，由苏联莫斯科"无产阶级胜利"纺织厂工程师郭瓦廖夫创造，指综合广大工人的先进生产技术经验，制定标准操作规程、动作和技术标准，应用于生产，提高劳动生产率和产品质量。1950年11月，这一方法由中国长春铁路管理局人事助理局长张林首先介绍到哈尔滨铁路工厂机械分厂，并在东北地区迅速推广。

◀马恒昌（中立者）和同组工人探讨技术革新中的问题。

四、保证全组参加文化技术夜校学习。五、遵守保密制度，积极参加护厂工作。六、每周检查一次、每月总结一次爱国公约执行情况。

同 日

［纲 文］ **外交部向印度尼西亚驻华大使馆就拒绝中国持官员护照人员登陆入境事提出抗议。**

［目 文］ 抗议说，中国驻印度尼西亚雅加达总领事何英及驻其他领事馆的职员与家属19人，乘轮船抵达雅加达。但印度尼西亚外交部于21日通知中国驻印度尼西亚使馆，只准许持有外交护照的何英等3人上岸，拒绝其余持有官员护照的16人入境。而中国此次所有去印度尼西亚人员均已取得印度尼西亚驻华大使馆的入境签证。中国政府对此表示抗议。7月31日，中国驻印度尼西亚大使王任叔也向印度尼西亚外交部提出抗议。

同 日

［纲 文］ **朝鲜停战谈判第十次会议就停战谈判议程达成协议。**

［目 文］ 协议内容有：一、通过议程。二、作为在朝鲜停止敌对行为的基本条件，确定双方军事分界线，以建立非军事地区。三、在朝鲜境内实现停火与休战的具体安排，包括监察停火休战条款实施机构的组成、权力与职司。四、关于俘虏的安排问题。五、向双方有关各国政府建议事项。在议程问题达成协议后，谈判随即进入实质问题的讨论。朝中方面代表提出以三八线为军事分界线，双方均从三八线后撤10公里，以建立非军事区的主张。

7月27日

［纲 文］ **中共中央发出《关于贯彻婚姻法的指示》并转发华东局有关指示。**

［目 文］ 《指示》全文如下：婚姻法的宣传及其执行的检查，应当是党的长期工作之一，但全国多数地方除婚姻法公布后一个时期内曾进行过宣传和检查外，以后即松懈搁置下来，各地妇女团体对此亦未做有计划的工作，致各地婚姻问题上的严重现象仍大量存

在，每年全国妇女因此而死者数以万计，仅中南区自婚姻法颁布以后1年内已死1万以上。为了克服这种严重现象，华东军政委员会在7月19日发表了《认真贯彻执行婚姻法的指示》，同日《解放日报》发表了社论，华东局亦发出内部指示，这些步骤是正确的，必要的，各地均可仿行。兹将华东局指示发给你们参考，并于日内将华东军政委员会指示和《解放日报》社论广播，望你们分别在党内刊物和党报上加以转载，并望根据本地情况，向政府机关和妇联提议：在适当时机发出类似指示，在报纸上发表评论及其他揭露和讨论的文字，同时仿照宣传惩治反革命条例经验，将婚姻法全文及其通俗解说广为印发，务使家喻户晓，引起党内外的普遍注意，是为至要。

此前，7月19日，华东军政委员会发出《关于认真贯彻婚姻法的指示》指出，土地改革完成后，广大群众觉悟提高，对残存的封建婚姻制度愈益不满，家庭和婚姻纠纷增多，各级人民政府对此现象，尚未引起足够注意，或虽已发现问题而未及时予以处理，或处理而不够公平恰当。为此，特作指示：一、各级政府领导干部和全体工作人员必须认真学习婚姻法，对自己有关的婚姻问题，尤应采取严肃态度，以身作则。如有个别干部破坏婚姻法，干涉男女婚姻自由，因而造成被干涉者之伤害或死亡者，应坚决依法严加惩处。二、为了在群众中顺利推行婚姻法，必须做好宣传教育工作。三、目前封建婚姻制度在各地特别是农村中仍严重存在，各级政府应根据各地实际情况，有步骤地切实地改革封建的婚姻习俗，并有计划地提倡和建立新的婚姻制度。对“重婚”、“纳妾”、“童养媳”、“等男媳”等封建恶习，应妥善处理防止再犯。少数地区残存的“租妻”、“典妻”、“抢亲”、“干涉寡妇婚姻自由”等恶劣行为，应依法严加禁绝。对“放鹰”、“贩卖妇女”和强占、迫害、虐杀妇女等恶霸行为应严加惩办。四、各地应及时正确地处理婚姻纠纷，严肃慎重调查研究，合情合理解决。对某些曲解婚姻法，轻易结婚、离婚，以及只顾离婚忽视子女教育问题等现象，都应给予教育和批评。处理婚姻案件，应吸收妇女团体代表参加和陪审，允许旁听群众提出意见。五、各级政府应将贯彻执行婚姻法作为日常重要工作之一。对实行婚姻法采取放任自流是不对的；但不从实际出发，单纯强迫命令，同样是不对的，都应预先防范。

同 日

［纲 文］ 中央军委做出《关于使全国步兵学校走向正规化的指示》。

［目 文］ 发给东北、西北、华北、华东、华南、西南各大军区的该《指示》指出：最近经军训部检查全国各步兵学校后，发现其中大部教育对象繁杂、临时任务多、干部不足、设备差，以致编制工作难以贯彻执行，力量不集中，影响正规训练。为了使学校走向正规，《指示》做出了六点具体规定：一、高级步兵学校与步兵学校，仍按照4月19日军委批准的军训部报告执行，即隶属于大军区，而接受军训部的业务领导。但各步校后勤事宜，仍责成各校驻地的省军区负责及督导。二、高级步校与步校的任务是培养正规国防军干部的骨干，故必须特别注意提高质量。因此，重新核定步校数目：西北2个，西南4个，华东4个，中南6个，华北2个，东北1个，全国共19个。这些正规学校，应完全按军委规定的班次、教育计划及制度办理。三、高级步校仍为5个，但西北最好与七军建制

分开。四、为照顾各区临时性任务，如民兵干部、文化教员的训练，军事政治干部短期轮训，青年学生及解放起义军官的改造等，各大军区及二级军区可酌情成立军政学校或教导团、队（冠以地区名，现中南有3个、华北1个）。这样，则将正规学校与学校现有的临时性任务，一律拨交该类性质的学校担任。五、各区除核定的步校外，原步校有多的，改为军政学校或教导团、教导大队。六、各校教员必须尽可能调补一定数量的本军骨干，并在大军区范围内做合适调配。

同日

[纲文]　政务院举行第九十五次政务会议。

[目文]　会议由周恩来主持。会议听取和批准了农业部部长李书城作的《关于1951年上半年农业生产工作的报告》。在讨论时，周恩来针对有人说农民在土改后怕冒尖的问题指出：在旧社会，广大农民终年辛劳而不得温饱，土改以后有了改善生活的可能，自然在增产之后就首先改善他自己的生活，这是可以理解的，也是合理的。只有使农民生活有所改善，才能鼓舞他们更好地去增产。爱国主义与发家致富并不矛盾。提高税收和收棉花，都应以增产为基础。首先是解决缺乏问题，在不缺乏的基础上才好解决其他问题。陈云讲得很对，今天应该是不怕农民发财，东西多了总比少了好。

会议还听取和批准了林垦部部长梁希作的《林垦部关于解决木材供应困难问题的建议的报告》。在讨论时，周恩来指出，中国木材不够，应该有计划地采伐。为了杜绝乱伐木材的现象，我们一方面要教育，一方面要订出些法规来。才能把国家引上计划性。会议通过了《关于节约木材的指示》，并于8月13日公布执行。

同日

[纲文]　贸易部、全国合作总社发出《关于预购棉花中各项具体问题的联合指示》。

[目文]　为便利本年4月全国合作总社与中央贸易部签订协议以后在各地开始的预购棉花工作，《指示》根据1951年3月20日所签订的预购棉花协议书第9条第4款的规定，对有关手续费用、加工费用、升降级等问题，联合做出了具体规定。7月底，全国各棉区合作社预购棉花工作初步完成。据不完全统计，华北、华东、西北、中南在1951年4月至7月的4个月内共预购皮棉427万市担，超额完成国营贸易部门要求预购的数量。

8月18日，中财委发布《关于预购棉花存在的几个问题的指示》。指出：根据近两年的经验证明，个别地区的粮食和棉花比价常常波动较大，因此，预付粮食预购棉花时，最好按秋后棉粮牌价作价。预付豆饼或其他实物则应按现行牌价作价并计息，秋后收棉时由棉农按棉花牌价折价偿还。

同日

[纲文]　贸易部发布《早中稻收购方案》。

[目文]　《方案》指出，土改后农民生活改善，消费量及储备能力增大，各地经济作物增产，土产交流活跃，对早中稻收购必须掌握下列原则：一、收购价格宜稍高于去年

水平；二、在稳定价格的原则下，争取多收购，以充实力量；三、早稻水分较大，不宜长期保管，应以收稻谷为主，并做到随收、随运、随售；四、中南、华东间及区内地区差价应保持正常合理，不应偏大偏小。根据以上原则，确定各地大米价格如下：上海中籼米1020元、汉口二机米870元、广州上粤早米940元、长沙二机米730元、南昌三机米783元。《方案》还就稻米质量、中晚稻上市、地区差异等具体情况提出了6点注意事项。

同 日

［纲 文］ 中国人民银行总行发布《关于加强货币流通的掌握建立出纳计划制度的指示》。

［目 文］ 《指示》指出，根据区行行长会议精神，后半年应在货币管理工作现有基础上，加强货币流通的研究与掌握，以逐步做到有计划地组织调剂。为此，依据各单位货币收支计划而汇编的综合货币收支计划，由于对公往来均作转账，为私往来均作现金，则其转账部分，除主要反映为公共经济关系外，并表示为最低限度被节省的现金（现钞）。其现金部分，除主要反映为公私经济关系外，并表示为最大限度的现金（现钞）收支。但在实际执行中，现金计划中相当大的金额是可以争取转账的。这样，综合货币收支计划的现金，因为包括了可以转账的部分，就不能真实地反映现金流通，为弥补此缺点，另编现金出纳计划，以为银行掌握现金收支的尺度，成为调剂货币流通的指标：一、各区行及各分行应普遍建立编制现金出纳计划制度。二、出纳计划主要掌握地区现金差额，掌握系统收付情况，掌握由公到私。三、总行掌握到区行；区行掌握到省市分行；分行掌握到中心支行或支行。四、在系统的掌握上，除银行通过本身对私业务调剂现金外，重点应掌握财政，其次为企业与部队、机关。五、现金的组织调剂，中心是加强由公到私和由私到公的掌握。六、为了能制定较正确的出纳计划，除主要根据各主要单位的货币收支计划，银行的业务收支计划及过去实际收支规律外，更应注意市场的需要（需要回笼或增加发行货币）。七、为及时掌握辖区出纳计划执行情况，各行应在业务电报报告中增加“现金报告”，报告每5天或每旬现金收支总额。八、原规定的综合货币收支计划电报报告办法，自实行电报出纳计划月份起即行停报。

同 日

［纲 文］ 《人民日报》发表题为《严肃法纪，为保卫国家财产和国家机关的纯洁而斗争！》的社论。

［目 文］ 社论指出，有少数营私舞弊的坏分子混进国家机关，这是决不能容忍的，必须加以揭发和清除。这些坏分子利用职权勾结私商贪污舞弊使国家财产遭受严重损失。坏分子之所以能够混入政府机关，并进行非法活动，是由于我们的某些政府机关还存在着严重的官僚主义作风。有许多干部，由农村进入城市以后，遇到了很多生疏的事情。业务部门的某些干部不肯虚心钻研，提高业务水平，有的反而不懂装懂，盲目自大，不走群众路线，不向群众学习，以致被奸商钻了空子，受了蒙蔽和欺骗。尤其值得警惕的，是有一些负责干部，对于贪污分子姑息放纵，对于犯法的技术人员也盲目地加以庇护，甚至以为

对于违法的工商业者的处分也会妨害私人资本。因此，他们对于贪污舞弊分子从轻处理者居多，认真严办者极少。甚至某些领导干部缺乏严肃的人民法律观点，往往由本单位自行处理贪污舞弊事件，很少把这类案件移送司法机关依法处理。这样就使得坏分子认为有隙可乘，以致贪污与盗窃国家财产的事件时有发生。

社论希望各级政府、各人民团体以及全国人民，要一致行动起来，严肃法纪，保护国家财产，经常注意与贪污舞弊的不法分子作坚决斗争。在人民群众中加强爱护国家财产的教育，使每一个中国人民都认识到爱护祖国财产是人民应该自觉遵守的道德，而贪污舞弊则是极端可耻的反人民反革命的行为。人人都应该积极协助司法机关，检举贪污枉法之徒。

7月28日

［纲 文］ **陈云、薄一波为中财委提出《关于解决纱厂棉花不足问题的几项措施》。**

［目 文］ 针对全国棉花和纱布短缺、不足应付秋后市场需要的情况，陈云、薄一波对饶漱石、曾山、邓子恢、邓小平、习仲勋、贾拓夫、高岗、顾卓新、刘秀峰、赖若愚、吴德、黄敬、彭真、刘澜涛等人提出该《措施》的五项工作要求并报中央，希望各地继续努力购棉储棉、加强纱布市场管理、合理安排全国生产计划以支持上海、天津、青岛三地的生产等。

［文 献］ **关于解决纱厂棉花不足问题的几项措施（节录）**

由于购棉储棉未能收到预期效果，各地纱厂虽已于廿三日勉强复工四天四夜，但能否坚持到九月底，尚无把握，要求各级财委及贸易部门大力加强收购和调运工作。同时纱布即将进入旺销季节，国家手中掌握的数量，还不足应付秋后市场的需要。为此，除加紧争取外棉进口和准备调整纱布和全盘物价外，请各地党委督促组织以下几项工作：

（一）继续购棉储棉运动，希望实际收购数字能有所增加。问题的关键在于必须准备充足的适合棉农需要的物资（如小麦、布疋、百货、肥料等）换购棉花，此点各地贸易机关和合作社应努力办到。

（二）责成合作社、一揽子公司、机关生产和财政部门，并动员说服私营厂商小贩，把他们手中所存的棉花售给或存给国家，以便把所有可能利用的棉花，都能利用到机器上去。

（三）由于棉花和纱布处于根本不够用的情况下，因此就要求纱布零星而又灵活的频繁调动，要求棉花按照计划要求及时迅速调运，我们要求你们教育各专司此事的业务部门的同志，必须坚决依照计划服从纱布调动和加紧及时调运。我们要求全国各地首先支持沪、津、青开工四天四夜，宁肯因内地棉花调出新花供应不上而暂时停工减产，也要保证沪、津、青开工四天四夜，这对全国有利。否则如沪、津、青三地纱厂在九月底以前因调运不及时或推迟延误调运计划而再一次停工，则将严重影响全局，刺激游资向我突击，造成在大城市中纱布市场脱销，引起全面物价波动的危机。

（四）在八月至十月期间，采取有效办法，停止各地手工纺织业的发展，我们考虑手工纺织业毫无疑问对地方经济、人民生活有一定好处，但它由于不纳百分之十五的出厂税和百分之六的统税（即使国家减少了百分之二十一的税收），容易发展，这就严重侵占了机纺的原料，扩大棉纱的销路，加深物价波动的危机。在此原棉极端缺乏、机纺停工威胁依然严重的期间，须特别注意这一问题。要求说服合作社地方当局和其他有关部门和有关同志，把手工纺织的发展停止下来。

（五）加紧纱布市场管理，中财委已于本月十八日电各地征求意见，请各地财委根据本地区情况加以组织实施，中等市场的管理，是今后数月内管理纱布市场的重要关键，尤须特别加以注意。

资料来源：中央档案馆提供档案。

同日

［纲文］ **中国史学会在京正式成立。**

［目文］ 中国史学会原名新史学研究会，成立于1949年7月1日，作为中华全国社会科学工作者代表会议筹备会的成员，参加了1949年9月在北平召开的中国人民政治协商会议。本日举行正式成立大会，定名为中国史学会。

该会是由从事历史研究、教学和其他方面专门史学的工作者组成的学术团体，提倡用马克思主义研究历史，坚持实事求是的学风，开展学术研究和学术活动，促进历史科学的繁荣和发展。其经常性的工作是举办学术讨论会，开展学术交流活动，出版会刊或通讯。第一届史学会主席郭沫若，副主席吴玉章、范文澜，理事会包括有各方面历史学专家共52人。“文化大革命”期间，史学会停止活动。1980年4月，中国史学会重建。

同日

［纲文］ **天津市天主教革新运动促进会发表告全国教友书。**

［目文］ 为拥护天津市军管会取缔天主教内秘密反动组织“圣母军”的措施，该会号召教友，更进一步地开展革新运动，把一切帝国主义分子和帝国主义的影响从教会里彻底肃清出去。希望全国各地的教友们彻底认清帝国主义分子不但是中国人民的敌人，也是天主教的敌人，广泛展开揭露、控诉“圣母军”在各地所进行的罪恶活动，把帝国主义分子黎培里、莫克勤之流依法惩办，将他们在中国土地上所布置的反动组织“圣母军”、“天主教教务协进委员会”连根拔除。

7月29日

［纲文］ **中共中央做出《关于妇女参加生产劳动问题的指示》。**

［目 文］ 发给各中央局、分局并转各省、市、区党委及工会和妇联党组的该《指示》说，东北局处理“三八”号机车乘务组的意见是正确的。中央同意这些办法，对今后鼓励妇女参加生产劳动问题有几点说明：

一、目前束缚压迫妇女的封建铁盖刚刚揭破，妇女才开始走入各种生产劳动的岗位，无论从妇女解放运动或吸引广大妇女参加国家建设工作的观点看来，目前宣传上应当强调的是：“除开极少数的社会职业以外，妇女可以而且应当和男子一样参加各种社会职业和各种生产劳动，参加伟大的国家建设工作”，而不应强调妇女参加生产劳动的困难或不宜参加各种社会职业，以免打击妇女群众参加生产劳动的信心，助长轻视妇女劳动的旧观念，这是应当首先注意的。

二、由于妇女遭受长期的封建压迫，使她们在体力上不宜于做过重劳动，如开火车、挖煤等工作，的确不是一般妇女所能胜任的。这个问题只有在将来生产技术水平提高、生产过程完全机械化以后，才能得到解决。所以培养妇女参加生产劳动的典型时应注意选择一般妇女所能胜任的工作，而不宜选择只有少数身强力壮的妇女所能做的来作为典型宣传。否则对鼓励妇女参加生产劳动运动会发生相反和有害的作用。所以，目前不宜把妇女开火车当做一般方向来提倡，但同时在铁道部门也应广泛吸收妇女参加其他各种工作，如现在各地已经实行的培养妇女做列车长、列车乘务员、广播员、站长、局长等工作，都证明是可以完全胜任的。所以各工业部门、机关团体都应尽可能地吸收妇女参加各种工作。

三、为了鼓励妇女参加生产劳动，组织纯粹由妇女组成的机车乘务组、列车包乘组的办法是起了一些宣传作用，但决不宜作为一个方向来提倡。因为无论对于生产或鼓励妇女参加生产劳动来说，都不适宜。我们应当鼓励的“是男女合作而不是各搞各的，是妇女和男子一块参加生产工作，而不是男女有别地分开工作”。

同 日

［纲 文］ **中共中央批转李立三《关于全国建筑工会工作会议的总结报告》。**

［目 文］ 中央转发批语指出：建筑工业是国家最重要的工业部门之一。但我们党在这个工业部门中的影响最弱。这种情形已经并在将来还要给我们很大的困难和损失。因此，除告中财委准备建立专门的建筑工业管理部门并加强其领导外，各级党委必须迅速加强在这个工业部门中的工作，才能发动工人和技术人员的积极性，完成目前和将来的建设任务。

此前，7月18日，李立三提出的总结报告主要内容有：一、目前建筑业的情况，总括起来可以说是无组织、无领导、无管理、无计划的无政府状态。具体表现在：公司林立，狼狈为奸；投机倒把，勾结舞弊；偷工减料，敷衍塞责；层层转包，封建剥削。二、整理与改革建筑业的办法，归纳起来有11项建议：由国家设立建筑工业的管理部门，加强领导，加强管理；设立国营建筑公司；由国家颁布建筑公司管理规则，把公营及私营建筑公司加以整理；设立同一的国营设计公司，把建筑业中工程设计与营造分开；废除投标，实行工程任务分配制；组织工地管理委员会，加强工地检查、监督和验收工作，实行民主管理；逐渐统一建筑材料规格；废除层层转包制，建立合同制；废除把头制，设立建筑工人统一调配机关；组织和整理建筑业的同业公会；加强工会组织工作。

同 日

[纲 文] **《人民日报》发表题为《争取按时完成增产捐献计划》的社论。**

[目 文] 社论指出，增产捐献运动仍在继续发展，但是，从全国范围来看，运动的深度和广度，还是不平衡的，各大行政区间不平衡，各省、市、县间也不平衡。全国约有1/4的地区，尚未深入开展这一运动。而在已经认捐和发起认捐的地区，实际缴款数字也还不大，有的未能按期实现捐献计划。为了争取按时完成增产捐献计划，还须做巨大、持久的努力，加强领导，想出更多的办法。为此，必须注意加强以下工作：第一，继续进行经常的、及时的时事政治教育。第二，明确增产捐献的原则，领导已经认捐的单位和个人，找出增产捐献的门路。增加生产是捐献运动的物质基础。各地党政领导机关，应该推动工会、商联会、同业公会等组织，领导与帮助机关、车间、商号与个人，订出与本身业务相结合的增产捐献计划，包括增加生产的办法，捐献款项的来源，按期、按月缴纳的数字。第三，应该使捐献计划和爱国公约结合起来，把增产捐献计划列为爱国公约的主要内容之一。各地在检查爱国公约的过程中，应该着重检查增产捐献计划的执行情况。帮助未订约的单位迅速订立，帮助已订约的单位，修改、充实公约内容。马恒昌小组修订了该组的爱国竞赛公约，这种把爱国公约、劳动竞赛和捐献计划结合起来的做法，各地都可采用。

同 日

[纲 文] **中央文史研究馆在北京成立。**

[目 文] 符定一①为馆长，柳亚子②、叶恭绰③、章士钊④为副馆长，齐白石、陈云诰⑤、陈半丁⑥等26位老先生为第一批馆员。董必武、吴玉章、李济深、马叙伦等人出席了成立大会。

中央文史研究馆是北京解放前夕毛泽东亲自倡导设立的具有统战性和荣誉性的文史研究机构。其宗旨是敬老崇文。馆长、副馆长由政务院（1954年改为国务院）总理聘任，受聘者都是耄年硕学之士。

7月30日

[纲 文] **中共中央批转华东局《关于克服学校教育中混乱现象的指示》。**

---

① 符定一（1879—1958），湖南衡山人，文字学家，毛泽东的老师。时任第一届全国政协委员、政务院文教委员会委员。

② 柳亚子（1887—1958），江苏吴江人，诗人，时任中央人民政府委员、民革中央委员。

③ 叶恭绰（1881—1968），广东番禺人，书画家、文史学家。

④ 章士钊（1881—1973），湖南长沙人，文史学家，时任第一届全国政协委员、政务院政法委员会委员。

⑤ 陈云诰（1877—1965），河北易县人，书法家。

⑥ 陈半丁（1876—1970），浙江绍兴人，国画艺术家。

[目文] 中央转发批语要求对学校教育中存在的混乱现象，切实加以检查，并有效加以改进，严重的应在报上公开批评。

此前，7月24日，华东局发出《关于克服学校教育中混乱现象的指示》指出，华东地区的学校教育中普遍存在着各种混乱与自流现象：随便拉学生参加各种突击工作，甚至布置会场、欢迎、欢送等，都动员学生参加；商人集体缴税，农民集体纳粮，也要学生打腰鼓欢送；部分地区的县党政领导机关把教育干部看作是机动干部，随便乱抽，甚至使学校垮了台；学校工作存在着严重的多头领导现象，行政、工会、学联、党团、妇联以及抗美援朝会、中苏友好协会等，往往各自布置一套，使得学校师生职务多、会议多、社会活动多，影响了学生的学习和教员的教学和身体健康。此外，任意招考或动员在校学生，随便占用学校房舍的现象也比较严重。以上情形，严重破坏了人民教育事业的计划性和组织性，大大影响了学校教育的正常发展。必须进行深入检查，并提出改进办法。

8月1日，《人民教育》发表题为《坚决克服学校教育工作中的混乱现象》的社论指出，由于某些机关、单位任意招考、抽调在校学生，造成中等以上学校学生大量减少。本年全国中等学校学生流动20万人以上；重庆市高中学生本年减少了56%；华北部分地区小学教师流动约1/10；京津14所高等学校教师两年来流动了26%。

同日

[纲文] 政务院公布《关于各地区各机关招聘工作人员和招考干部训练学校、训练班学员的暂行规定》。

[目文] 《规定》指出，中央和地方人民政府业务部门为了招聘工作人员和招考干部训练学校、训练班的学员，每次在正规学校招考期内同时举行，并一再发生抽调和招收在校生和招聘在职工作人员的情况，不但阻碍了国家正常教育建设计划，同时也严重影响了各方面的关系和在职工作人员的工作情绪。为此，暂行规定如下：一、在某一地区高等学校、中等学校招考期内，各级人民政府各业务部门除征得当地文教部门同意之外，一般不得在该地区招聘工作人员和招考学员。二、对招聘人员只能录取失业或失学人员。三、招聘和招考广告、录取名单，均须先报送当地政府人事部门审查同意后，才能正式公布和通知。四、中央人民政府各委、部、会、院、署、行及其附属各单位到各地区招聘或招考时，要先经教育部、人事部同意，由地方协助办理。五、各大行政区政府各部门到其他地区招聘或招考时，须先经本区人事部门审查后报请教育部、人事部审查，由其他大行政区协助办理；而在本区内招聘或招考时，由本区文教部门、人事部门负责。此外，不属于各级教育部门直接领导的高等学校招生，应遵照教育部颁发的《高等学校1951年暑期招考新生的规定》第六条办理。

同日

[纲文] 交通部发布《关于军用公路养护工作的决定》。

[目文] 《决定》指出，全国军用公路负有巩固国防的重大任务，较一般线路尤为重要，更必须加强养护，保证不误军运。《决定》对军用公路的养护办法、养护组织和养

护经费等问题做了规定。主要内容有：一、对军用公路的养护，各级公路机关、军事机关及地方政府均应特加重视，协力合作，保证全年畅通，不受季节的限制。二、军用公路的养护机构，应由各区省主管公路部门，根据各路线经过地区的自然条件、工程标准、运输情况及沿线劳动力供给等情况，适当组织。三、军用公路的养路经费问题。

7月31日

［纲 文］ **中国人民解放军建军24周年纪念大会在京举行。**

［目 文］ 出席大会的有朱德、刘少奇、周恩来、李济深、张澜、郭沫若、陈叔通、沈钧儒、聂荣臻、萧华等，各民主党派负责人，全国政协常务委员，中央人民政府委员会委员，中央人民政府各部门领导，解放军陆海空军高级将领，解放军战斗英雄代表，志愿军归国代表，共800余人。朱德在会上讲话指出，解放战争已经胜利了，但是台湾还没有解放，美国和蒋介石集团还没有放弃对中国大陆进行土匪特务活动和沿海武装登陆的计划；美国空军还不断地在中国东北境内进行挑衅；美国和英国撕毁国际协议，准备对日本实行片面媾和；美国正在积极武装日本，打算长期占领日本和朝鲜南部；美国还侵略着朝鲜和中国的台湾。因此，必须加强解放军的战斗力量和政治素质，为收复台湾捍卫祖国而奋斗。

同 日

［纲 文］ **中财委发布《国营企业资产清理及估价暂行办法》和《国营企业资金核定暂行办法》。**

［目 文］ 《国营企业资产清理及估价暂行办法》共十八条，要求对国营企业截至1951年6月底的实有资产分为固定资产和流动资产两部分进行清理和估价，并规定了固定资产和流动资产的范围以及计算核定的具体办法。《国营企业资金核定暂行办法》共十五条，其中规定国营企业核定应计算与核定的资金，包括固定资金和流动资金两部分。由于固定资金在重估资产中已查清上报，因此《国营企业资金核定暂行办法》重点对流动资金的具体核定办法做了规定。这两个《办法》是根据1951年6月1日中财委发布的《关于国营企业清理资产核定资金的决定》制定的，对于国营企业清理资产核定资金的工作提供了具体指导。

同 日

［纲 文］ **陈云、薄一波做出《对过去苏区所发公债暂不收兑的指示》。**

［目 文］ 该《指示》发给江西省委、各中央局并财委，对江西省政府关于收兑苏区公债的草案提出意见：土地革命时期苏区公债暂不收兑，应连同战前银行存款、公债等问题，一并从长考虑处理。

［文 献］ **对过去苏区所发公债暂不收兑的指示（节录）**

土地革命时期苏区发行之公债，为数不很大，全部收兑回来，化费亦不多。唯须考虑到过去国民党政府时代，发行了巨额公债，特别是蒋政府在抗日的招牌下，发行之公债以及战前银行存款数量很大（全国存款约合五亿元银元，国家银行即占四亿二千万元）。如我只宣布偿还土地革命时期苏区发行之公债，而对抗日战争时期蒋政府发行之公债及战前银行存款不予过问，倘社会人士提出质问，我们就会陷于被动。同时收兑苏区发行之公债国家化费不多，而分散到群众手中则所得更少，政治影响虽好，而对群众经济作用则不大，反将因此而招致很大麻烦。为此决定：苏区公债暂不收兑，等待老红区访问团回来再连同战前银行存款、公债等问题，一并从长考虑处理。

资料来源：中央档案馆提供档案。

同日

［纲 文］ 中国科学院语文干部训练班在北京开学。

［目 文］ 训练班共有学员32人，其中包括苗、彝、蒙、满、壮等少数民族学员。语言研究所所长罗常培兼任班主任。训练期限定为6个月。学员毕业后，除少数人仍回原机关协助语文工作外，其余将由语言研究所工作人员领导，到各少数民族地区调查研究少数民族语文，并协助少数民族改进原有文字或推行语言研究所制订的各种语言的拼音文字方案。

7月

［纲 文］ 中财委公布《1951年中华人民共和国国民经济计划》。

［目 文］ 《计划》指出，国内经济情况是：工业落后，生产资料工业比重不到1/3，工业特别是轻工业设备利用率低，在经过恢复与调整后应尽可能发挥；农业破坏严重，粮、棉生产距战前最高水平还低15%左右，兴修水利、发展交通和活跃城乡交流，是改变我国农业和经济状况的当务之急。而抗美援朝战争还在进行，对经济建设方面的调查统计基础差，技术和经验也都不足，因而基本建设必须有计划地稳步进行。因此，1951年经济建设的方针与任务是：一、在国防第一、稳定市场第二、其他建设第三的前提下，进行恢复与调整及必要的重点新建。恢复与调整新建的重点应当是铁道、水利与重工业。二、必须根据国防及国民经济发展的需要，提高工业设备的利用率，增加工业生产，并注意调整公私比重。三、提高农业生产，特别是经济作物，如棉、烤烟、麻的生产。四、大力组织城乡交流与国外交流，推销土产并供给人民主要的工业用品，及入口必要的工业原料。五、进行大规模建设的必要准备工作。

1951年计划主要指标是：国营主要工业部门生产总值为31.7亿元，比1950年增长23%，其中生产资料增长34%，生活资料增长9%。主要产品产量，发电量38.8亿度，煤2925万吨，生铁116万吨，钢材59.9万吨，水泥147万吨，棉布2375万匹，纸7.8万吨，分别比1950年增长22%、11%、36%、46%、93%、1%、7%；棉纱107万吨，因原料不足，仅为1950年的93%。农业计划生产原粮2642亿斤，较1950年增长8.36%；棉花2017万担，较1950年增长48.3%；役畜5634万头，较1950年增长4.7%。交通运输计划，铁路货运量1亿吨，航运货运量328万吨，国营汽车货运量174万吨，分别比1950年预计增长1%、86%、82%。

国家基本建设1951年基本建设投资总额为14.8亿元，其中用于重工业的占17.5%，水利16.5%，铁道25.5%。工业投资的地区分布重点仍为东北。生铁、煤、石油、锡等原材料、燃料的生产能力地将有大幅度的增加。水利建设的重点是治理淮河。

同月—8月

[纲文] **黄河、淮河、辽河等流域发生水灾。**

[目文] 7月中旬前后，黄河、淮河、辽河等流域山东、平原、辽宁、安徽、江苏、河南、河北、吉林等省区大雨成灾。灾情严重的山东、平原、辽宁3省224.4万公顷农田被淹，成灾112.5万公顷，倒塌房屋28.2万间，死亡4400人，灾民达800万人。山东省受灾、成灾面积最大，分别为91.46万公顷、53.8万公顷，减产粮食13.12亿斤，西北部主灾区多成一片汪洋，南部灾情次之；辽宁省倒塌房屋16万余间，死亡3900多人。

8 月

8月1日

［纲 文］ **《人民日报》发表彭德怀署名文章《中国人民志愿军是不可战胜的力量》。**

［目 文］ 文章是根据毛泽东8月1日就朝鲜停战谈判中发动新闻界批判美方立场问题答复李克农并告金日成、彭德怀的电报精神而写的。文章指出：中国人民志愿军之所以是不可战胜的，其原因有以下几点：他们进行的战争是正义的战争，是反侵略的战争；他们具有高度的政治觉悟，具有爱国主义和国际主义的伟大精神；他们根据朝鲜战场的实际情况，充分发挥了在同国内外敌人长期斗争中积累的以劣势装备战胜优良装备的作战经验和歼敌制胜的作战原则；他们得到了中国人民在人力、物力、财力上的全力支援；他们得到了朝鲜民主主义人民共和国政府、朝鲜劳动党、朝鲜人民军和朝鲜人民的极大帮助；他们得到全世界一切爱好和平人民的援助和鼓舞。这些原因正是志愿军在朝鲜战场上所具有的优势，这些优势将永久起积极作用。朝中代表团和“联合国军”代表团正在开城进行和平谈判，只要双方以三八线为基础建立非军事区域，和平解决朝鲜问题就是有可能的。如果对方并没有和平诚意，故意提出无理要求，致使和谈失败，那么，战争的形势对于对方就不会是美妙的。

8月2日

［纲 文］ **中共中央批准东北局宣传部以9月3日为战胜日寇纪念日的提议。**

［目 文］ 中央同意规定9月3日为全国统一的抗日战争胜利纪念日，并要求除了东北应改在这一天庆祝解放外，全国军民及报纸均应在这一天纪念八年抗日战争的胜利，宣传苏联军队援助中国战胜日寇的功绩。中央还要求本年9月3日应着重反对美国和英国抹杀中国和苏联的抗日功绩、准备片面媾和及美国重新武装日本和长期占领日本的反动政策。

此前，7月9日，东北局宣传部向中央宣传部提议，东北数年来均以8月15日为解放纪念日，在群众中影响较深，但事实上苏联军队从8月9日出动后至8月下旬开始全歼日本关东军，最后使日本投降，9月2日正式签字。1950年旅大苏军司令官也曾提出不应以“八一五”而应以“九三”为纪念日。因此，这一问题牵涉到苏联军队援助中国战胜日本的功绩问题。

8 月 13 日，政务院发布关于抗日战争纪念日的通告。通告说，查日本实行投降，系在 1945 年 9 月 2 日日本政府签字于投降条约以后。故抗日战争胜利纪念日改为 9 月 3 日。

同 日

［纲 文］ **外交部部长周恩来同印度驻华大使潘尼迦就美国政府所拟的对日和约草案交换意见。**

［目 文］ 潘尼迦称：印度政府认为，该和约没有中国政府参加与同意，就不能满足人民要求；和约应明确说明台湾归还中国；印度政府绝不同意和约中有关美军驻留日本的条款等。周恩来赞扬印度政府的意见，并指出，美国政府所用的办法和它在朝鲜事件中所用的办法是一样的，那就是用恐吓的词句来威逼其他国家屈从。只要亚洲的人民和国家不屈从，坚持反对美国扩张侵略，就必然会使美国政府在推行其政策时遭到困难，因而会产生迟疑，并最终导致美国侵略政策的失败。

同 日

［纲 文］ **中财委、林垦部召集部分地区林业主管人员会议研究种植橡胶树的初步计划。**

［目 文］ 会议决定在广东、广西北纬 24 度线以南地区，云南北纬 25 度线以南、东经 102 度以西地区，四川自泸州至万县的长江河谷地区种植橡胶树。1951 年、1952 年两年播种苗圃 2 万亩，1954 年种植胶树 450 万亩，1956 年增植 250 万亩，10 年后割胶 10 万吨；同时，海南岛从现有的 20 万亩扩大到 500 万亩，10 年后也割胶 10 万吨。会议要求海南岛本年采集 62 万斤橡胶种子供应大陆种植橡胶树的各省，中南、西南、华东各省在 8、9、10 三个月内要全力找寻印度橡胶母树，做好播种准备工作。

同 日

［纲 文］ **公安部发布《华侨出入国境暂行办法》及往来港澳旅客管理的布告。**

［目 文］ 经政务院批准发布的该《办法》规定：出入国境的华侨，其持有中国外交部或国内各地外事机关及中国驻外使馆签发的护照签证等证件者，即准予出入国境。出入国境的华侨，经过出入境地点时，须按旅客行李检查暂行通则的规定，将上述护照签证等证件和所带之行李物品等，交当地边防公安检查机关检查，不得违抗。来自尚未与中国建交国家的归国华侨，未持上述证件者，须在入境时向当地人民政府边防公安检察机关申请办理归国华侨证明书；前往尚未与中国建交国家的出国华侨，须持有区乡人民政府或人民政府各级侨务机关的证明，向原籍或现居住地人民政府县（市）公安机关办理华侨出境通行证，经由指定地点出境。

关于往来港澳旅客管理的布告要求，凡是往来香港、澳门（以下简称港、澳）的旅客，必须经由当地省级以上人民政府公布开放的地点出入，并事先向所在地或目的地人民政府公安机关申请办理出入通行证；经由港、澳归国或出国的华侨，应按照公安部公布的《华侨出入国境暂行办法》办理；外侨由港、澳前来内地或由内地前往港、澳者，按外侨管理办法办理；往来港、澳的旅客，经过出入地点时，须按政务院关于旅客行李检查暂行通则的规定，将上述证件及所带之行李物品等，交当地人民政府边防公安检察机关检查；无出入通行证而潜行出入者，依法惩处。该布告自9月1日起实施。

同日

［纲文］ **同蒲铁路全线修复通车。**

［目文］ 该铁路（太原—大同）的北段（忻县以北）354公里修复工程于7月21日接轨，本日通车。纵贯山西全省的同蒲铁路即告全线通车，中断6年的同蒲路和京绥路也因此衔接起来。

同日

［纲文］ **聂荣臻为解放军第六汽车制配厂生产的中国第一辆摩托车题词命名为“井冈山牌”。**

8月3日

［纲文］ **中共中央发出关于给老区人民赠送毛主席像问题指示江西省委。**

［目文］ 指示说，南方老根据地访问团，以毛主席相片送给老区人民是可以的，但不要印“毛泽东敬赠”五个字。可印“中央人民政府南方老根据地访问团赠”16个字。

同日

［纲文］ **政务院举行第九十六次政务会议。**

［目文］ 会议由周恩来主持。会议主要内容有：一、批准公安部部长罗瑞卿作的《公安部关于镇压反革命工作的报告》。二、通过全国政协常委会建议政务院发布的三个文件：《关于地方各级协商委员会的关系的决定》、《关于县各界人民代表会议常务委员会职权的补充规定》、《关于省、市各界人民代表会议协商委员会组织通则》。这三个文件于8月18日公布。三、周恩来通报全国政协常委会《关于各省、市各界人民代表会议协商委员会工作的意见》。会议决定，以政务院令发各大行政区及省、市人民政府查照并协助施行。

罗瑞卿的报告说，在此次镇反之前，由于发生对反革命分子处理宽大无边的错误倾向，给国家和人民造成严重的损失。仅在新解放区，就有近4万名干部和群众积极分子被反革命分子杀害。开展镇压反革命工作以来，至今年5月，全国已逮捕大量的匪首、惯匪、恶霸、特务、反动党团骨干分子和反动会道门头子。有一大批血债甚多、犯有极严重罪行非杀不足以平民愤的首恶分子已被处死刑，其中匪首、惯匪占44.6%，恶霸占34.2%，反动会道门分子、反动党团骨干分子占7.7%，特务地下军头子占13.5%。此外，有一大批反革命分子被判处徒刑，另有一大批反革命分子在关押审判中。经过全国的镇压反革命运动，使人民的统治进一步巩固。第三次全国公安会议确定的主要任务是：（一）收缩处决反革命罪犯的总数量，清理在押罪犯，对处理涉及统一战线和机关内部的问题，采取更加严格和谨慎的政策。（二）对可杀可不杀的不杀，可捕可不捕的不捕。（三）集中全力清理积案。（四）全国一切地方，捕人批准权属专署一级，杀人批准权属省一级。在共产党、各民主党派、政府、军队、文教、工商、宗教各界和各人民团体内清查出来的反革命分子，其逮捕和判罪，一律报请大行政区和大军区批准；有关统一战线的重要人物，须报请政务院批准。（五）对判处徒刑的大批罪犯，实行劳动改造。（六）立即开始有计划地清理机关内部的反革命分子。（七）做好反革命分子家属的教育工作。（八）加强对特务间谍分子的系统侦察，教育人民经常注意防奸。（九）在全国各地普遍地组织群众的治安保卫委员会。

在讨论中，周恩来指出，杀掉50余万反革命分子，乍一看数量不少。但国家这样大，反动统治的时间那样长，反动统治者那样残暴，罪大恶极有血债的反革命分子当然不少。杀掉的，只占全国人口的千分之一。

8月4日

［纲 文］ 《人民日报》转载《中央政法公报》题为《重视政府出版物的勘校工作》的社论。

［目 文］ 《人民日报》加编者按指出：忽视出版物勘校工作的现象，不仅存在于私营出版社，也同样存在于某些政府机关的出版部门。产生这种现象的原因，主要是由于编者、勘校者以至负责领导工作的同志，还没有从思想上认识到这一工作的重要性，他们用极不严肃的态度来对待自己的工作，因此发生了严重的错误。

社论以各地政报所刊载的《中华人民共和国惩治反革命条例》和彭真的《关于镇压反革命活动和惩治反革命条例问题的报告》两个文件为例，列举了出版物勘校工作中出现的错误。在各地人民政府发行的37种政报所刊载的《条例》中，共发现与原文不符的大小错误165处；而在34种政报所刊载的《报告》中，则共发现与原文不符的大小错误498处，平均每篇有错误约15处之多。这些错误，包括错字、遗漏、倒置、段落和标点符号混乱等；特别严重的是，有的政报在刊载时将原文语句的精神完全改变。例如，宁夏政报第12期上，《条例》第13条中的“处10年以上徒刑、无期徒刑或死刑”的量刑规定中，漏掉了“无期徒刑”四字。陕西政报第2卷第3期、山东政报第2卷第7、8期上，均把《条例》第4条中的“处10年以下徒刑”错为“处10年以上徒刑”。苏北政报第2卷第3期上，把《条例》第9条中的“策谋或执行……”错为“策谋与执行……”；将第14条第2项中的“真诚悔过立功赎罪者”错为“自愿悔过立功赎罪者”；将第17条中的“并得没收其财产之全部或一部”的“一部”二字错为“大部”二字。同时将《报告》中一段很重要的话，漏掉了“如果其罪该杀，即应坚决处刑”和“也不要杀”两句紧要的话。此外，还有许多属于勘校工作马虎造成的错误。

社论指出：在政府政报的重要版面上刊载国家的政策法令，是非常严肃的事情，政报的编者、发行者和政府主管部门都应该用严肃的态度来对待。不少同志把勘校工作简单地看做是一种不重要的技术工作，因而交给一些毫无工作责任心的人员来做，这是错误的；勘校工作者本人不能尽职，更是不应该的。希望各地人民政府对自己发行的政报都要十分重视，就勘校工作中出现的问题认真地作一次检查。希望一切报刊的勘校工作者，高度发挥自己对工作的负责性，把保证勘校无错误订为自己的爱国公约之一。

同 日

［纲 文］ **青年团中央发出关于青年团各级组织建立“军事体育部”的通知。**

［目 文］ 通知决定在青年团的各级组织中建立军事体育机构，县以上和大城市的区设军事体育部，以下设军事体育委员。

8月5—19日

［纲 文］ **中国青年代表团参加在德意志民主共和国柏林举行的第三届世界青年与学生和平联欢节。**

［目 文］ 中国青年代表团是7月16日启程前往柏林的。代表团由青年团中央和全国各地青年工作者，陆、海、空军和人民志愿军的青年代表、战斗英雄，工农劳动模范，少数民族青年代表，基督教青年代表，少年儿童队代表，以及文工团、篮球队、排球队、工作人员等332人组成。青年团中央书记冯文彬任团长，全国青联秘书长吴晗和青年团中央秘书长荣高棠任副团长。文化部艺术事业管理局副局长周巍峙任文工团长。文工团由216人组成，带去从本年五四青年节全国文艺节目大会演出选拔出来的节目，如歌剧《白毛女》、《董存瑞》，各种音乐舞蹈，以及各种杂技和京剧等。篮、排球队有24名从全国比赛中选拔出来的运动员。8月5日，冯文彬在开幕典礼上代表中国青年代表团致贺词。致贺词的还有国际学生联合会主席格罗曼、德意志民主共和国总统皮克、苏联青年代表团团长米哈伊洛夫以及法国、美国等国青年代表。

其间，中国青年代表团参加了联欢节的一系列盛大的和平集会，如德国青年反对武装西德、要求缔结和约的游行示威，“声援女青年和平战士示威大会”，“殖民地青年日”，“征集和平签名有卓越成绩的青年大会”，“世界学生日”等。冯文彬在闭幕会上发表了演说。

这是世界青年为保卫和平反对新的战争危险而进行的一次盛大集会，全世界有104个国家的25000名青年代表参加。8月12日，来自德国各地的200万名青年和各国青年代表一起举行了8小时的大游行。闭幕会上，各国青年共同宣读了维护和平的誓词。

8月5—9日

［纲 文］ **中国化学会第一届全国会员代表大会在京召开。**

［目 文］ 大会由曾昭抡、袁翰青①、侯德榜②等联合主持，到会的各地代表及列席人员共100余人。大会明确学会的方针与任务是使全国化学工作者为中国的国防、经济和文化建设服务，讨论了与教育部门、工业部门密切配合以及土产利用问题，通

---

① 袁翰青（1905—1994），江苏南通人，有机化学和化学史家。

② 侯德榜（1890—1974），福建闽侯人，化学家、实业家。

过了学会今后两年的工作计划和学会新章程，产生新的理事，并发出继续开展抗美援朝运动的宣言。

8月6日

［纲 文］ **中共中央转发全国妇联党组关于第一次宣传教育工作会议的报告。**

［目 文］ 中央将报告转发各中央局转各分局、各省、市、区党委并告妇委、妇联党组，要求指导出席该会议代表，做好会议传达工作。

全国妇联党组向中央提出关于第一次宣传教育工作会议的报告说，会议从7月16日开始，31日闭幕。出席会议的代表有中央直属省市、各大行政区直属市及各省妇联、各民主妇女团体宣传教育工作的负责人等共97人。胡乔木和彭真作了报告。邓颖超作了总结。会议的主要议程是：妇女宣传教育工作的对象、内容及方法；妇女出版物问题；妇女群众文化教育和干部教育问题；宣传教育部的业务与机构问题。

会议明确的几个主要问题是：一、在中国革命已经取得全国胜利，反动政权已被推翻后，中国妇女要得到男女平等的权利和完全解放，主要应依靠向妇女和社会进行长期的宣传教育，动员妇女逐步地参加劳动生产，参加政治、社会活动，反对与肃清封建残余思想，对社会上歧视、束缚甚至迫害妇女的思想和行为大胆地进行批判。二、妇女群众宣传教育工作的对象，应包括全体妇女，而以工、农、小资产阶级妇女为主。三、向妇女群众进行宣传，必须针对妇女群众的思想情况，采用妇女群众喜爱的形式，着重进行通俗易懂的宣传。四、要做好妇女的宣传教育工作，必须动员最广泛的力量来进行。为此，妇联对妇女的宣传教育工作，应有检查、监督、建议的责任。此外，会议对妇女出版物的方针、对象与分工问题，改进妇联系统宣传教育工作的领导问题，妇女工作干部的学习与训练问题，继续在妇女中普及深入抗美援朝运动等，均提出了一些原则意见，鉴于各地情况不同，未做硬性统一的规定，各地妇联可结合当地实际情况与有关方面商定切实可行的计划，定期向上级妇联汇报。会议也反映了女干部方面普遍的优点是积极热情，普遍的缺点是理论水平低，全面的实际经验少，思想方法带着很大的主观片面性，因而限制了思想的发展与对问题全面的接受能力。

同日—11日

［纲 文］ **中华医学会在京召开全国各地分会理事长会议。**

［目 文］ 会议由中华医学会总会理事长傅连暲①等主持，全国各地38个分会理事长及内科、外科、儿科、妇产科、眼科、皮肤科、放射科等15个专科学会负责人共60余人出席会议，郭沫若、贺诚②到会并讲话。会议听取了傅连暲关于一年来总会工作的总结报

---

① 傅连暲（1894—1968），福建长汀人，时任中国人民解放军总后勤部卫生部第一副部长等职。

② 贺诚（1901—1992），四川三台人。时任中国人民解放军总后勤部卫生部部长，中央人民政府卫生部副部长、党组书记等职。

告，讨论了结合实际加强医学学术与技术的提高和普及工作、配合人民政府卫生工作的总方针号召会员努力参加国防建设工作、开展与加强全国各地分会的工作等问题，做出20多项具体决议。会议还就世界和平理事会准备在意大利召开的国际医学工作者会议举行座谈，并致电世界和平理事会表示拥护。

同 日

[纲 文] **教育部接收天津私立津沽大学。**

同 日

[纲 文] **中国国民党中央改造委员会设立大陆广播组。**

8月8日

[纲 文] **政务院公布《城市房地产税暂行条例》。**

[目 文] 《条例》共包括十九条，对城市房地产税的纳税人、征收和减税范围、税率、计征办法、处罚等做出规定。主要内容有：开征房地产税的城市由财政部核定；房地产税由产权所有人交纳，产权出典者，由承典人交纳；军政机关及人民团体自有自用、公立及已立案私立学校自有自用，公园、名胜、古迹及公共使用，清真寺、喇嘛庙本身使用，省（市）以上人民政府核准免税的其他宗教寺庙本身使用的房地免纳房地产税；新建房屋、翻修房屋及其他有特殊情况房地可减纳或免纳房地产税；房地产税税率分别为：房产税依标准房价年征1%，地产税依标准地价年征1.5%，标准房价与标准地价不易划分的城市暂依标准房地价合并年征1.5%，标准房地价不易求得的城市暂依标准房地租价年征15%；凡开征房地产税城市均须组织房地产评价委员会，由当地各界人民代表会议及财政、税务、地政、工务（建设）、工商、公安等部门代表共同组成，受当地人民政府领导，负责进行每年一次房地产评价工作；纳税义务人应于房地产评价公告后一个月内将房地坐落、房屋建筑情况及间数、面积等，向当地税务机关申报；税务机关应设置房地产税查征底册，绘制土地分级地图，根据评价委员会评价结果及纳税义务人的申报，分别进行调查、登记、核税，并开发交款通知书，限期交库；纳税义务人隐匿房地产不报或申报不实、企图偷漏税款者，除责令补交外，并处以罚金；不按期交纳税款者，除限日追缴外，并按日处以应纳税额1%的滞纳金。逾限30日以上不交税款，税务机关认为无正当理由者，得移送人民法院处理。

1952年12月31日，中财委发布《关于税制若干修正及实行日期的通告》，对本条例所规定的城市房地产税税率做了修改。

同 日

[纲 文] **中财委通过《关于由苏新国家记账结汇进口货物之承付与开信用状结汇付款之规定》。**

[目 文] 《规定》共十三条，对通过记账结汇的方式由苏联及新民主主义国家进口货物的承付和付款、争议等程序做了规定。

同 日

[纲 文] **《人民日报》发表题为《加强党对爱国公约运动的领导》的社论。**

[目 文] 社论指出，目前，爱国公约运动在全国大部分地区虽然都取得了重大成绩，但是在各地区发展很不平衡。有些地区，只是干部号召订爱国公约，而没有认真地经过群众自下而上的酝酿和讨论，甚至有些农村竟然发现强迫订立爱国公约的现象。有些地区订立公约之后，却不领导定期检查和认真执行。这些偏向的存在，使爱国公约在一些地区变成有名无实，达不到组织群众和教育群众的目的。发生这些偏向的主要原因是一些地区党的组织以及一些干部没有充分了解领导人民推行爱国公约的巨大政治意义，没有认识到群众性的爱国主义思想是推进一切工作的巨大力量，因而也就没有站在群众爱国运动的前面去领导群众，甚至在运动中或多或少地放弃了领导。这种认识上的错误必须迅速加以纠正。党的领导机关应该加强对各地抗美援朝分会的领导，同时要有意识地使一切工作同爱国公约运动结合进行，定期检查和修正爱国公约。

同 日

[纲 文] **中央人民政府驻西藏代表张经武抵达拉萨。**

[目 文] 西藏地方政府在拉萨的留守机构官员和藏族民众前往郊外设帐篷欢迎。张经武在抵藏后一个多月时间里，先后上门拜访和接待30多位西藏地方政府四品以上僧俗官员和主要贵族等上层人士，送交藏文本《关于和平解放西藏办法的协议》，传达协议精神，宣传解释中央的民族政策和宗教政策，解除顾虑，做好团结工作。

8月9日

[纲 文] **政务院批准湖北省撤销沔阳专区。**

[目 文] 原沔阳专区所辖沔阳、监利、石首3县划归荆州专区，汉川、汉阳2县划归孝感专区，嘉鱼、蒲圻2县划归大冶专区。

同 日

[纲 文] **政务院批准江西省撤销赣西南行署，设置赣州专署。**

[目 文] 原行署直辖市、县改由该专署领导。赣州、吉安、宁都专署均由江西省人民政府直接领导。

同日—22日

[纲 文] **轻工业部在京召开第一届全国轻工业会议。**

[目 文] 出席和列席会议的代表共有249人，包括中央人民政府各有关委、部、署、行的代表，各大行政区财委、工业部的代表及轻工业比较发达的重点省、市工业厅、工商局的代表等。会议总结了自1949年以来全国轻工业的基本情况，认为：两年来，全国轻工业经过了恢复和调整的阶段，从克服困难中迅速恢复了生产，并有了部分发展。土地改革后农村购买力的提高，城乡物资交流的开展以及国家经济建设的进行，已经给轻工业的恢复和发展开辟了广阔的道路。但是，在目前各种主要轻工业中，由于供、产、销还

没有完全配合平衡，除了造纸、制糖、汽车轮胎等工业外，大部分设备利用率还很低，亟待提高。为此，会议根据从发展供、销来发展生产的方针，缜密研究了发挥生产能力、提高设备利用率的可能性，拟订了全国公私营轻工业各主要产品1952年的生产控制数字。会议指出：为了轻工业的稳固发展，必须集中力量保证原材料的供应。全国轻工业特别是地方轻工业的发展方向和重点，是扩大发展范围，生产更多种类的产品，如原材料工业，农、土、特产的加工工业，文教用品及日用品等。会议检查了各地区的基本建设工作，要求不断改进与加强这一工作。会议还讨论了有关加工订货、国营工业和贸易部门之间的产销关系、轻工业原材料的供应、手工业生产的组织和领导、干部培养等问题。

9月4日，政务院第六十六次会议讨论并通过了轻工业部对本次会议的总结报告。

8月10日

［纲 文］ **政务院举行第九十七次政务会议。**

［目 文］ 会议由周恩来主持。会议主要内容为：通过《政务院关于改革学制的决定》；同意新闻总署署长胡乔木关于《新闻总署1950年1月至1951年6月工作及1951年下半年工作计划要点的报告》。

关于改革学制的《决定》说，我国原有学制有许多缺点，主要是工人、农民的干部学校和各种补习学校及训练班在学校系统中没有应有的地位；初等学校修业6年并分为初高两级的制度，使广大劳动人民的子女难于受到完全的初等教育；技术学校没有一定的制度，不能适应培养国家建设人才的要求。为此规定：初等教育，小学的修业年限为5年，实行一贯制，取消初、高两级的分段制，入学年龄以7足岁为标准；中学的修业年限为6年，分初、高两级，修业年限各为3年，均得单独设置；工农速成中学修业年限为3—4年；中等技术学校修业年限为2—4年；师范学校修业年限为3年；高等教育以3—5年为期限。《决定》对工农干部学校、各种补习学校和中等专业技术学校在新学制中占有的重要地位做了肯定。该《决定》于10月1日公布。

在讨论中，周恩来指出，现在制定的是新民主主义社会初期的学制，它从我国社会的现状出发，一方面反映了我国政权的特点，另一方面适应建设需要并照顾到今后发展。

胡乔木的报告说，全国专区以上报纸现有462种，发行总额470余万份。报纸的编辑工作大有改进，对实际工作的讨论批评和对人民的政治教育成为报纸的主要内容。报纸的经营状况大为改善，1950年1—5月，省市以上58种报纸盈余129亿元。全国的广播电台现有73座，其中私营电台23座、公私合营电台1座。新华通讯社1949年已完全统一起来，共有8个总分社、26个分社、27个记者组。1950年下半年的工作计划要点是：新闻总署召集一次报纸工作会议，着重解决报纸的思想工作问题和通俗化问题。广播事业局召集一次广播会议，总结和扩大收音网工作。新华通讯社召集一次工作会议，讨论改善稿件质量问题，为1952年改组国际新闻局和新闻摄影局，成立外文出版局做准备。

同 日

[纲 文] 中财委发出《关于改进与加强基本建设计划工作的指示》。

[目 文] 《指示》指出，自1950年以来，各个国营经济部门在基本建设工作中存在着严重的缺点和严重浪费的情况。依据1950年基本建设工作几个简单的总结材料来看，本年所完成的工作总量，仅约占其财务支出的60%—70%。本年度中央人民政府对各个国营经济部门，又作了大量的投资，截至6月份，拨款累计总数已达投资总数的72%。但是，对于工作总量已做了多少，生产能力已使用上了多少，有些单位还不甚明了。这说明各国营经济部门的基本建设工作还很不健全，中央政府对基本建设工作的领导也很不够。

为克服基本建设中的混乱情况，改善并加强领导工作，《指示》提出五点要求：一、认真进行设计，严禁盲目施工。由于一些国营经济单位违反基本建设先设计后施工的工作程序，使得设计落后于施工，导致大量的盲目施工和反复翻工，严重浪费了国家投资。在以后的基本建设工作中，一切新建工程在设计未经主管机关批准前，除建设所需的准备工作外，主要的建筑安装工程一律不得施工；一切新建单位，设计资料不足或不正确的，必须继续收集资料，不得草率进行设计；设计未经批准已经施工者，一律按规定进行一次检查，并将检查结果报告中财委。二、迅速编制1950年度工作总结报告。总结报告必须包括并分列各建设单位的投资数、工作总量、开始使用的生产能力与固定资金，以及年终结存的材料与现金等。三、正确掌握1951年计划的工作总量。各部门必须依照政务院颁发的国民经济计划表格编制工作总量，不得以财务预算当作工作量。四、检查1951年计划的执行情况。各部门必须依据中财委所颁发的基本建设定期统计报表，进行基本建设的检查工作并编制半年的综合报表和文字说明。经过检查，应建立起经常、系统的检查与监督制度。五、及时正确地修正1951年度计划。凡是预计1951年12月底不能完成的工作量，一律编入1952年的计划中，所需资金也同时改列入1952年度预算。

8月11日

[纲 文] 中共中央发出《关于土地改革后农村和城市的工作任务及干部配备问题给华东局的指示》。

[目 文] 《指示》指出：对土改后的农村，应以提高农村生产和提高农民政治觉悟为中心任务去布置一切工作。其中建立健全各级人民代表会议（在区乡即农民代表会议）和人民政府机关，建立以推销土产品为中心任务的各级合作社组织，普遍地组织劳动互助组，依照全国组织工作会议的决议建立农村中党的组织等项，应作为当前的中心工作去布置。参加土改工作的干部在土改后，除了一部分留在农村继续工作外，应有计划地抽调一批出来，并有计划地分配到城市中工作。同时，应准备一批比较优秀的干部送到中央分配工作，以便中央能够加强各级领导机构和大规模工商企业中的工作。城市是乡村的领导中心，发展市内生产，发展城乡物资交流，是城市一切工作的中心任务。在目前，适当地在

城市中进行民主改革，消灭城市中的封建残余势力，加强对工商业的管理和领导，加强工会工作等，应成为当前的几项中心工作。此外，在老区的农村中应将整党工作当作一项中心工作加以布置。

此前，8月8日，华东局在给中央的电报中请示：拟于本月中旬一周左右时间召集华东局扩大会议，听取各地工作汇报，讨论土地改革后的农村、城市及党的工作。

同日

［纲文］ **《人民日报》发表毛泽东给老革命根据地人民的题词："发扬革命传统，争取更大光荣"。**

同日

［纲文］ **全国总工会医务工会工委通知动员职工参加国防卫生建设工作。**

［目文］ 通知根据政务院7月19日颁布的《关于充实国防建设中的卫生人员的决定》，要求各级医务工会领导基层组织积极组织和动员职工参加国防卫生建设工作，注意提高职工对加强国防卫生建设的认识；结合检查爱国公约订立情况，采取实际行动；做好职工家属工作；及时克服困难，纠正偏向，打破顾虑。

同日

［纲文］ **北京市第三届各界人民代表会议协商委员会和市人民政府委员会召开联席会议。**

［目文］ 会议就各界人民代表会议工作做出决定，城区各区第一届各界人民代表会议代表任期一律延长到本年12月，以后在每年12月，同时选举市、区两级各界人民代表会议的代表。北京市副市长张友渔和北京市协商委员会主席彭真在讨论这一决定时指出：应该把各界人民代表会议制度化，为此，各区召开会议的时间应该一致起来；市、区两级各界人民代表会议的选举，最好能在同一时期举行。这样做，既节约了人民的时间和精力，提高了政府的工作效率，又不会损伤人民的民主制度。会议还授权城、郊各区各界人民代表会议，立即代行各界人民代表大会职权，选举区村两级人民政府。会议还听取并讨论了市公安局副局长冯基平关于清理反革命案件情况的汇报，全市共审查反革命案卷400多份。会议肯定了公安人员的工作成绩，同意公安局处理反革命案件的方法和步骤。

8月12日

［纲文］ **苏联政府通知美国政府苏将出席9月4日对日和约会议并提出建议。**

［目文］ 苏联政府通知美国政府说，苏联政府将派遣代表团参加旧金山会议，并提出苏联政府关于对日和约的建议。苏联政府同时宣布苏联参加和会的代表名单如下：苏联外交部副部长葛罗米柯（代表团团长）、苏联驻美国大使潘友新、苏联驻英国大使查鲁宾、苏联外交部专门委员会委员戈伦斯基。

此前于7月12日，美国驻苏联大使寇克与英国驻苏联大使凯莱照会苏联外交部，邀请苏联政府参加美国政府于本年9月4日在旧金山召开的对日和约会议，同时代表美、英两国政府提出对日和约草案。

美国、英国、法国和日本政府得知苏联政府这一决定，担心苏联代表团参加会议并提出对日和约建议将打击它们对日单独和约的计划。8 月 15 日，杜鲁门的代表杜勒斯在记者招待会上宣布，美拟和约草案是绝对的草约定案，参加旧金山会议的国家不得予以更改，它们被邀请，仅是要它们在草约上签字。

同 日

[纲 文] **《人民日报》报道，苏联莫斯科大学人类学博物馆与中国进行交流。**

[目 文] 该馆将其所制的复原“北京人”男女头像模型及人类头骨化石模型各一件，赠送给中国，要求交换“北京人”时期的石器及动物化石。这些赠品由文化部拨交中国地质工作计划指导委员会矿产地质勘采局保存，并由该局将“北京人”时期的动物化石和石器模型等 32 件，交由外交部转赠苏联莫斯科大学人类学博物馆。

8 月 13 日

[纲 文] **政务院发布《关于节约木材的指示》。**

[目 文] 《指示》于 7 月 27 日经政务院九十五次政务会议通过，共 12 项，主要内容是：随着生产建设事业的逐渐开展，木材需要量迅速大量增加。但中国现有森林面积原不敷需要，加以森林区偏僻，运输困难，因而形成目前木材供不应求的状况。而另一方面，许多公营企业、机关、部队、学校和团体，在使用木材上，却又存在着严重的浪费和不合理的现象。为保证建设需要，除责成各级人民政府大力发动群众进行护林造林工作，以求逐渐增加木材供应量外，对木材采伐和使用，全国必须厉行节约，防止浪费。特做如下指示：

一、各级人民政府财委，应严格审查需要木材单位的计划，严禁虚报多领；对工程建筑计划，也应根据木材来源严格审查。二、各部门经国家统一计划调拨的木材，除贸易部门外，一律不得转让或出售，违者依法论处；剩余木材应报请省以上财委处理。三、地方人民政府除国家布置伐木任务外，不得再用采伐木材方式解决地方财政问题，违者依法论处。四、任何公营企业、机关、部队、团体和学校，不得以任何理由、名义采伐木材和经营木材生意，违者依法论处。五、各公营企业、机关、部队、团体和学校的一切工程建筑，应将需用木材数量，切实核减至最低标准：非迫切需要的缓用或少用；可以其他材料代替的应不用或减用。六、使用木材应本节约原则，力求经济合理：禁止大材小用、长材短用、优材劣用；提倡在不妨害工程安全的条件下，适当利用杨木、桦木、柳木和陈材、废材。七、枕木、电杆和某些土木工程用材，应逐渐进行防腐，延长木料使用年限。八、造纸原料，应尽量利用竹头、芦苇或其他纤维植物；利用木材作原料的纸浆厂，不论新设或恢复和扩大旧厂，均须报经轻工业部会同林垦部批准，始得实行。九、习惯上使用木材、木炭当作燃料的地区，如当地煤源并不缺乏，应提倡逐步改用煤炭燃料。十、奖励研究利用废材和用其他材料代替木材的发明和发现，应在适当地点奖励恢复和设立胶合板厂。鼓励营造生长迅速的各种林木。十一、各级人民政府各主管部门和监察机关，应经常注意检查各单位使用木材情况，对节约予以表扬奖励；对违反本指示第二、三、四等项规定及有其他浪费木材行为的，予以惩处。十二、凡使用木材较多的单位，应召开会议，进行检查，做出具体决议，规定检查制度，并对干部和工人进行教育，把节约和合理使用木材，订入爱国公约。

同日，《人民日报》发表题为《坚决制止浪费国家木材资源的行为》的社论。社论指出，木材问题现在已成为全国的重要问题之一。发生浪费木材资源现象的主要原因是有些同志有许多糊涂思想：认为中国木材资源十分充足，取之不尽，用之不竭；只看到局部利益，没有看到整体利益；不重视国家关于木材的法令。有关地区的党政领导机关必须把政务院《关于节约木材的指示》贯彻到实际行动中去。

8 月 1 日，按照政务院的指示，政务院人民监察委员会邀请中财委、人民革命军事委员会等有关部门代表举行会议，成立木材联合检查组。刘景范任组长。组内设军委组、财经组和北京市等其他部门组 3 个小组。检查组职责是对各单位使用木材的违法行为和浪费现象进行检查，向政务院报告。检查组成立后，首先以北京市为中心开始检查工作，深入北京市永茂公司、北京市公安局、人民革命军事委员会公安后勤部、兴华制材厂、铁道部的铁记厂和生记厂进行检查。

同 日

［纲 文］ 《人民日报》报道，解放军驻新疆部队修建的库尔勒大渠完工放水。

［目 文］ 库尔勒大渠是连接焉耆解放第一渠的渠道。解放军进入新疆后，从 1950 年下半年开始大规模兴修水利灌溉工程，主要有：迪化红雁池水库及和平渠、焉耆解放第一渠和第二渠、阿克苏胜利渠、哈密红星渠。上述渠道总干渠和干渠的长度为 380.5 公里，全部完工后可灌溉 400 余万亩土地。工程中除迪化红雁池水库及和平渠为旧渠整修外，其他都是新建工程。

▲ 中共中央新疆分局书记、新疆军区代司令员兼政委王震在库尔勒大渠放水典礼上兴奋地跳进水渠中。

同日、19 日

［纲 文］ 新中国首次选派的赴苏联留学生启程。

［目 文］ 这批留学生共 375 名，其中有研究生 136 名，于 8 月 13 日和 19 日分批离京出国。他们大部分是经历长期革命斗争的知识分子，到苏联的大学和研究院学习、深造，学习范

围涉及理、工、农、医、师范教育及政法、交通、建设等学科。

同 日

[纲 文] **北京图书馆举办《永乐大典》展览。**

[目 文] 《永乐大典》是一部编纂于明成祖永乐年间（1402—1424）的大型图书，全书有11095册，3.7亿多字。修成后因为官吏的窃取、英法联军的盗购、八国联军侵华时的焚掠，屡遭厄运，散佚甚巨。这次展出的《永乐大典》包括苏联列宁格勒大学东方语学系图书馆赠还中国的11册，上海商务印书馆捐献的21册，以及北京图书馆原来藏有的110册。

8月14日

[纲 文] **中共中央批转安子文关于天津地委整党经验的报告。**

[目 文] 中央转发批语指出，这个报告很好，特发给各地研究和参考。可在党内刊物上发表。

此前于7月31日，中共中央组织部副部长安子文向毛泽东、刘少奇提出关于天津地委整党经验的报告，就天津地委贯彻第一次全国组织工作会议决议的情况、问题和经验作了详细汇报。《报告》指出：整顿农村党的基层组织的第一步工作是训练整党组织员，他们主要来自现职的组织、宣传干部，群众组织中适合做组织员的干部，一般党员中的优秀分子。第二步工作是在基层组织进行整党典型试验。其步骤分为学习与登记，审查与鉴定，处理问题与改选支部。报告总结了天津地委在已进行的基层组织整党试验中，学习党员标准的八项条件的六点经验：一、从教育着手整顿党的基层组织的方法是完全正确的，但如何对农民党员进行共产主义与共产党的教育，还须研究。二、农村整党工作成败的关键在于对党员教育的好坏。要通过教育，使党员明确党员标准，并通过开展思想斗争，提高觉悟，决心做一个合乎标准的党员，使经过教育不可能提高且不愿提高者会甘心脱离党的组织。三、农民党员不容易理解党的性质是“工人阶级政党”。在学习中，要承认农民在革命中的作用，从生产方式上说明工人阶级的先进与领导作用，指出党是在工人运动的基础上产生的，从积极方面说明农民的前途。四、在讲解党的最终目的是实现共产主义时，要注意“吃大锅饭”等思想偏向，最好多介绍苏联农民的实际生活，说明现在努力生产、互助合作就是为实现共产主义制度奠定基础，使农民在接受共产主义的道理时不致发生消极作用。五、很多党员能够理解“个人利益服从党的利益”的道理，但表示做不到。在学习中，既要强调个人利益与党的利益的一致性，也必须说明党要适当地与可能地照顾个人利益。使农民懂得共产党员与一般群众最明显的不同是在个人利益与党的利益在具体问题上发生矛盾时牺牲自己的利益。六、通过讲解工作中的群众路线问题，帮助农民党员理解群众观点。经过教育，认识了党员标准后，采取登记办法，是整党的重要一步。登记会促使每一个党员做激烈的思想斗争。不愿登记的党员，大致占5%—10%，这是自己淘汰自己。经过自我淘汰，才能真正做到中央指出的“务使退党者自愿退出，不要伤感情”。

同日

［纲文］　公安部公布《无线电器材管理暂行条例》、《城市旅栈业暂行管理条例》、《公共娱乐场所暂行管理条例》和《印铸刻字业暂行管理条例》。

［目文］　这四个条例是为防止与限制特务、盗匪和其他不法分子的活动，保护合法营业场所的正当经营、巩固社会治安而制定的。6月30日经政务院政法委员会批准。

《无线电器材管理暂行条例》共十五条，主要内容有：凡经营无线电器材业者，须向该管市（县）公安局或分局申请登记；凡领有许可证的无线电器材厂商，如有更换字号、经理、股东，及扩充、迁移、转业、歇业等情形时，须先经公安局许可后，始得办理其他手续；凡经许可的厂商，应将无线电器材产销出纳情形，详细编写器材产销出纳报告表二份，按月呈报公安局或分局；凡需购买无线电发射器材及收报机者，须持各该机关团体证明信，先填写申请书，经公安局核准发给购买证始得购买；凡需交由各持证厂商装修发射机及收报机等被管制器材者，应先书面详细报告公安局，经公安局核准后发给装修证；凡非营业性原已持有无线电发射器材者，应向公安局或分局登记，经核准后始得继续持有。凡进口及转口的无线电器材，除到对外贸易机关办理进口或转口许可证外，还须经公安局查验许可；凡运带本办法管制范围内的器材时，须先经公安局核准，发给转运证。1955年7月23日，公安部公布新的《无线电器材管理暂行条例》，本条例同时宣布作废。

《城市旅栈业暂行管理条例》共十二条，主要内容有：凡经营旅栈业者，须先向该管市（县）公安局或分局申请登记，依法办理登记手续；凡在本条例未颁布前已开业的旅栈行业，均须向该管市（县）公安局或分局申请补领特种营业许可证；凡领有许可证的旅栈行业，如有更换字号、经理、股东，及扩充、迁移、转业、歇业等情形时，须先经公安局或分局许可后，始得办理其他手续；凡经营旅栈业有违反本条例规定者，责令停止营业，吊销许可证；凡旅栈行业必须置备旅客登记循环簿，确实填写，逐日送交该管人民公安机关查阅。

《公共娱乐场所暂行管理条例》共十二条，主要内容有：凡经营娱乐场所业者，须先向该管市（县）公安局或分局提出申请，依法办理登记手续；凡在本条例未颁布前已开业的娱乐场所，均须向公安局或分局补领特种营业执照；凡领有娱乐场所许可证的行业，如有变更字号、经理、股东，及扩充、迁移、转业、歇业等情形时，须先经公安局或分局许可后，始得办理其他手续；凡公共娱乐场所有违反本条例规定者，责令停止营业，吊销许可证。

《印铸刻字业暂行管理条例》共十条，主要内容有：凡经营印铸刻字业者，须先向该管市（县）公安局或分局申请登记，办理手续；凡在本条例颁布前已开业的印铸刻字业，均须补办登记手续；凡领有许可证的印铸刻字业者，如有更换字号、经理、股东，或迁移、扩充、转业、歇业等情形时，均须先经公安局或分局许可后，始得办理其他手续；凡经营印铸刻字业者，均须遵守本条例对有关事项的规定。

8月15日

［纲 文］ **美国和英国政府公布所谓“对日和约草案定本”。**

［目 文］ 这一“草案定本”，与本年7月12日公布的对日和约草案和4月初公布的该草案初稿相比，在实质内容上并无改变，只是作了一些词句上的修改。印度等国政府在接到该草案后，曾提出了它们的意见。印度的建议是：台湾应根据开罗宣言归还中国，因为该岛的前途影响到远东形势的稳定；关于为了驻扎外国军队而进行双方或多边谈判的具体规定应予放弃，因为它损害日本主权；关于托管琉球与小笠原群岛的建议也应以同样理由予以放弃。印度尼西亚政府的主要意见是：恢复承认日本主权的条款；希望取得公平而正当的赔偿；使出席旧金山会议的国家有机会讨论最后条文，并就这项条文交换意见；如果中华人民共和国和苏联愿意参加缔结对日和约，应该支持这样的愿望。缅甸政府的意见是：任何没有偿付赔款规定的和约，都不能得到缅甸的同意。菲律宾也再三主张日本应该支付赔偿。虽然这些国家政府都提出了它们的意见，但是，其中大部分都为美国拒绝。

同 日

［纲 文］ **外交部部长周恩来发表《关于美英对日和约草案及旧金山会议的声明》。**

［目 文］ 《声明》指出：中华人民共和国中央人民政府认为美英两国政府所提出的对日和约草案，是一件破坏国际协定、基本上不能被接受的草案，而将于本年9月4日由美国政府强制召开、公然将中华人民共和国排斥在外的旧金山会议也是一个背弃国际义务、基本上不能被承认的会议。美英对日和约草案，不论从它的准备程序上或它的内容上讲，都是明显地破坏了1942年1月1日的联合国宣言、开罗宣言、雅尔塔协定、波茨坦公告和协定，以及1947年6月19日远东委员会所通过的对投降后日本之基本政策等重要国际协定。美国政府一国包办了对日和约草案的准备工作，而将大多数对日作战国家尤其是中苏主要对日作战国家，排斥于和约的准备工作之外。并由美国一国强制召开排斥中华人民共和国在外的和会，企图签订对日的单独和约。美国政府这一违背国际协定的行动，实际上是一个准备新的战争的条约，并非真正的和平条约。

中华人民共和国中央人民政府这一论断，从美英对日和约草案的基本内容上得到无可辩驳的根据。一、草案在关于处理盟国及其国民于战争时期在日本的财产和权益的条文中，规定对日战争起讫日期为1941年12月7日至1945年9月2日，而将1941年12月7日以前中国人民独立进行抗日战争的那一时期完全抹煞，旨在排除中华人民共和国于对日作战的盟国之列。二、在领土条款方面，草案没有根据有关国际协定做出将台湾和澎湖列岛归还中国的规定，以使美国侵占中国领土台湾得以长期化。三、草案在安全和政治条款上，对于日本军队没有任何限制，对于残存的和复活的军国主义团体没有规定取缔，对于人民民主权利没有任何保障。规定盟国占领军可以经过与日本的协定而在日本长期地驻留下去。四、草案的经济条款使日本更适应于美国垄断资本的要求，同时阻挠和限制日本同中国及其邻国的正常贸易。五、在赔偿问题上，草案不让战争受害国向日本索赔，竭力保存日本的赔偿能力和履行其他义务能力，以供美国独占资本继续榨取。

因此，这个草案是中国人民及曾被日本侵略的亚洲人民所绝对不能接受的，也绝对不能承认将于9月4日召开的、公然排斥中国的旧金山会议。中国政府坚持主张，根据苏联政府提议，召开曾以军队参加对日战争的一切国家代表的和会，来商定共同对日和约问题；同时，中国政府准备以有关国际协定为基础，同有关国家就共同对日和约问题交换意见。

同 日

［纲 文］ **外交部部长周恩来就旧金山会议问题接见印度驻华大使潘尼迦。**

［目 文］ 周恩来向潘尼迦递交了中国外交部同日发表的声明，并就印度应否出席旧金山会议交换意见。周恩来说：印度是否参加，当然由印度自己决定。如果印度参加会议而能坚持原来所提主张，这种做法也是合理的。尼赫鲁总理曾经说过，没有中华人民共和国的参加，远东问题是无法解决的。美英所提对日和约的目的在于分裂亚洲并威胁亚洲的和平，只要大家共同努力反对美国阴谋的实施，美国对亚洲的侵略便无法实现。

同日—19日

［纲 文］ **中国数学会第一届全国代表大会在京召开。**

［目 文］ 大会由华罗庚①、陈建功②等10人组成主席团，到会代表共60余人。大会通过了中国数学会会章，成立了新的理事会，对数学提高和普及、贯彻爱国主义教育、理论联系实际、辩证唯物论与数学、中学数学课程改革、大学数学课程改革及微积分教学等问题进行了座谈讨论。

同 日

［纲 文］ **《语文教学》创刊。**

［目 文］ 该刊由大众书店出版，目的在于系统地帮助中学语文教师解决语文教学中的问题，提供参考材料，总结和推广教学经验，逐步提高教学能力。

同 日

［纲 文］ **塔斯社布拉格讯，世界和平理事会新闻处宣布要求五大国缔结和平公约宣言征集签名结果，全世界有48国4.3亿人以上签名，中国有343808541人签名。**

8月16日

［纲 文］ **中共中央提出对山东分局整理党的基层组织计划的几点意见。**

---

① 华罗庚（1910—1985），江苏金坛人，数学家，时任中国数学会主席、清华大学教授。
② 陈建功（1893—1971），浙江绍兴人，数学家，时任浙江大学教授。

［目 文］ 中央表示同意山东分局整理党的基层组织计划，并从整党的准备工作、组织力量和整党方针等3个方面提出了具体要求。

［文 献］ 中央对山东分局整理党的基层组织计划的几点意见（节录）

（一）在整党的准备工作中，你们应明确规定：认真传达讨论中央关于整党决议的方针、办法和步骤。据我们了解，在山东还有某些党员干部，对整党工作表示怀疑与缺乏信心（如不敢向党员讲解党员标准和怕按党员标准整党。）所以你们应在党代会或干部会上作深入的、系统的传达。务使各级党委以及所组织工作干部，能够完全领会中央整党精神与你们的整党计划，从而正确地决定他们自己的执行计划和正确地指导整党工作。

（二）在组织整党力量上，像山东这样多的农村党员，如没有相当数量、在质量上又相当好的专门整党工作干部，是不能很好地完成整党任务的。所以你们除计划训练现有的党务干部外，还必须从非党组织中调整一批党员干部，并从一般党员中选拔一批优秀分子，加以认真的训练与培养后，从其中选择一批适宜于作整党工作的党员干部，进行整党工作。当然这样作是有困难的，但唯有这样作才能使整党工作获得应有的结果。

（三）在整党的方针上，你们提出对于一切觉悟不高或存在某些毛病但又不是坏分子的党员，采取“团结、爱护、教育、改造、提高的方针”是对的。但同时也应指出，对于一些拒绝教育改造和教育改造不好的党员，则仍应采取严肃诚恳的态度，请其退党。因这里既注意了反复教育与等待，就必须防止姑息迁就的右倾思想。如果没有这样的严肃态度，就不能分清好坏党员的界限，也容易影响某些党员的改造与提高。

资料来源：中央档案馆提供档案。

同日

［纲 文］ 中共中央复电同意东北局《关于党对国营企业领导的决议》并附发李富春意见。

［目 文］ 中央复电说，7月19日送来的东北局《关于党对国营企业领导的决议》，中央同意，但在几处地方做了删改。这些删改写在你们送来的原稿上送回给你们。如果你们同意这些删改，即可将这个文件发出。如果你们还有不同的意见，可以再次向中央提出。另外，李富春对你们这个文件提出的意见，也附给你们一阅。

此前于7月19日，东北局向中共中央提交《关于党对国营企业领导的决议》，主要内容是：东北党五年来特别是全东北解放后两年多来在工矿企业中的工作经验，基本总结是：

一、依靠工人阶级，进行民主改革，实行新的经营管理制度，恢复和发展工业。首先委派自己的干部以厂长名义去接管旧的企业，然后要进一步地依靠工人阶级，逐步改变旧的管理制度，建立新的经营管理制度，逐步地拟定生产计划，实行计划管理与经济核算制。依靠工人阶级的思想包括：第一，把国家的生产、财务、技术计划向职工报告，动员与组织全体职工来完成国家的经济计划。第二，依靠全体人员，首先必须依靠党的组织、工会和青年团的组织。第三，大力加强工人与技术人员、职员的团结，把工人的劳动创造与技术人员的科学技术结合起来。第四，倾听工人的呼声，了解工人的需要，关心和逐步地改善工人的劳动保护和物质文化生活及福利事业。第五，不断提高工人阶级的政治觉悟与文化技术水平，提拔工人干部到生产行政、工会和党的工作的领导岗位上来。

二、国营厂矿中党的组织、行政组织、工会组织、青年团组织的基本任务和工作分工。（一）厂矿中的生产行政工作实行厂长负责制。（二）党组织对厂矿中的政治思想领导负有完全的责任，对行政、生产工作负有保证和监督的责任。（三）工会的主要工作是教育和组织广大职工群众，提高其阶级觉悟与技术水平，树立新的劳动态度，组织生产竞赛，积极注意改善职工的劳动与生活条件，保护工人阶级的日常利益。（四）青年团的主要工作是对团员进行思想教育，提高觉悟，提高技术，健壮身体，搞好生产。经验证明：国营厂矿中实行厂长在生产行政管理中的责任制，是目前我党管理工业的比较适宜的制度。厂矿中党组织的政治工作必须服务于经济任务，必须与经济工作正确地结合。只有在发展生产的基础上才能逐步地增进职工的生活福利。

三、厂矿中党的组织（党的基层组织）对企业经济和行政活动的保证与监督。第一，为实现生产计划而斗争。第二，检查及监督本企业对党和上级政府及经济机关所制定的政策、法令、决议、指示的执行情形。第三，监督厂长负责制与管理民主化的正确实施。第四，了解与培养企业的干部，正确地贯彻奖惩条例及团结技术人员与职员的政策，清查企业中的反革命分子。第五，坚决地同一切违法乱纪、破坏政策、破坏劳动生产纪律、贪污浪费、曲解国家政策及官僚主义现象进行斗争。同时，党对行政工作必须进行下列工作：第一，不断地提高全体党员与全体职工的政治水平与业务能力。第二，自上而下地发挥党的组织作用，团结与带领群众前进，积极发挥模范作用。第三，党的组织通过党员、工会组织群众性的监督。第四，在讨论国家生产计划与检查计划执行情况时，可以责成行政负责的党员在党的会议上作报告，讨论及批评做出改进工作的决议。第五，从党内外开展批评及自我批评，提高群众的责任心与创造精神。

四、企业中的群众工作及党如何领导工会及青年团的工作。（一）公营企业的工会必须积极参加经济建设工作，将发展生产作为自己的根本任务。第一，发动群众搞好生产，是搞好基层工会工作的关键。第二，关心职工生活及福利，主要应解决：（1）国家的劳动法令，工会有监督实现的责任。（2）发动职工超额完成生产任务，争取扩大厂长基金，从而改善工厂的福利设施。（3）组织职工群众自己动手，互助互利，解决困难，改善劳动生活条件，组织职工进行正当休息与文化娱乐。第三，进行政治、文化及技术教育。强调建立经常的民主制度：(1) 工会要定期向会员报告工作，听取会员意见及批评。(2) 工会委员会必须实行定期选举，工会主席及委员不得委派，不经工会同意，不得随便调动。(3) 工会的一切经费收支均应公开，并接受会员的监督审查。（二）企业中的青年团主要须做好以下工作：首先，要在党的领导下，协同工会教育团员和青年。其次，对于广大的青年工人及青年团员，要开展技术文化学习运动。再次，关心青年职工的健康，开展体育运动和文化娱乐活动。（三）党对工会和青年团的具体领导：第一，一切基层工会都要建立党组，党通过党组来领导工会的工作。第二，动员党员及团员执行工会的规定。第三，在工会的具体工作中，党应实行具体领导及帮助。

五、必须做好党的组织建设工作与宣传教育工作。组织建设工作主要是建党与整党工作。宣传教育工作，是要有计划地提高宣传员与加强党的宣传网，要使宣传教育工作贯彻党的政治工作与经济工作相结合的方针。

六、地方党对国营企业的工作规定如下：（一）有计划地经常地讨论及检查当地国营企业对于国家生产计划的实施，以及对国家政策、法令、上级经济机关决议指示的贯彻执行情形。（二）正确地领导企业中的党群工作，统一制定有关工厂党群工作的计划，统一企业中的工作步调，保证生产任务的完成和超过。（三）组织与领导企业干部的学习，提高政策思想水平。（四）统一领导国营企业中的保卫、人事及保密工作。（五）为了加强城市党委对所在地的国营企业的领导，规定：(1) 国营企业的年、季、月的生产计划及上级经济机关的重要指示、工作总结、经验通报等，应及时抄发有关的省市党委。(2) 工业部及所属各局召开厂矿长布置总结工作等重要会议时，应邀请各该厂矿的党群主要干部与所在地的省、市委派人参加。(3) 国营厂矿的行政党员干部，应服从地方党委在政策思想上的领导与生产任务上的监督指导，并有责任向地方党委反映情况，报告工作。（六）在条件具备与工作需要的情况下，可在省委、市委内部设立党的工业部门。

城市政权对当地国营企业应负以下的责任：（一）城市的政府有权监督及检查国营企业中贯彻执行国家法令的情形，特别是关于劳动政策执行的情形。（二）在市政建设上，必须贯彻为工人阶级为生产服务的观点。如在厂房、上下水道、电力、消防、住宅、道路交通、学校、卫生等方面，城市政府应首先照顾当地国营企业的需要。（三）城市政府应负责解决当地国营企业进行生产及基本建设中的困难。（四）城市政府应组织国家商业、地方企业与私人工商业，协助国营工厂进行可能的产品推销、原料采购及加工订货的工作。

7月22日，李富春对东北局《关于党对国营企业领导的决议》提出意见并告陈云转刘少奇，主要内容是：（一）东北局关于党对国营企业领导的决议，经过了6次修改，送来中央批准，中心思想是实行厂长负责制，加强党的政治领导与保证监督作用。此一文件，我建议，根据东北情况，可以施行，中央可予批准。在实行过程中取得经验，必然要有所补充和修正。（二）我根据各方面各地区情况反复考虑了很久，认为从全国范围说，在工厂管理上，建立行政生产上的厂长负责制是近代化企业必需做到的事。根据中国的特点，特别是在我们还未掌握技术，经验还不丰富的时期，必须依靠两个条件才能巩固与保证厂长负责制。第一是党的思想政治上的统一领导，把行政、工、团的思想、行动、步调统一起来，保证与监督生产任务的完成与超过。第二是行政管理的民主化，使行政管理，不仅有党的政治领导及保证与监督，而且必须在民主的集中基础上。这两条合起来，实际就是贯彻依靠工人阶级的思想。在未建立这两个条件以前，可允许不同地区采取不同过渡形式。东北的文件上虽然许多分工、任务的条文中说明了党应起的作用，但在总的方面却未提，似乎是提了怕妨害厂长负责制，怕党政混淆不清。实际上，全国各地还没有明白提出党政不分的“党委负责制”。总之，依靠工人阶级的厂长负责制，东北总结了这问题，在实际工作中也要求加强党的思想领导，而且有具体的规定。在总的方面党政有机地结合却还交代得不很清楚。

同 日

[纲 文] **中共中央批转察哈尔省委宣传部《关于党内不问政治倾向的检查报告》。**

[目 文] 中央转发批语指出：报告中所说的情况，值得各地注意。此前，察哈尔省委宣传部提出的报告说：察哈尔省不问政治的倾向，表现最严重的是生产与政治脱节。在工矿企业中，普遍存在单纯重视生产、技术和文化而忽视政治或不问政治的现象。在镇压反革命、宣传抗美援朝等其他工作中也存在着不问政治或政治性不强的情况。产生不问政治倾向的根源，主要是各级党委放松了政治领导；某些部门的领导阶级觉悟不高，缺乏远大的政治眼光，错误地认为和平建设用不着政治。宣传部工作陷入事务主义，放松了在干部及人民群众中有系统地进行马列主义、毛泽东思想的教育，从而使狭隘庸俗的资产阶级思想和作风在党内外滋长起来。报告最后还提出了克服不问政治倾向的四项措施。

同 日

[纲 文] **中共中央就中越贸易问题致电越南劳动党中央。**

[目 文] 电报指出：中国与越南的贸易已经开始进行，这是很好的，将来还可发展。但我们的贸易机关只能按照严格的一般贸易的规则进行两国物资的等价交换，不能和对你们的财政援助有任何混淆。我们的贸易机关只负责和你们进行贸易，没有担负任何在财政上援助你们的任务。对于你们物资和财政的援助，是由另外的机关并采用另外的办法来处理的。此点务请你们了解。你们的物资不够偿付我们的贸易款项，应由提高你们出口物资的生产和收购来解决。为此，你们应大力组织群众进行出口物资的生产和收购工作。这对你们的人民经济和政府财政均有极大的好处。

此前于8月6日，越南劳动党中央致电中共中央提出：越南需要中国的货物多，能送往中国的货物少，需要有一个正式的贸易合同，应该政治性多于经济性。就是说，中国货物与越南货物的面价相差很大，或者清算时限很长。

8月10日和13日，罗贵波曾两次致电中共中央报告说：中国已运往越南价值人民币210亿元左右的物资，越方拟于1952年7月前给中国约150亿元物资，提出再要350亿元以上物资。越南欠中国400亿元左右，想以援助方式解决。中越贸易目前不正常主要是中越边境局部的物资交换问题。

同 日

［纲 文］ 朝鲜停战谈判会议决定大会休会，双方组成小组委员会交换意见 。

［目 文］ 这一决定是在本日举行的朝鲜停战谈判会议第26次会议上做出的。朝鲜停战谈判会议自本年8月10日举行第20次会议，到8月16日，每天举行一次会议，在军事分界线问题上均无进展。根据“联合国军”方代表团的建议，双方同意组织一个联合小组委员会，交换双方对议程第二项的意见，并向双方代表团提出解决谈判僵局的建议。联合小组委员会由双方各指定代表2人及助理人员2人组成。小组委员会开会期间，大会休会，直至小组委员会提出建议和问题要求大会讨论与决定时为止。

8月17日

［纲 文］ 中共中央发出《关于检查抗美援朝三大号召工作的指示》。

［目 文］ 《指示》转发了《河南省委关于抗美援朝三大号召工作的报告》，要求各省、市、区党委在最近检查一次抗美援朝宣传工作，并仿照河南省委的办法展开宣传，纠正缺点。检查的结果及今后宣传工作计划，各省、市、区党委宣传部最迟均应在9月底以前向中央宣传部作一次报告。

此前，《河南省委关于抗美援朝三大号召工作的报告》说：在捐献运动中已发生强迫摊派及脱离政治教育的单纯完成任务观点，没有与增加生产、改善经营、提高工作、增加收入相结合。爱国公约运动中存在着相当严重的形式主义倾向，不结合实际，不联系工作，照抄照搬条文等。各地对优抚工作多未重视。而自朝鲜停战谈判开始以来，在干部和群众中都发生了一些混乱的想法，对此，不少党委却未积极主动地进行正确的宣传。现在河南省委已动员党的宣传员、报告员和抗美援朝文艺队继续向人民群众展开爱国宣传，并纠正运动中的偏向和缺点。

同 日

［纲 文］ 中共中央批转西南局《关于在职干部学习实施办法的规定》。

［目 文］ 中央转发批语指出：为了执行中共中央关于理论教育的指示，准备明年全党的理论学习，做出这种决定并加以实施是完全必要的。各中央局要对本区明年在干部中实施有系统的理论教育工作问题做出同样的计划，于9月底以前报告中央。

此前，西南局做出《关于在职干部学习实施办法的规定》，提出：一、一般在职干部的理论学习分为三级：第一级，学习期限一年，学习内容是《政治常识课本》，学习目的是认识中国共产党和人民政府的基本政策以及共产主义的基本原理，从而获得基本的政治观点和政治立场。第二级，学习期限一年，学习内容是《党的建设》（包括《列宁主义基础》、《论党》等），或社会发展史和政治经济学常识，或中国近代史（由省委、区党委按情况决定）。第三级，学习内容是《联共（布）党史》和《毛泽东选集》，以有领导的自修为主。一般在职干部按照其文化理论水平，而不是按照职别与级别编级。第一级，以一般新干部新党员和能阅读所发材料、听懂大课的较老干部编成。第二级，以略有革命斗争经验并学过政治常识，并且有初中文化水平的干部编成。第三级，以政治斗争经验较多，并且读过一般社会科学书籍的干部编成。二、地委书记以上主要干部以学习《联共（布）党史》和《毛泽东选集》为主，并自行推选组长，订出各组学习计划。学习开始后，每半年必须向西南局写一次读书报告，每年写一篇论文。三、文化水平达不到小学程度的干部，一律以学习文化为主。《规定》对学习指导员的选拔也做了具体规定：第一级学习指导员必须是理论学习积极、具有高中以上文化水平的党员。第二级的学习指导员一般是有3年以上党龄的党员，有较高的政治理论水平，并且较系统地学过该项课程者。第三级的学习指导员或顾问，应由各机关有理论知识的负责人担任。《规定》还要求各省、区党委应培养若干有较高理论修养的专职或兼职理论教员。

同日

［纲文］ **政务院举行第九十八次政务会议。**

［目文］ 会议由周恩来和董必武主持。会议听取和批准了华北事务部部长刘澜涛所作的《关于华北农业生产和抗灾情况的报告》，并通过任免案及提请中央人民政府委员会批准的任命案多起。周恩来在讨论刘澜涛报告时指出：救灾必须联系到预防。华北每年都有大小、轻重不同的灾害，要完全摆脱或基本上摆脱自然灾害，必须经过长期斗争。要坚持以预防为主的方针对付灾害。各级政府在领导农业生产时，应有意识地使农业生产走向计划化。在组织上，是发展互助组，并通过互助组与国家经济的领导逐步结合起来。在今天，互助组仍是把农业生产组织起来的主要形式，高一级的农业生产合作社还只是某些地区的个别事例，不能当成一个方向去提倡。

同日—30日

［纲文］ **中财委召开第一次全国国营企业清理资产核定资金会议。**

［目文］ 中央政府各部及各大行政区派代表出席了会议。会议讨论了国营企业清产核资的方针、任务、条例和办法；专门组织3个小组，分别研究表报、估价、会计问题，修正表报草案，订出若干价格标准，拟出清产核资使用的暂编统一会计科目。在闭幕会上，全国国营企业清产核资委员会副主任朱理治①作总结报告，中财委副主任李富春出席并讲话。会议明确了清产核资的目的，是促进国营企业建立与提高计划管理，并逐步实行经济核算制。会议对全国国营企业清产核资工作做出规定：一、从1951年9月至12月，清产核资的中心任务是编制1952年计划和进行清产核资工作，两项工作必须紧密结合进行，为1952年实行计划管理和经济核算制度做好准备。二、按照1951年9月底的实有资金状况和第四季度的季度预计数，并根据1952年计划，核定1952年的企业资金。三、由全国核资委员会定出若干清产核资的估价标准，原则上统一使用，以求全国统一。四、地

① 朱理治（1907—1978），江苏南通人，时任东北人民政府计划委员会主任、中财委计划局副局长。

方公营企业也应进行清产核资工作。五、清产核资后各企业必须实行独立会计，并与银行建立核算制度。六、如果企业因情况特殊，必须超额储存原料或积存产品时，须经过中财委批准，由银行信贷或财政增拨流动资金。七、1950年清仓上缴中央的代管物资，仍依照财政部于本年6月召开的全国物资会议的决定处理。八、各部门在清产核资中，根据发现的问题和总结的经验，及时建立必要的财务管理制度。九、清产核资工作必须首长负责，亲自掌握；发动群众，献计献策；发现培养典型，总结经验，全面推广。

同日—31日

[纲 文] **第一次全国民族贸易会议在京举行。**

[目 文] 会议是贸易部根据政务院的决定召开的。贸易部副部长沙千里主持会议，各大行政区、内蒙古自治区、中央直辖华北各省市及中央有关部门代表共149人出席会议，其中少数民族代表42人。会议的主要目的是：确定少数民族地区贸易的方针政策；解决少数民族贸易工作中存在的问题，交流各地区少数民族贸易工作的经验。贸易部副部长姚依林作了1951年全国国营贸易情况的介绍，中央民族事务委员会副主任刘格平作了关于民族政策的报告。各地区首席代表汇报了解放前后少数民族地区的贸易情况，并交流经验，提出了意见和要求。会议对贸易方面的问题，举行了分组讨论和大会讨论；对林业、农业、交通、铁道、邮电、银行、保险、税务、度量衡等部门的问题，召开了座谈会，并由有关各部、行、局作了书面答复。会议闭幕前，展出了各少数民族地区的土产特产396件。会议最后一天，陈云到会并讲话，指出：少数民族地区国营贸易公司的主要任务是保护生产者的利益，正确地执行价格政策，团结正当经营的私商，使物资能够顺畅流通。贸易干部要坚守工作岗位，要注意培养训练兄弟民族的贸易干部。姚依林最后作会议总结报告。

9月14日，《人民日报》发表题为《开展少数民族地区的贸易工作》的社论指出，国营贸易机关已先后在少数民族地区设置了国营贸易公司、门市部、采购部、代销店、加工厂等750个企业机构和大批流动贸易小组，其中吸收少数民族的贸易工作干部约1700多人。在国营贸易的公平合理的价格政策的指导下，少数民族地区商品的交换比价逐渐趋于公平合理，土产特产的价格提高了，外来的日用必需品价格降低了，大大提高了少数民族人民的购买力，恢复和发展了他们的农牧业生产，改善了他们的生活。社论提出，做好少数民族贸易工作应注意：第一，应明确认识到，少数民族地区的贸易工作，不但是经济任务，而且是政治任务。第二，应在少数民族地区积极建立和发展国营贸易机构。第三，应在国营贸易机构的领导和组织下，团结正当私商，进行少数民族地区的贸易，并帮助少数民族人民经营商业。第四，应贯彻公私兼顾、公平合理的价格政策，采取经济领导和行政管理相结合的方法，坚决防止和反对某些私商对少数民族人民的经济掠夺和欺骗行为。第五，应积极训练和培养少数民族贸易干部，这是开展少数民族地区贸易工作的中心环节。

9月28日，贸易部提出《关于民族贸易会议的报告》。主要内容有：一、关于少数民族地区国营贸易机构的组织形式问题，应根据各民族的不同情况来决定。在内蒙古自治区，由于有了坚强有力的自治区政府的领导，整个财政经济工作都是在中央人民政府领导下的一个单独单位。因此国营贸易机关采取目前的组织形式，即作为内蒙古自治政府的一个组成部分，并执行全国统一的计划、制度与政策，是适宜的。但在全国其他少数民族地区，由于各种具体条件与内蒙古自治区不尽相同，因此就不一定完全采取相同的形式，而应由各大行政区、省根据本地区民族的不同条件，因地制宜，选择适合于当时当地的情况的组织形式。二、关于生活特殊困难地区的少数民族如何给予帮助的问题。全国少数民族中有一小部分地区由于所处地理条件过差、日用品供应极度困难（如云南边防线上的少数民族），或由于过去反动政府在经济上的过度摧残，或由于土特产滞销生活还有特殊困难，为了发展其生产，恢复其元气，在贸易上有加以特别照顾的必要。国营贸易由于这种特殊照顾，在经营上有时要有些赔累，这是过渡时期的办法，而不是长期的以赔累和贴补为方针，各大行政区贸易部得根据本区具体情况决定是否需要这种做法，并得将此项赔累数额列入本区国营贸易财务计划之内。三、开展少数民族贸易工作，必须在当地党政统一领导下，与有关各项工作结合，并依靠群众更好地贯彻政策。四、为了加强少数民族贸易工作的领导，各大行政贸易部、省商业厅，应根据需要建立少数民族贸易的专管机构，或设专管干部以便具体研究指导工作的进行。

10月5日，周恩来批转了该报告，要求各大行政区、各省市及中央有关部门督促所属财经委及有关省人民政府认真办理少数民族地区的贸易工作，并依当地具体报告，制定适当计划。11月23日，贸易部部长叶季壮在政务院第一一二次政务会议上作了该报告，得到会议批准。

同日—19日

[纲文]　青岛市纺织工会召开青岛市棉纺细纱职工代表会议推广郝建秀[①]工作法。

[目文]　全国总工会副主席李立三、中国纺织工会全国委员会主席陈少敏、纺织工业部副部长陈维稷，东北、天津、上海、西安、武汉、成都、广州等地优秀细纱工人及技术人员代表也参加了会议。与会代表研讨了推广郝建秀工作法的意义，并实地参观了国营青岛第六棉纺织厂及其他各厂郝建秀工作者和郝建秀本人的操作表演。陈少敏在会上讲话指出：按照郝建秀7个月来平均皮辊花率0.25%计算，如果全青岛市细纱工皮辊花率都和郝建秀相同，全年可增产4256件纱；如果全国都和郝建秀相同，全年可增产44460件纱。郝建秀工作法不但可以降低成本，而且能使机器寿命延长，提高工人看台能力，并为定额工作打下基础。纺织工会各级组织应有计划地把郝建秀工作法在全国迅速推广。会议闭幕后，来自各地的代表暂留青岛一段时期，学习郝建秀工作法。

郝建秀工作法是：一切工作围绕着减少断头和缩短断头进行，巡回有规律，善于计划

① 郝建秀（1935— ），山东青岛人，劳动模范，时为青岛国营第六棉纺织厂细纱工人。

▲ 手持奖旗的全国劳动模范郝建秀。

自己的工作时间，把各项工作适当地分配在每一次巡回中，把节约下来的时间用在清洁工作上，因此少断头，少出皮辊花。

10月15日，纺织工业部做出普遍开展学习郝建秀工作方法的指示，强调指出：这是中国纺织生产工作上一个重大事件，它使今后生产竞赛运动走上了一个新的阶段。之后，全国各地掀起了学习郝建秀工作方法的热潮，大大促进了全国纺织工业的生产革新运动，提高了生产效率，改进和完善了各项生产制度。

同日

［纲 文］ **北京市人民政府发布《关于民主选举区、村人民政府的指示》。**

［目 文］ 《指示》指出，为进一步建设人民民主政权，必须充分发扬民主，普遍选举区、村人民政府。《指示》要求北京市城区各区第一届第四次各界人民代表会议在8月份内召开，并代行人民代表大会职权，选举区人民政府；郊区区、村人民政府选举工作，在秋收前后完成。

此后至27日，北京市城区9个区先后召开区各界人民代表会议，代行区人民代表大会职权，选举了区人民政府的正、副区长和委员。

同日

［纲 文］ **《人民日报》报道，一批全国自然科学专门学会相继成立并召开第一届全国会员代表大会。**

［目 文］ 中国各自然科学专门学会在中华全国自然科学专门学会联合会直接领导和协助下，重新改组或开始建立。正式备案的学会有19个，经内务部批准开始筹备的学会有8个，准备登记筹备的学会有4个。已经备案和筹备就绪的学会，自本年7月下旬开始，陆续在北京召开第一届全国会员代表大会。此次各专门学会会议的主要任务，是要宣布各学会正式成立，产生领导机构；根据国家经济、国防、文化建设的需要确定各个学会今后的工作方针和任务；了解各地进行科学研究的情况和研究中所存在的问题；进行各科学部门专门人材的调查工作；并通过此次会议做好科学界的团结工作，使新中国科学更好地为人民服务。

同日

[纲文]　北京市军管会军法处判决7名充当美国政府间谍的罪犯。

[目文]　判决宣布，主犯李安东和山口隆一替美国政府搜集中国情报，策动武装暴动，企图在1950年10月1日中国举行国庆大典时，炮击天安门检阅台，谋杀中国国家元首和中央人民政府其他首长。二犯被判处死刑，在天桥刑场执行枪决。其他5名罪犯马迪儒、魏智、哲立、甘斯纳、马新清分别被判处有期徒刑和无期徒刑。

8月18日，《人民日报》发表题为《斩断帝国主义侵略中国的魔爪》的社论说，这一判决是中国人民在反对美国侵略、保卫祖国的斗争中一个重要的事件，是在“无形战线”上的一个重大胜利。说明解放了的中国人民，不但已经粉碎了帝国主义百余年来加在中国人民身上的枷锁，而且能够彻底斩断任何帝国主义侵略中国的一切魔爪。

8月18日

[纲文]　中共中央批转山西省委《关于执行中央加强理论教育决定（草案）的准备工作计划》。

[目文]　中央转发批语指出：山西省委制订的《关于执行中央加强理论教育决定（草案）的准备工作计划》，特别重视对学习顾问和理论教员的培养和提高，并规定了具体的制度和办法，此点甚为重要。为了执行全国宣传工作会议的决定，准备明年在全党进行有系统的理论教育工作，除各中央局应做出基本计划以外，各省都应当学山西省委的办法，做出更进一步的具体计划。各中央局要在今年9月底以前做出计划，各省市区党委则在今年年底以前做出计划，并一律报告中央宣传部，以便中央宣传部据以在今年冬季召集一次专门的理论教育会议。

此前，6月，山西省委制定《准备工作计划》提出，按中央通知及华北局的指示，须做如下几项准备工作：一、加强目前对历史学习的指导。省、地（市）委宣传部，今后每月应召集一次顾问、教员研究会，讨论历史教育理论问题，交流总结教学方法和经验，作为明年正式学习理论的参照。各机关党委或支部，应把培养理论教员当作领导学习的重要工作。实行顾问、教员讲课报酬制，以资鼓励。二、理论教员选拔和训练问题。应该从历史教员中选拔一些理论教员。在全体干部中，凡能讲解政治常识（中华人民共和国常识和中国共产党常识）、理论常识（历史唯物论、政治经济学等）者，可分别聘定为教员。要从省委党校和行政干校理论班（一年制）中，注意培养与选拔一批优秀学员，毕业后作为理论教员。三、干部编级问题。历史学习结束后，进行一次全省范围的测验，按测验结果编级。应注意青年团员干部的学习与党员的学习内容互相衔接起来。

同日

[纲文]　政务院公布《省、市各界人民代表会议协商委员会组织通则》、《关于地方各级协商委员会的关系的决定》、《关于县各界人民代表会议常务委员会职权的补充规定》。

［目 文］《省、市各界人民代表会议协商委员会组织通则》共十八条，对省、市各界人民代表会议协商委员会的人员组成、任期、职责等做了规定。

《关于地方各级协商委员会的关系的决定》对地方各级协商委员会的关系做出如下规定：省（行署区）协商委员会接受并处理省辖市协商委员会及县常务委员会的建议；搜集研究市协商委员会及县常务委员会的工作资料，并交流经验；协助市协商委员会及县常务委员会解答关于省人民政府（行署）政策法令在执行中所发生的问题；协助市协商委员会及县常务委员会进行人民民主统一战线工作。市协商委员会及县常务委员会接受并办理省协商委员会委托事项与建议；汇报各界人民代表会议开会经过及决议；汇报市协商委员会、县常务委员会的活动情况；汇报人民民主统一战线的工作情况。其他各级协商委员会的相互关系也适用以上规定。

《关于县各界人民代表会议常务委员会职权的补充规定》对县常务委员会的职权做出如下补充规定：一、组织与推动县人民代表会议代表，在各种场合，以各种方式，传达人民代表会议的决议及县人民政府政策法令，并协助推行。二、联系人民代表会议代表、民主党派、人民团体、民主人士，并经过他们广泛地联系人民，协助政府动员人民进行各种工作，有计划地收集各方面意见，及时建议政府采纳。三、接受人民的建议、询问、要求、申诉与批评，并进行处理。四、负责进行县人民民主统一战线工作，加强各民主党派、人民团体和民主人士的团结与合作。五、组织座谈会和学习会，协助与推动各民主党派、人民团体和民主人士关于时事、政策和理论的学习。六、接受与办理省（行署区）协商委员会委托事项与建议。七、负责进行下届各界人民代表会议的准备工作。

［文 献］ **省、市各界人民代表会议协商委员会组织通则**

第一条 本通则根据省各界人民代表会议组织通则第九条、第十条和市各界人民代表会议组织通则第十条、第十一条之规定及中国人民政治协商会议全国委员会“关于地方委员会的决定”制定之。

第二条 省（行署区，下略）、市各界人民代表会议协商委员会（以下简称省、市协商委员会）由各省、市各界人民代表会议选举主席一人、副主席若干人及委员若干人组成之。省、市协商委员会得设常务委员会主持会务，由全体委员中互选委员若干人组成之，协商委员会主席、副主席为常务委员会主席、副主席。

第三条 省、市协商委员会委员的任期与省、市各界人民代表会议代表之任期同，连选得连任。协商委员会委员遇有更换必要时经协商委员会商定，得提请各界人民代表会议更换之。

第四条 省、市协商委员会的职务如下：

一、经过人民代表会议代表及各民主党派、人民团体、民主人士，协助人民政府实行各界人民代表会议的决议，并了解其执行情况。

二、经过人民代表会议代表及各民主党派、人民团体、民主人士，协助人民政府联系人民，征求并反映人民意见。

三、审议政府交议的文件和议案。

四、有系统地搜集政治法律、财政经济、文教卫生、市政建设、宗教事务及其他方面的材料，进行研究，提出意见，供政府采择。

五、分别地或联合地召集各界人士的座谈会，协助人民政府解释政策法令并征求对于政策法令的意见。

六、接受人民的建议、询问、要求、申诉与批评，并认真加以处理，务使有着落有交代。

七、协助并推动各民主党派、人民团体、民主人士参加各种人民革命运动及建设工作。

八、组织时事座谈会和学习会，协助人民代表会议代表、各民主党派、人民团体、民主人士进行时事的、政策的和理论的学习。

九、协助各民主党派、人民团体、民主人士解决相互有关的问题，加强其团结与合作。

十、对各民主党派的发展及训练干部等工作予以可能的协助。

十一、协同人民政府筹备下届各界人民代表会议。

第五条 省、市协商委员会由主席负责召集并主持会议。

第六条 省、市协商委员会推定秘书长一人、副秘书长若干人，协助主席、副主席进行工作。在正副秘书长之下设秘书处（室），其编制另定之。

第七条 省、市协商委员会根据需要得设各种委员会，吸收协商委员会委员、各界人民代表会议代表及代表以外有关人士参加工作。各委员会分别推定主任、副主任负责主持之。

第八条 凡省、市协商委员会在代行地方委员会职权时，对中国人民政治协商会议全国委员会的关系如下：

一、接受全国委员会的各种工作指示；

二、有重点地分别报告每届人民代表会议及协商委员会开会的经过及各项决议案的实施情况；

三、搜集并汇报有关政法、财经、文教、土地改革以及统一战线工作的情况；

四、汇报县、市及县、市以下各界人民代表会议开会经过及其工作。

第九条 驻在省、市的中国人民政治协商会议全国委员会委员得出席各该省、市协商委员会的会议。

第十条 省、市协商委员会得依中国人民政治协商会议全国委员会常务委员会的决定派代表列席全国委员会的会议。

第十一条 省协商委员会对省辖市协商委员会或县常务委员会（中央直辖市、大行政区直辖市对区协商委员会）的关系如下：

一、接受并处理省辖市协商委员会及县常务委员会的建议；

二、搜集并研究省辖市协商委员会及县常务委员会的工作资料，并交流经验；

三、协助省辖市协商委员会及县常务委员会解答省人民政府政策法令在执行中所发生的问题；

四、协助省辖市协商委员会及县常务委员会进行民主统一战线工作。

第十二条 驻在省辖市及县的省协商委员会委员，得列席各该市协商委员会或县常务委员会的会议。

第十三条 省协商委员会开会时得视情况需要，通知各省辖市协商委员会或县常务委员会派代表列席。

第十四条 省协商委员会于必要时，得派代表到省辖市及县考察协商委员会或常务委员会工作及人民民主统一战线工作。

第十五条 省协商委员会每三个月召开一次，市协商委员会每月召开一次，必要时得提前或延期召集之。

第十六条 省、市协商委员会须有过半数的委员出席始得开会，须有出席委员过半数的同意始得通过决议。

第十七条 省、市协商委员会组织条例，根据本通则制定之，经各该省、市协商委员会通过施行。

第十八条 大行政区的各界人民代表会议协商委员会组织条例得参照本通则制订之。

资料来源：1951年9月7日《人民日报》。

8月19日

［纲 文］ 政务院公布实施《预算决算暂行条例（草案）》。

［目 文］ 该《暂行条例（草案）》由7月20日政务院第九十四次政务会议通过，共5章47条，包括：总则、预算的编制及核定、预算的执行、决算的编造及审定、附则。《暂行条例（草案）》中，对预算决算涉及的词语概念、办理时间、分类组成、编制程序、编送期限及核定程序、设置总预备费、预算变更节余和追加等做出了规定。附则对乡村、党派、团体等特殊情况做出了规定。

《暂行条例（草案）》明确规定：财政部依照国家施政方针与建设计划拟编下年度预算的指标数字，经政务院批准者，称概算。根据概算拟编的年度收支计划，未经核定者，称预算草案；经过核定程序者，称预算。在核定预算范围内，按月或按季编制的分配实施计划，称分配预算。按照年度预算执行最终结果所编造的全年度会计报告，称决算。分月或分季所编造的月份或季度会计报告，称计算。国家预算每一会计年度办理一次。会计年度采用历年制，自公历1月1日起，至12月31日止，为一会计年度。会计季度，自1月1日起，每三个月为一季度。会计月份，依公历月份所定。每一会计年度的一切收入，为本年度的岁入。上年度结余，视为本年度岁入。每一会计年度的一切支出，为本年度的岁出。各级人民政府及所属机关的一切岁入岁出，均须依照本条例规定，事前成立预算，事后编造决算。各级企业主管部门，应将所属企业机构预算拨款、预算缴款部分，报经同级财政机关分别列入各该级总预算、总决算。前项预算拨款、预算缴款，应根据各企业机构年度财务收支计划，及年终决算编报数额，分别编列。企业财务收支计划及决算的编报审核程序另定。

同日

[纲文]　中央军委就朝鲜战争第六次战役事致电彭德怀、高岗。

[目文]　电报分析了战场内外的形势，认为敌人对于朝鲜谈判，只打算实现军事休战而不妨碍其制造世界紧张政策，故反对以三八线为分界线，政治原因大过军事原因。其拖延谈判，一方面企图以此逼我让步，另一方面也为拖过旧金山会议及利其国会通过预算和加税。电报指出，为使休战谈判能得到公平合理的解决，并准备谈判不成，破裂的责任落到敌人身上，在作战上，我们也应与谈判的要求相配合、相适应。在9月份，如果我们预拟的战役计划，确实能做到歼灭美三师、伪二师及其他敌人一部或只歼敌一个师，同时，又能迅速推进至连川、铁原、金化地区或只推进一个地方，而不致为敌人赶回原阵地甚至侵入我阵地，那么这个战役尚是有意义的。但从现在具体情况看来，不仅空军在9月份不能参战并也不能掩护清川江以南的运输，而且其他方面也不易使我们这次战役能达到预期的目的。据此种种，望你对9月战役计划再行考虑，可否改为加紧准备而不发动，既可预防敌人挑衅和破裂，又可加强前线训练和后勤准备。

同日—9月12日

[纲文]　“联合国军”方武装挑衅滋事致使停战谈判中断，朝中方强烈抗议并积极争取复会。

[目文]　8月19日凌晨5时55分，朝中方面军事警察人员9人，由排长姚庆祥带领，沿板门店西南的松谷里以北高地向东巡逻时，遭到非法进入中立区并预先埋伏在松谷里附近的“联合国军”方面武装人员约30余人的袭击。姚庆祥和战士王仁元当场受重伤，“联合国军”武装人员又向姚庆祥前额上连发两枪，姚庆祥当场牺牲。事件发生后，朝中代表团立即通知“联合国军”代表团联络官。双方联络官对事件进行了实地调查，因证据确凿，“联合国军”代表团联络官无法否认事件的真实性。朝中方联络官当场向“联合国军”方联络官提出口头严重抗议。随后，朝中代表团首席代表南日将军向“联合国军”首席代表乔埃提出书面严重抗议。抗议说：这次事件是美国方面目无双方应该共同遵守的协议，一贯破坏中立区协议的不法事件的最高峰，这是不可容忍的。抗议坚决要求乔埃严惩凶

手，彻底保证不再发生违反中立区协议的任何事件，并就此立即给予满意答复。乔埃至8月21日才给予答复，但却称初步报告未证实你方所做指责。

8月22日晚10时20分，一架美军飞机侵入开城中立区会址区上空，以朝中方代表团住所为目标进行轰炸扫射。李克农当即命令保护现场，通知美方派人前来共同调查，结果显示，美飞机在朝中方代表团住地周围投掷汽油弹4枚，杀伤弹13枚，并用机枪在朝中方代表团住所北方扫射子弹一梭。但美方却发表了一个歪曲事实的“调查报告”。

◀美军飞机轰炸扫射朝中代表团驻地后，李克农等前往南日驻地探望。

8月23日，金日成、彭德怀致电李奇微，严重抗议美军飞机攻击朝中方代表团驻地。电报指出，美方在会外进行挑衅，在会内坚持要把军事分界线推到朝中方阵地之内的主张是借以拖延谈判的进行。美方对停战谈判缺乏诚意已昭然若揭。因此，朝中方代表团不得不从23日起宣告停会，以等待美方对这一严重的挑衅事件做出负责的处理。

在停会时期，毛泽东、周恩来与金日成、彭德怀等多次电报往来，分析商榷敌方动态和意图。8月25日，周恩来代毛泽东起草致李克农并告金日成、彭德怀电。针对美方否认轰炸朝中方代表团驻地一事指出，代表团的任务是谈判和打文仗。无论对方是想谈判破裂还是拖延谈判，我们都应从积极方面做文章，进行有力的宣传斗争，沉着应变，主动作战，以观其变化。8月30日，周恩来又代毛泽东起草致李克农并告金日成、彭德怀电报。指出：从李奇微29日复信中可以看出，敌人是需要把谈判继续下去的。因此，我们在复会与发表双方来往文件两个问题的争论上，还可以与敌人进行几个回合，现不宜将复会同时提出，免得敌人以为我也急于复会而又嚣张起来。

8月31日，朝鲜人民军最高司令部和中国人民志愿军司令部发言人发表声明指出，8月28日“联合国军”总司令部新闻局发表的一个官方文件，故意夸大和歪曲在开城谈判期间新闻记者到会址区采访、朝中方军事警察误入会址区，以及“联合国军”代表团一次偶然被朝中方军事警察留阻几分钟等问题。其实这些问题都已经得到朝中方认真负责的处理，并且“联合国军”方面也对处理表示满意。另一方面，该新闻局文件对8月19日

"联合国军"武装人员非法侵入中立区谋杀我军将士，以及8月22日轰炸和扫射朝中方代表团住所、谋杀代表团人员的严重事件，却造谣诬蔑，企图逃脱责任。

9月1日0时30分，"联合国军"飞机一架侵入开城中立区施行轰炸，炸弹落在南日将军住所附近约500—600米处。针对这一极端严重的挑衅行为，金日成和彭德怀向李奇微提出严重抗议，历数自8月22日之后发生的一系列严重挑衅行为，严正指出：如果美方决心要使谈判破裂，就应该堂堂正正地宣布美方的决心，而不应该这样无休止地进行无赖的挑衅行为。如果美方尚有意于恢复开城谈判，就必须认真负责地处理从8月22日到9月1日这一连串的严重挑衅事件，并彻底保证不再发生破坏开城中立化协议的类似行为，使开城停战会议得以重开。

9月11日，金日成、彭德怀函复李奇微6日来信，首先指出美方自8月22日以来制造破坏谈判的一连串挑衅行为，并且提议更换会议地址，以逃避破坏谈判的责任。复信列举一系列确凿的事实证明美方没有遵守开城区中立化的协议，要求美方迅速结束破坏协议的行动，负责处理朝中方所抗议的各次挑衅事件，使谈判在正常平等的基础上继续进行，否则应对拖延和阻挠谈判的进行及其后果，担负全部责任。

9月12日，《人民日报》发表题为《美方绝对不能抵赖以挑衅和谋杀手段破坏和阻挠开城谈判的责任》的社论指出，9月10日，朝鲜人民军和中国人民志愿军代表团，就"联合国军"有计划、有系统地破坏开城区中立化协议，阻挠朝鲜停战谈判的进行所发表的声明，以及金日成、彭德怀9月11日给李奇微的复信，正确地代表了中朝两国人民的坚决意志。我方不但握有美方挑衅行为的一切可靠的人证物证，而且也握有证实这些犯罪行为确实是美方所为的可靠情报。美方必须结束挑衅行为，担负破坏停战谈判的全部责任，并对我方所抗议的各次挑衅事件做负责处理。这是美方在全世界人民面前无可逃避的义务。

同日

［纲文］ **新华社讯，新闻总署发言人就港英当局要求新华社香港分社办理登记手续事指出国家通讯社无须登记。**

［目文］ 此前，港英当局华民政务司新闻纸登记官杜德致函新华社香港分社，要求其履行登记手续。对此，中央人民政府新闻总署发言人指出，新华通讯社是中华人民共和国的国家通讯社，新华通讯社香港分社是国家通讯社的一部分，按照国际通例，不受港英当局的法令约束，故无须进行登记。新闻总署令新华通讯社香港分社将此点通知港英当局华民政务司。

8月20日

［纲文］ **周恩来就新疆南疆的印度、巴基斯坦等国侨民去留问题致电王震并邓力群①。**

---

① 邓力群（1915— ），湖南桂东人，时任中共中央新疆分局常委、秘书长、宣传部长。

［目文］ 周恩来提出三点处理意见：一、凡属自愿离开中国的外侨，如无未了的刑事案件或债务纠纷，应即批准出境，不必留难。二、外侨中，凡属在中国已获得土地、不动产和已成家立业者，应按照自愿原则，争取其加入中国国籍；对不愿加入中国国籍者，应考虑处理办法。三、外侨中如有违法需要逮捕、判刑或驱逐出境者，应事先报告公安部和外交部批准。

同日

［纲文］ **中财委发布与苏联及新民主主义国家的《国际清算管理实施暂行办法》。**

［目文］ 该《办法》是为加强管理国家企业（包括国营中外合营企业）、机关（包括国立公立学校及医院）、团体、合作社对社会主义与新民主主义国家一切交易及往来所发生的债权债务的收付、划拨、结算，使国际收支逐步走向计划性而制定的。《办法》共6章26条，对贸易收支清算、借贷款清算、国际债权债务的结算与调整、国际清算综合计划与决算等问题做出了明确规定。

同日

［纲文］ **劳动部发出《关于劳动力的供求情况与今后工作中应注意的几点意见的通报》。**

［目文］ 《通报》提出：一、要建立健全各级劳动力调配机构。二、各大行政区劳动部与省市劳动局应对劳动力调配工作加强领导，对城乡剩余劳动力要进行调查登记。三、各市劳动介绍所必须贯彻劳动力统一调配的方针。四、进行培训。

同日

［纲文］ **黄河石头庄溢洪堰工程完成。**

［目文］ 石头庄位于平原省长垣县，历史上黄河到这里易于决口，被称为“豆腐腰”。为控制黄河过大流量而修建的石头庄溢洪堰，全长1500米，宽49米，主堰高2.9米，能抵御23000秒立方米的特大洪水。不仅保障了黄河下游的平原、河南、山东等省的安全，而且减轻了黄水对苏北、河北等地广大农田的威胁。参加修溢洪堰的技工和民工有45000多人，干部2500多人，全部工程所需的工料共重25万余吨，都是从东北、武汉等地运来的。8月22、23日，平原省治黄指挥部在工地上举行了庆祝典礼和表彰大会。

同日

［纲文］ **西北民族学院举行开学典礼。**

［目文］ 参加典礼的有全校汉、蒙古、回、藏、维吾尔、土家、哈萨克、撒拉、东乡、塔塔尔、乌孜别克、柯尔克孜等共12个民族的学生、教职员700多人。西北局书记习仲勋、西北军区副司令员张宗逊、甘肃省人民政府主席邓宝珊、甘肃省委副书记孙作宾等出席了典礼。

8月21日

［纲文］ **《人民日报》报道，黄河防汛总指挥部发出黄河防汛紧急通知。**

［目 文］ 通知要求黄河下游的河南、平原、山东三省防汛指挥部和黄河河务局，加紧守护黄河下游堤防。由于黄河支流无定河流域的陕西省榆林地区，在8月14日午夜到15日上午骤降暴雨，致使黄河中游洪水猛涨。8月15日，山西龙门的黄河水位骤然上涨6米，超过该处黄河以往任何一年的水位。16日晚黄河洪峰到达陕州，该段黄河水位超过1949年7月份最高洪水位4厘米。17日晚黄河洪峰到达花园口时，流量为7980秒立方米，水位已与该处黄河1949年7月份的最高洪水位相近。

8月22日

［纲 文］ **周恩来为全国18个专业会议和政府各部门负责人作题为《目前形势和任务》的报告。**

［目 文］ 报告指出，为了巩固和加强人民民主专政，有两项开路的工作，一是肃清土匪，一是镇压反革命，这两项工作都取得了很大的成绩。要恢复经济，兴修水利和铁路是为我们工农业发展开辟道路的工作。在抗美援朝战争仍在进行的情况下，我们依然使1951年度的财政收支接近平衡，物价没有上涨。这个成绩的伟大不亚于抗美援朝，不亚于镇压反革命，不亚于土地改革。掌握财经工作的同志，特别是陈云同志，在这方面确实是兢兢业业的。现在财政开支的原则是：可办可不办的，不办；可批可不批的，就不要批。他同时强调，要重视成人教育、培养建设人才，在教育观念上来一个改变。从过去只为青年人办学，只讲正规化的观念改变过来，适应成年人的学习要求，给成年人受教育的机会。他指出，人才缺乏已成为各项建设中的一个最困难的问题，不论在经济、国防建设，还是在巩固政权方面，都需要人才。中国的知识分子不是太多，而是太少。从旧社会过来的知识分子，过去深受封建思想束缚和帝国主义奴化思想的侵蚀；要为新中国服务，为人民服务，思想改造是不可避免的。只有这样，我们才能够进步，思想感情、行动、生活方式才能够适合人民的利益。

同日

［纲 文］ **中财委复电同意西南财委对公私合营企业基建拨款的处理意见。**

［目 文］ 此前于8月9日，西南财委向中财委提出公私合营企业基建拨款的处理意见，主要内容是：一、解放后政府对公私合营企业拨入的基建资金或流动资金，当时视同公营企业未按增资手续办理，如按资金拨入日期移作股权则企业应按当时资负情况重估财产，事实上有困难。我们一般以1950年底转作投资（不能参加该年度盈余分配）在未移作股权前视作债权债务处理，因此项拨款对企业的生产或生产准备上起了作用，企业负担一定利息是合理的利率，一般以不超过银行长期工业放款息，但也不低于年息8厘为限，可由投资主管机关通过董监会协商解决。上项利息作为财政收入，如企业不能以现款缴付，提请移作投资或个别企业情况特殊可免予计息的，应报经上级财委核准。二、企业中有公产者，原则上视同债权处理的按实物规格、品类收回或按某种实物折算成货币收回，不主动争取转作投资，企业无力偿还申请移作股权时再予考虑。

8月23—30日

［纲 文］ **卫生部在北京召开全国民族卫生会议。**

［目 文］ 出席会议的有藏、回、苗、彝、维吾尔、蒙古、汉等民族代表，中央及各大行政区卫生行政与民族事务部门代表，各少数民族地区医疗防疫队队长及特邀代表90余人。会议研究了少数民族地区中危害最严重的疾病问题，认为首先是性病、疟疾和妇幼疾病。蒙古、藏等族居住地区性病蔓延很广。西南、中南少数民族地区疟疾普遍流行。部分少数民族地区麻疹、天花、破伤风、产褥期疾病等流行，婴儿死亡率高达出生率的60%—70%。会议确定少数民族地区卫生工作的方针和任务是，扫除性病，防止疟疾，推广妇幼卫生，同时照顾其他疾病的防治工作。会议决定，在内蒙古、西康和甘肃、宁夏、青海地区设立性病防治中心机构3处，并在绥远、新疆设防治所两处；除已有的两个疟疾防治所外，另在中南、西南疟疾严重流行区，再各增设3个防治所。会议还决定要着重宣传妇幼卫生常识改造，培养接生人员，组织设立妇幼保健站。会议通过了《关于建立和发展少数民族地区卫生工作的决定》、《少数民族卫生工作方案》以及防治少数民族地区性病、疟疾与推行少数民族地区妇幼卫生工作方案等文件。

8月24日

［纲 文］ **中共中央同意罗贵波关于帮助越南进行财政经济工作总结报告的电报。**

［目 文］ 此前于8月14日，中共中央驻越南劳动党中央联络代表罗贵波致电中共中央，对本年度前7个月帮助越南财政经济工作的情况做总结说：帮助越南财政经济的工作已大致告一段落。我们遵照毛主席和中央给予的任务和指示，尊重越南劳动党的领导，本着国际主义精神，从越南的实际情况出发，结合中国革命的经验，积极负责地帮助他们，主动地向他们提出建议。

我们所做的工作主要有：一、财政工作方面：废除一切额外捐献、摊派，目前只征收7种税。帮助制订各种税则，重订农业税征收计划。帮助夏季预征，基本停止货币购粮。颁布统一国家财政管理的法令，制定预算原则。建立公粮统一管理的粮库制度。进一步调整编制，确定脱离生产的人数。制定村级财政管理办法。调整财政机构，改进其领导方法和工作方法。二、贸易工作方面：制定管理物价、平稳物价和物价为生产服务的具体措施以及贸易经营计划。取消限制内地贸易自由的措施。改革对外管理工作，建立国家贸易机构，并有重点地建立联区和省及边缘区的贸易机构。三、银行工作方面：制定货币发行计划，建立货币发行制度。布置对敌货币斗争的准备工作。制定信贷工作的章则办法及下半年工作计划。建立国家银行的组织机构及工作方法，并有重点有步骤地建立各级银行的组织机构。

我们的工作步骤是先了解情况再提出意见，工作中进一步了解情况和更具体地去帮助；从一般原则的帮助进到具体实际帮助；先打通思想，端正和制定政策方针，然后帮助具体组织实施；多建议少批评，并注重自我批评。我们的缺点是对越南情况的了解研究还不够深刻，有些急于求成和主观，拟向越南劳动党中央进行一次检讨，以求谅解与改进。以后几个月的中心问题是继续贯彻既定的政策、方针和制度，加强思想与组织的领导，保证这些工作主要依靠越南同志自己去做。到年底，如果需要，帮助制定下年的工作计划。

同日

[纲文] **政务院举行第九十九次政务会议。**

[目文] 会议由周恩来主持。会议听取并批准了政务院华侨事务委员会副主任廖承志作的《关于第一次侨务扩大会议的报告》；听取了交通部部长章伯钧所作《关于修建塘沽新港的报告》，做出了《关于成立塘沽建港委员会的决定》。

廖承志在报告中指出，中国约有侨民1100余万人，遍布世界各地，其中侨居东南亚的最多，将近1000万人。侨务工作的主要任务是：组织华侨广泛的爱国统一战线，进行爱国主义教育。保护华侨正当权益，坚决反对帝国主义者迫害华侨；开展华侨文化教育工作，广泛介绍祖国的政治、经济、文化等各方面建设的伟大成就，宣传毛泽东思想、新民主主义、《共同纲领》及人民政府的各项政策法令；促进华侨与当地人民的友好关系，共同保卫世界和平；组织华侨与国外侨资参加祖国生产建设，建议在中财委领导下，成立华侨回国投资辅导委员会，负责研究指导华侨投资工作；对华侨回国投资实行优待。

在讨论这一报告时，周恩来说：对于华侨同所在国人民结婚的事情，不但不应限制，相反地应该鼓励。只有鼓励他们与当地人结婚，能善于同化，才能和人家一道前进。华侨在所在国，一方面应为保护本身的权益而斗争，另一方面，不介入当地革命运动。

《关于成立塘沽建港委员会的决定》指出，天津港口由于自然条件的限制和年久失修，3000吨以上货物的船只不能直达天津装卸。这不仅增大了货运费用，也不适应日益增加的出入口贸易。因此，进行塘沽新港的建设刻不容缓。为了完成这一艰巨工程，政务院决定成立塘沽建港委员会，直属交通部领导。职责为确定修建方针，指导重大技术，调集干部和船只，解决材料、工具等困难，争取于1952年冬季使万吨轮船能驶入新港停泊装卸。塘沽建港委员会由14人组成，章伯钧为主任，黄敬等3人为副主任，下辖新港工程局。

8月25日

[纲文] **中共中央发布《关于在清理“中层”、“内层”运动中对共产党员隐瞒政治问题和历史问题的处理办法（草案）》。**

[目文] 《办法（草案）》指出，为了提高党纪、巩固党的组织，必须采取既严肃又谨慎的态度，区别问题的性质与是非轻重，及本人对党的忠诚坦白程度与一贯的表现，经过调查研究与证明后，分别处理。这种处理应在各地坦白运动完成后进行，而不要在坦

白运动中或开始时进行，以免妨害坦白运动。如过去系被迫参加一般的特务组织，并未担任职务，又未进行反动活动者，其后思想进步，隐瞒其历史，加入了我党，此次自动向党真诚坦白、交代清楚，调查证实再无其他隐瞒，并从其一贯表现证明确够一个党员条件者，则可考虑保留其党籍，但必须指出其隐瞒的错误，并酌情给以警告之类的党纪处分。对于隐瞒参加反动党、团、会道门组织，以及反动警、宪的普通人员，如此次自动向党真诚坦白，并经调查在事实上证明其在组织上、思想上已与之断绝联系者，则应指出其隐瞒的错误，可保留其党籍，但亦应酌情给以劝告之类的处分。如一贯表现不好，又不老实地向党坦白或坦白不彻底、企图继续欺骗党者，则应按其情节之轻重，予以党纪的较重处分，直至开除党籍。凡有严重特务嫌疑或其他重大政治问题的分子，尚待审查者，应停止其党籍，进行审查。如查明无问题时，则恢复其党籍。凡共产党员有包庇反革命分子和隐瞒反革命分子的罪恶行为而不向党报告者，应按其情节之轻重，予以党纪的严重处分，直至开除党籍。对于隐瞒非政治性的一般历史问题者（如党龄、军龄、年龄、学历、职业、经历及社会关系等），如系自动向党彻底坦白，一般地可免予处分，但须指出其隐瞒的错误。凡党员因隐瞒政治问题或历史问题所受之处分，各级党委均不得撤销。但此点在处分时可以不宣布。

同 日

［纲 文］ 中财委发布关于第二次治淮（河）会议的报告。

［目 文］ 报告指出，水利部于1951年7月底召开了第二次治淮会议。根据1950年政务院颁布的治理淮河的决定和一年来实践中所证实的资料，对治淮规划肯定了上、中游以蓄水为主，淮河与洪泽湖分开入江等原则，并拟定初步方案，经周恩来总理原则批准。治淮方案要点如下：

一、根据1921年水文资料推算，从7月到11月洪水期间，流经洪泽湖出口中渡的总洪水量为760亿立方米。根治淮河，必须以这一数字作为计划的基准。

二、有效蓄洪量须做到上游35亿立方米、中游85亿立方米，总共120亿立方米。这样可以做到正阳关流量不超过5500秒立方米；东淝河口以下流量不超过5000秒立方米；蚌埠不超过7000秒立方米；浮山不超过8000秒立方米；连同其他直接流入洪泽湖各河的流量一并计算，下泄至洪泽湖的最大流量为11400秒立方米。经过洪泽湖的调节，并由洪泽湖至黄海修筑一条以灌溉为主结合排洪的干渠，分泄流量700秒立方米，这样中渡最大流量可不超过7000秒立方米。

三、在盱眙和三河间，另开一条新河道，使淮河不经洪泽湖直入长江。在淮河和洪泽湖间，修筑入湖和出湖闸坝，使洪泽湖成为有控制的水库，蓄洪容量可大为提高，对防洪、灌溉都有极大益处。这样淮河洪水下泄较快，河槽易于刷深，并可逐渐发展成为自长江直达中上游的航道系统。

四、为保持和发展苏北2500万亩农田灌溉用水，经皖北、苏北协商，洪泽湖经常蓄水位规定为13.5米，蓄水40亿立方米。这样，湖心有约10万人左右须迁移。上述蓄水位待群众迁移问题解决后，再行实施。洪泽湖最高蓄水位，不超过14.7米。如因水位超出，群众所受损失由政府予以补偿。

五、皖北除受淮河洪水威胁外，内涝也很严重，内涝区主要在宿县和阜阳两专区。宿县专区主要是因为洪水时期蚌埠以下淮河干流水位过高；最彻底的解决办法是降低淮河干流水位，但工程太大，因此拟从五河到浮山段，使内水和干流分开，在淮河水位比内水高的时候内水直入洪泽湖，确定内河水位在五河不超过16.5米，在浮山不超过15.5米。淮河干流水位，浮山暂定为17.5米，将来争取达到15.5米。阜阳专区因为河道淤塞，雨水无法排泄，今后须继续进行疏浚工程。

六、关于润河集水位与河南省潢川专区洪水的宣泄问题。潢川专区本年涝灾系河槽卡水，但河槽整理后，仍受润河集水位的影响。这一问题拟组织查勘组，连同润河集修筑船闸工程一并研究，再提解决方案，1953年施工。

七、以上所述方案的实现，约需5年时间（包括1951年），经费约60亿斤粮食（包括1951年经费）。工程完成后，润南、皖北、苏北水灾不仅可以消灭，还可发展灌溉、航运和水力发电。1952年工程，除大力进行群众性的水土保持和沟恤工程外，上游主要工程仍着重于蓄水，兼及河道整理工程；中游着重蓄水和内水排除工程；下游进行灌溉渠的修筑和防洪工程。1952年主要工程项目和经费概算数，上游共需工费粮4.2亿斤，包括完成白沙、板桥、龙山3个水库；南湾、大坡岭、盛家店3个水库的开凿隧洞工程；疏浚洪河、汝河、颍河和黄泛区各河，并酌建涵闸等。中游共需工费粮5.5亿斤，包括兴建淠河佛子岭水库工程，瓦埠湖、寿西湖等蓄洪工程，正阳关至五河支流疏浚工程，五河至洪泽湖排水工程及洪河下游分洪工程。下游共需工费粮3亿斤，包括从洪泽湖到黄海的灌溉渠道工程以及运河岁修工程。以上各项连同测勘、水文、防汛和购备施工机械等费共需粮15亿斤。

8月26日

［纲 文］ **周恩来为毛泽东起草关于朝鲜谈判一事致斯大林的电报。**

［目 文］ 电报通报了美方在朝鲜停战谈判中因军事分界线问题相持不下，便连续挑衅的情况，提出朝中方对停战谈判形势的估计与对策。认为美方在对谈判的拖延中有两个发展的可能。一个是拖向破裂，另一个是在拖延中寻找转弯的办法，并在军事分界线问题上求得妥协。针对前者，朝中方已加紧准备迎接敌人可能的正面军事进攻，同时也严防敌人从北朝鲜东西海岸的港口登陆。针对后一种可能，朝中方准备在停会期间与美方进行宣传战，以揭露其挑衅行为。一旦对方有愿意重开谈判表示，即主动提出一个转变办法，促其接受。

8月27日

［纲 文］ **政务院、最高人民法院发布《关于清理反革命罪犯积案的指示》。**

[目 文] 《指示》由周恩来和沈钧儒联名签发。《指示》指出：自从1950年7月23日政务院、最高人民法院发布《镇压反革命指示》，特别是自1950年冬中央人民政府提出纠正镇压反革命的工作中的“宽大无边”偏向，并于1951年2月颁布《惩治反革命条例》以来，全国各地在各级人民政府领导下，依靠公安、司法、检察等部门和军事法庭的通力合作，认真地检讨并纠正了对待反革命“宽大无边”的右的偏向，动员干部，动员群众，检举与逮捕了大批的反革命分子，处决了大批的匪首、惯匪、恶霸、特务、地下军头子、反动会道门头子及其他反革命首恶分子，使镇压反革命工作成为全国性的群众运动，大大地打击了反革命的气焰，并取得了伟大的胜利和成绩。全国人民因此欢欣鼓舞，拍手称快，使人民的胜利和人民的统治得以进一步地巩固起来。

同时，在全国各地大张旗鼓地镇压反革命的工作中，由于在押的反革命罪犯大大增加，积案甚多，不仅人民群众要求政府迅速处理，而且监狱拥挤，犯人易生疾病，极大地增加了管理方面的困难。所以，清理反革命罪犯的积案已成为镇压反革命运动中一个亟待解决的中心工作。各级人民政府应集中更大的力量限期将积案处理完毕。有关清理积案的应注意事项指示如下：

一、处理反革命罪犯积案的量刑标准，应以《惩治反革命条例》为根据，其政策为“镇压与宽大相结合”。据此，处理反革命罪犯积案的办法有以下七种：对于有血债或其他严重的罪行非杀不足以平民愤和最严重地损害国家利益的反革命分子，应判处死刑并立即执行；对于没有血债、民愤不大和虽然严重地损害国家利益，但尚未达到最严重的程度，而又罪该处死的反革命分子，应判处死刑，缓期2年执行，强迫劳动，以观后效；凡介乎可杀与可不杀之间的分子，应一律不杀，如果杀了就是犯错误，应该按其罪恶严重的程度，判处无期或长期徒刑；对于其他确有罪行的反革命分子，应按照其罪行大小，分别判处无期徒刑或有期徒刑；对于罪恶较小，确有悔改表现，或判刑在1年以下者，在多数群众或原告同意的条件下，虽刑期未满也可交群众管制或假释；但不得因监狱拥挤或为减少监管麻烦，而滥放不应释放的罪犯；凡是捕错了的人，应该立即释放；犯一般刑事罪的罪犯，应交人民法院按一般刑事案件处理。

二、各地必须从各方面动员与调集足够的得力干部，集中军事法庭及政法各部门的力量，于10月底将各地积案基本上处理清楚。

三、在进行清理积案工作中，为继续深入发动与教育群众，进一步打击与瓦解敌人，必须大张旗鼓，广泛进行宣传。在宣判时，应将各种不同的判决，即判决死刑、死刑缓刑、无期徒刑、有期徒刑、交群众管制与教育释放的同时宣判，以使用具体事实体现“镇压与宽大相结合”的全面政策。

四、在清理工作中，必须采取严肃谨慎的态度，必须严防草率从事；必须把系统的侦察审讯、号召罪犯坦白和向群众调查等各方面所得的材料加以综合研究，然后定刑；严禁不重证据轻信口供、刑讯逼供的错误作风。在处理案犯时，必须勿枉勿纵。为鼓励犯人悔过自新，除民愤极大者应处极刑外，凡犯人自动坦白其罪行并证明属实或有立功表现者，应酌情从宽处理。

五、清理积案必须与清理监所紧密地结合起来，对于犯人在监所的表现，应进行系统地考察和了解，以便作为判案的参考；并设法将过于拥挤的监犯予以疏散，使一部分犯人一面参加监外劳动，一面听候判决。

六、为加强对于清理积案工作的领导，各大行政区、省（行署）与专区应组织检查组或工作组到各地检查与帮助工作。

七、各级人民政府与各有关部门接到本指示后，应即讨论执行，并于清理工作结束后，将总结向上层报。

同日

［纲文］　中财委发布《对资本主义国家上半年外汇收支情况及下半年方针的意见》。

［目文］　《意见》指出：由于上半年已将积存外汇用尽且有了亏空；出口80%已转向苏联和新民主主义国家，国营贸易已不容易再大量向资本主义国家组织出口换取外汇；国营贸易今后还须从资本主义国家进口棉花、纱布、橡胶，需用巨额的外汇。因此，下半年的外汇情况，将是很困难的。特提出几点意见：一、上半年为避免外汇冻结与贬值及争取先进后出，抢购进口物资，把积存外汇迅速用出去的措施，是有必要的。下半年仍应掌握不大量积存外汇的方针。但目前外汇已出现困难局面，如不通盘筹划，仍一味大量推出外汇抢购进口物资，则必然会增大入超差额，使外汇头寸无法应付。今后我对资本主义国家外汇应采取量出为入与量入为出并重的办法，就是说为了进口的需要，应大力组织出口；同时应把可能收入的外汇，有计划地使用，不浪费也不大量积存。二、下半年私人进出口包括易货在内，在全国范围内，基本上应求得自已平衡，对私人进出口管理要加强计划性，使私人进口和国家需要相结合，避免公私重复，浪费外汇。凡国内能生产自给和国内市场公私存货能供应以及苏联和新民主主义国家能供应的物资，除特许外，一般不得再由资本主义国家进口；关于此类材料由贸易部随时提供各地参考，各地应提出9月至12月私营进出口计划报贸易部核定。

同日—9月4日

［纲文］　出版总署在京召开第一届全国出版行政会议。

［目文］　参加会议的有出版总署及各大行政区新闻出版局、各省（市）新闻出版处的代表，中央和各大行政区人民出版社、新华印刷厂、新华书店及中央各专业出版社代表，中宣部及各大行政区宣传部代表以及中央各有关机关也应邀派代表参加。开幕式上，出版总署副署长叶圣陶作了《为提高出版物的质量而奋斗》的报告，总结一年来的出版工作，指出出版工作还存在不负责、不严肃的工作作风，必须认真改正。他号召全体出版工作者要为提高出版物的质量而奋斗；要加强通俗读物的出版、发行工作；要大量出版财政经济的、科学技术的出版物，以迎接国家经济建设的高潮。政务院文教委员会主任郭沫若在开幕式上讲话指出，人民出版事业的主要任务是思想斗争。我们必须

彻底肃清旧思想，努力宣传新思想，所有出版工作者都应该更进一步把这一工作做好。新中国成立两年以来，关于马克思列宁主义和毛泽东思想的出版物，无论在质上和量上都有相当的进步，对全国范围内的思想改造工作，有显著的贡献。我们应该更进一步加强思想教育，更进一步展开马克思列宁主义和毛泽东思想的传播。要做到这一点，就必须加强出版事业的严肃性和计划性。28 日，中宣部副部长胡乔木到会作《改进出版工作的几个问题》的报告，要求提高出版质量，建立出版工作中的制度和纪律。

会议结束时，叶圣陶在总结报告中部署了今后的工作：一、制订 1952 年度的省、区、全国的出版计划，主要是选题计划；二、加强对公营、公私合营出版业的领导，消灭缺乏领导的现象；三、加强对私营出版业的领导和管理，消灭其投机和出版无政府无计划现象；四、注意培养出版干部；五、指导读书运动，展开书评工作；六、建立请示报告制度，按时报告出版、印刷数字以及出版物思想政治情况和技术水平。

同日—9 月 11 日

［纲 文］ **教育部召开第一次全国初等教育及师范教育会议。**

［目 文］ 出席会议的有中央、各大行政区和部分省市教育行政机关的负责人，及有经验的小学校长、幼儿园主任、托儿所所长、师范学校校长或教导主任、师范大学校长、师范学院院长，特邀的初等教育和师范教育专家，各有关机关、团体的代表 350 人。

教育部部长马叙伦在开幕词中指出：初等教育是人民的基础教育。提高人民文化水

▲ 教育部召开第一次全国初等教育及师范教育会议。

平，培养国家建设人才，都有赖于打好这个基础；师范教育对于各级师资的培养与提高，又是整个人民教育事业能否办好与发展的关键性问题。全国共有幼儿教育机关2146所，儿童14.5万余人；有小学43万余所，学生3580多万人。全国初等教育机构特别是小学数量少，容量小，质量差，远不能满足人民群众的需要。同时初等教育经费还很困难，农村小学教师待遇很低，以致造成某些地区小学教育不很稳定。关于师范教育，他指出，全国共有中等师范学校603所，学生16万多人，另有短期师资训练班学生2万多人，共计18万多人。高等师范学校29所，学生共1万多人。高等师范学校或中等师范学校的办学方针和任务都不明确，高等师范学校的科系设置多不合理，学生数量也远不能满足各级学校的师资要求。各级学校一部分在职教师也应加以训练提高。因此，各级师范学校都必须进行调整和发展。

郭沫若到会讲话说，新中国人民教育的基本方针是：为工农大众服务，向工农大众开门。在这方面，建国两年来已有巨大的成绩，中央人民政府对百余万教师勤勤恳恳艰苦工作所做出的这些成绩很重视，对广大的农村小学教师的待遇问题也很关心，在可能的条件下一定要加以改善。各级政府工作人员要重视小学教师，以推动和造成新社会“尊师重道”的风气。教育部副部长韦悫向会议作了题为《巩固和发展新中国的初等教育和师范教育》的报告。

会议着重讨论了新中国初等教育及师范教育的方针任务，切实解决市、县地方教育经费，适当改善小学教师待遇，大量短期培养初等及中等教育师资，加强中、小学教师在职学习等问题。会议强调，新中国的教育必须坚决为人民的政治、经济事业服务。旧教育的内容（首先是课程）和方法必须坚决改革。学校要真正做到为工农兵开门。要办好人民教育，必须有完全适合于国家情况与需要的制度。政务院8月通过的《关于改革学制的决定》是教育工作的重要革命步骤。

会议认为有计划、有步骤地普及儿童初等教育是新中国教育工作者的现实任务，也是具有伟大历史意义的艰巨工程。人民教师的待遇应随国家经济的发展、人民生活的改善得到不断的提高。各地乡村小学教师每月平均工资应当不少于200斤米或麦，建议各省、市政府应明确规定地方附加粮的开支科目与开支比例；对地方教育经费实行由县统筹，专署和省调剂补助的办法，同时发动群众出钱出力办学，在城市则依靠工矿机关办学。

会议讨论通过了《小学暂行规程》、《幼儿园暂行规程》、《师范学校暂行规程》、《关于高等师范学校的规定》、《关于切实解决县、市地方教育经费的决定》、《关于适当改善小学教师待遇的指示》、《关于大量短期培养初等及中等教育师资的决定》、《加强中、小学教师在职学习的指示》等8个文件的草案。并就小学教师服务规程、幼儿园工作人员服务规程、奖励优良小学教师办法、小学各科课程标准、幼儿园教学纲要、高等师范学校调整设置原则、师范学校设置计划、教育学课程纲要等文件和新学制实施步骤问题交换了意见。会议号召为争取在1957年前全国80%的学龄儿童入学，以及培养百万人民教师而奋斗。会议期间，还举办了全国初等教育展览会；介绍了江苏溧阳清水塘小学女教师史瑞芬[①]的办学经验。

10月13日，《人民日报》发表题为《稳定和发展小学教育，培养百万人民教师》的社论，号召全国贯彻这次会议所规定的方针和任务，执行会议所做出的决定，为争取在1957年前全国80%的学龄儿童入学，培养百万人民教师而奋斗。社论着重提出了以下三个问题：一、关于安定和发展小学教育的问题。二、今后教育工作中最严重的问题是各级学校的师资不足。三、应重视当前小学教育中有部分教师不安心教学的现象，并迅速加以改变。

同 日

[纲 文]　上海市军管会命令收回英商参与经营的“跑马厅”场地。

[目 文]　收回的场地位于上海市中心，俗称“跑马厅”，包括上海市南京西路以南、西藏中路以西、武胜路以北、黄陂北路以东，原由英商上海跑马总会有限公司、上海跑马总会场地有限公司及英商上海万国运动会所经营的全部土地，共519.752亩。太平天国时期，英国依靠武力，或以强迫占领的手段或以极低的价钱，把圈内的中国农民的田地和坟地强占下来，并强迫圈内居民迁移，把该场地辟为跑马赌博的场所。1941年以后，该场所曾先后作为日本和美国的兵营。本日，上海军管会根据人民的要求和市政建设的需要，命令收回跑马厅场地，并实施逐步改建的计划。

8月28日

[纲 文]　中共中央同意新疆分局关于苏侨协会出租土地应实行减租的意见。

[目 文]　中央给西北局的复电同意新疆分局关于苏侨协会[②]出租土地减租问题复伊犁区党委电。同时指出，“合法权益”四字可以不用，因外侨在中国不应有土地权，苏侨协会的土地系属临时性质，不应以法律权益确定。但在反霸中如有涉及苏侨及其他外国侨民须逮捕惩办者，须事先报告中央批准。

此前于8月14日，新疆分局在给伊犁区委及各区、地委等并报西北局的电报中，回答了伊犁区委提出的苏侨协会出租土地是否按减租条例规定进行减租问题。电报指出：凡侨居中国的苏联侨民均应遵守与执行中华人民共和国政府的一切政策法令，而我各级人民政府必须保护守法的外国侨民的合法权益。因此，苏侨协会以及苏侨出租的土地均应按照减租条例进行减租，苏侨中的佃户凡合乎减租条例者也应享受减租的权利。如果在减租反

---

① 史瑞芬（1923—1977），女，江苏溧阳人，时为江苏溧阳清水塘小学教师。1950年带领学生扑治螟虫、破除螟虫是神虫的迷信，被评为特等治螟模范；又多方动员农家子女入学，资助贫困学生，大力改善办学条件，受到乡民欢迎，被溧阳县与苏南行署评为模范教师。

② 苏侨协会，苏联侨民协会的简称，系生活在中国东北、内蒙古、新疆等地的苏联侨民的民间组织，出现于20世纪30年代，后曾形成总部分设在新疆和东北的伊犁苏联侨民协会总会、苏联侨民中央理事会两个互不隶属的中心机构。20世纪60年代初因参与煽动新疆伊犁和塔城边民大规模集体外逃事件及其他原因，被中国政府取缔。

霸中涉及苏侨并须依法逮捕惩办者，除履行规定的批准手续外，在有苏联领事馆的地区可事先与其取得联系，依法办理。8月21日，西北局复电新疆分局并报中央，表示同意新疆分局的意见，请中央核示。

同 日

[纲 文]　华北局发出《关于救灾工作的指示》。

[目 文]　《指示》指出，华北部分地区的灾荒已经形成，少数灾民有悲观失望情绪，反革命分子乘机造谣破坏。因此，领导灾区群众生产自救成为所有灾区党委和人民政府的紧急任务，各地必须做到不饿死一个人。华北各级党组织建议各地人民政府立即采取以下措施：一、贯彻生产自救方针。除继续发动群众积极除虫、排水、采集代食品、组织副业生产，并及早订好冬季生产救灾计划外，更应做好秋后灾荒区域的秋种、秋耕、拾谷茬、挖虫卵等工作，防止下年继续发生灾害。二、必须及早动手开展生产自救工作。有些灾区对这一工作采取拖延、等待的做法是错误的，必须迅速纠正。三、继续加强对广大群众的爱国主义教育，克服消极情绪，发扬"人定胜天"的精神。提高警惕，防止反革命分子的破坏活动。四、因地制宜。在山区要解决交通运输问题，以利山地和平原的物资交流。在水灾区要统一领导灾民积极排水，扩大种麦面积，要多种多样地寻找生产门路。五、做好灾区的物资交流工作，收购灾区土产、特产，大量供给灾区农民以粮食、麦种和生产必需品。加强灾区市场管理，防止奸商压价收购或哄抬物价。调剂畜草，发放保护牲畜贷款，防止宰杀和出卖耕畜。六、节约备荒应成为常年口号。发扬群众互助互济的精神，举办义仓或奖励储蓄，逐渐打下长期备荒的基础。七、首长负责，大家动手。派出有救灾经验的干部到重灾区进行慰问和发放救济粮食，并帮助当地群众组织生产。动员医疗队赴灾区防疫和治疗疾病。指示最后要求，各级党委要建议当地政府根据灾情，精打细算，订出以户为基础的生产自救方案，组织力量迅速投入生产自救运动。

8月29日

[纲 文]　中共中央发出《关于纪念"九三"胜利日的通知》。

[目 文]　《通知》指出，为了庆祝9月3日对日作战胜利，加强抗美援朝，反对美国非法对日媾和，各省会以上城市应于9月2日（星期日）或3日举行数千人的代表性的纪念会（会上应有各党派和群众代表作简短的演说），并在各工厂学校举行小规模的讲演会座谈会。首都各党派将于9月2日发表联合宣言，抗美援朝总会日内即将发表公开通知。

同 日

[纲 文]　财政部发出《关于编造1952年度预算的指示》。

[目 文]　《指示》根据《预算决算暂行条例》，对编造1952年度预算的办法及指标数字做出了具体规定：1952年国家财政方针，仍以加强国防、重点建设、继续稳定物价为

方针。财政管理仍暂实行中央、大行政区、省（市）三级制。国家预算由省（市）级编起，县（市）级仍为省的单位预算。收支划分除个别略加修改和补充外基本上仍以政务院颁布的关于1951年度财政收支系统划分的决定为标准。

支出划分方面：1951年度划归地方的农业、林业、水利部分的支出和已接收的教会医院学校的经费，以及私立医院学校的补助费，均依照各该事业的划分原则和管理系统，分别列入中央、大行政区、省（市）预算；1951年度移交给地方的慢性伤病员和残废军人的费用，列入大行政区预算；各大行政区、省（市）外事处的经费，各级税务局的税务费，均按隶属系统，分别列入中央、大行政区、省（市）预算；各级粮食局的粮务费，除调运一项列入中央预算外，其余仓库建设、粮食保管、脱耗、印刷等费，均分别列入大行政区、省（市）预算；各项事业费和建设费用公粮开支者，其调运包装的开支，均随各该项事业和建设费列入预算，此项费用，由粮食局统一领支；中央委托地方代管的国营企业，其基本建设拨款，列为中央支出；各级总预算的岁出总预备费所占比例，省（市）不超过4%，大行政区不超过5%，中央不超过7%编列。

收入划分方面：棉纱统销税、保险收入和海关交收的船舶吨税，列为中央收入；农业税、土地证照费，改为中央、大行政区、省（市）的比例解留收入；交易税（东北包括特产税在内）划为省（市）收入；中央委托大行政区或省（市）代管的国营企业利润，大行政区或省（市）按10%留成，90%上解中央；盐业利润，大行政区留30%，上解中央70%；烟酒专卖利润，除制造利润为中央收入外，专卖利润仍按40%留地方，60%上解中央；税收罚没收入，除关税、盐税的罚没收入列为中央收入外，其他各税的罚没收入，一律列为省（市）收入；凡属中央、大行政区和省（市）比例解留的货物税、工商税、印花税、利息所得税、农业税、土地证照费等，其解留比例，均由大行政区人民政府按照本区和各省（市）的财政税收情况，以及岁出总预算数，拟具中央、大行政区和省（市）划分税收比例的方案，报财政部核定。

预算编审程序方面：中央和大行政区直辖市的农业税、工商税、公用事业等附加及规费收入和支出，应全部列入预算内。省和专署直辖市的各项附加收入和支出，应单独编造，暂不列入省的预算；1951年度的预算执行结余，依照估计数额，以上年度结转科目列入1952年度各级总预算的收入预算内；上项结转数字，暂按各该级总预算岁出总数的4%编列，超过此数者，超过部分即留各区作为机动预备费；1951年度终了后，企业折旧，农业税未完成部分，各机关部门建设工程未完成部分，仍应继续拨款者，均应在编造预算时，分别列入1952年度岁出岁入预算内。

8月30日

［纲 文］ **全国政协常委会举行第二十六次会议。**

［目 文］ 会议讨论了《中华人民共和国人民法院暂行组织条例（草案）》、《中央人民政府最高人民检察署暂行组织条例（草案）》和《各级地方人民检察署组织通则（草

案)》。中央人民政府委员、最高人民法院和最高人民检察署负责人列席了会议。

同日

[纲文]　中国人民抗美援朝总会发出《关于抗日战争胜利日纪念办法的通知》。

[目文]　《通知》要求各地分会立即联络当地各界人民代表会议协商委员会或各界人民代表会议常务委员会、民主党派组织、人民团体和各界代表人物，在9月2日或3日，举行数千人的代表性质的干部或群众庆祝会和各种演讲会、座谈会。全国各报纸、杂志、广播电台和其他宣传教育机构，应在9月3日及其前后，进行关于中国人民在中国共产党领导下，在苏联军队解放东北的援助下，取得抗日战争胜利的光荣历史的宣传。

宣传内容应着重反对美国单独对日媾和、重新武装日本、继续侵略朝鲜和我国领土台湾、破坏开城谈判这些事实，继续增进全国人民与苏联及人民民主国家的兄弟友谊，继续提高全国人民反帝斗争的胜利信心，继续加强全国人民抗美援朝斗争。《通知》附有1951年抗日战争胜利日的四个宣传要点：一、抗日战争以日本的失败而结束，这是近百年来中国人民的反帝斗争由失败走到胜利的伟大转变；二、打败日本主要是中国人民和苏联的功劳；三、美帝国主义是今天中国人民的死敌；四、中国人民有力量战胜美国的侵略计划。

8月31日

[纲文]　中共中央就在民主党派中不适宜进行三查问题给中南局发出指示。

[目文]　中央给中南局并转湖北省委的该指示指出：在目前对各民主党派人员进行三查，不论是查阶级、查思想，还是查作风，都还是不适宜的，望加注意。

此前于6月2日，湖北省各界人民代表会议协商委员会邀集省各民主党派负责人举行整风学习座谈会，并决定在省直属机关整风学习委员会下成立协商委员会分会，统一布置与检查省各民主党派、参事室、文保会及本会工作人员学习事宜。学习步骤分文件学习、三查及鉴定三阶段。

同日

[纲文]　中共中央为农业税必须贯彻查田定产依率计征复电中南局。

[目文]　中央给中南局并转各中央局、分局的复电说，根据河南夏征的经验，农业税负担中间最大的问题，是各级政府分配任务带有很大的盲目性，农民负担时轻时重，各地之间的农业税收也不平衡。只有做好查田定产、依率计征，才能使农业税负担更加公平合理。

此前，8月4日，中南局来电称：河南今年夏征因为实行查田定产、依率计征的结果，公粮可超过任务，但负担普遍加重；而农民虽称赞公平，但对负担加重很不满意。同时，首先实行查田定产的地区感到吃亏。因而来电提议今年秋征基本上仍应采取过去一贯的“死任务、活税率”的办法。

［文　献］　中共中央关于农业税必须贯彻查田定产依率计征问题给中南局的复示（节录）

在过去和今天某些地方，因为条件不成熟，实行“死任务，活税率”是允许的；但条件已经成熟者，则以逐步实行“查田定产、依率计征”为好。

农业税负担中间最大的问题，就是各级人民政府没有来得及对土地的数量、质量和每亩的产量调查清楚，没有资料可以遵行，分配任务只得带有很大的盲目性，因而农民负担畸轻畸重的现象，还相当严重。每年对于任务分配下去之后，大行政区和大行政区之间、省和省之间，甚至于专县与专县之间，均有争论，并常常因为负担不公，引起农民不满、民主人士反对，使国家征粮工作处于被动地位，这在过去是不得已的。土地改革实行较早、查田定产依率计征的条件已经具备的地区，应逐渐走上依率计征的道路。河南这样做是好的。至于今年河南农民负担加重，除其他原因（如你们把加一成公粮、飞机捐献、土地证照费计入）外，恰好说明了过去没有进行查田定产，因而定的利率还不完全恰当。估计查田定产之后，我们将易于规定一个适当的税率。同时，如果河南照今年税率依率计征的结果可以超过公粮任务的话，则似乎也同时证明今年的国家征粮税率并未达到百分之二十。因此如能及早查田定产以便政府定出适当税率，对于政府和农民都是有利的。也只有做好查田定产、依率计征，才能使农业税负担更加公平合理，才能克服畸轻畸重的现象，才能要求干部依法办事，才能使农民摸到税收的底，敢于放手生产，而民主人士亦无话可说。至于说首先查田定产的地区，如确因依率计征超过任务过多，可以考虑另想办法，可以适当照顾。

你们所说查田定产工作不能妨碍土改，这是完全对的；但应考虑在可能条件下，把查田定产和土改结合进行则更好。

资料来源：中央档案馆提供档案。

同 日

［纲 文］　政务院举行第一〇〇次政务会议。

［目 文］　会议批准了铁道部部长滕代远作的《铁道部1951年上半年工作报告》，通过了政务院《关于发展橡胶树的决定》。铁道部的报告提出，1951上半年的运输任务已于6月27日提前完成。当年新建铁路工程有成渝、天兰、未镇3条，共长670公里；另有宝成线的改线工程、北同蒲平朔县段恢复工程及天津至山海关的复线工程。报告还提出，志愿援朝工程队和运输队协同朝鲜铁路职工进行了英勇顽强的斗争，保证了经常通车和战争物资的运输；铁路部门下半年将以推行经济核算制为中心任务。

同日

[纲文]　政务院发布《关于发展橡胶树的决议》。

[目文]　《决议》指出：橡胶为重要的战略物资，美国和英国对中国实行封锁。为保证国防及工业建设的需要，争取橡胶自给，特做出关于在广东等5个省区种植橡胶树的决议规定：

一、从1952年到1957年，以最快的速度在广东、广西、云南、福建、四川等5个省区种植印度橡胶树和巴西橡胶树770万亩。其中广东、广西两省400万亩巴西橡胶树培植工作，应于1954年完成。以争取10年后，在大陆上每年可产胶量1万吨。根据各省具体情况和条件，决定任务：广东200万亩（包括高雷、粤中、西江、湖泊、兴梅、东江等6专区计27县）、广西300万亩（包括梧郁、钦廉、南宁、龙州、百色等5专区37县）、云南200万亩（包括普洱、蒙自、宝山、丽江等4专区30县）、四川50万亩（包括自万县至宜宾沿长江两岸河谷地区）、福建20万亩（包括龙岩专区7县）。

二、为完成以上任务，种植橡胶树的各大行政区军政委员会及省人民政府应采取以下措施：（一）有计划地动员本地一切可以动员的学生、教授、专家等组成调查队，分别对本区省境内适合种植印度橡胶树和巴西橡胶树的地区进行调查。（二）要立即对本区省境内的印度橡胶母树进行调查和保护，以保护种苗来源；广东省负责供给各区省所需的巴西橡胶种子。（三）在土地改革中，留出足够的苗圃地，并进行勘测，开始育苗。（四）指定专门机关或人员对本区省境内现有的印度橡胶树和巴西橡胶树进行采割和研究。（五）对其他未在意料之中的各种工作和困难，必须予以周密考虑和计划，并做好准备。（六）根据种苗供应情况，四川、福建专门种植印度橡胶树，广东、广西以培植巴西橡胶树为主，云南可根据其自然情况和其他条件自行决定种植印度橡胶树为主或者是种植巴西橡胶树为主。（七）在农林部门内设置专门机构，负责种植橡胶树的工作。（八）各区省从1951年开始办培训班，培养种植橡胶树所需要的大量技术干部。西南375名，中南240名，华东25名。（九）责成地方学术机构，协助橡胶工作。（十）各级领导要高度重视橡胶工作，将其列为财经工作中的头等重要任务。（十一）详细拟订发展橡胶所需的经费，报林业部审核拨发。

同日

[纲文]　中财委就铁道部西北铁路干线工程局严重浪费与混乱现象发出通报。

[目文]　通报指出：铁道部西北铁路干线工程局在基本建设中，由于设计不精密，盲目施工，信赖包商而不依靠群众，工作上无纪律无组织，无人负责工作，浪费现象严重，因而导致了不能完成任务，使国家的人力物力财力遭受不应有的损失，除责成该局负责领导干部进行深刻的自我检讨外，将该局发生的事实情况，摘要通报如下：一、设计不精密，计划不实际。二、人力物力财力的损失与浪费。三、工作无人负责，严重的官僚主义作风。四、不依靠职工群众，反而无原则地依靠包商。五、材料

工作无计划无检查制度，给坏分子以贪污的机会。中财委指示铁道部立即派专人进行更深入的检查和纠正，并要求各财经建设部门应从上列事实中吸取教训，检查基本建设的进行情况。

同 日

[纲 文] **中国人民保险公司发布《棉花收获保险办法》。**

[目 文] 《办法》规定了该项保险的承保对象、条件、办法和手续、保险实效、保额、保费，以及赔偿等。包括：一、承保对象：种植任何品种棉花的农民或农场都可以保险。二、承保条件：每一块棉田必须全部投保。只保棉花的收获量，不保棉花的品质好坏。三、赔偿范围：凡是因为水灾、潮湿、大雨、旱灾、风灾、雹灾、冻灾、虫灾、病害，以及其他一切人力不可抵抗的自然灾害，使棉花收获量所受的损失，都由公司负责赔偿。四、承保办法和手续：以一个村为单位，或一个村分为几个组以每组为单位，或以互助组为单位，采用集体保险的办法（必要时也可以个别保险）。投保时应登记投保清单，可能时大家讨论提出耕作计划，民主评定收获量，签发保险单。

8 月

[纲 文] **中国人民银行颁发《中国人民银行国内汇兑章程》、《中国人民银行汇款（包括代收款项）统一收费办法》和《中国人民银行汇款汇费优待办法》。**

[目 文] 《国内汇兑章程》共5章18条，对汇兑的种类、汇出、汇入、退汇及挂失等银行汇兑业务做出了规定。第一章为总则，明确本章程的目的是便利国内公私企业、各机关团体及个人的款项汇拨，活跃金融市场和促进物资交流。汇兑种类分为票汇、信汇、电报汇款、电话汇款四类。各类汇款数额不加限制，汇款汇率由中国人民银行根据各地情况分别制定。第二、三、四章分别对汇款汇出、汇入、退汇和挂失等具体事项做了规定。

《汇款（包括代收款项）统一收费办法》共5项内容，明确规定了汇费、邮电费、代收款项、最低汇费等的收取标准。电汇、信汇、票汇均按照统一汇率收费：全国八大城市（北京、天津、上海、武汉、重庆、广州、沈阳、西安）之间互汇每1000元汇费0.20元；省内通铁路的地点0.50元，不通铁路的地点1元；省外通铁路的地点1元，不通铁路的地点2元；新疆、西康等交通不便利的省份，省内1元，省外3元。各种汇款每笔不满1000元者，按1000元收取汇费；超过1000元者，以四舍五入进行增减。还对汇款时产生的邮电费，以及代收款项、托收外埠票据单证（货款）时所产生的手续费、汇费、邮电费等的收费标准做了规定。

《汇款汇费优待办法》共9项内容，对汇款汇费的优待范围和优待数量做出规定：凡受现金管理的各单位汇款，根据工作需要，分别酌情予以减低汇费或免费；公办的文化教育、慈善、卫生等单位的汇款，托汇意义重大的救济慰劳等款项，各军政机关托汇给革命军人的伤亡优抚等款项，持有证明的，均予以免收汇费。以上免收汇费的汇款，邮电费照常收取。办法还对合营或私营企业、银行钱庄、私人文教卫生事业、机关部队和公私企业员工赡养家庭的汇款，做了相应的减费或免费规定。

同 月

［纲 文］ **李伯钊等人创作的歌剧《长征》在京上演。**

［目 文］ 剧中塑造的毛泽东，是新中国戏剧舞台上第一次表现的中国共产党领袖形象。《文艺报》撰文对该剧作了评介。

同月—10 月

［纲 文］ **内蒙古、绥远、辽西、陕西等北方省区发生霜冻和风雹灾。**

［目 文］ 8 月底至 9 月初，以内蒙古、绥远省区为主，包括辽西、陕西部分地区普降早霜，共 167.8 万公顷农田受霜冻灾，晚熟作物多被冻死；8 月 27 日至 10 月 11 日，内蒙古兴安、哲里木、昭乌达、察哈尔 4 盟 13 旗 9（县）连续遭受风速为 12—14 秒米的大风侵袭，半成熟的庄稼损失严重。同期，辽西、河北、山西、山东、黑龙江等省 49.2 万公顷农田也遭受风雹灾。

9 月

9月1日

[纲 文]　财政部公布《临时商业税稽征办法》。

[目 文]　《办法》共十七条，对临时商业税征收的目的、范围、税率、征收方法、代扣义务人的职责等都做了明确规定：征收目的是为了防止坐商与临商相互勾结，偷逃税收。征收范围是无固定营业场所的行商及固定工商业在外埠销售本业以外货品者；免征的人员包括：持有当地乡（村）以上政府证明文件，销售自产货品的农民、渔民、牧民和猎户；有证明文件变卖剩余物品的机关、部队；变卖自用家具衣物的居民等。征收由税务机关指定行栈或收购货物的工厂、商号代扣、代交税款，并填具完税凭证交纳税人；不在指定行栈或工厂、商号销售的货物，应在每次售货后，向当地税务机关申报纳税；在交易集中场所的临商，由税务机关派员查征。临商销货时，必须使用税务机关统一规定的发货票。对牙纪、行栈、仓库、市场等的规定：行栈必须建立货物出入报告制度，按规定填报出入货物来源和去向，以备税务机关随时抽查；仓库、堆房应与行栈建立相同的报告制度，并对货物的过户提取，严格控制，以防投机商人倒手售卖，取巧逃税；对个体牙纪应加强与工商管理机关的联系，进行登记，实行发证管理，以防止其勾结不法商人逃税；加强集散市场的管理，控制交易所，必要时设站或派员常驻检查或巡回抽查。对经纪人、代理人经营代购、经销业务等的规定：代理业务要有委托书，只能向一方取佣；佣金不能超过一般行规；代垫货款不得超过1/3；代开发票必须注明委托者姓名及购货者牌号、地址。不得代理本业经营以外的货物。不符合上述规定之一者，按本身进销货课征营业税。对于没有固定营业场所的掮客，则限定他们只能从事一贯经营居间的业务，不得经手银铺与货物，只准向一方取佣，把他们的活动限制在居间介绍的业务范围以内，如果发现掮客有压价、加价、垫款行为，都作为本身进销货课征营业税。坐商抽逃企业资金从事业外经营者，一经查获，除责令资金归账、课征营业税外，业外经营的亏损部分不准列作损失，所获盈利则必须并入企业所得额课征所得税。

同日—17日

[纲 文]　海关总署在京召开全国海关查私工作会议。

[目 文]　会议讨论了查私工作的方针政策，通过了《海关人员使用武器规则》。《规则》11月10日由海关总署发布。

9月2日

［纲 文］ **毛泽东和斯大林互相致电祝贺抗日战争胜利6周年。**

［目 文］ 毛泽东在电报中指出，苏联在抗日战争中给予中国人民的巨大援助，苏联和中华人民共和国关于共同防止日本侵略势力再起的巩固同盟，使中国人民在反对远东的侵略势力的斗争中深受鼓舞。

同日，斯大林复电感谢毛泽东对苏联及其军队在击溃日本侵略力量事业中的作用的崇高估价。他指出，中国人民和中国人民解放军在消灭日本帝国主义者的事业中发挥了巨大的作用。中国人民和解放军的斗争，大大地便利了击溃日本侵略力量的事业。苏联和中华人民共和国的友谊，是为了保证远东和平，反对一切侵略者及战争贩子的事业的。斯大林同时代表苏联及其军队就东亚从日本帝国主义奴役下获得解放6周年向毛泽东表示祝贺。

同 日

［纲 文］ **首都各界举行纪念抗日战争胜利6周年庆祝大会。**

［目 文］ 大会在中山公园音乐堂举行。参加会议的有政协全国委员会、各民主党派、人民团体代表郭沫若、陈叔通、彭真、李济深、章伯钧、章乃器、马叙伦、彭泽民、司徒美堂、许德珩、刘宁一、蒋南翔、梁希、竺可桢等，以及首都各方面干部和各界人民代表共5000余人。

大会主席郭沫若致开幕词。他指出，因为有了毛主席和中国共产党的正确领导，才能有抗日战争的伟大胜利，才能有人民解放战争的胜利，才能有中华人民共和国的诞生。苏联是第二次世界大战中摧毁法西斯轴心国联盟的主力和决定因素。大家要憎恨美帝国主义，加强抗美援朝，反对重新武装日本，反对美英片面对日和约。彭真讲话指出，抗日战争的胜利奠定了中国人民解放斗争全部胜利的基础，从此中国人民反帝国主义斗争从失败走到胜利。他说，中国人民在抗日战争中遭受的牺牲最大，对日作战最久，贡献极其伟大。中国人民在制定和通过对日和约的问题上的权利，是任何人所不能否认的。朝鲜战争是美帝国主义为了独霸世界，为了循着日本强盗的老路侵略中国而发动的侵略战争。中国人民为了援助邻邦朝鲜和保卫祖国的安全，不能不组织志愿军，支援朝鲜人民，抵抗美国侵略。他最后号召全国人民为实现各民主党派各人民团体在纪念抗日战争胜利6周年联合宣言中的主张而奋斗。

中国国民党革命委员会主席李济深、中国民主同盟秘书长章伯钧、民主建国会全国会务推进委员会召集人章乃器、全国总工会副主席刘宁一等也先后发表讲话。

政协全国委员会、中国共产党及各民主党派、各社会团体联合发出了纪念抗日战争胜利6周年联合宣言。宣言指出，抗日战争的胜利，是中国全体抗日人民、中国人民解放军及其他人民抗日武装力量在八年间英勇奋斗、流血牺牲的结果，是全国各民主阶级、民主党派团结一致共同反抗帝国主义侵略和蒋介石反动政策的结果，是全世界反法西斯人民在第二次世界大战中共同奋斗的结果。抗日战争的伟大胜利，结束了中国人民百年间在反帝国主义斗争中失败的历史，奠定了中国人民解放战争在全国胜利的基础。针对美英两国政府公布对日和约草案和美国政府召开旧金山会议，宣言指出：我们历来主张迅速结束各国与日本的战争状态，缔结全面对日和约，以建立中日人民间新的和平友好关系，但我们绝对不承认没有中华人民共和国参加准备、拟制和签订的任何对日和约。

同日

［纲文］ **新华社讯，中央人民政府人民革命军事委员会发表有关抗日战争时期中国人民解放军的5个统计资料。**

［目文］ 资料包括：一、《抗日战争时期人民解放军抗击日军兵力统计表》；二、《抗日战争时期人民解放军抗击伪军兵力统计表》；三、《抗日战争时期人民解放军主要战绩统计》；四、《抗日战争时期人民解放军兵力逐年增长统计表》；五、《抗日战争时期我解放区面积、人口统计》①。

9月3日

［纲文］ **中央人民政府委员会举行第十二次会议。**

［目文］ 会议由中央人民政府副主席李济深主持。出席会议的有中央人民政府主席毛泽东，副主席刘少奇、张澜，以及中央人民政府委员会委员共34人。列席会议的有：全国政协委员，最高人民法院副院长、委员，最高人民检察署副检察长、委员，人民革命军事委员会委员和解放军陆海空军高级将领，政务院政务委员和所属各委、部、会、院、署、行负责人，以及京津两市正副市长等共100多人。

外交部部长周恩来作了《关于外交问题的报告》。他指出，从朝鲜战争开始一年多来可以看出，美帝国主义既怕长期战争，又怕持久和平。经过一年多的战争，美军已伤亡十五六万人，除军队本身的费用不算，消耗达50多亿美元，战争如果继续下去，美国的损耗更大，而它又是最惧怕死人的。从1951年夏季开始它想把战争停下来。但停战的目的不是想求得真正的和平。而是想先停下来看看再说，因为真正和平对它来说也是个致命的问题。所以，从7月10日开始谈判后，它又再一次地抵赖和挑衅，企图拖延。美帝国主义有疯狂性和投机性两面，我们与它的斗争是长期而又复杂的。我们的政策是：公平合理的方案我们接受，它要挑衅，我们即回击；它要耍赖，我们即揭破；它要拖延，我们即逼其在停战和破裂中选择一条路。我们不怕破裂，已为此做了准备。拖延一个时期能达到停战最好。关于对日和约问题，英美对日和约我们不能接受。因为这个和约的目的不是为和平，而是为了战争，是企图霸占世界，奴役世界人民。

中财委主任陈云作了《关于财经问题的报告》。他指出，财政情况是支出增加了，收入也增加了，但财政是紧的。农业方面的情况是，有水灾，而旱灾是主要的。蝗虫和棉蚜虫害的面积之广，时间之久，都出乎意料。粮食虽然受了干旱的影响，但收成却比上年增

---

① 文内为《抗日战争时期中国人民解放区面积人口统计表》。

加了。其他丝、麻、烟的产量，估计也比原计划要多。关于市场，1951年全国工商业进一步恢复，就业人员增加，失业人员减少；生产增加，税收增加，贸易额也在增加。国民经济从旧轨道向新轨道转变，在转变中还存在问题。

◀陈云在中央人民政府委员会第十二次会议上作《关于财经问题的报告》。

中央人民政府法制委员会代主任许德珩代表中央人民政府法制委员会作了《关于〈中华人民共和国人民法院暂行组织条例〉的说明》。他指出，条例的准备和起草已经经过了长时间的研讨。从1948年冬即着手起草。完成初稿后经过1950年第一届全国司法会议的初步讨论，并征询了中央人民政府各有关部门和地方司法机关负责同志的意见，反复修改多次，并先后提请政务院政法委员会和全国政协常委会审查修正，才告完成。由于国家的各项建设尚在开端，人民解放战争尚未最后结束，关于人民法院的组织和各种司法制度，尚难做过细的硬性规定。因此，该条例还只是通则性的暂行组织条例，更完备的人民法院组织法尚有待于在往后的工作中吸取更多的经验，加以补充修改来逐步完成。他还对条例中的几个原则性问题如人民法院与人民的关系、人民法院与同级人民政府的关系、人民法院的等级等，做了扼要的说明。

最高人民检察署副检察长李六如作了《关于〈最高人民检察署暂行组织条例〉修正案和〈各级地方人民检察署组织通则〉草案的说明》。他指出，中央人民政府成立之初，即开始组织最高人民检察署。1949年12月，《最高人民检察署试行组织条例》经主席批准试行。最高人民检察署为试行这个条例，一方面积极地充实本身机构，一方面组设各地人民检察机构。在这建立机构的当中，各地普遍要求早日颁行《各级地方人民检察署组织通则》，明确规定各级人民检察署的组织、职权、领导及与其他有关机关的关系，以使全国检察机关有一致遵守的法则。最高人民检察署为适应这个需要，于1950年11月间综合各地经验拟就《各级地方人民检察署组织通则》草案，同时因《最高人民检察署试行组织条例》第二条有全国各级检察署均独立行使职权的规定，不完全适合于目前情况，故将其加以修正，分送中央各有关机关征求意见，又经过反复讨论修改后，于1951年4月11日提经全国政协常委会政法组修正，又于8月30日提经全国政协常委会审查修正。他还就人民检察署的组织、任务与职权、领导、与其他有关机关的分工合作等问题做了说明。

会议通过了《中华人民共和国人民法院暂行组织条例》和《最高人民检察署暂行组织条例》和《各级地方人民检察署组织通则》。会议通过并任命张闻天为驻苏联特命全权大使，彭真为北京市人民政府市长，黄敬为天津市人民政府市长，晁哲甫为平原省①人民政府主席，韩光为旅大市②人民政府市长，杨易辰为辽西省③人民政府主席，冯仲云为松江省④人民政府主席，罗成德为热河省⑤人民政府主席，曹荻秋为重庆市人民政府市长。

同 日

[纲 文] 中共中央就陕西省委发展新党员计划做出批示。

[目 文] 中央给西北局并转陕西省委的批示指出，同意陕西省委关于整理党的基层组织和发展新党员的计划。在发展新党员的计划中规定在1952年冬季以前为建党准备时期，基本上是对的，但规定在此之前一律不接收新党员并不妥当。因为这样有可能引起各地党委对于发展新党员不自觉地采取消极态度，也不能取得发展新党员的经验，可能使1952年冬季发展党员的计划流产或失败。因此，应计划在那些已有发展党员基础的地方发展一批新党员，总结经验，再去更普遍地发展一批新党员。

此前于8月20日，西北局将7月24日陕西省委制定的《关于整理党的基层组织和发展新党员的计划》转发并报中央。《计划》提出：老区今后一两年内将整党作为中心工作；土改过的关中新区将整党作为中心工作之一，并结合其他工作进行；将要土改的陕

---

① 平原省1949年8月设立，省会为新乡市，辖新乡、濮阳、安阳、菏泽、湖西、聊城6专区和新乡、安阳2省辖市。1952年11月撤销，划归山东、河南省。

② 旅大市1950年10月设立，其前身为1949年设立的旅大行署区，辖大连、旅顺、金州3市及大连、金县、长山3县。1981年3月，旅大市改为大连市。

③ 辽西省1949年设立，省会为锦州市，辖锦州、四平、阜新、山海关4市及锦县、新民等21县。1954年撤销，划归辽宁、吉林省。

④ 松江省1949年设立，省会为哈尔滨市，辖哈尔滨、佳木斯、牡丹江、鹤岗4市及双城、尚志等32县。1953年哈尔滨市改为中央直辖市，松江省建制撤销，划归黑龙江省。

⑤ 热河省1949年设立，省会为承德市，辖承德、赤峰2市，承德、赤峰等16县及喀喇沁右旗等4旗。1955年7月撤销，划归河北、辽宁省和内蒙古自治区。

南区，结合土改对党的组织进行初步整理，俟土改结束，再集中力量整党。全省整党工作在 1953 年底完成。今冬明春要做好整党的一切准备工作，包括训练整党干部、进行整党的典型试验和对党员普遍进行一次怎样做一个共产党员的教育。然后有步骤地开展整党。

全省发展新党员的计划是：根据老区党员比例大大高于其他地区的情况，老区暂停发展新党员；而在工厂、企业、学校及完成土改的新区农村则需要接收具备党员条件的人入党。在工厂、矿场中发展党员的对象首先是各种积极分子及工龄较长的工人、技术工人与熟练工人；其次是普通工人和一般职员；留用与雇用的高级职员暂不作为发展对象。争取两年内在没有党的组织或只有个别党员的工厂、矿场中，特别是在有 50 人以上职工的工厂、矿场中，逐渐建立起党的组织，使党员人数占工人的 5% 或 10%；在已达上述标准的工厂、矿场中，使党员人数发展到工人的 10% 或 20%；在机关和高中以上学校中有计划地接收一批新党员。在已完成土改的关中农村，吸收真正具备党员条件者入党。两年内，每乡党员一般不得超过 10 人，凡已超过 10 个党员的乡支部，以教育现有党员为主。在即将进行土改的陕南新区，应在土改工作队中指定专人做党的组织员，为发展新党员作准备。规定今后农村每年接收新党员两次，工厂、机关、学校等每年接收新党员 3 到 4 次。1952 年冬季前一律不准接收新党员，在此期间做好发展新党员的准备工作，从 1952 年冬季开始接收第一批党员。各机关、工厂、企业、学校及新区农村发展党员的具体计划，由各地委、县（市）委及直属党委拟定，经省委批准后执行。延安、咸阳地委与省一级机关各试建一个党的同情者小组。

同 日

［纲 文］ **政务院颁布命令，在财政部、贸易部、重工业部、燃料工业部、纺织部、铁道部、邮电部设置监察机构。**

同日—15 日

［纲 文］ **劳动部召开第一次全国劳动保护工作会议。**

［目 文］ 参加会议的有中央和各地区的工业、卫生、劳动、工会等部门的代表 105 人。劳动部副部长毛齐华致开幕词。会议讨论并通过了《工厂安全卫生暂行条例草案》、《限制工厂矿场加班加点暂行办法草案》、《保护女工暂行条例草案》。会议期间，各地代表汇报了劳动保护工作的情况，交流工作经验。铁道部部长滕代远、燃料工业部部长陈郁、重工业部副部长钟林、卫生部副部长贺诚和全国总工会劳动保护部部长易礼容介绍了建国两年来各部门关于劳动保护和工矿卫生工作改进情况。劳动部部长李立三作会议总结报告指出：制定劳动保护的法令，必须根据既要满足需要，又要照顾可能的原则。由于旧社会遗留下来劳动保护工作的基础很微弱，在目前国家财力和技术设备等条件的限制下，有些虽然需要改进但一时还难以办到，因此在制定法令时，凡办不到的即不必规定。此外，某些厂矿企业的资本家、职员、行政干部和工程技术人员中还残存着只重机器而不重人或只重视生产不重视保安的观点，工人群众中也还普遍存在着不注意安全卫生的习惯。

因此，必须加强劳动保护的宣传教育工作，使资本家、职员、技术人员懂得，不做好劳动保护工作，生产就不可能搞好；使工人懂得一旦发生事故，不但直接危害自己的生命安全和身体健康，还要影响生产，使国家受到损失。

9月4日

［纲 文］　**中央人民政府公布《中华人民共和国人民法院暂行组织条例》、《最高人民检察署暂行组织条例》、《各级地方人民政府检察署组织通则》。**

［目 文］　《中华人民共和国人民法院暂行组织条例》共六章三十九条，其中规定，中华人民共和国设立下列各级人民法院：县级人民法院，省级人民法院，最高人民法院。人民法院为巩固人民民主专政，维护新民主主义的社会秩序，保卫人民的革命成果和一切合法权益，执行下列职务：审判刑事案件，惩罚危害国家，破坏社会秩序，侵害国家、团体和个人合法权益的罪犯；审判民事案件，解决机关、企业、团体、个人等相互间的权益纠纷。人民法院审判案件，以《共同纲领》及人民政府颁布的法律、法令、决议、命令的规定为依据；无上述规定者，依据中央人民政府的政策。人民法院基本上实行三审制，以县级人民法院为基本的第一审法院，省级人民法院为基本的第二审法院；一般的以二审为终审。在特殊的情况下，得以三审或一审为终审。人民法院应视案件性质，实行人民陪审制。除在院内审判外，应视案件需要，实行就地调查、就地审判和巡回审判。人民法院审判案件，除依法不公开者外，均应公开进行。各族人民均有使用其民族语言进行诉讼之权。下级人民法院的审判工作受上级人民法院的领导和监督；其司法行政由上级司法部领导。各级人民法院包括最高人民法院分院、分庭为同级人民政府的组成部分，受同级人民政府委员会的领导和监督。省人民法院分院、分庭受其所在区专员的指导。该《条例》还对县级人民法院、省级人民法院、最高人民法院所管辖的事件等和人民法院与人民检察署的工作关系做了具体规定。

《最高人民检察署暂行组织条例》共十七条，其中规定，中央人民政府最高人民检察署，为全国人民最高检察机关，对政府机关、公务人员和全国国民之严格遵守法律，负最高的检察责任。最高人民检察署受中央人民政府委员会直辖，直接行使并领导下级人民检察署行使下列职权：检察全国各级政府机关、公务人员和全国国民是否严格遵守《共同纲领》、人民政府的政策方针和法律法令；对反革命及其他刑事案件，实行检察，提起公诉；对各级审判机关的违法或不当裁判，提起抗诉；检察全国监所及犯人劳动改造机构的违法措施；处理人民不服下级检察署不起诉处分的声请复议案件；代表国家公益参与有关全国社会和劳动人民利益的重要民事案件及行政诉讼。《条例》还对最高人民检察署各机构的人员设置等做了具体规定。

《各级地方人民政府检察署组织通则》共七条，其中规定，各级地方人民检察署的职权如下：检察各级政府机关、公务人员和国民是否严格遵守《共同纲领》、人民政府的政策方针和法律法令；对反革命及其他刑事案件，实行检察，提起公诉；对各级审判机关的违法或不当裁判提起抗诉；检察监所及犯人劳动改造机构的违法措施；处理人民不服下级检察署不起诉处分之声请复议案件；代表国家公益参与有关社会和劳动人民利益的重要民事案件及行政诉讼。各级地方人民检察署与上下级及同级各机关的关系如下：各级地方人民检察署受上级人民检察署的领导。各级地方人民检察署（包括最高人民检察署分署）为同级人民政府的组成部分，同时受同级人民政府委员会的领导，与同级司法、公安、监察及其他有关机关密切联系，进行工作。省人民检察分署受所在区专员的指导。各级地方人民检察署行使检察权时，凡认为应予以刑事制裁者，应向同级人民法院提起公诉；如认为应予以行政处分者，应移送同级人民监察委员会处理。各级地方人民检察署为有效完成其任务起见，得向各机关调阅有关的材料文件。各级地方人民检察署检察长（副检察长）为取得工作上的配合，得商洽同级司法、公安、监察机关参加其行政会议及专业会议，同时亦得邀请上列各机关参加各该级地方人民检察署的行政会议及专业会议。《通则》还对各级地方人民检察署的组织等做了具体规定。

同 日

[纲 文] **中共中央电告新疆分局上报减租土改计划。**

[目 文] 电报指出，由于新疆是多民族地区，又有严重的宗教问题，在这些地区内进行消灭封建土地制度的斗争，是一件十分严重的需要周密考虑后进行的事情。中央对新疆的这一斗争是关心的。请新疆分局即将关于在秋后普遍进行减租及明年进行土改的计划，详细地报告中央和西北局，经西北局同意、中央批准后，再付之实施。另外，新疆分局对新疆的许多工作，很少向中央及西北局请示及报告，没有正确执行中央的请示报告制度，中央认为是不对的，望加检讨电告。

同日—8 日

[纲 文] **美国操纵部分国家在旧金山召开对日和会并签订《旧金山和约》。**

[目 文] 根据反法西斯国家签字的《联合国家宣言》、《开罗宣言》、《波茨坦公告》和其他有关国际协议，规定同盟国家不得与敌国单独媾和，对日和约应先经中、苏、美、英四国外长会议准备，并采取大国一致原则签订全面对日和约。

但是，美国在朝鲜战争遭到严重挫折时，背信弃义，违反盟国的合法利益，于 1951 年 9 月 4—8 日在旧金山召开对日和会，9 月 8 日单独对日缔结《对日和平条约》，也称《旧金山和约》。会议排除了在对日战争中蒙受最大牺牲的中国、朝鲜及越南等国参加。缅甸、印度和南斯拉夫虽被邀请，但未出席会议。苏联、波兰和捷克斯洛伐克拒绝在和约上签字。因此，这次对日和约，只有美、英、法等 48 国签字。这样，当时世界上有一半的人口不承认片面的《旧金山和约》。和约除前言外，包括和平、领土、安全、政治及经济条款、要求及财产、争议之解决、最后条款等 7 章 27 条。定于 1952 年 4 月 28 日生效。主要内容有：日本与各盟国之间的战争状态自条约生效时起即告终止；各盟国承认日本是一个主权国家，日本对领土与领海拥有完全的主权；日本承认朝鲜独立；日本放弃对台湾及澎湖列岛的一切权利和要求；将琉球群岛和小笠原群岛等置于联合国托管之下而以美国为唯一管理当局；日本“得自愿加入集体安全协定”，盟国可同日本缔结双边协定，在日本驻军；放弃对日本的赔偿要求等。和约把对日作战的起始时间定为1941年12月7日，从而抹煞了中国人民自1931年9月18日起，特别是1937年7月7日至1941年12月7日这几年奋力抗击日寇的历史。同时，和约既没有彻底清算日本的战争罪行，也将其赔偿责任减至最低。同日，美日两国还签订了《日美安全保障条约》，把日本纳入美国的军事集团，使之成为侵朝战争的基地。

中国政府于1951年9月18日和1952年5月5日两次发表声明，拒绝承认旧金山对日和约。1972年9月日本田中角荣首相访问中国，两国政府发表联合声明，才结束了中日两国之间的战争状态，实现邦交正常化。

同 日

［纲 文］ **南京市军管会发布命令，驱逐帝国主义分子黎培里。**

［目 文］ 黎培里为国民党政府时期罗马教廷驻华公使，于1946年12月来中国。南京市军管会命令指出，南京解放后，黎培里继续进行各种反对中华人民共和国及人民政府的活动。其主要罪行有：掩护外国特务间谍，进行间谍活动；策划组织反革命的秘密团体圣母军；煽动天主教徒反对人民政府等。南京市军管会查实黎培里的上述反动活动后，决定将他永远驱逐出国境，由南京市公安局立即执行。

9月5日

［纲 文］ **中共中央做出《关于沿海各城市加强灯火伪装工作的指示》。**

［目 文］ 中央发给东北局、华北局、华东局、华南分局的该《指示》指出，据东北和青岛报告，最近敌机侦察骚扰时，由于没有灯火伪装准备，只好关闭电门，使各工厂企业都停工，受到不少损失。鞍山6月初的一次防空警报中即损失了69亿元之多。根据目前情况，敌机前来侦察骚扰沿海各城市的可能性是存在的。因此，为使工厂企业及重要军政机关能在敌机骚扰时继续坚持工作，必须做好：一、电业局分开线路，将重要企业和军政机关的电灯线路与普通用户及街灯分开，所需经费可向电业管理局报销。二、各重要工厂企业及军政机关设置不漏灯光的简单黑色窗帘和灯罩。三、对这些工厂企业及军政机关的职工进行防空警报时坚持工作的必要教育。

同 日

［纲 文］ **内务部、公安部、中央人民政府法制委员会、外交部就“归侨人”国籍问题召开会议。**

［目 文］ 会议一致同意：在1949年10月1日以前，依当时法令向中国政府申请取得国籍及自然取得国籍者，建国后均承认其中国国籍。证件的审查问题，由主管部门内务部研究处理，公安、外事有关部门协助。

9月6日

［纲 文］ **中共中央批转华南分局关于种植橡胶树的计划。**

[目文] 中央的转发批语说：一、同意在海南育苗，以便苗长成后移植大陆。二、今后一年两广在北纬22度以南开荒140万亩的意见，请告何时开荒，何时开完。此事联系到地区的选择和经营方式等问题，均须在开荒以前周密计算，故请予先加以讨论，并将具体计划先报中央核定后再开荒。

此前，9月2日，华南分局遵照中央及中南局关于大量种植橡胶树的指示，召集有关部门及有关地区的区党委、地委及县委的负责同志开会讨论布置。原来制定的关于种植橡胶树的计划是：巴西种以育苗计2万斤种子为目标，确定高雷育苗6000亩，广西育苗1000亩，粤中育苗1000亩，种子由海南全部供给，有多余时再留海南继续育苗自种。为争取时间按期完成开荒工作，决定按照荒地土壤情形规定工资等级，全部包给军队及群众开垦并定于9月中旬完成。将归国华侨中有种胶经验或管理经验者登记，集中训练后分送高雷、粤中两地担任指导管理工作。印度种橡胶树数量很少，种子育苗发芽率又很低，目前不可能普遍布种，故决定在农林厅直接领导下设置苗圃3处，试验种子育苗及插枝，培植方法，等成功后再向全省推广。

对此计划，海南区委报告说：因上年风灾及下雹影响，本年又是小春，故种子产量比往年锐减，估计无法达到收集种子62万斤。故提议将海南本年所产种子全部留在海南育苗，待1952年始将树苗运回大陆定植。而且根据经验，种子落地后随即下种，其生长率可达70%—80%，过15日至30日生长率只有40%—50%，超过30日则已败坏，不能使用。

华南分局根据上述情况并与专家研讨后，重订计划如下：一、今年秋、冬两季收得的种子全部留在海南育苗，但鉴于去年育苗发芽率过低，浪费种子不少，提议今年全部由公家培育，不再交给群众；同时并把指导干部组织好，经过训练然后派下去，如请群众帮助也要分别集中，详细介绍播种技术，然后派干部指导他们。务要做到不浪费种子，此事望海南区党委负责直接领导。二、明年大陆定植树苗计划140万亩，合需树苗3500万株。除大陆外，海南本身也须继续播种。请海南具体布置育苗计划，原则上今年所拨种子全部供给大陆明年需要。三、去年分局号召把海南岛变成橡皮岛，海南区委曾布置大量育苗计划，据报已有50%长成树苗，假如今年种子数目确实太少无法完成上述计划时，请海南区委考虑可否把去年所育树苗于明年秋天移植一部分到大陆来。四、大陆纬度22度以南县，以140万亩土地面积为目标，今后一年完成开荒工作。五、现已登记集中的华侨胶工，如以育苗需要，可先派一部分至海南岛帮助。六、印度橡胶树育苗计划不变。

9月7日

[纲文] **中共中央就天津整党工作应注意的几个问题做出指示。**

[目文] 指示指出，天津市委关于1951年下半年至1952年上半年的整党工作计划及1951年下半年发展党的计划基本上是好的。但应注意以下几点：一、由于有些干部和党员还不了解整党及提高党员条件的意义和必要，因此应该认真地传达全国组织工作会议

的决议和精神，以便统一全党对于整党和建党的认识。二、对于领导基层组织进行整党的干部，必须认真地加以选择和训练，天津市委计划以开会方式训练一个月恐怕是不够的。三、集训企业和学校中的党员是好的。但在机关中也有不少党员是觉悟不高或有毛病的，应该注意加强对他们的教育。四、在处理党员的手续上，把"解决问题放在小组"，对"党员的结论在小组会上通过"的办法，是不妥当的。小组对本组的所有党员固应提出综合意见，但结论应由支委来作，问题的解决更须经上级党委批准后，才能付之实施。这些处理党员问题的手续，你们应有明确的规定，然后所有党员的问题才能由市委来作统一的处理。否则，就可能发生毛病。五、计划中有些词句如"下层支部"、"下层党员"、"自愿退党者，应采取欢迎态度"等不够妥当，望加改正。

此前，7 月，天津市委制定了整党工作计划，主要内容是：一、自 1950 年 2 月起，天津市的基层组织基本上已停止发展，转入巩固。在传达中共第一次全国组织工作会议的决议后，干部对决议及其精神的接受程度很差。比如有人认为党员标准的 8 项条件提得太高，按这个标准，大部分党员得清洗，产生"漆黑一团"的看法；有人对于长期教育、耐心等待的精神体会不足，产生单纯组织处理的急躁情绪；有人对混入党内的投机分子不作本质分析，为表面现象所迷惑，认为他们做过一些工作，有舍不得的情绪；有人害怕开除"已经成为资本家而且思想上已经变化了"的党员会影响统一战线；有人对什么是坏分子，什么是觉悟不高的界限认识不清，因而不知道什么人应该马上清洗，什么人需要组织教育，不会根据不同情况作适当处理；党委会的工作方法和各部门之间的工作配合也存在一些问题。二、整理基层组织必须切实贯彻全国组织工作会议所规定的认真、慎重、有计划有准备有领导地进行一次普遍整理的基本方针。三、整理基层组织的具体计划是：有系统地进行党员教育；尽可能充实党务部门干部；今年完成下层支部、分支部的 1/7 到 1/5 的整理，余者在明年上半年分 3 批或 4 批完成；区委、企业党委所属系统有力量者，可进行个别支部的整理以积累经验，但大规模整理必须在完成训练干部后进行。四、整理支部的具体步骤是：党员教育；党员登记；审查鉴定；党员处理；调整组织，建立制度，巩固成果，使支部工作转入正常化。

同月，天津市委制定了发展党的计划，主要内容是：一、天津市的党组织必须发展，同时也具备发展一小批党员的条件。二、根据中央关于党员标准的规定，以巩固为主，有计划、有准备、有领导地慎重地进行发展党员的工作。发展的重点是产业工人，其次是大学生与个别高中学生。三、发展党员的准备工作：经常注意对各种运动中涌现出来的积极分子进行了解、帮助与培养，使其不断提高政治觉悟；对党员发展对象进行系统的党的教育；加强对工人进行共产党与共产主义的教育；工会、青年团的政治教育也应着重在马列主义与共产党方面的内容。四、必须在干部中解决几个主要的错误思想：认为谁都靠不住，谁都可能有问题，怕负责任，怕犯错误，束手束脚不敢发展党员；认为现在的党员条件过高，无法发展，主张以过去的标准为入党标准；某些部门借口工作需要，企图降低条件发展党员。

同日

［纲文］ **中共中央电告西北局同意关于牧场和畜群的处理办法。**

［目文］ 9月5日，西北局电告青海省委并甘肃省委、宁夏省委、新疆分局，并报中央，同意青海省委准备公开宣布牧场和畜群现在不分、将来也不分的处理办法。理由是：牧畜业是国民经济的一个重要部分，又是牧畜区各民族人民赖以维生的生产事业。其发展对我国工农业生产有重大关系。《共同纲领》第34条对此已有明确规定。把牧场和畜群分散就会破坏牧畜业，不利于国家的经济发展。至于某些地主和反动军官、匪首、反革命分子、恶霸所有的牧场、畜群，可收归国有，但不应分配，由人民政府管理，并可由原来经营的牧民经营。某些兼营牧畜业的地主，可允许他们继续经营，其牧畜业部分仍应保护。

同日

［纲文］ **政务院举行第一〇一次政务会议。**

［目文］ 会议由周恩来主持。会议听取并批准了内务部副部长陈其瑗所作的《关于全国各地最近灾情概况的报告》，听取了东北人民政府副主席高崇民所作的《关于东北辽河地区灾情的报告》，决定组织慰问团前往灾区慰问。会议还批准了《中苏两国政府关于在大连市创办中苏轮船修理建造股份公司的协定》。

陈其瑗报告指出，全国各地遭受的灾情主要是水灾和旱灾。山东、平原、辽东、辽西、松江和吉林等省雨量过多，被淹土地约4176万亩，灾民约800多万人。旱灾南北都有，而以北方较为严重。灾情发生后，各级政府组织了抢救工作，中央已拨出救济粮、款，各灾区也采取各种措施进行救灾和恢复生产。救灾工作要贯彻副总理董必武提出的“长期着眼，及早动手、通力合作”的方针。

《创办中苏轮船修理建造股份公司的协定》于1951年7月28日签订。《协定》对双方股份的评估、订货数量、各自义务、业务权限、红利分配等作了具体规定。重工业部副部长何长工在《协定签订经过及主要内容的报告》中说，该公司年修船能力为25万—35万吨，年造船能力为3万多吨，锚最高年产量1000吨。与苏方合营可以解决材料进口和生产开工不足的问题，向苏联学习技术。

同日

［纲文］ **北京大学校长马寅初致信周恩来邀请毛泽东等领导人到北京大学为学习运动讲演。**

［目文］ 本日，马寅初给周恩来写信说：寅初到职后，觉得北大师生思想进步，唯职员思想比较落后。于是接受同人意见，设立暑期学习会，收获出乎意料之外。学习结束后，副校长汤用彤等12位教授，响应周恩来总理改造思想的号召，发起北大教员政治学习运动，并决定敦请毛主席、刘副主席、周总理、朱总司令、董必武、陈云主任、彭真市长、钱俊瑞副部长、陆定一副主任、胡乔木先生为教师作报告。

9月9日，周恩来批示将马寅初的信送给以上人传阅，并建议有一两位前往讲演即可。

9月10日，刘少奇在批复中说：我不讲演了。恐亦不需要很多讲演，可选择一些文件学习。9月11日，毛泽东在马寅初信上批示：这种学习很好，可请几个同志去讲演。我不能去。

9月8日

［纲 文］ **中共中央发出《关于新区土改完成后在经济上应团结所有人进行生产的指示》。**

［目 文］ 《指示》指出，在新区土地改革完成后，在农村中，除严格禁止地主及其他反动分子进行反革命活动外，在经济上应该团结所有人进行生产。那些守法并认真进行生产的地主，应包括在团结和保护之列。他们在生产上和生活上的实际困难，应在可能范围内予以适当的解决。他们在生产中所积累起来的财产，应加以保护，不得再加分配。这些地主要求加入供销合作社者，应允许他们加入，应照其他社员一样替他们推销土产和向他们供应物资，并分得红利，但应剥夺他们在合作社中的选举权、被选举权和表决权。这就是说，在经济上应该团结他们生产，但在政治上必须防止他们在合作社中捣乱。对于富农加入合作社者，在合作社中则应享有选举权、被选举权和表决权，以示区别，但当地党和政府应注意不要让富农控制合作社的领导权。

同 日

［纲 文］ **政务院公布《各级人民监察委员会设置监察通讯员试行通则》。**

［目 文］ 《通则》共十三条，主要内容是：各级人民政府人民监察委员会为密切联系人民，加强监察工作，设置监察通讯员。各级政府机关、企业部门、人民团体（工、农、青、妇）的人员或其他劳动人民，具备公正廉明、忠诚老实、实事求是、善于联系群众等条件，在自愿原则下，由各该机关、部门、人民团体推荐或民主选举。经监委审查合格者，得聘为监察通讯员，任务是：调查政府机关、企业部门及其公务人员的违法失职、作风不良、损害国家或人民利益等情况，向监委作通讯报告；征集群众对政府政策、法令、设施的意见，向监委作通讯报告；宣传监察制度的意义和作用。监察通讯员作通讯报告时，如认为有帮助本单位负责人了解情况及时改进工作的必要，得向本单位负责人报告。通讯报告所涉及的问题，如本单位负责人认为可以直接处理者，应于处理后向监委报告；监察通讯员不得自行处理。各机关、部门设有监察机构者，监察通讯员应经常与其密切联系。监察通讯员在举发或协助检查案件时，应细心研究，务求真实。所有材料及个人对案件的意见，非经各该级监委的许可，不得泄露。监察通讯员工作卓有成绩者，各级监委应予以表扬或奖励。监察通讯员为义务职，其监察通讯中所需费用，应由各单位负责供给。各级监委，每半年召开通讯员组长联席会议或代表会议一次，必要时得提前或延期召集。

9月9—30日

［纲 文］ **中共中央在京召开第一次农业互助合作会议。**

［目文］　会议由毛泽东提议召开并主持。参加会议的有中共中央领导人、部分中央局、省委的代表和中央有关部门的人员。会议认为，农民在土地改革的基础上发扬起来的积极性表现在两个方面：一方面是个体经济的积极性，一方面是劳动互助的积极性。这些积极性，是迅速恢复和发展国民经济和促进国家工业化的基本因素。根据中国的经济条件，农民的个体经济在一个相当长的时期内还是大量存在的，不能忽视和粗暴地挫伤农民个体经济的积极性。但是，为了克服很多农民在分散经营中所发生的困难，要使广大贫困农民能够迅速增加生产而走上丰衣足食的道路，要使国家能得到更多的商品粮食及其他工业原料，并为国家工业品的销售开辟一个广阔的市场，就必须提倡“组织起来”，按照自愿互利的原则，发展农民互助合作的积极性。这种劳动互助是建立在个体经济基础上（农民私有财产的基础上）的集体劳动，其发展前途就是农业集体化或社会主义化。

会议提出，农村互助合作的主要形式有三种：第一种是简单、临时、季节性的劳动互助，适合农民固有的互助习惯，应在全国各地，特别是在新解放区和互助运动薄弱的地区，有领导地大量发展。第二种是常年的互助组，有一部分开始实行农业和副业的互助相结合；有某些简单的生产计划和某些技术的分工；有的还购置一部分公有的农具和牲畜，积累少量的其他公共财产。这种形式，应在互助运动已有基础的地区有领导地逐步推广。第三种是以土地入股为特点的农业生产合作社，数量还不多，在东北、华北地区有300多个。这种形式，应在群众有比较丰富的互助经验，而又有比较坚强的领导骨干的地区，有领导地重点发展。总之，党在农村发展互助合作运动的方针是根据生产发展的需要与条件而稳步前进。

会议指出，在领导合作社运动中要防止两种倾向，一种是采取消极的态度对待互助合

▲ 河北省沙河县的一个农民互助组在生产。

作运动，看不出这是党领导广大农民群众从小生产个体经济逐渐走向大规模使用机器耕种和收割的集体经济所必经的道路，否认已出现的各种农业生产合作社是走向社会主义过渡的形式，带有社会主义的因素；另一种是采取急躁态度，不顾农民自愿和经济条件，过早地不适宜地企图否定或限制参加合作社的农民的私有财产，或者企图对于互助组和农业生产合作社的成员实行绝对平均主义，或者企图很快地举办更高级的社会主义集体农庄。会议还提出，在农业互助合作运动中，必须随时注意纠正和防止强迫命令和放任自流这两种错误领导方法。正确的领导方法是采取典型示范，由少到多，由低级到高级，逐步推广；及时研究群众的经验，教育群众发扬正确的东西，避免重复错误的东西；坚持自愿互利的原则。

会议通过了由毛泽东主持制定的《中共中央关于农业生产互助合作的决议（草案）》，对农业互助组和生产合作社存在的具体问题以及党和政府对它们的援助，规定了一些具体政策和办法。12 月 15 日，中共中央印发了经过修改的该文件。毛泽东在为印发《决议》所写的通知中，要求全党把农业互助合作“当做一件大事去做”。

这次会议解决了当时中央对农业生产互助合作的一些认识分歧和争论，农业合作化运动在全国开始进行。刘少奇后来在中共七届四中全会上曾做检讨，承认“我有过一种想法，就是我以为还要等一个时候才能在我国农村中大量地、普遍地组织农业生产合作社”，这种想法“基本上是不正确的”，“在 1951 年秋，中央讨论农业生产互助合作问题后，由于毛泽东同志的指示得到了改正，我也就抛弃了这种想法”。

9 月 9 日

［纲 文］　**中共中央批转卫生部副部长贺诚关于全国防疫工作的总结报告。**

［目 文］　中央在批语中指出，贺诚的这个报告很好，可在党内刊物上发表，引起各级领导人注意。各级党委对卫生、防疫和一般医疗工作的缺乏注意是党的工作中的一项重大缺点，必须加以改正。必须把卫生、防疫和一般医疗工作看作一项重大的政治任务，极力发展这项工作。对于卫生工作人员必须加以领导和帮助。对卫生工作必须及时加以检查。在经费方面，除中央预算所列者外，应尽可能在地方上筹出经费。必须教育干部，使他们懂得，就现状来说，每年全国人民因为缺乏卫生知识和卫生工作引起疾病和死亡所受人力、畜力和经济上的损失，可能超过每年全国人民所受水旱风虫各项灾荒所受的损失，因此至少要将卫生工作和救灾防灾工作同等看待，而决不应该轻视卫生工作。

此前，9 月 7 日，贺诚向中央提出《关于全国防疫工作给中共中央的报告》。报告总结了新中国成立以来卫生工作遵循“面向工农兵、预防为主、团结中西医”三原则取得的成绩和工作中还存在的缺点，提出要使防疫工作收到应有的效果，必须各级党、政领导人给予适当的重视，但不少省县以下的党、政领导干部，只把不饿死人认为是政府的责任，对因不卫生而病死人，则重视不够，认为是难以避免的“天灾”。实际上因疫病而死的人数远超过饿死的，而其中大多是可以预防的。

同日

[纲文] **执行《关于和平解放西藏办法的协议》的人民解放军先遣部队进抵拉萨。**

9月10日

[纲文] **中共中央转发中财委《关于全国物资管理会议的报告》。**

[目文] 9月5日，中财委向周恩来并中央报送的该《报告》指出，近一年来各地贯彻中央关于清理仓库物资的决定，有很大成绩。主要表现在全国各地区、各系统、各单位均初步地完成了仓库物资清理登记工作，并实行了统一管理和处理。计全国已经清理出来的物资，可作财政收入者，约合100余亿斤小米，至4月止，经各地调配和拍卖的物资，已抵作财政收入者，约有13亿斤小米。另外，各地完成了中央给予的抢运沿海地区物资储存于内地的任务。工作中的缺点是，没有及时召开一次全国清理仓库物资的会议，并缺乏一个实际有力的工作领导机构。在建立必要的制度上，不周密、不完备和不及时，因而产生了工作粗糙和某些地区或单位不遵守制度等现象，个别地区还存在着打埋伏和自由动用上缴物资等情事；今后清理仓库物资的主要任务是：继续贯彻清理仓库物资的决定，完成本年度调配和财政任务，并在此基础上，着手准备国家物资储备工作。

《报告》提出，物资管理实行中央和地方分工合作。一、主要物资仍由中央掌握调配；一般物资，划归大行政区主管机关掌管决定。但为使物资处理和调配更加合理起见，前由中财委所定的73种主要物资目录，应重新审定，凡其中有适于地方处理者，可交地方处理；划给地方处理的一般物资中如有适于中央处理者，应报请中央调配处理。各地信托商行和拍卖机构，除天津、北京外，一律划归地方管辖。二、中央各部，除铁道、水利、邮电部和交通部航务系统仓库物资可按其系统垂直掌管外，其余原则上均须由大行政区主管机关清理调配，有特殊原因，而愿自行清理者，须取得大行政区同意，并商量作价。贸易系统自行清理的物资，须随时会同当地物资管理机构作价，然后由贸易部和财政部统一算账或转账，抵作投资。三、军事系统物资，原则上仍归军委总后勤部掌管，凡属军事专用物资军队方面可不作价留用，非军事专用物资在军事费中已列有预算者应作价留用。散存各地的小型仓库中或民间所存的破旧军火，由军事部门会同当地人民政府清理，以免发生危险。四、中央划归地方经营的企业或委托代管的国营企业，在核定资金后，多余的物资，仍由地方掌握，不列为清理仓库上缴物资。但此项物资，如地方在两三年内不需使用，而又为中央或其他地区所急需者，中央可在作价后统筹调配，其价款作为地方收入。

同日

[纲文] **贸易部发出《出口限价政策及掌握办法》。**

[目文] 《办法》指出，根据目前对资本主义国家贸易情况，出口限价政策和方法有重行明确的必要。出口限价的目的，对于带有独占性的大宗出口商品是要争取国际市场上的有利价格，对于一般商品是要防止套汇。目前对资本主义国家的贸易政策是在“交换不落空”的原则下，用各种灵活机动的方式方法，争取必要物资进口。因此，为配合以上

的原则，根据中央对外贸易小组讨论结果做出决定：

一、出口限价政策：应根据产品具体条件和国外客观需要决定，防止无根据的偏高思想，同时也不放弃争取有利价格的机会；出口限价政策应和许可证制度、易货制度及进口审价制度相互配合灵活运用，随着出口货数量、品质、易进货物种类、价格及易货方式的不同，在此出口限价的适当幅度内可有所不同。幅度由执行限价单位掌握，以不严重影响国外价格为限。

二、出口限价掌握办法：（一）属于公私经营的大宗货物及统销货物或国营公司经营的货物出口价格由本部掌握。其余出口产品按产区及出口情况分别交由各地外贸局自行掌握。（二）本部掌握商品应按以前决定先由该商品有关的外贸局提出调整限价意见报部批准后由本部统一电告各地执行。（三）各口岸外贸局掌握部分，由各该口岸外贸局调整其限价后，电告其他口岸外贸局负责公布并通知当地海关配合执行。（四）各地外贸局、中国进出口公司、各出口专业公司仍应加强领导专业小组的议价制度，作为决定限价的主要参考。该《办法》于9月20日起执行。

同日—10月21日

［纲 文］ 中央人民政府民族事务委员会举办少数民族文物图片展览。

［目 文］ 展览地点设在北京故宫中和殿、保和殿。展品有文物、图片、模型等。文物包括锦旗、工艺品、日用品、生产工具、土产、文字、乐器、武器、刺绣、服饰等，如班禅额尔德尼献给毛泽东的50年前西藏人民抵抗英帝国主义侵略的火枪，内蒙古自治区人民政府送展的中型蒙古包等。展出的各种图片，记载了新中国成立以来民族事务的发展与各族人民的生活情况，包括中央民族访问团的访问，各民族代表团来京，少数民族的政权建设、干部训练，和平解放西藏协议签字，蒙古、回、藏、维吾尔、苗、彝、高山等族的生活等。展览中还定时播放了各民族的音乐歌曲。

同 日

［纲 文］ 教育部就政治课问题向华北区各高等学校发出指示。

［目 文］ 指示要求各系拟定教学计划时，把思想政治课目作为业务课的重要部分。为了纠正政治课与业务课对立、只有政治课才进行思想政治教育等错误看法，取消“政治课”的名称，将“社会发展史”改为“辩证唯物论与历史唯物论”，与“新民主主义论”及“政治经济学”同为独立的课目。现有的政治教学委员会改为各该课目的教学研究指导组，由教务长负责计划、组织、督导检查。

9月11日

［纲 文］ 中共中央发出《关于庆祝国庆节的办法》。

［目 文］ 《办法》规定：一、国庆节的宣传以庆祝国内土地改革、镇压反革命、工农业恢复的胜利，加强抗美援朝、巩固国防、反对美英对日单独媾和武装日本的斗争为中心。各地应即按照地方工作需要（主要是扩兵和土改）制定自己的宣传计划。二、全国各

城镇均应举行庆祝集会和游行示威。在各大行政区中心城市应举行阅兵式，其他城市驻军也应参加集会游行。土改区可组织一部分农民代表入城，在庆祝土改胜利保卫斗争果实的口号下参加示威。在农村中可按农忙和交通情况决定是否游行。在不能游行的地方也应以乡为单位开庆祝会，作发展生产、征粮、扩兵政治动员。三、集会挂像游行抬像办法仍照五一节办法。

9 月 25 日，中共中央又发出《关于庆祝国庆节办法若干事项的补充通知》。主要内容如下：一、关于领袖像：庆祝仪式会场上，只挂毛主席像。游行时领袖像的排列顺序如下：第一排面向自左至右毛泽东、孙中山；第二排周恩来、刘少奇、朱德；第三排马克思、恩格斯、列宁、斯大林；以下是各国人民的领袖像，即：朝鲜金日成，越南胡志明，波兰贝鲁特，捷克斯洛伐克哥特瓦尔德，德意志民主共和国皮克，罗马尼亚德治，匈牙利拉科西，保加利亚契尔文科夫，阿尔巴尼亚霍查，蒙古乔巴山，日本德田球一，法国多列士，意大利陶利亚蒂，美国福斯特，英国波立特，西班牙伊巴露丽。10 月 1 日各报纸应于头版最显著地位面向自右至左刊登孙中山、毛泽东二人照片。二、关于庆祝口号：全国委员会 22 日公布的口号可以张贴散发及在检阅台扩音器中播送；但在集会及游行时给群众呼喊的口号，则只可择用其中简短易喊者，或加以改编使适于呼喊，不要机械地照喊全国委员会的口号；各地党委也可根据当地工作需要，补充一些口号。三、关于悬旗：国庆节一律悬挂国旗，共产党和青年团所主持的机关和学校，可在户外悬国旗，户内悬党旗，军事机关及部队营地亦可在户外悬国旗，户内悬军旗；国旗与党旗、军旗不要交叉地挂在一起。各游行队伍可携带各种各色的旗帜，但国旗应举在游行队伍的最前头，其他旗帜不要与国旗交叉。

同日

[纲文] **中财委转发周恩来关于今后批预算的原则的指示。**

[目文] 转发文件说：总理最近在中央一次干部大会上讲话，讲到财政问题因照顾财政困难曾指示今后批预算更要紧，财政工作者要掌握两句话："可以批，可以不批，即不批；可以办，可以不办，即不办"。我们认为这两句话可以作为今后财政部门批预算的原则。

同日

[纲文] **朱德在海军第一次政治工作会议上作《建设海军，保卫海防》的讲话。**

[目文] 他指出，海军政治工作的首要任务，是要在海军中保证党的领导，要使全体人员具有忠于人民、忠于祖国的思想和严格的革命纪律。此外，还有很重要的一项任务，就是要保证全体指战员学会现代化的海军技术。政治工作应该在这方面作保证，提高大家的学习热情，帮助同志们更迅速地学会炮的射击技术。保证训练出政治素质高、技术十分熟练的海军炮兵。海军接触的是沿海广大渔民。海军的政治工作应该把渔民工作做好，与群众保持密切的联系，并得到群众的爱戴，才能获得战争的胜利。海军的政治工作还要保证海军兵工生产任务的完成。

同日—17日

[纲文] **公安部在京召开第四次全国公安会议。**

[目文] 公安部部长罗瑞卿在会上作了《为彻底肃清反革命的残余势力而斗争》的报告。周恩来、彭真到会讲话。周恩来在讲话中指出，进行土地改革、清匪反霸、肃清反革命分子的工作，是彻底完成新民主主义革命的一部分。只有进行了这些工作，人民民主专政才会真正巩固起来。会议检查了镇反斗争的情况，要求把镇反不彻底的地区和方面搞彻底，比较彻底的地区要加强各方面的经常工作。会议做出了《第四次全国公安会议决议》。毛泽东在审阅《决议》草案时加写了一段话："整个镇压反革命的工作必须在各级党委的统一领导之下，一切公安机关和有关镇压反革命的机关的负责同志都必须和过去一样坚决接受党委的领导。"

公安部部长罗瑞卿在第四次全国公安会议上作《为彻底肃清反革命的残余势力而斗争》的报告。

《公安会议决议》的主要内容有：一、一切捕、杀反革命尚不彻底的地区，特别是那些根本没有触动的地区，从1951年11月1日起至1952年4月30日止的6个月内，应经过充分的调查研究、清理积案和追捕在逃反革命分子等项工作，有计划地把一切应该捕、必须杀，但现在尚未捕的反革命分子逮捕起来，把一切应该杀、必须杀，但现在尚未杀的反革命分子坚决杀掉，借以彻底消灭土匪、恶霸、特务、反动会道门这五个方面的坚决反革命分子，并使群众的政治警惕性获得普遍的提高。二、在某些地区曾经发生过草率和混乱现象，为保证在继续镇压反革命斗争中间不致发生偏差和错误，达到充分发动群众、彻底消灭反革命的目的，一切地方，在继续镇压反革命的斗争中，必须严格遵守第三次全国公安会议所规定的政策和工作路线。凡是可杀可不杀的反革命分子，坚持一律不杀；凡是可捕可不捕的反革命分子，坚持一律不捕。三、由于基层党政机关内部不纯以致反革命镇压不彻底的地区，或犯了大错误的地区（这种地区在全国说来是少数），在县区乡党政组织没有整顿好和领导力量没有加强以前，除现行犯外，必须一律继续停止捕人杀人，等待县区乡组织整顿好了和领导力量加强了之后，再去进行镇压反革命的工作。四、在那些遭受了严重灾荒、当地工作是以救灾为主的地区，即使镇压反革命尚不彻底，或尚未开始，也不要把镇压反革命当作中心工作。五、在镇压反革命确实已经达到了彻底程度的县、区、乡及某些市区，即应结束镇压反革命的运动，转入经常的对暗藏反革命分子作斗争的工作。六、过去6、7、8三个月大规模清理积案的工作，有很大成绩。经验证明，清理积案必须走群众路线才能做好。七、对罪犯实行强迫劳动，是消灭反革命分子的一个重要手段，也是彻底改造犯人成为新人的一项基本政策，这是包含着极端重要的政治意义和经济意义的一项工作，必须十分重视。八、凡是已经进行过清理“中层”、“内层”工作的地方或部门，都清查出一批反革命分子和政治上的异己分子，因而也就初步地达到了纯洁组织、提高觉悟、团结内部、巩固统一战线、提高工作效率的目的，并使所有人员都受到一次深刻的政治教育和阶级教育，划清了革命与反革命的界线。九、军队内部的清理工作，是在有组织有领导和严格控制之下进行的。十、一切公营和较大的私营工厂、矿山、企业和专科以上的学校以及全部中、小学校的教职员，原则上均应普遍清理一次。十一、全国各地，特别是大中城市和交通要道，必须用极大努力加强侦察工作。十二、经济保卫工作是今后经常斗争的一个重要方面，警惕敌人对我重要建设的破坏阴谋，应当引起更大的重视。十三、加强边疆和沿海地区的镇压反革命的斗争，并特别加强边疆地区少数民族中的工作，以巩固国防，已成为目前迫切的任务，1951年6月的边防工作会议的决议，必须认真执行。十四、加强对领袖、首长、首脑机关及重要民主人士的警卫和保卫工作，同反革命的暗害活动作尖锐的斗争，经常保持充分的警惕性，必须引起十分注意。十五、对于遗留在我国的帝国主义分子和一切外国的间谍、特务分子，必须彻底加以清除。十六、必须加强对一般反革命分子的管制工作。管制的正确方法，是行政管制与群众监督相结合；是政治管制、思想教育与监督劳动相结合。十七、对于历史上曾和反革命统治或和反革命阶级有过若干联系、但是劣迹不多的人，对于政治上、思想上受过反革命影响、至今对共产党、对人民政府有不满情绪的人，以及社会游离阶层中的分子，只要他们在解放后未进行反革命活动，即应采取团结改造的方针。十八、关于反动党团的登记工作，凡没有举办者，必须在各地条件成熟时一律举办。对反动道会门的取缔，在已经完成土地改革的地区和镇压反革命运动已经开展的城市，经过充分准备之后，必须彻底进行。十九、对于反革命分子的家属进行宣传解释工作，具有团结多数人孤立少数反革命分子的重大意义。二十、充分发动群众是镇压反革命是否彻底的重要标志之一，是彻底镇压反革命的重要保证。二十一、吸引民主人士参加镇压反革命工作，对于稳定和团结民族资产阶级以及上中层知识界人士，对于巩固统一战线和扩大镇压反革命的宣传，都起了极好的作用，因此，在今后继续镇压反革命斗争中，必须重视这条经验，坚持吸引民主人士与闻其事的正确政策。

9月18日，中共中央做出《关于贯彻执行第四次全国公安会议决议的指示》，指出：一、中央批准第四次全国公安会议的决议。这个决议，继第三次全国公安会议之后，进一步总结了镇压反革命斗争中的经验，解决了这一时期在运动中所发现的主要问题，并且具体地部署了今后的工作，中央认为决议是正确的。全党全军都必须坚决地完全地遵照执行。二、第四次全国公安会议的详情由各公安部长、厅长、局长和保卫部长传达并把决议带回去。三、把第三、第四两次全国公安会议的决议，系统地向党政干部，特别是向全体公安干部传达，向区乡干部（军队是营、连干部）传达，并组织他们讨论学习，解答他们的疑难，使他们真正了解，是保证镇压反革命斗争正确地健康地继续深入和发展的关键。为此，应将罗瑞卿 8 月 3 日向政务院所作关于镇反工作的报告和第四次全国公安会议决议发给上述干部，组织他们阅读，并以县、市为单位（军队以师或团为单位）用 3—5 天时间组织他们讨论，然后由领导同志把他们所提出的问题，加以研究和解答。各级公安机关及其他有关机关的干部都应讨论学习这两个文件，借以提高干部的水平，贯彻政策的执行。

同日—20 日

[纲 文]　林垦部召开全国林业行政会议。

[目 文]　会议主要内容是，确定 1952 年全国林业工作计划，讨论有关护林、造林、伐林、林产利用和干部训练等问题。会议指出，当前中国森林情况的基本特征是：资源不足，需要日广，而林木的损失与浪费现象严重存在。今后的林业工作方针是，必须采取一切有效办法护林护山，把严防山火列为工作中的头等任务。各级林业干部必须主动地帮助山区群众开展生产，从根本上解决护林护山问题。同时，为了供应国家今后建设用材，必须一方面迅速开发天然林区，铺设森林铁路，从事合理采伐，增加木材供应量；另一方面，必须迅速大规模造林，放手发动群众，大力进行合作造林。会议决定：1952 年要进一步发动群众加强保护山林工作，增设护林机构和必要的防火设备，贯彻政务院《关于节约木材的指示》，严格管理采伐业务与木材收购；在有荒山荒地的地方逐步建立造林据点，做大规模造林准备；要有计划地组织调查，并大量培养林业干部，特别注意训练林业劳动模范与积极分子。

同日—25 日

[纲 文]　农业部召开全国农业工作会议。

[目 文]　会议总结了 1951 年上半年农业工作经验，拟定了 1952 年农业生产计划。会议认为，本年 2 月全国农业工作会议决定开展的全国爱国生产运动（老解放区为爱国丰产运动）取得了伟大的成绩。广大农民响应人民政府的号召，积极组织劳动互助，参加竞赛，改进耕作技术，战胜了各种自然灾害，达到了增产的目的。各种主要作物都比上年增产很多，棉花产量超过战前最好水平。会议还拟定了 1952 年全国农业生产的初步计划，要求粮食产量和主要工业原料的产量，恢复并超过战前的水平。会议指出，要完成这个计划，做到粮食增产，各地首先必须继续贯彻“组织起来发展生产”的方针，大量发展并稳步提高农业劳动互助组织；其次，应进一步改进农业技术，努力提高单位面积的产量；第三，要加强防旱、防涝、治虫的基本建设，防止自然灾害。会议还讨论了调整作物面积、改进山区生产，以及划分全国经济区等问题。

同日—27日

[纲文]　中央人民政府派遣东北水灾慰问团并采取措施救济灾民。

[目文]　中央赴东北水灾慰问团由29人组成，团长为傅作义。慰问团向灾民转达了毛主席和中央人民政府的关怀，嘉奖了各地抢救灾民的有功部队和政府工作人员，并致函感谢从开原水灾中救助200多名灾民的中长铁路沈阳分局苏联籍局长杜拉索夫上校。

为救济东北灾民，政务院拨发救济粮6万吨，东北人民政府拨发救济粮4万吨，中国人民救济总会也拨发大批寒衣。中国红十字会总会特组织生产救灾医防服务队共25人，携带药品于9月15日由北京前往灾区服务。东北人民政府召开了水灾救济会议，决定救灾方针是：在政府的组织领导下，灾区人民生产自救；并由各地发动社会力量互助互济。东北人民政府副主席林枫在会上指出，以东北现有条件，我们完全可以做到使灾区人民有吃有穿和搞好生产。会议强调：灾区应进一步调查灾情，了解灾民的生活与生产需要。干部应深入了解灾民的思想情况和困难，进行生产自救的宣传教育，并帮助灾民想办法；防止和反对工作不深入的官僚主义偏向。

9月12日

[纲文]　中共中央发出《关于挑选适当人员担任大中学校的政治课教员的指示》。

[目文]　《指示》说：大学和中学的政治课是给予青年以有系统的思想政治教育的重要方式。应挑选比较适当的人担任，并经常注意指导和帮助。目前许多地方学校中，还有不少过去在国民党学校中教《党义》的人，担任政治课的教员。这种情形不但造成坏分子借政治课来作反动宣传的机会，而且使得政治课为学生和一般教员所轻视，以致较宜担任此项工作的人反而不愿担任，因此凡有这种现象的地方必须立即纠正。如果一时找不到适当的人，就应由省市地县委来负责担任。望各地宣传部和教育行政机关均注意对此问题作一检查，各省市委宣传部在两个月内向中央宣传部作一报告。

同日

[纲文]　陈云、薄一波、李富春提出《对私营棉纺厂纷纷出售的处理措施》。

[目文]　批发给饶漱石、曾山、邓子恢、叶剑英、邓小平、贾拓夫、刘澜涛、高岗、顾卓新等人的该《措施》指出，上海市一部分私营棉纺织厂由于资金困难纷纷出售，而机关部队、地方企业机构则趁机洽购。这种做法弊多利少。因此，除个别情况外，一律停止以大量资金收购或合营私营工厂，对个别私营棉纺织业确有困难者，应予以帮助，使其继续经营。地方工业则应转向国营领导力量薄弱或空白的行业，棉纺业的多种经营形式应统一领导，加强其计划性并调整各方面的关系。

此前，据上海工商局反映，自1951年3月起，上海市一部分私营棉纺织厂由于资金困难，负债过多，缺乏继续经营的信心，出售之风颇盛，而我机关、部队、地方企业机构，则趁机纷纷洽购，以致引起上海资本家一种错觉，认为我在乘人之危，企图缩小私人资本主义经营范围，因而影响其生产情绪。据调查，当时私营棉纺织厂出售和改为公私合营者，已达8厂：计新生纱厂、信和纱厂已与华东纺织管理局合营；新裕纱厂一厂已由上海市财委购进，改名为公营新华纱厂；鸿章纺织染厂已为华东军区、华北军区合组的公营新利丰纺织企业公司购进；申新纱厂七厂为抵偿所欠政府税债改为公营（中财委批准）；合丰纱厂将售与合作社；荣丰纱厂一厂已由三野后勤生产部购进，改名为公营勤生纱厂；德丰纱厂也在兜售中。以上8厂厂数为当时已有私营棉纺业的18%；纺锭共206588枚，为当时已有私营棉纺业的17%；布机共1587台，为当时已有私营棉纺业的15%。

[文　献]　对私营棉纺厂纷纷出售的处理措施（节录）

资本家出卖工厂，我机关部队和地方企业以大量资金（这是自实行财政分级，提倡地方经营工业生产以后，大家从各方面节省开支挤出来的钱）收购私营工厂，这是一个新问题，须加研究，并确定对策。我们考虑，这种作法弊多利少。

（一）收购资本家的旧工厂或实行合营，其经营管理或可能有些改进，但从总得[①]社会生产来说并未增加工厂的数目和生产设备能力，恰恰把一部分可以增加生产设备的资金用掉了。

（二）资本家则获得一大批资金，可以分散或转移。社会上增加一部分我很难控制的游资，对稳定市场不利。

（三）引起某些资本家恐慌，认为我们政策变了。上海纺织小组座谈，资本家对此甚为不满，认为国家是乘人之危，不照顾公私关系。

因此我们考虑，对此问题可否采取下列各项措施，请各同志提出意见电告我们为盼。

（一）机关部队和地方企业机构停止以大量资金收购或合营私营工厂，其有个别真正自愿出售或合营者，须经大行政区财委批准后始得收购或合营。

（二）国营经济在上海棉纺业中已有较强基础，应继续加强其领导作用，对个别私营棉纺织业确有困难者，应从其他方面帮助解决其困难使其继续经营。地方工业应向国营领导力量薄弱或空白的行业或生产力不够的企业发展。

（三）目前棉纺业已有国营、私营、市营、机关部队经营、合作社经营、公私合营等形式，今后如何统一领导、加强其计划性并调整各方面的关系，亦是一个重要问题，请加以研究，并提出意见。

资料来源：中央档案馆提供档案。

同日

[纲　文]　新闻总署、全国总工会发出《关于在全国工厂矿山企业中建立广播收音网

① 原文如此。应为“总的”。

的决定》。

［目 文］ 《决定》指出，收听广播已经成为广大职工文化生活中不可缺少的一部分，全国各工厂、矿山、企业中的各级工会应该重视广播收音工作。凡是还没有建立有线广播电台或收音站的应按照新闻总署1950年4月14日发布的《关于建立广播收音网的决定》，在行政方面或资方的帮助下和当地人民广播电台的协助下建立起来；已建立的，应经常关心和认真领导广播收音工作，使之在工人生产、学习及文化生活中发挥更大的作用。

9月13日，《人民日报》发表题为《大力开展工人中的广播工作》的社论，指出，一年多来，全国已设立15200个收音站和收听小组，其中小城镇有2254个；全国有14260位收音员。本年3月至5月间，全国各广播电台举行了关于抗美援朝和镇压反革命的广播大会和录音广播89次，听众3600万人，收到捐款28亿多元、电话信函10余万件。各地取得的主要经验是：一、工厂、矿山、企业中有线广播台的主要任务，不是单纯转播当地人民电台的节目，而要以组织自己的节目为主。二、工厂的有线广播台应有一定的组织机构和工作制度。三、各地工会应该重视这一工作，经常讨论定期检查工厂的广播工作。

9月13日

［纲 文］ **政务院发布《车船使用牌照税暂行条例》。**

［目 文］ 《条例》共十八条，主要内容有：凡在开征车船使用牌照税的地区行驶车、船者，均依本条例的规定，向税务机关交纳车船使用牌照税；原纳吨税（船钞）的本国船舶，一律改征车船使用牌照税，不再交纳吨税；但外国船舶及外商租用中国船舶，仍征吨税，不纳车船使用牌照税；应纳税的车船使用人，须向所在地税务机关申请登记、纳税，领取车船使用牌照及完税证。《条例》还对免纳税车船范围、征税税额和方式、违章处罚等做了规定。

同 日

［纲 文］ **毛泽东就入藏部队的当前任务和兵力分布问题致电邓小平。**

［目 文］ 电报说：入藏部队1951年的任务可以定为生产与筑路并重，即令甘孜到拉萨沿途所驻部队以一部分担任生产，以一部分担任筑路。此点在现在就应确定，以便在冬季有所准备。关于兵力分布问题，似应在几个月内，在日喀则和日喀则到拉萨的中间地点各派一部分军队进驻，并在这些地方布置生产，使班禅能回后藏，并便于展开工作。进驻时间可在张国华到拉萨和西藏政府的关系完全弄好之后，即在三四个月之后为宜。

9月14日

［纲 文］ **政务院举行第一〇二次政务会议。**

［目 文］ 会议由周恩来主持。会议内容为：一、批准外交部副部长章汉夫作的《外

交部工作报告》。报告说，建国至1951年8月，与中国建立正式外交关系的共计19个国家。大大地扩大了中国的影响和增强了中国的国际地位，同时也为加强中国与外国政府和人民之间的友好关系，提供了必要的条件。中国与东南亚各国之间的文化访问及贸易交流，正在开始发展中。与欧洲各资本主义国家之间的贸易关系，由于这些国家政府受美帝国主义的压力与限制，还很难发展。两年来，中国与一些国家先后签订政治、经济、财政、文化、贸易等重要协定29个。

二、原则通过《政务院关于与外国订立条约、协定、议定书、合同等的统一办法之决定》、《中华人民共和国对各国外交官及领事官优遇暂行办法》、《中华人民共和国对各国外交官及领事馆的行李物品进出国境优待暂行办法》和《中华人民共和国对各国外交官及领事馆豁免税费暂行办法》。政务院政务委员罗隆基①作了关于上述几个文件审查意见的报告。报告说，外交部根据平等互惠、国际惯例及中国实际情况起草了这几个文件。中华人民共和国建立不久，外交上有许多微妙的关系，我们应该根据经济服从政治的原则，处理一些外交问题，不要因为多收一些税而引起不必要的外交关系方面的麻烦。

同 日

［纲 文］ 文化部发出《关于纠正抗美援朝宣传运动中美术作品及图片上存在偏向的指示》。

［目 文］ 《指示》说：在暴露敌人对中国人民的残酷暴行时，将敌人污辱中国人民的行为（如强奸妇女等）也加以表现或展览，并不适当地描写砍头、活埋等恐怖场面，以致夸大了敌人的威风，削弱了自己的志气，忽视了中国人民在反抗帝国主义的英勇斗争中不屈不挠的积极精神。这些偏向必须纠正。

9月15日

［纲 文］ 《人民日报》报道，文化部发出《关于国庆节唱歌的通知》。

［目 文］ 《通知》规定，在庆祝1951年国庆节时，除唱国歌外，以《歌唱祖国》和《全世界人民心一条》为全国普遍歌唱的基本歌曲。各地工会组织、工人夜校、工人俱乐部、农民协会、农村剧团、文艺工作团、音乐工作者协会、中小学音乐教师、大中学学生会、部队、机关、妇女团体、青年团体、电影院、文化馆、读报组及其他各团体负责推广教授，各地出版社和群众性刊物负责印发和刊载，各地文教机关负责组织。

同 日

［纲 文］ 全国总工会制定《保护女工暂行条例（草案）》。

［目 文］ 该《暂行条例（草案）》共十四条。初稿为《保护女工、童工暂行条例》，1950年3月由全国总工会起草，经中央25个有关机关团体座谈研究，前后改写8次而成，经第一次全国劳动保护工作会议修正通过。主要内容有：禁止虐待、打骂、侮辱或歧视女

---

① 罗隆基（1896—1965），江西安福人，时任第一届全国政协委员、民盟中央常委等职。

工人、职员；女工与男工的工作技术和效能相等时，应得到同等报酬；对怀孕、哺乳期间的女工在工种、工作时间、工资待遇等方面给予照顾；女工哺乳时间应按工作论；禁止借故开除或变相辞退怀孕或生育的女工；厂矿、企业、机关、学校应采用各种方法，经常向女工进行妇婴卫生教育；厂矿、企业、机关、学校已实行的保护女工办法，其待遇高于本条例者，不得降低；中央各产业部门和各地区人民政府、机关、学校可按照本条例制定实施办法，分别报请各级劳动机关审查同意；违反本条例者，建议有关机关予以适当处分或送司法机关处理。

同 日

［纲 文］ **劳动部制定《限制工厂矿场加班加点暂行办法（草案）》。**

［目 文］ 该《暂行办法（草案）》由劳动部对221个企业单位进行调查研究后起草，经第一次全国劳动保护工作会议修正通过。主要内容有：一、在公休日与法定假日从事工作者为加班；在普通工作日延长工作时间者为加点。二、厂矿生产任务应在工作时间内完成，一般不准加班加点。如遇有国防紧急任务、发生意外事故、机械设备发生故障等特殊情况，必须加班加点时，需经工会基层组织同意，方能进行。三、从事加班加点者，每人每月加班加点总数，不得超过32小时；一天内加点时间最多不得超过3小时；连同正常工作时间在内，不得超过12小时；连续加班加点不得超过3次。特别危害身体健康的工作部门，禁止加班加点。四、对从事加班加点的工人、从事生产的职员，应按规定分别发给加班加点费。五、各地区或各厂矿已实行的限制加班加点办法，如有在时间上少于本办法者不得加多，工资上高于本办法者不得降低。六、厂矿行政方面或资方必须于月终将加班加点情况，汇报当地劳动行政机关。劳动行政机关有随时检查与督促权。如有违反本办法者，当地劳动行政机关得按其情节轻重予以批评、警告或建议该企业主管机关予以处分；必要时送司法机关处理。七、各地劳动行政机关及厂矿企业管理部门均可根据本办法精神，结合具体情况，分别制定限制加班加点实施办法或补充办法，制定时必须征得当地劳动行政机关的同意，制定补充办法时除报当地人民政府批准外并需报上级劳动行政机关备案。

同日—10月25日

［纲 文］ **全国铁路展览会在京举行。**

［目 文］ 展览会由铁道部、中国铁路工会在劳动人民文化宫联合举办。朱德出席并剪彩。李济深、陈叔通、董必武、黄炎培、聂荣臻等200余人参加了开幕式。展览会以模型、图表为主，反映了人民铁道建设、职工发明创造和文化福利、生活等各方面成就，以及铁路职工在抗美援朝中的事迹。展览会闭幕后，展品移交北京铁道学院，供长期陈列及教学用。

同日—12月15日

［纲 文］ **东北区物资交流展览大会在沈阳举行。**

［目 文］ 参加开幕典礼的有东北区、沈阳市政府领导人和各界代表，及华北、西

北、山东、广东、北京、天津等地参观团、交易团代表共5000余人。大会由东北人民政府副主席林枫主持并剪彩。大会共设16个展览馆。工业方面展品有煤、铁、钢、电器、建筑器材、橡胶和纺织品以及地方工业、私营工业产品等；农副业方面有粮谷、经济作物、木材、农具、畜产、水产、水果、蔬菜、药材等。大会还设立了友谊馆和交易处。交易处下有五金器材、土产、日用百货等3个交易所和1处零售商场。大会交易总额达23777.6亿元。展览期间，观众共达65万多人，包括苏联、匈牙利、朝鲜、越南、印度、印度尼西亚、缅甸、巴基斯坦等国友人。

同 日

［纲 文］　**人民美术出版社在京成立。**

［目 文］　该社由文化部和出版总署共同领导。社长萨空了，副社长朱丹。此前，4月，该社已开始工作，出版领袖像、宣传画、连环画册和一般画册、图片等800余种，创办发行《连环画报》、《群众画报》和《人民画报》3种杂志，下设北京美术印刷厂和荣宝斋新记。11月1日，文化部、出版总署联合聘任郑振铎、黄洛峰、江丰、严文井、蔡若虹、萨空了、朱丹为该社社务委员。聘请徐悲鸿、江丰、胡蛮、王朝文、华君武等为该社编审委员。

9月16日

［纲 文］　**文化部向上海文化局发出《关于加强对上海市私营美术出版业的领导，消除旧年画及月份牌画片中毒害内容的指示》。**

［目 文］　《指示》说，此种旧年画及月份牌的内容有不少是宣传封建迷信道德，散布色情毒素及其他荒谬有害的思想，如“新男二十四孝”、“风流花下”、“春光毕露”等。

同日—17日

［纲 文］　**北京市举行天主教革新代表会议。**

［目 文］　会议在辅仁大学礼堂举行，出席会议代表有490名。北京市天主教各堂革新委员会主任联席会代表张英魁作了关于北京市天主教自治、自养、自传革新运动发展经过的报告。吴晗在讲话中说明了人民政府的宗教政策，号召代表们团结全体教友，彻底完成天主教革新运动。各教堂教友代表与司铎、修士等23人发言，控诉天主教内帝国主义分子罪行，提议大会立即成立一个革新工作总的领导机构。会议通过了《关于继续深入展开革新运动的决议》，选举出35名全市革新委员会委员，宣布成立北京市天主教革新委员会，并通过了《北京市天主教革新委员会成立宣言》和《向毛主席致敬电》。

9月18日

［纲 文］　**外交部部长周恩来发表《关于美国及其仆从国家签订旧金山对日和约的声明》。**

［目 文］　《声明》指出，中国人民在击败日本帝国主义的伟大战争中，经过时间最

久，遭受牺牲最大，所做贡献最多。美国政府在旧金山会议中强制签订的没有中华人民共和国参加的对日单独和约，不仅不是全面的和约，而且完全不是真正的和约，这只是一个复活日本军国主义、敌视中苏、威胁亚洲、准备新的侵略战争的条约。旧金山会议以及这一会议上签订的对日单独和约不仅不能代表而且违反中国、苏联和亚洲人民以及全世界人民的意见。美国政府制造的旧金山对日和约，以及美日双边安全条约，决不能为亚洲和世界带来和平，而只能增加目前亚洲和世界的紧张局势。旧金山对日和约以及美日双边安全条约，对于日本也决不是宽大有利的和平条约，而是企图将日本拖入新的侵略战争、陷日本民族于毁灭的战争条约。旧金山对日和约由于没有中华人民共和国参加准备、拟制和签订，中央人民政府认为是非法的，无效的，因而是绝对不能承认的。

同日，《人民日报》发表题为《打碎美国奴役亚洲人民的侵略计划》的社论，列举事实证明，中国人民是打败日本帝国主义的主要力量。没有中国人民长期的、艰苦的、英勇的斗争，日本帝国主义就不可能被打败，日本的侵略就不可能被粉碎。中国人民在对日和约的问题上，完全应该享有发言权和决定权。美国操纵旧金山会议，签订非法的美制对日和约和美日安全条约，是中国人民不能容忍的。

9月19日

［纲文］　中共中央发出《关于〈新湖南报〉批判李四喜思想的通报》。

［目文］　《通报》指出，《新湖南报》在七八月间，以农村干部李四喜为典型，开展了对于在土地改革完成后一部分农村党员和干部中的松气退坡现象的批判，收效很大。华北和东北老区中的经验已证明，在战争结束、土地改革完成时，如果在农村党员和农民积极分子中不加强政治教育，就会滋长一种斗志松弛的现象。在新近完成土地改革的地区，及时注意纠正这种现象，是必要的。

《新湖南报》提出来作为讨论对象的李四喜是长沙县的一个村干部，他在土地改革中很积极，但土改完成后即不愿再干革命工作。报纸对这种思想进行了彻底的批判。据报载，湖南有不少县里召开干部会议讨论李四喜的思想。有些乡村干部原来也不想干了，讨论后表示要继续干；有的甚至已回了家，看到报纸上的讨论，又回乡政府继续工作；有的在讨论后定出爱国公约，保证干到底。8月25日，湖南省人民政府主席王首道在《新湖南报》发表《批判李四喜思想，加强干部思想教育》一文，号召全省各地党和政府领导机关都来重视这个讨论。《新湖南报》的这个经验值得重视和推广。各地党委都应该注意在党报上有准备地提出当地党内外群众中普遍存在的思想问题，并有领导地开展讨论。这是加强思想领导、提高党员和群众的政治水平的有效方法之一。

同日—30日

［纲文］　中央人民政府华北事务部在京召开华北第一次县长会议。

［目文］　此次会议从7月份开始筹备，各级政府进行了调研和政权建设工作。9月17日，政务院决定，由内务部协助召开华北第一次县长会议。

朱德、陈叔通、董必武、黄炎培、聂荣臻、谭平山、张奚若、彭泽民等中央及各部门负责人出席会议。参加会议的有华北各县（旗）、各专区、各省以及北京、天津两市人民政府有关负责干部，各大行政区、中央和华北有关机关、团体干部等723人。会议的中心任务是讨论进一步巩固与发展人民民主专政，推进与健全县级人民代表会议制度，巩固与扩大人民民主统一战线，加强各级政府领导，检查和布置优抚工作。

华北事务部部长刘澜涛致开幕词指出，华北第一次县长会议是华北历史上首创的一次大会。华北当前的重要任务是进一步深入抗美援朝运动，继续镇压反革命，生产和物资交流，人民的冬学运动，加强城市工作和土地改革工作等。朱德致词说：华北民主政权已经有十几年的历史，在抗日战争、人民解放战争中发挥了很大作用，有极丰富的经验。目前华北地区的重要任务是进行各项建设工作，特别是要做好农业生产工作，这就必须发动和组织广大人民共同努力，有计划地向前推进。陈叔通、黄炎培、聂荣臻等也在大会发言。

9月23日，董必武作《加强人民代表会议的工作》的报告，《报告》共三个部分，一、县长会议的中心任务，是确定今后华北工作的基本任务。加强政权工作是开展一切工作的中心环节。二、我国人民行使国家政权的机关是各级人民代表大会或代行人民代表大会职权的各级人民代表会议及其所选出的各级人民政府。目前国家政权建设工作的首要任务，是建立代行人民代表职权的人民代表会议。三、党与政权机关的关系：对政权机关工作的性质和方向应给予确定的指示；通过政权机关及其工作部门实施党的政策，并对它们的活动实施监督；挑选和提拔忠诚而有能力的干部（党与非党的）到政权机关中去工作。

会议讨论和通过了刘澜涛《进一步加强县人民代表会议的工作》的报告和谢觉哉《认真加强优抚工作》的报告，并作为会议的两项专门决议。为加强政府工作的统一领导和有计划地推动全面工作的开展，会议做出《关于县人民政府当前十项工作的决议》。会议期间周恩来作了《关于当前政治形势和工作任务》的报告，董必武、李维汉、薄一波分别作了关于政权建设、统一战线工作和发展华北农业生产的报告。董必武还召集出席会议的华北五省主席或副主席座谈，讨论民主政权建设问题。

9月20日，《人民日报》发表题为《加强政权工作是国家建设工作的中心——祝华北第一次县长会议开幕》的社论，指出，过去因为处在战争的环境，各级人民政府经常要用很大的力量进行各种紧急的动员工作；对于和平建设时期的人民代表会议制度，还缺乏充分的经验。因此，这次会议对于各县人民代表会议制度的建设工作，必将有重大的推进。11月17日，《人民日报》又发表题为《推广华北县长会议的经验》的社论，充分解释说明这次会议的重要意义。

同 日

[纲 文] 财政部公布《摊贩业税稽征办法》。

[目 文] 《办法》共十二条，主要内容有：凡从事固定经营或流动经营的零售摊贩，均依本办法交纳摊贩业税。摊贩应依照规定期限向当地税务机关交纳摊贩业税；必要时，税务机关得委托摊贩管理机构代收之。摊贩歇业时，应将歇业前的税款交清。税务机关应

与当地摊贩管理机构取得密切联系，并参加摊贩管理工作。摊贩管理机构代收摊贩业税者，税务机关应于代收款内提给一定补助费。《办法》还对摊贩业税征收中违规处罚办法、方式等都作了具体规定。

同 日

[纲 文] **新中国博览会在华沙开幕。**

[目 文] 参加开幕典礼的有波兰议会副主席巴尔西科夫斯基、外交部部长斯克列杰夫斯基等领导人及各国驻波兰外交使节，波兰科学、文化和艺术界名流，以及华沙各群众团体代表等250余人。波兰对外贸易部部长基德代表政府致词，中国驻波兰大使彭明治将军讲话。博览会展品包括工农业产品及图片等。农产品有茶叶、大豆、猪鬃、蛋品、肠衣等，工矿产品有矿物、工业品和工艺品。这些展品曾于1951年3月和5月间，在德意志民主共和国莱比锡博览会和捷克斯洛伐克举办的第52届国际博览会上展出。

9月20日

[纲 文] **中共中央发布《关于国庆节宣传要点的指示》。**

[目 文] 《指示》指出国庆节宣传要点是：

一、一年来全国所取得的主要成绩：（一）进行了轰轰烈烈的抗美援朝斗争，取得了伟大的胜利。自1950年10月25日到1951年9月5日，中朝军队共歼灭敌人30.2万余人，其中美军及英、法、土等军占14万人以上。全国人民捐献接近4万亿元，其中飞机2452架。（二）大张旗鼓地镇压了反革命。（三）在1.5亿以上农业人口地区完成了土地改革，连以前共有3.1亿以上农业人口地区完成了土地改革。（四）西藏已和平解放。（五）农业产量估计可比1950年增加8%，达到抗战前最高水平92%以上。灾荒也比去年轻，受灾面积估计在4000万亩上下。根治淮河工程第一期已经完成。（六）工商业继续好转。对外贸易1950年已转为出超，改变了过去73年来年年入超的状态。（七）文教卫生事业有显著进步。全国小学生3700万人，已超过国民党时代55%。入冬学的农民达2500万人以上，入常年民校的农民达1000万人以上，参加业余学校的工人达150万人以上。过去大量流行的烈性传染病如鼠疫、天花的发病人数已显著减少，霍乱已三年未发生。（八）物价虽稍有上涨，但仍保持相对稳定。

二、对目前形势和任务的宣传重点，应着重指出美国已实行单独对日媾和，企图利用日本侵略中国，同时正在阻挠和破坏朝鲜停战谈判，继续侵略朝鲜霸占台湾。在国内，反革命分子仍未完全肃清，尚有几千万农业人口地区的土地改革尚未完成，帝国主义仍在利用反革命分子，企图破坏新中国。因此，全国人民必须继续提高警惕，全力加强抗美援朝、巩固国防的斗争，用长期奋斗来打败美国侵略；继续除奸，防奸，普遍成立治安委员会；争取在今冬明春基本上完成全国土地改革；继续恢复和发展工农业生产。在这些总的任务之下，各地应着重宣传各地当前的中心工作，使这次宣传成为推动工农业生产、捐献飞机大炮及爱国公约运动、参军运动以及其他中心工作的动力。

三、各地应普遍地发动宣传员、报告员进行宣传工作。

四、各地报纸应注意适当宣传参加这次国庆典礼的外国友人的活动，以加强人民群众的国际主义认识。

同 日

［纲 文］ **中财委做出《关于组织五个基建检查小组的决定》。**

［目 文］ 中财委为总结基本建设工作的成绩、缺点和经验教训，确切找出基建规律，指导今后工作，决定组织重工业、燃料工业、纺织工业、轻工业和铁道（铁道2个组）等基本建设检查小组，每组选择两处工程（关内关外各1处），做一次深入系统的检查。检查小组由中财委、人民监察委员会、各主管工业部、华北局、东北工业部以及《人民日报》、新华通讯社等单位的人员组成，选择有相当实际工作经验、能发现问题的老干部和助理工程师以上的技术人员担任。10月5日，检查组103人开始陆续出发分赴各地进行检查。

同日—28日

［纲 文］ **教育部在京召开第一次全国民族教育会议。**

［目 文］ 参加会议的有中央及各大行政区、各有关省、市教育行政部门负责人、少数民族教育工作者代表等126人，其中包括汉、蒙古、藏、回、维吾尔、哈萨克、苗、彝、朝鲜、高山、满等民族的代表。教育部部长马叙伦致开幕词和闭幕词，朱德、郭沫若等到会场接见全体代表。

会议指出，少数民族教育事业有了很大发展。据1951年统计，全国共有专为少数民族设立的中小学校9228所（干部学校、干部训练班不在内），在校学生774600余人。此外，有5449所一般学校兼收的少数民族学生218300余人。大多数少数民族地区的人民政府，都正确地执行了《共同纲领》规定的民族政策和文化教育政策，大力帮助少数民族教育事业的发展。在中央人民政府的支持下，创办了中央、西北、西南、贵州、云南等民族学院。到1951年11月，全国共有6个民族学院及延边大学等7所专为少数民族设立的高等学校，学生2590多人。初等教育、干部培训等业余教育发展也很快。

会议确定，现阶段少数民族教育应以新民主主义为内容；根据各民族教育的实际情况分别采取巩固、发展、整顿、改造的方针；应以培养少数民族干部为首要任务，同时加强小学教育及成年人业余教育；要有步骤、有系统地实施以爱国主义特别是抗美援朝为中心的政治思想教育，反对帝国主义侵略，肃清帝国主义和国民党反动派的残余影响，克服大民族主义与狭隘民族主义；少数民族学校的教学计划、教学大纲应以教育部规定的为基础，结合具体情况加以变更或补充；有现行通用文字的少数民族，小学、中学必须用本民族语文教学，可按当地需要和自愿设汉文课；教育经费除按一般标准拨给少数民族地区外，应另拨专款解决特殊困难。会议通过了《关于加强少数民族教育工作的指示》、《关于建立少数民族教育行政机构的决定》、《培养少数民族师资试行方案》和《少数民族学生待遇暂行办法》4个文件草案。

11月23日，政务院第一一二次会议批准了教育部关于该会议的报告。

同日—29日

［纲 文］ **第一次全国铁路劳动模范代表大会在京举行。**

［目 文］ 参加开幕典礼的有朱德、李济深、陈叔通、黄炎培、吴玉章、何香凝等各界代表人士以及467名劳动模范代表，共708人。周恩来在会议期间为大会题词：“巩固已有成绩，争取更高成绩”。与会劳动模范代表中，有来自朝鲜前线的铁路志愿大队模范战士，全国铁路各部门生产模范，中长铁路苏联模范工作者，天兰、成渝、来镇等新线路修建功臣，保卫铁路安全的模范公安人员和铁路模范政治工作者和工会工作者。铁道部部长滕代远在开幕词中总结了人民铁道建设的巨大成绩。指出1950年铁路系统共有两万职工成为劳动模范，志愿参加抗美援朝的铁路职工和铁道兵团指战员85%以上立了功。朱德代表中共中央和中央人民政府致词，希望大家认真总结经验，大力推广先进的工作方法，

◀朱德在第一次全国铁路劳动模范代表大会上接受代表献词。

巩固和发扬已有的成绩，努力提高自己的政治、文化和技术水平，和全国人民一道，继续努力办好人民铁路，进一步开展爱国主义竞赛和抗美援朝运动，贯彻经济核算制，为更好地完成国家交给的运输任务和新线路建设任务而努力奋斗。大会听取了32名劳模代表的工作报告及周恩来、李富春、吕正操等作的政治、业务报告，交流了先进经验。会议最后通过《告全国铁路职工书》，希望全路职工团结起来，继续深入进行抗美援朝爱国主义教育，开展增产节约运动，为完成和超额完成全路全年生产财务计划，为建设人民铁道事业而努力。

同日

［纲文］ **天津汽车制配厂试制汽车成功。**

［目文］ 该厂职工为向建国两周年献礼，自力更生，试制出两辆吉普车。除化油器、汽油泵、变速箱、前后差速齿轮箱外，主要机件如发动机等均为自行制造。

9月25日，天津汽车制配厂派出代表，将汽车开到北京，向国庆献礼。26日，朱德接受献礼并发表讲话，指出该厂职工试制汽车成功，是中国工人阶级创造力的表现，证明了中国人民有充分的信心建设新中国的工业和国防。代总参谋长聂荣臻嘱咐工人代表还要不断改进，使其适于在各种路上使用。同日，重工业部隆重举行汽车试制成功庆祝大会，发给天津汽车制配厂职工锦旗一面和奖金5000万元。

9月21日

［纲文］ **中共中央批转中财委《关于全国清产核资会议的总结报告》。**

［目文］ 中央给各中央局、分局并转各省、区市党委的电报指出：中央批准中财委关于全国清理资产核定资金会议的总结，现特转发你们，望发到各企业党组织中予以讨论执行，并保证各企业中清理资财核定资金任务的完成。

此前，8月17—30日，全国清理资产核定资金会议召开，中央有关各部及各大行政区代表及列席人员67人参加。会议详细讨论了清产核资的方针、任务、条例问题。9月15日，中财委将会议报告上报中央。报告共11条，对清产核资的目的和范围、全国企业部门的中心任务、储存及供销关系、划分固定资产与流动资产、估价标准、银行与国营企业的关系等问题进行了总结。主要内容有：一、这次清产核资的目的，一是为了建立经济核算制，在清产后即根据定额及计划确定企业资金，使企业有独立活动资金，在国家统一计划下进行独立活动，独立计算盈亏。二是促进企业计划管理的建立与提高，使企业在这次清产核资中，知道如何决定基本折旧率及大修理折旧率，有多少流动资金，在储备生产及推销过程中各应占多少，如何使资金加速周转等。二、全国企业部门9月至12月应将编制计划和清产核资作为中心，两者配合来做。清资估价工作，则是核定资金及编制明年计划的准备工作。三、这次核定资金，根据1952年计划核定。四、这次清核范围，主要清核国营企业系统。公私合营企业情况复杂，原则上可根据私人企业清估办法进行清估，其产权由私人企业管理者另拟办法。但公私合营企业中有些企业，国家股份占绝大部分，私人股份有的逃亡在外，有的完全不参加实际管理。对这一部分公私合营企业，可采用国营企业清产核资办法进行清核。五、今后后备物资权由国家按计划储存。企业本身因特殊情况，需要超储存原料及积存产品时，得经国家批准后由银行信贷或财政增援流动资金。六、凡使用年限在一年以上、金额在100万元以上者，作为固定资产。各部可结合具体情况拟定划分标准，报全国核资委批准。七、经核定后多余的流动资金，一概上缴。八、估价标准，由全国订立若干，原则上统一使用，但各地可予以充实，提出修正意见，报全国核资委修正。九、银行与国营企业的关系问题。银行是促进经济核算制的建立与巩固的重要工具，核定资金之后，各企业均实行独立会计制度，将企业金库制度改为企业直接到银行实行结算的制度。十、各企业部门必须在清核时，随即建立财务管理制度（仓库管理制度，领料退料制度）、财务表报制度、资金管理制度。今年各企业部门可仍采用原来的会计表格，争取明年采用新的表报和统一会计科目。十一、为保证这项工作胜利完成，要首长亲自动手，充分动员和信赖群众来做；要利用典型经验进行推动；要加强党的领导、工会号召与动员、报纸宣传与组织工作。

同 日

[纲 文] **政务院举行第一〇三次政务会议。**

[目 文] 会议由周恩来主持。会议原则通过了《政务院关于检查婚姻法执行情况的指示》。《指示》要求：省（市、行署）以上地方人民政府应立即有领导有重点地组织一次关于婚姻法执行情况的检查，并查处杀害妇女或逼致妇女自杀的严重违法案件。各省市人民政府应将检查结果于 12 月底以前向政务院作专题报告。由司法部、内务部、公安部、中央监委和最高人民法院、最高人民检察署各单位派员会同全国妇联成立几个检查组，分赴各地检查婚姻法的执行情况。

在讨论时，周恩来指出，公布婚姻法时，即估计到在贯彻执行中会遇到阻碍。因婚姻问题，中南区一年来即死了 1 万多人。妇女占人口一半，解决她们的问题，不仅是司法部门和妇联的事，也是群众的事，也是政府的责任，因此，对于婚姻法的执行必须大张旗鼓地去做，对于虐杀妇女的罪犯要予以严惩。

政务院副总理黄炎培作了关于《指示》的起草及审查经过的报告。报告说，《婚姻法》是中央人民政府成立后公布的国家大法之一，是进一步肃清封建残余和建立新的社会生活的重大社会改革。但是，由于中国社会封建思想和封建婚姻制度的残余依然留有深固的影响，许多地方仍存在干涉婚姻自由、虐待妇女和虐待子女等非法行为。为此，各级人民政府一方面必须把婚姻法的贯彻执行和对干部与人民的思想教育，当作相当长时期内经常的重大政治任务，并结合当地土地改革、民主建政等中心工作切实进行；另一方面，必须对于因干涉婚姻自由而伤害、虐杀妇女或逼迫致使妇女自杀的严重罪行，采取严肃的法律手段，予以制裁。

9 月 26 日，周恩来签发颁布了这一《指示》。

同 日

[纲 文] **政务院发布在新疆省发行带维吾尔文的人民币的命令。**

[目 文] 命令指出，为统一币制，并照顾新疆各民族的习惯起见，决定在新疆省发行带维吾尔文的人民币，兑回新疆省银行所发行的银元票，办法如下：一、责成中国人民银行自 1951 年 10 月 1 日起限期收兑银元票。收兑比价仍照现行牌价，即新疆省银元票 1 元兑换人民币 350 元。二、此带维吾尔文的人民币准在全国流通，同时不带维吾尔文的人民币也可在新疆省内流通。三、10 月 1 日起，新疆省境内一切计价、记账、契约等，均改为以人民币为法定货币本位。在此以前债权债务关系，均按本命令规定比价折合人民币计

算清偿。

同 日

［纲 文］ **中财委发出《关于私人厂商相互借贷的管理意见》。**

［目 文］ 发给各地财委的该《意见》指出，中财委原则同意中国人民银行总行所提意见，但此事关联到对私营工商业政策及市场管理问题，各地应考虑是否可行，并反馈意见。

此前，中国人民银行总行提出报告称：中财委（51）财经私字第39号文规定，私营企业的股东职工垫款、私人相互间的借贷、私人工商业因业务需要而发生相互借贷、货栈代客户垫款等借贷关系，均不得视为私营拆放，因此而有利息所得者，应依法征收所得税。执行以来，各地厂商误认为“不得视为私营拆放”即属合法，于是股东职工垫款及工商间相互借贷等活动显著增加，更因职工垫款需向人民银行呈报，于是厂商为避免麻烦，遂采用互相借贷方式。此种情况不仅不能使资金集中运用，且将助长工商业的投机发展。但此种不正常的信用关系，具有历史原因与现实基础，如果以法令禁止，不仅徒滋纷扰，且将使其活动转入秘密，甚至可能影响生产。因此银行除积极开展私人业务、举办小本贷款并降低利率外，对于厂商股东职工垫款，以及工商业间的互相拆借，乃至工商业向股东职工以外的私人借款，在市场管理中拟采取以下原则：除依法征税及内部掌握不予提倡外，目前命令禁止还不可能，只要是该厂商本身的需要，而不是转放图利，一般地不加深究，只有在察觉该厂商有转放图利时才应进行检查，依私营拆放予以处分。

同 日

［纲 文］ **贸易部、中国人民银行总行先后发出关于坚决稳定物价和巩固金融稳定的决定和紧急指示。**

［目 文］ 本日，贸易部发出《关于坚决稳定物价的决定》指出，秋季农产品已开始登场，工业品不足，数月来物价在微微上升，上升幅度已超过银行存款利息，提取存款量增加，市场货币流通量也扩大，金融物价隐伏严重的波动危机，银行已无力支付棉粮收购资金。为克服这一现象，中财委责成全国贸易行政部门坚决稳定物价。贸易部特做出以下决定：一、降低并稳定物价总指数，以1950年12月为基期，本年9月18日全国批发价总指数是115.4，决定于9月25日将物价总指数降至115，10月10日降至114.8—114.9，在40天内将物价稳定在这个水平上，并争取第4季度内物价总指数不再上升。二、全国贸易行政部门及国营贸易公司，必须在第4季度中，采取保证市场供应、加强碱面零售业务、国庆节前后国营百货公司门市部及零售公司减价两星期、第4季度扩大零售业务等措施，稳定市场人心。三、必须坚决消除牌市价脱节的现象。在小麦、煤油、工业器材、百货等方面，根据全国贸易会议的决定与第4季度计划，坚决出售，坚决完成卖钱任务。四、各区贸易行政部门及专业公司要注意每天物价及市场情况，坚决执行中财委这一决定，并随时电告情况与意见。

本月，中国人民银行总行发出《关于坚决巩固金融稳定的紧急指示》，指出目前金融物价情况，存在着严重的危机。上半年，物价指数每月升1.56，银行存款每月增加3万亿元以上。七八月物价指数均上升3.2%，社会心理又有存款不如存货趋向。银行信用有过分膨胀的倾向，6月至9月20日，全行存款增加9.65万亿，放款增加却达17万亿。除总行支持财政、贸易放款外，各级行放款增加5.2万亿。银行库存减少（全行已不及万亿），货币流通量激增，6月至9月，共增4.7万亿。在农业丰收、工业品供不应求，市场极其紧张的情况下，放款及货币流通量大量增加，有引起物价波动，影响银行提存，动摇国家金融稳定的危险。根据中财委指示，必须坚持稳定金融物价方针，坚决防止可能发生的金融物价波动。财政收支由于捐献运动及税收增加，已有可能努力争取平衡。贸易部决定自9月20日起大量抛售物资，稳定并降低物价，物价指数从1950年底基期的115.4%，9月降至115%，10月降至114.8%，并争取第4季度物价不再上升。各级行必须抓紧上述有利条件，坚决巩固金融稳定，在各地财委的领导下，大力组织货币回笼，适当紧缩放款，争取现金收支平衡，停止各地货币流通量的增加。以创造金融稳定、存款大量增加的条件，以便利更多集中资金，解决扶助城乡物资交流，发展农业生产的需要。为此采取下列具体措施：一、各级银行努力增加存款，发展农村储蓄，收回到期农贷。放款必须加强计划性，存款如无增加，不应增加放款。二、地方放款以农业为主。国营贸易放款由总行统一进行，各级银行除指示另有规定者外，应即停放。三、大力吸收货币回笼，紧缩放款，增加上缴，有大量汇兑出差地区，尤应增加上缴，平衡汇差。上述决定要坚决执行，并视为冬季中心工作。各级行长必须亲自掌握注视金融物价情况的变化，并将执行中的情况与问题每旬上报。

同 日

［纲 文］ **中国学生访苏代表团赴苏联访问。**

［目 文］ 应苏联列宁共产主义青年团中央邀请，由中华全国学联组织全国各大行政区青年团学生工作干部和大学生代表26人组成代表团，赴苏参观苏联高等学校教育，学习苏联共青团在学校的工作经验等。

9月22日

［纲 文］ **全国政协常委会举行第二十七次会议。**

［目 文］ 周恩来等16名委员出席会议，部分中央人民政府委员和政务院政务委员列席会议。会议通过了《庆祝中华人民共和国成立两周年口号》。《口号》共四十五条，为全国人民指出今后努力的目标是：加强抗美援朝运动、努力推行爱国公约运动、努力完成爱国捐献计划。会议还讨论了关于召开全国政协一届三次会议的问题，关于动员中央人民政府各部门、各民主党派、人民团体和京、津两市机关、团体、学校干部参加土改运动的问题。会议决定充实参加三大运动筹备委员会的组织机构，进行动员和组织工作。安子文任筹备委员会主任，杨尚昆、章乃器、邢西萍任副主任。

同日

［纲文］ **中国人民志愿军归国代表由北京返回朝鲜前线。**

［目文］ 应中国人民抗美援朝总会的邀请，回国向全国人民报告中朝部队在朝鲜前线英勇战斗事迹的志愿军代表共10人，于2月初开始，到全国各地进行宣传活动。半年以来走遍全国24个省的172个市县和广大农村，行程51000余公里；与1025万人见了面，向3450多万有组织的听众作了广播讲演，并且运用广播录音、报刊、宣传册、开会传达等方式，向全国人民报告了朝鲜前线英勇斗争的事迹。此外，志愿军还访问了湖南、福建、江西、贵州等老革命根据地，访问了内蒙古、西南、西北各族人民，广泛接触工人、农民、军人、文化界、工商界、宗教界等各方面人物。所到之处都受到热烈欢迎，称颂志愿军为“最可爱的人”。

志愿军归国代表在离京前对记者发表谈话表示：我们在全国各地的活动是中国人民抗美援朝运动的一部分，推动了这一运动更加深入和广泛开展。回去以后，一定要把全国人民对志愿军的热爱和希望，把祖国建设的伟大成就，向志愿军部队传达，使志愿军全体同志知道，全国人民在尽最大努力支援我们，我们一定要守卫着自己的岗位，以更大的力量来打败敢于侵犯的敌人，把自己的全部力量贡献给争取和平和保卫和平的庄严事业。

9月23日，《人民日报》发表题为《欢送志愿军归国代表重返前线》的社论指出，人民之所以如此热爱志愿军，首先是因为志愿军在朝鲜战场上，勇敢、机智、艰苦、无畏地和朝鲜人民军一起，不断地打败帝国主义阵营中最强大、最危险、最凶恶的美国侵略者，

▲ 中国人民志愿军归国代表团返回朝鲜后向彭德怀（正面右一）、金日成（正面右二）汇报。

使全国人民真正认识了自己的祖国和人民的力量，使全国和全世界人民，对制止侵略、保卫和平的事业，有了坚强的决心和信心。其次是因为抗美援朝的胜利，阻止了美国侵略者把战火燃烧到中国的阴谋，保卫了中国人民的胜利果实，保卫了中国人民和平幸福的生活。

同日—29日

［纲文］ 轻工业部召开第一次全国制糖、酒精工业会议。

［目文］ 会议讨论了甘蔗土糖改造、糖料按质论价、甜菜种子自给、甜菜废丝做饲料等问题，并提出了相应的措施。甘蔗土糖是旧中国糖业生产的主体，会议提出了利用和改造土糖坊的方针。

同日

［纲文］ 文化部决定文物局与科学普及局合并。

［目文］ 合并后的新局为社会文化事业管理局。下设文物、图书馆、博物馆、文化馆、电化教育等五个业务处。局长郑振铎，副局长王冶秋、王书庄。新局于10月1日合并办公。12月14日，政务院第一一五次会议批准通过该局任命。

同日

［纲文］ 中国驻印度尼西亚马辰领事馆开馆。

9月23日

［纲文］ 中共中央批转东北局《关于稳定沈阳物价的通报》。

［目文］ 中央的转发批语指出：东北物价发生波动后，中央即指令贸易部尽力协助平抑，贸易部即决定除关内与东北进行正常交易外，再从关内运东北价值1万亿元的物资，以回笼货币。

此前，9月11日，东北局通报沈阳的物价情况指出，一年来，由于国营贸易掌握了煤、粮、纱布等主要商品，因而物价是稳定的。但七八月份以来，沈阳物价骤涨，其中又以副食品及细粮食、日用杂品等类为最，至8月末，各种物价较上年12月平均上涨13.9%，而后三者则上涨17%—60%以上。入秋以来棉花布匹供应不足，市场也显紧张，以致发生限售与群众站队争购等现象，对工薪人员生活影响甚大。其原因，除由于沈阳人口逐渐增多，消费量扩大和因水灾使运输一度中断等，以及商品不足的根本情况影响所致外，主要是我们对市场物价的领导与掌握不够。《通报》提出，稳定物价应采取的措施是：一、各地组织运输力量，加紧调拨与储存物资，首先应抓紧运进贸易部调拨来的5.6万吨面粉及2万吨大米。并抓紧解决为冬季所需的布、棉花与煤的调拨与储备。二、加紧现金管理，掌握与控制军事汇款，办法是掌握军队用钱的计划性，一切军事加工订货均应通过计划，军需采购应通过国营商业，避免因在自由市场采购而引起物价波动。此外，立即布置征收所得税，催交捐款，以收回一部分货币。三、目前的根本问题尚不是没有物资，因此要克服某些国营商店不敢卖货的思想。四、加强对市场的管理。总结这一时期私商活动的规律，研究与私商作斗争的办法，对哄抬物价的投机商人，最坏的应依法惩办。五、对大豆、小米、小麦、麻、籽仁等5种物资，铁路应停止对私商的托运。六、加强海关的管制及缉私，禁止物资及黄金外流，特别应经过军区及后勤部门教育往来军人，军车不准携带没有批准的物资出境。七、为支持黄金生产及减少目前市场上的紧张空气，黄金不应再压价，并应出售。此外，关于城市人民主要是职工、公教人员、机关、部队副食品的供应（主要是蔬菜、肉类等）问题，市政府应有计划地组织生产与采购，对固定驻防的特种部队，可由国营商店或合作社与之订立合同，保证其供应。

同日

［纲文］ **中国驻印度尼西亚望加锡领事馆开馆。**

9月24日

［纲文］ **中共中央批转山东分局《关于售棉储棉工作中应掌握的几个问题的指示》。**

［目文］ 中央给各中央局并转所属产棉区省委、区党委的批语指出：新棉已经普遍上市，各地应普遍重视今年收购和售棉储棉工作的领导，可仿照山东办法把今年从6月以来的售棉储棉工作的经验教训和问题作一基本总结，并规定新棉上市后的收购办法及所应注意和解决的问题，以便完成今年的收购棉花的任务。

此前，8月30日，山东分局向各地委发出《关于售储棉中应掌握的几个问题的指示》，9月5日报中央、华东局。该《指示》共有四项内容，一、必须大力进行爱国售棉思想教育，解除棉农思想顾虑，改善干部关系，这是充分发动群众售棉储棉的关键。二、棉农售棉后现金保存问题，必须加以妥善解决。三、在贯彻以上两项措施中，必须首先对农村党员进行教育，号召每个党员以自己的模范行动带领广大群众售棉、储棉。四、在党委、政府、财委领导下，成立各级新棉购储工作委员会，设立办事机关，并保证做好相关工作。

同日

［纲文］ **刘少奇为中共中央起草《关于越南劳动党二届二中全会上如何提供建议问题给罗贵波的指示》。**

［目文］ 《指示》全文如下：罗贵波同志并告邓、梅①：9月23日和12日两电悉。你可以参加越劳动党二中全会。你考虑成熟了的意见，可以酌量提出。对于敌后工作，你可将中国在抗日时期的经验，特别是武装工作队的经验告诉他们，并可根据越南具体情况向他们提出一些意见。

此前，9月12日，罗贵波向中央请示，越南劳动党预定9月份召开一次中央政治局会

---

① 邓、梅：指邓逸凡、梅嘉生。邓逸凡，时任中国驻越南军事顾问团政治部主任兼政治顾问组组长。梅嘉生，时任中国驻越南军事顾问团参谋长兼军事顾问组组长。

议，讨论加强游击战争、加强伪军以及伪村政权的工作问题。如果要求他参加，应当如何提出建议。同月23日，又向中央请示，越南劳动党本月27日召开第二届中央委员会第二次全体会议，讨论敌我斗争形势及敌占区、游击区工作，及明年的生产、建党和军事等工作。一定要他参加会议并提供意见。他是否参加和应当如何提意见。

同 日

[纲 文] **周恩来召集关于京津地区大学清理工作和学习运动的座谈会。**

[目 文] 参加会议的有彭真、胡乔木、阳翰笙①、齐燕铭、蒋南翔等13人。会议座谈了京津地区大学师生如何开展有系统的思想改造学习运动问题。周恩来在发言中强调：学习运动要有领导有计划地进行。应从政治学习入手，逐步发展到组织清理。勿求速成，1951年不一定搞完。各大行政区亦可选择典型进行。公安部如发现学校内有真凭实据的现行犯，可以检举。会议决定：一、学校清理中层工作，中学不搞；大学1951年只能选择典型，有重点有步骤地进行，以取得经验。北京以北京大学为重点，各大行政区也可选择典型进行。二、这次学习的内容，北京大学应强调学习毛泽东思想，分清敌我界限，明确爱国主义立场，缩小资产阶级和小资产阶级思想的市场，并应着重掌握批评与自我批评的武器，保证学校的革命化。

同 日

[纲 文] **中财委提出《关于征收土布税的意见》。**

[目 文] 该《意见》发给华东、中南、西南、西北财委，东北计委，内蒙古自治区财委，河北、山西、平原、绥远、察哈尔省财委，北京、天津市财委，并报政务院。在《意见》中，中财委根据各地报告进行综合后，对征收种类以及税率问题提出：土布征税还是征货物税好；税率照顾各大区情况，可定为4%—8%。

[文 献] **关于征收土布税的意见（节录）**

关于土布征税问题，除东北外，各区均有复电，综合意见如下。

华东、中南、西南同意征货物税，华北、西北同意征交易税。税率方面，华东主张至少应为百分之五（洋经土纬）到十（土经土纬），西南主张至多不能超过百分之三到六，华北、西北则主张将交易税提高到百分之三。

我们考虑结果，还是征货物税好，因交易税尚难在全国普遍开征（华东、中南、东北大部分地区未征交易税，今后是否征亦无把握），如征货物税，全国即可统一执行。至于华北、西北所提土布生产分散，征货物税不易控制，以及群众对土布交易税已有习惯等；我们认为开征货物税后，除对生产规模较大的布厂可就厂征税外，对一般家庭纺织均可采用起运征收的方法，俟其于集市成交后，就合作社或收购商

① 阳翰笙（1902—1993），四川高县人，时任政务院文教委员会副秘书长、党组书记，中国影协主席等职。

或行栈征税；这样是可控制土布的，对群众亦无不便。在已开征交易税的地区，仍可运用集市委员会及交易员助征；在未征交易税地区，则由税务机关直接征收，手续应力求简化。

税率问题：为能照顾各大区情况，可定为百分之四到八。照此税率计算，如将土布按洋布折成大疋；目前华北市价每疋约在二十三万元左右，按百分之八的税率加税款一万八千余元，每疋加税款还不到二十五万元，而洋布价格每疋约三十万元，其差额仍相当大。如按百分之四的税率，每疋加税款还不到二十四万元，其差额更大。实际上各地土布以洋经土纬最多，大部分只能适用百分之四的税率，这样决不会使土布受到过重的打击。华东为解决机纺原棉，限制土纺发展，主张税率偏高。此问题我们在前电已经说到，土布征税只是在紧急需棉时期限制土布的方法之一，另外还须依靠合作社配纱换布和不扩大土布收购计划来达此目的，而后者是主要的。但又必须注意到，几种方法并用，目的仍只是使土布生产维持现状，不继续发展，并非缩小生产，更不是打垮，企图打垮土布是不可能的，也是错误的。此点须和下面干部讲清楚，免出偏差。西南因土棉质量差，不适合机纺，必须组织土纺，主张税率偏低是对的。但我们估计西南的土布和洋布价格差额可能更大，照上述税率计征，不会影响土布生产。如何，还请西南提出意见。关于土布征税的具体办法，由中央财政部另发通知。

资料来源：中央档案馆提供档案。

同 日

[纲 文] 中财委发出关于物价发生波动时可适当增加零售商品品种的通知。

[目 文] 通知指出，近来由于某些工业品供不应求，加之人民购买力提高，大城市中不少商品的市场零售价，如碱面、花布、菜蔬、肉类均较前上涨，某些投机商人则乘机谋利，已影响人心稳定。1950 年 7 月调整工商业时，我们曾限制国营贸易机构只许经营 6 种零售商品，这在当时公私关系不正常的情况下，是完全必要的。现在情况已经大变，市场大大扩大，已不致发生谁挤谁的问题，而主要是国营零售店不够，物价不能平衡，因而影响人心的问题。为实现中央坚决稳定物价的方针，保障劳动人民生活，中财委提议在零售物价发生波动时，各地零售公司可适当增加零售商品品种，并可酌量增设一些百货和其他零售店，以达到稳定零售物价。各地财委也应随时注意检查零售物价情况，并随时采取稳定措施。

同 日

[纲 文] 中央人民政府办公厅批复同意政务院文教委提出的《各级学校升降国旗办法》。

[目 文] 《办法》规定，各级学校逢国庆节、劳动节、青年节、儿童节、新年元旦及其校庆日，应举行升降国旗的仪式。举行升降国旗仪式时，学校师生应全体参加。

同日

［纲文］ 内务部向河南省民政厅发出《关于“七七”事变前和抗日战争时期中国共产党党员村干部和群众被敌杀害应否按烈士抚恤的批复》。

［目文］ 《批复》指出：“七七”事变以前，中共党员因积极工作被反动政府逮捕壮烈牺牲者，应按《革命工作人员伤亡褒恤暂行条例》第五条的规定办理；抗日时期，不脱离生产的村干部、党员、民兵、民工，因工作积极，暴露目标被敌抓捕或执行抗日任务被捕后英勇牺牲者，可按照《民兵民工伤亡抚恤暂行条例》的规定办理；村干部、民兵、民工因公误伤致成残废或牺牲者（如走火、运埋地雷不慎爆炸伤亡等），只能视其家庭生活情况，酌情予以照顾。

9月25日

［纲文］ 中共中央致电同意西北局对新疆分局拟定的减租反霸口号所提意见。

［目文］ 电报要求新疆分局即向中央和西北局作一个全面的关于减租运动的报告，并将新疆省人民政府的减租条例即寄中央一份。不得违误。

此前，9月6日，西北局对新疆分局拟定的50条减租反霸口号的主要意见是，口号不够通俗、简短、有力，需要研究修改。根据新疆的特殊情况，仅提“加强中苏友好合作”一条不够，应多提几条有国际主义教育内容的口号，如“世界人民伟大的领袖斯大林万岁”等。号召群众献出私有枪支的口号，没有把劳动人民和地主阶级区分开来，对农民不利，容易为坏人所利用。这一条可在实际工作中去做，不宜作为一般口号去宣传。

同日—30日

［纲文］ 应邀参加国庆典礼的英雄模范陆续抵达北京。

［目文］ 25日，415位华北地区民兵代表抵京。他们都是在抗日战争、解放战争中支援前线、清剿土匪、维护治安、护路、护库、生产等活动中涌现的英雄模范。包括：民兵英雄、神枪手李殿冰，毙伤俘敌100余人的战斗英雄郝庆山，带领民兵连杀伤敌人270余人的民兵英雄苑祥，大摆地雷阵的爆炸英雄李勇，一人打死27名日本兵的一级战斗英雄陈炳昌，打狼除害、实现人畜两旺的蒙古族英雄散丹等。26日，100余位志愿军战斗英雄抵京。各界代表3000余人在车站广场举行了欢迎仪式，中国人民抗美援朝总会副主席陈叔通致欢迎辞，志愿军战斗英雄国庆观礼代表团代表杜平致答辞。27日，来自西南、中南、华东、内蒙古、山西、察哈尔、平原等地的27位全国农业劳动模范齐聚北京。其中有：山西省发起全国爱国丰产竞赛运动的李顺达、山东省提倡精耕细作的吕洪斌、浙江省治虫模范邱关兴、湖南省棉花丰产和改良农具的劳动模范杨天才、内蒙古自治区创造马匹最高繁殖率的牧业劳动模范散都布等。30日，146位工业劳动模范抵京。其中有：被誉为“中国保尔·柯察金”的吴运铎，向全国工人挑战、使爱国主义劳动竞赛运动在全国开展的马恒昌，带动全国煤矿工人开展安全生产运动的施玉海，创造先进工作法而推广全国的郝建秀和张淑云，创造全国采煤新纪录的罗永金等。

同日—29日

［纲 文］ **教育部、中宣部联合召开第一次全国俄文教学工作会议。**

［目 文］ 会议规定了俄文专科学校的方针、任务与学制，并决定成立俄文教学指导委员会，师哲任主任，张锡俦、张勃川任副主任。

同 日

［纲 文］ **中国驻印度尼西亚棉兰领事馆开馆。**

9月26日—12月25日

［纲 文］ **政务院发出《关于检查婚姻法执行情况的指示》，全国开始大检查活动。**

［目 文］ 《指示》指出：中华人民共和国婚姻法是中央人民政府成立后公布的国家大法之一。这一国家大法的公布施行是中国人民在赢得革命战争胜利之后和全国范围进行土地改革的同时，进一步肃清封建残余和建立新的社会生活的重大的社会改革，这一国家大法公布施行之后，已经获得广大人民的拥护，并表现了显著的成绩。封建压迫的旧家庭制度正在逐渐变革，平等和睦的新家庭正在不断产生。大批新中国的男女，特别是深受封建制度压迫的妇女群众，得到了婚姻自由和男女平等的权利，因而更积极地参加了新社会的各种政治活动和各种建设事业。

但是，由于中国社会曾经长期地受着封建主义的统治，虽然土地改革运动已经或正在从经济基础上给封建制度以根本的摧毁，而封建思想和封建婚姻制度的残余，不仅在一部分人民中，甚至不少的干部中，依然留有深固的影响。根据各方面的报告，许多地方带有封建思想的人仍有继续干涉男女婚姻自由、虐待妇女和虐待子女等非法行为，而一部分干部竟对此种非法行为采取袖手旁观的态度，或且有意予以宽纵、袒护，甚至他们本身也做出直接干涉男女婚姻自由的非法行为，致使被干涉者或被虐待者得不到法律上和事实上应有的保护。因此，包办、强迫与买卖婚姻，在许多地方，特别在农村中，仍然大量存在。干涉婚姻自由与侵害妇女人权的罪行，时有发生，甚至严重到迫害妇女的生命，致使全国各地有不少妇女因婚姻问题而被杀或自杀。据不完全的统计，各地妇女因婚姻不能自主受家庭虐待而自杀和被杀的，中南区一年来有1万多人，山东省一年来有1245人，苏北淮阴专区9个县在1950年5月到8月间有119人。这些数字必须引起各级人民政府严重的警惕。各级人民政府对此严重情形绝对不应容忍。

最近几个月，华东军政委员会、中南军政委员会和有些省（市）人民政府已先后发布了贯彻执行婚姻法的指示。对于上述违法现象加以处理和纠正，这是十分必要的。但在中国这样一个曾受长期封建主义统治的社会中，婚姻法的执行，是一件艰巨的社会改革工作，必须经过经常的有系统的思想斗争和法律斗争才能贯彻。为此，各级人民政府一方面必须把贯彻婚姻法的执行和对于干部和人民的思想教育，当作相当长时期内经常的重大政治任务，并领导司法、民政、公安、文教等机关并与各民主党派、各人民团体通力合作，尽可能结合当地土地改革、民主建政等中心工作切实进行；另一方面，必须对于因干涉婚姻自由而伤害、虐杀妇女或逼致妇女自杀的严重罪行，采取严肃的法律手段，予以制裁。各级人民政府对于这种已经发生的伤害、虐杀妇女或逼致妇女自杀的案件，应即进行检查。已判者，如有错误，应予查明，依法处理；未办者，必须严加追究，依法制裁。务使每个犯罪者都受到应有的惩处。干部中如有宽纵、袒护罪犯，或干涉男女婚姻自由因而促成妇女被杀或自杀者，应按责任轻重，予以应得的处分。今后如有妇女因婚姻问题得不到婚姻法所赋予的权利与保护而被杀或自杀者，区、乡（村）街级的主要干部，首先应负一定责任。

为了保证婚姻法的正确执行与贯彻，各级人民政府首先应教育干部，尤其是区、乡（村）、街级干部和司法干部，认真地学习中华人民共和国婚姻法。各级司法机关与婚姻登记机关在处理婚姻事件时，必须严肃负责，遵守婚姻法的规定，并应通过具体事例，加强对婚姻法的宣传，批判封建主义婚姻制度的不合理，表扬按照婚姻法处理婚姻事件的典型例证，在人民中树立新民主主义婚姻制度的新风气，而对于有教育意义的严重案件，则应在群众中进行充分的准备工作后举行公审，以便正确而全面教育干部和教育人民。同时，各级人民政府、人民解放军、各民主党派和各人民团体的每个干部都应认识到：能否认真坚决地执行婚姻法；能否采取严肃慎重负责的态度解决婚姻案件，保护妇女的合法利益；能否积极支持群众（特别是被压迫的妇女群众），反对封建婚姻制度和反对封建思想的正义斗争；能否在处理自己本身的婚姻问题时以身作则地遵守婚姻法；这些，都是自己在政治上是否愿意彻底反对封建主义的严重考验，也是能否严格地遵守人民政府法令的严重考验。

本指示下达后，省（市、行署）以上各地方人民政府应即督促所属司法、民政、公安、文教等部门并邀请协商机关及各民主党派和人民团体参加，有领导、有重点地组织一次关于婚姻法执行情况的检查，采取有效办法发扬成绩，纠正缺点，并查处杀害妇女或逼迫导致妇女自杀的严重违法的案件。各省、市人民政府应将此项检查结果于12月底以前向政务院作专题报告。本年内各级人民代表会议及其协商委员会或常务委员会在开会时，必须进行一次关于婚姻法的宣传和执行情况的报告和讨论并将讨论结果按级上报。

政务院该《指示》发出后，国家和中央政府有关部门和全国各地区，都先后发出文件，开展大检查活动。

同日，最高人民法院、司法部联合发出《关于认真执行中央人民政府政务院〈关于检查婚姻法执行情况的指示〉的通知》提出：为使各级人民法院能很好地贯彻政务院指示，希即在各级人民政府统一领导下，与检察、公安、工、青、妇、农等有关部门通力合作，参照中央的组织检查组和开展宣传运动的办法，并力求经过人民代表会议来进行工作。今后各级人民法院应把自己作为当地贯彻婚姻法、支持妇女反封建束缚和虐害的正义斗争的骨干力量，及时正确地处理婚姻案件，主动积极地为群众处理婚姻问题，如巡回审判、定期访问已处理的婚姻案件当事人等，并利用一切可能，组织各种力量向群众进行宣传教育工作。

同日，全国妇联、全国总工会、青年团中央、全国青联、全国学联发出《为进一步协助政府贯彻婚姻法的联合通知》指出，各地工人、农民、青年和妇女等团体的各级组织，必须把婚姻法的宣传教育工作，当作一个主要的经常的政治任务，运用各种形式进行宣传教育工作，做到家喻户晓，人人皆知。鉴于各地妇女因婚姻问题被虐杀及自杀的严重现象，各有关人民团体应协助政府派遣工作组，有计划地有重点地进行调查研究，弄清当地妇女自杀特别是被杀的案情真相，提交当地人民政府，依法处理，务使每个犯罪者得到应有的惩罚；并应结合正确处理的典型事件，在男女群众间进行肃清封建残余思想的教育。对男女青年争取婚姻自由的斗争，应大力支持；对迫害虐杀妇女等恶霸行为，应发动群众进行检举；如遇当地发生虐杀妇女事件，应及时报告当地政府并向上级汇报。

9月29日，《人民日报》发表题为《坚决贯彻婚姻法，保障妇女权利》的社论指出，婚姻法公布实施以来取得了显著成绩。但是，就全国范围来说，婚姻法贯彻执行得很不平衡，残害妇女的事件还继续发生。除了历史原因外，与许多地区党的组织、政府机关和人民团体的干部，对婚姻法的精神缺乏正确的认识和经常性的宣传不够有很大关系。中国几千年封建社会的残余思想还普遍地存在，为了消灭虐杀和迫害妇女的现象，贯彻婚姻法，必须向一切歧视和压迫妇女的封建思想，展开坚决的彻底的斗争。首先要在干部中展开反对封建残余思想的斗争，大力提高男女人民群众的政治觉悟。政务院所发布的关于检查婚姻法执行情况的指示，以及5个人民团体的联合通知，非常重要和切合实际需要。各级人民政府、人民团体应切实研究执行。各级党的组织，应负责督促检查执行的情况；各级司法、民政机关和工人、农民、妇女、青年等人民团体的领导机关，应领导所属干部有系统地布置学习婚姻法，正确掌握婚姻法的基本精神，在全国范围内展开一个检查婚姻法执行情况的运动，并惩办虐杀妇女的罪犯，检查干部的工作作风，肃清干部本身的封建残余思想。同时向广大的男女群众展开普遍、深入的宣传教育。

9月30日，内务部发出《关于加强区乡（村）干部对婚姻法的学习，重视婚姻登记制度的指示》指出，一、为肃清某些干部的封建残余思想，纠正某些干部的行政命令作风，应在区乡（村）干部中普遍进行思想教育与政策教育，提高干部的思想水平与政策水平，使婚姻法能在广大群众中贯彻下去。二、尚未建立婚姻登记机关的地区，应及时建立起来；已经建立的地区，各级政府应加强婚姻登记机关的领导。要求登记处工作人员一定是能胜任的；登记手续一定要简单；处理问题时要征求各有关部门的意见，特别是妇联的意见。

10月11日，最高人民法院、司法部发出《关于检查司法干部思想作风及对于干涉婚姻自由杀害妇女的犯罪行为展开群众性司法斗争的指示》。要求：对于因婚姻问题伤害、虐杀妇女或逼致妇女自杀的案件，凡已判决确定者，如有错误而合于再审的条件，应即进行再审。尚未判决确定者，应即迅速依法处理，务使每个犯罪者都受到应有惩罚。同时，应就司法干部中处理婚姻案件的思想作风，组织一次切实的检查。对正确积极地执行婚姻法与宣传婚姻法的干部给以表扬，对处理婚姻案件拖延不决、草率敷衍、强制调解、重罪轻判甚至违法裁判的干部必须追究责任，个别情节重大的失职干部必须给以处分。对于干涉婚姻自由杀害妇女的犯罪行为中有重大教育意义的典型案件，应在事实审理明确并有充分准备后，召集群众进行公审宣判。10月23日、24日，史良任总组长的婚姻法执行情况中央检查组先后由北京出发，分赴各地。11月8日，政务院人民监察委员会发出《关于监督检查婚姻法贯彻执行的指示》。12月25日，最高人民法院、司法部、内务部联合发出《关于纠正几个有关婚姻问题的错误的指示》。

此后，婚姻法得到了全面深入的贯彻执行。

9月26日

［纲 文］ **周恩来作报告谈朝鲜谈判局势及加强国防和人民民主专政问题。**

［目 文］ 听取报告的有正在召开的几个专业会议代表。报告的主要内容是：一、外交问题；二、巩固国防力量，扩大抗美援朝运动；三、巩固和加强人民民主专政；四、发展生产，巩固财政经济。周恩来指出：美帝国主义既怕长期战争，也怕持久和平。一年来的抗美援朝战争，消耗了它巨大的人力、物力、财力。所以，不论从哪一方面看，它要想把朝鲜战争持久下去，那是很艰难的。现在，我们是坚持这样一种立场，这样一个决心来进行谈判的：争取和平，准备破裂。任何挑衅、任何破坏，我们都要给以揭穿。要么在平等互利的条件下接受和平解决办法，要么就破裂。我们不主动破裂。如果破裂，这个破裂的责任一定在美帝国主义方面。美帝国主义的侵略事实证明，它是不会让我们和平地安稳地进行建设的，这迫使我们不能不把加强国防力量同恢复经济放到一个同等重要的地位上。因此，现在我们的陆军、空军、炮兵、装甲兵和海军都以从未有过的速度在加强和发展。报告并且强调：我们加强人民民主专政，要从两方面来进行，一方面继续彻底摧毁旧制度的基础，坚决肃清反革命分子的残余；另一方面是扩大我们人民方面的民主和力量。

同 日

［纲 文］ **中央人民政府华侨事务委员会发言人就泰国政府借口“检查随身证”迫害华侨事件发表谈话。**

［目 文］ 谈话指出，中央人民政府外交部与华侨事务委员会，对于泰国政府迫害我华侨的罪行，曾经发表过严正的声明与抗议。但是，泰国政府迄今未丝毫停止其各种排华措施，反而日益加紧迫害我旅泰广大侨胞。最近泰国政府竟以“检查随身证”为借口，大规模地敲诈、拘捕与驱逐华侨。在此措施下直接受到迫害的华侨达10余万之众。经查，华侨无随身证者，或因战乱失落，或为在第二次世界大战期间被日寇强迫到泰国修筑“暹缅铁路”的华侨工人；其他也多有其不得已的原因。40多个旅泰华侨团体曾联名向泰国政府据理力争，要求延长补办随身证的期限，但竟遭泰国政府的无理拒绝。华侨事务委员会声明：泰国政府应立即停止这种排华措施；对其所有一切迫害我侨民的行为，泰国政府负完全责任。

同日—10月5日

［纲 文］ **燃料工业部召开全国煤矿基本建设会议。**

［目 文］ 会议总结了两年来煤矿工业基本建设工作的经验教训，研究了中国煤矿的设备与井田基本情况。明确1952年和最近几年煤矿工业基本建设的方针是，以恢复改建为主，扩大井田范围，提高矿井生产能力，延长矿井寿命，充分发挥现有设备的潜力，有步骤地选择重点进行新进建设的准备工作。

同日—11月1日

［纲 文］ **德意志民主共和国文化代表团访问中国。**

［目 文］ 代表团由4人组成，德意志民主共和国驻华外交使团大使衔团长柯尼希为全权代表。10月9日，中国文化部部长沈雁冰和柯尼希代表两国签订了《中德文化合作协定》。代表团还访问上海、杭州、南京、天津等地的工厂、机关、学校后，11月1日回国。

9月27日

［纲 文］ **中共中央向西北局发出关于处理少数民族寺庙土地问题的复示。**

［目 文］ 复示提出：一、信奉喇嘛教的地区，是否包含一部分藏族农业区。如在藏族区进行土改，请注意：（一）甘、青、藏区工作直接影响西藏，关系重大，土改时机是否可以推迟一些？（二）藏区群众觉悟和组织程度及干部准备等具体条件，是否已到适宜的时机？请合并考虑。二、伊斯兰教清真寺土地情况更复杂，除一般应根据群众觉悟和组织程度及干部条件外，还要根据各地具体情况，有步骤有分别地进行处理。“一般不予征收”的原则是否普遍应用？是否依据实际情况将出现不征收、征收小部分及征收大部分的三种情况，请加以考虑。至征收清真寺土地时，自应注意方式和策略，宁可慢一点，不要引起纠纷。三、处理少数民族的宗教寺庙土地时，主要应通过其本民族的干部，发动群众与教方协商处理，切忌外来干部包办代替，以免被上层挑拨，引起民族纠纷。

此前，9月6日，西北局针对西北地区有540万伊斯兰教民、76万喇嘛教民，土改对当地对解放西藏都有较大影响的实际情况，对处理少数民族寺庙的土地问题提出以下意见：一、喇嘛寺的土地一律不予征收，也暂不接受其献地。二、清真寺的土地一般不予征收。三、伊斯兰教各派之“拱北”① 的土地，除作纪念用的亭子及围墙内的土地不动外，其余土地可在当地本族人民同意下，酌予分配；但必须照顾到看管“拱北”及养老者的生活费用。四、阿訇、满拉、喇嘛等家居乡村者，土改中应和农民同样分给一份土地。五、土改中对寺院、庙宇、名胜、古迹、文物，必须妥善保护和保存，不得破坏。

同 日

［纲 文］ **中共中央批转东北局《关于反对贪污蜕化和官僚主义问题报告》。**

［目 文］ 中央的转发批语指出，同意东北局以反对贪污蜕化和官僚主义作为整风教育的内容，在全国各地凡有东北局报告中所说的同样情况者，也应同样在整风教育中加以

---

① “拱北”是伊斯兰教某地杰出人物的陵园。

反对。

此前，9月14日，东北局在该《报告》中说，由于革命胜利，党所处的环境和工作重点都发生了重大转变。一部分意志不坚定的党员在和资产阶级私商的接触中，经不起资产阶级思想作风的侵袭，产生了严重的贪污腐化的倾向及忽视政治、厌烦党的组织生活、政治上敌我不分、生活上追逐享受等错误。贪污腐化的倾向在党内已经不是个别现象。贪污分子中的严重者已完全丧失共产党员的品质，而蜕化为国家和人民财产的盗贼。他们所关心的是如何利用地位和职权，把人民和国家的财产据为己有。有的和私商合伙开商店或工厂，有的自己变成投机商人和企业老板。有些人公然提出“退职退党做商人”。蜕化分子还制造各种借口，压制和打击群众的批评与揭发。有些党员干部政治上丧失警惕，极端无原则地任用私人，以致将反革命分子拉进革命机关中并包庇重用。上述倾向产生和发展的重要原因，是各级领导机关、领导同志中存在着严重的官僚主义作风以及自由主义、组织不严密、马列主义教育不够等。上述这些倾向，严重地腐蚀了党的健康，妨碍了党的事业的前进。为彻底纠正这些错误倾向，进一步提高党的战斗力，东北局决定将反对与纠正贪污蜕化倾向及官僚主义作风，作为1951年的整风运动来进行。采取以下措施：普遍地在党内外进行教育，加强全党对马列主义及毛泽东思想的学习；在所有机关中开展群众性民主运动，开展批评与自我批评，在党员干部和广大群众中树立恶贪尚廉的风气；严肃处理一切贪污蜕化分子；加强党的组织生活和党的纪律性。

同 日

[纲 文]　重工业部做出《1951年基本建设检查会议总结》。

[目 文]　该《总结》是根据中财委9月20日要求组织重工业、燃料工业、纺织工业、轻工业和铁道等5部进行基本建设检查的《决定》而做出的，主要内容是：一、关于加强基本建设检查与领导工作。1951年基本建设工作，到9月的5个月已表现比1950年进步。首先是1950年基本建设不做计划，办事没有制度，没有专职机构。1951年先做计划后进行，已定出主要制度，专职机构也普遍建立。这是基本建设的质的变化。其次，在基本建设具体工作中，接受1950年的经验教训，总的工作量已完成30%。第三，一般企业在基建财务方面，已有显著改善。1950年的紊乱状态特别是生产资金与基建资金的混淆，已基本制止。第四，对于设计前的准备工作及施工计划，都已提高水平。第五，基本建设的统计制度，短时间内在各基建单位已建立基础。二、关于基建项目的设置。现在新建性质的企业，一般都有一个发展的轮廓与步骤，但不够明确。变化太多；另一方面，改建与恢复性质的企业，一般都没有远景计划，或有也不成文不正式的。三、关于计划程序问题。企业没有远景计划，没有充分时间预先做出详细设计及财力人力物力的计算，结果控制数字的原始根据就不可靠，损害了计划的指导作用。四、经济核算制的思想，在生产中已有显著提高，但在基建中仍未树立，建设时不过问固定资产折旧对于将来产品成本的影响，投资时往往无根据或无充分根据地多要钱，使国家资金与材料严重积压。五、关于建筑工程的承包经营问题，先在建筑工业局筹备组成立一个以技术工人为核心的工程队作

为试点，争取1952年开始包工。先包主要工程，通过合同方式，工程队实行企业化，进行经济核算制。

同日—10月16日

［纲 文］ **邮电部召开第一次全国邮电工作会议。**

［目 文］ 各省、区、市邮电管理局局长参加了会议。会议决定实行邮电部—大行政区邮电管理局—省邮电管理局三级负责制。

同 日

［纲 文］ **周恩来就对印度、尼泊尔应采取的方针问题致电张经武。**

［目 文］ 电报说：我对印度、尼泊尔等国，一向采取积极主动以争取友好的方针。目前，正在文化、贸易方面进行这一工作。与印度签订友好通商协定，目前时机尚未成熟，但将加以研究。为争取亚洲国家反对战争，主张和平，以打击美帝及其帮凶的战争政策和侵略政策，我们努力促进中国与印度、缅甸、印度尼西亚等国的友好关系是应该的可能的。至于印巴在克什米尔的纷争，我应加以注意和研究，目前不宜遽尔表示态度。

同 日

［纲 文］ **中国红十字会国际医防队第七大队由天津出发赴朝鲜战地。**

［目 文］ 医防队由治理淮河医防服务队的部分队员，以及贵州、四川、浙江、江苏、平原、河南、山东、绥远等地公私立医疗机构志愿报名的医务工作者组成，著名骨科专家王昌来任队长。

9月28日

［纲 文］ **中共中央发出《关于召开党校工作会议的指示》。**

［目 文］ 《指示》介绍了东北局和华北局于1950年和1951年分别召开本区党校工作会议的情况和经验，认为各地区定期召集本地区的党校工作会议很有必要，要求西北、华东、中南、西南等从未开过党校工作会议的地区，在本年11月底以前，召开一次这样性质的会议，为中宣部冬季召开的理论教育会议做准备。

［文 献］ **关于召开党校工作会议的指示（节录）**

东北局于七月二十三日至二十八日召开了东北地区第二次党校工作会议。到会的有东北局党校和各省、市党校负责干部（包括校长、副校长、教育长、组教科长及教员等）二十四人。会中讨论并解决了省、市党校的训练分工、教育内容、教育方法、教育期限等问题。会上特别对整党期间进行共产主义与共产党的教育的问题作了较充分的讨论。同时也着重研究了培养和设立党校专任教员与加强党校教育工作的思想领导等问题。辽东、哈尔滨、黑龙江、松江、旅大等党校在会议上还报告了较成功的教学经验。黑龙江省委党校报告中说到，黑龙江省委由于重视党校工作，不但大力帮助党校教学工作的进行，而且利用党校来了解本地区工作情况和干部思想情况，以改进本地区工作。到会同志一致认为这种做法是省委领导党校工作的一个很好的榜样。

东北第一次党校工作会议是在去年四月中旬举行的，着重研究了党校应和一般学校与专业训练班相区别的问题，与党委加强对党校领导的问题。华北局在去年十一月中旬，也开过一次华北地区的党校工作会议，专门研究了如何使党校走向正规化的问题。事实证明，会议举行后，华北和东北地区的党校工作都有了改进。根据这一经验，各地区定期召集本地区的党校工作会议是很必要的。

全国各地很多党校在训练方针、教育内容、教材、教员以及党委对党校的领导等方面，仍存有不少问题。中央宣传部准备在今冬召开的理论教育会议上，拟讨论解决这些问题。为了作好这一会议的准备，西北、华东、中南、西南等从未开过党校工作会议的地区，在今年十一月底前，应召开一次这样性质的会议。华北和东北亦应抓紧对党校工作的检查督促，并多搜集材料，总结经验。

资料来源：中央档案馆提供档案。

同 日

［纲 文］ 中共中央批转《中南局关于联营问题的指示》。

［目 文］ 中央给中南局并各中央局的批语指出：私资联营办法，最初起源于1949年的上海联购棉花、天津联购麦子，这是公私联营的。另一类是1950年3月以后，某些私营行业为了克服困难而创办的，在当时这两种都有需要和可能，后来私营企业暂行条例曾加以肯定，因而中央贸易部门便加以提倡，进行了将近一年，其发展情况及利弊得失，是应该加以研究的。希望各地在11月间作一总结，并在政策上、领导管理上，提出具体意见。

此前，8月16日，中南局将发给各分局、省市委、区党委的《关于联营问题的指示》上报中央。电报从4个方面对联营的由来和现状、联营中各种错误认识、联营的原则以及工商行政管理部门的任务等问题作了详细说明。主要内容是：一、根据私营企业暂行条例带有奖励意义的保护联营的规定，及叶季壮在贸易行政会议总结中提倡联营的精神，各地工商业行政管理部门积极组织了私营工商业（主要是商业）的联营。但另一方面，也比较普遍地发生了资本家借联营之名，逃避资金，解雇职工，垄断价格，偷漏税收，以及某些大资本控制小资本的现象。二、在联营问题上的盲目错误认识，主要有：（一）某些同志认为组织联营、合营是领导私营企业，将其纳入计划经济轨道的主要方式，而没有深刻认识私人企业的联营以至合营并没有改变其资本主义的性质，不知道要将资本主义纳入我们所需要的轨道，只有加强国家管理，并逐步发展国家资本主义才有可能，而不是单纯组织联营、合营所能解决的。（二）某些同志认为既然联营、合营可以降低私营企业的成本，增加其利润，那么就是进步的，应当提倡的。他们没有根据国计民生的利益来处理问题，也没有区别工业与商业的不同。我们应当在一定时期扶助某些为国民经济所迫切需要的行业的发展，帮助他们克服困难维持下去；而不是在一切时机扶助与维持一切行业。我们的任务不是无目的地帮助资本家赚钱，某些同志甚至于煞费苦心地替资本家考虑合营以后解雇职工的问题，是更加错误的。（三）某些同志没有认识资产阶级与农民的本质区别，不知道组织资本家的联营、合营，比组织农民的互助组、合作社还要困难得多，不知道追逐利润互相倾轧乃是其剥削阶级的本质，稍为不慎就会被他们钻空子。（四）某些同志花费力量在那里组织理发铺、豆腐坊、饭馆等的联营，而不了解这些消费性行业的分散，是适应当前城市居民分散消费的需要的。三、必须向全党，特别是工商业行政管理部门的同志说明关于组织联营、合营的原则：第一是自愿原则。严禁强迫，勉强组合者应依自愿解散；不愿继续参加者随时可以退出。第二是为国计民生确实需要的原则。目前只应组织商业转向工业、转手商转向运销商、小手工作坊转向较大工场的，以及对收购推销农村土特产或对资本主义国家进行贸易斗争确实有利的，还有为国家投资控制或实行管理所需要的（如金融业、出版业），其他一律不要组织，听其自行发展。第三是严防投机垄断的原则。一切低级联营的联购、联销协议，价格的合同，均应由工商行管理部门审查登记。一切高级的联资合营，必须依法申请，严加审查。逃避资金、操纵垄断、偷漏税收等违法行为，必须严加取缔，不得误认联营为“进步”形式而放纵。因合营而解雇职工，应权衡利弊，切实照顾职工利益，由劳动部门处理。四、工商行政管理部门的任务是：保护正当营业，贯彻国内贸易自由政策；取消投机行为；组织物资交流；扶助商业经营转向工业经营。联营、合营应在这些任务下来考虑处理，而不应孤立地无明确目的地任意推广。

9月29日

［纲 文］ **周恩来在北京天津高等学校教师学习会上作《关于知识分子的改造问题》的报告，京津率先开展知识分子思想改造学习运动。**

［目 文］ 周恩来在报告中结合自己在革命斗争实践中进行思想改造的亲身体验和从旧社会过来的知识分子的实际情况，围绕立场、态度、为谁服务、思想、知识、民主、批评和自我批评等，阐释了知识分子为什么需要改造和怎样改造的问题。

关于立场问题，他说，我们在学习和工作中，总有一个站在什么立场的问题。我们知识分子，大多出身于封建家庭、资产阶级家庭或小资产阶级家庭，或多或少地与旧势力有联系，都受过旧思想的影响，脑子里多少存在着封建的、资产阶级的思想。因此，说话做事常常会出偏差，甚至有时会发生大的错误。要把这些旧思想清除掉，就一定要下决心改造自己。只要决心改造自己，不论你是怎么样从旧社会过来的，都可以改造好。当然，改造需要时间，一下子要求很高、很快，这是急躁的，不合乎实际的。应该由浅入深，循序渐进。在改造中，要使自己的立场逐渐从民族立场进一步到人民立场，更进一步到工人阶级立场。站在工人阶级立场上来看待一切问题、处理一切问题。为什么要知识分子进一步站在工人阶级立场呢？因为工人阶级是最先进的，是为人民的，也是为民族的，将来要实现共产主义，使社会达到无阶级的境地。工人阶级的伟大就在于此。当然，工人阶级立场不是那么容易站稳的，需要长期地摸索、学习、锻炼。从民族的立场进一步到人民的立场，更进一步到工人阶级立场，大体上会有这么一个发展过程。要促进这个发展过程，推动知识分子的进步，防止这个发展过程中可能发生的各种偏差，逐步解决立场问题。

关于态度问题，他说，一个人生活在社会中，生活在世界上，对遇到的任何一件事情总会有一个态度。立场不同，态度也就不同。对待世界形势，要有明确的态度，首先要分清敌我友；在国内，要站在工人阶级的立场上，首先应该巩固工农联盟，还要团结小资产阶级、民族资产阶级以及其他一切爱国分子。周恩来认为，态度问题历来靠自己觉悟。真正的中间态度，基本上是不存在的。一个时期的动摇、怀疑是有可能的。有一种人对新生事物要怀疑一下，观察一下，应该允许。还有一种态度是同情但不参加。这也是允许的。要耐心地等待。因为这里面有客观原因和主观原因，我们应该谅解。

周恩来的讲话推动了知识分子思想改造学习运动的开展。这个运动，首先从北京、天津的教育界开始。最早由北京大学校长马寅初在北大教师中发起。马寅初谈到他发起和组织北京大学教职员学习和改造思想的经过时说，北京大学是一个具有光荣革命传统的学校。他1951年就任北大校长以后，深感广大教职员工愿意接受新思想，愿意把一所旧型的大学改造成为新型的人民大学，但在实际工作中，特别是遇到院系调整、课程改革，以及教学内容、教学方法的改革时，也出现了不少问题和阻力。阻力主要来自教职员工的旧思想和旧习惯。这就提出了一个如何提高教员的政治水平、适应新的形势的问题。因此他

▲ 马寅初在教师学习委员会召开的系主任、小组长联席会上发言。

决定在全校教职员工中发动一次有计划、有系统的学习运动。希望通过思想改造来推动学校的改造。为了把这次学习运动搞好，他请周恩来等中央领导人给学校教职员工作一次报告。马寅初的决定和要求，受到中央政府和周恩来的赞扬和支持，并决定把这一学习运动推广到京津所有高校，经过试验，取得经验后再推向全国。周恩来主持会议对这次学习运动的目的和内容作了指导。

学习运动的方式是听报告、读文件，联系本人思想和学校状况，开展批评与自我批评。参加学习运动的京津两市高等院校有：北京大学、清华大学、北京师范大学、燕京大学、北京农业大学、辅仁大学、北方交通大学、华北大学工学院、协和医学院、北京大学医学院、天津大学、南开大学、津沽大学、中国矿业学院、河北师范学院、河北医学院、河北水产学校、外国语学校、中央美术学院、中央音乐学院，共20所院校，3000多名教师参加。学习时间4至6个月。为了统一领导京津两地的高校学习，教育部成立了京津高等学校教师学习委员会，各大学成立了学习委员会分会。

全国知识分子思想改造学习运动经历了学习、参加三反斗争、思想批判和组织清理等阶段后，于1952年秋基本结束。由于思想改造学习运动对知识分子贯彻了“团结、教育、改造”的方针，经过这次运动，知识分子提高了爱国主义思想觉悟，开始树立正确的政治观点和为人民服务的思想，并在一定程度上纯洁了队伍。

同 日

[纲 文]　中共中央批转华东局《关于加强林业工作的指示》。

[目 文]　中央的转发批语指出，由于中国森林太少，木材供应已发生极大困难。自己生产不足，又不能完全依靠进口，这将是中国今后工业建设上的一个严重问题。为保障工业建设，特别为长期打算，今后各级党委，必须加强对林业工作的领导，把保护山林和建植苗圃造林植树工作列入山区、沙区及其附近地区党委和政府的重要任务之一。华东局发布的《关于加强林业工作的指示》初步注意了这一个问题，是一个很好的文件，转发作为参考。此件可在党内刊物上发表，各区也应根据自己地区的具体情况，在党内发布类似的指示和决定。

此前，9月11日，华东局发出给山东分局、各省、区党委并报中央的《关于加强林业工作的指示》，主要内容有：一、治标办法：应切实保护现有林木，禁止烧山及滥伐滥垦，切实做到木材合理使用，并力求节约。对于偏僻林区的开发，应从长远利益打算，大力进行。二、治本办法：应大规模开展封山造林运动。三、要做到普遍护林封山，全面造林植树，必须依靠群众。四、各有关造林、植树部门应根据自己特点负责造林，其他业务部门如工矿部门等，应根据需要，自营或公私合营，或以投资方式委托群众合作经营，以解决本身木材需要。五、各级党委必须亲自掌握推动并加强领导，才能普遍地发动和全面地开展林业工作。六、造林应以提倡群众自采、自造、自育为主，各地财委应尽可能从地方经费中拨款支持。

同日

[纲文]　刘少奇完成《论合作社工作中的若干问题（初稿）》[①]一文。

[目文]　文章论述了九个问题：一、农民组织供销合作社的基本目的与供销合作社的基本营业方针；二、供销合作社的股金与盈余分配；三、供销合作社对社员的待遇必须与非社员有区别；四、供销合作社的资金与对于资金的运用；五、供销合作社的管理与费用；六、国营贸易与合作社贸易的关系；七、供销合作社的组织问题；八、关于城市中的消费合作社；九、关于城市和农村中的工业生产合作社。

文章认为：供销合作社是农村劳动群众的一种集体经济组织形式，在组织上它是能独立的，它必须向自己的社员负直接的责任。一方面，它应该与私人商业分清界限；另一方面，它又与国营贸易机关有区别。因此，使合作社贸易的性质与私人商业混淆起来，把合作社看成是国家贸易公司的附属机关或分支机构，要它们用全力或主要的力量去办贸易公司所要办的事，而不办社员群众所要办的事，那也是错误的。供销合作社必须与国营贸易结成密切同盟，应尽力接受国家委托办理的各种事务，但这要与合作社为社员办理供销业务的基本任务相适应或大体相适应，不能因此而破坏合作社对社员的基本义务和合作社的基本章程，否则，合作社就要脱离群众。

同日—10月22日

[纲文]　中国人民志愿军、朝鲜人民军进行粉碎“联合国军”秋季攻势的防御作战。

[目文]　9月29日，“联合国军”地面部队采取“逐段进攻、逐步推进”战法，首先在西线开始了秋季攻势。10月1日，范佛里特下达秋季攻势作战命令。10月3日、5日、13日，美军一、十、九军从西线、东线和中线开始进攻。针对敌军行动，志愿军提出并贯彻落实了“阵地攻坚和阵地防御”的思想，调整了战场部署。9月29日，志愿军下达指示，要求各级指挥员平日必须研究地形及掌握敌军行动规律，确定各种情况下的行动腹案，以掌握主动；反击必须有充分准备，掌握好反击时机，尤其最重要的是必须防止敌人的反击；对我设防的坚固阵地不能随便放弃，必须放弃时，应将所有工事预先炸毁，决不能使敌人利用对我顽抗，或作为研究对付我的材料。

西线由志愿军担任防御，在西起礼成江口东至铁原西北驿谷川南岸约80公里的防御正面上，由十九兵团指挥展开六十五、六十四、四十七军。从9月29日至10月18日，志愿军四十七军连续同美骑兵一师和美三师激战20天，全线每个阵地平均每天被美军炮轰2万发以上，阵地土石被炸松1米多深，仍粉碎了美军进攻，毙伤敌2万余人，其中炮兵杀伤敌人占1/3以上。美军向前推进约4公里（美军作战计划为推进10—15公里），占去阵地90平方公里。志愿军四十七军伤亡7000余人。从10月4日至8日，志愿军六十四军一

---

① 根据现有的档案资料，本稿有5个过程，此稿为第5稿。参见中央文献研究室、中央档案馆编：《建国以来刘少奇文稿》第3册，中央文献出版社2005年版，第755—756页。

九一师与敌激战，共毙伤敌人2600余人，后撤3公里。

东线由人民军五、二军团，志愿军六十八、六十七军共同担任防御。10月5日，美军从北汉江以东、文登里东西阵地及以东1211高地、851高地一线开始进攻人民军防守的阵地。10月10日以后，人民军五军团由于久战疲劳，由志愿军六十八军全部接防。六十八军粉碎了美军十军在北汉江以东的攻势，从10月7日至20日，共毙伤敌人7690余人，其中美军3390余人，击落击伤美军飞机12架。至10月31日，共击毁击伤美军坦克38辆。美军和南朝鲜军占去阵地50余平方公里。六十八军伤亡2400余人。10月13日至15日，六十七军在金化芳通里东至北汉江24公里一线的战斗中，毙伤敌人1.7万人，敌军前进约2公里。六十七军伤亡8000余人。在金城以南地区，志愿军六十七、六十八军1个多师与美军激战10昼夜，至22日，共毙伤俘敌2.3万余人，击毁敌坦克39辆，击伤8辆。美军突入阵地6—9公里，占去阵地132平方公里。六十七、六十八军共伤亡1.03万余人。

至此，“联合国军”的秋季攻势付出被毙、伤、俘共7.9万余人代价后，仅占去阵地467平方公里。

志愿军秋季防御作战是坚守性质的阵地防御，其对抗性和激烈程度都是空前的。志愿军部队阵地工事基本是野战工事，朝鲜北方铁路系统遭到“联合国军”空军严重破坏，粮食、弹药供应严重不足，装备处于明显的劣势。但在战术上，志愿军运用和发展夏季防御作战中出现的坑道工事的优越性，讲究步炮协同，较充分发挥炮兵的作用，有效组织反坦克作战，粉碎了“联合国军”的逐段进攻，积累了坚守防御作战的经验。同时，秋季防御作战的胜利也粉碎了“联合国军”以军事压力迫使朝中方面接受其在谈判中关于军事分界线的无理要求的企图，使其不得不重新回到谈判桌上。

9月30日

［纲 文］ 毛泽东在京举行欢庆国庆节宴会。

◀刘少奇（左四）、林伯渠（左三）、董必武（左二）、郭沫若（左一）等在欢庆国庆节宴会上接见革命老根据地的代表。

［目 文］ 应邀出席宴会的有老革命根据地代表、解放军和志愿军战斗英雄、各行业劳动模范，北京各大学校长和教授代表，私营工商业者、归国华侨和少数民族代表等1460余人。应邀赴宴的还有苏联、捷克斯洛伐克、朝鲜、罗马尼亚、印度、德意志民主共和国、蒙古、保加利亚、越南、瑞典、缅甸、丹麦、瑞士、印度尼西亚、巴基斯坦、波兰、匈牙利等国驻华的外交使节和外交人员100多人；还有特邀外宾及苏联、保加利亚、罗马尼亚、朝鲜等国人民观礼代表团和人民代表80多人；其他在华的外宾130多人。应邀作陪的有朱德、刘少奇、宋庆龄、李济深、周恩来、董必武、沈钧儒、聂荣臻等中央党、政、军领导人，以及各民主党派、各人民团体负责人等110余人。

9月—11月

［纲 文］ **中央军委军事训练部在京集训高级干部。**

［目 文］ 参加集训的有各总部、有关部局、各大军区、各军兵种及部分军事院校的领导共56人。集训的中心思想是，学习苏军的先进经验，进行现代化、正规化训练，使人民解放军实现真正的现代化，以适应现代化和未来战争的需要。集训期间，朱德、聂荣臻等到会讲话。朱德指出：我们所以要采取正规化、现代化的训练，是由于我们现在所处的环境和所进行的战争，从各方面来说，都和过去不同了。如果不采用正规化、现代化的训练，就是有现代化的装备，也不能达到真正的现代化。1952年的陆军训练计划，就是在我们建军传统的基础上走向正规化、现代化的统一的计划，做到统一指挥、统一制度、统一编制、统一纪律、统一训练。为了保证这个训练计划的准确执行，首长要亲自动手，政治工作和后勤工作都要保证训练计划的完成。在向现代化、正规化前进的过程中，不能丢掉过去的优良传统，也不能被过去的经验所束缚。

9月

［纲 文］ **柳青的长篇小说《铜墙铁壁》出版。**

10 月

10 月 1 日

［纲 文］ **中央人民政府在北京天安门广场举行庆祝国庆2周年典礼。**

［目 文］ 典礼共有 40 多万人参加。毛泽东、朱德、刘少奇、宋庆龄、李济深、张澜、林伯渠、周恩来、程潜①、沈钧儒、罗荣桓及中央人民政府委员、全国政协委员会在京常委，党政军各部门、各民主党派和人民团体的负责人等出席。近 1 万名国内外贵宾也应邀出席。来自国外的有：世界和平理事会执行局委员、苏联作家爱伦堡和夫人，智利诗人聂鲁达和夫人，苏联、保加利亚、罗马尼亚、匈牙利、捷克斯洛伐克、波兰、德意志民主共和国、蒙古、朝鲜、越南、缅甸、印度尼西亚等 12 国人民观礼代表团，巴基斯坦人民观礼代表，印度亲善访华团，苏联、保加利亚、罗马尼亚、匈牙利、捷克斯洛伐克、波兰、德意志民主共和国、蒙古、朝鲜、越南、印度、缅甸、巴基斯坦、印度尼西亚、瑞

毛泽东（右一）、刘少奇（右二）、朱德（左二）、周恩来（左一）在天安门城楼上向游行队伍致意。

① 程潜（1881—1968），湖南醴陵人，时任中央人民政府人民革命军事委员会副主席。

典、丹麦、瑞士等17国的驻华使节和外交人员，英国、挪威、荷兰等3国政府谈判代表，越南人民访华代表团，德意志民主共和国文化代表团，苏联专家，世界工联亚澳职工联络局代表，匈牙利妇联访朝团人员，参加世界青年和平联欢节的各国青年代表等；来自国内的有：中国人民志愿军战斗英雄代表98人，中国人民解放军战斗英雄代表63人，模范工程师和工人147人，农业劳动模范38人，治淮和其他水利事业模范技术人员和工人数十人，南方和北方的革命老根据地代表994人，私营工商业模范工作者100人，首都各政府机关、民主党派、人民团体的高级干部，以及出席各种专业会议各地代表，各民族的代表，华侨回国观光团的团员，教授和学者等。

林伯渠宣布典礼开始，军乐队奏国歌，鸣礼炮28响。随后举行阅兵式，由聂荣臻任总指挥。朱德乘车检阅受阅部队后，登临检阅台宣读《人民解放军总部命令》。《命令》要求中国人民解放军全体指战员认真学习，熟练掌握新的技术，学会诸兵种联合作战的本领，提高现代军事科学和指挥艺术的水平，加强各种工作的计划性、组织性和准确性，巩固和提高军事纪律，为建设一支强大的现代化国防军，为解放台湾、澎湖、金门诸岛，完成统一全中国的伟大事业，为保卫祖国安全，保卫祖国神圣的领土、领海、领空，保卫东方与世界和平而奋斗。接着，阅兵分列式开始，中国人民解放军军事院校学员、伞兵、步兵、骑兵、防空兵、炮兵、摩托化步兵、装甲兵、坦克兵及民兵等方队相继在检阅台前行进，空军的各式飞机凌空而过。阅兵式结束后，举行了盛大的群众庆祝游行。

同日，全国各地人民也都举行庆祝盛会，南京、沈阳、重庆、西安等市还举行盛大的阅兵典礼。

[文 献]

中国人民解放军总部命令

朱 德

我们中华人民共和国成立到今天，已经两周年了。在这两年中间，我们伟大的祖国获得了辉煌的胜利和成就。我们已经完全解放了祖国的大陆。中国人民的优秀儿女，志愿组织了中国人民志愿军，与朝鲜人民军并肩作战，保障了祖国的安全，打击了美帝国主义侵略者，取得了巨大的胜利。我们进行了巨大规模的土地改革运动、镇压反革命运动和剿匪作战，进一步地巩固了人民民主专政，保障了国家建设，我们稳定了物价，恢复了工商业，并使农业产量达到抗日战争前的水平。我们的文化教育事业，也有了显著的发展和进步。这些都是全国军民团结一致共同奋斗的结果，我特向你们热烈地祝贺，并表示感谢和慰问。

但是我们必须看到，美帝国主义极端仇视中国人民的胜利，不甘心于自己的失败，它不仅仍然侵占着我国的台湾，百般地破坏阻挠朝鲜停战谈判，继续着对朝鲜的侵略战争，并且在积极地准备新的战争。它悍然不顾全世界人民的反对，胁使其仆从国家，签订了片面对日和约。它公然地重新武装日本和西德。战争危机在严重地威胁着我们祖国的安全，和东方与世界的和平。为此，我命令你们，警惕地站好你们的战斗岗位，进一步加强国防建设，巩固祖国国防。毫不满足地认真学习，熟练掌握新的技术，学会诸兵种联合作战的本领，提高现代军事科学和指挥艺术的水平，加强各种工作的计划性、组织性和准确性，巩固和提高军事纪律，为建设一支强大的现代化国防军而奋斗！为解放台湾、澎湖、金门诸岛，完成统一全中国的伟大事业而奋斗！为保卫祖国安全，保卫祖国神圣的领土、领海、领空而奋斗！为保卫东方与世界和平而奋斗！

资料来源：1951 年 10 月 2 日《人民日报》。

同 日

[纲 文] **《人民日报》发表多篇庆祝国庆2周年署名文章。**

[目 文] 宋庆龄文章《伟大的中国三大运动》指出，新中国成立两年里，发动了一系列群众运动，其规模、范围和成就都是中国的悠久历史从来没有过的。土地改革、镇压反革命分子、抗美援朝保家卫国运动已经触及全国各界、各阶层、各不同政治和宗教信仰的每一个人的生活。这三大运动巩固了中国革命的胜利，并为未来的进展准备了基础。

郭沫若文章《伟大的抗美援朝运动》指出了一年来国内运动取得的重要成就。截至 1951 年 9 月 25 日，全国捐献飞机已达 2481 架，捐款入库达 9970 亿元。截至 1951 年 5 月 30 日，为慰劳中朝人民部队和救济朝鲜灾民，共捐款 1186 亿余元，捐献慰问袋 77 万余个、慰问品 126 万余件。全国已有 1. 5 亿农业人口的地区完成了土地改革，约有 9000 万贫苦农民从地主手中取得 1. 2 亿公顷的土地。在镇压反革命运动中，百万土匪被剿灭，潜伏在各地的反革命分子被基本上肃清。“三自革新”在宗教界形成史无前例的群众运动，全国已有 27. 78 万基督教徒、18 万天主教徒在革新宣言上签字。全国参加劳动竞赛的厂矿单位有 2811 个、职工 223. 2 万余人。全国有 19354 个生产小组向马恒昌小组应战。参加爱国丰产竞赛的农民有数千万人，仅向山西劳动英雄李顺达应战的，就有 30 个省的 1. 2 万多个互助组和 2700 多个劳动模范。

董必武文章《中华人民共和国的两年》总结了两年来取得的各项成就，主要包括：一、自 1950 年 10 月 25 日至 1951 年 9 月 10 日，中朝军队一共消灭敌军 31. 7 万余人，其中美、英、法、土等国军队在 14 万人以上，迫其退回到三八线附近，并接受停战谈判。二、人民解放战争的胜利，使中国出现了历史上从未有过的统一。三、在建设事业方面，通过统一和整理财政、进行土地改革、改造旧有工商业，人民政府努力争取经济财政情况的好转，由此取得的成绩是：（一）农业生产迅速恢复。1951 年粮食产量将比 1950 年增加 8%，达到 1936 年水平的 92. 8%；棉花产量 1951 年计划比 1950 年增加 36. 9%，即超过中国历史上最高年产量 1936 年的水平 10% 以上。同时，进行了巨大的水利建设工作，根治淮河已完成第一期工程。（二）国营工业生产量已占全国近代工业生产总量的一半（约占轻工业总量的1/3、重工业总量的4/5）；轻工业一般已恢复到战前水平，其中棉纺织工业在1950年即已超过战前水平；在战争中遭到严重破坏的重工业，也正在迅速恢复起来，并正在建立新的企业。（三）交通运输事业得到恢复。全国2.26万余公里的铁路，已全部恢复通车，并正在修建四川、甘肃、广西三省境内的新铁路线；约10万余公里的公路已全部通车。（四）国内外贸易已大为发展。国营银行和国营贸易机关成为国家管理和调节市场、杜绝投机活动、服务工农业生产的有力工具。半社会主义性质的合作社在1950年年底即已发展到4.6万个，社员达到3000万人。国外贸易在1950年即已达到出超，改变了自1877年起年年入超的状态。（五）中国人民展开了一个大规模的学习新思想、新观点，批判旧思想、旧观点的自我教育和改造运动。教育方面，1949年入冬学学习的农民共有1000万人，1950年增加到2500万人，1951年常年参加业余学校学习的农民达到1000万人；1950年工人业余学校的学生为70万人，1951年增加到150万人以上；1950年全国小学生的总数是3000万人，1951年已增加到3700万人，比抗日战争前增加了55%以上。新闻出版方面，全国报纸的发行量已达600万份，约为1948年的3倍；1950年全国各地共出版各种图书27170余万册，1951年出版图书的册数，将达5亿册左右。（六）人民的卫生保健状况在改善。1950年全国种痘及注射伤寒、副伤寒、霍乱等预防针和接种卡介菌苗的共达8130万余人，1951年截至9月间，种痘的已达1.7亿人；中国已有3年未发现霍乱病例，伤寒和副伤寒的发病人数也大为减少。

罗瑞卿文章《伟大的镇压反革命运动》指出，镇压反革命运动已彻底或比较彻底。这场胜利的斗争，不仅基本上摧毁了帝国主义、封建主义、官僚资本主义在中国大陆上的残余反动势力，而且进一步发动与教育了广大人民群众，加强了人民民主专政制度，巩固了抗美援朝的后方，保障了国家建设的顺畅进行。镇压反革命运动虽已获得伟大成绩，但是问题还没有完全解决，即反革命分子并未完全消灭。从地区上说，在一部分地区，镇压反革命的斗争进行得还不彻底，甚至有少数地区根本未动。从对五种反革命分子①的打击程度来说，也是不彻底的，特别在新区，主要打击了土匪、恶霸，对特务分子、反动党团骨干分子中的坚决反革命分子，一般还打击得不够，对反动会道门的头子给了一定程度的打击，但还没有将其彻底摧毁。从群众方面来看，一部分地区的群众还没有发动起来，甚至还有许多顾虑。为继续巩固与发展胜利，必须首先在一切镇压反革命工作尚不彻底的地区，凡是应该捕必须捕而尚未捕的反革命分子，一律逮捕，并迅即依照《中华人民共和国惩治反革命条例》各项规定，加以法办；其次，清理积案，对反革命分子进行劳动改造；最后，必须做好对反革命分子的管制工作，做好反动党团骨干分子的登记工作以及对反革命分子家属的教育工作，并普遍建立治安保卫委员会。

李济深文章《庆祝第二届国庆节》指出，新中国已经真正成为各兄弟民族友好合作的

① 即土匪、特务、恶霸、反动党团骨干、反动会道门头子。

大家庭，这是亘古以来所未有的。为保卫革命果实和世界和平，首要而中心的任务必须是加强国防，加速超额完成武器捐献，做好优抚工作；随时提高警惕，防范反革命分子的活动；争取参加土地改革，早期完成任务；努力增产，充实经济建设的力量；加强统一战线，加紧建立政权的工作，更进一步团结各阶层的民众；人人在工作岗位上全心全意地服务，养成更强大的国力；加强拥护中苏友好同盟和团结各人民民主国家以及亚洲反帝斗争中的国家和人民和全世界爱好和平的人民，扩大和平民主阵营的力量和声势。

张澜文章《国庆日致词》强调，今后必须加强全国人民的团结，加强各党派间、各阶级间、各民族间、党和非党之间的全国人民的大团结，不让敌人有任何机会离间和分化我们；必须继续展开和深入抗美援朝运动，更加深爱国主义的思想教育，对于任何亲美、崇美、恐美的思想都必须加以揭露和打击。

马叙伦文章《两年中体验的一些意见》指出，新中国的制度，表现了国家的政权是真正属于人民的。除了有好的制度，中国共产党很注意党员的工作作风，像理论与实践脱节的作风，脱离群众的作风，不顾政策、自以为是的作风，主观的作风，官僚主义、命令主义、事务主义的作风等，几乎无日不在告诫之中。

同 日

［纲 文］ **中国人民志愿军代表团在开城举行国庆宴会招待朝鲜人民军代表。**

［目 文］ 出席宴会的有参加朝鲜停战谈判的朝鲜人民军首席代表南日将军及代表团其他成员。志愿军代表在宴会上介绍了新中国两年来各项建设及一年来抗美援朝运动的成就，并指出虽然停战谈判困难重重，但在中朝两国的团结和友谊之下，朝鲜一定能实现和平。

同 日

［纲 文］ **拉萨首次举行国庆节庆祝集会。**

［目 文］ 集会在布达拉宫前的广场举行，拉萨僧俗及人民解放军6000余人参加，西藏地方政府及哲蚌、色拉、噶丹三大寺均派代表参加主席团。中央人民政府代表张经武到会讲话。他指出：在西藏民族团结平等已获良好开始的今天，首次在拉萨庆祝国庆具有伟大的历史意义。大会宣读了西藏地方政府致毛主席祝贺国庆节的电报，和进藏先遣部队给毛泽东、朱德及中国人民志愿军的致敬电。

同 日

［纲 文］ **中国驻外使馆和各国政府、人民分别举行庆祝中华人民共和国成立2周年活动。**

［目 文］ 中国驻苏联、德意志民主共和国、捷克斯洛伐克、波兰、匈牙利、罗马尼亚、保加利亚、朝鲜、印度、巴基斯坦、缅甸、印度尼西亚和瑞典等国的大使馆，以及驻丹麦、芬兰、瑞士等国的公使馆分别举行了国庆招待会。

英中友好协会在伦敦举行庆祝会，介绍了新中国两年来在水利、卫生、社会福利、工会运动和妇女运动等方面的发展，通过了致毛泽东的贺电。印中友好协会、印度共产党和其他左翼政党分别在印度比哈尔省、孟买省等地举行群众庆祝大会，通过决议，向中国人民祝贺反帝斗争获得的胜利。

苏联《真理报》发表题为《中国人民的伟大节日》的社论，回顾了新中国两年来的成就，并传达苏联人民对中国人民的衷心的兄弟般的祝贺。印度加尔各答《自由报》发表题为《万岁》的社论指出，10 月 1 日不仅是中国人民的纪念日，而且也是整个亚洲，特别是印度人民的纪念日。曼谷华侨报纸《全民报》发行国庆纪念特刊并刊登社论说：我们华侨许多年来渴望着一个统一、安定、富强的祖国和真正关心海外华侨的政府，今天我们的愿望已成为事实，我们的爱国心已有了真正的寄托。《加拿大论坛报》发表加拿大劳工进步党总书记布克撰写的纪念社论，论述了毛泽东在争取中国独立的斗争中所起的伟大作用，并代表劳工进步党号召展开广泛的人民运动，以迫使加拿大政府和国会与中国建立外交和贸易关系。

同 日

[纲 文]　何香凝向海外侨胞发表国庆2周年广播演说。

[目 文]　她指出，两年来，各级人民政府及其侨务机关，根据中央人民政府尽力保护国外华侨正当权益、为华侨服务的方针，已进行了各种必要的工作。主要是：对某些国家当局迫害华侨的行动，外交部、华侨事务委员会、各民主党派和人民团体，都先后发布严正的抗议和声明，并对各地侨胞保护自己正当权益的斗争，给予一切可能的支持；对马来亚、泰国、菲律宾及印度尼西亚各地被迫回国的难侨，都给予接待救济，广东、福建两地人民政府及其侨委并根据具体情况予以参加生产工作和学习的妥善安置；制定《土地改革中对华侨土地财产的处理办法》，对华侨的房屋和土地作了适当照顾，并分给贫苦侨眷以土地；对华侨工商业家回国考察和参加祖国生产建设，都积极地给以协助、辅导及各项便利。侨胞应万众一心，热烈拥护祖国，加强华侨的团结，使各种阶层、职业、政治思想、宗教信仰的侨胞，形成一个宽广而坚强的华侨爱国大团结，在各种困难复杂的环境下生存下去。

同 日

[纲 文]　政务院公布《关于改革学制的决定》。

[目 文]　《决定》指出，我国原有学制①有许多缺点，尤其是：工农干部学校和各种补习学校和训练班，在学校系统中没有应有的地位；初等学校修业 6 年并分为初高两级的办法，使广大的劳动人民子女难以接受完全的初等教育；技术学校没有一定的制度，不能适应培养国家建设人才的要求。在完全统一全国学制尚有困难的情况下，为确定原有的和新创的各类学校的适当地位，使不同程度的学校互相衔接，以利于广大劳动人民文化水平的提高，工农干部的深造和国家建设事业的促进，改革各种不合理的年限与制度是必要的和可能的。

---

① 指第一个正式颁布且在全国普遍实施的学制，即 1904 年 1 月由张百熙、张之洞、荣庆会同拟订的《奏定学堂章程》（《癸卯学制》）。

《决定》明确规定了各级各类学校的任务、入学条件、学习年限以及它们在整个学校体系中的地位和关系。学制改革的主要内容有：一、正式将幼儿教育作为独立的一级教育列入学制；二、缩短小学的修业年限，改“四（初小）、二（高小）”6年分段制为“五年一贯制”，入学年龄提高为7周岁；三、落实“学校向工农开门”的方针，确定工人、农民的干部学校和各种形式的补习学校、训练班和工农速成学校在新学制中的地位；四、各种为培养国家建设人才所急需的技术学校被列入正规的学校教育系统之内，并建立必要的制度；五、高等学校的学制实行多样化，修业年限亦有所缩短，大学和专门学院修业年限为3—5年，专科学校修业年限为2—3年，专修科修业年限为1—2年，同时规定高等学校毕业生工作由政府分配；六、使各种学校教育在整个教育系统中都能够互相衔接，从初等教育到高等教育形成一条新的人民教育的发展道路。《决定》要求教育部根据本决定并参酌各地实际情况，特别是少数民族地区的特点，制订学制的实施计划及各种学校的规程，经政务院批准施行。

此前，改革学制方案初由教育部草拟，经政务院文化教育委员会于1951年5月下旬召开的第四次全体委员会议详加研讨，拟定了《关于改革学制的决定》的草案，复经8月10日举行的政务院第九十七次政务会议核定后决定公布施行。这是新中国制订的第一个学制。

［文　献］　**关于改革学制的决定（节录）**

兹规定我国目前时期的学制如下：

一、幼儿教育

实施幼儿教育的组织为幼儿园。幼儿园收三足岁到七足岁的幼儿，使他们的身心在入小学前获得健全的发育。幼儿园应在有条件的城市中首先设立，然后逐步推广。

二、初等教育

初等教育包括儿童的初等教育和青年、成人的初等教育。对儿童实施初等教育的学校为小学，应给儿童以全面的基础教育。对自幼失学的青年和成人实施初等教育的学校为工农速成初等学校、业余初等学校和识字学校（冬学、识字班）。

甲、小学：

小学的修业年限为五年，实行一贯制，取消初、高两级的分段制。入学年龄以七足岁为标准。毕业后，得经过考试升入中学或其他中等学校。

为使不能升学的小学毕业生得继续受到适当的教育，小学得附设各种补习班或专业训练班。受过这种补习班或训练班教育的学生得经过考试插入中等学校的适当班次。

乙、青年和成人的初等学校：

（1）工农速成初等学校，修业年限为二年至三年，招收工农干部和其他失学劳动者，施以相当于小学程度的教育。毕业后，得经过考试升入工农速成中学或其他中等学校。

（2）业余初等学校，招收工农劳动者和其他青年与成人，施以相当于小学程度的业余教育；修业年限暂不规定，以学完规定的课程为毕业。毕业后，得经过考试升入业余中学或其他中等学校。

（3）识字学校（冬学、识字班），以扫除文盲为目的，修业年限不定。

三、中等教育

实施中等教育的学校为各种中等学校，即中学、工农速成中学、业余中学和中等专业学校。中学、工农速成中学和业余中学应给学生以全面的普通的文化知识教育；中等专业学校按照国家建设需要，实施各类的中等专业教育。

甲、中学：

中学的修业年限为六年，分初、高两级。修业年限各为三年，均得单独设立。教学内容采取一贯制的精神，同时照顾到分段的需要。

初级中学，招收小学毕业生或具有同等学力者，入学年龄以十二足岁为标准；毕业后，得经过考试升入高级中学或其他同等的中等专业学校。

高级中学，招收初级中学毕业生或具有同等学力者，入学年龄以十五足岁为标准；毕业后，得经过考试升入各种高等学校。

初级和高级中学的毕业生之不升学者，应在政府指导之下就业。

乙、工农速成中学：

工农速成中学，修业年限为三年至四年，招收参加革命斗争和生产工作达规定年限并具有相当于小学毕业程度的工农干部和产业工人，施以相当于中学程度的教育；毕业后，得经过考试升入各种高等学校。

丙、业余中学：

业余中学分初、高两级，修业年限各为三年至四年，均得单独设立，分别招收业余初等学校或业余初级中学的毕业生，或具有同等学力者，施以相当于初级中学或高级中学程度的业余教育。入学年龄不作统一规定。

业余初级中学的毕业生，得经过考试升入高级中学、业余高级中学或同等的中等专业学校；业余高级中学的毕业生，得经过考试升入各种高等学校。

丁、中等专业学校：

（1）技术学校（工业、农业、交通、运输等）：

技术学校，修业年限为二年至四年，招收初级中学毕业生或具有同等学力者。入学年龄不作统一规定。

初级技术学校，修业年限为二年至四年，招收小学毕业生或具有同等学力者。入学年龄不作统一规定。

初级技术学校和技术学校的毕业生，应在生产部门服务；在服务满规定年限后，得经过考试，分别升入技术学校、高级中学或各种高等学校。

各类技术学校得附设短期技术训练班或技术补习班。

（2）师范学校：

师范学校，修业年限为三年，招收初级中学毕业生或具有同等学力者。入学年龄不作统一规定。

初级师范学校，修业年限为三年至四年，招收小学毕业生或具有同等学力者。入学年龄不作统一规定。

师范学校和初级师范学校均得附设师范速成班，修业一年，招收初级中学毕业生或具有同等学力者；并得附设小学教师进修班吸收在职小学教师加以训练。

幼儿师范学校，修业年限和招生条件相当于师范学校。师范学校和初级师范学校均得附设幼儿师范科。初级师范学校、师范学校和幼儿师范学校的毕业生，应在小学或幼儿园服务；在服务满规定年限后，得经过考试，分别升入师范学校、高级中学、师范学院或其他高等学校。

（3）医药及其他中等专业学校（贸易、银行、合作、艺术等），其修业年限，招生条件等，参照技术学校之规定。

四、高等教育

实施高等教育的学校为各种高等学校，即大学、专门学院和专科学校。高等学校应在全面的普通的文化知识教育的基础上给学生以高级的专门教育，为国家培养具有高级专门知识的建设人才。

大学和专门学院修业年限以三年至五年为原则（师范学院修业年限为四年），招收高级中学及同等学校毕业生或具有同等学力者。入学年龄不作统一规定。

专科学校修业年限为二年至三年，招收高级中学及同等学校毕业生或具有同等学力者。入学年龄不作统一规定。

各种高等学校得附设专修科，修业年限为一年至二年，招收高级中学及同等学校毕业生或具有同等学力者。入学年龄不作统一规定。

大学和专门学院得设研究部，修业年限为二年以上，招收大学及专门学院毕业生或具有同等学力者，与中国科学院及其他研究机构配合，培养高等学校的师资和科学研究人才。

各种高等学校得附设先修班或补习班，以便利工农干部、少数民族学生及华侨子女等入学。

高等学校毕业生之工作由政府分配。

五、各级政治学校和政治训练班

各级政治学校和政治训练班，给青年知识分子和旧知识分子以革命的政治教育。

其学校等级、修业年限、招生条件等另行规定之。

除上述各类学校外，各级人民政府为适应广泛的政治学习和业务学习之需要，得设立各级各类补习学校和函授学校。各级人民政府并应设立聋哑、盲目等特种学校，对生理上有缺陷的儿童、青年和成人，施以教育。

中央人民政府教育部应根据本决定并参酌各地实际情况，特别是少数民族地区的特点，制订学制的实施计划及各种学校的规程，经中央人民政府政务院批准施行。

资料来源：中央人民政府法制委员会编：《中央人民政府法令汇编（1951年）》，人民出版社1953年版，第476—481页。

同日

［纲文］ **中央军委决定总后勤部军械部改隶军委炮兵建制，称军委军械部。**

［目文］ 各大军区后勤部军械部也相应改隶军区炮兵建制，称军区军械部。

同日

［纲文］ **中国人民抗美援朝总会发表《反对旧金山“对日和约”宣言》。**

［目文］ 《宣言》指出，该和约实际上只是一个战争的条约，中国人民绝对不承认其效力，并决心为抗美援朝、解放台湾等领土、巩固伟大祖国的国防、制止远东新战争的危险而奋斗到底，决心和日本人民团结到底，共同反对美国继续占领日本和重新武装日本。

同日—11月24日

［纲文］ **中国人民解放军代表团应邀访问捷克斯洛伐克参加陆军节运动会等活动。**

［目文］ 代表团是在9月16日由北京出发的，团长为刘道生①，副团长为熊伯涛。代表有塔山英雄团团长江雪山，马特洛索夫型英雄王玉山，爆炸英雄张八，模范工作者、战斗英雄于复祥，模范医务工作者丁志辉（女），中国第一批女跳伞员代表沈元珍，以及体育队等共59人。10月1日，代表团抵达布拉格，参加了中国驻捷大使馆举行的国庆节招待会。10月5日，刘道生、熊伯涛等由捷国防部长契波茨卡陪同，谒见了捷总统哥特瓦尔德，并代表中国人民解放军献礼致敬。10月6日，代表团赴苏军阵亡将士墓及捷无名英雄墓献花圈致敬。其后，代表团分成三批，参加了在布拉格、布拉的斯拉发和布尔诺三地举行的捷陆军节开幕仪式。

10月7日，代表团出席了在布拉格捷陆军运动场举行的运动会，参加了足球、3000米携带手提机枪的接力赛跑、5公里国际赛跑等体育项目。10月15日，代表团代收了捷总统和国防部长赠中国人民解放军和中国人民的礼物，其中包括送给毛泽东的最新式斯科达牌汽车一辆，以及大型电影放映机2座和大批书籍；同日，代表团参加了中国驻捷大使谭希林的招待晚宴。在陆军节闭幕后20多天里，代表团还参观了捷全国各主要城市，于

① 刘道生（1915—1995），湖南茶陵人，时任中国人民解放军海军副政治委员。

11 月 24 日返回北京。

同 日

［纲 文］ **曲耀离互助组在京向全国农民发出《爱国售棉储棉挑战书》。**

［目 文］ 曲耀离是作为植棉模范来京参加国庆观礼的。他提出的《挑战书》说，1951 年棉花年产量突破了中国历史上产棉量的最高纪录，这是人民政府的扶植指导和工人有力支援的结果。为保证国家纺织工业的需要，互助组决定和国家贸易公司签订合同，通过履行合同把本年所产的全部棉花尽快尽早地售储给国家，并提出“爱国售棉储棉竞赛”的倡议。

曲耀离是山西省解县曲庄头人。1950 年，他种植的 2 亩棉田每亩平均收获籽棉 745 斤，创全国棉田单位面积产量最高纪录。他提出挑战后，全国各地产棉区互助组和棉农纷纷应战。本年，他的 2 亩丰产棉田再创新纪录，每亩产籽棉达 912 斤。

同 日

［纲 文］ **成都机车车辆工厂开始兴建。**

［目 文］ 该厂 1954 年试修蒸汽机车，1955 年投产，1958 年 6 月建成验收。

同日—10 日

［纲 文］ **中国电影周在莫斯科举行。**

［目 文］ 10 月 1 日，苏联电影事业部在莫斯科“突击工人”电影院主持举行揭幕

▲ 中国电影周期间，中国驻苏大使张闻天（前排左三）与中苏艺术家合影。

仪式。苏联电影事业部副部长塞米诺夫、中国驻苏联大使张闻天、由于伶任任团长的中国电影工作者代表团，以及莫斯科先进工人和学生代表约2000人参加。电影周期间，中苏合制的《解放了的中国》、《中国人民的胜利》、《锦绣河山》，以及中国影片《白毛女》、《中国民族大团结》、《光芒万丈》、《钢铁战士》、《无形的战线》、《中华女儿》等陆续在苏联16个加盟共和国首都和其他14个大城市放映，《白毛女》及《中国民族大团结》两片作为电影周的主片放映。苏联人民踊跃观看，仅莫斯科一地人数就达100多万。许多放映中国影片的剧院和工人俱乐部还举办了展览会和讲演会。

同 日

［纲 文］ **中国艺术展览会在华沙揭幕。**

［目 文］ 这次展览会是5个月来在华沙举行的第四个介绍新中国的展览会，也是半个月来举行的第二个新中国展览会。展出展品1000多件，包括从仰韶文化的彩陶到清末的艺术品和近代的中国画、艺术摄影、年画、木刻等。出席揭幕典礼的有波兰议会副主席巴尔西科夫斯基、考吉斯基，外交部长斯克列杰夫斯基，文化与艺术部长迪鲍夫斯基，波兰统一工人党和其他民主党派代表，各群众团体、文化与艺术界代表，以及苏联、东欧国家外交使节等300多人。中国驻波兰大使彭明治参加典礼并致词。此前，展品曾在莫斯科、列宁格勒和柏林等城市相继展出过。

10月2日

［纲 文］ **毛泽东对刘亚楼等关于空军四师空战报告做出批示。**

［目 文］ 批示说：空四师奋勇作战，甚好甚慰，你们予以鼓励是正确的。对壮烈牺牲者的家属应予以安慰。

此前，9月27日，刘亚楼、吴法宪①、王秉璋②向中央军委报告了关于空四师9月25日在朝鲜同敌机进行多次空战的情况。空四师是新中国第一支航空兵部队，也是人民空军第一个参加空战并击落敌机的部队，其前身第四混成旅成立于1950年6月，华东军区空军司令员聂凤智任旅长。1951年9月25日，在一场参战飞机超过200架的大规模空战中，大队长华龙毅一分钟内击落敌机2架，在座舱被击中时，又将2架敌机击伤，安全返回基地。大队长李永泰被4架敌机围攻，飞机中弹30余发，仍驾驶着受伤的飞机摆脱敌机，安全降落在出发的机场，被同场苏军飞行员赞为“空中坦克”。9月26、27日，又进行了两天空战，被美军空军称为“世界上历史上最长最大的喷气机战役”。9月12日至10月19日38天的空战中，空四师共击落敌机20架，击伤10架，与苏联空军一道将空中战线推到了清川江以南。

同日—12日

［纲 文］ **全国妇联召开第一次妇女儿童福利工作会议。**

---

① 吴法宪（1915—2004），江西永丰人，时任中国人民解放军空军副政治委员兼政治部主任。

② 王秉璋（1914—2005），河南安阳人，时任中国人民解放军空军参谋长。

［目 文］ 全国妇联福利部部长康克清主持会议。出席会议的有全国妇联在京常委、执委，北京、天津和各大行政区各省、市妇联的福利部部长，妇女儿童福利工作专家，长期从事妇女儿童福利工作的干部和有关机关、团体的代表共150余人。

会议检查了两年来贯彻执行中国妇女第一次全国代表大会确定的妇女儿童福利工作“以生产为中心，为广大体力、脑力劳动妇女及其子女服务”方针的情况，指出全国妇女儿童福利事业有了从少到多、从小到大、从旧到新的发展。主要成绩是：一、通过在全国各地改造旧产婆约10万人、建立接生站和妇幼保健站1万余处及推行新接生法，使产妇疾病和婴儿死亡率已较前大为减少。接种卡介苗、牛痘以及儿童的体格检查等工作，在不少地区也广泛展开。二、在全国各地建立儿童福利机构（包括各种托儿组织、幼儿园、儿童救济机关）1.57万多处（农忙托儿组织除外），比解放前增加了约9倍，接收儿童达52.7万多名。其中以工矿托儿组织发展最快。1951年全国建立的农忙托儿组织已达1万多处，比1950年增加了106倍强。三、各级妇联福利部门配合当地有关机关组织在职的儿童福利工作者进行政治或业务学习，举办保育人员短期训练班171期，培养保育人员7800余名。存在的主要缺点是，缺乏全面认识，把工作偏重在儿童保育方面，或把托儿所的标准提得过高，脱离实际，因而未能有计划有步骤地开展工作；一些部门、地方和领导干部在思想上对妇女儿童福利工作的意义也缺乏认识，特别是对妇婴卫生工作重视不够。

会议认为：做好妇女儿童福利工作，不仅对妇女解放事业有利，更主要的是可以增加国家各方面的劳动力量，有助于新中国的建设事业，是保障民族健康和后代幸福的必要条件。会议特别强调了妇女儿童福利工作的群众观点与全面观点，明确指出，办好妇女儿童福利工作，必须要从实际出发，采取多种多样的工作方式，发动群众，利用社会各方面的力量，有计划有组织地开展工作。鉴于全国各地的学龄前儿童入托率只有6‰、大多数的产妇和初生婴儿还在以落后的旧法接产等情况，会议一致同意今后的工作任务首先是在广大劳动妇女中推广妇婴卫生和育儿常识，大力推行新法接生，宣传育儿知识，减少妇女生育的疾苦，降低婴儿死亡率。

同 日

［纲 文］ 《人民日报》发表谢觉哉文章《全国各级各界人民代表会议的建设情况》。

［目 文］ 文章介绍了新中国成立两年里全国各级各界人民代表会议取得的成绩：东北大行政区，内蒙古自治区，全国27个省、8个相当于省的行署区、146个市（不包括福建省和8个新设市），均已召开了人民代表会议。与1950年全国召开会议的只有1707个县、36个旗相比，1951年增至2038个县和105个相当于县的行政单位。乡（行政村）一般均已召开了人民代表会议或农民代表会议。10万人口以上的城市，已有30个市召开了区人民代表会议。各地人民代表会议的工作主要情况和经验是：一、以解决当前的重大政治任务为中心内容。二、直接和间接选举的人民代表日益增多，在华北、东北等老区的市、县，特邀和推派的代表已减至10%—20%。三、人民群众的民主运动十分热烈。四、

进一步开展了批评与自我批评运动。五、人民代表会议选举人民政府委员会委员，扩大了政府的民主基础等。

文章同时指出，人民民主建政工作各地的发展尚不平衡，存在着不少问题亟须解决，最主要的是：一、各级人民代表会议尚未普遍成为经常制度。二、县是人民民主建政的重要环节，但很多未引起应有的重视。三、有的地方人民代表会议只注意讨论布置人民政府的各项重大工作，不重视处理来自人民的提案。四、人民政府委员会议的制度及行政会议的制度，除省及大城市外，很多还不健全，有的迄今尚未建立。五、多数省、市协商委员会还缺乏有力的工作机构，工作缺乏计划性和经常性。县常务委员会大部分是有名无实，组织机构不广泛，没有定期的会议制度，未设驻会委员和专职干部，甚至有少数县迄今尚未建立常务委员会的组织。

同 日

[纲 文] **北京市举行第一批电车女司机正式行车庆祝大会。**

[目 文] 大会在东单广场举行，庆祝李蕴华、罗凤林、闻惠荣、夏学勤、王俊芝、曲桂芳等6名女司机在4个月中学会驾驶电车，成为北京市第一批电车女司机。参加大会的有全国总工会、北京市妇联和总工会的领导以及市自来水公司和汽车公司等单位的女工代表1300余人，还有匈牙利、德意志民主共和国、印度等国外宾。剪彩仪式后，与会代表和外宾们登上悬旗扎彩的“国防号”电车，由王俊芝驶出东单车站，沿途各站受到了群众的热烈欢呼。

同 日

[纲 文] **“伟大的祖国古代艺术展览”在北京故宫博物院太和殿开幕。**

[目 文] 展览由文化部文物局会同故宫博物院及其他有关单位举办，综合陈列了各个时代的艺术品，共计360件。

10月3日

[纲 文] **中共中央复电批准东北局关于1951年冬农村工作的指示。**

[目 文] 复电说，同意你们今冬农村工作的指示。此前，9月30日，东北局电请中央审查给所属各省市委关于1951年冬农村工作的指示。指示中提出：一、为适应明年农业扩大再生产及抗美援朝的需要，今冬农村最主要的工作是组织好副业生产，搞好供销，进行整党教育和整训干部，围绕这些中心，完成征粮购粮及其他任务。关于整党教育，应在不妨碍冬季生产的原则下，争取明年春耕前将所有农村党员轮训一次；区干部与村的主要干部还要在整党教育前或结束后单独进行一次以树立民主作风、改进工作方法为主要内容的训练。二、解放较晚的农村今冬的主要工作是：集中力量发动群众，提高群众觉悟，彻底摧毁封建残余势力，严厉打击特务、恶霸、土匪、反动党团及封建会门5个方面的顽固反革命分子，并坚决镇压其中有民愤血债或严重损害国家利益者。通过村人民代表会议、合作社代表会议、冬学及党的各种会议调换不纯干部。清理混进区级、村级党政组织

中的反革命分子，选拔基本群众中的优秀分子担任区、村工作，彻底改造区、村政权并纯洁党的支部。三、在遭受水灾的地区，要反对干部中单纯救济的观点，克服群众中悲观失望的心理，切实组织群众生产自救，组织可能的以工代赈，将救济物资作为投资进行冬季生产并准备明年的生产。四、各地还必须抓紧做好以下工作：调查研究农村经济发展情况及问题；办好冬学，对群众进行包括爱国主义、抗美援朝、镇压反革命、时局与政策、卫生文化等方面的教育；整顿人民武装，今冬扩充4万新兵。

同日—9日

［纲 文］ **金日成、彭德怀与李奇微为更换朝鲜战争谈判会址问题互致信函。**

［目 文］ 9月27日，李奇微曾致信金日成、彭德怀，建议双方代表团尽早于松贤里郊外双方战线之间与双方距离约略相等的地点会晤。对此，10月3日，毛泽东致李克农并告金日成、彭德怀电指出：关于更换会议地址问题，经我们再三考虑，认为目前还应采用你们原先的主张，拒绝敌人这项无理要求，并准备与敌人拖一时期。因为敌人目前的政策是拖，我急他不急是无用的，到了敌人真想解决问题的时候，那时就可以扯拢了。同日，金日成、彭德怀函复李奇微，再次建议立即在开城恢复谈判。指出，美方重提更换会址的要求，实无任何理由，目前的问题是立即恢复开城停战谈判，并在会议上规定开城区中立化的严格协议，以保证将来不再发生违反协议的事件，而绝不应该节外生枝，又来提出更换会议地址的新问题。

10月4日，李奇微再致信金日成、彭德怀称：开城不适于作为会议地址，在那里行动与控制的平等没有保证，也不能够获得保证。提议由朝中方选择能为美方接受的大致位于双方战线之间中途的地点会晤。对此，毛泽东致电李克农并告金日成、彭德怀指出：根据目前情况看，我方不宜再次拒绝更换地点，而应主动地提出在板门店恢复双方代表团的会议，并在会议上成立有双方代表参加的机构来规定关于板门店会议地区由双方负责巡逻保护的严格协议，并保证此协议的执行。10月7日，金日成、彭德怀函复李奇微建议将会址移至板门店。复信指出，为使停战谈判立即恢复，朝中方面建议：停战会议地区的中立范围，应该扩大成为将开城和汶山都包含在内的一个长形地区，而将会场地址移至板门店，并由双方负责保护这一会场地址。同时建议：双方代表团应立即在板门店复会，并在复会后的第一次会议上规定关于扩大中立区范围及保障会场地址安全的原则，并成立一个双方参加的适当机构去协商具体而严格的条件，并保证其实施，以利停战谈判的进行。若美方同意此建议，双方联络官即开始洽商代表团复会事宜。

10月8日，李奇微来信同意双方联络官为讨论双方代表团恢复谈判事宜举行会晤，建议时间定在10月10日上午10时。他在信中再度企图将拖延停战谈判的责任加于朝中方面。10月9日，金日成、彭德怀函复李奇微建议立即在板门店恢复停战谈判。复函指出：鉴于你方过去只用会议地区中立化的协议来约束我方，而你方则可以借口对该地区没有责任而肆意破坏和抵赖，故我们建议将停战会议地区的中立范围扩大成为连开城和汶山都包含在内的双方都负有责任的一个长形地区，并将会场地址移至板门店，由双方平等负责，来保护这一会场地址的安全。复函建议双方代表团应立即在板门店恢复停战谈判，在复会后的第一次会议上规定关于扩大中立区范围及保障会场地址安全的原则，并成立一个适当机构去解决与此有关的各项具体问题。

同日

［纲文］ **彭真在华北第一次县长会议全体党员会议上发表讲话。**

［目文］ 彭真指出，代行人民代表大会职能的人民代表会议，现在是全国人民的基本的组织形式，又是我们在政权工作中走群众路线的最好的、最有效的、最重要的形式。任何一个地方的政权要搞好工作，首先必须把人民代表会议搞好。关于人民代表会议和政府之间的关系，他指出，人民代表会议和政府是一个整体里面的两个部分，是有分工的。人民代表会议是权力机关，国家的重大事情由它来决定。政府要把群众关心的重大问题，提交人民代表会议讨论决定。权力机关把大政方针定下来了，就由政府去做。关于改善党对政权的领导的问题，他认为，属于国家的事情，党不能直接管，要通过政权机关去管。政权机关对党委不是组织上的隶属关系。相反，对政权机关的决议，所有的人都要服从，共产党员也不例外，党委也不例外。

同日

［纲文］ **《人民日报》发表教育部部长马叙伦关于政务院公布改革学制决定的谈话。**

［目文］ 谈话指出，政务院公布施行《关于改革学制的决定》是中国人民教育事业上一件重大的事情。新学制是完全适合于中华人民共和国初期的情况和需要的。他强调，新学制必须根据各地区政治、经济、文化发展的具体情况，特别是少数民族地区的特点，有计划、有步骤、有准备、有重点地来推行。这次改革学制的重点是工农干部教育、技术教育和小学教育。准备工作应集中于各级学校师资的培养和各级各类学校教材的编印工作。实施步骤应从城市向乡村、平原向山地、中心地区向边远地区。小学5年制应在1952年开始，从小学一年级改起，以后按照各年级程序，逐年改革，最迟须在5年内全部完成。对于中等专业教育、专门学院和专科学校的整顿与发展，除各级人民政府教育部门应加以领导外，各有关部门和企业机关应大力负责进行。教育部将协同各大行政区、各省、市教育行政部门按照各地情况，制定具体可行的计划。首先在全国范围内进行广泛宣传，使全国人民都了解其重大意义和基本精神，然后逐步实施，争取1952年到1957年在全国基本上完成学制改革。

本日，《人民日报》发表题为《为什么必须改革学制》的社论。社论指出，旧中国的学制，抄袭了资本主义国家的学制，反映了半殖民地半封建社会的地主官僚买办资产阶级的反动思想，与中国人民的实际需要相违背。新中国要在最短的时间培养出建设所需要的大批人才，培养出各种社会成分的干部；要满足广大劳动人民，首先是工人和农民的要求，使他们普遍地提高文化、掌握技术、学会管理与建设国家的本领，就必须实行新学制。这就是依据新民主主义政治经济的发展，依据社会生产分工的状况和不断提高的要求，确立中国人民自己的学校系统。

同 日

［纲 文］ **中财委颁布《中央所属企业委托大行政区或省市代管暂行办法》。**

［目 文］ 陈云就该文件指示重工业部、燃料工业部、纺织工业部和轻工业部：国营工业单位的领导关系，亟待确定，借以明确其财政关系，并促进其经营管理合理化。经中财委根据历次与你部研究结果，将全国国营工业单位分为由中央各主管工业部直接领导，及由中央各主管工业部委托大行政区人民政府工业部门或省市人民政府工业部门代管两类。关于委托代管办法，经制定《暂行办法》共八条，除华东区国营工业单位的领导关系，尚待征询华东区财委意见后再行确定外，兹附发其他各区你部主管范围内之各国营工业单位领导关系划分表及委托代管暂行办法各一份，即希遵照办理。

《暂行办法》规定：一、中央各工业部为照顾目前实际情况，并为将来大规模建设做准备，暂时不宜直接管理太多的企业；所有中央所属各企业，除由中央主管部直接管理者外，得视实际需要及便利情形，委托大行政区工业部门或省市工业部门代管。二、中央委托大行政区工业部门或省市工业部门代管的企业，在政策方针上仍归中央主管部领导，但在实际工作上受所属大行政区工业部门或省市工业部门的领导。三、由各大行政区工业部门或省市工业部门代管的中央所属企业，其主持人由各大行政区或省市商经中央主管部门同意后任免。四、由各大行政区工业部门或省市工业部门代管的中央所属企业，其工作计划、预算决算、重要产品价格及报告等，均须依照规定，经由各大行政区工业部门或省市工业部门随时送交中央主管部审核，其所适用规定与中央主管部直接管理各企业相同。五、各大行政区工业部门或省市工业部门于转送其所代管的中央所属企业的工作计划、预算决算、重要产品价格及报告等时，应附加审查意见，并于年度终了时，对于所代管各企业分别向中央主管部提出详细考核报告。六、由各大行政区工业部门或省市工业部门代管的中央所属企业有盈余时，其10%由代管大行政区或省市留用，90%缴解中央。七、由各大行政区工业部门或省市工业部门代管的中央所属企业，其物资及产品调拨分配，中央于必要时得统筹。八、各大行政区工业部门或省市工业部门对于代管的中央投资企业，应依照经济核算原则，力求经营上的合理化及企业化。

同 日

［纲 文］ **新华社讯，贸易部通令加强市场管理。**

［目 文］ 通令指出，由于全国大部地区土地改革的完成，农业生产迅速的恢复和城乡物资交流的开展，农民购买力显著提高，1951年夏季市场上出现了淡季不淡的情况；当前又值秋收，面临商业旺季；同时，又由于国内经济建设工作的开展，各种建设物资的需要量大增。在这种情况下，有些不法商人图谋暴利，囤积拒售，投机取巧，在上海、天津已先后发现了这些商人违反人民政府的政策法令、破坏物价稳定的行为。为了巩固物价的稳定，加强市场管理，特通令所属各大行政区和河北、平原、山西、察哈尔、绥远5省及北京、天津两市人民政府的贸易行政部门，根据1950年11月14日贸易部颁发的关于取缔投机商业的几项指示的精神，制定法规，并配合有关部门及时检查，对于进行投机活动

的商户予以严格处分。

同日

［纲文］ 中国人民抗美援朝总会举行欢迎参加国庆观礼的外国代表团招待会。

［目文］ 郭沫若、陈叔通、刘宁一、邓颖超和沙可夫①等出席。来访的有应邀参加国庆节庆祝典礼的苏联、保加利亚、罗马尼亚、匈牙利、朝鲜、捷克斯洛伐克、波兰、蒙古、德意志民主共和国、越南、印度、缅甸、印度尼西亚等13个国家的代表团和巴基斯坦代表团代表。郭沫若作了关于中国人民保卫和平运动的报告，他说：中国人民热爱和平。中国人民深切地知道，要保卫和平就要反对侵略者，反对侵略战争。中国人民也深切地知道，要保卫世界和平，必须和全世界人民团结起来。

10月4日

［纲文］ 中共中央发出《关于接收新党员手续的规定》。

［目文］ 《规定》指出，为了加强党与劳动人民群众的密切联系，及党对于人民群众的领导作用，在没有党的组织的地方和党员很少的地方，发展党员和建立党的组织，已经成为我们党的一个严重的政治任务和组织任务。但在接收新党员时必须严格地遵守入党的手续，以保证新党员的一定的质量。《规定》根据中国共产党党章规定的原则及第一次全国组织工作会议的决议精神，对接收新党员的手续做出了十二项具体规定，包括：严格遵守党的条件、对积极分子进行教育、有计划地接收、入党前必须经受群众组织的锻炼、接收不同社会成分者必须严格遵守党章、填写入党志愿书、介绍人资格、支部大会讨论、候补党员期限、转正、上级审查、严格手续等。

［文 献］ **关于接收新党员手续的规定（节录）**

（一）中国共产党党章所规定的接受党员的条件，必须严格遵守。我们不应把所有愿意入党的人，都接收到党内来，而是接收工人阶级和劳动人民中最优秀的人物，经过考验，经过教育，成分好，觉悟高，历史清楚，对党忠诚，在群众斗争中及工作、生产和学习中表现积极，懂得党的事业，并愿终身为党的事业奋斗，能够遵守党的纪律的人入党。

（二）接收新党员，是党的经常工作之一。党的基层组织，必须在群众中经常积极地宣传党的思想和主张。对于非党组织中的积极分子，则应派遣党员分别地向他们进行个别的、深入的了解和教育，使他们的觉悟不断提高，大体上懂得共产党是什么，为什么要加入共产党，以及怎样做一个共产党员等等，然后在他们的要求下，个别地将其中确实合于党员条件者，接收入党。

① 沙可夫（1905—1961），浙江海宁人，时任全国文联秘书长。

（三）各级党委对于接收党员的工作，必须有计划、有准备、有领导地进行。今后凡需要发展党员的地方，当地的市委和县委，必须根据当地的实际准备工作情况，事先做出计划，送上级党委审查批准。市委、县委应根据具体情况规定发展党员的时间，在农村接收党员的时间，每年可有一次到两次，城市工厂、机关、学校每年可有三次到四次。党的基层组织，在所规定的接收党员时间之前，必须将一切准备工作做好，并提出发展新党员的意见，经过上级党委审查批准后，方得按照规定手续接收。上级党委则应经常检查、督促党的基层组织进行发展党员的准备工作，并指导其实现发展党员的计划。

（四）党员在入党前，必须经过群众组织的教育与锻炼。凡二十五岁以下的青年入党，必须是新民主主义青年团的团员。凡未参加党所领导的工会、农民协会、妇女联合会、合作社以及其他人民群众团体者，一般不应接收其入党。在接收各种社会团体的会员入党时，该团体中的党组或负责的党员干部，必须向党提供负责的意见。

（五）对于接收各种不同社会成分的人入党，应严格按照中国共产党党章，履行入党手续。凡曾参加过反动党、团、落后帮会、道门者，必须放弃其原来信仰，正式宣布脱离其原来的组织，经过确实证明后，方得按照规定的手续接收。凡反动党、团中的积极分子和区分部委员以上的负责人，落后帮会、道门的头子以及在土地改革中被没收了土地和财产的地主、半地主、旧富农、国民党反动政府的各级负责官吏等，非经党中央的批准，各级党的组织一律不得接收其入党。

（六）新党员入党，必须由本人亲自向党申请，党的组织应告诉他老老实实地填写入党志愿书（必要时并应写详细自传），在志愿书上应说明为什么加入共产党及自己如何做一个共产党员等。如果本人的政治经历复杂必须填写清楚，所有重要情节必须提出可经调查证实的人名和地址，以备调查之用。如本人不会写字，可说明自己意见，请人代写，但本人必须签字或画押（入党志愿书式样另发）。

（七）介绍人的资格，应切实按照中国共产党党章的规定。介绍人介绍新党员入党时，应采取对党完全负责的态度。支部大会，在讨论新党员入党时，凡有可能者，介绍人必须出席参加。上级党委在批准新党员入党时，要同时审查介绍人的资格。如在任何时期发现介绍人有故意隐瞒被介绍人的重要情节者，应予以纪律处分。

（八）支部大会讨论新党员入党前，支部委员会应负责审查入党志愿书，并与之个别谈话，弄清其历史情况、觉悟程度及入党动机等，如有重要情节须要调查证实者，支部必须负责进行或报告上级进行调查，加以证实。然后提出意见，由支部大会决定是否接收；在大会进行讨论时，入党者本人必须出席参加。支部大会的决议，要填写在入党志愿书上，并由支部书记签字。

（九）候补党员的候补期限，今后除特殊情况外，一般不能缩短。在候补期间，所属支部应指定一正式党员，专门负责对其进行教育与考察，并定期向支部作报告；必须使候补期真正成为一种极严格的考验，而不是一种空洞的形式。

（十）候补党员的候补期满，支部委员应按时地根据本人在候补期间的表现，提出意见，由支部大会决定其是否转为正式党员。讨论时，候补党员本人，必须出席，报告其在候补期间接受党的教育的经过与收获。支部大会通过其转为正式党员，经上级党委批准后，必须填写党员登记表。如候补党员候补期满，在工作上和党的生活的实际表现中，尚不够一个党员条件，或党对其某些情节经过调查还不够了解时，可经支部大会决定，上级党委批准，延长其候补期，延长时间不得超过原候补期。延长一次，仍不够党员条件时，则取消其候补党员资格（党员登记表式样另发）。

（十一）上级党委在批准新党员入党和候补党员转为正式党员时，应切实审查其有关材料，并与之谈话。所有新党员入党，一律须先经县、市委派人和他谈话，然后党的区委会才能予以讨论。区委在讨论时，支部书记可能时应出席参加，党委通过的书面决议，应由书记签字、党委盖章。

（十二）接收党员的手续，不是单纯的技术工作。严格地按照手续接收党员，是保持与提高党员标准和纯洁党的组织的重要特征之一。各级党委应经常地进行检查与指导接收新党员的工作。对于不遵照入党手续接收党员者，对历史情况复杂的人不进行周密的调查工作，即予接收或予拒绝者，以及藉口入党手续严，工作麻烦，对接收党员采取消极态度者，都必须及时地予以批评教育。

资料来源：中央档案馆提供档案。

同 日

［纲 文］ 中共中央发出《关于处理共产党员出国后党的生活和归国华侨党员的党籍问题的决定》。

［目 文］ 《决定》对共产党员因工作或学习出国者党的关系和党的生活，华侨在国外参加其他国家共产党组织者回国后的党籍问题分别做出了两个方面八条的具体规定。

［文 献］

关于处理共产党员出国后党的生活和归国华侨党员的党籍问题的决定（节录）

（一）凡共产党员因工作或学习出国，其党的关系与党的生活，应按下列规定办理：

甲、共产党员临时出国参观或参加国际性的会议时，其党的生活，由有关部门的党组织或党委，负责加以组织并领导。归国后，其党的生活情况总结，应报告中央。

乙、共产党员被派出国外工作者，其党的关系及党的生活，仍由有关部门的党组或党委负责加以组织并领导。党组或党委，须将国外党员的党的生活情况，每半年向中央作一次报告，如出国之党员，须参加其他国家之共产党者，须经中央批准。

丙、共产党员出国留学者，其党的关系和党的生活，由中央组织部指定专人负责领导，其党的生活情况，每半年必须向中央作一次总结报告。

丁、共产党员侨居国外者，其党的生活，由中央组织部与中央对外联络部指定专人负责领导，如需要参加其他国家共产党组织者，须经中央批准。

（二）凡华侨在国外参加其他国家之共产党者，回国后，其党籍问题，应按具体情况分别处理：

甲、凡回国华侨，曾经参加苏联共产党和新民主主义国家的共产党、工人党或劳动党者，要求转为中共党员时，得按照具体情况或承认其党籍，或按中国共产党党章办理入党手续，但一律须经中央批准。他们参加其他国家共产党之党龄，则填注于中国共产党党员登记表上。

乙、凡回国华侨曾参加过欧美资本主义国家或亚洲其他国家共产党者，要求取得中国共产党党籍时，勿论其有无正式介绍信件，一律不得承认其为中共党员，只有经过证明和实际考验具备党员条件后，始可吸收其为中共党员。他们参加其他国家共产党的党龄，可填注于中国共产党党员登记表上。如回国华侨原系中共党员，在国外的工作情况又能得到证明者，经审查属实后，可承认其党籍。

丙、凡中共党员经过党的允许，在国外建立的支部和接收的华侨党员回国后，如有证明并经过审查，确已具备党员条件者，可承认其党籍。

丁、归国华侨党籍的处理，一律须经中央审查批准，或经中央局审查批准后，报中央备案。对于过去已经处理者，除已发现新的问题外，一般地不再翻案。对于已回国之华侨党员而党籍尚未处理者，则按以上规定，负责地予以解决。

资料来源：中央档案馆提供档案。

同日

［纲文］　中财委就组织出口问题复电中南财委。

［目文］　复电称：一、同意所提第二项意见，请即大力组织出口，不必通过中国进出口公司，但苎麻一项因交苏联及新民主主义国家任务很大，不准出口。二、所提第三项意见，我们认为蛋品1000吨，可由畜产公司自行出口，猪鬃决定由中国进出口公司统一经营，中国进出口公司即将工作布置下去。桐油因已着中国进出口公司列入第四季度计划，仍应由进出口公司争取出口。上述各项请你委随时督促检查。三、第四项所提出口方式意见，本委同意，但须统一于中国进出口公司，以求对外一致，而免商人钻空子。四、余均同意照办。

此前，9月14日，中南财委致电中财委，请示对中南区组织出口问题的意见：一、由于内销需要扩大，近两月又是土特产上市淡季，因此可供出口物资不多。二、目前私商存货少，而国营区公司存货尚多，由于蚕豆、倍子国外价接近我限价，故拟组织私商出口，并将国营公司约值港币800万元的存货如苎麻、倍子、桂皮、蚕豆、茶油、茴桂油、肠衣等，有计划组织出口。三、有些物资由中央掌握，中南区公司已交广州实业公司，如油脂公司桐油4000吨、畜产公司蛋品1000吨及猪鬃等，约值港币2000万元。四、除催进出口公司设法输出外，拟经过以下方式出口：（一）通过汉、穗私商及原来有往来的洋商出口。（二）委托港管会机构出口。（三）利用过去曾对我国营公司发生过交易的欧洲洋商通行交易。五、进口批汇当视具体情况减少，不使入超过分扩大。

同 日

［纲 文］ **志愿军战斗英雄国庆观礼代表团向中国人民抗美援朝总会献旗。**

［目 文］ 旗上写着："遵照祖国人民的意志，我们坚决地站在反侵略的前线，为保卫祖国、保卫世界和平而奋斗。"献旗前，总会主席郭沫若应邀向代表团作了关于一年来抗美援朝运动伟大成就的报告。

同 日

［纲 文］ **全国总工会举行欢迎参加国庆观礼各国代表团工会代表和部分团员座谈会。**

［目 文］ 出席座谈会的有：苏联、保加利亚、罗马尼亚、匈牙利、朝鲜、捷克斯洛伐克、波兰、蒙古、德意志民主共和国、印度、缅甸和巴基斯坦等12国的代表23人；全国总工会副主席李立三、朱学范、刘宁一和在京常委、各部部长等。李立三在介绍中国工人运动和工会工作的情况时说，工会法颁布后，工人组织有了巨大的发展，有613万人参加了工会；劳动保险法颁布后，有216.5万人享受到劳动保险福利，加上家属约有1000万人；工人在文化上也翻了身，参加业余学校的有171.8万人。

10月5日

［纲 文］ **政务院举行第一〇五次政务会议。**

［目 文］ 会议由董必武主持。会议听取和批准了轻工业部部长黄炎培所作的《轻工业部1951年1月至8月工作综合报告》。报告说，轻工业在去年好转的基础上，获得进一步的恢复与发展。从目前产销情况看，销路好获利大的有造纸、制糖、文教用品、医疗器械等行业；依靠军需订货而得到恢复发展的有橡胶、皮革、搪瓷等行业；由滞销到好转获利的有火柴、卷烟、肥皂等行业；仍在维持调整阶段的有面粉、油脂等行业；得到恢复发展的有手工业和工艺品。现在的问题是，对轻工产品需求量日益扩大，轻工业设备利用率仍然很低，原材料、供应还有困难。当前轻工业基本建设的方针是"一般恢复，重点扩大"。对此，董必武在讨论该报告时指出，轻工业部的工作方针应是"一般恢复，重点发展"。

同 日

［纲 文］ **政务院发布《关于学习标点符号用法的指示》。**

［目 文］ 《指示》针对全国各政府机关文件和各种出版物的稿件中标点符号混乱很多，往往有害文意的现象，要求各机关指定固定的文字秘书，各编辑部指定专职的文字编辑，专司订正一切稿件中文字混乱和标点符号混乱之责。

此前，9月26日，出版总署公布《标点符号用法》。对句号、逗号、顿号、分号、冒号、问号、感叹号、引号、括号、破折号、省略号、着重号、专名号等13种标点符号的用法都做了举例说明。

［文 献］ **关于学习标点符号用法的指示**

目前全国各政府机关文件和各种出版物的稿件所使用的标点符号，混乱很多，往往有害文意的正确表达，并使领导机关在审阅这些稿件时，不得不费很多时间来做技术性的校正工作。造成此种现象的原因有二：一是缺乏标点符号用法的统一规定；二是处理文件稿件人员未曾注意学习此项用法。为了解决这个问题，中央人民政府出版总署已于九月间公布《标点符号用法》（已由政务院秘书厅发布，另见一九五一年九月二十六日《人民日报》第七版），作为统一的标准。务望全国各级人民政府机关处理文件人员、各报刊出版机关编辑人员、各学校语文教员和学生，一律加以学习，务使今后一切文件和出版物，均按该件规定，统一标点符号的使用。

为了切实消灭乱打标点符号及其他文字混乱的现象，望各机关指定固定的文字秘书，各编辑部指定专职的文字编辑，专司订正一切稿件中文字混乱和标点符号混乱之责。这是健全的机关工作和编辑工作所必要的。

资料来源：中央档案馆提供档案。

同日—13日

［纲 文］ **中苏友好协会第二届年会暨第一次全国代表会议在北京召开。**

［目 文］ 参加开幕典礼的有，中苏友协总会会长刘少奇，副会长宋庆龄、沈钧儒、李济深、郭沫若、黄炎培，中央人民政府各部委领导，各民主党派和各人民团体负责人，文化界人士，各地中苏友协出席第一次全国代表会议的代表，以及来京参加国庆观礼的各民族代表、华侨回国观光团团员、战斗英雄、民兵英雄、劳动模范、人民革命老根据地代表、少年儿童队代表等，共计1200余人。苏联驻华大使罗申、苏联作家爱伦堡、苏联著名学者尤金、苏联人民观礼代表团和在京苏联专家等也出席了典礼。大会主席、中苏友协总会总干事钱俊瑞致开会词，报告两年来中苏友协工作。郭沫若、苏联人民观礼代表团团长索洛维耶夫、爱伦堡、苏联对外文化协会副主席雅科夫列夫分别致词。五一节赴苏观礼代表团志愿军战斗英雄郭忠田、苏联专家帮助工作的工业劳动模范刘德珍和治淮工程师钱正英等也讲了话。中苏友协总会副总干事阎宝航宣读了苏联各方面的贺电。中央戏剧学院等在会上演出了歌舞。

参加中苏友协第一次全国代表会议的代表244人，经过讨论，会议总结了两年来的工作。会议通过决议，规定了今后进一步开展中苏友好工作的方针和任务，要求：坚决和迅速地把友协的工作从一般号召转入深入具体有丰富内容的阶段；结合群众的思想和生活实际，进行国际主义和学习苏联先进经验的教育；密切结合抗美援朝保家卫国运动及国防和经济建设，坚决克服脱离全国和各地中心工作而孤立进行工作或放弃本身工作的两种不同偏向；继续发展会员，扩大和巩固中苏友好协会的组织，扩大、巩固国际主义的宣传阵地和宣传队伍。钱俊瑞在总结中阐明了对中苏友好问题应有的基本认识和中苏友好协会今后的工作特点，并对今后的宣传工作、发展和巩固组织工作等做了具体说明。中央人民政府秘书长林伯渠在闭幕典礼上讲话指出：这次代表会议的成就，标志着中苏友谊今后将更加巩固和发展。会议通过了致斯大林、毛泽东的致敬电。

同日—11月20日

［纲 文］ **华北区城乡物资交流展览会在天津跑马场举办。**

［目 文］ 该会为本年全国规模和成交最大的城乡物资交流展览会。中央人民政府华北事务部部长刘澜涛，农业部部长李书城，天津市市长黄敬，北京市副市长吴晗，华北农民代表，北京、华北5省、内蒙古和各大行政区贸易代表团和参观团等1万余人出席了开幕大会。刘澜涛讲话指出，大会的任务是：指导工农业生产，进一步扩大城乡物资交流，提高广大人民的购买力，从经济上巩固工农联盟。

展会共设17个馆，分为综合、农业、土特产、工业四部分。综合部分有物资交流馆、工商业改进馆、区际馆；农业部分有棉花馆、粮食馆、经济作物馆、战胜灾害馆、农业生产资料馆、农业生产改进馆；土特产部分有山干鲜货馆、药物馆、畜产馆、水产馆；工业部分有棉织品馆、日用品馆、手工业馆、重工业馆。展会设立了包括200多个商店的零售商场及土特产、畜产水产、日用百货和工业品等4个交易所，并组织了科技工作者和农业生产能手、城乡青年、妇女和工商业者的座谈会。

11月20日，展会闭幕，展出时间共45天，展品1.3万种，以华北和内蒙古为主，并集中了华北、东北、中南、西北、西南五大行政区的主要工业、手工业产品和农、副、土特产品。接待观众达百万人，还特别招待农民代表近2万人、华侨和外宾等各界人士近4万人。除新疆、西藏外，全国各大行政区、各省及重要城市共派出103个贸易代表团、2300多人参加了大会交易，成交总额达15600余亿元。展会决定将大部分展品移交华北事务部，将展会房屋、用具等财产全部移交天津市人民政府，在原址成立博览馆。①

同 日

［纲 文］ **中央人民政府华北事务部发出《关于普遍开展农村冬学运动的指示》。**

［目 文］ 《指示》提出，1951年冬学运动必须将文化教育、政治教育与中心工作的教育配合起来进行，要在已有的基础上大力开展以村干部、积极分子和青年农民为主要对

① 后建为天津市工业展览馆。

象的文化学习运动，同时要普遍推广以广大农民为对象的政治、政策、中心工作的学习运动。为此，冬学设文化班和政治班两种班次，授课时间为4个月，文化课和政治课的时间分配，一般为3比1。《指示》要求，必须有固定的专门领导机构，指导冬学运动和民校工作；要训练骨干教师，依靠他们帮助其他教师，使冬学运动能更普及。冬学结束后，应总结经验，奖励模范。

10月6日

[纲 文] **全国妇联举行欢迎参加国庆观礼各国代表团妇女代表茶会。**

[目 文] 出席茶会的有：苏联、保加利亚、罗马尼亚、匈牙利、捷克斯洛伐克、波兰、蒙古、德意志民主共和国、越南、印度、缅甸等11个国家代表团的妇女代表13人，特邀苏联作家爱伦堡夫人和智利诗人聂鲁达夫人，以及在京的越南、印度尼西亚青年妇女代表4人，全国妇联副主席邓颖超、许广平和在京的常委执委及各部负责人等，印度尼西亚和缅甸华侨归国观光团妇女代表、中国人民志愿军女代表、工农业女劳动模范、参加全国妇联第一次儿童福利及妇婴卫生工作会议的代表等共200多人。欢迎茶会由邓颖超主持。她在谈到全国妇联两年来的组织发展情况时说，全国妇联通过妇女代表会议联系的有组织的妇女已达7600万人。中国妇女酷爱和平，只要全亚洲、全世界的兄弟姊妹团结一致，坚决地把和平事业保卫到底，和平就能战胜战争。各国代表也相继发言，一致表示要加强妇女的团结，共同保卫世界和平事业。

同 日

[纲 文] **全国文联举行欢迎参加国庆观礼各国代表团作家、艺术家座谈会。**

[目 文] 出席座谈会的有：苏联、保加利亚、罗马尼亚、匈牙利、朝鲜、捷克斯洛伐克、波兰、蒙古、德意志民主共和国、越南、印度、缅甸、印度尼西亚和巴基斯坦代表团的作家和艺术家代表；全国文联副主席茅盾、周扬及丁玲、赵树理、艾青①、冯至②、沙可夫、欧阳予倩、洪深、贺绿汀③、王朝闻④等。茅盾致开会词说：15个国家的文艺工作者聚集一堂，这不仅在中国是空前的盛会，而且在亚洲也是空前的盛会。周扬在发言中概述了五四运动以来中国新文学的发展，特别强调了1942年毛泽东在延安文艺座谈会上的讲话在中国文学史上所引起的变革，并列举了近10年来执行文艺为工农兵服务的方针获得的成就。与会者就各国文艺界人士在保卫世界和平事业中的共同任务，以及有关文艺的许多专门性问题交换了意见。

同 日

[纲 文] **中国新闻出版印刷工会筹委会举行欢迎参加国庆观礼各国代表团新闻工作**

---

① 艾青（1910—1996），浙江金华人，诗人。
② 冯至（1905—1993），河北涿县人，作家。
③ 贺绿汀（1903—1999），湖南邵阳人，音乐家。
④ 王朝闻（1909—2004），四川合江人，文艺理论家。

者茶会。

［目文］ 出席茶会的有：越南、印度、缅甸、印度尼西亚、巴基斯坦等国代表团的新闻工作者8人，中国新闻出版印刷工会筹委会主任范长江及各部负责人。范长江致词说：我们热忱地希望和亚洲各国的拥护和平的记者合作。一个有共同目的的亚洲和平新闻记者的阵线，对于亚洲和平事业必将发生重大影响。

同日

［纲文］ **贸易部和中国店员工会发出《关于在国营企业中开展以减低商品流转费用为中心的爱国主义劳动竞赛运动指示》。**

［目文］ 《指示》说，自1950年开始建立的国营贸易企业的商品流转费用定额管理工作还存在着许多不合理的情况，主要表现在：一、由于不按计划调拨或计划不当而造成的商品相向运输或迂回运输所引起的在运费、装卸搬运费、运输中的损耗与保险费加大的损失；二、由于在计划上经营上缺乏预见性，商品供应不及时而造成不必要的商品积压和资金停滞，增大了保管费、保险费及利息的支出，并妨碍了国家资金的合理使用；三、由于经营管理不善所造成的超额损耗与责任损失；四、业务费及管理费上的开支不当与某些铺张浪费现象。为克服这些现象，加强国营贸易的经营管理工作，使国营贸易企业逐渐走上经济核算制的轨道，决定在全国国营贸易企业中，开展以减低商品流转费用为中心的爱国主义劳动竞赛运动。运动的总要求是：改进工作方法，创造典型经验，树立模范旗帜，从现有的经营管理基础上提高一步，减低现有的商品流转费用开支水平；在全国范围内，实现本年第四季度较既定的商品流转费用计划节省4000亿元、1952年度节省1.5万亿元。具体要求有：不同地区依照各自情况分别制订运动办法；国营贸易企业成立爱国主义劳动竞赛委员会，负责制定本企业单位减低商品流通费用计划，领导执行和定期检查总结；依靠职工群众，加强工会工作，广泛深入地发动群众，开展合理化建议；各企业工会与行政之间订立集体合同，各工作部门之间订立联系合同；将运动与各种政策、业务经营及职工福利相结合。

同日

［纲文］ **被马来亚英国殖民当局无理驱逐出境的第13批华侨乘轮返抵广州。**

［目文］ 第13批被驱逐出境的华侨与9月12日抵达广州的第12批一起，共计1140人。这些难侨曾被英国殖民当局长期拘禁在集中营里，遭受酷刑和虐待。回国后，受到广州侨务机关的慰问和妥当安置。

同日

［纲文］ **华西协和大学在成都举行接办典礼。**

［目文］ 该大学是20世纪初由英国、美国、加拿大等基督教教会在成都联合创办的私立学校，自此正式更名为华西大学，改由西南军政委员会文教部接办。刘承钊①任校长。

① 刘承钊（1890—1976），山东泰安人，生物学家。

10月7日

［纲文］ **周恩来举行欢迎参加国庆典礼的各国外宾茶会。**

［目文］ 出席茶会的有：苏联作家爱伦堡和智利诗人聂鲁达，苏联、保加利亚、罗马尼亚、匈牙利、捷克斯洛伐克、波兰、蒙古、德意志民主共和国、越南、缅甸、印度尼西亚、巴基斯坦等国人民观礼代表团，朝鲜人民观礼代表团团员李泰俊，印度亲善访华团，中央人民政府秘书长林伯渠，政务院副总理董必武、郭沫若等。茶会上，周恩来回答了外宾提出的问题。在介绍新中国的经济性质和向社会主义社会过渡的时间及手段问题时，他说：中国实行了土地改革，把农民从封建制度的剥削和束缚中解放出来，但这并不妨碍其在私有基础上的发展。今天中国经济仍然包含5种成分。这5种经济在国营经济领导之下，分工合作，各得其所，促进整个社会经济的发展。中国在经济上还是比较落后的。中国经济的发展前途是要走向工业国有化和农业社会化的。但这要经过很长的时间，并且还要经过中国人民的考虑和同意，我们才会从容地妥善地进入社会主义。我们相信中国是可以和平地走向社会主义的。

同日

［纲文］ **中央军委宴请解放军、志愿军战斗英雄国庆观礼代表团。**

［目文］ 宴会由总政治部副主任萧华主持并致词。出席宴会的有解放军与志愿军战斗英雄国庆节观礼全体代表共170余人，总参谋部、总政治部、总干部管理部、总后勤部、空军、海军及各特种兵部队负责人共30余人。

同日

［纲文］ **全国青联和青年团中央举行欢迎参加国庆观礼各国代表团青年大会。**

［目文］ 出席大会的有：苏联、保加利亚、罗马尼亚、匈牙利、捷克斯洛伐克、波兰、蒙古、德意志民主共和国、越南、缅甸、印度尼西亚等11国的青年代表，全国青联主席、青年团中央副书记廖承志，全国青联副主席钱三强，以及各界青年800余人。廖承志致欢迎词指出：中国人民和青年坚决反对美国武装日本，反对美国继续占领日本，反对非法的对日和约。我们一定要和亚洲人民和全世界人民在一起，为粉碎美帝国主义的侵略计划、保卫亚洲和世界和平而斗争。

同日

［纲文］ **全国科普协会、全国自然科学专门学会联合会及中国科学院举行欢迎参加国庆观礼各国代表团科学工作者茶会。**

［目文］ 出席茶会的有：苏联政治与科学知识普及协会主席奥巴林，匈牙利科学院院长鲁斯尼亚克，全国科普协会主席梁希、副主席茅以升，全国自然科学专门学会联合会副主席吴有训，中国科学院副院长陶孟和及中国科学工作者30余人。与会者互相介绍了各自国家科学普及工作的情况，并交流了经验。

同日

［纲文］ **《人民日报》发表题为《世界和平的伟大福音》的社论。**

［目文］ 社论就斯大林关于原子武器的谈话指出：斯大林极其清楚地阐明了苏联掌握原子武器的作用和苏联对禁用原子武器与实行原子武器国际管制的真诚主张和愿望。这个谈话是世界和平的一个伟大福音，它又一次严重地打击了美国原子黩武主义者的侵略妄想。很长时间以来，美国的统治阶级中就流行着原子黩武主义的迷信。在这种情形下，为了保卫社会主义国家的安全与世界和平，苏联便不能不备有原子武器。苏联备有原子武器不但不是战争的象征，而且是世界和平的福音。因为这首先就剥夺了美国以原子弹的垄断者向其他国家实行恫吓和诈讹的可能性，从而大大地增强了世界人民保卫和平的力量和信心。

此前，10月6日，苏联《真理报》刊登斯大林关于原子武器问题答《真理报》记者问。斯大林表示，按照保卫国家以防御英美侵略集团进攻的计划，苏联将来还要进行各种不同直径的原子弹的试验。为了保持和平，首先需要消除美国对原子武器的垄断，然后才有可能使其同意无条件地禁止原子武器。

10月8日

［纲文］ **上海市军管会发出取缔“圣母军”令。**

［目文］ 命令说：上海解放前，黎培里、莫克勤等帝国主义分子即有计划地搜罗反动分子为骨干，积极扩大“圣母军”反动组织，破坏人民解放事业。解放后，“圣母军”的反动活动愈益加厉，诸如勾结蒋介石武装、搜集情报、隐藏电台武器、印发反动书刊、散播谣言、破坏抗美援朝运动以及天主教徒的自立革新运动，屡有发现。凡此均证实“圣母军”绝非单纯宗教团体，而完全是帝国主义分子勾结反革命分子进行侵略、破坏祖国、破坏人民民主事业的反动工具。为了保障人民利益，维护社会秩序，保护正当的信仰自由，除将“圣母军”首恶分子逮捕审讯，按照《中华人民共和国惩治反革命条例》予以惩治外，特决定自即日起取缔“圣母军”。上海市军管会同时规定了“圣母军”人员登记及退团办法。

同日

［纲文］ **沈阳市军管会军事法庭判决外国传教士阴谋破坏案。**

［目文］ 被沈阳市军管会军事法庭宣布判决的6名主犯，均为法籍，是天主教沈阳教区和营口教区的主教或神甫。其中，费声远被判处有期徒刑3年，缓期执行，驱逐出境；德尚朴、安宁、裴舫济、彭光远、贾浩然等5犯，被判处驱逐出境。10月12日判决执行。6犯在沈阳解放后，积极发展反革命组织“圣母军”，搜罗反革命分子，隐藏枪支、弹药、毒药和电信器材，阴谋进行破坏活动，于7月间被沈阳市公安局破获。10月10日，沈阳市公安局宣布取缔“圣母军”。

同 日

［纲 文］ 革命老根据地礼品文物展览会在北京中山公园开幕。

［目 文］ 展览会由内务部举办。陈列物品是中央人民政府老根据地访问团访问各地期间，当地人民献出的，包括第二次国内革命战争时期各根据地出版的书籍、报纸和期刊，中国共产党和共青团各级组织的决议和指示，各地工农民主政府的通令布告、票据钱币和文信印章，中国工农红军和赤卫队使用过的武器、旗帜、证章和衣帽，革命烈士的遗像和遗物，及各种读本、宣传字画、碑帖等富有历史价值和纪念意义的革命文物500余件。此外，还有各地特产、农产品、手工艺品和工业产品200余种及大批锦旗和致敬信。

10月9日

［纲 文］ 中共中央批转华东局宣传部关于整党宣传的指示。

［目 文］ 中央在转发批语中说，华东局宣传部的意见是正确的，此电可转发各省市区党委并在党刊上发表。此前，10月6日，华东局宣传部向中央宣传部报告了所发关于在公开报刊上如何宣传整党的指示。

［文 献］ 华东局宣传部关于整党宣传的指示（节录）

在公开报刊上宣传整党是需要的，但在公开宣传中，主要是介绍教育方面的成功经验（经党委审查过的）及宣传整党的成绩，对于某些思想原则问题，必要时亦可组织公开的讨论，但必须有领导、有准备地进行，防止争论不休（如天天以很大篇幅去争论）和放任自流的现象发生。在宣传成绩与经验时，自然要联系批判某些党内的缺点；但不应单纯地去揭发党内思想与组织不纯状况，不要多去报道处理结果，以不断提高人民群众对于党的信赖，而不致产生消极因素。整党宣传一般可像土地改革的宣传那样，不必在公开报刊上作很多的宣传，而可多在党内刊物上宣传。但在公开报刊上进行适当的宣传仍是必须的。目前训练干部典型实验中的已有的较好的经验，即应经慎重审查后，开始在报刊上进行宣传与介绍。

资料来源：中央档案馆提供档案。

同 日

［纲 文］ 政务院发出颁布《中国人民政治协商会议全国委员会常务委员会关于省、市协商委员会及县常务委员会编制的规定》的命令。

［目 文］ 命令说，省、市协商委员会及县常务委员会的专职工作人员人数，应根据本院1950年6月13日所颁发的《关于统一全国各级人民政府、党派、群众团体员额暂行编制草案》的规定调剂解决，不能另增编制。

同 日

［纲 文］ 解放军驻京部队机关与解放军和志愿军战斗英雄、老根据地人民国庆观礼代表举行联欢晚会。

［目 文］ 联欢会由总政治部主持，1200余人参加。周恩来出席联欢会并讲话。他说：胜利得来不易，饮水思源，我们应该向你们致敬，向你们代表的各老根据地的人民致敬，致谢，并为烈士志哀。他指出：我们的胜利是依靠了农村的，但今后农民生活的改善，还必须依靠城市。所以，应该下山，应该进城。但是，下了山不应该忘了山，进了城不应该忘了乡。如果忘了，就是忘本。中央政府这次派遣访问团去，就是为了关心老根据地的人民，想尽力解决一些问题。我们有些干部对改善老根据地的群众生活关心不够，应该承认错误。今后各省的省委和政府要关心老根据地的事，每省应该有一个副主席专门负责老根据地的工作，每年至少要到各地看一两次，帮助老根据地的人民解决一些困难。最后，希望你们像毛主席说的那样："发扬革命传统，争取更大光荣。"总政治部副主任萧华、志愿军战斗英雄贾成红、解放军海军战斗英雄王大明、南方和北方老根据地人民国庆节观礼代表团代表郑绍文也相继讲话。联欢会还演出了精彩游艺节目。

同 日

［纲 文］ 劳动部颁布《关于搬运危险性物品的几项办法》。

［目 文］ 鉴于搬运业中不断发生爆炸及中毒事故，劳动部特制定本《办法》，并经中财委批准，命令所属各级劳动行政机关遵照实行。《办法》主要规定：一、货主在委托搬运危险性物品前，须将物品情况书面通知搬运公司。二、货主应根据待运危险性物品的性质妥为包装，并在包装上标出明显记号。如遇包装破损可能造成中毒或其他危险者，工人可随时拒绝搬运。三、搬运公司必须备有足够有效的防护用具及急救设备。四、搬运有毒性物品的工人，每天工作时间为6—8小时；其连续工作时间不得超过2小时，中间应有适当休息时间。五、搬运危险性物品的工资，应按搬运普通物品工资的115%—150%计算。六、搬运工作开始前，货主及搬运公司必须向工人详细说明所搬运物品的危险性及防护方法，并负责解答工人提出的搬运中应注意的一切事项。七、搬运公司、搬运工会应会同经常用人力搬运危险性物品的货主，制订搬运危险性物品守则。八、搬运公司调拨工人时，应就工人的技术、经验、体力等作适当考虑。九、搬运公司应建立对工人进行安全教育的制度，提高工人应有的知识。十、货主、搬运公司因违犯本办法而发生事故时，应视情节轻重，予以适当处分。十一、在搬运危险性物品工作中，工人健康或生命受到危害时，应享受下列待遇：（一）工人中毒或受伤时，货主应负担其全部医疗费用，工资照发。（二）工人因搬运危险性物品致成残废者，依不同情况，货主一次发给工人3—9个月的工资，作为残废抚恤费。（三）工人因搬运危险性物品致死者，除由货主发给死者等于2个月工资的丧葬费外，尚需一次付给死者供养直系亲属抚恤费，其数额等于死者本人9个月的工资。

这是继1950年3月政务院颁布《废除各地搬运事业中封建把持制度暂行处理办法》

之后，在保护劳动者方面的又一重要措施。

同日

［纲文］ **贸易部发出《关于贸易工作上职权划分的决定》。**

［目文］ 《决定》根据5月4日政务院《关于划分中央与地方在财政经济工作上管理职权的决定》及国营贸易工作发展的情况，为保证统一领导与统一管理，并适应各地区具体情况，对贸易工作管理职权做出具体划分。一、中央贸易部职权：（一）根据政务院和中财委的指示发布全国贸易方针、政策、计划及重要制度，并监督其实施。（二）掌握国营贸易系统的固定资金、流动资金、上缴利润、贷款及固定资产折旧上解、决定与监督国营贸易一切全国性的物资调拨。（三）举行对外贸易谈判与签订商约。（四）发布全国物价方案。（五）指导与管理市场及私人商业。二、大行政区人民政府（军政委员会）贸易部职权：（一）在大区政府领导下、依据中央贸易部发布的政策、方针、计划、制度与命令、组织与领导该管区内贸易行政机关与国营贸易企业，保证贯彻执行。（二）领导该管区内国营贸易企业的干部教育、训练、调配及编制等工作。（三）监督该管区内国营贸易企业资金使用、掌握贷款调剂与企业间资金临时相互调用，并保证利润与折旧上解。（四）领导编制、修改该管区内国营贸易计划草案，汇报大区同意后报中央贸易部批准后下达执行。（五）领导该管区内各国营贸易企业执行中央贸易部发布的物价方案，并制定区内物价方案，上报下达。（六）根据中央贸易部《关于国营商业网增撤变更程序暂行办法》的决定，处理本区内国营贸易机构的增撤变更事宜。（七）处理该管区内一切有关贸易的临时紧急措施及各国营贸易企业间不协调、不衔接、及物资不平衡事项。（八）在中央贸易部既定方针、政策及经营范围内，全权领导该管区内的地方性贸易公司。（九）指导与管理该管区内的市场与私营商业。（十）负责检查该管区内各国营贸易企业有关政策方针、计划等的执行情况，并定期向大区与中央贸易部报告。

同日

［纲文］ **中国与德意志民主共和国在京签订《文化合作协定》。**

10月10日

［纲文］ **中央军委发出关于停止动员新兵的指示。**

［目文］ 指示说：军委决定本年所布置的全国95万人的新兵动员计划，自令到之日起一律停止动员与集中。其已动员报名和正在集中途中者一律登记姓名，留在原籍或转回原籍，生产待命，不再集中。从集中途中转回原籍者，应按规定给以路费。

同日

［纲文］ **全国总工会在京召开全国工人职员家属工作会议。**

［目文］ 会议总结了一年来全国职工家属工作的成绩，主要是：一、加强了职工家属的组织和教育工作。全国集中居住的产业职工家属，已有160多万人组织起来，比1950年增加了570%。仅7个省、23个市和7个矿区的统计：共建立家属委员会2151个，家属

小组13787个。在东北、开滦、天津、青岛、武汉、重庆、上海等地，举办训练班81期，训练家属积极分子5463名。据16个大中城市的统计，有209922名家属参加了“五一”示威游行；据3个省、2个市和东北铁路系统、华东煤矿系统的材料，共有532261人参加和平签名和投票反对美国武装日本，占这些地区家属总数的90%。二、积极支持生产，组织职工家属普遍订立爱国公约。其中黑龙江省职工家属订公约者达80%；北京市达89%；沈阳市达77%。全国还有28万多职工家属，积极参加了各种副业生产。三、组织职工家属积极完成制作军需被服等支援抗美援朝前线的工作任务。四、职工家属积极学文化，在民主建政上发挥作用。许多家属积极分子担任了基层政权的居民小组长、村长，或被选为人民代表。在镇压反革命和民主改革运动中，家属们也踊跃控诉、检举和密告反革命分子。

会议确定职工家属工作的方针任务是：继续巩固与扩大家属的组织，对家属加强爱国主义教育，提倡团结互助，勤劳卫生，改进工人、职员的生活和居住环境，配合工厂增产节约运动，保证工人、职员完成生产任务。具体做法是：首先在家属中推广与修订爱国公约；宣传和贯彻政府各种政策法令，特别是有关妇女切身利益的政策法令，要在男女职工和家属中，同时进行婚姻法的宣传教育；组织互助，解决家属的困难，开展识字运动和卫生教育，吸收家属群众参加工会各种文化、政治活动。

同 日

[纲 文] **出版总署通报印发天津市新闻出版处《关于取缔反动落后书刊》的报告。**

[目 文] 通报说，天津市新闻出版处该报告反映了天津市反动落后书刊的情况及取缔这类书刊所采取的措施。天津市的反动落后书刊主要集中在发行业与租赁业手中，大部是解放前遗留下来的，其余是解放后从外埠批来的，包括为反动统治阶级说教、国民党及日伪统治时期宣传品、以前进口的美国宣传刊物、反动文艺、诲淫的书画、介绍西方生活方式、色情、荒诞神怪等8类。天津市新闻出版处决定对前6类立即取缔，对后2类逐步消灭。主要措施是：一、通过图书业公会及天津市连环图画租赁业联合会，分别召开大会，提出“自己审查，自己评论，自己交出动员”的口号，对书店、书摊进行思想动员；二、买进新书调换部分连环画，帮助租赁业进行书刊交换；三、协助旧书店和书摊改进业务，以廉价、寄售、缓期付款的方式添进新书；四、以联营方式改造旧书摊市场。一年来，通过对旧发行业、租赁业者进行团结改造工作，并在公营书店配合下，市场上反动诲淫书籍得以清除。

同 日

[纲 文] **新华书店总店、中国图书发行公司总管理处联合发出《关于为中国人民志愿军募集书刊的通知》。**

[目 文] 《通知》根据抗美援朝总会发出的“请多多把精神食粮送给志愿军”的号召要求，各地新华书店分支店、中国图书发行公司分公司（分店）必须认识到此项工作是发行工作者的光荣任务，是书店在伟大的抗美援朝运动中应尽的责任，严格按照抗美援朝总会选定的书刊目录劝募，按照下发的募书办法进行工作。

◀贵州铜仁地区捐献图书的群众把图书送往书店。

同日—20日

[纲 文]　朝鲜停战谈判双方代表团联络官协商恢复谈判事宜，取得谅解。

[目 文]　据10月7日、9日金日成、彭德怀向李奇微的提议，朝中方代表团联络官张春山、柴成文和李平一上校，与“联合国军”方代表团联络官穆莱上校、爱德华和李树荣中校，开始在板门店就恢复双方停战谈判事宜举行会晤。10月11日，双方联络官对于停战谈判会场的具体地点、会议区双方共同负责警卫的具体办法，以及会场的设备与布置等双方代表团复会时的所有必需的临时安排问题，大体上取得一致意见。但“联合国军”方拒绝确定复会的确定日期，坚持讨论中立区的范围等问题。10月14日，朝中方联络官建议为使“联合国军”方有充分的时间郑重考虑，并对10月12日“联合国军”军用飞机扫射开城中立区的严重事件做出迅速与负责的处理，暂休会至10月15日。

10月19日，双方联络官取得明确谅解：所有双方联络官间所达成的协议，将作为代表团在复会后将确定的全面协议的有关部分的草案，但双方联络官之间的协议，并不约束双方代表团对其做任何增删。为迅速恢复停战谈判，朝中方联络官表示同意“联合国军”方所提出的以3英里为开城和汶山中立区的半径及对这两个圆形地区不进行任何敌对行为的建议，并提出对开城、板门店、汶山通道两侧地区中立化问题的折衷方案，即双方对于通道两侧为1英里的地区不进行敌对行为。10月20日，朝中方联络官同意“联合国军”方提出的以开城、板门店、汶山通道两侧各200米的地区划为中立地区的建议。并再次驳斥“联合国军”方所仍然坚持的军用飞机可以飞入开城、汶山区及通道区域上空的无理要求。

10月上旬

[纲 文]　中共中央政治局扩大会议在京召开。

[目 文]　会议讨论和研究了朝鲜战局的发展趋势与对策。会议决定，为了支援抗美

援朝战争，保证国民经济恢复工作和重点建设的进行，要在全国各条战线开展一个精兵简政、增产节约运动，为此要做好以下几个方面的工作：整编部队，加强国防力量；精简机构，提高工作效率；增产节约，准备国家大规模建设；平衡收支，继续稳定物价。

10月11日

［纲 文］ **中共中央批转《河南省财委关于加强货币计划和巩固金融物价的指示》。**

［目 文］ 中央给各中央局、分局并转所属省、市、区党委的转发批语说：兹将河南财委关于加强货币计划和巩固金融物价的指示转发你们参考。现在旺季已经到来，须投放大批货币收购粮食、棉花和外销物资，为了满足农民的要求，又须组织大批农民所需要的生活和生产资料下乡。这是一个很大的货币物资组织调动工作，组织调动不好，就会出毛病。望各地均仿照河南办法，密切注意和组织这一工作。

此前，9月30日，河南省财委发出该《指示》指出，工商业旺季已经到来，秋后物资交流新高潮实际已经开始，必须投放大量货币，促使市场货币加速流通。在这种情况下，个别商店在局部地区很可能发生物价波动，因此各地必须谨慎地、有计划地进行投放，大力组织货币回笼，全面开展划拨清算，力求扩大转账面，争取绝大部分现金存入银行，以不使其随便流入市场，这成为我们财经部门全体干部的斗争任务。《指示》做出具体措施：一、大力组织现金回笼，完成收购计划。各级财委切实监督并检查国营贸易及合作社按照计划完成收购任务，收购重点是棉、粮、菸草，尤应努力保证完成推销供应计划，促使现金回笼；必须重视领导组织捐献收款工作，把收款工作看作是增产捐献计划订立后整个捐献武器运动的一个决定性的环节；加强各级税收工作的领导，首先帮助税务系统开好全体干部会议，迅速充实税务机构；到期贷款必须收回，人民银行全体工作人员应努力做好收贷工作；今年秋征争取多征赋税棉及其他经济作物，保证收回预购棉花，并开展私人业务大力吸收存款，发展农村折实储蓄及储棉工作，以减少现金投放；号召各机关、部队、团体、学校，采购物资尽可能向公营企业及合作社购买；采取划拨清算转账方式，减少市场投放。二、银行在贷放时应采取边收边放、稳步发展方针。三、外区来采购的公私单位，应由当地财委及工商行政部门统一计划供应，其现金投放应列入当地计划之内。四、财政开支应本撙节精神，力求减少投放。五、国营贸易及合作社应保证农民卖出土产后，满足其购买生活资料与生产资料的需要，以免农民现金冲击发生物价波动现象。

10月12日

［纲 文］ **《毛泽东选集》第一卷出版发行，全国开展宣传学习活动。**

［目 文］ 《毛泽东选集》第一卷由中共中央《毛泽东选集》出版委员会主持编辑，人民出版社出版，在各地新华书店开始发行。《毛泽东选集》按照中国共产党成立后所经历的各个历史时期分卷。第一卷收入毛泽东自1926—1937年在第一次国内革命战争时期

（2 篇）和第二次国内革命战争时期（14 篇）的著作共 16 篇①。各篇文章一律按著作年月的次序编辑，经过毛泽东校阅，并由《毛泽东选集》出版委员会作一些题解和注释。第一卷共印 106.6 万册，分别在北京、上海、沈阳 3 个地方印刷。

此前，1950 年 5 月，中共中央政治局会议决定成立《毛泽东选集》出版委员会，负责统一编选、注释和整理《毛泽东选集》的工作，主要成员有：时任中共中央宣传部副部长的胡乔木、陈伯达，时任毛泽东秘书的田家英等。毛泽东直接主持编辑出版工作。1951 年 2—4 月，毛泽东在河北石家庄期间，集中修改了《毛泽东选集》第一至三卷的初选文稿，审定了第一卷的篇目，撰写了第一卷的部分题解和注释。

同日，《人民日报》发表文章介绍《毛泽东选集》第一卷的内容，并指出：《毛泽东选集》是毛泽东应用马克思、恩格斯、列宁、斯大林的学说解决中国革命问题的成果的汇集，它的出版是马克思列宁主义事业中的重要事件。

同日，出版总署举行《毛泽东选集》出版庆祝会。参加《毛泽东选集》出版的工作人员等 200 人与会。出版总署署长胡愈之介绍《毛泽东选集》出版情况说：1949 年 5 月 6 日，中共中央宣传部出版委员会开始接受《毛泽东选集》的一部分稿子发排，到现在差不多将近两年半，才完成了第一卷的出版工作。这一段时间很久，是因为毛主席对自己的著作采取了慎重的态度，亲自几次校阅修改；中共中央《毛泽东选集》出版委员会作注释工作和主持出版工作，也十分慎重。今年原定计划《毛泽东选集》要在党的 30 周年纪念日开始发行，出版总署曾为此发出了《为认真做好〈毛泽东选集〉的出版印刷发行工作的指示》，同时建立了《毛泽东选集》出版、印刷、发行工作委员会，但是后来由于计划推迟和校对工作繁重，所以一直到今天才出第一卷。《毛泽东选集》出版委员会成员田家英报告编辑情况说，《毛泽东选集》共四卷，各篇取舍，经毛泽东审慎考虑，存录者复亲加修订校阅，多者六七遍，少者也两遍。人民出版社、新华印刷厂、新华书店的代表分别报告了《毛泽东选集》排校、印刷发行经过和工作布置。他们介绍说：三方面都视此事为重大任务，想尽办法，务期尽善尽美。特制定若干工作制度，创造若干工作方法，今后也能提高出版工作水平。就成品而言，此卷无一错字，只有三四字，前后用字不统一。印成单片都经过检查，故无污页、褶皱页。装订成后复经检查，无缺页错简。邮局以新制邮袋装运，书店人员取拿都戴新手套，以保证封面整洁。

同日，华北局发出关于认真组织宣传《毛泽东选集》的指示，要求各地党委必须十分认真组织对于《毛泽东选集》的宣传，除推动报纸、刊物、广播电台发表评论说明《毛泽东选集》出版的重大意义外，并应有计划地组织已得到《毛泽东选集》的读者发表他们的感想和意见。各地党委还应陆续组织干部党员和群众，特别是省委、地委、市委的负责干部，结合当前党内外思想情况，为报纸、刊物撰写阐述毛泽东思想的论文、学习心

① 《矛盾论》一文没有收入 1951 年 10 月版的《毛泽东选集》第一卷，而是收入 1952 年 3 月版的第二卷中，至 1952 年 7 月出第二版时改收入第一卷，使此卷收文增为 17 篇。

▲ 读者在北京新华书店王府井门市部排队购买《毛泽东选集》。

得、读书笔记等。指示指出：为了认真帮助干部学习毛主席著作，华北局拟于 1952 年在全区干部党员中发动一个学习党史和毛主席著作的运动。

《毛泽东选集》第一卷出版前后，中国共产党其他各地组织也都积极领导党员和群众进行学习与宣传活动。9 月 29 日和 10 月 11 日，东北局先后发出两项指示，要求在干部中组织对《毛泽东选集》的学习。首先东北一级机关（包括东北局各部、委，东北人民政府各部、局）及省市一级党政机关，在有指导的条件下，组织一个或几个学习组，由各该部门主要负责人任组长。同时，现在起即应着手准备在 1952 年正式学习《毛泽东选集》的计划，并将此项计划，列入 1952 年理论学习计划中去。10 月初，华东局指示所属各级党委，《毛泽东选集》出版后，应认真组织干部进行学习及在报纸上发表宣传文章；同时还组织了专门委员会，有计划有组织地领导这一工作。10 月 5 日，西北局宣传部召开西北一级宣传机关负责干部会议，讨论《毛泽东选集》的宣传问题。中南局、西南局也专门组织了党员干部的学习会议，中南局负责人作了学习《毛泽东选集》的报告。

《毛泽东选集》第一卷出版后，1952 年 3 月、1953 年 2 月第二、第三卷相继出版发行。1960 年 9 月，第四卷出版。1964 年 4 月，四卷合订本出版。

同 日

［纲 文］ 政务院举行第一〇六次政务会议。

［目 文］ 会议听取和批准了中央防汛总指挥部副总指挥傅作义所作的《关于 1951 年防汛工作报告》。报告说，1949 年全国普遍的水灾和 1950 年淮河的水灾，给我国农业生产造成重大损失。因此，必须首先设法避免严重的水灾。本年不算大水年份，总计全国水灾面积约 2500 万—3000 万亩。1951 年防汛工作的主要经验是：一、要彻底战胜洪水，必

须有重点地逐步进行对各条河流的治本工程。二、防汛工作主要依靠地方行政领导力量，军队的帮助也起了很大的作用。三、钻探大堤、消灭隐患的工作方法应在全国推广。四、预报气象雨情、分析洪水情况是减少损失的必要条件。五、在抢护工作上，应根据具体情况布置力量。六、在大雨到来前，应反对麻痹思想；在灾害来临时，要克服消极悲观情绪。七、防汛和防旱工作相结合。

会议听取和批准了中央东北水灾慰问团副团长陈其瑗所作的《东北水灾慰问团工作报告》。该慰问团于本年9月10日从北京出发，12日开始到辽西省开原县、吉林省长春县、松江省哈尔滨市郊区、沈阳市郊区，以及辽东省海城县等地灾区慰问，并视察了东辽河二龙山水库和哈尔滨江堤，9月27日离沈阳返回北京。报告说：本年东北发生的水灾，主要是因为8月中、下旬辽河和松花江流域的雨量太大，降雨时间又很集中，以致山洪暴发，河堤漫决。辽西、辽东、松江、吉林、黑龙江等省及沈阳市郊共有约170万人受灾、1425万多亩地被淹。水灾发生后，东北人民政府立即布置抢救工作，指示河流上游受灾地区全力抢救灾民；下游地区加紧护堤，并疏散洼地居民。各地先后动员了1.4万名干部和33.8万名群众参加抢救，空军及各地驻军也积极参加抢救，因此大大缩小了各地受水灾的面积，减少了灾害造成的损失。抢救工作结束后，各级人民政府立即在各灾区附近为灾民设立了临时招待所和救护站，使东北百万灾民都得到了妥善的安置。目前，各地灾民在人民政府支持下，正在积极地修盖房屋，筹划生产，重建家园。报告建议，东北各级人民政府必须继续加强督促、检查和指导救灾工作，通过灾区人民代表会议，发动群众，制订出具体有效的生产度荒办法。同时，还须重视治水和防灾的工作，从速制订出辽河、松花江等河流的通盘治理计划，适当加强或扩充各级水利机构。在今后的治水工作中，东北各地的农林、铁道、厂矿等方面的机构必须密切配合，并发动群众多挖排水沟洫，注意水土保持和护林、护山工作，积极防止水灾发生。

会议决定，另行组织中央察绥旱灾区慰问团。

同 日

[纲 文] **毛泽东批示同意中共中央宣传部关于出版工作的报告。**

[目 文] 10月10日，中央宣传部向中共中央提出关于两年来全国出版业发展情况、出版工作存在的问题及解决意见的报告。本日，毛泽东批示：同意这个报告。

[文 献] **中共中央宣传部关于出版工作向中共中央的报告**

全国出版事业，经过了两年来的整理，有了很大的发展。兹将出版工作中的情况、问题和我们的意见报告如下：

全国出版业在中央方面现已建立了人民、人民教育、人民文学、人民美术、科学技术、青年、工人等7个出版社。大行政区建立了5个人民出版社，省级建立了15个人民出版社，加上大行政区其他专业出版社，全国共有47个公营出版社，12

个专营书版的新华印刷厂和新华书店1022个分支店。全国略具规模的私营出版业有300家，大部集中在华东。在北京、上海、天津、武汉、广州、长沙等大城市，我们在私营出版业方面做了一些工作，其中成绩较好的有北京的新大众出版社、中南的武汉通俗图书出版社、湖南的通俗读物出版社；这些出版社是联合了当地的私营出版业，在我们的直接领导下工作的。历史较长、规模较大的商务、中华、开明等私营出版业和公私合营的三联书店，大体上走上了专业分工的道路，由国家投资及商务、中华、开明、三联、联营等5家投资所组成的公私合营的中国图书发行公司，成为新华书店以下的全国第二个大发行业。

去年全国各地出版的书刊为3亿册，今年上半年为3.1亿册，全年将达6亿册左右。1950年和今年上半年共出版了关于马列主义书籍约240万册，1949年到今年7月，共出版了毛主席的著作约270万册；目前全国期刊共有570多种，较去年增加90%。以其出版物的种数来说，私营出版业占全部的57%；但以出版物在群众中的销行数来说，则公营出版社占总销行册数的83%，私营的则仅占17%。今年5月全国宣传工作会议之后，各地开始重视了通俗读物的出版工作并且做出了初步成绩。在群众中获得大量发行的通俗读物，已逐有增加。华东人民出版社出版的《惩治反革命条例通俗图解本》4个月内重版了6版，销数达900余万册；最近该社即将出版的《婚姻法通俗图解本》，按照预订数目，已达2000万册。以农民为对象的综合性的政治刊物正在改进或创办中，其中《中南农民》已由每期4万份增加到每期近20万份。《时事手册》的最高销数为350余万册，其最近销数为230万册左右。《学习》初级版为60万册以上，《学习》为30万册。

出版工作中现在主要的问题是：(一) 缺乏计划，有的计划也只是一堆无内容的数字或主观的愿望。(二) 出版机关对于马列主义书籍的出版和宣传，还没有加以认真的重视和管理。(三) 各地出版社对出版工作缺乏严肃认真态度，很多粗制滥造的出版物。出版社的编辑机构多不健全，缺乏各种必要的专职人员，其中如北京的工人出版社以及大多数省人民出版社，迄今尚未建立编辑部门。编辑审订出版工作没有一定的标准、制度和纪律。(四) 全国的期刊重复浪费无领导的现象很严重。多数期刊缺乏应有的解决问题指导工作开展批评的作用。(五) 由于群众对于出版物的需要量迅速扩大和书刊出版工作的巨大发展，原有的发行能力和印刷能力，已不能应付目前的要求。

对于私营出版业，也缺乏严格的领导和管理。其中小部分基础较好，并有了专业的方向和较健全的机构，它们在我们直接与间接领导下，出版了一些有益于人民的读物，并要求改为公营或公私合营；其中一大部分则单纯以营利为目的，从事投机。这些出版业的出版物很多是错误百出的，甚至歪曲马列主义、毛泽东思想，偷运封建的、买办的、法西斯主义的私货。这些出版业的特点是“抢先”，其中不少是解放以前的出版物用抽补的办法，加上了一些所谓新内容，有的只是剪贴抄袭、粗制滥造的东西，通俗读物中的情形尤为混乱，上海的“跑马书”即是著例，而上海、北京等地还有一些以出版业作幌子的反革命分子。我们对于私营出版业虽然已开始进行调查、审查和组织工作，但还没有达到有效的控制的程度。

为了解决这些问题，本部领导中央出版总署于9月初召开了全国出版行政会议，作了下列决定：

（一）加强对出版工作的领导。规定各出版社应每年做出选题计划，由各大行政区于10月以前将此项计划报告中央宣传部和出版总署审定，再由中央宣传部和出版总署根据国家的需要，做出总的计划。在出版计划中，应加强马列主义著作和工农群众读物的出版。由出版总署拟出调整全国期刊的计划和办法，克服浪费，限制出版。出版行政机关对于所属出版社的出版计划（包括丛书和期刊在内），必须在党委宣传部领导下进行审查。对出版物的审读工作应有专人负责。出版总署决定出版专门的书刊评论杂志，有系统地展开对各类书刊的批评工作。

（二）确立编辑制度。一切出版社必须建立编辑机构；中央和大行政区的出版社的编辑部应逐步建立专业编辑室或科。编辑人员中应包括编辑、文字编辑、资料编辑、美术编辑、技术编辑和校对编辑。公营出版社的工作制度应有严格的规定；必须拟定全年的、每季的、每月的选题计划、编辑计划、发稿计划和出书计划；每一书稿从采用到发行以前，应经过一定的基本程序（包括内容的审查、加工、修改、语文修饰；资料、数字和引文的核对；名词、译名、文字体例的统一；美术、版式、开本、字体等设计、校对；书稿印刷过程中、书稿印成后、样书装成后的校读和检查工作）；编辑对每一书稿应有校阅修正的权利和责任（但应征得作者同意）；出版总署应公布关于公营出版社编辑机构及工作制度的规定。在建立编辑制度问题上，人民出版社应特别严格，作为全国出版界的模范。人民出版社今后拟不出任何可有可无的不够标准的书籍，遇有这类书籍即介绍给三联书店或其他出版社出版，以便保持最高的水平。

（三）加强对私营出版业的管理。分别对象，采取积极的措施，对真正愿意为人民的出版事业而努力的力量，促使其联合经营或公私合营，确定其专业方向，务期于5年内将其中大部分改组为公私合营。最近私营的开明书店和团中央的青年出版社的合并已在进行中，并确定出版青年读物为其专业方向；中华书局将以翻译外文书籍为专业，现该局正与中苏友协、出版总署编译局和中央俄文编译局商谈合作办法，商务印书馆已定以出版科学与技术的书籍为其专业方向，现正考虑将科学院的出版物交该馆出版，并将公营的科学技术出版社并入该馆。逐步肃清投机出版业。目前拟根据即将颁布的《管理书刊出版印刷发行业暂行条例》，进行核准营业的登记及调查工作，淘汰投机出版业，并肃清出版业中的反革命分子，规定党和政府的文件一律由人民出版社出版，规定若干种有重大政治性的出版物（如历书、地图、领袖像等）一律须经出版行政机关审查。

（四）健全发行工作，拟自明年开始成立各级发行委员会，由各级党委宣传部门和政府的新闻出版行政机关领导，吸收有关方面（如书店、邮政、贸易、交通、合作等部门）的代表参加。其任务为：对书刊报纸发行工作进行政治领导、审查各发行系统的发行计划，调整各发行力量之间的关系，动员和组织各种发行力量完成一定时期的政治任务。

（五）调整和统一运用公营印刷厂的生产力。拟请政务院颁布指示，规定统筹合理运用现有印刷设备的办法，以便首先在不增加财政支出的条件下尽可能解决出版事业的要求。

资料来源：中国出版科学研究所编：《中华人民共和国出版史料（1951年）》，中国书籍出版社1996年版，第349—353页。

同日

[纲文] **政务院文教委员会成立少数民族语言文字研究指导委员会。**

[目文] 该委员会是遵照1951年2月5日《政务院关于民族事务的几项决定》成立的，任务是：指导和组织关于少数民族语言文字的研究工作，帮助尚无文字的民族创立文字，帮助文字不完备的民族逐渐充实其文字。在成立会上，政务院文教委主任郭沫若、副主任马叙伦发表讲话指出，今后应本着严肃慎重的精神进行工作，拖延与急躁地进行这一工作，都是不对的。民族事务委员会主任委员李维汉讲话指出，对少数民族语文的创立与改进的方针，应根据各该民族目前语文的具体情况，从有利于该民族语文的发展着眼分别对待，某些民族可按其已有的习惯与志愿，采用其他民族的文字或汉文；在进行少数民族语文工作中，还应注意使少数民族的文化走向新民主主义文化的总轨道。

委员会由少数民族问题专家与少数民族语文专家等21人组成，主任邵力子，副主任陶孟和、刘格平，秘书长罗常培，委员有：章伯钧、李维汉、阳翰笙、罗常培、陆志韦、费孝通①、季羡林②、黎锦熙③、翁独健等。委员会成立后，立即开始组织对全国少数民族语言文字状况的调查工作。

同日—14日

[纲文] **“联合国军”军用飞机扫射开城中立区，谈判双方派员共同调查事件。**

① 费孝通（1910—2005），江苏吴江人，社会学家。
② 季羡林（1911— ），山东临清人，文史学家。
③ 黎锦熙（1890—1978），湖南湘潭人，语言文字学家。

［目 文］ 10月12日，“联合国军”3架军用飞机先后非法侵入开城中立区，并以机枪扫射，造成当地居民两儿童一死一伤。在朝中方的要求下，“联合国军”方派人与朝中方在当日及次日共同进行实地调查。调查结果完全确定了“联合国军”方的责任。“联合国军”方人员承认已有充分的证据来报告上级。张春山奉朝中方首席代表之命向美方口头提出严重抗议，声明保留提出一切要求的权利，要求美方对此次严重事件迅速做出负责的处理。

10月13日，周恩来为毛泽东起草致李克农并告金日成、彭德怀电说：你们对于敌机此次扫射事件的处理甚妥。不论敌方明日公开承认错误并道歉或图抵赖，你们除对其抵赖措辞应据实予以严正驳斥外，尚不忙表示最后态度，在明日联络官的会议上仍应坚持你们提出的协议草案。

10月14日，李奇微就10月12日空袭事件致信金日成和彭德怀。信中说：“联合国军”空军司令官已向我报告了他对10月12日下午约17时30分在开城区内的两次空袭事件的调查结果，这无可置疑地是“联合国军”的飞机违反了一切部队与飞行员避免攻击或飞越开城区的命令而造成的。因此“联合国军”接受对于这两次违反现尚存在的关于开城区中立化协议的事件的责任，我并将采取迅速而适当的纪律措施。

同 日

［纲 文］ **中国与德意志民主共和国在北京签订《通邮通电协定》。**

10月13日

［纲 文］ **中国人民抗美援朝总会发出《关于纪念志愿军出国作战一周年并加强抗美援朝工作的通知》。**

［目 文］ 《通知》要求：为庆祝一年来抗美援朝战争的胜利和进一步加强捐献飞机大炮、推行爱国公约等各项工作，在10月25日或其前后，各地县、市以上分会应联络各界组织、团体及代表召开数百人或数千人的干部及群众代表的庆祝会，并分头举行各种讲演会、座谈会等；订立爱国公约的各个基层单位，均应利用生产、工作、学习以外的时间，举行集会，检查爱国公约（包括增产捐献计划）的执行情况及今后改进办法；全国各报纸、杂志、广播电台和其他各种宣传教育机构，应进行关于一年来抗美援朝运动的胜利和成绩、目前形势和任务的宣传。

同 日

［纲 文］ **中财委发出《关于弥补外汇亏欠的办法》。**

［目 文］ 《办法》指出：易货政策实行以来，对资本主义国家的贸易斗争已获得重大成就。争取进口了大批重要物资，并争取了主动。为使巨额积存外汇免受损失，去冬以来，我曾组织大量物资进口，但至本年6月底银行所存外汇已经用尽，到9月底外汇赤字已达4600万美元。为解决已发生的外汇亏欠，特提出如下意见，请研究执行。一、补足外汇亏欠的办法，在政策上必须坚持以货抵货（通过外国公司进行），即组织足够数量的

物资出口，以抵付已经进口或即将进口的物资，但在运用上，部分出口物资用结汇办法来达到易货的目的，则是允许的也是必要的。二、在进出口货物管理附表中，凡允许结汇出口的物资，请各地财委领导各有关部门尽量组织出口，创造必要的外汇。三、为杜绝黑市，增加银行外汇收入，对自备外汇进口应严加审核，非经银行审核认为确系自备外汇而外汇确不是从黑市购入者，一律不许进口，并请各地认真加强缉私工作。四、各地应大大紧缩地方批汇，财委领导要从严掌握。五、为加强斗争力量，将中国进出口公司与各国营出口公司经营商品，重新予以划分，第四季度起，除猪鬃、桐油、生仁（粮食则一律不准出口）、矿产、盐、煤七种主要商品仍由中国进出口公司统一经营外，其余出口物资，则由各国营出口公司自行组织出口。

同 日

［纲 文］ **参加国庆观礼的农业劳动模范代表共同订立爱国增产公约。**

［目 文］ 订立公约的有李顺达、曲耀离等 44 人。公约的八项内容是：一、继续深入开展农村抗美援朝运动，把爱国和生产密切结合起来，努力增产，支援志愿军，并协助政府做好拥军、代耕工作。二、保证做好今年的秋收、秋耕、秋种（或冬耕、冬种）工作，开展冬季生产，变冬闲为冬忙。三、自己做到并带动互助组及其他农民制订明年的具体生产计划，积极参加爱国主义丰产竞赛运动，保证进一步提高生产。四、巩固和提高自己的互助组织，宣传介绍各地互助组的好处、经验，引导与帮助更多的农民组织起来。五、接受并推广科学技术和各地农民先进的丰产经验；建立与健全村内和互助组内的技术研究委员会或小组，使用新式农具及药械。六、积极参加和发动农民兴修水利，防治病虫害及进行其他各项建设工作，战胜各种自然灾害。七、做到深耕、多耙、勤锄、选用良种、增施肥料、改良土壤，尽力把坡田修成梯田，增加单位面积产量。八、密切联系群众，虚心向群众学习，接受领导，保证不骄傲自满，积极参加学习，提高政治、文化和技术水平，永远保持劳动模范的光荣称号。

10 月 14 日

［纲 文］ **中共中央就由邓华转达对志愿军战略方针等问题的决定致电志愿军党委。**

［目 文］ 电报说：我们认为你们的总方针是正确的。邓华现来北京，中央已将最近关于志愿军战略方针，节约兵力，节约资材，节约经费及两岸迫近敌人可能登陆处筑工事等项决定告诉了他，由他向你们转达。希望你们联系实际情况规定具体执行办法，争取朝鲜战争的最后胜利。中央对于志愿军全体同志在志愿军党委和彭德怀的领导下进行了一个整年的英勇奋斗，取得了很大的胜利，表示欣慰与慰劳。目前的任务，是用一切努力争取最后胜利。目前国内情况很好，全党及全国人民热烈支援你们。国际形势也于我们有利，敌人困难甚多。我们也有困难，有些是很大的困难，但是可能克服的。只要同志们继续努力，并和朝鲜同志始终团结一致，最后胜利是可以取得的。

此前，9 月 20 日，志愿军党委致电毛泽东，报告 1951 年关于志愿军党委扩大会议的情况，会议总结了五次战役后部队阻敌的经验教训、整训情况、思想动态与后勤工作，并在持久作战的总方针指导下对各方面的工作做了具体布置。

同日

［纲 文］ **董必武向周恩来报送《关于进一步加强各地政权建设及民政工作的一些问题的报告》。**

［目 文］ 《报告》总结了政权建设工作的情况，指出存在的问题是：一、人民代表会议尚未普遍地真正形成为经常的巩固的制度；二、大多数的县人民代表会议还未代行县人民代表大会职权，在组织形式上还停留在开始的阶段；三、党、政领导对政权工作的领导必须进一步加强，同时必须注意克服党、政不分的现象。报告建议通报不久前召开的华北县长会议的经验，深入传达会议的精神；加强政权建设并改进政府工作；广泛开展人民民主政权建设的宣传，加强对各阶层人民的民主专政的教育；统一编印关于建政的学习文件，并规定政权工作干部的学习制度。

《报告》指出，对于县的民主建政工作，有些制度需要统一或重新制订，主要包括：一、全国大多数县或相当于县的人民代表会议，大体上均已具备代行人民代表大会职权的条件，亟须规定一个关于代表选举的办法，并须重新修订县各界人民代表会议和县人民政府组织通则；二、各县民主建政均开支困难，亟须在经费方面做出一般规定；三、县常务委员会委员名额须有规定，其驻会办事人员亦须有一定的编制。

关于民政工作，《报告》强调必须纠正民政部门工作杂乱无中心的现象、明确民政部门工作的方针任务并建立与健全必要的工作机构。各级民政部门的目前主要工作，应是建政、优抚及社会救济三项，其中尤应以建政为中心，而机构设置应以此为基础，并应迅速按原编制充实干部，通过培训，提高行政业务水平；为有效地加强各级政权工作的领导，统一集中政法部门的力量，以便协力进行中心工作并精简干部编制，请政务院督促各地根据这些原则迅速成立大行政区及省的政法委员会，各县也有必要设立政法办公室。

同日—25日

［纲 文］ **第一次全国地质会议在京召开。**

［目 文］ 出席会议的代表有李四光、尹赞勋[①]、谢家荣[②]等142人。会议制定了1952年资源勘探的方针和1953—1957年计划轮廓；议定了地质调查、矿产调查、钻探、测量、化验、物理探矿等工作制度。

10月16日

［纲 文］ **中共中央就中南局组成做出决定。**

---

① 尹赞勋（1902—1984），河北平乡人，地质学家、古生物学家。

② 谢家荣（1898—1966），上海人，地质学家、矿床学家。

［目 文］ 决定指出，一、中南局委员程子华、萧劲光、万毅[1]、刘亚楼、萧克[2]、王宏坤[3]等因另有任用，所有中南局委员的职务，即行解除。二、任命叶剑英、方方、古大存、张云逸、张玺、吴芝圃、邵式平、陈漫远、张平化、金明、黄永胜、陈再道、陈奇涵、王树声、唐天际、李天佑16人为中南局委员。三、中南局其他委员职务不变。

同日、22日

［纲 文］ **中共中央就罗贵波代理中国驻越南军事顾问团团长一事致电罗贵波并转胡志明。**

［目 文］ 10月16日，中央致电说：韦国清患胃溃疡和神经失调，须有半年时间医治和修养。其所任军事顾问团团长的职务，即由罗贵波代理。罗贵波暂时不能请假回国。此前，10月11日，罗贵波致电请示中央：我们已帮助越南布置好敌后、秋征及公粮接收保管等工作，初步拟订了明年的生产方针、计划。由于工作已较少且越南劳动党中央对财经工作有新的意见，拟利用此空隙请短假回国，向中央汇报工作和请示今后工作。

10月18日，罗贵波复来电称：代理军事顾问团团长工作，我担负不了，请考虑并另派人。10月20日，胡志明来电称：越南迫切需要中国帮助解决目前及将来的许多军事、政治方面的问题，尤其是冬季作战及军援问题，请你们同意罗贵波回国汇报和请示。我们并派一位军事干部携带有关材料随同前往。由于韦国清暂时不能返回越南，中国军事顾问仍在集中学习并等候韦国清，而目前越南部队急需他们帮助进行冬季战役的准备工作，请你们电令各军事顾问团先回部队。

10月22日，中共中央复电罗贵波并转胡志明。电报说：因越南军事顾问团干部中有若干人不安心在越南工作，并有若干问题需要处理，在韦国清回去以前，需罗贵波前去领导并加处理。望罗贵波即去军事顾问团配合梅、邓[4]处理顾问团中的一切问题，并准备冬季战役。在此以后，如果你们觉得罗贵波离开越南一个时期不会发生问题，罗可回国一次，否则不要回来。

同 日

［纲 文］ **中财委发出《关于接收原敌伪合作社的处理办法》。**

［目 文］ 《办法》规定：一、凡由各级敌伪政府及其所属机关、单位出资而组成的合作社，均称为敌伪官办合作社。应切实查明敌伪时期隐匿官资、虚造社员名册、伪称为民办合作社而实质上仍属官办合作社范围者，并接收清理其官资部分。二、敌伪各级官办合作社及其所属各单位、敌伪各级合作行政部门所属业务单位及投资的加工工厂、敌伪官办合作社对其他机构的投资，均属合作社接收范围，但对于中央或地方的公营企业投资，均可不予接收。此外，原敌伪合作行政系统其本身应由当地政府接收，伪中央合作金库应

---

① 万毅（1907—1997），辽宁大连人，满族，时任中国人民解放军炮兵第一副司令员。

② 萧克（1907— ），湖南嘉禾人，时任中央人民政府人民革命军事委员会军训部部长。

③ 王宏坤（1903—1993），湖北麻城人，时任中国人民解放军海军副司令员。

④ 即梅嘉生、邓逸凡。

由当地人民银行接收。三、接收注意事项：（一）依据前条范围，凡应由合作社接收，而被其他部门接收或占用者，应从速移交合作社，或双方商洽建立租赁合同及应有的手续。凡不应归合作社接收而已接收者，除早经当地政府决定拨给的外，应主动商洽对方办理租赁或退还等手续。（二）应由合作社接收的敌伪官办合作社财产（如房屋）为政府所占用，而合作社又占用政府的财产，如价值近似，经双方同意后，可以调换，为便于处理起见，中间差额不再找价，但须办清手续，确定产权。（三）敌伪官办合作社资金财产，应由目前当地合作部门接收，不再追查原来的归属问题。（四）省专县（市）合作社如同在一地时，该处的敌伪官办合作社如已由省专或县（市）接收者，概不再变更。凡未接收者，应由所在地上级社统一接收，再根据需要，分配给下级社，作为下级社国拨基金。四、接收或移交中，如确有实际困难，应由当地财委会为有关双方合理解决。

12 月 14 日，中财委再次规定接收原敌伪合作社的补充办法，提出：为了不打乱敌伪官办合作社的财产由合作社系统掌握的原则，凡确属敌伪官办合作社的财产，如已被政府机关或其他部门接收上报转账者，仍应退还合作社，由当地各有关双方，依原接收时所造清册，核对清楚，迅予移交，并分别逐级上报，统由全国合作总社会同中央有关部门向财政部转账。前项资财如已散失、损坏或破烂时，可与当地财委研究，造册移交合作社。

同 日

［纲 文］　**刘少奇就合作社工作人员组织工会问题致信李立三。**

［目 文］　信中指出：合作社工作人员单独成立工会，恐不妥当，原则上应与国营及私营商业劳动者一起组织（店员）工会，而不要分开组织。在目前合作社工作人员或者还可从缓组织工会。此事可以再谈一次，然后做决定。

10 月 17 日

［纲 文］　**全国政协发出《关于省、市各界人民代表会议协商委员会代行本会地方委员会职权的通知》。**

［目 文］　《通知》全文如下：根据《中国人民政治协商会议组织法》第 18 条的原则及中国人民政治协商会议全国委员会《关于地方委员会的决定》第 2 条的规定，经于 1951 年 7 月 19 日本会常务委员会第二十五次会议决议：凡已成立各界人民代表会议协商委员会的地方，暂依下列方面，代行本会地方委员会的职权：一、大行政区各界人民代表会议协商委员会；二、省（行署区）及相当于省级民族自治区各界人民代表会议协商委员会；三、中央直辖市及大行政区辖市各界人民代表会议协商委员会；四、省会市（行署区及省级民族自治区政府所在地）各界人民代表会议协商委员会；五、满 25 万人口的市各界人民代表会议协商委员会；六、本会认为必要经常务委员会指定代行地方委员会职权的地方各界人民代表会议协商委员会。除上述规定外，其他地方各界人民代表会议协商委员会均不可代行本会地方委员会的职权，但在工作上可与本会建立联系关系。

同 日

［纲 文］ 中共中央发出《关于组织中央、北京及天津各界人士参加和参观各地土改工作的经验》。

［目 文］ 中央发给华东、中南、西南、西北、华北局及华南分局并转有关各省、区委的该《经验》，对1951年夏秋组织的两次土改工作团的经验做出了五点总结，并对今后继续组织各界人士参加、参观土改工作，做出了一些注意要求和具体规定。

［文 献］ 关于组织中央、北京及天津各界人士参加和参观各地土改工作的经验（节录）

今年夏秋两季，我们组织了中央、北京及天津各界人士共一千七百余人去参加和参观各地土地改革工作。今冬明春，原准备继续组织八千人左右去参加和参观，现因精简节约，改为五千人左右，其中包括中央各机关的一些高、中级干部，内有相当数量的党员。为了使这一工作做得更好，特将上两次的经验综合如下，希各地注意：

（一）经验证明：土改工作团中绝大多数团员是要求进步和改造的，在工作中起了积极作用，有的还起了一定的骨干作用。因此，各地党委应该把他们当作自己的干部一样来使用和教育，按照他们的政治态度、政治水平和工作能力分配一定的工作（有的并可吸收参加土改领导工作）。尽量吸收他们参加各种土改工作会议，组织他们和当地土改工作干部一起学习。但应注意不要过多影响他们在农村中的工作时间，以免减低实际锻炼的效果。

（二）工作团到达各地后，应适当地分散配备到当地组织的各个工作队和各个工作组去工作，不要使许多人堆积在一起。各级土改领导机关，应加强对土改工作团的领导，省委、区党委应根据工作团的具体情况，配备相当的有统战工作经验的干部一起工作。在工作中，要使党外人士看到我们的优点，也不要害怕他们看到我们的缺点，要尽量听取他们的意见，对正确的意见要接受，对不正确的意见要加以适当的解释和教育。对他们思想上和工作上的缺点应诚恳坦白地提出，并应对当地干部经常进行统战政策教育，克服各种不正确的看法，以便和党外人士团结合作，做好土改工作。

（三）在土改工作中，工作团的组织应只限于处理团本身的联系问题、团员的思想教育问题、团内的组织问题以及日常事务，不应干预土改工作的领导，以免形成工作团和地方的双重领导。

（四）当地党委要领导土改工作团、参观团做出各个阶段的工作总结。工作结束后，并应做出整个工作的总结。总结是教育提高干部的最好办法。在工作过程中所发生的政策性、原则性的问题，应尽可能在当地求得解决。对工作团团员不要作个人鉴定（党员和青年团员可在党内与青年团内另作鉴定），可采取向当地领导机关和当地干部征求意见的方式，以取得帮助。党委和工作团内党的组织应经常注意党外人士的思想情况，加以总结；对于有关党外人士的材料，应慎重处理。

（五）对工作团、参观团生活供给问题上应适当照顾，但不可过分。他们下去可组织欢迎会，做报告，一切招待应简便朴素，不容有铺张浪费现象，更不应举行宴会和盛大的招待。工作团和参观团人员在参观土改期间，其原工作岗位之薪金或包干费，仍由原机关照发，地方可不另发津贴。其回来旅费（一般不坐飞机）、工作期间伙食费，可暂由地方垫支，向人民政协全国委员会转账。服装零用费等均不另供给。团内之办公费、医药费均发交其团部自带。为使团员能用全部时间参加工作，各地应在生活照顾上多负责任，不要叫他们自己负担许多事务工作。各地不应给工作团、参观团送任何礼物。

资料来源：中央档案馆提供档案。

同 日

［纲 文］ 中共中央批转高岗《关于东北农村的生产合作互助运动的报告》。

［目 文］ 中央给各中央局、各中央分局、各省市区党委及各地委的转发批语说：高岗在这个报告中所提出的方针是正确的。一切已经完成了土地改革任务的地区的党委都应研究这个问题，领导农民群众逐步地组成和发展各种以私有财产为基础的农业生产互助合作组织，同时不要轻视和排斥不愿参加这个运动的个体农民。每个省区都要建立生产新式农具的国营工厂，以使农民购用此种农具。省、专区和县都要建立至少一个公营农场，以为示范之用。中央已经起草了一个《关于发展农业生产互助合作运动的指示（草案）》，不久即可发给你们。

此前，10 月 14 日，高岗在该报告中提出：合作互助组的生产组织，在东北农村经济形态中已占了优势，但发展很不平衡，同时，合作互助组的组织还不巩固，比较高级的使用新式农具的生产合作社型的组，数量还很少。使用新农具的农业生产合作社还必须解决下列问题才能发展：将土地连成一片；使农民掌握技术；改良马种，发展马匹，使用苏制新农具；要典型示范。他认为，合作互助组主要起到了三个作用：一、提高了农业生产力，使农业逐渐走向计划性的生产并大量发展副业，增加了农民收入；二、促进了农村经济的普遍上升，使农民破产下降的可能性大为减少，农村的阶级分化也小了；三、教育组织了农民，在农村的实际工作中起到逐渐地改造农民经济和改造农民的思想与生活习惯的作用。他主张：对农村生产合作互助运动指导方针应是，根据群众的自愿与需要，加以积极扶助与发展，并逐步从低级引向较为高级的形式。而关键要看合作互助组领导的实际成效如何，是否提高了农业生产力，多打了粮食，增加了农民的收入。各类形式的合作互助组要做出比较优良成绩，来积极动员与吸引单干的农户自愿加入；必须强调自愿，不能有任何强迫和歧视；对他们在生产与生活上的困难，同样要帮助解决。人民政府应从各方面给互助组以优待，特别是在农具、技术指导与供销方面。为了更好地领导合作互助组的发展，必须培养骨干。省、县、区的党和政府的组织，应训练积极分子，推广经验，提高觉悟，巩固组织，并经常派人指导与检查工作。农村党的支部和党员要成为合作互助组的核心。

同 日

[纲 文] **毛泽东批转西南局关于组织土改工作团下乡参加土改的经验。**

[目 文] 毛泽东给中南局、华南分局、华东局、西北局并转所属省市区党委的转发批语要求，对西南局关于西南第二期土改中组织土改工作团下乡参加土改工作的经验，加以注意，并仿照办理。

此前，10月10日，西南局在给各省、区、市党委并报中央的电报中，总结主要经验是：一、组织土改工作团，在其他工作不受重大影响条件下，必须动员必要的骨干参加，特别应坚决尽量动员一批高级干部参加，使他们不致坐失能够得到锻炼的良机；二、对民主人士参加土改，一方面要热烈欢迎、积极帮助，同时对他们的缺点错误要进行诚恳坦白、适当的批评，即把他们既当干部使用，又当干部教育；三、土改工作团下乡后，在土改工作上应当完全受当地各级领导机关的领导，并与当地土改工作干部混合配备，组成工作组分散在各乡村工作，但也应保持其原来土改工作团组织上一定的联系；四、为了有计划地动员和组织各系统党内外干部参加或参观土改，组成西南参加土改工作筹备委员会，各省、区如有必要也可组织；五、土改告一段落或土改结束后，尽可能召集民主人士集体座谈经验，或向其中比较负责者个别征求意见，并听取负责人的一些意见；六、对于下乡土改干部的生活待遇及补助费等，除少数人经派出机关规定特别照顾者外，一般都应一致，不应参差，以免造成不良影响。

10月18日

[纲 文] **中共中央就上海市委《关于在国营工厂中加强民主团结运动的指示》致电华东局并转上海市委。**

[目 文] 中央电报指出：对于这个指示，中央表示同意，另做少量文字修改。此前于9月20日，上海市委请中央审阅《关于在国营工厂中加强民主团结运动的指示》，其主要内容是：一、5个多月来，上海国营工厂普遍开展了镇压反革命运动，运动中曾有意识地把工人阶级内部关系上的问题，推到下一步解决。现决定：除镇压反革命运动极不彻底的个别工厂或车间仍需要"补课"外，必须抓紧时机在所有的国营工厂中开展一次有领导的民主团结运动，为开展大规模的生产竞赛创造条件。二、镇压反革命运动与民主团结运动的性质不同：前者是为了对付敌人，纯洁工人队伍；后者主要是为了调整内部关系，把广大工人和职员作为统一的阶级队伍团结和组织起来，依靠他们办好国营企业，搞好工业生产。三、民主团结运动是一个广大工人群众的政治自觉运动，必须采取阶级兄弟的态度和耐心教育的方法，启发职员和工人的自觉，促进工人的团结。在运动的全部过程中，必

须坚持自觉自愿的原则，严格防止“逼、供、信”的办法，避免牵涉个人生活细节问题与卷入无原则纠纷。四、一般要掌握以下步骤和环节：第一，从党内到党外、从干部到群众进行充分的政治思想动员，着重划清在工人阶级领导下的国营企业与官僚资本企业的界限，分析本厂问题并提出解决办法；由工厂中的党、政、工、团的主要负责干部（必要时包括个别有影响的主要技术人员）对过去企业管理工作中的主要缺点，进行适当的和深刻的自我批评。第二，采取“大会示范，小组坦白”的办法，展开坦白、控诉、诉苦运动及群众性的批评与自我批评。条件成熟时选择典型人物作示范报告。第三，在运动展开、群众觉悟提高的基础上，进行某些必要与可能的制度改革。五、必须在每个工厂中建立一个以3—5人为核心的党委会，集中掌握对生产计划与民主团结运动的思想政策的领导。

10月19日

［纲 文］ **政务院举行第一〇七次政务会议。**

［目 文］ 会议由董必武主持。会议听取和批准了卫生部部长李德全所作的《卫生部全国防疫工作报告》。《报告》指出：全国的防疫工作，基本上是遵循卫生工作的“预防为主，面向工农兵，团结中西医”的总方针，以危害人民最大的20种传染病作为防治目标，又选择其中威胁国防与经济建设最大的天花、鼠疫、霍乱作为重点防治目标而进行的。经过21个月的努力，这几种烈性传染病已显著减少，并使灾区及200余万治河民工中没有发生大的流行病。在慢性传染病的防治方面，主要工作是：一、对流行于黄河两岸、陇海铁路沿线的黑热病的防治，建立了8个专业防治所，两年来治愈11万余病人。二、在长江流域成立了18个防治站、所，以防治血吸虫病。三、为预防结核病，在82个城市的儿童中，已接种卡介苗计85万人。四、在北京、绥远、西安等3个已禁止娼妓的城市中，为已解放了的妓女进行了性病防治。为加强少数民族地区的性病防治工作，内蒙古区卫生部自去年起开始推行了逐旗的性病防治，在某些旗，已收到生育率上升的效果。卫生部派遣了中央防疫总队第七大队在甘肃、青海的藏族、蒙古族居住地区，治疗了12万性病病人。此外，为保证防疫工作中的疫苗、血清的供应，还恢复与扩大了6个、在中南区新建1个生物制品所，西南区新建卡介苗实验所1所。生物制品的产量比解放前超过了10倍以上。《报告》建议：要使防疫工作收到应有的效果，必须各级政府领导人给予适当的重视。由于基层卫生组织尚未普遍建立起来，只有依靠地方政府更多重视防疫卫生工作才能收到较多的成效。希望各大行政区及省市给中央的报告内，能有卫生工作一项，使中央能有更多机会了解人民健康状况。

在讨论该报告时，董必武指出：两年来卫生部在防疫方面做出了成绩，各级政府都应注意卫生工作。

同日

［纲 文］ **周恩来为中央军委起草《关于精简节约的计划（草案）》。**

［目 文］ 《计划（草案）》在总结和分析抗美援朝工作后，确定解放军在今后一个

时期中的精简节约总方针是：既要保证抗美援朝战争胜利，又要保证国内物价不波动，并且还要照顾到民生，首要的是使与国防有关的基本建设不受过分影响。因此，要采取紧缩方针，以渡过难关，避免危机，争取胜利，加强国防。作战方针是：在现在规模上进行持久的防御战，以大量消耗敌人，争取就地停战的胜利。军事工作方针是：一、节约兵力，整编部队；二、精简机关，减少人员；三、收缩开支，清查资材；四、提倡节约，严禁浪费；五、组训民兵，准备征兵。《计划（草案)》指出：这个方针不是消极的，而是在精简节约的原则下，根据今天的情况和明天的需要，以求积极发展、稳步前进的。《计划（草案)》还对志愿军、国内陆军部队的精简与整编工作和空军、海军的发展做出了具体规划。

同 日

[纲 文] **全国文联等单位在北京联合举行鲁迅逝世15周年纪念大会。**

[目 文] 出席大会的有周恩来、沈钧儒、茅盾及首都各界人士、在京国际友人共1200人。大会主席郭沫若致开会词说：鲁迅是我们的民族英雄，纪念他一方面要感谢他的贡献，一方面要学习他。我们要学习鲁迅的战斗精神去反对帝国主义，并肃清我们内部的买办思想、封建思想的残余；也要学习他对人民、对革命、对祖国的热爱，献身于祖国的建设，使我们的祖国成为像苏联一样强大的世界和平堡垒。会后，首都文艺界举行了纪念鲁迅文艺晚会。除北京外，上海、绍兴、重庆、武汉、西安、沈阳、南京等地也举行了纪念活动。

同日，《人民日报》为纪念鲁迅诞辰70周年和逝世15周年发表题为《学习鲁迅，坚持思想斗争》的社论。社论指出：胜利了的中国人民，不能不追念和感谢这个伟大的思想家和战士在中国革命过程中的不朽功绩。我们必须要学习鲁迅坚韧的斗争精神，在文化思想工作上加强和巩固马克思列宁主义思想的领导，肃清帝国主义、封建主义的思想影响，并且对自由资产阶级和小资产阶级的各种错误思想进行严肃的批判。

10月20日

[纲 文] **中共中央发出《对新疆开展减租反霸运动的指示》。**

[目 文] 《指示》说：本年5月间，新疆分局提出的1951年冬至1952年春在农业地区开展减租反霸运动的计划是适时的。中央同意西北局的有关修正意见并批准该计划。新疆是少数民族地区，有复杂而严重的民族问题和宗教问题，所以必须特别注意以下事项：一、开好县、区、乡农民代表会议和县人民代表会议，使全体干部、农村积极分子和各方面的代表人物都能充分明了政策和工作办法，积极参加到运动中去。二、要吸收大量的当地民族干部参加群众运动，又必须实行党的坚强领导，必须由有相当经验的老干部担负实际领导责任，以使运动循正轨前进，凡尚无此条件的地区就不急于展开运动。三、对曾参加过三区革命或解放后与我合作、其家庭系地主成分的民主人士，要适当地逐步地进行教育工作，对自动向群众低头认错者加以适当照顾，并继续团结和改造他们。四、必须加强党的领导，实行严格的请示报告制度，稳当逐步地使社会改革推广前进。应积极地、

有准备地推行民族区域自治，先从较小民族在较小范围聚居的地区办起，再逐步办较大民族在较大范围聚居的区域自治。

《指示》最后指出：减租反霸运动，将为在新疆地区继续进行彻底消灭封建土地制度和长期建设工作打下稳固的基础。新疆分局和西北局务须抓紧对这个运动的指导，随时将情况和经验报告中央。

同 日

[纲 文]　中共中央发出《关于开展内河木船工作的指示》。

[目 文]　《指示》指出：全国可以通航的内河约6.6万余公里，木船运输量约有五至六百万吨，船民约有四至五百万人，其中被雇佣的船工约近百万（均系根据全国总工会和交通部的调查和估计，数字不甚准确）。土匪、恶霸、特务和反动地主不仅勾结原有的封建残余压榨船民、船工，而且以木船为基点，四处进行破坏活动。为肃清隐藏在木船中的反革命分子，在木船中进行民主改革并改善内河航运事业，特作如下指示：一、船工、船民运动的主要打击对象，应该是残酷压榨船工、船民的“黄牛”船行、荐头行等封建残余和混入在木船业中的土匪、恶霸、特务等顽固反革命分子，必须以船工为骨干，团结近似独立劳动者的船民和所有船主（不管其是否参加劳动），组织反封建的统一战线，如船民协会等。二、船工应该组织独立的工会，并参加船民协会。工会的任务，是把全体船工组织起来，给以阶级教育和政策教育，不断提高船工的觉悟和组织性，使自己逐渐成为船民协会的核心。船民协会和船工工会，基本上应以通航河流为组织单位。在重要码头酌设分会或办事处。三、为肃清内河的反革命和维持内河的治安，应以内河航线为单位，成立水上公安局。除长江公安局由公安部负责建立外，其他各河的水上公安局由有关的大行政区公安部或省公安厅负责建立。四、各有关的地方人民政府，应设立行政的木船管理机构，并酌设企业性的内河航运公司，办理有关航运的业务，以便逐渐消灭“黄牛”船行、“运输社”等封建牙行的残余。五、为了进行上述工作，各有关地区应由党委负责，由公安、交通部门和工会等方面指派干部，以公安部门为主体，组成专门的工作委员会。首先负责在木船中进行调查和侦察工作，大批地训练船工积极分子，并训练一些思想进步、坚决反封建的船民积极分子。中央已由上述有关机关组成了专门工作委员会，各地船民工作委员会组成后应向该委员会作报告，并受其指导。

同 日

[纲 文]　《人民日报》发表题为《苏联的严正立场和美国的拖延战术》的社论。

[目 文]　社论指出：苏联政府的声明，揭穿了美帝国主义者拖延朝鲜谈判又企图推卸责任的阴谋。它对于全力反抗美国侵略的中国人民、朝鲜人民以及一切同情我们这个斗争的全世界人民是一个鼓舞。美帝国主义者遭逢了在朝鲜战又困难、停又不愿的矛盾局势之后，采取拖延战术来边打边谈，保持紧张，以便“牵制”和“消耗”我国的兵力，并用以欺骗美国人民。但事实证明被“牵制”被“消耗”的不是我们，正是他们自己。而美国人民对于美国帝国主义的侵略战争不愿支持，对于他们拖延谈判来延长战争更不满意。

此前于10月15日，苏联政府发表关于朝鲜局势与苏美关系致美国政府的声明，主要内容有：一、关于朝鲜局势。倡议和平解决朝鲜战争的不是美国政府和联合国，而是苏联政府。美国政府则有计划地拒绝了向它提出的关于真正和平解决朝鲜问题的一切建议。二、关于苏美关系。苏联政府也曾屡次尝试在苏美关系的其他重要问题上以及其他尚未解决的最重要的国际问题上和美国取得谅解，但美国政府并没有以行动证明它具有其声明所说的和平意愿。三、美国政府所谓对苏联和其他国家绝没有侵略意图的声明是与其行动相矛盾的，它所关心的绝不是维持和平。四、本着和平政策，苏联政府同意在美国政府的参加下，审查一切尚未解决的重要问题，并讨论改善国际关系的办法。

同 日

[纲 文]　纺织工业部与中国纺织工会联合发出关于突击增产的指示。

[目 文]　指示说，遵照中财委的决定，为满足对纱布需要的供应，增强抗美援朝力量，规定全国公私营棉纺织工厂从11月1日起一律突击增产两个月。本来实行两班制、每班工作10小时的工厂，每周增加1班，或者是每班增加1小时。为了避免工人过度疲劳，加班之后，不得加点；加点之后，不得加班。原来开3班的，一律每周增开为20班。突击增产期间，两班制加点部分的工资，由厂方另增50%发给，加班工资另增100%发给。同时为了保护职工健康，凡是参加加点的职工，每人每天由厂方津贴鸡蛋两枚。各地纺织工厂要立即组织动员，发挥职工群众的爱国主义劳动热情，提高产量，保证质量，节约原料，完成1951年的增产任务。

同 日

[纲 文]　贸易部和中国人民银行总行联合发出《易货贸易进出口权利义务异地让受暂行处理办法》。

[目 文]　《办法》共13条，对易货贸易进出口异地让受的申请、核准、成交及货物进出口后的管理、手续费等做了详细的规定，旨在调剂各口岸间易货出超或入超的差额及便于进出口权利义务的让受。同时规定的掌握原则是：一、异地让受区域暂定为天津与北京、青岛与烟台、上海与福州、汉口与长沙、广州与华南各地，并由天津、青岛、上海、汉口、广州五地外贸局与中国银行共同负责调配本区内异地让受事宜；二、各地在区内进行异地让受后，如仍有出超或入超余额者，应于每月终将差额报贸易部、总行后由贸易部、总行会商确定区与区间调配。

同 日

[纲 文]　文化部与出版总署联合发布《关于加强年画工作的指示》。

[目 文]　《指示》说：两年以来，新年画在全国人民中已受到热烈欢迎，在教育群众上起了很大作用①。但在年画工作中仍存在着若干缺点，有些作品的题材内容单调贫乏，

---

① 据当时统计，1950年，全国26个地区所出版新年画共400余种，发行700余万份。1951年有31个地区出版新年画580余种，发行总数达1500余万份，比上年增加1倍。

人物形象不够美丽，作品的产量尚不及旧年画多，发行尚未深入农村；因此新年画还不能完全满足广大人民的需要，而旧年画的改造又尚未有计划地进行。为加强年画工作，各级人民政府文教、出版行政机关及各地美术团体在布置年画工作时，务须注意以下各点：一、加强年画创作的领导与计划性；二、充分利用与发挥民间年画的优良传统；三、团结年画艺人并组织他们进行政治和业务的学习；四、调整年画出版业的出版计划，克服年画出版工作中的混乱现象；五、改进年画的发行方法，使新年画能够深入到广大的农村。

同 日

［纲 文］ **缅甸中国友好协会在仰光成立。**

［目 文］ 出席成立大会的有仰光市市长宇巴梭、缅中友好协会主席宇信波、中国驻缅甸大使馆参赞谢黎等。10 月 21—24 日，该会举办了中缅艺术展览会。

10 月 22 日

［纲 文］ **全国政协常委会举行第三十次会议。**

［目 文］ 会议通过全国政协第一届委员会第三次会议的议程及分组名单，决定筹备成立全国工商业联合会。

同 日

［纲 文］ **中央人民政府法制委员会约集中国人民大学法律教师举行座谈会。**

［目 文］ 董必武在会上阐述了新中国成立后在政权建设和法制建设方面取得的成绩、存在的问题和今后的任务。他指出，中国人民大学是新型大学，要与各机关联系得更好，以便使理论工作更适合于中国需要。

同 日

［纲 文］ **朝鲜停战谈判《双方联络官间关于双方代表团复会事宜的协议》签字。**

［目 文］ 《协议》内容是：一、代表团在板门店附近复会的具体地点。二、会场区是以会场为中心、以 1000 码①为半径的圆形区域。三、对于如上规定的会场区，双方一切武装力量，包括陆、海、空军的一切正规与非正规部队武装人员，均不得进行任何敌对行动。四、双方武装人员除下述军事警察外，不得进入会场区。会场区内的安全与秩序维持，由双方所指定的军官共同负责。代表团人员在会场区内期间，由双方各派由 2 名军官和 15 名士兵组成的军事警察一队，协助此项任务的执行。代表团人员不在会场区内期间，双方的军事警察在会场区内各留驻 1 名军官与 5 名士兵。军事警察所佩带的武器，限于小武器，即手枪、步枪、卡宾枪。五、双方代表团及其组成人员，得自由进入板门店会场区，并在区内自由行动。双方代表团的组成，各由其首席代表决定。六、关于谈判会议及会场区所需的物质设备及通讯与行政事务的安排，由双方联络官协议。朝中代表团方面负责供给适当的共用设备，以作双方代表团会议场所用，并负责会议室内的布置。除此以外

① 1 码等于 0.9144 米。

的设备，由双方代表团自备。七、对于以开城交通中心为圆心、3英里为半径的圆形区域，与以3英里为半径、圆心位置的圆形区域内的“联合国军”代表团驻区，以及开城、板门店、汶山通道两侧各200米的地区，双方一切武装力量，包括陆、海、空军的一切正规与非正规部队与武装人员，不进行任何敌对行为。八、双方代表团复会日期与时间，由双方联络官协商决定。

双方联络官还取得《双方联络官的共同谅解》：一、协议中武装力量一词，仅包括双方控制下或公开暗地唆使的武装部队与武装人员。当双方调查中所发现的事实在合理的范围内无可置疑地证明了任一案件的负责人员属于一方控制下或为一方所公开或暗地唆使者，该方不得推诿其责任。二、对于报称违反协议事件的调查，将按过去联络官的惯例进行。三、双方联络官间关于双方代表团复会事宜所达成的协议，将作为双方代表团所将确定的整个停战谈判期间的全面安排的协议的有关部分的草案。四、整个停战谈判期间安全安排的协议，经由双方代表团决议后，将代替一切既往的安全协议及关于开城会场区和中立区的协议。五、除在气候条件与技术条件无法控制的情况下，双方军用飞机均不得飞越板门店会场区上空，“联合国军”军用飞机不得飞越开城区及开城区至板门店会场区通道区域的上空，朝鲜人民军及中国人民志愿军的军用飞机不得飞越汶山区及汶山区至板门店会场区通道区域的上空。

同 日

［纲 文］ **朝鲜停战谈判朝中代表团更换谈判代表。**

［目 文］ 中国人民志愿军总部决定由边章五①将军代替邓华将军为第一谈判代表。朝鲜人民军总部决定由郑斗焕将军代替张平山将军为朝鲜人民军谈判代表。边章五离京前，周恩来面告：那里有李克农负责，他情况熟悉，对敌斗争又有经验，你去协助他工作。

10月23日

［纲 文］ **全国政协第一届委员会第三次会议在北京开幕。**

［目 文］ 出席会议的有全国政协委员141人②。列席会议的有中央人民政府委员会委员、中央人民政府各部门负责人、地方协商委员会主席及副主席、地方人民政府负责人以及全国政协常务委员会协商特别邀请的中国人民志愿军代表、中国人民解放军代表、工业劳动模范代表、农业劳动模范代表、革命老根据地代表、少数民族代表、工商界代表、专家代表、教育工作者代表、文艺工作者代表、青年工作者代表、妇女工作者代表、华侨代表、宗教界代表、社会人士等共510人。

全国政协主席毛泽东致开幕词。他指出：这次会议的规模，充分地表现了中华人民共

---

① 边章五（1900—1954），河北束鹿人，时任朝鲜停战谈判朝中代表团代表。

② 关于出席会议的人数，1951年10月24日《人民日报》报道为出席委员143人，列席和特邀的人数为518人。但1951年10月25日《人民日报》更正为出席委员141人，列席和特邀的人数为510人。根据1951年10月24日《人民日报》所列出席人名单计算为：出席委员144人，列席和特邀518人。

▲ 全国政协一届三次会议在北京开幕，毛泽东致开幕词。

和国在各个战线上都有了巨大的成就和进步。在过去的一年中，国内抗美援朝、土地改革和镇压反革命三个大规模的运动，取得了伟大的胜利；还出现了值得庆贺的新气象，一是在工业和农业战线上正在发展着的爱国增产运动，二是在文化教育战线和各种知识分子中，广泛地开展了一个自我教育和自我改造的运动。他强调：抗美援朝的伟大斗争现在还在继续进行，并且必须继续进行到美国政府愿意和平解决的时候为止。我们举起反侵略的旗帜，是完全必要的和完全正义的。为了继续坚持这个必要的正义的斗争，我们就需要继续加强抗美援朝的工作，需要增加生产，厉行节约，以支持中国人民志愿军。这是中国人民今天的中心任务，因此也就是我们这次会议的中心任务。

会议听取了政务院总理周恩来所作的政治报告。报告包括目前形势、外交与国防、土地改革、镇压反革命、政权工作、民族关系和统一战线等七个方面的问题，要点是：一、在国内，各项事业已经获得了多方面的新的胜利和成就。在国际上，帝国主义阵营战争威胁严重存在，但是全世界制止战争危险的斗争力量却已空前发展和壮大起来了，全世界和平民主阵营的力量超过了帝国主义战争阵营的力量。二、中国人民认为全世界的各种不同社会制度的国家是可以和平共处的。中国人民从来就不想威胁任何人，不想侵犯任何人；但决不能容忍别人所加于我们的威胁和侵略。为了保卫中朝和远东的和平和安全，中国人民必须继续提高警惕，竭尽全力，以支持抗美援朝的长期斗争。中国人民也决心从美国侵略者手中解放台湾。三、在完成土地改革的地区，农村已经起了根本的变化，废除了地主阶级封建剥削土地所有制，解放了农村生产力，农民的政治觉悟空前提高，为工业发展开辟了广阔的道路。四、镇压反革命是完全必要和完全正确的。一年来，由于在全国范围内采取了镇压反革命的坚决措施，大量的反革命分子被肃清，广大人民的革命积极性被发动，全国的社会秩序表现了历史上未曾有过的安定。五、通过普遍推行并不断充实和提高各级人民代表会议的工作，广大人民紧密地团结在各级人民政府的周围，成为执行国家建设和国防任务的统一、强大的力量。但从提高政府工作效率、更好地为人民服务着想，各级人民政府的工作还需要很大的改进。六、各民族间和各民族内部，已从历史上长期分裂对抗转到团结合作。民族区域自治和民族民主联合政府正在逐步推行，成绩良好。少数民族地区的贸易、卫生、文化教育、少数民族干部训练等工作正在展开。七、由于抗美援朝、土地改革和镇压反革命三大运动的普及和深入，中国人民民主统一战线获得了全面的展开和提高。

[文献一] 中国人民政治协商会议第一届全国委员会第三次会议的开幕词

毛泽东

我们的人民政治协商会议第一届全国委员会第三次会议，现在开会了。在这次会议上，除了全国委员会的委员之外，应邀列席的尚有中国人民志愿军、人民解放军、工业劳动模范、农业劳动模范、老根据地代表、教育工作者、文艺工作者、工商业家、各种专家、宗教界、少数民族、华侨、妇女、青年、省市协商委员会及其他方面的代表人物，尚有许多政府工作人员。出席和列席人员中包括了许多为人民所公认的战斗英雄、劳动模范和模范工作者。我们这次会议的这个规模，充分地表现了中华人民共和国在各个战线上都有了巨大的成就和进步。

在过去的一年中，在我们国家内展开了抗美援朝、土地改革和镇压反革命三个大规模的运动，取得了伟大的胜利。大陆上的反革命残余即将基本肃清。土地改革，除一部分少数民族住居的地区以外，即将于一九五二年全部完成。全中国人民在抗美援朝运动中空前广泛地团结起来，向着美帝国主义的侵略势力进行了坚决的斗争。中国人民志愿军代表着中国人民的伟大意志，与朝鲜人民军一道，打破了美帝国主义企图侵占朝鲜民主主义人民共和国并进而侵入中国大陆的狂妄计划，从而鼓舞了朝鲜、中国、亚洲和全世界爱好和平的人民，使他们增加了保卫和平、反对侵略的信心。我们应当向英勇的中国人民志愿军和朝鲜人民军表示庆贺和敬意！

由于上述三大运动已经取得的胜利，由于各级人民政府和各界人民的共同努力，我们的国家已经实现了空前未有的统一。西藏问题业已用和平的方法予以解决。国防力量业已增强。人民民主专政业已巩固。而我们的金融和物价则继续保持着稳定，我们的经济建设事业和文化教育事业的恢复和发展的工作，也已前进了一大步。

在工业和农业战线上正在发展着的爱国增产运动，是我们国家值得庆贺的新气象。在农村中实现土地改革和在工厂企业中实现民主改革之后，工人和农民即获得发展其爱国增产的极大积极性、并改善其物质生活和文化生活的可能。只要我们善于团结、教育和依靠工人和农民，我国就一定会要出现一个普遍高涨的爱国增产运动。

在我国的文化教育战线和各种知识分子中，根据中央人民政府的方针，广泛地开展了一个自我教育和自我改造的运动，这同样是我国值得庆贺的新气象。在全国委员会第二次会议闭幕的时候，我曾提出了以批评和自我批评方法进行自我教育和自我改造的建议。现在，这个建设已经逐步地变为现实。思想改造，首先是各种知识分子的思想改造，是我国在各方面彻底实现民主改革和逐步实行工业化的重要条件之一。因此，我们预祝这个自我教育和自我改造运动能够在稳步前进中获得更大的成就。

一切事实都证明：我们的人民民主专政的制度，较之资本主义国家的政治制度具有极大的优越性。在这种制度的基础上，我国人民能够发挥其无穷无尽的力量。这种力量，是任何敌人所不能战胜的。

抗美援朝的伟大斗争现在还在继续进行，并且必须继续进行到美国政府愿意和平解决的时候为止。我们不要去侵犯任何国家，我们只是反对帝国主义者对于我国的侵略。大家都明白，如果不是美国军队占领我国的台湾、侵略朝鲜民主主义人民共和国和打到了我国的东北边疆，中国人民是不会和美国军队作战的。但是既然美国侵略者已经向我们进攻了，我们就不能不举起反侵略的旗帜，这是完全必要的和完全正义的，全国人民都已明白这种必要性和正义性。为了继续坚持这个必要的正义的斗争，我们就需要继续加强抗美援朝的工作，需要增加生产，厉行节约，以支持中国人民志愿军。这是中国人民今天的中心任务，因此也就是我们这次会议的中心任务。

我们很早就表示：朝鲜问题应当用和平方法予以解决，现在还是这样。只要美国政府愿意在公平合理的基础上解决问题，不再如过去那样用种种可耻的方法破坏和阻挠谈判的进行，则朝鲜的停战谈判是可能成功的，否则就不可能成功。

在中华人民共和国成立以来的两年中，我们各方面的工作都获得了伟大的胜利。这些胜利，我们是倚靠了一切可能团结的力量才获得的。在国内，我们是倚靠了各民族、各民主阶级、各民主党派、各人民团体以及一切爱国民主人士在工人阶级和共产党领导之下的巩固团结。在国际范围内，我们是倚靠了以苏联为首的和平民主阵营的巩固团结以及世界各国爱好和平的人民的深厚同情。由于这样，我们就获得了各方面工作的伟大胜利，这是我们的敌人所没有料到的。我们的敌人认为：新生的中华人民共和国面前摆着重重的困难，他们又用侵略战争来反对我们，我们没有可能克服自己的困难，没有可能反击侵略者。出于敌人的意料之外，我们居然能够克服自己的困难，居然能够反击侵略者，并获得伟大的胜利。我们的敌人眼光短浅，他们看不到我们这种国内国际伟大团结的力量，他们看不到由外国帝国主义欺负中国人民的时代，已由中华人民共和国的成立而永远宣告结束了。他们也看不到帝国主义称霸世界的时代，已由社会主义苏联的成立，已由中华人民共和国的成立，已由各人民民主国家的成立，已由中苏两个伟大国家在友好互助同盟条约基础上的巩固团结，已由整个和平民主阵营的巩固团结以及世界各国广大和平人民对于这个伟大阵营的深厚同情，而永远宣告结束了。我们的敌人看不到这些，他们还想欺负中华人民共和国，他们还想称霸世界。但是，同志们，我可以断定，他们的想法是狂妄的，是徒然的，是不可能达到目的的。与此相反，中华人民共和国是不能欺负的，以苏联为首的伟大和平阵营是不能侵犯的，全世界和平人民是不能欺骗的。同志们，自从伟大的苏联十月社会主义革命胜利以后，世界上人民胜利的局面就确定了，现在则因为中华人民共和国的成立和各人民民主国家的成立而使这个局面发展和巩固了。不错，在第一次世界大战和俄国十月革命以后的历史时期中，曾经发生过德国、意大利和日本三个帝国主义国家企图称霸世界的事实，这种事实还是发生在中华人民共和国和许多人民民主国家没有成立的时候，但是结果如何呢？难道还没有证明这三个帝国主义国家的企图是狂妄的和徒然的吗？[①] 难道不是适得其反，想要称霸的帝国主义却得到了被打倒的结果吗？现在的局面完全不同了，伟大的中华人民共和国成立了，许多人民民主国家成立了，世界人民的觉悟程度提高了，整个亚洲和北部非洲的民族解放斗争蓬蓬勃勃地起来了，整个帝国主义体系的力量极大地削弱了，还有一个极其重要的事实是我们最亲密的盟国苏联的力量大大地增强了。在这种时候，再有帝国主义国家企图重走过去德意日三国侵略者的老路，则其结果不是完全可以料到的吗？总之一句话，今后的世界必须是人民的世界，世界各国必须由各国人民自己管理自己，而决不能再是帝国主义及其走狗横行霸道的世界了。我希望我国人民好好地自己团结一致，并好好地和我们的苏联盟友团结一致，好好地和一切人民民主国家团结一致，好好地和世界上一切同情我们的民族和人民团结一致，向着争取反侵略斗争的胜利、向着建设我们伟大国家的胜利、向着保卫世界持久和平的胜利而继续前进。同志们，只要我们这样做，我相信，胜利决定地是我们的。

资料来源：1951年10月24日、25日《人民日报》。

［文献二］在中国人民政治协商会议第一届全国委员会第三次会议上的政治报告

周恩来

自从一九五〇年六月中国人民政治协商会议第一届全国委员会第二次会议以来，

① 在10月24日《人民日报》发表时该句为“难道还没有证明这三个帝国主义国家的企图不是狂妄的和徒然的吗”，10月25日更正为“难道还没有证明这三个帝国主义国家的企图是狂妄的和徒然的吗”。《毛泽东选集》第5卷、《建国以来毛泽东文稿》第2册收入该文时未更正该句，《毛泽东文集》第6卷收入时更正该句。

已经十六个月了。在以毛主席为首的中国共产党和中央人民政府的领导之下，我们伟大祖国的人民事业，获得了多方面的新的胜利和成就。对于这一个时期中的抗美援朝工作、经济财政工作、文化教育工作及这些工作在今后的任务，将由抗美援朝总会彭真副主席、政务院陈云副总理和郭沫若副总理分别报告，我在这个报告中就不多说了。我现在就目前形势、外交与国防、土地改革、镇压反革命、政权工作、民族关系和统一战线七个问题来作报告。

一、目前形势

西藏已和平解放，整个中国大陆出现了历史上从来没有过的人民的统一。我们的人民民主专政，在抗美援朝、土地改革和镇压反革命三个大规模运动的胜利进展中，业已获得了进一步的巩固。我们的国防力量在军队的编制、装备、技术、训练各方面都正在向现代化迈进。我们的经济正在迅速恢复：农业和工业生产大部分已接近于恢复到我国历史上的最高水平。一部分已超过或大大超过了这个水平，只有一部分还需几年努力才能恢复到这个水平；商业比去年有了进一步的发展；全国物价基本稳定；而对外贸易第一年就已出超，根本改变了过去七十三年来成为半殖民地的特点之一的入超状况。我们的文教事业有了显著的普遍的进步。我们各兄弟民族间的友谊合作，越来越加亲密。

一年来我国最伟大的光荣的斗争，就是英勇的中国人民志愿军在朝鲜境内与英勇的朝鲜人民军并肩作战，反对美帝国主义的血腥侵略，并取得了伟大胜利。这个胜利保卫了中朝两国和远东和平，打乱了美帝国主义者侵略世界的战争时间表，鼓舞了一切殖民地半殖民地人民争取自由独立的斗争，坚定了并增加了世界人民对于争取持久和平反对侵略战争的信心。全中国人民的爱国运动空前高涨，这是平常时期几十年甚至几百年所不能达到的。这种高涨业已使我们国家精神上和政治上的团结无限加强。在国际间，伟大的中苏两国的盟谊正在日益巩固。我国与各人民民主国家的真诚友好关系，正在胜利开展。我国与东南亚国家及西欧一部分国家建立了平等互惠的外交和商务关系。

中国人民建国两年来的这些巨大成就，证明了人民民主专政制度的伟大生命力。中国人民在各个战线上的每一个成就，都加强了世界和平民主阵营。站在反帝国主义斗争前线的我国，今天已经成为世界和平民主阵营在东方的支柱。

我们的这些辉煌成就，是在有利的国际形势之下取得的。以苏联为首的和平民主阵营的力量越来越巩固和壮大，而以美国为首的帝国主义战争阵营的根基则越来越动摇。

我们伟大的盟邦苏联，已经胜利地、大大超额地提前完成了战后五年计划；现在苏联人民正满怀信心地向着伟大的共产主义建设迈进。苏联的和平政策，苏联在原子能的和平利用和原子弹的制造方面的卓越成就以及关于国际管制原子武器的和平建议，粉碎了美英侵略集团战后六年来用以威胁世界人民的原子讹诈政策，大大地提高了世界人民保卫和平的信心。在苏联的大力援助和密切合作之下，欧洲各人民民主国家的劳动人民，都已胜利地走上了建设社会主义的道路。和平民主阵营的各国间和人民间的团结是建立在平等互助、真诚互信的民主原则之上的，因此是巩固可靠的，不可战胜的。特别是拥有世界人口三分之一的中苏两大国家的同盟，是历史上无可匹敌的强大力量，是和平战胜战争的最可靠的保障。

腐朽透顶、根基动摇的帝国主义者，正在拼命挣扎。帝国主义阵营的头子美国，纠集了各国被人民唾弃的反动分子，组织东西两方的侵略集团，发动和继续干涉朝鲜的战争，扩大军事预算，武装日本和西德，建立国外军事基地，加紧准备侵略战争，企图以此造成长期紧张、称霸世界的局面，并梦想依靠发动第三次世界大战来打败和平民主力量。可是，帝国主义阵营这种长期紧张的备战措施不可避免地会更加扩大并深化它内部的矛盾和困难。美帝国主义借口备战而疯狂横暴地侵犯各国的独立主权，破坏各国人民的生活水准，并把它们变成美国殖民地的罪恶行动，业已引起了各国人民，特别是亚洲和西欧人民，对美帝国主义的强烈憎恨和积极反抗。美帝国主义的称霸世界的企图，固然一方面迫使了它的仆从国家无耻地奉行它的备战政策，但另一方面也显然增加了各国统治集团——特别是英国统治集团——对美国统治集团之间的、以及各国统治集团内部相互之间的日益尖锐的争吵。帝国主义阵营各国为了疯狂备战，不能不牺牲和平生产以扩大军事生产，牺牲劳动人民以喂肥独占资本家，首先是军火资本家。帝国主义阵营各国这样长期紧张的疯狂备战，就使得它们的整个经济陷于比以前更深刻的不平衡和更尖锐的混乱状态，其结果必然促使整个资本主义世界经济走向更大更深的经济危机。帝国主义阵营的战争威胁是严重地存在着，但是全世界制止战争危险的斗争力量却已空前地发展和壮大起来了。全世界和平民主阵营的力量，业已超过了帝国主义战争阵营的力量。世界各国人民在斯德哥尔摩宣言上签名的达五亿人以上，而在缔结和平公约宣言上签名的人数至最近止已达五亿四千余万，并且仍在日益增加中。从亚洲到非洲，被视为帝国主义生命线的殖民地半殖民地的人民解放运动正在新的高涨中。各资本主义国家中争取和平反对战争的人民运动亦在广泛发展。只要全世界人民能够提高警惕，继续团结一切可能团结的和平民主力量，并使之获得更大的发展，那么，新的世界战争是能够制止的。帝国主义者今天在朝鲜发动局部侵略战争，已经遭受了严重的打击；假如帝国主义者竟然要疯狂地发动第三次世界大战的话，那他们就必将遭遇到完全的失败。

二、外交与国防

我国人民和政府是爱好和平并坚持和平政策的。我国人民在斯德哥尔摩宣言上签名的达两亿三千余万，在缔结和平公约宣言上签名的则达三亿四千四百余万。谁都知道，我国人民在解放了自己的全部国土以后，需要在和平而不受威胁的环境下来恢复和发展自己的工农业生产和文化教育工作。谁也都知道，我国人民认为全世界的各种不同社会制度的国家是可以和平共处的。我国人民从来就不想威胁任何人，不想侵犯任何人。可是，我们决不能容忍别人所加于我们的威胁和侵略。凡是愿意在平等、互利及互相尊重领土主权的原则上与我们建立外交与商务关系的国家，就一定会得到我们的欢迎；而那些妄图用侵略和战争政策来威胁我国人民的帝国主义者，就一定会遇到我们的坚决回击。这就是我们现在正在执行着、并且今后还要继续执行的外交政策。

美国政府不甘心于它在干涉中国内战中所遭受的彻底失败，于一九五〇年六月二十五日发动了干涉朝鲜的战争，同时侵占了我国的台湾。这样，美国政府就赤裸裸地暴露了它一贯在执行威胁中国独立和破坏远东和平的战争政策。中国人民和中国政府曾经一再提出建议和警告，要求美国武装力量退出台湾，迅速停止侵略朝鲜战争，和平解决朝鲜和远东问题。可是，美国政府竟悍然拒绝了这些建议和警告，并大举越过三八线，直迫鸭绿江，同时还以它的空军不断轰炸和扫射我东北边境的城市和乡村，以它的海军攻击我海上的船只。中国人民忍无可忍，这才组织了抗美援朝保家卫国的志愿军，开往朝鲜，抵抗美帝国主义的侵略。全国各民主党派于一九五〇年十一月四日发表了联合宣言，拥护这一正义的行动。

与美国侵略军相较，中国人民志愿军部队在装备方面还居劣势，但是他们却具有高度的政治觉悟和胜利信心，掌握着正义战争的规律，具备着与敌人进行持久战的经验，并获得了中朝人民的全力支援和全世界进步人类的同情。一年作战的结果，中国人民志愿军与朝鲜人民军在一起，沉重地打击了狂妄残暴的美国侵略军，把他们从鸭绿江边赶回到三八线附近。从一九五〇年十月二十五日到今年十月十日的十一个半月中，一共毙、伤、俘虏敌军三十八万七千余名，其中包括美军十七万六千余名；一共击落、击伤和缴获敌机二千三百一十架。中国人民在这个抗美援朝的正义战争中，全面地加强了和巩固了自己；而美国政府则因侵朝战争的消耗如此巨大，军队的主力陷在朝鲜如此众多，以致它自己及它的仆从国家不能不担心它们在朝鲜发动的军事冒险的后果了。

尽管这样，中国人民志愿军所采取的正义行动，其目的仍是为了要保卫我国边疆与和平解决朝鲜问题的。所以当苏联出席联合国代表马立克先生在今年六月二十三日提出以交战双方谈判停战、双方军队撤离三八线作为实现和平解决朝鲜问题的第一步的建议时，中朝人民首先响应了这个建议，并表示愿意在公平合理的基础上迅速达成停战协议，以便进一步争取朝鲜问题以及远东其他问题的和平解决。

美国政府虽然由于侵朝战争的困难和全世界舆论的压力而被迫接受了马立克先生的建议，于七月十日开始了朝鲜停战的初步谈判，可是它又为了外交和内政的目的不愿使停战谈判迅速达成协议，于是联合国军总部便不惜制造各种挑衅事件，并使谈判复杂化，来拖延谈判的进行。在这种情形之下，为了符合世界人民的和平愿望，中国人民现在仍然以极坚定而忍耐的态度，和朝鲜人民一道，继续努力，争取朝鲜停战谈判的成功。但同时，中国人民必须对谈判因受到美国方面的破坏而失败的可能性作一切准备。为了保卫中朝和远东的和平和安全，中国人民必须继续提高警惕，竭尽全力，以支持抗美援朝的长期奋斗。中国人民决心从美国侵略者手中解放台湾，不达目的，决不罢休。

一年来，美国政府又从其他各方面继续进行敌视中国人民的活动。它阻挠我中华人民共和国取得在联合国中应该享有的合法地位。它在联合国会议上撕毁开罗宣言和波茨坦公告，拒绝将它的武装力量撤出台湾。它挟制着联合国大多数在今年二月一日通过了荒谬无耻达于极点的诬蔑我国为“侵略者”的决议案。继这个决议案之后，联合国大多数又在美国的挟持之下，通过了对我国禁运的决议案。这一切，彻底地暴露了联合国已日益成为美帝国主义准备战争和扩大侵略的御用工具。愚昧无知的美帝国主义者满以为“封锁”和“禁运”一定能给我国以沉重打击，但是他们完全错了。帝国主义者的“封锁”和“禁运”，正好被我们用以肃清在中国经济中的半殖民地的依赖性，缩短我们在经济上获取完全独立自主的过程，而真正受到打击的，反而是他们自己。美国的“经济封锁”，也加速了我们清算美帝国主义者在中国的经济特权的进程。中国人民在抗美援朝运动中同时顺利地彻底地肃清了美帝国主义者对我国多年来的文化侵略活动，并逐步肃清亲美、崇美、恐美的思想。这一切对于我们的国家和人民都是非常有利的。

美国政府利用朝鲜战争所造成的紧张局势，挟制着一群仆从国家在今年九月四日至八日举行了旧金山会议，并订立了单独对日“和约”。美国还与日本签订了无限期延长美军对日占领的所谓美日“双边安全条约”。这两个敌视中苏两国、威胁亚洲人民、复活日本军国主义、确定日本殖民地地位的所谓“和平条约”和“安全条约”，以及在旧金山会议前夕所订立的美菲联防条约和美澳纽三边安全条约，都是美国压榨和奴役亚洲人民、准备发动另一次亚洲侵略战争的工具。我们必须加紧揭发美帝国主义者在远东疯狂备战的阴谋，并号召亚洲人民和世界人民团结起来，挫败美国的战争计划。

美国政府越来越多地干涉越南以及其他许多亚洲国家的内政，是完全没有道理的。毛主席远在去年六月二十八日的讲话中就已说过：“全世界各国的事务应由各国人民自己来管，亚洲的事务应由亚洲人民自己来管，而不应由美国来管。美国对亚洲的侵略只能引起亚洲人民广泛的和坚决的反抗。”今天的亚洲的局势已经起了根本的变化。亚洲人民在中国革命胜利的影响下，觉醒程度已经空前提高，解放运动正在日益发展。中国人民和亚洲各国人民团结一致，就一定能够形成东方强大无比的力量，推动亚洲各国人民独立解放运动的历史巨轮迅速前进。

在美国政府发动侵朝战争之后，若干国家正在追随美国，接受美国的指使，对我国人民采取极不友好乃至敌视的措施。我们特对这些国家的政府提出警告，希望它们停止这些措施，否则它们必须对自己的无理行为担负一切责任和后果。

我国散居海外的华侨约达一千余万。由于某些国家无理地歧视乃至迫害他们，他们的正当权益业已受到了重大损害。这不能不引起中国人民和政府的深切注意和严重关怀。

如上所说，为了保卫我们祖国和远东的和平，我们就不能不依靠我们国防力量的进一步的巩固和增强。中国人民解放军在胜利的光荣传统的基础之上，必须认真学习，加强各兵种建设，充实现代装备，改进编制，统一制度，加强训练，提高纪律，为建设和完成一支强大的现代化的国防军而奋斗。我们国家的生产必须为加强国防力量而服务。全国人民必须动员起来，响应毛主席的号召，更加努力地节约增产，紧张工作，来支持抗美援朝的伟大运动。在思想战线上，我们必须在全国范围内继续肃清帝国主义势力的残余影响，以热爱祖国、痛恨帝国主义侵略的爱国主义的精神来教育人民。只要我们能够共同努力，那我们就一定能够胜利地保卫我们神圣的祖国，保卫远东和世界的和平！

三、土地改革

一年多的新区土地改革运动，是在全中国革命战争胜利和农村中清匪、反霸、减租、退押等斗争胜利的基础上，根据中华人民共和国土地改革法及其他决定，有计划、有步骤、有秩序地开展起来的。这是中国革命历史上最广大最健全的一次土地改革运动。

截至今年八月底，华东、中南、西南、西北四大行政区，已有一亿五千余万农业人口地区完成了土地改革，约有九千余万无地少地的农民分到了一亿八千余万亩土地。连以前的老区在内，全国总计有三亿一千余万农业人口地区完成了土地改革，有九千余万农业人口地区尚待进行土地改革。经过再一年的努力，估计到明年年底，除少数民族地区外，全国土地改革即可基本完成。

在完成了土地改革的地区，农村已起了根本变化：

第一，在广大农村，废除了地主阶级封建剥削的土地所有制，实现了农民的土地所有制。农民群众所进行的一系列的斗争，与镇压反革命运动相结合，依据各区惩治不法地主暂行条例和人民法庭的处理，就彻底摧毁了地主阶级的反动势力，使被压迫的农民翻身成为农村的主人，完全掌握了农村政权，巩固了农村中的人民民主专政。农民说得好："过去头顶地主的天，脚踏地主的地，现在都成为我们的了。"

第二，解放了农村生产力，因之农民生产热情十分高涨。农民把土地改革中所得土地以外的果实十之七八投于生产，又得到各级人民政府的扶助，所以农村生产已得到显著的恢复和部分的发展。今年全国农业生产，可望比去年增产百分之五左右。新区土地改革后，农民购买力一般提高百分之五十。城市工业品销路日畅，日用百货已感供应不足。这说明土地改革为工业发展开辟了广阔的道路。

第三，农民的政治觉悟空前提高。在“保卫翻身果实”的号召下，农村展开了轰轰烈烈的抗美援朝保家卫国运动，广大农民普遍订立爱国公约，自动报名参军，踊跃进行爱国增产捐献和缴纳爱国公粮，到处表现了他们的无限的爱国热情，表现了他们对于共产党和毛主席的由衷爱戴。

第四，农民已组织起来，武装起来。华东、中南、西南、西北四大行政区农民协会会员约达八千八百余万人，其中妇女约占百分之三十左右。农民积极分子在运动中大量涌现出来。四大行政区的民兵已有七百五十余万，加上其他地区，全国民兵已发展到一千二百八十余万。这是巩固人民民主专政和保卫“翻身果实”的重要力量。

第五，农村文化已逐步开展。去冬全国农民上冬学的已增至二千五百万人以上，今年上常年夜校的有一千一百余万人。新的科学知识在开始传布。劳动光荣逐渐成为风气。

一年来新区土地改革运动所以取得伟大成绩的主要原因是：

第一，贯彻了刘少奇同志在本会第二次会议关于土地改革的报告中所提出的“依靠贫农、雇农，团结中农，中立富农，有步骤地有分别地消灭封建剥削制度，发展农业生产”的总路线。凡是依靠了贫农、雇农，基本上满足了他们的土地要求的，消灭封建制度的斗争就有力而彻底，反之，就发生了“和平土改”和明改暗不改以及改后不久地主又反攻夺地等偏向。凡是有广大中农参加了农民协会及其领导，少地的中农也补进了土地的地方，中农和贫雇农的关系就更加密切，农民的阵容也就扩大而巩固。因此不论以何种理由侵犯和排斥中农，都证明了是错误的。对于富农，各地除大部地区已征收其出租土地的一部或全部外，对其自耕和雇人耕种的土地及其他财产，均予严格保护。新区土地改革后富农的土地平均仍保有当地每人土地平均数的百分之一百五十左右。这样就中立了富农，而这对孤立地主、稳定中农生产情绪，都有极大作用。各地在土地改革中对地主阶级中的不同分子采取了分别对待的政策。因为土地改革所要彻底消灭的是封建剥削制度和封建剥削阶级，所以对一般服从土地改革法令的地主分子，一律分给他们与当地得地农民同样一份土地及其他生产资料，以利进行劳动改造，只对恶霸地主和破坏法令的地主则予以应得的惩罚。各地对小土地出租者和华侨，都实行了妥善照顾的政策，对城市工商业都实行了坚决保护的政策。各地城乡联络委员会的建立，合理地解决了城市各阶层与农民间的问题，并进一步密切了城乡人民的关系。由于这一切，全国的土地改革运动就进行得彻底而有秩序。

第二，实行了广泛宣传政策、放手发动群众的办法。中国地主阶级对农民长期地进行了政治压迫、土地垄断和高利盘剥，他们是不甘心被消灭的。据新区调查，占人口百分之五左右的地主占有土地百分之四十至八十，而占人口百分之五十至六十的贫农和雇农只占有土地百分之四至十五。各地地租一般占产量百分之五十以上，甚至有达到百分之九十以上的。地主在土地改革中反攻夺地、破坏生产、砍伐树木、杀害农民和干部，甚至勾结或组织土匪进行暴乱者很多。因此，“只要政府颁布法令、不要发动群众斗争”的“和平土改”思想是错误的。只有深入地广泛地宣传土地改革政策，充分放手地发动农民群众，并经过各种会议，实行诉苦，划清阶级，团结起农村百分之九十以上的人口，进行必要的恰当的斗争，公平合理地分配土地改革的果实，才能制止和战胜地主阶级的破坏和反攻。凡是这样做的地方，就能够彻底打垮地主阶级，完成土地改革的任务。

第三，抓紧了领导，动员了大批干部下乡。新区在事先训练了三十六万人的土地改革工作队，并采取了典型试验、重点突破、由点到面、点面结合、稳步开展的工作方针。各级领导机关运用了各种方式，密切上下级联系，掌握运动真实情况，及时发现问题、解决问题、纠正偏差错误和总结交流经验，推动了运动的健全发展。同时，也动员了城市中大批干部、民主人士、知识分子和工商业者下乡参加或参观土地改革，这不仅直接支援了农民，对封建势力给了一个有力的打击，而且对参加者本身更是一个很好的教育改造。

在土地改革的伟大运动当中，各地也发生了一些偏差和缺点，但各区领导机关都作了及时的纠正。所以我们说，这次土地改革运动是健全的。

为基本地完成全国的土地改革，今后一年中必须做好以下几件事：

一、运用过去一年多的宝贵经验，完成九千万农业人口地区的土地改革。

二、在已完成土地改革的地区，要认真做好结束土地改革的工作，经过深入检查，使土地改革不彻底的地区进一步彻底起来，使若干遗留的问题都能得到妥善的解决。

三、在完成土地改革的农村，不论新区和老区，都应大力发展生产。在农村中必须有计划地恢复和发展农业及各种副业生产，并按照自愿互利原则，引导农民组织临时的或常年的劳动互助组，有重点地、有步骤地建立农业生产合作社，以及发展供销合作社，加强物资交流，使广大农民能够不但在政治上而且在经济上组织起来，以利增加生产，发展经济，走上既可使自己丰衣足食又可使国家获得资源的伟大的光明的道路。

四、镇压反革命

一年来各级人民政府，根据共同纲领第七条和中央人民政府的“惩治反革命条例”，发动了并依靠着广大人民的革命积极性，在全国范围内取得了镇压反革命斗争的伟大胜利。

目前全国极大部分地区，在对于土匪、恶霸、特务、反动党团和反动会道门等五类反革命分子，实行逮捕、处决和关押了其中大量的首恶分子以后，这些反革命残余势力已经受到了极其严重的打击。全国土匪已基本上肃清了。镇压反革命的威力，引起了反革命内部的极大恐慌、动摇和混乱，许多反革命分子，都被迫出来悔过自首，交出组织、证件、武器，向人民认罪了。由于大量的反革命分子被肃清，全国的社会秩序，表现了历史上未曾有过的安定。

全国人民，经过各级人民政府、民主党派和人民团体的组织和发动，热烈地拥护并参加了镇压反革命的斗争。全国各地都有控诉反革命分子、检举反革命分子，以及协助人民政府捉拿在逃的反革命分子的群众运动和模范事例。因而凡是群众发动较为充分的地方，就是镇压反革命运动进行得较为彻底的地方，在那些地方，民愤平了，人民政权巩固了，人民群众的政治积极性和生产积极性也都大大提高了。

既肃清了大量的反革命分子，又发动了广大人民的革命积极性，这就是伟大的镇压反革命运动的极其珍贵的收获。

今年春末，镇压反革命运动，已经达到全国性的高潮。为了巩固已经获得的成绩和避免可能产生的错误，根据毛主席的指示，我们采取了适当收缩和更加谨慎的方针。在量刑上，我们决定除对于有血债非杀不足以平民愤的和最严重地损害国家利益的反革命首恶分子，必须坚决地判处死刑并予执行外，对于那些罪该处死但没有血债、民愤不大和虽然严重地损害国家利益但尚未达到最严重程度的罪犯，则采取判处死刑、缓期二年执行、强迫劳动、以观后效的政策。同时我们还决定从本年六月到十月的五个月内，全国各地均集中力量进行积案的清理，组织犯人的劳动改造，以及进行机关内部的清理等三项工作。几个月来实行的结果，证明了这些决定是正确的，这些决定进一步巩固并发展了镇压反革命斗争的胜利。但是，就目前情形说，镇压反革命运动在全国范围内还是不平衡的。全国大部分地区虽然已经镇压得比较彻底，但还有一部分地区则镇压得不够彻底，甚至还有少数地区的反革命分子至今还未受到制裁。对于土匪、恶霸、特务、反动党团和反动会道门等五类反革命分子所给予的打击也是不平衡的。此外，无论老区、新区、农村、城市，都有一批在逃的反革命分子，而这些在逃的反革命分子，绝大部分都是罪恶深重民愤甚大的罪犯，群众迫切要求将他们逮捕起来依法惩办。

在镇压反革命运动中，群众发动的情形也是不平衡的。在那些反革命未受到打击的地方，群众便没有发动，即使在那些捕杀了一些反革命分子但没有大张旗鼓做宣传或未通过群众来镇压反革命的少数地方，群众也未发动起来。

因此，为了彻底肃清反革命残余势力，就必须在全国范围内继续进行镇压反革命斗争，在一切进行得不彻底的地区和进行得不彻底的方面，都应该进行得彻底；把广大群众更普遍更深入地发动起来；并在一切比较彻底的地区，进一步加强对反革命作斗争的经常工作。

我们坚决执行共同纲领中关于“保护守法的外国侨民”的政策，但对外侨中少数胆敢进行危害我国家安全和人民利益的间谍分子和破坏分子，则在确实查明了他们的罪行证据之后，分别轻重，依法惩处。

总的说来，中央人民政府在它成立后不久即采取了镇压反革命的坚决措施，是完全必要和完全正确的。如果我们不去十分重视肃清反革命残余势力的斗争，就无法巩固人民民主专政，而对于人民事业的任何重要措施，诸如抗美援朝、土地改革、国家建设等等，就必然会遇到严重阻碍而难于进行。因此，对于反革命残余势力及其破坏活动采取坚决镇压和彻底肃清的方针，乃是中国人民巩固胜利把革命进行到底的必要步骤。毛主席曾再三再四提醒我们，不要放松对于反革命残余的警惕，我们的共同纲领也曾规定对于反革命分子必须采取严厉的制裁，其根本理由就在这里。

五、政权工作

从中央人民政府成立以来，普遍地推行并不断地充实和提高各级人民代表会议的工作，就是我们一直努力进行的一项重要政治任务。现在，全国各地召开过各界人民代表会议的，已有东北大行政区，内蒙古自治区，二十七个省，八个相当于省的行署区，一百四十六个市，二千零三十八个县和一百零五个相当于县的行政单位。有三十个十万以上人口的城市已开过区人民代表会议。农村区、乡（行政村），一般地也都开了人民代表会议或农民代表会议。少数民族聚居或杂居的地区，除特殊情况外，一般均召开了人民代表会议，其中并有十五个专署区也召开了各民族的人民代表会议。

通过人民代表会议，把广大人民紧密地团结在各级人民政府的周围，就能使之成为执行国家建设任务和国防任务的统一的强大的力量。这一真理，在一年来抗美援朝、土地改革、镇压反革命和发展生产的运动中得到充分的证明。凡是人民代表会议与上述运动结合得好的地方，广大人民的政治觉悟、爱国热情、革命警惕性和生产积极性便大大提高了，政权机关的各种工作便获得了很大成绩。但人民代表会议这项重要建政工作的成绩，还只是初步的，其发展也是不平衡的。不少地方的各界人民代表会议尚未形成经常制度，有些人民代表会议所包含的成分还不够具有更广泛的和充分的代表性，部分的省、市和绝大多数的县（市）的人民代表会议，还没有代行人民代表大会的职权；在这里边，包括很大数目的土地改革久已完成的地区。各级人民代表会议必须按期召开，形成经常的制度。那种认为“中心工作很忙，没有工夫开代表会”，或者把讨论上级交付的任务与处理当地群众的要求对立起来，或者认为人民代表会议不如干部会议简便以致产生以干部会议去代替人民代表会议的看法和做法，都是不对的。各级领导机关要善于区别和运用人民代表会议和干部会议，要善于召集真正具有广泛的和充分的代表性的人民代表会议，要善于经过人民代表会议把每个时期的中心工作和绝大多数人民群众的切身要求结合起来，使人民政府每个时期的中心任务成为人民群众自己的事情。

在土地改革业已大部完成和镇压反革命运动进行得比较彻底的地区，县（市）以上的各级人民代表会议，应即迅速准备代行人民代表大会的职权。在十万以上人口或不足十万人口而有特殊需要的城市，要普遍建立区人民代表会议。土地改革已经完成的县，应以农民代表会议为基础，召开区、乡的人民代表会议。在召开各级人民代表会议时，应注意吸收妇女代表参加。

两年来，各级人民政府做了不少的工作，也获得一定的成绩。但从提高政府工作效率更好地为人民服务着想，各级人民政府的工作还需要很大的改进。目前最需要注意的问题是：

一、由于国家任务繁重，机构初创，经验缺乏，并要在一个时期内建立各种工作，致在有些方面产生了机关庞大、层次重叠、头绪纷繁、人浮于事的现象，但在经济建设和文化教育建设这些方面，却又还缺乏必需的人员。现在中央人民政府政务院正准备召开全国编制会议，决从紧缩编制、调整机构、减少层次、精简人员入手，来健全各级人民政府的组织，并配合和提倡全国的节约增产运动，以达到提高政府工作效率和加强国家各种建设的目的。

二、我各级人民政府都是为人民服务的政府，但由于任务繁重及政府工作人员中尚存有某些主观上的缺点，以致在联系群众和倾听群众意见方面，常表现不够。目前亟须唤起各级人民政府注意：多多倾听和集中群众的尤其是劳动群众的意见，来充实自己的施政计划，然后又以之教育和发动群众，使计划具有群众的力量，这样才最有利于政令的贯彻和工作的进行。

三、中央与地方以及各级人民政府之间的关系，根据共同纲领的规定，一切职权的划分，都应“使之既利于国家统一，又利于因地制宜”，这是解决上下级关系的出发点。中国地大事多，经济落后，既要求一切工作须在中央的统一政策统一计划下实施，又需要给地方政府以一定权力，使利于因地制宜和地方积极性的发扬。过去情况，一般是正常的，但仍有不少待改进的地方。这首先需要中央人民政府各个部门予以极大的注意。

六、民族关系

民族事务方面，第一件值得指出的，是和平解放西藏的协议正在开始执行，人民解放军已开进拉萨，受到西藏人民的热烈欢迎。这是毛主席民族政策的伟大胜利。

一年多来，经过中央民族访问团到各少数民族地区访问、各少数民族代表来京开会及其他的工作，沟通了中央人民政府同各民族间的精神联系，促进了各民族对伟大祖国的体认。抗美援朝运动的开展，更加强了少数民族中的爱国主义教育。各少数民族绝大多数人民对毛主席和中央人民政府怀抱着衷心的爱戴和拥护。各民族间和各民族内部，则已从历史上的长期分裂对抗转到团结合作。

民族区域自治和民族民主联合政府正在逐步推行。除内蒙古外，已建立了三十个专署区级至乡级的民族自治区人民政府，五十一个专署区级至乡级的民族民主联合政府，成绩大都良好。

国营贸易机关正以各种努力向少数民族地区推进工作，凡力所能及的地区，均以等价交换甚至实行补贴的办法来组织物品交流，因此土产价格一般提高三倍或四倍，多至十数倍。

中央人民政府卫生部及各有关地方人民政府曾派出许多医疗队、防疫队到少数民族地区进行工作，或帮助少数民族建立自己的医疗卫生机构，极受少数民族欢迎。

少数民族中的一般文化教育，目前还只能是量力恢复和发展。但中央人民政府和各有关地方人民政府都尽力为各少数民族训练干部，现在全国脱离生产的各少数民族干部已达五万余人。这一切工作，对于国内民族问题的根本解决，还只是一个开端，但是一个良好的开端。

在目前应当注意：

一、依据民主集中制和人民代表会议制的基本原则，切实认真地普遍推行民族的区域自治和民族民主联合政府的方针。对民族自治区的自治权利应有适当规定。民族自治机关的形式，必须适应各民族当前发展阶段的面貌，切不可将汉族地区的一套简单地搬用到少数民族地区。

二、以更大力量到各少数民族地区推广贸易和卫生工作。

三、在一切少数民族地区，普及和深入抗美援朝的爱国主义教育，逐步地恢复和发展一般文化教育事业，尤其要有计划有重点地建立和发展有关少数民族的新闻事业和出版事业。

四、继续执行普遍大量训练少数民族干部的方针，加强对于他们的政治的、政策的和思想的教育，使能胜任地担负一般工作和指导工作。

五、各民族内部的适当改革，是各民族发展进步、逐渐跻于先进民族水平所必需经历的过程。但这种改革必须适合其本民族当前发展阶段的特点，必须根据其本民族大多数人民的意志，并采取妥善步骤，依靠基本民族干部去进行。

六、继续教育汉族人民尤其汉族干部从各方面切实尊重少数民族的民族平等权利，尊重少数民族人民的意见，消除各种各式的大汉族主义影响。同时，各少数民族内部也要经常克服各种各式的狭隘民族主义倾向，取得汉民族及其他先进民族对本民族的援助，学习他们的经验，并争取他们的干部为本民族服务。

七、统一战线

一年多来，由于抗美援朝、土地改革和镇压反革命三大运动的普及和深入，中国人民民主统一战线获得了全面的展开和提高。

这三大运动的普及，吸引了各民族各民主阶级的绝大多数人民，唤起了一大部分受帝国主义或封建主义影响很深的宗教信徒，推动了一大部分在政治上素来冷淡和落后的人们。全中国人民空前广泛地团结起来，组织起来，从政治、经济、文化等各个战线上划清敌我界限，直接地或间接地参加反对帝国主义侵略势力、消灭国内封建剥削和肃清反革命残余势力的斗争。就这样，人民民主统一战线成了数亿人民自觉的有组织的队伍。

这三大运动的深入，推动了各阶层人民和各界人士的自我教育和自我改造运动。首先，工人和农民的觉悟性、组织性、生产积极性，都大大地提高了一步。工人阶级的爱国增产运动，在全国人民中起了模范作用；他们正在工厂企业中进行着的民主改革，无疑地将成为城市其他民主改革的先导。广大农民群众的增产运动正在与爱国主义相结合。工农联盟和城乡结合，已在更广泛的基础上进一步地巩固起来了。大多数知识分子的面貌，有了相当显著的改变。他们在思想意识上正在清洗那些自觉的或不自觉的帝国主义影响，正在扫除封建主义的残余，正在继续改变着旧民主主义亦即资产阶级民主主义的错误观念；有许多人在思想上以至在实践上正在开始接受马克思列宁主义理论及其在中国的具体化的毛泽东思想的指导。大多数工商业者的面貌也发生了不同程度的改变。他们积极地参加了抗美援朝运动，支持了人民政府的财政经济措施。私营工商业内部的经济改组已在开始。工商业联合会将逐渐成为全体工商界的、即包括各城市、各阶层和各行业的、并使中小工商业者享有平等权利的组织。宗教界也开始改变着自己的面貌。中国基督教徒和天主教徒的爱国革新运动，正在扫除着帝国主义在长期间利用宗教进行侵略的反动影响。在以上各阶层的运动中，妇女和青年有了广泛的动员。

这一切，使得国内各界人民从各个战线上自愿地团结在爱国公约的运动中，团结在国际主义和爱国主义相结合的抗美援朝斗争中，使我们在朝鲜前线进行胜利作战的人民志愿军获得人力、物力和技术上的有力支援。

中国人民志愿军，这支由工、农、兵和各界优秀男女组成的部队，集中地表现了中华人民共和国数亿人民的爱国意志和国际主义精神，值得我们引为骄傲。

这一切，使得人民民主专政更加巩固起来，使得各民主党派和人民团体也更加获得巩固和发展的条件，并且已经在发展和巩固方面获得了新的成就。

就这样，我们的伟大统一战线，不但全面展开了，而且全面地提高了一步，向着更高的水平前进。

我们应当继续普及和深入爱国主义的教育，务使每一处和每一人都能受到这种教育。应当继续扩大增产捐献的抗美援朝运动，以争取朝鲜战争的胜利结束。应当继续发展爱国公约和增产节约运动，以发展生产和增强国防力量。

我们应当继续普及和深入民主改革的教育，做到全体人民都坚决地拥护人民政府完成土地改革和镇压反革命的工作，都自觉地参加城市和乡村的各种民主改革。

我们应当通过各民主党派、人民团体和人民协商机关继续启发和指导各界人民的自我教育和自我改造运动，帮助他们学会使用批评和自我批评的方法。如毛主席所说，这是“人民国家内全体革命人民进行自我教育和自我改造的唯一正确的方法”。我们应当通过各民主党派、人民团体、人民协商机关、人民政府和人民解放军的领导机关，在各界人民的积极分子、战斗英雄、模范劳动者中，在民主党派党员中，在一切教师、专家和工作干部中，广泛地有系统地组织对于毛泽东思想的学习，以便经过他们去帮助广大人民群众的学习。全国委员会开会之际，正值毛泽东选集第一卷出版，我们要担负起推动各方面组织学习毛泽东选集的责任。用马克思列宁主义与中国革命的实践相结合的毛泽东思想武装起来！这就是中国人民民主统一战线的新任务。全中国人民紧密地团结起来，在毛泽东的旗帜下向着新的更伟大的胜利前进！

资料来源：1951年11月3日《人民日报》。

同 日

[纲 文]　朝鲜最高人民会议常委会为纪念中国人民志愿军入朝作战1周年举行授勋会议。

[目 文]　会议决定授予中国人民志愿军司令员彭德怀一级国旗勋章，并决定分别授予其他立下特殊功勋的中国人民志愿军指挥员和战斗员一级自由独立勋章、二级国旗勋章、二级自由独立勋章、三级国旗勋章、一级二级战士荣誉勋章以及军功奖章。

会后，在朝鲜前线某地举行了授勋典礼。典礼由朝鲜最高人民会议常任委员会委员长金枓奉主持。参加典礼的有朝鲜最高人民会议常任委员会副委员长洪箕畴、常任委员会法务部部长金泽咏、朝鲜劳动党社会部部长金天海，以及中国人民志愿军观礼代表等共400余人。典礼上，授予彭德怀以朝鲜民主主义人民共和国最高勋章——一级国旗勋章，授予志愿军副排长平太信、副班长周德高三级国旗勋章，授予副政治指导员王庆林、班长杨树华一级战士荣誉勋章，授予副政治教导员孙永昌、班长张世武、宋世才、王永章、常惠生、副班长王兴国、副连长黄德武、副排长赵子林、工兵分队队长常德山、汽车班班长董晏达、汽车驾驶员尹继发、电话班班长张谦二级战士荣誉勋章，授予副机要股长赵元璧军功奖章。

同 日

[纲 文]　新华社播发抗美援朝战争1年综合战绩。

[目 文]　自1950年10月25日到1951年10月10日，朝鲜人民军和中国人民志愿军的综合战绩如下：一、消灭敌军38.7万余人，其中包括击毙、击伤、俘虏美军176655

名，韩国军198324名，英国和澳大利亚军9487名，法国、加拿大、土耳其、菲律宾等国军2682名（荷兰、比利时等国军被歼的数字未统计在内）。二、缴获敌军飞机10架，装甲汽车50辆，战车189辆，各种汽车5378辆，各种炮3489门（其中包括榴弹炮423门，无坐力炮338门，野炮7门，山炮43门，化学迫击炮56门及迫击炮、自动炮等其他各种口径炮2622门），各种枪60197枝（其中包括轻重机枪4282挺，高射机枪186挺及自动步枪、卡宾枪、冲锋枪、步枪等55729枝），各种炮弹107470余发，各种子弹5009180余发，手榴弹11966枚及其他各种军用物资。三、击落击伤敌军战斗机、轰炸机、侦察机等2300架，其中击落1654架，击伤646架。四、击毁敌军战车756辆，各种汽车1906辆，装甲汽车31辆，各种炮69门，起重车4辆。

10月24日

［纲 文］ **全国政协第一届委员会第三次会议举行第二天会议。**

［目 文］ 上午会议分组讨论周恩来政治报告。下午举行大会听取报告和发言。

全国政协副主席陈叔通在关于全国政协常委会的工作报告中，从六个方面做了介绍：一、发起和推动抗美援朝运动。二、协助政府进行土地改革。三、协助政府镇压反革命。四、通过和发布了庆祝五一劳动节、庆祝中华人民共和国成立两周年的口号。五、召开全国省、市协商委员会秘书长会议，总结各省、市协商委员会的工作经验，具体分析协商机关的性质、作用及其与各方面关系，对各级协商机关的工作方针及其相互关系，做了必要规定或补充。六、常务委员会经过工作会议进行日常工作。

中国人民抗美援朝总会副主席彭真在《抗美援朝保家卫国》的报告中回顾了一年来抗美援朝保家卫国运动开展情况。指出：人民群众在后方参加了抗美援朝的斗争，全国已经有70%—80%的人口，参加了抗美援朝的爱国行动，受到了抗美援朝的爱国教育。5月1日国际劳动节前后，全国有2.299亿人参加了抗美援朝、反对武装日本、保卫世界和平的示威游行。4月到7月，投票反对美国武装日本的人数有3.399亿人，签名要求缔结五大国和平公约的人数，有3.44亿人。全国人民为了支援前线，开展了增产捐献运动，截至10月18日，四个半月的时间就捐献了相当于2618架战斗机的39270亿元，实缴的现款已超过了认捐的半数。

随后，志愿军战斗英雄代表李云汉、民革主席李济深、民建召集人黄炎培、宗教界人士代表吴耀宗、民盟秘书长章伯钧、政协无党派人士代表马寅初、全国总工会副主席刘宁一、农业劳动模范代表韩恩分别作了大会发言。

最后，会议一致通过了全国政协副主席郭沫若代表全国政协常委会根据彭真报告所提出的关于抗美援朝工作的决议草案。会议决定做好以下七个方面的工作：一、继续动员我们的人力、物力和财力，支援朝鲜前线的中国人民志愿军和朝鲜人民军；二、继续发展和深入抗美援朝的爱国主义教育；三、彻底肃清美帝国主义在中国的一切特务间谍分子和一切侵略活动；四、大规模地开展爱国增产节约运动，加强抗美援朝和国家建设的力量；

五、完成和继续扩大捐献武器运动；六、加强优待军人家属、烈士家属的工作；七、普及和深入爱国公约运动。

同 日

[纲 文] **中共中央做出《关于干部休假制度的规定》。**

[目 文] 发给各中央局、各大军区党委、志愿军党委并转分局、省、市、区党委及地委，省级军区、军分区，兵团及军、师党委并抄中央各部党委及中央各直属局党委、分党委的该《规定》，对各级领导干部的休假问题在时间、医疗、待遇等方面制定了七条具体的实施办法。

[文 献] **关于干部休假制度的规定（节录）**

我党在三十年的英勇斗争中，已经锻炼出大批优秀的干部。他们为了人民的解放事业，奋勇直前，不避艰险，不怕困难，他们富有创造性、坚持性和自我牺牲精神，表现了中国人民最高贵的品质。在过去如果没有这样一批干部的忠心耿耿，奋斗不懈，人民事业就不能有今天这样的胜利。在目前和今后，如果没有这样一批优秀干部的积极努力，人民的事业也就不能有更大的成就。但我们的干部，特别是高级干部，长期在紧张工作中，缺乏休息，营养不足，生活和工作的制度不完全合理，以致身体衰弱，疾病日增。如不积极设法，长此下去，会使他们的工作效能减低或丧失工作能力，会更多地妨害工作，并会使大批忠实于党和人民事业的优秀人才过早地衰老，给党和人民造成不可弥补的损失。因此，特作如下各项规定：

（一）中共中央委员和中央候补委员，中共中央各部的正、副部长，中央政府各部的正、副部长，各群众团体的中央正、副主任，各中央局委员及各部部长，各大行政区正、副主席，各中央分局正、副书记，各省委、大市委、区党委的书记，各省府、行署、大市的主席与市长，各兵团的司令员和政委，以及相当于以上职务、工作特别繁重的高级干部，每年应轮流离职休养一个月。如经医生检查必须延长休养时间或须临时休养者，应即遵照医生的规定执行。还有一些干部，其职务虽稍低于上述干部，但工作确属繁重者，经相当机关的批准后，亦应每年离职休养一个月。

（二）高级干部在日常工作中，必须保证每日睡眠七至八小时，坚持礼拜日休息制度，以便得到必要的休息，并须遵守医生所规定的生活规则，保持一定的营养标准，保持身体的健康，以便为人民做更多的工作。

（三）地委书记、专署专员、师长、师政治委员以上的干部以及职务相等的干部，每年应轮流离职休养半个月，休养前须报上级党委批准。如经医生检查必须延长休养时间或须临时休养者，亦应遵照执行。

（四）为解决高级干部的休养问题，必须选择适当地址设立休养所和疗养所。此项建设，如系为第一项所指干部而设备者，由中央和各中央局负责办理。如系为第三项所指干部而设备者，由各省（区）市委负责办理，并负责解决有关干部休养所必需的经费开支。

（五）地委书记、专员、师长、师政治委员等职务以下的干部，其工作任务亦相当繁重，每年亦须有半个月时间的休假，才能长期保持其身体的健康，因为各种条件所限，对这些干部的休养设备，目前尚不能解决，但必须以轮流放假的办法，使他们每人每年能分期得到半个月的休假。

（六）上述休假办法，党内和党外干部应该一律待遇。因政府对于整个工人阶级的休假办法，目前尚无统一规定，故上述办法暂时不由政府决定，亦不发表，但可在各机关内部试验实行。

（七）各级党委应加强保健委员会的工作，定期检查干部的健康情况，注意解决干部疾病医疗中的各种困难。

资料来源：中央档案馆提供档案。

同日

[纲文] **中共中央、中国人民抗美援朝总会分别致电中国人民志愿军、金日成，祝贺中国人民志愿军和朝鲜人民军并肩作战1周年。**

同日

[纲文] **周恩来为毛泽东就停战线问题起草致李克农并告金日成、彭德怀电。**

[目文] 电报称：关于停战线问题，我方在复会后的第一次会议上可主动提出由双方各提一个可以接近并准备对方考虑的新的分界线。如果对方同意，我方即可提出依照现有战线加以调整的方案。照此方案与对方争论的结果，有可能达到在就地停战加以调整的现实基础上划定军事分界线的目的。

同日

[纲文] **中国人民抗美援朝总会常委会做出向志愿军捐款的决定。**

[目文] 决定送给中国人民志愿军司令部相当于1500架战斗机的捐款，合人民币2.25万亿元，以便中国人民志愿军按照需要备置武器。

同日

[纲文] **达赖喇嘛致电毛泽东拥护《关于和平解放西藏办法的协议》。**

[目文] 电报说：今年西藏地方政府，特派全权代表噶伦阿沛等5人，于1951年4月底抵达北京，与中央人民政府指定的全权代表进行和谈。双方代表在友好基础上，已于1951年5月23日签订了《关于和平解放西藏办法的协议》。西藏地方政府及藏族僧俗人民一致拥护，并在毛主席及中央人民政府领导下，积极协助人民解放军进藏部队巩固国防，驱逐帝国主义势力出西藏，保护祖国领土主权的统一。26日，毛泽东复电，感谢达赖喇嘛对实行和平解放西藏协议的努力。

同 日

[纲 文]　中财委发布《会计师管理原则》。

[目 文]　《原则》规定：一、不任职于政府机关或公私企业团体的会计专家，愿以其会计知识及经验服务于社会者，经向所在地市工商局或县人民政府申请核准后，得以会计师名义在当地执行业务。二、会计师得受公私委托，办理关于会计制度的设计、改进；账目检查、整理、清算；企业财务的分析、改进；会计文件表式的撰拟；企业登记注册的指导及其他经政府核准或指定的事项。三、会计师不得代办纳税及其他超出规定范围以外的事项。四、会计师执行业务，应以当地市（县）为范围。五、经核准的会计师得申请联合组织会计服务所，但执行业务时，仍应由会计师个人署名负责。六、会计师除经政府指定或核准者外，不得兼任公职；除担任会计顾问外，不得兼任一般私营企业的职务。七、会计师受当地市工商局或县人民政府的领导和监督，并须在规定的时间内向主管机关提出工作报告；所有停业、转业、改向其他市（县）申请执业者，均需报经核准。八、核定会计师的标准，可参照下列两项，结合地方情况与需要掌握。一般在内地或会计人才缺乏的地方，对乙项要求可酌量放宽：甲、无反革命行为，作风正派，历史清白者；乙、具有下列条件之一者：（一）在专科以上学校有关会计的科系毕业，并从事会计工作三年以上，能提出业务成绩证明者；（二）在政府机关或公私企业主办会计、审计工作五年以上，能提出业务成绩证明者；（三）曾执行会计师业务三年以上，能提出其业务成绩证明者。九、各地会计师人数及会计服务所家数，得由当地人民政府根据实际需要核定。十、会计师向委托人收取费用的标准，得由当地人民政府根据情况，酌量加以规定。十一、会计师有接受政府机关委托办理查账或其他会计工作之义务，唯政府应给予相当报酬。十二、会计师如有贪污、舞弊、制造假账、蒙蔽账目等行为，除撤销会计师资格外，应受法律的制裁。

同 日

[纲 文]　朝鲜驻华大使李周渊举行纪念中国人民志愿军赴朝作战1周年招待晚会。

[目 文]　应邀到会的有：中国人民抗美援朝总会主席郭沫若、副主席彭真、秘书长刘宁一，中央军委代总参谋长聂荣臻、总政治部副主任萧华，人民解放军陆、空、海军代表，中国人民志愿军参加全国政协第一届第三次会议代表杜平等，及志愿军战斗英雄、伤病员代表、志愿军家属代表等各界人士共100余人。李周渊在讲话中代表朝鲜人民向中国人民和志愿军的全体指挥员战斗员致以衷心的感谢和敬意。

同 日

[纲 文]　朝鲜平壤举行纪念志愿军入朝作战1周年庆祝大会。

[目 文]　朝鲜内阁副首相朴宪永、洪命熹，内阁各相，朝鲜劳动党中央书记朴正爱，最高人民会议副议长金达铉等，及各民主政党、社会团体负责人，人民军高级将领，工人、农民、职员、妇女、青年、文化工作者等各界代表共1000余人出席。中国驻朝大使倪志亮、苏联和各人民民主国家驻朝使馆代表、中国人民志愿军司令部代表以及志愿军各部队首长、战斗英雄、功臣应邀参加。

朝鲜人民军总政治局副局长金日在报告中指出：兄弟般的中国人民志愿军在朝鲜人民反抗美帝国主义武装侵略的正义解放战争的最严重时期，高举抗美援朝保家卫国的旗帜入朝作战，有力地打击了凶恶的美国侵略者。这一正义的援助行动，是中国人民在伟大的毛泽东主席和中国共产党的领导下为自己祖国、为朝鲜人民、为世界和平而坚决斗争的崇高的爱国主义和国际主义精神的表现。中国人民志愿军司令部代表在大会也发表了讲话。大会一致通过了给毛泽东、金日成和彭德怀的致敬电。会后由朝鲜国立艺术剧场演出庆祝节目，并放映《中国人民的胜利》等影片。

10月25日

[纲 文]　全国政协第一届委员会第三次会议举行第三天会议。

[目 文]　会议上午进行了分组讨论，下午举行大会，首先听取政务院副总理陈云《关于经济工作和财政工作的报告》。陈云介绍了农业情况、工商业情况和财政情况，指出：过去一年，农业、工商业和财政三方面的工作都有很重要的进步。国民经济在抗美援朝斗争的同时得到了迅速恢复和发展，证明我们的人民民主制度是巩固和优越的，我们的国家是任何敌人都不能战胜的。农业在严重灾害情况下获得丰收，粮食产量超过上年，棉花产量创造了历史最高纪录。全国工商业进一步恢复，工业全面增产，新开商业户增加，城乡交流活跃，失业人数减少，公私关系进一步协调。财政在国防经费大幅度增加的情况下，对经济文化事业的投资仍超过上年。国家增发的通货，既未超过市场所需要的增加量，也不比去年增发数字多，因而保证了全国物价的基本稳定。这几方面的巨大成就，奠定了新中国将来进行伟大经济建设的基础。

会议听取了政务院副总理郭沫若关于文化教育工作的报告。郭沫若介绍了一年来全国文化教育事业的发展情况。首先，在全国人民中，展开了最广泛的、有组织的反帝国主义和反封建主义的思想教育和思想斗争，使全国各阶层人民真切地认识到反封建斗争的不可调和性，认识到对反动阶级和反革命分子实施专政的必要，也认识到在工人阶级领导下的人民力量的伟大。全国人民的文化水平也得到了提高，发展了工农教育、小学教育、防疫工作、基层卫生组织、报纸和广播事业、群众文化活动。再次，为国家建设培养了干部。最后，对现有文化教育事业进行了改革调整。

会议一致通过了郭沫若、陈叔通、彭真关于制发抗美援朝纪念章的提案。

[文 献]　关于经济工作和财政工作的报告（节录）

陈　云

一、农业情况

今年农业的总的情况是：主要产粮区，除江西平收外，都是丰收。另外有一部分地区遭受旱灾或水灾，但非主要产粮区。目前全国正在秋收，今年全国粮食产量，尚难计算，但估计一定超过去年。今年棉田面积是大大地扩大了，产量已经超过了抗日战争之前，造成了我国历史上的最高纪录。烟叶、麻、茶、丝的产量，也比去年增加了。

今年的丰收是战胜了严重的灾害而得来的。今年不像去年那样风调雨顺，北方的几个地方发生旱灾，东北、山东和其他某些地方有些水灾，共计水旱受灾面积五千六百万亩。这个灾情，比起一九五〇年的受灾面积七千万亩来已经减轻了，比起一九四九年的受灾面积一亿二千万亩来则大大减轻了。虽然今年尚有五千六百万亩的受灾耕地，又因增加了工业原料作物，相对减少了粮食播种面积，但是我们的粮食总产量仍然超过去年，这是一件很重要的事情。这是甚么原因？原因有三：一、实行了土地改革，减租退押，农民的副业产品能卖出，政府和合作社又给了种种协助，这样，农民就开始有了扩大再生产的能力；今年国家贸易部门、合作社卖出的肥料数量远过于去年，就是明证。二、两年来，政府拨出巨款兴修的水利工程，开始见效了，减少了水灾，增加了灌溉面积。三、人民政府用了很大力量领导农民进行农业生产。老区农户中百分之六七十参加了互助组，新区的互助组织，也有很大发展。今年的蝗虫、棉蚜虫、螟虫，曾经蔓延到一亿余亩的面积，但是人民政府领导了灭虫运动，动员了农民八万万个工作日，扑灭了虫害，才未酿成大灾。今年播种的棉田中有三千万亩是挑水点种的，有一千多万亩水淹地是排水抢救出来的。国民党反动派统治中国二十二年，上述三事，一件也不做。人民政府却引导农民逐步实行了这些改革和建设。因此，人民拥护我们的政府是很自然的。

二、工商业情况

全国公私工业，都有进一步的恢复。钢铁、煤炭、电力方面，如以去年产量为一〇〇，则今年预计产量将达下列数字：生铁一三一，钢锭一四二，钢材一七八，煤炭一一八，电力一二二。轻工业方面，如纱布、麻袋、纸张、面粉、卷烟、火柴都有增产，除了纱布因棉花尚感不足，增产不及百分之十外，其他各项，今年产量都比去年增加了百分之二十到三十五。工业增产，证明国内市场的扩大。今年的工业增产来自三种原因：一种是增加了开工率；另一种是修复了旧有设备或者增添了新的设备；第三种，也是最重要的，是提高了劳动生产率，提高了原有设备的利用率。这就是说，在工厂中并未增加设备，也不是增加开工率，仅仅由于工矿企业实行了民主改革，提高了工人、技师、职员的工作积极性，在抗美援朝爱国主义的增产运动中，增加了产量。职工的增产运动，不但在许多国营工厂中进行着，在私营工厂中也进行着。这种增产是工人、技师、职员们对国家的一种重要贡献，人民政府感谢他们这种爱国主义的热忱。

由于工业和农业生产的提高，商业方面也有进一步的恢复。根据政务院财政经济委员会私营企业管理局今年一月到六月六个城市（上海、天津、北京、武汉、重庆、西安）的统计：商业方面的新开业者二八六二三户，歇业者七三七八户，开多歇少。今年工商业税和货物税的收入增加，正是工商业进一步恢复的证明。各地人民政府的贸易部门、合作社、私营企业、公私运输企业广泛开展了城乡交流，这是商业恢复的重要原因。但是商业中各行业进展程度是不平衡的，有些恢复得快并有发展，有些恢复得慢，有些不合于目前需要者则衰退了。恢复、发展与衰退并存的不平衡状态，是一种正常的状态，这表示我国经济从旧的经济轨道向新的经济轨道的转变。这种转变是必要的，还会继续的。

工业商业的进一步恢复，使失业人数减少了，就业人数增加了。根据中央人民政府劳动部全国二十九个城市的统计，一九五〇年六月，失业、半失业的工人、失业知识分子共有一百六十六万人；到一九五〇年底，就只有六十一万人了；到一九五一年七月底，则仅余四十五万人了。未就业的大部分是年老体弱的和没有熟练技术的。目前技术人员、技术工人、高中以上的知识分子已经不是多余，而是不足，有计划地培养技术干部和技术工人，是迫切的任务。为了培养技术工人，我们欢迎若干行业的私营工厂、作坊招收学徒。但工厂、作坊对待学徒的旧办法，如给予过多不适当的劳务和虐待体罚等等，必须改变。学徒的学习应该集中于手艺，以便缩短学徒的学习年限。关于劳动保护法规，应有单独应用于学徒的适当的规定。这样，才能既使学徒在一定年限内学到手艺，又使工厂、作坊能够大量招收学徒。

资料来源：1951年11月4日《人民日报》。

同 日

[纲 文] **全国政协参加三大运动筹备委员会组织土地改革工作团赴各地工作。**

[目 文] 该筹备委员会组织了31个土地改革工作团，分别到中南、西南、华东、西北和绥远等地参加土地改革工作，参加人员共有3600余人。自本日起，由团长周扬、许广平、艾思奇、陈瑾昆①、周新民②等率领分批出发。土地改革工作团与参观团团员由中央人民政府各级干部，北京市及天津市人民政府各级干部，各民主党派总部、各人民团体总会的委员及干部，北京市和天津市的文教、工商、宗教等各界人士组成。此外，还有北京大学、清华大学、燕京大学等六所大学的师生65人。

此前，5月和9月，该筹备委员会曾组织7个土地改革工作团和6个土地改革参观团共1700余人，分别到中南、西南、华东、西北等地参加或参观土地改革工作。

同 日

[纲 文] **燃料工业部召开全国煤矿基本建设会议闭幕。**

---

① 陈瑾昆（1887—1959），湖南常德人，时任第一届全国政协委员。
② 周新民（1897—1979），安徽庐江人，法学家，时任民盟中央常务委员。

[目 文] 会议总结了两年来煤矿工业基本建设工作的经验教训，决定了今后数年内基本建设的方针和任务。会议决定：1952 年和最近几年煤矿工业基本建设的方针是，以恢复改建为主，发挥现有生产设备的潜在能力，有步骤地选择重点进行新井建设的准备工作。一切基本建设必须照顾国家财政力量，充分考虑其可靠性和可能性，并在合乎经济原则的条件下进行。中央和各大行政区的煤矿工业主管部门都必须加强对于地方煤矿的领导，加强对于私营煤矿的监督和扶助，并帮助若干规模较大的私营煤矿进行恢复和改建工作。此外，会议对于国家投资的使用，基本建设的程序和基本建设的组织机构等问题也有所决定。这些决定的目的在于贯彻国家关于基本建设的规定，使国家投资得以合理使用，并减少浪费。中央人民政府燃料工业部为了更有效地实行大会决议，已组织检查组有重点地前往现场研究各项有关工作。

同 日

[纲 文] **中苏友好协会总会发出《关于庆祝十月革命34周年纪念办法的通知》。**

[目 文] 《通知》指出，苏联十月社会主义革命 34 周年纪念日即将到来，本会各地组织应联合各人民团体于 11 月 7 日举行庆祝集会。市、县以上机关团体可举行代表性的庆祝会，各基层组织则应尽可能举行小型的群众集会。凡有苏联友人的地方，均应邀请苏联友人参加。在这些集会上应有计划地邀请曾到过苏联或与苏联专家共同工作过的人，报告他们的心得。在 11 月 7 日前后，应着重宣传苏联及以苏联为首的世界和平民主阵营的壮大，苏联对于我国人民的援助，联合苏联和学习苏联的重要，并在这些宣传工作的基础上发展会员。

同 日

[纲 文] **首都各界举行纪念抗美援朝1周年大会。**

[目 文] 中国人民抗美援朝总会主席郭沫若，副主席彭真、陈叔通，常委沈钧儒、邵力子、马寅初、梁希、彭泽民、廖承志、谢雪红①，以及首都各界代表共 1500 多人到会。出席全国政协一届三次会议代表和志愿军战斗英雄代表，朝鲜驻华大使李周渊应邀出席。郭沫若传达了全国政协一届三次会议通过的关于抗美援朝工作的七项决议，指出：增产节约和捐献武器，应该是继续加强抗美援朝工作的中心环节。志愿军战斗英雄代表杜平在会上讲话，对祖国人民一年来开展伟大的抗美援朝运动表示感谢。李周渊、聂真、张奚若、廖承志、朱学范、许广平也先后在会上作了讲话。会议中，彭真和首都少年儿童队代表，向中国人民志愿军代表献旗、献花。

同 日

[纲 文] **朝鲜内阁副首相朴宪永设晚宴庆祝志愿军入朝作战1周年。**

[目 文] 朝鲜内阁副首相洪命熹，最高人民会议副议长金达铉、李英，中央书记许嘉谊、朴正爱以及其他民主政党、社会团体的负责人以及人民军高级将领、战斗英雄参加

---

① 谢雪红（1901—1970），女，台湾彰化人，时任台湾民主自治同盟主席。

了宴会。志愿军代表韩先楚、志愿军各部队首长以及战斗英雄、功臣，中国驻朝鲜大使倪志亮、苏联驻朝鲜大使拉佐瓦耶夫以及各人民民主国家大使馆代表等应邀出席。朴宪永在祝词中对于英勇的中国人民志愿军在朝鲜解放战争最困难的时期，前来援助朝鲜人民的伟大行动，表示深切的感谢；对于中朝人民部队在朝鲜战场并肩作战打击美国侵略者所取得的具有历史意义的光辉胜利，表示热烈的祝贺。宴会结束后，志愿军各部队文工团和朝鲜国立艺术剧场艺术队联合演出了庆祝节目。

同 日

[纲 文] **中国人民抗美援朝总会做出向志愿军、解放军伤病员发放慰问金的决定。**

[目 文] 总会决定，向在朝鲜战场英勇抗击美国侵略军而光荣负伤的志愿军和在国内剿匪光荣负伤的解放军伤病员每人发放人民币5万元的慰问金，以表示全国人民对他们的热爱与关怀。此项慰问金由志愿军和解放军伤病员所在地医院和革命残废军人学校等机关代发。

同日—11月27日

[纲 文] **朝鲜停战谈判在板门店复会，小组委员会就军事分界线和非军事区问题达成协议。**

[目 文] 停战谈判于25日上午11时开始。朝中代表团首席代表南日将军，朝鲜人民军方面李相朝将军、郑斗焕将军，中国人民志愿军边章五将军、解方将军出席。“联合国军”代表团首席代表乔埃中将、克雷奇少将出席。在代表团大会上，批准了双方联络官达成的《双方联络官间关于双方代表团复会事宜的协议》和《双方联络官的共同谅解》。南日将军在会上建议成立一个双方联络官联合办事处，负责确定安全安排的细节，检查双方对协议的实施情况，调查违反协议的事件，并处理双方共同的行政事务问题。“联合国军”代表团同意此建议。随后会议进入如何进行第二项议程的讨论。

按照代表团大会的商定，以小组委员会的形式讨论停战谈判的军事分界线和非军事区的问题。在本日下午的小组委员会上，“联合国军”方提出军事分界线新方案，该方案使“联合国军”除了在东海岸和金城附近极小的地区略有撤退外，在大津里以西、金城以东地区，金化以西的地区，特别是在临津江以西的三八线以南地区，都大大超过了现有的实际接触线，而深入志愿军和人民军阵地之内，包括将整个开城划入了“联合国军”的控制区。按照这个方案，志愿军和人民军将退出1500平方公里地区，而“联合国军”方控制区却前进600平方公里的地区。因此，这一方案遭到了朝中方的拒绝和驳斥。

26日，朝中方提出军事分界线的新方案。即临津江以东划在三八线以北，“联合国军”方从现阵地放弃1944平方公里，临津江以西划在三八线以南，朝中方从现阵地放弃1800平方公里，放弃的地区作为非军事区，其行政仍由双方各自管理。“联合国军”方拒绝了朝中方的新方案，坚持要求朝中方退出1500公里地区的主张，特别是要求得到开城。27日，“联合国军”方又提出准备放弃北朝鲜海岸外一些岛屿。但前提是应由开城区的相当土地交换抵消。同时，愿确定双方实际控制线，但坚持只讨论确定军事分界线的原则，而且坚持仍不放弃占有开城的主张。双方谈判限入僵局。

10月31日下午，朝中方提议：除了在少数地区做一些必要调整外，双方严格地遵照现有接触线撤出2公里，以双方撤出的地区作为非军事区。此提议的非军事区的北缘，自东海岸高城东南约15公里处起，西经文登里以北5公里，金城南约10公里，金化北偏西约4公里，铁原西北约10公里，朔宁东北约12公里，转向西南经板门店西约1公里到开城东南20公里的临津江口。其南缘则在北缘以南之4公里处。朝中方指出：这一方案乃是朝中代表团为了解决第二项议程所做的最大可能的努力：一、这一方案完全符合公平合理的原则，双方部队撤出的地区面积几乎完全相等。二、这个方案完全符合于军事实际，因为除了少数的必要调整以外，所建议的非军事区严格地遵照了现有的双方部队的接触线。三、这个方案是切实可行的，因为它是根据战场上的实际地形，对于现有双方部队接触线，做了必要与合理的调整。这一方案仍遭到"联合国军"方的拒绝。他们强调开城的"特殊性"，试图以高城、金城附近所放弃的地区及西海岸外若干零星小岛换取开城。这一提议也遭到朝中方的拒绝和驳斥。11月5日，"联合国军"方又提出"暂不确定"方案，即只确定关于军事分界线的问题的原则，而不具体确定军事分界线和非军事区，待停战协定签字时再做具体确定。

11月7日，朝中方提出了确定以现有实际接触线为军事分界线，并由此线各退出2公里以建立非军事地区的建议方案。同时，建议达成三项谅解：一、在具体确定现有实际接触线为军事分界线以建立非军事地区时，如一方提出调整建议，而另一方不同意时，则提议调整一方，即应放弃其调整的建议。二、小组委员会一旦在1∶250000的图上大体上确定了军事分界线及非军事地区的位置，小组委员会即将双方同意的军事分界线及非军事地区具体方案提交大会，并建议大会立即进入其他各项议程的讨论，而将军事分界线及非军事地区的位置在1∶50000的图上具体划定的工作，交由双方参谋所组成的委员会处理。三、如停战谈判进展迅速而实际接触线在停战协议签字前并未发生重大变化，则已经双方初步确定的军事分界线及非军事区即无须再作修改，否则双方保留在停战协议签字前提出按照实际接触线所起的变化而对军事分界线与非军事区作相应修改的建议的权利。

11月17日，"联合国军"方放弃了"暂不确定"方案，同意朝中方提出的以现有实际接触线为军事分界，双方各后撤2公里以建立非军事区的原则。但加上了有效期30天的限制，即将朝中方建议的第三原则改为：如果30天内停战协议未能达成，军事分界线按届时的实际接触线加以修正。同时建议双方参谋人员进入确定现有接触位置的工作。11月21日，朝中方在小组会上提出了修正案。23日，小组委员会就第二项议程达成协议。27日上午9点30分，将标明双方认定的接触线的地图，交由小组委员会讨论并通过。11时，双方代表团召开第28次会议，批准了小组委员会关于第二项议程的协议和按照现有接触线所确定的军事分界线。

双方协议的军事分界线的大体位置如下：自东海岸高城以南约5公里处起，穿过鉴湖向西南沿南江而下，在獐项东折向西南达文登里以南处，向西至边岩洞向北至松亭以南1公里处，向西过北汉江至金城南沿小河向西南至佳岘里，向西至金化以北2公里处，向西至牧馆洞南半公里、铁原以北约7公里处，经鱼积山里、基谷里、罗浮里、坪村向西南至板门桥，沿砂川河南下至临津江口。

10 月 26 日

［纲 文］ **中共中央发出《关于加强中苏友协工作的指示》。**

［目 文］ 《指示》要求：一、今年十月革命纪念办法，即照中苏友协26日通知及往年惯例办理。二、各级党委宣传部应将中苏友协的工作正式规定为自己的业务，由中央局直至县委各级宣传部，均应指定一人专管中苏友协工作，最好由宣传部的副部长、处长或县委宣传部的科长担任所属中苏友协的实际负责人。中苏友协代表会议已定于1952年2月在全国举行中苏友好宣传月，望各省市区党委在1952年1月以前对此事及所属友协工作讨论一次，报告中央宣传部。

同 日

［纲 文］ **政务院举行第一〇八次政务会议。**

［目 文］ 会议由周恩来主持。会议听取了教育部副部长曾昭抡关于整顿和发展中等技术教育指示草案的说明，通过了《关于整顿和发展中等技术教育的指示》。在讨论该指示时，周恩来指出：建设需要干部，必须办中等技术学校，要统一计划和分工合作地去办，还要因陋就简地去办。要使广大劳动人民有学文化、学政治、学技术和科学的机会；要发挥地方的积极性，但又不能混乱、盲目地发展。对私人设立技术学校也应欢迎，但业务主管部门和教育部门应给以指导。

会议还通过了多项任免案及提请中央人民政府委员会批准的任免案。

同 日

［纲 文］ **全国政协召开工商界人士座谈会。**

［目 文］ 座谈会主要议题是商谈筹组全国工商业联合会事宜。会上商定，由陈叔通、李维汉、章乃器负责推动全国工商业联合会的筹备工作，李烛尘、盛丕华、叶季壮等9人起草全国工商联筹备办法。

同 日

［纲 文］ **东北局召开增产节约、反对贪污浪费和官僚主义的直属机关干部和各省市委负责干部大会。**

［目 文］ 高岗在报告中指出，增产节约运动是推动各种建设工作的力量，一切生产部门和非生产部门，都要努力发挥本单位生产的潜在力量，清理资财，精简机构，裁减冗员，提高工作效率。增产节约最大的敌人是贪污、浪费和官僚主义。我们必须把这个敌人铲除。他特别指出，浪费给国家造成的损失远远超过贪污所造成的损失。因此，必须教育干部和群众，像反对贪污那样来反对浪费，使大家认识到贪污是可耻的，浪费也是可耻的。报告最后号召各级领导干部、全体党员和全体工作人员积极向一切贪污、浪费和官僚

主义坚决进行斗争，把这一斗争进行得深入和彻底，把增产节约运动更广泛地开展起来。

同日—28 日

［纲 文］ **拉萨举行欢迎人民解放军进藏部队活动。**

［目 文］ 10 月 26 日，拉萨举行欢迎人民解放军进藏部队大会。参加集会的有拉萨各界人民 2 万人，及在司令员张国华、政治委员谭冠三①率领下当日进抵拉萨的人民解放军进藏部队全体指战员。中央人民政府代表张经武将军以及西藏地方政府六位噶伦和代理噶伦在郊外检阅了进藏部队后，来到欢迎大会会场。

会场飘扬着五星红旗，悬挂着中央人民政府领导人的肖像，插着藏、汉两种文字书写的和平解放西藏 17 条协议的 17 面大旗。大会主席噶伦拉鲁首先代表各界人民向进藏部队指战员致以亲切慰问。西藏地方政府代表阿沛·阿旺晋美讲话说，感谢张经武将军及进藏先遣部队两个月来给予西藏人民的帮助和关怀，希望西藏人民团结起来，在中央人民政府领导下，坚决执行和平解放西藏协议，支援人民解放军，驱逐帝国主义侵略势力出西藏，巩固祖国国防。张经武讲话指出，正值抗美援朝一周年获得辉煌战绩的今天，在拉萨来欢迎进藏部队胜利到达祖国西南边疆重地，有着特别重大意义。这是全国人民和藏族人民的伟大胜利。西藏僧俗人民要认真彻底执行协议，支援人民解放军进藏部队，巩固国防。进藏部队要进行生产，战胜一切困难。西藏地方部队要和人民解放军进藏部队亲密团结起来，积极完成巩固国防的重大任务，并逐步改编为人民解放军。张国华、谭冠三在讲话中

▲ 中国人民解放军根据《关于和平解放西藏办法的协议》的规定，进驻拉萨。图为入城式上的进藏解放军骑兵部队。

① 谭冠三（1908—1985），湖南耒阳人，时任中共西藏工作委员会第二书记、西藏军区政治委员。

指出，进藏部队与工作人员进入西藏是为了坚决执行协议、团结西藏僧俗人民、建设西藏、巩固祖国国防。会后，人民解放军进藏部队举行了入城式。

10月28日，西藏地方政府设宴欢迎解放军进藏部队负责人。进藏部队司令员张国华、政治委员谭冠三和军事、政治干部，中央人民政府代表张经武，西藏地方政府噶伦拉鲁、热噶夏、阿沛·阿旺晋美、噶楚士登惹扬、童普、夏苏、达赖的总堪布昂旺郎吉和西藏地方部队代总司令凯墨·索安旺堆等参加。噶伦拉鲁代表西藏地方政府致欢迎词。张经武、张国华分别讲话和致词。

10月27日

［纲 文］ **中共中央等单位代表举行纪念任弼时逝世1周年活动。**

［目 文］ 中共中央、青年团中央、全国总工会、全国妇联及北京市人民政府等单位代表和任弼时家属等共百余人，于10时半前往北京西郊八宝山人民公墓任弼时墓地扫墓。同日，《中国青年报》发表了题为《学习任弼时精神，做好当前的中心工作》的社论，号召全国青年学习和继承任弼时的革命精神，做好当前的各项中心工作。

10月28日

［纲 文］ **全国政协第一届委员会第三次会议举行第四天会议。**

［目 文］ 会议上午进行分组讨论，下午进行大会发言。最高人民法院院长沈钧儒发言说：本年各级人民法院认真地执行了全国政协一届二次会议的决议。在镇压反革命方面，各地普遍纠正了“宽大无边”；在土地改革方面，人民司法工作主要是在进行与准备土改的地区，建立了人民法庭；在清理积案工作方面，各地人民法院不仅及时清理了大量反革命案件，而且也抓紧处理了大量的普通刑事、民事案件；在贯彻婚姻法方面，最高人民法院、最高人民检察署，政务院人民监察委员会、司法部、内务部、法制委员会，全国妇联等各有关机关团体也都布置了工作，并共同组织了中央检查组分赴各地推动检查。

水利部部长傅作义发言说：水利事业包括防止水害，发展水利两方面的工作。目前的水利工作，根据国家建设的总方针，首先是配合农业生产的恢复和发展，着重解决防洪和灌溉两个问题。两年来，全国河道的防御和灌溉情况，已经发生根本变化。1950年全国用在水利事业方面的经费，相当于国民党时期水利经费最多一年的18倍，1951年相当于42倍。1951年的治淮工程，是我国所举办的第一个多目标的流域开发的工程，现在第一期工程已经完成。

中南军政委员会副主席程潜发言说，一年来，抗美援朝运动在中南全区已经深入到每个城市和乡村，和平签名的人数达9900余万人，反对美国武装日本的投票人数达9800余万人，认购飞机大炮的捐献代金达9415亿多元，慰劳志愿军，除慰劳品外，慰劳金到5月底为300多亿元。中南全区已经在6800余万农业人口的地区完成了土地改革，共没收、征收了6900余万亩田地，分配给将近4000万无地少地的农民。在镇压反革命中，被处决的反革命分子占全区总数的约1/6，被关押的约1/4，其中大部分编组了劳动队，从事劳动改造。

东北人民政府副主席高崇民发言说，东北人民捐献飞机大炮已完成4000多亿元的认捐数字，现已交款1300多亿元。国营和公营厂矿从本年下半年起，在完成原订计划基础上，开展了增产节约500万吨粮食运动。

西北军政委员会副主席张治中发言说，五一节前后，全西北有1700万人民参加爱国大示威与签名拥护缔结和平公约，投票反对武装日本运动，开展了推行爱国公约，捐献飞机大炮和优抚军属烈属的热潮，开展了爱国主义生产运动。去冬今春，在700多万农业人口地区完成了土地改革，1000万农业人口地区进行了减租。最近几月来，又在工厂、矿山、企业内部进行了民主改革。清除了残余封建势力。

福建省人民政府副主席陈绍宽、彝族代表瓦渣木基、中国民主促进会主席马叙伦、全国政协委员陈嘉庚、抗美援朝铁道大队指导员范永、中国农工民主党中央监委主席彭泽民、九三学社主席许德珩、中国致公党主席陈其尤也在会上作了发言。

同日—12月18日

[纲文]　中国文化代表团访问印度、缅甸，举办中国文化艺术展览会。

[目文]　毛泽东、周恩来对此次访问做出指示，要求讲学术、交朋友、细水长流；争取中间阶层，建立中国与印度文化界互相往来的初步关系。中国文化代表团由21人组成，团长为丁西林，副团长为李一氓。代表团于10月28日抵达印度。11月4日，代表团主办的中国文化艺术展览会在新德里开幕。中国驻印度大使袁仲贤主持开幕典礼，印度总理尼赫鲁及印度政府高级官员、各国驻印度使节，印度工人、学生、艺术家、教师和职员代表及中国文化代表团成员出席。袁仲贤和尼赫鲁分别致词。丁西林对展品作了介绍，第一部分是有1400年历史的敦煌壁画的复制品，第二部分是介绍新中国的木刻和摄影，第三部分是公元前5世纪的中国早期手工艺品及少量近代中国艺术家的绘画。11月30日至12月4日，中国文化艺术展览会转至印度加尔各答举行。展览会得到印度各界热烈欢迎和好评，参观人数达10余万人次。访问期间，代表团还举行了17次正式演讲，放映了11场电影。

12月9日，中国文化代表团结束了在印度的6周访问后到达仰光，对缅甸进行为期9天的访问。10日下午，代表团主办的中国文化艺术展览会在仰光开幕。当晚，代表团举行电影招待会，放映中国故事片《白毛女》。离开仰光后，代表团还访问了南掸邦和达曼德勒等地。访问期间，应缅甸美术音乐团体、仰光大学、报人协会、作家协会等的邀请，代表团介绍了新中国文化、艺术和教育方面的情况，并交流了经验。12月18日代表团离开缅甸乘船回国，1952年1月24日回到北京。

同日

[纲文]　班禅额尔德尼致电达赖喇嘛。

[目文]　电报称：您于藏历铁兔年8月24日致电毛主席，表示拥护和平解放西藏

协议，积极协助人民解放军进藏部队，驱逐帝国主义侵略势力出西藏，巩固祖国国防。聆讯之下，曷胜钦敬！除先电致敬外，并以至诚坚决表示：返藏以后，在中央人民政府毛主席的英明领导下，亲密团结起来，为彻底实现和平解放西藏的协议、建设新的西藏而奋斗。

同日，班禅行辕堪布会议厅也致电达赖喇嘛，表示拥护10月24日达赖致毛泽东电和毛泽东10月26日的复电。

10月29日

［纲 文］ **全国政协第一届委员会第三次会议举行第五天会议。**

［目 文］ 会议上午分组讨论，下午进行大会发言。卫生部部长李德全发言说，两年来，中国人民的卫生状况有了显著的变化。根据《共同纲领》的卫生政策和全国人民的需要，确定了以“预防为主”、“面向工农兵”、“团结中西医”为改革和发展卫生事业的总方针，并以首先防治危害人民健康最大的疾病，大量培养各级卫生干部和解决药材的逐步自给为我们的主要任务。进行了如下的工作：一、加强防疫工作；二、恢复和发展卫生基层组织；三、动员一切医疗力量为祖国服务；四、大量培养高、中、初级卫生干部；五、争取药材及医疗器材自给。

华东军政委员会委员陈毅发言说，一年来，抗美援朝运动使华东80%以上人民受到爱国主义教育，基本上扫除了亲美、崇美、恐美的思想。全区70万工农子弟参加部队；24万学生与青年工人踊跃报名参加军事干部学校。募集了670亿元及大批衣物信件等慰问品。山东、苏北、苏南、皖南四地区完成了土地分配，总计华东已有86.1%的农业地区和约1.05亿农业人口完成了土地分配。

志愿军政治部副主任杜平发言说，一年来，中国人民志愿军与朝鲜人民军联合进行了五大战役，把战线从鸭绿江边推到三八线，并在三八线地区进行了坚强的阻击战与局部的反击战，使敌人付出了重大的代价。我军取得了与美国侵略军作战的丰富经验，学会了一套以劣势装备战胜近代化装备敌人的本领，在军事、政治、后勤、运输工作方面都有了新发展，组织机构、工作方法也更加适合于战争的要求。

农业部部长李书城发言说，全国农业生产在中央人民政府成立后的两年中，经过努力恢复，一般地区生产水平已接近抗战前生产水平，大部老解放区已达到战前水平，部分老解放区已超过战前水平。现在全国粮食总产量，已恢复到战前最高年产量的92.8%，棉花总产量，已超过战前最高年产量17.8%。

新疆省人民政府主席包尔汉说，两年来，新疆人民的生活已经获得了初步改善。与1949年相比，耕地面积增加了24.04%，产量增加了34.1%；棉田增加了9.56%，皮棉产量增加了28.78%。

西南军政委员会副主席熊克武、西南军政委员会副主席朱德海、华东妇联主席章蕴、农业劳动模范李顺达、工业劳动模范郭树德、老根据地代表崔玉振、钢铁工程师王之玺也在会上作了发言。

同日

［纲文］ **新华社讯，志愿军司令部举行出国作战1周年纪念日庆祝大会。**

［目文］ 出席大会的有志愿军司令员彭德怀，副司令员邓华、陈赓，副政委甘泗淇，中国驻朝鲜大使馆代表刘向文，战斗英雄和人民功臣代表、干部等400余人。以朝鲜民主主义人民共和国委员长金枓奉为首的代表团也出席了大会。陈赓和朝鲜劳动党社会部部长金天海分别在会上致词。

同日

［纲文］ **农业部发布冬季生产工作指示。**

［目文］ 指示要求做好下列各项工作：一、消除虫害。冬季休闲的田地，一律实行深耕细耕，务须在封冻以前全部完成。同时，在冬耕中应注意焚毁害虫潜伏的谷茬稻根，清除田间害虫所寄生的杂草，提倡水稻田在翻耕后灌浇冬水。二、大力开展积肥运动。增施肥料，以农民自积土粪为主，购运商品肥料为辅。三、加强防旱防涝的各项措施。四、大力增补农具，购运牲畜，准备杀虫药械，妥为保护籽种。畜牧地区大力提倡打草，号召群众注意冬季牲畜饲养管理。五、抓紧冬闲季节进行思想、组织、技术上的准备工作。（一）举办各种专业技术训练班，开好劳动模范会议，总结典型经验，训练农业干部、劳动模范和生产积极分子。（二）在农村冬学中进行爱国丰产教育，宣传新民主主义社会农业发展的前途，并把当地切实需要的生产技术常识编入冬学教材。（三）今冬在条件具备的地区，有计划地以县、区为单位召开农业互助合作代表会议及村互助合作座谈会，交流和总结经验，训练互助组长、农业生产合作社社长，整顿现有互助组织，稳步发展与提高。

10月30日

［纲文］ **全国政协第一届委员会第三次会议举行第六天会议。**

［目文］ 会议进行了大会发言。公安部部长罗瑞卿作了《关于目前反革命活动的情况和我们的对策》的报告发言。

内蒙古自治区人民政府主席乌兰夫发言说：一年来，内蒙古自治区人民的抗美援朝爱国运动有力地推动了生产和各方面的工作，农牧民进行了爱国丰产增畜运动。农民在人民政府提倡的组织起来、精耕细作、提高生产技术的方针下，积极开展爱国丰产竞赛运动，向灾害作斗争。牧民在人民政府保护牧场、自由放牧、保畜增畜的方针下，发展畜牧业的积极性分外高涨。

湖南大学校长李达就学习《毛泽东选集》、改造思想的问题发言说：新国家的建设，无论在政治上、经济上、文化教育上，一切都要遵照马克思列宁主义、毛泽东思想，实行根本的改造。现在，《毛泽东选集》出版了，我们学习要把握两点：一是必须学会毛泽东思想的立场、观点与方法。这像一根红线贯穿于毛主席的一切著作之中。我主张先学习《实践论》。二是要把握住《毛泽东选集》中所解决的几个最重要的中心问题。首先，必须结合党史、中国革命史学习，学习毛主席在何种客观革命形势中去解决遭遇的困难问题；其次，应当联系自己的思想、本岗位的工作，联系国家的经济、财政、文化、教育各方面的政策和建设情况去学习。

广东省人民政府主席叶剑英发言说：一年多来，我们依据华南实际情况，在全境推行抗美援朝爱国运动和大张旗鼓镇压反革命工作。在农村开展清匪反霸、减租退押的农民运动，发动群众，训练干部，陆续进入没收征收和分配土地阶段。在广州及其他中等城市进行民主改革，消灭封建残余，建立合理的生产管理制度。在沿海发动渔民进行反霸斗争。华南青年和学生报名参军和军事干部学校的，共达10万人以上；华南两省一市共捐献飞机175架。华南两省一市约有900万人口的地区，完成了土地改革。在镇压反革命方面，及时纠正了“宽大无边”偏向，给反革命分子以严重打击，目前正加紧完成清理积案、开展劳动改造工作，并在已经土改的农村和“镇反”运动已经开展的城市普遍建立群众治安保卫组织。在清匪方面，华南解放以来先后剿灭了70余万土匪，缴获各种枪支近100万枝。

华北事务部部长刘澜涛发言说：华北的农业生产，在土改后三四年以来，一般已达到了抗日战争前的生产水平。棉花产量超过了战前的55%。华北人民普遍、热烈地要求我们加强文教和卫生工作。

松江省协商委员会副主席杜光预、中国科学院副院长李四光、工商界代表陈经畬①、社会民主人士周震鳞②、青年工作者代表李昌、上海医学院教授黄家驷、台湾民主自治同盟主席谢雪红、教育工作者代表史瑞芬、河北省协商委员会副主席王葆真也分别作了大会发言。

同日

［纲文］　中共中央同意华东局关于土地改革后农村工作任务的指示。

［目文］　中共中央表示：同意你们关于土地改革后农村工作任务的指示。此前于9月15日，华东局将土地改革后农村工作任务的指示（草案）送中央审查。主要内容是：一、土地改革完成后，农村工作的中心任务是在继续扩大和深入开展抗美援朝、保家卫国运动的基础上，提高农业生产和农民觉悟，加强民主建政，巩固土地改革的胜利和人民民主专政。二、各地应广泛深入地宣传并切实贯彻华东局关于发展农业生产的十大政策，使农民明确认识人民政府是保护他们的经济利益、土地财产、劳动所得及其他合法利益的，鼓励农民放手发展生产；同时，将“劳动发家”和“爱国增产”的口号结合起来。在新民主主义阶段，富农经济的存在和发展是不可免的，也是不可怕的，党的保存富农经济并允许其发展的政策是正确的。但是，不能听任农村经济沿着老的资本主义道路去自流发展，要引导农民逐步由个体走向集体。三、积极组织和领导爱国增产运动，力求使粮食、工业原料及外销物资的生产接近、达到或超过抗战前水平。四、普遍组织以个体私有

---

① 陈经畬（1880—1967），回族，江苏南京人，时任民主建国会中央委员。

② 周震鳞（1875—1964），湖南宁乡人，时任第一届全国政协委员。

经济为基础的劳动互助组，建立以推销土产为中心任务的各级合作社。既要反对脱离群众的急性办法，又要防止听任自流的等待观点。五、系统开展农村文化教育工作和冬学运动。六、有计划地进行农村民主建政工作，建立健全县人民代表会议和区乡农民代表会议。吸收广大农民干部参加政权工作，并健全县、区、乡各级人民政府委员会。同时，注意整理和发展民兵，加强农会、青年和妇女等群众团体工作。七、有计划地吸收适合党员条件的农民积极分子入党，建立新区农村党支部，已有党支部的地区，则按照中共中央的有关决定进行整党。八、一切未完成土地改革地区，仍按预定计划继续进行土地改革，并在土改结束后全面转向发展农业生产。九、在土地改革完成后，不应削弱党对农村工作的领导，而应加强地级以上各级党委的农委干部力量，以便使党委在加强领导城市工作时能同时兼顾农村工作。

同 日

[纲 文]　新华社讯，张经武、张国华向达赖喇嘛赠礼。

[目 文]　中央人民政府代表张经武向达赖喇嘛赠礼，转达毛主席、中央人民政府对达赖喇嘛的关怀。礼物中有毛主席画像、全国政协第一届全体会议纪念刊、“伟大的祖国”全套照片，以及象牙雕刻、玉器、瓷器、湘绣、内地绸缎等珍贵物品。达赖喇嘛接受了礼物，表示非常感谢，并向毛主席画像致敬，敬祝毛主席身体健康。

同日，解放军进藏部队司令员张国华代表刘伯承向达赖喇嘛赠送礼品，致以亲切慰问。礼品中有金灯、玉碗和象牙等雕刻器皿，以及绸缎、貂皮等贵重物品。达赖喇嘛愉快地接受了礼物，表示感谢。

同 日

[纲 文]　《人民日报》报道，纺织工业中又出现两项管理和技术革新。

[目 文]　继郝建秀细纱工作法出现之后，棉纺织工业中又出现了两项新创造：一个是苏北区南通大生纱厂布场季巧珍小组的新工作法；一个是苏南区嘉定县嘉丰纱厂郭月英、蔡小珍两人创制手摇巡回清洁器成功。前者降低次布出数，后者缩短了纺纱中做清洁工作的时间，充实了郝建秀工作法的内容。

同 日

[纲 文]　新闻总署发布《对中国报纸向外发行的意见》。

[目 文]　《意见》的主要内容是：一、《人民日报》、《工人日报》及《光明日报》可以外销（外销范围包括苏联东欧国家、资本主义国家及殖民地国家），并可主动推销。二、行政区报纸可外销，但以销邻近区域为宜（如《东北日报》可销苏联、朝鲜；《解放日报》、《长江日报》、《南方日报》可销东南亚），不必主动推销。三、省级报纸原则上不准外销，但个别侨乡报纸，如《福建日报》可接受个别华侨订户。四、省级以下报纸一律不准外销。五、工人报纸除北京《工人日报》以外，一律不外销。六、凡可以外销的报纸，均有向国外做宣传的责任。

10月31日

［纲 文］ **全国政协第一届委员会第三次会议举行第七天会议。**

［目 文］ 会议进行大会发言。中财委副主任李富春在工业、交通工作报告中说：经过两年恢复工作，各种工业发展速度远远超过1949年，最高的超过7倍。1951年轻工业产品除制糖、火柴、麻袋3项外，均超过历史最高年产量；重工业产品有些超过、有些接近历史最高年产量，有些则相差尚多，特别是生铁、煤炭，尚有待于积极恢复。1952年国营工业生产计划，可比1951年生产总值增加27%，其中生铁可达历史最高年产量的78%，煤可达88%。两年来，苏联专家帮助设计的一些新厂，有些已开始施工。这些新厂除个别的外，都是重工业。在交通、邮电事业方面，全国公路干线都已恢复并得到加强，沿海地区及西南、西北增建了新线。轮船吨位虽因很多船被国民党掳到台湾而比以前减少，但现在有了独立自主的航运事业。1952年国营工矿、邮电、交通企业部门的工作总方针是：开展全国增加生产、厉行节约群众运动，充分发挥现有生产设备潜在能力，改进经营管理，增加国家财富，支持抗美援朝的完全胜利。

林垦部部长梁希在报告中说：两年来，在中央、大行政区及省人民政府中普遍建立了林业机构，许多专署、县、区、村人民政府中也建立了林业机构，重要林区建立了国营伐木机构。我们计划向政务院提出一个"30年与大自然奋斗的目标"的建议，希望在30年内，经过造林及封山育林，把全国40多亿亩的宜林荒山荒地消灭50%左右，内地沙荒及村庄附近的山荒全部消灭，大小河流的水源林基本完成，在西北区和东北区形成大规模防沙林带，使我国森林面积由占国土面积5%提高到20%。

铁道部部长滕代远就铁路恢复、管理及新线工程作了发言。他说，现在通车线路中，经过重新修复的线路共14089公里，桥梁延长94.5公里，建筑共150万平方米；修复破损货车11494辆，新造货车1419辆，修复破损客车983辆，修复破损机车566台；修复电线线条延长24万公里，新建电线线条延长12万公里。关于铁路管理，实行了统一管理和建立区域管理制，改变了中国铁路80年来支离破碎的分线管理制。

贸易部部长叶季壮在报告中说，一年来，全国贸易的第一个特点就是国内市场扩大。根据不完整的市场交易额、税收和国营贸易企业商品流转统计看，今年的国内市场比去年扩大了一倍左右。另一个特点是对外贸易的发展，进出口的数量都超过去年。中国与苏联、捷克斯洛伐克、波兰、匈牙利、德意志民主共和国签订了贸易协定，与朝鲜、蒙古、罗马尼亚和印度进行了货物交换，与东南亚及西欧一部分国家也建立了商务关系。中国对苏联和新民主主义国家的贸易比重比去年又有大大增加。中国经济建设必需的工业装备和器材，全部或大部已经由苏联和新民主主义国家获得供应。需要输出的剩余农副产品，也有很大部分在苏联和新民主主义国家找到了销路，其中包括许多过去外贸滞销的商品，如草帽辫、羽毛、台布等。同时，我们也供应了苏联和新民主主义国家所需要的物资。过去要从资本主义国际市场输入的日用品，现在都实行自给了。

班禅驻京办事处副处长联慧珠、重庆市协商委员会副主席胡子昂、新疆军区司令员王震，辅仁大学校长陈垣、工商界代表荣毅仁①、文艺工作者代表艾芜②、社会人士梁漱溟③、全国政协委员马坚④、南京市协商委员会副主席陈鹤琴也分别在大会上作了发言。

同 日

［纲 文］ **全国合作总社公布《关于联系粮食公司签订委托采购合同的通知》。**

［目 文］ 《通知》说：1951年秋粮收购工作，各地已在开始，部分地区已与粮食公司签订代购协议与合同。东北区合作总社与东北贸易部曾联合通知各省（市）粮食公司与合作社，在秋粮收购中，决定国家购粮工作大部通过合作社采购，并要求通过合作社购粮比重占70%以上，这对农产品销售与完成国家收购任务将起着积极作用。为满足农民社员秋收后卖粮要求，帮助国家完成收购任务，希各地合作社根据东北区采购精神，结合当地具体情况，主动联系粮食公司签订委托采购合同（大区与省可签订协议），以求统一步调，稳定粮价，避免争购与相互抵消力量。

10 月

［纲 文］ **中共中央批转浙江省农委关于浙江手工业情况和今后发展意见的报告。**

［目 文］ 批语指出：兹将浙江省农委关于浙江手工业生产情况和今后如何发展手工业生产的意见转发各地参考。查手工业生产在全国经济中仍占相当大的比重（约占国民生产总值的15%—20%左右）；而农民所需要的工业品（包括生产和生活资料在内）中，手工业产品又占绝大比重（约占80%左右）。加之农业增产和土产畅销，农民购买力提高，而城市机器工业品则生产发展尚赶不上需要，用手工业品加以补足实有必要。因此，各级党委、财委、合作社注重组织和领导手工业生产是完全必要的。望各地均仿照浙江办法对本区本省的手工业生产作一系统的调查研究，并规划出今后领导和发展的计划。

同 月

［纲 文］ **毛泽东批改罗瑞卿《关于目前反革命活动的情况和我们的对策》的报告稿。**

［目 文］ 该报告稿是公安部部长罗瑞卿向全国政协一届三次会议所作报告的草稿。毛泽东在批改中加写了两段话：一、我认为有使同志们明了目前反革命分子活动的情况，并对这种反革命活动提高警惕的必要，否则我们就要上反革命的当。二、当然，我举出这些材料，不是说反革命活动比较一年前还更严重了，当然不是这样，反革命势力已经受到了我们一个极其严重的打击。但是他们还有残余力量没有肃清，外面还在不断派遣进来，里面的残余分子还可能发酵扩大，并且他们还在作疯狂的活动，危害人民的事业。如果我

---

① 荣毅仁（1916—2005），江苏无锡人，实业家，时任上海申新纺织印染公司总管理处总经理，华东军政委员会财经委员会委员。

② 艾芜（1904—1992），四川新都人，作家。

③ 梁漱溟（1893—1988），广西桂林人，儒学家，时任第一届全国政协委员。

④ 马坚（1906—1978），回族，云南个旧人，穆斯林学、阿拉伯语言学家。

们丧失警惕性，如果我们就此住手，不再向反革命作斗争了，那我们就会要上反革命的老当。因此我们必须继续提高警惕性，必须继续打击反革命，只要还有反革命分子存在，我们就要彻底消灭他。

同月

[纲文]　重工业部召开第一届全国耐火材料会议。

[目文]　会议制定通过了《钢铁工业用耐火材料规格（草案）》、《耐火材料检验化验方法（草案）》、《矽砖及粘土砖制造技术要点（草案）》、《贯彻全国耐火材料会议的技术组织措施大纲（草案）》。

11 月

11 月 1 日

［纲 文］ **全国政协第一届委员会第三次会议举行闭幕会。**

［目 文］ 闭幕会上，周恩来作了关于各项报告讨论的总结讲话，回答和解释了代表在讨论中提出的几个重要问题。周恩来指出：这次会议把增产节约运动作为我们今后的重要任务之一，主要目的是要支持抗美援朝和国家建设。这两件事是相互关联、不可分割、长期的战斗任务。他又说：思想改造是一个自觉的学习运动，不是强制可以接受的。思想改造，一方面固然要加强理论学习，精读《毛泽东选集》、马列主义的一些基本著作，另一方面也必须加强生活的体验与革命的实践。把普遍真理与中国革命实践结合起来才是毛泽东思想。思想改造决不是要干涉人们的宗教信仰，也决不是要强迫教徒学习马列主义、毛泽东思想。

会议听取了提案审查委员会委员章乃器关于提案的审查报告，一致通过如下决议：

一、《关于中央人民政府各项报告的决议》。《决议》指出，全国政协一届三次会议一致同意周恩来的政治报告，陈云关于经济工作和财政工作的报告，郭沫若关于文化教育工作的报告。会议号召全国各民主党派、各人民团体及各界爱国民主人士，团结广大人民，进行下列各项工作：（一）继续加强抗美援朝运动；（二）加强国防建设，并继续恢复和发展人民的经济建设；（三）展开爱国增产节约运动；（四）彻底完成土地改革；（五）继续进行镇压反革命的斗争；（六）开好各级人民代表会议，并充实各级协商机关的工作；（七）继续加强国内各民族间的团结；（八）继续发展人民文化教育事业；（九）广泛展开思想改造运动，有系统地组织对于马克思列宁主义与中国革命实践相结合的毛泽东思想的学习运动。

二、《关于常务委员会工作报告的决议》。《决议》指出：依据毛主席在开会词中所指示的努力方向及会议中各项报告和讨论的精神，全国政协常委会在今后一个时期中，须通过各民主党派、各人民团体、各界爱国民主人士及各级协商机关，着重进行下列三个方面的工作：（一）继续加强抗美援朝运动；（二）提倡和推动爱国增产节约运动；（三）推动思想改造运动，有系统地组织对于马克思列宁主义与中国革命实践相结合的毛泽东思想的学习运动。

三、《关于提案审查委员会审查提案报告的决议》。《决议》指出，全国政协一届三次会议一致同意提案审查委员会提出的关于提案审查的报告和提案审查意见。

四、《关于支持五大国缔结和平公约的要求的决议》。《决议》指出，全国政协一届三次会议根据全国有3.44亿余人签名“缔结和平公约宣言”所表现的全国人民的庄严意志，为了保卫世界和平，增进各国间的友好关系，决定对于世界和平理事会关于五大国缔结和平公约的主张，表示坚决的支持。会议认为：五大国和平公约应该确认世界各国间的一切争端，包括朝鲜问题、日本问题、德国问题、殖民地和附属国的独立问题，都应该用和平谈判的方式来求得解决。五大国和平公约应该确定原子武器的禁用和全世界军备的普遍缩减。解决这些迫切的问题，将使人类避免另一次浩劫。这种公约应该欢迎世界所有国家参加。

会议还通过了全国政协一届三次会议向世界和平理事会的致电。电报称：全国政协一届三次会议完全拥护今年2月间世界和平理事会第一次会议所通过的旨在和平解决国际纠纷的各项重要主张，并在今天通过决议，表示对于缔结五大国和平公约运动的完全支持。为了世界和平的利益，中国人民将为公平合理的朝鲜停战协议而坚决斗争，并将坚决反对在旧金山签订的对日和约，反对美国复活日本军国主义和德国法西斯主义，反对美英侵略者在亚洲及北非各地肆行侵略的行动。

会议通过了全国政协一届三次会议给西藏地方政府的复电，补选出18名全国政协委员。

会议闭幕前，全国政协主席毛泽东作了简短讲话。他说，我们的会议已经胜利地完成了，我为这次会议的成功表示庆贺。我们已经总结了过去一年的经验，规定了今后工作的方针，并且补选了18名委员，让我们领导全国人民继续前进，争取新的更大的胜利吧。

[文　献]　全国政协一届三次会议补选全国政协委员名单

一、十八名保留名额的补选名单：

（一）达赖喇嘛

（二）班禅额尔德尼

（三）阿沛·阿旺晋美　西藏地方政府谈判代表团首席代表

（四）熊克武　西南军政委员会副主席

（五）刘文辉　起义将领、西南军政委员会副主席

（六）卢汉　起义将领、云南军政委员会主席

（七）周素园　无党派民主人士、贵州省人民政府副主席

（八）卢作孚　民生实业公司董事长

（九）包尔汉　维吾尔族。新疆省人民政府主席

（十）陶峙岳　起义将领、中国人民解放军第二十二兵团司令员

（十一）陈绍宽　福建省人民政府副主席

（十二）黄松坚　僮族。广西省人民政府民政厅厅长

（十三）邓华　中国人民志愿军副司令员

（十四）周震鳞　社会民主人士

（十五）梁漱溟　社会民主人士

（十六）胡文耀　天主教民主人士、震旦大学校长

（此外台湾保留两名额）

二、两名出缺名额（郭春涛、颜惠庆）的补选名单：

（一）梅龚彬　中国国民党革命委员会中央委员会秘书长

（二）唐生智　湖南省人民政府副主席、湖南省协商委员会副主席。

资料来源：1951年11月2日《人民日报》。

同日

［纲文］　**新华社讯，青年团中央发出《关于庆祝苏联十月革命节的通知》。**

［目文］　《通知》指出：苏联十月社会主义革命34周年纪念日即将到来。各地团委应在11月7日前后举行各种集会（或和中苏友好协会地方组织及其他人民团体联合举行），并利用报刊、幻灯、图片、广播等各种工具进行广泛的宣传。宣传内容应包括苏联社会主义国家的本质，苏联的共产主义建设，苏联在保卫世界和平运动中的伟大作用，以及中苏友好的伟大意义。为了使得宣传活泼生动，这种集会应尽可能邀请曾经到过苏联或与在中国工作的苏联专家接触过的人（成年、青年、少年）讲述他们对苏联的认识和心得。应以各种具体事实，着重说明苏联对我国的真诚的援助，是中国人民革命胜利和建设工作发展的极重要的条件。

同日

［纲文］　**中财委党组召开各大区及省、市党内负责人财经工作座谈会。**

［目文］　会议由陈云主持。会议听取了与会者对中央与地方的关系、发展地方工业的方向及交通、农业、贸易、财政金融和市政建设等方面问题的意见。陈云在座谈中插话指出：明年的粮食生产存在的问题：一是棉花多种了；二是华北发生了旱灾；三是商品粮库存减少。稳物价主要是稳粮食，否则会动摇全局。必须将地方粮食集中在徐州以北铁路沿线城市，随时准备供应急需。

同日

［纲文］　**财政部公布《开征土布货物税的命令》。**

［目文］　《命令》指出：为适当地平衡机制棉布与土布的税负，政务院批准自1951年11月1日起开征土布货物税，并于同日起停征土布交易税。土布货物税税率及稽征手续的规定有：一、土布货物税征收范围与税率：纯用土纱织成者，税率8%；机制纱与土纱交织者，税率4%。二、土布货物税以各地市场的合作社、收购商、行栈及较大规模的织布厂商为纳税义务人，依规定向当地税务机关交纳。其自织自用者，不予征税。三、土布最低分运量为一捆（50市斤左右），计税单位及最低出厂量由各省、市税务局按各地市

场习惯自行规定。四、土布完税后，由税务机关填发完税照，并于每匹布的一端加盖验戳。五、已税土布加工染印，免办改制手续。六、土布货物税开征前市场所存土布，其已完纳交易税者，可凭原盖交易税验戳向税务机关申请开给运销证明，免予补征货物税。

同日—21 日

［纲 文］ **全国纺织工作法会议在天津举行。**

［目 文］ 会议由纺织工业部和中国纺织工会联合召开，通过了给全国织布保全、准备和细纱工人的信，奖励了对 1951 年织布工作法做出贡献的东北、青岛、上海、天津等地区的代表，总结出全国统一的先进织布工作法——“1951 工作法”。这一工作法是以郝建秀工作法为基础，集中了青岛、上海、天津和东北等地区的优秀织布工人和技师、工程师、专家的先进操作经验和理论知识，经过 20 天的表演、观察、测定、分析和讨论总结出来的。

同日—8 日

［纲 文］ **华东军区和第三野战军在南京举行第一届英雄模范代表大会。**

［目 文］ 大会由华东军区和第三野战军副司令员粟裕、参谋长张震、政治部主任唐亮等主持。出席大会的有华东军区和第三野战军所属陆军、空军、海军、各军区、各特种兵部队、后方勤务部门和华东各地人民武装中的英雄模范代表 325 名。中央军委特派总政治部青年部副部长王宗槐到会致贺。参加大会的来宾还有应邀至华东各地作报告的志愿军战斗英雄周文江、徐文斌等，以及上海、南京等地各界代表。

大会总结了自 1950 年全国战斗英雄代表会议以来华东武装部队中立功创模运动的成绩。华东武装部队自 1951 年 1 月份以来，在执行作战、保卫海防、清剿土匪、警备城市和建设正规化现代化国防军的任务中涌现出英雄、模范 1.1 万多名，功臣数十万名。大会还交流了立功创模运动中的各种先进经验。在作战、剿匪、军事练兵和特种兵建设中涌现的先进人物向大会作了典型报告。华东军区和第三野战军政治部组织部部长鲍奇辰向大会作了一年来立功创模运动的总结报告。

同 日

［纲 文］ **上海市文物管理委员会所藏珍品在北京故宫博物院太和殿开始展览。**

［目 文］ 展品有宋、元、明等各朝代重要绘画及秦汉铜器、唐代银器，如：宋徽宗“柳鸦芦雁图”、南宋李嵩“西湖图”、秦代“吕不韦戈”等。

同日—7 日

［纲 文］ **中国代表团出席在维也纳举行的世界和平理事会第二届会议。**

［目 文］ 在 5 日举行的大会上，中国代表团团长郭沫若发表讲话指出，中朝人民积极响应苏联出席联合国代表马立克 1951 年 6 月 23 日提出以交战双方谈判停战、双方军队撤离三八线作为实现和平解决朝鲜问题的第一步的建议，并表示愿意在公平合理的基础上，迅速达成停战协议。美国政府虽然由于在战争中所遭受的困难和全世界舆论的压力而被迫接受了停战谈判，但自 7 月 10 日开始谈判以来，却又为了外交和内政的目的，不惜

制造种种的挑衅事件，来拖延谈判的进行。

在6日举行的大会上，中国代表茅盾发言指出：这一次会议提出巩固和发展各国人民间的文化交流问题，对于保卫世界和平具有非常重大的意义。中国人民珍视喜爱世界各族人民的优秀文化，正像珍视喜爱自己的民族文化一样。两年来我们开展了一系列对外文化交流活动，不仅提高了本国人民的文化水平，而且促进了各国人民间的兄弟友谊，对于保卫和平事业起了重大作用。

7日，会议通过了世界和平理事会及理事会执行局成员的补充名单、11项重要决议与告联合国和全世界人民书。中国代表刘青山被选为世界和平理事会和执行局委员补充委员。

同 日

[纲 文] **中国作家代表团访问苏联抵达莫斯科。**

[目 文] 应苏联作家协会邀请，中华全国文联派出以冯雪峰为团长，曹靖华①、陈荒煤②为副团长的15人代表团访问苏联，本日乘火车抵莫斯科。到车站迎接的有苏联作家协会代理总书记苏尔科夫、中国驻苏联大使馆参赞戈宝权等。苏尔科夫在欢迎词中说：苏联文学和进步的现代中国作家已有几十年联系。鲁迅和丁玲、赵树理的作品在苏联广泛流行。苏联作家也注意用自己的作品来巩固中苏友好。冯雪峰致词说：中国作家代表团能在伟大的十月革命节前夜来到莫斯科，感到难以言状的兴奋；我们能够和为社会主义为人类的进步及世界和平而工作的苏联作家们见面，感到无限快慰。

11月11日，中国作家代表团在苏联作家协会与苏联文学家举行座谈会，讨论关于社会主义现实主义艺术理论的问题，苏联作家苏尔科夫、吉洪诺夫、费定、索佛罗诺夫等人介绍了自己的创作经验。当晚，苏联作家协会在莫斯科音乐院大厅举行中华人民共和国文学晚会。中国作家代表团，苏联作家、科学家、艺术家、斯达汉诺夫式工人、学生等2000余人，及中国驻苏联大使张闻天参加。冯雪峰在会上作关于中国新文艺的报告说，人民中国的新文艺是教育人民和帮助建设新生活的强大力量。苏联文学对中国新文学有重要的影响。中苏文化的密切交流是增进中苏人民友谊的不可缺少的工作。

11月2日

[纲 文] **中财委发出《关于克服今冬铁路运输困难办法的指示》。**

[目 文] 《指示》指出：进入冬季后，货主对铁路运输的要求普遍增加，但因车辆不足，特运繁多，及东北和北方铁路受冬季气候限制等原因，完成今冬运输计划是颇为艰巨的任务。为克服困难，特提出下列办法：一、铁路各局必须大力加强车辆调度的计划性，及早做好冬防措施，重新审订现行装卸时间，定出提高效率办法，尽最大努力完成国家运输任务。二、托运部门必须严格审核本单位要车计划，提高准确性，按批准的托运计

① 曹靖华（1897—1987），河南卢氏人，散文家、翻译家。

② 陈荒煤（1913—1996），湖北襄阳人，作家、文艺评论家。

划全部签订合同；应改进昼夜装卸作业，保证及时装卸，加速车辆周转。三、通航地区托运部门应尽可能使用航运船舶以减轻铁路运输的负担。四、第四季度内，经济物资的运输应以棉花、粮食及进口物资为重点。

同日

［纲文］ **中财委通过《1952年肥料贷款的决议》。**

［目文］ 《决议》规定：一、国家为了帮助农民解决一些生产投资的困难，以达到农业增产的要求，决定1952年肥料贷款为15000亿元。各地区肥贷分配为：华北4500亿元，华东5850亿元，中南3750亿元，西南600亿元，西北300亿元。二、华北、华东、中南三区及陕西省1952年肥贷全部交由合作社办理。西南及西北其他省份，由大区财委决定。三、坚决贯彻专款专用的原则，不准移作他用。四、肥料全部由合作社办理的地区，肥料原料的收购、加工、调运等，一般由合作社统一掌握为宜。国营公司及其他国营企业现存各色油饼，也可卖给合作社，可不在市场抛售。西南、西北两区由当地财委另行决定。五、基于东北进关油饼数目有限，1952年油饼的供应主要依靠就地加工。六、油饼原料收购及油饼化学肥料出售价格，由全国合作总社提出方案与贸易部协商拟定共同下达。七、1951年肥料投放的原则，赊购订购用于贫苦农民，不应超过30%；现销订购用于较富裕农民，为70%。八、肥贷应不限于社员，但合作社应结合肥贷来整顿与发展合作社。

11月3日

［纲文］ **政务院举行第一〇九次政务会议。**

［目文］ 会议由周恩来主持。会议讨论了出席和列席全国政协一届三次会议的各大行政区、省、市人民政府负责人所提出的关于政府工作中的各项问题。各大行政区军政委员会、东北人民政府、内蒙古自治区人民政府，各省、市人民政府，各区人民行政公署在京负责人和最高人民法院、最高人民检察署，政务院所属各委、部、会、院、署、行负责人列席了会议。

周恩来在题为《关于地方人民政府工作》的讲话中说：各级地方人民政府都必须在这样的基础上来确定工作任务，即既要保证抗美援朝战争的胜利，又要保证国内物价的稳定，同时还要照顾国家的重点建设。在明年财政收入增加不多、支出却可能大量增加的情况下，要实现上述三项要求，唯一正确而有效的方针就是：增产节约和精兵简政。军事系统用钱最多，和财经系统是节约增产的重点所在。随后，周恩来处理和解答了各地人民政府负责人提出的各项重要问题与意见，并将一些具体问题交中央人民政府各有关主管部门负责研究处理。到会的各地人民政府负责人一致同意周恩来的意见与解答，表示回到各地后坚决执行。

同日

［纲文］ **全国政协委员会邀请各省市政协负责人举行座谈会。**

[目 文] 座谈会由全国政协副主席李济深、陈叔通主持。各省、市协商委员会负责人对继续加强抗美援朝运动、推动爱国增产节约运动和思想改造运动、系统学习马克思列宁主义和毛泽东思想的学习运动等发表了意见，一致认为上述三项工作，应成为各地协商机关的中心工作，通过各民主党派、各人民团体、各界爱国民主人士来推动和开展这几项工作，并把抗美援朝运动和增产节约运动变成为群众性的运动。

同 日

[纲 文] **班禅致电拥护全国政协一届三次会议各项决议。**

[目 文] 电报称：中国人民政治协商会议第一届全国委员会第三次会议召开之日，适逢中国人民志愿军出国作战1周年纪念之时，也正是全国各民族人民抗美援朝运动更加高涨之际。这次会议充分代表了全国各民族人民的意志，而且正确地指出了全国人民今后奋斗的目标。班禅谨向全国委员会全体委员致贺。此次会议又通过了补选18名全国委员会委员，班禅亦在被选之列。我特向全体委员对我的信任和期望致以谢意，并誓以个人力之所及，号召各地藏族人民与佛教界信徒，积极参加各地抗美援朝运动，踊跃捐献武器，争取早日完成“佛教号”战斗机的捐献计划。

同日—9日

[纲 文] **教育部在京召开全国工学院院长会议。**

[目 文] 出席会议的有各工学院院长和各大行政区教育部代表等。会议研究了高等工业教育在数量上和质量上都远不能适应国家工业建设的严重情况。教育部部长马叙伦在会议上强调指出，高等工业教育必须统一布置，重点分工，进行调整，使全国工学院能培养出更多更好的工业建设干部。专修科学生修业年限短，只要教得能切合实用，就能应客观的急需。今后工学院招收的新生，应有1/2以上是专修科学生。教育部副部长钱俊瑞在会议上说明了这次调整院系和改革制度原则是：一、必须采取长期培养与短期训练相结合的方针，今后5—10年内以短期训练为重点。二、师资设备分散的情况，必须改变，以集中人力物力，合理使用。三、要求各院校所设系科应切合工业建设实际需要，更加专门化。四、遵守节约原则，反对浪费。各院校调整以后，不可能立即大事扩充，但为了因增加学生而必须增建的房屋和必要的设备，亦须因陋就简，朴实合用。五、加强工学院的政治思想领导。

会议一致同意了教育部所提出的1952年高等工业教育院系调整方案，并对高等工业教育发展的方针，今后5—10年以短期训练为重点的原则，取得了一致的认识。决定1952年高等工业教育院系调整方案的执行，将以华北区、华东区和中南区为重点。

11月4日

[纲 文] **刘少奇应全国政协委员会邀请作关于思想改造的报告。**

[目 文] 参加报告会的有全国政协一届三次会议的全体出席、列席人员，各民主党派工作人员和中央人民政府各部门高级干部共1000余人。刘少奇主要谈了如何进行思想

改造、如何学习毛泽东思想两个问题。关于如何进行思想改造，刘少奇说：不同的人们中有不同的情况，应采用各种不同方法来进行改造。共产党开展的党内整风运动，就是我们党员一种普遍深入的思想改造运动。在这个运动中，用学习和批评与自我批评的方法，使我们许多党员去除了那些理论与实践脱节、脱离人民群众的思想和作风，学会了实事求是、联系人民群众的思想和作风。1951年4月，党召开了第一次全国组织工作会议，决定在全党的基层组织中普遍地进行整党。并提出了共产党员的八个条件。凡是入党都要先学习这八个条件进行教育，学习好了，教育好了，经过考虑再入党。过去有些同志是入党以后再教育。这在以前还可以，以后就不行，不许入党以后再教育，而要先教育之后再入党。用八条教育一切党员，这是党内普遍的思想改造。关于如何学习毛泽东思想，刘少奇指出：从事各种职业的人都应该学习马克思列宁主义、毛泽东思想，学习了马克思列宁主义、毛泽东思想的基本知识以后，才懂得社会发展的规律，然后才认识自己的事业在历史中所占地位和所起作用。从事工业、农业、文学、艺术或语言学等等各种职业的人，都应该懂得马克思列宁主义、毛泽东思想的基本知识，这样才能克服为技术而技术、为文学而文学、为音乐而音乐等等错误观点，才能改正那种“两耳不闻世间事，一心只读圣贤书”的态度。

同 日

［纲 文］ **北京市青联和青年团北京市委举行欢迎澳大利亚等6国青年代表大会。**

［目 文］ 青年团中央书记冯文彬、全国青联主席廖承志、全国青联副主席钱三强和北京市青联主席张大中等以及首都各界青年代表800余人参加。大会由张大中主持。廖承志代表中国青年欢迎各国青年代表来中国访问。澳大利亚青年代表团长汤姆斯讲话说：澳大利亚人民和青年与中国人民和青年一样热爱和平。最近澳大利亚举行了一次民意测验，全国有2/3的人民反对美国的“对日和约”和侵略朝鲜的战争。这次我们来新中国访问和学习，看到中国青年在共产党领导下获得巨大成就，尤其以自我牺牲的精神参加了抗美援朝，给了我们澳大利亚青年一个极大的鼓舞。锡兰①、古巴、阿根廷、智利及南非青年代表团团长也先后发表了讲话。6国青年代表共42人，是应全国青联和青年团中央邀请来中国访问的。

11月5日

［纲 文］ **中央人民政府委员会举行第十三次会议。**

［目 文］ 出席会议的有中央人民政府主席毛泽东，副主席朱德、刘少奇、宋庆龄、李济深、张澜，中央人民政府委员会委员陈毅、李立三、林伯渠、叶剑英、何香凝、林彪、刘伯承、吴玉章、彭真、薄一波、聂荣臻、周恩来、董必武等共42人。

会议听取并批准了人事部部长安子文作的关于《中央人民政府任免国家机关工作人员

---

① 今斯里兰卡。

暂行条例草案》报告。该《条例草案》共14条，附有《中央人民政府任免国家机关工作人员暂行条例附表》。会议听取并批准了文化部副部长周扬作的关于中国和波兰、匈牙利、德意志民主共和国签订文化协定的报告。会议通过了林垦部改名为林业部的决议，通过了任命林彪、高岗为中央军委副主席的决议。

［文　献］　中央人民政府任免国家机关工作人员暂行条例附表

附表（一）中央人民政府委员会任免或批准任免之人员

中央人民政府委员会——办公厅主任、副主任。

政务院——总理、副总理、政务委员、秘书长、副秘书长；委的主任、副主任、委员、秘书长、副秘书长；部长、副部长；会的主任委员、副主任委员、委员；院长、副院长；署长、副署长；行长、副行长。

驻外国的特使、大使、公使、全权代表。

人民革命军事委员会——主席、副主席、委员；人民解放军总司令、副总司令；总参谋长、副总参谋长；总政治部主任、副主任；总后方勤务部部长、副部长；总干部管理部部长、副部长。

最高人民法院——院长、副院长、委员、秘书长、副秘书长。

最高人民检察署——检察长、副检察长、委员、秘书长、副秘书长。

大行政区人民政府（军政委员会）——主席、副主席、委员、秘书长、副秘书长；委的主任、副主任、委员；部长、副部长；会的主任委员、副主任委员、委员；

最高人民法院大行政区分院——院长、副院长；

最高人民检察署大行政区分署——检察长、副检察长、委员。

省级以上的民族自治区人民政府——主席、副主席、委员。

省人民政府（人民行政公署）——主席（主任）、副主席（副主任）、委员。

中央直属市人民政府——市长、副市长、委员。

大行政区直属市人民政府——市长、副市长、委员。

大学校长、副校长；专门学院院长、副院长。

附表（二）政务院任免或批准任免之人员

政务院——厅主任、副主任；室主任、副主任、参事；局长、副局长；

委、部、会、院、署、行的厅主任、副主任；司长、副司长；局长、副局长；室主任、副主任；处长、副处长；所长、副所长；组长、副组长（与厅并列的室、处、所、组）。

驻外国公使衔参赞、公使衔总领事、总领事、参赞。

大行政区人民政府——厅主任、副主任；委的秘书长、副秘书长；局长、副局长（与厅并列的局）。

最高人民检察署大行政区分署——秘书长、副秘书长。

省级以上的民族自治区人民政府——秘书长、副秘书长；委的主任、副主任、委员；部长、副部长；人民法院院长、副院长；人民检察署检察长、副检察长、委员。

省人民政府（人民行政公署）——秘书长、副秘书长；委的主任、副主任、委员；厅长、副厅长；会的主任委员、副主任委员、委员；局长、副局长；处长、副处长（与厅并列的局、处）；人民法院院长、副院长；人民检察署检察长、副检察长、委员。

中央或大行政区直属市人民政府——秘书长、副秘书长；委的主任、副主任、委员；局长、副局长；会的主任委员、副主任委员、委员；处长、副处长（与局并列的处）；人民法院院长、副院长；人民检察署检察长、副检察长、委员。

省人民政府（人民行政公署）各区——专员、副专员；相当于专员公署之民族自治区人民政府——主席、副主席、委员。

省级以上的民族自治区所属盟人民政府——盟长、副盟长、委员。

省直属市人民政府——市长、副市长、委员。

资料来源：1951 年 11 月 8 日《人民日报》。

同 日

[纲 文]　中共中央发出《关于清理厂矿交通等企业中的反革命分子和在这些企业中开展民主改革的指示》。

[目 文]　《指示》共十二条，指出了于 1952 年年底以前，对工厂、矿山和交通等企业部门首先是国营工矿交通等企业内的残余反革命势力，加以系统的清理，并对国营企业内所遗留的旧制度，进行或进一步完成必要和适当的民主改革的必要性。《指示》还对搞好清理、改革工作需要注意的领导、调查研究、发动群众、思想动员、团结多数、打击目标、不妨碍生产、做结论方式、要害部门人员的处理、开展批评与自我批评、私营工矿企业的运动、推广典型等政策和要点，进行了规定。

[文 献]　关于清理厂矿交通等企业中的反革命分子和在这些企业中开展民主改革的指示

全国各地解放后，许多国营工厂、矿山、交通等企业部门，曾经先后经过若干不同的形式，例如登记反动的党团员、“挖蒋根”、调整人事、进行民主改革与民主团结等规模不一的群众运动和行政手段，或者采用较为渐进的办法，或者采用较为激进的办法，业已在不同的程度上打击了掩藏在企业内部的反革命分子，并在不同的程度上改革了帝国主义和官僚资本原来在企业内部所形成的种种吸血的不合理制度和封建把头制度，因而使各种企业能够达到迅速恢复和顺利发展的成绩。特别是自中央一九五〇年双十指示以后，各地在工厂、矿山和交通运输部门中，都进行过镇压反革命运动，残余的反革命势力，已经遭受了更多更大的打击。有些地方把镇压反革命和企业内的民主改革作了适当的结合，已把一部分工厂、矿山、交通等企业作了系统的清理，结果，清出了大批反革命分子，纯洁了工人阶级的队伍，在政治上和生产上，都出现了一种新气象，工人群众说："毛主席的太阳照到工厂里来了。"

虽然如此，但是至今为止，在大部分公营和私营的工厂、矿山及其他企业中，还没有进行系统的清理。其中还混有大批的反动党团、反动会道门分子和少数潜伏的逃亡地主、土匪、恶霸、特务、间谍分子；有些过去曾与国民党反动统治者狼狈为奸的封建把头，还未受到应有的惩治或改造；有些反革命分子，甚至混入了党和青年团内，或者把持了工会。他们从各方面进行破坏活动，压制着工人的政治积极性和生产积极性。

因此，我们必须用足够的力量，发动与依靠工人群众，有领导、有计划、有步骤地争取于一九五二年年底以前对工厂、矿山和交通等企业部门，首先对国营工矿交通等企业内的残余反革命势力，加以系统的清理，并对于国营企业内所遗留的旧制度，进行或者进一步地完成必要的和适当的民主改革。为此，中央特作如下各项指示：

一、由于工矿企业中的情况，一般地较党政军民等机关为复杂，党的领导骨干和群众基础较机关为弱，而各种企业，又各有其特点，各地方的历史条件也不完全一致，所以清理工作的问题也较机关为复杂，同时，也极易发生偏差。应该指出：搞好这个运动的第一个关键是搞好领导的问题。凡是领导骨干较弱的厂矿交通等企业，应该先由当地党委负责，从各方面指派得力干部，结合企业中原有的干部组成专门的领导机关，负责进行准备工作，首先是进行有系统的调查研究和训练工人职员中的积极分子。有了详细的调查研究，又组织了积极分子，于是再由行政、党、工会、青年团的干部，按照本单位群众的思想状况，有的放矢地在工人职员中，作系统的思想动员，讲明党和人民政府的政策，发动清除反革命分子和忠诚老实、自觉交代的运动，号召工人群众分清敌我，整顿自己的队伍，从思想上、组织上提高工人阶级的纯洁性；号召一切有问题的人，向自己的国家忠诚老实地交清自己的历史，而只要忠诚坦白，罪重的可以减轻，罪轻的可以免罪，无罪的可以卸掉包袱。

思想动员和思想酝酿的过程，同时是一个团结多数、组成强大队伍、促使有问题者坦白和孤立敌人的过程。这是运动中的第二个关键。

在领导没有加强、工人中还没有培植出一批积极分子之前，不要冒失地发动大规模的运动。特别是有些矿山混有极大数量的散兵、游民和逃亡地主等，情况既极复杂，而行政和党的力量又很薄弱，在这样的企业中，更应该首先加强领导，进行系统的调查、侦察和艰苦的群众工作，寻找长期劳动、历史清楚、政治上可靠的工人职员，加以训练，以便建立领导的骨干和群众的队伍。

二、凡是有残余的反动势力，有为工人群众所痛恨的坚决的反革命分子，特别是有特务、恶霸分子潜伏的工矿企业，在已经完成上述各种准备工作之后，应该大张旗鼓地放手发动工人群众自下而上地控诉反革命分子，斗争那些压制工人的封建把头和各种坏分子；并由主管机关，适时地将应该和必须判刑的反革命分子，依法判罪，当众宣布执行。经验证明，这样自下而上和自上而下相结合的、首先打击首恶分子和铲除残余反动势力的运动，可以迅速地鼓动起工人群众的斗争热情，迅速地摧毁国民党在工厂、矿山企业中压迫工人的残余势力，迅速提高工人当家作主的认识和生产积极性。

但打击的目标，即镇压和控诉的对象，必须严格地以特务、恶霸、土匪、反动党团和反动会道门等五个方面的坚决反革命分子为限；特别是群众控诉的对象，更应严格地以那些有血债和民愤较大的首恶分子为限。在处刑时，对于应该处决的罪犯，必须坚持只处决其中十分之一二；对于应该逮捕的罪犯，在多数工人群众不反对的条件下，应该坚持只捕其中的一部分，以免捕杀过多，发生偏差。

三、工人群众对于过去勾结反动势力，欺压扰害工人的流氓工人、职员的斗争，我们应该积极加以领导和赞助。但必须注意把这种斗争对象和镇压对象（坚决的反革命分子）加以区别。只要他们低头认罪，表示悔改，群众气愤已平，不要求逮捕时，即不要逮捕。特别是对于“把头”、“拿摩温”等，尤应详加分析，按其罪恶轻重、劣迹多少、过错大小和解放后有无悔改表现等具体情况，分别对待，切不可笼统地“打倒一切”。

四、对于曾经有过压迫工人的行为或其他轻微劣迹，但并非反革命分子的老的技术工人、技术人员和专家、高级职员等，必须注意在运动的各个阶段，加以保护，并在对待他们的态度和方式上加以注意。如果工人群众对于他们的作风不满，要求斗争或控诉时，我们应该领导并说服工人，把这种问题根据团结为主的原则，采用批评与自我批评的方法，当作工人阶级内部的问题来解决。

镇压反革命与进行民主改革，二者是有联系的，但又是有区别的。如把两个问题混淆起来会使打击面过大。因此，把反革命的问题与那工人阶级内部的问题及企业管理制度本身改革的若干问题，加以严格的区别，保护与教育改造那些有技术的职工，这点是非常重要的。

为了防止在运动中发生打击面过宽，波动面过大，特别是乱斗、乱控诉的偏向，所有控诉对象、斗争对象和逮捕的名单，应一律在事先经当地党的市委或其他相当党委批准。

五、为了防止反革命分子在垂死挣扎时的破坏，在运动开始之前，必须首先严密掌握工厂、矿山、交通等企业的要害部门，把一切有嫌疑的分子从这种部门中调开，并选派可靠的干部、党团员或非党的革命工人去掌握。

六、运动应该利用不妨碍生产的间隙的时间去进行，而不应该停止生产去进行。在思想酝酿成熟和群众发动之后，交代的时间不要拖得太长，以免不必要地影响生产，并造成僵持追逼的现象。一次运动决不可能把一切反革命分子都彻底清出，只能“打一网算一网”，“剥一层算一层”。因此，必须适可而止，及时转入到深入的调查和处理。

七、在运动中如发现反革命分子作有组织的抵抗，因而使其他有问题的人有所顾虑，不敢交代时，应于适当时机，一面对于已经自动交清历史，罪行轻微，无须判罪的分子做出结论，当众宣布；一面对于罪证确实，必须逮捕法办而又拒不交代的分子，宣布罪状，加以逮捕。这样可以摧毁反革命分子的有组织的抵抗，并使运动迅速开展。但切不可乱捕，切不可逮捕那些罪证不足及可捕可不捕的分子。

八、对于清理过程中发现的问题，必须按照其性质和交代的情况，迅速加以处理。凡是自动坦白的，应该从宽处理。除其中应该判罪的分子和危险分子以外，一般地不应清洗。但是在所有要害的工厂、矿山及其他企业中（如兵工、电气、化学等），在普通的工厂、矿山及其他企业的要害部门中（如锅炉房、引擎间等），不得留有任何反革命及嫌疑分子。如有此类分子，应由适当的领导机关，负责调开或作其他处理。

九、忠诚老实运动完结后，应即趁热打铁，展开群众对于领导及群众相互间的批评与自我批评，以改善领导与群众、职员与工人及工人相互间的关系，加强工人阶级内部的团结，从而建立一些适合于生产需要的可能的新的制度，改选工厂管理委员会和治安保卫（或保安）委员会及工会委员会，以建立工厂、矿山及其他企业中的群众领导骨干，并进行劳保登记或加以复查。然后依靠整顿后的工人队伍及民主管理的基础去组织与开展生产运动。

十、关于私营工厂、矿山及其他企业的清理工作，由于各种条件的限制，今冬明春，只能在党的基础较好、规模较大的私营工厂、矿山及其他企业中进行典型试验。在开始清理时，必须先与资方协商，取得同意，再由党、团、工会、公安部门和资方代表及非党的职员、工人，共同组成领导机关（必要时可另成立党组）。在运动中应与资方保持密切的协商，尤其应该注意集中力量，清除坚决的反革命分子和封建残余势力。如果资方及其亲信过去曾有严重的压迫、克扣工人的行为，工人迄今仍甚为不满，应推动他们向工人承认错误，以求改善关系。对于资本家及其厂长、经理，只要不是坚决的反革命分子，又没有血债或其他严重罪行，在解放后对工人的态度又较好者，一般地应该不咎既往。特别是对于已经和我们合作的资本家尤应注意。

对于一般小的私营工厂、矿山及其他企业，因其情况更为复杂，我们又无力兼顾，一般的可以暂不清理，待国营和较大的私营工厂、矿山及其他企业大体清理完毕后，再根据那时的情况和经验，另订计划。

十一、总之，在工厂、矿山及其他企业这一切经济部门镇压反革命和进行民主改革，是必须更加稳步前进的。一般的做法，必须采取典型示范逐步推广的方法，又必须先由国营的企业再到私营的企业，先由主要的企业再到次要的企业，先由大城市的企业再到中小城市及其他地方的企业。但由于各地方各种企业的情况有差别，解放后的斗争条件及历史发展有差别，干部和群众的准备条件有差别，所以必须容许各地方各企业在处理各项问题上的具体方式和具体步骤，有必要的和适当的灵活性。所谓补课的问题，必须根据各地不同的情况分别地处理，应该是缺什么补什么，缺多少补多少。如果不根据各地方各企业的实际情况而千篇一律地看待这类问题，这是错误的；但如果需要补课而不去适当地补课，这也是错误的。

十二、望各中央局、分局、各省委、市委于本年十二月内，将过去在这方面的工作情况及执行中央指示的计划报告中央。

资料来源：中共中央文献研究室编：《建国以来重要文献选编》第2册，中央文献出版社1992年版，第453—460页。

同日

［纲 文］ 中共中央批转全国妇联党组关于召开第一次妇女儿童福利工作会议向中央的报告。

［目 文］ 中央给各中央局并转分局、各省、市、区党委、地委、县委并告政务院党组、青年团中央的转发批语指出：中央认为这个报告是正确的，希望你们注意妇女儿童福利工作，并指导此次出席该会议的代表，根据带回去的文件材料，做好该会议的传达工作。该报告可在党内刊物上发表。

此前于10月29日，全国妇联将第一次妇女儿童福利工作会议的会议报告上报中央。该会议从10月3日至12日举行，出席代表有中央直属省市、各大行政区直属市及各省妇联儿童福利部长、各民主妇女团体福利工作负责人、儿童福利机构负责人、热心儿童福利工作的教授等共计150人，其中民主人士占1/3。会议的主要议程是：检查两年来贯彻“以生产为中心，为劳动妇女及其子女服务”的方针的执行情况，并确定今后的做法。康克清做了两年来全国妇女儿童福利工作的报告和大会总结，各地区作了典型经验介绍，中央教育、卫生部门及全国总工会、中国人民救济总会均派人作了专题报告，邓颖超、胡乔木作了报告。

全国妇联报告着重介绍了这次会议解决的三方面问题。主要是：一、更全面地认识了妇女儿童福利工作的方针及其重要性：两年来，全国各地改造了旧产婆约达10万人，建立了接生站和妇幼保健站1万余处。在已推行新法接生的地方，婴儿患“四六风”的死亡率已由50%降至17%。全国各地建立了儿童福利机构15700多处（其中城市的各种托儿组织比解放前约增加了9倍），受到保育的儿童有52.7万多名，使不少母亲因为减轻了孩子的牵累，提高了生产与工作的效率，有的被选为英雄、模范。过去有些干部认为妇联在妇婴卫生工作方面只能起协助作用，因而把工作束缚在办好托儿所解决部分女工、女职员问题的小圈子中，而忽视了广大劳动妇女的迫切要求和为广大儿童服务的重要性。对于这种偏向，此次会议作了批评。二、必须克服干部中的两种思想：一种是单纯地依靠政府及上级妇联解决人力物力困难的依赖思想；一种是认为必须有了足够的人力物力，一定的规模和标准才能开始工作的等待思想。各地经验证明：必须善于动员和运用社会各方面一切可能人力物力，采用多种多样的形式来切实解决群众迫切需要解决的问题。三、会议明确了今后妇联福利部门的工作对象是广大的妇女与儿童，工作方式是配合各方面调查研究妇女儿童中的特殊问题，推广有关妇女儿童福利工作的宣传、教育及组织工作。具体工作如下：（一）在妇女群众中大力推广妇婴卫生，特别是宣传接产消毒法和育儿常识。（二）协助配合政府卫生部门在三五年内，在城市中全部消灭“四六风”，在乡村中减少75%的“四六风”和基本消灭天花的计划。妇联福利部门的责任是宣传新接生法的好处，动员旧产婆和妇女积极分子参加受训，团结组织和检查督促受训接生员，推广新法接生，并发动妇女儿童参加预防接种。（三）继续培养、训练儿童福利工作人才，建立并健全各种托儿组织，广泛组织互助托儿所。（四）逐步研究并解决弃婴、溺婴问题和7岁以上儿童失学、犯罪、流浪等问题，以及课外文娱活动等。（五）确定妇联福利部门在保卫世界和平和保卫儿童运动中的责任。

同 日

[纲 文] **中共中央主席毛泽东、中国外交部部长周恩来、中苏友好协会总会会长刘少奇分别致电苏共中央总书记斯大林、苏联外交部部长维辛斯基、苏联对外文化协会主席吉尼索夫，祝贺苏联十月社会主义革命34周年。**

同日—12日

[纲 文] **出版总署在京召开第一届全国翻译工作会议。**

[目 文] 会议由出版总署署长胡愈之主持。政务院文教委员会副主任马叙伦、教育部副部长曾昭抡、中国科学院副院长陶孟和与社会科学家李达等到会讲话。中宣部副部长胡乔木和出版总署编译局局长沈志远在会上作了有关翻译工作的两个专题报告。胡乔木在报告中说：为了适应今天国家建设的需要，翻译工作必须加强和扩大，提高质量，并制定必要的工作计划和工作制度。沈志远在报告中提出了今后翻译工作的七项任务：一、制定全国翻译计划；二、确立必需的工作制度；三、逐步建立专门性的工作组织；四、展开翻译界的批评和自我批评；五、统一译名和编纂各科辞典；六、研究和整理翻译经验；七、培养专门的翻译干部。

会议通过了《中央人民政府出版总署关于公营出版社出版翻译书籍的规定草案》和

《关于机关团体编译机构翻译工作的规定草案》，由出版总署提交政务院批准实施。

同日—16日

［纲 文］ **苏联影片展在中国举行。**

［目 文］ 该展览是为庆祝苏联十月社会主义革命34周年而举行的。5日，文化部副部长周扬主持开幕典礼，中苏友好协会总会副会长吴玉章、沈钧儒、李济深，政务院文教委员会副主任马叙伦、电影局局长袁牧之等首都各界人士1000余人，苏联驻中国大使罗申以及苏联对外文化协会驻中国代表、苏联影片输出公司驻中国代表应邀参加。开幕典礼后，放映了苏联彩色影片《俄罗斯航空之父》和《苏联大马戏团》。

11月7日起，中国影片经理公司在北京、天津、张家口、太原、沈阳、哈尔滨、长春、大连、上海、南京、杭州、济南、汉口、广州、桂林、重庆、成都、西安、兰州和迪化等20个大城市同时举行苏联影片展览。参展影片为《俄罗斯航空之父》、《攻克柏林》、《阴谋》、《中国人民的胜利》、《繁荣的乌克兰》、《解放了的中国》、《勇敢的人》、《中国杂技团》、《幸福的生活》和《春天的故事》。

同 日

［纲 文］ **《中国少年报》在京创刊。**

［目 文］ 该报为中国少年儿童队队报，由青年团中央创办。内容有时事、文化科学知识、少年儿童队的活动、童话、小说和图画、照片。以具有小学四年级文化水平以上的少年儿童为对象。

同 日

［纲 文］ **苏联代表团建议将中国在联合国组织的代表权问题提交第六届联大考虑。**

［目 文］ 在巴黎夏乐宫举行的联合国第五届大会最后一次会议上，大会主席伊朗代表安迪让建议注意特别委员会关于中国在联合国组织的代表权问题的报告。苏联代表马立克反对该建议。马立克说，中国在联合国组织中的代表权问题的重要性是尽人皆知的。对这个问题的考虑已拖延得令人难以容忍。在审查这个问题时，必须从这样一个事实出发，即现在是结束联合国对中国、对伟大中国人民的不公平的态度的时候了。马立克指出，建议注意特别委员会关于中国代表权问题的报告，就等于建议把这个问题看做已算结束。但是，在唯一合法的中国政府——中华人民共和国中央人民政府的代表参加联合国组织的工作之前，这个问题是不能结束的。鉴于研究中国在联合国的代表权问题的特别委员会未能就中国在联合国代表权问题提出建议，大会应决定把这个问题移交第六届大会考虑。波兰、捷克斯洛伐克代表支持苏联代表团的建议。但这一建议在表决时未获通过。

11月6日

［纲 文］ **刘少奇对化工工人劳动保护问题的报告做出批示。**

［目 文］ 他在给李富春的批示中说，有损健康的化学工人的劳动条件与劳动保护，是应有一些特殊照顾和规定，请你从速酌情处理。

此前于8月15日，中国化学工会筹委会主任江涛为预防化工厂职业中毒问题向李富春提出报告并转刘少奇。报告说，据筹委会工作组对东北、天津等地27个化工厂、40多个车间或工段的调查，发现工人职业中毒现象非常严重，胃病、肺病、皮肤病的发病率很高。原因是设备陈旧破烂、劳动条件恶劣、某些企业行政管理部门对工人的健康关心不够，没有运用一切可能的办法改善特别损害健康的工种的劳动条件。为从根本上改变上述状况，建议迅速召开全国性劳动保护会议，或责成有关部门组织专门机构负责研究、提出预防职业中毒的切实可行办法并逐步付诸实施。在未实施前，先适当缩短这些工种工作时间，制定工作间歇制度，使工人减少与毒物连续接触时间并得到适当休息。责成各地区主管部门迅速制订特殊方案，在生活、治疗等方面照顾因长期从事有损健康工作而患慢性职业病的工人。

同 日

[纲 文]　财政部向政务院提交关于1951年各地农业税税率的综合报告。

[目 文]　综合报告说：政务院6月21日颁布的关于1951年农业税收工作的指示中，规定1951年各地区的农业税率，由各大行政区人民政府（军政委员会）根据当地具体情况拟订。现各大行政区已将拟订的税率陆续呈报到政务院，计东北三种、华北二种、内蒙古一种、华东三种、中南三种、西南三种、西北三种，共计18种，如把其中4种相同税率并作一种计，应为15种。其中除华北及西南税率外，均已经政务院正式核准。

报告总结1951年各地税率的特点是：一、从总的方面看，税率是较高的。二、各阶层的负担与去年相比，老区变化不大。新区尚未土地改革的地区的税率，有的与去年相同，有的每一税级加1%，变化也不大。三、从地区间的比较看：各地所订15种税率中，有纯比例税（东北），有“有免征税额的比例税”（华北），有累进税。各大行政区税率孰高孰低，颇难比较。大体的规律是：老区较高，未土改的新区较低，已土改的新区或者与老区相平或者稍低。报告说，1951年农民负担加重不只10%，新土地改革区下层群众加重尤多，故须加强政治和政策教育，并妥善执行减免政策，适当照顾新得地农民个别税率过高者（如川北、川南）；各种税率邻接地区，收入相同而税率不同者，应注意解释说服，争取1952年各地税率趋于平衡。关于税率的执行，1951年绝大部分地区，包括工作基础最差的西南区在内，都在尽力贯彻依率计征的方针，唯中南认为1951年条件尚不具备，仍实行变相的死任务活税率的老办法，并规定依率计征超过分配任务要减低税率，这一问题，尚待研究解决。

11月7日

[纲 文]　苏联驻华大使馆和首都各界分别举行庆祝苏联十月革命34周年活动。

[目 文]　出席苏联驻华大使馆庆祝招待会的有：中央人民政府副主席朱德、宋庆龄、李济深、张澜，政务院总理周恩来，副总理董必武、黄炎培，中央军委代总参谋长聂荣臻，最高人民法院院长沈钧儒，北京市人民政府市长彭真，以及吴玉章、薄一波等中央

人民政府各部门、各民主党派和人民团体负责人等600余人，朝鲜、罗马尼亚、瑞典等各国驻华使节也应邀出席。

出席在怀仁堂举行的首都各界庆祝晚会的有：刘少奇、宋庆龄、吴玉章、沈钧儒、李济深、黄炎培和在京的中苏友协理事、干事及工人、青年、妇女代表和文教界人士，及苏联驻华大使罗申、苏联对外文化协会驻华代表茹克福等1200余人。

吴玉章致开幕词说，十月革命给全世界劳动人民带来了新的希望，带来了人民胜利的局面。中华人民共和国的成立更证明了一个真理："走俄国人的路"就是胜利的路。林伯渠讲话说，苏联正在进行一系列被人们称为"共产主义的建设工程"的建设。它对于正在进行新民主主义建设的中国人民，是一个极大的鼓舞与启示。苏联在实现社会主义的工业化和进行共产主义建设的路程中，对于思想改造和与各种敌对的资产阶级思想残余的斗争的经验也是我们最好的借鉴。罗申讲话说，十月革命对于中国的意义是格外重大的。它指给中国人民求取解放的道路，给了中国一个盟国——苏联，并且用马克思列宁主义这个百战百胜的武器把中国人民武装起来。

本日，志愿军司令部机关及上海等城市也分别举行庆祝苏联十月革命34周年大会。

同 日

[纲 文]　中财委向中央上报1952年对苏联东欧国家贸易进出口计划。

[目 文]　1952年对苏联东欧国家进出口贸易的计划主要内容是：

一、出口总值计划约为189000万卢布。其中大豆67万吨，价值25460万卢布，占第一位；钨、锡、锑价值22540万卢布，占第二位；猪鬃19360万卢布，占第三位；花生17800万卢布，占第四位；烤烟12000万卢布，占第五位。计划指出，大豆出口与否问题，许多同志以及某些民主人士都不主张出口，省下来作豆饼用。这有一定道理。1951年大豆出口118万吨，1952年减少51万吨。但是大豆不出口不行，因为一则苏东国家需要，不给很难说通；二则我们缺少外汇。至于粮食则基本上不出口，但也有困难，比如波兰旱灾为百年所未有，需要10万吨不给不行，朝鲜更不用说。

二、进口首先满足军事需要，第二是基本建设、设计和专家的费用，第三是工业器材、机器需要，第四是其他。军事费用保留74000万卢布（合70000亿人民币），包括军事订货贸易付款部分、军事专家费用、军事贷款利息等项。基本建设付款296000万卢布，包括四类：（一）1951年以前已订货，按合同1952年交货付款的成套设备总值约13720万卢布。大宗的是289500千瓦发电机及鞍山5万吨薄板压延设备。（二）前已提出订货、尚未签订合同，希望1952年到货的设备，总值约3400万卢布，主要是鞍钢的设备。（三）1952年提出的成套设备新订货，希望在1952年到货的，总值约8398万卢布。其中大项是220750千瓦发电机，65000纱锭，5套制糖机器。此项订货，估计不可能按希望全部到货。（四）1952年零星设备订货，总值约4000万卢布。设计费用4000万卢布，其中东北3000万，关内1000万。工业器材与日用品进口总值108200万卢布，其中生产资料约占75%，生活资料约占25%。工业器材中钢材五金器材占34172万卢布，机械占26900

万卢布。民用品主要是石油、纸张、糖。

三、外汇收支。收入总计225562万卢布。其中包括出口总值188700万卢布，贷款31600万卢布（包括1950、1951年贷款余额），非贸易收入25262万卢布。支出总计224850万卢布，其中军事支出74000万卢布，基本建设30000万卢布，专家费用、设计费、贷款利息约5951万卢布，工业器材、日用品进口总值108200万卢布，1951年贸易差额18108万卢布，其他非贸易支出2000万卢布。

计划提出，从对苏东国家总的进出口看，外汇收支是平衡的。但从苏联入超约1000万卢布，其中基本建设新订货中，估计1952年不可能全交货，货单所列8390万卢布，可能省下400万卢布，这样还差600万卢布。此数需要从德意志民主共和国、捷克斯洛伐克多余的外汇中调度。如调度不过来，则将钻探机及其配件、普通机器转移一部分到两国去订。如果这样还不能平衡，则只有削减订货。估计我方向苏方要求供给的五金器材、机器，不一定能全部满足我方要求，因此下余外汇差额问题可能不大；如有问题由出国代表团来电向国内请示解决。

同 日

［纲 文］ **最高人民法院职员顾裕尚因贪污纳贿被北京市人民法院判处死刑。**

［目 文］ 顾犯的罪行是：1950年春，冒充最高人民法院审判组组长，结识私营新华兴证章工业社股东董光勋。当时董的朋友高志广、屠占华等人因为债务案件上诉于最高人民法院，顾经过董和私营华北旧货铺铺主郭寿卿，向高等索取贿金200万元。1950年10月，顾用同样手段，经过屠向私营文同祥铁工厂股东刘凤翔、毛锦福索取贿款500万元。1950年11月，顾又和妻子张伟莹向新新食堂经理陈之珩骗取贿款320万元。

同 日

［纲 文］ **湘桂铁路来宾至凭祥段通车。**

［目 文］ 交通部部长滕代远参加了通车典礼。该段铁路全长402公里，1950年10月开工兴建，1952年交付运营。

11月8日

［纲 文］ **政务院人民监察委员会公布《关于监督检查婚姻法贯彻执行的指示》。**

［目 文］ 《指示》指出：由于过去长期的封建统治，封建制度在一部分群众及少数干部思想中还存在着残余影响，阻碍了婚姻法的贯彻执行。这种情况，我们必须加以重视，认真处理。政务院已经发布了关于检查婚姻法执行情况的指示。一年来各级人民监察委员会虽对婚姻法执行情况做过某些重点检查；但一般对有计划组织监督检查注意很不够。对执行婚姻法中某些违法失职的机关和工作人员也未认真检查与纠举。因此，未能通过监督与纠举工作对某些工作人员的残余封建思想进行批判教育，从而使婚姻法能更加顺利和深入贯彻执行。因此，各级人民监察委员会必须认真学习和讨论政务院关于检查婚姻法执行情况的指示，充分地认识执行婚姻法的重要意义，推动各级政府组织对婚姻法执行

情况的检查，并纠举其中违法失职的机关和工作人员。各级人民监察委员会应将此项工作作为经常的工作任务之一，有计划地进行重点的监督检查，通过监察通讯员密切联系和发动群众进行监督，对执行中违法失职的机关和人员，必须予以纠举与适当惩处；同时对能认真贯彻、正确执行婚姻法的机关与人员，必须予以表扬。

同 日

[纲 文] **全国合作总社公布《关于配售工作的通报》。**

[目 文] 《通报》指出：自本年第一季度实施重点配售以来，各地一致反映实行配售在合作社发展组织、扩大业务、健全民主制度等方面起了一定的推动作用。各级合作社大部都重视此项工作。但也有的省、市总社先紧后松，不能始终贯彻配售制度。实行配售，必须严格执行配售暂行办法的各项规定，才能达到促使合作社走上正轨的目的。按期填送计划、统计表报，是合作社业务走向计划经营的必要制度，是评定享受配售条件之一。只有通过表报，及时反映情况，总结经验，才能改进工作。各省、市总社对全年的配售工作在年前必须分别农村的城市的加以总结，以便总结出一个完整的经验。

同 日

[纲 文] **朝鲜停战谈判朝中方代表团就美方歪曲朝中方11月7日提议的谈话发表声明。**

[目 文] 声明称：美方所发表的谈话及公报与事实完全不符。美方代表在小组会议确定军事分界线和非军事区的讨论中，一再要求对于现有接触线做片面的所谓调整，无理要求将我方开城地区“调整”到美方占领之下。为了避免使第2项议程继续为对方所提出的所谓调整的无理要求所阻挠，我方提议达成谅解，一方不得坚持另一方所不同意的任何调整。但同时为了解除美方继续拖延停战谈判的一切借口，我方也提议达成另一谅解，即如果在停战协议签字前实际接触线有所变化，则已经初步确定的军事分界线和非军事区仍应在任何一方的提议下按照接触线的实际变化做相应的修正。但是美方所发表的谈话和公报中却将我方以现有实际接触线为军事分界线而不做调整的提议，与我方同意的在停战协议签字前如实际接触线确有变化时，已经初步确定的军事分界线可做修正的谅解混作一谈，不顾事实地声称，我方要求不可更改地立即确定军事分界线。

11月9日

[纲 文] **中共中央做出《关于处理西北少数民族土地问题的指示》。**

[目 文] 中央给西北局并西南局的指示指出，为了照顾西藏方面的工作，西南局已决定西康等地藏族地区在一两年内不进行土地改革，待将来与西藏地区同时进行。因此，甘肃、青海藏族地区的土地改革必须也与西南局采同一步骤。提议西北局对下列几点做出明确规定，下达执行：一、甘肃、青海藏族地区不论是农业区、牧畜区或半农半牧区，今冬明春均不实行土地改革，也不进行减租，以等候将来与西藏地区同时进行。二、对甘肃、青海、宁夏三省计划在今冬明春进行土改的汉族及回族地区内的喇嘛寺庙土地，不论这些喇嘛寺庙属于藏族、蒙古族或是土家族，不论这个地区内有无藏族、蒙古族或土家族

的农民，也不论这些喇嘛寺庙占有多少土地，一律不予征收，也不接受寺方献地。但对喇嘛寺庙过重的租额及苛索等，可用协商及调节方式酌予减免。三、对甘肃、青海、宁夏三省在今冬明春进行土地改革的汉族及回族地区内零星的藏族及蒙古族农业人口，可与汉、回民族一起进行土地改革。

同 日

［纲 文］ 中共中央批转《东北局关于在工业中进行增产节约的总结报告》。

［目 文］ 中央给各中央局并告东北局的转发批语指出：中央认为，东北局的经验和办法，都是可行的，望你们根据中央政治局扩大会议的精神和本区具体情况，并参照东北经验，做出你们自己的全面的（不仅工业，也不仅财经）增产节约计划，报告中央。

此前，10月30日，东北局向中央提交总结报告，从五个方面汇报了东北为了检查全区国营企业增产节约运动，10月19日召开工业生产部门与若干省、市委负责实际工作的干部座谈会议，研究分析在工业中开展增产节约运动的成绩、步骤、类型、指导方针等情况，并提出今后深入开展运动的意见。

报告的主要内容是：一、由于厂矿企业的领导干部、技术人员、职员、管理人员与工人群众的积极努力，全区增产节约运动已获巨大成绩。二、数月来增产节约运动发展证明，开展这个运动要经过以下步骤：（一）运动开始，首先反复说明意义与方针，有计划地组织干部学习与研究有关增产节约的文件指示，向全体职工进行系统的宣传教育工作，纠正各种不正确的认识与做法。（二）依靠厂矿企业中的全体行政管理人员，技术、财务、成本管理人员与广大工人群众，深入了解与分析工厂各方面具体情况去发掘潜力。（三）发动群众，制订个人、班、组、车间、厂部的具体措施计划，并列入爱国公约。（四）找窍门、订合同、组织竞赛。三、目前厂矿企业中的增产节约运动，存在着不平衡现象，可分为四种类型。第一类，增产节约的计划已完成（有的已超过），或即将完成；第二类，是初步发动了群众，厂部、车间、班、组的具体措施计划已订出，增产节约的计划已完成相当大的数字；第三类，厂矿、车间已订出计划，但未充分发动群众，班、组计划有的还没有；第四类，只有厂部的计划，但仍未出厂长或科长的办公室，根本没有发动群众，有的甚至连计划都没有。上述四种类型中二、三种是多数，一、四种为少数。第四种多为省、市营与机关经营的小型企业单位。四、我们拟采取以下方针：（一）在第一类厂矿企业继续发动、依靠并通过群众，提出新的超额计划，争取为国家创造更多的财富。防止发生松动和自满情绪。第二类厂矿，必须认真学习第一类厂矿的经验，推广合同制和爱国公约，组织竞赛，发动群众找窍门与提出合理化建议，争取提前完成或超过计划，防止认为万事大吉，不加督促、不加检查的形式主义产生。第三类厂矿，应迅速地把计划贯彻到车间、班、组中去，发动群众自下而上地订出完成计划的具体措施，领导干部要带领技术、财务、成本人员深入车间，和工人一起挖潜力，订计划，找窍门。第四类企业，首先组织干部学习文件，认识增产节约的意义，克服思想障碍，发动群众，挖掘潜力，订出计划，行动起来。（二）凡是群众已经发动，车间、班、组计划已经订出的单位，应把工作重心放在车间。车间的工作重点则是加强技术管理，即通过职工的反复讨论，修正和制订技术操作规程，把质量检查的成果巩固起来。（三）所有厂矿企业应大力推进计件工资制，条件不具备的单位应实行超额奖励制。五、我们已发出指示，号召在工业生产部门以外的其他一切部门，包括财政、贸易、合作、文教、学校和政府其他各部门，都要毫无例外地开展增产节约运动。

同 日

［纲 文］ **政务院举行第一一〇次政务会议。**

［目 文］ 会议由董必武主持。会议听取并批准了中央人民政府华北事务部部长刘澜涛作的关于华北第一次县长会议的报告。该报告介绍了华北第一次县长会议筹备和召开情况、会议报告及通过的文件。会议通过的文件有：刘澜涛作的《进一步加强县人民代表会议的工作》的报告、华北事务部内务部部长谢觉哉作的《认真加强优抚工作》的报告、《关于县人民政府当前十项工作的决议》。

会议还通过任免案及提请中央人民政府委员会批准任免案多起。

同 日

［纲 文］ **《人民日报》发表题为《为实现人民政协全国委员会第三次会议的决议而奋斗》的社论。**

［目 文］ 社论指出：全国政协一届三次会议，总结了过去一年来我国人民的革命斗争和建设事业的丰富经验，规定了今后全国各项工作的方针。按照会议的决议，在今后一个时期中，全国各民主党派、各人民团体及各界爱国民主人士应团结广大人民，着重进行三项中心工作，即继续加强抗美援朝运动；提倡和推动爱国增产节约运动；广泛开展思想改造运动，系统地组织学习毛泽东思想运动。过去一年来，我国人民在抗美援朝、土地改革和镇压反革命的三大运动中，展开了广泛的、有组织的反帝国主义和反封建主义的思想教育和思想斗争，极大地提高了政治觉悟。但是我们决不应该把在思想战线上的成绩估计过高，我们还必须继续做极大的努力，彻底地批判与清除过去反动统治阶级和帝国主义在中国长期散布的反动思想影响，系统地进行关于中国革命的理论和实际的学习，使全国人民的革命觉悟得到巩固的基础。

同 日

［纲 文］ **中国人民救济总会主席宋庆龄写信支援“松川事件”的无辜被告。**

［目 文］ 信中说：中国人民救济总会赠与“松川事件”无辜被告及其家属300万日元。我们热诚希望这笔款项能有助于你们为和平与真理的斗争。你们为争取世界和平、民族独立的反压迫斗争，代表着日本广大劳动人民的真正意志。你们绝不是孤立的，全中国、全亚洲和全世界爱好和平的人民都愿做你们的后盾。

此前，9月12日，中国人民救济总会已汇给日本“松川事件”无辜被告及其家属1万美元。

11月10日

［纲 文］ **中央人民政府察绥内蒙灾区慰问团分赴察哈尔、绥远、内蒙古灾区慰问。**

［目 文］ 该团由中央人民政府政法委员会副主任彭泽民、内务部副部长武新宇分任正副团长，全团共50人，分察哈尔、绥远、内蒙古三个分团。行前，董必武召集该团分团长以上干部讲话指出：慰问团到达灾区后，应很好地向人民传达毛主席和中央人民政府对他们的深切关怀，宣传中央人民政府的政策，鼓舞灾区人民战胜灾荒的信心；并深入调查灾情和灾区人民的具体困难，协助当地人民政府，发动灾区人民在人民政府的大力支援下，用生产自救、社会互济等方法来战胜灾荒。慰问团并应协助灾区，把救灾工作和防灾工作结合起来，为明年的生产做好准备。

同 日

［纲 文］ **轻工业部、中国食品工会联合发布《关于在轻工业和食品工业中推广先进工作方法的指示》。**

［目 文］ 《指示》指出：各级轻工业、食品工业行政管理机构及工会组织要密切注意工人群众中的先进工作方法，及时加以总结和推广，使它变为提高整个工业生产的巨大推动力量。对于已经成熟的先进工作方法，如张淑云工作法、姜万寿工作法和刘景贵小组的经验，则必须组织学习，然后根据本业和本厂具体情况加以吸收和消化。各级轻工业、食品工业行政机构和工会组织应该把学习先进工作方法当作经常的重要的业务之一，为此应不惜花费力量。

同 日

［纲 文］ **电影艺术家陈波儿病逝。**

［目 文］ 陈波儿在上海病逝后，12日，遗体运抵北京。13日，陈波儿追悼会在京举行。胡乔木、周扬、陈沂、丁玲、阳翰笙和首都文艺工作者1200余人参加。追悼会由周扬主祭。胡乔木讲话指出：陈波儿的去世是人民艺术事业和电影事业的损失。人民电影事业在短短的两年中已有了巨大的成绩，这是和陈波儿的努力分不开的。周扬讲话说，陈波儿坚持毛泽东文艺方向，坚决使艺术为工农兵服务。她对革命事业积极负责，把革命看得比自己的生命更重要。丁玲、李伯钊、蔡楚生和陈波儿家属任克等也先后讲话。会后遗体运往西郊八宝山革命烈士公墓安葬。

陈波儿，女，1910年生于广东汕头。1929年参加左翼戏剧运动，主演《桃李劫》、《八百壮士》等影片，受到广泛欢迎。1937年在南京加入中国共产党。1938年到延安，随华北敌后妇女儿童考察团转往敌后各抗日根据地工作。1940年重返延安学习，导演《马门教授》、《新木马计》、《俄罗斯人》等剧，参加编写并导演《同志！你走错了路》。1946年抱病参加东北电影制片厂的创建工作。1949年后，任中央电影局艺术处处长和艺术委员会副主任。

11月11日

［纲 文］　**中共中央批转安子文关于整党典型试验的总结报告。**

［目 文］　中央给各中央局并转分局、省、市、区党委的转发批语指出：中央认为安子文在报告中提出的意见是正确的，望各地在整党工作中予以注意。这个报告可以在党内刊物上发表。

此前，10月28日，中组部副部长安子文将该报告送刘少奇并报毛泽东审阅。报告总结了第一次全国组织工作会议后一些县市以上党委进行整党典型试验取得的成绩和经验，发生的偏差及原因，提出了做好整党工作应该明确解决的几个问题：第一，整党的效果决定于党委的正确领导和充分的准备工作，这是整党能否成功的关键。而整党准备工作中，主要是整党干部的准备。应认真切实地训练和审查领导整党的干部，然后派到基层组织去进行整党。第二，整党必须从对党员普遍进行关于怎样做一个共产党员的教育入手。在全体党员具有充分的思想自觉的基础上再进行登记、审查、处理。第三，整党干部必须紧密地依靠党的基层组织中的积极分子，发扬他们的积极性，开展批评和自我批评，通过支部的内在力量来整顿组织。第四，领导整党的干部必须正确掌握关于共产党员标准的八项条件，不能降低这些条件，同时也不应不适当地提出过高的要求。第五，党员的登记、审查工作，必须在一般党员经过整党学习与讨论、懂得了党员的标准和怎样才能做一个够标准的党员的基础上进行。应切实避免在一次整党中处分过多党员。有一些问题较严重必须给以处分的，也可以在整党中只处分极少数，多数可由党的纪律检查机关在整党结束后另案办理。不必担心遗留一些问题以后处理。有些地方党组织将“等待”作为处分的做法是不妥当的。

同 日

［纲 文］　**中共中央批转青年团中央关于向党输送干部问题的简报。**

［目 文］　中央给各中央局组织部并转各分局、省、市、区党委组织部的转发批语指出：兹将青年团中央向党输送干部问题的简报发给你们，望你们加以注意。你们对青年团中央关于这个问题的计划有何意见，望即提交中央组织部考虑。如果你们认为青年团中央的意见是正确的，望你们即指导当地团委照此意见执行。

此前，11月9日，中共中央青年工委会书记、青年团中央书记冯文彬将该简报送刘少奇审阅。简报就青年团中央向党输送干部的必要性、输送计划、原则以及存在的问题等做出了具体说明，要求做到：制定计划，注意保持骨干，培养后备干部，执行制度，广泛使用培养积极分子等。主要内容是：一、1951年以来，根据华北、东北、华东、中南、西北五个地区15个省市团委的不完全统计，共有团的区级以上专职干部3110人输送给党，约占该15省市团的干部总数的20%。由于团已建立了20多万个基层组织，团员已发展到500万人以上，团已开始能够为党供给下级干部。二、向党输送干部中还存在着一些问题，主要是没有计划，团的中、下级领导骨干抽调过多，不注意执行团的干部调动的制度和手续。另外，在调动团的干部手续上，团的县级以下的干部调动，一般不能按照党中央1950年3月29日所发《关于青年团干部的几项规定》和各中央局所规定的制度办理。这种情况，在某些地区，已影响到部分干部不安心于青年团的工作。三、今后在向党输送干部中应该做到：1. 制订计划。区级以上专职干部的输送计划，以省（市）为单位，由团省（市）委员会负责制订；基层干部输送计划，以县（市）为单位，由团县（市）委员会负责制订。2. 注意保持骨干。老区团向党输送干部应以县区一般干部及基层干部为主；县委书记以上各级书记和部长原则上仍应保持稳定；新区团向党输送干部应以区级一般干部及基层干部为主；团区委书记以上各级书记和部长原则上也应保持稳定。3. 为了保持源源不断地输送、提拔，各级团委书记、部长应设副职，以便培养后备干部。4. 输送干部中应坚持执行党中央及各地党委所规定的制度和手续。5. 各级团委，应广泛使用逐渐由基层组织提拔到地区、市、县团委的不脱离生产与学习的积极分子干部。

同 日

［纲 文］ 毛泽东致电彭德怀同意志愿军党委对精简节约的布置。

［目 文］ 电报称：我们认为志愿军党委决定各项是正确的，望即照此施行。如此，你们在朝鲜，我们在国内，一致配合进行大规模的切实可行的精简节约，加上国内的增产运动，明年的一切工作就很好做了，就确有把握完成任务了。我们和敌人进行的谈判能成功固好（成功的可能性较大），即使不成功，我们也确有把握使战争继续打下去，直到争取胜利为止，同时毫不妨碍国内的国防建设和其他建设，各项工作均可蓬蓬勃勃地发展下去了。

此前，11月8日，志愿军党委关于精简节约的布置向毛泽东并总政治部提出报告，报告说：听了邓华传达中央关于紧缩部队，节约增产，来克服财经困难，以利继续支援朝鲜作战与建设现代化国防和军事工业的决议之后，一致认为中央这个方针是完全正确的，并就编制整理、节约问题做了布置：裁并兵团、军、师直属机关；减少机关人员和勤杂人员；严格车马配备，减少在朝人员，多余民工、徒手炮兵、老弱残疾人员精简回国；严格注意防空，不断改善运输、装卸、保管及分配方法，以减少途中与终点损失；号召全体指战员十分注意爱护物资，节约使用，并尽可能利用缴获物资武器；提高射击技术，精确瞄准，严格纠正浪费弹药的现象。

同日

［纲 文］ 教育部发布《关于加强今年冬学政治时事教育的指示》。

［目 文］《指示》指出：一、今年全国各地的冬学应普遍和深入地向农民群众进行抗美援朝爱国主义的教育，推进增产节约和爱国公约运动，并结合当地情况，进行关于土地改革、民主改革、生产互助以及婚姻法等政策教育。二、县、区、村均应组织有专人负责的农民业余教育委员会或冬学运动委员会，动员和组织有条件的区、村干部，驻在地的干部、宣传员和政治水平较高的小学教师，担任冬学的政治教员。事先应以县为单位集中进行短期训练，掌握教育内容和教学方法的要点。三、今年冬学政治教材，各省、市教育

部门应根据全国政协三届三次会议毛泽东的开幕词、周恩来的政治报告和彭真《关于抗美援朝保家卫国运动的报告》，编印教材提纲；并结合当地情况编印关于土地改革、镇压反革命、民主改革和婚姻法等教材提纲。四、各地冬学在加强政治时事学习时，应尽可能坚持进行文化识字教育；在比较正规的农民业余初等学校（常年民校），尤应在原有基础上逐渐建立一定的制度，进行政治与文化学习。五、冬学和农民业余学校的政治与文化学习，各地干部和积极分子应带头参加。

同日

［纲 文］ **华东和上海各界青年举行集会，庆祝“世界青年日”和“国际学生周”。**

11月12日

［纲 文］ **内务部发出《关于1951年内处理革命工作人员退职办法的通知》。**

［目 文］ 《通知》规定：凡列入行政编制的革命工作人员参加工作满3年，因年老（55岁以上）或长期病弱、确实不能继续工作者，经医生证明，机关首长批准，始得退职，并由工作机关开具退职证件，介绍回原籍县、市安置；退职工作人员在其退职时，依其工作年限长短，发给退职生产补助金；退职人员带有家属者（妻、夫、子女）其家属除发路费外，每人补助100斤小米，该项费用也在优抚事业费内报销。

同日

［纲 文］ **民革中央及北京市分部举行孙中山诞辰85周年纪念会。**

［目 文］ 纪念会在中山公园中山堂举行。民革中央主席李济深，常委何香凝、邵力子、柳亚子、张治中等900余人参加。李济深在开幕词中要求发扬孙中山不断求进步的革命精神，学习马克思列宁主义和毛泽东思想。何香凝说：孙中山40年革命的目的在于求中国的自由平等。这个理想现在已完满地实现了。我们要诚心诚意地在毛主席的领导下，为加强抗美援朝运动，建设新中国而奋斗。

在此前后，上海、沈阳、广州、南京等地也举行了孙中山诞辰85周年纪念大会。

11月13日

［纲 文］ **中共中央批转东北局《关于今冬农村工作的指示》。**

［目 文］ 中央的转发批语指出，中央同意这一指示的精神和内容。为了迎接明年的农业生产运动，进一步提高和发展农村经济，望各地均仿照东北办法，并分别土改完成区、今冬进行土改区及尚未进行土改区，对发展农村经济做出决定。

此前，9月30日，东北局向中央提交关于《关于今冬农村工作的指示》，提出了四个方面的任务和工作要求。一、今冬农村最主要的工作应是组织好广大群众的冬季副业生产，搞好供销，进行整党教育和整训干部，并围绕这些中心，完成征粮、购粮以及其他任务。（一）应该大力增加土、副产品的生产，以供应军需民用、增加物资力量。（二）合作社不仅应大力供应农村今冬的需要，通过积极推销副业产品发挥其在副业生产中的组织作用，而且还必须及早地准备农村明年的扩大再生产。（三）今冬对农村党员所进行的整党教育，应以共产主义、共产党及目前党在农村中的中心工作和具体政策（如扩大农业生产和供销合作社等）为内容，训练时间每期20天左右。在不妨碍冬季生产任务的原则下，应尽可能地争取在明年春耕以前将所有农村党员轮训一次。教员主要由县委书记、县长及经过东北局训练的县委部长，训练班主任担任。二、若干解放较晚的农村，今年冬季必须以最大的决心，集中力量发动群众，对于封建势力给以彻底摧毁。对特务、恶霸、土匪、反动党团及封建会门等5个方面顽固的反革命分子给以有力的打击。同时应仔细选拔基本群众中的优秀分子担任区、村工作，以彻底改造区、村政权，并纯洁党的支部，巩固农村人民民主专政。三、遭受水灾地区，应反对干部中单纯救济的观点，克服某些群众中悲观失望的心理，号召并切实组织灾区群众生产自救，重建家园。四、此外还必须抓紧做好下列工作：（一）各级党委应对农村经济发展情况及发生的问题，如增产要求、商品作物、农具改良、优良品种推广、牲畜改良与繁殖、造林植树、水利建设、修建新房、公营农场、农事试验场、农业合作社以及农民思想动态等等，加以调查研究。（二）利用冬闲空隙，对群众进行教育，办好冬学，给农民以科学知识，进行卫生教育，对农民识字运动给以领导，使之逐渐经常化。（三）对人民武装工作进行必要的整顿。

同 日

［纲 文］ 周恩来为毛泽东就朝鲜停战谈判恢复以来的进展情况和今年财政预算情况及对策起草致斯大林电。

［目 文］ 电报说：今年因为抗美援朝的关系，中国政府的全年预算已较1950年预算增加了60%，而总预算中32%均直接用于朝鲜战场，苏联政府给我们的军事贷款还未计算在内。因此，如现在不立即采取紧缩的方针，则明年预算必更膨胀，财政必受影响，物价必大波动，势必使前方战争打不好，后方建设也搞不好。鉴于以上情况，并且从朝鲜战争还要拖延半年甚至一年着想，我们在朝鲜战场上正在节约兵力、物力和人力，争取持久的积极防御作战方针，坚守现在战线，大量消耗敌人，以争取战争的胜利结束。在国内，我们正在准备整编部队，精简机关，厉行节约，增加生产，继续加强抗美援朝工作，以支持朝鲜战争，并保证国内财政状况及市场物价继续稳定和国家建设主要是国防建设加紧进行。这样做，正是为着在朝鲜谈判中，和固有利，拖也不怕，而打下去一定能打出一个结果来，国内各项工作均好做，并有把握争取政治和经济的继续稳定和发展。

同 日

［纲 文］ 《人民日报》发表题为《做好人民法庭工作》的社论。

［目 文］ 社论指出：1950年冬季以来在1.5亿多农业人口地区进行土地改革的同时，先后建立了县（市）人民法庭及其分庭，在当地人民政府统一领导下进行工作，业务上受人民法院指导，在处理反革命案件时并受人民公安局指导。今冬明春我国又将有近1亿农业人口的地区进行土地改革，必须做好人民法庭工作，以适应土地改革运动的发展。每区最好设一个分庭，为审判案件的中心。同时应给人民法庭调配必要的干部。干部的来

源应依照《人民法庭组织通则》第四条的规定及各地的经验，即在人民法庭中保持委派审判员和民选审判员各半的原则。在调配的干部参加工作之前，必须加以适当训练。在调配并训练了干部之后，对人民法庭的工作必须予以经常的领导、督促、检查，使人民法庭工作能够顺利开展。

同 日

［纲 文］ **中财委党组发出关于交通部党组就团结民主人士问题的检讨报告的通报。**

［目 文］ 通报指出：一、与民主人士和其他党外人士要合作好，必须使党外人士有职有权，这不是句空话。共产党员应保证这句话不折不扣地实现。二、一切重要决定应有党外人士，如部长、副部长等参加决定。这绝不只是形式的，而应该取得他们的实际同意，使他们真正感觉到有参加决定大事之权。三、有些日常处理的重要事情和上级来的指示、下级来的报告，均应使应该看到的党外人士看到。四、用人应与党外人士商酌。党外人士所荐的人更应慎重考虑，能用者尽量予以录用。以上四点是我们与党外人士合作的初步经验。

同 日

［纲 文］ **中财委公布《1952年分配农业贷款数额及其使用的意见》。**

［目 文］ 《意见》提出，1952 年农业贷款核定 10000 亿元，分配华北 2210 亿元、内蒙古 100 亿元、中南 2600 亿元、西南 850 亿元、华东 2800 亿元、西北 740 亿元、中央 700 亿元。使用重点是：一、农田水利贷款为防止旱灾，可多分配到占贷款总数的一半左右。二、防治病虫害，药械要充分准备，结合合作社业务售货，完成防治任务。三、畜牧贷款解决种畜、耕畜，兽医用费应结合保险另有贷款，畜牧繁殖应从该公司用保险费解决，山区老根据地，另有贷款，畜牧繁殖应从该项贷款中解决。四、农具贷款着重用于新式农具，旧式农具由合作社负责解决。五、渔业贷款用于淡水养殖及修船补网，促使渔民组织起来。六、粮食种子和特产应尽量少贷。七、该批贷款是根据银行现有力量核定的，待银行存款增多时，尚可追加。

同 日

［纲 文］ **华东局召开响应增产节约号召的各直属机关的党员干部大会。**

［目 文］ 华东局书记饶漱石在动员报告中指出：在不妨害工作和影响工作人员健康的原则下，各机关必须严格执行中央规定的标准，厉行节约。这次增产节约运动，应从上而下，从内到外，普遍展开，深入进行。不但要在财政经济方面做出显著成绩，而且要在政治思想作风上成为移风易俗的运动。这一运动应作为今年整风的主要内容之一，作为整党中审查党员的标准之一。

同 日

［纲 文］ **苏联外交部部长维辛斯基就中华人民共和国在联合国的代表权问题发表演说。**

［目 文］ 维辛斯基在联合国大会的演说中，针对联合国总务委员会曾建议大会决定

在第六届会议期间不审议让中华人民共和国中央人民政府的代表参加大会以及驱逐中国的国民党集团代表的任何建议，他指出：总务委员会建议是绝对反常、不可思议、最荒诞离奇的。苏联代表团对于因侵犯伟大的中国人民的真正权利而造成的史无前例的情况，提出严正的抗议。中华人民共和国中央人民政府代表将近5亿人民，它享有全体中国人民的完全信任与敬爱。想用总务委员会现在强要大会接受的那种决定来侵犯中国人民的这种主权和阻止他们行使这个主权的任何企图，都是违反国际法的原则与联合国宪章的。

11月14日

［纲 文］ **毛泽东在中共中央给张经武的电报上加写内容。**

［目 文］ 加写内容为：因达赖送礼事与你回中央一事有关，但中央认为你暂时应留拉萨帮助国华等工作一个时期，何时回来将来再定，因此达赖送礼事亦应缓办。

此前，中央在给张经武的电报中，就达赖喇嘛准备向毛泽东等中央领导人送礼物一事，提出处理意见：只要送毛主席一份礼物即够，且礼物不要多。锦旗外送什么东西，由他们决定。但除供陈列的文物外，土产和用品都不要送（都是取之于民的东西），或尽量少送。此外，向朱总司令、周总理送一面锦旗，对其他负责人均不要送。

同 日

［纲 文］ **青年团中央暨全国青联发出关于纪念“一二·九”运动的通知。**

［目 文］ 通知要求各地青年团团委和学生联合会、学生会的组织，应在12月9日前后，以集会和其他适当的形式，向广大青年和学生进行纪念“一二·九”运动意义的宣传，并可邀请曾参加“一二·九”运动和以后的革命学生运动的知识分子，讲述他们自己和工农兵结合的经过与自己思想改造的过程。各地学联、各校学生会和学校中青年团的组织，要注意以贯彻全国学生第十五届代表大会决议的精神，来纪念“一二·九”运动，进一步加强爱国主义与国际主义的自我教育。

同 日

［纲 文］ **贸易部公布《行商管理暂行通则》。**

［目 文］ 《通则》共十四条，主要内容是：一、行商是指在当地有正式户籍而无固定营业地址，经常从事城乡埠际间流动性的商品贩运者。二、农民、渔民、猎夫、牧民及家庭副业生产者，出售其自产品或城市住户非以营利为目的而出售其自身使用或旧有物品者，不以行商论。三、行商营业前必须填具申请书与纳税保证书，向当地工商主管部门申请登记，经审核批准发给营业证后，应即向税务机关申领运销货物证明单，始准营业。四、集镇农村（无工商管理机关）行商须在区政府办理登记，并向所属税务所申领运销货物证明单。五、行商于经营业务时，必须随身携带营业证与运销货物证明单以凭查验。六、行商购销货物应遵守所在地的市场管理法规及临时商业税稽征办法，并不得在同一城市内买进卖出同一货物或居间介绍成交。七、各地工商主管部门应组织行商联合会或小组。

同日

［纲 文］ **贸易部发布《关于严格取缔投机商业的指示》。**

［目 文］ 《指示》指出：凡有下列行为之一者，得视为扰乱市场的投机商业，严格加以取缔：一、超出人民政府批准的业务经营范围而从事其他物资的经营者。二、不在各该当地人民政府规定的交易市场内交易者。三、囤积、拒售有关人民生产或生活必需物资，图取暴利、招致物价波动、影响各该当地当时的人民生产或生活者；工厂为图厚利而囤积成品拒售或囤积原料转售、招致物价波动、影响各该当地当时的人民生产或生活者，同前款论。四、买空卖空、投机倒把企图暴利者。五、故意抬高价格、抢购物资或出售物资，以及散布谣言、刺激人心致引起物价波动者。六、不遵守各地人民政府所规定的商业行政管理办法，扰乱市场者。七、使用假冒、伪造、掺杂或违反商品规格及使用其他一切欺骗行为谋取非法利润者。八、一切从事投机活动者。

同 日

［纲 文］ **《人民日报》发表题为《朝鲜停战谈判不能获得进展的根本原因何在？》的社论。**

［目 文］ 社论指出：朝鲜停战谈判自从10月25日恢复进行以来，又经过半个多月了。但是由于美国方面在谈判中继续采取阻挠和拖延的战术，以致谈判仍未获得任何进展。现在谈判仍然停留在第二项议程。在谈判恢复以后，出席小组委员会的我方代表即提出了以现有战线为基础，对整个战场加以全面调整为内容的军事分界线方案。以后我方代表又进一步提出以就地停战为内容的确定军事分界线与非军事区方案。但是美方代表却对这两个方案加以拒绝。美方代表曾经提出并且坚持从现有接触线出发，片面地要求我方退出1500平方公里的无理方案。以后，又提出暂不对军事分界线和非军事区作具体规定。

社论说，现在事情已经很明白，我们方面和美国方面之间的根本分歧就是：我们方面的态度是努力要使确定双方军事分界线以建立非军事区的问题迅速获得具体协议，以建立停战的基本条件，然后即进入其他议程的讨论，以便使整个停战谈判尽快达成协议。而美国方面的态度则是极力避免对这项议程达成具体协议，以便无限期地拖延停战谈判。我们中国人民仍将继续努力，和朝鲜人民在一起，争取朝鲜停战谈判的成功。

同 日

［纲 文］ **捷克斯洛伐克向中国赠送农业机械典礼在京举行。**

［目 文］ 捷克斯洛伐克驻华大使魏斯柯普夫代表捷克斯洛伐克政府向中国赠送了两辆拖拉机及其他农业机械，农业部部长李书城代表中国政府接受。

11月15日

［纲 文］ **纺织工业部发布《关于加强突击增产时期劳动保护工作指示》。**

［目 文］ 《指示》的主要内容有：一、各地纺织工厂和企业部门必须重视突击增产时期的劳动保护工作，迅速协同工会及职工家属委员会，共同研究并制订加强劳动保护工

作的计划。二、在突击增产期间，应切实遵照安全操作规程，经常检查机器安全设备，防止发生事故，保证安全生产。三、研究并订出改善伙食的具体计划。四、研究并提出保证职工睡眠时间的计划。五、组织托儿所工作人员及家属带好孩子。六、大力贯彻以预防为主的方针，减少疾病发生，设立车间巡回诊所。七、教育职工遵守安全操作规程，注意清洁卫生，减少疾病，减少缺勤。

同 日

［纲 文］ **全国石油展览会在京开幕。**

［目 文］ 展览会由燃料工业部石油总管理局和贸易部中国石油公司共同举办。朱德参加开幕典礼并讲话，他要求各工业部门、各工业技术学校全体员工和科学界人士共同努力，使石油事业迅速地发展起来，以满足国防建设、经济建设和人民生活的需要。展览会共分天然石油、人造石油和成品运销等三大部分。

同 日

［纲 文］ **华北局直属机关举行响应增产节约号召大会。**

［目 文］ 华北局第三书记刘澜涛在报告中指出：各地基本建设工程曾产生严重浪费现象，今后必须按中央规定办理，动工前要反复勘察，动工后应严格检查监督，严防浪费。各企业单位，必须立即进行清产核资的工作。1952 年起逐渐实行和加强经济核算制。1951 年冬季全区干部整风要以加强工作、厉行节约为中心内容，鼓励那些全心全意为人民服务、爱护公共财产、廉洁奉公的干部，揭发批评和纠正那些对国家对人民不负责任的铺张浪费现象，处分和严惩那些贪污腐化分子。

11 月 16 日

［纲 文］ **中共中央批转华北局关于1952年工作计划。**

［目 文］ 中央给各中央局并转分局及省市区党委的转发批语指出：兹将华北局 11 月 13 日给中央的报告一份发给你们，请你们加以研究，作为自己订定工作计划的参考。中央认为这个报告所规定的方针是正确的。中央希望各中央局并指导所属分局及各省市区党委，根据中央的方针和当地的情况仿照华北局那样，都订出一个 1952 年的简单明了的工作大纲，电告中央及中央局批准施行，并且希望这种工作大纲的订出不要迟于本年 12 月 20 日。

此前，11 月 13 日，华北局第一书记薄一波、第三书记刘澜涛将华北局扩大会议情况及 1952 年工作计划上报毛泽东并中共中央。报告谈到，会议传达了中央政治局扩大会议的决定，讨论了 1952 年工作纲要、要求把领导重点放在工业上来，进一步提高农业生产和精简节约、反对浪费四个问题，并通过了相应文件。会议确定：一、结合今冬明春的整风运动，进行一次增产节约、反贪污、反浪费，反资产阶级影响的思想教育。二、华北局、省委和省属市委要从现在起，把自己的领导重心进一步明确地转入工业生产。三、华北党的工作重心转到工业上来，但决不能放松对农业和手工业生产的领导。省委仍需重视领导农业和手工业生产，地委和县委除了以一定力量加强对手工业生产的领导外，必须以极大的力量领导农业生产。四、关于整党和整风，拟召开专门会议布置。五、华北各省和内蒙古都有部分灾区，各级党委和政府必须长时期注意救灾工作，保证不饿死一个人，不冻死一个人。关于1952年的工作大纲，主要包括抗美援朝，城市工作，农业生产，精简节约、反对铺张浪费、反对贪污，镇压反革命、继续取缔帝国主义操纵的“圣母教”，整党、建党、整风，培养干部、办好党校，加强人民代表会议，宣传教育和统一战线等10项工作。

同 日

［纲 文］ **政务院举行第一一一次政务会议。**

［目 文］ 会议由董必武主持。会议听取并批准了中央民族访问团团长李德全访问中南地区少数民族的总结报告。报告介绍了访问经过，中南少数民族概况，民族工作的成就，关于民族民主建政、社会改革、贸易及交通、文教卫生、回族等几个问题。报告说，访问地区计有3省、8市、48个县；接触各民族人民80万左右，约占中南少数民族人口的10%。中南区少数民族人口约800万左右，占全区人口的5%。其中，僮族约600万人，侗族约25万人，苗族约50万人，瑶族约30万人，回族约40万人。此外，尚有若干小的民族集团，各有几百、几千人不等。解放后，中南区民族工作在政治、经济和文教卫生等方面已取得良好成绩。报告还就改进中南民族工作提出了若干建议。会议决议：恢复海南岛黎族、苗族自治区。责成有关部门对训练民族干部所需经费、联合组织少数民族地区工作组等问题提出解决方案，并要求广泛开展关于民族情况和民族政策的宣传工作，首先在政府系统中进行。

同 日

［纲 文］ **毛泽东对中共中央宣传部、政务院文教委员会的机构设置和人员配备报告做出批语。**

［目 文］ 毛泽东的批语说：此件很好，可照此实行。唯赖若愚调总工会为秘书长，陶鲁笳[①]是否能调出待考虑，江青是否适宜做处长也值得再考虑一下。此前，11月15日，中宣部、政务院文教委员会党组就机构设置和人员配备报告中央，提到拟调陶鲁笳任中宣部政治教育处处长、政务院文教委员会干部教育管理局局长；拟任江青为中宣部电影处处长。

同 日

［纲 文］ **毛泽东对张经武留藏工作做出批示。**

［目 文］ 批示说：张经武数日内应留拉萨，是否长留再考虑，请罗迈[②]电知。此前，11月15日，西南军区副司令员兼参谋长李达向中央提出报告，建议组织中央西藏分局，并以张经武为主要领导人。

---

① 陶鲁笳（1917— ），江苏溧阳人，时任中共山西省委第二副书记。

② 即李维汉。

同 日

［纲 文］ **上海市委为动员开展增产节约运动召开全市党员干部大会。**

［目 文］ 上海市委第三书记刘长胜讲话指出：上海是一个复杂的城市，各种非无产阶级的思想随时随地侵袭着革命队伍，企图软化若干意志不坚定的分子。少数党员干部经不起诱惑而堕入贪污腐化的泥坑，严重地损害了党与无产阶级的事业和国家人民的利益。因此，应当在全市所有机关、工厂、学校及群众团体中无例外地开展增产节约、精简节约、反对贪污浪费、反对官僚主义的群众性的运动。各级负责干部应亲自动手，以身作则，有准备、有步骤地发动群众性的民主检查，并且一定要贯彻到底。上海市委常委潘汉年报告了市政府所属各机关开展精简节约运动的几项原则。上海市委秘书长黎玉提出了在精简节约运动中全市各机关严格执行供给标准、节省开支和使用汽车、房屋的初步办法，要求各机关迅速订出切实可行的具体节约方案，并认真执行。

同 日

［纲 文］ **全国总工会副主席朱学范在世界工联理事会上报告中国工人阶级取得的成就。**

［目 文］ 朱学范指出，1950 年 10 月中旬，全国工人在抗美援朝保家卫国的战斗口号下，经全国总工会和各级工会组织的推动，广泛地展开了爱国主义生产竞赛，惊人的生产新纪录不断地出现。根据 1950 年的统计，全国各地共采用了 24875 件发明创造和合理化建议，不但替国家节约了巨大的财富，而且大大推动了工业的恢复与发展。

同 日

［纲 文］ **《人民日报》报道创造提高掘进效率的大同煤矿马六孩掘进小组。**

［目 文］ 1950 年 8 月，大同煤矿试行新式采煤法成功后，采煤场工作效率迅速提高。但巷道掘进方法效率低，每月进度不过 30—40 米；采煤场开辟慢，远不能适应采煤工作的要求。为解决这一问题，本年 3 月，大同煤矿马六孩小组开始进行快速掘进试验，

◀多次创造全国快速掘进纪录的大同煤矿马六孩掘进小组。

试验了“多孔道”、“双孔道”、“单孔道”等多种快速掘进方法，最后证明以“两个半孔道循环掘进”的组织形式最合理。小组在进行2米高3米宽的巷道作业中，已连续三次创造了全矿掘进工作的最高纪录，5月份掘进187米，6月份掘进318米，9月份掘进479米。掘进工人在开凿正巷时，同时开凿一个平行通风巷（两巷相距8—10米），当掘进二三十米时再开一横巷以利通风。掘进工在甲巷放完一遍炮后，就可到乙巷工作，避免了单孔道掘进时浪费工时的缺点，掘进效率一般可提高一倍左右。

同日、19日

[纲 文] 朝中军队发言人就美方捏造朝中军队屠杀俘虏一事分别发表谈话。

[目 文] 11月16日，朝鲜人民军总部发言人发表谈话指出：美国第八军军法处处长汉莱14日发表的所谓朝鲜人民军和中国人民志愿军杀害俘虏的声明，从头至尾都是捏造。朝中军队一向根据人道精神宽待俘虏。这种事实不但为所有俘虏所证实，同时也为美英新闻通讯社的许多报道所证实。相反，各种证据表明，正是美方杀害了成千成万的俘虏。这种屠杀甚至于还包括被中朝军队俘虏的他们自己的官兵。美方为什么要选择这个时候突然发表这个声明呢？其目的，一是为无限期地拖延停战谈判寻找新的借口；二是要借此掀起新的战争狂，以对抗世界人民日益发展的反战运动；三是掩饰美方自己在朝鲜所犯下的屠杀俘虏和平民的罪行，并为讨论停战议程包括交换战俘问题时继续采取阻挠和拖延战术制造借口。

11月19日，志愿军司令部发言人发表谈话指出：美军第八军军法处处长汉莱11月14日发表的所谓朝鲜人民军和中国人民志愿军杀害俘虏的声明，是荒谬的彻头彻尾的造谣。志愿军对放下武器、停止抵抗的敌军官兵，不分国籍、人种，都不杀不辱，不没收其私人财物；对受伤的敌军俘虏，都予以治疗。志愿军处处以革命人道主义的精神，宽待敌军俘虏，而真正杀害美军俘虏的，倒是美国侵略者自己。从今年2月到现在，美国飞机曾多次轰炸扫射处在朝鲜北部后方的毫无军事目标的志愿军俘虏营，炸死炸伤了许多美军和帮凶军的俘虏。美国侵略者这种惨无人道的行为，曾引起俘虏营里所有俘虏的极度愤慨。事实证明，屠杀、虐待对方俘虏的正是美国的战争贩子们。朝鲜人民军和中国人民志愿军的被俘人员，曾屡次遭到美军残酷的屠杀和野蛮的虐待。今年8月，美、英侵略者用一艘英国轮船运送了1000名朝鲜、越南等国的战俘，到西方去做原子爆炸的试验。美、英侵略者应对这种灭绝人性的罪行负完全的责任。

同 日

[纲 文] 朝鲜停战谈判小组委员会继续举行会议。

[目 文] 朝中方代表指出：军事分界线和非军事区的确定，以及这一条款付诸实施的两个不同的时间，是不容许混淆的。虽然敌对行动的停止和双方自非军事区的撤出，将在停战协议签字后开始，但根据议程的次序及其内容，军事分界线和非军事区必须在第二项议程的讨论中具体确定；而在停战协议全部商定后，军事分界线和非军事区必须按照接触线所发生的变化加以修正。但在“联合国军”方的建议中，却企图将军事分界线和非军事

区的确定推延到停战协议签字之时，充分证明“联合国军”方有意拖延停战谈判的进行。

11月17日

［纲 文］ **毛泽东批转中财委关于交通部党组对团结民主人士问题检讨的通报给周恩来。**

［目 文］ 毛泽东的转发批语指出：此件转发给中财委系统以外的各部门党组研究。对那些问题严重的部，如内务部，要他们照交通部党组办法写出检讨申明书。

此前，11月13日，中财委党组就交通部党组关于团结民主人士问题检讨报告做出通报。通报指出：根据交通部经验，与民主人士和其他党外人士要合作好，必须做到：一、要使党外人士有职有权，这不是句空话，共产党员应保证这句话不折不扣的实现，不论上级同级下级都应尽到自己职分内的责任，不能因为党内已有决定，而就不去同党外人士商量，该商量的必须商量，该请示的必须请示，该经过的必须经过，而在工作中遇到的党外人士有不同意见时，不应做硬性决定，除检讨自己意见有无不妥外，还应帮助说服党外人士始能做决定。二、一切重要决定，应有应参加的党外人士（如部长、副部长等）参加决定。这决不只是形式，而应该取得他们的实际同意，使他们感受到有参加决定大事之权。许多事情需要党组事先商量，须要有党的明确领导，但这不是说，一切事先商酌好了，然后拿出去通过了事，相反，有些事可以不事先讨论，如同中财委的委务会议一样，大事也可讨论，党内意见也不必尽同，只要领导上掌握得好，这并不是坏事，反而更活泼些。三、有些日常处理的重要事情（如电报、公文）和上级指示、下级报告，均应使应看到的党外人士看到，每天在做什么事情他们都知道。四、用人也应与党外人士商酌，党外人士所举荐的人，更应慎重考虑，能用者尽量予以录用。以上四点，是我们与党外人士合作得来的初步经验。通报另附有交通部党组11月6日给陈云并转周恩来的检讨报告。

同 日

［纲 文］ **斯大林致电毛泽东答谢对于十月革命节的祝贺。**

［目 文］ 电报称：衷心地感谢您在伟大的十月社会主义革命34周年时所表示的友谊祝贺。我和您同样地相信，中华人民共和国和苏维埃社会主义共和国联盟之间牢不可破的友谊是全世界和平及进步事业胜利的可靠的保证。

11月18日

［纲 文］ **外交部部长周恩来就苏联政府向联合国第六届大会提出的四项和平建议发表声明。**

［目 文］ 声明指出：中华人民共和国中央人民政府兹特授权本人对出席联合国第六届大会的苏联代表团团长维辛斯基奉苏联政府之命，于11月8日向大会提出的四项和平建议，表示完全赞同。这四项和平建议是消除另一次世界大战的威胁和巩固国际和平与安全的最有效和最合理的方案。相反，美国总统杜鲁门11月7日的广播演说，以及美国国

务卿艾奇逊在其 11 月 8 日演说中公布的美、英、法三国建议，则是以所谓裁减军备来掩盖其加紧准备战争政策的。这样，在联合国第六届大会上，就鲜明地摆出了两条完全不同的世界政治路线：一条是以苏联为首的保卫和平的政治路线；一条是以美国为首的制造战争的政治路线。中华人民共和国政府是坚决拥护保卫和平的路线，并坚决反对制造战争的路线的。

声明指出：朝鲜问题是今天全世界人民最关心的问题。美国政府及其仆从国家，盗用联合国的旗帜，进行侵略朝鲜人民的战争，这是非正义的战争。朝鲜民主主义人民共和国反抗美国政府及其仆从国家的侵略而进行的战争，则是正义的战争。中国人民热爱和平，同时热爱正义。我们不去侵犯任何国家，但决不能容忍帝国主义对于中国的侵略。中国人民和政府仍和在美国侵朝战争初起时一样，一直在表示朝鲜问题应当用和平方法予以解决。从 7 月 10 日朝鲜停战谈判开始以来，至今已过 4 月，停战谈判之所以未能达成协议，是由于美国政府对于谈判的阻挠、破坏和缺乏诚意。今天国际上的任何重大问题，如果没有苏联和中华人民共和国的参加，都是无法解决的，因而中华人民共和国中央人民政府完全赞同苏联政府向联合国第六届大会所提关于缔结中华人民共和国、苏联、美国、英国和法国五大国和平公约的建议。五大国和平公约如能缔结，并得到其他一切爱好和平的国家的参加，将大大有助于以和平的方法处理目前国际形势中许多重大而复杂的问题。

此前，11 月 8 日，苏联政府提出的建议是：一、联合国会员国不应参加侵略性的北大西洋集团和美国不应在外国领土上建立陆、海、空军基地。二、朝鲜境内敌对行动的参与各方立即停火，缔结停战协定；一切外国军队在 3 个月内撤出朝鲜。三、举行世界会议，研究大量裁减军队和军备的问题，以及禁止原子武器。四、美国、英国、法国、中国和苏联缔结和平公约。

同 日

[纲 文]　最高人民法院、最高人民检察署和司法部就土改地区人民法庭工作发出联合通知。

[目 文]　通知指出：一年多来，人民司法机关在土地改革地区的工作经验证明：凡是积极参加和支持人民法庭工作的，不仅支援了农民，打击了不法地主及其他反革命分子，为土地改革服务，而且在群众中树立了威信，开展了自己的业务。凡进行土地改革地区的人民司法机关，必须把人民法庭工作视为自己的主要工作，不容置身其外。各地人民法院、人民检察署和司法部门，则应大力积极参加与支持当地的人民法庭工作，成为人民法庭工作中的骨干力量，学习人民法庭工作的经验，选拔人民法庭的干部补充自己，并锻炼原有的司法干部，在这一工作基础之上来建设与开展我们的人民司法工作。

同 日

[纲 文]　中国商务代表团赴苏联进行中苏贸易谈判。

[目 文]　由贸易部副部长沙千里率领的中国商务代表团于本日抵达莫斯科，就 1952 年中华人民共和国与苏联之间的贸易问题举行谈判。苏联对外贸易部副部长叶列明、中国

驻苏大使张闻天等前往欢迎代表团。1952 年 4 月 20 日，沙千里离开莫斯科回国。

11 月 20 日

［纲 文］ **中共中央批转高岗《关于开展增产节约运动，进一步深入反贪污、反浪费、反官僚主义斗争的报告》。**

［目 文］ 中央给各中央局、分局、各省市区党委，各同级政府党组和各同级军区，并告中央和军委各部门首长、中央政府各部门党组的转发批语指出：兹将高岗 11 月 1 日所作《关于开展增产节约运动，进一步深入反贪污、反浪费、反官僚主义斗争的报告》一件发给你们，中央认为这个报告是正确的。请你们重视这个报告中所述的各项经验，在此次全国规模的增产节约运动中进行坚决的反贪污、反浪费、反官僚主义的斗争。在展开这个运动和这些斗争之后，每一部门都要派出必要的检查组检查所属的情况，总结经验，向上级和中央作报告。

此前，11 月 1 日，高岗向中央提出报告说，为贯彻中央政治局扩大会议的决定和毛主席关于增加生产厉行节约的指示，已于 10 月 25 日召集省、市委书记进行研究，并于 26 日召集东北一级各机关 2000 余干部进行了动员。工业增产节约问题已于 30 日报告。报告概述了东北地区开展反贪污蜕化、反官僚主义运动的经验，主要是：一、必须开展一个群众性的民主运动，才能收到最大的效果。二、首长负责，亲自领导，对于本单位所存在的主要缺点进行诚恳的深刻的自我批评，一次做不好，再做一次，直到真正把群众发动起来。三、反贪污蜕化斗争，是一个复杂尖锐的斗争。有贪污行为的人，开始常常用多种多样的方法抵抗和逃避反贪污斗争的锋芒。因此，领导上必须为群众撑腰，加强思想领导，提高群众的积极性，针对群众的各种顾虑给以解释。四、及时处理已经弄清的问题。这样可以安定坦白者，推动有顾虑而不敢坦白的人坦白，也便于争取群众，使坏分子孤立。五、随着运动的深入与发展，群众觉悟的逐渐提高，不断地研究新的问题与经验，以推动整个运动的前进。六、以一批强的干部组成检查小组作为领导的助手，深入检查，及时反映情况，并协助领导机关总结经验，指导运动。

同 日

［纲 文］ **毛泽东就谈判军事分界线问题致电李克农并告金日成、彭德怀。**

［目 文］ 电报说：望即根据你们 11 月 19 日 24 时来电所提 3 条在 21 日小组会上提出。唯 20 天仍改回为 30 天，即同意敌人所提的时间，因敌人急于求成，我们不应表示比敌人更急。我们的态度是能在 30 天内成立协议固好，拖长时间也不怕。

此前，李克农向毛泽东报送的协议修正案说：对于第二项议程“作为在朝鲜停止敌对行为的基本条件，确定双方军事分界线，以建立非军事区”，兹达成以下协议：一、确定双方实际接触线为军事分界线。并由此线双方各退 2 公里，以建立非军事地区为原则。二、双方小组委员会应立即根据前条原则，校正现有接触线，以确定双方同意的实际接触线军事分界线。三、鉴于敌对行动将继续进行至停战协议签字为止，如果代表团大会批准本协议及上述军事分界线与非军事地区的具体位置后的20日内，全部议程已经达成协议，则不论双方实际接触线有何变化，已经确定的军事分界线及非军事地区应不再变更。如超过20天，而全部议程尚未达成协议，则应按照停战协议及签字前的双方实际接触线所发生的变化加以修正。

同 日

［纲 文］ **《人民日报》发表题为《开展增产节约运动是国家当前的中心任务》的社论。**

［目 文］ 社论指出，在全国政协一届三次会议上，毛主席向我们提出并由会议一致通过了“增加生产，厉行节约，以支持中国人民志愿军”的任务。这是我们国家当前最重要的中心任务，全国人民正在积极行动起来为实现这一任务而奋斗。为了更进一步加强抗美援朝的力量，全国人民必须充分地支持前线，支持中国人民志愿军，在保持国内物价稳定和不过分加重人民负担的条件下，保证对前方的物资供应。这就只有努力增加生产、厉行节约。但是，更重要的，为了准备今后国家大规模的建设，积累各种建设所需要的资金，我们全国人民必须加倍努力增加生产、厉行节约。应该认识增产节约并不只是解决某种困难的临时手段，而是建设人民国家的根本方法。要使我们的国家工业化，必须有不断增加的大量资金。必须从农业、国营企业等生产中和财政预算的节省中逐渐积累。社会主义的苏联积累工业化资金的经验完全证明了这一点。因此，中国工业化资金的来源也必须从增产节约中去寻求，这是唯一正确的道路。社论还从必须立即纠正资财积压现象等7个方面论述了如何在企业和机关开展增产节约运动。

同 日

［纲 文］ **全国文联第八次常委扩大会议通过整风学习和调整文艺刊物的决议。**

［目 文］ 会议通过的两项决议是：一、在北京文艺界组织整风学习，组成以丁玲为主任，茅盾、周扬、欧阳予倩等20人为委员的文艺界学习委员会。二、调整全国性的文艺刊物：（一）加强《文艺报》，使其成为关于文学、戏剧、美术、音乐、电影的综合性的艺术评论和学习刊物。（二）加强《人民文学》，使其成为集中发表全国优秀作品的刊物。三、加强《说说唱唱》，《北京文艺》与其合并，使其成为发表优秀通俗文学作品和指导全国通俗文艺工作的刊物。四、《人民戏剧》、《新戏曲》、《人民音乐》、《民间文艺集刊》停止出版。另出刊《剧本》，定期向全国供应剧本；音乐方面出一同样小型刊物，定名为《歌曲》，专登歌曲，辅以介绍和说明歌曲的文字。五、《新电影》停刊。加强《大众电影》，使其成为指导观众的全国性的电影刊物。

11月21日

［纲 文］ **中共中央批转河北省关于恢复和发展农业生产的报告。**

［目 文］ 中央给各中央局、分局、省市党委和地委的转发批语指出：河北省委这个报告很好，请你们加以研究，吸取其中有益的经验在各省推广施行。此件并可在党内刊物

上发表。中央希望看到各省省委都有一个关于恢复和发展农业生产的专题报告。

此前，11 月13 日，河北省委向华北局提出关于农业生产问题的报告说，今年的农业生产，贯彻了“生产为压倒一切的中心工作”的方针，并紧紧掌握了以下几个环节：一、加强爱国主义思想教育，深入贯彻发展生产的政策，提高群众政治觉悟和生产积极性，组织爱国丰产竞赛运动，作为推动生产的主要动力。二、战胜自然灾害，是实现农业增产的关键性的问题。三、加强对合作互助的领导，按照不同的生产情况，发展各种合作互助组织。四、改进农业技术，加强技术指导。

11 月 22 日

[纲 文]　**周恩来在青年团一届二中全会上作政治报告。**

[目 文]　报告的主要内容有：一、关于朝鲜停战谈判。由于抗美援朝战争的巨大胜利，谈成的可能性增大了，拖的可能性也还存在，但全面破裂的可能性不大了。我们的谈判方针，是争取公平合理的就地停战，使之成为和平解决朝鲜问题乃至远东其他问题的第一步。我们不怕破裂，也不怕拖；愿和，但是也不急。二、关于增产节约运动。1952 年的中心环节在增产节约。增产节约运动是积极的建设性的运动。它将为我国大规模的建设工作准备条件，并开辟顺利道路。青年应成为增产节约的有利助手。三、关于思想改造运动。思想改造必须经过学习的过程才能很好地开展，这个学习，也是集体的学习。经过批评与自我批评的学习才会深入，才会与实际联系。要进行思想改造，必须以马克思列宁主义和中国革命实践相结合的毛泽东思想为准绳，因为这是我们全国人民的指导思想。同时，学习必须和生活实际、革命实践结合，要提倡参加实际斗争，这样，广大青年在学习与实践过程中就会不断提高。思想改造不是不允许其他思想存在。我们要反对的那些思想，一个是反动思想，就是帝国主义思想、封建思想、买办思想；另一方面，中国社会上还有资产阶级思想、小资产阶级思想和农民的一部分落后思想。对于前一种思想，我们不允许它公开、合法地存在，要在青年中肃清。对于后一种思想，要给予批判，不许它居于领导地位。总之，思想改造是一个急迫的工作，但同时又是一个长期的工作。青年团应该成为思想改造的组织者与宣传者和模范。四、关于培养干部。我们现在要建设，但干部不够。过去长期参加过革命战争、有过很大功绩的干部，今天要掌握现代化的技术，也一样要学习，都需要继续培养。现在特别要训练各种劳动阶层出身的干部，来担负国家的领导，才能适应大规模建设工作的需要。

同 日

[纲 文]　**中财委颁布《商品检验条例》。**

[目 文]　为执行输出输入商品品质管制政策，施行商品检验，以促进对外贸易发展及保护国内生产建设，中财委制订了该《条例》，对进出口商品品质及等级是否合于规定标准、有无毒害疫菌情形、有无掺伪情弊、包装是否合于规定标准等，进行检验。规定：一、应检验的商品种类，由贸易部决定，并于实施检验 30 日前公布。二、贸易部就商品

输入地点及国内的主要产地，由中财委批准设立商品检验局或其分支机构，执行检验。三、进出口商品的衡量、鉴定等公证事项，统一由商品检验局办理，其办法由贸易部订定。四、应检验的商品，除经贸易部特准者外，非经检验领有证书，不得输出输入。五、检验商品拣取样品或当场抽验或全部检验办法，由贸易部分别订定。六、各种商品检验标准与检验办法，由贸易部就各商品分别制定，并报中财委批准。七、商品检验局检验商品及办理公证事项酌收费用。八、检验合格商品发给证书；不合格发给通知单。九、报验人对检验结果如有异议，得请求复验；仍有异议得报请其所在地领导机关组织评议会。十、商品检验局如未慎重执行检验，发生错误时，应负行政责任。十一、商品检验局工作人员如有收受贿赂等违法渎职情事，查实予以惩处；情节重大者送交当地人民法院处理。十二、凡行使贿赂、涂改或买卖证书，及经检验或封识后擅自启封换货、改变商品品质及数量，或有意消除及更改商品包装上印章或记号者，课以商品总值20%以下罚款。十三、罚款由商品检验局执行。

同 日

[纲 文] **中财委发布关于纠正部分国营、公营企业漏税现象的指示。**

[目 文] 指示称：据财政部报告，各地国营、公营企业中，有不少单位至今尚存在着相当严重的漏税现象，其漏税原因，虽有不了解税法、不明了转账手续和故意逃税的不同，但没有采取积极严肃的态度认真执行国家的税收法令，则是在不少国营、公营企业中存在的事实。这说明一部分国营、公营企业还未深刻认识税收在国家建设中的重要性。国营、公营企业的漏税现象，不仅造成国家财政上的损失，影响私营工商业者的纳税情绪，而且对贯彻经济核算制度也有不良影响。为消除此种不良现象，除税务部门应加强税收政策的宣传解释与征收工作的检查外，各国营、公营企业应结合增产节约和反贪污、反浪费、反官僚主义运动，把漏税行为作为检查内容之一。从思想上认清漏税是违反人民利益和国家法令的行为。国营、公营企业应成为守法纳税的模范。中央各财经部门与各地财经领导机关，除应通令各主管企业部门认真纠正或防止漏税行为外，并应经常注意协助税务部门，加强税务征收，检查工作，务使各国营、公营企业认真遵守税收法令，百分之百地缴纳一切应缴的税款。

11月23日

[纲 文] **中共中央就关于中南局干部任免问题致电中南局并华南分局。**

[目 文] 电报说：中南局两电均悉。一、罗荣桓另有任用，罗所兼中南局委员及第二书记的职务，即行解除。二、任命邓子恢为中南局第二书记，在林彪不在中南局时，并由邓代理第一书记的职务。三、任命叶剑英为中南局第三书记，仍兼华南分局书记。四、任命冯白驹、吴德峰、卜盛光为中南局委员。五、中南局委员赵尔陆、钱瑛加入中南局常委为委员。六、李雪峰免兼中南局组织部部长，以钱瑛为中南局组织部部长。

此前，11月19日，中共中央中南局第一书记林彪、第三书记邓子恢致电中央提议中南局增加一书记，由叶剑英担任，同时仍兼华南分局书记。同日，中南局再电中央建议增加赵尔陆、钱瑛为中南局常委；增加冯白驹、吴德峰、卜盛光为中南局委员；李雪峰免兼中南局组织部长，以钱瑛升部长。

同 日

［纲 文］ 政务院召开第一一二次政务会议。

［目 文］ 会议听取了贸易部、教育部、卫生部关于全国少数民族贸易、教育、卫生会议的报告。会议决定：一、批准贸易部部长叶季壮、教育部部长马叙伦、卫生部副部长贺诚提出的关于全国少数民族贸易会议、教育会议和卫生会议的报告，并予公布。二、责成各大行政区人民政府（军政委员会）和华北事务部指导所属有关省（行署）人民政府分别制定当地少数民族地区1952年的贸易、教育和卫生工作计划，切实执行，并向中央人民政府各有关主管部门报告。三、1952年少数民族贸易、教育和卫生工作需要中央人民政府额外补助的经费，由中央民族事务委员会和有关主管部门会商拟定，报政务院核定。四、政务院所属各部门与少数民族有关者，须在1952年工作计划中列入少数民族事务的项目。五、某些可由有关主管部门通力合作的事务，由中央民族事务委员会会同各部门商定方案报政务院核定。

同 日

［纲 文］ 《人民日报》发表题为《向贪污行为作坚决斗争》的社论。

［目 文］ 社论指出：我们决不能忽视，在全国革命胜利后，有许多旧的军政机关的工作人员，转到人民的政府机关中参加各方面的工作。他们中的大多数人虽然经过了教育改造而逐渐树立了为人民服务的思想，开始克服了从旧的官僚机关中带来的贪污腐化作风；但是究竟还有一些人改造得很差，甚至根本没有什么改造，而承袭着国民党反动派的贪污作风，利用各种机会，盗窃国家和人民的财产以自肥。从过去已经发现的贪污案件来看，他们占了全部贪污人数的99%。另一方面，也有一些参加革命较久的人员，因其政治品质恶劣，未能在长期的革命斗争中彻底克服贪污腐化思想；进入城市后，又接受了帝国主义者、封建官僚、国民党反动派所遗留的恶习的影响，于是迅速堕落，贪赃枉法，营私舞弊，成为人民革命事业中的害虫。

社论说，东北地区反贪污蜕化、反官僚主义斗争的经验证明，增产节约运动的最大敌人是贪污浪费和官僚主义。如果贪污浪费现象不能肃清，不但会断送一些干部的前途，而且会妨碍资金的积累，妨碍新民主主义制度的巩固。因此，全国各地都应该迅速行动起来，展开一个坚决反对贪污的斗争，彻底消灭一切贪污现象。

同 日

［纲 文］ 刘少奇写信给毛泽东谈马列学院招生问题。

［目 文］ 信中说：马列学院的同志们和我谈过一次。今秋招收的195名学员都符合中央所提出的条件，但补习文化的一班只有60多名学员，其余都可直接学习理论。现正进行学习。总政治部要求马列学院明年都能收军队团长以上干部300人学习。这是一个培

养干部的好机会。马列学院已准备好明年春季招收200学员的房屋，但还须再准备200人的房屋，以便明年秋季再招收200学员，明年共收400学员，300名给军队干部，100名给地方干部。如此，连现有学员在内，明年马列学院即可达到约800学员。现在的困难，主要是教员不够。除马列学院自设研究生培养教员外，拟聘请两位苏联教授。关于建筑房屋与聘请苏联教授事，我已告杨献珍①拟定计划，请示恩来办理。周恩来在刘少奇信上批注：各民主党派也想送一些高级干部入马列学院学习。

同 日

[纲 文]　朝鲜停战谈判达成军事分界线协议。

[目 文]　由于志愿军在战场上取得战术反击和攻岛作战胜利，并进一步加强了开城地区的防御部署，加上板门店谈判桌上朝中方面有力的斗争和国际舆论的压力，迫使美方同意朝中方面提出的以现有实际接触线为军事分界线、双方各后撤2公里以建立非军事区的原则。11月21日，朝中方代表在小组会上提出了修正案。23日，小组委员会就“作为在朝鲜停止敌对行为的基本条件，确定双方军事分界线，以建立非军事区”达成如下协议：

一、确定以双方实际接触线（视情况而按照第二或第三段确定）为军事分界线，并在已签字的停战协议中所具体规定的时间，双方各由此线后退2公里，以建立军事停战期间的非军事地区的原则。

二、双方小组委员会立即根据前条原则，确定现有接触线，以定之为军事分界线与非军事地区的中线。如在代表团大会批准本协议及上述军事分界线与非军事地区的具体位置后的30天内，军事停战协议已经签字，则不论双方实际接触线有何变化，该军事分界线及非军事地区应不再予以变更。

三、鉴于敌对行为将继续进行至停战协议签字时为止，如在代表团大会批准本协议及上述第二段中所确定的军事分界线与非军事地区的具体位置后的30天内，军事停战协议尚未签字，则双方小组委员会应在军事停战协议即将签字时，按照双方实际接触线所发生的变化而修正上述军事分界线与非军事地区，使修正后的军事分界线与军事停战协议签字时的双方接触线完全一致，作为军事停战期间的军事分界线。

在达成原则协议的当天，双方参谋人员即开始校对接触线。经3天半的逐点核对，于27日上午9时半，将标明双方认定的接触线的地图，交由小组委员会讨论并通过。11时，双方代表团召开第二十八次会议，批准了小组委员会关于第二项议程的协议和按照现有接触线所确定的军事分界线。12月10日，双方参谋人员根据接触线划出了非军事区的南北缘。至此，双方在实质性问题上的谈判取得了第一个协议。停战谈判形势的出现，是志愿军和人民军胜利作战的结果。同样，关于军事分界线问题的谈判达成协议，也是志愿军和人民军作战有力配合的结果。

---

① 杨献珍（1896—1992），湖北郧县人，时任中共中央马克思列宁学院教育长。

11 月 24 日

[纲 文] **中共中央批复同意中财委《关于1952年农业生产计划的报告》。**

[目 文] 中央给中财委的批复说：一、11 月 10 日关于全国农业工作会议所商定的 1952 年农业生产计划的报告，已悉。中央原则同意此项计划，请即以此项计划为基础，提出《政务院关于 1952 年农业生产的决定》，连同《政务院关于恢复和发展老根据地生产建设的决定》，一并提交政务会议讨论。二、已将你们 11 月 10 日的报告发给各中央局、分局、省市区党委。

此前，11 月 10 日，中财委向毛泽东并中央提交《关于 1952 年农业生产计划的报告》，从 5 个方面对 1952 年的农业生产计划、关于组织起来互助合作的问题、提高单位面积产量、增施肥料培养地力、山区生产问题提出意见，请中央审查。报告的主要内容是：

制定 1952 年的农业生产计划。要求 1952 年农业生产在全国范围内，恢复和超过战前生产水平。计划生产粮食 2820 亿斤，比 1951 年增产 200 亿斤；植棉 8000 万亩，可产皮棉 2400 万担，较 1951 年增产 400 万担；计划在 1951 年基础上增产烤烟叶 11%；增产麻袋用麻 100%；增产役畜 189 万头，1952 年全国耕畜可达到 5800 万头；计划捕鱼 150 万吨。其他特产品、副业产品、园艺作物和外销物资等，均做出轮廓计划，按国家需要和生产条件适当加以发展。

会议仔细研究和总结了一年来合作互助的经验，特别对农业生产合作社做了详尽的研究后指出，现在全国农业合作社约 300 余个，且在继续发展中，农业领导机构应重视和领导它，争取新区在三五年内，老区在明后两年内把大部劳动力组织起来。为了提高单位面积产量，决定进行下列各项工作：（一）农田水利。两年来由于治河防洪，水灾已大为减轻，但旱灾尚少积极办法；今年受旱面积达 1 亿亩，已灾者有 3500 万亩。计划在 1952 年修复和巩固渠道、塘、坝工程 150 万处；凿井 40 万眼；整修原有农田水利工程和改善灌溉管理可扩大受益面积 1530 万亩，受益面积共达 6550 万亩。（二）防治病虫害。普遍实行秋耕冬耕、清除杂草、挖稻根、浸种、拌种等，以预防病虫害发生。病虫害如已发生则应及早彻底除治，不使蔓延成灾。1952 年预计防治虫害 2.1 亿亩，着重防治蝗虫、螟虫、蚜虫、吸浆虫和地下害虫。防治病害 1.3 亿亩，着重麦类黑穗病和棉炭疽病。今年缺点是药械准备不足，明年应做充分准备。（三）提高耕作技术增补农具。决定大量增补旧有农具，并计划有重点地推广新式农具 24 万件（犁 20 万件，中耕器 4 万件）。（四）增施肥料培养地力。广泛发动群众施肥，平地养猪，山区喂羊，组织城粪下乡，扶助油坊就地供给油饼，由东北向关内调剂豆饼和大豆 50 万吨，进口和自产化学肥料共 30 万吨。普遍提倡改良土壤。在山区则组织群众修梯田、推行水土保持。（五）继续开展群众性的选种运动。计划 1952 年在老区至少完成 100 个县的评选工作。推广粮食良种 6400 万亩；棉花良种 4500 万亩；夏秋两季掌握粮食良种 1.46 亿斤，收购棉花良种 1 亿斤。（六）贯彻科学理论和群众经验相结合的方针，加强科学技术的研究。要求每个县都设一试验模范农场，并充实干部和设备。为了真正起到示范作用，必须使模范农场的生产高过当地群众的产量。（七）在可能条件下，每个省都设立一个农业机械厂。

关于生产领导问题，1952年要在1951年基础上更普遍更深入地开展爱国丰产运动，以继续提高农民的政治觉悟和生产热情。（一）加强生产的计划性，在老区和已完成土地改革的新区，普遍提倡订立县、区、村的生产计划，并大力推动和帮助互助组和先进农户做出计划。（二）普遍发动和组织农业竞赛。认真总结和推广农业互助组和丰产户的典型经验，奖励丰产能手。（三）在老区和已经完成土地改革的新区，对劳动模范和模范互助组须注意推广普及；对已经培养出来的劳动模范，则应培养教育，解决劳动模范开会误工等问题；建立劳动模范会议的正常制度。（四）充分使用国家的投资和贷款，供给农民更多的生产资料，尤其是农民迫切需要的新式农具、药械和商品肥料等。（五）进行气候、土壤、水利、作物和荒地等调查工作，进一步掌握基本情况，为制定合理的经济区划做好准备。

报告说，会议还着重研究了山区生产问题。方针应是全面恢复和发展农、林、畜牧及其他副业生产，是吃山养山的长期建设观点。一般应以农副生产为中心，大山峻岭提倡培养山林，有牧草的坡地着重发展畜牧。为了恢复和发展山区生产，必须发展交通；贸易公司和合作社要上山收购山货土产，供应农民油盐等必需品。详细做法已代政务院起草了《关于恢复和发展老根据地建设的决定》。

同 日

［纲 文］ 周恩来为精简编制办法与重点致电各大区和华南分局负责人。

［目 文］ 电报指出：政府机构总的人数不能超过去年6月13日所规定的编制员额。但不是一律机械地减，而是采取合理调整的办法，该减的减，该加的还要加些。精简编制的重点是：一、调整紧缩上层，合理充实下层；二、合并重叠和性质相同的机构；三、政法委、文教委、财经委只设到省（市）。

同 日

［纲 文］ 中财委发出《关于民生公司问题的通知》。

［目 文］ 《通知》称：民生公司现有船只63000吨、员工8300名，机构分布华东、中南、西南三大行政区，公股占26%，在长江航运中尤其上游起着重要作用。从1950年9月公股代表到该公司以后，已部分地进行过民主改革，但由于该公司封建官僚制度根深蒂固，加以公股代表人数太少，以致每月仍入不敷出，目前负债已达750亿元，到年底将达1000亿元，而该公司经理卢作孚则企图把包袱加到政府身上来，每月靠借债为生而不求改进，也不向职工说明有何困难。为了掌握这一企业，必须帮助其改善企业管理，彻底进行民主改革，清洗反革命分子和封建把头，改革旧制度，建立新制度，反贪污反浪费，精简机构（目前估计多余1000余人），以达到组织与依靠职工，发扬工人积极性，求得收支平衡、走上经济核算的道路。特决定：

一、抽派一批得力干部参加民生公司的行政和工会工作，并帮助该公司处理多余人员。二、改以上海、汉口、重庆为重点，在所在地党委统一领导下，由交通、工会、劳动、公安等部门调干部研究情况协同动作。三、在民主改革中决不要提出工人减薪，应降级使用的职员则可个别减低、但应向全体工人说明：目前公司有困难有亏空，因而过去行政方面表面上有求必应是一种不负责任的态度，有害于生产。要教育工人了解：只有增加生产、改善服务方能进一步改善待遇。四、对卢作孚采取帮助态度，推动他进行改革。五、在未实行彻底改革前，政府原则上不再予以贷款，但改革中确有困难时，可酌予帮助。借款由西南财委负责统一办理。六、请西南财委负责提出方案请示西南局批准后报告中财委，转告中南华东参照进行。

12 月 3 日，西南财委向西南局、中财委提出关于民生公司民主改革方案的报告。报告说：关于民生公司民主改革问题，经和有关方面研究讨论后决定：一、组织民生公司民主改革委员会，以卢作孚为主任，西南全总办事处秘书长彭光伟为副主任，并吸收资方、工会若干人组成。二、成立重庆分公司民主改革委员会，以资方童少生为主任，重庆市总工会秘书长张向宜为副主任，领导重庆分公司（职工 670 人）、民生机器厂（工人 1100 人）及归重庆管理的约 50 条船只等三家的民主改革工作。三、建议汉口、上海两分公司设同样性质的组织，领导两地所属分公司办事处及船只工作。四、调西南交通部秘书处长陈聚为重庆分公司副经理，以加强分公司工作。五、在重庆市委领导下，组成包括民生总管理处、分公司及机器厂等单位民主改革的党的领导小组，根据以上布置，在三四个月内完成对总管理处、重庆分公司及四川境内各支公司、民生机器厂等单位的民主改革。

12 月 9 日，中财委批复同意此方案。

同 日

［纲 文］ 《人民日报》发表题为《推广体操运动，发展人民体育事业》的社论。

［目 文］ 社论指出：新闻总署广播事业局和中华全国体育总会筹委会联合决定在中央人民广播电台和各地人民广播电台举办广播体操节目，领导人民做体操。这个决定，将要在全国人民中间引起一个体操运动，而且对体育活动的普及化和经常化将起很大的作用。为了吸引更广大的群众参加体育活动，必须举办一些适合目前需要、切实可行、容易学习而又有广泛的群众性的体育活动。广播体操的举办，就适应了这种情况和要求。体操不需要特殊的场地、设备、服装或器械，也不需要有事先的技术训练，而且使不同年龄、不同性别、不同健康情况的人几乎随时随地都可以得到锻炼。体育工作干部缺乏的问题，又因为有了广播的指导而得到解决。因此，广播体操有着广泛的群众性。它是使体育普及化和经常化的一个重要步骤，是按照人体的生理情况设计的一套连续的比较柔和的运动，对于脑力劳动者和体力劳动者的身体健康同样有很大的好处。

同 日

［纲 文］ 《人民日报》发表题为《把宗教革新运动推进一步》的时评文章。

［目 文］ 文章指出：基督教和天主教自治、自养、自传的革新运动，已在全国范围

内广泛开展起来了。很多地方成立了宗教革新委员会，在领导教徒群众和帝国主义分子的斗争以及推进革新运动中起到了一定的作用。但多数地方群众基础还不够深厚。有些地方，革新运动还停留在少数上层分子的圈子里；有的则甚至被帝国主义分子和反动分子所利用，搞假革新、假控诉。其所以如此，是因为在这些地方广大教徒群众还没有起来，革新运动还没有成为广大教徒的群众运动。大家知道，帝国主义分子多年来曾在教徒中间进行了很多思想麻醉工作。要彻底清除帝国主义在教徒中的影响，如果不在教徒中展开一个启蒙运动，如果在思想上对于宗教革新工作的复杂性缺乏应有的认识，而企图用简单省事的办法去行事，那是一定做不通的。

11月26日

［纲 文］ **中共中央批转中宣部关于文艺干部整风学习的报告。**

［目 文］ 中央在给各中央局并转各分局、各省市区党委及各同级政府文化部门党组和文艺团体党组的转发批语中指出，一、中央批准并认为这一报告是正确的。二、请各中央局、分局、省委、市委、区党委自己和当地从事文学艺术工作的负责同志都注意研究这个报告，仿照北京的办法在当地文学艺术界开展一个有准备的有目的的整风学习运动，发动严肃的批评和自我批评，克服文艺干部中的错误思想，发扬正确思想，整顿文艺工作，使文艺工作向着健全的方向发展。为使这一整风运动获得良好的结果，各中央局、分局、省委、市委、区党委的负责同志和宣传部负责同志必须亲手抓紧对文艺界整风运动的领导，先将你们的计划报告中央和中央宣传部批准。三、中央这一指示和中央宣传部的报告可以在党内刊物上发表，并可给党外同情分子阅看。

此前，11月23日，中宣部向中央提出关于文艺干部整风学习的报告。24日，根据这一报告的安排，北京文艺界召开整风学习动员大会。胡乔木、周扬、丁玲分别在会上作了题为《文艺工作者为什么要改造思想》、《整顿文艺思想、改进领导工作》、《为提高我们刊物的思想性、战斗性而斗争》的讲话。大会后，全国各地文艺界开始整风学习。

［文 献］ **宣传部关于文艺干部整风学习的报告**

1951年11月23日

文艺工作在近两年来是有成绩的（电影和群众文艺活动的成绩较为显著），但是同时也有许多缺点，特别是在文艺工作的领导方面，存在有一种忽视思想、脱离政治、脱离群众、迁就资产阶级小资产阶级的倾向，使文艺战线发生混乱，在党的文艺干部中也发展着某些无组织无纪律的现象，极需加以纠正和整顿。为此，我们决定在文艺干部中进行一次整风学习，借以澄清文艺界的各种错误思想，认真建立党对文艺工作的有效的领导。为了准备这个学习，首先由中央宣传部召集党的主要文艺干部十余人举行了文艺工作会议，取得了一致意见。然后，由全国文联常委会召集了两次会决定在北京发动数百文艺干部参加整风学习运动。兹将中央宣传部召集会议情况和全国文联学习计划报告如下：

中央宣传部所召集的文艺工作会议的参加者，有胡乔木、周扬、丁玲、赵树理、李伯钊、陈沂、艾青、何其芳、周文、吕骥、江青、阳翰笙、袁牧之、陈波儿、张庚、严文井、林默涵等。会议的主要内容是对文艺领导工作的检查、批评和自我批评，同时讨论了加强电影工作、整顿戏剧工作、调整和加强文艺刊物的具体方案。自九月二十四日举行第一次会议迄今，已开过八次会。

根据会议的检讨，文艺工作的领导，在进入城市后的主要错误是对毛主席文艺方针发生动摇，在某些方面甚至使资产阶级小资产阶级的思想影响篡夺了领导。其主要表现如下：（一）迁就资产阶级小资产阶级，放弃思想斗争和思想改造工作，缺少对思想工作的严肃性。在与资产阶级、小资产阶级文艺家的合作当中，表现无原则的团结，对他们的各种错误思想没有认真地加以批评，认真地提出改造思想的任务。不少小资产阶级的文艺家任意曲解毛主席的延安文艺座谈会的讲话，拒绝改造思想，拒绝以文艺为政治服务，要求文艺更多地表现小资产阶级的生活和趣味。他们认为今天文艺（例如电影）的主要群众是小市民，应多迎合小市民的趣味。他们反对以工人阶级的先进思想去改造和提高小市民，而要求将工人阶级思想降低到小市民水平。而党的文艺干部在这种资产阶级、小资产阶级思想包围下，有许多人随波逐流，表现自己的立场是和他们一致的或接近的。1950年上海文艺界代表大会片面地提出“更亲密的团结，更勇敢的创造”的口令而不要求文艺工作者参加实际斗争，改造自己，这个倾向不止是上海一地的，全国文联和中央文化部亦未向文艺工作者郑重地提出过这种任务。正因为这种政治上的取消阶级斗争的倾向，才使得许多文艺领导干部过多地并且常常是无效地忙于行政事务，而很少注意思想工作，才造成他们在工作上铺张不切实际，形式多而内容少的作风。因为这样，就降低了党对文艺作品的要求，放任了文艺作品中的错误倾向和粗制滥造现象，而没有把认真地审查电影剧本及影片，审查文艺出版物和戏剧音乐节目，当作重大的政治责任。因为这样，就产生了电影《武训传》的摄制、放映和宣传，就产生了对于《武训传》的反动宣传的丧失感觉，就产生了在毛主席指出《武训传》的反动性以后对批判《武训传》的怠工。（二）脱离政治，脱离群众。由于领导工作上放弃思想斗争，许多作家就脱离政治，脱离群众，而这正是目前文艺工作缺少生气、创作不旺盛、许多作品当中情绪不饱满的根本原因。有的文艺工作者在和平生活环境中渐渐滋长了一种安逸情绪，政治兴趣淡薄。他们中间有一部分人热衷于片面的技术的学习，又错误地以为要学习技术只有借助于西洋，而轻视自己民族的民间的艺术传统（例如中央戏剧学院提倡跳芭蕾舞，要“为几十年后老百姓喜欢大腿舞而斗争”）。他们的作品中，缺少对于新的生活和人物的正确的热情的描写，即使在处理正确的政治主题时，也往往把政治庸俗化了，把工农兵的形象歪曲了。文艺工作的领导机关没有采取有效办法使作家参加政治斗争，接近群众生活成为经常的习惯。（三）严重的自由主义，缺乏批评与自我批评，缺乏学习。由于忽视思想、脱离政治、脱离群众文艺工作就失去了战斗目标，就不能形成有组织的队伍和坚强的领导核心，而自由主义的庸俗习气和无组织无纪律的现象就必然发展。在党内，关于文艺工作特别是日益重要的电影工作，很少向中央请示和报告。文艺工作中的党员缺少严格的政治生活，文联党组和文化部党组很少检讨思想和创作的问题，很少进行批评和自我批评，也很少学习马列主义理论。在党外，文联及其所属各个协会都陷于瘫痪状态。

会议指出周扬同志应对以上现象负主要责任（周扬同志作了详细的自我批评），同时指出其他同志也都负有一定的责任，并相互进行了热烈的批评。为了克服文艺界的上述倾向，会议决定由文联动员北京文艺界各方工作人员约700人进行一次整风学习。在学习会议上和报纸刊物上展开公开的批评和自我批评，并在学习中定出关于整顿文艺队伍（文联系统、文化部系统、各艺术学校和党内）的具体办法。

会议决定在今后改善文艺工作的主要办法是：一、纠正文艺脱离党的领导的状态，对文艺工作的重要情况和问题经常向中央报告请示。认真组成中央宣传部的文学艺术处和电影处，使成为党领导文艺工作的有力的工作机关。宣传部这次所召集的文艺工作会议，以后准备经常举行，使形成文艺领导工作的核心。二、彻底整顿文联各个协会的工作，使成为组织作家参加实际斗争、学习、创造和展开批评自我批评的中心。为了把主力放在创作活动而不放在行政组织活动方面，准备各级文联和文化部合署办公并取消没有工作的协会。三、改善对电影工作的领导，草拟了一个中央关于加强电影工作的决定草案，日内送上请审。四、整顿文艺刊物，使成为严肃的战斗的武器。决定将《人民戏剧》、《人民音乐》、《新戏曲》、《北京文艺》停止出版，集中力量办好《文艺报》和《人民文学》，使前者成为领导性的艺术评论和文艺学习的刊物，后者成为领导性的发表创作指导创作的刊物。同时，加强《说说唱唱》使成为指导全国通俗文艺的刊物，并定期地选印剧本和歌曲，以供应全国广大的需要。这个计划已商得各方同意，拟即以文联名义正式做出决定。五、对文艺界的资产阶级小资产阶级思想展开有系统的斗争。

根据宣传部文艺工作会议的建议，文联常委会已决定发起北京文艺界的学习，并已组织一个包括各文艺部门负责人（党的和非党的）的学习委员会，由茅盾、周扬、丁玲、欧阳予倩、阳翰笙、蔡楚生、陈沂、田汉、沙可夫、马思聪、李伯钊、江丰、袁牧之、老舍、林默涵、严文井、朱丹、马少波、吴雪、李广田等组成，来负责领导这一学习。文联将于11月24日召集各部门文艺工作干部开一次学习动员大会，由胡乔木、周扬、丁玲等分别作报告，说明文艺界进行整风学习的意义和目的，并有若干党内外文艺工作者讲话。学习人员按工作关系编成小组，阅读指定的文件：(1) 毛主席《实践论》；(2) 毛主席《在延安文艺座谈会上的讲话》；(3) 毛主席《反对自由主义》；(4) 斯大林给别德内依的信（《人民日报》一九五一年八月十二日）；(5) 联共中央关于文艺问题的四个决定及日丹诺夫的报告；(6)《人民日报》社论《必须重视电影〈武训传〉的讨论》。然后结合工作进行检讨。

资料来源：中共中央文献研究室编：《建国以来重要文献选编》第2册，中央文献出版社1992年版，第462—467页。

同 日

［纲 文］ **中国人民保卫儿童全国委员会成立大会在北京举行。**

［目 文］ 参加大会的有全国妇女、青年、工会、医药卫生、教育、科学、文艺、司法、救济福利、宗教界和各民族等代表70多人。宋庆龄当选为委员会主席，邓颖超、李四光、李德全、廖承志、傅连暲、韦悫当选为副主席，康克清为秘书长。宋庆龄在会上宣读了成立宣言。宣言指出：人类的生命是依靠儿童来延续的；创造人类幸福的事业，也是依靠儿童来承继的。因此，我们有义务担当起保卫儿童的责任，有必要与国内和国外所有善良的人们携手，共同为保卫儿童而努力。目前，全国有3700余万儿童进入小学，比抗战前的人数增加了1倍以上；有1万余个接生站和妇婴保健机构，大大地减少了婴儿的死亡率；全国的托儿所和幼儿园比解放前增加了9倍。中国儿童的生存、健康和教育的权利，已经开始得到保障。大会通过了中国人民保卫儿童全国委员会章程和给国际妇联的电报。

同 日

［纲 文］ **周恩来就组成中国红十字会代表团召集会议。**

［目 文］ 参加会议的有王稼祥、李德全、伍云甫等11人。会议研究决定：由李德全、林士笑、纪锋组成代表团出席12月6日在日内瓦举行的国际红十字协会执行委员会会议。代表团应注意敌人可能在会议上策动提出朝鲜战争中的战俘问题，要主动准备对策，谴责美帝国主义在朝鲜杀害和平人民、狂轰滥炸、毁灭村庄城市、轰炸朝鲜红十字会与俘虏营的罪行，同时注意揭露敌人散布的各种谣言。

同 日

［纲 文］ **农业部发布《1951年农业丰产奖励试行办法》。**

［目 文］ 《办法》规定：一、本年奖励暂以棉花、水稻、小麦、粟（谷子）、玉米（包米）、大豆、薯类（甘薯、马铃薯）为范围，奖励对象以本年获得高额产量的劳动个体农民、互助组和农业生产合作社为准。其他由大行政区、省人民政府自行奖励。二、上述作物中获得单位面积均产最高的互助组和农业生产合作社及单位面积高额产量的个体农民，须为当地农民群众所公认，由各大行政区、省人民政府调查审核后，将简历及经验整理成详细材料报本部评定给奖。三、上述作物中每种产量最高者，各选3名至5名为本年全国丰产新纪录模范，给以特等奖励。四、各级农场在上述作物中达到规定标准产量者，也由大行政区、省人民政府审查报奖。五、单位面积均以市亩计，产量以市斤计。个人获

奖面积起码为一市亩，其余地亩也必须高于当地产量平均水平。互助组和农业生产合作社必须每户平均高于当地一般水平。六、奖品分为：奖章、奖状、农具、药械、现金。个人只给荣誉奖；互助组和农业生产合作社得荣誉奖和实物奖。七、各大行政区、省人民政府应即责成地方政府即时发现丰产对象，并以省为单位确定标准，由省组织机构负责调查研究，于作物收获时，准确测定，连同记录总结逐级审查转报，由大行政区、省（华北各省）人民政府转报本部最后详审。

同 日

［纲 文］ **全国青联等团体联合发表宣言抗议美国政府扣押中国留学生。**

［目 文］ 全国青联、全国学联、全国科普协会和全国自然科学联合会的宣言指出：9月25日，中国留美学生刘安华等9人由旧金山返国途经檀香山时，突遭美国联邦调查局的非法扣押，这是美国政府继去年9月在日本扣押赵忠尧教授等之后，又一次扣押中国科学工作者。我们对美国政府的这种强盗行为提出严正的抗议，要求立即释放各被捕同学。

同 日

［纲 文］ **出版总署颁布《关于查禁书刊的规定》。**

［目 文］ 《规定》指出：查禁书刊过去没有统一的制度。最近书刊审读工作各地都在逐渐加强，对于政治上反动及有严重错误的书刊，各地往往自行禁售，既没有报请总署批准，也没有通知其他地区采取共同行动。由于各地区在禁售书刊中的标准与行动不能完全一致，致使甲地区已禁售的书刊，乙地区仍在流行。兹特规定，今后禁售书刊必须经本署批准。但对于政治上反动及有严重错误的书刊，在未经本署批准禁售前，各地可先行封存。

11月27日

［纲 文］ **朝鲜停战谈判双方代表团举行会议，通过小组委员会第2项议程协议。**

［目 文］ 会议于上午11时举行。首先通过了朝鲜停战谈判双方小组委员会对于第2项议程的协议，以及小组委员会在本日上午10时按照现有接触线所确定的军事分界线。根据双方所通过的协议，如果在30天内军事停战协议签字，则已经确定的军事分界线将不再予以变更。朝中方指出：迅速达成停战协议是我方一贯努力争取的目标，只要双方共同努力，军事停战协议是完全可以在30天内完成的。

会议对于第2项议程正式达成协议后，立即进入了第3项议程“在朝鲜境内实现停火与休战的具体安排，包括监督停火休战条款实施机构的组成、权力与职司”的讨论。朝中方代表提出五项原则建议：一、双方一切武装力量，包括陆、海、空军的正规与非正规部队武装人员，应自停战协议签字之日起，停止一切敌对行为。二、双方一切武装力量，应于停战协议签字后三天内，自非军事地区撤出。三、双方一切武装力量，应于停战协议签字后五天内，以军事分界线为界自对方的后方和沿海岛屿及海面撤走。如逾期不撤，又无任何延期撤走的理由，则对方为维持治安，对于此类武装人员有权采取一切必要的行动。

四、双方一切武装力量均不得进入非军事地区，亦不得对该地区进行任何武装行动。五、双方各指定同等数目的委员，组成停战委员会，共同负责具体安排和监督停战协议的实施。双方同意各自研究对方提案。

同 日

［纲 文］ **武汉各界为苏联飞行员烈士墓举行奠墓典礼。**

［目 文］ 参加典礼的有中南军政委员会副主席张难先、秘书长张执一，武汉市市长吴德峰，解放军第四野战军政治部组织部部长梁必业，苏联友人代表布里杜里斯基，以及中南区暨武汉市各机关、各民主党派和人民团体的代表共100多人。奏中苏两国国歌后，张难先、吴德峰、梁必业等向烈士墓献花。张难先和吴德峰先后致词号召大家学习苏联飞行员烈士的高度国际主义精神，为保卫祖国、保卫亚洲和世界和平而奋斗到底。

1938年，苏联援华飞行员曾在武汉市上空给日本空军以有力打击，鼓舞了中国人民的抗日情绪。当时，国民党政府将在空战中牺牲的苏联飞行员吉谢辽夫等15人的遗体安葬在汉口万国公墓内。武汉解放后，人民政府重新修建了他们的坟墓，并且另外选择地点筹建纪念碑。1951年10月，苏联飞行员烈士墓修建完成。

11月28日

［纲 文］ **政务院发布《外国侨民出入及居留暂行规则》。**

［目 文］ 《规则》共十四条，内容有：第一条：外国侨民（以下简称外侨）在中华人民共和国（以下简称中国）境内出入及居留，除法令另有规定外，悉依本规则办理。第二条：外侨非持有经中国驻外使领馆签证的护照，或外交部、或外交部指定之机关所发的入境证并经检查站检验登记加盖戳记者，不得入境。第三条：外侨在中国境内居留，应向所在地公安机关申请居留登记并领取居留证。外侨居留登记及居留证签发办法，由中央人民政府公安部另定。第四条：外侨在中国境内居留，应遵守中国人民政府法令。第五条：外侨在中国境内居留，应遵守中央人民政府公安机关所规定的户口管理制度。第六条：外侨在中国境内旅行，应向所在地公安机关办理旅行手续。外侨旅行办法由中央人民政府公安部另定。第七条：外侨出境，应向所在地公安机关办理出境手续。外侨出境办法，由中央人民政府公安部另定。第八条：外侨有下列情事之一者，得限令出境：一、未持合法照证擅自入境者。二、冒顶或伪造照证者。三、无居留证或居留证逾期失效者。四、受出境处分者。第九条：未满12岁外侨儿童，办理居留、旅行、出境各项手续时，可附注于其父母或监护人照证栏内。12岁以上者，按成人办理。第十条：中国政府机关、企业、学校、团体雇用的外籍员工，依本规则办理。第十一条：无国籍侨民依本规则办理。第十二条：各国驻中国外交官、领事官、公务人员及其他经中国外交部认为可享同样待遇者，不适用本规则。第十三条：本规则公布前，所有已颁布的有关外侨出入及居留问题的实施办法，有与本规则相抵触者，即行废止，依本规则办理。第十四条：本规则由中央人民政府政务院公布之日施行。

同日

［纲 文］ 白俄罗斯代表在联合国大会全权证书委员会上建议取消国民党代表资格。

［目 文］ 白俄罗斯代表基塞列夫在会上指出：被中国人民驱逐出去而躲在台湾岛上的国民党集团，早已丧失了国家权力，并且不再保有对于中国领土和居民的控制。因此国民党代表早已丧失了代表中国人民的法律和道义的权利，没有丝毫权利代表中国在联合国发言。中华人民共和国中央人民政府是中国人民的真正的合法的政府，只有这个政府才有资格委派代表在联合国中代表中国发言。鉴于这种情况，白俄罗斯代表团建议不承认出席联合国第六届大会的国民党代表的全权证书，并提出一项决议草案交付审议。伊拉克、新西兰、法国和印度尼西亚代表参加了讨论该问题。印度尼西亚代表认为国民党政府在联合国中的代表权是不合法的。但该决议草案交付表决未获得通过，结果为：1票赞成，5票反对，1票弃权。

11月29日

［纲 文］ 中财委颁布《关于1952年全国钢铁统一供应办法》。

［目 文］ 由于国内钢铁生产不足，销售及价格不统一，地区差价很大，影响钢铁供销平衡，中财委决定将钢铁列入1952年国家统一分配物资之内供应，该《办法》规定：一、全国国营钢铁厂所生产生铁、钢锭、钢坯、钢材，除连续性生产的工厂其本身生产所用钢铁外，全部由国家统一分配。但非钢铁工业附设的冶炼业所生产的钢铁及土生铁不在此限。二、全国钢铁由中财委决定分配计划，分别由重工业部及贸易部按分配计划进行供应。除上述申请单位外，其余各部门及市场所需钢铁，均由贸易部供应。重工业部不得在市场上出售钢铁。三、在组织钢铁供应时，应首先按地区考虑需要量与供应量，不足或多余时，再考虑区间调度。四、全国钢铁半成品原料向公私厂加工订货，由重工业部统一组织。五、分配的钢铁不得出售转让，违者加以处罚。六、重工业部应迅速拟定钢铁调配价格报中财委批准实行。七、本办法自1952年1月1日起试行。

同日

［纲 文］ 财政部颁布《关于1952年度财政收支系统划分的补充规定》。

［目 文］ 1952年度中央、大行政区、省（市）财政收支系统的划分，在政务院《关于1951年度财政收支系统划分的规定》及财政部关于编造1952年度预算的通知和指示中已有规定。《补充规定》针对《1952年度各级财政岁入岁出统一预算科目》中下列收支项目，作了补充划分：

收入部分包括：大行政区或省（市）代管国营企业的利润收入，各项事业收入（包括医院诊疗收入、学校的学费收入、剧团的演出收入），公产收入（包括公产及财产变价收入），从公私合营或私营企业中清理出来的公股公产（包括国民党政府及其国家经济机关、金融机关在企业中的股份及财产，前敌国政府及其侨民在企业中的股份及财产，业经依法没收归公的官僚资本及战犯、汉奸等在企业中的股份及财产，以及其他依法没收归公的股份及财产等），各地没收的敌逆房地产，冻结或征用的外资外产，国防部队及中央级机关生产缴公收入，捐献收入，囚犯生产收入，剿匪作战中的缴获收入，除武器弹药由剿匪部队处理外，其他财物应交给当地省人民政府作为财政收入。

支出部分包括：部队复员费、动员新兵费，新区省级以上合作社补助费，各区、省民族学院经费，留学生经费，小额的回国华侨救济费及城市失业工人救济费，移民开支，各地名胜古迹的保管修葺开支，各大行政区物资管理局经费，各地体育分会、文联、青联的经费和事业费及抗美援朝分会经费，土地改革团（省以上政府组织的民主人士和政府人员的土地改革团）及各种参观团、视察团的经费，各地总工会及各种专业工会房屋内的一切开支，各地区公安、海防、边防部队的一切开支，各地区经中央派赴出国费用，公粮征收费（包括查田定产地籍整理费），各级赴朝慰问团费用，各地举办展览会费用，各地英雄劳模大会经费等。

《补充规定》要求，以上各项收支均按规定的科目名称编列预算。

11月30日

［纲文］ **中共中央发出关于在学校中进行思想改造和组织清理工作的指示。**

［目文］ 中央通知说：各中央局并转分局、省委、市委、区党委、地委、青年团团委、各同级政府的党组和教育公安两部门的党组或党委：兹将中央关于在学校中进行思想改造和组织清理工作的指示一件发给你们，请你们加以研究，遵照执行。

中央关于在学校中进行思想改造和组织清理工作的指示指出：学校是培植干部和教育人民的重要机关。党和人民政府必须进行有系统的工作，以期从思想上、政治上和组织上清除学校中的反动遗迹，使全国学校都逐步掌握在党的领导之下，并逐步取得与保持其革命的纯洁性。因此，必须立即开始准备有计划、有领导、有步骤地于1年至2年内，在所有大中小学校的教职员中和高中学校以上的学生中，普遍地进行初步的思想改造工作，培养干部和积极分子，并在这些基础上，在大中小学校的教职员中和专科学校以上（即大学一年级）的学生中，组织忠诚老实交清历史的运动，清理其中的反革命分子。

同日

［纲文］ **中共中央批转华北局关于刘青山、张子善大贪污案调查处理情况的报告。**

［目文］ 中央在给各中央局并转分局、省市区党委的转发批语中说：华北天津地委前书记刘青山及现书记张子善均是大贪污犯，已经华北局发现，并着手处理，我们认为华北局的方针是正确的。这件事给中央、中央局、分局、省市区党委提出了警告，必须严重地注意干部被资产阶级腐蚀发生严重贪污行为这一事实，注意发现、揭露和惩处，并须当作一场大斗争来处理。

此前，11月29日，华北局在给毛泽东并中央的报告中说：最近，我们发现了河北省天津地委和专署有严重的贪污浪费和破坏国家政策法令的行为。据初步检查材料证实，现任地委书记兼专员张子善和前任地委书记刘青山，先后动用全专区地方粮折款25亿元、宝坻县救济粮4亿元、干部家属补助粮1.4亿元；从修潮白河民工供应站中，苛剥获利22亿元；贪污修飞机场节余款和发给群众房地补价合计45亿元；冒充修建名义，向银行骗取贷款40亿元。总计贪污挪用公款约200亿元左右投入地委机关生产，做投机倒把的违法活动。为贪图暴利，曾利用蜕化干部从东北盗运木材达4000立方米；勾结私商张文义等，以49亿巨款从汉口贩卖大批马口铁，私商从中贪污中饱，破坏国家政策。张子善、刘青山日常生活铺张浪费，任意挥霍，只有账可查者，二人私用达四五亿元；并向上下级及其亲友送礼，有的达一二千万元之巨，据有账可查者，达1.3亿元。张子善为消灭证据，曾亲手焚毁约计1.5亿元的单据和其他单据178张。由于我们最近派人到天津检查和逮捕了与张刘等勾结、破坏政策的私商，张子善已十分惶恐不安。根据其所犯错误和罪状，经华北局讨论，周总理批准，决定即将张子善逮捕法办（张现在保定参加河北省党代表会）；刘青山归国后也予逮捕，刘出国前，我们对其贪污腐化行为未能发现，以致造成今天的被动情况，这是我们工作中的缺点，应引为教训。

同 日

［纲 文］ 中共中央批转邓小平关于西南区党政军三个会议情况的报告。

［目 文］ 中央在给邓小平并告各中央局转分局、省市区党委的批语中说：一、你于11月25日给我们的电报以及早已送来的1952年工作要点，均收到了，你们的方针和部署均好，我们均同意。二、除早已将西南局1952年工作要点转发你们参考外。现又将小平此电转发你们参考。此电第三项所提反贪污反浪费一事实是全党一件大事，自从东北局揭露大批的贪污犯以后，我们已告诉你们严重地注意此事。我们认为需要来一次全党的大清理，彻底揭露一切大中小贪污事件，而着重打击大贪污犯，对中小贪污犯则取教育改造不使重犯的方针，才能停止很多党员被资产阶级所腐蚀的极大危险现象，才能克服二中全会所早已料到的这种情况，并实现二中全会防止腐蚀的方针，务请你们加以注意。

同 日

［纲 文］ 政务院举行第一一三次政务会议。

［目 文］ 会议由周恩来主持。会议听取了邮电部副部长王诤所作的《关于中国和德意志民主共和国签订邮电协定的报告》，批准了《中德邮电协定》、《中德电信协定》。听取和批准了教育部副部长曾昭抡所作的《关于全国工学院调整计划的报告》。曾昭抡报告指出，目前全国共有工学院42所，大学设有工程系科的6所，工业专科学校17所，共有42种系和44种专科与专修科。学生总数4.2万人。这些院校存在着地区分布上很不合理，师资设备分散，系科庞杂，教学不切实际，培养人才不够精细等问题。会议决定，成立以李富春为召集人的小组，负责实施计划和处理有关问题。

11 月

［纲 文］ 中宣部、中组部联合发出《关于加强对新华通讯社各地组织的领导的指示》。

［目 文］ 《指示》指出，自中共中央于1950年3月发布统一新华社的决定以来，新

华社基本上已成为统一的集中的国家通讯社。各地党委多数均能遵照中央的决定，对新华社在各地的组织加以领导和监督。但是也有不少地方党委对新华社工作及其统一重视不够，放松对新华社在各地组织的领导和监督责任，分配给新华社干部以本身业务以外的各种任务，妨碍其进行报道工作；甚至个别地方党委未经新华总社同意，随意抽调新华社干部，使新华社工作发生很大的困难。为了改善这种情况，使中央和国内外人民能通过新华社更加及时地和充分地了解各地发生的重大事件和整个工作情况，特要求各地党委切实执行下列规定：一、新华社是国家通讯社，其在各地的组织（各总分社、分社、记者组）在政治上、业务上以及组织上受新华总社直接领导，但同时各地党委对新华社各地组织仍应在政治上负责领导，在工作上负责监督和帮助，使其能圆满地完成中央所交付的任务。各地党委应由书记或宣传部部长负责经常对当地新华社工作加以检查指导，指示报道方针，审核新华社重要稿件，并令宣传部在讨论当地报纸广播工作时讨论其工作。二、为使新华社各地组织及其工作人员能完成报道任务，各地党委应给予新华社各级组织负责人和记者以了解当地情况、参加必要会议、取得党政资料的便利。新华社各地组织负责人的政治待遇，因其工作重要，一般应与当地党报负责人相同。三、新华社各地组织工作人员由新华总社统一管理与调动，各地党委不得任意抽调，也不得分配以其他工作任务，有兼职者应予免除，使能集中精力做报道工作。新华社总社因工作需要可直接调动其所属干部，凡各地新华社组织接到新华社总社调人函电、提请党委组织部门办理转移组织关系的手续时，各级党委组织部门不应拒绝。四、新华社各地组织的党员组织生活，应由当地党委机关支部直接管理。五、新华社各地组织应在当地党委的领导和督促下完成新华总社所规定的报道任务，为此应每隔三个月向当地党委报告工作一次，以便主动地取得党委的领导和帮助。

12 月

12月1日

［纲 文］ 中共中央发出《关于实行精兵简政、增产节约、反对贪污、反对浪费和反对官僚主义的决定》。

［目 文］ 中央在印发给中央和军委各部门首长，中央人民政府各党组；各中央局，各中央分局转各省、市、区党委；各大军区并转各省军区党委，志愿军党委的通知中指出：兹将中共中央《关于实行精兵简政、增产节约、反对贪污、反对浪费和反对官僚主义的决定》一件发给你们，望你们遵照执行。关于阅读本决定的干部的范围，依照本《决定》第五项的规定，请注意组织阅读和传达。志愿军方面应在适当时机由志司组织集体阅读，而不要将文件下达。

12月2日，毛泽东批示给周恩来说，此件已做第二次修改，有些是我修改的，有些是采纳各同志的意见，请你加以斟酌。再打清样两份，一份用电报发各地，一份印发中央一级各处及各中央委员和中央候补委员。

◀三反运动在全国展开，图为中南军政委员会副主席邓子恢（左一）在武汉接待反映情况的市民。

［文 献］ **关于实行精兵简政、增产节约、反对贪污、反对浪费和反对官僚主义的决定**

（一）自从中国人民志愿军参加朝鲜战争以来全国各项工作，主要是抗美援朝、土地改革、镇压反革命、国防建设、经济建设、文教建设等项工作，围绕着志愿军援朝战争这一中心任务在各方面都获得了巨大的成就。这些成就表现在财政状况上的是“既顾到国防开支的急迫需要，又保证财政状况和市场的继续稳定”；同时，在经济和文化建设上采取了“重点进行和有计划推迟”两项方针，这些正是中央在1950年12月21日“关于执行1951年度全国收支总概算给各地的指示”中所规定的基本方针，而其结果是实现了。执行这一方针的具体情况是：1951年的财政支出将较1950年12月中央人民政府委员会通过的1951年概算数字增加50%，将较1950年度的概算数字增加75%。其中军事费为支出数的55%；经济建设费为支出数的18%；文化教育及社会救济费为6%；行政管理资为12%，党派、团体补助费为2%弱；其他为7%。以上各项支出均较1950年增加，以军事费增加最大，约达1倍以上。1951年的财政收入将达支出的88.5%，赤字占支出的11.5%，这项赤字较之1950年的赤字为9%者仅高2.5%。其中农业税收为收入数的17.5%；一般税收为53.6%；国营企业专卖等收入为16.5%；贷款捐献为5.6%；其他收入为6.8%。以上各项收入均较1950年增加，以一般税收和企业专卖两类收入增加最大，各达1倍左右。由于这种情况，收支仍能接近平衡，物价仍能保持基本稳定，既保证了前线的胜利，又进行了国内的建设，成绩之大是显然的，这是全国上下，党政军民，尤其是朝鲜前线志愿军，在毛主席领导下共同努力所获的结果。

（二）抗美援朝和各项工作的胜利是伟大的，但是战争中的困难和工作中的缺点也是很多的。这主要表现在：（甲）英勇的中国人民志愿军配合朝鲜人民军，战败了美国侵略军，并把他们从鸭绿江附近打回到三八线附近，但出于我们军队的装备尚处于劣势，还不能在短时间内就将敌人赶走；（乙）由于一年多朝鲜战争的发展，全国军事人员已较1950年规定数增加了50%强，这在取得朝鲜战争的胜利和加速现代化兵种的组成上是起了很大作用的，但在财政的供应和人力的消耗上，却成为国家最大的负担；（丙）两年来国民经济的恢复从其部分的发展，其重点已逐渐转向于国防经济建设，但为财力、人力、物力所限，我们还未能迅速进行，因之，对于前线的补充也就受到了限制；（丁）两年来政权建设工作是有成绩的，但由于国家任务繁重，经验不足，致在上层方面产生了机关庞大、层次太多、头绪纷繁、人浮于事的现象，而在下层，特别是经济建设和文教建设这些方面，却缺乏必需的人员；（戊）自从全国解放，许多方面工作的重点都从乡村转入城市，各级领导机关也逐渐学会了如何依靠工人，管理城市，但由于经验不足，许多人缺乏警惕，而反动统治的残余作风和资产阶级的腐化影响却在猛力地侵蚀我们，以致我们的许多工作干部发生了贪污、盗窃和浪费国家财产的严重现象。以上这一切，都使我们有急切的必要来克服困难，补正缺点，以改善各方面的工作，并由此推动国家的建设大步地向前迈进。毛主席所号召的“精兵简政，增产节约”，就是实现这一要求的总方针和全党的中心任务。

（三）预计到今后一年即1952年的国内主要情况将是：援朝战争或者迅速达成

停战协议，而志愿军则仍将有相当兵力留在朝鲜，以防敌人破坏这一协议，并督促双方政治谈判的进行，或者还要再打一个时期，方能达成停战协议；我国的整个国防力量1951年比1950年已经增强，而在1952年则将经过整编和训练而更加增强；美帝和蒋匪的特务分子将在中国大陆继续进行其反革命的破坏活动，但我们的镇压反革命工作将在1952年内获得更大的成绩；土地改革在全国范围内将基本完成；经济建设将基本完成恢复时期的工作，工农业一般生产，如果不发生意外灾荒，可望达到我国历史上的最高水平，国防经济建设的比重将比1951年有所增加，并为1953年开始的大规模国家经济建设计划完成几项重要的准备工作；全国文化教育改革和文化教育人员的思想改造将在这一年获得显著的成绩，并有重点地加速培养国家建设人材的工作；政权建设和民族团结的工作将继续加强；随着反帝爱国运动的继续发展，将近一步肃清帝国主义在中国的政治、经济和文化等方面的侵略影响；整党工作将全面展开；党的干部教育工作将有系统地进行；机关、企业、学校和部队的清理“中层”工作将继续深入；工矿交通等企业的民主改革工作将基本上获得完成；党内干部中受资产阶级侵蚀而发生的严重的贪污现象、浪费现象和官僚主义现象将被广泛揭露和受到制裁；党内在许多干部中所发生的不问政治和放弃阶级斗争的右倾的错误思想将受到批判；同时，我国的人民民主统一战线亦将较1951年更加巩固和发展。所有这些，就是我们所预计的1952年的情况，也就是我们在这一年的工作计划。执行这一计划的中心环节，就是毛主席所号召的“精兵简政，增产节约”。因为要使这一计划在今后一年内完全实现，那就必须在现在的人力、财力、物力分布状况的基础上加以重新部署，即加以精简、节约和调整。如果我们不这样做，那就不仅上述计划不可能全部实现，就连过去已得的成就也将受到影响。如果我们不这样做，尤其严重的结果是1952年度的预算必将继续膨胀，使收支不能接近平衡，物价必然要发生重大波动，就会直接影响朝鲜的战争和国内的建设。这一计划的重点是用一切方法挤出钱来建设重工业和国防工业。1952年是我们三年准备工作的最后一年。从1953年起，我们就要进入大规模经济建设了，准备以20年时间完成中国的工业化。完成工业化当然不只是重工业和国防工业，一切必要的轻工业都应建设起来。为了完成国家工业化，必须发展农业，并逐步完成农业社会化。但是首先重要并能带动轻工业和农业向前发展的是建设重工业和国防工业。为了建设重工业和国防工业就要付出很多的资金，而资金的来源只有增产节约一条康庄大道，这是应为全党同志所明白了解的。因此，中央于1951年10月召开了扩大的政治局会议，决定了这一方针；并于同月至12月1日经过人民政协全国委员会通过了这一方针。务望中央和军委各部门，中央人民政府和人民团体各党组，各中央局、各中央分局、各省委、市委、区党委、各同级军区党委、各同级政府党组和各同级人民团体党组，领导全党全军和全国人民展开爱国增产节约运动，使这个运动成为真正的全体人民运动，而为实现上述计划而斗争。必须认识：这一方针不是消极的，而是具有重大积极意义的。它是既保证朝鲜战争能够胜利又保证国内物价继续稳定的方针，它是积累资金、取得经验、加速国家经济建设的方针，它又是整肃党纪，提高工作效率和转移社会风气的方针，总而言之，它是带动我们国家在政治、军事、经济、文化各方面的全局都将迅速进步、并奠定将来伟大建设基础的方针。

（四）现在全国各地在中央政治局扩大会议和人民政协全国委员会第三次会议之后，已开始进行这一运动。中央人民政府军委和政务院已分别召开了编制会议，具体布置了整编和精简的工作。

中央要求全党在全国、上下、公私、各个部门和各种工作上都贯彻这一方针。从全国来说，要由党和人民政府，领导人民，依靠人民，主要是依靠工人、农民和革命知识分子，发动全国各阶层的爱国增产节约运动。从上下来说，要由中央起，层层带头，一直贯彻到区乡组织，实行上下监督，互派检查。从公私来说，要先公后私，公家作了表率，私人的企业、团体和学校，也就难于自外，并且可以经过政治协商机关去进行动员。从部门来说，整编要以军事部门为重点；增产要以财经部门和工人农民组织为重点；政府、党派和团体则进行一般的精简；但对中共以外的各民主党派，不要求它们精简，因为它们的组织是很小的，它们的用费是很少的。至于节约运动和反贪污、反浪费、反官僚主义的斗争，则是所有各方面都应该当作一个中心任务来进行。从各种具体工作来说，中央现就两个月来的准备情况，规定了如下各项实施办法：

（甲）整编部队，加强国防力量

为加强国防力量和适应国家建设的需要，人民解放军应采取精兵政策，实行整编。整编的原则是规定一定编制一定数目的部队、机关和学校，保留一定的基干，减少现役的人员，以加速人民解放军现代化正规化的过程；同时，发动大批人员进行转业建设（口号是转业建设和生产待命，不用复员的口号），或转入建设部门，或回家生产并参加组训民兵的工作，以便参加增产节约运动，并便于积蓄力量，准备1953年开始实行义务兵役制的基础。

整编工作分为两个方面：一个方面是按规定的编制和数目整编现有的部队、机关和学校；另一个方面是处理转业的人员，这是一项需要全国党政军民大家负责的工作。

人民解放军经过整编后将分成两类：一类是国防部队，其中包括陆、海、空军及其他战略兵种，各级军事指挥、政治工作和后勤工作的机关，学校，医院等；一类是公安部队，统一管辖国家的公安、缉私、机关警卫、企业警卫、地方警卫及部分的边防和海防的部队。国防部队根据现有的和可能的现代化装备和国家的生产能力整编，并计算到今后三年至五年的发展，准备必要的干部，实施适合情况的训练，以便培养出一支比现在更为强大的国防军。公安部队根据肃清土匪和镇压反革命工作的进展及其本身能力的强化过程，将逐步接受国防军的内防任务，并确定整编分年精简的原则。

发动转业的人员分为三类：第一类是可以回家生产待命的，其中包括新动员的战士及部队机关中愿意回家或可以发动回家的战士和一部分排级干部。这一类人要从1951年12月起至1952年3月止尽可能地离开部队转入生产，其在1952年3月前无法进行整编的，可留待3月后好行处理。除去军委和政务院对于回乡转业建设人员将规定处理办法外，各地方党政机关必须对这类回家生产的军队人员负责安置，不伤感情，以利将来必要时的动员回队。其中如有部队老战士或干部，而其能力又能胜任地方工作的，经过军事机关的负责证明和地方党政机关的考核之后，地方党政机关应尽量吸收他们参加区乡甚至县级机关的工作，尤其是民兵训练的工作。第二类是可以或者应该转入建设部门的干部和无家可归、不愿回家或不必回家的战士。他们转业的方向是企业部门，财政部门，合作社，工业学校，技术学校，艺徒学校，工程队等。其中最急需的是青年知识分子，军事方面必须抽出一定数量的青年知识分子交给政府转学工业技术，好为国防经济建设准备干部。这一类人的转业处理，将由军委和政务院规定具体办法。第三类是既无法回家生产又一时无从转业而已成为编余人员的干部和一部分家属，则必须以非编制人员予以供给，并为其筹划职业，不得使其流离失所。

不管朝鲜战争结束的快慢，我们现在就着手整编。这不仅不会削弱在朝鲜的作战力量，相反地，还会节约出更好的人力和相当的财力、物力去支援人民志愿军。

（乙）精简机构，提高工作效率

政府、党派和团体的精简原则是紧缩编制，调整机构，减少层次和简化手续。

在编制员额上，应该紧缩上层，充实下层，紧缩人多事少的机构，补充事多人少的方面。中央号召中央各单位、各大行政区、各省市，都要依照全国编制会议的规定主动地进行精简。县、区、乡的划小，须先经政务院有一个原则的规定和一个概数的分配，然后由各大行政区和省作具体的处理。

在机构调整上，应该合并那些重叠的和分工不清而性质相同的机构，合并那些现在尚不忙于分立而可以合并的机构，成立那些目前在工作上急需成立的机构，取消那些可有可无的机构，有些机构和团体在业务的联系上可以归并、兼办或者合署办公。这一切调整，都应根据具体情况，从政治和业务两方面考虑，避免轻率决定，影响工作。

各级机关应依照全国编制会议规定，尽量减少层次，实行分工负责，简化办公手续，裁减可有可无甚至不起作用的人员，以提高工作效率。凡各级裁减下来的人员，除补充下层外，均应分别保送到企业和文教部门工作，不得使其失业。

各级领导机关得会同人事部门，在全国编制会议规定的各级总员额内，作适合于当地情况的调整，但不得未经上级批准，自行增加各级总员额；同时，上级各机关各部门亦不得未经主管编制机关批准，直接下达编制。

（丙）增产节约，准备国家的大规模建设

增产节约是积累资金、取得经验、加速经济建设的主要办法。我们要在1952年完成恢复经济的任务，并为1953年开始的大规模国家经济建设计划准备条件，就必须在1952年爱国增产节约运动的基础上，更进一步地团结、教育和依靠工人和农民，订立爱国公约，组织竞赛，努力增加生产，厉行节约，以初步地实现毛主席所号召的“一个普遍高涨的爱国增产运动”。

在农村方面，必须提倡组织起来，逐步地发展农业生产互助合作的组织，争取每省和每专区设立一个至几个国营农场，每县设立一个国营农场，每省和每专区设立一个国营农具工厂，在农民中普遍推行爱国公约运动，集中力量提高单位面积产量，增产商品粮食，增产工业原料作物和增产外销物资，并推动农村副业及手工业生产的发展。各级党委在1951年冬季几个月内应于政府指定地区加强购粮和购棉的工作，务使国家于1952年获得足够的粮食和棉花。

在国营工厂、矿山和交通企业及其他企业方面，必须在增产节约的要求上，改进经营管理，提高设备利用率，完成清理资产，实行经济核算制，为国家积累起更多的财富，并做好几项基本建设的计划和工作。中央财委已决定，继东北1951年首创的增产节约的纪录之后，要于1952年在完成照常的生产计划之外，在关内增产节约出价值275亿斤粮食的财富，中央号召关内各财经单位要为实现和超过这个计划而努力。在1952年东北要订立自己可行的增产节约计划，关内各地要在地方管辖的财经范围内订出自己的增产节约计划。

在城市方面，目前还不可能进行新都市的建设，也不可能进行大量房屋的建筑，而只能因陋就简地进行一些必要的修建。各大中城市的政府，必须严格地管制地方建筑工程，掌握地方建筑计划，凡未经批准的或已停止建筑的工程，均应一律停止进行。各级财委必须统一掌握国家建筑器材和国家建筑计划，以便能有重点地有计划地进行某些急需举办的基本建设工程而取消一切不急需的建筑工程。

（丁）平衡收支，继续稳定物价

预计1952年的收入会比1951年的收入有所增加，在全国人民进行增产、节约、反对贪污、反对浪费、反对官僚主义的伟大的斗争中，收入增加的数字必很可观，各级财经机关必须在这方面继续努力。在农业税收上，应贯彻查实田亩、确定常年应产量、依率计征的原则，并应为减少公粮的损耗而斗争。在一般税收上，要随着生产和市场的发展以及工商业利润的增高，于1952年度，在既有利于国家税收又有利于促进生产的原则下，对于某些税率进行必要的调整。在国营企业和专卖事业方面依（丙）项所提的增产节约计划而增加的收入，可能成为1952年收入增加比例的最高方面。清理仓库和结余，各地必须保证按规定继续做好。

各单位自己的家务和物资必须加以清理，只要其家务是正常生产而非经商投机或非法套取国家资财应仍归其自管，不算做国家收入。但各级领导机关必须根据中央财委的规定，实行统一监督，以便于必要时得调配其物资；并对机关生产的资金利润，规定支配的手续、严格的用途和民主管理的制度，以免其自由滥用。

在支出方面，1952年的预算，应力争赤字低过1951年甚至低过1950年。军事经费，即使朝鲜战争继续下去，也要在前线的精简节约和国内的整编节约条件下，保证不超过1951年的支出数目，并争取减少一部分。如果朝鲜停战实现，则省出的作战费及一部分经常费，应首先用于与国防有关的工业建设和工业人材的培养，同时，也要考虑到供给制和低薪制的中下级工作人员的生活待遇问题作一次可能的调整和初步的解决。经济建设经费的分配，应采取一般恢复、重点发展的方针。文化教育经费的分配，应采取一般维持、重点建设的方针。一般经费应尽量节省；但对于优抚、灾区、老根据地、少数民族、边疆、救济和华侨七个方面，还需要作必要的和适当的增加。

各级党政军民机关对于预决算的编审，必须实事求是，精确计算，凡属可办可不办的事即应坚决不办，凡属可批可不批的款即应坚决不批。一切开支必须根据预算办事，并严格实行专款专用、一事一结算的制度。

一般建设投资和国外订货的拨款，即使已在预算规定之内，也必须经过完备的手续，方许支领，并须由银行监督付款。军政企业部门的大宗国内订货，也必须经过同级财经机关核准介绍，统一进行，务须避免结私商以操纵物价的机会。

各级领导机关必须坚决执行上述各项规定，以保证1952年的物价继续稳定。

（戊）为反对贪污、反对浪费和反对官僚主义而斗争

为贯彻精兵简政、增产节约的中心任务，必须进行反对贪污、反对浪费和反对官僚主义的坚决斗争。东北的党已在这方面走在先头，他们的经验可供全国仿办。

自从我们占领城市两年至三年以来，严重的贪污案件不断发生，证明1949年春季党的二中全会严重地指出资产阶级对党的侵蚀的必然性和为防止及克服此种巨大危险的必要性，是完全正确的。现在是全党动员切实执行这项决议的紧要时机了。再不切实执行这项决议，我们就会犯大错误。现在必须向全党提出警告：一切从事国家工作、党务工作和人民团体工作的党员，利用职权实行贪污和实行浪费，都是严重的犯罪行为。中央人民政府不久将颁布惩治贪污的条例和惩治浪费的条例，各级领导机关必须仿照实行惩治反革命条例那样，大张旗鼓地发动一切工作人员和有关的群众进行学习，号召坦白和检举，并由主要负责同志亲自督促和检查。一切贪污行为必须揭发，按其情节轻重，给以程度不等的处理，从警告、调职、撤职、开除党籍、判处各种徒刑、直至枪决。典型的贪污犯，必须动员群众进行公审，依法治罪。

浪费和贪污在性质上虽有若干不同，但浪费的损失大于贪污，其结果又常与侵吞、盗窃和骗取国家财物或收受他人贿赂的行为相接近。故严惩浪费，必须与严惩贪污同时进行。浪费的范围极广，项目极多，又是一个普遍的严重现象，故须着重地进行斗争，并须定出惩治办法。

反贪污斗争和反浪费斗争的开展和深入，必将接触到各方面存在着的各种程度的官僚主义和自由主义的工作作风。这种作风，是贪污和浪费现象所以存在和发展的根本原因。中央要求党的各级领导机关在此次精兵简政的工作中，在展开全国规模的爱国增产节约运动中，在进行反对贪污和反对浪费的斗争中，同时展开一个反对官僚主义的斗争。凡在其所属机关、部队、团体、学校、或企业中发生了严重的贪污现象或浪费现象，而事前毫无觉察，事后又不厉行惩治者，称为严重的官僚主义分子。这种严重的官僚主义分子，虽然没有亲手参加贪污行为或浪费行为，亦应以失职论处，决不宽恕。

为着有力地彻底地消灭贪污现象、浪费现象和官僚主义现象，必须奖励那些不贪污、不浪费和毫无官僚主义习气的模范的单位和人物，从这些单位和人物与那些贪污者、浪费者和官僚主义者之间划出明显的界线来。

为着有系统地进行反贪污、反浪费、反官僚主义的斗争，为着有系统地进行精兵简政工作和展开增产节约运动，全国从中央到地方，应在党的领导下分为（甲）党派团体，（乙）政府，（丙）军队三个系统，成立各级节约检查委员会，由首长负责，亲自动手，发动自上而下和自下而上的按级相互检查。党的纪律检查委员会、人民政府的监察委员会、检察机关和司法机关，军队的政治工作机关和纪律检查委员会应将这件事作为当前的中心工作。党的报纸和宣传员、报告员，应积极参加这一斗争。工会、青年团和妇女联合会应在自己的任务中，加上检举和纠察贪污和浪费现象的一项，并派遣自己的积极分子参加各级各系统的节约检查委员会。在机关、企业、学校、部队、农村和城市的街道组织中均应发动这一运动，依靠群众进行检查，并与他们的工作、生产、学习和日常生活联系起来。

（五）本决定一直下达到党的省委、市委、区党委和军队的省军区党委。在省委召集地委书记开会、在大城市市委召集区委书记开会、在省军区党委召集师级以上主要负责同志开会的时候，应将本决定发给他们阅读，最好是组织集体阅读；并向他们解释由他们所提出的疑问。其他干部相当于地委书记、大城市区委书记和军队师级主要干部一级者均应使其有阅读的机会（用集体阅读的方法），但不得让不可靠的分子阅读，不得在任何刊物上登载，并不得遗失。为使本决定的基本方针和各项办法能充分见之实行，必须不厌求详地向干部进行解释，使他们明确地认识全局的情况和任务的重要性。

（六）规定中央直属各机关以直属总党委为单位，地方以中央局、中央分局为单位，政府以政务院及其各委党组为单位，军队以总政治部及各大军区和各兵种的党委为单位，于1952年内，每两个月向中央做一次关于精简、节约、反贪污、反浪费、反官僚主义的工作报告。

资料来源：中共中央文献研究室编：《建国以来重要文献选编》第2册，中央文献出版社1992年版，第471—485页。

同 日

［纲 文］ **中共中央发出《关于各级党委精简编制的指示》。**

［目 文］ 《指示》指出，根据全国编制会议讨论意见，拟从中央、大行政区两级的原编制名额中减少1/5，省级的原编制名额中减少1/10，专署级也略有减少。各中央局、分局、省委、地委也应依此原则实行精简。这样困难固然很多，但估计到党委系统的编制名额如不适当减少，则中央所提出的精简节约政策必会遇到更多的困难。同时根据目前工作需要，县以上的各级党委又均应设立统战部门和纪律检查委员会的工作机构。因此，对于各级党委所属各部门的编制名额，请你们按照工作需要及实际可能，合理地予以解决。

同 日

［纲 文］ **中共中央就关于补报重大贪污犯的处理情况致电薄一波、刘澜涛。**

［目 文］ 电报称：你们11月28日关于华北方面发现的贪污事件的报告收到了。在这个报告中没有说到对于那些重大贪污犯，党和政府是如何处理的，请你们将处理的情况补告我们，即对太原市区委书记赵城、区长任华，唐山市粮食公司负责人（报告中无姓名），河北徐水县银行经理赵增非，山西交城县长张进才，辽东工业厅驻津办事处主任刘治宇，山西交通局保管科副科长赵以儒，华北军区后勤部汽车学校政治委员李晋吾，河北省供销社西北小组负责人（报告中无姓名）等重大贪污犯判处了何种罪刑，向我们作一补充的报告。

同 日

［纲 文］ **中央军委、政务院做出《关于人民解放军1952年回乡转业建设人员处理办法的决定》。**

［目 文］ 《决定》指出，为加强国防力量和适应国家经济建设的需要，人民解放军在保留一定基干和减少现役人员的原则下，必须抽出大批人员转入建设，并参加组训民兵的工作，以便积蓄力量奠定今后实行义务兵役制度的基础。这是我军当前的中心任务。随《决定》还公布了1952年回乡转业建设军人的《资助标准》和《经费开支标准》。

同 日

［纲 文］ **中央军委总政治部发出关于部队整编工作的政治指示。**

［目 文］ 指示共九条，首先指出了该项工作的重要意义：目前国内剿匪已大体结

束，镇压反革命已获得显著成效，国内的和平秩序已有了保证，全国土地改革即将基本完成。因此，平时继续保留庞大数量的军队已无必要。中共中央与中央军委决心实行整编部队、精简机关、厉行增产节约的政策，以便大量组训民兵，大量训练干部，尤其是转移国家的财力与人力，去迅速建设军事工业与强大的经济力量，从根本上解决我军的装备问题；并加强空军、海军与各特种兵的建设，以加强抗美援朝作战的力量。这是目前不应稍缓的紧急任务，全军同志应当坚决保证其胜利实施。指示具体规定了全军整编工作的主要内容、动员方式、要注意的问题、成立整编委员会、整编程序、批准转业的手续、干部和知识分子的安排、遵守编制表、避免浪费等方面的处理办法。

[文　献]　军委总政治部关于部队整编工作的政治指示

一、为了继续争取抗美援朝战争的胜利，为了保卫祖国的和平建设和东方与世界的持久和平，我们当前的中心任务，就是建设强大的现代化、正规化的国防军。为了完成这个任务，第一，必须建设国防工业和其他工业，而为了发展工业就要发展农业并训练大批从事工业和农业的干部；第二，建设强大的空军、海军、装甲、炮兵及各特种技术兵队；第三，整训民兵，准备实行义务兵役制；第四，统一编制，适应高度集中性组织性的需要；第五，抽出大批干部，实行轮流入学，提高文化与军事科学知识，培养大批掌握新的技术人材。这些就是我们建设强大国防力量的重要条件。

我国国内剿匪已大体结束，镇压反革命已获得显著成效，国内的和平秩序已有了保证，全国土地改革即将基本完成，这一切，就创造了更广泛地组训民兵准备过渡到义务兵役制的有利条件。因此平时继续保留庞大数量的军队，事实上已无必要。就是抗美援朝战争尚未达成和平解决，我们的力量还是很雄厚的，还能够继续作战，一直打到朝鲜战争胜利结束。因此中央与军委近以最大决心实行整编部队、精简机关、厉行增产节约的政策，以便大量组训民兵，大量训练干部，尤其是转移国家的财力与人力，去迅速建设军事工业与强大的经济力量，从根本上解决我军的装备问题；并加强空军、海军与各特种兵的建设，以加强抗美援朝作战的力量。这个方针是完全正确的，是完全适合于当前国际国内形势，是增强国防力量的必需步骤，是目前不应稍缓的紧急任务，全军同志应当坚决保证其胜利实施。

二、此次整编工作分为两个方面：一个方面是按规定的编制和数目整编现有的部队、机关和学校；另一个方面是动员大批人员进行转业建设，其中或回家生产，或转入建设部门工作和学习，还有一部分编余人员则需要作非编制人员待遇，并为其筹划职业。这些工作的规模空前巨大，影响全军，影响全国，任务严重而复杂，故必须对部队进行深入的动员与教育。动员内容应强调说明整编的积极意义及其对于加强国防建设的极端重要性，决不能理解为消极地削弱军队、裁减人员。今天减少军队数量，正是为了真正加强军事力量，加速现代化正规化的过程。每一个转业建设人员对国防的责任并不是减轻，而是要从不同方面共同加紧努力。当世界上帝国主义制度还未消灭以前我们将永远是一支战斗队。这一点是不能有丝毫动摇的。因此所有人员都应当弄清问题本质，严格服从组织的决定，转业者要保持我军光荣传统，到农村、工矿事业中积极参加生产，在组训民兵及各种建设工作中起带头作用。我们的口号是“生产待命”，一遇国家紧急需要，再行回队服务。留队者要安心工作，努力提高自己，学习文化，学习新的军事知识与技术。

根据1950年部队整编复员的经验，在留队与转业人员的思想上，可能产生两种偏向，在初步动员中即应予以预防：有些留队人员看到这样大批人员转业，便觉得天下无事、军队不重要了，于是松懈了战斗意志，不愿继续留队服务。在转业建设人员中则有些不愿参加生产，怕劳动，怕吃苦，或者害怕回家后无法维持生活，盲目地感到没有出路，发生悲观失望的思想。这两种情况在去年整编复员工作中都曾经发生，经过很大努力方才克服，我们应当好好接受这个教训。

动员的方式应先党内，后党外；先干部，后战士；先讲清道理，再经群众充分讨论，经由领导上详细解答疑问，消除顾虑。先把领导干部的思想搞通，再逐级动员，不要要求太急，否则整个工作便做不好，或者做得马虎草率，以致出乱子。

转业建设人员一经确定后，即应与留队者分开，并继续进行不同的教育。转业人员应以师或军分区为单位集中进行短期训练（排以上干部则由省军区或军集训），再组织遣送。首先讲清楚转业军人的职责和安置转业军人的各种办法，及政府与部队对转业军人负责到底的态度，务使大批转业军人均能负起工作队的任务。还要教育大家：在军队中做一个光荣的战士，在生产中就要争取当一个劳动模范，在地方工作上，就要争取成为民兵骨干，成为人民政权中的积极分子，要积极宣传政府的政策法令并以身作则，坚决执行。反对不务正业、不劳而食的寄生虫思想，反对轻视政府与群众及居功骄傲的有害思想。回家后即便有人因土地改革的某些偏差致影响了自己的家庭，或者婚姻问题上发生了某些纠纷，均应依照法律手续，请求政府予以合理的解决，概不得蛮不讲理，胡作乱为。每个转业军人应当永远保持人民解放军为人民为祖国服务的高尚品质与艰苦勤劳的优良作风。此外，还要教育他们，随时准备在国家一旦实行新的动员时，热烈响应政府的召唤，重新回队服务。通过这些教育，启发他们进行讨论，消除其原来不正确的思想和打算，然后发动各人订立自己参加生产建设与地方工作的计划，全体订立转业军人爱国公约，举行宣誓，再组织热烈的欢送。

教育留队人员，使其稳定情绪，加紧工作与学习，明白留队责任的重大，也是极其重要的工作，必须结合新的整训任务，使波动的心情完全安定下来。

三、此次整编部队，转业建设人员非常众多，必将遍布全国各地，因之各级党委应十分负责地、严肃慎重地对待此事，如果对转业军人动员不好，处理不当，则不仅影响到留队人员的战斗意志，也会增加地方政府处理上的困难，而且更要影响既定计划与将来新的动员工作。

为了加强整编工作的领导，团以上各级党委应立即成立整编委员会，负责进行各种具体工作。以前各级军区与地方政府共同组织的地方复员委员会，应即改名为转业建设委员会，并开始工作，以便立即着手策划，并准备接收、安置本地区的转业军人。1952年全军的政治工作均应保证整编工作的顺利完成，文化教育与整党等工作则应与整编工作适当结合。在第一期转业军人工作尚未大体完结的时候，机关均暂缓整编，应放在第二期进行，以免分散领导力量。

各级首长必须亲自动手领导部队整编与转业的工作，并慎重地选派参加整编工作的人员，这些人员可先经过短期训练，学习有关文件，研究1950年整编复员工作的经验，以保证把整编与转业的工作做好。反对因机关或部队要整编，干部的职务要调动，因而大家便惶惶不安，机关不管部队，干部不管战士，对转业人员不关心，或采取简单化的处理办法，不加以教育与解释，不照顾他们的困难和要求，抱推出门不管的态度，这样必然造成部队思想上甚至组织上的松懈混乱，并可能使许多转业人员发生不满与对抗情绪，这样就会产生极为严重的恶果，所有干部对此必须严加警惕。

四、批准转业人员的手续：班长及战士由支部提名，团级整编委员会批准。整个建制单位的裁减则由军或省军区以上党委统一计划与确定。转业人员的安置办法，大体分为：回家生产，参加民兵建设与地方政府工作，参加企业部门工作，参加财政、税收与合作社工作，学习工业技术，学习文化，转入经济保卫工作（如工厂矿山警卫队），参加各种建设工程队和参加国家的文化教育工作等。有重病者须继续留养。犯人则转交公安系统组织劳动改造。

师与军分区整编委员会须先期把本部队将向各地转业的人数与名单通知接收地区的转业建设委员会，请其早日订出接收与安置转业军人的具体计划，以便有准备地分配转业人员。在集训中也可以先征求转业人员自己的意见，并负责介绍给地方政府或转业建设委员会。但能可按照各人意见分配工作，则必须由组织根据需要与本人的具体情况决定，这点必须向转业人员说清楚。

转业人员在调离本单位时，要将供给制度中应发的物品及伙食节余、生产分红、合作社股金与红利等，全部发齐。凡立功者一律发给立功证明，详细登记其功绩。党、团员的组织介绍信须于离本单位前填写清楚，并交本人带上。在集训期间，一定要填写详细登记表，颁发转业证，并按《中央人民政府人民革命军事委员会和政务院关于人民解放军1952年转业建设人员处理办法的决定》，办妥一切手续。

遣送时，部队应按规定发给到接收地点的足够的路费，并先期通知接收机关。由集训机关派专人带领护送，直至接收机关协同处理，适当安置为止。部队送至何级政府接收，可按中央转业建设委员会规定执行。

由大军区、省军区政治部负责协同地方政府在各交通要冲设立转业人员交接招待站，进行招待，并组织沿途的欢迎欢送工作。

要充分运用1950年整编工作的各种经验，力求把此次部队整编与转业工作做好，使留队者安心，转业者满意；务使转业军人回到地方后，都可以安家立业，有利于建设工作，不使一个人流离失所。

五、经过整编之后，全军可能抽调大量干部及一批青年知识分子，分配到学校、各特种兵、军事工业、后勤部门及政府各种建设部门和学校中去，这是带有重大建设意义的使用干部，绝不是因为干部多余而随便安插。凡是抽出另行分配工作的干部，一律不要称作编余干部。并要适当地批定他们的等级，适当地分配他们的工作，克服他们当中某些人因误解而产生的悲观失望、怨天尤人的褊狭思想。更要强调：整编部队，精简机关，调整干部，都是为了国家和人民的最高和长远的利益，个人的工作必须服从组织分配。这对我们的组织性纪律性是一个很大的考验。一切对抗组织，闹个人要求，强调个人特殊理由或借口思想不通便不服从调动，趁整编机会要求离开军队或离开机关，居功骄傲，牢骚骂街，闹小宗派、小团体等等无组织无纪律的现象，必须坚决防止与纠正。在尽力说服之后，个别仍不觉悟或坚持错误者，就要执行纪律，决不容许无原则的迁就。此次干部变动规模巨大，情况复杂，各级领导机关必须严肃地慎重地而且是全面去处理干部问题。

为了好好训练与分配这批干部，要求各整编部队将能抽调出来的干部全部逐级上送，不得“打埋伏”。所有干部不论调任何职务，一律仍按原级别待遇。

各级军区应立即加强和扩大干部军事、政治、后勤、文化学校及各种训练班，并极力认真地办好。分配到各特种兵、军事工业、后勤部门去的干部，应事先订出计划，然后有步骤地分批抽调与处理，不要把许多待分配的干部一起堆在招待所里，致拖延时间，影响情绪。确实不适宜于部队工作的少数干部，经领导上批准，可以转业到地方政府或财经企业部门去。确不适于部队工作的老弱残废干部，有家可归，而又自愿转业者，准予转业。所有排级干部的转业均须经师和军分区、连级干部经军或省军区、营级干部经大军区整编委员会审查批准，团级干部经军委批准。因健康条件不能学习与工作又坚不愿至地方者，可组织休养所休养治疗，或安置在生产单位留养起来。各级领导机关还要设立几个临时招待所，以便妥善地照顾调动的干部的生活。

六、第一期整编与转业军人工作大体结束时，各级政治机关均可按新的编制表进行整编。尽量减少机关层次，能减少的干部就要减下来。经过整编后，必须严格遵守编制表的规定，不得再随意扩大编制和招收人员。机关人员减少后，就要提高干部质量，转变机关的工作作风，研究与改善工作方式，提高工作效率，以适应工作任务的需要。今后各级机关不要滥发指示与统计表，不要以多编多印作为工作成绩，不开不必要的会议，会议要有中心，有准备，严格遵守时间。在工作上要发扬艰苦朴素、严格准确的作风，克服铺张浪费和官僚主义。只有这样，才能达到改进工作、提高效率的目的。

七、此次整编中，所有要全部结束的机关部队单位，特别应注意避免浪费现象，所有厨房用具、生产农业与家底资财等，必须完整地上缴，严禁盗卖破坏、私自瓜分或全部花光，违者以贪污论。部队整编后剩下的弹药武器与各种装备，须妥善保存，不得遗失和损坏。

八、全军的整编工作，务须按照中央军委的计划，逐步按期完成。各级党委、政治机关接此指示后，应根据自己的情况，立即布置进行，并将动员与执行情形随时报告我们。

九、本指示同时发给地方党委阅看，以利配合。

资料来源：中共中央文献研究室编：《建国以来重要文献选编》第2册，中央文献出版社1992年版，第486—494页。

同 日

[纲 文] **周恩来向出席总政治部宣传教育会议和华北军区高干会议的代表发表讲话。**

[目 文] 周恩来在讲话中传达了中共中央关于实行精兵简政、增产节约和反对贪污、浪费和官僚主义的决定，报告了抗美援朝战争形势和解放军开展思想改造的问题。他指出，解放军的思想改造运动，应以政治工作部门为中心，并应推广到其他部门。思想改造必须以马列主义与中国革命实践相结合的毛泽东思想为武器，进行学习，实行批评与自我批评，站稳立场，分清敌我是非，以肃清反动思想，严格批判资产阶级与小资产阶级思想，建立集体主义的思想，反对个人主义的思想。

同 日

[纲 文] **北京市协商委员会和市人民政府委员会举行联席会议讨论开展反贪污运动。**

[目 文] 会议首先由彭真说明了开展反贪污运动的重要意义。他指出：人民政府是廉洁的政府，可是少数工作人员的贪污现象仍然是严重的。从北京解放到现在，市属各单位经过两次大检查和整风学习运动，已经发现和处理的贪污案犯共有650人，尚未发现的会比这个数目多。为了进一步铲除贪污现象，树立巩固的廉洁的风气，各单位领导人必须采取有效的办法进行系统深入的检查，并发动群众自下而上进行群众性的检举，大张旗鼓，在全市范围内展开反贪污运动。到会的市协商委员会委员、市人民政府委员会委员和各单位负责干部相继发表意见，一致拥护开展反贪污运动。

最后，彭真作总结发言指出，过几天，市协商委员会和市人民政府委员会将再开一次联席会议，订出一个关于开展增产节约、反贪污浪费运动的具体计划，经过市各界人民代表会议作全面布置。我们相信，经过这次大张旗鼓的反贪污斗争，将给予贪污分子以致命打击，更圆满地树立人民政府廉洁作风，进一步转变社会上残留的坏风气。

12月3日

[纲文] **贸易部发布《关于稳定新旧年关物价的指示》。**

[目文] 《指示》要求各地除考虑贸易部对1951年新旧年关情况所作的估计外，应结合当时当地的具体情况，及早地有计划地进行准备工作：一、对米、面、油、糖、盐等主要物资及百货中的年货，要在批发市场和零售市场上充分准备，充分供应；力量不足者，及时调运，决不允许发生供求脱节及批发与零售价格上涨的现象。二、对肉、鱼、蛋、菜蔬、干鲜果等，除应准备足以稳定批发价格的力量外，并须组织合作社及私商进行物资准备，以充实物资力量，保障供应。三、以上各类商品，由经营各该商品的专业公司分别负责，应当加强国营贸易企业及合作社的零售工作。四、物资准备必须保证及时，避免出现1950年个别城市曾发生的春节已过才运到物资的现象。

关于价格掌握问题，《指示》要求：一、有批发牌价的商品，必须坚决通过稳住牌价稳住市价；零售商品有牌价者，零售公司及合作社也必须坚决通过稳住牌价稳定市场零售价格。二、对国家经营数量较小或经营较为困难必须鼓励私商贩运调剂的商品，在地区差价上应掌握到稍高于合理差价的水平，给私商以稍大的利润，以鼓励贩运，但不得过分提高价格，加重消费者的负担。三、批发与零售间的差价应保持合理，保护零售商的正当利润。

《指示》要求加强行政管理工作：一、各级贸易行政部门应召集各行业开会，号召实践爱国公约，不抬价，不扰乱市场，赚正当利润，为消费者服务，公私合作共同完成调剂供求的任务。二、召集私商开会协议年关物价，并将协议价格在报上公布，号召群众监督、检举不按议价执行的奸商。三、对理发业、澡堂业年关提价的封建陋习，应加改革。四、行政部门应组织一部分干部加强对市场价格的检查，统计年关物资的消费量，作为今后计划供应的参考。五、严惩个别扰乱市场、抬高物价的奸商。

同日

[纲文] **邮电部就全国长途电信业务会议做出综合报告。**

[目文] 报告称：会议着重讨论并解决了三个问题：一、统一制定全国长途电信业务规章制度，包括：国内国际电报营业通则，国内国际长途电话营业通则及其附则，电报通信工作制度，长途电话值机规则及电报、电话、营业三类工作人员须知。在统一与制订各类规章制度中，根据完成通信任务、达到企业经营的总原则，贯彻了五项基本要求，即：贯彻国家的政策与需要；简化；集中统一与执行方法上的因地制宜；有线电无线电一致，报话一致，国际与国内一致及业务与财务一致；便于一般用户使用与内部处理。

二、统一整顿业务报表，由61种减到50种，由月报改为季报，简化了填报和汇总手续。三、讨论了定员定额、计时计量、消耗标准等实行经济核算的初步准备工作。

同 日

［纲 文］ **朝鲜停战谈判双方代表团会议继续举行，朝中方提出七项原则建议。**

［目 文］ 朝中方根据7天以来双方对于第三项议程的论点，对原有的五项原则建议提出了两项补充建议，并指出：这七项原则建议是一个整体，各条之间相互关联不可分割，也包含了“联合国军”方建议中的一切合理部分。

朝中方七项原则建议是：一、双方一切武装力量，包括陆、海、空军的正规与非正规部队与武装人员，应自停战协议签字之日起，停止一切敌对行为。二、双方一切武装力量应于停战协议签字后3天内，自非军事地区撤出。三、双方一切武装力量应于停战协议签字后5天内，以军事分界线为界，自对方的后方和沿海岛屿及海面撤走，如逾期不撤，又无任何延期撤走的理由，则对方为维持治安，对于此类武装人员有权采取一切必要的行动。四、双方一切武装力量，均不得进入非军事地区，也不得对该地区进行任何武装行动。五、双方各指定同等数目的委员，组成停战委员会，共同负责具体安排和监督除本项第六条所规定的监察范围外的全部停战协议的实施。六、为保证军事停战的稳定，以利双方高一级的政治会议的进行，双方应保证不从朝鲜境外以任何借口进入任何军事力量、武器和弹药。七、为监督第六条规定的严格实施，双方同意邀请在朝鲜战争中的中立国家的代表，成立监察机构，负责到非军事区以外的双方同意的后方口岸，进行必要的视察，并向双方停战委员会提出关于视察结果的报告。

12月4日

［纲 文］ **中共中央发出关于批转北京市委开展反贪污斗争的报告的指示。**

［目 文］ 指示全文如下：中央和军委各部门，中央人民政府各党组，各中央局，并请速即转发所属分局、各省委、各市委、各区党委、各地委和各县委；各大军区党委和志愿军党委，并请速即转发所属政治、军事、后勤各部门，直到团级为止：一、中央批准1951年12月4日晨北京市委关于北京市工作人员的贪污现象及今后展开反贪污斗争的意见的报告，认为这个报告是完全正确的。二、中央责成你们在接到本指示3星期内，至迟在一个月内，有计划地初步地检查自己单位和所属下一级各单位工作人员的贪污现象，仿照北京市委所订各项办法，发动党内外最广大群众（包括各民主党派及社会民主人士），大张旗鼓地、雷厉风行地检查和惩治贪污人员。三、中央责成你们大体上仿照北京市委的报告样式，在收到本指示后一个月内，向中央作第一次关于检查和惩治贪污人员的报告。所有中央和军委各部门，均分别向中央和军委作报告；所有中央人民政府各党组，各中央局、各分局、各省委、各市委、各区党委、各地委、各县委，均按级向中央及其上级作报告。县委以上的报告，除发其上级外，均同时直接发中央。有电报的地方，用电报发来。无电报的地方，从邮局寄来。军事系统二三两级军区的报告，除发其上级外，同时直接发

军委。军区以下的报告，由军区收集转寄军委。志愿军各部的报告，由志愿军党委收集转寄军委。凡不作报告者，以违纪论。凡推迟报告时间者，须申明理由。四、本指示及北京市委的报告，须组织科长以上的党员阅读，并在党内刊物上发表。

[文　献]　北京市工作人员中的贪污现象及对今后开展反贪污斗争的意见

对于北京市工作人员中的贪污现象，我们曾于1949年和1950年进行过两次普遍检查，并分别给予各种贪污分子以刑事、行政或党纪制裁。但因为没有大张旗鼓地充分发动党内外群众，当作一个中心工作和群众运动来进行；同时，资产阶级思想和各种坏分子，又不断向我们的一部分工作人员，进行侵蚀和引诱；目前，贪污现象仍然相当严重地存在着，必须更系统地进行大规模的检查和斗争。

（一）据不完全的统计，自解放以来，北京市属各机关和企业部门工作人员中，已发现贪污分子650人，贪污总额约15亿元。其中，1949年166人，1950年289人，1951年195人。但已发现的，仅仅是贪污现象的一部分。据市税务局、市人民银行、市供销合作社等单位初步检查和估计，各该部门工作人员贪污现象均极严重。本市供销合作社重点检查的结果，发现九区联合消费合作社132名工作人员中有贪污行为者39名，即30%；六区联合消费合作社132名工作人员中有贪污行为者34名，即26%；九区有一个街道消费合作社23名工作人员全部集体贪污。

（二）在已发现的650名贪污分子中：

甲、最多为财经企业部门，计有420名，其次为公安部门，计有112名，其他各部门为118名；

乙、党员108名，团员19名，非党团员523名；

丙、留用干部和新干部（新干部中有很大一部分是新招收的旧人员）514名，老干部79名，其他57名；

丁、科长以上干部34名，科长以下工作人员616名。

（三）在650名贪污分子中，已发现的贪污方法：公安人员主要是赊账不还。税务人员和大宗采买的人员，主要是接受私商贿赂，串通私商合伙贪污。银行、贸易和合作社工作人员，有造假账和假单据的，有偷票子的，有大秤入小秤出的，有受贿的。机关总务人员，主要是买东西、买房、修房要回扣，或接受“礼物”，冒领和克扣薪资以及盗窃公共财物。仓库物资管理人员，主要是盗卖公物。此外，并有携款潜逃的。这些分子贪污的原因，在留用人员中，主要是过去有贪污的恶习，在老干部中，主要是堕落腐化；有一部分，则是受坏分子的引诱。

（四）在650名贪污分子中，已处理了512名。其中，有130名被撤职或开除。有105名被判处徒刑。有4名被判处死刑。党员贪污者，已处理了95名。其中，有27名被开除党籍。

（五）为了普遍深入地展开反贪污斗争，我们决定大张旗鼓地广泛发动党内外群众自下而上的检举，来配合领导上的检查，开展全市反贪污运动。具体办法：第一，由各单位负责人，认真地自上而下进行检查、检举贪污分子。第二，号召贪污分子自动坦白。第三，号召与发动全市所有的共产党员、青年团员、工会会员及其他各阶层人民，检举贪污分子。第四，抽调可靠干部，组织检查组，负责在本单位及上下与同级间相互检查。在步骤上我们已在党内外干部中作了关于增产节约、反浪费特别是反贪污的动员报告，召开了市协商委员会和市人民政府委员会扩大会议作了讨论，并准备在12月10日前后，召开市各界人民代表会议和全市党团员、工会会员及各区人民代表的会议，动员全市人民开展反贪污运动。对贪污案件的处理，根据中央指示的精神，采取惩办与教育相结合的方针，对各种贪污分子，按其情节轻重，分别对待。对于重要贪污分子，严予制裁。对于中小贪污分子，予以较轻之刑事、行政处罚，或批评教育。此外，并抓紧建立一些必要的制度，依靠领导的检查教育，依靠群众的监督、检举，铲除贪污现象，树立巩固的廉洁的风气。

（六）我们已于12月1日晚，召开了市协商委员会和市人民政府委员会扩大联席会议，交换了关于展开反贪污运动的意见。到会者一致热烈拥护我们的意见。工商联方面的委员表示，要进一步教育工商界，不要引诱、贿赂干部，并发动工商界参加检举运动。陈垣（辅仁大学校长）说：北京市的薪资，较天津、上海等大城市为低，生活较为清苦，建议政府对有困难者应给予适当照顾。我们认为这种意见是正确的，正拟定对于家庭负担重而生活困难的工作人员在房租、子女教育、医疗、交通等费用上予以适当补助和照顾。

（七）各机关、企业的浪费现象，对于国家财富的损害，估计较贪污要大得多。因此，还必须开展大规模的反浪费斗争。目前正由各机关、工厂草拟计划中。

资料来源：中共中央文献研究室编：《建国以来重要文献选编》第2册，中央文献出版社1992年版，第496—499页。

同日

［纲文］　中共中央批转华北局关于把领导重点转到工业生产和进一步发展农业生产的两个决定。

［目文］　中央在给华北局，并告各中央局，并请各中央局转发所属分局、省市区党委的批语中指出，一、华北局送来的两个文件，即华北局关于把领导的重点放在工业生产上来的决定及华北局关于进一步发展农业生产的决定，均收到了。中央批准这两个文件，认为是正确的（只作少数文句的增加和修改）；二、将这两个文件发给各中央局、各分局、各省市区委参考，并可在党内刊物上发表。

同 日

［纲 文］ **毛泽东就县乡政权建设问题致信董必武。**

［目 文］ 信中说：我认为你给饶漱石的信的内容是正确的，可以抄发华东以外各中央局负责同志一阅，促其注意这件事。可以连同你此信和我答复你的几句话，一起抄发。

此前，10 月18 日，董必武致信饶漱石指出，党委亲自去领导这种工作，这是对的，很必要的。但党委领导建政工作时，必须经过政权机关去做。我认为加强下级政权建设的工作，可以而且应该经由上级政权机关领导着去做，当然领导各级政权机关是各级党委的责任。各级党委对各级政权机关的领导，应经过在政权机关中工作的党员来实现；其中如有党员 3 人以上，应组成党组以保证党的领导。党直接做政权机关的工作是不好的。他建议：华东局如果要加强县、乡建政工作，最好是指令省以下党委挤出时间来讨论党领导政权机关如何才能使它强化，检查督促政权机关中党组及党员的工作和组织专门小组研究县乡建政问题，以使各级政权机关发挥其应有的相对独立作用。

12 月3 日，董必武再致信毛泽东，对他给饶漱石写信的背景情况作了说明，并对县乡政权建设问题提出了三点意见：一、下级政权机关的建立，党应经过上级政权机关领导去做比较好些；二、县乡两级建政工作，目前县级建政是关键；三、县乡建政是一件大事，在组织上和思想上都要有充分的准备。

同 日

［纲 文］ **薄一波作关于中财委系统反贪污、反浪费、反官僚主义的报告。**

［目 文］ 报告指出，中央人民政府成立了两年，我们进入城市也有两三年了，时间不长，但是政府工作人员中的贪污现象还相当严重。过去我们顾不上整顿这个问题，现在各方面工作已稍有眉目，应该在三大运动的基础上开展一个反贪污、反浪费、反官僚主义的运动，其中应以反贪污为重点。中财委系统各部门，贪污的机会是很多的，就最近的材料看来，贪污的情况大体有以下几种：第一，利用职权，出卖国家机密，以图私利，因此造成了国家财政经济上的严重损失；第二，是管钱的部门，如贸易部门的专业公司，工业、交通部门的采购、建筑机构，贪污的情形十分严重；第三，不遵守财政纪律，侵吞公款，贪污腐化；此外还有公私不分、大公小公不分的情形。这些贪污，大体上又出现在这样几种部门：一种是原封不动接收过来的国民党机关，在这些机关里，贪污已有一套制度，有的甚至百分之百的人员都贪污；一种虽是新建立的机构，仍不健全，人员来自各方面，贪污的人员平均 70%—80%；第三种也是新建立的机构，但与私商接触较多，如专业公司采购机构等。除此以外，最近发现就是在不管钱的单位中，如收发员、打字员、电话员、司机等几乎处处都能贪污。贪污的现象已十分严重，国家资财被贪污窃取的数目十分惊人，因此有必要大张旗鼓地在机关内部开展一次反贪污、反浪费的运动。

同日、6 日

［纲 文］ **财政部、水利部、轻工业部和中国人民银行党组分别向中共中央报送关于反贪污、反浪费、反官僚主义的报告。**

[目 文] 财政部报告说，财政系统中贪污、浪费、官僚主义是很严重的。初步估计，贪污人数约占全国财政部门总人数的30%左右。在贪污事件中，问题严重须受法纪严厉制裁的约占财政部门总人数0.5‰—1‰。贪污的款额，初步统计5000人的贪污案件，贪污公款约53亿元，平均每人106万元。此外，财政系统中，还相当普遍地存在着造假预算、搞两套账、打埋伏、虚报开支、下级套上级、损大公肥小公以及借口“改善生活”挪用公款等违犯财政纪律的恶劣行为。上述贪污浪费现象，充分证明资产阶级的影响日益侵蚀着我们的政府和党。为了进行三反工作，建立了部增产节约运动委员会。

水利部报告说，已发现贪污者33人，另估计贪污机会较多者131人，以上共计164人，占机关全体人数的32.8%。根据1950年各直属机关报来的材料，贪污情况也极为严重。有些单位，估计贪污机会较多者占全体人员的30.5%。此外，因计划不周，施工不当，检查不严，或对机械、资财保管不当，造成的浪费现象也极严重。

轻工业部报告说，初步了解，估计机关全体人员中，可能有贪污行为的占15%左右。贪污手法有三类：盗卖情报；蓄意贪污；接受送礼，进而和商人勾结，贪污舞弊。浪费现象也是存在的。

人民银行报告说，已查出贪污浪费案件167起，贪污浪费的数字有15.7亿多元。贪污的办法是多样的。全行共有员工22.6万余人，估计各类贪污人员，约占全行人员的30%—40%。

12月5日

[纲 文] 中共中央发布《关于1952年粮食供应的几项决定》。

[目 文] 《决定》称：1951年全国粮食总产量约为2600亿斤原粮，比1950年约增产150亿斤，相当于抗战前1931—1936年平均年产量的93%。但由于农民在土地改革以后生活初步改善，城市人口逐渐增多和广大工业原料种植区粮食需要增加的缘故，1952年粮食供应的调剂仍然是一个相当严重的问题。仅从国家贸易部门逐年出售粮食增长情况来看，就可以了解粮食的情况是很紧的。1950年出售数为93亿斤，1951年出售数为169亿斤，预计1952年至少须增至215亿斤。粮食的需要量的增长是极其迅速的。

1952年国家手中所掌握的粮食情况如下：一、1951年秋征公粮和1952年的夏征公粮为212亿斤（如加上1951年各地超征公粮13亿斤，则共为225亿斤）；二、市场收购166亿斤，两项合计共为378亿斤。如果减去保管运输中的损耗、水分、脱耗、死角粮和呆滞粮等14.55亿斤外，则实际能够调动的粮食共为363.45亿斤。1952年全国需要粮食的情况如下：一、供应市场215亿斤（1952年全国市场需要粮食估计约为500亿斤，其中城市工矿区和手工业者约需300亿斤，工业原料播种区约需110亿斤，虽系农业区但为缺粮的地区及其他地区约需90亿斤。500亿斤的市场需要量，国家出售以43%计，共为215亿斤，其余57%归私商供应和农民相互调剂）；二、供应部队和行政机关食用、事业开支、粮务开支等共为92.6亿斤；三、供给国营酿酒用粮10亿斤；四、向苏联、新民主主义国家和印度等国出口30.25亿斤（由于经济和政治上的要求必须出口数）；五、灾荒储备20亿斤；六、豆饼加工用粮24亿斤。以上六项合计共为391.85亿斤。

上述粮食情况收支相抵，尚差28.4亿斤。但必须指出，粮食差额是发展过程中的差额，是可以克服的困难。两三年来由于党领导全国农民实行土地改革、战胜灾荒、恢复和发展生产，由于党在全国范围内组织大规模的粮食调运工作，已经改变了中国历史上的粮食情况：一、由依靠外国粮食入口转变到自给自足并能酌量出口一部分；二、农民开始摆脱历来的饥饿状态，开始能吃饱肚子。今后只要全党一致努力争取年年丰产，大公小公手中所掌握的粮食完全服从国家的统一调度，并保证实现国家的粮食收购计划，1952年粮食供应不足的情况是完全可能克服的。为此，中央关于粮食问题特作如下各项决定：

一、粮食征收制度是一种很好的制度，它保证了国家可以掌握必要的粮食。今后的公粮征收，应保证查实田亩依率计征，在不提高税率的前提下，争取超额完成。一般均不征收代金，征收工业原料也须报中央批准。1951年各地超征的13亿斤公粮，除按比例上交中央外，其留归地方部分，应保证悉数售给国家。二、关于地方附加公粮，要求各地做出使用粮食计划，报财政部批准后实行，其余粮食要求不在自由市场上出售，保证全部售给国家。三、要求各级党委保证完成国家贸易部门向农民收购粮食的计划。1952年在原有收购计划166亿斤外，决定全国再增购20亿斤，具体办法和数字分配由贸易部拟定。四、各地公粮和贸易粮，要求各级党委保证服从中央的统一调动。如因粮食统一调动而发生市场供应失调和粮价波动问题时，由中央统一负责解决。五、国家所有一切用粮部门，均须节省粮食开支，所有管理粮食部门均须做好洁仓、查粮、护粮、调运等工作。六、为了保证粮食的增产，1952年棉花、烟叶、麻袋用麻等工业原料作物的种植面积，应稳定在1951年的种植亩数上，不再扩大，粮食加工原料作物应努力争取提高单位面积产量以达到增产的目的。

同 日

［纲 文］ 中共中央批转贸易部党组关于大张旗鼓地反贪污的报告。

［目 文］ 中央在给中央和军委各部门，中央人民政府各党组，各中央局并分局，各省市区党委、地委和县委，各大军区，志愿军党委的转发批语中指出：一、中央批准中央贸易部党组1951年12月4日关于发动群众（包括民主党派及社会民主人士）大张旗鼓地公开地反对贪污现象和惩治贪污人员的报告，认为这一报告是完全正确的。二、请你们遵照中央12月4日20时的指示①，参照北京市委和中央贸易部党组的分析和办法，迅速订出自己的反贪污计划，并开始着手发动这一斗争。各地党委应统一布置这一斗争，使政府系统（重点在财经部门及总务人员）、军事系统（重点在后勤部门）、党派团体系统都同时动作起来。三、本指示及中央贸易部党组的报告应给科长以上的党员阅读，并在党内刊物上发表。

---

① 指中共中央1951年12月4日20时关于批转北京市委展开反贪污斗争的报告的指示。

同 日

[纲 文] **毛泽东批转装甲兵司令部关于精简节约工作的报告。**

[目 文] 毛泽东给中央和军委各部门，中央人民政府各党组，各中央局并转分局，各省市区党委，各大军区并转各级军区，军事学院，志愿军党委的转发批语指出：一、这是我们所收到的军事方面的第一个精简节约的报告，特转发你们参考。二、反贪污应和精简节约及反对浪费分开来做，须作全面的调查分析，号召坦白和检举，才能彻底暴露一切贪污人员而加以分别的处理。装司这个报告着重在精简节约和反对浪费方面，并且还只是部分的开始，但已很有意义，使人高兴。三、望全军立即展开这一斗争，发动全体指战员，进行精简节约反对浪费，反对贪污，并将这二者既分开而又联系起来。四、一切军事部门均应向军委作报告。

同日、9 日

[纲 文] **周恩来就上海工商界情况谈对资本主义的利用和限制政策。**

[目 文] 周恩来 12 月 5 日和 9 日两次约见华东财委副主任许涤新，询问了上海工商界的情况，就资产阶级为追求暴利、力图摆脱国家的管理和国营经济的领导问题，阐释了党对资本主义的利用和限制政策，并要许涤新转告上海资产阶级。他指出：一、不能孤立地讲公私兼顾，而一定要在服从国家经济领导的条件下讲公私兼顾。二、不能抽象地讲劳资两利，而一定要在承认工人阶级领导的前提下讲劳资两利。三、不能提倡盲目生产，而一定要逐步实现国家生产总计划的领导。四、不能容许牟取暴利，而只能在国家规定的限度内或议定的价格内取得合法利润。五、不能容许行贿、欺诈、偷漏、盗窃、引诱等犯法行为继续发生。资产阶级的思想，也有黑暗的一面，必须加以限制，使其服从国家生产计划。统购、统销、议价等都是对资本主义的限制。我们不讳言限制资本主义，我们只能走向社会主义而不能走向资本主义。

12 月 7 日

[纲 文] **政务院举行第一一四次政务会议。**

[目 文] 会议由周恩来主持。会议原则通过了《政务院关于调整机构紧缩编制问题的决定（草案）》。《决定（草案）》说，由于国家任务繁重，经验不足，以致在建立各级人民政府机构的过程中，在上层方面产生了机构庞大、层次太多、分工不清、人浮于事等现象，在下层方面特别是经济建设和文教建设等方面，却又缺乏必需的人员，形成了头重脚轻的情势。为此，必须将行政机构加以适当的调整和紧缩。

会议听取了中财委副主任薄一波作的《关于开展增产节约、反贪污、反浪费、反官僚主义运动的报告》。报告说，两年多来，由于没有大张旗鼓地、系统地进行反贪污运动，再加上旧社会遗留下来的坏风气吸引，贪污情况十分严重。尤其是财经系统情况更加严重；据统计，贪污人数约占这些部门总人数的 28%。贪污手法多种多样，大体有：出卖经济情报；勾结私商倒卖国家资财；非法贷款牟取暴利；造假账目、假票据，骗取公款；接收贿赂、吃回扣、敲诈勒索；大斗进、小斗出，贱买贵卖，套取公款；挪用公款、盗卖金银，从中取利；私刻图章，伪造证据，进行冒领；监守自盗；集体贪污；假公济私，盗窃公款公物。从各类贪污人员的比重上看，一般是新干部多于老干部，直接掌管资财的人员多于间接掌管资财的人员，外勤人员多于内勤人员，下级机关贪污分子比例大于领导机关，但是大宗严重贪污案件则上级机关比下级机关多。反贪污必须和反浪费结合进行，反贪污浪费又需要和反官僚主义结合进行。为根绝贪污、浪费现象，必须把财政纪律和财政检查制度建立和健全起来。

周恩来在会上指出：我们要与资产阶级合作，这个合作有好的一面，同时要警惕资产阶级坏的一面，即它带来旧的封建的和帝国主义的买办影响、贪污腐化的风气。这一点，我们不要隐讳，也不要估计得过低。因此，运动要大张旗鼓地进行。我们需要在运动中研究制订一个惩治贪污的条例。对于贪污分子，可分成大、中、小三类，应该区别对待。对于大的，必须严办，从判十年以上徒刑到死刑；对于中等的，应该惩办，从撤职以致判徒刑；对于小的，不能原谅，但在处理时，应采取教育的办法，自己坦白并经过教育后就算了。

会议决定成立以薄一波为主任，彭真、沈钧儒、李富春、谭平山为副主任的中央人民政府节约检查委员会。

[文　献]　　政务院关于调整机构紧缩编制的决定（草案）（节录）

为着合理地使用人力、财力，推进国家建设，提高行政效率、克服官僚主义，必须将行政机构加以适当的调整和紧缩，为此，特召开第一次全国编制会议，遵照毛主席“增加生产，厉行节约，以支持中国人民志愿军”和周总理“从紧缩编制、调整机构、减少层次、精简人员入手，来健全各级人民政府的组织，并配合和提倡全国的节约增产运动，以达到提高政府工作效率和加强国家各种建设的目的”的指示，以 1950 年 6 月 13 日中央人民政府政务院颁布的关于统一全国各级人民政府、党派、群众团体员额暂行编制为基础，经过慎重详尽的讨论，做出如下的修改和补充。

（一）调整紧缩上层，合理充实下层

两年多来行政工作的实际经验证明，现行机构编制员额标准有些地方显然是不合理的，必须加以调整。该减的减，该加的加，该合并的合并。整编轮廓大致如下：

1. 中央、大行政区、省：根据合理化原则加以调控后，要求中央、大行政区两级编制员额减少 20% 至 25%，省一级编制员额减少 10% 至 15%。但精简时，要注意各单位工作任务干部条件，可根据实际情况，对各自所属部门，作适当的调整和增减，以达到紧缩上层、充实下层来提高行政工作效率的要求，而不是机械地一律地裁减。

大行政区、省（市）编制的等级和员额数目，是根据了地区、人口的比例并照顾了各区经济发展的情况和程度，以及少数民族、华侨、海岛、海岸线、边防和其他特殊情况而决定的。

2. 省人民政府所辖行署：除保留广东省的海南岛行署和新疆省的南疆行署外，其余一律取消。

3. 专署：专署一级，可视其人口、地域交通等条件分别逐步取消归并。具体办法，可先选择交通方便的地区取消其专署或先取消省人民政府附近的专署，由省人民政府直接领导其原辖的县，或将专署酌予归并。专署取消之后，省人民政府得视需要设置行政督察机关。所有专署的编制员额，不分新区老区，均须按新决定进行紧缩。少数民族聚居地区和交通不便的边远地区所设专署，以及由于归并而扩大辖区的专署，如按新决定编制执行确有困难，得报经其上级政府转请政务院酌情解决。省人民法院分院，省人民检察署分署，人民监察处，均随专署保留或取消。专署兼管驻在县市的县市政府工作者，县市政府不另设立机构，专署的编制员额可按具体情形酌予增加。

4. 县：其编制员额以调整充实为原则，一般不予减少，大县还须增加。人口在100万以上者，按特等县编制员额增加50人；人口在80万以上不满100万者，增加30人。县人民法院须照编制员额，予以充实。此外，新老区的差别，已经相当改变，同时，新老区均有其特殊的工作需要，因此，决定县的编制除公安武装外，完全统一。

5. 区：为着便于联系群众和更有效地贯彻中央的各项政策方针，区大者须逐渐地适当地划小。现除东北大行政区已实行划小，不再重划外，其他各大行政区、内蒙古自治区、华北五省，可根据当地具体情况和工作需要，酌量将区划小。但不能划的太小太多，也不可能一次划定，其具体数目，由各大行政区提出意见，报经中央人民政府政务院批准后确定。所有区的编制员额均应适当缩小，新老区编制员额应完全统一。此外，区人民政府应尽可能地设立在工商业比较发达的集镇上。

（二）精简机构，调整关系

在调整机构时，应首先合并那些分工不清和性质相近的机构，合并那些现在尚不忙于分立而可以合并的机构，成立那些在目前工作上急需成立的机构，取消那些目前工作上尚不急需成立的机构，有些机构则可以合署办公，或由一个机构兼办其他机构的业务。有些业务还须转移领对，以求其合理。这一切调整，都应根据政治和业务两方面的具体情况加以决定。

1. 最高人民法院、最高人民检察署、中央司法部、中央法制委员会和政务院政治法律委员会合署办公。

2. 大行政区政治法律委员会设10人至20人的办公室，省（市）政治法律委员会设6人至8人的办公室，办理日常事务。其编制均不包括勤杂人员。

3. 中央、大行政区和省的财政经济委员会的办公机构和计划机构实行合并，其组织，可根据工作需要，分别设立工业交通、农林水利、财政金融贸易、统计、综合计划等机构。

4. 大行政区文化教育委员会设20人至45人的编制员额，省（市）的文化教育委员会设13人至25人的编制员额，办理日常事务并管理同级政府的干部教育和宗教事务。

5. 大行政区最高人民法院分院与大行政区司法部实行合署办公。

6. 大行政区以下各级人民检察署其检察长系由公安人员兼任者，可与公安部门合署办公。其业已成立独立机构，而检察长非由公安人员兼任者，可与人民法院合署办公。

7. 民政机构和人事机构，省以上分开设置，专署、县合并。专署、县两级民政部门的人事干部名额，不得挤占。

8. 中央情报总署取消。

9. 大行政区以下各级人民政府的农业部门、林业部门、水利部门，原则上实行合并。但因政治或业务原因而不能合并时，可经政务院批准后分开设置。

10. 海关总署划归中央贸易部领导，成为中央贸易部的组成部分。

11. 中央财政部所属的盐务总局和盐务总局所管理的盐的生产单位，归中央轻工业部领导，运销部分归中央贸易部统一办理。

12. 中央财政部和大行政区财政部所辖烟酒专卖事业中的工厂，划归中央轻工业部或大行政区工业部领导。

13. 人民银行所辖交通银行和人民保险公司，划归中央财政部领导。

14. 专区、县以下的地方贸易公司，除少数民族地区可视具体情况处理外，应有计划有步骤地撤销，其业务逐渐归并于合作社。

15. 大行政区、省（市）两级的文化部门，改为文化事业管理局（处）。

16. 中央新闻总署取消，其业务分别并入政务院文化教育委员会和中央出版总署。

17. 大行政区新闻出版局撤销。除华东、中南、东北改设出版局及新闻专员办事处外，其余各大行政区得设新闻专员办事处（员额7人至10人）和出版专员办事处（员额15人至20人）。但大行政区驻在地的市人民政府已设有新闻、出版机构者，应将其合并改组，兼办大行政区和大行政区所在市两级的业务。

18. 省（市）根据当地新闻、出版事业的具体情况，得分设新闻专员办事处和出版专员办事处，其员额定为各3人至5人，并应与驻在市的新闻、出版机构合并，兼办省、市两级的业务。

19. 上海、天津、广州三市，由于出版行政事务繁重，得设出版事业管理处，其编制员额，由中央出版总署与各该市商定。

（三）缩短垂直，减少层次

为既利于国家统一，又利于因地制宜起见，应尽量缩短垂直系统。为克服官僚主义，应尽量减少层次，实行分工负责，简化办公手续，裁减可有可无的机构和人员，以提高工作效率。

资料来源：中国社会科学院、中央档案馆合编：《中华人民共和国经济档案资料选编（1949—1952）》综合卷，中国城市出版社1990年版，第609—613页。

同 日

［纲 文］ **毛泽东就朝鲜谈判交换战俘问题做出批语。**

［目 文］ 毛泽东在外交部情报司编的一份临时通报上加批语说：美国人宣布被俘的仅174人，其余1万多人列为“失踪”的，他们没有理由向我们索取每一个“失踪”的人。

外交部的这份临时通报摘编了美国《纽约时报》、《新闻周刊》和《美国新闻与世界通报》刊载的关于朝鲜停战谈判交换战俘的三条新闻：11月26日美国《新闻周刊》说，“上星期列为美国死伤人数的99226名中，目前失踪的人数为10836名，另确知被俘的仅174人”。12月7日《美国新闻与世界报道》称，“有人建议做这样一笔交易来解决停战监督和俘虏交换问题，即美国放弃视察的要求，共方则交出被俘的联军。为了换取落在共方手中的美国兵，联军准备冒一下共方阴谋集结兵力的危险”。毛泽东在这段话旁批有：“这一点亦可注意”。

同 日

［纲 文］ **中财委颁布《关于私营企业重估财产调整资本工作的补充决定（草案）》。**

［目 文］ 1950年12月22日公布私营企业重估财产调整资本办法后，一年以来，由于各地经验不足，干部缺乏，加以抗美援朝、镇压反革命、土地改革、土产交流等工作任务繁重，使若干地区尚未完成工作或仅开始布置。对此，《补充决定（草案）》规定：

一、凡在1951年内已进行重估而尚未全部完成的城市，应争取于1952年申报1951年所得税期限以前办完重估工作。二、凡属同一城市，有一部分工商业户业已重估，而有一部分尚未重估者，其尚未重估的业户，仍应根据原办法进行重估，以求税负平衡。三、凡在1951年内尚未举办重估工作地区，应由省市财委根据下列原则在1952年内办理重估工作：（一）省辖市以上及重点工商业城市的私营企业，必须进行重估工作。（二）各应办重估工作城市，应根据工业重于商业、大行业重于小行业、大户重于小户精神，有重点地决定重估业户。（三）1952年开始重估城市，如因推算困难，不能根据1950年12月31日实有财产，以1950年12月31日价格为重估标准时，得由省市财委提出变通办法，报经大行政区财委核准。（四）重估业户应即布置1951年12月31日的财产盘点工作，并在1952年1月底以前办理完竣。（五）重估业户应将重估前账外财产一并盘点估价，整理入账。

（六）各行业内尚未建账较小业户，得由当地工商行政机关另定简估办法，不必依照中财委所公布私营企业重估财产调整资本办法规定。四、省市财委依照前项原则决定办理重估工作地区后，应拟具定期完成工作计划，报请大行政区财委核准后呈报中财委备案。五、公私合营企业，除个别业户在经营管理上已视同国营，并经主管财委决定得按国营企业清估财产核定资金者外，一般均应按私营企业重估财产调整资本办法办理重估。六、凡办理重估工作城市，应在财委领导下，动员工商局、税务局、工商联及工会等团体，抽调相当数量干部，组织评审委员会等临时性的工作机构，办好重估工作。七、私营企业重估工作应确定由省市财委领导。

同日

［纲文］ 成渝铁路重庆至内江段通车。

12月8日

［纲文］ 中共中央发出关于三反斗争必须大张旗鼓进行的指示电。

［目文］ 中央针对福建省委办公厅12月7日来电提出可否将中央12月4日发来的北京市委反贪污运动报告和中央的批示以绝密文件印发至县委，以便统一展开反贪污运动和统一执行关于反贪污问题向中央的报告制度等问题，在发给华东局、福建省委，各中央局、各省市区党委，各大军区及志愿军党委的指示电报中说：

一、应当发至县委，军队则发至团党委，并且应当在党内刊物上登载，使更多的同志看到，使科长级以上的党员都能看到。这是半公开的文件，不是“绝密文件”。二、中央于12月4日转发的北京市委报告，12月5日转发的中央贸易部党组报告，12月7日转发的中央财政部、人民银行总行、中央轻工业部、中央水利部等各党组报告，以及而后转发的各种反贪污、反浪费、反官僚主义的报告，一概照上条办理。三、所有地方县委以上均应向中央作报告，军队团级以上均应向军委作报告，不作报告者以违纪论，这点已在中央12月4日指示中说清楚了。四、应把反贪污、反浪费、反官僚主义的斗争看作如同镇压反革命的斗争一样的重要，一样的发动广大群众包括民主党派及社会各界人士去进行，一样的大张旗鼓去进行，一样的首长负责，亲自动手，号召坦白和检举，轻者批评教育，重者撤职、惩办、判处徒刑（劳动改造），直至枪毙一大批最严重的贪污犯，全国可能须要枪毙1万至几万贪污犯才能解决问题。贪污分子、浪费分子和官僚主义分子当然大多数不是反革命分子（可能有一部分人即是反革命分子），他们的罪名是贪污浪费和官僚主义，但这个问题现在已极严重，必须看作如同镇压反革命斗争一样的重要，一样的发动群众大张旗鼓去进行斗争，一样的用死刑和徒刑等对待他们，并且一样的要查明情况，心中有数（犯贪污的占全体工作人员的百分之几，轻者重者最重者又各占百分之几），精密地掌握这一斗争。以上各点，请加注意。

同日

［纲文］ 中共中央批转华东局关于1952年华东工作纲要。

［目 文］　中央在给华东局和各中央局、各省市区党委的转发批语中说：一、华东局12月6日来电及1952年华东工作纲要均已收到，中央批准这个工作纲要；二、将这个工作纲要发给各中央局，分局，省市区党委，请加研究和参考，中央认为这是一个比较完备的工作纲要。

华东工作纲要包括十个部分，即：一、抗美援朝；二、增产节约，禁止浪费，严惩贪污，反对官僚主义；三、城市工作；四、土地改革及土地改革后的农村工作；五、建政工作；六、整党建党工作；七、展开思想改造运动；八、镇压反革命；九、统战工作；十、青年妇女工作。

同 日

［纲 文］　**中财委对1951年底公私企业旧有的年终双薪或年终奖金问题处理办法做出指示。**

［目 文］　由于全国工资制度尚未完全调整和统一，很多地区公私企业尚未建立起合理的工资制度和奖励制度。因此，中财委对1951年度公私企业旧有的年终双薪或年终奖金问题的处理办法做出指示：

一、所有公营企业单位，一律照中财委1949年12月11日关于某些公营企业原有年终双薪或奖金问题的处理办法处理，1950年曾做合理调整者，可仍按该年办法处理。二、中央人民政府所属各部、署、行，无论过去有无年终双薪或类似年终双薪的旧例，本年起一律不发年终双薪。三、私营企业一律按照该企业1950年标准发给年终双薪，如本年盈余特多者，除按1950年标准发给工人职员双薪外，还可由工会和资方经过协商，按照私营企业暂行条例第25条的规定办理。如营业情况不好，无力发给双薪者，可由劳资双方协商，酌量减低或不发。如1950年因营业亏本未发年终双薪或奖金，但本年营业确有盈余，而又有发给年终双薪旧例者，可由工会和资方经过协商，根据实际情况决定发给与否或发多少。如劳资双方原来订立的集体合同或契约中已有规定者，按规定发给。四、中财委拟从1952年起，要求全国公私企业采取积极步骤改革工资制度和推行合理的奖励制度，以代替年终双薪或奖金的旧制度。

12月9日

［纲 文］　**中共中央批转罗瑞卿关于公安系统开展三反斗争的报告。**

［目 文］　中央转发批语认为，罗瑞卿的这个报告是正确的，各级党委要严格指导各级公安机关大张旗鼓、雷厉风行、公开地开展三反斗争；中央已决定，党中央各部门、军委各部门和中央人民政府各部门的党组织，一律每年至少召开一次党的代表大会，审查党的工作，发扬成绩，纠正错误，扶持正气，打倒邪气，并选举党委会。在目前时期，应着重于开展反对贪污、反对浪费、反对官僚主义的斗争。自我们占领城市以来，快三年了，大多数部门还没有召开第一次党的代表大会，应一律在短期内召开完毕。然后由党、政、军三大单位分别召开党的代表大会，此种大会也规定在中央直属总党委领导之下每年至少召开

一次，任务同前。各大行政区一级、省市区一级和专区一级的直属党组织也应照此办理。

此前，12月8日，罗瑞卿向毛泽东、中共中央并政务院报送《关于在公安部及公安系统内开展反贪污、反浪费、反官僚主义斗争的报告》，提出：从已经掌握的材料看，贪污腐化的现象，在公安部门内是相当严重的。铺张浪费现象，是和贪污腐化倾向紧密相连的。公安部门有党和国家给予的镇压反革命权力，担负着重大责任，严格保持组织上、政治上、思想上以至生活上的纯洁和健康，特别重要。大批秘密工作人员，经常得不到党组织的监督，又经常而且必须在一些太阳照不到的地方与敌对阶级和坏人接触，如果缺乏高度的革命自觉性，对于某些人员随时都存在着被腐蚀的危险。某些公开工作的人员，因为手上有权，如果要贪污、讹诈，也有特殊的便利条件。因此，在全国公安系统内，普遍地无例外地坚决执行中央反贪污、反浪费、反官僚主义的指示，是十分必要和十分迫切的政治任务。

同日

［纲文］　全国妇联副主席邓颖超在国际妇联执委会上报告中国儿童福利工作情况。

［目文］　12月7日至10日，国际妇联执委会在柏林举行会议。出席会议的有苏联、中国、法国、意大利、英国等20多个国家的代表70多人。邓颖超代表中国妇联发言说：中华人民共和国成立两年以来，中国的儿童福利工作在“保卫和平！保卫儿童！”的口号下已经获得飞跃进展。目前全国由国家和私人举办的托儿所、幼稚园和其他儿童福利机构有15700多处，容纳儿童52万余人，为解放前的9倍。中国现在已成立了“中国人民保卫儿童全国委员会”，以使全国人民都负起责任来消除战争危机、保护儿童生命和改善儿童的环境。由国际妇联召开国际保卫儿童大会是非常必要的，我们相信全世界一切不愿意战争的人们、一切愿望和平的父母、一切关心儿童幸福的人们，能够通过保卫儿童运动越来越广泛地团结起来，共同为反对帝国主义分子战争阴谋和争取世界和平而斗争。

同日

［纲文］　中国红十字会会长李德全在国际红十字会协会执委会发言呼吁制止侵朝美军暴行。

［目文］　李德全在苏联、中国、波兰、美国、英国、法国等27国红十字会和红新月会代表参加、于日内瓦召开的红十字会协会执委会会议上发言说，在上一次会议上，我们曾向红十字会协会执委会提出了美军在朝鲜大批屠杀战俘、平民和使用毒气弹的暴行材料。在过去6个月中，美军不但没有停止，反而更加紧了他们的暴行。美国飞机轰炸了北朝鲜包括平壤在内许多城市里的医院和其他医疗机构，尽管这些机构和医院的屋顶上绘有清晰可见的红十字标志。但是，会议主席桑兹特朗（瑞典）却说李德全的发言是政治性质的，剥夺了她的发言权。为此，李德全致函桑兹特朗，以中国代表团的名义对他的不公平举动提出抗议。同时，她向红十字会协会执委会提出一项提案，建议提交红十字会国际委员会，号召所有各国红十字会和红新月会通过报纸和电台来揭发美军在朝鲜的暴行。

12月10日

［纲 文］ **北京市人民政府发布严禁鸦片烟毒布告。**

［目 文］ 布告指出，鸦片烟毒——鸦片、吗啡、高根、海洛因及其同类毒物和化合物，损害人民健康，破坏社会生产力，为害至巨。本市自解放以来，由于人民的觉悟程度日益提高，制造、贩运、售卖和吸食鸦片烟毒的多已改业或戒除，但仍有少数不良分子继续偷制、偷贩、偷售和偷吸。为贯彻政务院关于严禁鸦片烟毒的通令，特决定：一、自布告之日起，任何人不得再制造、贩运、售卖鸦片等毒品。藏有鸦片烟毒及其制造用具的，应立即到所在地区的公安分局全部报缴；二、吸食鸦片烟毒的，自布告之日起，须即到所在地区的公安派出所登记，限期戒除；三、医院、工厂、学校、机关等专为医疗或化验用存有毒品的，须到所在地区的公安分局登记，听候通知处理。违者定予严惩。

此前，为迅速并有效地完成禁烟禁毒工作，北京市人民政府及有关单位组成了北京市禁烟禁毒委员会，由副市长张友渔任主任，市民政局局长董汝勤等任委员。

12月11日

［纲 文］ **中共中央批转邮电部党组关于三反斗争的报告。**

［目 文］ 中央给中央、军委各部门，中央人民政府各党组，各中央局、分局及省市区党委，地、县委的转发批语指出：因邮电事业普及全国，贪污问题又很严重，故应将此件转发县委，提起大家注意。

此前，12月7日，邮电部党组在关于三反斗争的报告中称，邮电系统的贪污案件，除一般旧社会常有的类型外，尚有与专门业务相结合的专业贪污案，且极为普遍。贪污腐化现象滋长的原因，一是全国解放以后，反贪污反浪费尚未形成广泛深入的群众运动，加之党内生活、政治教育不健全，资本主义反过来引诱与腐蚀我们；二是县邮电局多原封未动，领导方面忽视了县局的改造与加强；三是对惩治贪污犯采取了姑息态度，片面地理解“不能轻易开除人”与“不能造成工人的失业”，客观上助长了贪污腐化的风气。

同 日

［纲 文］ **中共中央批转铁道部党组关于三反斗争的报告。**

［目 文］ 中央给中央、军委各部门，中央人民政府各党组，各中央局、分局及省市区党委的转发批语指出，这个报告写得比较好，值得研究，各单位也要用限期报告的方法，推动这个斗争向前发展。

此前，12月7日，铁道部党组在关于三反斗争的报告中分析了铁路系统贪污浪费的情况，做出了在增产节约运动中先发动反贪污斗争的决定。报告指出，要通过这一斗争对贪污现象和大贪污犯以严重的打击，给浪费现象以大量的揭发，在群众中公开进行反对资本主义思想的教育，教育群众保护国家财产，严格划分公私界限，造成鄙视贪污浪费的新道德观念，对铁路队伍再一次从思想上进行整顿，为增产节约运动打下巩固的基础。具体办法是：一、成立各级增产节约委员会领导反贪污斗争；二、突破一点，抓住典型进行宣传教育；三、深入动员，号召贪污分子自动坦白，自己坦白与别人揭发相结合；四、搭配骨干组织检查组。

同日

[纲文] **中共中央批转华北军区后勤部党委关于三反斗争的报告。**

[目文] 中央给中央、军委各部门，中央人民政府各党组，各中央局、各大军区，各级军区直至团级、志愿军党委的转发批语指出，军事系统各部门，特别是后勤部门，贪污浪费和官僚主义的情况极为严重。很多党员，甚至负责干部，沉埋于事务工作，政治思想极不发展，党内生活极不健全，因此许多人陷入了贪污、浪费和官僚主义的泥坑，许多人本位主义极为浓厚，只顾小局，不顾大局。这种情况必须改变。必须在整个军事系统，特别是后勤部门，展开整党整风，展开反贪污、反浪费、反官僚主义的严重斗争。

此前，12月8日，华北军区后勤部党委给毛泽东、中央军委、总政并华北军区党委提出三反报告，总结了1950年12月至1951年4月底后勤部门进行的反贪污反浪费运动，指出这次运动揭发了一批贪污分子，分别给予军法、行政、党纪制裁，但没有大张旗鼓地充分发动群众，在指导思想上也仅从爱护祖国财产出发，还没有特别强调通过这次运动来加强全体干部的阶级观点，树立坚强的无产阶级思想和立场。因此，某些单位执行极不深入，个别部门甚至没有认识，致使运动过后又松懈下来。尤其是各级领导干部没有联系到官僚主义作风，对于资产阶级思想和各种腐化堕落分子没有给予应有的批判和处理。因此，运动之后，贪污、浪费、拐款潜逃等事件仍然不断发生。报告最后提出了在后勤部门普遍深入开展三反运动的计划。首先是以两个月时间进行一次普遍深入的反贪污、反浪费、反官僚主义的斗争，大张旗鼓地广泛教育发动群众，从自上而下层层带头展开反浪费入手，继而启发坦白，号召揭发，进入反贪污斗争，然后进入各级领导对于官僚主义的检查。

同日

[纲文] **毛泽东批转总政治部关于在部队实施政治和文化教育及发展文艺工作的报告。**

[目文] 毛泽东给军委各部门、各大军区并转各级军区、志愿军及各中央局的转发批语指出：一、批准总政治部的报告，认为这个报告是正确的，并将报告发给全军各单位遵照执行。二、在推行整党并实行政治教育的同时，在1952年的头几个月，应按各部门和各军区情况，规定一段时间，在全军，仿照镇压反革命的方式，大张旗鼓，发动群众，展开一个反贪污、反浪费、反官僚主义的斗争，分别轻重，惩治或批判一切犯有贪污、浪费和官僚主义的罪行或错误的人员，并一定要获得结果。

此前，12月9日，总政治部提交了关于在部队实施政治和文化教育及发展文艺工作的报告，要点是：一、1952年部队训练以文化教育为主，方针是：要求全军普遍消除现有干部、战士中的文盲，将其提高到初小毕业的程度；将已具有初小毕业程度的干部、战士，普遍提高到高小毕业的程度；将已具有高小毕业程度的干部，提高到相当初中一年级的程度。二、全军人员的文化教育以干部为首要，一切初中以下文化程度的干部，其学习都以文化为重点。三、1952 年文化教育计划的执行，应由党委领导，首长负责。在团以上各级党委的领导下，设立文化教育委员会，加强指导。文化教育的具体实施，则由各级政治机关领导进行。四、全军推行由西南军区十六军文化干事祁建华创造的“速成识字法”。五、为达到文化教育的效果与目的，在节约原则下，提供一些必要的物质保证。六、1952 年的政治教育工作在于进一步提高部队爱国主义与国际主义精神，树立对美帝国主义长期斗争的思想，增强高度的战争意识，防止产生新的松气麻痹思想。七、大量裁减不十分必要的报刊，集中力量办好必须要办的报刊。八、有组织有计划有重点地在全军开展一次文艺工作者改造思想的学习。

同 日

[纲 文]　《人民日报》报道，上海等6城市相继开展反贪污反浪费斗争。

[目 文]　从 11 月下旬至 12 月上旬，上海、天津、武汉、广州、西安、重庆等 6 城市先后开始部署三反斗争。12 月 6 日，上海市人民政府委员会举行第八次全体会议扩大会，讨论精简节约及在全市展开反贪污运动的问题。10 日，上海二届三次各界人民代表会议开幕。市长陈毅在开会词中特别强调，必须在大力开展爱国增产节约运动的同时，发动严惩贪污与反浪费的运动。天津市人民监察委员会召开了监察通讯员大会，号召参加反贪污反浪费的斗争。据天津市人民法院已结案的 400 起案件统计，贪污浪费使国家财富损失 11.66 亿元、群众资产损失 4.39 亿元。贪污数额较大的多在财经部门，贪污行为较普遍的是公安分局以下的人员。11 月 29 日，武汉市人民政府和协商委员会召开各阶层各方面代表千余人参加的扩大会议，市长吴德峰在会上指出：必须坚决、迅速地克服贪污浪费现象。同日成立了武汉市增产节约委员会，吴德峰兼主任。11 月 25、26 两日，广州市委和广州市人民政府分别召开全市党员干部和机关干部增产节约运动动员大会。初步检查已发现的一些贪污浪费现象。西安市各机关传达了习仲勋“继续反对官僚主义、反对贪污、反对浪费、为开展增产节约运动而斗争”的报告。西北区军政委员会副主席张治中也在西北大行政区一级机关干部大会上作报告，动员全体干部投入到增产节约和三反斗争中来。11 月 24 日，重庆市委召开全市党员干部大会，市委第二书记曹荻秋在动员报告中指出了重庆市各单位已经发现的贪污浪费现象，提出了增产节约的几项办法，要求首先由领导机关做起，充分发扬民主，展开批评与自我批评，揭发贪污浪费现象，订出具体的节约计划，并实行定期检查。

同 日

[纲 文]　新华社讯，1951年年度治淮工程全面开工。

[目 文]　河南、皖北和苏北已有 200 万民工上工。其中 40 多万民工分布在淮河上游地区，一部分在京汉铁路以西的山地兴修颍河的白沙水库和汝河的板桥等水库，一部分在豫东大平原上整理洪河、汝河、颍河等淮河支流的河道。约 100 万民工分布在淮河中游的阜阳、宿县、六安、滁县等地，整理淙河、潼河、沱河、西淝河等十几条淮河支流的河

道，兴建瓦埠湖和濛河洼地等蓄洪工程。50多万民工分布在苏北区从洪泽湖东岸到黄海海岸的300多华里的一条线上，动工开挖苏北灌溉总渠。总计淮河上、中、下游已动工的工程共有20多处。

同日

［纲文］ **张国华代表解放军入藏部队致信毛泽东和全国人民，报告完成进军西藏任务。**

［目文］ 信中说，入藏部队全体指挥员、战斗员已胜利地到达拉萨和日喀则，并在继续前进。在22个月中，我们得到了成千成万吨的物资，保证了进军和建设任务的胜利完成。我们坚决执行了中央人民政府和毛主席规定的少数民族政策，团结了广大藏族人民。康藏高原地区现在已呈现了新生的朝气。和平解放西藏办法的协议签订后，进藏部队各部在50—100天的长途跋涉中，穿过了几百里人烟稀少的草原，跨过了无数雪山冰河。许多藏民运输队从数千里路以外运来大批物资，使我们顺利地战胜了恶劣自然环境和其他困难。我们宣誓：保证把西藏建设得像内地一样美好，并警惕地捍卫祖国国防。

同日

［纲文］ **首都各界举行欢迎出席世界和平理事会维也纳会议中国代表团回国的集会。**

［目文］ 大会由中国人民抗美援朝总会及华北总分会、北京市分会联合主持。出席大会的有郭沫若、陈叔通、茅盾、蔡廷锴、章伯钧、冀朝鼎，及各人民团体、各机关等代表1500多人。陈叔通致开会词说，世界和平理事会维也纳会议通过的庄严决议，完全符合全中国人民的要求和全世界广大爱好和平人民的意志。代表世界四分之一人口的中国代表团，带着全国4.75亿人民保卫和平的坚决信念参加会议，向全世界表示了中国人民保卫世界和平的无比热诚，意义特别重大。代表团团长郭沫若详细报告了参加维也纳会议的情形和会议的成就，茅盾报告了会议通过的关于各国文化交流问题的决议的情况。冀朝鼎报告了10月在哥本哈根举行的国际经济会议筹委会会议情况。

同日

［纲文］ **朝鲜停战谈判朝中方抗议美机侵犯中立区。**

［目文］ 本日0时45分，“联合国军”军用飞机一架侵入中立区，在开城附近丽陵里地方投弹2枚，并施行机枪扫射。8时30分，朝中方联络官张春山协同对方联络官进行实地调查，并提出抗议。对方承认确有违反中立区协议的事件发生，炸弹及机枪子弹均系美国制造，但声称仍需在美军中进行调查。

12月12日

［纲文］ **毛泽东批转西南军区第一次党代表会议决议。**

［目文］ 毛泽东给西南军区党委并告各大军区及各中央局的转发批语指出：我认为这个决议是正确的。只请你们注意一点，就是要从发现浪费现象中去发现贪污现象。当你们的代表会议开会时，还只发现浪费现象，请你们注意在反浪费的斗争中去调查和揭发贪

污分子。根据许多经验，政府财经部门及公安部门、军队后勤部门及经手事业费的部门（例如你们的文化部）贪污分子是很多的，特殊者竟达该部门全体人员的100%，一般占30%左右，有些占有50%左右，有些占20%左右。其中大多数是中、小贪污分子，少数是大贪污犯。请你们注意这一现象的普遍性，注意资产阶级和旧统治阶级腐化我党我军的严重危险性，迅速布置一个大张旗鼓的吸引广大群众参加的（一定要有民主人士参加）反贪污斗争，并以所得经验见告。

此前，12月4日，西南军区第一次党代表会议做出决议，着重研究整顿部队编制问题和揭发严重铺张浪费现象，统一到会同志的思想，以提高政治警惕。会议提出，今后着重要做好的五项工作是：做好整编工作，厉行节约、反对铺张浪费和贪污，认真实行部队教育训练计划，加强民兵建设，整党、整风。

同日

[纲文] **西北各族人民抗美援朝代表会议在西安开幕，毛泽东复电祝贺。**

[目文] 出席会议的有汉、藏、回、维吾尔、哈萨克、蒙古、乌孜别克、俄罗斯、柯尔克孜、塔塔尔、锡伯、东乡、满、撒拉等14个民族的代表451人。会议的中心议题是讨论结合增产节约运动，继续加强抗美援朝工作。大会发出了给毛泽东、金日成和彭德怀的致敬电。同日晚，大会收到毛泽东的复电。复电说，过去一年多以来，西北区各族人民在抗美援朝的爱国斗争中，做了很大努力，得到了很大成绩。你们的这次代表会议，决定进一步团结各族人民，增加生产，厉行节约，开展爱国主义宣传教育工作，以支持中国人民志愿军，这是很好的。帝国主义过去敢于欺负中国的原因之一，是中国各民族不团结，但是这个时代已经永远过去了，从中华人民共和国成立的那一天起，中国各民族就开始团结成为友爱合作的大家庭，足以战胜任何帝国主义的侵略，并且把我们的祖国建设成为繁荣强盛的国家。

同日

[纲文] **政务院人民监察委员会通报军用雨衣加工订货事件。**

[目文] 通报指出，天津、青岛、北京部分不法商人在雨衣加工订货中利用国家机关某些干部的弱点，以欺诈手段牟取暴利，致使国家财产损失100亿元。造成这一事件的主要原因是，一、承办私商一般地缺乏爱国主义精神，存在暴利思想，个别奸商并有欺骗行为。二、有关国家机关工作人员，对加工订货工作认识不明确，工作上粗枝大叶，不负责任，存在严重的官僚主义作风。

次日，《人民日报》发表题为《接受雨衣订货事件的教训，改进加工订货的管理工作》的社论。

同日

[纲文] **贸易部决定立即暂停发展10万人以下城镇乡村国营商业网。**

[目文] 决定说，两年来国营贸易商业网有了很大的发展。截至1951年6月初，共计9707个，其中关内各专业公司4819个、零售公司机构654个、信托公司53个、地方

一揽子公司1780个、东北2289个、内蒙古112个。没有这些商业网的建立扩大，完成国营贸易的各项计划和任务是不可能的。但由于计划与管理工作很差，造成某些地区、某些公司发展基层单位盲目和过多，使资金使用、经营管理、基本建设投资出现了许多问题，并影响与合作社的分工。因此，决定立即暂时停止10万人以下所有城镇乡村国营商业网的发展（西藏及西南少数民族区在外），请各地对现有商业网经营能力和分布情况深入研究总结，提出1952年商业网计划，以便各大区贸易部长会议讨论决定。

同日

［纲文］ **朝鲜停战谈判继续举行会议，讨论第3、4项议程有关方案。**

［目文］ 在第三项议程小组委员会上，“联合国军”方提出新方案，提议在交战双方所组成的停战委员会控制与指挥下，设中立国家组成的观察小组，驻在双方同意的后方陆海空进口口岸及交通中心，在朝鲜全境的主要交通线上自由来往，并定期进行空中侦察与摄影飞行。在这一方案中，仍然坚持在停战期间以轮换与补充为借口，自朝鲜境外输入军事力量与武器弹药，而同时又主张禁止朝鲜境内的飞机场和航空设备的恢复、扩充与修建。对于双方一切武装力量撤出另一方的沿海岛屿与海面的问题，“联合国军”方提议仅限于领海与领海之内的岛屿，并公然主张在停战期间，在朝中方后方的一部分岛屿和海面上保持其武装力量。

朝中方指出：“联合国军”方的所谓新方案中，仍然包含了早为朝中方所彻底驳斥的无理建议与要求，朝中方决不能容忍“联合国军”方干涉我内政，过问朝中方对朝鲜境内的任何设备的处理。至于中立国家所组成的监察机构，为了确实监督双方在停战期间不自朝鲜境外输入军事力量和武器弹药，它一方面应该是与停战委员会平行的机构，负责在双方同意的后方口岸进行必要的视察，向停战委员会报告其视察的结果，而不应该是在交战双方所组成的停战委员会的控制与指挥下的附属机构；另一方面为了执行其明确的任务，它不应该更没有必要超出在后方口岸进行视察的范围。

在第四项议程的小组委员会上，“联合国军”方对于朝中方所提出的停战协议签字后双方迅速释放与遣送全部战俘的原则，仍然拒绝表示明确的态度。朝中方在会上提出了迅速解决第四项议程的五点原则：一、确定双方释放现在收容的全部战俘的原则。二、商定在停战协议签字后最短可能的期间内，双方分批释放及遣送完毕其所收容的全部战俘，并确定重伤、病战俘应先在第一批内释放及遣送的原则。三、建议双方交接战俘的地点，定在开城板门店。四、建议在停战委员会下，双方各派同等数目人员组成遣俘委员会，遵照上述协议负责处理俘虏的交接事宜。五、上述各项一经双方同意确定后，即行交换双方现有全部战俘名单。

同日

［纲文］ **中国与罗马尼亚签订文化合作协定。**

［目文］ 中国文化部部长沈雁冰，罗马尼亚教育部部长杜列亚努分别代表两国政府在协议上签字。

12月13日

［纲 文］ 中共中央发出关于保证1952年全国高等学校学生来源问题给各级党委的通知。

［目 文］ 通知中说，教育部11月召开了全国工学院院长会议，对全国主要的工学院提出了调整方案。根据这一调整方案，1952年全国工学院将招生4万名，比今年增加2.5万名。在目前情况下，全国工学院进行合理的调整，是很适时和必要的。这一调整方案的实现，将更大地发挥全国各工学院的工作效能，为国家造就更多工业建设人才，适应大规模的国家经济建设的需要。实现这一调整方案最大的困难是学生来源不足。据教育部统计，1952年全国高等学校共需招收新生7.5万名（其中工学院即需4万名），但全国高中毕业生，只有6.4万名，即使90%考入高等学校，尚差约2万名，需另行补足。通知还提出了为保证1952年全国高等学校有足够的学生来源必须采取的三条措施。

［文 献］ 为保证五二年全国高等学校学生来源中央给各级党委的通知（节录）

（一）全国各地高中以上学生，需全部按学年计划进修，在未毕业前，一个也不许抽调。坚决制止乱拉、乱调的现象。对此，各级党委、各级人民政府及新民主主义青年团的组织，应负责监督，并切实保证执行。

（二）各级党委，各级人民政府文教部门及新民主主义青年团的组织，应立即在1952年毕业之高中学生中进行工作，加强政治领导及思想教育，使学生树立坚强的为祖国建设服务的思想；在1952年暑假前，各地应像动员学生参加军干校那样的进行一次普遍的政治动员，号召与组织高中毕业生升入大学，努力争取1952年毕业之高中学生全部升学，至少保证95%以上升入高等学校。并应对升学有困难的学生酌予照顾和帮助。

（三）决定由此次部队整编中及各级党、群、政府机关整编中各抽调1万名青年知识分子干部补足高中毕业生之差额。此批青年知识分子干部的条件为：

1. 高中毕业生或具有高中毕业生文化程度者；

2. 年龄在30岁以下身体健康有培养前途者。

除由部队抽调的1万名青年知识分子责成军委总政治部、总干部管理部负责抽调外，由各级党、群、政府系统抽调之1万名青年知识分子，数字分配如下：中央一级机关1000名，华北区900名，东北区900名，华东区2700名，中南区2700名，西南区1500名，西北区300名。此项人员，应从这次机关精简的人员中和文工团员中选调，并可选招一批合乎上述条件的失学、失业知识分子，或采取其他办法。上列数字，各级党委务必保证完成。此批人员之集中问题，另行通知。

应该认识：解决1952年全国高等学校的学生来源，是1953年开始的计划经济建设的一项重要的准备工作。只要把这项工作做好，就能使国家源源不绝地得到大批新的经济建设的人材。各级党委必须充分重视此项工作，加强学校行政管理和政治思想领导，并有计划地抽调一批青年知识分子干部入学深造，为保证全国工学院调整方案的实现而努力。

资料来源：中央档案馆提供档案。

同日

［纲 文］ **中共中央批转中南局关于中南区土改工作进行状况的分析和1952年土改工作方针的报告。**

［目 文］ 中央给中南局，并告华东局、西南局、西北局、华北局，并转发给各省市区党委的转发批语指出，这个报告是完全正确的。中央认为，在目前这种时机，全国各新区的土改大约已完成了一半，但尚有一半必须集中大力去做才能完成（已分配完毕者尚有复查问题），如果只顾赶急图快，就有流于形式不能切实解决问题的危险。中南局提出的分析，是适时和完全必要的。请各中央局和各省、区党委不要因为中央提出依土改完成情况适时地转移省级以上的主要领导方向到城市和工业方面的方针，而放松了对1952年土改工作的领导，如果这样做，那就会犯错误。中央指出：关于农村和城市、土改和工业的领导上注意力的分配和领导重点的转移问题具体解决，请各中央局、各省委区党委精密地掌握着，不要分配不适当和转移不适时。

此前，12月10日，中南局向中央和毛泽东提出关于中南区1951年土地改革工作进行状况的分析和1952年土地改革工作方针的报告，主要内容是：

一、去冬、今春及夏秋两季先后在8000万人口地区土改，今冬明春计划在5000万人口地区继续完成。同时，在已完成区的6000万人口地区进行复查，发土地证。明冬、后春可扫清两广千万人口尾数，同时结束复查。今冬明春是个重要关头。

二、已完成的地区，农民分得土地6900万亩、耕牛78.4万头、粮食52亿斤。据14个县的调查，土地分配后各阶层人均占有土地与中央总政策要求大体相符。但不同程度上都有以下现象：土地分配不公，错划阶级成分，干群关系不好，还有漏网土地和漏没收的财产，不断有地主反攻倒算、夺取农民收获物、逼租逼债事件。一部分落后群众还未发动，民主制度未真正确立；更有些地区反革命分子还未肃清，会门还能活动，还有暴动事件发生。这些都说明农村阵地还是不很巩固的。问题在于土改时间太短，干部水平太不整齐，有指挥能力的干部太少。

三、今年任务更大，干部力量相对减弱，阶级情况变得更复杂。三大运动后，地主普遍分散财产，分化、控制农民，企图以假土改、地主式的和平土改去代替真土改。但是，急性松懈空气和精力分散现象，却弥漫于各方。一是领导机关急于完成土改，赶建设；二是老干部急于离开农村，赶城市；三是新干部急于过关毕业，到机关当领导干部；四是政府各部门和人民团体迫不及待地要利用土改基础，实施一大堆新计划；五是经验成了不少同志的包袱，而真有经验的干部实际并不甚多，每一地区对土改都估计过高；六是国内无战争，又有大批武装镇守四方，工作弱点一时不易暴露，多数人对此并不十分清醒；七是农民干部想早退坡，农民想早分田，地主也想早混关。这几种因素，形成不顾成效、不惜偷工减料以急赶任务的情形，是今年工作中最大危险。

四、根据以上情况，对于土改工作拟强调以下几个方面：（一）教育干部重视在土改中从政治上争取农民的意义，要经过斗争切实在乡村建立起可靠的政治阵地；依靠贫雇农，团结乡村人口的90%；建立好乡农民协会；教育群众，提高爱国觉悟，衷心接受共产党，毛主席的领导。（二）计划不再扩大。湘、鄂、赣三省明夏前完成。粤、桂今冬明春完成2500万人口地区，余1000万人口地区明冬完成。今冬明春必须坚决地集中力量于这个主要战役方面，绝不可分散。（三）按三阶段完成土改的计划必须坚持。土改后必须有一次系统的复查运动。（四）在转入生产时还须开展一次民主运动，清除封建复辟活动，建设人民代表大会民主制度，加强爱国生产。（五）今年工作必须强调深入群众、深入斗争。（六）贯彻执行政策。（七）镇反不彻底地区，必须首先注意发动群众起来肃清反革命分子。（八）土改中或土改后，要将乡划小。（九）复查结束区，即开始训练乡积极分子，明春先训练150万。（十）每省必须经过土改创造几个模范县，每县必须创造1/10左右的模范乡或先进乡。

同日

［纲文］ 中共中央批转华北局关于在党政军各部门统一开展三反斗争的报告。

［目文］ 中央给各中央局、分局、各省市区党委，各大军区及志愿军党委的转发批语认为这个报告是正确的，要求各中央局及各省市区党委仿照华北局的办法统一布置这个斗争。并应将华北局这个报告在党内刊物上发表。

此前，12月12日，华北局提出的三反斗争报告分析了华北地区党政军系统及厂矿企业中的贪污浪费现象，指出了贪污浪费严重的两个原因：一是国家和经济机关中有大量的从国民党官僚机关中接收来的旧人员，二是不少老干部在革命胜利后受到资产阶级思想和作风的侵袭，滋长了享乐思想，发生严重贪污浪费行为，张子善、刘青山就是最突出的例子之一。更坏的是有些领导机关和领导者对于这种贪污浪费现象，抱着一种庸俗的迁就宽容态度，某些单位和部门甚至邪气压倒了正气。报告说，华北局决定：一、首先通过各级党代表会议及各种干部会议，在党内和政府、经济、军事机关中传达动员，说明方针、交代政策。然后在协商委员会和各界人民代表会议中，提出报告，进行动员，做出决定，以有力地发动广大群众，揭发和检举贪污罪犯。二、各级领导均须建立包括党内外负责干部和积极分子的精简节约检查委员会，党委负责人必须参加，直接领导。三、对妨碍反贪污运动开展的各种错误思想，都应整风学习，予以批评、纠正和驳斥。四、必须普遍开展运动，任何机关和个人不得例外，但在实际工作中要善于抓住重点，不能平均使用力量，要雷厉风行，又要慎重分析。

同日

[纲文] **中共中央批转东北局《关于1951年1月至9月城市税收情况的通报》。**

[目文] 中央给各中央局、分局并转各属各省委、区党委、大市委的转发批语说：东北局11月13日关于税收情况通报及对抓紧冬季征税工作的指示，我们认为很好，特转发你们参考。并请你们根据中央11月10日电关于加派得力干部到税务局，以及调回做其他工作的税务干部的两项指示，检查各地对税收工作的执行情况。

此前，11月13日，东北局将《关于1951年1月至9月城市税收情况的通报》发给各省市委、政府党组并报中央。主要内容有四点：一、报告1—9月东北征税额总数。二、私营工商业偷漏税仍普遍严重。三、由于国防需要支出很大，而且8月以来物价上升，市场货币量骤增，急需大量回笼现金平稳物价。四、为加强旺季税收工作，希望各地党委、政府党组采取5条有效措施。

同日

[纲文] **毛泽东批转习仲勋关于西北地区反贪污斗争的报告。**

[目文] 毛泽东给习仲勋、饶漱石、陈毅、邓子恢、谭政、叶剑英、邓小平、贺龙、薄一波、刘澜涛、高岗、彭德怀等的转发批语认为，习仲勋的分析、布置和其他意见都是正确的。发现贪污问题的严重性和大规模地惩治贪污分子，从东北开始，是由高岗亲自动手的。中央方面委托薄一波负总责，北京市由彭真负责，现已全体动起来了。请各负责人注意此种经验。我们大家都很忙，但对此事只须抽出几天时间，专心致志加以调查研究，弄出头绪，写一个指令，开一个干部动员大会，斗争就可以展开，以后继续推动斗争向前发展，就很容易办了。

此前，12月11日，习仲勋在给中央和毛泽东的报告中，汇报了西北局扩大会议和西北军政委员会第四次会议讨论三反斗争的情况。报告说，初步了解，贪污现象极其严重，是很惊人的。检察署、法院、纪律检查委员会三单位已查出和受理的贪污案件，共损失国家财产80余亿元。财经、公安、司法和军事后勤系统贪污现象较严重。各地基建工程中，驻京、津、沪等办事机关中，都有不少问题，一般党政机关的总务部门也有不少问题。凡大一点的贪污案件，都牵涉颇广，且多半与奸商勾结。贪污行为已毁坏、染坏了一批干部，已发现有县级、专区级重要干部贪污的。这些事实说明党内享乐腐化思想确实增长起来，贪污蜕化已成为主要危险。我们计划于12月下旬开始整风，各地都集中力量，在短期内进行，最迟于明年2月中旬结束，准备由开展反贪污斗争开头，紧接着检查各种浪费现象，最后联系具体实例，检查领导工作中的官僚主义作风。

同日

[纲文] **毛泽东批准外交部分党委向中国驻苏东使馆转发张闻天巡视驻东欧6国使馆报告。**

[目文] 毛泽东的批语指出：这个文件看过，很好，照发。同日，外交部分党委在发文指示电中指出，一、目前各使馆的工作中心，是逐渐转向研究与报道驻在国内部情况

及其国际关系，目的主要是为了学习各种建设和外交工作经验。二、首先必须充分发扬国际主义的精神，尊重与热爱驻在国的政府和人民，诚心诚意地向他们学习。三、各使馆应有组织有计划地加强党员干部的政治教育，开展批评与自我批评，健全党的生活。党支部要教育党员努力达到周恩来提出的外交干部的四条标准：站稳立场，掌握政策，熟悉业务，严守纪律。四、关于使馆编制及内部组织，外交部正在研究，最近将有统一规定发出。凡使馆干部及公务人员均有首先学好驻在国语文的义务。

此前，7月25日至9月15日，张闻天受中央和外交部委托，巡视了中国驻波兰、德意志民主共和国、捷克斯洛伐克、匈牙利、罗马尼亚、保加利亚6国使馆或使团的工作，于9月18日起草了给外交部和分党委的报告，就过去一年工作的几个基本问题及其处理意见提出看法。报告认为目前各使馆工作的中心问题，是提高一步，把工作重点转向研究与报道驻在国的情况及其国际关系和国际问题。这不但是学习，而尤其是工作任务。外交部干部应熟悉外交技术，而且具有很高的政治、思想水平。必须克服许多同志中存在的对于驻在国的带有若干盲目性的狭隘民族主义与非国际主义色彩的错误思想，对驻在国人民真诚友爱，珍视其奋斗历史，关心驻在国各方面工作成就与创造，认真学习研究驻在国的情况与他们的语文，吸收其在开始建设社会主义过程中的一切经验。要真正贯彻国际主义，不把爱国主义误解为狭隘的民族主义，不把民族自尊心错认为民族夸大狂或民族排外。各使馆今后思想政治工作重点应是发展民主，开展批评与自我批评，对不正确的偏向及时批评纠正。同时要更有计划地组织政治学习。关于各使馆内部的组织与分工，研究室工作必须得到大使参赞的直接领导、参加与帮助。研究报道工作，是整个大使馆的工作，不只是一个研究室的工作。要加倍努力，务期更多干部于今后一年内，能基本解决语言问题。

同 日

[纲 文] 毛泽东批示同意海军五年建设计划。

[目 文] 该计划于12月12日由周恩来转报毛泽东并朱德、林彪。周恩来附函说明，按此计划，分5年订货，并拟在1952年先订1/5约2.03亿卢布的货。

同 日

[纲 文] 班禅回西藏前从西宁致电毛泽东，毛泽东复电。

[目 文] 班禅电报说，在您的英明正确领导下，使好多年来没有也不可能解决的西藏问题获得了解决。这不仅使全国大陆胜利统一，而且拯救了西藏民族与西藏人民于苦海，走向光明幸福的大道。现值班禅离青返藏之际，谨以至诚向您致以崇高的敬意，并坚决表示：这次返藏以后，一定要在您、中国共产党和中央人民政府领导之下与达赖佛紧密团结，共商一切，为彻底实现和平解放西藏办法的协议、驱除帝国主义在西藏的影响、巩固国防和建设新西藏而奋斗。

同日，毛泽东复电说，我完全同意你的这种志愿，即在中国共产党和中央人民政府领导下，与达赖喇嘛紧密团结，为彻底实行和平解放西藏办法的协议、驱除帝国主义在西藏的影响、巩固国防和建设新西藏而奋斗。

12 月 14 日

[纲 文]　中共中央批转华东局宣传部关于产业工人政治教育会议情况的综合简报。

[目 文]　中央给各中央局、分局的转发批语指出，召开这样的会议，对在全区范围内有计划有步骤地进行产业工人政治教育有很大的推动作用。会议所决定的各项办法，也是切实可行的。目前全国正在展开增产节约运动，进行反贪污、反浪费、反官僚主义的斗争，这是我国人民的中心任务。在进行共产主义与共产党的教育时，应同时在工人中加强关于增产节约，反贪污、浪费和官僚主义的政治教育工作。

此前，10 月25 日至11 月1 日，华东局根据中央指示召开了产业工人政治教育会议，研究在全体产业工人中进行一次共产主义与共产党教育的具体实施问题。到会者包括各省区、上海、南京及有万人以上产业工人的10 个城市的宣传部和工会文教部人员，及华东局有关部、委的代表。会议组织了12 个典型工作汇报，检查了两年多来工人政治教育状况，研究了今后计划。

11 月9 日，华东局宣传部向华东局并中宣部提交了会议情况综合简报。简报说，过去两年多来华东工人政治教育是有成绩的，主要表现在接管初期的形势任务政策与初步的唯物史观阶级启蒙教育；抗美援朝爱国主义教育，及1951 年夏季以来的镇反、劳动保险条例和目前的民主改革运动教育等。过去教育的缺点是：注意到了带突击性的时事政治任务的教育，缺少较系统的共产党和共产主义基本知识的教育；接管工作告一段落后一度放松了工人政治教育，只注重业务教育；某些工矿企业干部轻视政治工作，也使系统的政治教育难于进行。产生这些缺点的主要原因，是没有完整的计划与统一的领导，除少数城市外，许多党委宣传部门没有认真去管理工人教育，也没有及时解决教材、师资等具体问题，没有及时纠正各种偏向。根据中央指示精神，会议计划在1953 年底以前对全区约110 万产业工人进行一次共产主义和共产党的教育；并结合建党与各种训练工作对30 余万积极分子进行较有系统的训练。

同 日

[纲 文]　中共中央批转高岗关于工矿企业开展增产节约运动的报告。

[目 文]　中央给各中央局、省市区党委、政府工业部门党组和工会党组的转发批语说，这个报告很好。根据这个报告，东北单是国营公司工业部门，在1951 年，截至10 月底止，除完成原有生产计划之外，就为国家创造了价值1000 多万吨粮食的财富，这是因为我们的工作深入了车间得来的，因而也就改善了工人的生活。这种经验应在全国一切工矿企业中传播，并按自己的条件适当地仿照实行。

此前，12 月3 日，高岗在给中央的报告中说：一、自毛主席提出增加生产、厉行节约作为全国人民的中心任务，东北工人阶级的劳动热情更加高涨，增产节约运动也有了新的发展。二、厂矿企业领导干部深入车间、面向车间，是目前工业部门继续深入开展增产节约运动的关键。三、为了搞好车间工作，应着重做好三件事：做好车间的政治教育工作；做好车间的技术管理工作；做好工资与福利工作。

同 日

［纲 文］ **政务院举行第一一五次政务会议。**

［目 文］ 会议由周恩来主持。会议分别听取和批准了中央人民政府南方老根据地访问团团长谢觉哉和北方老根据地访问团团长刘景范分别作的《中央人民政府南方老根据地访问团工作报告》和《中央人民政府北方老根据地访问团工作报告》，通过了《政务院关于加强老根据地工作的指示》。

谢觉哉报告说，南方老根据地访问团分为9个分团，共访问了209个县。普遍宣传与重点访问相结合，召开群众大会，召开县、市、区烈军属、革命残废军人、英雄模范人物代表会议，在有历史意义和遭敌摧残较重的乡村召开各种座谈会，祭悼革命烈士，对典型人物进行个别访问。听取老区人民的意见和要求，给他们治病，进行文娱宣传活动。

刘景范报告说，北方老根据地访问团下设9个分团，采取普遍宣传与重点访问的方法，在40多天中，共访问了307个县、市、旗，729个典型村和4989个典型户，召开大小代表性会议1773次、群众会2842次，组织文娱活动301次。

《政务院关于加强老根据地工作的指示》指出，无论从政治上或经济上都必须十分重视加强老根据地的工作，大力领导与扶植老根据地人民恢复与发展经济和文化建设。应本着解决群众当前生活困难与长期建设相结合的方针，因地制宜，有计划有重点地发展农业、林业、畜牧业、手工业与副业。同时，要恢复与开辟交通，增设国营贸易机构和合作社，组织互助合作，增加贷款，调整农民负担。要积极加强老根据地的文化教育、医疗卫生和优抚工作。老根据地的工作是一件光荣的任务，应作为有关省、专署考绩中的一项重要内容。

陈云发言指出：老根据地问题有经济、文化、教育、卫生等方面的问题，但根本问题是经济问题。生活改善后，文化、教育也就会有改善。而经济中重要的问题是交通。由于老根据地多在山区，交通不便，故问题短时间内解决不了，对此应该说明。周恩来指出，老根据地大多数处于自然条件比较差的山区，经济的恢复和发展不是短时期能够办到的。我们不能离了延安，忘了老区。恢复工作应该利用地方力量，中央给以财政辅助，分年完成。

同日—31日

［纲 文］ **中央人民政府民族事务委员会举行第二次会议，通过民族区域自治实施纲要草案。**

［目 文］ 中央民委委员，县级以上自治区人民政府和专区级民族民主联合政府负责人，各大行政区、省、市民委和有关部门负责人，及鄂伦春、东乡、佧佤、傈僳、高山等39个少数民族的代表130多人出席。会议总结了两年来民族工作的经验，讨论了继续推行民族区域自治等问题，通过了民族区域自治实施纲要草案，提交中央人民政府审核。

▲ 西康省凉山彝族自治区各族各界人民代表会议上当选的全体自治区政府委员在掌声中登台就职。

会议听取了董必武的政治报告、李维汉的关于民族政策报告、刘格平的两年来民族工作报告、乌兰夫的关于内蒙古自治区工作报告。36个民族的代表在发言中介绍了本民族的情况和工作经验，提出了发展少数民族地区政治、经济、文化的具体要求。

刘格平在报告中指出了两年来民族工作的成就：一、中国各民族的空前大团结。中央人民政府自1950年7月以来，先后派出了3个民族访问团赴西南、西北及中南各少数民族地区进行访问。各地少数民族也组织了代表团和参观团，仅到北京来的即有18个共900余人。1950年国庆时，有40多个少数民族的代表来京观礼。二、少数民族地区的政权建设。西北、西南、中南军政委员会及东北人民政府委员会中，共有少数民族委员26人；各省、市人民政府委员会中，共有少数民族委员100多人。全国已建立民族自治区113个、民族民主联合政府165个，大的相当于专区，小的相当于县、区和乡。三、少数民族地区的经济和文化教育工作。人民政府采取公平合理的价格政策，在各少数民族地区收购土产、供给日用必需品，土产价格一般比解放前提高了1倍到4倍，有些提高十多倍。各地贸易部门在少数民族地区设置了750个企业机构，吸收了1700多名少数民族干部参加贸易工作。中央人民政府拨出专款用于少数民族地区的卫生事业，派出8个防疫大队和医疗大队。各地组织的防疫队，西北有6个，西南有26个，中南有11个，内蒙古有11个，绥远有2个。各少数民族地区的卫生院（所），西北有80所，西南有161所，内蒙古有25所。全国少数民族地区已有小学9100所，学生86.6万余人；中学130多所，学生3.56万余人；大学1所，学员480余人。中央民委已翻译出版蒙古族、藏族、维吾尔族文图书共20余万册。中央文教委成立了“民族语言文字研究指导委员会”，帮助创立、发展少数民族文字。中央人民政府1951年8、9月间，先后召开了全国民族贸易、卫生、教育3个专业会议。四、少数民族干部的培养。已脱产的少数民族干部，西北地区有2.7万多人，西南有1.8万多人，内蒙古有1万多人，东北有0.7万多人，绥远有0.1万多人。总计全国共有6万多人。中央及西北、西南、中南各地，已先后建立了8个民族学院，共有学员0.37万余人，包括50多个民族。

会议于31日闭幕。政务院政法委员会副主任张奚若致闭幕词。会议通过了给毛泽东、朱德和解放军、志愿军的致敬电，并致电慰问遭受地震灾害的云南省丽江专区各族人民。会上还宣读了西藏地方政府和班禅额尔德尼致大会的电报。

同 日

［纲 文］ **出版总署通报处理地图的原则。**

［目 文］ 通报说，本署于1951年5月发出关于各地出版社印制都市地图的指示后，各地对地图的处理还不完全一致：同一地图在甲地禁售而在乙地不禁售。为了使处理办法趋于一致，决定三项处理原则：一、解放前出版，政治上没有重大错误的地图，不禁售。但售完为止，不得再版。二、解放后在指示发出前出版的地图，除严重泄露机密者外，不禁售，也不加盖墨印。但再版时必须根据指示修正。三、指示发出后出版的地图，按指示办理。

12月15日

［纲 文］ **中共中央发出《关于农业生产互助合作的决议（草案）》。**

［目 文］ 《决议（草案）》共十三条。中央给各中央局并转分局、省市区党委的印发通知指出：一、兹将关于农业生产互助合作的决议草案一件发给你们，请印发到县委和区委。请即照此草案在党内外进行解释，并组织实行。这是在一切已经完成了土地改革的地区都要解释和实行的，请你们当作一件大事去做。这个决议草案可以在党内刊物上发表，但不要在党外报刊上发表，因为还是草案。二、这个草案比10月间发给一些同志带回去的草案有了一些修改，请将10月草案收回作废。

《决议（草案）》主要分析了农民土改后所具有的个体经济和劳动互助两种积极性，认为不能忽视和挫伤农民从事个体经济的积极性，同时，为了使广大贫困的农民迅速增加生产，走上丰衣足食的道路，使国家得到更多的商品粮和工业原料，又必须按照自愿和互利的原则发展农民劳动互助的积极性。互助合作大体上有简单劳动互助，常年互助组和农业生产合作社三种主要的形式。党的方针是在新解放区和互助运动薄弱地区大量地发展第一种形式；在有初步互助运动基础的地区，逐步推广常年互助组；在群众有比较丰富的互助经验又有比较坚强的领导骨干的地区，有重点地发展土地合作社。必须反对消极或急躁对待互助合作运动两种错误倾向，以及强迫命令和放任自流两种错误的领导方法。正确的领导方法是典型示范，逐步推广，由小到大，由少到多，由低级到高级；随时随地研究和集中群众经验，教育群众，发扬正确的东西，避免重复错误的东西；在处理互助组和生产合作社内部任何问题时必须绝对遵守自愿互利原则。必须在农村中提出爱国的口号，使农民的生产和国家的要求联系起来。片面地提出“发家致富”的口号是错误的。党和人民政府必须照顾农业互助组和农业生产合作社的农民与个体经济的农民之间的团结。

［文　献］　**关于农业生产互助合作的决议（草案）**

（一）农民在土地改革基础上所发扬起来的生产积极性，表现在两个方面：一方面是个体经济的积极性，另方面是劳动互助的积极性。农民的这些生产积极性乃是迅速恢复和发展国民经济和促进国家工业化的基本因素之一。因此，党对于农村生产的正确领导，具有极重大的意义。

（二）解放后农民对于个体经济的积极性是不可避免的。党充分地了解了农民这种小私有者的特点，并指出不能忽视和粗暴地挫折农民这种个体经济的积极性。在这方面党是坚持了巩固地联合中农的政策。对于富农经济，也还是让它发展的。根据我们国家现在的经济条件，农民个体经济在一个相当长的时期内，将还是大量存在的。因此，政治协商会议共同纲领曾经指出：应该“使各种社会经济成分在国营经济领导之下，分工合作，各得其所，以促进整个社会经济的发展”，其中即包括了“农民和手工业者的个体经济”。除此之外，共同纲领还有以下的规定：“凡已实行土地改革的地区，必须保护农民已得土地的所有权。”

（三）但是，党中央从来认为要克服很多农民在分散经营中所发生的困难，要使广大贫困的农民能够迅速地增加生产而走上丰衣足食的道路，要使国家得到比现在多得多的商品粮食及其他工业原料，同时也就提高农民的购买力，使国家的工业品得到广大的销场，就必须提倡“组织起来”，按照自愿和互利的原则，发展农民劳动互助的积极性。这种劳动互助是建立在个体经济基础上（农民私有财产的基础上）的集体劳动，其发展前途就是农业集体化或社会主义化。长时期以来的事实，证明党中央这个方针是完全正确的。政治协商会议共同纲领根据人民解放区长期的经验和党中央的方针，曾经做出了正确的规定：“在一切已彻底实现土地改革的地区，人民政府应组织农民及一切可以从事农业的劳动力以发展农业生产及其副业为中心任务，并应引导农民逐步地按照自愿和互利的原则，组织各种形式的劳动互助和生产合作。”显然，党中央的和共同纲领上的这个方针在实际上教育着广大农民，使他们逐步地懂得劳动互助和生产合作比起单纯的孤立的个体经济有极大的优越性。启发他们由个体经济逐步地过渡到集体经济的道路。

（四）各地农民在农业生产上的互助合作运动的发展是随着各地农村经济的发展与生产的要求，而有各种不同的历史和复杂的形式，但是大体上有三种主要的形式。第一种形式是简单的劳动互助，这是最初级的，主要是临时性的，季节性的。这种形式在老解放区从开始到现在都是最大量的，在新解放区也是适合于农民固有的互助习惯，便于大量发展的。但这种形式一般地都是小型的；除了个别情况的需要以外，一般地也只能是以小型的为适宜。第二种形式是常年的互助组，这是比第一种形式较高的形式。它们中有一部分开始实行农业和副业的互助相结合；有某些简单的生产计划，随后逐步地把劳动互助和提高技术相结合，有某些技术的分工；有的互助组并逐步地设置了一部分公有农具和牲畜，积累了小量的公有财产。这类形式在各地还占少数；但在简单的劳动互助运动已有基础的地区，即广大农民已经由组织起来克服困难、而在生产上已有某些发展和在生活上已获得某些改善的地区，这种互助的形式为许多农民所要求，因而逐年在增加中。以上两种形式的互助组织所包括的农民，在华北已发展到占全体农民的百分之六十，在东北则达到了百分之七十。第三种形式是以土地入股为特点的农业生产合作社，因此或称为土地合作社。这种形式包括了第二种形式中在有些地方已经存在的若干重要的特点，即如上述的农业与副业的结合，一定程度上的生产计划性和技术的分工，有些或多或少的共同使用的改良农具和公有财产，等等，但带了比较扩大的形式。因为有了某些公共的改良农具和新式农具，有了某些分工分业，或兴修了水利，或开垦了荒地，就引起了在生产上统一土地使用的要求。这还是在土地私有或半私有基础上的农业生产合作社。用土地入股同样地是根据自愿和互利的原则，并可以根据自愿的原则退股。但在生产上，一方面，便于统一计划土地的经营，因地种植，使地尽其用；另方面，可以更方便地调剂劳动力和半劳动力，发挥劳动分工的积极性。这两方面也就可能逐渐在若干点上克服小农经济的弱点。在这第三种形式下经营的土地和副业，除了有的合作因为并不是群众的真正自愿，或经营不合理所以不能成功以外，产量与收入一般地都大大增加。一般说来，这种以土地入股的合作社通常是在较好的互助运动基础上发展起来的，是农业生产互助运动在现在的高级形式，目前还只是在若干县区存在，数量还不很多，但在东北华北两区也已经有了三百多个，并正在发展中。

上述这三种形式，在各地并不一定都是截然划分的，也并不一定都是整齐划一地循序而进的。也有个别在特殊的情形下，当农民组织起来后不久，便实行土地合股的。根据各地不同的条件，群众时常同时存在着许多不同的互相交错的形式，而且各地发展是很不平衡的。一般说来，互助合作运动是在具体的曲折的道路上前进着的。不问群众的条件和经验如何，企图用一种抽象的公式去机械地硬套，当然是错误的，是会损害互助合作运动的发展的。

根据运动发展的一般规律和发展农村生产力的必要性，党在目前对于发展互助合作运动的方针，应该有下列三个方面：

一、在全国各地，特别在新解放区和互助运动薄弱的地区，有领导地大量地发展互助合作运动的第一种形式（即临时性的季节性的简单的劳动互助）。如果看轻这种为目前广大农民所可能接受的最初级的形式，甚至认为临时性和季节性的变工换工不叫互助，只有常年互助组才叫做互助，而不肯积极地去领导推广，这是错误的。

二、在有初步互助运动基础的地区，必须有领导地逐步地推广第二种形式（即比简单的劳动互助有更多内容的常年互助组）。如果只满足于临时性的季节性的互助，而不企图进一步加以巩固和加以提高，使农民可能经过常年的互助获得更多的利益，这也是错误的。

三、在群众有比较丰富的互助经验，而又有比较坚强的领导骨干的地区，应当有领导地同时又是有重点地发展第三种形式（即土地入股的农业生产合作社）。如果不顾群众在生产中的需要、互助运动的基础、领导的骨干、群众的积极性、并有充分的酝酿等项条件，而只是好高骛远，企图单纯地依靠自上而下的布置和命令主义的方法去大搞这第三种形式，这是形式主义和轻举妄动的做法，当然是错误的。

党中央的方针就是根据可能的条件而稳步前进的方针。党在各种不同地区的农村支部，应该在党中央这种方针的指导下，教育自己的党员积极地分别参加这些不同的农业互助和合作。

（五）关于农业互助合作的问题总的说来有两种不同的错误的倾向：一种倾向是采取消极的态度对待互助合作运动，看不出这是我党引导广大农民群众从小生产的个体经济逐渐走向大规模的使用机器耕种和收割的集体经济所必经的道路，否认现在业已出现的各种农业生产合作社是走向农业社会主义化的过渡的形式，否认它们带有社会主义的因素。这是右倾的错误的思想。另一种倾向是采取急躁的态度，不顾农民自愿和经济准备的各种必须的条件，过早地、不适宜地企图在现在就否定或限制参加合作社的农民的私有财产，或者企图对于互助组和农业生产合作社的成员实行绝对平均主义，或者企图很快地举办更高级的社会主义化的集体农庄，认为现在可以一蹴而在农村中完全到达社会主义。这些是“左”倾的错误的思想。党中央批判了这两种错误的思想倾向，认为农民劳动群众的互助组织以及在互助运动基础上所发展起来的现在各种形式的农业生产合作社有很重要的积极意义。中央估计了它们的两方面的性质，即：一方面的性质是在私有财产的基础上，农民有土地私有权和其他生产手段的私有权，农民得按入股的土地分配一定的收获量，并得按入股的工具及牲畜取得合理的代价；另一方面的性质是在共同劳动的基础上，实行计工取酬，按劳分红，并有某些公共的财产，这些就是社会主义的因素。同时，这两方面的性质也正说明了：现在所称的农业生产合作社虽然是互助运动在现在出现的高级形式，但是比起完全的社会主义的集体农庄（即是更高级的农业生产合作社），这还是较低级的形式，因此，它还只是走向社会主义农业的过渡的形式。可是，这种走向社会主义的过渡的形式又正是富有生命的有前途的形式。党的政策的正确性，就是在于恰当地估计它们的上述两方面的性质，而由此谨慎地又积极地在逐步发展的基础上，引导它们前进。忽视上述两方面性质的任何一方面，例如右的倾向，忽视上述后一方面的性质，就必然表现为落在生活后面的尾巴主义；又例如“左”的倾向，忽视上述前一方面的性质，就必然表现为超越生活条件可能性的冒险主义。

（六）过去的经验证明：在农业的互助合作运动上，强迫命令的领导方法是错误的，但放任自流也是错误的。强迫命令就是违反自愿和互利的原则，而且容易伤害联合中农的政策，即使运动能够暂时轰轰烈烈一阵，但是不能够巩固的。放任自流会使互助合作运动陷于消沉和解体，或使互助组和合作社内部滋长资本主义的倾向，因而增加贫苦农民在生产中的困难和出卖土地的情况，结果只有利于富农经济的发展而不利于贫雇农经济地位的上升，这当然是很有害的。在互助运动开始发展的地区出现的错误主要的是前一种。在农村生产已经有较大的发展、中农已经成为多数、而互助运动需要继续前进的地区出现的错误，主要的是后一种。有些地方的同志开始犯了强迫命令的错误，例如“强迫编组”、“全面编组”、“搞大变工队”和盲目地追求“高级形式”等等。在碰到困难之后，就又走入放任自流的另一个极端。因此，必须随时注意纠正和防止这两种错误的领导方法，而掌握正确的领导方法。这种正确的领导方法，首先是采取典型示范而逐步推广的方法，一般地是由小到大，由少到多，由低级到高级。第二，在工作过程中，总是随时随地研究群众的经验，集中群众的意见，教育群众，发扬正确的东西，避免重复错误的东西。第三，在处理互助组和生产合作社内部所存在的任何问题上，有一条原则是必须绝对遵守的，就是贯彻自愿和互利的原则。

（七）示范是在多方面的，但一切事情需要能够真正做到提高生产率，达到多产粮食或其他作物、增加收入这样的目的。只有在多产粮食增加收入这样的号召下，才可能动员农民组织起来。也只有真正做到这一点，农业互助组和农业生产合作社才是真正为农民服务，而为群众所欢迎，因而可能巩固下来，并影响四周围的农民逐步地组织起来。因此，提高生产率，比单干要多产粮食或多产其他作物，增加一般成员的收入，这是检查任何互助组和生产合作社的工作好坏的标准。凡是出现相反情况的，就必须认真探求原因，克服其中的弱点或错误。

（八）根据各地方的材料，现在农业互助组和农业生产合作社内部所存在的问题，对于他们的巩固和发展有重大关键的，有如下各项必须予以注意：

第一，必须认真做好农业生产，实行精耕细作，兴修水利，改良土壤，并在可能的地区把旱地变成水地，有计划地种植各种农作物，改良品种。

第二，在适宜于当地的条件下，发展农业和副业（手工业、加工工业、运输业、畜牧、造林、培养果树、渔业及其他）相结合的互助。按照农业和副业的需要和个人的专长，实行合理的分工分业，并把妇女及其他半劳动力组织起来，使人尽其力。但在现在农村条件下的分工分业应带有灵活性，太严密是不可能的。

第三，为了扩大再生产的需要，并根据组员和社员的完全自愿，可以民主议定的方式，组织资金，增购公有的生产工具和牲畜。现在有些常年互助组和农业生产合作社，采取积累公积金和公益金的方式，用以准备扩大生产的物质基础和防备天灾人祸，如果是出于群众的完全自愿，这是可以的。但如果群众还不愿意，则不宜勉强去做。公积金和公益金所占互助组和生产合作社岁入的比例，现在决不能太多，一般只可以比较适宜地定为占岁入的百分之一到百分之五。在收成不好时，可以不收公积金。成员退组退社时有带出所投资金和所纳公积金的完全自由。但以土地入股的生产合作社成员如要退社，应在一年的收获完毕之后为适宜。如生产合作社在所退土地上曾经为改良土壤或水利设备而有颇大耗费的情况，则退社者应向合作社偿付公平的代价。

第四，在土地合股的生产合作社中，关于收获量的分配，按土地和按劳动的比例，开始不宜于规定得太死，应根据各种成员的自愿，照顾当地经济发展的条件，并使劳力较多而土地较少的社员和土地较多而劳力较少的社员，都能够获得合理的利益，然后在生产发展以及土地由于加工所引起的变化的过程中，根据群众的觉悟程度和收入的增益，逐渐变动到更合理的而又为大家所能够接受的比例。

第五，在等价或互利的问题上，必须：一方面，反对不算账、不等价的方法，另方面，反对机械的、烦琐的、形式主义的计算方法，而注重生活和实际上的多种多样的互利形式，注重那些为群众所习惯而简明易行的计算办法。

第六，建立一些必要的简明易行的生产管理制度和劳动纪律。

第七，规定为群众所便于实行的、不一定限在固定形式上的、定期的又是必要的成员代表会议，小组会议和家庭会议，以便讨论、检查和改进生产计划的问题，生产过程中的问题，社员互利的问题，社员在遇到天灾和祸难时互相关照扶助的问题，实行必要的批评和自我批评，等等。

第八，提倡新旧生产技术的互教互学运动，普及和提高旧技术旧经验中的有用的合理的部分，逐步地与那些可能应用的新技术相结合，不断地改良农作法。

第九，提倡组和组、社和社、组员和组员、社员和社员之间的爱国丰产竞赛。必须在农村中提出爱国的口号，使农民的生产和国家的要求联系起来。片面地提出“发家致富”的口号是错误的。

第十，培养并有分寸地奖励生产的积极分子和技术能手，训练生产小组组长。共产党员和青年团员实行互助合作的原则、积极生产、遵守纪律等，应成为全体农民的模范，不能在互助组和合作社中贪占任何非分的便宜。

第十一，在农业互助组和农业生产合作社内部，不应允许进行雇佣劳动的剥削(即富农的剥削)。因此，不应允许组员或社员雇长工入组入社，也不应允许互助组和农业生产合作社雇长工耕种土地。如果有此种情况应由组员和社员会议讨论规定出纠正或改组的办法。但互助组和农业生产合作社为生产的需要得雇请短工、牧工和技术人员。

第十二，加强党对互助组和农业生产合作社内部的政治工作，建立经常的政治教育和文化教育，提高群众的觉悟，以鼓励群众的生产积极性。

党中央再三指出：在解决上述农业互助组和农业生产合作社各种不同问题的具体办法或规定它们的具体制度的时候，不但应该容许各地方之间有差别，而且应该容许各乡各村之间乃至一乡一村内各互助组各合作社之间有差别，因此，必须是灵活的，宜于逐步改进的，决不应该简单地强求划一，做出太过硬性的决定。

（九）供销合作社应该与农业互助组和农业生产合作社建立推销、订购和贷款的合同的关系，帮助它们克服生产方面（资金不足）和交换方面（市场隔离）的困难，使农业及副业的生产的可能性和国内外市场的交换的可能性能够充分地而又可靠地联系起来。

（十）人民政府应该适当地采取下列一些办法援助农业互助组和农业生产合作社的发展：

第一，国营经济机关，或者经过供销合作社，或者直接和农业互助组及农业生产合作社，成立各种可能的经济上的合同。

第二，用种子、肥料和农具贷给农民，从而帮助他们能够有效地组织起来，特别注意在适宜地区，斟酌国家和人民的需要，帮助农民成立各种特种作物，例如棉花、麻、花生、烟叶等等的互助组和生产合作社，各种副业和手工业的生产合作社，以及修水利、修滩、造林、经营水产和牧畜等的互助组和合作社。其中，组织棉农加入互助组和合作社，显得特别重要。

第三，因为农业互助组和农业生产合作社的发展节约出了广大的劳动力，除了有许多人陆续到工厂和矿山做工以外，应由各级人民政府配合国家整个经济建设的计划，逐步地举办一些可能的和必需的公共事业，例如公营的工场手工业（制造农具、化学肥料、药品等类），公营的半机器工业（某些加工工业之类），大规模的造林，兴修水利，建筑道路，等等，使农村的剩余劳动力在现在条件下有适当的出路。

第四，县以上各级人民政府和各级党委，都应该设置专人以及适宜的机构，与各级财政经济机关及供销合作社密切联系，经常研究和及时地指导农业互助组和农业生产合作社的组织、生产计划、供给、运输和销售的事宜，并为它们举办必需的干部训练班。

（十一）国营农场应该推广，每县至少有一个至两个国营农场，一方面用改进农业技术和使用新式农具这种现代化大农场的优越性的范例，教育全体农民，另方面，按照可能的条件，给农业互助组和农业生产合作社以技术上的援助和指导。在农民完全同意并有机器条件的地方，亦可试办少数社会主义性质的集体农庄，例如每省有一个至几个，以便取得经验，并为农民示范。

（十二）党和人民政府必须照顾农业互助组和农业生产合作社的农民与个体经济的农民之间的团结。如果不去积极地照顾互助组和合作社的农民，这是不正确的；但如果不去积极地照顾在目前还占很大数量的个体农民，这也是不正确的。农业贷款必须对于这两方面作合理的分配。必须明白：我们在现在表示关心和适当地照顾个体农民，就有可能使这些个体农民在将来逐步地加入互助合作组织，也就有可能实现我们在农村中的最后目的——引导全体农民走向社会大义和共产主义。

（十三）农业互助组和农业生产合作社的代表会议，在区一级和县一级可于每年春耕之前和秋收之后各召集一次。在省和全国范围内，则于每年召集一次有适当干部参加的工作会议。

资料来源：中共中央文献研究室编：《建国以来重要文献选编》第2册，中央文献出版社1992年版，第510—522页。

同日

［纲文］ **中共中央批转志愿军党委关于精简节约反对贪污浪费给所属党委的指示。**

［目文］ 中央给中央、军委各部门，中央人民政府各党组，各中央局、分局、省市区党委，各大军区、各级军区，志愿军党委的转发批语说，接到志愿军党委12月14日关于精简节约反对贪污浪费给所属党委的指示，中央极为高兴。志愿军在前线作战，尚且应该和能够精简节约，我全国党政军处在和平环境，当然更加应该和更加能够大量地彻底地实行精简节约。志愿军准备节约的许多项目，你们应当参照执行。

同日

［纲文］ **中共中央批转平原省委关于干部贪污腐化情况的通报。**

［目文］ 中央给各中央局、分局、省市区党委的转发批语说，平原省委这一文件集中地暴露了地方干部中存在着严重贪污腐化情况，足以发人深省。望在党内刊物上发表。希望各省市区党委都要发出这一文件。

此前，12月10日，中共平原省委在给各地市委并报华东局的该通报中说，据省纪委上半年统计，违法犯纪受处分的区以上干部中，因贪污、受贿、蜕化等而受到开除党籍、留党察看、撤销工作等各种党纪处分的占65%。据检察署对14个县的统计，1—8月的违法案件中，贪污渎职的占47%。贪污问题绝不是个别人或个别部门的问题，已是较普遍存在的严重问题。

同日

［纲文］ **毛泽东批转陈毅关于华东军区开展精简节约反对贪污浪费的报告。**

［目文］ 毛泽东给各大军区、志愿军、各中央局、中央和军委各部门、中央人民政府各党组的转发批语指出，陈毅在这个报告中所提的方针及办法都是正确的，望即照此施行。

此前，12月12日，陈毅在写给毛泽东并中央军委、华东局的报告中说，华东军区决定在 1952 年 3 月前以整编部队、办好转业建设和复员生产工作为中心；同时把开始进行反贪污、反浪费也作为中心工作之一，将两者结合起来又分开来做。在 3 月之前，节约方面主要是严格执行供给标准和财经制度，停止一切不必要的修建计划，并严禁一切请客送礼、对已发现的贪污浪费事件予以严肃处理，并在全军中结合整编动员进行初步的节约教育。至于群众性的反贪污、反浪费运动，则拟在 3 月以后结合整党进行。

同 日

［纲 文］ **毛泽东批转罗荣桓等人关于军队高级干部任免和军委下发文件审批办法的建议信。**

［目 文］ 毛泽东在给周恩来、朱德、林彪、聂荣臻的转发批语中指出，这样规定是适当的。要聂荣臻召集一次会议，将军委各部门文件及军委自己文件的核阅，规定一个办法。其中应包括紧急情况时，有些文件先发后看一项。

此前，12 月 14 日，罗荣桓、赖传珠①、徐立清②向中央军委提交建议信提出，一、凡军以上干部的任免、处分及提升等级待遇等问题，报呈主席审查批准，副主席、总参谋长阅。二、凡师级干部的任免、处分及提升等级待遇等问题，报呈副主席批准，总参谋长阅。三、凡以军委名义拟发的电报、指示、决定等文件，涉及有原则性的问题，均呈主席批准，副主席、总参谋长传阅，如一般问题则呈副主席批准。

同 日

［纲 文］ **《毛泽东选集》第一卷在香港发行。**

［目 文］ 该书在半小时内就全部销完，大量读者在经售书店办理登记手续，要求再版后优先购买。香港《大公报》和香港《文汇报》当日都为发行一事发表了社论。

12 月 17 日

［纲 文］ **中共中央批转西南局关于开展三反斗争的报告。**

［目 文］ 中央给各中央局、各大军区及志愿军、各中央分局及省市区党委的转发批语指出，请在党内刊物上予以登载，使科长以上的干部都有机会阅读。西南局指出，过去反贪污斗争之所以效果很小，是由于没有像镇压反革命一样大张旗鼓地作为一个普遍的运动来发动，没有形成有力的社会舆论和群众威力，这是完全正确的。西南局所规定的 6 项办法，也是正确的。

此前，12 月 13 日，西南局在给中央的报告中分析了西南区贪污浪费严重的原因，因此，针对存在的问题，决定：一、依照中央指示，立即开展反贪污、反浪费、反官僚主义的群众运动，并成立各级节约检查委员会和检查小组。二、各级负责同志，必须首长负责，亲自动手，并指定专人负责，掌握此项运动。三、认真组织文件阅读，充分发动群

---

① 赖传珠（1910—1965），江西赣县人，时任中央军委总干部部副部长。

② 徐立清（1910—1983），安徽金寨人，时任中央军委总干部部副部长。

众，把反对贪污、反对浪费、反对官僚主义的运动和当前各项工作结合起来，并通过此项运动推动各项工作。四、把自上而下和自下而上的检查结合起来，把本单位自行检查、专门小组的重点检查、各单位的相互检查结合起来。把号召贪污分子本人坦白和号召群众检举、揭发结合起来，有领导地开展群众性的对于贪污浪费的大检查运动。五、对于案犯，必须根据大、中、小加以严肃处理。六、各地立即按照北京经验及西南一级机关计划，具体布置工作，并严格执行中央规定的按级报告制度。

同 日

［纲 文］ **毛泽东为试办集体农庄致电王震、习仲勋、张宗逊及各中央局和各大军区。**

［目 文］ 电报指出，我认为这个报告是正确的。这个报告除最后一条外，可以向分局扩大会议和军区生产代表会议提出。中央在即将发出的关于发展农业互助合作的决议草案里，已将每省试办集体农庄一事加上去了。这种集体农庄在目前只能是少数，每省只能办一个至数个。新疆将军垦的部分土地、水利和房屋让给农民，如果又能给予机器援助，农民可能很乐意干。望将这方面的经验随时报告。各军区和地方，凡已有用机器的国营农场和个别集体农庄，均望将这看作一件大事，用力经营，随时总结经验报告中央。

此前，12 月 14 日，王震在给中央的报告中说，准备在 1952 年冬实行土地改革中，将过去两年分散的生产部队修建的小型水利和所耕种的上万亩土地及建筑的房屋让出，但不予分散，派军队党员干部帮助当地农民组织集体农庄 10 个（每处 1 万—1.5 万亩），以增进民族、军民的团结。利用军队集体劳动的经验，认真试办农民的集体农庄，准备三五年取得经验。军队除担负警备任务外，集中屯垦，经营大农场。

同 日

［纲 文］ **毛泽东批转萧华关于总政治部实行精简节约开展三反斗争的报告。**

［目 文］ 毛泽东在给军委总参谋部、总干部部、总后勤部、总政治部，各特种兵司令部，中央各部门，中央人民政府各党组，各大军区和志愿军的转发批语中，希望各部门凡未做这种分析和布置的，都应做出自己的布置，向中央报告。

此前，12 月 16 日，萧华向中央提交报告，分析了总政机关在人员编制和贪污、浪费、官僚主义方面存在的问题，提出了缩减机关编制人员的方案和实行节约的初步办法，包括合并住房、办公室、伙食单位、用车，严格事业费的开支手续，爱护国家财产，节约办公用品等。报告提出，这一运动拟与目前机关整党学习结合进行，在学习文件的基础上，由领导干部带头，自上而下地开展批评与自我批评，发扬民主，进行检查，然后订出由个人到部门的节约计划。

同 日

［纲 文］ **政务院人民监察委员会机关人员举行三反斗争动员大会 。**

［目 文］ 监委会主任谭平山在会上作了动员报告。他说，现在贪污、浪费的现象很严重，已危害了国家和人民的利益，妨碍了政府和人民群众的联系，造成了不良影响。如

果听其发展下去是非常危险的。机关全体工作人员要自我检查，互相检查，上下检查，纠正缺点，提高一步。

同 日

［纲 文］ 华东增产节约委员会召开动员增产节约和三反斗争的区直属机关干部大会。

［目 文］ 华东军政委员会主席饶漱石在会上作了《为开展增产节约，反对贪污，反对浪费，反对官僚主义而斗争》的动员报告。报告分析了毛泽东提出“增加生产，厉行节约，以支持中国人民志愿军”的号召以来全国和华东热忱展开增产节约运动的形势，阐述了增产节约不但是保障抗美援朝战争胜利的方针，是积累资金、加速工业建设的基本办法，而且也是移风易俗，树立国家和人民良好风气的主要关键。他还列举了华东地区贪污浪费及官僚主义的具体表现。

该报告根据毛泽东12月28日的指示，12月30日由新华通讯社播发。

同 日

［纲 文］ 天津地委召开专区级机关团体全体党员大会。

［目 文］ 参加大会的党员干部共有467人。会议传达了河北省委关于开除刘青山、张子善党籍的决议。决议列举了刘、张的罪行，详细分析了他们犯罪的思想根源，号召全体党员必须充分认识到刘、张的罪恶行为对党、对国家、对人民的严重危害性。反对刘、张贪污盗窃罪行的斗争，就是反对腐朽的资产阶级思想侵蚀党的高度原则性的斗争，是保持党的无产阶级纯洁和健康的斗争。一部分过去和现在一直和刘、张罪恶行为进行过斗争的党员，要更明确斗争的原则性。一部分怕上级党对处理刘、张罪行问题不能撑腰到底的党员，必须放弃怀疑态度。一部分党员对刘、张罪行了解不多，关系不大，因而抱着不大关心的态度，这是错误的。极少数的一部分和刘、张罪行或多或少有所牵连的党员，要决心放下包袱，勇于揭发过去的错误。

同 日

［纲 文］ 中华全国总工会副主席刘宁一代表世界工会联合会亚澳联络局发表支援日本“松川事件”无辜被捕者的广播词。

［目 文］ 刘宁一的广播词说，亚洲和太平洋各国的工人们，一切爱民主、爱和平及一切正义的人们，我们要采取紧急步骤营救因所谓“松川事件”而被捕的20名无辜的日本工人。所谓“松川事件”，是美、日反动派为了打击日本日益高涨的工人运动和民主运动而故意制造的。这次事件中被捕的人，都是日本的爱国工人，是忠于日本人民利益的积极的工会工作者。这个捏造的事件和初审的无理判决，完全违反波茨坦公告及远东委员会公布的关于日本投降后建立民主日本的基本政策。为了保卫世界和平，为了伸张人类正义，我们号召你们展开支援“松川事件”无辜被捕者的运动，利用一切可能的办法让全世界都知道美、日反动派捏造的“松川事件”的真相，组织广泛的抗议，要求立即释放一切被捕者。

12月18日

[纲文]　中共中央批转西南局关于逮捕和判处反革命分子批准权的六项规定。

[目文]　中央在给各中央局、分局和省市区党委的转发批语中，批准了西南局12月13日做出的关于逮捕和判处八方面及工矿交通企业中反革命分子的批准权的六项规定，指出各地均应照此办理。

西南局做出的六项规定是：一、八方面是指党、政、军、民和各民主党派五个方面的干部；及宗教界中的骨干分子和社会知名人士；文艺界的文教工作者，包括小学教职员以上、文艺曲艺工作者中有影响的人士在内；工商界中的主要资本家及在工商界中有影响的知名人士。工矿交通企业，是指厂矿交通企业中的职员、干部。二、凡逮捕上述人员中的反革命分子，共产党内区委书记以上，人民政府和人民团体内相当于县长和省专处、局长以上干部，民主党派、文教界、宗教界、工商界中县以上有影响的知名人士，及500人以上的厂矿中所长、科长以上职员干部等人员中的反革命分子，重庆、川东、川西、川南、川北五地归大行政区批准，云南、贵州、西康三省，委托各该省区党委代大行政区审批。除以上所列人员外的反革命分子，全区委托各省区（市）党委代行大行政区审批。三、工矿交通企业部门一般工人中反革命分子的逮捕权，由相当于地委级以上市委批准。其中，专案和牵连人数众多的大案件，应由省区（市）党委亲自掌握逮捕权。四、凡判处八方面和工矿交通企业职员干部中的反革命分子死刑、死刑缓期执行，一律报经大行政区审批。无期徒刑和有期徒刑，一律由省区（市）党委批准。五、工矿交通企业中控诉对象、斗争对象，事先应一律经过当地市委或人民政府相当党委批准。六、在逮捕前，必须充分掌握材料，各级党委要逐级详细审查。坚持可捕可不捕坚决不捕的原则，和只杀罪该处决中的十分之一二，以防止打击面过宽，波动过大，便于争取群众，孤立和打击其中少数坚决的反革命分子。

同日

[纲文]　中共中央批转中南局关于召开紧急会议专门讨论和部署三反斗争的报告。

[目文]　中央给中央和军委各部门，中央人民政府各党组，各中央局、分局、省市区党委，各大军区及所属各重要单位，志愿军党委的转发批语指出，中南局的报告是正确的，有分析，有决心，又有周详的办法，其中许多足以补充中央过去指示的不足。因此，请各地同志加以研究，采纳那些自己所未想到的意见和办法。该报告要使科长以上的党员都能阅读，犯贪污罪浪费罪尚未逮捕和开除党籍者也要使他们有阅读的机会。

此前，12月14日，中南局关于召开紧急会议专门讨论和部署反贪污、反浪费、反官僚主义问题给毛泽东并中央的报告指出：工作浪费，以财贸、企业、机关等单位最为严重，城市又大于乡村；个人生活浪费，以负责一方、一个独立单位的大小首长为严重，且多为老干部。贪污者以财贸、企业、公安各单位事务、生产部门中干部居多，其中又以旧人员为多。报告认为，这场运动实际上就是审干、整党运动的开始和过去清理“中层”的继续深入。运动大体按三个步骤进行。第一步坦白检举，第二步清查处理，第三步教育建设。整个运动中，必须加强两个方面的工作，一方面是有声势、有规模的群众运动，广泛的坦白、检举和批评与自我批评；一方面是专门机关所领导的调查研究、处理和审讯工作。要坚决开展运动，而又防止盲目性。惩治严重贪污浪费分子，而又保护、表扬、奖励模范干部人员和单位。要注意掌握政策界限，区别对待。报告还指出，除必须核定精简节约计划，随三反运动贯彻执行外，清理小公家财产一事极关重要。处理的原则为：一、老实逐级上报财产状况；二、有报告者不没收，不报告者认为非法；三、其资本属于挪用事业费、转移解放时接收的资产者上报后经批准作为国家投资，用节约方法积蓄者仍算各单位投资；四、实行分级统一管理制，逐步走上统一经营下的投资分红制。

同 日

［纲 文］ **西南局召开讨论精简节约和三反斗争的直属机关党员代表会议。**

［目 文］ 会议主要讨论了如何贯彻增产节约、反对贪污、反对浪费和反对官僚主义斗争要求问题。西南局书记邓小平在报告中指出：开展反对贪污、反对浪费和反对官僚主义的斗争，是目前最重要的政治任务。这是关系我们国家前途的问题，如果没有这个斗争，我们就不会有工业化，就不会有社会主义和共产主义的前途。大家要像镇压反革命斗争一样，发动党内外群众，大张旗鼓地进行这一斗争。会议通过了关于增产节约、反对贪污、反对浪费、反对官僚主义的决议。

同 日

［纲 文］ **海关总署召开三反斗争动员大会。**

［目 文］ 海关总署署长孔原在会上作动员报告。他提出，总署最近召开全国海关货管、验征工作会议，研究了海关工作在当前增产节约运动中应起的作用，决定从1952年起，全国海关要从严格执行对外贸易管制政策，查禁走私漏税，防止逃汇套汇，加速货运，消除物资流转中的浪费损耗，克服进出口贸易中的盲目性和不利于全局的现象等方面，为国家增产节约10000亿元。要完成这个重大的政治任务，首先就必须反对贪污、反对浪费、反对官僚主义。为此，海关总署成立孔原任主任的节约检查委员会，并规定了开展运动的时间与具体计划。

同 日

［纲 文］ **中国科学院召开思想改造学习运动动员大会。**

［目 文］ 中国科学院院长郭沫若作动员报告说，在知识分子中间还存在着许多严重的错误思想，要把这些思想包袱丢掉，用马克思列宁主义来把自己武装起来，才能担负起国家所赋予的光荣的任务。因此知识分子特别是科学家必须首先改造自己的思想。他对当前科学工作者中一些错误思想作了分析和批判，指出自由主义、个人主义、超阶级、超政治的思想，在今天的社会是有碍国家发展和个人进步的。现在有人唱着“革命分工论”说：你做你的革命家，我做我的科学家。也有人说，中国的政治水平已经够高，科学水平不高，现在我们主要是提高科学水平而不是政治水平。这一类看法是片面的。科学技术本

▲ 中国科学院成立研究人员学习委员会，丁瓒委员（站立者）在发言。

身虽没有阶级性，但是科学家和技术家一定属于这个或那个阶级；正如武器本身无阶级性，而用武器的人可以用来革命，也可以用来反革命一样。

此前，12月上旬起，部分在京科学研究工作者开展了思想改造学习运动，参加的有中国科学院所属在京各单位的320人、铁道部铁道研究所的100人。学习时间定为4个月。为领导这次学习，中国科学院成立了中国科学院研究人员学习委员会。郭沫若任主任。

12月19日

［纲 文］　**中共中央发出《关于农业贷款及私商联营问题的意见》。**

［目 文］　该《意见》是中央对邓子恢12月5日综合报告中关于农贷和私商联营两个问题的回复，并告中南局和各中央局。《意见》同意该报告中提出的各项意见，但对报告中提议将旧农业贷款就地收回留作各县逐年发放农贷基金予以否定，要求农业贷款目前仍应维持中央按期收回进行分配的方法。《意见》并指出，私商联营问题应划分为五类分别处理，有些联营其组织应认为是合法的，但本质是与国家贸易和合作社对抗的。

［文 献］　**关于农业贷款及私商联营问题的意见（节录）**

（一）关于旧农贷问题，农业贷款的总数目字是逐年增加的，这是已定的政策，不加变更，但每年发放农贷的对象（一定的地区和一定的事业）、时间（短期和长期）和方法（贷金和贷生产资料），则不应也不可能固定。原因是目前农贷均系运用银行存款，数目有限，而我们又必须以此有限的贷款（全国共约五十亿斤粮食），作可能作的更多的事。你们提议将旧农贷就地收回留作各县逐年发放农贷基金，目前办不到（将来也恐不能这样做）。目前仍应维持中央按期收回再行分配的方法。

（二）关于私商联营问题。私商联营办法起源于一九四九年上海联购棉花、天津联购麦子，这是公私联营的。一九五〇年七月进出口商实行统一报价、统一议价、统一收购和统一出口，这是在贸易部领导下的私资联营。一九五一年一、二月间，出现了私资联合下乡采购，这也是在贸易部或工商局领导下的。以上三种私商联营方式，一般都是成功的，利多弊少。其共同特点，是在国营贸易部领导下，可以比较有针对性地实现联营贸易的销售价格、市场分配、物资调拨和对外斗争的各项政策。一九五〇年十二月私营企业暂行条例曾加以肯定。一九五一年三月间中央贸易部从而加以提倡。一九五一年三、四月间以后所发现的两种私商联营，则与上述三种根本不同。一种是在工商局、税务局领导下进行的，如河南潢川上赤桥工商业全部联营，并发动农民参加联营，不参加合作社。河南襄县全城一百八十户联营，其中剃头的也联营。这种私商联营，在价格政策上与国营贸易和合作社对抗，对农民和城市人民都很不利，居然由我们的工商局或税务局出面提倡，并且如你所说强迫不愿参加的商人也要参加，这显然是错误的。一是城乡资本家自动组织起来的联营，其目的主要是和国营贸易合作社争夺市场，并对抗国家的价格政策。这是一种自发趋势，而且发展的相当广泛。其组织应认为是合法的，但其本质则是与国家贸易和合作社对抗的。

上述五种私商联营形式，我们认为前三种均接受国营经济的领导，对我们是有利的。第四种则是错误的。最后一种按照《共同纲领》人民有结社自由的规定及私营企业暂行条例的规定，不能认为它不合法，所以应该允许其存在，但如果他们要进行投机倒把、走私漏税，破坏国家所规定的价格政策等情事时，则应组织国营贸易和合作社与之进行严重的斗争，使他们不能为害。共产党和人民政府对于第四种私商联营不但不能予以支持，而且应设法将其拆散。对于第五种则应组织我们的经济力量与之作合法斗争，并在斗争中取得胜利。

资料来源：中央档案馆提供档案。

同 日

［纲 文］ **中央军委批转西北军区关于精简节约和三反斗争的指示。**

［目 文］ 中央军委在给各大军区和各级军区、志愿军及军委各部门的转发批语中，引述了西北军区党委 12 月 15 日关于精简节约和三反斗争向所属发出的指示，即整编工作必须结合反贪污、反浪费、反官僚主义的斗争去进行；孤立地进行整编工作，整编就会失去应有的意义，整编内容就会残缺不全；只有通过反贪污、反浪费、反官僚主义的斗争，才能真正做好整编工作。中央军委批语指出，我们认为这个意见是正确的，请你们予以注意。这个文件又规定了许多具体办法，都很好，请你们参酌办理。

同 日

[纲 文]　内务部向平原省民政厅发出《关于革命烈士、革命军人分居的父母和改嫁的寡母如何优待问题的函》。

[目 文]　内务部函同意该厅意见，即凡革命烈士、革命军人的父母，不论其同居或分居，与其配偶（或子女）在政治地位上均享受烈属或军属的光荣称号。因分居、同居只是其生活的方式改变，其家属关系并没有改变；至于双方如何享受代耕及其他物质优待问题，应根据其家庭具体情况，由当地群众讨论决定；因军人寡母改嫁，其家属关系虽有改变，但其与军人仍保持有母子关系，故其仍应享受军属优待。

同 日

[纲 文]　内务部发出《关于更改地名的指示》。

[目 文]　《指示》说，全国各地地名中，有经反动政府以反动分子的名字命名的，有带有歧视或侮辱少数民族性质的，有名称重复容易发生错误的。各级人民政府为了肃清反动遗迹，加强民族团结并避免混淆不清，对于此类地名有的已做了更改，但有的还未更改，应及时更改。

12月20日

[纲 文]　中共中央批转政务院文教委员会党组关于三反斗争的报告。

[目 文]　中央给中央和军委各部门、中央人民政府各党组、各中央局和分局、各省市区党委的转发批语说：这个报告很好，现转发你们参考，可在党内刊物上登载，并请督促各地方文化教育机关的党组织仿照办理。

此前，12月19日，文教委党组在提交毛泽东并中央的报告中说：对已检查出的28起贪污案件分析，贪污案件主要发生在文教企业部门，其次是机关事务管理部门。贪污的方式主要是勾结奸商、营私舞弊、盗卖公物、侵吞公款、假造单据、擅改账目等。文教系统贪污总数和贪污人员的百分比，虽不如财经系统严重，但是也有许多企业单位，大多还没有实行企业化管理，许多接收的旧企业机关也没有经过民主改革，对这些企业单位还没有加以认真的检查和管理，因此这方面的漏洞很大。我们准备以4个月时间进行三反工作。根据首长领导、亲自动手、发扬民主、上下结合的原则，普遍地发动群众，采取教育、坦白、检查、检举相结合的方式。同时，教育、文艺、科学等方面仍进行思想改造学习运动。

同 日

[纲 文]　中共中央批转青年团中央《关于反贪污反浪费反官僚主义的报告》。

[目 文]　中央的转发批语指出，青年团中央关于反贪污、反浪费、反官僚主义的报告很好，现发给你们参考，并请督促各地方团组织仿照办理。这个报告可在党内和团内刊物上登载。

此前，12月17日，青年团中央向毛泽东和中共中央提交《关于反贪污反浪费反官僚主义的报告》，汇报了青年团中央机关及所属机关检查“精简节约，反对贪污浪费、反对官僚主义、提高工作效率”的经过和结果，并做出了以后的计划。主要内容是：一、团中央及所属机关检查精简节约、反对贪污浪费、提高工作效率的运动，从10月15日第一次动员报告开始，到现在已有两个月，主要抓了两项工作：（一）检查工作，检查领导，精简人员，改进工作。（二）检查贪污浪费现象，订出制度。现在各部门已初步总结，准备深入教育，重点检查贪污现象并订立各种制度和规约。二、结果是，精简了机关人员，发扬了积极性，提高了工作效率；揭发出各种严重的铺张浪费事实，教育了大家，转变了风气。三、准备继续进行的工作是，继续进行普遍与深入的教育，结合学习文件，开展批评自我批评，坚决反对自私自利思想；已组织了三个检查组，重点检查行政、财务、企业部门，鼓励坦白与检举贪污腐化行为和官僚主义作风的事实；设立企业管理委员会管理机关企业的收支、营业情况，设立审查委员会负责审查机关账目；订立奖惩、报销、领用、使用汽车等制度；迅即公布二中全会文件、决议，并电促各级团委报告三反运动情况。

同 日

［纲 文］ **政务院政法委员会、最高人民法院、最高人民检察署、中央司法部和法制委员会实行合署办公。**

同 日

［纲 文］ **天津地委做出关于肃清刘青山、张子善带给党内的资产阶级思想影响的决定。**

［目 文］ 决定共五条，主要内容是：一、天津地委完全同意和拥护河北省委关于开除刘、张党籍的决议。二、肃清刘、张思想影响的斗争，是一个高度原则性的斗争，是保护党的健康、保持党的优良作风和光荣传统的斗争。三、为了使每个同志在以肃清刘、张思想影响为主的反贪污、反浪费、反官僚主义运动中真正得到教育提高，必须采取由党内到党外、由上到下、逐级贯彻的方法。四、对于刘、张违法乱纪盗窃的国家资财与其私自动用的救济粮、干部家属补助粮、地方粮、水利专款和剥削治河民工、克扣修理飞机场民工补助粮及工人工资等，必须依据河北省人民政府的决定分别处理，并成立专门机构听候上级决定，清理地委机关生产。五、刘、张违法犯纪贪污腐化的罪恶行为，所以没有及早揭发和纠正，和过去地委委员之间严重的自由主义是分不开的，因而地委必须进行严格的检查和检讨。

同 日

［纲 文］ **两路进藏解放军部队在拉萨举行会师大会。**

［目 文］ 大会在布达拉宫前广场举行。解放军由西南、西北两路进藏的两支部队指战员，西藏地方政府代表噶伦阿沛·阿旺晋美、噶楚夏苏、班禅行辕大堪布计晋美、西藏地方军队代理马基（代总司令）凯墨·索安旺堆和三个代本的全体官兵以及广大僧俗人民约2万人参加。进藏部队政治委员谭冠三致开会词。中央人民政府代表张经武讲话，代表中央人民政府和毛主席祝贺进藏部队的胜利会师。进藏部队司令员张国华在讲话中指出进

藏部队今后任务是：第一，积极参加生产；第二，迅速修建道路；第三，提高政治、政策、文化水平，严格执行三大纪律和八项注意；第四，杜绝贪污浪费，厉行节约。由西北进藏的解放军某部司令员范明、西藏地方政府代表阿沛·阿旺晋美都发表了讲话。大会通过了给毛泽东、朱德的致敬电。

同日

［纲文］ **全国合作总社下达《关于改进合作社零售店的几点指示》。**

［目文］ 《指示》说，目前合作社与私人商业的竞争日益明显，广大劳动人民的生活普遍提高，购买量不断增大，质量要求日益提高，合作社在各种日用必需品的供给上单靠稍低于市价，已不能更多地吸引群众入社和充分满足社员需要，必须从更多的方面注意改进。目前各地合作社零售商店已逐渐扩展，但有些地方还远远赶不上自由市场的交易。这种情况必须克服，除端正业务、改善组织形式等外，需在零售商店方面注意几点，具体要求包括修整设立门面、修理补充商店内部设备、制定营业纪律和公约等。

同日

［纲文］ **郭沫若获斯大林国际和平奖金。**

［目文］ “加强国际和平”斯大林国际奖金委员会12月18—20日在莫斯科举行会议。委员会主席、苏联科学院院士斯科贝尔琴主持会议通过决定，把1951年斯大林国际和平奖金授予在保卫和加强和平事业方面有卓越功绩的中国科学院院长郭沫若、意大利议员南尼、日本议员大山郁夫教授等6人。12月22日，郭沫若复电表示把全部10万卢布奖金献给中国人民抗美援朝总会。23日，郭沫若发表书面谈话说，这并不是给予我个人，而是给予我们在英明领袖毛主席领导之下为加强国际和平而奋斗的全中国人民。26日，中国人民抗美援朝总会、中国科学院和全国文联在北京为郭沫若荣获“加强国际和平”斯大林国际奖金举行了庆祝会。

12月21日

［纲文］ **政务院举行第一一六次政务会议。**

［目文］ 会议听取和批准了出版总署署长胡愈之关于第一届全国出版行政会议的报告和政务院政务委员王昆仑关于第一届全国出版行政会议各项文件审查的报告。

胡愈之报告说，出版业的方向，已经从过去的为少数人服务转变为为广大人民群众服务。学校教科书，已完全由国家经营。针对目前问题拟采取的措施是：一、反对单纯追求数量，逐步实现出版、印刷、发行计划化。二、书籍刊物的出版必须经过严格的审查，保证达到一定的政治质量和技术质量。三、加强各级出版行政机关对于公私营出版业的管理和领导，坚决取缔投机出版业。四、建议政务院颁布《国外印刷品进口暂行办法》。

会议通过了《国外印刷品进口暂行办法》、《统一运用公营铅印印刷厂生产力的指示》、《关于建立全国报纸书刊发行网的决定》，批准了《管理书刊出版业印刷业发行业暂行条例》、《期刊登记暂行办法》。

《国外印刷品进口暂行办法》共九条，规定：国外印刷品包括报纸及杂志、书籍、日记、历书、案头日历或挂历、图画及照片、政治及宗教宣传的传单、标语、招贴画、广告，及其他宣传用印刷品等。国外印刷品进口，属于贸易性质者归国际书店及其指定代理店经营。港澳出版中文印刷品，须经广州市新闻出版机关审查批准进口。各机关、团体如因业务参考或学术研究需要进口，须委托国际书店或指定代理店订购，经上级有关机关批准并出具证明。非贸易性质进口，除经政务院特许机关、收件人外，一律由公安机关负责检查。进口旅客随身携有自用印刷品，其须加审阅者得暂予扣留，待决定后通知持有人。违反本办法规定的印刷品，由海关或公安机关分别没收。

《管理书刊出版业印刷业发行业暂行条例》共九条，规定：公营、公私合营书刊出版业印刷业发行业，均应持其直属上级证件及营业申请书，叙明业务范围、设备情况向当地出版行政机关申请核准营业。私营行业，均应备具营业申请书，叙明发起缘由、集资方法、业务范围、设备情况、负责人姓名、简历，向当地出版行政机关申请核准营业。经核准营业发给营业许可证后，另向当地工商行政机关申请登记。出版业应遵守下列各款规定：应有确定专业方向；应有编辑机构或专职编辑人员；应定期编制选题计划、编辑计划及出版计划，呈报出版行政机关；出版物版权页标明营业许可证码号；不得印行违反《共同纲领》及政府法令之书刊；不得发表泄露国家机密的文字图表；不得侵害他人著作、出版权益；各级人民政府法令文件之出版权属于各级人民出版社及其授权出版社，其他出版业不得编印或翻印；每种书刊出版后，应向各级出版行政机关及国立图书馆送缴样本；发行定期刊物，应向出版行政机关另行申请登记。违反本条例规定者，及发觉申请事项不实或经营业务逾越核准范围而情形严重者，冒用他人著作、出版、印刷、发行名义者，无故停止出版超过6个月者，给予警告或撤销营业许可证、撤销登记。

《期刊登记暂行办法》共七条，规定：各种期刊发行前，应由主要负责人具函向当地出版行政机关领取申请登记书及申请登记表，逐项据实填明，申请登记；经受理的出版行政机关呈报上级机关核准并发给登记后，方得发刊。应遵守规定：每期应刊载登记证号码，每期版权页上并应载明出版者、编辑者（主编人）之姓名及编辑、印刷、发行处所地址；违反本办法规定者，予以警告、一定时期的停刊或撤销登记证等处分。

《关于建立全国报纸书刊发行网的决定》共五条，指出：两年以来，报纸书刊发行已有大量的进展，但是，就全国范围说，报纸书刊的发行工作在许多地方，特别是工厂、矿山、农村，还没有很好地建立起来。城市的发行工作，发展也不平衡。各地发行力量之间还存在着重复浪费的现象，缺乏必要的组织与分工；另一方面，许多旧的封建落后的违反人民利益的书刊还在流通，使人民的文化生活遭受某些毒害。因此，认真动员与组织国家的与社会的各种发行力量，迅速建立全国的广大规模的报纸书刊发行网，广泛深入地发行有利于人民的报纸书刊，是目前亟待进行的一项重大工作。

陈云在会上指出，我国缺少木材，文化用纸在长期内将赶不上需要，因之对纸的利用应当合理。中国工商业是缺乏的，但对私营纸厂要实行管制，太放手会产生暴利。管制也要给以合理利润，这是新民主主义国家必须做的。

同日

［纲文］ **毛泽东批转华北军区党委关于军区高干会议情况的报告。**

［目文］ 毛泽东给军委各部门、各大军区、志愿军的转发批语说，这个报告写得很好，有事实，有分析，有办法，有结论，有决心，全军都可参照实行。报告说：为了防止可能发生的贪污浪费现象，关于大张旗鼓地进行反贪污、反浪费、反官僚主义的斗争，应先于整编工作去做。他们规定各军区各兵团各军应于12月底交出一个初步的检查报告。师和团应于1952年1月15日前交出一个同样的报告。各大军区及志愿军应斟酌自己的情况，规定一个适当的部署。这种部署在西北军区和广西省军区是已经明白规定了的。

此前，12月15日，华北军区党委在向毛泽东、中央军委和总政并华北局提交的军区高干会议情况报告中，分析了华北军区部队中存在的贪污、浪费、官僚主义现象以及产生的原因，决定从现在起，公开动员，发动群众，大张旗鼓、雷厉风行地开展三反斗争，并为了防止整编中可能发生的贪污浪费现象，应先于整编工作进行。在三反运动的步骤上，先自上而下，层层带头，动员群众，发扬民主，互相检查，开展反浪费斗争。然后进入号召坦白、群众检举的反贪污斗争。最后检查官僚主义和自由主义。在掌握上，重点抓紧对后勤部门、特种兵部队和机关总务部门生产单位，但也不放松全体部队爱护武器、爱护国家资助、爱护公共财物的教育和检查。会议要求，除军区各部门及特种兵按照华北局规定在12月21日以后作初步检查报告外，二十三兵团及各军、各军区应于12月底，师和团于1952年1月15日以前交初步检查报告。

同日

［纲文］ **毛泽东就部队在整编前应进行三反斗争一事致电中南军区党委并华东、西南两军区。**

［目文］ 电报说，根据华北军区、西北军区、广东军区和广西军区的报告，在应整编的部队和机关中，在实行整编之前应当和可以进行一次反贪污、反浪费、反官僚主义的斗争。许多单位已从1951年12月10日左右开始，到1952年1月10日左右就进行了一个整月，就可以收到很大的成效。广西军区那样做是很好的。对于你们要求“各省军区在明年1月中旬以内，各军分区在明年2月以内，应集中力量办理部队的转业与机关本身的编整”，并不妨碍。如有妨碍，即应予以调整。请你们密切掌握这一时间和精力的调整，务使反贪污反浪费斗争不妨碍编整工作。至于一切不在明年3月完成编整任务的部队及机关，自应立即发动这一斗争，使贪污浪费的狂澜早日停止。特别是浪费现象，每一单位只需有10天左右的时间发动检查和制止，即可以停止。这一斗争和镇压反革命比较有一点不同，即不致发生乱打乱杀现象，故不要怕发动起来不能控制。当然，要使这一斗争进行到彻底，领导上必须要有严格的督促和检查。

同日

［纲文］ **《人民日报》刊登毛泽东论反对贪污浪费的语录。**

［目 文］ 语录共7段，选自1934—1945年毛泽东有关著作。《人民日报》加编者按说，毛泽东在历年著作中曾多次指示我们要实行精简节约，反对贪污，反对浪费。这里所刊登的就是这些指示的一部分摘录，大部虽是中华人民共和国成立以前所作，但是它们的精神，对于我们今天所进行的反贪污、反浪费、反官僚主义的斗争，仍然是适用的。希望全党注意加以研究，指导当前的斗争。

同 日

［纲 文］ **《人民日报》报道，中国人民抗美援朝总会公布全国捐献飞机大炮款项。**

［目 文］ 到1951年12月15日为止，全国人民捐献飞机大炮款项的总额已达45939亿元（已完成捐献计划的省、市按实缴数字计算；未完成计划的省、市按认捐数字计算），折合战斗机3062架。缴款数目已达44778亿元，为捐献总额的97%，超过原认捐总数13%（据已报材料统计，各地原认捐总数为39587亿元，较10月份统计39270亿元稍有变动）。全国各大行政区除西北区外，均已超过原认捐数。缴款情形如下：华北区共缴款6240亿元，超过认捐数（5775亿元）8%；东北区共缴款4925亿元，超过认捐数（4896亿元）1%；华东区共缴款17988亿元，超过认捐数（13729亿元）31%；中南区共缴款9809亿元，超过认捐数（9190亿元）7%；西南区共缴款3719亿元，超过认捐数（3409亿元）9%；西北区共缴款1750亿元，为认捐数（2051亿元）的85%。此外，内蒙古自治区缴款347亿元，超过认捐数（237亿元）46%。

▲ 全国人民捐献购置的坦克正在运往前线。

12月26日，《人民日报》继续报道，中国人民抗美援朝总会发起的捐献飞机大炮运动，已实缴捐款47280多亿元，折合战斗机3152架，超过认捐的19%。

同日

［纲文］ **贸易部下达《关于对少数民族地区私商管理的几项指示》。**

［目文］ 《指示》要求：一、在少数民族地区大力恢复和建立固定市场及定期庙会是解决私商管理工作及有计划地组织物资交流的重要条件。对于已有固定市场，应加强组织领导。使其逐渐巩固和扩大。尚无固定市场者，在条件许可的范围内应有计划地建立。此外，应大力组织贸易小组，深入帐篷、沙窝，或利用庙会，组织公私厂商收购土特产品，供应生产与生活资料。二、贯彻公平合理的价格政策，对正当私商应给以合理利润。三、欺骗、哄诈、压价收购、抬价出售、巧取豪夺与使用不合规定的度量衡器等一切牟取非法暴利行为，得参照 1950 年 11 月 25 日贸易部《关于取缔投机商业的几项指示》，结合当地具体情况处理，由省制定管理办法。四、各级政府应在少数民族地区建立工商管理机构。

同日

［纲文］ **云南省丽江专区发生地震。**

［目文］ 地震震时为下午 4 时 30 分，震中位于剑川、鹤庆、丽江等县，震级为 9 级。地震造成当地房屋倒塌 70%，死 390 人，伤 1500 多人，受灾人数约为 12 万人，其中家产全部损失者约 4 万人。地震发生后，中央人民政府立即拨款 30 亿元救济受灾人民，并派专机运送大批破伤风抗毒素到灾区。云南省人民政府拨急救粮 200 万斤和医药费、安置费 27 亿元进行救济，丽江区组成了医疗、调查、宣传等组，由省人民政府副主席周保中率领前往灾区进行救灾工作。

同日

［纲文］ **老舍获“人民艺术家”荣誉奖状。**

［目文］ 在本日召开的市人民政府委员会和各界人民代表会议协商委员会的联席会议上，话剧《龙须沟》作者舒舍予（即老舍）被授予“人民艺术家”的荣誉奖状。奖状上写着：老舍先生的名著《龙须沟》生动地表现了市政建设为全体人民、特别是劳动人民服务的方针和对劳动人民实际生活的深刻关系；对教育广大人民和政府干部，有光辉的贡献。特授予老舍先生以人民艺术家的荣誉奖状。

12 月 22 日

［纲文］ **中共中央批转中央一级机关总党委的报告。**

［目文］ 中央给中直机关总党委，中央和军委各部门，中央人民政府各党组，各中央局、分局、省市区党委的转发批语指出，一、中央批准中央直属总党委向中央所作的报告，请总党委即按这个报告所定计划施行。二、将这个报告发给各中央局、分局、省市区党委作参考，并请考虑在各大行政区一级直属党组织和各省市区一级直属党组织亦组织总党委，以期统一这些党组织的领导，定期召开各部门和各大单位的代表大会，发展批评与自我批评，健全党的生活，提高工作效率，团结党外人员，开展反贪污、反浪费、反官僚

主义的斗争，克服资产阶级对于党的侵蚀作用。

此前，12 月 20 日，中央一级机关总党委第一书记周恩来在提交中央的报告中说，在中央决定成立中央一级机关的总党委，领导中央直属、军委直属、中央人民政府直属和中央一级民众团体的一切党组织以后，我们即召开了一次会议，研究部署当前的工作：一、总党委目前的中心工作，是集中力量领导与组织中央一级各机关（包括党、政、军、民）的精简节约与反贪污、反浪费、反官僚主义的斗争。二、因为目前必须集中力量三反，普遍要求各单位在短期内召开党代表大会是有困难的。我们决定，除若干单位在有准备的条件下，可以在短期内结合三反运动召开党代表大会外，大多数单位的党代表大会，均放在 1952 年 3 月以后。三、对各系统党的组织作必要的调整。改组中央政府系统的党委，安子文兼第一书记，刘景范为第二书记，龚子荣为副书记。成立军委系统的总党委，萧华兼第一书记，徐立清为第二书记。人民团体系统不设总的党委，委托党中央直属机关党委会对其管理，并以总工会、青年团、全国妇联机关党委书记或总支书记参加中直机关党委会。四、提议以下列 9 人组成总党委，即周恩来（第一书记）、安子文（第二书记）、杨尚昆（第三书记）、萧华、罗瑞卿、张经武、徐立清、龚子荣、曾三①。并请批准以萧华为总党委的第四书记。

同 日

［纲 文］ 中共中央批转甘肃省委关于三反运动的报告。

［目 文］ 中央给各中央局、分局、省市区党委的转发批语指出，照甘肃省委的意见，反贪污、反浪费、反官僚主义的斗争，从发动到结束只需要一个月。甘肃省委这个意见是基本正确的。有些同志认为发动这个斗争很不容易，需要几个月时间才能结束。这种意见，不甚正确。当然，要将一切贪污、浪费、官僚主义问题全部彻底解决清楚，包括许多大贪污案犯的调查、公审、判决、处理，许多基本建设工程重新审查其旧的浪费的设计、建立新的节约的设计，当然不是一个月所能完成，而需要更多的时间，有些可能拖得很长。但就一般情形来说，一个月左右的时间也就差不多了。特别是一般的浪费现象，就一个机关来说，从调查、研究、批评、检查，到定出新的制度，停止浪费开支，大约有半个月左右的时间也就够了，许多机关已有这种经验。这也不是停止一切工作不做，专做三反斗争，而是和各项工作结合，特别是和整党整风工作结合去做，三反斗争就是目前整风的主要内容。

同 日

［纲 文］ 中共中央批转武汉市委关于开始开展三反斗争的报告。

［目 文］ 中央给各中央局、分局、省市区党委的转发批语指出，继北京市委之后，在大城市中，武汉市委已经发动了一个大张旗鼓、雷厉风行、吸引广大群众参加的反贪污、反浪费、反官僚主义的伟大斗争。他们做得很勇敢，公开揭露和惩处了一批敢于压制

---

① 曾三（1906—1990），湖南益阳人，时任中共中央直属机关党委副书记。

群众批评的担负重要职位的干部。他们所定的方针、步骤和办法都很适当。中央希望天津、济南、青岛、上海、南京、杭州、南昌、广州、长沙、重庆、成都、昆明、西安、太原及其他大城市，一律发动这样一个斗争。希望这些大城市的市委都有武汉市委这样勇敢和有步骤有办法，都向中央写一个有分析有内容的报告。

此前，12月19日，武汉市委在给中南局并中央的报告中提出，官僚主义是贪污浪费的掩护物。它最突出的表现是压制民主，压制批评，以封建秩序和恶霸作风来对待群众。这是武汉一个特别突出的问题。在三反斗争中，为了发动群众，必须充分发扬民主，必须批判和处罚那些胆敢压制民主、打击群众批评、违反纪律的分子。并且必须从市委和市府做起，自上而下，进行老老实实的自我批评，打破一切不必要的顾虑，放下装腔作势的架子，倾听群众的批评和意见。关于运动开展的步骤，报告说，在12月内，作重新酝酿，学习文件，作动员报告，处理若干突出事件，组织一次大的公审会，1952年1月初开始发动广泛的检举和坦白运动，为第一步。然后，着重分析处理，为第二步。最后着重总结工作，健全制度，精简机构与调整干部，为第三步。预计1952年3月底可完成。报告还提出，与群众斗争相结合，拟组织三种检查组。一是由各级首长负责，吸收若干人员参加的普遍检查；二是纪律检查委员会、人民监察委员会、检察署与法院的重点检查；三是下级对上级的检查。第三种检查人员拟由机关的工作人员或代表会议推选。

同日

［纲文］ **中央军委《军事整编计划》定稿。**

［目文］ 该计划由周恩来主持起草，经过了两个多月的反复磋商修改。《计划》规定了整编的原则、内容和步骤，指出：这个计划所要实现的目的是，到1952年底，军队编制将从现在的627万减少到341万（在编285万，非编56万），到1954年底军队编制为300万。

12月24日，周恩来致信毛泽东并朱德、林彪、聂荣臻，说明《计划》制定情况。1952年1月5日，毛泽东批准施行。

同日

［纲文］ **中国人民抗美援朝总会、青年团中央、教育部及新闻总署广播事业局发出联合指示，号召全国少年儿童春节慰劳烈军属。**

［目文］ 联合指示规定，这一运动以大、中城市的小学四年级到中学三年级的学生和同等年龄和其他有组织的少年儿童为主，以集体慰劳为主。活动时间自1952年1月20日到2月10日为止。少年儿童慰劳之后，应向当地广播电台作书面或口头的报告，挑选出优秀的报告在人民广播电台广播，同时邀请烈军属讲话。

同日

［纲文］ **政务院政法委员会、最高人民法院、最高人民检察署、中央法制委员会、司法部合署召开精简节约和三反运动的动员大会。**

［目文］ 董必武在会上作动员报告指出，贪污和浪费现象虽有分别，但在损害人民

的利益上是一样的。贪污的必定浪费，浪费的人虽不一定都是贪污分子，但浪费会助长贪污之势。而官僚主义则是产生贪污浪费的温床。当前极为严重的问题，是有些同志对贪污浪费者熟视无睹。这种坏风气亟应纠正，亟须克服那种洁身自好或“事不关己，高高挂起”的自由主义倾向。在这一运动中，应大张旗鼓，充分发扬民主，开展批评和自我批评，依靠党和青年团，依靠党外积极分子来进行工作，应该像镇压反革命运动那样雷厉风行地把这一运动搞成一个广泛的群众性的运动。这次5个司法机关实行合署办公，就是执行精简节约的一个具体例子。在合署办公过程中，曾发现有本位主义和无组织无纪律的现象。精简人员和紧缩机构的运动，是和反贪污、反浪费、反官僚主义运动结合进行的。因此在这一运动中，也应克服本位主义和自由主义的倾向。

同 日

［纲 文］ **公安部、北京市公安局举行三反动员大会。**

［目 文］ 公安部部长罗瑞卿在大会上作动员报告说，全国胜利以来，特别是过去一年伟大的镇压反革命运动中，公安部门的工作有很大成绩，多数公安人员在对敌斗争中是忠实而勇敢的，是守纪律、爱国家、爱人民的。但是在我们某些组织和一些人员中，是存在着严重的贪污浪费、违法乱纪的现象。在公安系统内进行这个斗争，要在机关内部广泛开展群众运动，使每一个干警及工作人员从思想上充分认识贪污浪费是违法的、可耻的，发动大家勇敢地检举；各级公安机关特别是大、中城市的公安机关，必须广泛发动社会各界人民检举公安人员和民警中贪污受贿和敲诈勒索等不法行为。

12月23日

［纲 文］ **中共中央发出关于中国革命领导阶级问题的修正指示。**

［目 文］ 该指示发给各中央局及分局、省市区党委、解放军总政治部及各级政治部。中央指示：1951年4月间，在党的《第一次全国组织工作会议关于整顿党的基层组织的决议》中，曾提出：“中国革命在过去是城市工人阶级和乡村半工人阶级领导的。”7月间，在《中央关于工人阶级与半工人阶级的领导作用问题的解释》中，又将上述提法改为：“中国革命在过去是城市和乡村的工人阶级与半工人阶级领导的。”并指出：“中国革命今后更需要工人阶级的领导”，半工人阶级也“是包括在内的”。过去的这种提法，中央现在认为是不适当的，而河北省党校阴一刚、罗云路两同志的意见则是正确的。因此，现在决定将“中国革命在过去是城市和乡村的工人阶级与半工人阶级领导的”这种提法，及“中国革命在今后更需要工人阶级的领导”，半工人阶级也“是包括在内的”这种解释，予以修正。即将党员标准第一项第二句改为“中国革命是中国工人阶级领导的”，并将中央《关于工人阶级与半工人阶级的领导作用问题的解释》撤销。关于中国革命的领导问题，无论过去或今后，均应只提是工人阶级（通过其先锋队中国共产党）领导的，不应再把半工人阶级包括在内。随电并将安子文同志为此问题向毛主席所作报告一件，河北省委党校阴一刚、罗云路两同志向中央来信一件发给你们，可在党内刊物上发表。

此前，10月17日，中共河北省委党校阴一刚、罗云路写信给中央，提出关于半工人阶级是否算作中国革命的领导阶级问题。认为毛泽东从来没有把半工人阶级当作革命的领导力量的提法。他在《中国社会各阶级的分析》中曾明确指出："工业无产阶级是我们革命的领导力量。一切半无产阶级、小资产阶级，是我们最接近的朋友。"可见半工人阶级乃是工人阶级在中国革命中最可靠的同盟军，不是革命的领导力量。不应该把革命最可靠的同盟军和革命的领导阶级相混淆。中国革命在现在新民主主义革命阶段，需要由工人阶级来领导（产业工人是其中的骨干），在将来社会主义革命阶段，更需要工人阶级的领导，并且需要工人阶级对一切劳动人民进行教育改造，决不能够因为半工人阶级对社会主义革命"坚决赞成和拥护"即认为他们是一种领导成分。

11月28日，安子文写信给毛泽东，提出：阴、罗对《中央关于工人阶级与半工人阶级领导作用问题的解释》所提的意见，一般是对的。经我们研究考虑，觉得这样提法，容易使人在对中国的革命领导问题以及我们党的性质问题的认识上发生误解。因此，对于"中国革命在过去是城市和乡村的工人阶级与半工人阶级领导的"这种提法，应予修正。关于中国革命的领导问题，无论过去或是今后，只应说是工人阶级（通过其先锋队中国共产党）领导的，不必再把"半工人阶级"包括在内。关于处理办法，拟发一个简单的电报，以修改上述提法。

12月15日，毛泽东在给刘少奇的信中说：此事现已陷于被动，只有改正才能恢复主动。19日，刘少奇复信说：关于半工人阶级也是领导阶级的问题，在过去确是没有提过，现在这样提，确实也难解释。同意将整党决议中的那种提法加以改正并发出安子文所起草的电报。同日，毛泽东指示周恩来、朱德、陈云、胡乔木和杨尚昆，将阴、罗的信及安子文的信连同中央指示发给各地。

同 日

[纲 文]　中共中央批转华东局关于三反运动的报告。

[目 文]　中央给中央和军委各部门，中央人民政府各党组，各中央局、分局、省市区党委和各大军区的转发批语和给华东局的复电指出，这个报告很好，可在党内刊物上发表。

此前，12月20日，华东局给中央的报告说，华东地区贪污浪费现象极为严重，特作决定：一、普遍进行反贪污、反浪费、反官僚主义的思想教育，务使全体党员干部及政府工作人员从思想上认识贪污、腐化是最可耻的行为。这一时期各地党内的整风均应着重以检查贪污、浪费，克服资本主义影响和克服官僚主义作风为主要内容。二、在不妨碍生产及不影响税收的原则下，应在所有国营工矿企业、财经部门、政权机关中，无例外地展开群众性的民主检查运动。采取号召贪污分子自动坦白，发动群众检举控告，及展开批评与自我批评的方法，来揭发一切贪污腐化、铺张浪费和官僚主义的现象。三、充分运用各种宣传工具，揭发贪污腐化、铺张浪费及官僚主义的典型人物和事件，并介绍表扬奖励那些廉洁奉公、保卫国家人民利益及积极为国家和人民创造财富的模范人物和事迹，使反对贪污浪费与表扬劳动模范成为长期性的群众运动。四、必须采取首长负责、亲自领导及全党动员、支部保证的办法，注意发扬民主，扶助正气，打击邪气，给干部群众撑腰，把从上而下的检查和从下而上的检举相配合，坚决反对只整下不整上的做法。五、必须注意调查奸商并发动群众检举控告不法商人的运动，对证据确凿的不法商人，也应严加惩处，以便内外配合，彻底肃清贪污分子。六、应从检查贪污浪费、检查官僚主义作风过程中，切实整顿各级党政机关的组织机构，建立健全的组织生活。

同日

［纲 文］ **毛泽东批转华南军区政治部为团结改造知识分子问题的指示。**

［目 文］ 毛泽东在给罗荣桓的批语中指出，此件很好，建议印送各大军区政治部及各级政治部，仿照办理，并在总政的刊物上发表。

此前，12月13日，华南军区政治部下达指示，对两年来部队在执行党的知识分子政策方面的成绩和缺点进行了分析，要求在全党全军特别是全体干部中，广泛地切实地进行一次党的知识分子政策的教育。一、重视团结知识分子，热情地爱护他们，把他们当作党的宝贵财富之一；关心他们实际生活中的困难，并帮助他们有效地加以解决。教育大家认识革命知识分子始终是中国革命的重要因素。从我军建设的过去、现在，特别是将来的发展上看，知识分子更有其重大作用。因此，团结争取改造知识分子，是党的一贯政策。二、积极地加强对知识分子的教育改造，严肃地对待他们从小资产阶级感情出发的轻视工农、轻视具体实践的错误倾向，耐心地加以教育。三、大胆地使用知识分子。对已经分配到一定岗位的知识分子必须使之有职有权，在实际工作中经受考验。比较优秀的知识分子，应该积极培养，大胆提拔使用，评级中正确地定级。

同日

［纲 文］ **全国总工会直属机关举行三反动员大会。**

［目 文］ 全国总工会副主席刘宁一在会上作动员报告指出：有的人以为工会中只有浪费和官僚主义，没有贪污，这是不对的。贪污、浪费、官僚主义是相互关联的。就目前已揭发出的事实看来，全国工会系统中贪污浪费现象是十分严重的。根据现在不完全的统计，因贪污而造成的损失即有人民币599487万元之多。大家要遵守下面几条：一、首长负责、亲自动手；二、言者无罪，告者不究，压制民主者必办；三、对自动坦白的贪污分子，重罪可以减轻，轻罪可以免罪，不坦白被人揭发者加重处分；四、组织检查队相互检查，下级可以检查上级；五、对于廉洁奉公、一贯作风朴素、并坚持与贪污浪费行为作斗争的人，应予以表扬，对在运动中大胆揭发检举贪污浪费分子的应予以鼓励。

12月24日

［纲 文］ **中共中央批准西北局关于开展三反整风运动的指示。**

［目 文］ 中央批语指出，整风指示稿是正确的，可即照此执行。此前，12月18日，西北局做出关于开展三反整风运动的指示。指示说，西北局决定从现在起，有系统地普遍地发动全党和所有工作人员，向贪污、浪费和官僚主义现象作坚决严肃的斗争。大行政区

机关和省、市级机关，现在就应立即动手，集中力量在一个月时间内完成这个运动。各专区和县也要在本月或明年1月开始。各机关、企业、团体，一般地都要先从开展反对贪污和反对浪费斗争入手，由此联系检查领导工作中的官僚主义作风，并从而讨论堵塞漏洞、提高工作效率的各项必要办法和制度，最后在这个基础上，引导群众转到增产节约运动中去。正在进行整党工作的机关，应把这个反对贪污、浪费、官僚主义的整风和整党结合起来，首先解决那些贪污、浪费、官僚主义和脱离群众的突出问题，然后进一步进行共产主义教育，以至登记处理等。

同日

[纲文] **中共中央批转西南局关于学校教师思想改造问题的报告。**

[目文] 中央给各中央局的转发批语说，西南局这个报告很好。中央希望华东、中南、西北三大区，在适当时机，有准备地开一次大规模的学校教师思想改造会议。在会议中，仿照西南的办法，展开批评和自我批评，推动大中小学教师及教育行政人员的思想改造工作。华北和东北是否还要开这样的会议，也请华北局和东北局加以考虑。

此前，12月19日，西南局向中央报告西南军政委员会文委三次扩大会议讨论学校教师思想改造问题的情况说，会议的主要经验有三点：一、发动积极分子带头进行批评、自我批评，并在自我批评的基础上进行与人为善的批评。行政领导干部，特别要以身作则进行自我批评。二、采用民主方法，提倡自由辩论，展开分析批判。暴露各种思想观点，提高大家思想认识。三、领导亲自作指示，各小组均有党员负责干部做骨干。掌握情况与方针，引导会议正确发展。

同日

[纲文] **中共中央批转平凉地委关于反贪污斗争的报告和西北局的意见。**

[目文] 中央批语指出，平凉地委这个报告很好。请全国各地参考平凉地委这个报告，向中央作报告。请各省委催促各地委作报告，此件请在党内刊物上发表。

此前，12月15日，平凉地委向西北局上报关于反贪污斗争的报告，认为，从我们掌握的材料来看：贪污浪费现象，目前在我分区确是一个普遍现象；贪污分子，有的单位大部是新干部。但也有大部是老干部。12月18日，西北局对平凉地委的报告提出意见指出，甘肃平凉地委关于反贪污斗争的报告，是我们转发中央12月4日指示后，在地方党委方面的第一个报告。务望各地党委一定要照西北局12月9日指示规定，在日内写来关于反贪污斗争的意见的报告，并切实执行中央12月4日指示的报告制度。西部大区各部门，现在都在动手发动这个斗争了，但是写出报告的还只有财委党组一处。其他未写报告的必须向西北局写正式报告，不许以任何借口而不写。这个报告，必须有个经过初步调查研究的基本估计，有数字，有分析。毛主席12月13日有一个指示，教负责人亲自动手调查研究，召开座谈会，把握情况，理清头绪，心中有数，然后拟定计划，着手进行。平凉地委这样做了，所有部门、党委也应当这样做。平凉地区正在进行土地改革，但是他们决定，现在就在分区机关中开始进行反贪污斗争。我们以为其他土地改革和减租地区、专区机关都可以这样，先在未下乡的工作人员中进行，下乡工作的则可在明年一二月间土地改革或减租总结会上抽几天时间补救。

同 日

［纲 文］ 毛泽东对全国合作总社收购棉花经验的报告做出批语。

［目 文］ 毛泽东给中财委的批语指出，我认为全国合作总社的报告原则上正确的。合作总社提议对棉花和粮食两种农产品都委托合作社收购。除棉花一项，1952 年，应全部委托合作社收购，由三个头改为合作社一个头。粮食一项，1952 年由国家收购的近 200 亿斤商品粮，似应按照合作社的组织能力，全部或大部委托他们收购。至于尚有约 300 亿斤商品粮目前是由商人收购或农民自己运至城镇卖的，1952 年尚不宜由合作社去收购。一则对商人挤得太快了，二则合作社目前恐怕也无此种能力，应当分作几年逐步实现这个计划。如能在 3 年至 4 年内做到全部商品粮的 80% 由合作社收购，就是很好的了。此事请你们加以研究，订出一个适当的计划，交中央审查决定。

此前，12 月 19 日，全国合作总社向中财委提出报告，总结了 1951 年包收棉花的初步经验，提出改变由过去花纱布公司、合作社、私商三个头收购棉花的旧办法，实行由合作社一个头收购棉花和向棉农供应工业品的新办法。报告认为，新民主主义社会中的城乡物资交流不应采取旧的完全自由的交易形式，应实行这种有组织有计划交易的新形式，并可将其从棉花逐渐扩大到一切农产品的收购和工业品的供应方面。但目前只应对粮食和棉花这两项有关国计民生的农产品采取新形式，否则必然过早过多地消灭了商人，对国家是不利的。

同 日

［纲 文］ 毛泽东就部队三反和整编安排致电谭政并告陈毅、贺龙。

［目 文］ 电报说：运动是要发动的，但不要使它妨碍编整工作，应由你们用电话和各军区密取联络，调节时间和精力。省军区应赶在 1952 年 1 月 10 日以前，用极短的时间，例如一星期至两星期，初步地检查贪污浪费的情况和开展初步的斗争，并向军委作一个初步报告。军分区则可赶在 1 月底以前展开一次初步斗争。一切受编整的部队都要有一段时间进行这一斗争。一切暂时不受编整的部队则可有较多时间去进行这一斗争，但也不要拖得很长，至多有一个多月也就够了，并须结合其他工作去做。

同 日

［纲 文］ 毛泽东批转联合运输司令部党委开展三反斗争情况的报告。

［目 文］ 毛泽东给各大军区及所属各单位、志愿军、各中央局的转发批语说：联运党委这个报告很好，请你们参酌办理，并在党内刊物上发表。有些人以为开展三反斗争需要很长的时间，这是不对的。除复杂案件外，每一机关部队有半个月至多一个月就够了。联运党委所规定的时间不到一个月，这是很对的。如果铁道兵团在朝鲜那样每天受轰炸和极为紧张的工作情况下能够这样做，那么国内的机关部队为什么不能这样做呢？

此前，12 月 19 日，联合运输司令部党委在给总政治部的电报中说，铁道兵团领导机关自朝鲜返沈阳后，与东北铁道运输司令部合并，组成联合运输司令部。在东北局及东北军区的领导下于11月份开展了反贪污、反浪费、反官僚主义运动，已开始发现了一些严重的贪污浪费情形。现正进一步深入动员与检查，要求于1952年1月10日前做出初步总结报总政治部，团及分局以上党委一律于1952年1月15日以前将检查结果用书面或电报报告联运党委和总政治部。

同日—31日

［纲 文］ **中财委在京召开全国财经工作会议。**

［目 文］ 陈云在开幕会上指出：财经部门的贪污、浪费和官僚主义现象是严重的，必须引起重视。会议要先讨论一下三反问题，搞出几条防止的办法来。明年的财经工作重点，要从管理收入转到管理支出，从注意财政管理转到注意经济管理。会议提出1952年财经工作方针是，深入三反、增产节约、改进工作、迎接建设。工作重点是，不放松财政，并逐渐转向经济，即转向工业、农业和贸易；财政工作在不放松收入的前提下，逐渐转向支出。1952年财经工作部门必须抓好四项工作：一、开展三反，增加生产，厉行节约；二、建立和健全中央、大区和省（市）三级财政制度，贯彻财政纪律；三、确定计划，准备干部，迎接建设；四、大力收购粮食，做好粮食统筹调度工作。

会议还讨论了1952年的财政概算和物资调拨计划：计划收入农业税264.2亿斤米、各级税收63万亿元，企业利润35.4万亿元，公债4万亿元，上年结转4万亿。计划支出国防费58.4万亿元，经济建设费24万亿元（其中工业交通16.3万亿元，农业1万亿元，林业1万亿元，水利3.32万亿元），文教事业费11万亿元，人民团体2.4万亿元。1952年可供分配的煤炭6274万吨，水泥281万吨，新闻纸13.5万吨，生铁152.7万吨，钢材95.2万吨，木材987万吨。机械产品中拟将机床等16种纳入统一分配。商业部掌握的粮食总收入为360亿斤，总支出277亿斤，区际调拨46.11亿斤。中财委计划局在会上报告了对第一个五年计划的初步设想，即5年投资2000亿斤小米，其中工业投资不到一半。1957年工业总产值比1952年增长150%，年均增长20%。全部工业中公营占70%—80%，轻工业中公营占60%—70%。农业5年增长40%，年均增长7%。24种主要产品产量为：钢500万吨、钢材420万吨，铜5万吨，石油480万—500万吨，煤1.1亿吨，汽车4.5万辆，造船24.5万吨，拖拉机1.1万台，机床1万部，木材2000万立米，纸80万吨。5年建设铁路9000公里。新增工人200万人左右，其中生产工人100万人，基建工人60万人，技术人员16万人。

同 日

［纲 文］ **金日成、彭德怀就国际红十字会访问战俘营问题复函李奇微。**

［目 文］ 复函中说：为了双方战俘和他们家属的利益，我们认为，当前最重要的事情，是迅速解决谈判中的各项问题，使之早日达成停战协议，以便使停留在双方战俘营中的全部被俘人员，得以在协定签字生效后，迅速回到他们的家乡去，和他们久别而悬念的亲人们团聚，恢复他们的和平生活。现在停战谈判中的几个重要问题，业已接近解决，只

是因为你方一再节外生枝地坚持无理的要求来拖延谈判，以致停战协议尚未达成，双方战俘无从获释，双方万千被俘人员家属的长期悬望的痛苦也因此继续下去。

朝中方对于战俘，无论是在饮食、被服、居所或娱乐方面，都本着宽待战俘的精神和政策，给予他们以完全合乎人道的待遇。伤、病战俘都能够从为他们安排的医疗设备和医务人员那里得到有效的治疗。朝中方所提出的关于战俘的精确名单，充分反映了朝中方对于战俘的人道的注意和关切。因此，我们认为红十字国际委员会对战俘营的访问是不必要的。但是，为了双方遣俘工作进行便利起见，我们建议，在停战协定签字生效之后，立即由朝鲜民主主义人民共和国和中华人民共和国的红十字会的代表，会同红十字国际委员会的代表组成联合访问团，分组出发，到双方战俘营去进行就地访问，并准备在双方战俘交接的集中地点协助遣俘工作。你如同意，请将我们这个建议转达给红十字国际委员会。

此前，12 月21 日，“联合国军”总司令李奇微来信请求立即许可持有适当证件的红十字国际委员会代表进入朝鲜境内的战俘营。

12 月 25 日

[纲 文]　中共中央通电批评邮电部等党政机关动员群众向中央写致敬信、发贺电和送礼的错误做法。

[目 文]　中央在给各中央局、分局、省市区党委及邮电部党组的电报中指出，中央办公厅秘书室向毛泽东作的报告所说的关于某些党政机关动员群众写致敬信、发祝贺电，以及机关团体和群众给中央送锦旗、礼品的事情，不但是一种浪费，而且是一种政治错误。今年“五一”以来，各地邮电部门在邮电部的统一布置下，采取发广告、作讲演、挨户劝说、下乡宣传等方式动员群众拍庆贺电报。这样动员群众不仅非常勉强，而且已发生了一些强迫命令的情形。送礼物是不必要也不应该的，动不动制送锦旗，更是铺张浪费。各地党委对于这些现象应当认真纠正，必须养成朴素节省的风气，制止任何浪费民力、物力的事情。今后任何党政机关及群众团体均不许动员群众写信发电。这种事情一定要出于群众的自动与自愿。机关团体一概不许送礼。非有重大事，不得送锦旗。过节不许送食品。对于要送礼物的群众，应做适当解释和劝阻。这一问题中央曾提出过，但未引起各级党委注意，特再电达，望即经过党组用适当方法通知当地机关团体切实遵行。

此前，1951 年10 月下旬，中央办公厅秘书室在给毛泽东的报告中说，致敬信代表着群众对党和主席的爱戴。但是今年以来发现有一部分致敬信是由地方党政机关动员群众写的，其中数量最大几乎遍及全省的是湖南。这种信内容相同，信封信纸统一，许多信由一人执笔，甚至特制信封、信笺和明信片，把文字印好，发信人只在上面签名。从 7 月开始，大批群众发来致敬电。10 月上旬，邮电部致信中办，要求在报上发表发电人的姓名，说“我部曾通知各级邮电机构，抓紧纪念日或集会，展开业务与政治相结合的宣传”，“已获得相当大的成绩”，“七一”纪念日“宣传招揽庆贺电报，仅湖南、川东、福建三地，共揽到电报3321 次，增加收入 1 亿余元”。这样做必然引起群众不满。今年 3 月以来，我们收到常德、汉寿、衡阳三地寄来的一字不写的白纸信已有70余件，其中有一部分可能就是这种情绪的表现。10月份的致敬信现在还在大量寄来，已收到的尚未处理完的估计在10万件左右，单邮费一项估计在5000万元以上。国庆节收到的群众贺电有2.4万多封，电报费达10.3亿元。今年4月主席在批发我们的工作报告中，曾经指示说："组织群众成批地写致敬信是不好的，以后不要这样做。"但这一指示至今尚未引起地方上的注意，而且情形更为发展。关于赠送礼品，从7月到10月15日，共收到锦旗2185面、文物书籍991件、食品233宗、用品143件、特产（人参、鹿茸、灵芝草等）37宗，其他如慰问袋、矿产181件，共计3500件又270宗。对一些商人和资本家送的日用品，我们历来都是婉言谢绝或原物退回。但其余各种物品愈来愈多。如锦旗开头只用于开隆重大会，现在有的地方每逢节日都送一次，质料也渐讲究，有丝绒金绣的，有高达数丈上书长诗的。仅此一时期所收到的锦旗，即以最低布价估计，所费也在1亿以上。赠送食品、用品的数量也愈来愈大。山东寿光县羊角沟渔民协会一次送小虾米200斤，天津恒大烟厂送纸烟200听，山西省委、省府最近送来麝香30个，猴头35个，百合150斤，汾酒、葡萄汁各200斤。有些路途遥远地区送来的食品，往往运到时已经腐烂，有的用大箱装盛，标名署缄，沿途甚为注目，不仅耗费巨大，影响也不好。这种情形如不制止，还会继续发展。

同日

［纲文］ 最高人民法院、司法部、内务部联合发出纠正几种处理婚姻问题的错误的指示。

［目文］ 给各级政府、司法和民政部门的该联合指示说，自婚姻法施行以来，各地妇女对不合理的封建婚姻制度已经展开了坚决的斗争，这是一个好的现象。但是有些县、区、乡、村干部不但未给妇女的合法斗争以积极的支持，反而以官僚主义的态度，不关心妇女的利益，甚至借口"手续"，横加阻挠或压制妇女的斗争。为纠正法院、区、乡、村干部及婚姻登记机关在处理婚姻问题中所发生的几种错误，特联合发布本指示：一、有些法院在收到离婚案件时，往往以没有区、村干部的介绍信而不予受理。这种毫无法令依据而限制妇女离婚诉讼的行为，必须彻底加以纠正。其他一切诉讼，当然也同样要取消介绍信制度。二、有些法院对于妇女提出离婚，以起诉书的格式（有的限用十行纸）作为受理与否的条件。这不仅与一般诉讼程序的原则不合，而且严重地限制了妇女对于婚姻问题的合法要求，应该立即取消，并尽可能地受理口头起诉或设立代书处，解决不识字妇女关于婚姻问题诉讼的困难。三、有些地方的法院，对离婚案件，以未经过区、村调解，就推到区里，区又推到村里；有时村又推回区里，区又推到法院；上下推诿，很久不能解决。这样把区、村调解看做判决离婚的必经程序，是不对的，必须加以纠正和防止。四、有些法院在处理妇女的离婚案件时，对区、村干部的反映，不经调查研究，就信以为真，把妇女正当的离婚要求无故予以驳回。法院这种官僚主义的作风和区、村干部不重视妇女利益的表现，必须彻底加以改正。五、有些区、村干部对虐杀妇女的事件抱着熟视无睹的态度，有的不报，有的虚报。而有些法院对虐杀妇女的事件，也同样采取不闻不问的态度。这都

是不能容忍的严重错误。六、有些婚姻登记机关对结婚证收费过高，致使很多男女索性就不登记而结婚，这对贯彻执行婚姻法是非常有害的。今后必须根据工本费酌量收费（离婚证不得收费），以利婚姻登记的执行。还有某些登记机关的结婚证上载有主婚人、介绍人，并把它看作结婚的条件，如无主婚人、介绍人，即不准登记，这与婚姻法自主自愿的原则不合。

同 日

［纲 文］ 民革中央及北京市分部联合举行三反动员大会。

［目 文］ 民革中央主席李济深主持大会并讲话指出，贪污浪费和官僚主义是违反《共同纲领》的行为，民革以《共同纲领》为行动纲领，必须对贪污浪费的现象和官僚主义展开无情的斗争。首先应该检查党内贪污浪费的情况，并坚决肃清党内存在着的官僚主义作风。民革中央常委谭平山讲话说：民革是人民民主统一战线成员之一，对于贪污浪费现象绝对不容许采取袖手旁观的自由主义态度，民革全体党员应协助政府随时随地检举贪污浪费。民革中央宣传部部长王昆仑在动员报告中指出：经过初步的了解，民革内部不仅存在着相当严重的官僚主义作风，而且也有浪费和个别的贪污现象，民革中央和各地组织都将成立“节约检查委员会”进行深入检查。

同 日

［纲 文］ 教育部召开“速成识字法”座谈会。

［目 文］ 西南军区某部文化教员祁建华在会上介绍了“速成识字法”。

12 月 26 日

［纲 文］ 中共中央电告各中央局停止整党学习全力转入三反运动。

［目 文］ 电报认为：西南局停止原订整党学习计划，全力转入反贪污、反浪费、反官僚主义的整风运动，是完全正确的，请各中央局也照这样做。

此前，12 月 22 日，新华社西南总分社内部情况报道说，西南区已停止整党学习，全力转入了三反整风运动。西南贪污浪费现象相当严重，据初步材料：工业约 800 亿元，其中肖子言和陈松柏两大贪污案即达 200 亿元。区财政部初步检查为 300 亿元，其中以粮食局系统最严重。川西粮食局贪污分子勾结奸商，将粮食支付书偷去给奸商到各库取粮，损失公粮 10 万斤。川北财政厅金库被贪污分子盗走一箱人民币，留有一字条说：“我生活困难，暂先支借一下。”建筑中的贪污浪费已达数百亿元。交通系统贪污浪费约 500 亿元。

同 日

［纲 文］ 毛泽东批转湖北省委关于三反运动初步情况的报告。

［目 文］ 毛泽东给各中央局、分局、各省市区党委的批语说，湖北省委这个报告很好，中南局在这个报告前面报说的话也很好，很值得看一下。

此前，12 月 24 日，湖北省委在给中南局并中央的报告中说：目前运动已开始发展起来，若干机关已出现批评揭发斗争热潮。大致有以下几种情况：一、开始时，虽然经过党内外干部与群众的动员学习，但运动仍然发动不起来。其原因是许多老干部有点“满不在乎”，没有认真领导。其中部分同志是对三反运动的意义认识不足，但多数干部是自己有不同程度的浪费现象，因此采取观望态度。有鉴于此，又重新动员，在干部中强调发扬民主，要带头以自我批评精神来启发广大群众热情。经过老干部一带头，运动迅速展开。二、运动开展起来后，大概有两种类型：一种是负责干部深刻作自我批评，领导与群众间的矛盾迅速消失了，共同深入检查铺张浪费及贪污现象；另一种是领导干部没有深刻自我批评精神，口头提倡民主而实际又害怕民主，群众一经起来，压也压不住，斗争火焰愈益集中到这些同志身上。三、目前运动还大都集中在反浪费，发展较快的单位已开始转向揭发贪污。有贪污嫌疑的分子恐慌起来，怕赔偿、怕处分、怕杀头。我们拟再发展几天，即公开宣布政策，号召坦白。四、个别单位由于领导人不正派，拉拢小集团互相攻击，因而运动不能开展，形成混乱。这样的单位，我们拟暂时停止，准备其他单位告一段落再派专人去重新发动，彻底整顿。

同日，中南局在转发湖北省委这一报告时加批语说，湖北省委的报告说明，一切领导机关和领导干部不放手、不坚决、不站到运动前头去领导运动，均会陷自己于被动地位；怕群众民主，一定会遭到群众反对。只有用发扬民主，而又适时引导的方法才能使运动向着健康的道路前进，才能既教育了群众又改善自己的领导地位。

同日

[纲文] **政务院文教委员会委务会议决定成立中国文字改革研究委员会。**

[目文] 在文教委员会主任郭沫若主持的第三十一次委务会议上，文教委员会副主任马叙伦报告了中国文字改革研究委员会筹备经过。会议通过了中国文字改革研究委员会委员名单：主任马叙伦，副主任吴玉章，委员胡乔木、韦悫、罗常培、黎锦熙、丁西林、叶恭绰、陆志韦、魏建功、季羡林、陈家康、吴晓铃、林汉达。会议并通过了中国文字改革研究委员会组织简则。

12 月 27 日

[纲文] **陈云会见考察橡胶种植问题的苏联专家组。**

[目文] 陈云接受了专家组递交的关于橡胶种植问题建议书，对他们的工作和苏联政府的支持表示感谢。建议书说：种植橡胶树计划中的 750 万亩胶田应全部在海南岛、雷州半岛和合浦区。在北纬 22.5 度线以北的龙州、南宁地区只试种，确能成活后再正式播种。如果每株胶树收种子 2 斤，两年内即可完成收子播苗 750 万亩的计划。

同日

[纲文] **朝中方首席代表李相朝和解方分别在朝鲜停战谈判第3、4项议程小组委员会上作总结性发言。**

[目文] 在第 3 项议程小组委员会上，解方回顾了第 3 项议程讨论以来双方争论发展的经过，指出，人们可以看出，朝中方是竭力赞成双方能达成一个稳定和有效的停战协

议的。我们的诚意和善意表现在1月以来我们历次所提的具体建议上。朝中方坚决认为停战期间朝中方在朝鲜境内处理某种设备的权利绝不容“联合国军”方过问。朝中方的领空绝不容许任何人进行侦察。“联合国军”方所主张的从朝鲜境外进入士气充足的军事人员，换出朝鲜境内士气疲惫的军事人员的所谓轮换的限度必须得到双方的协商；而从朝鲜境外补充武器弹药在军事停战期间则绝不许可。补充一词本身就意味着从朝鲜境外增加在朝鲜境内作战的一方的军事力量。“联合国军”方提不出任何理由为这个自相矛盾的主张辩护。这就是第3项议程的基本分歧和朝中方在这个分歧中不可动摇的立场。“联合国军”方已经把会议拖延了这样久，当然还可以继续拖延下去。但我们认为，必须把我们争论的问题公之于世界，让全世界人民知道谁在拖延朝鲜停战谈判。

在第4项议程小组委员会上，李相朝指出：自从12月11日第4项议程小组委员会开始以来，朝中方就提出了停战后迅速释放与遣送全体战俘的原则。但是16天以来，“联合国军”方却使用了各种借口，始终拒绝接受这一没有任何人可以反对的完全公正合理的原则，以致在第2项议程达成协议的30天之后，第4项议程仍然未能达成协议。这一责任必须由“联合国军”方全部担负。

12月28日

［纲文］ **中央军委决定抽调军事干部入文化学校或军事学校学习。**

［目文］ 决定共七条，主要内容是：一、为提高军事干部文化水平和准备1953年练兵军事教育的领导，决定利用1952年部队主要学文化的时机，抽调大部分军事干部分别进入文化学校或军事学校学习。二、步兵军、师、团、营4级正副指挥员和参谋长留一人领导1952年军事训练，其余则抽出学习。三、凡文化程度不能做记录和阅读的入文化学校，具备此程度的入军事学校。四、1952年部队日常领导主要由政治委员、政治部主任及一个军事干部共同负责。五、各大军区应即筹备学文化学军事的干部机构和预定教育计划。各部准备在第一期整编完成后，即调应调干部受训，并准备1952年底结束此项训练。结束后学员回原部任原职。六、今后凡文化程度不能做笔记和不能直接阅读文件的军事干部，留各大军区进文化学校补习文化，准备第二步再按条件送军事学院。七、步兵以外的军事干部，1952年的文化学习或军事学习，由各大军区酌情自定。

同日

［纲文］ **政务院举行第一一七次政务会议。**

［目文］ 会议听取和批准了中央察绥内蒙古灾区慰问团团长彭泽民作的该团工作报告。报告说，慰问团慰问了察哈尔、绥远、内蒙古灾区的13个专区（盟）、26县（旗）市、32个区、59个村，召开了各种会议181次，直接见面的各级干部与灾民约3.7万人。由于3省、区人民政府采取了各种措施，灾区情况基本稳定。会议决定组织中央赴江西灾区慰问团。

会议听取了中央人民政府华北事务部部长刘澜涛作的关于筹设政务院华北行政委员会

的报告，报送中央人民政府委员会审批。报告说，为了更好地协助政务院及所属各部门执行中央对华北各项工作的指示，进一步加强对华北5省2市人民政府的工作，适应即将到来的大规模的国家建设，曾建议在政务院下设华北行政委员会，其职权稍大于现在的华北事务部，性质仍为政务院的一个组成部分，代行华北一级政权的若干工作，华北各省、市则仍直属中央领导。经初步研究，拟定华北行政委员会设主任1人，副主任2—3人，委员若干人，由主任、副主任及委员若干人组成常务委员会。下设工业、农业水利、财政、贸易、民政、文教、公安等7个局及财政经济计划委员会和最高人民法院华北分院，并在秘书长领导下设办公厅，编制不超过1000人，并按3级编制安排机构与人事。该会计划于1952年2月成立，办公地址拟设在北京西苑。自该会成立之日起，即将华北事务部撤销。

同日

[纲文]　毛泽东致电陈毅同意将三反斗争和整编工作结合进行。

[目文]　毛泽东给陈毅并各大军区、志愿军及各中央局的电报指出，陈毅12月25日和26日的电报很好。我们的方针是必须将反贪污、反浪费、反官僚主义斗争和整编工作结合进行，并力争于3月底完成第一期整编。抓得紧，配合得好，是可以完成的。但如因三反斗争妨碍了整编工作，则宁可稍为推迟若干天（例如半个月）去完成整编，绝不可让被整编的人员带着贪污浪费和官僚主义的精神去转业和进学校，这一点，陈毅说得很好。华北、西北两大军区，华南军区和广西军区，均有报告照这样做。李达、王新亭①昨来北京面报，西南也是这样做的。请中南军区务必注意此点，务必将整编和三反结合去做，二者不可缺一。如果下级军区有不清楚者，务必明确地坚决地指示。

此前，12月25日，陈毅在给毛泽东并报中央军委、总政、华东局的长电中报告了华东军区高干会对整编、转业工作及1952年部队工作实施步骤的决定；在26日给毛泽东的短电中表示坚决拥护在整编之前进行一次反贪污、反浪费、反官僚主义斗争的指示，并指出近日已发现某些部队不先反贪污即进行整编，他们胆敢违法犯纪瓜分财产，这样的人带着浪费和官僚主义，甚至带着贪污去转业，在政治上必然造成极大损失与被动。华东部队预定1952年1月以反贪污浪费为主结合整编，2、3月以整编为主结合反贪污浪费，3月后将反贪污浪费深入到建立财经工作制度诸方面去，并力求3月底整编40万—45万人的工作不受影响。

同日

[纲文]　文献纪录片《抗美援朝》第一部在北京、上海、武汉等44个大城市和许多工厂、部队、农村上映。

[目文]　该片为志愿军随军摄影师、斯大林奖金获得者徐肖冰等13人合作摄制，叙述了中朝两国唇齿相依的关系，朝鲜北部解放和美国对朝鲜民主主义人民共和国进攻的主要经过，朝鲜人民和中国人民对侵略者并肩作战的场景。郭沫若为该影片的放映题词：

① 王新亭（1908—1984），湖北孝感人，时任西南军区政治部副主任。

“人人向志愿军学习，以高度的自我牺牲精神，为祖国安全与世界和平的争取而奋斗！”

同日—30日

［纲 文］ **北京市第三届各界人民代表会议第三次会议召开。**

［目 文］ 会议在中山公园中山堂召开，出席会议代表共有393人，执行主席为聂荣臻、刘仁等。政务院委员邵力子等出席。市协商委员会主席彭真在报告中说，全市人民已经在增产节约运动中做出很多成绩，仅据20个公营工厂和矿场的统计，已为国家节约了3635亿元的财富；私营工业增产数量也在3000多亿元以上。市郊农产一般较去年多收了半成到一成。北京市群众性反对贪污、反对浪费运动已初步展开。市抗美援朝分会主席张奚若在北京市抗美援朝保家卫国运动报告中说：全市已有90%以上的人民受到了抗美援朝爱国主义的教育，签名拥护五大国缔结和平公约的有1695538人，投票反对美国武装日本的有1694563人，签订爱国公约的有1402485人。各界人民的武器捐献计划到12月25日为止，实际缴款已达1271亿元，可买战斗机84架，超过认捐数目22%以上。会上，市第四届各界人民代表会议代表选举委员会主任委员吴晗作了《关于筹备北京市第四届各界人民代表会议代表选举工作的报告》，市协商委员会副主席钱端升作了《关于提案审查的报告》，市都市计划委员会副主任梁思成提出了关于首都建设计划的初步意见。

12月29日

［纲 文］ **全国政协向各地政协下达关于增产节约运动与反贪污、反浪费、反官僚主义斗争的指示。**

［目 文］ 指示说，继续加强抗美援朝，提倡和推动增产节约，以及推动思想改造学习等三项工作，是本会当前的中心政治任务。目前我们的国家，一方面担负抗美援朝及保卫远东与世界和平的神圣任务，同时又须在原有落后的基础上进行繁重的经济、文教建设任务。增产节约的运动就是为执行这两个伟大的历史任务的需要而被提出的。

这一运动的展开，必然可以增强支援中国人民志愿军和朝鲜人民的力量，以获得反侵略战争的胜利，同时也必然会积累国家财富，为工业化创造必要的条件。国家工业化，必须积累资金。而我们积累资金的方法，不能采用资本主义国家所用的掠夺殖民地或通过侵略战争取得的“赔款”等强盗式的方法，基本地只能依靠人民内部的力量，这就有赖于增产节约运动。推动增产节约运动，必须与反贪污、反浪费、反官僚主义的斗争密切结合。贪污、浪费是增产节约的大敌，它对于国家与人民利益的危害，已发展到相当严重的程度。如果对这种严重现象不加以制止和克服，就会腐蚀我们新生的国家机构。而官僚主义正是贪污与浪费的温床，凡是贪污浪费最严重的地方，必然是官僚主义最严重的地方。因此，不坚决地展开反贪污、反浪费、反官僚主义的斗争，增产节约运动就不能顺利展开。目前各级政府正在大张旗鼓、雷厉风行地展开反贪污、反浪费、反官僚主义的斗争。各地协商机关必须通过各民主党派、各人民团体，大力地协助这一运动；要把这一运动发展到社会各阶层群众中，依靠群众，协助政府，大胆地检举贪污浪费，同时也应发动群众，无情地揭发某些奸商贿赂工作干部、盗取国家财富的犯罪行为，彻底地肃清这种腐朽的剥削阶级损人利己的作风，肃清一切反动的国民党作风的影响，树立新民主主义的社会风气，为国家建设事业的发展扫清道路。

希望各地接到这一通告后，按照当地具体情况，有计划、有步骤地来协助推动这一运动，并盼将工作情形随时报告本会。

同 日

[纲 文] **中共中央做出《关于土地改革中给业经判处徒刑分子分地问题的规定》。**

[目 文] 该规定共六条，下发西南局、中南局、华东局、西北局、新疆分局、华南分局并告华北局转绥远省委，对于业经人民政府逮捕判处徒刑的分子的分地问题做出了明确规定，主要是：汉奸、战犯等及判处 10 年以上徒刑的反革命分子不分给土地；一般蒋军、还乡地主、判处 10 年以下徒刑者、刑事犯罪分子等及其家属，分给土地。正在服刑的犯罪分子，可由政府代管其土地；已经土地分配完毕地区，不要再去收回上述人员土地；对土改后新犯罪分子等也不要再去收回其土地。

[文 献] 关于土地改革中给业经判处徒刑分子分地问题的规定（节录）

在土地改革中，对于业经人民政府逮捕判处徒刑的分子是否分给土地问题，先后由西南局和中南局来电请示，中央基本同意西南局来电所提的办法。兹将西南局来电稍加修改补充，转发给你们，望统一照此规定实行：

（一）家居乡村，而其本人业经人民政府判定为汉奸、卖国贼、战争罪犯、罪大恶极反革命分子及坚决破坏土地改革分子，不论在逃或在敌方进行反革命活动，按照土地改革法第 13 条第 8 款之规定，均不得分给土地。但蒋匪军的一般士兵和曾为蒋匪帮工作的一般工作人员，在其脱离敌方返回家乡后，及一般逃亡地主还乡后，有劳动力，愿意从事农业生产以维持生活者，按照土地改革法第 13 条第 7 款之规定，应分给一份土地。

（二）凡家居农村，按土地改革法应分给土地者，如因从事反革命活动，有恶霸行为或破坏土地改革行为而业经人民政府逮捕并判处死刑缓期执行、无期徒刑或 10 年以上徒刑，则均不分给土地。被判处 10 年以下徒刑者，可分给一份土地。

（三）凡家居乡村，按土地改革法应分给土地者，如因普通刑事民事案件，业经人民政府判处有期徒刑，则不论其刑期长短，均应分给一份土地。

（四）以上犯罪分子的家属，未参与犯罪行为，无其他职业维持生活，有劳动力，愿意从事农业生产以维持生活者，应分给与农民同样的一份土地。

（五）在犯罪分子执行徒刑期间，其本人分得之土地，由乡人民政府代管，分租与农民耕种，地租收入归人民政府所有。俟期满释放时，再将土地拨给他本人。但如释放后从事其他职业，原分配给他的土地，可由人民政府处理，不拨给他本人。在执行中，对于普通刑事民事罪犯，刑期不长，家属生活特别困难者，经多数农民同意，其应分得之土地亦可不由乡人民政府代管，而交其家属管理使用。

（六）但是，凡土地业已分配的地区，除经法庭判处没收土地财产者外，不必根据上述规定再去收回这些犯罪分子业已分得之土地，交人民政府代管。在土地改革结束之后，新判刑的犯罪分子，除经法庭判处没收土地财产者外，也不要根据上述规定处理其本人的一份土地。同时在土地改革中，对于犯罪分子原有的依土地改革法不应没收的土地，除经法庭判处没收土地财产者外，也不要根据上述规定处理其本人原有的一份土地。

资料来源：中央档案馆提供档案。

同日

［纲文］ **卫生部发出《关于组织中医学会的指示》和《关于组织中医进修学校及进修班的规定》。**

［目文］ 《指示》说，中医学会的首要任务是促进中医科学化与密切中西医的团结。中医学会应该是中西医团结的桥梁和中医进修的领导者和组织者。此外，应遵照卫生工作的总方针，发动会员参加国家卫生建设，担负研究与改进中医药学术的任务。

同日

［纲文］ **出版总署向新华书店总店下达关于印行1952年读书运动丛书及建立图书馆办法的指示。**

［目文］ 指示说，为满足工农兵学习文化的迫切要求，曾于1951年印行读书运动丛书2.5万套，在全国各地建立图书馆，由总店负责向各出版社订货，交各地分支店发行。据各地反映，效果颇为良好。因此决定于1952年继续进行，并将套数扩充为7万套，仍由新华书店负责办理。

12月30日

［纲文］ **中共中央做出关于中央、大区、省市三级一切工作部门向中央主席和军委主席作三反工作报告的指示。**

［目文］ 该指示下达到中央和军委各部门，中央人民政府各党组，各中央局并转分局、省市区党委，各大军区并转第二、第三军区，志愿军。内容是：中央一级、大行政区一级和省市一级共三级的一切工作部门，例如党的宣传部、组织部，政府的财政部（厅或局）、公安部（厅或局），军区的司令部、后勤队再加各民众团体，除每一民众团体只要总报告不要各部门的报告以外，所有一切工作部门，均应分别向中央主席和军委主席作关于反贪污、反浪费、反官僚主义的报告。政府中凡与党外人士在领导工作上合作的部门，用党组名义作报告。在1952年的头4个月内，须每月作一次报告，以便中央有所比较，

看出各级领导同志对这一场严重斗争哪些是积极努力的，哪些是消极怠工的（消极怠工的原因，一种是领导人有官僚主义，一种是领导人手面不干净），以便实行奖励和惩处。不作报告者以违纪论，需推迟时间作报告者须申明理由。这些报告各级党委应负督促之责。

同日

[纲文] **毛泽东批转西南军区党委关于三反斗争的一周通报。**

[目文] 毛泽东给各大军区、志愿军、各中央局的转发批语说，西南军区党委所发一周通报，很好，很正确，很有力量，在三反斗争中表现了革命军人的战斗姿态，毫无畏首畏尾拖泥带水模样，读之使人十分高兴。请你们于收到后即刻仿照办理，并即刻转发给各级军区直至团级，一概仿照办理。各级领导同志都要学贺龙同志那样亲自"上前线"，把三反斗争当作一场无产阶级和资产阶级之间的大战争，务必取得胜利，并且务必于1952年1月上半月取得显著成绩，下半月取得更大的成绩。各大军区都应发关于三反斗争的每周简报（1月份应发4次简报），互相比赛战斗成绩，由中央加以评判。此电和西南军区的一周通报均请在党内刊物上发表，使广大干部能够看到，越快越好。

此前，12月27日，西南军区党委的一周通报说，贺龙等主要负责干部亲自"上前线"，掌握运动，宣传政策，给群众撑腰，鼓励群众的斗争勇气，对运动的顺利开展起了决定作用。

同日

[纲文] **毛泽东批转华东军区党委关于大张旗鼓开展三反斗争的指示。**

[目文] 毛泽东给各大军区、志愿军及各中央局的转发批语说，一、批准华东军区党委关于大张旗鼓开展反贪污、反浪费、反官僚主义斗争的指示；二、将这个指示发给各大军区及志愿军，并转发所属各级军区一律仿照办理。必须这样做才能取得主动，否则就会使自己陷于被动。华东军区在过去一段时间内有些被动，但现在已完全主动了。三、批准华东军区党委关于所属各部推迟报告时间的请求，只要团以上各级负责同志下定决心结合整编工作有力地深刻地发动三反斗争，第一次报告推迟至1月底是可以的。四、将华东军区党委的这个指示在党内刊物上发表，使广大干部都能阅读。

此前，12月28日，华东军区党委发出指示，分析了华东军区所属部队中贪污浪费的严重情况，指出这种现象多发生在南京、上海的机关部队中，尤其在铺张浪费方面，华东军区机关实际上起了带头作用。军区党委过去对这些严重倾向，虽然一般地提出要反对和克服，也批办了大批贪污腐化案件，处罚了许多人，但没有广泛发动群众有系统地开展斗争，未能集中火力惩办大贪污、大浪费的事件，因此不能制止贪污浪费的狂潮。前一段着重整编而忽视了在整编前进行一次三反斗争的必要性，而使12月初的高干会议没有充分讨论反贪污浪费问题。直到毛主席再次批电指示，才帮助我们将整编与三反结合起来。指示号召华东军区的全体同志认识华东地区如上海、南京等城市，乃是全国资产阶级势力和影响最集中的地方，3年来对部队所起的腐蚀作用是极为惊人的。华东部队更应该首先发动一场激烈而严肃的反贪污浪费、反腐化堕落的思想斗争，才能打破资本主义的影响包围，保持我军的纯洁，巩固部队，加强国防建设。而能否提高认识并首先反对官僚主义，是能否战胜资本主义影响，肃清贪污浪费，做好整编工作的主要关键。军区党委决定对1952年1、2、3月的工作步骤加以改变。1月份以开展反贪污、反浪费斗争为中心，结合进行整编，2、3月份以整编和转业建设工作为主，结合继续深入三反斗争。

同日

[纲文] 毛泽东就中央政法部门五机关合署办公及开展三反斗争的情况致信董必武等人。

[目文] 毛泽东在批给董必武、罗瑞卿阅后交彭真阅的信中询问，报告第4条第1项所说“利用民主人士打胜仗”的人是些什么人，姓甚名谁，他们如何利用民主人士去打仗，请补报。这样的人已丧失作为一个严肃的共产党人的立场，必须按其情节轻重给以必要的纪律方面的党内处罚，请你们议定处罚办法报告中央核办。报告第4条第2项所说对三反运动采取自由主义态度的党员是些什么人，姓甚名谁，请补报。对于这样的人，应给以一个限期，遵照中央决议，认真发动群众开展反贪污、反浪费、反官僚主义的斗争，否则即须撤职。如果本人有贪污实据，还须开除党籍；严重者须送法院惩办。报告第4条第3项所说只要“一反”，不要其余“二反”的民主人士，是些什么人，姓甚名谁，请补报。

此前，12月20日，政务院政法委员会、最高人民法院、最高人民检察署、司法部和法制委员会实行了合署办公。12月29日，董必武、彭真、罗瑞卿就合署办公和初步动员三反的情况提出给周恩来并报毛泽东和中央的报告，共有4项内容。第4项讲实行合署办公和初步发动三反运动中，暴露出的我们党内的问题是，一、党内有些本位主义的思想，常常不自觉地给党外人士的权位思想做了支柱，妨害内部工作上应有的统一领导。过去各部门间经常有些不从实际工作出发，单纯地搬“政府组织法”闹工作关系问题的现象，甚至有所谓“利用民主人士打胜仗”之说。二、自由主义现象相当严重，对三反运动有袖手旁观的，也有强调自己业务与中心运动对立的，对党组、党委决定，不合自己意见的不宣不传，各顾各的，不看整体，原则同意的事，办不办都不一定。三、有些部门的民主人士负责人，只要反贪污一反，对反浪费、反官僚主义这两反很不积极。

同日

[纲文] 毛泽东批转志愿军党委关于开展三反运动的补充指示。

[目文] 毛泽东给各大军区、各中央局的转发批语指出，志愿军也定于1952年1月展开全军的三反斗争，二十六军在最前线作战也能展开这一斗争。有些人认为既要整编就不能同时进行三反斗争，这种意见显然是不正确的。

同日

[纲文] 中财委通报1951年国营企业利润和折旧收入初步情况。

[目文] 中财委根据财政部报告通报的1951年中央各部国营企业和各大区代管企业解缴利润和折旧的初步情况指出，国营企业利润和折旧收入占国家收入预算的第2位，是国家财政可靠的重要收入，今后将因国营经济的日益扩大而逐步增长，各级财政及企业

部门必须重视此项任务。今年此项收入，各部各地一般是认真重视的，尚能按照预算执行。其中各地代管企业解缴较差。

12月31日

［纲 文］ **毛泽东批转华东军区党委就结合三反进行整编一事批评所属装甲兵党委的电报。**

［目 文］ 毛泽东在给谭政和各大军区的批语中认为华东军区党委批评华东装甲兵党委的电报很好，指出，没有这种批评，彻底的三反斗争是不能完成的。就全军情况来看，最落后的是中南军区，至今没有一个彻底发动三反斗争的号召文件。相反地被整编一事所吸引，深怕发动这个斗争妨碍整编。其实，如同华东军区党委所规定，1952年1月以三反为主，结合整编；2、3两月以整编为主（指军区及被整编的部队），结合三反。两者不但不妨碍，而且只有这样做，才能使整编做好。务望中南军区和各大军区取一致步骤，务必"在1月份全军整整齐齐进入三反斗争"。下面各单位，有不执行此命令者，立即予以批评，严重者须以撤职相威胁。每天交流经验，表扬好的，批评坏的，使运动迅速发展。中南军区各部门贪污浪费官僚主义情况和各地一样严重，何以至今毫无动作，速即电告。

此前，12月29日，华东军区党委在给华东装甲兵党委的电报中，批评他们只抓住整编工作而将三反运动在战士与团以上机关分期分批进行的部署不妥，指出应以1952年1月份1个月的时间，在装甲部队无例外地进行一次三反运动。领导机关要亲自分析本单位的贪污、浪费情况，进行具体的反贪污、反浪费、反官僚主义的斗争。这样做，并不妨碍派人做整编工作，更不妨碍在3月底完成整编任务。

同 日

［纲 文］ **毛泽东批转志愿军四十二军党委关于节约计划的报告。**

［目 文］ 毛泽东在给各大军区并告中央局的批语中表扬了四十二军的节约计划，要求各军区和各军均应于短时间内定出节约计划报告军委。批语还说：志愿军已走在前面，各军区和各军不要太落后了。

同 日

［纲 文］ **中财委下达《关于办理1951年修正基本建设计划的指示》。**

［目 文］ 《指示》说，1951年度的基本建设修正计划除少数部门外已先后报来，据初步审查，发现大部分不符合修正计划的要求：一、修正计划没有修正总量，各部上报的计划大多数只是修正财务预算，不是修正1951年预算可能完成的工作总量。这样就不可能从修正计划中知道1951年究竟预计能完成多少工作总量，多少不能完成应转移到1952年度计划中，因而影响到1951年与1952年工作总量的正确性。二、要求保留不能完成的预算或将其列在修正计划内，以便多领款等供给制思想，破坏了基本建设的计划性。三、修正计划增减甚多，自行变更设计和计划，造成既成事实，破坏了原计划内的严肃性。鉴于以上情况，关于1951年修正计划的办法，特规定如下。一、各部应即将

1951年底止预计能完成的工作总量，按计划价值编列修正计划简表，1952年1月10日前送达。1951年原工作总量不能完成部分，应在编制1952年计划时按中财委颁发编制计划说明所规定的新的计算方法列入1952年计划。二、编列简表报中财委后，各部即将1951年修正的工作总量下达各建设单位，以便各单位编制1952年计划时先将1951年计划予以修正。三、1951年的修正计划，其财务预算包括移转1952年度部分在内，不得超过1951年原已批准的各该部财务预算总额。

同 日

[纲 文] 中财委做出《关于中央贸易部对苏联及新民主主义国家进出口向人民银行结汇办法和各部门委托贸易部向苏联及新民主主义国家订货交纳定金及付款办法的决定》。

[目 文] 该《决定》共十二条，自1952年1月1日起施行。规定：贸易部对苏联、东欧国家出口所得外汇一律向人民银行结汇，由人民银行按国家规定的贸易清算汇价付人民币给贸易部；出口向银行结汇时按汇价减2%计价，进口向银行结汇时按汇价加1%计价；贸易部代各部门向苏东国家订购货物系委托代购关系；贸易部与苏东国家订货合同签订后，应即与各用货部门签订委托代购合同，合同签订后，各部门应即按合同金额向贸易部缴纳30%的定金；银行于接到国外进口货物托收单据后，应即制出结汇通知书，通知贸易部所属进口公司及各订货部门；军委总后勤部的对外特别订货，按上述各项规定办理；1950年贸易部结存的外汇应按以上规定向银行结汇。

同 日

[纲 文] 中财委提出《工业交通及建筑企业职工伤亡事故报告办法》。

[目 文] 《办法》共4章15条。主要内容是：职工伤亡情况按伤害程度分为死亡、重伤、轻伤3种；职工伤亡事故按伤亡严重程度分为重大伤亡事故及一般负伤事故2种；死亡1名以上者，重伤1名以上者，重伤1名并轻伤4名以上者，轻伤7名以上者为重大伤亡事故；轻伤1名以上而未到重大伤亡事故者，为一般负伤事故；获悉事故后立将事故地点、时间、死亡人数、重伤人数、轻伤人数及原因，以电话、电报或其他快速办法报告当地劳动行政机关及企业主管机关；报告事故概要后24小时内，邀同劳动行政机关、工会及其他有关机关组织调查小组，进行调查；当地劳动行政机关及企业主管机关应于获悉职工重大伤亡事故的事故概要后，立即以电话、电报或其他快速办法直接分报上级机关，直至劳动部及中央级企业主管部门；各级劳动行政机关于接获前项事故概要的报告后，应随时抄知当地工会；各级劳动行政机关如发觉辖区内厂矿企业对于职工伤亡事故有隐瞒不报或故意延迟报告，除责成其补行报告外，按其情节轻重予以批评、警告、或移送司法机关处以5万元至500万元的罚金，并得建议其上级主管机构予以行政处分。

同 日

[纲 文] 教育部发出关于京津高等学校反贪污、反浪费、反官僚主义运动的指示。

[目 文] 指示说，三反运动是当前的主要政治任务，各校教职员工都应积极参加。

学校应即成立节约检查委员会具体计划、布置。教师目前仍以思想改造的学习运动为中心，行政职工人员以参加反贪污、反浪费、反官僚主义运动为主。

同 日

［纲 文］ **中国人民志愿军司令员彭德怀发表1952年元旦给志愿军全体指战员的信。**

［目 文］ 信中说，你们和朝鲜人民军在一起对美国侵略者和他的帮凶军作战到 1952 年元旦，已经有 14 个月了。你们在英勇艰苦的反侵略战争中，已经取得了辉煌的胜利，奠定了最后打败敌人的稳固基础。你们的胜利，打乱了美国准备世界大战的时间表，大大地鼓舞了殖民地和半殖民地的民族解放运动，增强了世界人民对保卫和平的斗争信心。你们在保卫祖国安全、保卫远东和世界和平的正义事业上，已做了重大的贡献。我特向你们全体同志祝贺新年，并向在反侵略战争中光荣负伤、因劳成疾的同志们和烈士的家属们表示深切的慰问。我们志愿军是站在抗美援朝最前列的光荣的战斗队，必须继续英勇地来完成我们的战斗任务，不断地歼灭敢于继续侵犯的敌人，争取反侵略战争的最后胜利。为了保证这个光荣任务的彻底完成，我们必须坚决做到：第一，更加发挥每个同志的积极性，加紧提高战术技术，提高工作效率。第二，继续加强政治教育，继续提高部队纪律和政治觉悟。第三，响应祖国的号召，厉行精简节约，消灭贪污浪费和官僚主义作风，爱护祖国人民交给我们的每一件武器、每一颗弹药和每一样物件，充分地发挥它们的作用。我们做好了上面三件事，就一定能够更加提高我们部队的战斗力，保证我们取得 1952 年的更大的胜利。

同 日

［纲 文］ **内务部部长谢觉哉在中央人民广播电台向解放军和志愿军全体指战员、残废和伤病军人、烈军属发表新年贺词。**

［目 文］ 贺词说，今年春节期间，各地曾普遍地开展拥军优属运动。特别在中国人民抗美援朝总会于 6 月 1 日发出三大号召后，全国人民更热烈地展开了拥军优属运动。八一建军节前后，全国各地进行了优抚工作的大检查。7—8 月间，中央人民政府特组织访问团分赴各革命老根据地进行访问。无论城市和乡村，人民都把拥军优属看作抗美援朝运动中的一项重要工作，纷纷把优抚工作订入爱国公约，并已贯彻到实际行动中去。除各机关、团体、学校、公营企业已开始认真给予烈属、军属应享受的各项优先权利外，也有不少的私营行业自动订出了减价或免费优待烈属、军属等办法。甚至有些人自愿长期地供给烈士子弟的上学费用。农村的代耕工作有显著提高，烈属、军属的土地产量已接近当地农民的土地产量，个别烈属、军属的土地产量还超过了当地农民的土地产量。代耕方法有很大改进，老区绝大多数村庄实行了固定代耕制，新区乱派工的偏向也逐渐纠正。城市人民政府都尽可能地组织烈属、军属生产和就业，使大部烈属、军属的生活困难获得解决。各地对革命残废军人的安置和教养，对贫苦烈属、军属生活的照顾等各方面，也都比过去做得有成绩。

[附录一] 1951年中央人民政府及所属部门负责人名录

政府及部门名称	职务	姓名	任职时间
中央人民政府委员会	主席	毛泽东	1949年9月—1954年9月
	副主席	朱德	1949年9月—1954年9月
	副主席	刘少奇	1949年9月—1954年9月
	副主席	宋庆龄	1949年9月—1954年9月
	副主席	李济深	1949年9月—1954年9月
	副主席	张澜	1949年9月—1954年9月
	副主席	高岗	1949年9月—1954年8月①
	秘书长	林伯渠	1949年10月—1954年9月
中央人民政府政务院	总理	周恩来	1949年10月—1954年9月
	副总理	董必武	1949年10月—1954年9月
	副总理	陈云	1949年10月—1954年9月
	副总理	郭沫若	1949年10月—1954年9月
	副总理	黄炎培	1949年10月—1954年9月
	秘书长	李维汉	1949年10月—1953年9月
政务院政治法律委员会	主任	董必武	1949年10月—1954年9月
政务院财政经济委员会	主任	陈云	1949年10月—1954年9月
政务院文化教育委员会	主任	郭沫若	1949年10月—1954年9月
政务院人民监察委员会	主任	谭平山	1949年10月—1954年9月
内务部	部长	谢觉哉	1949年10月—1954年9月
外交部	部长	周恩来	1949年10月—1954年9月
公安部	部长	罗瑞卿	1949年10月—1954年9月
财政部	部长	薄一波	1949年10月—1953年9月
贸易部	部长	叶季壮	1949年10月—1952年8月
重工业部	部长	李富春	1950年4月—1952年8月
燃料工业部	部长	陈郁	1949年10月—1954年9月
纺织工业部	部长	曾山	1949年10月—1952年8月
轻工业部	部长	黄炎培	1949年10月—1954年9月
铁道部	部长	滕代远	1949年10月—1954年9月
邮电部	部长	朱学范	1949年10月—1954年9月
交通部	部长	章伯钧	1949年10月—1954年9月
农业部	部长	李书城	1949年10月—1954年9月
林垦部	部长	梁希	1949年10月—1951年11月
水利部	部长	傅作义	1949年10月—1954年9月
劳动部	部长	李立三	1949年10月—1954年9月

① 1954年8月17日自杀身亡。

续表

政府及部门名称	职　务	姓　名	任职时间
文化部	部　长	沈雁冰	1949 年 10 月—1954 年 9 月
教育部	部　长	马叙伦	1949 年 10 月—1952 年 11 月
卫生部	部　长	李德全	1949 年 10 月—1954 年 9 月
司法部	部　长	史　良	1949 年 10 月—1954 年 9 月
人事部	部　长	安子文	1950 年 9 月—1954 年 9 月
华北事务部	部　长	刘澜涛	1950 年 11 月—1952 年 4 月
法制委员会	主　任	陈绍禹	1949 年 10 月—1954 年 9 月
民族事务委员会	主　任	李维汉	1949 年 10 月—1954 年 9 月
华侨事务委员会	主　任	何香凝	1949 年 10 月—1954 年 9 月
中国科学院	院　长	郭沫若	1949 年 10 月—1954 年 9 月
情报总署	署　长	邹大鹏	1949 年 10 月—1952 年 8 月
海关总署	署　长	孔　原	1949 年 10 月—1953 年 1 月
新闻总署	署　长	胡乔木	1949 年 10 月—1952 年 8 月
出版总署	署　长	胡愈之	1949 年 10 月—1954 年 8 月
中国人民银行	行　长	南汉宸	1949 年 10 月—1954 年 9 月
中央人民政府人民革命军事委员会	主　席	毛泽东	1949 年 10 月—1954 年 9 月
中央人民政府最高人民法院	院　长	沈钧儒	1949 年 10 月—1954 年 9 月
中央人民政府最高人民检察署	检察长	罗荣桓	1949 年 10 月—1954 年 9 月

根据中共中央组织部、中共中央党史研究室、中央档案馆编《中国共产党组织史资料》（中共党史出版社 2000 年版）编制。

[附录二]　1951 年各大行政区、省、自治区、直辖市政府负责人名录

机构名称	职　务	姓　名	任职时间
华北事务部	部　长	刘澜涛	1950 年 11 月—1952 年 4 月
北京市人民政府	市　长	聂荣臻	1949 年 11 月—1951 年 2 月
	市　长	彭　真	1951 年 2 月—1955 年 2 月
天津市人民政府	市　长	黄　敬	1950 年 1 月—1953 年 4 月
河北省人民政府	主　席	杨秀峰	1949 年 8 月—1952 年 12 月
山西省人民政府	主　席	程子华	1949 年 8 月—1951 年 2 月
	主　席	赖若愚	1951 年 2 月—1951 年 11 月
平原省人民政府	主　席	晁哲甫	1949 年 8 月—1952 年 11 月
察哈尔省人民政府	主　席	张　苏	1949 年 1 月—1952 年 1 月
绥远军政委员会	主　席	傅作义	1949 年 12 月—1954 年 1 月

续表

机构名称	职务	姓名	任职时间
绥远省人民政府	主席	董其武	1949年12月—1952年6月
东北人民政府	主席	高岗	1949年8月—1953年1月
	副主席	李富春	1949年8月—1953年1月
	副主席	林枫	1949年8月—1953年1月
	副主席	高崇民	1949年8月—1953年1月
沈阳市人民政府	市长	朱其文	1949年12月—1952年8月
抚顺市人民政府	市长	张澍	1949年6月—1954年7月
鞍山市人民政府	市长	刘云鹤	1949年6月—1952年4月
本溪市人民政府	市长	王玉波	1949年1月—1952年8月
旅大市人民政府	市长	韩光	1950年10月—1953年9月
辽东省人民政府	主席	高扬	1950年4月—1952年6月
辽西省人民政府	主席	杨易辰	1949年5月—1954年7月
吉林省人民政府	主席	周持衡	1949年10月—1952年3月
黑龙江省人民政府	主席	于毅夫	1949年4月—1952年11月
热河省人民政府	主席	罗成德	1949年10月—1952年10月
松江省人民政府	主席	冯仲云	1949年4月—1952年6月
西北军政委员会	主席	彭德怀	1949年12月—1953年1月
	副主席	习仲勋	1949年12月—1953年1月
	副主席	张治中	1949年12月—1953年1月
西安市人民政府	市长	方仲如	1950年6月—1954年8月
陕西省人民政府	主席	马明方	1950年1月—1952年10月
甘肃省人民政府	主席	邓宝珊	1950年1月—1954年12月
宁夏省人民政府	主席	潘自力	1949年10月—1951年10月
	主席	邢肇棠	1951年10月—1954年7月
青海省人民政府	主席	赵寿山	1950年1月—1952年11月
新疆省人民政府	主席	包尔汉	1949年12月—1955年9月
华东军政委员会	主席	饶漱石	1949年12月—1953年1月
	副主席	曾山	1949年12月—1953年1月
	副主席	粟裕	1949年12月—1953年1月
	副主席	马寅初	1949年12月—1953年1月
上海市人民政府	市长	陈毅	1949年5月—1955年2月
南京市人民政府	市长	柯庆施	1950年7月—1953年1月
山东省人民政府	主席	康生	1949年3月—1955年3月
苏北人民行政公署	主任	惠浴宇	1950年10月—1953年1月
苏南人民行政公署	主任	管文蔚	1950年9月—1953年1月
皖北人民行政公署	主任	黄岩	1950年4月—1951年12月
皖南人民行政公署	主任	魏明	1949年5月—1951年12月
浙江省人民政府	主席	谭震林	1949年7月—1952年11月
福建省人民政府	主席	张鼎丞	1949年8月—1954年10月

续表

机构名称	职务	姓名	任职时间
中南军政委员会	主席	林彪	1949年12月—1953年1月
	副主席	邓子恢	1949年12月—1953年1月
	副主席	叶剑英	1949年12月—1953年1月
	副主席	程潜	1949年12月—1953年1月
	副主席	张难先	1949年12月—1953年1月
武汉市人民政府	市长	吴德峰	1949年5月—1952年2月
广州市人民政府	市长	叶剑英	1949年10月—1953年3月
河南省人民政府	主席	吴芝圃	1949年5月—1955年2月
江西省人民政府	主席	邵式平	1949年6月—1955年2月
湖北省人民政府	主席	李先念	1949年5月—1954年5月
湖南省人民政府	主席	王首道	1949年6月—1952年3月
广东省人民政府	主席	叶剑英	1949年10月—1955年2月
广西省人民政府	主席	张云逸	1949年12月—1955年2月
西南军政委员会	主席	刘伯承	1949年12月—1953年3月
	副主席	贺龙	1950年6月—1953年3月
	副主席	邓小平	1950年6月—1953年3月
	副主席	熊克武	1950年6月—1953年3月
	副主席	龙云	1950年6月—1953年3月
	副主席	刘文辉	1950年6月—1953年3月
	副主席	王维舟	1950年6月—1953年3月
重庆市人民政府	市长	曹荻秋	1951年1月—1954年8月
川东人民行政公署	主任	阎红彦	1950年1月—1952年8月
川南人民行政公署	主任	李大章	1950年2月—1952年8月
川西人民行政公署	主任	李井泉	1950年1月—1952年8月
川北人民行政公署	主任	胡耀邦	1950年2月—1952年7月
西康省人民政府	主席	廖志高	1950年4月—1955年1月
云南省军政委员会	主席	卢汉	1950年4月—1954年
云南省人民政府	主席	陈赓	1950年4月—1954年9月
贵州省人民政府	主席	杨勇	1949年12月—1955年2月
内蒙古自治区人民政府	主席	乌兰夫	1949年12月—1954年3月

根据中共中央组织部、中共中央党史研究室、中央档案馆编《中国共产党组织史资料》（中共党史出版社2000年版）编制。

[附录三] 1951年国民经济统计资料

项　目	单　位	数　量	比上年增长（%）
全国人口状况	万人	56300	（自然增长率）20.00‰
按性别分			
男	万人	29231	1.96
女	万人	27069	2.04
按城乡分			
城镇	万人	6632	7.51
乡村	万人	49668	1.31
全国行政区划			
省级区划数	个	53	0.00
地级区划数	个	283	0.35
地级市	个	69	7.81
县级区划数	个	2760	3.33
县级市	个	73	10.61
市辖区	个	414	23.95
县	个	2273	0.09
国家财政状况			
财政收入	亿元①	124.96	101.00
财政支出	亿元	122.07	79.38
收支差额	亿元	2.89	-149.15
分项目收入			
各项税收	亿元	81.13	65.64
企业收入	亿元	30.54	251.44
其他收入	亿元	13.29	195.33
分项目支出			
基本建设支出	亿元	27.03	116.24
支农支出	亿元	3.67	84.42
支教、科学、卫生支出	亿元	10.56	110.36
国防支出	亿元	52.64	87.93
国家财政债务发行情况	亿元	8.18	170.86
国内债务	亿元	0.01	-99.67
国外债务	亿元	5.49	
国家财政债务还本付息支出	亿元	0.42	1300.00
国内债务还本付息	亿元	0.40	1233.33
全国农林牧渔业总产值	亿元	420	9.38

① 本表的货币“元”均为1955年3月1日中国人民银行发行的第二套人民币，1元折合1955年5月10日停止流通使用的第一套人民币1万元。

续表

项　目	单　位	数　量	比上年增长(%)
全国农业生产条件			
耕地面积	千公顷	103671.3	3.30
农作物播种面积	千公顷	132860.0	3.13
粮食面积	千公顷	117769.0	2.94
全国主要农业产品产量			
粮食	万吨	14368.5	8.75
棉花	万吨	103.1	48.99
油料	万吨	362.0	21.80
黄红麻	万吨	25.0	216.46
糖料	万吨	498.9	47.69
茶叶	万吨	7.9	21.54
水果	万吨	156.4	18.04
水产品	万吨	133.0	46.15
工业总产值	亿元	264.0	38.22
全国主要工业产品总量			
纱	万吨	48.7	11.44
布	亿米	30.6	21.43
机制纸及纸板	万吨	24	71.43
机制糖	万吨	30	25.00
原煤	万吨	0.53	-99.99
原油	万吨	31	55.00
天然气	亿立方米	0.03	-57.14
发电量	亿千瓦小时	57	23.91
生铁	万吨	145	47.96
粗钢	万吨	90	47.54
成品钢材	万吨	67	81.08
水泥	万吨	249	76.60
硫酸	万吨	14.9	115.94
化肥	万吨	2.8	86.67
全国能源生产总量占能源总量比重(%)	万吨标准煤	3903	22.97
原煤		97.0	0.31
原油		1.1	22.22
水电		1.9	-17.39
全国运输线路里程			
铁路	万公里	2.23	0.45
公路	万公里	11.44	14.86
内河航道	万公里	7.36	0.00
民航	万公里	1.12	-0.88

续表

项　目	单　位	数　量	比上年增长(%)
全国邮电业务量	亿元	3.95	36.68
邮政局所	处	43753	18.33
全国进出口贸易总额	亿元	59.5	44.07
出口总额	亿元	24.2	21.00
进口总额	亿元	35.3	65.73
差额	亿元	-11.1	753.85
全国各级各类学校			
普通高等学校	所	206	6.74
普通中等学校	所	5448	6.34
中等专业学校	所	1413	30.11
普通中学	所	3994	-0.47
高中	所	1321	-14.28
初中	所	2673	8.13
普通小学	所	501105	30.62
幼儿园	所	4833	168.65
全国各级各类在校学生数			
普通高等学校	万人	15.3	11.68
普通中等学校	万人	196.4	25.42
普通小学	万人	4315.4	49.20
幼儿园	万人	38.2	172.86
全国各级各类学校教职工数			
普通高等学校	万人	6.5	35.42
普通中等学校	万人	18.0	20.81
普通小学	万人	127.6	39.45
幼儿园	万人	0.55	150.00
全国文化事业机构			
文艺表演团体	个	1855	10.68
文化馆	个	2226	31.48
公共图书馆	个	66	4.76
博物馆	个	31	40.91
广播电台	个	74	13.85
图书报纸杂志			
图书	种	18300	50.58
图书总印数	亿册	7.0	159.26
杂志	种	302	2.37
杂志总印数	亿册	1.8	350.00
报纸	种	390	2.09
报纸总印数	亿份	12.6	57.50
全国各类卫生机构数	个	16181	81.50

续表

项　目	单　位	数　量	比上年增长(%)
医院	个	3150	9.38
门诊部、诊所	个	8934	166.21
妇幼保健院	个	1185	178.17
专科防治院	个	89	196.67
疾病预防控制中心(防疫站)	个	68	11.48

根据国家统计局国民经济综合统计司编《新中国五十五年统计资料汇编》（中国统计出版社 2005 年版）的有关数据编制。

[附录四]　1951 年中国与外国建交情况一览表

序号	国　名	建交时间	驻华大(公)使馆馆址	大(公)使姓名	递交国书时间	备　注
	巴基斯坦伊斯兰共和国	1951 年 5 月 21 日		那瓦查达·阿格哈·穆罕默德·罗查	1951 年 11 月 12 日	

根据裴坚章主编《中华人民共和国外交史（1949—1956）》（世界知识出版社 1994 年版）的有关资料编制。

图书在版编目(CIP)数据

中华人民共和国史编年. 1951年卷/当代中国研究所编.
—北京：当代中国出版社，2007. 12
ISBN 978-7-80170-662-1

Ⅰ. 中… Ⅱ. 当… Ⅲ. 中国—现代史—编年体—1951
Ⅳ. K270. 43

中国版本图书馆CIP数据核字(2007)第185910号

出 版 人　周五一
责任编辑　陈　捷　柯琳芳
责任校对　王小芸
装帧设计　海　洋
出版发行　当代中国出版社
地　　址　北京市地安门西大街旌勇里8号
网　　址　http://www.ddzg.net　邮箱:ddzgcbs@sina.com
邮政编码　100009
编 辑 部　(010)66572152　66572154　66572155
市 场 部　(010)66572157　66572281　66111785
印　　刷　北京华联印刷有限公司
开　　本　787×1092毫米　1/16
印　　张　56印张　4插页　1200千字
版　　次　2007年12月第1版
印　　次　2007年12月第1次印刷
定　　价　200.00元

ISBN 978-7-80170-662-1

9 787801 706621 >